中国历代图书总目

艺术卷 01

李致忠 主编

北京国图书店有限责任公司
北京广臻文化艺术有限公司 编纂

文物出版社

图书在版编目（CIP）数据

中国历代图书总目. 艺术卷 / 李致忠主编；北京国图
书店有限责任公司，北京广臻文化艺术有限公司编纂.
—北京：文物出版社，2023.3
ISBN 978 - 7 - 5010 - 7103 - 6

Ⅰ. ①中… Ⅱ. ①李… ②北… ③北… Ⅲ. ①艺术 –
图书目录 – 中国 Ⅳ. ① Z812.1

中国版本图书馆 CIP 数据核字（2021）第 113426 号

中国历代图书总目 艺术卷

主　　编：李致忠

编　　纂：北京国图书店有限责任公司
　　　　　北京广臻文化艺术有限公司

封面设计：虎彩设计

责任编辑：张　玮　李　飏　张朔婷　冯冬梅
　　　　　王　伟　智　朴　谷　雨　陈博洋
　　　　　卢可可　马晨旭

责任印制：苏　林　张道奇　陈　杰　张　丽

出版发行：文物出版社

社　　址：北京市东城区东直门内北小街 2 号楼

邮　　编：100007

网　　址：http://www.wenwu.com

经　　销：新华书店

印　　刷：北京虎彩文化传播有限公司

开　　本：787 mm×1092 mm　1 / 16

印　　张：1014.5

版　　次：2023 年 3 月第 1 版

印　　次：2023 年 3 月第 1 次印刷

书　　号：ISBN 978 - 7 - 5010 - 7103 - 6

定　　价：2250.00 元（全 25 册）

《中国历代图书总目》编委会

艺术卷编委会

编纂说明

　　文化是民族的血脉和灵魂。中国是四大文明古国中唯一一个文化没有中断，延续至今的国家。编制书目是我国悠久的历史文化传统之一，历来为政界和学界所重视。从西汉时期刘歆的《七略》，到南宋晁公武、陈振孙的《郡斋读书志》《直斋书录解题》，再到古代书目的集大成之作《四库全书总目提要》，中国的书目编纂历史可谓辉煌灿烂。不同历史阶段的书目著作，也清晰地记录了中华文明发展的轨迹。在乘势而上开启全面建设社会主义现代化国家新征程和实现中华民族伟大复兴的关键节点，在国家图书馆支持下，我们启动编撰《中国历代图书总目》大型文化项目，对中国历代出版的汉文图书（含以物理形态存世的古籍）书目信息，进行全面知识分类的系统梳理，通过《中国历代图书总目》的项目成果，系统地显现中华文化有什么，进而回答中国文化自信源自什么的问题。

　　《中国历代图书总目》以国家图书馆的馆藏中文书目为基础，同时借鉴和参考了《中国古籍善本书目》《北京图书馆古籍善本书目》《中国古籍总目》《民国时期总书目》《全国总书目》《中国国家书目》《中国图书大辞典（1949—1992）》，以及国内各大图书馆和海外各大图书馆的馆藏中文书目，确保本书内容的全面和准确。本书目以《中国图书馆分类法》（第五版）的分类体系为基本框架，对历代图书按学科重新进行了汇总、整理、甄别、考证、去重、编辑等一系列数据处理，并根据文献的具体内容，加以系统、全面地分类梳理，同时参考有关专家的建议，归入相应的类目下，以便读者查询、学者使用和社会利用。

　　本书目具有以下五大特点：

　　一、本书目收录范围广、时间跨度大、容纳图书量大，涵盖哲学、社会科学、自然科学等所有学科，纵跨古今。

　　二、本书目按学科分类，分专卷出版。学科分类依据《中国图书馆分类法》（第五版）的分类体系。为了便于不同专业领域读者使用，凡涉及两个以上学科内容的图书，将分别在所涉及的学科书目中体现。

　　三、本书目古今书目混排。为方便读者对某一专类图书作系统的查询，本书目将所收图书按照《中国图书馆分类法》（第五版）统一分类标引、汇聚、排列。其中对古籍图书的重新分类,主要参考国家图书馆《中国古籍四部分类法的应用及其类表的调整》课题组的研究成果,并根据其中的四部分类法类目对照表,按内容将古籍收入相关类目下。

四、本书目原则上以版本立目。对于同一种书的不同版本,根据图书的出版发行情况选择收录。古籍图书,分别收入了经传抄刊刻的不同版本;新修、后增或重刻等,均视为新品种收入立目,以满足在当今数字时代背景下,读者对历代图书文献的实时便捷查找、识别、选择及获取。

五、本书目多学科丛书的某一子目或多卷书中某一子卷,分别做分析著录。既可以极大地方便用户的快捷检索需求,也可以充分地揭示和体现多学科丛书及其全部子目或多卷书及其全部子卷的出版意义和用途,亦可以丰富和健全相关图书特定的学术树及其版本体系,更可以充实和丰满本书目的知识分类体系。

本书目著录信息包括:顺序号、书名、责任者、出版地、出版者、出版年、版次、版本类型、形态细节、书号、价格、丛书名、内容简介等。

本书目依据《中国图书馆分类法》(第五版)的学科分类体系,分为二十二个大类:马克思主义、列宁主义、毛泽东思想、邓小平理论;哲学、宗教;社会科学总论;政治、法律;军事;经济;文化、科学、教育、体育;语言、文字;文学;艺术;历史、地理;自然科学总论;数理科学和化学;天文学、地球科学;生物科学;医药、卫生;农业科学;工业技术;交通运输;航空、航天;环境科学、安全科学;综合性图书。各学科书目将分卷陆续出版。

本书目为便于读者查找,每卷书目均附有书名索引及作者索引。

本书目收书数量庞大,包含所有学科,参加编辑工作的人员限于自身经验和水平,一定会有错误或不当之处,恳请专家和读者批评指正,同时也希望对本书目遗漏的图书提供相关线索和资料,以便后续加以补编。

本书目在编纂过程中得到了国家图书馆的大力支持,在此表示衷心的感谢!

凡　例

一、收录范围

1. 本书目收录范围：截止到 1999 年 12 月 31 日，中国历代出版发行的所有汉文图书，包括已翻译为汉语的少数民族语言文献及外语图书；以中国出版的汉文图书为主，同时有选择地收录国外的汉文图书；1949 年以后的出版物以正式出版物为主，少量收录非正式出版物；涉及多学科丛书或多卷书，仅收与本卷相关的某一子目或某一子卷的图书，其他类不作收录；对于同一种书的不同版本，根据图书的出版发行情况选择性收录。

2. 本书目的学科分类以《中国图书馆分类法》（第五版）的分类体系为基本框架，涵盖二十二大类。凡涉及两个以上学科内容的图书，将分别在所涉及的学科书目中体现。

3. 本书目不收录以下出版物：

根据中华人民共和国国务院令第 343 号国务院 2001 年 12 月 25 日发布的《出版管理条例》第二十五条，任何出版物不得含有下列内容：反对宪法确定的基本原则的；危害国家统一、主权和领土完整的；泄露国家秘密、危害国家安全或者损害国家荣誉和利益的；煽动民族仇恨、民族歧视，破坏民族团结，或者侵害民族风俗、习惯的；宣扬邪教、迷信的；扰乱社会秩序，破坏社会稳定的；宣扬淫秽、赌博、暴力或者教唆犯罪的；侮辱或者诽谤他人，侵害他人合法权益的；危害社会公德或者民族优秀文化传统的；有法律、行政法规和国家规定禁止的其他内容的。

4. 鉴于本书目的任务是全面记录汉文图书的出版历程，本着客观记录的原则，采取有书即录的方针，对所涉及的图书在编排上做适当处理，以便于读者正确鉴别使用。

二、编排说明

1. 全书条目的排序遵循图书的学科分类、出版时间的顺序。同一部著作多次出版，且出版年不同的，以最早出版时间确定排序位置，其他条目按出版时间，依次排序。多卷书的出版顺序与卷次号的顺序不同的，均按出版时间先后次序排序。本书目各卷在学科分类与出版时间排序的基础上，凡书名、作者和出版者需单独排序时，以汉语拼音音序进行编排。

2.本书目以《中国图书馆分类法》（第五版）的分类体系为基本框架，对所录图书进行全面梳理、分类和著录。每个学科分卷的书目分三个层级类目，当某类图书的条目量较大时，将酌情细分，并根据文献的具体内容、文献数量，酌情对部分类目做出调整。

3.本书目采用双栏排版格式进行编排。

三、著录项目

1.著录内容包括：顺序号、书名、责任者、出版地或发行地、出版者、出版年、版次、版本类型、形态细节、书号、价格、丛书名、内容简介，共十三个项目。

（1）顺序号：单个条目在书目中的唯一编号。本书目顺序号由一个大类编号字母和7位阿拉伯数字构成，且每一条书目的顺序号在全书中均是唯一的。

（2）书名：包括正书名、副书名、分卷册名、又名、合订书名等。所有副书名、分卷册号或分卷册名，一律置于书名后的圆括号内，之间用空格隔开。若原书名缺失，则由编者给出自拟书名。有合订书名的条目，每一个书名作一条独立记录，外文书名、合订信息等统一在内容简介处作附加说明。

（3）责任者：包括著者、编纂者、译者、点校者、辑注者、编者等。在涉及多个责任者的情况下，相同责任方式的责任者间以逗号隔开；不同责任方式的责任者间，以分号隔开。责任者采用原书照录，凡标明国别或朝代的外国或古代的责任者，均在人名前用括号表示。

（4）出版地或发行地：规定信息源所载出版者或发行者所在的城市名称。如果没有确切信息，该项不作著录。

（5）出版者：出版发行的机构名称。

（6）出版年：图书出版的时间。为方便读者查阅，本书目将年号纪年和民国纪年的出版年转换成公元纪年，并在其后以阿拉伯数字的形式置于方括号内。1949年以后台湾地区出版著作的出版年均采用公元纪年著录。原书出版时间缺失的，编者根据印刷时间及其他相关信息给出推测出版年。

（7）版次：图书出版第次的说明。若为第1版，则不著录。

（8）版本类型：包括刻本、抄本、活字本、石印本、影印本等。

（9）形态细节：

①册数：图书的实际装订册数。若为单册，则不著录。

②页数：图书的页面总数。除了"页"这一印刷常用的数量单位外，本书目根据图书的实际情况，会选择性地使用合适的计量术语如"幅""轴""张""叶"等。若该书是由多段页数的组合构成，则用加号连接；若著录的是多个分册的页数，则统一将页数信息放入册数信息后面的圆括号内，页数间以分号隔开。

③开本：图书的成品尺寸。常规开本以书籍高度来表示，后面用括号注明开本；若非常规开本，则用"高 × 宽 cm"的方式表示。

④装帧：图书的装帧形式，包括精装、线装、蝴蝶装、包背装、卷轴装等。若为平装书，则不著录。

（10）书号：统一书号和 ISBN 号。统一书号为我国 1987 年 1 月 1 日前使用的正式出版物的出版号；ISBN 号为我国 1987 年 1 月 1 日开始启用的国际标准书号。

（11）价格：图书出版时印刷在书上的定价，由币制符号和金额组成。币制符号："CNY"为人民币；"TWD"为新台币；"HKD"为港币。对于在不同历史时期出现的特殊币种则保留原形式。

（12）丛书名：包括丛书名、丛书编号等。丛书名信息统一著录于圆括号内。

（13）内容简介：包括图书的内容提要、书名及责任者的补充说明、适用范围以及其他著录内容的补充说明。

2. 本书目所收图书的时间跨度长、各时期出版情况的差异大，本着真实严谨的著录原则，除书名、责任者和出版时期外，其他类项均为非必录项。其中由编者考证添加的著录信息，加方括号"[ ]"以示区别。

四、索引及用字

1. 索引。本书目各大类均附有以拼音字母为序的书名索引、作者索引。部分多卷集如有卷册缺失，则索引中不显示。

2. 用字。本书目使用的汉字除了按规定必须使用的繁体字和异体字外，均以现行的简化字为标准。对于书名、作者中出现异形字，则依原书照录。个别图书因年代久远或出版原因造成文字不可辨认的，所缺字用"□"代替。

《艺术卷》编纂说明

　　一、本卷为艺术分卷。主要收录艺术类出版物。在编纂过程中，除参考了全书总编纂说明中所提及的资料外，还参考了《国家图书馆藏古籍艺术类编》《中国艺术百科辞典》等相关资料。

　　二、关于"艺术"的界定，古今中外，众说纷纭。"艺术"这一概念的产生晚于艺术类文献的产生，其内涵与外延随着时代的变迁不断变化。

　　中国在先秦时期就有了"艺"的概念，但是古代的"艺"和"艺术"，主要指各种专业技能，直到唐宋时期才有了与现代艺术观念相近的内涵。在书籍分类的历史中，以"艺术"为名类分列图籍，始自唐代。唐宋明清的官修书目中，均列有"艺术"（或"杂艺术""杂艺"）的类目，一直归属于经史子集四部中的子部，只是所收书目的内容范围除绘画以外并不稳定。

　　近代以来，随着西方文化的传入，艺术的观念和分类也发生着转变。比如：音乐脱离经部归入艺术类；原属子部艺术类杂技的棋射游戏等改入文化体育类……艺术类的收入范围渐渐稳定在除文学以外的艺术门类。因此，现代文化界及学术界对"艺术"的理解是对西方艺术观念和中国传统艺术思想加以融合的结果。

　　本书旨在服务于当代中国读者，因此主要取已被国内各大图书馆、情报文献单位所广泛接受的《中国图书馆分类法》（第五版）为图书分类依据。对于古籍部分，则根据文献的具体内容，并参考有关专家的建议，归入本书目相应的类目下，以便读者查询。

　　三、根据《中国图书馆分类法》（第五版），本卷收入艺术类下属的所有图书书目，包括艺术理论、美术考古、绘画、书法篆刻、雕塑、摄影艺术、工艺美术、音乐、舞蹈、戏剧曲艺杂技艺术、电影电视艺术等17万余种。

　　四、艺术类书目数量庞大、类目繁杂，编者在《中国图书馆分类法》（第五版）的分类体系的基本框架下，酌情对部分类目做了进一步调整。这样，既能清晰地展现中国历代艺术类图书发展的脉络，又便于读者理解和查阅。

总目录

艺术卷类目表

13 舞蹈

13.1 舞蹈理论

13.1.1 舞蹈艺术史

13.2 舞蹈技术和方法

13.3 中国舞蹈、舞剧

13.3.1 中国各种舞蹈

13.3.1.1 中国集体舞蹈

13.3.1.2 中国民族、民间舞蹈

13.3.1.3 中国儿童舞蹈

13.3.1.4 中国古典舞蹈、芭蕾舞、现代舞、歌舞

13.3.1.5 中国交际舞（交谊舞）

13.3.1.6 中国其他舞蹈（街舞、爵士舞、迪斯科等）

13.3.2 中国各种舞剧（民族舞剧、古典舞剧、儿童舞剧、芭蕾舞剧等）

13.4 各国舞蹈、舞剧

13.4.1 各国各种舞蹈

13.4.1.1 各国民族、民间舞蹈和儿童舞蹈

13.4.1.2 各国古典舞蹈、芭蕾舞、现代舞、歌舞

13.4.1.3 各国交际舞（交谊舞）

13.4.1.4 各国其他舞蹈（JAZZ 舞、迪斯科、霹雳舞、街舞等）

13.4.2 各国各种舞剧（民族舞剧、古典舞剧、儿童舞剧、芭蕾舞剧等）

13.5 舞蹈事业

14 戏剧、曲艺、杂技艺术

14.1 戏剧艺术理论

14.1.1 戏剧美学、戏剧艺术理论基本问题

14.1.2 戏剧工作者、戏剧艺术创作方法

14.1.3 戏剧评论、欣赏和戏剧造型艺术理论

14.1.4 戏剧艺术史、戏剧艺术流派及其研究

14.2 戏剧舞台艺术

14.2.1 戏剧舞台艺术——导演学

14.2.2 戏剧舞台艺术——表演学

14.2.3 戏剧舞台美术（舞台设计）、舞台技术

14.2.4 戏剧化装、戏剧服装

第一分册目录

艺 术 理 论

J000001
美术的起源　蔡元培讲
[1920] 80 页 19cm（32 开）

　　本书是演讲集。内容涉及世界各民族在原始时代的图案、装饰、歌舞、音乐等。作者蔡元培（1868—1940），教育家、革命家、政治家。字鹤卿，又字仲申，号民友、孑民，浙江绍兴府山阴县（今浙江绍兴）人，原籍浙江诸暨。曾任南京临时政府教育总长，北京大学校长等。代表作有《中国伦理学史》《蔡元培美学文选》《蔡元培自述》等。

J000002
美术做学教　江苏各县筹备义务教育联合办事处编
江苏 江苏各县筹备义务教育联合办事处
[1925—1935] 36 页 20cm（32 开）
（师资训练函授部讲义 16）

　　本书共 4 讲，包括：艺术教育的重要和美术科的目标；儿童研究和美术做、学、教的革新；美术的欣赏研究和制作；美术做、学、教的指导和问题。

J000003
什么是艺术　载人编
上海 经纬书局 [1935—1940] 93 页
15cm（40 开）（经纬百科丛书）

　　本书论述艺术与美；艺术的起源、分类、创作、鉴赏和批评；艺术与人生；艺术家的思想与生活等。

J000004
艺术教育之原理　朱元善著
上海 商务印书馆 民国五年 [1916]
154 页 17×25cm 定价：大洋三角
（教育丛书 第一集 4）

J000005
艺术论　（俄）托尔斯泰著；耿济之译
上海 商务印书馆 1921 年 269 页 19cm（32 开）
（共学社文学丛书）

　　作者托尔斯泰（Лев Николаевич Тол-стой, 1828—1910），俄国批判现实主义作家、思想家，哲学家。译名全称列夫·尼古拉耶维奇·托尔斯泰。出生于亚斯纳亚－博利尔纳，毕业于喀山大学。代表作有《战争与和平》《安娜·卡列尼娜》《复活》等。

J000006
艺术论　（俄）托尔斯泰著；耿济之译
上海 商务印书馆 1922 年 再版 269 页
18cm（32 开）定价：大洋七角
（共学社文学丛书）

J000007
艺术论　（俄）托尔斯泰（L.Tolstoy）著；耿济之译
上海 商务印书馆 1932 年 国难后 1 版
269 页 18cm（32 开）定价：大洋七角
（共学社文学丛书）

J000008
艺术论　（俄）列夫·托尔斯泰著；丰陈宝译
北京 人民文学出版社 1958 年 214 页 21cm（32 开）
统一书号：10019.739 定价：CNY0.70

译者丰陈宝（1920—2010），女，浙江崇德县人。丰子恺先生长女。毕业于重庆中央大学外文系。上海译文出版社编审、丰子恺研究会顾问。主要翻译出版的专著有辟斯顿《和声学》、雅谷《管弦乐法》和列夫·托尔斯泰《艺术论》等。

J000009

艺术论　（俄）托尔斯泰著；耿济之译
台北　远流出版事业股份有限公司　1989年
256页　21cm（32开）定价：TWD31.50
（西方经典丛书）

J000010

艺术谈概　东方杂志社编
上海　商务印书馆　1923年　81页　15cm（40开）
定价：大洋一角
（东方文库 68）
　　本书收录《赖斐尔》《法国大雕刻家陆亭》《意大利歌者喀露莎》《谷虚的新派绘画》《战后法国新艺术及其批评》《表现主义的艺术》《苏维埃俄国下的艺术》《印度美术及其近代之变迁》《建筑之柱头》《胜清画概》。

J000011

艺术学纲要　（日）黑田鹏信著；俞寄凡译
上海　商务印书馆　1923年　再版　122页
21cm（32开）定价：大洋四角
　　本书内容包括：艺术和艺术学；艺术的要素；艺术的分类；艺术的制作；艺术的手法样式及流派；艺术的鉴赏；趣味；艺术的起源；艺术和国民性和时代精神；艺术的效果。

J000012

艺术学纲要　（日）黑田鹏信著；俞寄凡译
上海　商务印书馆　民国二十年［1931］3版
122页　21cm（32开）定价：大洋四角
　　译者俞寄凡（1891—1968），现代画家、美术教育家。江苏吴县人。别名俞义范。南京两江优级师范学堂毕业，后赴日本东京高等师范学校图画手工部学习。任上海美术专科学术教授兼师范部主任、高等师范科西洋画主任，上海艺术学会会长，新华艺术专科学校教授、校长，南京中央大学教授等职。著作有《艺术概论》《近代西洋绘画》《人体美之研究》等，译作《美学纲要》。

J000013

艺术概论　（日）黑田鹏信著；丰子恺译
上海　开明书店　1928年　再版　101页　有图
19cm（32开）定价：大洋五角
　　本书内容包括：艺术的本质；艺术的分类；艺术的材料；艺术的内容；艺术的形式；艺术的起源；艺术的制作；艺术的手法与样式；艺术的鉴赏；艺术的效果等。译者丰子恺（1898—1975），画家、文学家、艺术教育家。原名丰润，又名仁、仍，字子觊，后改为子恺，笔名TK，浙江嘉兴人。作品有《缘缘堂随笔》、画集《子恺漫画》等。

J000014

艺术概论　（日）黑田鹏信著；丰子恺译
上海　开明书店　1929年　3版　100页　有图
18cm（32开）定价：大洋五角

J000015

艺术概论　（日）黑田鹏信著；丰子恺译
上海　开明书店　1930年　4版　101页　有图
19cm（32开）定价：大洋六角五分

J000016

艺术概论　（日）黑田鹏信著；丰子恺译
上海　开明书店　民国二十一年［1932］5版
100页　20cm（32开）定价：大洋六角五分

J000017

艺术概论　（日）黑田鹏信著；丰子恺译
上海　开明书店　1934年　6版　100页　19cm（32开）
定价：大洋六角五分

J000018

艺术概论　（日）黑田鹏信著；丰子恺译
重庆　开明书店　1945年　内1版　112页
19cm（32开）定价：国币一元三角

J000019

艺术概论　（日）黑田鹏信著；丰子恺译
上海　开明书店　1947年　8版　112页　17cm（40开）

J000020

艺术概论　（日）黑田鹏信著；丰子恺译
上海　开明书店　1948年　9版　112页　17cm（32开）

定价: 国币一元三角

J000021

艺术思潮　华林著

上海 出版合作社 1925年 70页 有图 19cm(32开)

定价: 大洋五角

　　本书收录《艺人生活》《罗马之印象》《卫尼司之艺术》《艺人浅识》《艺术之创造》《我之艺术观》等26篇文章。

J000022

罗斯金的艺术论　(英)约翰·罗斯金(J.Ruskin)著; 刘思训译

上海 光华书局 1927年 70页 19cm(32开)

定价: 大洋二角半

　　本书内容包括: 群众意识的评价、艺术之伟大、美、崇美、艺术界之环境、大空、上层云、中层云、下层云、山与平原、山雪、水之奇迹。

J000023

艺术三家言　傅彦长, 朱应鹏, 张若谷著

上海 良友图书印刷公司 1927年 400页

有图 21cm(32开)精装 定价: 四元

　　本书分3卷。上卷为傅彦长著, 收录《艺术之标准》《中华民族有艺术文化的时候》《艺术与时代精神》《艺术与科学》《研究中国音乐所应该有的态度》等32篇; 中卷朱应鹏著, 收录《正统嫡派的艺术思想》《艺术的欣赏》《艺术家与气节》《艺术与运动》《研究国画的几种重要书籍》等23篇; 下卷为张若谷著, 收录《研究音乐的步骤》《歌剧的乐式》《中国国歌沿革考》《风琴输入中国考》等26篇。

J000024

艺术文集　华林著

上海 光华书局 1927年 128页 20cm(32开)

　　本书收录《艺人生活》《罗马之印象》《深密派之绘画》《艺术世界》《沙华勒之绘画》《艺术与公共生活》《柱石之进化》等46篇。

J000025

艺术文集　华林著

上海 光华书局 1931年 178页 18cm(32开)

定价: 大洋五角

J000026

艺术文集　华林著

上海 大光书局 1936年 再版 178页 19cm(32开)

J000027

沧浪美　苏州美术专门学校, 苏州美术馆出版科编

苏州 沧浪美术社 1928年 100页 有图 19cm(32开)

　　本书收录《扉语》(欧阳予倩)、《最近各国美术界之新趋势》(周礼恪)、《新艺术建设的途径》(黄觉寺)、《我所希望于艺术界者》(颜文樑)、《美育在教育上的价值》(蒋吟秋)、《我们有音乐的需要么》(戴逸青)、《裴多芬氏最后之奏鸣乐》(顾寅)、《美术演讲》(徐悲鸿)、《沧浪真美啊》(郑逸梅)、《艺术是什么》(宜生)等25篇文章。书前有画15幅。

J000028

艺术的将来　马斯科尔文(L.R.McColvin)著; 徐霞村译

上海 北新书局 1928年 69页 15cm(40开)

(明日丛书)

J000029

艺术家的难关　邓以蛰著

北京 古城书社 1928年 100页 有图 19cm(32开)定价: 大洋五角

　　本书收录《艺术家的难关》《诗与历史》《戏剧与道德的进化》《戏剧与雕刻》《中国绘画之派别及其变迁》《观林风眠的绘画展览因论及中西画的区别》《对于北京音乐界的请求》《民众的艺术》。作者邓以蛰(1892—1973), 美学家、美术史家。字叔存, 安徽怀宁人, 毕业于日本早稻田大学。邓石如的五世孙, 邓稼先之父。曾在清华大学、北京大学、燕京大学、厦门大学任教授。主要作品有《画理探微》《六法通铨》《书法欣赏》等。

J000030

艺术简论　(日)青野季吉著; 陈望道译

上海 大江书铺 1928年 68页 16cm(25开)

定价: 大洋一角五分

(文艺理论小丛书)

　　本书从日本文艺评论家青野季吉的几部著

作中，抽取与艺术有关的部分翻译而成，共分 9 篇，内容包括何谓艺术、最古的艺术、封建时代和资产阶级的艺术等，并在书中论及艺术的流派。书前有译者的《附在篇头》。

J000031

艺术简论 （日）青野季吉著；陈望道译
上海 大江书铺 1929 年 再版 68 页 16cm（25 开）
定价：大洋一角五分
（艺术理论小丛书）

J000032

艺术十二讲 张若谷编
上海 昆仑书局 1928 年 108 页 19cm（32 开）

本书收录《画与看画的人》（张道藩）、《交际跳舞》（唐槐秋）、《影戏与文学》（田汉）、《今后中国到文艺复兴之途径》（李金发）、《中西艺术思想不同的要点》（傅彦长）、《法国国民性及近代文学》（徐蔚南）、《写实与美学》（陈抱一）、《美术与社会》（丁衍庸）、《如何研究艺术》（田二舟）、《音乐教育》（仲子通）、《歌谣的来源及其价值》（乐嗣炳）、《中国民众音乐》（张若谷）。

J000033

革命与艺术 柯仲平著
上海 狂飙出版部 1929 年 133 页 13cm（50 开）
精装

本书共 8 讲，内容包括：革命与艺术成果有密切的关系否、艺术与革命宣传、怎样才能实现革命艺术、人类追求着的至高生活等内容。

J000034

革命与艺术 柯仲平著
西安 西安新秦日报馆 1929 年 106 页 18cm（15 开）定价：国币四毛五分

J000035

民众艺术夜话 （日）麦克林等著；艺园译
厦门 世界文艺书社 1929 年 74 页 19cm（32 开）
定价：三角五分
（世界文艺丛书）

本书收录《民众艺术是什么》《民众艺术底要素》《民众艺术底种类》《民众艺术与教育》《艺术底分野》《文艺概观》《艺术与无产阶级》《资本主义与艺术》。

J000036

现代艺术十二讲 （日）上田敏著；丰子恺译
上海 开明书店 1929 年 215 页 有图 19cm（32 开）定价：大洋一元七角

本书论述了现代的文学、艺术、精神、小说、绘画、音乐等。书前有森林太郎的《柳村遗稿题辞》及译者序言。译者丰子恺（1898—1975），画家、文学家、艺术教育家。原名丰润，又名仁、仍，字子觊，后改为子恺，笔名 TK，浙江嘉兴人。作品有《缘缘堂随笔》、画集《子恺漫画》等。

J000037

现代艺术十二讲 （日）上田敏著；丰子恺译
上海 开明书店 1930 年 再版 215 页 有图 19cm（32 开）定价：大洋一元二角

J000038

艺术家及其他 徐蔚南著
上海 真美善书店 1929 年 238 页 有图 19cm（32 开）定价：大洋七角五分

本书收录《贝多芬传》（罗曼·罗兰）、《剑赞》（梅特林克），以及徐蔚南的《法国文学的特长》《电影的文艺化》《影戏的特长》等 14 篇。

J000039

艺术论 （苏）卢那卡尔斯基著；鲁迅译
上海 大江书铺 1929 年 199 页 19cm（32 开）
定价：大洋六角五分

本书收录《艺术与社会主义》《艺术与产业》《艺术与阶级》《美及其种类》《艺术与生活》。书末附《美学是什么》。作者卢那卡尔斯基（Анатолнй Вас-нльевич лучарский，1875—1933），苏联社会活动家、文学理论家、哲学家。亦译卢那塞尔斯基。主要著作有《实证美学的基础》《马克思主义与美学·艺术对话录》《列宁与文艺学》等。

J000040

艺术论 （苏）卢那卡尔斯基著；鲁迅译
上海 大江书铺 1930 年 再版 105 页 19cm（小 32 开）
（艺术理论丛书）

译者鲁迅（1881—1936），中国现代文学家、思想家。生于浙江绍兴，祖籍河南汝南县。原姓周，幼名樟寿，字豫山，后改为豫才，青年以后改名树人。公费留学日本，五四新文化运动的重要参与者。发表中国史上第一篇白话小说《狂人日记》，代表作还有小说集《呐喊》《彷徨》，杂文集《华盖集》《三闲集》等。著作收入《鲁迅全集》。

J000041

艺术论　（苏）卢那卡尔斯基著；鲁迅译
上海　大江书铺　1930 年　3 版　105 页　19cm（32 开）定价：大洋六角五分
（艺术理论丛书 1）

J000042

艺术论　（日）金子筑水著；蒋径三译
上海　明日书店　1929 年　111 页　13cm（60 开）
本书共 11 章，论述艺术的不可解、艺术美、功利的艺术观、艺术的主观性、艺术与学术、艺术与实际及道德、艺术与宗教、艺术的独自性等。

J000043

艺术论　（俄）蒲列哈诺夫著；林柏重译
上海　南强书局　1929 年　152 页　19cm（32 开）
定价：大洋六角
本书收录《论艺术》《原始民族的艺术》《再论原始民族的艺术》3 篇书信体论文。作者现通译为：普列汉诺夫。普列汉诺夫（Георгий Валентинович Плеханов，1856—1918），全名：格奥尔基·瓦连廷诺维奇·普列汉诺夫。俄国马克思主义理论家，俄国和国际工人运动和社会主义运动的活动家、文艺理论家、美学家。

J000044

艺术论　（俄）蒲力汗诺夫著；鲁迅译
上海　光华书局　1930 年　21+212 页　有肖像
20cm（32 开）定价：七角五分
（科学的艺术论丛书 1）

J000045

艺术论　（俄）蒲力汗诺夫（Г.В Плеханов）著；鲁迅译
北京　人民文学出版社　1957 年　119 页　21cm
（32 开）统一书号：10019.527 定价：CNY0.48
作者现通译为：普列汉诺夫。

J000046

艺术哲学 ABC　徐蔚南著

上海　ABC 丛书社　1929 年　99 页　19cm（32 开）
定价：五角
（ABC 丛书）
本书内容分上、下编。上编"艺术的性质"，论述艺术与模仿、人物事件的理论的表现、建筑与音乐的考察等，共 7 章；下编"艺术品的制作"，论述艺术品产生法则的立足点、植物与艺术品的比较、希腊罗马的情境等，共 11 章。根据法国戴纳所著的《艺术哲学》第一编改写。

J000047

艺术之民族性与国际性　叶秋原著
上海　联合书店　1929 年　250 页　19cm（32 开）
定价：大洋六角
本书内容分艺术论、文学论、艺术史论 3 部分，论述艺术的民族性、艺术与政治、艺术的意义、文艺复兴与浪漫运动、德国的表现派文学以及西洋艺术史等。

J000048

艺术之社会的基础　（外二篇）（苏）卢那卡尔斯基著；雪峰译
上海　水沫书店　1929 年　261 页　21cm（32 开）
本书收录《艺术之社会的基础》《关于艺术的对话》《新倾向艺术论》3 篇论文。译者全名：冯雪峰。

J000049

艺术之社会的基础　（外二篇）（苏）卢那卡尔斯基著；雪峰译
上海　水沫书店　1930 年　再版　261 页　有肖像
21cm（32 开）

J000050

现代艺术评论集　范祥善编辑
上海　世界书局　1930 年　[369] 页　19cm（32 开）
定价：大洋九角
（现代新文库 10）
本书收录《艺术与现实》（丏尊）、《中国画与西洋画》（丰子恺）、《论国剧运动》（马彦祥）、《何谓艺术》（林文铮）、《谈谈艺术运动》（李朴园）、《艺术与社会》（汤鹤逸）等 31 篇。

J000051

新兴艺术概论　（日）青野季吉等著；冯宪章译

上海 现代书局 1930年 291页 19cm（小32开）

　　本书收录《意识形态论》（藏原惟人）、《新兴艺术概论》（青野季吉）、《艺术与科学》（田口宪一）、《新兴文学的大众化与新写实主义》（小林多喜二）等12位日本左翼作家的论文12篇。

J000052

新兴艺术概论　（日）青野季吉等著；王集丛译
上海 辛垦书店 1930年 150页 19cm（32开）
定价：大洋四角

J000053

新兴艺术概论　（日）青野季吉等著；王集丛译
上海 辛垦书店 1936年 3版 150页 19cm（32开）

J000054

新艺术全集　新艺术社编
上海 光华书局 1930年 324页 18cm（32开）
精装 定价：大洋一元

　　本书收录《艺术与人生》（刘海粟）、《近代艺术的趋向》（倪贻德）、《新理想派之艺术观》（俞寄凡）、《艺术底灵魂》（汪亚尘）、《伟大的艺术》（腾固）、《纯观》（张嘉铸）、《东邻画展之狂热》（王济远）、《柯洛评传》（刘思训）、《意大利画坛之主帅》（吻从）、《中国绘画史》（潘天寿）、《美》（John Ruskin 著，刘思训译）等42篇。

J000055

新艺术全集　新艺术社编
上海 大光书局 1935年 3版 324页 19cm（32开）

J000056

艺术论集　李朴园著
上海 光华书局 1930年 244页 19cm（32开）
定价：大洋八角

　　本书收录《罗雯尔前派》《十九世纪艺术的演变史》《艺术大会与艺术运动》。

J000057

艺术社会学　（苏）符拉齐米尔·弗理契（V.M. Friche）著；刘呐鸥译
上海 水沫书店 1930年 368页 有图 20cm（32开）定价：一元四角
（马克思主义文艺论丛 1）

　　本书共21章，包括：艺术社会学底问题、艺术底发生、艺术底社会机能、艺术底生产形式、美术底隆盛和衰颓、艺术底两个根本典型、绘画底两种典型、色彩底社会学、工业资本主义底艺术等。据日译本转译。书名原文：Социология искусства.

J000058

艺术社会学　（苏）V.佛理采著；胡秋原译
上海 神州国光社 1931年 ［11］+400页
有图 19cm（32开）定价：一元四角
（白沙社丛书）

　　著者现通译为：弗理契。

J000059

艺术社会学　（苏）V.佛理采著；胡秋原译
上海 神州国光社 1933年 ［11］+400页
有图 19cm（小32开）
（唯物史观艺术理论丛书 2）

J000060

艺术社会学　（苏）佛理采著；胡秋原译
上海 言行出版社 1938年 ［11］+400页
有图 ［19cm］（32开）
（大学文库 第1辑 唯物史观艺术理论丛书 2）

J000061

艺术社会学　（苏）弗理契著；天行译
上海 作家书屋 1947年 365页 17cm（32开）

J000062

艺术的社会主义　（苏）胡里契著；刘百馀节译
上海 万叶书店 1952年 91页 20cm（32开）
定价：旧币 10,500元

　　著者现通译为：弗理契

J000063

艺术社会学底任务及问题　（苏）V.M.莆理契著；雪峰译
上海 大江书铺 1930年 54页 15cm（40开）
定价：大洋一角五分
（文艺理论小丛书）

　　本书是著者在1926年出版的《艺术社会学》的概要，据藏原惟人日译本重译，书前有译者序志。著者现通译为：弗理契。译者全名：冯雪峰。

J000064

艺术与科学　曾仲鸣著

上海 嘤嘤书屋 1930 年 150 页 19cm（32 开）

定价：大洋三角

　　本书收录《艺术与科学》《艺术与民众》《艺术家与自然》《纪念苏曼殊》《司梯芬生传》《科学与杀人》《文学与科学》《巴黎巴士德学院》《科学家的文学》等 14 篇。

J000065

何谓艺术　林文铮著

上海 光华书局 1931 年 241 页 22cm（10 开）

定价：大洋八角

　　本书收录《何谓艺术》《由艺术之循环律而探讨现代艺术之趋势》《心灵之解放者》《中国艺术之重要》《青年与艺术》《科学家与艺术家之责任》等 15 篇。

J000066

论艺术　（德）马克思，（苏）列宁著

中外艺术研究社 1932 年 164 页 19cm（32 开）

定价：六角

J000067

苏州美专一九三二年级级刊　苏州美专编

苏州 苏州美术专科学校［1932 年］74 页

有图 26cm（16 开）精装

　　本刊介绍该校应届国画系、西画系、艺教系毕业生的作品，并附作者简介。书前有该校教职工的照片和作品等。

J000068

唯物史观艺术论　（普列汉诺夫及其艺术理论之研究）胡秋原著

［上海］神州国光社 1932 年 780 页

19cm（32 开）

（唯物史观艺术理论丛书）

　　本书内容包括：第 1 章绪言；第 2 章艺术理论家普列汉诺夫之性质；第 3 章艺术之本质；第 4 章艺术与经济；第 5 章艺术之起源；第 6 章艺术之进化与发展；第 7 章文艺上个性与社会性之考察；第 8 章普列汉诺夫与艺术批评；第 9 章俄国科学的美学及社会的文艺批评之先驱；第 10 章普列汉诺夫之方法论。书后有《普列汉诺夫传》和附录 6 篇。

J000069

艺术概论　俞寄凡编著

上海 世界书局 1932 年 144 页 20cm（32 开）

定价：银七角五分

　　本书内容包括：第 1 章"总论"；第 2 章"艺术之独立性"；第 3 章"艺术之社会性"；第 4 章"结论"。作者俞寄凡（1891—1968），现代画家、美术教育家。江苏吴县人。别名俞义范。南京两江优级师范学堂毕业，后赴日本东京高等师范学校图画手工部学习。任上海美术专科学术教授兼师范部主任、高等师范科西洋画主任，上海艺术学会会长，新华艺术专科学校教授、校长，南京中央大学教授等职。著作有《艺术概论》《近代西洋绘画》《人体美之研究》等，译作《美学纲要》。

J000070

艺术与社会　徐朗西著

上海 现代书局 1932 年 101 页 19cm（32 开）

定价：四角五分

　　本书收录《艺术与社会》《影戏与社会》《艺术社会主义》《人生之解放》《音乐之起源》《国家与艺人》等 12 篇。

J000071

艺术与社会　徐朗西著

［台北］［现代书局］1937 年 101 页 18cm（32 开）

定价：四角

J000072

从社会学见地来看艺术　（法）居友（J.M.Guy-au）著；王任叔译

上海 大江书铺 1933 年 232 页 19cm（32 开）

　　本书共 5 章，包括：社会的结合性、可作为社会性之原动力及新社会环境之创造力的天才、在批评里的共感与社会性、在艺术中个人的及社会的生活之表现、写实主义——卑俗主义及其避免之方法等。书末附原著解说、重译者附语。

J000073

艺术学大纲　张泽厚著

上海 光华书局 1933 年 105 页 19cm（32 开）

　　本书共 12 讲，包括：艺术的起源、艺术的发展、艺术的目的性、艺术与他种科学、造型艺术创作论等。

J000074
艺术之起源 （德）E. 格罗塞（E.Grosse）著；陈易译
上海 大东书局 1933 年 418 页 有图 19cm
（32 开）定价：大洋一元五角
　　作者格罗塞（Ernst Grosse, 1862—1927），德国艺术史家、社会学家。曾任弗赖堡大学教授。主要著作有《艺术的起源》《艺术科学研究》《东亚绢画》《东亚雕塑》等。

J000075
艺术的起源 （德）E. 格罗塞著；蔡慕晖译
上海 商务印书馆 1937 年 342 页 有图
19cm（32 开）精装 定价：国币一元二角
（汉译世界名著）

J000076
致弥罗 李宝泉著
上海 女子书店 1933 年 160 页 有图 16cm
（25 开）定价：大洋五角
（弥罗丛书）
　　本书收录《致死神》《人类的悲剧》《积极的悲观》《人的社会》《英雄与学者》《罗马的乞丐英雄》《艺术的启示与创造》《艺术的创作与批评》《自然与艺术》《站在现代艺术品面前》《我在与艺术的创造》《中国艺术界的前路》《我在巴黎》《咖啡馆里的弥罗》等 20 篇。

J000077
艺术趣味 丰子恺著
上海 开明书店 1934 年 135 页 18cm（32 开）
定价：大洋四角
（开明青年丛书）
　　本书收录《对于全国美展的希望》《从梅花说到美》《艺术鉴赏的态度》《美的教育》《为什么学图画》《绘画之用》《儿童画》《我的学画》《音乐之用》《儿童与音乐》《女性与音乐》等 22 篇，书前有作者的《付印记》。作者丰子恺（1898—1975），画家、文学家、艺术教育家。原名丰润，又名仁、仍，字子觊，后改为子恺，笔名 TK，浙江嘉兴人。作品有《缘缘堂随笔》、画集《子恺漫画》等。

J000078
艺术趣味 丰子恺著

上海 开明书店 1935 年 再版 135 页
18cm（小 32 开）
（开明青年丛书）

J000079
艺术趣味 丰子恺著
上海 开明书店 1939 年 3 版 135 页 18cm（32 开）
（开明青年丛书）

J000080
艺术趣味 丰子恺著
上海 开明书店 1942 年 135 页 18cm（32 开）
（开明青年丛书）

J000081
艺术趣味 丰子恺著
上海 开明书店 民国三十七年［1948］特 1 版
135 页 18cm（32 开）定价：国币一元三角
（开明青年丛书）

J000082
艺术趣味 丰子恺著
香港 港青出版社 1979 年 135 页 20cm（32 开）
定价：HKD5.00

J000083
艺术丛话 丰子恺著
上海 良友图书印刷公司 1935 年 434 页
15cm（40 开）精装 定价：大洋九角
（良友文库 6）
　　本书收录《最近世界艺术的新趋势》《商业艺术》《大众艺术的音乐》《将来的绘画》《乐圣裴德芬恋爱故事》《中国的绘画思想》《东洋画六法的理论的研究》《音乐与文学的握手》《歌剧与乐剧》等 13 篇。书前有作者的《付印记》。

J000084
艺术论集 丰子恺等著
上海 中华书局 1935 年 124 页 19cm（32 开）
定价：银三角
（新中华丛书）
　　本书收录丰子恺的《最近世界艺术的新趋势》《大众艺术的音乐》《商业艺术》、宗白华的《哲学与艺术》、凌琳如的《二十世纪的西洋画派》、王光祈的《中国音律之进化》、傅雷的《音乐之史的发展》、凌丽茶的《音乐与科学》。

J000085
现代艺术论　张牧野著
北平 张牧野［自刊］1936 年 122 页 有图
19cm（32 开）定价：国币六角
　　本书由著者讲义及演讲稿集编而成，论述了
美术史、绘画史和艺术教育等方面的问题，分为
美术思潮的出发点、艺术现代化、艺术教育、现
在中国的国画和西画、中国现代艺术走到哪里去
等 18 章。书前有著者的《自己的话》《再说自己
的话》等。

J000086
艺术学新论　（日）甘粕石介著；谭吉华译
上海 辛垦书店 1936 年 193 页 22cm（20 开）
定价：大洋七角
　　本书共 8 章，包括：德意志观念论底美学、
实证的艺术理论、现代日本底美学、艺术社会
学、艺术与科学、艺术的世界观、创作方法与世
界观、天才。

J000087
科学的艺术论　苏联康敏学院文艺研究所编
辑；适夷译
重庆 读书生活出版社 1940 年 184 页
18cm（小 32 开）
　　本书分"社会生活中艺术的地位"、"关于文
学的遗产"、"观念形态的艺术" 3 部分，是苏联共
产主义学院文艺研究所的两位研究员辑集马克
思、恩格斯著作及书信中有关文艺的论述而成。
译者全名：楼适夷。

J000088
科学的艺术论　苏联康敏学院文艺研究所编
辑；适夷译
重庆 读书生活出版社 1942 年 再版 184 页
18cm（15 开）定价：国币 26 元

J000089
科学的艺术论　苏联康敏学院文艺研究所编
辑；适夷译
重庆 读书生活出版社 1942 年 3 版 184 页
18cm（15 开）

J000090
科学的艺术论　苏联康敏学院文艺研究所编；
适夷译
大连 读书生活出版社 1948 年 184 页
19cm（32 开）

J000091
马克思恩格斯列宁论艺术　周扬编校；曹葆
华，天蓝译
延安 鲁迅艺术文学院 1940 年 130 页
19cm（32 开）定价：四角五分
（鲁艺丛书 1）
　　译者曹葆华（1906—1978），诗人、翻译家。
四川乐山人。原名宝华，别名伊人。毕业于清华
大学研究院。曾任中华文化基金董事会专职翻
译，延安鲁艺文学系教师，中共中央宣传部俄文
翻译室主任，中国科学院哲学社会科学部外国文
学研究所研究员等。著有《抒情十三章》《寄诗
魂》《落日颂》等，译有《现代诗论》《党的组织和
党的文学》《马克思恩格斯论艺术》等。

J000092
艺术通论　向培良著
长沙 商务印书馆 1940 年 162 页
18cm（32 开）定价：国币一元
　　本书共 10 章，从本质、假象、内容、形式、
材料、探源、创作、鉴赏、思潮、效果方面进行
论述。

J000093
新艺术论　蔡仪著
重庆 商务印书馆 1943 年 初版 192 页
18cm（32 开）定价：国币 2 元(渝版土报纸)
　　本书为艺术理论专著，全书共 8 章。内容包
括：艺术的认识、艺术的表现、艺术的相关诸属
性、典型、描写、现实主义、艺术的美与艺术评
价等。

J000094
新艺术论　蔡仪著
重庆 商务印书馆 1944 年 再版 192 页
18cm（32 开）定价：国币 2 元(渝版手工本)

J000095
新艺术论　蔡仪著

重庆 商务印书馆 1945 年 3 版 192 页
17cm（32 开）定价：国币 2 元（渝版熟料纸本）

J000096

新艺术论　蔡仪著
上海 商务印书馆 1946 年 初版 192 页
18cm（32 开）定价：国币 2 元

J000097

新艺术论　蔡仪著
上海 商务印书馆 1947 年 再版 192 页
19cm（32 开）定价：国币三元五角

J000098

新艺术论　蔡仪著
上海 商务印书馆 民国三十七年［1948］4 版
192 页 19cm（32 开）定价：国币三元五角

J000099

新艺术论　蔡仪著
上海 群益出版社 1950 年 增订本 271 页
20cm（32 开）定价：旧币十二元四角
　　本书书后有作者的新版小跋。

J000100

新艺术论　（增订本）蔡仪著
上海 新文艺出版社 1951 年 新 1 版 271 页
20cm（32 开）定价：旧币 13,800 元

J000101

新艺术论　蔡仪著
上海 上海书店 1992 年 影印本 192 页
19cm（小 32 开）ISBN：7-80569-729-9
定价：CNY2.90
　　（民国丛书）

J000102

新艺术论　蔡仪著
上海 上海书店 1992 年 影印本 192 页
19cm（32 开）精装 ISBN：7-80569-741-8
（民国丛书 第四编 美学·艺术类 61）
　　本书据商务印书馆 1947 年版影印。

J000103

艺术学习法及其他　丰子恺著

桂林 民友书店 1944 年 128 页 19cm（32 开）
（缘缘堂丛书）
　　本书收录《为青年谈艺术学习法》《为妇女
们谈音乐研究的态度》《最近世界艺术的新趋
势》《将来的绘画》《大众艺术的音乐》等 6 篇。
作者丰子恺（1898—1975），画家、文学家、艺术
教育家。原名丰润，又名仁、仍，字子觊，后改
为子恺，笔名 TK，浙江嘉兴人。作品有《缘缘堂
随笔》、画集《子恺漫画》等。

J000104

弘艺集
民国三十五年［1946］线装
　　本书是子杰先生民国 30—34 年所撰文章。

J000105

艺术的真实　（德）马克思著；郭沫若译
上海 群益出版社 1947 年 60 页 18cm（32 开）
（沫若译文集 六）
　　本书内容包括：抽象与具体性；思辨的方法
之虚伪的自由；思辨的文艺批评之畸形的一例；
苏泽里加大师之舞蹈观；布尔乔治的典型之理想
化；文学中的典型及社会关系歪曲之实例；布尔
乔治浪漫主义文学之肯定的典型之暴露等。作
者郭沫若（1892—1978 年），文学家、历史学家。
原名开贞，字鼎堂，号尚武，乳名文豹，笔名沫
若、麦克昂、郭鼎堂，四川乐山人，毕业于日本
九州帝国大学。历任中国科学院首任院长、中国
科学技术大学首任校长、苏联科学院外籍院士。
代表作《郭沫若全集》《甲骨文字研究》《中国史
稿》等。

J000106

科学的艺术概论　萨空了著
香港 春风出版社 1948 年 97 页 19cm（32 开）
定价：1.60
　　本书分 7 章，包括：建立艺术哲学之必要、
艺术的定义、什么决定着人类的美的概念、艺术
与社会的关系、新艺术建设的启示、艺术遗产的
批判接受、艺术的内容和形式。

J000107

艺术简说　潘澹明编
上海 中华书局 1948 年 106 页 有图 18cm（32 开）
定价：国币二元六角

（中华文库 初中第1集）

本书共 10 章，包括：艺术的特性；艺术的分类；艺术的材料；艺术的内容；艺术的形式；艺术的制作；艺术的手法流派和样式；艺术的鉴赏和批评；艺术的起源；艺术的效果。

J000108

艺术哲学 （法）泰勒（HippolyteAdolpheTaine）著；沈起予译

香港 群益出版社 1949 年 527 页 有图

21cm（32 开）定价：二十三元

（群益艺丛 9）

本书根据丹纳在美术学校的讲稿辑录而成，共分 5 篇，包括：论艺术品的性质与制作、意大利文艺复兴期的绘画、洼地诸国的绘画、希腊的雕刻、艺术上的理想。书前有作者序及译者的《泰勒的艺术哲学思想的出发点》。外文书名：Philosophie de l'art. 著者现通译为：丹纳（Hippolyte Adolphe Taine，1828—1893），法国哲学家、历史学家、文学评论家。除本书外，另著有《论拉封丹的寓言诗》《论智慧》等。

J000109

艺术哲学 （法）泰勒（HippolyteAdolpheTaine）著；沈起予译

上海 群益出版社 1949 年 527 页 +34 页图版

21cm（32 开）定价：二十八元

（群益艺丛 第九种）

著者现通译为：丹纳

J000110

艺术哲学 （法）泰勒（HippolyteAdolpheTaine）撰；沈起予译

上海 群益出版社 1949 年 527 页 21cm（32 开）

定价：二十三元

（群益艺丛 9）

著者现通译为：丹纳

J000111

艺术哲学 （法）丹纳（Taine，Hippolyte Adolphe）著；傅雷译

北京 人民文学出版社 1963 年 430 页

有图 20cm（32 开）统一书号：10019.1707

定价：CNY2.75（精装），CNY2.25（平装）

译者傅雷（1908—1966），文学翻译家、外国

文学研究家。江苏南汇（今属上海市）人。字怒安，号怒庵，笔名小青等。就读于法国巴黎大学，曾任上海美专教授，中国作协上海分会理事及书记处书记等职，法国巴尔扎克研究协会会员。生平翻译外国名著多部，有《约翰·克利斯朵夫》《高老头》《托尔斯泰传》《贝多芬传》《艺术哲学》等，代表著作《傅雷家书》。

J000112

艺术哲学 （法）丹纳（Taine，Hippolyte Adolphe）著；傅雷译

北京 人民文学出版社 1987 年 重印本

430 页 +［56］页图版 20cm（32 开）

统一书号：10019.1707 定价：CNY2.25

（外国文艺理论丛书）

J000113

艺术哲学 （法）丹纳（Taine，Hippolyte Adolphe）著；傅雷译

合肥 安徽文艺出版社 1991 年 535 页 20cm（32 开）

ISBN：7-5396-0631-2 定价：CNY7.50

（傅雷译文集）

J000114

艺术哲学 （法）丹纳（Taine，Hippolyte Adolphe）著；傅雷译

兰州 敦煌文艺出版社 1994 年 28+534 页

18cm（小 32 开）ISBN：7-80587-219-8

定价：CNY12.80，CNY14.80（精装）

（傅雷译丹纳名作集）

J000115

艺术哲学 （法）丹纳（Taine，Hippolyte Adolphe）著；傅雷译

北京 人民文学出版社 1994 年 430 页 有图

20cm（32 开）ISBN：7-02-001799-1

定价：CNY14.15

J000116

艺术哲学 （法）丹纳（Taine，Hippolyte Adolphe）著；傅雷译

北京 人民文学出版社 1996 年 重印本

22+430 页 有图 20cm（32 开）

ISBN：7-02-001799-1 定价：CNY28.85

外文书名：Philsophie de L'Art.

J000117

艺术哲学 （法）丹纳（Taine, Hippolyte Adolphe）
著；傅雷译
合肥 安徽文艺出版社 1998 年 481 页
20cm（32 开） ISBN：7-5396-1717-9
定价：CNY19.80
（傅译名著系列）

J000118

艺术哲学 （法）丹纳（Taine, Hippolyte Adolphe）
著；傅雷译；傅敏编
郑州 河南人民出版社 1998 年 22+625 页
20cm（32 开） ISBN：7-215-04183-2
定价：CNY26.00
（傅雷译丹纳名作集）

J000119

科学的艺术论 苏联共产主义学院文艺研究
所编；楼建南译
北京 三联书店 1950 年 184 页 19cm（32 开）
定价：旧币 6.60
　　　本书是苏联共产主义学院文艺研究所的两
位研究员集马克思、恩格斯著作及书信中有关文
艺的论述而成。分"社会生活中艺术的地位"、"关
于文学的遗产"、"观念形态的艺术" 3 部分。

J000120

苏联美术教育及其它 （苏）费诺格诺夫著；
成都军官会文艺处译
成都 成都军官会文艺处 1950—1959 年 17 页
18cm（32 开）

J000121

艺术与社会 陈烟桥著
上海 商务印书馆 1950 年 128 页 15cm（40 开）
定价：CNY3.40
（人民百科小册）
　　　作者陈烟桥（1911—1970），版画家。曾用名
陈炳奎，笔名李雾城、米启郎。就读于广州市立
美术专科学校西画科和上海新华艺术专科学校
西洋画系。历任《新华日报》美术科主任，中国
美术家协会上海分会副秘书长、美协广西分会主
席等。代表作品有木刻《建设中的佛子岭》《鲁
迅和他的伙伴们》等。

J000122

列宁的反映论与艺术 （苏）苏波列夫著；谱
萱译
上海 中华书局 1951 年 70 页 19cm（32 开）
定价：三千四百元
　　　本书内容包括：艺术是现实的美术的反映；
形象——特定的反映现实的艺术手段；艺术的
真——艺术里的客观真理；资产阶级艺术的退化
与堕落；苏联的艺术——社会主义现实之真实的
反映；社会——政治的实践是艺术真理的标准。

J000123

列宁的反映论与艺术 （苏）苏波列夫著；谱
萱译
上海 中华书局 1951 年 再版 70 页
19cm（32 开）定价：三千四百元
（新时代小丛书 67）

J000124

马克思主义与现代艺术 （对于社会的现实
主义之探讨）（英）克林兼德（F.J.Klingender）撰；
未知译
北京 三联书店 1951 年 111 页 19cm（32 开）
定价：旧币 4,300 元

J000125

新美术讲话 黄茅著
广州 人间书屋 1951 年 84 页 17cm（32 开）
定价：旧币 3,000 元
（青年学习丛书）

J000126

新美术与新美育 温肇桐著
上海 大东书局 1951 年 88 页 19cm（32 开）
定价：旧币 4,500 元
　　　作者温肇桐（1909—1990），美术史论家、教
育家。笔名虞复，江苏常熟人，毕业于上海艺术
大学。历任华东艺术专科学校教授兼图书馆主
任、美术系副主任、硕士生导师，南京艺术学院
教授，中国美术家协会会员，江苏省美学会顾
问。著有《怎样教小学的美术》。

J000127

艺术的社会根源 （犹太）哈拉普（LouisHarap）
著；朱光潜译

上海 新文艺出版社 1951 年 219 页 20cm（32 开）
定价：旧币 11,600 元
　　外文书名：Social Roots of the Arts.

J000128

艺术概论讲义　湖北省武昌艺术师范学校编
武昌 湖北省武昌艺术师范学校［1951 年］
44 页 19cm（32 开）

J000129

新艺术论集　王朝闻著
北京 人民文学出版社 1952 年 280 页
20cm（32 开）定价：旧币 17,600 元
　　本书收集的 32 篇文章，是作者 1949—1951
年发表在《人民日报》等报刊上的。包括：《表面
精确不等于现实主义》《我们需要儿童画》《关于
接受遗产》《旧剧演技里的现实主义》《关于时事
漫画》《宣传画必须有说服力》《歌颂与暴露》《美
术与戏剧》《谈苏联的宣传画和讽刺画》等。

J000130

新艺术论集　王朝闻著
北京 人民文学出版社 1958 年 2 版 192 页 有图
20cm（32 开）统一书号：10019.786
定价：CNY1.20
　　作者王朝闻（1909—2004），雕塑家、文艺理
论家、美学家。生于四川合江。别名王昭文，更
名王朝闻，笔名汶石、廖化、席斯珂。就读于成
都艺专、杭州国立艺专。历任中央美术学院副教
务长、中国美术家协会副主席、中国艺术研究院
副院长等。代表作品《浮雕毛泽东像》《圆雕刘
胡兰像》等。

J000131

艺术中的阶级性与民族性　（日）藏原惟人
著；文之译
上海 上杂出版社 1953 年 119 页 17cm（32 开）
定价：旧币 4,200 元
　　作者藏原惟人（1902—1991），别名佐藤耕
一、古川庄一郎、谷本清、柴田和雄、野崎雄
三。日本文艺评论家、翻译家、社会活动家。
主要著作：《新写实主义论文集》《新俄的文艺
政策》《艺术中的阶级性与民族性》《藏原惟人
评论集》等。

J000132

艺术概论　（苏）戈·涅陀希文著；杨成寅译；
中央美术学院华东分院研究室编
上海 中央美术学院华东分院［1954—1956 年］
19 页 27cm（16 开）
（美术参考资料 72）
　　译者杨成寅（1926—2016），美术理论家、雕
塑家。河南南阳市人，毕业于中央美院研究生班
并留校任教。曾任《美术理论资料》《美术译丛》
等刊物编辑，中国美术学院教授，中国美术家协
会会员。雕塑作品有《晨读》《汤显祖像》《谢文
锦像》等。

J000133

艺术概论　（苏）涅陀希文（ГНедошвин）著；
杨成寅译
北京 朝花美术出版社 1958 年 458 页 +［13］页
图版 21cm（32 开）统一书号：8028.1237
定价：CNY1.80
　　本书是概论性文艺学专著。内容包括：第 1
章"艺术是反映现实的形式"，集中讨论了艺术的
本质。作者认为艺术是社会意识形态之一，是反
映现实的形式。第 2 章"艺术与社会生活"，从艺
术与社会生活的关系中考察了艺术的性质和规
律，论及了艺术的上层建筑性、历史继承性、阶
级性、人民性等问题。第 3 章"艺术中的现实主
义"，分析了现实主义创作方法的进步性和局限
性。第 4 章"社会主义现实主义诸问题"，介绍了
社会主义现实主义这一概念的形成和发展过程，
以及这一概念所包含的思想内容和艺术特点。

J000134

社会主义国家的造型艺术　（苏）格拉西莫夫
（АМГерасимов）著；中苏友好协会总会编辑
北京 时代出版社 1955 年 14 页 19cm（32 开）
定价：CNY0.10
　　本书是格拉西莫夫在参加苏联文化代表团
访问我国期间所作的美术专题讲演稿。文中简
明地说明了社会主义造型艺术的目的、任务以及
它的社会主义现实主义、思想性和人民性的创
作原则，并扼要地介绍了苏联美术家们的创作
成就。

J000135

文艺干部学习材料　（四）中共青海省委宣传

部选
西宁 中共青海省委宣传部 1955 年 169 页
20cm(32 开)

J000136

中国近四十年来美术理论书目　温肇桐编
无锡 无锡华东艺专美术教研室 1955 年 油印
本 25 页 27cm(16 开)

　　作者温肇桐(1909—1990),美术史论家、教
育家。笔名虞复,江苏常熟人,毕业于上海艺术
大学。历任华东艺术专科学校教授兼图书馆主
任、美术系副主任、硕士生导师,南京艺术学院
教授,中国美术家协会会员,江苏省美学会顾
问。著有《怎样教小学的美术》。

J000137

和美术爱好者谈美术　北京群众艺术馆编辑
北京 大众出版社 1956 年 52 页 19cm(32 开)
统一书号:8071.3 定价:CNY0.32

J000138

和美术爱好者谈美术　北京群众艺术馆编
北京 北京出版社 1957 年 定价:CNY0.32

J000139

和美术爱好者谈美术 (第二集)北京群众艺
术馆编
北京 北京出版社 1959 年 104 页 19cm(32 开)
统一书号:8071.60 定价:CNY0.36

J000140

列宁纪念碑宣传计划的伟大作用 (苏)托
尔斯泰(Вл. Толстой)著;吕叔东译
上海 上海人民美术出版社 1956 年 28 页 有图
20cm(32 开)统一书号:8081.0935
定价:CNY0.26
(造型艺术理论译丛)

　　作者托尔斯泰(Лев Николаевич Тол-
стой,1828—1910),俄国批判现实主义作家、
思想家,哲学家。全名列夫·尼古拉耶维奇·托尔
斯泰。出生于亚斯纳亚－博利尔纳,毕业于喀
山大学。代表作有《战争与和平》《安娜·卡列尼
娜》《复活》等。

J000141

鲁迅论美术　鲁迅著;张望辑
北京 人民美术出版社 1956 年 254 页 有图及
肖像 21cm(32 开)定价:CNY1.60,CNY4.00
(精装)

　　本书从《鲁迅全集》《鲁迅书简》等书中汇编、
摘录鲁迅先生有关美术方面的著述,并加了必要
的注释。作者鲁迅(1881—1936),中国现代文学
家、思想家。生于浙江绍兴,祖籍河南汝南县。
原姓周,幼名樟寿,字豫山,后改为豫才,青年以
后改名树人。公费留学日本,五四新文化运动的
重要参与者。发表中国史上第一篇白话小说《狂
人日记》,代表作还有小说集《呐喊》《彷徨》,杂文
集《华盖集》《三闲集》等。著作收入《鲁迅全集》。

J000142

鲁迅论美术　鲁迅著;张望编
北京 人民美术出版社 1982 年 2 版 增订本
367 页 有图 21cm(32 开)
统一书号:8027.1047 定价:CNY1.90

　　编者张望(1916—1993),画家、思想家。原
名张发赞,笔名致平、克之、张抃,广东大埔县
百侯镇南山村人,代表作品《新美术评论集》。

J000143

为了把艺术介绍给人民　赖少其著
上海 上海人民美术出版社 1956 年 87 页 有图
19cm(32 开)统一书号:8081.1315
定价:CNY0.85

　　本书内容是作者 1953—1956 年在报章上
发表的 16 篇文章。包括:《发展美术创作》《生
活中少得了美术吗》《黄宾虹先生山水画册
"前言"》《伟大的民族绘画遗产——敦煌壁
画》《漫画是战斗的艺术》《"爱爱仇仇"》《工人
的画》《"肃清反革命分子画展"介绍》《伟大的
民族,美好的艺术》《风景、人物》《民主德国的
实用艺术》《伟大的现实主义版画家凯绥·珂勒
惠支》《"民主德国美术家在中国"的作品"序
言"》《艺术巨匠的杰作》《日本木刻家们为争取
和平与民族独立而斗争》《让劳动人民打扮得漂
亮些》。作者赖少其(1915—2000),艺术家。斋
号木石斋,广东普宁市人。毕业于广州美术专
科学校。历任上海美协副主席,中共安徽省委
宣传部副部长,广州市美术家协会名誉主席,
中国版画家协会副主席。

J000144

力群美术论文选集

北京 人民美术出版社 1958 年 218 页 有图

20cm（32 开）统一书号：8027.1311

定价：CNY1.70

　　作者力群（1912—2012），画家。原名郝力群。山西灵石人，毕业于国立杭州艺术专科学校。历任中国版画家协会副主席，山西省美术院名誉院长，山西省美术家协会名誉主席。木刻版画作品有《鲁迅像》《病》《收获》。

J000145

艺术的人民性 （苏）万斯洛夫（В.В.Ванслов）著；刘颂燕译

上海 新文艺出版社 1958 年 40 页 19cm（32 开）

统一书号：10078.1625 定价：CNY0.14

（文艺理论译丛 第三辑 6）

J000146

怎样组织农村美术小组   朱克可编写

上海 上海人民美术出版社 1958 年 42 页

18cm（15 开）统一书号：T8081.4287

定价：CNY0.20

（工农兵业余美术自学丛书）

　　本书分 5 章，包括：开展农村业余美术活动的关键在哪里；怎样组织农村业余美术工作者；怎样做好农村业余美术辅导工作；怎样培训农村业余美术骨干；怎样开展农村业余美术活动。

J000147

艺术院校招生升学指导与考试大纲 （1959 年暑期）中华人民共和国文化部编订

北京 高等教育出版社 1959 年 21 页 19cm（32 开）

统一书号：7101.312 定价：CNY0.05

J000148

艺术院校招生升学指导与考试大纲 （1960 年暑期）中华人民共和国文化部编订

北京 人民教育出版社 1960 年 61 页 19cm（32 开）

统一书号：7010.316 定价：CNY0.11

J000149

高等学校招生考试大纲   辽宁省教育厅编

沈阳 辽宁人民出版社 1961 年 43 页 19cm（32 开）

统一书号：K7090.666 定价：CNY0.11

　　本书为艺术学校 1960 年语文、数学、物理、化学、历史、俄语、英语考试大纲，1961 年政治、生物考试大纲。

J000150

柏拉图文艺对话集   朱光潜译

北京 人民文学出版社 1963 年 21cm（32 开）

精装 统一书号：1690 定价：CNY1.65

（外国古典文艺理论丛书）

　　本书内容包括：伊安篇——论诗的灵感、理想国——统治者的文学音乐教育、理想国——诗人的罪状、斐德若篇——论修辞术、大希庇阿斯篇——论美、会饮篇——论爱美与哲学修养、斐利布斯篇——论美感、法律篇——论文艺教育等。书后附《译后记——柏拉图的美学思想》。

J000151

柏拉图文艺对话集   朱光潜译

北京 人民文学出版社 1963 年 21cm（32 开）

定价：CNY1.20

（外国古典文艺理论丛书）

J000152

美工教材   河北省教育厅编

石家庄 河北人民出版社 1965 年 263 页

20cm（32 开）统一书号：7086.518

定价：CNY2.10

J000153

美术理论书目 （1912—1949 年）温肇桐编

上海 上海人民美术出版社 1965 年 56 页

19cm（32 开）统一书号：8081.5337

定价：CNY0.30

　　作者温肇桐（1909—1990），美术史论家、教育家。笔名虞复，江苏常熟人，毕业于上海艺术大学。历任华东艺术专科学校教授兼图书馆主任、美术系副主任、硕士生导师，南京艺术学院教授，中国美术家协会会员，江苏省美学会顾问。著有《怎样教小学的美术》。

J000154

美术理论书目 （1949—1979）温肇桐编

上海 上海人民美术出版社 1983 年 72 页

19cm（32 开）统一书号：8081.13020

定价：CNY0.26

J000155

艺术基本论 庞曾瀛著

台北 欧亚出版社 1965 年 104 页 有图 18cm（32 开）定价：TWD25.00, HKD5.00 （欧亚艺术丛书 3）

J000156

廿世纪之科学 （第十一辑 人文科学之部艺术）叶公超主编

台北 正中书局 1966 年 546 页 有图 21cm（32 开）

J000157

艺术概论 虞君质编著

台北 1972 年 再版 322 页 21cm（32 开）

　　本书为艺术理论教材，全书分为原理论、作家论、作品论、鉴藏论 4 编。

J000158

艺术概论 虞君质编著

台北 1979 年 再版 321 页 21cm（32 开）

J000159

艺术概论 虞君质编著

台北 1995 年 2 版 359 页 21cm（32 开） ISBN：957-52-1145-6

J000160

文艺哲学新论 赵雅博著

台北 商务印书馆 1974 年 400 页 21cm（32 开）定价：TWD134.00

J000161

马克思列宁主义艺术论 陈继法著

台北 黎明文化事业公司 1977 年 再版 190 页 20cm（32 开）定价：TWD40.00 （学术丛书）

J000162

艺术的奥秘 姚一苇著

台北 开明书店 1978 年 7 版 399 页 有图 20cm（32 开）定价：TWD2.30, TWD2.80（精装）

　　全书由《论鉴赏》《论想象》《论严肃》《论意念》《论模拟》《论象征》《论对比》《论完整》《论和谐》《论风格》《论境界》《论批评》12 篇专论组成。本书受亚里斯多德《诗学》影响，在对艺术诸范畴作整体的思考中，揭示艺术的规律。著者在写作中既注重内容与形式的统一，又把艺术的鉴赏、批评与创作熔为一炉。在每一问题的研讨中先作科学的界定，再以史的线索加以阐发，然后提出著者的见解。

J000163

艺术的奥秘 姚一苇著

桂林 漓江出版社 1987 年 387 页 19cm（32 开） ISBN：7-5407-0159-5 定价：CNY2.25 （艺谭丛书）

J000164

20 世纪艺术边缘学科译丛 张首映主编

北京 文化艺术出版社 1979—1992 年 ［8 册］ 20cm（32 开）

　　本套丛书包括：《文艺现象学》《艺术人类学、解释》《文学批评的哲学》《艺术与精神分析》《诗·语言·思》《艺术与世界宗教》《哲学与现代派艺术》《艺术与科学》。

J000165

美术基础知识 咸宁地区群众文化工作室编

咸宁 咸宁地区群众文化工作室 ［1979 年］ 275 页 有图 19cm（32 开）

　　本书介绍了速写、素描、中国画、油画、雕塑、木刻、剪纸、幻灯、黑板报、小展览等创作技法。

J000166

我们的世界 （第九册 艺术与娱乐事业）三通图书公司编

台北 三通图书公司 1979 年 有彩图 24cm（26 开） 精装 ISBN：962-03-0122-6 （麦美伦少年百科全书）

J000167

艺术概论 池振周著

台北 文史哲出版社 1979 年 137 页 20cm（32 开） 定价：TWD40.00

J000168

安格尔论艺术 （法）安格尔著；朱伯雄译

沈阳 辽宁美术出版社 1980 年 198 页 19cm（32 开） 统一书号：8117.1732 定价：CNY1.28

作者安格尔(Jean Auguste-Dominique Ingres，1780—1867)，法国画家。古典主义画派最后的代表人物。皇家美术院院士。曾任美术学院教授、副院长、院长。对艺术和美学的基本学说和思想主要集中在其日记形式的《安格尔笔记》中。主要作品有《路易十三的宣誓》《泉》《土耳其》等。译者朱伯雄(1932—2005)，美术史论家。别名羊石，出生于上海，祖籍浙江湖州，毕业于东北鲁迅艺术学院美术系。历任美国哈佛大学文理学院美术史论系客座教授，马来西亚艺术学院客座教授。代表作品有《世界美术史》《世界美术经典》等。

J000169

辞海　(艺术分册)《辞海》编辑委员会编

上海 上海辞书出版社 1980 年 35+430+33 页 21cm(32 开)统一书号：17187.19

定价：CNY1.90

J000170

现代艺术哲学　(英)赫拔特·里德(Herbert-Read)著；孙旗译

台北 东大图书公司 1980 年 增订版 334 页 有图 20cm(32 开)定价：旧台币 3.25

(沧海丛刊)

　　本书包括 4 部分 15 章。第 1 部分中心论述了现代艺术的起源及发展，强调文学艺术的发展与社会整体的发展是密不可分的。现代艺术的进化，是与现代社会生活的发展变化有着必然联系的。后 3 部分重点分析了现代艺术的某些艺术特性。具体内容包括：艺术的现代纪元；二次世界大战结束时期的欧洲艺术；现代绘画的命运；人性的艺术与非人性的自然；现代艺术的写实主义与抽象主义——写实主义与抽象主义；超现实主义与浪漫主义的原则；保罗·高庚；巴布罗·毕卡索；保罗·克利等。作者里德(Herbert Read, 1893—1968)，英国诗人、艺术批评家、美学家。英国美学学会主席。著有《艺术的真谛》《今日之艺术》《现代艺术哲学》等。

J000171

现代艺术哲学　(英)赫拔特·里德(Herbert Read)著；孙旗译

台北 东大图书公司 1980 年 增订初版 334+26 页 有图 22cm(16 开)精装

ISBN：957-19-0244-6 定价：TWD216.50

(沧海丛刊)

J000172

艺术概论提纲　《艺术概论》编写组编

[北京]《艺术概论》编写组 1980 年 235 页 19cm(32 开)

　　本书为高等艺术院校艺术理论教材。

J000173

美术大辞典　郑德坤等编译

台北 艺术家出版社 1981 年 675 页 22cm(30 开)

精装 定价：TWD780.00

(美术家工具书 1)

J000174

美术大辞典　郑德坤等编译

台北 艺术家出版社 1988 年 再版 675 页 22cm(30 开)精装 定价：TWD780.00

(美术家工具书 1)

J000175

英法中美术词汇　周方白，陆传纹编

北京 人民美术出版社 1981 年 104 页 19cm(32 开)统一书号：8027.7474

定价：CNY0.45

J000176

英汉对照美术专业词汇　叶志雄编

广州 广州美术学院 1981 年 292 页 19cm(32 开)

定价：CNY1.50

J000177

简明美术辞典　薛锋，王学林编

哈尔滨 黑龙江人民出版社 1982 年 513 页 21cm(32 开)精装 统一书号：8093.747

定价：CNY5.80

　　本辞典收入中外古今美术方面的常见词汇和用语 3650 条，其中一般知识部分 426 条，中国部分 2285 条，外国部分 939 条。书中附有彩色名画 100 幅。

J000178

艺术的修养　吕天明编著

台北 五洲出版社 1982 年 279 页 20cm(32 开)

定价：TWD120.00

J000179

艺术断想 潘旭澜著

天津 百花文艺出版社 1982年 214页 19cm（32开）
统一书号：10151.593 定价：CNY0.53

本书收录的26篇文艺随笔，着重就艺术性、艺术技巧、艺术鉴赏、艺术修养等方面，探讨了文艺创作中的艺术辩证法问题。

J000180

艺术家的眼睛 程代熙著

西安 陕西人民出版社 1982年 468页 21cm（32开）
统一书号：10094.333 定价：CNY1.50

本书为艺术理论著作。作者程代熙（1927—1999），编辑。笔名戈人，重庆人。历任人民文学出版社副编审、中国艺术研究院马克思主义文艺理论研究所副所长、中国社会主义文艺学会顾问，中国作家协会会员。出版有《新时期文艺新潮评析》《我们新眼看见的苏联》《沃罗夫斯基论文学》《马克思主义与艺术》等。

J000181

艺术与视觉心理学 （美）安海姆（R.Arnheim）著；李长俊译

台北 雄狮图书公司 1982年 再版 修订本 466页 有图 20cm（32开）定价：TWD250.00

本书内容包括：第1章"均衡"，收录《隐藏的结构》等；第2章"造形"，收录《视觉是主动的探索》等；第3章"形式"，收录《方向的改变》等；第4章"成长"，收录《为什么小孩子这样画画？》等；第5章"空间"，收录《分裂的平面》等；第6章"光线"，收录《对于光线的经验》等；第7章"色彩"，收录《造形与色彩》等；第8章"运动"，收录《时间与次序》等；第9章"张力"，收录《没有动作的运动》等；第10章"表情"，收录《内连结到外》等。外文书名：Art and Visual Perception.

J000182

艺术与视觉心理学 （美）安海姆著；李长俊译

香港 艺术家出版社 1983年 再版 修订本 466页 有图 21cm（32开）定价：HKD40.00

外文书名：Art and Visual Perception.

J000183

不到顶点 王朝闻著

上海 上海文艺出版社 1983年 362页 19cm（32开）
统一书号：8078.3404 定价：CNY1.00

本书是作者的千字文短论结集。这些短论涉及面广泛，在阐发某一艺术的规律时，有机地将电影、戏剧、舞蹈、美术等艺术结合起来进行赏析。作者王朝闻（1909—2004），雕塑家、文艺理论家、美学家。生于四川合江。别名王昭文，更名王朝闻，笔名汶石、廖化、席斯珂。就读于成都艺专、杭州国立艺专。历任中央美术学院副教务长、中国美术家协会副主席、中国艺术研究院副院长等。代表作品《浮雕毛泽东像》《圆雕刘胡兰像》等。

J000184

绘画 （试用本）全国中师美术教材编委会编

北京 人民美术出版社 1983年 89页 25cm（16开）
统一书号：8027.8513 定价：CNY1.85
（中等师范学校美术课本）

全书分5个分册，即《美术鉴赏》《绘画》《图案》《手工》《小学美术教学法》。

J000185

论艺术的特性 杜书瀛著

北京 人民文学出版社 1983年 216页 19cm（32开）
统一书号：10019.3468 定价：CNY0.53
（新文学论丛丛书）

本书介绍了艺术如何反映客观世界的特殊方式。从艺术创作的客体方面，论证了艺术独特的描写对象。从创作主体与客体相结合的角度，剖析了艺术形象产生的过程，进而探索艺术典型塑造的秘密。

J000186

美苑漫谈 李桦著

沈阳 辽宁美术出版社 1983年 209页 有图 19cm（32开）统一书号：8161.0308
定价：CNY0.76

本书收集了作者自1977年以来所写的38篇美术论文。作者李桦（1907—1994），教授、画家。曾用名浪沙、小泉。广东番禺人。毕业于广州市立美术学校，留学日本。历任中央美术学院教授兼版画系主任，中国文联全国委员，中国版画家协会主席等。代表作品《怒吼吧，中国》，组画《怒潮》《征服黄河》等。

J000187

少年百科全书 （第 9 册 艺术）英国麦克米伦教育公司编；维嘉译

北京 科学普及出版社 1983 年 83 页 有图 19cm（32 开）统一书号：17214.32

定价：CNY0.31

本书由科学普及出版社和知识出版社联合出版。

J000188

小学美术教学法 （试用本）全国中等师范学校美术教材编委会编

北京 人民美术出版社 1983 年 39 页 25cm（16 开）

统一书号：8027.9113 定价：CNY0.45

（中等师范学校美术课本）

J000189

艺术概论 高等艺术院校《艺术概论》编著组编著

北京 文化艺术出版社 1983 年 344 页 +［32］页图版 21cm（32 开）统一书号：10228.025

定价：CNY1.65

本书是艺术理论教材，共有 11 章，从艺术反映社会生活的特殊性、艺术在社会生活中的地位和作用、艺术作品的风格和流派、艺术欣赏与批评等方面，系统地论述了艺术的基本原理及内在规律。书中配有 80 多幅图片。

J000190

艺术经济学概说 李书亮著

北京 文化艺术出版社 1983 年 87 页 19cm（32 开）

统一书号：10228.057 定价：CNY0.25

（文艺理论小丛书）

本书从当前实际情况出发，以表演艺术的翔实材料，提出正确处理艺术规律与经济规律的关系，艺术品的社会效果与经济效果的关系等。

J000191

艺术问题 （美）苏珊·朗格著；滕守尧译

北京 中国社会科学出版社 1983 年 172 页 21cm（32 开）统一书号：2190.080

定价：CNY0.70

（美学译文丛书）

作者把艺术问题、艺术符号上升到哲学的角度，着重探讨了音乐、舞蹈、文学、戏剧等艺术符号、艺术符号的表现力以及作品与观众的联系等问题。作者苏珊·朗格（Susanne K.Langer, 1895—1982），著名哲学家、符号论美学代表人物之一。德裔美国人。先后在美国哥伦比亚大学、纽约大学等校任教，主要著作有《哲学新解》《情感与形式》《艺术问题》等。

J000192

艺术真实十题 马玉田，王主玉，田丁编著

北京 文化艺术出版社 1983 年 95 页 19cm（32 开）

定价：CNY0.29

本书对什么是艺术的生命、局部真实与整体真实、对生活的概括和典型化、文艺反映社会生活本质问题、真善美的统一、世界观与艺术真实等 10 个问题进行了论述。

J000193

艺术中的哲学 （例选）上海音乐学院马列主义教研室著

福州 福建人民出版社 1983 年 316 页 有图 21cm（32 开）统一书号：7173.567

定价：CNY1.35

本书共选 280 例，辑成 4 个部分，选辑现当代中国上百位著名艺术家、美学家、艺术理论家的精句名言，按照现行哲学教学体系，结合艺术特点分类编排。内容包括世界观与艺术创作、艺术的唯物论、艺术的辩证法和艺术的认识论。书前有中外著名艺术品图片 25 幅。

J000194

中等师范学校美术课本 （试用本）全国中等师范学校美术教材编委会编

北京 人民美术出版社 1983 年 5 册 25cm（16 开）

全书分 5 册，即《美术鉴赏》《绘画》《图案》《手工》《小学美术教学法》。

J000195

中外艺术创作心理学 赵雅博著

台北 1983 年 940 页 有肖像 21cm（32 开）

精装 定价：TWD8.30

（中华文化丛书 艺术）

J000196

走向艺术之路 张君秋等著；陈培仲编

长沙 湖南人民出版社 1983年 347页 19cm（32开）

统一书号：10109.1614 定价：CNY0.98

本书收录陈爱莲、赵燕侠、张君秋、田华、姜昆等18位艺术家的文章。作者张君秋（1920—1997），京剧表演艺术家。原名滕家鸣，字玉隐，出生于北京，祖籍江苏丹徒。代表作品《玉堂春》《西厢记》《望江亭》等。

J000197

美术专业常用词汇编 （俄汉对照）张荣生编译

北京 商务印书馆 1984年 2版 增订本 225页 14cm（64开）统一书号：9017.152

定价：CNY0.57

作者张荣生（1932—　），教授。别名荣升，辽宁营口人，毕业于哈尔滨外国语学院。任中央美术学院俄语老师、编译，共同课教研室主任、教授。编著有《非洲岩石艺术》《柯罗—艺术家·人》《非洲雕刻》《俄汉对照美术专业常用词汇编》等。

J000198

现代艺术理论 （第1册）（美）［奇普］Herschel B.Chipp 著；余珊珊译

台北 远流出版事业公司 1984年 21cm（32开）

ISBN：957-32-5194-9

（艺术馆 16-17）

本套书是研究现代艺术理论的重要教材，收辑了现代艺术发展中重要艺术家的个人宣言、书信及访谈资料。本书试图重现文件出现时的事实与状态，提供给我们一个更原始宽广的观察角度。内容包括：后印象主义、象征主义与其他主观论者趋向、野兽主义和表现主义、立体主义、未来主义、新造形主义和构成主义、达达·超现实主义和形而上学派、艺术和政治、当代艺术。

J000199

现代艺术理论 （第2册）（美）［奇普］Herschel B. Chipp 著；余珊珊译

台北 远流出版事业公司 1984年 21cm（32开）

ISBN：957-32-5195-7

（艺术馆 16-17）

J000200

现代艺术理论 （第1册）（美）［契普］Herschel B. Chipp 著；余珊珊译

台北 远流出版事业公司 1995年 21cm（32开）

ISBN：957-32-2620-0 定价：TWD400.00

（艺术馆 16-17）

J000201

现代艺术理论 （第2册）（美）［契普］Herschel B. Chipp 著；余珊珊译

台北 远流出版事业公司 1995年 21cm（32开）

ISBN：957-32-2621-9 定价：TWD420.00

（艺术馆 16-17）

J000202

艺术、文学、人生 何怀硕著

台北 大地出版社 1984年 3版 334页 19cm（32开）

定价：TWD100.00，TWD130.00（精装）

（万卷文库 73）

本书分3辑，第1辑收录了《论典型》《现实主义与现代艺术》《抽美浅释》等；第2辑收录了《门外说文》《文字的功罪》《文字的理解》等；第3辑收录了《土的现代意义》《土与知识份子》《受苦者的出路》等。作者何怀硕（1941—　），画家、艺术理论家和散文作家。毕业于台北师大，后留学美国并获硕士学位，在台湾从事美术教学、评论和创作。代表著作有《孤独的滋味》（人生论）、《苦涩的美感》（艺术论）、《大师的心灵》（画家论），被世人称作"怀硕三论"。

J000203

艺术辩证法枝谈 赵增锴，刘彦钊著

广州 花城出版社 1984年 185页 19cm（32开）

统一书号：10261.439 定价：CNY0.60

J000204

艺术大辞海 王丽雪等编辑

台北 华视出版社 1984年 1156页 26cm（16开）

（华视丛书）

J000205

艺术规律论稿 何洛，周忠厚著

重庆 重庆出版社 1984年 191页 19cm（32开）

统一书号：10114.126 定价：CNY0.69

作者何洛（1911—1992），文艺理论和教育

家。笔名何鸣心，重庆丰都人，毕业于日本早稻田大学经济系。曾任中国人民大学中文系主任，一级教授。著有传记《李凤莲》，诗集《潮声集》，译著长篇小说《没有太阳的街》，主编《文学概论》等。

J000206

艺术特征论　汪流著

北京 文化艺术出版社 1984年 677页 21cm（32开）统一书号：8228.049 定价：CNY2.35

　　作者汪流（1929—2012），教授。浙江绍兴人，毕业于中央电影局电影学校编剧班。北京电影学院教授。出版有《艺术概论》《电影剧作概论》《电影剧作的结构形式》等。

J000207

艺术与视知觉　（视觉艺术心理学）（美）鲁道夫·阿恩海姆（R.Arnheim）著；滕守尧，朱疆源译

北京 中国社会科学出版社 1984年 640页 20cm（32开）定价：CNY2.40

（美学译文丛书）

　　本书是艺术心理学文集。共10章，包括：平衡、形状、形式、发展、空间、光线、色彩、运动、张力、表现。外文书名：Art and Visual Perception.

J000208

艺术与视知觉　（美）鲁道夫·阿恩海姆（Rudolf Arnheim）著；滕守尧，朱疆源译

成都 四川人民出版社 1998年 10+635页 有图 20cm（32开）ISBN：7-220-03958-1

定价：CNY29.00

（美学·设计·艺术教育丛书 第一批）

J000209

艺术真实论　陆贵山著

北京 中国人民大学出版社 1984年 352页 19cm（32开）统一书号：8011.2 定价：CNY1.25

　　本书分5部分：“概述”是对文论史上关于艺术真实理论的一个回顾；第1篇是对艺术真实的基本理论作了阐述；第2篇是从文艺理论和创作实践的结合上对艺术真实问题作一实际考察；第3、4篇阐述了高尔基、鲁迅对艺术真实问题的见解。

J000210

艺苑趣谈录　龙协涛编著

北京 北京大学出版社 1984年 533页 21cm（32开）统一书号：10209.30 定价：CNY2.40，CNY3.45（精装）

（文艺美学丛书）

　　本书用实例阐述美学理论和艺术规律，涉及文学、戏剧、电影、美术、音乐等领域。并通过史实、轶闻、名言、掌故，发掘和介绍了中外艺术史上不少有价值的材料，

J000211

英汉美术辞典　钟肇恒编

上海 上海外语教育出版社 1984年 430页 20cm（32开）

　　本辞典收条目1万多条，插图200幅。内容涉及绘画、雕塑、工艺美术、建筑艺术、艺术解剖、透视、美术史论、中外美术家简介等。

J000212

纵横谈艺录　沈祖安著

郑州 河南人民出版社 1984年 187页 19cm（32开）定价：CNY0.53

　　本书主要从艺术欣赏和艺术评论的角度，探讨艺术规律、艺术创造和艺术功能等问题。作者沈祖安（1929— ），编剧、曲艺作家、戏剧理论家。祖籍浙江诸暨。历任浙江省曲艺家协会副主席，中国说唱文艺学会理事，杭州市文化局艺术顾问、浙江京昆艺术剧院艺术顾问、浙江省政协诗书画之友社顾问、中国戏曲表演学会顾问等。著有《鉴湖女侠》《纵横谈艺录》《琵琶街杂记》《顾曲丛谈》《变与不变—沈祖安艺术论集》等。

J000213

马克思恩格斯论艺术　（第四卷）（德）马克思，（德）恩格斯著；（俄）里夫希茨编；程代熙编辑

北京 中国社会科学出版社 1985年 498页 20cm（32开）统一书号：1190.012 定价：CNY2.70

　　编者程代熙（1927—1999），编辑。笔名弋人，重庆人。历任人民文学出版社副编审，中国艺术研究院马克思主义文艺理论研究所副所长，中国社会主义文艺学会顾问，中国作家协会会员。出版有《新时期文艺新潮评析》《我们新眼看见的

苏联》《沃罗夫斯基论文学》《马克思主义与艺术》等。

J000214
美术教育选集　夏勋编
台北 世界文物出版社 1985 年 269 页 20cm（32 开）
定价：TWD150.00
（美术教育丛书）

J000215
艺海见闻录　上海文艺出版社编
上海 上海文艺出版社 1985 年 512 页 20cm（32 开）
统一书号：8078.3554 定价：CNY2.25
（艺术世界丛书）
　　本书通过知识介绍、博览见闻和艺术风情描述，帮助读者了解古今中外的电影、戏剧、音乐、舞蹈、美术、杂技、木偶、建筑、园林等各个艺术门类。

J000216
艺术辩证法漫谈　杨茂林，李文田著
北京 北京十月文艺出版社 1985 年 237 页
19cm（32 开）统一书号：10326.78 定价：CNY1.20

J000217
艺术的涵义　（澳）奥班恩（D.Orban）著；孙浩良，林丽亚译
上海 学林出版社 1985 年 87 页 有图 19cm（32 开）
统一书号：8259.014 定价：CNY1.25
　　本书是关于艺术理论与绘画理论的著作．书名原文：What is Art All About. 作者奥班恩（Desiderlus Orban, 1884—1986），生于匈牙利。曾任联合国教科文组织澳大利亚视觉艺术委员会主席。

J000218
艺术心理学　（苏）维戈茨基著；周新译
上海 上海文艺出版社 1985 年 394 页 20cm（32 开）
统一书号：10078.3601 定价：CNY2.75
（外国文学研究资料丛刊）
　　本书通过对莎士比亚的戏剧、克雷洛夫寓言、蒲宁的小说等的客观分析，阐明作家的个性、创作构思、思想倾向，同时还分析在阅读过程中产生的情愫，借以揭示读者的心理反应，分析艺术对人的心理影响。

J000219
艺术研究　（第一辑 总第十辑）浙江省艺术研究所编
杭州 浙江省艺术研究所 1985 年 384 页
21cm（32 开）定价：CNY1.50

J000220
艺术研究　（第二辑 总第十一辑）浙江省艺术研究所编
杭州 浙江省艺术研究所 1986 年 384 页
20cm（32 开）

J000221
艺术研究　（第三辑 总第十二辑）浙江省艺术研究所编
杭州 浙江省艺术研究所 1986 年 384 页
20cm（32 开）

J000222
艺术研究　（第四辑 总第十三辑）浙江省艺术研究所编
杭州 浙江省艺术研究所 1986 年 384 页
20cm（32 开）

J000223
艺术研究　（第五辑 总第十四辑）浙江省艺术研究所编
杭州 浙江省艺术研究所 1986 年 401 页
20cm（32 开）

J000224
艺术研究　（第六辑 总第十五辑）浙江省艺术研究所编
杭州 浙江省艺术研究所 1986 年 635 页
20cm（32 开）

J000225
艺术研究　（第七辑 总第十六辑）浙江省艺术研究所编
杭州 浙江省艺术研究所 1987 年 349 页
20cm（32 开）

J000226
艺术研究　（第八辑 总第十七辑）浙江省艺术研究所编

杭州 浙江省艺术研究所 1988 年 308 页
20cm（32 开）

J000227
艺术研究 （第九辑 总第十八辑）浙江省艺术
研究所编
杭州 浙江省艺术研究所 1988 年 351 页
20cm（32 开）

J000228
艺术研究 （第十辑 总第十九辑）浙江省艺术
研究所编
杭州 浙江省艺术研究所 1988 年 351 页
20cm（32 开）

J000229
艺术研究 （第十一辑 总第二十辑）浙江省艺
术研究所编
杭州 浙江省艺术研究所 1989 年 399 页
20cm（32 开）

J000230
艺术研究 （第十二辑 总第二十一辑）浙江省
艺术研究所编
杭州 浙江省艺术研究所 1990 年 303 页
20cm（32 开）

J000231
艺术研究 （第十三辑 总第二十二辑）浙江省
艺术研究所编
杭州 浙江省艺术研究所 1990 年 303 页
20cm（32 开）

J000232
艺术研究 （第十四辑 总第二十三辑）浙江省
艺术研究所编
杭州 浙江省艺术研究所 1990 年 303 页
20cm（32 开）

J000233
艺术原理 （英）科林伍德（Collingwood, R.G.）
著；王至元，陈华中译
北京 中国社会科学出版社 1985 年 351 页
20cm（32 开）统一书号：2190.120 定价：CNY2.45
（美学译文丛书）

本书是表现主义美学的主要代表作之一，
根据英国牛津大学出版社 1938 年版译出。外文
书名：The Principles of Art. 作者 R.G. 科林伍德
（Robin George Collingwood, 1889—1943），英国
哲学家，历史学家和美学家。毕业于牛津大学哲
学系，后留校研究和任教。主要著作有《宗教与
哲学》《心灵的思辨》《艺术原理》《历史的观念》。

J000234
艺术原理 （英）科林伍德（Collingwood, R.G.）
著；王至元，陈华中译
台北 五洲出版社 1987 年 351 页 21cm（32 开）
精装 定价：TWD320.00
　　外文书名：The Principles of Art.

J000235
艺术原理 （英）罗宾·乔治·科林伍德著；王至
元，陈华中译
北京 中国社会科学出版社 1987 年 重印本
351 页 21cm（32 开）统一书号：2190.120
定价：CNY2.45
（美学译文丛书）
　　外文书名：The Principles of Art.

J000236
艺术哲学论稿 马奇著
太原 山西人民出版社 1985 年 406 页 20cm（32 开）
统一书号：2088.106 定价：CNY2.90
　　本书通过艺术哲学的对象、艺术创作的实
质、艺术认识过程的思维方法等，对马克思的美
学思想，进行了系统的研究。

J000237
智慧的花朵 （艺谚艺诀集）王慈，蒋风编
南宁 广西人民出版社 1985 年 211 页 16cm（25 开）
定价：CNY0.71

J000238
中国美术知识电视讲座 郎绍君等编著
北京 中国广播电视出版社 1985 年 148 页 有图
19cm（32 开）统一书号：8236.144 定价：CNY2.40
　　本书为中央电视台电视教育节目用书，美
术知识教学参考资料。作者郎绍君（1939—　　），
河北保定人，毕业于天津美术学院。历任中国艺
术研究院美术研究所近现代美术研究室主任、研

究员，河北大学艺术理论研究中心主任。出版有《现代中国画论集》《齐白石研究》《艺术理论研究》等。

J000239
中国艺术研究院首届研究生硕士学位论文集 （美术卷）中国艺术研究院研究生部编
北京 文化艺术出版社 1985年 418页 20cm（32开）
统一书号：8228.097 定价：CNY2.05

J000240
各门类艺术的特征 王士达等著
北京 文化艺术出版社 1986年 140页 19cm（32开）
统一书号：10228.134 定价：CNY0.90

J000241
简明体音美辞典 温敬铭主编
武汉 湖北人民出版社 1986年 560页 20cm（32开）
　　本辞典分体育、音乐、美术3部分，共收录2040个词条。其中体育部分包括代表性著名人物、常见的体育运动项目和竞赛规则；音乐部分包括声乐、器乐等；美术部分包括绘画、雕塑、工艺美术、建筑等。

J000242
精神分析学说和艺术创作 （苏）列夫丘克著；吴泽林译；杨远英，刘北成校
北京 北京师范大学出版社 1986年 197页 19cm（32开）统一书号：8243.10 定价：CNY1.05
　　本书内容包括：第1章精神分析学说的起源和发展；第2章精神分析方法——把个性形成的自然－生物前提加以绝对化、无意识理论、儿童性欲理论是艺术的"基础"、梦——证实无意识的一种方式；第3章对精神分析学说在美学和文艺学方面应用的批评、精神分析学说对文艺作品解释的诸问题、艺术是无意识的升华、艺术——神话——神话创作；第4章艺术家个性与创作过程、生物主义在创作方法论中的作用、从构思的形成到构思的实现；第5章精神分析学说在当代资产阶级艺术的反人道主义的形式中的作用。

J000243
论无边的现实主义 （法）加洛蒂（Y.R.Garaud）著；吴岳添译

上海 上海文艺出版社 1986年 263页 20cm（32开）
统一书号：10078.3764 定价：CNY1.75
（外国文学研究资料丛刊）
　　本书主要内容是有关评析毕加索、圣淳·佩斯和卡夫卡的3篇论文。

J000244
论艺术里的精神 （俄）瓦西里·康定斯基著；吕澎译
成都 四川美术出版社 1986年 14页 有照片 20cm（32开）定价：CNY1.10
　　本书作者的美术活动在德国和法国，他是西方抽象主义画派创始人。本书是他的代表著作，内容包括：论艺术里的精神和论形式问题。对现代艺术的发展起过非常重要的作用，奠定了其成为现代艺术和艺术理论创始人的地位。作者瓦西里·康定斯基（Василий Кандин-ский, 1866—1944），俄罗斯画家、美术理论家。出生于俄罗斯，毕业于莫斯科大学。代表作品有《艺术家自我修养》《关于形式问题》《论具体艺术》等。

J000245
美学与艺术评论 （第三集）蒋孔阳主编
上海 复旦大学出版社 1986年 448页 20cm（32开）
统一书号：10252.026 定价：CNY2.90

J000246
全国美术院校研究生论文选 （一）
沈阳 辽宁美术出版社 1986年 551页 20cm（32开）
统一书号：8161.0921 定价：CNY3.70
　　本书内容涉及中国画、油画、版画、雕塑、工艺美术、美术史论各个领域及人们普遍关心的美术理论问题，共收有论文55篇。

J000247
艺术本质特征新论 陈传才著
北京 中国人民大学出版社 1986年 364页 19cm（32开）统一书号：10011.52 定价：CNY2.30
（文艺学丛书）
　　本书分为3编：第1编论述艺术反映生活的社会本质，艺术思维的特殊性；第2编论述艺术审美创造、艺术创作的思维、心理规律；第3编论述艺术欣赏审美再创造的特性。

J000248

艺术形态学　（苏）卡冈（Кагн, M.）著；凌继尧, 金亚娜译

北京 生活·读书·新知三联书店 1986 年 455 页 20cm（32 开）统一书号：10002.80

定价：CNY2.80

（现代外国文艺理论译丛 第二辑）

　　译者凌继尧（1945— ），教授。江苏南通人，毕业于北京大学。历任南京大学哲学系、中文系教师，东南大学艺术学院学术委员会主席、教授、博士生导师等职。著有《美学十五讲》《艺术设计十五讲》等。

J000249

艺术与科学　（苏）苏霍金（Сухотин, A.）著；王仲宣, 何纯良译

北京 生活·读书·新知三联书店 1986 年 306 页 19cm（32 开）定价：CNY1.65

（新知文库 10）

J000250

艺术哲学　刘纲纪著

武汉 湖北人民出版社 1986 年 703 页 20cm（32 开）统一书号：2106.104 定价：CNY4.95

　　本书是一部从哲学的角度说明艺术的本质和规律的理论专著。从 6 个方面进行了理论阐述和论证。作者认为中国古代的儒、道、禅都是从情感表现来看艺术的本质的，三者各自独立又互相渗透、综合，形成了中国古代的艺术精神，并体现在历代的艺术作品中，以之证明全书的基本思想。作者刘纲纪（1933—2019），教授。贵州普定人，毕业于北京大学哲学系。历任武汉大学哲学系美学研究所所长、教授、博士生导师，中华美学学会副会长，湖北省美学学会会长，中国美协、书协、作协会员。代表作品有《艺术哲学》《美学与哲学》《周易美学》等。

J000251

艺术哲学　（美）V.C.奥尔德里奇著；程孟辉译；邓鹏, 苏晓离校

北京 中国社会科学出版社 1986 年 182 页 21cm（32 开）统一书号：2190.156

定价：CNY1.40

（美学译文丛书）

J000252

艺文论集　中国艺术研究院《现状研究丛书》编辑部编

北京 文化艺术出版社 1986 年 473 页 20cm（32 开）

统一书号：8228.076 定价：CNY2.35

J000253

抽象与移情　（对艺术风格的心理学研究）（民主德国）沃林格（Worringer, W.）著；王才勇译

沈阳 辽宁人民出版社 1987 年 170 页 20cm（32 开）

统一书号：2090.128

ISBN：7–205–00098–X 定价：CNY2.00

（美学译文丛书）

　　外文书名：Abstraktion und Einfühlung.

J000254

刘海粟艺术文选　朱金楼, 袁志煌编

上海 上海人民美术出版社 1987 年 269 页 有图 20cm（32 开）精装 ISBN：7–5322–0213–5

定价：CNY8.80

　　本书收录刘海粟各个时期有关美术与美术教育的重要论文、散文和演讲稿 53 种。刘海粟（1896—1994），画家、美术教育家。名槃，字季芳，号海翁。江苏武进人。参与创办上海私立美术学院。曾任华东艺术专科学校校长，南京艺术学院院长。代表作《黄山云海奇观》《披狐皮的女孩》《九溪十八涧》等，有画集《黄山》《海粟老人书画集》等。

J000255

马克思主义的艺术理论　（英）莱恩（Laing, D.）著；艾晓明等译

长沙 湖南人民出版社 1987 年 221 页 15cm（64 开）

ISBN：7–217–00245–1 定价：CNY1.45

J000256

美术常识　赵宝祥, 陈庆年编著

天津 天津教育出版社 1987 年 36 页 19cm（32 开）

ISBN：7–5309–0177–X 定价：CNY0.88

（少年宫美术教材丛书）

J000257

美学新解　（现代艺术哲学）（美）H.G. 布洛克著；滕守尧译

沈阳 辽宁人民出版社 1987 年 392 页 有图

20cm（32开）统一书号：2090.118
定价：CNY3.75 ISBN：7-205-00088-2
（美学译文丛书）

本书根据纽约查理斯·斯格雷纳子公司1979年英文版翻译。外文书名：Philosophy of Art. 作者布洛克（H.Gene Blocer），美国俄亥俄大学哲学系教授。

J000258

青工艺术顾问 钟坤编著
太原 山西人民出版社 1987年 304页 19cm（32开）
定价：CNY1.55
（当代青工丛书）

J000259

审美动力学与艺术思维学 李欣复著
武汉 华中工学院出版社 1987年 288页
19cm（32开）ISBN：7-5609-0208-1
定价：CNY1.90

本书详尽探索了审美主客体之间的信息交流和反馈活动及其规律特点，并引出了一系列新的美学范畴，并对这些范畴作了动态结构的辩证分析和说明。

J000260

似曾相识 王朝闻著
北京 文化艺术出版社 1987年 361页 有肖像
20cm（24开）统一书号：CN8228.156
定价：CNY2.80

本书收录作者1981至1985年间发表的文章48篇，包括《似曾相识》《温故以知新》《常与变势》《感于物而动》《美育三题》《从白居易〈忆江南〉说开去》《谚语、歇后语的艺术效果》《昆剧琐谈》《总要选最"趣"的画》《卓越不朽的艺术家》等。作者王朝闻（1909—2004），雕塑家、文艺理论家、美学家。生于四川合江。别名王昭文，更名王朝闻，笔名汶石、廖化、席斯珂。就读于成都艺专、杭州国立艺专。历任中央美术学院副教务长、中国美术家协会副主席、中国艺术研究院副院长等。代表作品《浮雕毛泽东像》《圆雕刘胡兰像》等。

J000261

谈文艺和文艺工作 韩劲草著
郑州 黄河文艺出版社 1987年 158页 19cm（32开）

ISBN：7-5400-0032-5 定价：CNY1.15

J000262

外国美术名词浅释 康明瑶等编
石家庄 河北美术出版社 1987年 626页
13cm（60开）塑精装 ISBN：7-5310-0048-2
定价：CNY3.60

本书内容包括：世界各国美术流派、著名美术家；世界名画、著名雕塑作品；美术馆、美术团体介绍；名词术语解释。

J000263

文艺大趋势 何西来著
长沙 湖南文艺出版社 1987年 335页 有照片
20cm（32开）统一书号：10456.266
ISBN：7-5404-0111-7 定价：CNY2.70

J000264

现代人的艺术系统 肖君和著
济南 山东文艺出版社 1987年 204页 20cm（32开）
ISBN：7-5329-0043-6 定价：CNY1.55
（文化哲学丛书）

本书从整体上对文艺进行系统考察，提出文艺及其派生现象的构成符合"系统"的含义以及一般"系统论"的基本原则这一艺术研究方法论。作者肖君和（1945— ），江西吉安人，贵州大学社会科学研究所所长。

J000265

香港演艺学院 （87-88课程手册）
香港 香港演艺学院 1987年 51页 29cm（15开）

J000266

艺术大师论艺术 （第一卷）（苏）阿·阿·古贝尔，（苏）符·符·巴符洛夫编；刘惠民译
北京 文化艺术出版社 1987年 300页 有图
20cm（32开）统一书号：8228.112
定价：CNY6.30

J000267

艺术大师论艺术 （第二卷）（苏）阿·阿·古贝尔，（苏）符·符·巴符洛夫编；刘惠民译
北京 文化艺术出版社 1992年 539页 有图
20cm（32开）ISBN：7-5039-1140-9
定价：CNY11.00

J000268

艺术概论与欣赏　邢福泉著

台北 商务印书馆 1987 年 279 页 有图

21cm（32 开）精装 ISBN：957-05-1077-3

定价：TWD12.00

J000269

艺术集　蔡松琦等著

北京 科学普及出版社 1987 年 374 页 有彩图

19cm（32 开）ISBN：7-110-00395-7

定价：CNY2.95

（中学生丛书）

　　本书为中学生课外读物，向中学生介绍古今

中外的绘画、雕塑、音乐、舞蹈艺术作品。

J000270

艺术技巧与魅力　赵增锴著

桂林 漓江出版社 1987 年 356 页 19cm（32 开）

ISBN：7-5407-0156-0 定价：CNY2.00

（艺谭丛书）

　　本书是一部文艺理论文集。共有 40 谈，每

篇探讨一个文艺理论问题，包括风格谈、色彩

谈、情趣谈、文采谈、节奏谈等。

J000271

艺术家和友人的对话　吴亮著

上海 上海文艺出版社 1987 年 219 页 19cm（32 开）

统一书号：10078.3826 定价：CNY1.30

（牛犊丛书）

　　本书对艺术问题做了具有个性化的探讨，包

括如何看待新艺术的崛起，艺术的多元化，干预

与参与的批评，什么是艺术感觉，语言的模糊及

其限度，阅读心理和人性因素，生活与艺术，艺

术与人的缺陷，何为艺术之真等。

J000272

艺术交往心理学　黄鸣奋著

厦门 厦门大学出版社 1987 年 438 页 19cm（32 开）

定价：CNY2.10

　　作者黄鸣奋（1952—　），教授。福建南安

人。毕业于厦门大学中文系，历任厦门大学中国

语言文学研究所所长、中文系主任、教授，中国

古代文学理论学会、中国苏轼学会、福建省文学

总会理事。著有《论苏轼的文艺心理观》《艺术

交往心理学》《艺术交往论》《需要理论与艺术批

评》等。

J000273

艺术奇趣录　易田编写

南宁 广西人民出版社 1987 年 428 页 19cm（32 开）

统一书号：8113.1200

ISBN：7-219-00008-1 定价：CNY1.94

J000274

艺术社会学　（匈）豪泽尔（Hauser, A.）著；居

延安译编

上海 学林出版社 1987 年 324 页 19cm（32 开）

ISBN：7-80510-000-4 定价：CNY2.50

（人文丛书 1）

　　全书共 5 个部分：基本原理；艺术与社会

的互动；辩证法：光明和鬼火；从作者到公众的

路上；根据文化阶层对艺术的分类。外文书名：

Sozidogie der Kunst.

J000275

艺术社会学　（匈）豪泽尔著；居延安编译

台北 雅典出版社 1988 年 307 页 21cm（32 开）

定价：TWD160.00

（雅典文库 3）

J000276

艺术现象的符号　（文化学阐释）何新著

北京 人民文学出版社 1987 年 300 页 有肖像

20cm（32 开）统一书号：10019.4142

定价：CNY2.20

（百家文论新著丛书）

J000277

艺术学　（艺术学研究年报 1）艺术学编辑委

员会编

台北 艺术家出版社 1987 年 268 页 有图

26cm（16 开）定价：TWD200.00

　　外文书名：Study of the Arts.

J000278

艺术学　（艺术学研究年报 2）艺术编辑委员

会编

台北 艺术家出版社 1988 年 232 页 有图

26cm（16 开）定价：TWD200.00

　　外文书名：Study of the Arts.

J000279

艺术学 （艺术学研究年报 3）艺术学编辑委员会编

台北 艺术家出版社 1989 年 250 页 有图

26cm（16 开）定价：TWD250.00

外文书名：Study of the Arts.

J000280

艺术学 （艺术学研究年报 4）陈玉珍编辑

台北 艺术家出版社 1990 年 328 页 有图

26cm（16 开）定价：TWD300.00

外文书名：Study of the Arts.

J000281

艺术学 （艺术学研究年报 5）艺术学编辑委员会编

台北 艺术家出版社 1991 年 277 页 有图

26cm（16 开）定价：TWD300.00

外文书名：Study of the Arts.

J000282

艺术与错觉 （图画再现的心理学研究）（英）贡布里希（Gombrich, E.H.）著；林夕等译

杭州 浙江摄影出版社 1987 年 682 页 有图

20cm（32 开）精装 ISBN：7-80536-021-9

定价：CNY9.50

本书分 4 个部分：写真的界限；功能和形式；观看者的本分；发明和发现。书中有 300 多幅彩色与黑白照片，另附有《木马沉思录》和《译后记》。外文书名：Art and illusion. 作者贡布里希（Ernst Hans Josef Gombrich, 1909—2001），英国美学家、艺术史家。生于奥地利首都维也纳，后移居英国并加入英国国籍。曾任伦敦大学教授。著有《艺术与幻觉》《象征的图象》《艺术发展史》等。

J000283

艺术与错觉 （图画再现的心理学研究）（英）E.H. 贡布里希著；林夕等译

长沙 湖南科学技术出版社 1999 年 417 页 有图

26cm（16 开）ISBN：7-5357-2563-5

定价：CNY48.00

（设计学丛书 第一批）

J000284

艺术与幻觉 （绘画再现的心理研究）（英）冈

布里奇（Gombrich, E.H.）著；周彦译

长沙 湖南人民出版社 1987 年 383 页 有图

20cm（32 开）精装 ISBN：7-217-00137-4

定价：CNY4.90

作者冈布里奇（Ernst Hans Josef Gombrich, 1909—2001），现通译贡布里希，英国美学家、艺术史家。生于奥地利首都维也纳，后移居英国并加入英国国籍。曾任伦敦大学教授。著有《艺术与幻觉》《象征的图象》《艺术发展史》等。译者周彦，湖南长沙人，中央美术学院教师。

J000285

艺术与幻觉 （绘画再现的心理研究）（英）冈布里奇著；周彦译

长沙 湖南人民出版社 1987 年 383 页 有图

20cm（32 开）ISBN：7-217-00136-6

定价：CNY3.30

作者现通译为：贡布里希。

J000286

艺术与幻觉 （英）冈布里奇（E.H.Combrich）著；卢晓华，赵汉平译

北京 工人出版社 1988 年 375 页 19cm（32 开）

ISBN：7-5008-0198-X 定价：CNY3.45

（艺术哲学丛书）

外文书名：Art and Illusion. 作者现通译为：贡布里希。

J000287

艺术与科学 （问题·悖论·探索）（苏）贝京著；任光宣译

北京 文化艺术出版社 1987 年 332 页 21cm（32 开）

定价：CNY2.80

（20 世纪艺术边缘学科译丛）

本书共 10 章。追溯了艺术与科学的起源，展望了其发展前景；从理论上阐述了艺术与科学、艺术认识与科学认识、艺术创作与科学创作的关系，并用大量的材料予以说明。

J000288

艺术与宗教 （苏）乌格里诺维奇（Угринович, Д.M）著；王先睿，李鹏增译

北京 生活·读书·新知三联书店 1987 年

275 页 有图 19cm（32 开）统一书号：10002.88

定价：CNY1.60

（文化生活译丛 XIV ）

　　外文书名：Искусство И Религия.

J000289

艺术直觉研究　李春青著

沈阳 辽宁大学出版社 1987年 209页 19cm（32开）

统一书号：10429.061 ISBN：7-5610-0050-2

定价：CNY1.40

（文艺新潮丛书）

J000290

艺术中的哲理　浙江美术学院等编

杭州 浙江美术学院出版社 1987年 259页

有照片 20cm（32开）统一书号：8440.017

定价：CNY2.55

J000291

哲学与现代派艺术　（苏）库列列科娃著；井

勤荪，王守仁译

北京 文化艺术出版社 1987年 264页 有图

20cm（32开）ISBN：7-5039-0019-9

定价：CNY3.15

（20世纪艺术边缘学科译丛）

　　本书探讨了现代派艺术的哲学基础，并对它

的各个流派的思想倾向做出了评判。

J000292

中国古代艺苑名论浅说　李戎著

福州 海峡文艺出版社 1987年 309页 有图

21cm（32开）定价：CNY2.25

J000293

20世纪美术辞典　（美）迈尔斯（Myers，B.S.），

（美）迈尔斯（Myers，S.D.）编著；何振志，杜定

宇译

上海 上海人民美术出版社 1988年 385页

有照片 21cm（32开）

　　本辞典共收词目 663条。内容包括20世纪

的主要画家、雕塑家、版画艺术家和建筑家，从

第一次世界大战前约 1905年起的主要艺术运动，

以及野兽派、表现派、立体派、未来派等艺术流

派。书后附有词目汉语拼音索引、术语专用名

称译名对照，图 66幅。译者杜定宇（1932—　　），

戏剧、美术理论翻译家。河南西峡人，毕业于上

海外国语学院英文系。上海戏剧学院教授。译

著有《色彩艺术》《西方名画家绘画技法》《川剧

艺术形象谱》《越剧舞台美术》等。

J000294

创造的世界　（艺术心理学）（美）艾伦·温诺

著；陶东风等译

郑州 黄河文艺出版社 1988年 402页 有图

20cm（32开）ISBN：7-5400-0051-1

定价：CNY4.95

（文艺心理学著译丛书）

J000295

创造的世界　（艺术心理学）（美）艾伦·温诺

（Ellen Winner）著；陶东风译

台北 田园城市文化事业公司 1997年 413页

26cm（16开）ISBN：957-8440-01-4

定价：TWD450.00

　　外文书名：Invented Worlds ： the Psychology

of the Arts.

J000296

当代西方艺术理论述要　孙浩良著

上海 学林出版社 1988年 225页 19cm

（32开）ISBN：7-80510-053-5 定价：CNY1.60

　　本书作者根据大量国外的文献，把西方世界

流行的艺术理论加以分析综合，从艺术定义、艺

术特征、艺术批评方法到主要的艺术哲学流派、

艺术和科学与社会的关系等，都做了介绍，是一

本研究当代西方艺术理论的入门书。

J000297

当代西方艺术文化学　周宪，罗务恒，戴耘编

北京 北京大学出版社 1988年 514页 21cm（32开）

精装 ISBN：7-301-00004-9 定价：CNY7.60

（文艺美学丛书）

　　本书收录的文章涉及艺术文化学的一般理

论、分支研究、批评实践 3个方面。包括：《在文

化背景中研究艺术》《当代文化研究：文学与社

会研究的一种途径》《马克思主义与文化》《文学

与意识形态》《文学的例证与哲学的混乱》《文化

人类学与当代文学批评》《在法律面前》《作为社

会学的批评：解读媒介》《原始艺术的发现》等。

J000298

金蔷薇的花瓣　全国中等艺术学校文艺理论

研究会编

长沙 湖南文艺出版社 1988年 355页 19cm（32开）
定价：CNY3.70

　　本书内容包括对美术、音乐、舞蹈、戏曲、戏剧、曲艺、电影等几个艺术门类的理论研究。为配合艺术学校艺术理论课教学选编。

J000299
境界线的美学（从异常到正常的记号）（日）岩井宽著；倪洪泉译
武汉 湖北人民出版社 1988年 206页 20cm（32开）
ISBN：7-216-00210-5 定价：CNY2.15

　　“境界”一词在精神医学中经常使用，作者试图用精神医学的病迹学理论，深入研究、分析、揭示艺术创作的“秘密”。全书分5章，包括：境界线与表现的意义；残缺的绘画；变形的绘画、建筑；颠倒的绘画；境界线与创造行为。译者倪洪泉（1955—　　），画家。北京人。硕士毕业于中央工艺美术学院并留校任教，任北京青年画会副秘书长等职。作品有《千古传丝万代情》《心花》《七彩世界》等。

J000300
美学与艺术总论　（捷）希穆涅克（Simunek, E.）著；董学文译
北京 文化艺术出版社 1988年 223页 20cm（32开）
ISBN：7-5039-0210-8 定价：CNY4.20
（外国文艺理论研究资料丛书）

　　外文书名：Estetika a Vseobecna Teoria Umenia.

J000301
人，艺术和文学中的精神　（瑞士）荣格（Jung, C.G.）著；孔长安，丁刚译
北京 华夏出版社 1989年 151页 20cm（32开）
ISBN：7-80053-224-0 定价：CNY3.15
（二十世纪文库）

　　外文书名：The Spirit in Man, Art and Literature.

J000302
人，艺术和文学中的精神　（瑞士）荣格（Jung, C.G.）著；卢晓晨译
北京 工人出版社 1988年 155页 18cm（小32开）
定价：CNY1.80
（艺术哲学丛书）

J000303
文艺鉴赏大成　江曾培等主编；王鲁豫副主编
上海 上海文艺出版社 1988年 1111页 有图 21cm（32开）精装 ISBN：7-5321-0121-5
定价：CNY20.00

　　外文书名：A Complete Collection of Literary Tastes. 编者王鲁豫（1956—　　），研究员。中国艺术研究院研究生部美术系中国雕塑史专业博士，主编《古代艺术辞典》。

J000304
现代美术理论丛刊　（第一辑 我的批评观专辑）水天中等著
长沙 湖南美术出版社 1988年 287页 21cm（32开）
统一书号：8233.1195
ISBN：7-5356-0107-3 定价：CNY2.80

J000305
艺术·情感·理性　（英）贝斯特（Best, D.）著；季惠斌等译
北京 工人出版社 1988年 265页 19cm（小32开）定价：CNY2.65
（艺术哲学丛书）

J000306
艺术分析　赵增错著
长沙 湖南文艺出版社 1988年 204页 20cm（32开）
ISBN：7-5404-0315-2 定价：CNY2.00

J000307
艺术家生命向力　宋耀良著
上海 上海社会科学院出版社 1988年 276页 20cm（32开）ISBN：7-80515-087-7
定价：CNY3.00
（艺术与人类学丛书）

J000308
艺术心理学　高楠著
沈阳 辽宁人民出版社 1988年 615页 20cm（32开）
ISBN：7-205-00251-6 定价：CNY5.10
（心理学丛书）

J000309
艺术与精神分析　（英）富勒（P.Fuller）著；段炼译

成都 四川美术出版社 1988 年 272 页 有图
20cm（32 开）ISBN：7-5410-0094-9
定价：CNY2.90
（现代美术理论翻译系列）

　　本书的两个平行主题是研究审美本质和阐述新精神分析。作者以后者作为达到前者目的的手段，使两个主题完美地结合。为了对审美本质的探讨具有普遍性，作者选取了西方美术史上最有代表性的作品和作者来论述：《米洛斯的维纳斯》《摩西》（米开朗基罗）、塞尚、纳特金和罗斯科。这些作品和作者，从古希腊到文艺复兴、从传统艺术到现代派艺术，构成了一幅完整的西方美术史画卷，而作者则从精神分析的角度探讨了西方美术发展历史的规律问题。外文书名：Art and Psychoanalysis.

J000310
艺术与科学思维 （英）约翰逊（Johnson, M.）著；傅尚逵，刘子文译
北京 工人出版社 1988 年 233 页 19cm
（32 开）ISBN：7-5008-0190-4 定价：CNY2.35
（艺术哲学丛书）
　　　　外文书名：Art and Scientific Thought.

J000311
艺术与人 （美）埃德曼（Edman, I.）著；任和译
北京 工人出版社 1988 年 95 页 19cm（32 开）
ISBN：7-5008-0193-9 定价：CNY1.30
（艺术哲学丛书）
　　　　外文书名： Arts and the Man.

J000312
艺术与游戏 许共城编著
厦门 厦门大学出版社 1988 年 165 页 18cm（小32 开）定价：CNY0.85

J000313
艺术与宗教 （美）沃尔斯托夫（Wolterstorff, N.）著；沈建平等译
北京 工人出版社 1988 年 346 页 19cm
（32 开）ISBN：7-5008-0189-0 定价：CNY3.30
（艺术哲学丛书）
　　　　外文书名：Artin Aicon：Toward a Christian Aesthetic.

J000314
艺术哲学新论 （英）罗宾·乔治·科林伍德（Collingwood, R.G）著；卢晓华译
北京 工人出版社 1988 年 111 页 19cm
（小 32 开）ISBN：7-5008-197-1 定价：CNY1.50
　　　　外文书名：Outlines of a Philosophy of Art.

J000315
艺术哲学新论 （美）杜卡斯（Ducasse, C.J.）著；王柯平译
北京 光明日报出版社 1988 年 250 页 20cm（32 开）
ISBN：7-80014-140-3 定价：CNY2.70
（美学译文丛书）

　　译者王柯平，教授。就读于北京第二外国语学院英语系、澳大利亚堪培拉大学人文学院等。历任北京第二外国语学院英语系教授，中华美学学会副会长，国际美学协会（IAA）跨国执委。著有《美学理论》《艺术的真谛》《艺术哲学新论》《牛津西方哲学史》等。

J000316
艺术知识 900 题 王炜等编
北京 北京航空学院出版社 1988 年 172 页
19cm（32 开）ISBN：7-81012-036-0
定价：CNY1.10

　　本书通过问答题和填充题的形式，介绍了绘画、书法、雕塑、摄影等 10 个艺术门类，以及中外艺术史上有影响的名人名作基础知识。

J000317
英汉艺术词典 何友编
北京 长城出版社 1988 年 263 页 17cm（40 开）
ISBN：7-80017-047-0 定价：CNY5.50
　　　　外文书名：English-Chinese Art Dictionary.

J000318
中西艺术比较 李志雄编著
成都 四川科学技术出版社 1988 年 256 页
19cm（32 开）ISBN：7-5364-1197-9
定价：CNY2.70

J000319
悲剧心理学 韦小坚等著
海口 三环出版社 1989 年 297 页 20cm（大 32 开）
ISBN：7-80541-775-X 定价：CNY4.80

（文艺心理学丛书）

　　本书是探索悲剧情感体验的心理奥秘的论文集。

J000320

比较文化与艺术哲学　金丹元著
昆明 云南教育出版社 1989年 508页 20cm（20开）
ISBN：7-5415-0207-3 定价：CNY5.30

　　本书论述了中国传统文化思想的特点及对古典艺术、美学的影响。将中西文化思想、艺术思维方式作宏观比较研究，阐明中西方的主要差异。

J000321

边缘艺术知识百科　曲清荣编著
成都 四川文艺出版社 1989年 2册（581页）
19cm（32开）ISBN：7-5411-0351-9
定价：CNY5.95

　　本书专门搜集和记录了国内外非正统的、怪异的或人们熟视而未睹的艺术现象。

J000322

二十世纪艺术家论艺术　（美）阿西顿（Ashton, D.）著；米永亮，谷奇译
上海 上海书画出版社 1989年 265页 20cm（32开）
ISBN：7-80512-365-9 定价：CNY6.00

　　外文书名：Twentieth-century Artists on Art.

J000323

古代艺术辞典　温廷宽，王鲁豫主编
北京 中国国际广播出版社 1989年 1050页
19cm（32开）精装 ISBN：7-80035-125-4
定价：CNY15.50

　　本辞典共收词目4000余条，内容分为总论部分、外国部分和中国部分。作者王鲁豫（1956— ），研究员。中国艺术研究院研究生部美术系中国雕塑史专业博士，主编《古代艺术辞典》。

J000324

结构人类学　（巫术·宗教·艺术·神话）（法）列维－斯特劳斯（Levi-strallss, C.）著；陆晓禾等译
北京 文化艺术出版社 1989年 285页 20cm（24开）
ISBN：7-5039-0492-5 定价：CNY4.10

（外国文艺理论研究资料丛书）

　　本书据美国企鹅图书公司1963年版（第1卷）和1976年版译出。

J000325

陋室谈艺录　夏美驯著
台北 文史哲出版社 1989年 325页 21cm（32开）
定价：TWD240.00
（艺术丛刊 4）

J000326

马克思主义与艺术　（美）所罗门编；杜章智等译
北京 文化艺术出版社 1989年 696页 20cm（32开）
ISBN：7-5039-0316-3 定价：CNY8.80
（外国文艺理论研究资料丛书）

J000327

麦克米伦艺术百科词典　（英）迈耶尔，（英）科泼斯通主编；舒君等译
北京 人民美术出版社 1989年 318页 26cm（16开）
ISBN：7-102-00359-5 定价：CNY27.50

　　本词典共有23万字，300余幅图。书后附有世界各主要美术馆陈列作品范围的图表。外文书名：The Macmilan Encyclopedia of Art.

J000328

美术辞林　（工艺美术卷）何其昌主编；樊文江等编
西安 陕西人民美术出版社 1989年 482页
20cm（32开）精装 统一书号：17199.1
定价：CNY12.85

　　本书内容涵盖中国工艺美术专业设置的各个学科，分为13类，共收词目1900余条。书后附录有《中国历史年表》《当代中国工艺美术大事记年表》《全国主要工艺美院、系介绍》《全国主要中等美术学校概况》《国外工艺美术、工业设计教育情况介绍》《国际工业设计概况》。

J000329

美术辞林　（舞台美术卷）何其昌主编；尤宝诚等编
西安 陕西人民美术出版社 1989年 403页
20cm（32开）精装 统一书号：17199.2
定价：CNY11.50

本书收录舞台美术专业名词、术语和技术性词目共1007条，分为流派与样式、剧场与舞台、舞台灯光等13部类。

J000330

美术辞林 （外国绘画卷）何其昌主编
西安 陕西人民美术出版社 1990年 968页 有图 20cm（32开）精装 ISBN：7-5368-0070-3 定价：CNY31.50

　　本书内容分为"名词术语"；"风格流派"；"画家""作品"；"工具、材料、技法"；"博物馆、美术馆、画廊"6个部类，主要收录有关外国绘画方面的专业词目计3133条，内容涵盖欧、亚、美、非、澳等地域古今绘画的重要方面、主要作品、画家及主要的收藏陈列单位。

J000331

美术辞林 （版画艺术卷）李习勤主编
西安 陕西人民美术出版社 1992年 784页 有彩图 20cm（32开）精装
ISBN：7-5368-0276-5 定价：CNY63.00

　　编者李习勤（1932—　），画家。湖南邵东人，历任陕西省版画艺委会主任、中国美术家协会会员，中国版画家协会常务理事，中原书画研究院名誉院长，中外书画艺术博物馆名誉馆长。作品有《清凉世界》《秋之恋》《山沟笑声》等，出版有《李习勤水墨选集》《李习勤色粉画》等。

J000332

美术辞林 （书法艺术卷）茹桂主编
西安 陕西人民美术出版社 1992年 43+614页 20cm（32开）精装 ISBN：7-5368-0275-7 定价：CNY19.80

　　本书收辑有关书法的词目3066条，分为名词概念、古今书家、文房四宝等十大部类。作者茹桂（1936—　），教授。陕西长安人。就读于西安美术学院和陕西师大中文系。历任西安美术学院教授，陕西省书法协会副主席，中国书协学术委员，日本京都造型艺术大学客座教授。代表性作品有《文学创作常识》《艺术美学纲要》《茹桂书法教学手记》。

J000333

美术辞林 （舞台美术卷）尤宝诚等主编
西安 陕西人民美术出版社 1992年 2版

增补本 447页 有图 20cm（32开）精装
ISBN：7-5368-0378-8 定价：CNY21.50

J000334

美术辞林 （建筑艺术卷）张芷岷，李树涛主编
西安 陕西人民美术出版社 1993年 32+868页 有图版 20cm（32开）精装
ISBN：7-5368-0287-0 定价：CNY38.00

　　本卷收列建筑艺术基本理论、建筑类型、建筑思潮、流派、建筑美学等有关名词术语，以及中外建筑作品、著作、中外建筑师等词目共1846条。

J000335

美术辞林 （中国绘画卷 上）林树中，王崇人主编
西安 陕西人民美术出版社 1995年 59+1509页 有图版 20cm（32开）精装
ISBN：7-5368-0517-9 定价：CNY78.50

　　外文书名：Fine Arts Encyclopedia. Chinese Paintings. 编者林树中（1926—2014），美术史论家。别名光望，字树中，浙江平阳人。曾任南京艺术学院教授，中国美术家协会会员。代表作品有《朱德像》《山间烟雾》等，著作有《海外藏中国历代名画》等。编者王崇人（1931—2009），画家。出生于甘肃平凉市。历任西安美术学院教授、中国书协理事、陕西省书协常务副主席、中国美协会员及陕西美协理事等。代表作有《人物画技法》《古都西安》《古代长安名画家及作品》。

J000336

审美鉴赏心理分析 王向峰，马玉峰著
沈阳 辽宁人民出版社 1989年 267页 20cm（32开）
ISBN：7-205-00920-0 定价：CNY4.90

　　作者王向峰（1932—　），作家。生于辽宁辽中，毕业于吉林大学中文系。被北京师范大学、山东大学、沈阳师范大学聘为兼职教授。历任中国作家协会会员，中华美学学会理事，辽宁省美学学会会长、诗词学会副会长等职。代表作品有《古典抒情诗鉴赏》《艺术的美学基点》。

J000337

世纪末的艺术留言 凌烟著
长沙 湖南文艺出版社 1989年 275页 21cm（32开）定价：CNY4.10

J000338
文艺百花撷英 （青年文艺便览）郑确主编
南京 河海大学出版社 1989年 722页 有图
19cm（32开）ISBN：7-5630-0105-0
定价：CNY19.80

J000339
西方艺术理论中的方法论探索 （苏）А.Я.齐
斯,（苏）м.л.斯塔费茨卡娅著；董学文［等］译
北京 台声出版社 1989年 188页 18cm（32开）
ISBN：7-80062-039-5 定价：CNY2.50

J000340
现代艺术辞典 邵大箴主编
北京 中国国际广播出版社 1989年 823页
19cm（32开）精装 ISBN：7-80035-126-2
定价：CNY15.00
　　本辞典为《古代艺术辞典》的姊妹篇。共
收词目 1900余条，分绘画、雕塑、设计、建
筑、戏剧、音乐、舞蹈、电影等。作者邵大箴
（1934—　），美术理论家、国画家。江苏镇江人。
历任中央美术学院教授、博士生导师、《美术研
究》主编、中国国家画院美术研究院院长等。著
有《现代派美术浅议》《传统美术与现代派》《欧
洲绘画简史》《西方现代美术思潮》。

J000341
现代艺术鉴赏辞典 顾森主编
北京 学苑出版社 1989年 738页 有照片
19cm（32开）精装 ISBN：7-80060-031-9
定价：CNY16.50
　　本辞典附图180篇，并有词目笔画索引。外
文书名：Modern-art Appreciation Dictionary.

J000342
香港演艺学院 （88-89课程手册）
香港 香港演艺学院 1989年 有照片 33cm（5开）
　　本书由香港演艺学院第2届（1989年）舞蹈
学院毕业生编。

J000343
艺门推敲录 何国瑞著
武汉 武汉大学出版社 1989年 251页 19cm（32开）
ISBN：7-307-00594-8 定价：CNY3.40

J000344
艺术符号与解释 杨春时著
北京 人民文学出版社 1989年 335页 20cm（32开）
ISBN：7-02-000708-2 定价：CNY4.75
（文艺新学科建设丛书）

J000345
艺术概论 孙美兰主编
北京 高等教育出版社 1989年 241页 有图
20cm（32开）ISBN：7-04-002413-6
定价：CNY2.95

J000346
艺术概论 高师《艺术概论》教材编写组［编］
北京 高等教育出版社 1999年 182页 26cm（16开）
ISBN：7-04-007177-0 定价：CNY14.40

J000347
艺术概论 顾永芝著
南京 江苏古籍出版社 1989年 383页 19cm（32开）
ISBN：7-80519-147-6 定价：CNY4.70
（书法学习丛书）

J000348
艺术生产原理 何国瑞主编
北京 人民文学出版社 1989年 509页 有照片
21cm（32开）定价：CNY6.55，CNY6.95（精装）
（百家文论新著丛书）

J000349
艺术实践 （西班牙）安·塔比亚斯著；河清译
杭州 浙江摄影出版社 1989年 139页 19cm（32开）
ISBN：7-80536-040-5 定价：CNY2.20
　　本书包括对自己作品的阐述、作者与许多当
代西方艺术大师的交往和作者对自己艺术观点
的阐述。收录《艺术-观念》《天赋和形式》《宣
言》《传统和它在当今艺术中的敌人》《访问毕加
索》《回忆让·阿尔普》《善于看的游戏》《艺术和
官僚》《米罗的真纯》《两种学院主义：社会化艺
术和集成艺术》等。外文书名：La Praetique de l'art.

J000350
艺术视听觉心理分析 （无意识知觉理论引
论）（奥）埃伦茨维希（Ehrenzweig, A.）著；肖聿
等译

北京 中国人民大学出版社 1989年 333页 有图
20cm（32开）ISBN：7-300-00598-5
定价：CNY4.30
（西方文艺心理学名著）

　　本书包容了西方现代心理学和艺术理论的
全部有价值的观点，重点论述了艺术视听觉过
程的历时性活动。第1部分"完形知觉深层心
理学"，收录《关于非具象知觉的"心理学家的舛
错"》《完形范围外的艺术形式》《继发润饰形成
风格与装饰》《美感与丑感的动力论》等；第2部
分"物体知觉深层心理分析学"，收录《艺术形式
的具体化》《音乐的无意识形式法则》《物体的解
体与"抽象的"意象》《西方艺术史中的诸转折点》
等。外文书名：The Psychoanalysis of Artistic Vision
and Hearing. 作者埃伦茨维希（1908—1966），奥
地利艺术心理学家兼艺术家。

J000351
艺术引论　　顾建华主编
北京 高等教育出版社 1989年 340页 20cm（32开）
ISBN：7-04-002490-X 定价：CNY3.15

J000352
艺术引论　　顾建华主编
台北 中国文化大学出版社 1990年 370页
21cm（32开）ISBN：957-9538-34-4
定价：TWD250.00

J000353
艺术与人文科学　（贡布里希文选）（英）贡布
里希（E.H.Gombrich）著；范景中编选
杭州 浙江摄影出版社 1989年 482页 26cm（16开）
ISBN：7-80536-035-9 定价：CNY14.00

J000354
艺术与社会　（英）里德（Read, H.）著；陈方明，
王怡红译
北京 工人出版社 1989年 150页 19cm
（32开）ISBN：7-5008-0195-5 定价：CNY2.00
（艺术哲学丛书）

　　外文书名：Art and Society. 作者里德（Herbert
Read, 1893—1968），英国诗人、艺术批评家、美
学家。英国美学学会主席。著有《艺术的真谛》《今
日之艺术》《现代艺术哲学》等。

J000355
艺术与世界宗教　（苏）雅科伏列夫（Яковлев,
Е.Г.）著；任光宣，李冬晗译
北京 文化艺术出版社 1989年 267页 20cm（32开）
ISBN：7-5039-0472-0 定价：CNY3.90
（20世纪艺术边缘学科译丛）

　　本书共4章，首先考察了艺术意识与宗教意
识内在矛盾统一产生的历史过程；进而研究了艺
术与世界三大宗教的相互关系；并着重探讨了艺
术在世界宗教结构中的功能与作用，以及艺术及
宗教体系的形成与发展，揭示了三大艺术的审美
特质。

J000356
艺术与哲学　　文化部教育局编著
上海 上海文艺出版社 1989年 412页 21cm（32开）
定价：CNY5.80

J000357
艺术哲学大纲　（英）柯林伍德（Collingwood,
R.G.）著；周浩中译
台北 水牛图书出版事业公司 1989年 再版
127页 21cm（32开）定价：TWD110.00
（哲学丛书91）

J000358
阿多诺　（艺术、意识形态与美学理论）[法]
马克·杰木乃兹著；栾栋，关宝艳译
台北 远流出版社 1990年 [11]+208页
21cm（32开）ISBN：957-32-0389-8
定价：TWD140.00
（人文科学丛书2）

　　外文书名：Theodor W.Adorno:Art, Ideologie
et Theorie de l'art.

J000359
当代世界美学艺术学辞典　董学文，江溶
主编
南京 江苏文艺出版社 1990年 916页 19cm（32开）
精装 ISBN：7-5399-0206-X
定价：CNY14.80

J000360
东方与西方现代美术　（日）三宅正太郎著；
倪洪泉编译

西安 陕西人民美术出版社 1990年 226页 有图
20cm（32开）ISBN：7-5368-0098-3
定价：CNY4.85

　　本书论述了近代美术领域中重要的理论问题。全书分为10个章节，包括：形与色民族性与国际性、歪曲与变形、表现中的物质化、失重与平衡、美术与自然、人类与自然、人类物质自然、现代美术中的任务、现实与幻想等。作者三宅正太郎，日本著名美术理论家。译者倪洪泉（1955—　），画家。北京人。硕士毕业于中央工艺美术学院并留校任教，任北京青年画会副秘书长等职。作品有《千古传丝万代情》《心花》《七彩世界》等。

J000361

还我右半的心灵　（直觉的直）（美）阿恩海姆（Arnheim, R.）著；郭小平译
香港 商务印书馆（香港）公司 1990年 237页
19cm（32开）ISBN：962-07-6085-9
定价：HKD46.00
（八道丛书 1）

　　本书为艺术心理学研究著作。作者鲁道夫·阿恩海姆（1904—2007），德裔美籍作家、美术和电影理论家。出生于柏林。曾任美国美学协会主席。代表作品《艺术与视知觉》《视觉思维》《作为艺术的电影》等。

J000362

心灵右面的剪影　（直觉的觉）（美）阿恩海姆（Arnheim, R.）著；翟灿译
香港 商务印书馆（香港）公司 1990年 240页
19cm（32开）ISBN：962-07-6084-0
定价：HKD46.00
（八道丛书 2）

J000363

美学　（法）德尼斯·于斯曼著；栾栋，关宝艳译
台北 远流出版社 1990年 [9]+181页 有图
21cm（32开）ISBN：957-32-0578-5
定价：TWD140.00
（人文科学丛书）

J000364

什么是艺术　（俄）托尔斯泰著；何永祥译
南京 江苏美术出版社 1990年 258页
19cm（小32开）ISBN：7-5344-0141-0
定价：CNY3.50

　　本书又译名《艺术论》，是托尔斯泰最重要的一部文艺理论。既强调文学要面对现实，反映人民对美的追求，反对"纯艺术"论以及形式主义、神秘主义、自然主义等流派，又强调宗教意识是文艺的基础和批评标准，认为文艺的目的与作用在于宣传"道德自我完成"、"勿以暴力抗恶"。作者托尔斯泰（Лев Николаевич Толстой, 1828—1910），俄国批判现实主义作家、思想家，哲学家。全名列夫·尼古拉耶维奇·托尔斯泰。出生于亚斯纳亚－博利尔纳，毕业于喀山大学。代表作有《战争与和平》《安娜·卡列尼娜》《复活》等。

J000365

诗·语言·思　（德）M.海德格尔著；彭富春译
北京 文化艺术出版社 1990年 202页 20cm（32开）
ISBN：7-5039-0572-7 定价：CNY3.45
（20世纪艺术边缘学科译丛）

　　本书主要内容选辑了德国哲学家海德格尔论述艺术问题的一些重要篇目，探讨了如存在、真理、语言、思想、诗意、艺术、建筑、居住等问题。作者海德格尔（Martin Heidegger, 1889—1976），全名马丁·海德格尔。德国哲学家。存在主义哲学的创始人和主要代表之一。著有《存在与时间》《现象学和神学》等。著有《存在与时间》《林中路》《路标》《荷尔德林诗的阐释》等。

J000366

诗·语言·思　（德）M.海德格尔著；彭富春译
北京 文化艺术出版社 1990年 202页 21cm（32开）
ISBN：7-5039-0572-7 定价：CNY12.80
（思想者书系）

　　外文书名：Poetry, Language, Thought.

J000367

势与中国艺术　涂光社著
北京 中国人民大学出版社 1990年 254页
19cm（小32开）ISBN：7-300-00794-5
定价：CNY3.15
（中国古典美学范畴丛书）

　　本书内容包括：第1章，传统文化中"势"意识的广泛存在；第2章，书法的"势"；第3章，绘画的"势"；第4章，文学的"势"；第5章，

"势"论——古代艺术动力学的理论价值与当代意义。

J000368

汪亚尘艺术文集　汪亚尘著；王震，荣君立编
上海 上海书画出版社 1990年 578页 有图
20cm（32开）ISBN：7-80512-434-5
定价：CNY8.00

　　本书收录论文160余篇，包括《艺术与社会》《艺术革命谈》《宗炳画论评判》《绘画与音乐》等。作者汪亚尘（1894—1983），美术家、美术教育家。号云隐，浙江杭州人。毕业于东京美术学校。代表作《金鱼》。

J000369

唯物史观艺术论　胡秋原编
上海 上海书店 1990年 影印本 有肖像
19cm（32开）精装 ISBN：7-80569-373-0
（民国丛书 第二编 美学、艺术类 64）

　　本书内容包括：第1章绪言；第2章艺术理论家普列汉诺夫之性质；第3章艺术之本质；第4章艺术与经济；第5章艺术之起源；第6章艺术之进化与发展；第7章文艺上个性与社会性之考察；第8章普列汉诺夫与艺术批评；第9章俄国科学的美学及社会的文艺批评之先驱；第10章普列汉诺夫之方法论。书后有《普列汉诺夫传》和附录6篇。

J000370

现代艺术大师论艺术　（美）赫伯特编；林森，辛丽译
南京 江苏美术出版社 1990年 179页 有图
19cm（32开）ISBN：7-5344-0135-6
定价：CNY2.50
（外国现代美术理论丛书）

　　本书收录《立体主义》（1912）格莱兹等著、《回忆录》（1913）康丁斯基著、《未来主义雕塑》（1913）波丘尼著、《纯粹主义》（1920）勒·柯布西埃等著、《论现代艺术》（1924）克利著、《至上主义》（1927）马列维奇著、《艺中的构成主义》（1937）嘉博著、《造型艺术与纯造型艺术》（1937）蒙德里安著、《论我的绘画》（1938）贝克曼著、《论雕塑和原始艺术》（1934、1937、1941）摩尔著。

J000371

艺术创作与审美心理　童庆炳著
天津 百花文艺出版社 1990年 328页 20cm（32开）
ISBN：7-5306-0568-2 定价：CNY4.85
（心理美学丛书）

　　本书运用心理美学知识，系统阐述艺术创作过程中创作主体各种细腻的心理活动。具体内容包括：艺术家的创作个性和创作动机；艺术创作中的审美注意；艺术创作中的审美知觉；艺术创作中的审美情感；艺术创作中的审美想象。

J000372

艺术创作与审美心理　童庆炳著
天津 百花文艺出版社 1999年 重印本 326页
20cm（32开）ISBN：7-5306-0568-2
定价：CNY16.50
（心理美学丛书）

J000373

艺术大辞典
香港 汉荣书局［1990年］1156页 21cm（32开）

J000374

艺术的社会生产　（英）沃尔芙（Wolff, J.）著；董学文，王葵译
北京 华夏出版社 1990年 190页 20cm（32开）
ISBN：7-80053-717-X 定价：CNY5.40

　　本书对文艺社会学方面的一些基本问题作了介绍，论述了关于在生产、分配和接受过程中艺术的社会性质问题，作家和艺术家的问题等。
外文书名：The Social Production of Art.

J000375

艺术殿堂的建构　（卡冈《艺术形态学》导引）
凌继尧著
南京 江苏教育出版社 1990年 291页 19cm（32开）
ISBN：7-5343-1025-3 定价：CNY2.90
（世界学术名著导引丛书 第1辑）

　　作者凌继尧（1945—　　），教授。江苏南通人，毕业于北京大学。历任南京大学哲学系、中文系教师，东南大学艺术学院学术委员会主席、教授、博士生导师等职。著有《美学十五讲》《艺术设计十五讲》等。

J000376

艺术及其对象 （美）乌尔海姆著；傅志强，钱岗南译

北京 光明日报出版社 1990年 225页 19cm（32开）

ISBN：7-80014-789-4 定价：CNY3.25

（美学译文丛书）

J000377

艺术鉴赏心理学 毕盛镇，刘畅著

长春 吉林文史出版社 1990年 374页 19cm（32开）

ISBN：7-80528-296-4 定价：CNY4.90

J000378

艺术教程 哈九增主编

上海 复旦大学出版社 1990年 353页 20cm（32开）

ISBN：7-309-00418-3 定价：CNY4.55

本书是一部文学艺术概论教材。内容包括两个方面：文学艺术的基础理论、文学艺术的基本知识。

J000379

艺术理论 （日）竹内敏雄著；卞崇道等译

北京 中国人民大学出版社 1990年 263页 19cm（32开）ISBN：7-300-00877-1

定价：CNY2.90

（东方美学译丛）

本书探讨了美的艺术的技术问题，如艺术技巧、艺术的类型论、艺术的分类、艺术的风格、纯粹艺术和效用艺术等。

J000380

艺术漫论 顾永芝著

北京 中国华侨出版公司 1990年 232页 有肖像 19cm（32开）ISBN：7-80074-216-4

定价：CNY3.40

本书阐述了不同艺术共同的审美本性和它们的各自特点及社会价值。

J000381

艺术名言 邓琦编

上海 上海人民出版社 1990年 287页 19cm（32开）

ISBN：7-208-00923-6 定价：CNY3.20

本书选入的名言出自古今中外名人大家的有关著作、传记和其他文章中。

J000382

艺术——人的启示录 吕澎著

广州 岭南美术出版社 1990年 285页 19cm（32开）

ISBN：7-5362-0434-5 定价：CNY8.90

（视觉艺术文丛）

本书通过从理论到实践的反复思索，研究"何谓艺术"，还考察了西方艺术理论中的诸多学派，并作出评析。作者吕澎（1956— ），编辑、艺术评论家。生于重庆，毕业于四川师范学院政治教育系。历任《戏剧与电影》杂志社编辑，中国美术学院艺术人文学院副教授，成都当代美术馆馆长。著有《欧洲现代绘画美学》《现代绘画：新的形象语言》《艺术——人的启示录》等。

J000383

艺术文化论 （对人类艺术活动的多维审视）徐岱著

北京 人民文学出版社 1990年 562页 有照片 20cm（32开）ISBN：7-02-001021-0 定价：CNY6.95

（百家文论新著丛书）

本书内容包括：绪论"艺术的方法学研究"；第1章"艺术的人类学研究"；第2章"艺术的文化学研究"；第3章"艺术的社会学研究"；第4章"艺术的心理学研究"；第5章"艺术的符号学研究"；第6章"艺术的审美学研究"；第7章"艺术的形态学研究"；第8章"艺术的发生学研究"；第9章"艺术的文体学研究"；第10章"艺术的批评学研究"。

J000384

艺术文化学 （超越的文化）杨春时著

长春 长春出版社 1990年 194页 19cm（32开）

ISBN：7-80573-401-1 定价：CNY3.20

本书从对文化的两重性探讨出发，论证了艺术文化的超越性，并分析了艺术文化的现实、审美双层结构。

J000385

艺术心理学教程 杜义芳著

昆明 云南人民出版社 1990年 523页 19cm（32开）

ISBN：7-222-00517-X 定价：CNY10.00

本书是探讨艺术创作与揭示艺术欣赏过程的心理现象和规律性的专著。

J000386
艺术与人类心理　童庆炳主编
北京 北京十月文艺出版社 1990 年 542 页
20cm（32 开）ISBN：7-5302-0179-4
定价：CNY8.50

　　本书内容包括：审美态度研究、艺术家心理研究、艺术创作心理研究、艺术作品心理研究、艺术接受心理研究。

J000387
艺术与人类心理　童庆炳主编
北京 北京十月文艺出版社 1992 年 542 页
20cm（32 开）精装 ISBN：7-5302-0242-1
定价：CNY12.10

J000388
艺术与性　秦弓著
石家庄 河北人民出版社 1990 年 187 页
20cm（32 开）ISBN：7-202-00724-X
定价：CNY2.75

　　本书循着弗洛伊德的线索，对艺术与性这一问题作了探索。

J000389
常用艺术手册　马超培等主编
北京 中国妇女出版社 1991 年 399 页
19cm（小 32 开）ISBN：7-80016-340-7
定价：CNY8.50

　　本书收有 1400 个辞条，分文学、戏剧、绘画、书法、音乐、舞蹈、电影、摄影、建筑、雕塑和工艺美术 11 个艺术门类。

J000390
当代艺术科学主潮　（法）杜夫海纳等著；刘应争译
合肥 安徽文艺出版社 1991 年 200 页 20cm（32 开）
ISBN：7-5396-0545-6 定价：CNY3.10
（文艺新学科建设丛书 译著系列）

　　本书对西方当代艺术的境况，艺术创造，美学价值，建筑和城市规划等问题作了研究。

J000391
地景艺术　（美）亚伦·森菲斯特（Sonfist, A.）编；李美蓉译
台北 远流出版事业公司 1991 年 374 页 有照片

21cm（32 开）ISBN：957-32-1492-X
定价：TWD400.00
（艺术馆 6）

　　外文书名：Art in the Land.

J000392
地景艺术　（美）亚伦·森菲斯特（AlanSonfist）著；李美蓉译
台北 远流出版事业公司 1996 年 新版 434 页
有照片 21cm（32 开）ISBN：957-32-3071-2
定价：TWD450.00
（艺术馆 6）

　　外文书名：Art in the Land.

J000393
黄养辉艺术文集　黄养辉著；吴调公，季伏昆编
南京 南京大学出版社 1991 年 286 页 有彩照
20cm（32 开）精装 ISBN：7-305-01168-1
定价：CNY16.00

　　本书内容分 4 篇：1、专论·评论·散论；2、游记·人物记·散记；3、诗歌·楹联；4、书画·碑刻·题跋。作者黄养辉（1911—2001），书画艺术家、美术教育家、金石篆刻家。字扬辉，笔名黄易，江苏无锡人。早年就学于国立中央大学艺术系。中国美术家协会会员，中国书法家协会会员，徐悲鸿奖学金委员会委员，金陵印社名誉社长，江苏省国画院高级画师，南京大学教授。作者季伏昆（1940—　　），号季公，生于江苏镇江，祖籍苏州，毕业于南京师范学院中文系。历任南京艺术学院教授，江苏省政府文史研究馆馆员，中国书法家协会会员，中国林散之研究会秘书长。出版《中国书论辑要》《林散之研究》等。

J000394
迷彩人伦　（艺术与人生的辩证思索）麦城，杨志军，蔡原江著
北京 中国城市经济社会出版社 1991 年 重印本 161 页 19cm（32 开）ISBN：7-5074-0359-9
定价：CNY2.30
（人生哲理丛书）

　　本书论述了艺术与想象力、艺术门类的相互关系、艺术与社会的参照分析、生活对艺术的启示等。

J000395

模糊艺术论 王明居著

合肥 安徽教育出版社 1991年 288页 21cm（32开）

ISBN：7-5336-0785-2 定价：CNY4.50

J000396

木马沉思录 （艺术理论文集）（英）贡布里希

（Gombrich, E.H.）著；徐一维译

北京 北京大学出版社 1991年 169页

19cm（小32开）ISBN：7-301-01616-6

定价：CNY3.05

（艺术沉思录译丛）

　　本书精辟地论述了艺术形式产生的根源，艺术价值中的视觉隐喻，精神分析与艺术史，艺术与学术等理论问题。外文书名：Meditations on a Hobby Horse.

J000397

情感与形式 （美）苏珊·郎格著；刘大基译

台北 商鼎文化出版社 1991年 484页 21cm（32开）

ISBN：957-624-160-X 定价：TWD420.00

（艺术评论丛书 2）

　　本书由商鼎文化出版社和千华图书出版事业公司联合出版。

J000398

视觉艺术的社会心理 （日）中川作一著；许平等译

上海 上海人民美术出版社 1991年 265页 有图

20cm（32开）ISBN：7-5322-0607-6

定价：CNY5.90

（二十世纪西方美术理论译丛）

　　外文书名：The Social Psychology of the Visual Arts. 译者许平（1953—　　），南京艺术学院教授，《中国民间工艺》杂志副主编，中国民俗学会会员。

J000399

视觉艺术的社会心理 （日）中川作一著；许平等译

上海 上海人民美术出版社 1997年 重印本

265页 20cm（32开）ISBN：7-5322-0607-6

定价：CNY14.50

（二十世纪西方美术理论译丛）

　　本书主要内容包括：视觉的社会心理、绘画

的社会心理、直观和概念的作用、寻求普遍美。

J000400

现代艺术评论集 世界书局编

上海 上海书店 1991年 影印本 19cm（32开）

精装 ISBN：7-80569-532-6

（民国丛书 第三编 美学、艺术类 58）

　　本书与新艺术社编的《新艺术全集》合订。

J000401

现代艺术学导论 陈池瑜著

武汉 长江文艺出版社 1991年 379页 有图

20cm（32开）ISBN：7-5354-0471-5

定价：CNY6.00

（文艺美学书系）

　　本书包括艺术本质论、艺术特征论、艺术作品论、艺术思维论、艺术美学论5编。作者陈池瑜（1956—　　），教师。湖北人，湖北美术学院副教授，中国美术家协会会员。

J000402

现代主义失败了吗？ 加布利克（Gablik, Suzi）著；滕立平译

台北 远流出版事业公司 1991年 135页

21cm（32开）ISBN：957-32-1453-9

定价：TWD180.00

（艺术馆 3）

　　外文书名：Has Modernism Failed?

J000403

形象与思想 （艺术在人类意识发展中的功能）（英）里德著；宋协立译

西安 陕西人民出版社 1991年 197页

有图 20cm（32开）ISBN：7-224-00783-8

定价：CNY3.70

　　本书重点阐述了艺术理论和艺术史观。外文书名：Icon and Idea. 作者里德（Herbert Read, 1893—1968），英国诗人、艺术批评家、美学家。英国美学学会主席。著有《艺术的真谛》《今日之艺术》《现代艺术哲学》等。

J000404

艺术 （英）贝尔（Bell, C.）著；周金环，马钟元译

台北 商鼎文化出版社 1991年 157页 21cm（32开）

ISBN：957-624-159-6 定价：TWD180.00

（艺术评论丛书 2）

本书由商鼎文化出版社和千华图书出版事业公司联合出版。

J000405

艺术的未来　（英）汤因比（Toynbee, A.J.）等著；王治河译

北京 北京大学出版社 1991 年 134 页

19cm（小 32 开）ISBN：7-301-01618-2

定价：CNY2.80

（艺术沉思录译丛）

本书对关于艺术未来的基本问题，诸如艺术的大众化、现代科学技术的发展对艺术的影响、当今艺术家的使命、艺术大众化与艺术风格的多样化等问题进行了探讨。外文书名：On the Future of Art. 作者汤因比（Arnold Joseph Toynbee, 1889—1975），英国历史学家，历史形态学派主要代表。伦敦大学名誉教授，曾任英国皇家学会国际问题研究室主任。主要著作有《历史研究》《在考察中的文明》《一个历史学家的宗教观》等。

J000406

英汉艺术辞典　林纯娟，黄秀珍编

台北 五洲出版社 1991 年 431 页 21cm（32 开）

精装 ISBN：957-601-033-0 定价：TWD480.00

J000407

原始艺术哲学　（美）布洛克（Blocker, Gene）著；沈波，张安平译

上海 上海人民出版社 1991 年 275 页 有图

19cm（32 开）ISBN：7-208-01406-X

定价：CNY6.85

本书从哲学、美学角度系统研究了原始艺术。内容包括：原始艺术中的审美意识；公正、合理地评价原始艺术等。外文书名：Aesthetics of Primitive Arts. 作者布洛克（H.Gene Blocer），美国俄亥俄大学哲学系教授。

J000408

浙江美术学院研究生论文选　（1978—1989）

杨成寅等选编

杭州 浙江美术学院出版社 1991 年 613 页

有彩图 20cm（32 开）精装 ISBN：7-81019-095-4

定价：CNY16.70

编者杨成寅（1926—2016），美术理论家、雕塑家。河南南阳市人，毕业于中央美院研究生班并留校任教。曾任《美术理论资料》《美术译丛》等刊物编辑，中国美术学院教授，中国美术家协会会员。雕塑作品有《晨读》《汤显祖像》《谢文锦像》等。

J000409

中国动态的艺术哲学　金登才著

上海 上海社会科学院出版社 1991 年 169 页

19cm（小 32 开）ISBN：7-80515-668-9

定价：CNY3.00

本书就西方艺术以静态的感觉为其主要特征，中国艺术以动态的感觉为其基本特色，对中国艺术的构型及其美学思想进行了探讨。

J000410

东西方艺术精神的传统和交流　（日）山本正男著；牛枝惠译

北京 中国人民大学出版社 1992 年 236 页

19cm（小 32 开）ISBN：7-300-01340-6

定价：CNY4.50

（东方美学译丛）

J000411

前卫艺术的理论　［坡焦利］（Poggioli, R.）著；张心龙译

台北 远流出版事业公司 1992 年 210 页

21cm（32 开）ISBN：957-32-1671-X

定价：TWD220.00

（艺术馆 12）

外文书名：Teoria Dell'arte D'avanguardia.

J000412

艺术的魅力　邹英著

长春 吉林文史出版社 1992 年 169 页 19cm（32 开）

ISBN：7-80528-577-2 定价：CNY3.50

本书对什么是艺术的魅力？艺术魅力究竟包括哪些要素？艺术中不同形态美的艺术魅力有何特点等，都进行了探讨并提出了见解。

J000413

艺术符号辞典　谭学纯，唐跃主编

太原 北岳文艺出版社 1992 年 105+888 页

20cm（32 开）精装 ISBN：7-5378-0599-7

定价：CNY28.00

本辞典共收录 2132 条，内容包括：绘画、工艺美术、书法篆刻、建筑、音乐、舞蹈、电影、文学等艺术门类中的艺术现象、艺术技巧、艺术体式、艺术理论术语等。

J000414

艺术人类学　易中天著

上海　上海文艺出版社　1992 年　421 页　有照片 20cm（32 开）ISBN：7-5321-0938-0

定价：CNY6.60

本书分为发生机制、原始形态两编，又分为走出自然界、人的确证、图腾原则、工艺、建筑、雕塑等 14 章。易中天（1947—　），作家、学者、教育家。生于湖南长沙，硕士毕业于武汉大学中文系并留校任教，后任教于厦门大学人文学院。代表作品有《易中天品三国》《易中天文集》《易中天中华史》等。

J000415

艺术人类学　易中天著

上海　上海文艺出版社　1992 年　421 页　有照片 20cm（32 开）精装　ISBN：7-5321-0939-9

定价：CNY11.00

J000416

艺术人类学　（美）莱顿（Layton，Robert）著；靳大成等译

北京　文化艺术出版社　1992 年　250 页　20cm（32 开）ISBN：7-5039-1011-9　定价：CNY4.80

（20 世纪艺术边缘学科译丛）

本书论述了小型社会中艺术与社会生活、艺术与视觉传达、艺术的风格特征、艺术家的创造力等诸多问题。据美国纽约哥伦比亚大学出版社 1981 年英文版译出。书名原文：The Anthropology of Art.

J000417

艺术人类学　（美）罗伯·雷东（Layton，Robert）著；吴信鸿译

台北　亚太图书出版社　1995 年　290 页　24cm（26 开）ISBN：957-8510-73-X

定价：TWD350.00

外文书名：The Anthropology of Art. 著者现通译为：莱顿

J000418

艺术——生命之光　雷体沛著

兰州　兰州大学出版社　1992 年　203 页 19cm（小 32 开）ISBN：7-311-00526-4

定价：CNY4.93

本书分为生命和艺术生命，创造—生命的突进，艺术秩序与生命秩序，艺术世界的构成等 8 章，研讨生命与艺术的关系问题。

J000419

艺术史的哲学　（美）豪塞尔（Hauser，Arnold）著；陈超南，刘天华译

北京　中国社会科学出版社　1992 年　393 页 20cm（32 开）ISBN：7-5004-0995-8

定价：CNY7.55

本书探讨了艺术社会学的范围和界限，艺术史的意识概念，心理分析和艺术，艺术史中的独创性和习俗等。外文书名：The Philosophy of Art History. 作者豪塞尔（Arnold Hauser，1892—1978），文化社会学家和艺术史学家，曾任马萨诸塞等大学艺术史教授，著有《艺术社会史》《艺术史的哲学》等。

J000420

艺术心理范式　童庆炳主编

天津　百花文艺出版社　1992 年　269 页　20cm（32 开）ISBN：7-5306-0971-8　定价：CNY6.10

J000421

艺术心理学　（艺术与创造）刘思量著

台北　艺术家出版社　1992 年　350 页　有图 21cm（32 开）定价：TWD250.00

J000422

艺术心理学新论　（美）阿恩海姆（Arnheim，R.）著；郭小平，翟灿译

台北　商务印书馆　1992 年　重印本　472 页 19cm（32 开）ISBN：957-05-0635-0

定价：TWD7.00

（新思潮丛书 1）

作者鲁道夫·阿恩海姆（1904—2007），德裔美籍作家、美术和电影理论家。出生于柏林。曾任美国美学协会主席。代表作品《艺术与视知觉》《视觉思维》《作为艺术的电影》等。

J000423

艺术心理学新论　（美）鲁·阿恩海姆（Rudolf Arnheim）著；郭小平，翟灿译
北京 商务印书馆 1994 年 451 页 有图
19cm（小 32 开）ISBN：7-100-01534-0
定价：CNY15.70
（商务新知译丛）

　　本书收录《关于一幅朝圣画》《视觉思维辩》《客观知觉与客观价值》等。外文书名：New Essays on the Psychology of Art.

J000424

艺术学基本原理　段茂南，冯能保著
南京 江苏文艺出版社 1992 年 367 页
19cm（小 32 开）ISBN：7-5399-0382-1
定价：CNY4.98

　　本书内容包括艺术的本质、艺术的对象、艺术的发展、艺术的种类、艺术的风格和流派等 15 章。

J000425

艺术研究　（1992 年 第一辑）韦壮凡，黄海澄主编
南宁 广西民族出版社 1992 年 358 页 有图
20cm（32 开）ISBN：7-5363-1765-4
定价：CNY6.50

　　本书内容包括艺术学研究、当代作家研究、舞蹈艺术研究、音乐艺术研究、书法研究、美术研究、电影艺术研究、外国艺术博览等。

J000426

艺术与人生　杨士毅著
台北 自立晚报社文化出版部 1992 年 253 页
21cm（32 开）ISBN：957-596-205-2
定价：TWD200.00
（知的系列 10）

J000427

忧郁文件　陈传兴著
台北 雄狮图书公司 1992 年 298 页 有照片
21cm（32 开）ISBN：957-9420-86-6
（雄狮丛书 8-012）

　　本书是作者 1982 年参加在德国举办的第 7 届文件大展后，陆续发表的文章。论述了对艺术观念与制度的审视，及美术、摄影等相关问题。

J000428

哲学思维和艺术创作　（苏）A·Я·齐斯著；冯申等译
北京 社会科学文献出版社 1992 年 270 页
19cm（32 开）ISBN：7-80050-251-1
定价：CNY4.90

　　全书共 5 章，内容包括：哲学思维和艺术创作；艺术是哲学知识的对象和源泉；关于艺术的"哲学体裁"问题；论艺术的综合研究；关于艺术创作的心理学问题。

J000429

走向创造的境界　（艺术创造力的心理学探索）周宪著
长春 吉林教育出版社 1992 年 382 页 20cm（32 开）
精装 ISBN：7-5383-1512-8 定价：CNY6.80
（文艺理论建设丛书）

　　本书共 6 章，内容包括：现代艺术创造心理学的研究现状；艺术创造力的元心理学——心理哲学问题；艺术创造力的认知心理；情绪心理；动机心理；人格心理。

J000430

简明艺术辞典　欧阳周等主编
北京 中国和平出版社 1993 年 507 页 20cm（32 开）
ISBN：7-80037-905-1 定价：CNY19.00

　　本辞典包括：一般艺术理论、实用艺术、表情艺术、造型艺术、综合艺术 5 部分，共计 1379 个条目。

J000431

简明艺术辞典　欧阳周等主编
北京 中国和平出版社 1993 年 507 页 20cm（32 开）
精装 ISBN：7-80037-956-6
定价：CNY30.00

J000432

美术百科大辞典　周之骐主编
北京 农村读物出版社 1993 年 859 页 有彩图
26cm（16 开）精装 ISBN：7-5048-1627-2
定价：CNY69.80

　　本书共 19 部分，内容包括：总类、透视、艺用解剖、色彩、构图、图案、中国画、油画、版

画、雕塑、建筑、传统工艺美术等。

J000433

墨海四记　王学仲著

济南 山东友谊出版社 1993年 145页 有照片 19cm(小32开) 精装 ISBN: 7-80551-599-9 定价: CNY5.80

作者王学仲(1925—2013),画家、教育家。别名王亖、滕固词人,山东滕州人。毕业于中央美术学院。历任中国书法家协会顾问,中国书法家协会副主席、学术委员会主任,天津大学艺术研究所所长、教授。代表作品有《四季繁荣图》《王学仲美术论》《垂杨饮马图》等。

J000434

谈艺综录　金开诚著

北京 中国青年出版社 1993年 336页 19cm(小32开) ISBN: 7-5006-1248-6 定价: CNY6.40

本书收录作者近年来写的文章40篇,内容涉及文艺心理学研究、审美心理研究、书法艺术漫谈、电视剧创作与欣赏以及治学方法诸方面。

J000435

杨念一美术文论　杨念彝著

贵阳 贵州民族出版社 1993年 118页 有图 19cm(小32开) ISBN: 7-5412-3506-5 定价: CNY3.50

本书汇集了作者有关美术的诸多思索散记,分为:抽象语言、个性、风格、流派、画理等9部分。作者杨念彝(1939—　　),又名杨念一,侗族,贵州天柱县人,中国美术家协会会员、贵州省文联委员,著有《泛舟玄海:杨念彝美术文论》。

J000436

艺术:一个创造的世界　(论艺术对简单性的追求)穆纪光著

石家庄 河北教育出版社 1993年 274页 20cm (32开) ISBN: 7-5434-1999-8 定价: CNY6.40

本书作者分析和介绍了中国的老子、苦瓜和尚及外国的黑格尔、阿恩海姆等哲学家、艺术理论家关于艺术简单性的独到见解。

J000437

艺术百科全书　知识出版社编

北京 知识出版社 1993年 2册(1188页) 有彩照 26cm(16开) 精装 ISBN: 7-5015-1007-5 定价: CNY198.00

本书分上、下两册,包括绘画、书法、雕塑、陶瓷、工艺美术、戏曲、电影等。介绍古今中外的艺术理论、艺术流派、艺术家、谈艺著作及著名的艺术作品。

J000438

艺术的教育功用　周帆著

贵阳 贵州人民出版社 1993年 187页 20cm(32开) ISBN: 7-221-03004-9 定价: CNY3.50

J000439

艺术的魅力　(欣赏心理)张毅著

北京 中国青年出版社 1993年 161页 19cm(32开) ISBN: 7-5006-1459-4 定价: CNY4.50 (人生社会心理丛书 7)

J000440

艺术的魅力　(欣赏心理)张毅著

三重[台湾]新雨出版社 1995年 235页 21cm(32开) ISBN: 957-733-137-8 定价: TWD190.00 (人生社会心理丛书 7)

J000441

艺术价值论　黄海澄著

北京 人民文学出版社 1993年 374页 20cm(32开) ISBN: 7-02-001730-4 定价: CNY7.45

J000442

艺术交往论　黄鸣奋著

台北 淑馨出版社 1993年 383页 21cm(32开) ISBN: 957-531-302-X 定价: TWD320.00

本书内容包括:第1章"艺术交往发生",收录《交往伙伴》《交往手段》《交往环境》;第2章"艺术交往特征",收录《憧憬性》《虚构性》《创造性》;第3章"艺术交往动机",收录《创作动机》《鉴赏动机》《传播动机》;第4章"艺术交往过程",收录《艺术创作》《艺术鉴赏》《艺术传播》;第5章"艺术交往功能",收录《控制功能》《通讯功能》《亲合功能》;第6章"广义艺术交往",收录《艺术交往主体》《艺术交往手段》《艺术交往环境》。作者黄鸣奋(1952—　　),

教授。福建南安人。毕业于厦门大学中文系，历任厦门大学中国语言文学研究所所长、中文系主任、教授，中国古代文学理论学会、中国苏轼学会、福建省文学总会理事。著有《论苏轼的文艺心理观》《艺术交往心理学》《艺术交往论》《需要理论与艺术批评》等。

J000443

艺术交往论　黄鸣奋著
北京 文化艺术出版社 1999年 386页 20cm（32开）
ISBN：7-5039-1874-8 定价：CNY20.00
（20世纪艺术文库 研究编）

J000444

艺术理论基础　上海市教育局职教处编
北京 高等教育出版社 1993年 158页 有彩图
20cm（32开）ISBN：7-04-004235-5 定价：CNY3.65

J000445

艺术学　（第一卷 诞生：艺术与艺术学）杨长勋著
南宁 接力出版社 1993年 303页 有照片
20cm（32开）ISBN：7-80581-593-3
定价：CNY7.00
　　本书论述了艺术的产生、分类、特征、功能等。

J000446

艺术与生命　张涵著
郑州 河南教育出版社 1993年 381页 20cm（32开）
ISBN：7-5347-1309-9 定价：CNY6.10
　　本书从生命、生态和大美学的角度探讨、研究文学艺术。核心议题是：人的生命活动何以需要艺术，而真正的艺术又何以永具生命。作者张涵，郑州大学美学研究所所长、中华美学学会理事。

J000447

艺术与文化　（美）格林伯格（Greenberg, C.）著；张心龙译
台北 远流出版事业公司 1993年 269页
21cm（32开）ISBN：957-32-1762-7
定价：TWD280.00
（艺术馆 13）
　　克莱门特·格林伯格（1909—1994）是20世纪最重要的艺术批评家之一。本书是作者出版

于1961年的艺术评论文集，是其发表于《党派评论》《评论》《艺术》等期刊的艺评文章的结集。全书分文化一般、巴黎的艺术、艺术一般、美国的艺术、文学5部分，较为集中地体现了格林伯格的艺术观：马克思主义政治学与包豪斯美学的某种辩证法。在本书中，格林伯格对前卫艺术、抽象表现主义、现代主义、巴黎画派、纽约画派及其代表画家均有独特而精彩的艺术批评，从中我们也可一窥其艺评文章的现场性、当下性、流动性和丰富性。外文书名：Art and Culture.

J000448

艺术哲学　（艺术的主体与客体）栾昌大著
长春 吉林教育出版社 1993年 261页 20cm（32开）
精装 ISBN：7-5383-1893-3 定价：CNY6.70
（文艺理论建设丛书）

J000449

艺术哲学思辨　王庆璠著
北京 人民中国出版社 1993年 318页 20cm（32开）
ISBN：7-80065-267-X 定价：CNY8.10

J000450

艺坛艺谈　徐子雄著
香港 勤+缘出版社 1993年 177页 17cm（40开）
ISBN：962-447-242-4 定价：HKD30.00
（智慧系列 6）

J000451

在美术和文学的边缘线上　杨建勋著
济南 山东大学出版社 1993年 132页 20cm（32开）
ISBN：7-5607-0987-7 定价：CNY4.90

J000452

哲学·艺术与社会　王连法著
海口 南海出版公司 1993年 228页
19cm（小32开）ISBN：7-5442-0206-2
定价：CNY7.50

J000453

走进艺术殿堂　张广琦主编
石家庄 花山文艺出版社 1993年 268页
20cm（32开）ISBN：7-80611-058-5
定价：CNY6.50
　　本书介绍了摄影、书法、戏剧等艺术的性

质、特征、表现手段、艺术鉴赏等相关基本知识与基本理论。

J000454

当代西方艺术哲学　朱狄著

北京 人民出版社 1994年 546页 20cm（32开）

ISBN：7-01-001650-X 定价：CNY16.80

　　本书内容包括："艺术"概念的历史性变化、当代西方几种主要的艺术理论、艺术创造及各种艺术不同的存在方式、解释作为再创造、艺术作品与审美经验、艺术价值的判断标准。

J000455

科学的艺术与艺术的科学　钱学森著

北京 人民文学出版社 1994年 290页 有照片 20cm（32开）ISBN：7-02-002048-8

定价：CNY9.55

　　外文书名：The Fine Arts with Scienceand the Sciencs of Fine Arts.

J000456

乐教与中国文化　金忠明著

上海 上海教育出版社 1994年 414页 20cm（32开）软精装 ISBN：7-5320-3409-7 定价：CNY9.85

（中国文化与教育研究丛书）

　　本书第1部分"乐教溯源"，内容包括：水·气·风；尊"生"与重"孝"；养生与养心；名教与文艺。第2部分"乐教探微"，内容包括：风水与教化；忧世与悦民；致乐·主敬·尚游。第3部分"乐教析流"，内容包括：乐舞之教；文学之教；书画之教。

J000457

美术人类学　徐建融著

哈尔滨 黑龙江美术出版社 1994年 410页 20cm（32开）ISBN：7-5318-0190-6

定价：CNY38.00，CNY47.00（精装）

（美术学文库 3）

　　本书内容包括：原始美术、实用美术、宗教美术及悲剧美术。

J000458

美术心理学　丁宁著

哈尔滨 黑龙江美术出版社 1994年 270页 20cm（32开）ISBN：7-5318-0191-4

定价：CNY24.00，CNY34.00（精装）

（美术学文库 2）

J000459

让艺术美伴随着您　徐虹，洪敬辉编

长春 吉林教育出版社 1994年 182页

19cm（小32开）ISBN：7-5383-2191-8

定价：CNY4.80

（图书角丛书 学生知识小宝库系列）

　　本书介绍音乐、音乐家、著名乐团、舞蹈、影视、绘画等艺术方面的一般知识。

J000460

踏上艺术之旅　舒虹编著

沈阳 沈阳出版社 1994年 125页 19cm（小32开）

ISBN：7-5441-0062-6 定价：CNY2.30

（启明星丛书）

　　本书向少年儿童介绍了金字塔、中国画、芭蕾舞等古今中外的文化艺术知识。

J000461

心虹　程明琤著

香港 天地图书公司 1994年 181页 有照片 21cm（32开）ISBN：962-257-731-8

定价：HKD40.00

J000462

艺海风景线　秋桦主编

天津 天津人民出版社 1994年 重印本 276页 有插图 19cm（32开）ISBN：7-201-01448-X

定价：CNY5.80

（环球书系 艺术卷 艺术卷）

J000463

艺术百科全书　中国大百科全书总编辑委员会，中国大百科全书出版社编辑部编

北京 中国大百科全书出版社 1994年 651页 28cm（大16开）精装 ISBN：7-5000-5192-1

定价：CNY62.00

（人文百科全书大系）

　　本书内容包括：美术、戏剧、戏曲曲艺、音乐、舞蹈等6个学科。

J000464

艺术本体论　王岳川著

上海 生活·读书·新知三联书店上海分店 1994年 327页 20cm（32开）ISBN：7-5426-0743-X 定价：CNY12.95
（上海三联文库 学术系列）

作者王岳川（1955— ），教授。四川人，毕业于北京大学中文系。历任北京大学中文系教授，中国文艺理论学学会理事，北京大学书法艺术研究所所长，中国书法家协会理事，中国书法家协会教育委员会副主任等职。出版有《书法文化精神》《文艺美学讲演录》《书法文化十五讲》等。

J000465
艺术变相论　杜文园，陶伯华著
北京 文化艺术出版社 1994年 262页 20cm（32开）
ISBN：7-5039-1248-0 定价：CNY7.80

本书探讨艺术形象是怎样诞生的这个问题。作者认为在实现对象主体、创作主体、接受主体三个变相主体的沟通和协调后，还必须经历从客观的表现形象到主观的观赏形象的第四次变相转化，才能创造出有生命、有魅力的艺术形象。

J000466
艺术创造心理学　周冠生著
重庆 重庆出版社 1994年 406页 20cm（32开）
精装 ISBN：7-5366-2545-6 定价：CNY9.20

J000467
艺术的失落　孙正荃著
上海 学林出版社 1994年 158页 20cm（32开）
ISBN：7-80616-043-4 定价：CNY6.50

J000468
艺术基础　（音乐）张有刚等编
北京 高等教育出版社 1994年 205页 20cm（32开）
ISBN：7-04-004994-5 定价：CNY4.15

本书讲授了音乐基础知识、音乐欣赏及音乐在电视(教学)片中的应用。

J000469
艺术基础　（美术）关大我等编著
北京 高等教育出版社 1996年 254+11页 有彩图 20cm（32开）ISBN：7-04-005414-0 定价：CNY9.00

作者关大我（1958— ），满族，教授。毕业于东北师范大学美术系油画专业。历任东北师范大学副教授，东北师范大学传媒科学学院新闻传播系主任等。著有《54学时黑白画纪实》《现代视觉媒体美术》等。

J000470
艺术论纲　彭启华著
武汉 武汉出版社 1994年 282页 20cm（32开）
ISBN：7-5430-1304-5 定价：CNY6.80

J000471
艺术生态论纲　姜澄清著
贵阳 贵州人民出版社 1994年 259页 20cm（32开）
ISBN：7-221-03225-4 定价：CNY7.20

作者姜澄清（1935—2018），书画艺术评论家。号三一斋主，云南昭通人。历任贵州大学古典文学副教授，贵州大学图书馆馆长，中国书法家协会学术委员等。主要著作有《中国绘画精神体系》《易经与中国艺术精神》《书法文化丛谈》《中国人的色彩观》《姜澄清散文选》等。

J000472
艺术学概论　彭吉象著
北京 北京大学出版社 1994年 398页 20cm（32开）
ISBN：7-301-02189-5 定价：CNY11.50
（北京大学艺术教育与美学研究丛书）

本书内容包括：第1编“艺术总论”：艺术的本质与特征、艺术的起源、艺术的功能与艺术教育、文化系统中的艺术；第2编“艺术系统”：艺术创作、艺术作品、艺术鉴赏；第3编“艺术种类”：实用艺术、造型艺术、表情艺术、综合艺术、语言艺术。作者彭吉象（1948— ），教授。四川成都人，获得北京大学哲学博士。历任北京大学艺术教研室主任、教授，重庆大学电影学院副院长，中国作家协会会员。代表作品《艺术学概论》《电影银幕世界的魅力》。

J000473
艺术学概论　彭吉象著
台北 淑馨出版社 1994年 366页 21cm（32开）
ISBN：957-531-388-7 定价：TWD320.00

J000474
艺术原理　朱国庆著
杭州 中国美术学院社 1994年 390页 20cm（32开）
ISBN：7-81019-358-9 定价：CNY17.80

本书为中国文化部教科司审定高等艺术院校教材。外文题名：Principles of Arts. 作者朱国庆，上海戏剧学院戏文系教授。主要著作有《艺术原理》《艺术新解》《吾心及艺术》等。

J000475

艺苑撷英 （1992 年获奖论文集）张学恒主编
[北京] 解放军出版社 1994 年 299 页
20cm（32 开）ISBN：7-5065-2041-9
定价：CNY7.00
（解放军艺术学院丛书 学术卷）

J000476

中国文化大百科全书 （艺术卷）高占祥[等]主编
长春 长春出版社 1994 年 83+998 页
26cm（16 开）精装 ISBN：7-80573-879-3
定价：CNY660.00（全 8 册）

作者高占祥（1935— ），诗人、书法家。笔名罗丁、高翔，北京通县人。曾任文化部常务副部长，中国作家协会、中国书法家协会、中国摄影家协会会员，北京大学、中国人民大学、上海交通大学客座教授。著有《人生宝鉴》《咏荷四百首》《浇花集》《微笑集》等，摄影集有《莲花韵》《祖国颂》等。

J000477

当代艺术 （德）克劳斯·霍内夫（Klaus Honnef）著；李宏，滕卫东译
南京 江苏美术出版社 1995 年 136 页
19cm（小 32 开）ISBN：7-5344-0481-9
定价：CNY6.95
（外国现代美术理论丛书）

外文书名：Contemporary Art. 著者现通译为：洪内夫（Klaus Honnef, 1939— ），德国艺术理论家、批评家，国际艺术批评家协会和国际博物馆联盟成员。

J000478

黄申发美术教育文集 黄申发著
西安 陕西人民美术出版社 1995 年 116 页
有照片 25×26cm ISBN：7-5368-0734-1
定价：CNY21.68

外文书名：Huang Shenfa Collected Education Works. 作者黄申发（1939— ），教授。山西新

峰人，毕业于西安美术学院。历任西安美院美术教育改革研究室主任、副教授，中国美术家协会会员。作品有《毛主席在延安》《书记在田间》《芭蕾新秀》，出版有《黄申发画集》《黄申发美术教育文集》。

J000479

美术趣谈 123 李凯等编著
北京 国际文化出版公司 1995 年 重印本 215 页
19cm（32 开）ISBN：7-80105-021-5
定价：CNY4.80
（学生最佳课外读物）

J000480

美术音乐的奇话 王永康，陈明兴编著
南宁 接力出版社 1995 年 180 页 有图
20cm（32 开）ISBN：7-80581-914-9
定价：CNY8.00
（少年百科知识丛书）

J000481

七年之痒 （在艺术与异数之间）郑乃铭著
台北 平氏出版公司 1995 年 251 页 21cm（32 开）
ISBN：957-803-037-1 定价：TWD180.00
（皇冠丛书 2465）

J000482

人类对世界的艺术掌握 庄锡华著
天津 百花文艺出版社 1995 年 293 页 20cm（32 开）
ISBN：7-5306-1948-9 定价：CNY9.50
（青年学者丛书）

本书共 14 章，内容包括：历史与现状；艺术掌握的对象关系；艺术掌握与劳动活动；艺术掌握与审美个性；艺术掌握的思维特征；艺术掌握与审美态度；艺术掌握的情感机制；艺术掌握的意义内涵；艺术掌握的形象塑造；艺术掌握的价值功能；艺术掌握与艺术鉴赏；艺术掌握与艺术批评；艺术掌握的历史行程；艺术掌握的合力结构。

J000483

汪亚尘的艺术世界 王震，荣君立编
北京 民主与建设出版社 1995 年 373 页 有照片 20cm（32 开）ISBN：7-80112-026-4
定价：CNY18.00

J000484
现代艺术学导论　李心峰著
南宁 广西教育出版社 1995年 252页 20cm（32开）
ISBN：7-5435-2300-0 定价：CNY6.70
（艺术学丛书）

J000485
艺林散步　张晓春，龚建星编
上海 上海社会科学院出版社 1995年 328页
19cm（小32开）ISBN：7-80618-009-5
定价：CNY8.50
（名家谈丛 7）

J000486
艺术百花园　薛正安主编
北京 中国华侨出版社 1995年 2册（201；235页）
有彩图 19cm（小32开）ISBN：7-80120-045-4
定价：CNY18.90
（现代科技与人文大观）

J000487
艺术的哲学　黄海澄著
南宁 广西教育出版社 1995年 261页 20cm（32开）
ISBN：7-5435-2260-8 定价：CNY7.00
（艺术学丛书）

J000488
艺术概论　倪再沁著
台北 皇冠文学出版公司 1995年 205页 有图
21cm（32开）ISBN：957-33-1162-3
定价：TWD350.00
（皇冠丛书 2381）

J000489
艺术概论　党伯明编著
兰州 兰州大学出版社 1995年 184页 有图
20cm（32开）ISBN：7-311-00822-0
定价：CNY6.90

J000490
艺术概论　陈琼花著
台北 三民书局 1995年 219页 24cm（26开）
ISBN：957-14-2330-0 定价：TWD6.80

J000491
艺术概论　梁玖著
重庆 西南师范大学出版社 1995年 237页 有图
26cm（16开）ISBN：7-5621-1312-2
定价：CNY22.00
　　本书内容包括：绪论、艺术论、艺术家论、艺术作品论、艺术创作论、艺术欣赏论、艺术批评论、艺术市场论。作者梁玖（1964—　），教授。号百之，重庆人，毕业于东南大学艺术学系博士。历任北京师范大学艺术与传媒学院教授、博士生导师、美术史论教研室主任，中国美术家协会会员。主要著作《艺术概论》《欣赏艺术》《美术学》等，画作有《馨香》《心情》《结》。

J000492
艺术概论　梁玖著
重庆 西南师范大学出版社 1996年 重印本
237页 有图 26cm（16开）
ISBN：7-5621-1312-2 定价：CNY23.00

J000493
艺术基础教程　童山东等主编
北京 首都师范大学出版社 1995年 2册
26cm（16开）ISBN：7-81039-635-8
定价：CNY29.60

J000494
艺术论要　王振德，周卫东著
天津 百花文艺出版社 1995年 387页 有图
20cm（32开）ISBN：7-5306-2060-6
定价：CNY38.00
　　作者王振德（1941—　），教授。天津宝坻人，毕业于河北北京师院。历任天津美术学院教授、美术史论教研室主任，天津美学学会常务理事，天津美术家协会理事等。著有《王振德艺文集》《中国近现代名家画集·王振德》等。

J000495
艺术生产概论　林澎，龚曙光著
长沙 湖南出版社 1995年 229页 20cm（32开）
精装 ISBN：7-5438-1134-0 定价：CNY11.40
（精神生产研究丛书）

J000496
艺术意象论　鲁西著

南宁 广西教育出版社 1995年 242页 20cm（32开）
ISBN：7-5435-2301-9 定价：CNY6.45
（艺术学丛书）

J000497

艺术与公共政策 （从古希腊到现今政府的
"艺术政策"之探讨）（英）费约翰（John Pick）著；
江静玲编译
台北 桂冠图书公司 1995年 156页 21cm（32开）
ISBN：957-551-901-9 定价：TWD200.00
（桂冠新知丛书 78）

　　外文书名：The Arts in a State：a Study of
Government Arts Policies from Ancient Greece to
the Present.

J000498

中国艺术理性　赵宪章著
沈阳 辽宁古籍出版社 1995年 176页
19cm（小32开）ISBN：7-80507-280-9
定价：CNY43.00
（中华民族优秀传统文化丛书 艺术卷）

　　本书内容包括：1. "中国艺术的审美理性"；
2. "中国艺术美学之滥觞"；3. "圆通浑整"；
4. "妙语艺术真谛"；5. "中国艺术理性与中国文
化"；6. "走向现代"。

J000499

中华艺术文化辞典　严云受主编
合肥 安徽文艺出版社 1995年 1004页 有图
26cm（16开）精装 ISBN：7-5396-1017-1
定价：CNY78.00

J000500

中外艺术百科辞典　吕兰亭，郝利群主编
济南 济南出版社 1995年 40+784页 20cm（32开）
ISBN：7-80572-967-0 定价：CNY22.00
（学生工具书系列）

J000501

走进艺术之门 （杨道立艺术笔记）杨道立著
沈阳 春风文艺出版社 1995年 247页 20cm（32开）
ISBN：7-5313-1481-9 定价：CNY26.00

J000502

作为艺术的行为能指　邹建平主编

长沙 湖南美术出版社 1995年 46页 有图
26cm（16开）ISBN：7-5356-0773-X
定价：CNY12.00
（当代艺术系列丛书 8）

　　本书为中国现代文艺理论文集。外文书
名：The Signifer of Performance Art. 作者邹建平
（1955—　　），生于湖南新化，毕业于湖南师范大
学，修业于广州美术学院油画系，现任职湖南美
术出版社副社长，湖南美术家协会副主席，中国
美术家协会会员，北京圣之空间董事。

J000503

超级艺术 （意）阿其烈·伯尼托·奥利瓦
（Achille Bonito Oliva）著；毛建雄译
台北 远流出版事业公司 1996年 190页
21cm（32开）ISBN：957-32-2750-9
定价：TWD250.00
（艺术馆 30）

　　外文书名：SuperArt.

J000504

国际现代艺术辞典　余秋雨主编
上海 上海文艺出版社 1996年 29+783页
21cm（大32开）精装 ISBN：7-5321-1432-5
定价：CNY38.00

　　本辞典共收有词目 2028 条，内容包括：绘
画、雕塑、书法、音乐、电影、戏剧、舞蹈、建筑、
工业设计等。

J000505

京华艺藻　北京市艺术研究所编
北京 北京燕山出版社 1996年 300页 20cm（32开）
ISBN：7-5402-0462-1 定价：CNY12.00

　　本书是艺术理论研究文集。收录《浅议梅
兰芳的京剧音乐革新》（丁汝芹）、《以深厚的文
化铸造京剧艺术的金字塔——梅兰芳艺术道路
探索》（于文青）、《中日戏剧比较研究》（马海
玲）、《京剧与观众——浅析北京地区京剧观众心
态》（王虹）、《现代戏曲及革命原则》（王轻松）、
《西洋歌剧唱法与京剧唱法的比较》（孙颖）、《谱
创新声再造辉煌——纪念梅兰芳百年诞辰》（刘
方正）、《论中国戏曲审美心理》（刘玉来）等29篇。

J000506

理想与偶像 （价值在历史和艺术中的地位）

（英）E.H.贡布里希（E.H.Gombrich）著；范景中
等译
上海 上海人民美术出版社 1996年 重印本
418页 有照片 20cm（32开）
ISBN：7-5322-0434-0 定价：CNY21.50
（二十世纪西方美术理论译丛）

本书是一部有关价值及其在人文科学中
的作用的论文集。内容包括两部分：第1部
分"价值在历史中的地位"，收录《普通知识的
传统》《寻求文化史》《德国战时广播中的神
话和现实》等；第2部分"价值在艺术中的地
位"，收录《艺术和自我超越》《艺术史与社会
科学》《视觉艺术的准则和价值：与昆廷·贝
尔的通信》等。外文书名：Ideals and Idols. 作
者E.H.贡布里希（Ernst Hans Josef Gombrich,
1909—2001），英国美学家、艺术史家。生于
奥地利首都维也纳，后移居英国并加入英国国
籍。曾任伦敦大学教授。著有《艺术与幻觉》《象
征的图象》《艺术发展史》等。

J000507
马蒂斯论艺术 （法）杰克·德·弗拉姆（Jack
D. Fiam）编；欧阳英译
郑州 河南美术出版社 1996年 重印本 267页
有附图 20cm（32开）ISBN：7-5401-0010-9
定价：CNY9.50
（现代外国美术理论丛书）

本书精选了马蒂斯一生不同阶段的各类理
论，内容包括：画家笔记（1908年）；艾斯蒂埃纳：
会见马蒂斯（1909年）；麦克切斯尼：与马蒂斯
的一次交谈（1912年）；同雅克·盖纳的谈话（1925
年）；论野兽主义及色彩表现·论旅行（1929—
1930年）；库尔提翁：会见马蒂斯（1931年）；
同泰里亚德的谈话：论创造力（1933年）；卡尔
柯：与马蒂斯交谈（1941年）；论变形（1942年）；
亨利·马蒂斯对你说（1950年）；东京展览会序
言（1951年）等。外文书名：Matisse on Art. 译
者欧阳英，浙江美术学院任教。

J000508
漫游美术大观园 塞人毅，吴家萍著
贵阳 贵州人民出版社 1996年 151页 有图
19cm（小32开）ISBN：7-221-03771-X
定价：CNY6.50
（大千世界丛书）

J000509
漫游美术大观园 塞人毅，吴家萍著
贵阳 贵州人民出版社 1998年 151页 有图
19cm（小32开）ISBN：7-221-04622-0
定价：CNY6.50
（大千世界丛书）

J000510
美术知识 周庄等编
北京 中国大百科全书出版社 1996年 10+194页
有插图 20cm（32开）ISBN：7-5000-5773-3
定价：CNY6.20
（小学图书馆百科文库）

J000511
香港美术教育 （现状与反思）林贵刚著
长沙 湖南美术出版社 1996年 216页 有图
20cm（32开）ISBN：7-5356-0780-2
定价：CNY19.00
（跨世纪美术教育研究丛书）

作者林贵刚，曾为香港中学美术教师和香港
教育行政工作人员。

J000512
心理学与艺术 李璞珉主编
北京 首都师范大学出版社 1996年 2版 401页
20cm（32开）ISBN：7-81039-738-9
定价：CNY18.00

J000513
艺术范畴的心理分析 孔建英著
武汉 武汉出版社 1996年 363页 20cm（32开）
ISBN：7-5430-1527-7 定价：CNY15.50

J000514
艺术人格论 苏桂宁著
桂林 广西师范大学出版社 1996年 241页
19cm（小32开）ISBN：7-5633-2162-4
定价：CNY8.90

J000515
艺术文化学 丁亚平著
北京 文化艺术出版社 1996年 474页 20cm（32开）
ISBN：7-5039-1488-2 定价：CNY19.80
（20世纪艺术文库 理论编）

J000516

艺术心理学基础教程　苏琪编著
济南　山东大学出版社 1996 年 370 页 有图
20cm（32 开）ISBN：7-5607-1720-9
定价：CNY15.80

J000517

艺术学纲要　苑耀升等著
济南　泰山出版社 1996 年 340 页 20cm（32 开）
ISBN：7-80634-012-2 定价：CNY16.60

J000518

艺术学研究　（第二集 一九九六年）张道一主
编；东南大学艺术学系编
南京　江苏美术出版社 1996 年 254 页 有照片
25cm（小 16 开）ISBN：7-5344-0546-7
定价：CNY16.00
　　外文书名：Arts Science Research. 作者张道
一（1932—　），教授。生于山东齐东县，就读于
华东大学文艺系和山东大学艺术系学习。历任
东南大学艺术学教授、博士生导师，苏州大学艺
术学院院长。出版有《张道一文集》。

J000519

艺术与哲学　［让·博德里亚］Jean Baudrilard
著；路况译
台北　远流出版事业公司 1996 年 126 页
21cm（32 开）ISBN：957-32-2751-7
定价：TWD180.00
（艺术馆 28）
　　外文书名：Art and Philosophy.

J000520

艺术掌握论　邢煦寰著
北京　中国青年出版社 1996 年 11+710 页 有图
20cm（32 开）ISBN：7-5006-2199-X
定价：CNY29.30

J000521

艺术哲学　（德）弗·威·约·封·谢林（F.W.J.V.
Schelling）著；魏庆征译
北京　中国社会出版社 1996 年 2 册（33+531 页）
有彩图 20cm（32 开）ISBN：7-80088-932-7
定价：CNY36.00

J000522

返回源始　（艺术大师论艺术）（俄）阿·阿·古
贝尔，（俄）符·符·巴符洛夫编；刘惠民译
北京　文化艺术出版社 1997 年 436 页 20cm（32 开）
ISBN：7-5039-1561-7 定价：CNY18.00
（思想者书系）

J000523

国外现代艺术学新视界　李心峰选编
南宁　广西教育出版社 1997 年 344 页 20cm（32 开）
ISBN：7-5435-2549-6 定价：CNY16.00

J000524

新编艺术概论　吴留英，张子臣著
郑州　河南人民出版社 1997 年 449 页 有图
20cm（32 开）ISBN：7-215-03978-1
定价：CNY22.00

J000525

艺术概论　欧阳中石主编；郑晓华，骆红编著
北京　中国旅游出版社 1997 年 173 页 有彩图
26cm（16 开）ISBN：7-5032-1359-0
定价：CNY23.80
　　本书内容包括：关于艺术本体的探讨、艺
术的起源、艺术的主要类别、艺术创作的一般规
律、创作方法与风格流派、艺术欣赏与艺术批
评。作者欧阳中石（1928—　），文化学者、书法
家、书法教育家。山东肥城市人。毕业于北京大
学哲学系。历任首都师范大学教授、博士生导师、
中国书法文化研究所所长、中国书法家协会顾
问、中国画研究院院务委员。书法作品有《欧阳
中石书沈鹏诗词选》《中石夜读词钞》，主要著作
有《中国逻辑史》《书法与中国文化》《中国书法
史鉴》《章草便检》等。

J000526

艺术概论教程　李树榕著
呼和浩特　内蒙古人民出版社 1997 年 320 页
20cm（32 开）ISBN：7-204-03615-8
定价：CNY17.60

J000527

艺术理论教程　张同道著
北京　北京师范大学出版社 1997 年 262 页
有彩照 20cm（32 开）ISBN：7-303-04542-2

定价：CNY13.00

J000528
艺术学与艺术史文集　马采著
广州 中山大学出版社 1997 年 709 页 有照片
20cm（32 开）ISBN：7-306-01368-8
定价：CNY29.90

J000529
艺术引论　孙轮著
杭州 中国美术学院出版社 1997 年 368 页
20cm（32 开）ISBN：7-81019-614-6
定价：CNY28.50

J000530
艺术与艺术教育　张丕余主编；广州师范学
院艺术与艺术教育编委会编
广州 岭南美术出版社 1997 年 363 页 有图
20cm（32 开）ISBN：7-5362-1701-3
定价：CNY38.00

J000531
映象艺术　张恬君编著
台北 空中大学 1997 年 459 页
21cm（32 开）ISBN：957-661-235-7
定价：TWD550.00

J000532
元艺术学　李心峰著
桂林 广西师范大学出版社 1997 年 336 页
20cm（32 开）ISBN：7-5633-2463-1
定价：CNY14.30

J000533
比较美术教程　袁宝林著
北京 高等教育出版社 1998 年 312 页 有图
20cm（32 开）ISBN：7-04-006358-1
定价：CNY20.80

J000534
超级艺术　（意）阿其烈·伯尼托·奥利瓦（Achille
Bonito Oliva）著；毛建雄，艾红华译
长沙 湖南美术出版社 1998 年 221 页 有彩图
19cm（小 32 开）ISBN：7-5356-1067-6
定价：CNY20.00

（实验艺术丛书 11）
　　作者奥利瓦（Achille Bonito Oliva, 1939—　），
罗马大学建筑学院当代艺术史教师。著有《产生
于母亲》《奇妙的国土》《飞行手册》《蒙苏·德西
代里奥》等。

J000535
从物象到泛象　（一种文艺研究的新视角）陈
中梅著
北京 社会科学文献出版社 1998 年 254 页
20cm（32 开）ISBN：7-80149-065-7
定价：CNY14.00
（新世纪文论书系）
　　本书是一部研究艺术形象理论的专著。作
者采用新的视角将艺术界定为形象的制作者，加
以拟人化，探索艺术如何制作形象，以及形象在
发展过程中呈现的各种形态。本书共分 6 章：物
象、心象、虚象、实象、幻象、泛象。书后附《音
乐、舞蹈、绘画、雕塑——柏拉图的艺术观》《柏
拉图的美学思想研究》《"荒诞"，理性思考的产
物：一种通过概念的再划分理解当代西方文学作
品中的荒诞现象的新途径》。

J000536
大母神　（原型分析）（德）诺依曼著；李以洪译
北京 东方出版社 1998 年 185 页 20cm（32 开）
ISBN：7-5060-1128-X 定价：CNY29.60
（曼荼罗丛书）

J000537
电脑艺术学　黄鸣奋著
上海 学林出版社 1998 年 550 页 20cm（32 开）
ISBN：7-80616-530-4 定价：CNY25.00
　　作者黄鸣奋（1952—　），教授。福建南安
人。毕业于厦门大学中文系，历任厦门大学中国
语言文学研究所所长、中文系主任、教授，中国
古代文学理论学会、中国苏轼学会、福建省文学
总会理事。著有《论苏轼的文艺心理观》《艺术
交往心理学》《艺术交往论》《需要理论与艺术批
评》等。

J000538
对西方艺术的再认识　吴甲丰著
北京 中国文联出版公司 1998 年 637 页
有照片 20cm（32 开）ISBN：7-5059-2795-7

定价: CNY32.60

　　本书内容包括: 上编"纵横谈艺", 收录《印象派的再认识》《由中国新潮艺术引发的历史沉思》《现代主义的再认识》等; 中编"纵横谈艺拾遗", 收录《彩墨缘——〈野村清六彩墨画展览〉观感》《鲁本斯及其创作》《傅雷〈世界美术名作二十讲〉编校后记》等; 下编"文化随笔", 收录《跋黄永玉〈阳秋三绝〉》《也谈"可怕的现象"》《借助形象说话》等。

J000539

弘一大师谈艺录　弘一[著述]; 谷流, 彭飞编著

郑州 河南美术出版社 1998年 203页 20cm(32开)

ISBN: 7-5401-0696-4 定价: CNY14.00

(大师谈艺丛书)

　　本书是中国艺术论著。内容包括: 总论(人品、艺品、修养、综合); 绘画谈; 书法篆刻谈; 书画题跋; 艺谈书简; 艺文粹编(文学、音乐等)。书前有编者"自序"及论文《弘一大师生平及艺术成就》, 书后附《弘一大师简谱》《弘一大师研究综述》《我在西湖出家之经过》。作者弘一(1880—1942), 音乐家、美术教育家、书法家、戏剧活动家。俗名李叔同, 我国近代佛教律宗的高僧, 曾任浙江省立第一师范学校音乐、图画教师。代表作品有《送别》《南京大学校歌》《三宝歌》等。

J000540

美术初步　刘辉煌编著

武汉 武汉出版社 1998年 88页 有图

19cm(小32开) ISBN: 7-5430-1678-8

定价: CNY8.50

(大众文娱休闲丛书)

J000541

美术教育论文集　杨建滨主编

武汉 长江文艺出版社 1998年 265页 20cm(32开)

ISBN: 7-5354-1728-0 定价: CNY15.00

J000542

前卫艺术理论　(德)培德·布尔格(Peter Burger)著; 蔡佩君, 徐明松译

台北 时报文化出版企业公司 1998年 163页

有照片 21cm(32开) ISBN: 957-13-2712-3

定价: TWD280.00

(近代思想图书馆系列 044)

　　外文书名: Theorie Der Avantgarde. 著者现通译为: 毕尔格

J000543

青青艺术　周安华著

南京 江苏人民出版社 1998年 344页 20cm(32开)

ISBN: 7-214-01849-7 定价: CNY16.00

(新学人文化丛书)

J000544

少年美术艺术技术问答　龙念南编著

北京 中国工人出版社 1998年 322页 有图

20cm(32开) ISBN: 7-5008-1970-6

定价: CNY18.60

(小风铃丛书)

　　编者龙念南(1960—), 教师。历任中国儿童少年活动中心文艺部美术教师, 中国美术家协会儿童美术艺术委员会学术秘书。发表专著《幼儿画百问百答》《在美的世界漫游—中学生美术小组辅导》《儿童色彩入门》《儿童创作画入门》《少年儿童绘画入门》等。

J000545

神与物游　王朝闻著

北京 中国青年出版社 1998年 446页 20cm(32开)

精装 ISBN: 7-5006-2803-X

定价: CNY27.70

　　本书是一部谈艺术创造的著作。内容包括: 信不信由你、麻雀唱不圆、浅处见真才、意在形中、意与境谐、繁简有美丑、活用程式、无常也有常、亦庄亦谐、纪实与空灵、质朴与含蓄、进入角色、缘此及彼、似是而非、两厢情愿、手可近月、假假真真、无之以为用、朴素与率真、我爱八大。作者王朝闻(1909—2004), 雕塑家、文艺理论家、美学家。生于四川合江。别名王昭文, 更名王朝闻, 笔名汶石、廖化、席斯珂。就读于成都艺专、杭州国立专。历任中央美术学院副教务长、中国美术家协会副主席、中国艺术研究院副院长等。代表作品《浮雕毛泽东像》《圆雕刘胡兰像》等。

J000546

视觉思维　(审美直觉心理学)(美)鲁道夫·阿恩海姆(Rudolf Arnhim)著; 滕守尧译

成都 四川人民出版社 1998年 36+423页 有彩图 20cm（32开）ISBN：7-220-03959-X
定价：CNY21.00
（美学·设计·艺术教育丛书）
　　外文书名：Visual Thinking.

J000547
现代艺术哲学 （美）H.G.布洛克（H.Gene Blocker）著；滕守尧译
成都 四川人民出版社 1998年 12+328页 有图 20cm（32开）ISBN：7-220-03957-3
定价：CNY19.00
（美学·设计·艺术教育丛书 第一批）
　　本书根据"在艺术哲学理论、艺术批评、艺术史、趣味史和一般思想史之间完全可以相互置换或替代"这一假想写成。本书最突出的特征是它对艺术理论与艺术实践之间密切关系的极力强调。涉及的材料大都来自作者多年来的艺术理论专业的教学实践。本书是艺术与哲学的奇妙的混合，既可以作为艺术欣赏和人文学科的入门书，也可作为一般美学引论。

J000548
绚丽的艺术天地 何雪艳，善建明编
北京 北京师范大学出版社 1998年 174页 有图 20cm（32开）ISBN：7-303-04486-8
定价：CNY9.00
（小学生文库）

J000549
艺术的魅力重生 （美）苏西·盖伯利克（Suzi Gablik）著；王雅各译
台北 远流出版事业公司 1998年 220页 21cm（32开）ISBN：957-32-3620-6
定价：TWD250.00
（艺术馆 54）
　　外文书名：The Reenchantment of Art.

J000550
艺术概论 龚妮丽，吴秋林编著
昆明 云南美术出版社 1998年 315页 20cm（32开）
ISBN：7-80586-448-9 定价：CNY18.50

J000551
艺术类型学 李心峰主编

北京 文化艺术出版社 1998年 515页 20cm（32开）
ISBN：7-5039-1709-1 定价：CNY28.50
（20世纪艺术文库 理论编）
　　本书内容分4编16章。原理编：艺术类型学概说、艺术类型演化的基本规律、主导性艺术类型的更迭和演化；体系编：艺术分类学概说、艺术的自然分类体系、艺术的逻辑分类体系、作为类型现象的艺术风格、艺术的基本风格体系；分论编：文学在艺术世界中的地位及文学类型学问题、美术的类型学分析及其体系、演出艺术的类型学分析、映像艺术的形成、体系及意义；历史编：西方古代至文艺复兴时期的艺术类型理论、西方近现代艺术类型理论、外国当代艺术类型理论、中国艺术类型学说简述。

J000552
艺术类型学资料选编 陆梅林，李心峰主编
武汉 华中师范大学出版社 1998年 重印本 12+627页 20cm（32开）ISBN：7-5622-1723-8
定价：CNY27.00
（外国文艺理论研究资料丛书）

J000553
艺术与科学 （贡布里希谈话录和回忆录）（英）E.H.贡布里希（E.H.Gombrich）著；杨思梁等译
杭州 浙江摄影出版社 1998年 436页 有照片 20cm（32开）ISBN：7-80536-528-8
定价：CNY58.00
　　作者E.H.贡布里希（Ernst Hans Josef Gombrich，1909—2001），英国美学家、艺术史家。生于奥地利首都维也纳，后移居英国并加入英国国籍。曾任伦敦大学教授。著有《艺术与幻觉》《象征的图象》《艺术发展史》等。

J000554
艺术哲学简论 吕学峰，吴爱丽著
杭州 中国美术学院出版社 1998年 286页 20cm（32开）ISBN：7-81019-695-2
定价：CNY18.00

J000555
哲学与艺术 （上篇 世界观·价值观·艺术观）
王颂华等著
天津 天津社会科学院出版社 1998年 331页 20cm（32开）ISBN：7-80563-687-7

定价: CNY20.00

J000556

20 世纪中国美术教育 潘耀昌编

上海 上海书画出版社 1999 年 589 页 20cm(32 开)
精装 ISBN: 7-80635-353-4
定价: CNY48.00

J000557

百科辞典 (艺术词典) 何立总主编; 章柏青
等本册主编

北京 学苑出版社 1999 年 2 册 20cm(32 开)
精装 ISBN: 7-5077-1515-9 定价: CNY1280.00
(全 12 册)

J000558

当代艺术危机与具象表现绘画 司徒立, 金
观涛著

香港 中文大学出版社 1999 年 348 页 有图 26cm
(16 开) ISBN: 962-201-893-9 定价: HKD280.00
(香港中文大学中国文化研究所 21 世纪论
丛 八)

外文书名: The Crisis of Modern Art and
Contemporary Figurative Expressionism Painting.

J000559

电子艺术学 黄鸣奋著

北京 科学出版社 1999 年 437 页 20cm(32 开)
ISBN: 7-03-007417-3 定价: CNY21.00
(高等院校选用教材系列)

作者黄鸣奋(1952—), 教授。福建南安
人。毕业于厦门大学中文系, 历任厦门大学中国
语言文学研究所所长、中文系主任、教授, 中国
古代文学理论学会、中国苏轼学会、福建省文学
总会理事。著有《论苏轼的文艺心理观》《艺术
交往心理学》《艺术交往论》《需要理论与艺术批
评》等。

J000560

**二十一世纪视觉艺术新展望国际学术研讨
会论文集** 顾炳星总编辑

台北 文化建设委员会 1999 年
726 页 有照片 30cm(10 开)
ISBN: 957-02-4444-5

J000561

金帆, 希望的摇篮 (北京艺术教育征文选
集) 北京市教委艺术教育委员会主编

北京 中国少年儿童出版社 1999 年 332 页
20cm(32 开) ISBN: 7-5007-4599-0
定价: CNY10.00

J000562

昆明少儿艺术研究 秦桂珍主编

昆明 云南民族出版社 1999 年 158 页 有彩照
20cm(32 开) ISBN: 7-5367-0987-0
定价: CNY15.00

J000563

林风眠谈艺录 谷流, 彭飞编著

郑州 河南美术出版社 1999 年 300 页 20cm(32 开)
ISBN: 7-5401-0826-6 定价: CNY16.00
(大师谈艺丛书)

本书收录林风眠生平发表过的论著、论文,
与朋友的谈话记录, 以及林风眠的艺术功绩、学
术年谱等。林风眠(1900—1991), 画家、艺术
教育家。名绍琼, 字凤鸣, 后改风眠。广东梅县
人。曾任国立艺术学院首任院长, 中国美术家
协会上海分会副主席。代表作品有《春晴》《江
畔》《仕女》。

J000564

美术 柴树勋主编

北京 中国劳动社会保障出版社 1999 年 69 页
29cm(16 开) ISBN: 7-5045-2455-7
定价: CNY22.00

J000565

美术小博士 刘士忠编著

北京 知识出版社 1999 年 189 页 有图
19cm(小 32 开) ISBN: 7-5015-1892-0
定价: CNY60.00 (全套)
(文史小博士丛书)

J000566

名师访谈 萧翱子, 弯庄子编著

长沙 湖南美术出版社 1999 年 77 页 有图
29cm(16 开) ISBN: 7-5356-1262-8
定价: CNY20.00
(名师点化丛书)

J000567

毗庐精舍画剩　徐建融著

上海　上海人民美术出版社 1999 年 258 页

20cm（32 开）ISBN：7-5322-1395-1

定价：CNY12.30

　　本书收录《当代书画鉴定浅论》《玉树临风——陈佩秋艺术论》《传统美术史学的困境——对〈历代名画记〉及其负面性影响的批判》《康熙版〈四库全书〉及其他——刘纲纪"四王"研究驳议》《中国美术史论研究二题》《东巴画研究》《喇嘛教绘画研究》《穆斯林文化艺术精神》。

J000568

视觉艺术心理　吴为山著

南京　南京师范大学出版社 1999 年 323 页 有图

20cm（32 开）ISBN：7-81047-397-2

定价：CNY16.00

J000569

思考＝塑造（Joseph Beuys 的艺术理论与人智学）曾晒淑著

台北　南天书局 1999 年 248 页 有照片

22cm（30 开）ISBN：957-638-526-1

定价：TWD360.00

J000570

天心与人心（中西艺术体验与诠释）沈清松主编；杨雅琇译

台北　立绪文化事业公司 1999 年 220 页

有插图 21cm（32 开）ISBN：957-8453-59-0

定价：TWD230.00

（立绪学术丛书 1）

J000571

现代艺术哲学（英）赫伯特·里德（Herbert Read）著；朱伯雄，曹剑译

天津　百花文艺出版社 1999 年 278 页

有图 20cm（32 开）ISBN：7-5306-1901-2

定价：CNY24.80

　　作者里德（Herbert Read，1893—1968），英国诗人、艺术批评家、美学家。英国美学学会主席。著有《艺术的真谛》《今日之艺术》《现代艺术哲学》等。

J000572

学校艺术教育研究丛书

沈阳　辽海出版社 1999 年 20cm（32 开）

　　本丛书分为"学校音乐教育系列"和"学校美术教育系列"。

J000573

以艺进道（中国艺术道学思想探索）张炬著

北京　中国社会科学出版社 1999 年 394 页

20cm（32 开）ISBN：7-5004-2552-X

定价：CNY22.00

　　本书采用中西文化比较和对道德思想进行精神分析的方法，以探索中国艺术的道德思想精神的认识观念、思想源流、原理法度的根源性，进而阐明以"天人合一"为思想内核的道学思想。

J000574

艺术词典　章柏青等主编

北京　学苑出版社 1999 年 77+749 页 20cm（32 开）

精装 ISBN：7-5077-1515-9 定价：CNY48.00

（新编实用知识词典丛书）

J000575

艺术的深度　丁宁著

杭州　浙江大学出版社 1999 年 383 页 20cm（32 开）

ISBN：7-308-02216-1 定价：CNY20.00

（浙江中青年学者自选集 丁宁自选集）

J000576

艺术基础　孙平，曾振华编著

南昌　江西高校出版社 1999 年 184 页

19cm（小 32 开）ISBN：7-81033-942-7

定价：CNY12.00

J000577

艺术教育图典

杭州　浙江人民美术出版社 1999 年 5 册

20cm（32 开）ISBN：7-5340-0836-0

定价：CNY75.00

　　本套书包括《笔墨传神韵：中国书画》《绚丽的时空：电影·电视》《永恒的瞬间：摄影艺术》《凝固的旋律：雕塑艺术》《光与色的交响：西方绘画》。

J000578

艺术教育研究文集　黄丽雅主编
广州 岭南美术出版社 1999 年 312 页 20cm（32 开）
ISBN：7-5362-2012-X 定价：CNY25.00

J000579

艺术十大纪录　陈建华编著
南京 江苏少年儿童出版社 1999 年 240 页
20cm（32 开）ISBN：7-5346-2091-0
定价：CNY12.00

J000580

艺术心理学新论　吕景云，朱丰顺著
北京 文化艺术出版社 1999 年 451 页 20cm（32 开）
ISBN：7-5039-1872-1 定价：CNY23.80
（20 世纪艺术文库 理论编）

J000581

艺术研究　（第一辑）浙江省艺术研究所编
北京 中国戏剧出版社 1999 年 442 页 20cm（32 开）
ISBN：7-104-00979-5 定价：CNY28.00

J000582

艺术与设计　贺技武，答朝仰主编
武汉 武汉出版社 1999 年 429 页 20cm（32 开）
ISBN：7-5430-1896-9 定价：CNY25.00

J000583

艺术与真理　张之沧著
上海 上海人民出版社 1999 年 262 页 20cm（32 开）
ISBN：7-208-02783-8 定价：CNY16.00
（艺术学研究丛书）

J000584

艺术哲学导引　张法等著
北京 中国人民大学出版社 1999 年 236 页
20cm（32 开）ISBN：7-300-03037-8
定价：CNY10.00

J000585

艺术中的精神　（俄）康定斯基（Wassily Kandinsky）著；李政文等译
昆明 云南人民出版社 1999 年 10+298 页
20cm（32 开）ISBN：7-222-02531-6
定价：CNY16.80

（俄罗斯思想文库 第一辑）

　　作者瓦西里·康定斯基（Василий Кандинский，1866—1944），俄罗斯画家、美术理论家。毕业于莫斯科大学。代表作品《论艺术的精神》《关于形式问题》《点、线到面》《论具体艺术》等。

J000586

异质的书写方式　（中国当代艺术家图文志）
金锋主编
南宁 广西美术出版社 1999 年 200 页 有图
21cm（32 开）ISBN：7-80625-673-3
定价：CNY39.60

J000587

幼儿师范学校教科书　（试用本 第一册 美术·手工）人民教育出版社美术室编著
北京 人民教育出版社 1999 年 103 页 26cm（16 开）
ISBN：7-107-13289-X 定价：CNY11.50

　　本书主要介绍了手工制作常用工具、材料与类别；纸工造型与技法；综合类造型以及幼儿美术教育活动设计——模拟课等内容。

J000588

幼儿师范学校教科书　（试用本 第二册 美术鉴赏）人民教育出版社美术室编著
北京 人民教育出版社 1999 年 77 页 26cm（16 开）
ISBN：7-107-13290-3 定价：CNY9.60

　　本书从美术的形式之美、美术的情感表达、美术与生活的联系、中外美术发展的系统知识4 个方面介绍了雕塑、工艺品、建筑等的鉴赏知识。

J000589

张道一文集　张道一著
合肥 安徽教育出版社 1999 年 2 册（913 页）
有图 20cm（32 开）精装 ISBN：7-5336-2178-6
定价：CNY39.00

　　作者张道一（1932—　），教授。生于山东齐东县，就读于华东大学文艺系和山东大学艺术系学习。历任东南大学艺术学教授、博士生导师，苏州大学艺术学院院长。出版有《张道一文集》。

J000590

中等专业学校美术教学丛书·色彩（第一册 静物 风景）余应禄编著
北京 大众文艺出版社 1999 年 86 页 29cm（16 开）
ISBN：7-80094-397-6 定价：CNY37.00（全 3 册）

J000591

中等专业学校美术教学丛书·色彩（第二册 人物）
北京 大众文艺出版社 1999 年 29cm（大 16 开）
ISBN：7-80094-397-6 定价：CNY37.00（全 3 册）

J000592

中等专业学校美术教学丛书·色彩（第三册 水彩 油画）
北京 大众文艺出版社 1999 年 29cm（大 16 开）
ISBN：7-80094-397-6 定价：CNY37.00
（全 3 册）

J000593

中等专业学校美术教学丛书·设计（第一册 四大变化 基础图案 装饰色彩）黄冠新等编著
北京 大众文艺出版社 1999 年 109 页 29cm（16 开）
ISBN：7-80094-382-8 定价：CNY38.00（全 3 册）

J000594

中等专业学校美术教学丛书·设计（第二册 平面构成 包装装潢设计）
北京 大众文艺出版社 1999 年 29cm（大 16 开）
ISBN：7-80094-382-8 定价：CNY38.00（全 3 册）

J000595

中等专业学校美术教学丛书·设计（第三册 环境艺术设计 服装设计 装饰绘画 工业美术设计 电脑美术设计）
北京 大众文艺出版社 1999 年 29cm（大 16 开）
ISBN：7-80094-382-8 定价：CNY38.00（全 3 册）

J000596

中等专业学校美术教学丛书·素描（第一册 静物素描）张争，叶强编著
北京 大众文艺出版社 1999 年 62 页 29cm（16 开）
ISBN：7-80094-404-2 定价：CNY19.00

J000597

中等专业学校美术教学丛书·素描（第二册 头像 速写）
北京 大众文艺出版社 1999 年 29cm（大 16 开）
ISBN：7-80094-404-2

J000598

中等专业学校美术教学丛书·素描（第三册 半身人像 风景素描）
北京 大众文艺出版社 1999 年 29cm（大 16 开）
ISBN：7-80094-404-2

J000599

中等专业学校美术教学丛书·选修（第一册 创作与构图）杨涪林编著
北京 大众文艺出版社 1999 年 62 页 29cm（16 开）
ISBN：7-80094-498-0 定价：CNY26.00
　　作者杨涪林（1951— ），画家。生于四川射洪，毕业于四川美院。历任中国美术家协会会员，中央文史研究馆书画院研究员，中国美协蒋兆和艺术研究会员，文化部国韵文华书画院艺委会委员，四川美术学院老教授协会副会长。代表作品有《云起幽壑》《万里晴天》《丛林交响》《蜀山绿衣》等。

J000600

中等专业学校美术教学丛书·选修（第二册 国画）
北京 大众文艺出版社 1999 年 29cm（大 16 开）
ISBN：7-80094-498-0

J000601

中等专业学校美术教学丛书·选修（第三册 黑白画 雕塑）
北京 大众文艺出版社 1999 年 29cm（大 16 开）
ISBN：7-80094-498-0

J000602

装置艺术研究　贺万里著
北京 中国文联出版公司 1999 年 261 页
20cm（32 开）ISBN：7-5059-3458-9
定价：CNY152.00（全 11 册）
（中华学人论稿）
　　本书内容包括：从架上艺术到实物艺术、装置艺术形态的演变、装置的形式符号语言问题、

意义与价值等。作者贺万里(1962—)，美术理论家、批评家、山水画家。安徽淮北人，祖籍河北。扬州大学美术与设计学院院长、教授、硕士生导师，中国美术家协会会员，中国工艺美术学会会员。作品有《贺万里国画作品选》《中国当代艺术家系列·当代水墨·贺万里》，著作有《中国当代装置艺术史》《扬州艺术史》《扬州美术史话》等。

艺术美学

J000603

女性美　（法）加波林夫人（H.Gaboriau）著；季志仁译

上海 北新书局 1925 年［129］页 13cm（60 开）

　　本书为作者所著《妇女的三个时代》一书中的一部分，详述女性美的标准。

J000604

裸体艺术谈　李寓一著

上海 现代书局 1928 年 49 页 15cm（40 开）

　　本书内容包括：裸体艺术的意义、起源；曲线美之种类；模特儿的雇用等 10 节。

J000605

裸体美之研究　上海爱美社编

上海 爱美社 1930 年 6 版 200 页 有图 21cm（32 开）

　　本书分绪论、本论、结论 3 部分。内容包括：原始的性欲与裸体生活的关系及裸体憧憬，裸体美艺术的发达，日本的裸体雕刻，维纳斯女神之考察，裸体画，裸体及裸体艺术的取缔等。

J000606

艺术之本质　范寿康编译

上海 商务印书馆 1930 年 113 页 19cm（32 开）

（万有文库 第 1 辑 703）

　　本书取材于日本伊势专一郎的著作。论述美的经验与美的分类两方面问题。涉及了美的对象以及崇高、优美、感觉美、精神美、悲壮、滑稽与谐谑、丑等。

J000607

艺术之本质　范寿康编译

上海 商务印书馆 1933 年 国难后 1 版 113 页 19cm（32 开）定价：大洋三角

（百科小丛书）

J000608

人体表情美　万籁鸣编绘

上海 良友图书印刷公司 1931 年 4 版 有图 25cm（15 开）定价：大洋一元

（人体艺术研究会丛书 一）

　　全书共分 4 篇：第 1 篇为各种的表情，第 2 篇为线条的表情，第 3 篇为黑影人体画表情，第 4 篇为手的姿势表情。

J000609

人体美之研究　俞寄凡编

上海 申报月刊社 1933 年 128 页 有图 19cm（32 开）

（申报月刊社丛书 第 3 种）

　　本书分 12 章，内容包括：研究人体美的要素、优美的姿势，基本的美容体操以及实行方法等。编者俞寄凡（1891—1968），现代画家、美术教育家。江苏吴县人。别名俞义范。南京两江优级师范学堂毕业，后赴日本东京高等师范学校图画手工部学习。任上海美术专科学术教授兼师范部主任、高等师范科西洋画主任，上海艺术学会会长，新华艺术专科学校教授、校长，南京中央大学教授等职。著作有《艺术概论》《近代西洋绘画》《人体美之研究》等，译作《美学纲要》。

J000610

姿态美　（法）奥提克·冈什尔（P.O.Canzel）著；郎鲁逊译

上海 女子书店 1933 年 120 页 有图 15cm（40 开）

（弥罗丛书）

　　本书分 5 编，内容包括：概论——姿态的真与美、应如何适应四肢的各种动作的置放、丑的姿态、艺术上的证例、例外。

J000611

姿态美　（法）奥提克·冈什尔（P.O.Canzel）著；郎鲁逊译

上海 女子书店 1934 年 再版 120 页 有图

19cm（32 开）
（女子知识丛书）

J000612
生活与美学　（俄）车尔尼舍夫斯基著；周扬译
香港 海洋书屋 1947 年 180 页 18cm（32 开）
（文艺理论丛书）

　　本书又译为《艺术与现实的美学关系》，是作者 1853 年写成的硕士学位论文，1855 年初版。在 1888 年第三版序言中作者指出，该书的实质是"证明艺术作品决不能和活生生的现实相提并论"。在书中作者批判了黑格尔派客观唯心主义美学观，继承、发展了别林斯基的现实主义美学观，并提出自己的美学观点。该书是美学史上第一部试图用唯物主义观点撰写的美学著作。作者车尔尼舍夫斯基（НиколайГаврилович Чернышевский，1828—1889），现通译为车尔尼雪夫斯基，俄国革命家、哲学家、作家和批评家，人本主义的代表人物。代表著作有《哲学中的人本主义原理》《生活与美学》等。

J000613
生活与美学　（俄）车尔尼舍夫斯基（Н.Г.Чер-нышвский）著；周扬译
哈尔滨 读书出版社 1948 年 再版 160 页
20cm（32 开）
　　　　作者现通译为：车尔尼雪夫斯基。

J000614
生活与美学　（俄）车尔尼舍夫斯基（Н.Г.Чер-нышвский）著；周扬译
哈尔滨 光华书店 1948 年 再版 160 页
18cm（32 开）
　　　　作者现通译为：车尔尼雪夫斯基。

J000615
生活与美学　（俄）车尔尼舍夫斯基（Н.Г.Чер-нышвский）著；周扬译
大连 光华书店 1948 年 160 页 18cm（32 开）
　　　　作者通译为：车尔尼雪夫斯基。

J000616
生活与美学　（俄）车尔尼舍夫斯基（Н.Г.Чер-нышвский）著；周扬译
哈尔滨 新中国书局 1948 年 再版 160 页

18cm（32 开）
　　　　作者现通译为：车尔尼雪夫斯基。

J000617
生活与美学　（俄）车尔尼舍夫斯基（Н.Г.Чер-нышвский）著；周扬译
上海 群益出版社 1949 年 180 页 20cm（32 开）
（文艺理论丛书）
　　　　作者现通译为：车尔尼雪夫斯基。

J000618
生活与美学　（俄）车尔尼舍夫斯基著；周扬译
长春 新中国书局 1949 年 3 版 160 页 有图
20cm（32 开）
　　　　作者现通译为：车尔尼雪夫斯基。

J000619
艺术与现实的审美关系　（俄）车尔尼雪夫斯基（Н.Г.Чернышевский）著；周扬译
北京 人民文学出版社 1979 年 2 版 134 页
20cm（32 开）统一书号：10019.572
定价：CNY0.47

　　本书收录《美》《美的反面》《崇高与滑稽》《伟大——非崇高》《悲剧的概念》《命运的问题》《弱点与道德上的罪过》《艺术中的美与现实中的美的比较》《建筑》《雕塑与绘画》《音乐》《诗》《所谓"创造"》《艺术价值的夸张》《艺术的第一目的是再现现实》《再现现实与模拟自然有别》《形式与内容》《艺术的另一作用是说明生活》等。作者车尔尼雪夫斯基（НиколайГав-риловичЧернышевский，1828—1889），全名：尼古拉·加夫里诺维奇·车尔尼雪夫斯基。俄国革命家、哲学家、作家和批评家，人本主义的代表人物。代表著作有《哲学中的人本主义原理》《生活与美学》等。

J000620
美学书怀　吕荧著
北京 作家出版社 1959 年 159 页 19cm（32 开）
统一书号：10020.1342 定价：CNY0.44

J000621
马克思列宁主义美学概论　苏联艺术科学院美术理论与美术史研究所著；杨成寅译
北京 人民美术出版社 1962 年 471 页

21cm（大32开）统一书号：8027.3241

定价：CNY1.90

　　本书分4编，共13章。内容包括：介绍美学中唯物主义与唯心主义；关于内容与形式、艺术题材问题；艺术在社会生活中的作用等。译者杨成寅（1926—2016），美术理论家、雕塑家。河南南阳市人，毕业于中央美院研究生班并留校任教。曾任《美术理论资料》《美术译丛》等刊物编辑，中国美术学院教授，中国美术家协会会员。雕塑作品有《晨读》《汤显祖像》《谢文锦像》等。

J000622

美学问题讨论集　（第5集）《新建设》编辑部编

北京 作家出版社 1962年 19cm（32开）

定价：CNY0.93

J000623

西方美学家论美和美感　（从古希腊罗马至二十世纪初期 初稿）北京大学美学教研室编选

北京 美学原理编写组 1962年 214页 26cm（16开）

　　本书是在北京大学哲学系20世纪60年代所编的内部教学参考资料的基础上加以编选，在体例和内容上都有了较大的变化。美和美感是美学上的重大问题，至今仍在讨论之中。本书辑录了西方美学史上从古希腊罗马到20世纪初主要代表人物的一些具有代表性的论点，为学习和研究美的本质和美感问题提供了历史资料。本书按时代先后划分为下列时期：1.古希腊罗马时期至文艺复兴；2.17世纪和18世纪；3.德国古典美学；4.19世纪至20世纪初期。每个时期内按人物排列，所选作者均附有简略的介绍。

J000624

戏曲舞蹈美学理论资料　中国舞蹈工作者协会

北京 1963年 油印本 234页 26cm（16开）

J000625

艺术美　王弋丁，丘振声著

南宁 漓江出版社 1978年 88页 19cm（32开）

统一书号：10256.75 定价：CNY0.32

　　本书从唯物主义的观点说明艺术美的来源，并说明艺术的特殊反映方式及特点。

J000626

艺术美　王弋丁，丘振声著

南宁 漓江出版社 1984年 88页 19cm（32开）

定价：CNY0.32

（美学知识丛书）

J000627

美学与艺术讲演录　上海市美学研究会，上海社会科学院哲学研究所美学研究室编

上海 上海人民出版社 1983年 682页 21cm（32开）

统一书号：2074.411 定价：CNY2.10

J000628

美学与艺术实践　朱彤著

南京 江苏人民出版社 1983年 181页 21cm（32开）

简精装 统一书号：8100.046

定价：CNY0.90，CNY0.65（平装）

　　本书收论文9篇，对美学基本问题进行精辟阐述，并对美学范畴内有关艺术的想象、虚构、夸张、悬念、陡转、间隔、语言等具体专题的研究。

J000629

世界艺术与美学　（第一辑）中国艺术研究院外国文艺研究所《世界艺术与美学》编辑部编

北京 文化艺术出版社 1983年 342页 21cm（32开）

统一书号：10228.026 定价：CNY1.20

　　本书介绍外国现代和当代各种学派和文艺思潮的理论著作。以一般美学、电影、戏剧理论为主，兼及音乐、舞蹈、美术理论以及艺术史、美学史等。

J000630

世界艺术与美学　（第二辑）中国艺术研究院外国文艺研究所《世界艺术与美学》编辑部编

北京 文化艺术出版社 1983年 405页 21cm（32开）

统一书号：10228.037 定价：CNY1.35

J000631

世界艺术与美学　（第三辑）中国艺术研究院外国文艺研究所《世界艺术与美学》编辑委员会编

北京 文化艺术出版社 1984年 369页 21cm（32开）

统一书号：10228.097 定价：CNY1.30

J000632

世界艺术与美学 （第四辑）中国艺术研究院
外国文艺研究所编
北京 文化艺术出版社 1985年 450页 21cm（32开）
统一书号：10228.117 定价：CNY1.70

J000633

世界艺术与美学 （第五辑）中国艺术研究院
外国文艺研究所编
北京 文化艺术出版社 1985年 439页 21cm（32开）
统一书号：10228.150 定价：CNY2.05

J000634

世界艺术与美学 （第六辑）中国艺术研究院
外国文艺研究所《世界艺术与美学》编辑委员
会编
北京 文化艺术出版社 1985年 422页 21cm（32开）
统一书号：10228.187 定价：CNY2.00

J000635

世界艺术与美学 （第七辑）中国艺术研究院
外国文艺研究所《世界艺术与美学》编辑委员
会编
北京 文化艺术出版社 1986年 454页 21cm（32开）
统一书号：10228.189 定价：CNY2.20

J000636

世界艺术与美学 （第八辑）中国艺术研究院
外国文艺研究所《世界艺术与美学》编辑委员
会编
北京 文化艺术出版社 1987年 501页 21cm（32开）
统一书号：10228.273 ISBN：7-5039-0010-5
定价：CNY3.15

J000637

世界艺术与美学 （第九辑）中国艺术研究院
外国文艺研究所《世界艺术与美学》编辑委员
会编
北京 文化艺术出版社 1988年 468页 21cm（32开）
ISBN：7-5039-0298-1 定价：CNY5.60

J000638

世界艺术与美学 （第十辑）中国艺术研究院
外国文艺研究所《世界艺术与美学》编辑委员
会编

北京 文化艺术出版社 1990年 520页 21cm（32开）
ISBN：7-5039-0341-4 定价：CNY6.70

J000639

艺林之美 蔡文怡著
台北 1983年 249页 有图 19cm（32开）
定价：TWD90.00

J000640

艺术美学论集 （1979—1982）王向峰著
沈阳 辽宁大学出版社 1983年 501页
19cm（32开）

　　作者王向峰（1932—　），作家。生于辽宁辽
中，毕业于吉林大学中文系。被北京师范大学、
山东大学、沈阳师范大学聘为兼职教授。历任中
国作家协会会员，中华美学学会理事，辽宁省美
学学会会长、诗词学会副会长等职。代表作品有
《古典抒情诗鉴赏》《艺术的美学基点》。

J000641

艺术美学文摘 （1983 第一辑）四川省社会
科学院文学研究所编
成都 四川省社会科学院出版社 1983年 276页
有图 20cm（32开）统一书号：8316.1
定价：CNY1.00

　　本书主要选摘国内报刊上发表的有关探讨
艺术规律、艺术创作和欣赏方面的美学文章，以
及艺术心理学等方面的文章。

J000642

艺术美学文摘 （1983 第二辑）四川省社会
科学院文学研究所编
成都 四川省社会科学院出版社 1984年 295页
有图 21cm（32开）统一书号：8316.2
定价：CNY1.00

J000643

艺术美学文摘 （1983 第三辑）四川省社会
科学院文学研究所编
成都 四川省社会科学院出版社 1984年 265页
20cm（32开）统一书号：8316.4 定价：CNY1.00

J000644

艺术美学文摘 （1985 第四辑）四川省社会
科学院文学研究所编

成都　四川省社会科学院出版社　1985 年　316 页
20cm（32 开）统一书号：8316.5 定价：CNY1.80

J000645

狄德罗美学论文选　（法）狄德罗著；张冠尧
等译
北京　人民文学出版社　1984 年　550 页　有肖像及
照片 20cm（32 开）统一书号：10019.3703
定价：CNY2.50
（外国文艺理论丛书）

　　本书系法国中世纪艺术美学文集。作者狄
德罗（Denis Diderot, 1713—1784），法国启蒙思
想家、唯物主义哲学家、作家，百科全书派的代
表人物。著有《对自然的解释》《达朗贝和狄德
罗的谈话》《关于物质和运动的原理》等。

J000646

美的分析　（英）威廉·荷加斯著；杨成寅译
北京　人民美术出版社　1984 年　131 页　有图
19cm（32 开）统一书号：8027.8820
定价：CNY0.84

　　本书大约完成于 1750 年。作者主要从绘画
角度来考察美的问题，对自己的艺术实践进行
系统概括和总结。肯定现实生活是美和艺术的
源泉，反对以先入为主的成见和传统的教条束
缚艺术创造。通过分析具体作品，提出了美的
6 条原则。作者威廉·荷加斯（William Hogarth,
1697—1764），英国画家、艺术理论家。代表作
品有《征服墨西哥》《浪子生涯》《美的分析》等。
译者杨成寅（1926—2016），美术理论家、雕塑
家。河南南阳市人，毕业于中央美院研究生班
并留校任教。曾任《美术理论资料》《美术译丛》
等刊物编辑，中国美术学院教授，中国美术家
协会会员。雕塑作品有《晨读》《汤显祖像》《谢
文锦像》等。

J000647

美的分析　（英）Hogarth, W. 著；杨成寅译
台北　丹青图书公司　1986 年　183 页 21cm
（32 开）定价：TWD150.00
（丹青艺术丛书）

　　作者通译为威廉·荷加斯。

J000648

美的分析　（英）Hogarth, W. 著；杨成寅译

台北　丹青图书公司　1987 年　再版　183 页
21cm（32 开）
（丹青艺术丛书 6）

　　译者杨成寅（1926—2016），美术理论家、雕
塑家。河南南阳市人，毕业于中央美院研究生班
并留校任教。曾任《美术理论资料》《美术译丛》
等刊物编辑，中国美术学院教授，中国美术家协
会会员。雕塑作品有《晨读》《汤显祖像》《谢文
锦像》等。

J000649

美学与艺术评论　（第一集）蒋孔阳主编
上海　复旦大学出版社　1984 年　474 页 21cm（32 开）
统一书号：10253.012 定价：CNY2.28

J000650

美学与艺术评论　（第二集）蒋孔阳主编
上海　复旦大学出版社　1985 年　500 页 21cm（32 开）
统一书号：10253.017 定价：CNY2.75

J000651

美学与艺术评论　（第四集）蒋孔阳主编
上海　复旦大学出版社　1993 年　363 页 20cm（32 开）
ISBN：7-309-00999-1 定价：CNY12.50

J000652

艺术　（英）克莱夫·贝尔著；周金环，马钟元译；
滕守尧校；中国社会科学院哲学所美学室编
北京　中国文艺联合出版公司　1984 年　198 页
19cm（32 开）统一书号：8313.141 定价：CNY1.60
（美学译文丛书）

　　本书主要阐述了作者提出的一种审美学说，
即：一切视觉艺术的共同性质，乃在于它们都是
"一种有意味的形式"。作者克莱夫·贝尔（Clive
Bell, 1881—1964）英国形式主义美学家。主要著
作有《艺术》《自塞尚以来的绘画》《法国绘画简
介》《19 世纪绘画的里程碑》等。

J000653

艺术美的创造与欣赏　吴野著
成都　四川省社会科学院出版社　1984 年　166 页
19cm（32 开）统一书号：8316.7 定价：CNY0.65

　　本书收录论文 14 篇，包括：《人类独具的
能力——人对现实的审美关系》《凭着魔力产生
的——艺术美的本质》《无感情的艺术是没有生

命力的——艺术创造中的情感》《在同一个月亮中看到的——艺术创造中的主客体关系》等。

J000654

艺术美与欣赏　戚廷贵编

长春 吉林人民出版社 1984 年 341 页 19cm（32 开）

定价：CNY1.30

　　本书讲述如何认识艺术美、各门艺术有哪些特点、怎样欣赏艺术美、欣赏艺术美有哪些益处等等。

J000655

吕荧文艺与美学论集　吕荧著

上海 上海文艺出版社 1985 年 556 页 有照片

21cm（32 开）定价：CNY2.15，CNY3.80（精装）

J000656

美学沉思集　孙子威著

武汉 华中工学院出版社 1985 年 199 页

19cm（32 开）统一书号：10255.008

定价：CNY1.05

J000657

美学文艺学方法论　《马克思主义文艺理论研究》编辑部选编

北京 文化艺术出版社 1985 年 2 册（665 页）

21cm（32 开）定价：CNY4.35

（外国文艺理论研究资料丛书）

　　本书分上下两册。上册是总论部分，包括：美学的方法、审美特征、体系、对象范畴等文章。下册是分论部分，包括文艺系统论、信息论、控制论、符号学、结构主义、现象学、美学等文章。

J000658

文艺美学论丛　（1985 年 第一辑）胡经之主编

呼和浩特 内蒙古人民出版社 1985 年 412 页

20cm（32 开）定价：CNY2.55

（文艺美学丛书 1）

J000659

现实中和艺术中的审美　（苏）斯托洛维琪著；凌继尧，金亚娜译

北京 生活·读书·新知三联书店 1985 年 222 页

21cm（32 开）定价：CNY1.50

（现代外国文艺理论译丛 第 2 辑）

　　本书内容包括：现实的审美属性、人对现实的审美关系、审美艺术。

J000660

艺术的审美实质　（苏）布罗夫著；高叔眉，冯申译

上海 上海译文出版社 1985 年 310 页 19cm（32 开）

定价：CNY1.45

J000661

艺术的审美特性　王向峰著

沈阳 辽宁大学出版社 1985 年 355 页 有照片

20cm（32 开）统一书号：10429.002

定价：CNY2.50

　　作者王向峰（1932—　　），作家。生于辽宁辽中，毕业于吉林大学中文系。被北京师范大学、山东大学、沈阳师范大学聘为兼职教授。历任中国作家协会会员，中华美学学会理事，辽宁省美学学会会长、诗词学会副会长等职。代表作品有《古典抒情诗鉴赏》《艺术的美学基点》。

J000662

艺术美学新论　王向峰著

沈阳 辽宁大学科研处 1985 年 363 页

19cm（小 32 开）定价：CNY3.00

　　本书内容包括：第 1 辑"艺术美学的一般理论"，收录《生活对象与审美创造的真实性》《艺术典型的社会概括性》《创作方法的审美功能》《现实主义创作原则的审美功能》等；第 2 辑"艺术的审美表现问题"，收录《艺术家的理性理想与客观态度》《对人的发现与表现》《哲学精神代替不了艺术形象》等；第 3 辑"中国古代艺术美学论"，收录《自然美与艺术美问题上的诸子径庭》《西汉艺术美学的历史贡献》《论顾恺之"以形写神"的绘画美学》《〈文心雕龙〉中的艺术美学思想》等。

J000663

艺术魅力的探寻　林兴宅编著

成都 四川人民出版社 1985 年 256 页 19cm（32 开）

统一书号：17118.121 定价：CNY1.31

（走向未来丛书）

J000664

艺苑谈美　陈望衡著

重庆 重庆出版社 1985 年 305 页 19cm（32 开）
统一书号：10114.122 定价：CNY1.10

本书是艺术美学专著，内容包括：文艺特征、文艺形象、文艺的典型化、文艺创作的思维、艺术美的风格等，共收录 30 篇文章。

J000665

黑格尔与艺术难题　（一段问题史）薛华著
北京 中国社会科学出版社 1986 年 224 页
20cm（32 开）精装 统一书号：2190.160
定价：CNY3.10
（美学丛书）

本书两部分，第 1 部分讲黑格尔关于艺术终结的论点；第 2 部分讲弗洛伊德、胡塞尔、卢卡契、维特根斯坦、海德格尔、加达美尔、阿道诺对近代艺术问题的理解。具体包括：黑格尔关于艺术终结的论点、弗洛伊德论艺术与精神心理、胡塞尔的艺术现象学分析、卢卡契对美学体系问题的探讨、维特根斯坦论审美、海德格尔对黑格尔论点的思考、加达美尔的艺术解释、阿道诺论艺术和非艺术。

J000666

美学与艺术诠释　丁履撰著
高雄 复文图书出版社 1986 年 174 页 21cm（32 开）
定价：TWD100.00

J000667

美与艺术　蒋孔阳等著；江苏省美学学会编
南京 江苏美术出版社 1986 年 267 页 20cm（32 开）
定价：CNY1.90

J000668

美与艺术规律　计永佑，吕香云著
北京 对外贸易教育出版社 1986 年 259 页
19cm（32 开）统一书号：10321.01 定价：CNY1.40

J000669

审美的敏感　王朝闻著
上海 上海文艺出版社 1986 年 289 页 20cm（32 开）
定价：CNY1.70
（艺术世界丛书）

本书是作者另一本艺术短论集《不到顶点》的姐妹篇。作者善于以小见大，触类旁通，从某一生活或艺术现象出发，从理论和美学的高度来

阐述、概括问题。作者王朝闻（1909—2004），雕塑家、文艺理论家、美学家。生于四川合江。别名王昭文，更名王朝闻，笔名汶石、廖化、席斯珂。就读于成都艺专、杭州国立艺专。历任中央美术学院副教务长、中国美术家协会副主席、中国艺术研究院副院长等。代表作品《浮雕毛泽东像》《圆雕刘胡兰像》等。

J000670

伍蠡甫艺术美学文集　伍蠡甫著
上海 复旦大学出版社 1986 年 509 页 20cm（32 开）
统一书号：8253.004 定价：CNY3.65

本书是艺术美学论著。分 9 个部分，内容包括："艺术形式美与艺术抽象"收录《画中诗与艺术想象》等；"艺术想象与艺术形式"收录《漫谈艺术形式美》等；"中国绘画的自然美与艺术美"收录《山水画艺术》等；"中国绘画的人与艺术"收录《人与艺术》等；"中国绘画美学史的几个新发展"收录《南朝画论和〈文心雕龙〉》等；"中西绘画比较"收录《法国二百五十年绘画与中国院画传统》等；"后记·书评·序言"收录《读顾恺之〈画云台山记〉》等；"随笔"收录《画家与自然》等；"附录"收录《现代西方文学批评的若干流派》。

J000671

艺术科学丛谈　金克木著
北京 生活·读书·新知三联书店 1986 年 164 页
19cm（32 开）统一书号：8002.9 定价：CNY0.87

本书收录《美学信息》《信息论美学》《实验美学》《阅读的美学》《文学评论》《建筑美学》《符号学》《民俗学》《人类学》《语义学》《科学研究常识四讲》。作者金克木（1912—2000），教授、学者。生于江西，籍贯安徽寿县。曾任北京大学东语系教授，中华全国世界语协会理事，中国世界语之友会会员。代表作品有《梵语文学史》《印度文化论集》《比较文化论集》等。

J000672

艺术美　陈望衡，张涵著
太原 山西人民出版社 1986 年 308 页 20cm（32 开）
定价：CNY1.60

本书为美学论著。作者从艺术的起源、艺术的本质、艺术的价值、艺术的审美构成、艺术美的创造、艺术美的欣赏、艺术的风格和艺术的美学分类 8 个方面，系统地探讨了艺术美。

J000673

艺术——迷人的领域　何振志编

上海 知识出版社 1986 年 298 页 有照片
20cm（32 开）统一书号：8214.1004 定价：CNY2.20

本书简略介绍原始社会以来世界绘画艺术
及其发展过程，重点介绍西方主要国家著名画家
的艺术生涯和成就，以及著名的艺术流派。

J000674

中西美学艺术比较　湖北省美学学会编

武汉 湖北人民出版社 1986 年 441 页 20cm（32 开）
定价：CNY2.95

本书系 1984 年 10 月在武汉举行的中西美
学艺术比较讨论会的发言和论文选编。汇集当
时全国著名美学家王朝闻、李泽厚、蒋孔阳、伍
蠡甫、洪毅然、刘纲纪等人的重要论文。全书分
4 部分：一、对比较研究的原则和方法的探讨；
二、对中西美学、艺术的具体比较；三、介绍中
国近、现代史上著名学者对中西美学、艺术的比
较研究；四、比较研究资料索引。

J000675

开放的美感　蔡宏明著

台北 希代书版公司 1987 年 316 页 有照片
21cm（32 开）定价：TWD180.00
（希代文丛 39）

J000676

美学与艺术理论　（德）德索（Dessoir, M.）著；
兰金仁译

北京 中国社会科学出版社 1987 年 452 页
20cm（32 开）ISBN：7-5004-0229-5
定价：CNY3.05
（美学译文丛书）

外文书名：Aesthetics and Theory of Arts.

J000677

美学与意境　宗白华著

北京 人民出版社 1987 年 [480 页] 有照片
21cm（32 开）统一书号：2001.367 定价：CNY2.90

本书收录作者艺术评论、访问记等 60 篇。
附有《宗白华生平著述年谱》和后记《我的美
学导师－宗白华先生》。作者宗白华（1897—
1986），哲学家、美学大师、诗人。生于安徽安庆
市，籍贯江苏常熟。字白华、伯华。毕业于同济

大学，赴德国留学，在法兰克福大学、柏林大学
学习哲学 、美学等。北京大学哲学系教授，兼
任中华全国美学学会顾问。代表作品《美学散
步》《艺境》《宗白华全集》。

J000678

美学与意境　宗白华著

台北 淑馨出版社 1989 年 480 页 有照片
21cm（32 开）定价：TWD250.00

J000679

视觉原理　（美）布鲁墨（Bloomer, C.）著；张
功钤译

北京 北京大学出版社 1987 年 168 页 20cm（32 开）
统一书号：10209.158 定价：CNY1.90
（文艺美学丛书）

J000680

艺术美之谜　徐书城著

重庆 重庆出版社 1987 年 206 页 有图
19cm（32 开）ISBN：7-5366-0289-8
定价：CNY1.40
（艺术美丛书）

J000681

艺术社会学描述　（走向过程的艺术与美学）
滕守尧著

上海 上海人民出版社 1987 年 369 页 有照片
20cm（32 开）ISBN：7-208-00099-9 定价：CNY3.05
（新学科丛书）

本书主要研究艺术的各种相对性质以及与
这些性质相对应的社会因素。内容包括：艺术社
会学——美学的一个分支、艺术社会学——历史
与主要问题、文艺思潮的形成——从原始艺术到
现代艺术、走向过程的美学与后现代艺术、审美
教育与时代精神、对具体艺术的分析。附加篇《第
九届国际美学会议管窥》。

J000682

艺术审美丛谈　山西省文联文艺理论研究
室编

山西省文联文艺理论研究室 1987 年 293 页
21cm（32 开）定价：CNY1.80

J000683

造型艺术美学 （第 1 辑）杨成寅主编

杭州 浙江美术学院出版社 1986 年 444 页 有图

20cm（32 开）统一书号：8440.015 定价：CNY4.50

　　本辑分"美论"、"艺术论"、"中国传统美术与美学"、"外国美术与美学等专题"；专题论文有《视觉美》（杨成寅）、《造型艺术教学中的美育》（庞安福）、《中国山水画的形与神》（陈珠龙）等。编者杨成寅（1926—2016），美术理论家、雕塑家。河南南阳市人，毕业于中央美院研究生班并留校任教。曾任《美术理论资料》《美术译丛》等刊物编辑，中国美术学院教授，中国美术家协会会员。雕塑作品有《晨读》《汤显祖像》《谢文锦像》等。

J000684

造型艺术美学 （第 2 辑）杨成寅主编

杭州 浙江美术学院出版社 1989 年 413 页

20cm（32 开）ISBN：7-81019-062-8

定价：CNY5.95

　　本辑收录《马克思主义经典作家与美术》（杨柄）、《当前中国美术界争论的几个问题》（杨劲松）、《课余偶记》（赵延年）、《对艺术的理解》（徐坚）、《对于丑的思考》（杨修憬）、《论审美心理模式》（陈平）、《论移情》（王雯君）、《从艺术的审美周程看艺术的形式和内容》（阮延陵）、《绘画美的三元性》（陈孝信）等。

J000685

简明文艺美学手册 苏丁主编

成都 四川文艺出版社 1988 年 288 页

19cm（小 32 开）定价：CNY2.10

J000686

漫话幽默 陈孝英，王树昌著

乌鲁木齐 新疆人民出版社 1988 年 173 页

21cm（32 开）定价：CNY1.80

（喜剧美学丛书）

　　本书以古今中外各种体裁艺术作品为素材，阐释了幽默的起源、演变、美学特征、规律、手法、民族特色、社会功能和艺术功能。作者陈孝英（1942—　　），教师。出生于上海。历任西安外语学院教师，陕西省艺术研究所所长、研究员，《喜剧世界》主编等。著有《幽默的奥秘》，译著《托翁轶影》《幽默理论在当代世界》等。

J000687

美丑的纠缠与裂变 翟墨著

上海 上海文艺出版社 1988 年 296 页 19cm（32 开）

ISBN：7-5321-0172-X 定价：CNY2.65

（艺术世界丛书）

　　作者翟墨（1941—2009），编辑。原名翟葆艺，河南尉氏人。毕业于郑州大学中文系和中国艺术研究院研究生部美术系。历任《郑州晚报》记者，《中国美术报》副主编，《美术观察》杂志副主编，中国艺术研究院中国文化研究室研究员，东方美术交流学会理事等。作品有《艺术家的美学》《绘画美》等。

J000688

美的相位与艺术 （日）今道友信著；周浙平，王永丽译

北京 中国文联出版公司 1988 年 376 页

19cm（32 开）ISBN：7-5059-0218-0

定价：CNY3.10

（美学译文丛书）

J000689

美与艺术 林清奇著

合肥 安徽教育出版社 1988 年 292 页 有图

20cm（32 开）ISBN：7-5336-0388-5

定价：CNY3.05

　　外文书名：Beauty and Arts.

J000690

美与艺术 降大任著

太原 希望出版社 1988 年 244 页 18cm（15 开）

ISBN：7-5379-0108-2 定价：CNY1.35

　　本书讲述对美与艺术的见解。内容包括：美的本质；人的本质；美从何来；美与真、善；艺术的本质；艺术的起源；艺术典型；典型创造；典型分类；艺术分类；艺术欣赏。

J000691

现代艺术的美学奥蕴 （美）卡斯顿·海雷斯著；李田心译

长沙 湖南美术出版社 1988 年 198 页 19cm（32 开）

ISBN：7-5356-0164-2 定价：CNY1.60

　　本书分"历史的回顾"和"主观主义的美学"两部分。第 1 部分从现象学和存在主义哲学理论出发，分析现代艺术和以前的艺术之间明显的

差别和在本质上的内在联系。第 2 部分以主观主义的美学为先导，对现代艺术的产生及其出现的各种现象进行哲学性的解析，对现代艺术所存在的多种不确定性的解释进行了探讨，对现代艺术的意义及其美学奥蕴也做出了一系列有价值的研究。

J000692
艺术的美学基点　王向峰著
沈阳 辽宁大学出版社 1988 年 413 页 20cm（32 开）
ISBN：7-5610-0292-0 定价：CNY3.80

作者王向峰（1932—　），作家。生于辽宁辽中，毕业于吉林大学中文系。被北京师范大学、山东大学、沈阳师范大学聘为兼职教授。历任中国作家协会会员，中华美学学会理事，辽宁省美学学会会长、诗词学会副会长等职。代表作品有《古典抒情诗鉴赏》《艺术的美学基点》。

J000693
艺术美育　赵洪恩，辛鹤江主编
石家庄 河北美术出版社 1988 年 360 页
21cm（32 开）定价：CNY4.90

J000694
艺术与欣赏　叶文编著
兰州 甘肃科学技术出版社 1988 年 110 页
19cm（32 开）ISBN：7-5424-0111-4
定价：CNY1.25
（美育知识丛书）

本书介绍了艺术美的特征，艺术的内容美和形式美，艺术美的创造，艺术的种类、审美、欣赏等知识。

J000695
意义的瞬间生成　（西方体验美学的超越性结构）王一川著
济南 山东文艺出版社 1988 年 375 页 20cm（32 开）
ISBN：7-5329-0115-7 定价：CNY3.65
（文化哲学丛书）

J000696
元美学　王志敏编著
沈阳 辽宁大学出版社 1988 年 233 页 20cm（32 开）
ISBN：7-5610-0548-2 定价：CNY2.60

作者王志敏，教授。出生于黑龙江哈尔滨，

天津宝坻县人。历任重庆大学美视电影学院教授、硕士生导师。华东师范大学传播学院兼职教授及博士生导师。中华美学学会会员、中国电影艺术家协会会员、中国电影评论学会理事。著有《电影学》《元美学》《现代电影美学体系》等。

J000697
美学例说　林下著
广州 华南理工大学出版社 1989 年 233 页
20cm（20 开）ISBN：7-5623-0118-2
定价：CNY1.85

本书通过对自然景象、艺术形象和艺术创作实例的分析来论述美、美感和艺术创作的基本知识。

J000698
美学与艺术构思　皇甫修文著
长春 东北师范大学出版社 1989 年 274 页
21cm（32 开）定价：CNY2.00

本书从艺术审美和艺术思维角度对创作构思规律作深入系统的研究。其一结合创作实践，深入剖析了艺术构思的物化状态，包括小说、诗歌、散文等艺术作品的艺术构思规律；其二抓住美学研究的难点，针对学术界的争议，提出一系列关于艺术创作构思的美学理论新课题，并提出解决思路。其三对直觉与艺术触发、艺术独创、艺术构思深化的关系做了精辟的阐释。

J000699
美学与艺术讲演录续编　蒋冰海，林同华编
上海 上海人民出版社 1989 年 540 页 20cm（32 开）
ISBN：7-208-00050-6 定价：CNY8.30

J000700
美与艺术审美价值　郝孚逸，张居华主编
兰州 甘肃人民出版社 1989 年 331 页 19cm（32 开）
ISBN：7-226-00504-2 定价：CNY4.20

J000701
门类艺术探美　卢善庆主编
厦门 厦门大学出版社 1989 年 382 页 19cm（32 开）
定价：CNY3.80
（福建省社科联丛书）

本书分别对诗歌、小说、音乐、建筑、戏剧、绘画等 12 门类艺术进行了分析和探索，研究了

各门类艺术审美特征，以及他们之间的比较，寻找共同的规律。

J000702

人体美大观　许志浩，王金海编

青岛 青岛出版社 1989 年 560 页 20cm（32 开）
ISBN：7-5436-0323-3 定价：CNY7.10

本书精选有关人体艺术的评论和研究文章，从总体上反映中国人体美学研究的概貌和发展轨迹。

J000703

人体美学　（日）池泽康郎著；蒋渝译

昆明 云南人民出版社 1989 年 317 页 有图
19cm（32 开）ISBN：7-222-00427-0
定价：CNY4.90
（门类美学探索丛书）

本书把人的生理结构与心理结构联系起来，把五官四肢的解剖与文学艺术上的表现结合起来，把人体美置于不同时代、不同民族、不同地区的不同文化历史背景之下进行比较研究，揭示人体美，以及人对人体的审美观念的发展与变迁。

J000704

人体模特儿风波　宁夏人民出版社编

银川 宁夏人民出版社 1989 年 153 页 19cm（32 开）
ISBN：7-227-00436-8 定价：CNY2.20

本书内容包括：风波的由来和发展、从人体模特儿说开去、人体美拾零等。

J000705

现代西方艺术美学文选　（建筑美学卷）伍蠡甫主编；汪坦，陈志华编

沈阳 春风文艺出版社 1989 年 404 页 20cm（32 开）
ISBN：7-5313-0302-7 定价：CNY5.40

编者陈志华（1914—　），教授。生于江苏苏州。四川攀枝花大学教授。著有《陈志华艺术论集》等。

J000706

现代西方艺术美学文选　（建筑美学卷）汪坦，陈志华主编

台北 洪叶文化事业公司 1994 年 427 页
21cm（32 开）ISBN：957-8677-55-3

定价：TWD360.00
（当代美学丛书 3）

J000707

现代西方艺术美学文选　（戏剧美学卷）伍蠡甫主编；童道明编

沈阳 春风文艺出版社 1989 年 398 页 20cm（32 开）
ISBN：7-5313-0300-0 定价：CNY5.40

编者童道明（1937—　），翻译家、戏剧评论家。江苏张家港人。中国社会科学院外国文学研究所研究员，中国作家协会会员。著有论文集《他山集》，专著《戏剧笔记》，随笔、散文集《惜别樱桃园》。

J000708

现代西方艺术美学文选　（戏剧美学卷）童道明主编

台北 洪叶文化事业公司 1993 年 405 页
21cm（32 开）ISBN：957-8677-35-9
定价：TWD320.00
（当代美学丛书 2）

J000709

现代西方艺术美学文选　（舞蹈美学卷）朱立人主编

沈阳 春风文艺出版社 1990 年 335 页 20cm（32 开）
ISBN：7-5313-0464-3 定价：CNY4.80

J000710

现代西方艺术美学文选　（舞蹈美学卷）朱立人主编

台北 洪叶文化事业公司 1994 年 377 页
21cm（32 开）ISBN：957-8677-56-1
定价：TWD320.00
（当代美学丛书 4）

J000711

现代西方艺术美学文选　（造型艺术美学卷）佟景韩，易英主编

沈阳 春风文艺出版社 1990 年 397 页 20cm（32 开）
ISBN：7-5313-0463-5 定价：CNY5.40

本书选录现代西方美术美学论文和论著摘编共 25 篇。分 3 部分：一、美术家从艺术实践出发对艺术和创作理论的思考；二、理论家、美学家、哲学家、心理学家对美术现象的阐释和更

为宏观的理论把握；三、美术批评家、美术史家关于在其寻求把直观的美术现象和抽象的哲学思辨结合起来的过程所形成的美术批评和美术史研究方法的论述。

J000712

现代西方艺术美学文选 （造型艺术美学卷）佟景韩，易英主编
台北 洪叶文化事业公司 1995 年 424 页
21cm（32 开）ISBN：957-8677-63-4
定价：TWD360.00
（当代美学丛书 5）

J000713

现代西方艺术美学文选 （音乐美学卷）张洪模主编
沈阳 春风文艺出版社 1991 年 343 页 20cm（32 开）
ISBN：7-5313-0465-1 定价：CNY5.10
　　本书探讨了现代音乐发展的潮流和趋势，介绍了关于音乐美学的各种思潮和学派。编者张洪模（1926—　），音乐翻译家、音乐教育家、教授。河北沙河人，毕业于外国语学院俄语系。历任中央音乐学院音乐研究所副所长，中国音乐家协会苏联音乐研究会常务理事，中国音乐家协会美国音乐研究会理事，中国翻译工作者文学艺术委员会委员。主要译著有《曲式学》《交响配器法》《音乐分析》《格里格和声研究》等。

J000714

现代西方艺术美学文选 （音乐美学卷）张洪模主编
台北 洪叶文化事业公司 1993 年 374 页
21cm（32 开）ISBN：957-8677-32-4
定价：TWD280.00
（当代美学丛书 1）

J000715

艺术家的美学　翟墨著
北京 人民文学出版社 1989 年 307 页 20cm（32 开）
ISBN：7-02-000723-6 定价：CNY4.15
（百家文论新著丛书）
　　本书内容分 4 部分 10 章节。首论"美学的多元"：第 1 章"类型论——艺术家的美学"。总论"鸟瞰与回溯"：第 2 章"体系论——具有反馈功能的'太极炉'"、第 3 章"发展论——艰苦

有趣的美学跋涉"。分论"体系的剖解"：第 4 章"本质论——不同层次的双向动态契合关系"、第 5 章"本体论——'实践—关系'的基础与开端"、第 6 章"创造论（上）——艺术生产的若干范畴"、第 7 章"创造论（下）——艺术生产的部分法则"、第 8 章"特性论——艺术分类中的美学问题"、第 9 章"观众论——艺术消费的再生产功能"。尾论"机制的探测"：第 10 章"分寸论——太极反馈的生命机制"。

J000716

艺术家的美学　翟墨著
北京 人民文学出版社 1989 年 307 页 20cm（32 开）
［精装］ISBN：7-02-000724-4 定价：CNY4.65
（百家文论新著丛书）
　　作者翟墨（1941—2009），编辑。原名翟葆艺，河南尉氏人。毕业于郑州大学中文系和中国艺术研究院研究生部美术系。历任《郑州晚报》记者，《中国美术报》副主编，《美术观察》杂志副主编，中国艺术研究院中国文化研究室研究员，东方美术交流学会理事等。作品有《艺术家的美学》《绘画美》等。

J000717

艺术美学新义　徐书城著
重庆 重庆出版社 1989 年 245 页 20cm（32 开）
ISBN：7-5366-0993-0 定价：CNY2.65

J000718

艺术与自由 （美）卡伦著；张超金等译
北京 工人出版社 1989 年 738 页 19cm（32 开）
ISBN：7-5008-0191-2 定价：CNY7.40
（艺术哲学丛书）

J000719

道在足下 （邓福星美术学文集）邓福星著
哈尔滨 黑龙江美术出版社 1990 年 450 页
有照片 20cm（32 开）精装
ISBN：7-5318-0072-1 定价：CNY17.00
　　本书汇集作者近 40 篇文章，内容包括：一般美术理论，对具体艺术家或作品的评论，当代美术思潮和关于艺术理论的理论。作者邓福星（1945—　），书画家，美术教育家。河北固安人，毕业于中国艺术研究院研究生班，获博士学位。任中国艺术研究院研究员，博士生导

师，中国画学会副会长。绘画作品《周总理永远和我们在一起》《梅花欢喜漫天雪》《五体千字文》，论著《美术概论》等。

J000720

东方艺术美学　牛技慧编

北京　国际文化出版公司　1990 年　442 页

20cm（32 开）ISBN：7-80049-223-0

定价：CNY6.40

J000721

论艺术形式美　于培杰著

上海　华东师范大学出版社　1990 年　194 页　有图

20cm（32 开）ISBN：7-5617-0502-6

定价：CNY3.20

（真善美丛书）

　　本书探讨了每种艺术形式所具有的形象存在形式、物质媒介形式、手段媒介形式、组合关系形式及其不同内涵。

J000722

美学和未来美学　（批评与展望）赵汀阳著

北京　中国社会科学出版社　1990 年　184 页

19cm（小 32 开）ISBN：7-5004-0605-3

定价：CNY2.70

（美学丛书）

　　本书提出以艺术为出发点的美学哲学体系，使传统的审美经验的研究转变到纯粹的艺术研究上。

J000723

美学要义　张玉能著

武昌　华中师范大学出版社　1990 年　245 页

21cm（32 开）ISBN：7-5622-0577-9

定价：CNY3.60

　　本书内容分 8 章，包括：美学的对象；美感的形成与发展；美感的性质和特征；美感的心理因素；美的本质；美的形态；美学范畴；美育。

J000724

气化谐和——中国古典审美意识的独特发展　于民著

长春　东北师范大学出版社　1990 年　432 页

21cm（32 开）ISBN：7-5602-0369-2

定价：CNY7.50

（艺术美学丛书）

J000725

人体美学　高小康，张节末著

上海　上海文化出版社　1990 年　328 页

19cm（小 32 开）ISBN：7-80511-300-9

定价：CNY5.00

　　本书论述人体美学的含义、人体美学的历史文化特征、人体审美的解剖学——生理与文化以及人体审美的基本范畴和人体审美中的接受问题。

J000726

人体美与性文化　陶醉编著

北京　中国文联出版公司　1990 年　468 页

18cm（小 32 开）ISBN：7-5059-1055-8

定价：CNY6.00

J000727

视觉美学　（法）J.J. 德卢西奥 - 迈耶著；李纬，周水涛译

上海　上海人民美术出版社　1990 年　227 页

19cm（小 32 开）ISBN：7-5322-0647-5

定价：CNY4.80

（设计丛书）

　　本书对艺术与设计运动提出一种合乎逻辑的分析，借以确认指导这些运动的若干原理。分两部分，第 1 部分主要议论艺术的基本原理及其应用；第 2 部分主要论述艺术与设计中哲学和美学方面的问题。本书将艺术欣赏的传统教学方法与现代的设计理论加以沟通，启发人们更为敏锐、更有批判地观察自己的环境，以便积极参与改善环境的工作。具体内容包括：线条与表现；平面，空间；构图；创造性的光与色；结构，表面，质感；视觉与节奏；着眼于艺术；批评与哲学；艺术、设计与风格。外文书名：Visual Aesthetics.

J000728

艺术——认识的曙光　（克罗齐《美学原理》导引）徐平编著

南京　江苏教育出版社　1990 年　232 页

19cm（小 32 开）ISBN：7-5343-1092-X

定价：CNY2.40

（世界学术名著导引丛书）

J000729

艺术审美简论　陈军，王哲平主编
南昌 江西美术出版社 1990年 316页 19cm（32开）
ISBN：7-80580-039-1 定价：CNY3.50

J000730

艺术与精神分析　（论弗洛伊德的美学）（美）
斯佩克特著；高建平等译
北京 文化艺术出版社 1990年 256页 20cm（20开）
ISBN：7-5039-0522-0 定价：CNY4.10

本书论述了弗洛伊德的艺术理论、文学影响、教育思想等。内容包括：弗洛伊德的趣味和他的艺术观的背景；维也纳与弗洛伊德的教育；弗洛伊德和艺术家；弗洛伊德的艺术理论；弗洛伊德对艺术；文学和批评的影响。附录《弗洛伊德在不同时期和不同国家的影响》。

J000731

艺术语言　（美）古德曼（Goodman，N.）著；褚朔维译
北京 光明日报出版社 1990年 248页 20cm（32开）
ISBN：7-80014-515-8 定价：CNY4.00
（美学译文丛书）

外文书名：Languages of Art.

J000732

走向人间的维纳斯　（模特儿的文化史）邵传烈著
北京 知识出版社 1990年 223页 20cm（32开）
ISBN：7-5015-5434-X 定价：CNY5.20

J000733

作品是怎样产生的　（艺术思维活动的心理美学分析）殷国明著
广州 暨南大学出版社 1990年 3+269页
21cm（32开）ISBN：7-81029-053-3
定价：CNY4.20

本书是一部从心理学美学角度探索艺术创作过程的专著。

J000734

作为文化史的艺术史　（丹纳的《艺术哲学》）
郑海瑶，陈引驰著

昆明 云南人民出版社 1990年 122页 19cm（32开）
ISBN：7-222-00571-4 定价：CNY1.85
（名著导读丛书）

本书内容包括：丹纳的"种族、环境、时代"三要素说、丹纳最终使社会历史的文学批判理论成为一个清晰而又严密的逻辑体系、丹纳的历史性的实证研究等。

J000735

作为文化史的艺术史　（丹纳的《艺术哲学》）
郑海瑶，陈引驰著
北京 中国少年儿童出版社 1996年 122页
19cm（小32开）ISBN：7-5007-3011-X
定价：非卖品
（希望书库 7-58（总488））

本书与中国青年出版社合作出版。

J000736

作为文化史的艺术史　（丹纳的《艺术哲学》）郑海瑶，陈引驰著
昆明 云南人民出版社 1998年 重印本 118页
19cm（32开）ISBN：978-7-222-00571-6
定价：CNY5.60
（名著导读丛书）

J000737

美育指南　（表演艺术与欣赏）郭力，石崇英编著
天津 天津人民出版社 1991年 286页
19cm（小32开）ISBN：7-201-00706-8
定价：CNY4.75

本书共有6章，从美学的角度系统阐述音乐、舞蹈、戏曲、戏剧等各门表演艺术的起源、发展和特点，并阐述了如何欣赏的问题。

J000738

实验审美心理学　（英）瓦伦汀著；潘智彪译
广州 三环出版社 1989年 274页 21cm（32开）
ISBN：7-80541-767-9 定价：CNY7.70
（实验心理学丛书）

本书内容包括：第1章引言；第2章色彩与色彩爱好；第3章对色彩和色彩组合的态度；第4章形式：线条、外形和暗示运动；第5章平衡与匀称；第6章幼儿审美欣赏的出现；第7章早期的绘画实验；第8章对绘画和艺术品照片的进

一步实验；第9章对现代艺术的某些反应；第10章音程及对音乐的态度；第11章音乐欣赏中的某些特点和要素；第12章音乐与情感或"意义"的表现；第13章诗歌欣赏的实验；第14章现代诗歌的实验；第15章结论。

J000739

实验审美心理学　（音乐、诗歌篇）（英）瓦伦汀著；潘智彪译

台北 商鼎文化出版社 1991年 274页 21cm（32开）

ISBN：957-8575-04-1 定价：TWD240.00

（艺术评论丛书 4）

　　本书由商鼎文化出版社和千华图书出版事业公司联合出版。

J000740

艺术观照的审美性　申自强著

开封 河南大学出版社 1991年 277页

19cm（小32开）ISBN：7-81018-729-5

定价：CNY5.10

J000741

艺术美的欣赏　林楷编著

广州 广东高等教育出版社 1991年 146页

19cm（小32开）ISBN：7-5361-0576-2

定价：CNY2.40

　　本书概括和综合了建筑、音乐、舞蹈、绘画等12门艺术的美的内涵及审美特征。

J000742

艺术美学新论　上海艺术研究所学术委员会编

上海 华东师范大学出版社 1991年 206页

19cm（小32开）ISBN：7-5617-0758-4

定价：CNY2.75

（上海艺术研究论坛 2）

　　本书以艺术美学为中心，阐述艺术美学史论、艺术科学和戏剧美学的一些问题。

J000743

艺术与生活审美指要　陈贻芳主编

上海 上海交通大学出版社 1991年 418页

19cm（32开）ISBN：7-313-00794-9

定价：CNY3.70

J000744

壮族审美意识探源　郑超雄著

南宁 广西人民出版社 1991年 199页 20cm（32开）

ISBN：7-219-01806-1 定价：CNY3.35

（广西各族民间文艺研究丛书）

　　本书从美学的角度，结合民族考古学、文化人类学、民族学和民俗学对壮族审美意识的起源、发展及特征，做了有益的探索。作者郑超雄（1951—　　），副研究员，中国古陶瓷研究学会会员、广西文物考古学会理事。

J000745

美的找寻　汝信著

北京 中国社会科学出版社 1992年 303页

有照片 20cm（32开）ISBN：7-5004-1245-2

定价：CNY6.00

　　本书是作者近年来在国外进行参观和考察后写的有关外国文化艺术的美学文章。作者汝信（1931—　　），美学家、哲学家。江苏吴江人，毕业于上海圣约翰大学。历任中国社会科学院研究员、副院长，国务院学位委员会委员、中华全国外国哲学史学会执行主席，中国现代外国哲学学会理事长，中华全国美学学会会长以及国际哲学与人文科学理事会副主席等。著有《西方的哲学和美学》《西方美学史论丛》《论西方美学与艺术》等。

J000746

台湾文艺美学研究　卢善庆著

长春 东北师范大学出版社 1992年 359页

20cm（32开）精装 ISBN：7-5602-0484-8

定价：CNY12.00

（艺术美学丛书）

J000747

谈艺论美　肖峰著

杭州 浙江美术学院出版社 1992年 277页 有图

20cm（32开）精装 ISBN：7-81019-164-0

定价：CNY25.00

　　外文题名：On Art and Beauty.

J000748

寻回忘却的美　（艺术美学散论）迟轲著

南宁 广西美术出版社 1992年 309页 有图

19cm（小32开）ISBN：7-80582-454-1

定价：CNY6.90

本书探讨了审美的理论问题，并通过美术史料阐述了对艺术的看法，部分访日、访美散记表述了作者的美学信念。作者迟轲（1925—2012），著名美学家、美术批评家。原名迟雁鸣，出生于天津，祖籍山东宁津。曾任广州美术学院教授、广东美学学会会长。代表作品《西方美术史话》。

J000749

遮蔽的文明　陈绶祥著

北京 北京工艺美术出版社 1992 年 478 页 20cm（32 开）ISBN：7-80526-089-3

定价：CNY15.00

作者陈绶祥（1944—　），文化学者，美术史家，文物鉴定家及书画家。别名晓三，字大隐，号老饕，斋名无禅堂。广西桂林人，毕业于中国艺术研究院。历任中国美术家协会会员、中国艺术研究院博士生导师、聊城大学兼职。著作有《发展的素描》《中国彩陶研究》《遮蔽的文明》《文心万象》《中国民间美术全集民居卷》等。

J000750

中国艺术美学散论　曾凡恕，曾辉著

郑州 河南人民出版社 1992 年 211 页 20cm（32 开）ISBN：7-215-01794-X 定价：CNY3.65

本书探讨了中国艺术美学的起源、发生、发展及其主要结构、状态等。

J000751

走向实用的美学　于培杰，许临星主编

济南 山东教育出版社 1992 年 362 页 20cm（32 开）ISBN：7-5328-1306-1 定价：CNY4.50

本书包括现实美学和艺术美学两篇，对每一部门的美学，论说该领域的审美本质特征，并选取人们经常遇到而又普遍关心的题目加以讨论。

J000752

OK，永恒的艺术家　翟墨著

郑州 河南人民出版社 1993 年 331 页 有图 19cm（小 32 开）ISBN：7-215-01820-2

定价：CNY6.60

本书是艺术美学短论集。内容以对艺术家创造张力和艺术品美学韵味的追寻为重点，并侧重探讨传统基因在当代艺术中高层次的创造性的转化。作者翟墨（1941—2009），编辑。原名翟

葆艺，河南尉氏人。毕业于郑州大学中文系和中国艺术研究院研究生部美术系。历任《郑州晚报》记者，《中国美术报》副主编，《美术观察》杂志副主编，中国艺术研究院中国文化研究室研究员，东方美术交流学会理事等。作品有《艺术家的美学》《绘画美》等。

J000753

生活·创作·人　（艺术活动的功能）（苏）斯托洛维奇（Столович, Л.Н.）著；凌继尧译

北京 中国人民大学出版社 1993 年 249 页 20cm（32 开）ISBN：7-300-01511-5

定价：CNY4.90

本书是苏联美学界研究艺术功能的专著，包括艺术的功能系统、艺术作为对客观现实的反映、艺术作为人的精神世界的表现者等 7 章。作者斯托洛维奇，苏联著名美学家。译者凌继尧（1945—　），教授。江苏南通人，毕业于北京大学。历任南京大学哲学系、中文系教师，东南大学艺术学院学术委员会主席、教授、博士生导师等职。著有《美学十五讲》《艺术设计十五讲》等。

J000754

维纳斯的历程　周平远著

北京 北京十月文艺出版社 1993 年 455 页 有图 20cm（32 开）精装 ISBN：7-5302-0285-5

定价：CNY14.90

本书通过描述维纳斯的诞生、成长、受难、死亡以及复活的过程，展示了人类不同历史阶段、文化模式、艺术流派及所持的不同的美学观念。

J000755

文艺美学教程　徐亮著

北京 中央民族学院出版社 1993 年 268 页 20cm（32 开）ISBN：7-81001-491-9

定价：CNY4.60

本书包括：绪论、艺术中的一般美学问题、各门艺术中的美学问题 3 编。

J000756

艺术家族与微观美学　郭振华著

北京 中央民族学院出版社 1993 年 357 页 19cm（小 32 开）ISBN：7-81001-568-0

定价：CNY8.80

本书从艺术创作的审美心理与审美情感出发，探讨了如何把握鉴赏和创作和进入审美体系的问题。

J000757

中国艺术美学　刘墨著

南京 江苏教育出版社 1993 年 1111 页
20cm（32 开）精装 ISBN：7-5343-1994-3
定价：CNY16.40

　　本书包括思想、意境、范畴、创作等 5 篇章。

J000758

最后的晚餐　（悲的西方美学传统和西方美学传统的悲）张志伟著

郑州 河南美术出版社 1993 年 138+16 页 有图
20cm（32 开）ISBN：7-5401-0368-X
定价：CNY8.00

　　本书是分析西方艺术传统的理论专著，探讨了理性主义的艺术标准、西方艺术传统的审美心理学、人类学考察和哲学思考等。

J000759

奥妙人体的健与美　李绍谦著

北京 北京出版社 1994 年 196 页 有彩照
20cm（32 开）ISBN：7-200-02003-6
定价：CNY5.60
（青少年探美丛书）

　　本书分 4 章：自然中的人体美、艺术中的人体美、社会中的人体美、生活方式与健美。

J000760

民族艺术与审美　刘一沾主编

西宁 青海人民出版社 1994 年 592 页 有照片
20cm（32 开）ISBN：7-225-00942-7
定价：CNY16.00
（中国少数民族美学思想研究丛书）

　　本书对我国 55 个少数民族的文学、美术、音乐、舞蹈、建筑、服饰、工艺等方面进行审美评价。

J000761

艺术美学概论　赵伯飞著

西安 西北大学出版社 1994 年 239 页 20cm（32 开）
ISBN：7-5604-0676-9 定价：CNY6.50

　　本书内容包括：导论、艺术美的创造、文学

美学、现代西方美学的发展及其演变等 8 章。作者赵伯飞（1954—　），教授。曾任西安电子科技大学人文学院院长，中国美育研究会常务理事。著有《艺术美学概论》《美的哲学》《现代西方美学》《美学的思辨与实践》等。

J000762

境生象外　（华夏审美与艺术特征考察）韩林德著

北京 生活·读书·新知三联书店 1995 年 318 页
20cm（32 开）ISBN：7-108-00753-3
定价：CNY14.20
（三联·哈佛燕京学术丛书 第二辑）

　　本书是一本考察华夏审美与艺术的特征，进而探讨形成这些特征的原因的小书。分析华夏美学主要范畴命题的一般旨趣，考察华夏美学基本特色所在，具体探讨形成华夏美学如此特色的思想史根源。作者韩林德（1939—　），研究员、中国美学史专家。上海人，毕业于北京大学中文系。中国社科院哲学社会科学部《新建设》杂志编辑。代表作品有《石涛与〈画语录〉研究》《境生象外》《中国古代哲学精华》等。

J000763

美术审美漫话　王兆一著

太原 山西教育出版社 1995 年 149 页 有图
19cm（32 开）ISBN：7-5440-0803-7
定价：CNY6.60
（美育丛书 美术系列）

J000764

审美场论　袁鼎生著

南宁 广西教育出版社 1995 年 267 页 20cm（32 开）
ISBN：7-5435-2370-1 定价：CNY9.75
（艺术学丛书）

J000765

中和之美　（普遍艺术和谐观与特定艺术风格论）张国庆著

成都 巴蜀书社 1995 年 198 页 19cm（小 32 开）
ISBN：7-80523-566-X 定价：CNY8.00

　　本书主要讨论了中和之美这个既有着深厚的历史和理论的内涵，又有明显现实意义的十分重要的美学、艺术问题。

J000766

纯粹主义美学的现代性　刘克峰著

台北 洪叶文化事业公司 1996 年 247 页 有照片
21cm（32 开）ISBN：957-8677-88-X
定价：TWD280.00
（当代美学丛书 7）

　　本书两部分：探讨现代美学特征、探讨纯粹
主义美学。第 1 部分包括：空间的认识、主体与
背景、透明性之理论；第 2 部分包括：纯粹主义
概念模式、纯粹主义绘画作品分析——以勒·柯
布西耶 1920 年的"堆叠的盘子与静物"、纯粹主
义美学特征。

J000767

国民美学　（美术域外手记）李钦贤著

台北 草根出版事业公司 1996 年 176 页 有照片
21cm（32 开）ISBN：957-98971-2-3
定价：TWD170.00
（草根文学 09）

J000768

美学艺术论　刘伟林著

广州 广东高等教育出版社 1996 年 501 页
有照片 20cm（32 开）ISBN：7-5361-1881-3
定价：CNY19.80

J000769

美学与艺术学研究　（第一集）汝信，张道一
主编；中华美学学会、东南大学艺术学系编
南京 江苏美术出版社 1996 年 255 页 26cm（16 开）
ISBN：7-5344-0555-6 定价：CNY18.00

J000770

美学与艺术学研究　（第二集）汝信，张道一
主编；中华美学学会、东南大学艺术学系编
南京 江苏美术出版社 1996 年 256 页 26cm（16 开）
ISBN：7-5344-0664-1 定价：CNY20.00

J000771

美学与艺术学研究　（第三集）汝信，张道一
主编；中华美学学会、东南大学艺术学系编
南京 江苏美术出版社 1997 年 272 页 26cm（16 开）
ISBN：7-5344-0747-8 定价：CNY20.00

J000772

审美新空间　晏海林等著

南昌 江西人民出版社 1996 年 137 页 有图
19cm（小 32 开）ISBN：7-210-01529-9
定价：CNY7.20
（新宇宙丛书）

J000773

他者的眼光　（当代艺术中的西方主义）邹跃
进著

北京 作家出版社 1996 年 195 页 20cm（32 开）
ISBN：7-5063-1050-3 定价：CNY10.80
（当代审美文化书系）

　　本书分上、下两编共 10 章。上编"他者的
眼光，中国的问题"，内容包括：眼光与问题；形
式与质料；面对自由；女为悦己者容；科学与科
学；"西方主义"与"东方主义"。下编"历史情境
与历史逻辑"，内容包括：历史与平面；西方主义
与先锋艺术；从先锋到合法化；从合法化到无意
识化。作者邹跃进（1958—2011），教授。湖南隆
回人，博士毕业于中央美术学院。曾任中央美术
学院教授。著作有《他者的眼光：当代艺术中的
西方主义》《新中国美术史》《艺术导论》等。

J000774

艺术美学文选　（1979—1989）邓福星主编

重庆 重庆出版社 1996 年 879 页 20cm（32 开）
ISBN：7-5366-2845-5 定价：CNY42.00

　　作者邓福星（1945—　　），书画家，美术教育
家。河北固安人，毕业于中国艺术研究院研究生
班，获博士学位。任中国艺术研究院研究员，博
士生导师，中国画学会副会长。绘画作品《周总
理永远和我们在一起》《梅花欢喜漫天雪》《五体
千字文》，论著《美术概论》等。

J000775

论西方美学与艺术　汝信著

桂林 广西师范大学出版社 1997 年 376 页
20cm（32 开）ISBN：7-5633-2476-3
定价：CNY14.60，CNY18.00（精装）
（中国当代美学流派名家论丛）

　　本书内容包括：西欧美学；18 世纪德国启蒙
运动的美学思想；席勒的《美育书简》；谢林的
艺术哲学；黑格尔的悲剧论；尼采的美学和文艺
思想；论尼采悲剧理论的起源——关于《悲剧的

诞生》一书的研究札记之一；马克思和美学中的革命；谈谈当前美学研究中的两个问题；美得找寻；人的重新发现——在意大利看米开朗琪罗；对印象派绘画的一些印象——多尔赛博物馆观后；论凡·高——《吃土豆的人》的启示；罗丹博物馆参观记；论克列——一颗寂寞的心；论毕加索——20世纪艺术之谜的初步探索。

J000776

美的觉醒 （高尔泰文选之二）高尔泰著
台北 东大图书公司 1997年 198页 有图
24cm（26开）精装 ISBN：957-19-1980-2
定价：TWD10.00
（沧海美术 艺术史 11）

J000777

缪斯殿堂的巡礼 （艺术美育）于培杰著
济南 山东教育出版社 1997年 180页 有彩图
19cm（小32开）ISBN：7-5328-2424-1
定价：CNY8.15
（青少年美育丛书）

J000778

美辨 周宗岱著
长沙 湖南美术出版社 1998年 307页 有照片
19cm（小32开）ISBN：7-5356-1048-X
定价：CNY14.50

J000779

美学与艺术教育 （美）帕森斯（Michael J.Parsons），（美）布洛克（H.Gene Blocer）著；李中泽译
成都 四川人民出版社 1998年 300页 20cm（32开）
ISBN：7-220-04248-5 定价：CNY18.00
（美学·设计·艺术教育丛书）
外文书名：Aesthetics and Education. 作者帕森斯，美国俄亥俄州立大学艺术教育系教授兼主任。作者布洛克（H.Gene Blocer），美国俄亥俄大学哲学系教授。

J000780

吐纳英华 王朝闻著
北京 中国青年出版社 1998年 481页 有彩图
20cm（32开）精装 ISBN：7-5006-2804-8
定价：CNY29.00

本书主要是从作者接触过的艺术或非艺术的审美对象引起的一些即兴性的感想。从不同艺术的品种、作品和作风着眼，探讨艺术的特殊规律与一般规律的差别与联系。作者王朝闻（1909—2004），雕塑家、文艺理论家、美学家。生于四川合江。别名王昭文，更名王朝闻，笔名汶石、廖化、席斯珂。就读于成都艺专、杭州国立艺专。历任中央美术学院副教务长、中国美术家协会副主席、中国艺术研究院副院长等。代表作品《浮雕毛泽东像》《圆雕刘胡兰像》等。

J000781

西方美学艺术学撷英 凌继尧著
上海 上海人民出版社 1998年 266页 20cm（32开）
ISBN：7-208-02748-X 定价：CNY15.00
（艺术学研究丛书）
本书收录《说理念》《说亚里士多德》《普洛丁美学研究的反思》《普洛丁〈论美〉释读》《奥古斯丁的美学思想》《文艺复兴美学漫说》《20世纪西方美学中的审美价值理论》《20世纪的审美价值学》《法国新托马斯主义美学》《西方艺术学的若干范畴》《艺术美学的理论构架和研究方法》《艺术的本质和功能》《艺术和游戏》《价值问题和马克思主义》《艺术分类研究》《朱光潜西方美学研究的方法论》。作者凌继尧（1945—　　），教授。江苏南通人，毕业于北京大学。历任南京大学哲学系、中文系教师，东南大学艺术学院学术委员会主席、教授、博士生导师等职。

J000782

西方形式美学 （关于形式的美学研究）赵宪章主编
上海 上海人民出版社 1998年 重印本 537页
20cm（32开）ISBN：7-208-02178-3
定价：CNY28.00
本书内容包括：形式美学总论、形式概念之滥觞、历史与形式、形式多元化、"西方马克思主义"形式美学。

J000783

形式美学入门 （怎样创造美的画面）赵经寰著
沈阳 辽宁美术出版社 1998年 138页 有图
29cm（16开）ISBN：7-5314-1841-X

定价：CNY30.00，CNY53.00（精装）

J000784

艺术美学　　邱正伦编著

重庆　西南师范大学出版社 1998 年 89 页 有图 26cm（16 开）ISBN：7-5621-2031-5

定价：CNY25.00

（美术系列教材）

J000785

艺术与美　　姜耕玉著

济南　山东文艺出版社 1998 年 308 页 20cm（32 开）ISBN：7-5329-1617-0 定价：CNY13.00

J000786

揭开缪斯的面纱　　（谈艺术美）周国清著

长沙　湖南少年儿童出版社 1999 年 82 页 有图 20cm（32 开）ISBN：7-5358-1633-9

定价：CNY3.90

（画说美学系列丛书 5）

J000787

美术美学文集　　邵伟尧主编

南宁　接力出版社 1999 年 428 页 20cm（32 开）ISBN：7-80631-442-3 定价：CNY26.00

作者邵伟尧（1938—　 　），油画家。广东南海人，毕业于中央美术学院油画系。历任广西艺术学院教授、中国油画学会理事、广西美术家协会名誉主席、广西老美术家协会主席、中国美术家协会会员。代表作品有《渔歌》《新绿》《春在田间》《白云·红土地》等。专著有《素描基础训练》。

J000788

身体意象　　（法）马克·勒伯（Marc LeBot）著；汤皇珍译

沈阳　春风文艺出版社 1999 年 253 页 有图 20cm（32 开）ISBN：7-5313-1839-3

定价：CNY17.00

（阅读身体系列）

全书内容包括：身体本身、形与场、爱人身体的其他片断、被标记的身体、复本、受辱的身体、神圣的身体、着色的身体。

J000789

艺境　　宗白华著

北京　北京大学出版社 1999 年 409 页 20cm（32 开）ISBN：7-301-00898-8 定价：CNY25.00

作者宗白华（1897—1986），哲学家、美学大师、诗人。生于安徽安庆市，籍贯江苏常熟。字白华、伯华。毕业于同济大学，赴德国留学，在法兰克福大学、柏林大学学习哲学 、美学等。北京大学哲学系教授，兼任中华全国美学学会顾问。代表作品《美学散步》《艺境》《宗白华全集》。

J000790

艺术的意味　　（德）莫里茨·盖格尔著；艾彦译

北京　华夏出版社 1999 年 273 页 20cm（32 开）ISBN：7-5080-1651-3 定价：CNY14.80

（现代西方思想文库）

外文书名：Die Bedetung Der Kunst.

J000791

艺术美学　　欧阳友权著

长沙　中南工业大学出版社 1999 年 428 页 20cm（32 开）

J000792

艺术至境论　　顾祖钊著

天津　百花文艺出版社 1999 年 重印本 329 页 20cm（32 开）ISBN：7-5306-1224-7

定价：CNY16.50

（心理美学丛书）

本书内容包括：第 1 章"艺术至境的奥秘"：天问篇、天对篇、天国篇；第 2 章"意象"：中国古代意象说、西方现代意象观、至境意象、意象概念的重整、意象的创造与分类；第 3 章"意境"：意境说难、意境论的创立、意境的本质特征、意境创造的美学追求、意境的创造、意境的分类；第 4 章"典型"：典型论的产生和发展、新中国成立后关于典型的讨论、马克思和恩格斯对典型理论的重要贡献、典型的美学特质、典型的创造、典型的分类；第 5 章"艺术至境的格局"：三位美神之比较、三位美神的交叉关系、艺术至境研究的意义。

J000793

种活艺术的种子　　（朱铭美学观）潘煊著

台北 天下远见出版公司 1999 年 280 页 有照片
21cm（32 开）ISBN：957-621-571-4
定价：TWD280.00
（天下文化社会人文系列 121）

艺术理论的基本问题

J000794
我的美术生产化、生活美术化主张　滕白
也著
［民国］22 页 23cm（10 开）

J000795
艺术与社会生活　（俄）普列汉诺夫著；雪峰译
上海 水沫书店 1930 年 再版 166 页 有肖像
19cm（32 开）定价：五角五分
（科学的艺术论丛书）

　　本书论述了艺术与社会生活的关系，认为艺术源于社会、服务于社会，艺术对于社会的发展有很大的意义。原文系著者 1921 年 10 月在巴黎及列日作的讲演，经改作发表于《当代人》杂志。作者普列汉诺夫（Георгий Валентинович Плеханов, 1856—1918），全名：格奥尔基·瓦连廷诺维奇·普列汉诺夫。俄国马克思主义理论家，俄国和国际工人运动和社会主义运动的活动家、文艺理论家、美学家。译者全名：冯雪峰

J000796
艺术与社会生活　（俄）普列汉诺夫著；雪峰译
上海 生活书店 1937 年 135 页 19cm（32 开）
定价：国币三角
（世界名著译丛 4）
　　译者全名：冯雪峰

J000797
艺术与社会生活　（俄）普列汉诺夫（G.V.Ple-khanov）著；雪峰译
上海 生活书店 1938 年 再版 135 页 19cm（32 开）
定价：国币三角
（世界名著译丛 4）
　　译者全名：冯雪峰

J000798
艺术与社会生活　（俄）普列汉诺夫著；雪峰译
上海 生活书店 1947 年 胜利后 1 版 135 页
19cm（32 开）定价：国币五元
（世界学术名著译丛）
　　译者全名：冯雪峰

J000799
没有地址的信　（俄）普列汉诺夫（Г.В.Плеха-нов）著；曹葆华等译
北京 人民文学出版社 1962 年 292 页 20cm（32 开）
统一书号：10019.1642 定价：CNY0.93

　　本书又译名《艺术论》，发表于 1899—1900 年，是一部重要的马克思主义美学著作。全书由 4 封信组成，集中阐述了艺术的定义、起源等重大美学问题。作者从原始人类的物质生产劳动入手考察原始艺术的起源。在分析考察大量艺术史料的基础上，论证了原始艺术与生产实践的联系。指出艺术产生于原始人类的物质生产劳动过程中，并反映着物质生产劳动，明确论断"劳动先于艺术"。全书科学地阐明了艺术的起源问题，在人类艺术史研究领域具有重大影响。

J000800
论艺术　（俄）普列汉诺夫著；曹葆华译
北京 生活·读书·新知三联书店 1964 年 4 册
（232 页）28cm（16 开）统一书号：2002.207
定价：CNY1.90

　　本书又名《没有地址的信》。作者普列汉诺夫（Георгий Валентинович Плеханов, 1856—1918）俄国马克思主义理论家，俄国和国际工人运动和社会主义运动的活动家、文艺理论家、美学家。

J000801
论艺术　（俄）普列汉诺夫著；曹葆华译
北京 生活·读书·新知三联书店 1973 年 190 页
19cm（32 开）统一书号：2002.217 定价：CNY0.49

J000802
怎样使生活艺术化　张野农著
上海 纵横社 1939 年 149 页 18cm（15 开）
定价：国币九角五分
　　全书分 3 编，论述生活美术化的重要性、怎

样使生活艺术化、怎样使人生观美术化等问题。

J000803

怎样使生活艺术化　张野农著

上海 纵横社 1941 年 149 页 18cm（小 32 开）

J000804

怎样使生活艺术化　张野农著

上海 纵横社 1946 年 149 页 18cm（小 32 开）

J000805

论艺术在社会生活中的地位和作用　田森，

陈国雄译

北京 人民文学出版社 1953 年 36 页 19cm（32 开）

定价：旧币 1,500 元

J000806

艺术的特点及其在社会生活中的地位

　（苏）叶戈洛夫著；星耀译

上海 新文艺出版社 1953 年 52 页 17cm（32 开）

定价：旧币 1,600 元

（文艺理论学习小译丛 第四辑 8）

　　作者现通译为：叶果洛夫

J000807

论艺术的内容与形式问题　（苏）叶果洛夫

著；吴行健译

上海 新文艺出版社 1955 年 36 页 19cm（32 开）

定价：CNY0.13

（文艺理论译丛 第一辑 4）

J000808

论艺术的内容和形式　（苏）赖颂姆纳等著；

叶知等译

上海 新文艺出版社 1954 年 70 页 18cm（15 开）

定价：旧币 2,200 元

（文艺理论学习小译丛 第五辑 3）

　　本书收录《艺术中内容和形式的统一》（赖

颂姆纳著；叶知译）、《论艺术内容和形式的特

性》（布罗夫著；慧文译）。

J000809

艺术中的内容和形式问题　（苏）万斯洛夫

（В.В.Ванслов）著；侯华甫译

上海 新文艺出版社 1955 年 64 页 19cm（32 开）

定价：CNY0.20

（文艺理论译丛 第一辑 8）

J000810

论艺术对现实的关系　（苏）聂多西文（Г.

Н едошивин）著；郑伯山译

上海 上海出版公司 1955 年 35 页 18cm（15 开）

定价：旧币 1,600 元

　　本书是一本阐述马克思列宁主义艺术现实

关系的论著。认为艺术与现实的关系问题是科

学的美学的根本问题。艺术是社会意识的一种

形式，是人们认识现实的形式之一，用马克思的

话说，是认识世界的艺术实践的形式。艺术的本

质是"形象的思维"。作者认为艺术本质的第二

个重要方面是艺术的思想内容问题。指出这是

苏联美学的基本的、重大的问题。社会主义的思

想内容是我们艺术的生命基础。强调艺术的教

育意义。本书在社会主义艺术发展方面占有一

定的地位，有着一定的指导意义。

J000811

面向生活　王朝闻著

北京 艺术出版社 1954 年 244 页 有图

21cm（32 开）定价：旧币 13,000 元

　　作者王朝闻（1909—2004），雕塑家、文艺理

论家、美学家。生于四川合江。别名王昭文，更

名王朝闻，笔名汶石、廖化、席斯珂。就读于成

都艺专、杭州国立艺专。历任中央美术学院副教

务长、中国美术家协会副主席、中国艺术研究院

副院长等。代表作品《浮雕毛泽东像》《圆雕刘

胡兰像》等。

J000812

民族艺术　（试刊号）周民震主编；《民族艺术》

编辑部编辑

广西《民族艺术》编辑部 1985 年 185 页

有图 20cm（32 开）定价：CNY1.00

J000813

文艺问题论集　周巍峙著

北京 中国文联出版公司 1985 年 534 页

21cm（32 开）定价：CNY3.65

　　作者周巍峙（1916—2014），音乐家。原名

良骥，江苏东台人，曾任文化部代部长，中国文

联主席。代表作品有《黄河大合唱》《打败美帝

野心狼》《中国人民志愿军战歌》《中国革命之歌》《九一八纪念歌》《十里长街送总理》。

J000814

乡土的民族艺术　曾永义等著
台北 文化建设委员会 1988 年
275 页 有图 22cm（16 开）
（文化建设丛书 10）

J000815

生活的艺术·艺术与生活
上海 上海书店 1990 年 影印本 有图
19cm（32 开）精装 ISBN：7-80569-373-0
（民国丛书 第二编 美学、艺术类 65）

J000816

波利尼西亚的艺术形式　（新西兰）阿尔奇
（Archey, G.）著；吴非译
北京 中国人民大学出版社 1991 年 145 页 有图
19cm（小 32 开）ISBN：7-300-00938-7
定价：CNY2.35
（东方美学译丛）

　　本书作者详细考察了波利尼西亚诸岛屿上出土的木雕、石雕神像，由此探讨各地、各时代的艺术风格特征，从而对审美主体与对象问题、艺术形式问题、艺术家与公众问题做出论述。外文书名：The Art Forms of Polynesia.

J000817

普普艺术　［利帕德］（Lippard, L.R.）著；张正仁译
台北 远流出版事业公司 1991 年 264 页 有照片
21cm（32 开）ISBN：957-32-1491-1
定价：TWD360.00
（艺术馆 5）

　　外文书名：Pop Art.

J000818

中国少数民族艺术词典　殷海山等主编；《中国少数民族艺术词典》编纂委员会编
北京 民族出版社 1991 年 715 页 有图
26cm（16 开）精装 ISBN：7-105-01053-3
定价：CNY45.00

J000819

艺术形式　（美）杜安·普雷布尔，（美）杜安普雷布尔著；武坚等译
太原 山西人民出版社 1992 年 273 页 有图
26cm（16 开）ISBN：7-203-02513-6
定价：CNY55.00

　　本书内容包括：为什么会有艺术、形式与内容、视觉艺术、媒介与方法、过去的艺术等 6 章节。外文书名：Artforms.

J000820

"死亡"的艺术表现　赵远帆著
北京 群言出版社 1993 年 499 页 20cm（32 开）
ISBN：7-80080-105-5 定价：CNY9.70

　　本书以翔实的资料，展示了不同时代、不同民族的艺术表现死亡主题的不同特点，并通过这些特点的展示，大体上勾画出人类生死意识在历史上不断发展、变化的一条大致的历史线索。

J000821

日常生活中的艺术　（德）舒里安著；罗悌伦译
桂林 漓江出版社 1993 年 295 页 有照片
19cm（小 32 开）ISBN：7-5407-1337-2
定价：CNY6.00

　　本书从心理学角度探讨个人与环境之间的艺术。外文书名：Kunst und Psychologie. 译者罗悌伦（1944—　　），教授。四川温江县人，毕业于北京大学西语系，曾任四川省文学翻译家协会副秘书长，德国康斯坦茨大学学会会员，四川联合大学教授。编译有《接受美学译文集》《影视心理学》《生命探索——生命的时间结构》等。

J000822

生活艺术·艺术生活　徐蓉蓉主编
台北 1994 年 124 页 有照片 21cm（32 开）
ISBN：957-00-4711-9
（美术论丛 57）

J000823

客家艺能文化　王耀华著
福州 福建教育出版社 1995 年 212 页 有彩照
20cm（32 开）ISBN：7-5334-1937-5
定价：CNY11.45

（客家文化丛书）

　　作者王耀华（1942—　　），教授。福建长汀人，毕业于福建师范大学。历任福建师大教授、副校长、国际传统音乐学会执委会委员、亚太地区民族音乐学会会长、中国音乐家协会理事、福建省音协主席等。出版有《琉球中国音乐比较研究》《三弦艺术论》《福建传统音乐》《客家艺能文化》《福建南音初探》等。

J000824

少数民族艺术　张铁山，赵永红［编］
北京 中央民族大学出版社 1996 年 217 页 有图
19cm（32 开）ISBN：7–81001–973–2
定价：CNY98.00（全 15 册）
（中华民族知识丛书）

J000825

中国少数民族艺术　张铁山，赵永红［编］
北京 中央民族大学出版社 1999 年 222 页
有图 20cm（32 开）ISBN：7–81001–973–2
定价：CNY11.00
（中国少数民族知识丛书）

J000826

艺术与生活的模糊分际　（美）艾伦·卡布罗
（Allan Kaprow）著；徐梓宁译
台北 远流出版事业公司 1996 年 349 页
有照片 21cm（32 开）ISBN：957–32–3070–4
定价：TWD350.00
（艺术馆 39）
　　外文书名：Essays on the Blurring of Art and Life.

J000827

形式问题　（德）阿道夫·希尔德勃兰特（Adolf von Hildebrand）著；潘耀昌等译
石家庄 河北美术出版社 1997 年 148 页
20cm（32 开）ISBN：7–5310–0865–3
定价：CNY16.00
　　外文书名：Das problem der form in der bildenden kunst.

J000828

新世纪设计／时尚潮流　陈佳芬著
台北 元尊文化企业公司 1999 年 117 页 有图

21cm（32 开）ISBN：957–8286–72–4
定价：TWD180.00
（风行馆 City Radio）
　　外文书名：New Millennium Trend Watch.

艺术工作者

J000829

艺术家修养论　洪毅然著
杭州 罗苑座谈会 1936 年 90 页 18cm（32 开）
定价：大洋二角
（罗苑丛书 1）
　　本书共分 7 章，论述什么是艺术、艺术家，以及艺术家在人格、技术、理论等方面的修养。书末附《艺术家底生活问题》。

J000830

艺术修养基础　丰子恺著
桂林 文化供应社 1941 年 285 页 有图
18cm（32 开）定价：国币二元五角
　　本书内容包括：艺术总说、绘画、音乐。介绍绘画、书法、音乐的基础知识。作者丰子恺（1898—1975），画家、文学家、艺术教育家。原名丰润，又名仁、仍，字子觊，后改为子恺，笔名 TK，浙江嘉兴人。作品有《缘缘堂随笔》、画集《子恺漫画》等。

J000831

艺术修养基础　丰子恺著
桂林 文化供应社 1943 年 再版 280 页 有图
19cm（32 开）定价：国币十九元

J000832

艺术修养基础　丰子恺著
香港 文化供应社 民国三十五年［1946］港初版 280 页 19cm（32 开）定价：国币五元五角

J000833

艺术修养基础　丰子恺著
香港 文化供应社 1949 年 港 2 版 280 页
19cm（32 开）定价：四元五角

J000834

艺术修养基础　丰子恺著
上海　上海书店　1992 年　影印本　280 页
19cm（32 开）精装　ISBN：7-80569-741-8
定价：CNY4500.00（全编）
（民国丛书　第四编　美学·艺术类 61）

J000835

艺术家的塑像　林惺岳著
台北　百科文化事业公司　1980 年　290 页　有照片
20cm（32 开）定价：TWD120.00

J000836

艺术家与德育　四川音乐学院著；游祥芝编选
成都　四川人民出版社　1983 年　244 页　19cm（32 开）
统一书号：7118.745　定价：CNY1.02
（德育丛书）
　　本书内容包括：艺术家关于德育的论述、艺
术家德行轶事。

J000837

艺术家与德育　游祥芝等编选
成都　四川教育出版社　1989 年　2 版　250 页
有肖像　19cm（32 开）ISBN：7-5408-0366-5
定价：CNY2.47
（德育丛书）

J000838

艺术与艺术家　（艺术辞典）（英）派柏（Piper,
D.）著；佳庆编辑部编译
台北　佳庆文化事业公司　1985 年　192 页
30cm（12 开）精装
（佳庆艺术图书馆 4）
　　外文书名：Art and Artists.

J000839

关于艺术家形象的传说、神话和魔力（一
次史学上的尝试）（奥）克里斯（Kris, E.），（奥）
库尔茨（Kurz, O.）著；邱建华，潘耀珠译
杭州　浙江美术学院出版社　1990 年　134 页　有图
26cm（16 开）ISBN：7-81019-053-9
定价：CNY7.60

J000840

艺术人才修养　许万敬主编

济南　山东大学出版社　1992 年　277 页　20cm（32 开）
ISBN：7-5607-0894-3　定价：CNY4.90

J000841

中外艺术家的道德情操　孔繁强主编
济南　山东教育出版社　1992 年　224 页　20cm（32 开）
ISBN：7-5328-1319-3　定价：CNY3.05

J000842

艺术家的宇宙　崔子恩编著
北京　生活·读书·新知三联书店　1993 年　211 页
20cm（32 开）ISBN：7-108-00545-X
定价：CNY8.90
　　本书论述了艺术家的创作境界、艺术家的
天才、气质、欢乐与痛苦等。作者崔子恩，导演、
编剧、作家、制作人。出生于黑龙江。毕业于中
国社会科学院研究生院。任教于北京电影学院。
有纪实小说《北斗有 7 星》，电影《野草莓》，著作
《艺术家的宇宙》等。

J000843

艺术家名言妙语　陈元鉴，陈一放编
福州　海峡文艺出版社　1994 年　96 页
19cm（小 32 开）ISBN：7-80534-703-4
定价：CNY2.65
（三千年智慧丛书）

J000844

走向艺术家之路　肖玫编著
［太原］山西经济出版社　1994 年　223 页
19cm（小 32 开）ISBN：7-80577-724-1
定价：CNY7.80
（理想与就业教育丛书）
　　作者肖玫，钢琴教师。

J000845

艺术与艺术家论　（俄）康丁斯基（Kandinsky）
著；吴玛悧译
台北　艺术家出版社　1995 年　213 页　21cm（32 开）
ISBN：957-9500-93-2　定价：TWD280.00
（艺术家丛书）
　　本书是作者所写艺术理论系列的第 3 本，
由不同时期发表的文章精选而成。是作者对艺
术和艺术家最真实的讨论文字。本书根据德文
原著翻译，编排也采用了原书的形式。收录《关

于形的问题》(1912)、《黄色声音》(1909)、《形的基本元素》(1923)、《舞蹈曲线》(1926)、《艺术教学》(1928)、《对抽象艺术的看法》(1931)、《今天的艺术更活泼》(1935)、《通往艺术之路》(1937)、《苏菲·托依伯－阿尔普的彩色浮雕》(1943)等。

J000846

艺术职业道德　中华人民共和国文化部教育司编

杭州 中国美术学院出版社 1995年 210页 19cm(小32开) ISBN：7-81019-496-8

定价：CNY6.80

J000847

中国艺人　(鬼谷精灵) 晓华著

兰州 甘肃人民出版社 1997年 213页 20cm(32开) ISBN：7-226-01716-4 定价：CNY8.50

(中国人丛书)

J000848

20世纪艺术家　[英国费登出版公司]Phaidon Press Limited 编著；汪仲译

济南 山东友谊出版社 1998年 512页 29cm(16开)

精装 ISBN：7-80642-101-7

定价：CNY580.00

中英文本。英国 Phaidon Press Limite 授权出版。外文书名：The 20th Century artbook.

J000849

艺术家人格的心理学分析　徐挥著

武汉 华中师范大学出版社 1999年 328页 20cm(32开) ISBN：7-5622-2053-0

定价：CNY15.00

(文学理论批评建设丛书)

本书分5章，内容包括：艺术家童年生活的心理学分析；艺术家人格的心理分析；艺术创作的心理动力分析一、二；艺术家人格的类型学分析。

J000850

艺术职业道德修养　李虎等主编

延吉 延边人民出版社 1999年 277页 20cm(32开) ISBN：7-80648-391-8 定价：CNY16.50

艺术创作方法

J000851

工厂美术　(工厂美术运动·经验·创作) 湖南省文联编

长沙 长沙新华书店 1950年 92页 15cm(40开) (湖南文艺丛书 2)

J000852

新艺术创作论　王朝闻著

北京 新华书店 1950年 261页 有图 20cm (32开) 定价：旧币 1,500元

本书收录《想象、创造与生活经验》《再论生活经验与创造》《略论选择题材》《态度、方法与主题》《主题的深刻性》《艺术性及其他》《年画的装饰性与现实性》《比拟与造形艺术》《美术的特殊性》《艺术的完整》《摆脱旧形式的束缚》等。

J000853

新艺术创作论　王朝闻著

沈阳 新华书店 1950年 东北初版 261页 有图 20cm(32开) 定价：旧币 1,000元

作者王朝闻(1909—2004)，雕塑家、文艺理论家、美学家。生于四川合江。别名王昭文，更名王朝闻，笔名汶石、廖化、席斯珂。就读于成都艺专、杭州国立艺专。历任中央美术学院副教务长、中国美术家协会副主席、中国艺术研究院副院长等。代表作品《浮雕毛泽东像》《圆雕刘胡兰像》等。

J000854

新艺术创作论　王朝闻著

北京 人民文学出版社 1953年 重排本 292页 有图 21cm(32开) 定价：旧币 18,000元

J000855

新艺术创作论　王朝闻著

北京 人民文学出版社 1963年 2版 267页 有图 21cm(32开) 统一书号：10019.93 定价：CNY1.40

J000856

新艺术创作论　王朝闻著

北京 人民文学出版社 1963年 2版 248页 有图

21cm（32开）统一书号：10019.93 定价：CNY1.00

J000857

论新现实主义艺术创作　温肇桐著

上海 大东书局 1951年 28页 有图 19cm（32开）

定价：旧币 4,700元

　　作者温肇桐（1909—1990），美术史论家、教育家。笔名虞复，江苏常熟人，毕业于上海艺术大学。历任华东艺术专科学校教授兼图书馆主任、美术系副主任、硕士生导师、南京艺术学院教授，中国美术家协会会员，江苏省美学会顾问。著有《怎样教小学的美术》。

J000858

论艺术的技巧　王朝闻著

北京 艺术出版社 1956年 28+142页 有图

21cm（32开）统一书号：8022.51

定价：CNY1.00

　　本书收集了作者1955年的论文。从著名的绘画、小说、雕塑等艺术作品的具体、细致的分析联系到在艺术创作上深入生活、提高技巧等问题。论文包括：《论艺术的技巧》《世界观与创作的构思》《再论多样统一》《创造性的构思》《谈人物的心理描写》《语言艺术的肖像》《智慧的结晶》《多样的风格，鲜明的个性》《鲜花与土壤》《杨·马特义科的艺术》。

J000859

艺术形象　（苏）勒佐姆奈依（В. А. Разумный）著；侯华甫译

上海 新文艺出版社 1957年 44页 19cm（32开）

统一书号：10078.1222 定价：CNY0.15

（文艺理论译丛 第二辑 4）

J000860

社会主义现实主义苏联艺术的创作方法

（苏）特罗菲莫夫著；牛治译

上海 新文艺出版社 1958年 58页 19cm（小32开）

定价：CNY0.18

（文艺理论译丛 第三辑 5）

　　本书内容包括：艺术方法和风格的概念、现实主义作为一个艺术方法的本质等方面。

J000861

工农兵美术创作学习资料　四川省广元县文

化馆编

广元 四川省广元县文化馆［1960—1979年］

65页 26cm（16开）

J000862

工农兵文艺　（文艺创作知识专辑）广东省佛山市"革命委员会"政工组文艺办公室编

佛山 广东省佛山市"革命委员会"政工组文艺办公室 1972年 60页 19cm（32开）

J000863

风格的诞生　何怀硕著

台北 大地出版社 1984年 3版 341页

19cm（32开）精装 定价：TWD140.00

（万卷文库 98）

　　本书是评论集。分成3辑，第1辑收录《"五四"以来中国美术的回顾与前瞻》《为中国绘画艺术的现代化探路》等12篇；第2辑收录《西潮的反响》《地底的灵魂》等12篇；第3辑收录《从艺术的社会效应谈提高生命素质》《文化建设的知与行》等14篇。

J000864

风格的诞生　何怀硕著

台北 大地出版社 1986年 4版 241页

19cm（32开）定价：TWD110.00

（万卷文库 98）

　　作者何怀硕（1941—　　），画家、艺术理论家和散文作家。毕业于台北师大，后留学美国并获硕士学位，在台湾从事美术教学、评论和创作。代表著作有《孤独的滋味》（人生论）、《苦涩的美感》（艺术论）、《大师的心灵》（画家论），被世人称作"怀硕三论"。

J000865

艺术创造工程　余秋雨著

上海 上海文艺出版社 1987年 304页 20cm（32开）

统一书号：10078.3843 定价：CNY1.75

（文艺探索书系）

　　本书以开放的眼光，散文的笔调，探究了艺术活动的创造本性。作者力求贴近艺术家在具体创作实践中可能遇到的甘苦和困惑，善于把思想化为形象，把论说语言变成艺术语言，既显示出理论思维的深刻性，又不乏艺术的感染力。具体内容包括：深刻的遇合、意蕴的开掘、形式的凝铸、宏观的创造。

J000866
艺术创造工程　余秋雨著
台北 允晨文化实业公司 1990 年 326 页
21cm（32 开）ISBN：957-9027-03-X
定价：TWD150.00
（允晨文选 9）

J000867
艺术创作规律论　叶纪彬著
长春 东北师范大学出版社 1987 年 647 页
20cm（32 开）统一书号：8334.14
ISBN：7-5602-0054-0 定价：CNY3.65

J000868
艺术创作与变态心理　吕俊华著
北京 生活·读书·新知三联书店 1987 年
252 页 19cm（32 开）统一书号：2002.290
定价：CNY1.50
　　本书论述了艺术创作中的变态心理，以及理
性与潜意识之间矛盾与统一的辩证关系等问题。
内容包括：变态表现之一——人我不分，物我一
体；原始思维与儿童思维；变态表现之二——
错觉和幻觉；两种思维方式——有指向思维和
我向思维；潜意识的创造功能；潜意识与理性的
矛盾；潜意识中的理性；潜意识与理性的统一；
余论。

J000869
艺术风格学　（美术史的基本概念）（瑞士）沃
尔夫林（Wolfflin, H.）著；潘耀昌译
沈阳 辽宁人民出版社 1987 年 267 页 有图
20cm（32 开）ISBN：7-205-00093-9
定价：CNY4.20
（美学译文丛书）
　　本书将文化史、心理学和形式分析融为一
体，论述欧洲艺术风格的历史嬗变。全书附黑白
插图 123 幅。外文书名：Principles of Art History.

J000870
艺术创造主体论　朱辉军著
沈阳 辽宁教育出版社 1988 年 229 页 有照片
20cm（32 开）ISBN：7-5382-0459-8
定价：CNY2.40

（当代大学书林 文学艺术书系）

J000871
中国美术家协会创作座谈会文件
北京 1988 年 油印本 26cm（16 开）环筒页装

J000872
艺术创作之谜　陈望衡著
北京 红旗出版社 1989 年 443 页 20cm（大 32 开）
ISBN：7-5051-0028-9 定价：CNY5.50
　　本书阐述的基本观点：艺术是人类自我意识
的特殊形式，是人类创造活动的最高形式，是人
类审美活动的典范形式。书中不仅从心理学角
度，也同时从哲学、美学、社会学、思维科学的
角度去考察艺术创作。具体内容包括：艺术本体、
艺术创作的能力、艺术创作的动机、艺术构思、
艺术传达、非逻辑思维与艺术创作。

J000873
艺术与创造　（艺术创作与欣赏之理论与实际）
刘思量著
台北 艺术家出版社 1989 年 342 页 有图
21cm（32 开）定价：TWD250.00

J000874
艺术创造的本性　（保）利洛夫（Лилов,
Александр）著；中国社会科学院外国文学研
究所外国文学研究资料丛书编辑委员会编；郭
家申译
上海 华东师范大学出版社 1992 年 428 页
20cm（32 开）ISBN：7-5617-0889-0
定价：CNY17.40
（外国文学研究资料丛书）
　　本书作者力求用马克思列宁主义的立场，对
艺术创造本性的基本问题进行了理论探讨，如艺
术思维的本性与发展，艺术创造的心理生理层次
与机制等。

J000875
外国艺术形象辞典　杨振武主编
北京 世界知识出版社 1995 年 428 页 21cm（32 开）
精装 ISBN：7-5012-0699-6 定价：CNY20.00

J000876
需要理论与文艺创作　黄鸣奋著

乌鲁木齐 新疆人民出版社 1995 年 312 页
19cm（小 32 开）ISBN：7-228-03699-9
定价：CNY9.00
（理论与实践丛书）

　　作者黄鸣奋（1952—　　），教授。福建南安人。
毕业于厦门大学中文系，历任厦门大学中国语言
文学研究所所长、中文系主任、教授，中国古代
文学理论学会、中国苏轼学会、福建省文学总会
理事。著有《论苏轼的文艺心理观》《艺术交往心
理学》《艺术交往论》《需要理论与艺术批评》等。

J000877
艺术创作论　张文金著
沈阳 春风文艺出版社 1995 年 214 页
19cm（小 32 开）ISBN：7-5313-1569-6
定价：CNY8.00
（燕东文苑）

J000878
创作教程　（图册）冯铁铸主编
沈阳 辽宁美术出版社 1997 年 124 页
28cm（大 16 开）ISBN：7-5314-1610-7
定价：CNY46.00
（高等美术院校考生必读系列丛书 6）

J000879
美术创作　章文熙编著
北京 高等教育出版社 1997 年 100 页 有图
26cm（16 开）ISBN：7-04-006048-5
定价：CNY12.10

J000880
艺术创作与技巧　高峰著
长春 长春出版社 1997 年 192 页 有彩照
19cm（小 32 开）ISBN：7-80573-412-7
定价：CNY3.10

　　作者高峰（1946—　　），画家。祖籍山东，生
于黑龙江齐齐哈尔市。深圳山海书画院院长等。
出版作品有《高峰画集》。

J000881
接受与创造　（美术欣赏问答）刘继潮，刘源著
合肥 安徽美术出版社 1998 年 158 页 有图
20cm（32 开）ISBN：7-5398-0687-7
定价：CNY12.00

J000882
盲童造型艺术创作论　韩铁城著
呼和浩特 内蒙古人民出版社 1998 年 184 页
有图 20cm（32 开）ISBN：7-204-04394-4
定价：CNY14.80

J000883
艺术创造与接受　王烟生著
南京 南京大学出版社 1998 年 325 页 20cm（32 开）
ISBN：7-305-03263-8 定价：CNY13.00

J000884
艺术经验论　刘雨著
长春 东北师范大学出版社 1998 年 276 页 有图
20cm（32 开）精装 ISBN：7-5602-2186-6
定价：CNY15.00
（东北师范大学文库）

J000885
艺术思维和创作的发生　杨文虎著
上海 学林出版社 1998 年 274 页 20cm（32 开）
ISBN：7-80616-565-7 定价：CNY14.00

J000886
八名师说创作　戴士和等编著
长沙 湖南美术出版社 1999 年 155 页 有图
29cm（16 开）ISBN：7-5356-1258-X
定价：CNY59.00
（名师点化丛书）

J000887
美术思维与创作　张杰著
南宁 广西美术出版社 1999 年 61 页 有图
29cm（16 开）ISBN：7-80625-727-6
定价：CNY12.00

J000888
艺术创作，现实，人　（俄）赫拉普钦科著；张
捷译
上海 上海译文出版社 1999 年 465 页 20cm（32 开）
定价：CNY35.00

J000889
艺术创作与交流的磁场　（全球艺术村实例）
杨宣勤策划

台北 文化建设委员会艺术村筹备处 1999 年
175 页 有照片 30cm（10 开）
ISBN：957-02-4539-5 定价：TWD460.00
　　外文书名：Magnetic Fields for Creativity，
ultural Exchange Programs As Promoted by
International Artists-In-Residencies.

艺术评论、欣赏

J000890
赏鉴杂说　（一卷）（清）陆时化撰
［清］稿本
（花近楼丛书）
　　作者陆时化（1714—1779），字润之，号听松，室藏翠华轩、听松山房。江苏太仓人。著有《吴越所见书画录》《书画说铃》《赏鉴杂说》《书画作伪日奇论》。

J000891
三品汇刻
清光绪五年［1879］刻本 线装
　　七行十六字白口四周双边单鱼尾。

J000892
知唐桑艾　（四卷）宋伯鲁撰
民国 刻本 线装
　　分二册。本书是一部书画著录著作。为作者所见裴景福随身所携书画的记录，另外录有冯公度等人所藏书画作品。该书为随见随录之作，不以作者时代为序，不以装帧形式分类。著录所见书画纸绢、尺寸、装潢款识、印章、题跋，亦记有流传经过，间有鉴别或考证。书前有自序，卷一多为卷子，同时亦有册叶，有赵令穰、文徵明等名家画迹。卷二多为碑帖、诗册，有赵令穰《小村图》卷子。卷三、卷四为卷子、立轴、册叶。

J000893
中国美术　（英）S.W.Bushell 著；戴岳译；蔡元培校
上海 商务印书馆 1924 年 再版 259 页 有图
19cm（32 开）精装 定价：大洋二元
（世界丛书）

本书分上、下卷，详述石刻、建筑、雕金、雕漆、木刻、琢玉、陶瓷器、织物、玻璃、绘画等中国艺术门类的概况。

J000894
艺术漫谈　倪贻德著
上海 光华书局 1928 年 138 页 19cm（32 开）定价：大洋四角
　　本书收《近代艺术之趋向》《新的国画》《艺术之都会化》《看了万国美术展览会之后的感想》《女性与艺术》《作者与观众》《艺术家之孤独》等 20 篇文章。作者倪贻德（1901—1970），著名油画家、美术理论家和美术教育家。笔名尼特，毕业于上海美术专科学校。历任浙江美术学院教授、第一副院长、全国美协理事、浙江省美协副主席等职。著作有《西洋画概论》《水彩画研究》《画人行脚》《艺术漫谈》《近代艺术》。还有小说集《玄武湖之秋》《东海之滨》《百合集》等。

J000895
艺术漫谈　倪贻德著
上海 光华书局 1930 年 3 版 139 页 19cm（32 开）
定价：大洋四角

J000896
艺术漫谈　倪贻德著
上海 大光书局 民国二十四年［1935］4 版
139 页 19cm（32 开）定价：大洋四角

J000897
艺术漫谈　徐延年著
沈阳 美术研究社 1930 年 增订再版 138 页
19cm（32 开）
　　本书收录《艺术漫谈》《美术与人生》《论裸体艺术》《西洋绘画的历史及其派别》《美术之分类》。书后附《看全省教育成绩展览会的感想》。

J000898
艺术漫谈　丰子恺著
上海 人间书屋 1936 年 238 页 18cm（32 开）
定价：七角五分
　　本书收录《图画与人生》《绘事后素》《禁止攀折》《洋式门面》《扇子的艺术》《照相与绘画》《视觉的粮食》《漫画艺术的欣赏》《深入民间的艺术》《谈日本的漫画》。作者丰子恺（1898—

1975），画家、文学家、艺术教育家。原名丰润，又名仁、仍，字子觊，后改为子恺，笔名 TK，浙江嘉兴人。作品有《缘缘堂随笔》、画集《子恺漫画》等。

J000899

艺术与人生　丰子恺著

桂林 民友书店 1944 年 226 页 19cm（32 开）

定价：国币 25.00

（缘缘堂丛书）

　　本书原名：《艺术漫谈》。

J000900

教育部第二次全国美术展览会专刊　滕固编

南京 教育部第二次全国美术展览会筹备委员会 1937 年 138 页 22cm（30 开）

　　本书汇集展览会期间有关艺术的 18 篇论文，包括书画、书籍、古代工艺美术等类。其中有：《书法之鉴赏》（邓以蛰）、《中西画法所表现之空间意识》（宗白华）、《中国绘画的变》（吕凤子）、《诗书画三种艺术的联带关系》（滕固）、《关于铜器之艺术》（徐中舒）、《我国艺术品流落欧美之情况》（袁同礼）等。

J000901

中国艺术论丛　滕固编

长沙 商务印书馆 1938 年 167 页 22cm（30 开）

定价：国币一元

　　本书收录《书法之欣赏》（邓以蛰）、《中西画法所表现之空间意识》（宗白华）、《中国绘画的变》（吕凤子）、《书画与装潢》（蒋吟秋）、《中国古代美术与铜器》（唐兰）等。

J000902

怎样欣赏艺术　傅抱石著

重庆 文风书局 1944 年 46 页 有图 18cm（15 开）

定价：国币二十八元

（新少年文库 第三集）

　　本书收录《什么叫艺术》《艺术的分类和解说》《怎样欣赏艺术》《生活艺术化》。作者傅抱石（1904—1965），画家。原名长生、瑞麟，号抱石斋主人。生于江西南昌，祖籍江西新余，早年留学日本。历任南京师范学院教授、江苏国画院院长等职。代表作品有《山阴道上》《钟馗》《屈原》《江山如此多娇》，著有《中国古代绘画之研究》《中国绘画变迁史纲》等。

J000903

鲁迅论美术　张望编

大连 大众书店 1948 年 126 页 有肖像 18cm（15 开）

　　本书收录鲁迅论述美术的文字，包括序文、小引、附记、后记等，共 34 篇。其中有《"陶元庆氏西洋绘画展览会目录"序》《看司徒乔君的画》《一八艺社习作展览会小引》《绘画上的写实性》等文。书前有鲁迅手迹。书末附张望的《鲁迅先生与美术》《编后记》。作者张望（1916—1993），画家、思想家。原名张发赞，笔名致平、克之、张抨，广东大埔县百侯镇南山村人，代表作品《新美术评论集》。

J000904

鲁迅论美术　张望编

佳木斯 东北书店 1948 年 126 页 有肖像 19cm（32 开）定价：330 元

　　本书收录鲁迅论述美术的文字，包括序文、小引、附记、后记等，共 34 篇。其中有《"陶元庆氏西洋绘画展览会目录"序》《看司徒乔君的画》《一八艺社习作展览会小引》《绘画上的写实性》等。书前有鲁迅手迹等。书末附张望的《鲁迅先生与美术》《编后记》。

J000905

论现代资产阶级艺术　（俄）B·凯缅诺夫（В.Кеменов）著；柏园，水夫译；葆荃编

上海 时代书报出版社 1948 年 92 页 有图 18cm（15 开）

　　本书收录《两种文化的面貌》《现代资产阶级艺术的衰颓》。书中有毕加索、亨利·摩尔、马达、勃拉克的插图。

J000906

美术与美术教育　温肇桐著

上海 世界书局 1948 年 62 页 21cm（32 开）

（世界集刊）

　　本书收录《当前美术应有的新倾向》《老子思想与中国绘画》《唐代山水画鼎盛因素之试论》《吴昌硕的艺术》《鲁迅与中国新兴木刻运动》《当前中小学的艺术教育问题》《美术教学的几个实际问题》《儿童绘画及其指导方法》。作者

温肇桐(1909—1990)，美术史论家、教育家。笔名虞复，江苏常熟人，毕业于上海艺术大学。历任华东艺术专科学校教授兼图书馆主任、美术系副主任、硕士生导师，南京艺术学院教授，中国美术家协会会员，江苏省美学会顾问。著有《怎样教小学的美术》。

J000907
从旧艺术到新艺术　王亚平撰
上海 书报杂志联合发行所 1949年 136页
19cm(32开) 定价：旧币五元八角

J000908
新美术论集　王琦撰
上海 新文艺出版社 1951年 193页 有图
20cm(32开) 定价：旧币 13,600元

J000909
新美术论集　王琦撰
上海 新文艺出版社 1952年 2版 189页 有图
20cm(32开) 定价：旧币 13,600元

J000910
中国艺术丛谈　郭今泉编著
香港 学文书店 1954年 237页 有图 18cm(15开)
定价：二元七角
　　本书收录《关于古代藏画的故事》《王昭君故事和古代画家的写真本领》等50篇文章。

J000911
美术欣赏　黄苗子著
上海 上海出版公司 1955年 80页 有图
21cm(32开) 定价：CNY0.50

J000912
美术欣赏　黄苗子著
北京 朝花美术出版社 1957年 新1版 修订本
76页 有图 21cm(32开) 定价：CNY0.49

J000913
为社会主义现实主义而斗争　(苏)亚·盖拉西莫夫著；平野译
北京 朝花美术出版社 1957年 162页
18cm(32开) 定价：CNY0.60
　　译者平野(1924—　)。原名张大晖。浙江

温州人，毕业于中央大学艺术系，。历任人民美术出版社任编审，菏泽书画研究院名誉院长，《简明不列颠百科全书》主要译审，《中国大百科全书美术》西方美术副主编。

J000914
我的老师　(克拉姆斯柯依)(苏)И.列宾著；陈乃东，范继淹译
上海 上海人民美术出版社 1957年 定价：CNY0.60
(造型艺术理论译丛)

J000915
美术评论集　张望著
沈阳 辽宁人民出版社 1958年 224页 有图
20cm(32开) 统一书号：8090.43 定价：CNY1.10
　　本书对美术思想(文艺思想)、民族遗产、年画、连环画、漫画、动画片、皮影、著名的美术大师及其作品进行了评论。作者张望(1916—1993)，画家、思想家。原名张发赞，笔名致平、克之、张抃，广东大埔县百侯镇南山村人，代表作品《新美术评论集》。

J000916
工农兵美术作品欣赏　(第一辑)是有福等绘；杨可扬等著文
上海 上海人民美术出版社 1960年 21cm(32开)
统一书号：T8081.4955 定价：CNY1.80
　　主编杨可扬(1914—2010)，版画家。原名杨嘉昌，笔名A扬、阿扬等，浙江遂昌人。历任中国木刻研究会浙区理事，中华全国木刻协会常务理事，上海版画会会长等。代表作品有《木合工厂》《老教师》《张老师早!》《江南古镇》《上海，您好!》等。

J000917
遐庵谈艺录　叶恭绰撰
[1960—1969年]线装
　　本书是作者编定的谈艺杂文集，收文129篇，涉及书画、金石、碑版、文具、佛门史迹、古籍善本等内容，涉猎甚广，是治中国艺术史者的重要参考资料。

J000918
喜闻乐见　王朝闻著
北京 作家出版社 1963年 398页 有图

20cm（32开）统一书号：10020.1666
定价：CNY1.35，CNY1.90（精装本）
　　本书是艺术评论作品，以造型艺术为主，并涉及文学、戏剧、电影、曲艺、民间文艺、摄影等领域。作者王朝闻（1909—2004），雕塑家、文艺理论家、美学家。生于四川合江。别名王昭文，更名王朝闻，笔名汶石、廖化、席斯珂。就读于成都艺专、杭州国立艺专。历任中央美术学院副教务长、中国美术家协会副主席、中国艺术研究院副院长等。代表作品《浮雕毛泽东像》《圆雕刘胡兰像》等。

J000919
美术作品介绍　（第一集）上海人民美术出版社编辑
上海 上海人民美术出版社 1964 年 36 页 有图
18cm（15开）统一书号：T8081.5434
定价：CNY0.20

J000920
美术作品介绍　（第一辑）北京新华印刷厂，人民美术出版社编辑
北京 人民美术出版社 1975 年 48 页 19cm（32开）
统一书号：8027.6070 定价：CNY0.20

J000921
演革命戏　做革命人　（毛主席的革命文艺路线胜利万岁）
贵州 贵州人民出版社 1970 年 1 册 19cm（32开）
定价：CNY0.20

J000922
用战斗保卫无产阶级文艺阵地　辽宁省新华书店编辑
沈阳 辽宁省新华书店 1970 年 19cm（32开）
定价：CNY0.15
（革命大批判文选）

J000923
美术作品介绍　（第一辑）上海人民出版社编辑
上海 上海人民出版社 1973 年 28 页 有图
19cm（32开）统一书号：8171.576
定价：CNY0.17

J000924
美术作品介绍　（第二辑）上海人民出版社编辑
上海 上海人民出版社 1973 年 32 页 有图
19cm（32开）统一书号：8171.586
定价：CNY0.18

J000925
美术作品介绍　（第三辑）上海人民出版社编辑
上海 上海人民出版社 1974 年 37 页 有图
19cm（32开）统一书号：8171.924
定价：CNY0.36

J000926
中国古代艺术精华　程进科编著
台北 华联出版社 1973 年 106 页 有照片
19cm（32开）定价：TWD15.00

J000927
艺术零缣　刘其伟著
台北 三民书局 1974 年 228 页 有图 15cm（40开）
（三民文库 194）

J000928
中国江苏省国画、工艺美术展览在加拿大展出　（第1210号）新华社记者摄
北京 1974 年 1 幅 11×15cm 定价：CNY1.00

J000929
庸斋谈艺录　容天圻著
台北 商务印书馆 1977 年 3 版 202 页
18cm（15开）定价：TWD18.00
（人人文库 455–456）

J000930
谈艺续录　容天圻著
台北 商务印书馆 1982 年 2 版 220 页
18cm（32开）
（人人文库 特387）

J000931
乐于艺　刘其伟著
台北 三民书局 1978 年 3 版 227 页 17cm（40开）
定价：旧台币 1.25
（三民文库 121）

J000932

世界艺术大观 （一 世界建筑）地球出版社编辑部编译

台北 地球出版社 1979 年 124 页 有图 33cm（5 开）精装

J000933

世界艺术大观 （二 世界雕刻）地球出版社编辑部编译

台北 地球出版社 1979 年 119 页 有图 33cm（5 开）精装

J000934

世界艺术大观 （三 世界工艺）地球出版社编辑部编译

台北 地球出版社 1979 年 119 页 有图 33cm（5 开）精装

J000935

世界艺术大观 （四 世界染织）地球出版社编辑部编译

台北 地球出版社 1979 年 119 页 有图 33cm（5 开）精装

J000936

世界艺术大观 （五 世界陶瓷 Ⅰ 世界）地球出版社编辑部编译

台北 地球出版社 1979 年 119 页 有图 33cm（5 开）精装

J000937

世界艺术大观 （六 世界陶瓷 Ⅱ 中国）地球出版社编辑部编译

台北 地球出版社 1979 年 119 页 有图 33cm（5 开）精装

J000938

启功丛稿 启功著

北京 中华书局 1981 年 406 页 20cm（32 开）定价：CNY1.50

　　本书为书画、文学研究论文合集。内容包括：第 1 部分收录学术论文 8 篇，主要为考辨古代碑帖作品的书法学术文章；第 2 部分收录学术论文 11 篇，主要为书画史、书画家考评和红学、古典诗文方面的研究论文，另附序言、跋文；第 3 部分为"坚净居艺谈"，收录古代书画作品研究、书画家评述方面的短文 32 篇；第 4 部分为"坚净居金石书画题跋"，收录作者各类书画题跋 46 篇；第 5 部分收录《夫子循循然善诱人——陈垣先生诞生百年纪念》，为作者 1980 年 6 月悼念和颂扬恩师陈垣先生所作长篇文章。

J000939

超现实主义的艺术 亚历山德安（Alexandrian, S.）著；李长俊译

台北 大陆书店 1982 年 2 版 238 页 有图 20cm（32 开）定价：TWD180.00

（美术译丛 1）

J000940

文化馆长训练班讲稿选编 （第二编）湖北省群众艺术馆编

武汉 湖北省群众艺术馆 1982 年 271 页 19cm（32 开）

J000941

艺术品味 刘文潭著

台北 商务印书馆 1982 年 2 版 247 页 18cm（32 开）定价：TWD1.20

（岫庐文库 039）

J000942

中共美术研究 （第十七届新文艺金像奖文艺理论类金像奖）杨章熙著

台北 黎明文化事业公司 1982 年 129 页 有图 21cm（32 开）定价：TWD60.00

（金像奖丛书 8）

J000943

美术鉴赏 （试用本）全国中等师范学校美术教材编委会编

北京 人民美术出版社 1983 年 226 页 25cm（16 开）统一书号：8027.8642 定价：CNY1.85

（师范学校美术鉴赏教材）

J000944

美术鉴赏 （全一册）人民教育出版社幼儿教育室编

北京 人民教育出版社 1988 年 110 页 有图 26cm（16 开）ISBN：7-107-09131-X

定价: CNY3.60

本书为幼儿师范学校课本试用本，根据三年制幼儿师范学校教学课时编写，也兼顾四年制幼儿师范学校教学需要。内容包括：1、介绍了中国古代、近现代的绘画、雕塑，以及中国工艺美术和建筑艺术；2，介绍了欧洲文艺复兴时期至17、18、19世纪以后外国的绘画雕塑，以及外国建筑和工业美术介绍；3，美术家、民间艺人绘制的儿童美术作品，儿童美术活动的特征和绘画作品。

J000945

美术鉴赏 （上册）迟轲，郭绍纲主编
广州 岭南美术出版社 1997年 110+16页
26cm（16开）ISBN: 7-5362-1731-7
定价: CNY18.00

作者迟轲（1925—2012），著名美学家、美术批评家。原名迟雁鸣，出生于天津，祖籍山东宁津。曾任广州美术学院教授、广东美学学会会长。代表作品《西方美术史话》。

J000946

美术鉴赏 （下册）迟轲，郭绍纲主编
广州 岭南美术出版社 1998年 103页 有图
26cm（16开）ISBN: 7-5362-1834-6
定价: CNY18.00

主编郭绍纲（1932— ），画家、艺术教育家。曾用名享邑。北京昌平人，毕业于中央美术学院和苏联列宾美术学院学习油画。历任武汉中南美专教师，广州美术学院院长、教授。代表作《锻工像》《红帽姑娘》《牡丹盛开》等。

J000947

世界艺术风采 杨永生编写
南宁 漓江出版社 1983年 287页 19cm（32开）
统一书号: 10256.69 定价: CNY0.79

本书介绍了古今中外许多艺术珍品、艺术名作(包括音乐、舞蹈、戏剧、美术、建筑等)的有关历史背景和创作情况。

J000948

世界艺术风采 （第二集）杨永生编
南宁 广西人民出版社 1987年 268页 19cm（32开）
ISBN: 7-219-00460-5 定价: CNY1.65

J000949

适应与征服 （论文艺欣赏）王朝闻著
南昌 江西人民出版社 1983年 344页 19cm（32开）
统一书号: 10110.285 定价: CNY1.05

本书3部分，内容包括：关于欣赏的基本观点；对各个门类艺术的欣赏；艺术创作怎样适应欣赏的要求。

J000950

艺术鉴赏漫笔 江曾培著
杭州 浙江人民出版社 1983年 2版 223页
19cm（32开）定价: CNY0.45

本书收录关于文艺作品鉴赏问题的短论32篇。内容涉及艺术鉴赏的社会意义、艺术鉴赏的认识特点及其过程、艺术鉴赏中的共鸣现象、艺术鉴赏要以一定的生活经验为基础、对不同艺术样式的鉴赏要注意其各自的特殊性等。书中对艺术鉴赏领域内争论较多的人体艺术的美和丑、抒情歌曲的"软"和"硬"等问题，也陈述了自己的看法。

J000951

中国的艺术境界 余我著
台北 1983年 再版 200页 19cm（32开）
定价: TWD80.00
（读书人丛刊 5）

J000952

苦涩的美感 何怀硕著
台北 大地出版社 1984年 8版 352页
19cm（32开）定价: TWD95.00
（万卷文库 23）

本书是关于文学艺术的论集。分为3辑。第1辑是文学与艺术思想的泛论；第2辑是中国艺术的专论；第3辑是批评与杂感。作者何怀硕（1941— ），画家、艺术理论家和散文作家。毕业于台北师大，后留学美国并获硕士学位，在台湾从事美术教学、评论和创作。代表著作有《孤独的滋味》（人生论）、《苦涩的美感》（艺术论）、《大师的心灵》（画家论），被世人称作"怀硕三论"。

J000953

纽约的艺术世界 谢里法著
台北 雄狮图书公司 1984年 3版 190页 有照

片 20cm（32 开）定价：TWD90.00

J000954

齐鲁谈艺录 刘海粟著

济南 山东美术出版社 1984 年 424 页 21cm（32 开）

精装 统一书号：8332.523 定价：CNY4.50

    本书内容包括《〈齐鲁访碑录〉序》《浅谈灵岩寺罗汉塑像》《忆康有为先生》《人体绘画和模特儿问题》等，还包括关于文化艺术方面的文章35 篇。作者刘海粟（1896—1994），画家、美术教育家。名槃，字季芳，号海翁。江苏武进人。参与创办上海私立美术学院。曾任华东艺术专科学校校长，南京艺术学院院长。代表作《黄山云海奇观》《披狐皮的女孩》《九溪十八涧》等，有画集《黄山》《海粟老人书画集》等。

J000955

齐鲁谈艺录 刘海粟著

济南 山东美术出版社 1985 年 424 页 有图

21cm（32 开）统一书号：8332.523

定价：CNY3.20

J000956

视觉生活 楚戈著

台北 商务印书馆 1984 年 3 版 304 页

18cm（32 开）定价：TWD0.60

（人人文库 730–731）

J000957

谈艺小札 李燕杰主编

杭州 浙江人民出版社 1984 年 170 页 有照片

19cm（32 开）统一书号：7103.1251

定价：CNY0.55

    本书收录 20 多位艺术工作者谈艺术美的文章。包括：《谈美》（孙犁）、《音乐与我》（王蒙）、《寸心篇——饰演李四光散记》（孙道临）、《歌唱艺术浅谈》（楼乾贵）、《一个相声演员的思考和探索》（姜昆）等。

J000958

伟大的传统 （绘画与雕塑的发展）（英）派柏（Piper, D.）著；佳庆编辑部编译

台北 佳庆文化事业公司 1984 年 255 页

30cm（8 开）精装

（佳庆艺术图书馆 2）

外文书名：Great Traditions.

J000959

艺人与艺事 容天圻著

台北 商务印书馆 1984 年 4 版 247 页

18cm（32 开）定价：TWD0.60

（人人文库 886–887）

J000960

艺术的冒险 （西洋美术评论集）谢里法著

台北 雄狮图书公司 1984 年 2 版 186 页 有照片 20cm（32 开）定价：TWD160.00

J000961

艺术鉴赏入门 （美）贝尔（Bell, I.）等著；曾雅云译

台北 雄狮图书公司 1984 年 381 页 有图

20cm（32 开）定价：TWD250.00

J000962

艺术鉴赏入门 （美）贝尔（Bell, I.）等著；曾雅云译

台北 雄狮图书公司 1993 年 4 版 381 页 有图

20cm（32 开）

J000963

艺术欣赏与人生 李霖灿著

台北 雄狮图书公司 1984 年 160 页 有图

26cm（16 开）定价：TWD160.00

J000964

中国美术东渐散论 李钦贤著

台北 商务印书馆 1984 年 131 页 有图

18cm（15 开）定价：TWD0.60

（人人文库 2557—2558）

J000965

中国美术之旅 （艺术见闻录之一）庄伯和著

台北 雄狮图书股份有限公司 1984 年 3 版

206 页 有照片 21cm（32 开）定价：TWD140.00

    作者庄伯和，台湾民俗研究专家。著有《年画仕女的戏味与造形美》《民俗美术探访录》《台湾民艺造型》等。

J000966

丰子恺论艺术　　丰子恺著；丰华瞻，戚志蓉编
上海　复旦大学出版社 1985 年　372 页　有照片
20cm（32 开）统一书号：8253.003 定价：CNY2.55
（美学与艺术评论丛书）

　　本书收有现代作家、著名画家、文学翻译家
丰子恺关于艺术理论、艺术创作、艺术欣赏方面
的文章与日记。有总论艺术、论绘画、论音乐、
论文学和论其他 5 部分。

J000967

丰子恺论艺术　　丰子恺著
台北　丹青图书公司 1988 年　再版 308 页
21cm（32 开）定价：TWD140.00
（丹青艺术丛书）

　　作者丰子恺（1898—1975），画家、文学家、
艺术教育家。原名丰润，又名仁、仍，字子觊，
后改为子恺，笔名 TK，浙江嘉兴人。作品有《缘
缘堂随笔》、画集《子恺漫画》等。

J000968

情操与鉴赏　　傅腾霄编
合肥　安徽人民出版社 1985 年　280 页 20cm（32 开）
统一书号：7102.982 定价：CNY1.60

J000969

十年灯　　何怀硕著
台北　大地出版社 1985 年　6 版 308 页
19cm（32 开）定价：TWD80.00
（万卷文库 24）

　　本书内容包括：第 1 辑收录《有限的人生与
无限的追求》《放逐的悲痛与自弃的悲哀》等；第
2 辑收录《旷世奇才顾恺之》《人生朝露，艺术千
秋》《回归自然》《现代中国版画的播种者》等。
作者何怀硕（1941—　），画家、艺术理论家和散
文作家。毕业于台北师大，后留学美国并获硕
士学位，在台湾从事美术教学、评论和创作。代
表著作有《孤独的滋味》（人生论）、《苦涩的美
感》（艺术论）、《大师的心灵》（画家论），被世人
称作"怀硕三论"。

J000970

希腊罗马神话艺术欣赏　　何恭上编著
台北　艺术图书公司 1985 年　197 页　有图
21cm（32 开）定价：TWD80.00

外文书名：Enjoyment of the Arts with Myth.

J000971

郑振铎美术文集　　郑振铎著；张蔷编
北京　人民美术出版社 1985 年　412 页　有图
20cm（32 开）统一书号：8027.8200
定价：CNY2.35

　　作者郑振铎（1898—1958），社会活动家、
作家、学者、翻译家、收藏家。生于浙江永嘉
县，祖籍福建长乐。毕业于北京铁路管理学
校。历任全国文联福利部部长，全国文协研究
部长，中国科学院考古研究所所长，文化部副部
长，中国作家协会理事等。代表作品有《插图本
中国文学史》《中国文学研究》《中国版画史图
录》《猫》《我们是少年》等。

J000972

大悲与大爱　　林清玄著
台北　骏马文化事业社 1986 年　279 页 21cm（32 开）
定价：TWD120.00
（骏马文集 C04）

J000973

都是裸体惹的祸　　（美）亚摩（Armour, R.）著；
陈绍鹏译
台北　远景出版事业公司 1986 年　161 页　有图
19cm（32 开）定价：TWD100.00
（远景丛书 10）

J000974

国宝欣赏 100 种　　欧劳斋编写
上海　上海文化出版社 1986 年　122 页　有图
20cm（32 开）定价：CNY0.50
（五角丛书　第三辑）

J000975

艺术欣赏指要　　江溶编
北京　文化艺术出版社 1986 年　215 页　有照片
20cm（32 开）统一书号：8228.140 定价：CNY2.60

J000976

海外看大陆艺术　　陈英德著
台北　艺术家出版社 1987 年　410 页　有图
21cm（32 开）定价：TWD350.00

J000977

欢喜赞叹　蒋勋著

台北 林白出版社 1987 年 288 页 有照片

21cm（32 开）定价：TWD120.00

（岛屿文库 36）

　　作者蒋勋（1947—　　），画家、诗人、作家。生于陕西西安，祖籍福建福州。毕业于台北中国文化大学史学系、艺术研究所。历任台湾东海大学美术系主任、《联合文学》社社长。代表作品有《汉字书法之美》《孤独六讲》《美的沉思》《蒋勋细说红楼梦》等。

J000978

欢喜赞叹　蒋勋著

台北 联合文学出版社 1999 年 270 页 有照片

21cm（32 开）ISBN：957–522–247–4

定价：TWD240.00

（联合文丛 163）

J000979

镜子里的风景　刘霜阳著

香港 田园书屋 1987 年 245 页 有照片

21cm（32 开）定价：HKD45.00

J000980

林清玄文化集　林清玄著

台北 光复书局股份有限公司 1987 年 297 页

21cm（32 开）定价：TWD140.00

（春晖丛书 10）

J000981

美术研究　（第 1 辑）北京图书馆文献信息服务中心剪辑

北京 书目文献出版社 1987 年 影印本 68+12 页

有图 26cm（16 开）统一书号：8201.24

定价：CNY1.30

（台港及海外中文报刊资料专辑 1986）

J000982

美术研究　（第 2 辑）北京图书馆文献信息服务中心剪辑

北京 书目文献出版社 1987 年 影印本 168 页

有图 26cm（16 开）统一书号：8201.24

定价：CNY1.30

（台港及海外中文报刊资料专辑 1986）

J000983

美术研究　（第 3 辑）北京图书馆文献信息服务中心剪辑

北京 书目文献出版社 1987 年 影印本 80 页

有图 26cm（16 开）统一书号：8201.24

定价：CNY1.30

（台港及海外中文报刊资料专辑 1986）

J000984

美术研究　（第 4 辑）北京图书馆文献信息服务中心剪辑

北京 书目文献出版社 1987 年 影印本 72 页

有图 26cm（16 开）统一书号：8201.24

定价：CNY1.30

（台港及海外中文报刊资料专辑 1986）

J000985

美术研究　（第 5 辑）北京图书馆文献信息服务中心剪辑

北京 书目文献出版社 1987 年 影印本 80 页

有图 26cm（16 开）统一书号：8201.24

定价：CNY1.30

（台港及海外中文报刊资料专辑 1986）

J000986

美术研究　（第 6 辑）北京图书馆文献信息服务中心剪辑

北京 书目文献出版社 1987 年 影印本 74 页

有图 26cm（16 开）统一书号：8201.24

定价：CNY1.30

（台港及海外中文报刊资料专辑 1986）

J000987

台湾美术风云四十年　林惺岳著

台北 自立晚报 1987 年 263 页 有照片

21cm（32 开）定价：TWD180.00

（台湾经验四十年系列丛书）

J000988

闲情偶奇　（艺术生活的结晶）颜天佑编撰

台北 时报文化出版公司 1987 年 254 页

15cm（40 开）定价：TWD70.00

（开卷丛书古典系列 中国历代经典宝库 55）

J000989

艺海帆踪　郑达著

广州 广东人民出版社 1987年 242页 有肖像
20cm（32开）ISBN：7-218-00135-1

定价：CNY1.80

J000990

艺海一勺　赵诒琛编

上海 上海书店 1987年 影印本 392页
18cm（32开）定价：CNY2.10

　　本书是历代书法、绘画、篆刻、花谱等艺术
评论集。

J000991

艺林剪影　谷苇著

上海 学林出版社 1987年 314页 19cm（小32开）
ISBN：7-80510-031-4 定价：CNY1.65

（夜读丛书）

J000992

艺术的真谛　（英）里德（Read, H.）著；王柯平译

沈阳 辽宁人民出版社 1987年 201页 有图
20cm（32开）ISBN：7-205-00095-5

定价：CNY2.90

（美学译文丛书）

　　本书从视觉艺术欣赏的角度出发，对世界上
众多的艺术流派、知名艺术家及各种艺术问题，
作了简明扼要的评述。同时阐发了一系列独到
见解，认为美学是一种知觉科学，而艺术则涉及
更广阔的领域，它包含比情感价值更多的东西，
其宗旨在于传达感受和认识，创造有愉悦性的形
式。本书不是偏重于博大精深的理论探讨或充
满思辨的概念构造；而是独辟蹊径，凭借丰厚的
艺术实践，把深奥玄妙的美学深入浅出，同时又
保持着理论与历史的完整性。配64幅插图。外
文书名：The Meaning of Art. 作者里德（Herbert
Read, 1893—1968），英国诗人、艺术批评家、美
学家。英国美学学会主席。著有《艺术的真谛》《今
日之艺术》《现代艺术哲学》等。

J000993

艺术论集　（马克思主义者对西方现代派文艺
的评述）中国艺术研究院马克思主义文艺理论
研究所外国文艺理论研究资料丛书编委会编；
姜其煌等译

北京 文化艺术出版社 1987年 436页 21cm（32开）
定价：CNY3.05

（外国文艺理论研究资料丛书）

J000994

艺术美与欣赏　戚廷贵著

台北 丹青图书公司 1987年 265页 21cm（32开）
定价：TWD130.00

（丹青艺术丛书）

J000995

艺术情趣欣赏　范迪安，郑锦扬编著

福州 福建人民出版社 1987年 174页 19cm（32开）
统一书号：10173.722

ISBN：7-211-00015-5 定价：CNY0.98

　　作者范迪安（1955—　），美术理论家。福建
人，中央美术学院中国美术史专业硕士研究生毕
业。历任中央美术学院院长、教授、博士生导师，
中国美术家协会主席，中国文艺评论家协会副主
席，北京美术家协会主席等。主编出版《20世纪
中国美术文艺志·美术卷》《当代艺术情境中的水
墨本色》《世界艺术史》《近现代中国画》《当代文
化情境中的水墨本色》等。

J000996

艺术手记　蒋勋著

台北 雄狮图书公司 1987年 5版 255页 有照
片 21cm（32开）定价：TWD130.00

　　作者蒋勋（1947—　），画家、诗人、作家。
生于陕西西安，祖籍福建福州。毕业于台北中国
文化大学史学系、艺术研究所。历任台湾东海大
学美术系主任、《联合文学》社社长。代表作品有
《汉字书法之美》《孤独六讲》《美的沉思》《蒋勋
细说红楼梦》等。

J000997

艺术欣赏趣谈　王德勇，罗伯良著

长沙 湖南文艺出版社 1987年 105页 19cm（32开）
ISBN：7-5404-0063-3 定价：CNY1.05

J000998

达达艺术和反艺术　（达达对二十世纪艺术的
贡献）利希特著；吴玛悧译

台北 艺术家出版社 1988年 231页 有图
21cm（32开）定价：TWD180.00，TWD280.00（精装）

J000999

老年艺术赏析　田宣编撰
天津 百花文艺出版社 1988 年 254 页
19cm（小 32 开）定价：CNY3.35
（九龙文化丛书）

J001000

论中国现代美术　郎绍君著
南京 江苏美术出版社 1988 年 344 页 20cm（32 开）
ISBN：7-5344-0043-0 定价：CNY4.20
　　作者郎绍君（1939—　　），河北保定人，毕业
于天津美术学院。历任中国艺术研究院美术研
究所近现代美术研究室主任、研究员，河北大学
艺术理论研究中心主任。出版有《现代中国画论
集》《齐白石研究》《艺术理论研究》等。

J001001

裸体艺术　（理想形式的研究）（英）克拉克
（K.Clark）著；吴玫，宁廷明译
北京 中国青年出版社 1988 年 277 页 有图
19cm（32 开）ISBN：7-5006-0423-8
定价：CNY10.00
　　外文书名：The Nude.

J001002

美术、设计综合专集　邱显德等编辑
台北 活门出版事业公司 1988 年 115 页 有图
26cm（16 开）精装 定价：TWD450.00
（活门美术基础丛书）

J001003

美术的魅力　梁江著
成都 四川教育出版社 1988 年 345 页 有图
18cm（15 开）ISBN：7-5408-0379-7
定价：CNY2.55
（艺术与欣赏丛书）

J001004

神秘的艺术世界　毕克官著
成都 四川美术出版社 1988 年 126 页 有图片
19cm（32 开）ISBN：7-5410-0101-5
定价：CNY1.45
　　作者毕克官（1931—2013），艺术家。山东
威海人。毕业于中央美术学院。历任中国美术
家协会《漫画》《美术》杂志编辑，中国艺术研究

院美术研究所所长，中国民间工艺美术学会副
主席。擅长漫画。漫画史论方面主要有《漫画十
谈》《中国漫画史话》《中国漫画史》（合著）等。
画集代表作有《毕克官漫画选》《毕克官王德娟
画集》《毕克官水墨画》。

J001005

维纳斯面面观　陈醉，李成贵著
上海 上海文艺出版社 1988 年 196 页 有彩图
20cm（32 开）ISBN：7-5321-0086-3
定价：CNY3.00，CNY5.40（精装）
　　作者陈醉（1942—　　），艺术史论家、画家。
出生于广东。曾任中国艺术研究院美术研究所
学术委员会委员、理论研究室主任，中国美术家
协会理论委员会委员。代表作品有专著《裸体艺
术论》，论文集《女神的腰裳》，画集《诗书画意》。

J001006

希腊艺术鉴赏　（意）孔蒂著；陈卫平译
北京 北京大学出版社 1988 年 64 页 19cm（32 开）
ISBN：7-301-00016-2 定价：CNY4.65
（世界艺术鉴赏译丛）

J001007

形美集　（一）毕子融编著
香港 教育出版社 1988 年 87 页 有照片
26cm（16 开）ISBN：962-12-0980-3
定价：HKD45.00
（新一代美术设计丛书 4）

J001008

形美集　（二）毕子融编著
香港 教育出版社 1988 年 175 页 有照片
26cm（16 开）ISBN：962-12-0983-8
定价：HKD45.00
（新一代美术设计丛书 5）

J001009

亚洲艺术中人的精神　（英）比尼恩（Binyon,
L.）著；孙乃修译
沈阳 辽宁人民出版社 1988 年 141 页 有图
20cm（32 开）ISBN：7-205-00417-9
定价：CNY2.05
（人与文化丛书）
　　外文书名：The Spirit of Man in Asian Art.

J001010

艺术的兴味　吴道文著

台北 东大图书公司 1988 年 267 页 有图

23cm（30 开）

（沧海丛刊 美术类）

J001011

艺术鉴赏概要　郑雪来等著

北京 求实出版社 1988 年 232 页 19cm（32 开）

ISBN：7-80033-041-9 定价：CNY2.10

　　作者郑雪来（1925—　），戏剧、电影理论家、翻译家。曾用名郑存善、郑诗昂，笔名雷楠。福建长乐人，就读于暨南大学外文系。中国艺术研究院研究员以及原外国文艺研究所负责人。主要论著有《电影美学问题》《斯坦尼斯拉夫斯基体系论集》《电影学论稿》《世界电影鉴赏辞典》等。

J001012

艺术论丛　（1）吴晓邦等著

福州 福建省艺术研究所 1988 年 237 页

20cm（32 开）

　　外文书名：Assemble of Essays of Fine Arts. 作者吴晓邦（1906—1995），舞蹈家。生于江苏太仓。代表作有《丑表功》《思凡》《饥火》《罂粟花》《虎爷》等，著有《新舞蹈艺术概论》《舞蹈新论》《谈艺录》《舞蹈续集》。

J001013

艺术论丛　郑锦扬等著

福州 福建省艺术研究所 1989 年 152 页

20cm（32 开）

　　外文书名：A Collection of Essays on Art.

J001014

艺术判断　（德）克劳斯·博格斯特著；刁承俊，蒋芒译

北京 生活·读书·新知三联书店 1988 年 261 页

19cm（32 开）ISBN：7-108-00012-1

定价：CNY1.80

（"文化：中国与世界"系列丛书 新知文库 41）

　　外文书名：Kunsturteil.

J001015

幼儿师范学校课本　（美术鉴赏 全一册）人民教育出版社幼儿教育室编

北京 人民教育出版社 1988 年 553 页 有图

20cm（32 开）ISBN：7-107-09131-X

定价：CNY3.60

J001016

传统艺术与当代艺术　上海艺术研究所学术委员会编

上海 上海社会科学院出版社 1989 年 341 页

19cm（32 开）ISBN：7-80515-474-0

定价：CNY4.00

（上海艺术研究论坛 1）

J001017

大陆美术评集　黎朗著

台北 雄狮图书公司 1989 年 191 页 有图

21cm（32 开）定价：TWD180.00

J001018

当代中国美术家画语类编　张力等编

长春 吉林美术出版社 1989 年 784 页 20cm（32 开）

ISBN：7-5386-0153-8 定价：CNY9.00

　　本书收录 262 位美术家的语录 2000 多条，是从各位美术家的长篇美术理论文章中摘其要点，以画语录的形式汇编而成，分 18 大类。并附美术家小传。

J001019

美术文集　张映雪著

天津 天津杨柳青画社 1989 年 186 页 有图

20cm（32 开）ISBN：7-80503-025-9

定价：CNY6.20

　　作者张映雪（1916—2011），画家。山西夏县人。毕业于延安鲁迅艺术文学院美术系。历任延安《新中华报》美术编辑，中国美术家协会会员，天津美术家协会副主席，天津市文学艺术界联合会副主席。代表作品有《陕北风光》《塞外铃声》《欢庆解放》等。

J001020

青少年美术欣赏读本　周岩著

太原 山西人民出版社 1989 年 107 页 有图

19cm（32 开）ISBN：7-203-01071-6

定价：CNY3.00

J001021

萨特论艺术　（美）巴斯金（Baskin, W.）编；冯黎明，阳友权译

上海　上海人民美术出版社　1989 年　96 页

20cm（32 开）ISBN：7-5322-0480-4

定价：CNY2.60

（二十世纪西方美术理论译丛）

　　本书收录法国著名哲学家让·萨特的 5 篇有关艺术的评论。萨特用他哲学家的眼光，特别是他的存在主义哲学，对这些艺术家及其作品进行了独到的评论。外文书名：Jean-Paul Sartre Essays in Aesthetics.

J001022

书画审美基础　戴慧文著

北京　光明日报出版社　1989 年　196 页　有图

19cm（32 开）ISBN：7-80014-445-3

定价：CNY2.75

J001023

童书业美术论集　童书业著；童教英编校

上海　上海古籍出版社　1989 年　981 页　20cm（32 开）

精装　ISBN：7-5325-0198-1　定价：CNY17.90

　　本书内容包括：美术史札记、绘画论集、瓷器论集。

J001024

王朝闻学术思想论集　张晓凌等编

济南　齐鲁书社　1989 年　401 页　有照片

20cm（32 开）ISBN：7-5333-0139-0

定价：CNY6.40

　　王朝闻（1909—2004），雕塑家、文艺理论家、美学家。生于四川合江。别名王昭文，更名王朝闻，笔名汶石、廖化、席斯珂。就读于成都艺专、杭州国立艺专。历任中央美术学院副教务长、中国美术家协会副主席、中国艺术研究院副院长等。代表作品《浮雕毛泽东像》《圆雕刘胡兰像》等。

J001025

艺术评论　（1）陈玉珍等编辑

台北　艺术学院出版部　1989 年　279 页

26cm（16 开）定价：TWD250.00

　　外文书名：Arts review.

J001026

艺术评论　（2）艺术评论编辑委员会编

台北　艺术学院出版部　1990 年　259 页

26cm（16 开）定价：TWD300.00

　　外文书名：Arts review.

J001027

艺术欣赏入门　盖瑞忠编撰

台北　台湾省立博物馆出版部　1989 年　117 页

有图　20cm（32 开）精装

J001028

艺术欣赏入门　陈平，孙长根编著

北京　气象出版社　1997 年　153 页　19cm（小 32 开）

ISBN：7-5029-2422-1　定价：CNY10.00

J001029

艺术与鉴赏　（德）斐利兰德（Friedlander, M.J.）著；梁春生译

台北　远流出版事业公司　1989 年　229 页

21cm（32 开）定价：TWD220.00

（新桥译丛 19）

　　外文书名：On Art and Connoisseurship.

J001030

中国美艺菁华　朱国荣编著

香港　商务印书馆（香港）1989 年　167 页　有图

17cm（40 开）ISBN：962-07-5074-8

定价：HKD20.00

　　作者朱国荣（1947—　　），上海人。上海美术家协会任职，中国美术家协会会员。

J001031

中外古典艺术鉴赏辞典　成敏，王勇主编

北京　学苑出版社　1989 年　733 页　有图

20cm（32 开）ISBN：7-80060-009-2

定价：CNY17.50

J001032

二十世纪艺术文化　（逃避与责任）易丹，吕澎著

长沙　湖南美术出版社　1990 年　271 页　19cm（32 开）

ISBN：7-5356-0324-6　定价：CNY5.90

　　全书采用对话体写作，通过对整个 20 世纪的艺术发展的评判，以及与毕加索、达利、杜桑

3 个 20 世纪艺术大师的讨论及对艺术历史的回顾、未来世纪艺术发展的展望，提出了 20 世纪的艺术是一种逃避的艺术，对即将跨入 21 世纪的艺术家提出了一系列发人警醒的艺术问题。作者易丹（1960—　），四川大学中文系教师。

J001033

丰子恺文集　（1 艺术卷一 1920.4-1930.3）丰子恺著；丰陈宝等编

杭州 浙江文艺出版社 1990 年 471 页 有图 20cm（32 开）精装 ISBN：7-5339-0227-0

定价：CNY10.50

　　本书由浙江文艺出版社和浙江教育出版社联合出版。作者丰子恺（1898—1975），画家、文学家、艺术教育家。原名丰润，又名仁、仍，字子觊，后改为子恺，笔名 TK，浙江嘉兴人。作品有《缘缘堂随笔》、画集《子恺漫画》等。编者丰陈宝（1920—2010），女，浙江崇德县人。丰子恺先生长女。毕业于重庆中央大学外文系。上海译文出版社编审、丰子恺研究会顾问。主要翻译出版的专著有辟斯顿《和声学》、雅谷《管弦乐法》和列夫·托尔斯泰《艺术论》等。

J001034

丰子恺文集　（2 艺术卷二 1930.5-1934.11）丰子恺著；丰陈宝等编

杭州 浙江文艺出版社 1990 年 637 页 有图 20cm（32 开）精装 ISBN：7-5339-0228-9

定价：CNY12.30

　　本书由浙江文艺出版社和浙江教育出版社联合出版。

J001035

丰子恺文集　（3 艺术卷三 1935.4-1937.3）丰子恺著；丰陈宝等编

杭州 浙江文艺出版社 1990 年 638 页 有图 20cm（32 开）精装 ISBN：7-5339-0229-7

定价：CNY12.00

　　本书由浙江文艺出版社和浙江教育出版社联合出版。

J001036

丰子恺文集　（4 艺术卷四 1938.4-1965.4）丰子恺著；丰陈宝等编

杭州 浙江文艺出版社 1990 年 583 页 有图

20cm（32 开）精装 ISBN：7-5339-0230-0

定价：CNY11.00

　　本书由浙江文艺出版社和浙江教育出版社联合出版。

J001037

旅游文物艺术　安旭编著

天津 南开大学出版社 1990 年 403 页 有彩照 20cm（32 开）ISBN：7-310-00179-6

定价：CNY6.90

J001038

琴棋书画　宋学孟著

香港 中华书局（香港）1990 年 205 页 19cm（32 开）ISBN：962-231-136-9 定价：HKD30.00

（百家文库 人文集）

　　本书介绍了"琴、棋、书、画"四艺的来龙去脉及与东方人的文化人格之间的关系，四艺体现的哲理、境界。收录《琴棋书画——以水为脉的四大人格阶梯》《感时花溅泪——物我之间的情感彩虹》《仓颉本无意——文字与书法的关系》《古老的方格——人类对于生存空间的竞争体验》《弦弦掩抑声声思——情绪传达的最普遍方式》等。

J001039

人·自然　（中国艺术的自然意识）冯晓著

北京 人民美术出版社 1990 年 118 页 有图 19cm（32 开）ISBN：7-102-00623-3

定价：CNY2.85

（世纪美术文库）

J001040

世界人体艺术鉴赏大辞典　陈醉主编

北京 社会科学文献出版社 1990 年 221 页 有彩图 26cm（16 开）精装 ISBN：7-80050-105-1

定价：CNY78.00

　　本书汇集世界绘画、雕刻、摄影艺术的名作 500 多幅，并对作品的艺术特色、美学意义、历史地位、背景知识和作者进行了介绍。作者陈醉（1942—　），艺术史论家、画家。出生于广东。曾任中国艺术研究院美术研究所学术委员会委员、理论研究室主任，中国美术家协会理论委员会委员。代表作品有专著《裸体艺术论》，论文集《女神的腰裳》，画集《诗书画意》。

J001041

委拉斯凯兹和十七世纪西班牙肖像画
(苏)卡普杰列娃著；肖群译
北京 人民美术出版社 1990 年 126+93 页 有图
21cm(32 开)定价：CNY6.50

J001042

现代艺术的意义 (美)约翰·拉塞尔(John
Russell)著；陈世怀，常宁生译
南京 江苏美术出版社 1990 年 444 页 19cm(32 开)
ISBN：7-5344-0136-4 定价：CNY4.90
(外国现代美术理论丛书)

　　本书对西方艺术的发展进行了全面考察，
深入分析和阐释了 20 世纪具有重大影响的艺术
家及其艺术作品，从艺术史的角度考察了现代
艺术的主要运动和流派，同时揭示了构成时代
生活之基础的诸种社会文化要素。内容包括：
秘密的革命；色彩的解放；恶梦般的历史；重新
构造现实；世界主义的眼光；一种替换性艺术；
梦的领地；重建的世界；领导地位的丧失；重新
解释美国；重大的分歧 1950—1970 年；现代艺
术有多好。

J001043

现代艺术的意义 (美)约翰·拉塞尔(John
Russell)著；陈世怀，常宁生译
南京 江苏美术出版社 1996 年 2 版 435 页
19cm(小 32 开)ISBN：7-5344-0136-4
定价：CNY15.50
(外国现代美术理论丛书)
　　外文书名：Significance of Modern Art.

J001044

艺术家集 刘飞茂主编
北京 职工教育出版社 1990 年 125 页
19cm(小 32 开)ISBN：7-80059-300-2
定价：CNY1.80
(小学生启蒙丛书 3)

J001045

画余论艺 叶浅予著
天津 天津杨柳青画社 1991 年 316 页 有照片
20cm(32 开)ISBN：7-80503-155-X
定价：CNY6.50，CNY9.50(精装)
　　本书是从作者关于读画读书的笔记中选出

的针对艺术现状看法的集子。涉及绘画、雕塑、
舞蹈、戏剧多种艺术门类，内容丰富，见解严实。
作者叶浅予(1907—1995)，教授、画家。浙江桐
庐人。历任中国美协副主席、中国画研究院副院
长、中央美院教授。曾为茅盾小说《子夜》、老舍
剧本《茶馆》等书插图。作品有长篇漫画《王先
生》《小陈留京外史》《天堂记》等。著有《画馀
记画》《十年恶梦录》等。

J001046

近代中国美术论集 (1 特质、画论)何怀硕
主编
台北 艺术家出版社 1991 年 199 页 21cm(32 开)
ISBN：957-9500-08-8 定价：TWD200.00

　　编者何怀硕(1941—　)，画家、艺术理论家
和散文作家。毕业于台北师大，后留学美国并获
硕士学位，在台湾从事美术教学、评论和创作。
代表著作有《孤独的滋味》(人生论)、《苦涩的美
感》(艺术论)、《大师的心灵》(画家论)，被世人
称作"怀硕三论"。

J001047

近代中国美术论集 (2 诗画、画史、画家论、
丛论)何怀硕主编
台北 艺术家出版社 1991 年 213 页 21cm(32 开)
ISBN：957-9500-08-8 定价：TWD200.00

J001048

近代中国美术论集 (3 山水画、南北宗)何
怀硕主编
台北 艺术家出版社 1991 年 203 页 21cm(32 开)
ISBN：957-9500-08-8 定价：TWD200.00

J001049

近代中国美术论集 (4 中西交流、艺术论)
何怀硕主编
台北 艺术家出版社 1991 年 143 页 21cm(32 开)
ISBN：957-9500-08-8 定价：TWD200.00

J001050

近代中国美术论集 (5 革新、人物画、书法)
何怀硕主编
台北 艺术家出版社 1991 年 196 页 21cm(32 开)
ISBN：957-9500-08-8 定价：TWD200.00

J001051

近代中国美术论集　（6论著四种）何怀硕主编
台北 艺术家出版社 1991年 196页 21cm（32开）
ISBN：957-9500-08-8 定价：TWD200.00

J001052

扩张的王国　李兆忠著
杭州 浙江文艺出版社 1991年 177页
19cm（小32开）ISBN：7-5339-0241-6
定价：CNY2.00
（学术小品丛书 第2辑）

　　本书收录《眼睛的节日——绘画的空间整体
魅力》《一个反叛的王国——文学语言的悖论及
其选择》《隐秘的心灵回声——关于音乐的种种
难解之谜》《蒙娜丽莎与哈姆雷特——绘画的文
学表现性》《敲响色彩和形体的琴键——绘画雕
塑中的音乐情致》《语言的蒙太奇——从西蒙的
"绘画小说"谈起》《扯不断的红丝线——文学作
品的音乐表现性》《古老永恒的咏叹调——音乐
的文学表现性》《音响的海市蜃楼——音乐的绘
画情致》。

J001053

世界美术名作鉴赏辞典　朱伯雄编著
杭州 浙江文艺出版社 1991年 1018页 有彩图
26cm（16开）精装 ISBN：7-5339-0311-0
定价：CNY75.00

　　本辞典共收1079篇赏析文章，对作品的
时代背景，创作风格，流派源流，艺术家简历，
作品的艺术手法、形式等作了介绍。编者朱伯
雄（1932—2005），美术史论家。别名羊石，出生
于上海，祖籍浙江湖州，毕业于东北鲁迅艺术学
院美术系。历任美国哈佛大学文理学院美术史
论系客座教授，马来西亚艺术学院客座教授。代
表作品有《世界美术史》《世界美术经典》等。

J001054

势与艺七篇　（观赏的观念）约翰·伯杰著；戴
行钺译
香港 商务印书馆（香港）1991年 199页 有照片
19cm（32开）ISBN：962-07-6102-2
定价：HKD58.00
（八道丛书 8）

　　全书包括7篇编上序号的文章，以任何顺序
阅读均可。其中4篇图文并用，其余3篇纯用影

像。这些全图式的篇章论述观赏女子的各种方
法及油画传统中互相矛盾的各个方面，意在引起
与言语篇章同样多的议题。

J001055

物体艺术　罗兹勒（Rotzler, W.）著；吴玛悧
台北 远流出版事业公司 1991年 240页 有图
21cm（32开）ISBN：957-32-1451-2
定价：TWD360.00
（艺术馆 2）

J001056

艺术论丛　黄兆汉著
香港 光明图书公司 1991年 252页 22cm
（32开）定价：HKD40.00

J001057

澳门现代艺术和现代诗评论　黄晓峰著
澳门 澳门文化司署 1992年 269页 有图 23cm
（16开）ISBN：972-35-0124-4

J001058

古滇艺术新探索　顾峰著
昆明 云南教育出版社 1992年 303页 有图
20cm（32开）ISBN：7-5415-0545-5
定价：CNY4.90

　　本书对云南艺术的各门类，如古代民族歌舞
与杂耍幻术、滇剧探源及改革、近代戏曲与云南
文化、碑刻书法等，对艺术源流从古到今的发展
规律均作了新的考证与揭示。作者顾峰（1926—
——?），曾任中国书法家协会、中国戏剧家协会、
中国作家协会云南分会等会员，云南《文化艺术
志》《云南文史丛刊》等副主编。

J001059

观念艺术　（美）[巴图克]Battook, G. 著；连
德诚译
台北 远流出版事业公司 1992年 199页
21cm（32开）ISBN：957-32-1529-2
定价：TWD220.00
（艺术馆 8）
　　外文书名：Idea Art.

J001060

美术文集　邓白著

杭州 浙江美术学院出版社 1992 年 470 页 有照片 20cm（32 开）精装 ISBN：7-81019-174-8 定价：CNY29.50

　　本书收录文稿共 54 篇，分为陶瓷、绘画、工艺美术及其他 3 部分。作者邓白（1906—2003），画家，美术教育家。号白叟，别字曙光。广东东莞人，就读于广州市立美术学校和中央大学艺术系。历任中央美术学院华东分院工艺美术系副教授，浙江美术学院院长，中国美术家协会理事等。代表作品有《和平春色》《岭南丹荔》《罗岗香雪》等。出版有《中国画论初探》《图画见闻志注释》《徐熙与黄筌》等。

J001061
美术欣赏　李润生主编
北京 教育科学出版社 1992 年 218 页 有图 19cm（小 32 开）ISBN：7-5041-0859-6 定价：CNY5.50

　　本书内容分中、外美术作品欣赏两大部分。包括：绘画、雕塑、建筑及园林艺术、工艺美术等。

J001062
世界美术鉴赏词典　徐公度等撰
长沙 湖南美术出版社 1992 年 15+484 页 20cm（32 开）精装 ISBN：7-5356-0517-6 定价：CNY26.50

　　本词典收录了中外美术作品鉴赏方面的辞条 1242 条，分基本术语及作品鉴赏两部分。作品鉴赏部分内容包括中外绘画、中外雕塑、中外建筑、中国书法等。

J001063
五光十色的艺术世界　郝尚勤编著
石家庄 河北教育出版社 1992 年 159 页 19cm（小 32 开）ISBN：7-5434-1287-X 定价：CNY2.25
（小博士文库）

J001064
五光十色的艺术世界　郝尚勤编著
石家庄 河北教育出版社 1994 年 2 版 159 页 19cm（小 32 开）ISBN：7-5434-1287-X 定价：CNY3.30
（小博士文库）

J001065
五光十色的艺术世界　郝尚勤编著
石家庄 河北教育出版社 1997 年 2 版 重印本 151 页 19cm（32 开）ISBN：7-5434-1287-X 定价：CNY3.50
（小博士文库）

J001066
现代艺术与文化批判　（艺术选集 1983—1988）
吕澎著
成都 四川美术出版社 1992 年 964 页 有照片 20cm（32 开）精装 ISBN：7-5410-0659-9 定价：CNY25.00

　　本书收集《欧洲现代绘画美学》《艺术人的启示录》《现代绘画：新的形象语言》《逃避与责任：20 世纪艺术文化》4 部著作，分析、评价了塞尚、马蒂斯、康定斯基等艺术家的美学思想，深化、丰富了美学基本理论。外文书名：Modern Art and Critique of Culture. 作者吕澎（1956—　　），编辑、艺术评论家。生于重庆，毕业于四川师范学院政治教育系。历任《戏剧与电影》杂志社编辑，中国美术学院艺术人文学院副教授，成都当代美术馆馆长。著有《欧洲现代绘画美学》《现代绘画：新的形象语言》《艺术——人的启示录》等。

J001067
新谈艺录　刘文潭著
台北 中华书局 1992 年 4 版 重印本 253 页 有照片 21cm（32 开）ISBN：957-43-0152-4 定价：TWD176.00

　　本书内容包括：第 1 章"什么叫艺术？"，收录《到底什么叫艺术？》《状元和艺术家》《技与艺的分与合》等；第 2 章"什么是艺术？"，收录《琴声倩影》《什么是音乐》《艺术与游戏》《假想中的一场街头戏》等；第 3 章"什么是艺术？（续）"，收录《人脑显现的奇迹》《欲望说与直觉说的比较》《艺术效力的实验班》等；第 4 章"认识艺术品"，收录《艺术品：一个有机的整体》《音乐的意义》《人生观与世界观：现代绘画之源》等；第 5 章"谈艺术批评"，收录《创造与欣赏间的桥梁》《艺术创作的起点》等。

J001068
形象与言语　（西方现代艺术评论文集）李明

明著
台北 三民书局 1992 年 254 页 有照片
21cm（32 开）ISBN：957-14-1845-5
（三民丛刊 34）

J001069
艺海微澜　　黄光男著
台北 允晨文化事业公司 1992 年 324 页 有照片
21cm（32 开）ISBN：957-9027-75-7
定价：TWD280.00
（允晨文选 18）

J001070
艺术传播学　　邵培仁主编
南京 南京大学出版社 1992 年 338 页 20cm（32 开）
ISBN：7-305-01781-7 定价：CNY6.80
（当代传播学丛书）

J001071
艺术情趣　　华晓林编
香港 中华书局(香港)公司 1992 年 221 页
有图 21cm（32 开）ISBN：962-231-651-4
定价：HKD42.00
（中国人的世界丛书）

J001072
中国书画与文人意识　　陈滞冬著
长春 吉林教育出版社 1992 年 232 页 有彩图
20cm（32 开）精装 ISBN：7-5383-1684-1
定价：CNY8.20
（中华艺术文库）

　　本书论述了中国书画的精神素质、仁智者
的精神态度、回归自然的遐想、个人主义的艺术
原则等问题。作者陈滞冬（1951— ），画家、书
法家、艺术史学者。四川成都人。硕士毕业于四
川师范大学中国古代文学研究所。出版《陈滞冬
画集》《中国书画与文人意识》《中国书学论著提
要》等著作。

J001073
中国文化精华全集　　（13 艺术卷）王书良等
总主编；龚文主编
北京 中国国际广播出版社 1992 年 16+1205 页
19cm（小 32 开）精装 ISBN：7-5078-0023-7
定价：CNY42.00

　　本卷精选了从先秦到近代几百名文论家、艺
术理论家的书论、画论、乐论、戏剧理论等。

J001074
中国艺术鉴赏　　（意）西昂·弗朗科·马拉法里
那著；陈卫平译
北京 北京大学出版社 1992 年 64 页 有彩图
19cm（小 32 开）精装 ISBN：7-301-01773-1
定价：CNY5.45
（世界艺术鉴赏译丛）

　　本书追溯了上自商代充满生气的青铜艺术，
中经唐代通都大邑的辉煌壮丽，下迄元代四大
精美的山水画卷和明清之季的宏伟帝陵和皇宫
御苑。

J001075
转形质为性情　　（巴黎看画记）杨雪梅著
台北 南天书局 1992 年 281 页 有图 21cm（32 开）
ISBN：957-638-085-5 定价：TWD300.00

J001076
雕塑绘画鉴赏辞典　　张秉尧主编
北京 中国旅游出版社 1993 年 797 页 有图
20cm（32 开）精装 ISBN：7-5032-0782-5
定价：CNY31.00

　　本书收录上自原始时期，下至清代末年的雕
塑、绘画作品图版 521 件。

J001077
东方既白　　（华夏艺术回顾·比较·反思·展望）
侯军著
天津 天津杨柳青画社 1993 年 473 页 有照片
20cm（32 开）ISBN：7-80503-205-X
定价：CNY12.80

　　作者侯军（1959— ），笔名白春、纪荃等，
天津日报政教部主任。

J001078
独自叩门　　（近观中国当代主流艺术）尹吉男著
北京 生活·读书·新知三联书店 1993 年 249 页
有图 20cm（32 开）ISBN：7-108-00614-6
定价：CNY14.80

　　本书对中国当代艺术潮流、艺术现象和
艺术家的个人状态作了分析思考。外文书
名：Knocking at the Door Alone. 作者 尹 吉 男

（1958—　），辽宁西丰人，艺术史学家、批评家，中央美术学院副教授。

J001079

古书画鉴定秘要　戴南海著
西宁 青海人民出版社 1993 年 328 页 20cm（32 开）
ISBN：7-225-00579-0 定价：CNY5.60

　　本书介绍了古书画鉴定的主要依据、辅助依据、书画作假的方法和误定、书画鉴定的有关知识等。作者戴南海（1940—　），教授。重庆丰都人，毕业于西北大学。历任西北大学秦汉研究室、古典文献教研室主任，西北大学图书馆副馆长兼古籍部主任，中国历史文献研究会理事，天水伏羲学会顾问等。主要作品有《校勘学概论》《版本学概论》《中国历史文献学》等。

J001080

闺秀·时代·陈进　田丽卿著
台北 雄狮图书公司 1993 年 139 页 有图
26cm（16 开）精装 ISBN：957-8980-02-7
定价：TWD600.00
（家庭美术馆 前辈美术家丛书）

J001081

华风现影　（17-18 艺苑篇）李希凡主编
台北 书泉出版社 1993 年 2 册 有图 21cm（32 开）
ISBN：957-648-280-1 定价：TWD200.00

J001082

回顾与反省　（广州九十年代艺术双年展）易丹执行主编
长沙 湖南美术出版社 1993 年 40 页 有彩照
26cm（16 开）ISBN：7-5356-0621-0
定价：CNY13.50
（当代艺术系列丛书 6）

　　外文书名：Retrospect and Afterthought.

J001083

鉴赏的技巧　黄珞珈，周加宝编著
深圳 海天出版社 1993 年 112 页 19cm（小 32 开）
ISBN：7-80542-557-4 定价：CNY2.20

J001084

解体与重建　（论中国当代美术）刘骁纯著
南京 江苏美术出版社 1993 年 344 页 20cm（32 开）

ISBN：7-5344-0319-7 定价：CNY7.90
（中国当代美术研究系列）

　　本书收录作者曾发表的论文 60 余篇。包括：《关于油画的民族集团优势》《三足鼎立的"中国画"坛》《社会主义美术的多元趋势》等。作者刘骁纯（1941—　），又名刘小纯，河南洛阳人，中国艺术研究院美术研究所研究员，著有《致广大与精微：秦诵艺术略论》《从动物快感到人的美感》《解体与重建：论中国当代美术》等。

J001085

解体与重建　（论中国当代美术）刘骁纯著
南京 江苏美术出版社 1996 年 2 版 365 页
20cm（32 开）ISBN：7-5344-0319-7
定价：CNY15.30
（中国当代美术研究系列）

J001086

美与智慧的融集　（云南民族艺术介论）杨德鋆著
昆明 云南人民出版社 1993 年 572 页 有彩图
20cm（32 开）ISBN：7-222-01183-8
定价：CNY14.20

　　本书介绍云南 25 个民族艺术的多彩风貌和特有的文化意蕴。外文书名：The Crystallization of Beauty and Wisdom. 作者杨德鋆（1937—　），白族，云南省民族研究所副研究员。

J001087

民族艺术论集　沙痕主编；内蒙古大学艺术学院艺术研究室编
呼和浩特 内蒙古人民出版社 1993 年 189 页
20cm（32 开）ISBN：7-204-02174-6
定价：CNY3.30

　　本书收录论文 30 篇，包括：《关于乌日图道记谱的探索》《漫议马头琴教学》《蒙古族三弦的演奏特点》《百眼窑石窟壁画艺术》《试论蒙古舞的韵律》等。

J001088

青春之旅　（跨世纪艺海漫游）陶国富著
郑州 河南人民出版社 1993 年 301 页 20cm（32 开）
ISBN：7-215-02745-7 定价：CNY7.90

J001089
王伯敏美术文选
杭州 中国美术学院出版社 1993 年 2 册（1567 页）
有照片 20cm（32 开）ISBN：7-81019-276-0
定价：CNY80.00

J001090
象征性自杀 （从艺术评论走向美学深渊）邵
养德著
西安 陕西人民美术出版社 1993 年 505 页
有照片 20cm（32 开）ISBN：7-5368-0470-9
定价：CNY9.60
（俳优美学研究丛书）
　　本书内容包括：艺术评论、自我解剖和美学
专题 3 部分，收录论文 110 篇。

J001091
艺术观赏之道 约翰·伯杰（John Berger）著；
戴行钺译
台北 商务印书馆 1993 年 199 页 有图
19cm（小 32 开）ISBN：957-05-0669-5
定价：TWD200.00
（新思潮丛书 6）

J001092
艺术鉴赏 顾建华主编
北京 北京出版社 1993 年 447 页 20cm（32 开）
ISBN：7-200-01778-7 定价：CNY7.60
　　本书介绍包括建筑、雕塑、绘画、摄影、书
法、音乐、小说等各门类的艺术鉴赏。

J001093
艺术鉴赏 李洪明主编
北京 东方出版社 1997 年 45+903 页 有图 20cm
（32 开）精装 ISBN：7-5060-0482-8
定价：CNY55.00

J001094
艺术鉴赏 （绘画书法）王新伟，傅爱国编著
上海 华东师范大学出版社 1997 年 254 页
有照片 20cm（32 开）ISBN：7-5617-1714-8
定价：CNY8.80

J001095
艺术鉴赏 （音乐舞蹈）于培杰，张荣明编著

上海 华东师范大学出版社 1997 年 11+309 页
有彩照 20cm（32 开）ISBN：7-5617-1712-1
定价：CNY9.50

J001096
与实验艺术家的谈话 （外国部分 第一辑）
陈侗，杨小彦选编；杜莉等译
长沙 湖南美术出版社 1993 年 528 页 有照片
19cm（小 32 开）ISBN：7-5356-0543-5
定价：CNY17.90
（实验艺术丛书）
　　本书包括美术、文学和电影部分，其中有
美国抽象表现派画家会谈记录和对佛兰兹·克
莱恩、弗兰西斯·培根、艾伦·金斯伯格等人的
采访。

J001097
中国艺术神韵 葛路，克地著
天津 天津人民出版社 1993 年 273 页 20cm（32 开）
ISBN：7-201-01287-8 定价：CNY6.00
　　本书收录《儒道哲理与中国艺术》《三大石
窟艺术》《中国画论发展的三大阶段》《宋代文人
审美观》等 16 篇艺术论文。

J001098
**中国艺术研究院全苏艺术科学研究所首届
双边学术会议论文集** （论民族艺术传统在
现代艺术发展中的地位和作用）中国艺术研究
院科研办公室编
北京 文化艺术出版社 1993 年 241 页
19cm（小 32 开）ISBN：7-5039-1152-2
定价：CNY4.80
　　本书收录文章 16 篇。包括：《论民间创作
研究问题》《论建设中国话剧民族性格的自觉
性》《中国现代艺术创作中的传统基因》等。

J001099
变与不变 （沈祖安艺术论集）沈祖安著
杭州 浙江文艺出版社 1994 年 499 页 有照片
20cm（32 开）精装 ISBN：7-5339-0698-5
定价：CNY13.80
　　本书收录论文 41 篇，论述了戏剧、曲艺、美
术等方面有关历史及其沿革、现状等。作者沈
祖安（1929—　　），编剧、曲艺作家、戏剧理论家。
祖籍浙江诸暨。历任浙江省曲艺家协会副主席，

中国说唱文艺学会理事，杭州市文化局艺术顾问、浙江京昆艺术剧院艺术顾问、浙江省政协诗书画之友社顾问、中国戏曲表演学会顾问等。著有《鉴湖女侠》《纵横谈艺录》《琵琶街杂记》《顾曲丛谈》《变与不变——沈祖安艺术论集》等。

J001100

飞瀑·烟云·黄君璧　刘芳如著

台北　雄狮图书公司　1994年　141页　有图
26cm（16开）精装　ISBN：957-8980-16-7
定价：TWD600.00
（家庭美术馆　前辈美术家丛书）

　　作者黄君璧（1898—1991），国画艺术家、教育家。祖籍广东南海人。原名允瑄，晚号君翁，本名韫之，以号行。曾任台湾师范大学艺术系教授兼主任。著有《黄君璧画集》《黄君璧书画集》等。

J001101

古风堂艺谈　石谷风著

天津　天津古籍出版社　1994年　239页　有图
19cm（小32开）ISBN：7-80504-337-X
定价：CNY13.50

　　"古风堂"是作者书斋名，是发表文章和专著的别号。本书收录《现代著名画家黄宾虹》《蛰居十载忆北移》《刘奎龄画风有传人》《王梦白喜画猴》《尹润生治学严谨》《水彩艺术大师王肇民》《金陵画派概述》《新安画派概述》《敦煌文书的书法艺术》《谈宋代以前的造纸术》《徽派、皖派篆刻艺术》《徽派版画》等。作者石谷风（1919—2016），国画家。原名石振华，别号"野人"，湖北黄梅县人，毕业于北平艺专国画科。安徽省博物馆任职，从事文物考古工作多年。作品有《霜晨月》《雨中岚山》《黄山松石》。出版有《古风堂艺谈》《石谷风动物画辑》《石谷风画集》《石谷风的动物画》。

J001102

花花朵朵　坛坛罐罐　（沈从文文物与艺术研究文集）沈从文著

北京　外文出版社　1994年　261页　20cm（32开）
ISBN：7-119-01653-9　定价：CNY9.90

　　本书收录作者近50篇研究论著，包括：古代镜子的艺术、谈瓷器艺术、花边、织金锦、古代人的穿衣打扮、谈皮球花、龙凤艺术、鱼的艺

术等。

J001103

美术批评学　孙津著

哈尔滨　黑龙江美术出版社　1994年　296页
20cm（32开）ISBN：7-5318-0254-6
定价：CNY25.50，CNY34.50（精装）
（美术学文库 4）

　　本书内容包括：美术批评的前提、批评的自为、标准的生成和批评的实现等。

J001104

抒情·韵律·刘启祥　林育淳著

台北　雄狮图书公司　1994年　143页　有图
26cm（16开）精装　ISBN：957-8980-24-8
定价：TWD600.00
（家庭美术馆　前辈美术家丛书）

J001105

推翻前人　施叔青著

台北　东大图书公司　1994年　217页　有照片
22cm（32开）精装　ISBN：957-19-1687-0
定价：TWD400.00
（沧海美术　艺术论丛 5）

J001106

吴子复艺谭　吴子复著；广州市文史研究馆，广州画院研究部编

广州　岭南美术出版社　1994年　284页　有照片
20cm（32开）ISBN：7-5362-1112-0
定价：CNY12.00

J001107

乡园·彩笔·李泽藩　陈惠玉著

台北　雄狮图书公司　1994年　141页　有图
26cm（16开）精装　ISBN：957-8980-11-6
定价：TWD600.00
（家庭美术馆　前辈美术家丛书）

J001108

阳光·印象·杨三郎　汤皇珍著

台北　雄狮图书公司　1994年　151页　有图
26cm（16开）精装　ISBN：957-8980-09-4
定价：TWD600.00
（家庭美术馆　前辈美术家丛书）

J001109

野趣·挚情·沈耀初　邓水萍著
台北 雄狮图书公司 1994 年 135 页 有图
26cm（16 开）精装 ISBN：957-8980-25-6
定价：TWD600.00
（家庭美术馆 前辈美术家丛书）

J001110

艺海飞鸿　宋天仪著
济南 黄河出版社 1994 年 206 页 19cm（小 32 开）
ISBN：7-80558-549-0 定价：CNY5.00

J001111

艺术教育与鉴赏　（上卷）满天澄等主编
南京 江苏教育出版社 1994 年 558 页 20cm（32 开）
ISBN：7-5343-2170-0 定价：CNY8.00

J001112

艺术教育与鉴赏　（下卷）满天澄等主编
南京 江苏教育出版社 1994 年 538 页 20cm（32 开）
ISBN：7-5343-2171-9 定价：CNY7.60

J001113

艺术赏析概要　杨辛主编
北京 中央广播电视大学出版社 1994 年 229 页
有彩照 26cm（16 开）ISBN：7-304-00878-4
定价：CNY19.00
　　本书内容有：艺术欣赏引论、雕塑艺术欣
赏、舞蹈艺术欣赏及电影艺术欣赏等 12 章。

J001114

张大千溥心畬诗书画学术讨论会论文集
台北故宫博物院编辑委员会编辑
台北 台北故宫博物院 1994 年 564 页 有图
30cm（12 开）精装 ISBN：957-562-183-2

J001115

中国艺海　上海古籍出版社编
上海 上海古籍出版社 1994 年 17+1100 页 有彩
图 26cm（16 开）精装 ISBN：7-5325-1619-9
定价：CNY125.00
　　本书共 7 编，即绘画、书法篆刻、建筑、音
乐舞蹈、雕塑、服饰织绣和工艺美术。中国古代
造型艺术的门类大体包容其间，所收上至远古，
下迄清末（个别编类涉及民国）1000 余件作品，

基本反映了各个艺术门类渊源流变、起伏盛衰的
轨迹。

J001116

自然·写生·林玉山　陈琼花著
台北 雄狮图书公司 1994 年 135 页 有图
26cm（16 开）精装 ISBN：957-8980-22-1
定价：TWD600.00
（家庭美术馆 前辈美术家丛书）

J001117

走向现代　（新时期美术论集）贾方舟著
北京 中国工人出版社 1994 年 584 页
19cm（小 32 开）ISBN：7-5008-1558-1
定价：CNY18.80
　　作者贾方舟（1940—　 ），画家、美术评论
家。生于山西壶关县，毕业于内蒙古师范学院艺
术系。中国美协内蒙古分会副主席。著作有《中
国现代美术理论批评文丛·贾方舟卷》《柳暗花
明：新水墨论集》《吴冠中》《吴冠中研究》等。

J001118

大学生现代艺术鉴赏与修养　英若诚，英若
识主编
沈阳 沈阳出版社 1995 年 10+707 页 有彩照
21cm（32 开）精装 ISBN：7-5441-0305-6
定价：CNY17.50

J001119

当代中国的美术状态　王林著
南京 江苏美术出版社 1995 年 431 页 20cm（32 开）
ISBN：7-5344-0482-7 定价：CNY16.50
（中国当代美术研究系列）
　　作者王林，籍贯辽宁，生于西安，长在四川。
毕业于重庆师院中文系。四川美术学院教师，美
术批评家。参加撰写有《艺术教育学》等。

J001120

流动风景　（刘霜阳艺术评论集）刘霜阳著
香港 田园书屋 1995 年 308 页 有图 21cm（32 开）
ISBN：962-339-027-0 定价：HKD120.00

J001121

美术鉴赏　赵惠玲著
台北 三民书局 1995 年 426 页 24cm（26 开）

ISBN：957-14-2329-7

J001122

民俗美术探访录　　庄伯和著

台北 艺术家出版社 1995 年 152 页 有照片
26cm（16 开）ISBN：957-9500-88-6
定价：TWD380.00

　　作者庄伯和，台湾民俗研究专家，著有《年
画仕女的戏味与造形美》《民俗美术探访录》《台
湾民艺造型》等。

J001123

女性，艺术与权利　　琳达·诺克林（Linda
Nochlin）著；游惠贞译

台北 远流出版事业公司 1995 年 233 页 有照片
21cm（32 开）ISBN：957-32-2571-9
定价：TWD250.00
（艺术馆 20）

J001124

女性，艺术与社会　　（美）惠特尼·查德卫克
（Whitney Chadwick）著；李美蓉译

台北 远流出版事业公司 1995 年 500 页 有图
21cm（32 开）ISBN：957-32-2719-3
定价：TWD460.00
（艺术馆 25）

　　外文书名：Women，　Art，　and Society. 著者
通译：查德威克

J001125

前卫的原创性　　（美）罗莎琳·克劳丝（Rosalind
E.Krauss）著；连德诚译

台北 远流出版事业公司 1995 年 425 页
21cm（32 开）ISBN：957-32-2731-2
定价：TWD400.00
（艺术馆 27）

J001126

全国学生美术欣赏图库　　（初中篇）国家教委
艺术教育委员会编；冯罗铮执笔

杭州 中国美术学院出版社 1995 年 106 页
26cm（16 开）精装 ISBN：7-81019-461-5
定价：CNY65.00

　　作者冯罗铮，中国美术学院副教授。

J001127

全国学生美术欣赏图库　　（高中篇）国家教委
艺术教育委员会编；竺志华等执笔

杭州 中国美术学院出版社 1995 年 184 页
26cm（16 开）精装 ISBN：7-81019-462-3
定价：CNY95.00

　　作者竺志华，浙江美术学院史论系语文
教师。

J001128

全国学生美术欣赏图库　　（小学篇）国家教委
艺术教育委员会编；侯令执笔

杭州 中国美术学院出版社 1995 年 74 页
26cm（16 开）精装 ISBN：7-81019-460-7
定价：CNY45.00

J001129

世纪晚钟　　（当代文化与艺术趣味评述）高小
康著

北京 东方出版社 1995 年 332 页 20cm（32 开）
ISBN：7-5060-0525-5 定价：CNY14.00
（东方书林之旅 采桑子书系）

J001130

台湾美术的人文观察　　倪再沁著

台北 雄狮图书公司 1995 年 299 页 有照片
21cm（32 开）ISBN：957-8980-30-2
定价：TWD320.00
（雄狮丛书 2-008）

J001131

台湾新艺术测候部队点名录　　谢里法编著

台北 艺术家出版社 1995 年 271 页 有图
21cm（32 开）ISBN：957-9530-04-1
定价：TWD380.00

J001132

艺林采英　　（生活·艺术随感录）赵镜明，叶秀
峰主编

深圳 海天出版社 1995 年 15+641 页 20cm（32 开）
ISBN：7-80615-078-1 定价：CNY38.00
（深圳特区报丛书）

J001133

艺术家——台湾美术　　（细说从头二十年）倪

再沁著

台北 艺术家出版社 1995 年 221 页 有照片
26cm（16 开）ISBN：957-9500-95-9
定价：TWD460.00

J001134

张仃谈艺录　张仃著
合肥 安徽教育出版社 1995 年 317 页 有图
20cm（32 开）ISBN：7-5336-1889-0
定价：CNY12.00，CNY16.00（精装）

　　作者张仃（1917—2010），国画家、美术教育
家、美术理论家。号它山，辽宁黑山人。曾任黄
宾虹研究会会长，中央工艺美术学院教授、院长
等。中国人民政治协商会议会徽的设计者，中华
人民共和国国徽设计提议者之一。代表作品有
《张仃水墨写生》《张仃画室》。

J001135

中国艺术的生命精神　朱良志著
合肥 安徽教育出版社 1995 年 459 页 20cm（32 开）
ISBN：7-5336-1690-1
定价：CNY15.00（软精装），CNY18.00（精装）

　　本书内容包括：第 1 编 "生生之源——中国
艺术生命精神的根源"；第 2 编 "生生为艺——
生命精神在若干艺术部类的体现"；第 3 编 "体
证生生——中国艺术的生命体验理论"；第 4 编
"生生之韵——中国艺术生命精神之原型研究"。

J001136

中国艺术意境论　蒲震元著
北京 北京大学出版社 1995 年 247 页 20cm（32 开）
ISBN：7-301-02692-7 定价：CNY8.00
（文艺美学丛书）

　　本书内容包括："写川欲浪 图石疑云——意
境审美内涵的界定"，"萧萧数叶 满堂风雨——
虚实相生与意境的构成"，"三秋树美 二月花
新——意境的历史形态与时代风貌"，"意到环
中 神游象外——中国意境理论与西方典型理论
的区别"，"生气远出 妙造自然——气、气之审
美与意境深层结构中气之审美层次"，"与道俱
往 着手成春——意境深层审美结构中道之认同
境层的内涵与生成特征"。

J001137

重建中国精英艺术　郎绍君著

武汉 湖北美术出版社 1995 年 484 页 20cm（32 开）
ISBN：7-5394-0485-X 定价：CNY20.00

　　作者郎绍君（1939—　），河北保定人，毕业
于天津美术学院。历任中国艺术研究院美术研
究所近现代美术研究室主任、研究员，河北大学
艺术理论研究中心主任。出版有《现代中国画论
集》《齐白石研究》《艺术理论研究》等。

J001138

半调集　（艺苑漫步录）丁涛著
南京 江苏美术出版社 1996 年 443 页 20cm（32 开）
ISBN：7-5344-0549-1 定价：CNY15.00

　　本书收录《闳约深美——刘海粟艺术教育
思想管窥》《〈当代中国画之我见〉读后》《工艺
美术的生活定位》《工艺美术的魅力》《品格·信
念·童心——刘海粟艺术能源析》《海粟老人八
上黄山纪实》《一束奇葩出墙来——评江苏省国
画院人物画创作》《蝉蜕龙变——江苏省中青年
国画展观后》《〈中国现代美术家研究丛书〉引
言》《〈海粟画语〉前言》等 89 篇文章。作者丁
涛（1941—　），教授。笔名松海，就读于辽宁
省文化艺术大学和南京艺术学院美术系。南京
艺术学院任教。代表作品有《半调集—艺苑漫
步录》《论刘海粟》等。

J001139

大地·牧歌·黄土水　李钦贤著
台北 雄狮图书公司 1996 年 152 页 有图
26cm（16 开）精装 ISBN：957-8980-50-7
定价：TWD600.00
（家庭美术馆 前辈美术家丛书）

J001140

当代文化艺术涩相　高千惠著
台北 艺术家出版社 1996 年 271 页 21cm（32 开）
ISBN：957-9530-17-3 定价：TWD380.00
（艺术论丛）

J001141

当代中国艺术批评　邹建平主编
长沙 湖南美术出版社 1996 年 64 页 有图
28cm（大 16 开）ISBN：7-5356-0860-4
定价：CNY25.00
（当代艺术系列丛书 11）

　　作者邹建平（1955—　），生于湖南新化，毕

业于湖南师范大学，修业于广州美术学院油画系，现任职湖南美术出版社副社长，湖南美术家协会副主席，中国美术家协会会员，北京圣之空间董事。

J001142

道与中国艺术　滕守尧著

台北 扬智文化事业公司 1996 年 154 页
21cm（32 开）ISBN：957-9272-73-5
定价：TWD180.00
（扬智丛刊 21）

J001143

看·听·读　（法）克洛德·列维－施特劳斯（Claude Levi-Strauss）著；顾嘉琛译

北京 生活·读书·新知三联书店 1996 年 174 页
有彩图 19cm（小 32 开）ISBN：7-108-00931-5
定价：CNY9.80
（法兰西思想文化丛书）

本书为《列维－斯特劳斯文集》之一。作者凭借其自身看、听、读的若干艺术作品，在其宏大的结构人类学的视域下，从不同角度阐述了哲学、美学的基本原理、原则。对美学、艺术理论、语言学等学科的研究者及实践者都有相当深刻的启发作用，具有鲜明的特色与学术价值。具体内容包括：看普森的画、听拉摩的乐曲、读狄德罗的作品、话语与音乐、声音和颜色、观赏艺术作品。外文书名：Regarder, Ecouter, Lire.

J001144

临界大十字架系列及其它　（关于高氏、高强艺术的对话、批评与研究）邹建平，李路明主编

长沙 湖南美术出版社 1996 年 95 页 有图
28cm（大 16 开）ISBN：7-5356-0930-9
定价：CNY29.00
（当代艺术系列丛书 12）

本书收录《精神制作与形式匹配——有关〈临界·大十字架〉系列的访谈录》（岛子）、《拯救还是批判》（黄专）、《当代艺术中的理想主义——十字架对话录》（彭德）、《被抽空的精神道场——高氏、高强〈大十字架〉析》（顾丞峰）、《重构方圆 重铸信念——高氏、高强〈大十字架〉解》（翟墨）、《呼唤信仰，呼唤尊严——高氏、高强〈大十字架〉系列简评》（王林）、《十字架前的

思考》（高岭）、《文本解构与倾斜的十字架——对高氏、高强艺术的解读》（易英）、《精神碎片与文化理想——关于〈十字架〉系列及文化意义的对话》（张强）等。外文书名：Critical a Series of Great Cross & Other Works.

J001145

论现代中国美术　郎绍君著

南京 江苏美术出版社 1996 年 2 版 373 页
20cm（32 开）ISBN：7-5344-0043-0
定价：CNY15.80
（中国当代美术研究系列）

本书内容包括：近现代引入西方美术的回顾与思考；现代中国画；我们有过怎样的写实主义；传统的再发现；民间美术的现代魅力；呼唤"善美刚健"的至诚之声；山水画的转折——论李可染；夭折的巨匠——论石鲁；走向现代的沉思；论新潮美术。作者郎绍君（1939—　），河北保定人，毕业于天津美术学院。历任中国艺术研究院美术研究所近现代美术研究室主任、研究员，河北大学艺术理论研究中心主任。出版有《现代中国画论集》《齐白石研究》《艺术理论研究》等。

J001146

美术评论集　陈池瑜著

武汉 华中师范大学出版社 1996 年 287 页
有图 20cm（32 开）ISBN：7-5622-1553-7
定价：CNY10.00

外文书名：Collection of Art Criticism. 作者陈池瑜（1956—　），教师。湖北人，湖北美术学院副教授，中国美术家协会会员。

J001147

清凉世界　（丰子恺艺术研究）陈星著

杭州 浙江文艺出版社 1996 年 275 页 有图
20cm（32 开）ISBN：7-5339-0841-4
定价：CNY9.60

本书对丰子恺的绘画、文学与音乐之艺术成就进行了多方面的探讨。是中国大陆第一部丰子恺研究专著，作者陈星（1983—　），作家，教授。毕业于杭州师范学院中文系。历任杭州师范学院学报编辑部主任、编审，杭州市师范学院弘一大师·丰子恺研究中心主任、教授，研究生导师。著有《功德圆满——护生画集创作史

话》《天心月圆——弘一大师》《丰子恺新传》《重访散文的家园》《李叔同歌曲寻绎》。

J001148

香港艺术之窗　王一桃著

香港 当代文艺出版社 1996年 222页

18cm（小32开）定价：HKD30.00

J001149

新时期美术思潮　钱海源著

长沙 湖南美术出版社 1996年 277页 有照片

20cm（32开）ISBN：7-5356-0820-5

定价：CNY19.00

　　作者钱海源（1940—　），一级美术师，别名磊明、柳絮，江西清江人。毕业于广州美术学院雕塑系。擅长雕塑、美术史论。中国美术家协会会员。主要作品有《长征路上》《母亲》《西游记》。著作有《应当正确评价徐悲鸿》等。

J001150

艺术批评　姚一苇著

台北 三民书局 1996年 342页 有照片

21cm（32开）ISBN：957-14-2446-3

　　本书内容包括：第1编引论："何谓艺术？""何谓批评？""艺术批评的二重性"；第2编批评的价值观："主观主义""客观主义"、"相对主义"等；第3编批评方法论："印象批评""规范与主题批评""形构批评""情境批评"。

J001151

艺术欣赏微型文选　（艺术家专访）柏冬友著

北京 人民美术出版社 1996年 444页 有图

19cm（小32开）ISBN：7-102-01490-2

定价：CNY15.00

J001152

中华美术民俗　王惕著

北京 中国人民大学出版社 1996年 15+618页

有图 26cm（16开）精装 ISBN：7-300-02101-8

定价：CNY135.00

　　外文书名：Arts in Chinese Folk Custom. 作者王惕（1938—　），女，锡伯族，编辑。笔名惊鸿、明惕，字惊鸿，号婉若，生于北京。毕业于中央美术附中。历任天津人民美术出版社编辑，天津昆曲研究会副会长，中国版画家协会、中国民俗学会、中国民间文艺家协会、中国美术家协会天津分会会员。专著有《中华美术民俗》《佛教造像法》《释迦牟尼传》等。

J001153

传统·现代艺术生活　历史博物馆编辑委员会编辑；徐天福主编

台北 历史博物馆 1997年 16+256页

21cm（32开）ISBN：957-00-9822-8

（史物丛刊 16）

J001154

拉丁美洲现代艺术　曾长生著

台北 艺术家出版社 1997年 239页 有图

21cm（32开）ISBN：957-9530-78-5

定价：TWD480.00

（艺术论丛）

　　外文书名：Modern Art in Latin America.

J001155

美术欣赏与美术基础　常跃中等编著

郑州 河南美术出版社 1997年 124页 有图

26cm（16开）ISBN：7-5401-0647-6

定价：CNY18.60

J001156

美术与欣赏　邵力华著

济南 山东大学出版社 1997年 231页 有照片

20cm（32开）ISBN：7-5607-1759-4

定价：CNY12.80

J001157

面向新世纪　周韶华著

武汉 湖北美术出版社 1997年 10+475页

20cm（32开）ISBN：7-5394-0649-6

定价：CNY38.00

　　作者周韶华（1929—　），画家。山东荣城人，毕业于中原大学美术系。历任湖北省美术院院长，湖北省文联主席，中国国家画院院务委员等职。代表作品有《茶山之歌》《渤海湾的晨光》《黄河魂》等，出版有《大河寻源画集》《周韶华画选》《周韶华六十年艺术探索画集》《中国近现代名家画集——周韶华》。

J001158

缪斯的牧歌 （现代美术及美术馆鉴评）徐文琴著

台北 南天书局 1997 年 219 页 有照片

26cm（16 开）ISBN：957-638-424-9

定价：TWD480.00

J001159

试卷评析 徐觉伟编著

郑州 河南美术出版社 1997 年 46 页 26cm（16 开）

ISBN：7-5401-0573-9 定价：CNY12.50

（中等美术学校考生指导丛书）

J001160

艺海觅韵 许忠华著

海口 海南出版社 1997 年 289 页 19cm（小 32 开）

ISBN：7-80617-319-6 定价：CNY13.80

J001161

艺评家群像 吕清夫著

台北 历史博物馆 1997 年 16+236 页

有图 21cm（32 开）ISBN：957-02-0415-X

（史物丛刊 18）

J001162

艺术的第二次诞生 （翟墨当代艺术手记）翟墨著

北京 人民文学出版社 1997 年 278 页 有图

20cm（32 开）ISBN：7-02-002424-6

定价：CNY16.80

　　作者翟墨（1941—2009），编辑。原名翟葆艺，河南尉氏人。毕业于郑州大学中文系和中国艺术研究院研究生部美术系。历任《郑州晚报》记者，《中国美术报》副主编，《美术观察》杂志副主编，中国艺术研究院中国文化研究室研究员，东方美交流学会理事等。作品有《艺术家的美学》《绘画美》等。

J001163

艺术解读 （法）夏绿莫（Jean-Luc Chalumean）著；王玉龄，黄海鸣译

台北 远流出版事业公司 1997 年 364 页 有图

21cm（32 开）ISBN：957-32-2762-2

定价：TWD360.00

（艺术馆 37）

外文书名：Lectures de L'art.

J001164

艺术欣赏 丘振声，周楷主编

南宁 广西美术出版社 1997 年 465 页 20cm（32 开）

ISBN：7-80625-341-6 定价：CNY16.80

J001165

艺术欣赏 丘振声，周楷主编

南宁 广西美术出版社 1999 年 467 页 20cm（32 开）

ISBN：7-80625-637-7 定价：CNY18.00

J001166

音乐·美术·影视鉴赏 哈尔滨理工大学工业技术学院等编

北京 机械工业出版社 1997 年 152 页 有图

26cm（16 开）ISBN：7-111-05942-5

定价：CNY12.00

J001167

中国历代美术典籍汇编 于玉安编辑

天津 天津古籍出版社 1997 年 影印本 24 册

20cm（32 开）精装 ISBN：7-80504-584-4

定价：CNY2400.00

　　作者于玉安，主要编辑作品有《中国历代画史汇编》《中国历代书法论著汇编》。

J001168

中日现代美术通鉴 异天，戈德主编；中国国际名人研究院，中央书画院联合编纂

北京 中国国际广播出版社 1997 年 13+927 页

26cm（16 开）精装 ISBN：7-5078-1522-6

定价：CNY580.00

　　本书主要收入目前活跃在中国、日本的美术界知名人士及作品，其中中国 2912 人、日本 416 人。主要介绍入选者姓名，生卒年、民族、籍贯、学历，主要职务及艺术兼职等内容。外文书名：Panorama：Sino-Japanese Modern Art.

J001169

中外艺术精萃 邱艳波编著

通辽 内蒙古少年儿童出版社 1997 年 306 页

19cm（小 32 开）ISBN：7-5312-0806-7

定价：CNY176.00（全套）

（中华少年修养文库）

J001170

晨光读画随笔　［美］朱晨光著
成都 四川美术出版社 1998 年 196 页 有图
20cm（32 开）ISBN：7-5410-1504-0
定价：CNY26.00，CNY32.00（精装）

J001171

承担起孤独　麦荔红著
广州 岭南美术出版社 1998 年 268 页 有图
20cm（32 开）ISBN：7-5362-1852-4
定价：CNY15.00

J001172

迟轲自选文集　（美育·美学·艺术评论）迟轲著
南昌 江西美术出版社 1998 年 394 页 有图
20cm（32 开）ISBN：7-80580-512-1
定价：CNY20.00
　　作者迟轲（1925—2012），著名美学家、美术
批评家。原名迟雁鸣，出生于天津，祖籍山东宁
津。曾任广州美术学院教授、广东美学学会会长。
代表作品《西方美术史话》。

J001173

穿越四季　水天中著
北京 新华出版社 1998 年 248 页 20cm（32 开）
ISBN：7-5011-3654-8 定价：CNY14.80
（学人文库 第一辑）

J001174

大学生美术鉴赏　陈洛加编著
北京 中国铁道出版社 1998 年 397 页 有图
19cm（小 32 开）ISBN：7-113-02877-2
定价：CNY19.80
（中国大学生文化素质教育丛书）
　　作者陈洛加（？—2010），女，教授。毕业于
西南师范大学。曾任教于西南师大美术系、北京
北方交通大学建筑系。中国美术家协会会员，中
华美学学会会员，北京水彩画会会员，北京女美
术家联谊会会员。出版有《外国美术史》《美术
鉴赏》等著作和《中国当代实力派画家——陈洛
加》画册。

J001175

耽美手记　（施叔青谈画论艺）施叔青著
台北 元尊文化企业公司 1998 年 184 页 有图

21cm（32 开）ISBN：957-8399-55-3
定价：TWD200.00
（风格馆 风格人文 S5051）
　　本书是作者多年对亚洲文物艺术研究的心
得。内容包括：第 1 辑"中国陶瓷及其他"：收
录《改写明代瓷器史的展览》《清玩雅集收藏
展》《敏古好求——香港艺术馆文物展》《宫廷艺
术精品拍卖》等；第 2 辑"中国书画"：收录《李
敖字画收藏拍卖记》《人民艺术家齐白石》《从红
色山水到傅抱石的〈丽人行〉》《虚白斋珍藏——
刘作筹收藏的中国书画》《法国藏家拍卖明、清
绘画》等；第 3 辑"亚洲艺术及收藏"：收录《未
曾消失的西夏艺术》《日本桃山时代的绘画》《华
盛顿佛利尔美术馆的中日艺术收藏》《美国收藏
亚洲艺术》等。

J001176

当代美术与文化选择　皮道坚著
南京 江苏美术出版社 1998 年 363 页 20cm（32 开）
ISBN：7-5344-0554-8 定价：CNY24.00
（中国当代美术研究系列）
　　本书共 3 部分，包括："关于中国的视觉革
命"，收录《选择，立足于我们的当下》《也谈中国
的视觉革命》《艺术的精神与时代的精神》《"新
文人画"观辩证》等；"批评观与批评"，收录《我
的批评观》《批评三题》《岁月·故土·人》《黄
河呵，你走向哪里》等；"古典艺术之探究"，收
录《中国美术史研究中的方法论问题》《立足现
实 介入历史》《从我国山水画的发展看民族审美
意识》《吴伟研究》等。书前"代序"《召唤新的
艺术生命》，书后附《〈当代美术与文化选择〉篇
目发表情况一览表》。

J001177

邓以蛰全集　邓以蛰著
合肥 安徽教育出版社 1998 年 487 页 20cm（32 开）
精装 ISBN：7-5336-1791-6
定价：CNY18.50
　　本书是美术理论著作。辑录了邓以蛰的重
要论文，包括 1949 年以前的美术评论文章《艺
术家的难关》《观林风眠的绘画展览会因论及中
西画的区别》《民众的艺术》《中日绘画展览会的
批评》《续评中日现代的艺术》等。另收编于 40
年代昆明出版的《哲学评论》上发表的《画理探
微》《六法通诠》。作者通过对六法的诠释，进一

步揭示中国绘画的创作规律，并试图结合西方现代美学理论加以阐述，在当时来说无疑是一种新的研究方法，反映其学贯中西的深厚素养。

J001178

观赏、认知、解释与评价（美术鉴赏教育的学理与实务）王秀雄著

台北 历史博物馆 1998 年 300 页 有图

21cm（32 开）ISBN：957-02-1019-2

定价：TWD280.00

（史物丛刊 20）

J001179

开放的语境（茅小浪艺术批评文集）茅小浪著

北京 中国文联出版公司 1998 年 122 页 有图

20cm（32 开）ISBN：7-5059-3121-0

定价：CNY138.00（全 10 册）

（紫金文丛）

J001180

理想的美比实际生活更美（美术评论集）蔡若虹著

北京 人民美术出版社 1998 年 112 页 有肖像

20cm（32 开）ISBN：7-102-01961-0

定价：CNY18.00

　　作者蔡若虹（1910—2002），画家、美术家。原名蔡雍，笔名雷萌、张再学。江西九江人，毕业于上海美术专科学校。曾任延安鲁艺教员、美术系主任，《人民日报》美术编辑、中国画研究院副院长、中国文联第一至四届委员、中国美协第一至四届副主席。著作有画集《苦从何来》，诗画集《若虹诗画》，回忆录《上海亭子间时代风习》及《赤脚天堂》。

J001181

美术鉴赏　张道一主编

北京 高等教育出版社 1998 年 414 页 有图

20cm（32 开）ISBN：7-04-006375-1

定价：CNY26.70

　　编者张道一（1932—　），教授。生于山东齐东县，就读于华东大学文艺系和山东大学艺术系学习。历任东南大学艺术学教授、博士生导师，苏州大学艺术学院院长。出版有《张道一文集》。

J001182

美术鉴赏　张道森等编著

郑州 河南美术出版社 1998 年 125 页 有图

26cm（16 开）ISBN：7-5401-0747-2

定价：CNY23.60

J001183

美术现状散评　雷正民著

北京 中国文联出版公司 1998 年 416 页

20cm（32 开）ISBN：7-5059-2764-7

定价：CNY22.80

J001184

美育与艺术欣赏　朱儒楚主编

北京 中国物资出版社 1998 年 12+457 页 有图

20cm（32 开）

　　本书全面系统地介绍了美育的概念、性质、特点和审美的表现形态，并介绍了自然美、社会美、艺术美的本质、特点和欣赏方法。

J001185

迷离错置的影像（现代艺术在中国的文化视点）张强著

济南 山东美术出版社 1998 年 163+16 页 有图

20cm（32 开）ISBN：7-5330-1141-4

定价：CNY10.00

（艺术大视野丛书）

J001186

女艺论（台湾女性艺术文化现象）林珮淳主编

台北 女书文化事业公司 1998 年 297 页 有图

21cm（32 开）ISBN：957-98481-8-1

定价：TWD320.00

（女书系列 8）

J001187

启迪（本雅明文选）（德）瓦尔特·本雅明（Walter Benjamin）著；张旭东，王斑译

香港 牛津大学出版社 1998 年 270 页 21cm（32 开）ISBN：0-19-590975-5 定价：HKD125.00

（社会与思潮丛书）

　　本书收录《打开我的图书馆——谈谈藏书》《译作者的任务——波德莱尔〈巴黎风光〉引论》《讲故事的人——论尼古拉·列斯克夫》《弗兰兹·卡夫卡——逝世十周年纪念》《论

卡夫卡》《什么是史诗剧？》《论波德莱尔的几个主题》《普鲁斯特的形象》《机械复制时代的艺术作品》《历史哲学论纲》等。外文书名：Illuminations：Essays and Reflections.

J001188

世界博物馆珍品大展　庄锡昌主编
上海 上海文化出版社 1998年 498页 有图
20cm（32开）精装 ISBN：7-80511-897-3
定价：CNY28.00
（五角丛书 豪华本）

J001189

调色板　张玉能，杨建滨主编；丁新民等编著
武汉 湖北教育出版社 1998年 197页 有图
19cm（小32开）ISBN：7-5351-2164-0
定价：CNY7.40
（中学校园文化系列）

J001190

文博断想　陈鹏举著
上海 上海教育出版社 1998年 173页 有图
19cm（小32开）ISBN：7-5320-6285-6
定价：CNY10.00
（文博丛书）

J001191

西方现代艺术批判　王天兵著
北京 人民美术出版社 1998年 223页 有图
23cm ISBN：7-102-01947-5 定价：CNY80.00

J001192

艺术批评与艺术教育　（美）沃尔夫（Theodore F.Wolff），（美）吉伊根（George Geahigan）著；滑明达译
成都 四川人民出版社 1998年 348页 20cm（32开）
ISBN：7-220-04252-3 定价：CNY20.00
（美学设计艺术教育丛书）
　　外文书名：Art Criticism and Education. 作者沃尔夫，美国自由撰稿人。作者吉伊根，美国普渡大学艺术与设计系副教授。译者滑明达（1950—　），教授。河南人，毕业于陕西师范大学外语学院英语专业。北京第二外国语学院英语副教授。编译有《研究生英语泛读》《无形的兜售者》《艺术批评与艺术教育》等。

J001193

艺术研修　邱承德主编
北京 高等教育出版社 1998年 143页 有图
26cm（16开）ISBN：7-04-006051-5
定价：CNY19.50
（中等职业学校养成教育丛书）

J001194

艺术与自然的对话　蔡燊安著
南昌 江西人民出版社 1998年 188页 有彩照
20cm（32开）ISBN：7-210-01807-7
定价：CNY10.00

J001195

影像的阅读　（英）约翰·柏格（John Berger）著；刘惠媛译
台北 远流出版事业公司 1998年 218页 有图
21cm（32开）ISBN：957-32-3488-2
定价：TWD250.00
（艺术馆 49）
　　外文书名：About Looking.

J001196

枕涛楼翰墨　游明元著
福州 福建美术出版社 1998年 145页 有图
20cm（32开）ISBN：7-5393-0741-2
定价：CNY18.00

J001197

中国美术学院入学考试作品点评　中国美术学院教务处编
杭州 中国美术学院出版社 1998年 156页
有图版 26cm（16开）ISBN：7-81019-651-0
定价：CNY38.00

J001198

中国南方民族文化之美　陈野著
台北 东大图书公司 1998年 362页 有照片
23cm（32开）ISBN：957-19-2145-9
定价：TWD420.00
（沧海美术 艺术论丛 10）

J001199

中外经典美术赏析　左庄伟，曹志林著
南京 江苏美术出版社 1998年 430页

有图 20cm(32开) ISBN：7-5344-0777-X
定价：CNY24.90

J001200
走近经典 （西方现代艺术欣赏）隋丞编著
沈阳 辽宁美术出版社 1998年 141页 26cm(16开)
ISBN：7-5314-1971-8 定价：CNY49.00

J001201
百象图摘 （第一期）《百象图摘》编辑部编
济南 山东画报出版社 1999年 48页 26cm(16开)
ISBN：7-80603-345-9 定价：CNY3.60

J001202
北山谈艺录 施蛰存著
上海 文汇出版社 1999年 329页 有图
20cm(32开) ISBN：7-80531-693-7
定价：CNY20.00
（大艺术书房丛书）
　　本书分题记编、序跋编、丛话编，收录
《削》《其人如玉》《清印三题》《胡九思扇面》《明
黄道周用砚》等101篇艺术评论。

J001203
陈志华艺术论集 陈志华著
苏州 苏州大学出版社 1999年 634页 有图
20cm(32开) ISBN：7-81037-520-2
定价：CNY25.00
　　译者陈志华(1914—　)，教授。生于江苏苏
州。四川攀枝花大学教授。著有《陈志华艺术论
集》等。

J001204
创作驿站·艺术村 杨智富主编
台北 文化建设委员会艺术村筹备处 1999年
76页 有图 30cm(10开)
ISBN：957-02-3455-5 定价：TWD180.00
（艺术99专辑1）
　　外文书名：Artists'Village：A Creative
Residency.

J001205
春华秋实 （天津艺术研究所获奖论文选）刘
梓钰等主编
北京 中国戏剧出版社 1999年 463页 20cm(32开)

ISBN：7-104-01115-3 定价：CNY20.00

J001206
当代艺术与人文科学 （首届何香凝美术馆
学术论坛）何香凝美术馆，上河美术馆编
长沙 湖南美术出版社 1999年 355页 20cm(32开)
ISBN：7-5356-1211-3 定价：CNY20.50

J001207
感受诱惑 （中国当代艺术静观）顾丞峰著
重庆 重庆出版社 1999年 271+11页 有照片
20cm(32开) ISBN：7-5366-4094-3
定价：CNY19.80
（当代艺术批评与自我批评书系）
　　本书内容包括：20世纪90年代作者参与艺
术活动的随记与随感；对中国画—水墨画—现代
水墨画的思考；对当前艺术领域的批评；并非偶
然的选择，涉及当代艺术问题；对艺术家作品的
评论展开自己的文化理想。

J001208
诘问与嬉戏 （香港／北京文化艺术评论集）林
克欢著
香港 国际演艺评论家协会（香港分会）1999年
199页 21cm(32开) ISBN：962-8321-06-4
定价：HKD80.00

J001209
解构与重建的诗学 （观念艺术）张晓凌著
吉林 吉林美术出版社 1999年 299页 有照片
20cm(32开) ISBN：7-5386-0771-4
定价：CNY29.80
（中国当代美术现象批评文丛）

J001210
精神的美食 （艺术与人生）张道一等著
北京 北京教育出版社 1999年 355页 20cm(32开)
ISBN：7-5303-1348-7 定价：CNY15.00
（跨世纪青年人文丛书）
　　作者张道一(1932—　)，教授。生于山东齐
东县，就读于华东大学文艺系和山东大学艺术系
学习。历任东南大学艺术学教授、博士生导师，
苏州大学艺术学院院长。出版有《张道一文集》。

J001211

跨世纪彩虹 （艳俗艺术）廖雯，栗宪庭编著
长沙 湖南美术出版社 1999年 106页
25cm（小16开）ISBN：7-5356-1260-1
定价：CNY88.00

J001212

美术名作鉴赏 刘素丽等主编
乌鲁木齐 新疆青少年出版社 1999年 516页
有图 20cm（32开）ISBN：7-5371-3513-4
定价：CNY29.60
（世界美术名家名作）

J001213

美苑文集 朱辉主编
长沙 湖南美术出版社 1999年 611页 20cm（32开）
ISBN：7-5356-1261-X 定价：CNY30.00

J001214

女性主义作为方式 （女性艺术）廖雯著
吉林 吉林美术出版社 1999年 169页 有图
20cm（32开）ISBN：7-5386-0768-4
定价：CNY19.50
（中国当代美术现象批评文丛）

J001215

钱君匋艺术论 钱君匋著；晓云，司马陋夫编
北京 线装书局 1999年 493页 20cm（32开）
ISBN：7-80106-032-6 定价：CNY30.00
（君匋艺术院丛书 5）
　　本书收录《读印随想录》《关于赵之谦》《赵
之谦的书法》《忆弘一大师》《泪向杭州洒》《北
欧各国的音乐》《音乐的学习》等。作者钱君匋
（1907—1998），书画家。浙江桐乡人。名玉堂、
锦堂，字君陶，号豫堂、禹堂。现通用名为钱君
陶。毕业于上海艺术师范学校。曾任西泠印社
副社长、上海文艺出版社编审、上海市政协委员
等职。代表作品《长征印谱》《君长跂巨卯选》《鲁
迅印谱》《钱君陶印存》。

J001216

倾听星光 （翟墨当代美术手记）翟墨著
南宁 广西美术出版社 1999年 420页 有照片
20cm（32开）ISBN：7-80625-610-5
定价：CNY30.00

（中国当代美术理论家文丛）
　　作者翟墨（1941—2009），编辑。原名翟葆
艺，河南尉氏人。毕业于郑州大学中文系和中国
艺术研究院研究生部美术系。历任《郑州晚报》
记者，《中国美术报》副主编，《美术观察》杂志副
主编，中国艺术研究院中国文化研究室研究员，
东方美术交流学会理事等。作品有《艺术家的美
学》《绘画美》等。

J001217

三名文品 （艺术卷）邢稚平，艾克利主编
西安 陕西人民教育出版社 1999年 497页
20cm（32开）ISBN：7-5419-7660-1
定价：CNY23.70
（三名文品丛书）

J001218

世纪的交响 （现代美术欣赏）甄巍著
北京 中国纺织出版社 1999年 244页 有图
21cm（32开）ISBN：7-5064-1551-8
定价：CNY20.00
（完全素质手册）

J001219

世纪之交的上海美术 （《'98上海百家艺术
精品展》论文集）《'98上海百家艺术精品展》
论文集编辑委员会编
上海 上海书画出版社 1999年 141页 20cm（32开）
ISBN：7-80635-595-2 定价：CNY18.00
　　本书收录《以史为鉴看上海画家的机
遇》《上海雕塑的"新生代"》《从两个十年看上海
油画创作》《艺术精品之外》等16篇论文。

J001220

书画鉴藏与拍卖市场 洪丕谟编著
上海 学林出版社 1999年 332页 19cm（小32开）
ISBN：7-80616-554-X 定价：CNY15.00
　　本书内容包括：上编"书画家与作品"收录
《武则天一手好字》《唐写〈金刚般若波罗蜜经〉
残卷》《文嘉〈王百谷半偈庵图〉》《曹雪芹奋笔画
石》等；中编"书画创作、欣赏与收藏"收录《看
书赏字读名画》《我的砚田生涯》《"清白家风"画
蔬果》《作书偶赋》《笔墨不随时代》等；下编"书
画拍卖与艺术市场"收录《唐宋书画市场》《古今
书画的市场比价》《影响书画价格的因素》《买名

气还是买质量》《当代书画鉴定与艺术市场》等。

J001221

外国美术与名作赏析　章锦荣等编著

石家庄 河北教育出版社 1999 年 477 页 有图 20cm（32 开）

本书内容包括：原始时代美术、古代埃及美术、美索不达米亚美术、爱琴文化时期美术、古希腊美术等。

J001222

我的窗　（日）东山魁夷著；李正伦等译

桂林 漓江出版社 1999 年 196 页 有图 20cm（32 开）ISBN：7-5407-2431-5

定价：CNY18.00

（东山魁夷美文）

J001223

雾里看花　（中国当代美术问题）邵大箴著

南宁 广西美术出版社 1999 年 646 页 有照片 20cm（32 开）ISBN：7-80625-677-6

定价：CNY38.00

（中国当代美术理论家文丛）

作者邵大箴（1934— ），美术理论家，国画家。江苏镇江人。历任中央美术学院教授、博士生导师、《美术研究》主编、中国国家画院美术研究院院长等。著有《现代派美术浅议》《传统美术与现代派》《欧洲绘画简史》《西方现代美术思潮》。

J001224

西湖论艺　（林风眠及其同事艺术文集）郑朝编

杭州 中国美术学院出版社 1999 年 2 册（491 页）有照片 20cm（32 开）ISBN：7-81019-804-1

定价：CNY43.00

本书收录《致全国艺术界书》《漆》《欢迎克罗多先生》等 55 篇文章。

J001225

艺林撷菁　袁惠贞著

北京 新华出版社 1999 年 13+315 页 有图 21cm（32 开）ISBN：7-5011-4623-3

定价：CNY168.00

本书收集了作者近几年所写的艺术评论，包括艺术家访谈、画家作品赏析，还有对金字塔、凯旋门、科隆大教堂、悉尼歌剧院等著名建筑的评论文章。

J001226

艺术鉴赏论　李泽淳，赵慧平主编

大连 辽宁师范大学出版社 1999 年 367 页 21cm（32 开）ISBN：7-81042-172-7

定价：CNY16.80

本书内容包括：艺术鉴赏的本质与特征、艺术鉴赏的客体、艺术鉴赏主体论、艺术鉴赏的基本过程及心理特征、语言艺术的特征与鉴赏、造型艺术的特征与鉴赏等。

J001227

艺术进驻·九九峰　杨智富主编

台北 1999 年 79 页 有图 30cm（10 开）ISBN：957-02-4370-8 定价：TWD180.00

（艺术 99 专辑 2）

J001228

艺术人文七小时　（写给无暇享受经典作品的人们）寒哲等著

北京 中国文联出版公司 1999 年 413 页 21cm（32 开）定价：CNY35.00

J001229

艺术欣赏　（美术）上海市中等职业技术教育课程改革和教材建设委员会编；陈学娅主编

上海 上海音乐出版社 1999 年 50 页 有图 26cm（16 开）ISBN：7-80553-829-8 定价：CNY7.80

作者陈学娅，女，福建福州人。毕业于上海音乐学院作曲系。曾任上海吉他艺术协会会长、上海音协成员、音乐教育委员会副主任。发表《中国民歌讲座 26 讲》《中国十大名曲》等。

J001230

艺术欣赏　（舞蹈）上海市中等职业技术教育课程改革和教材建设委员会编

上海 上海音乐出版社 1999 年 32 页 26cm（16 开）ISBN：7-80553-826-3 定价：CNY2.80

J001231

艺术欣赏　（戏剧 电影 电视）上海市中等职业技术教育课程改革和教材建设委员会编

上海 上海音乐出版社 1999 年 94 页 26cm（16 开）

ISBN：7-80553-827-1 定价：CNY5.80

J001232
艺术欣赏 （音乐）上海市中等职业技术教育课程改革和教材建设委员会编
上海 上海音乐出版社 1999 年 86 页 26cm（16 开）
ISBN：7-80553-828-X 定价：CNY5.30

J001233
艺术欣赏 徐飙主编
北京 中国文联出版社 1999 年 389 页 21cm（32 开）
ISBN：7-5059-3457-0
定价：CNY178.00（全 10 册）
（文化教育丛书）
　　本书内容包括："艺术欣赏概述"、"建筑艺术欣赏"、"绘画艺术欣赏"、"雕塑艺术欣赏"、"工艺美术欣赏"等。

J001234
艺术研究论文集 段泽兴主编
呼和浩特 内蒙古艺术研究所 1999 年 281 页 21cm（32 开）定价：CNY15.00

J001235
与历史同行 （杨悦浦 1994—1997 年美术评论文选）杨悦浦著
武汉 湖北美术出版社 1999 年 224 页 有照片 20cm（32 开）ISBN：7-5394-0836-7
定价：CNY20.00
（当代美术批评文丛）
　　本书收录《当前中国画作品现状谈》《新时期中国画创作之我见》《中国画有无危机》《美术评论扫描》《历史画创作需要社会的协同合作》《论潘天寿的艺术创造意识》《卫天霖的油画艺术》《关山月，一个不断创新求变的艺术家》《山之南书法艺术》《彦涵和他的艺术》《侯晋封和他的"骨室图画"》《净化艺术市场》《不能这样"防伪"》等。

J001236
中国美术名作鉴赏辞典 潘耀昌主编
杭州 浙江文艺出版社 1999 年 10+892 页 有图 26cm（16 开）精装 ISBN：7-5339-1055-9
定价：CNY198.00
　　本书收录鉴赏文章近 1100 篇，各卷内容主

要涉及绘画、雕塑、工艺、书法篆刻、建筑等领域。鉴赏文章涉及的美术作品的时代从新石器时代起到中华人民共和国成立为止。

J001237
中华瑰宝知多少 何浩天著
台北 文史哲出版社 1999 年 522 页 有图 21cm（32 开）ISBN：957-549-202-1
定价：TWD480.00
（艺术丛刊 14）

造型艺术理论

J001238
造形美术 （第一期）国立北京大学造形美术杂志社编
北京 造形美术研究会 1924 年 [118]页 有图 25cm（小 16 开）定价：大洋五角
　　本书内容包括：论著、图谱、书法、译述、评坛、讲演录等 6 类，收录《篆刻小识》（陈师曾）、《书法启蒙》（与襄）、《篆刻学》（贺孔才）、《中国图谱源流考》（姚华），《美术哲学》（钱稻孙）等 10 篇。书前有国画、油画、水彩画及印谱、碑帖等 20 余幅。书末附裔寿康的《故友吴君新吾道卒沪宁车次记哀》《本会周年纪念欢聚大会纪事》。

J001239
造形美术 （德）福尔倍（Theodor Voldehr）著；钱稻孙译
上海 商务印书馆 1926 年 再版 70 页 17cm（40 开）定价：大洋一角
（百科小丛书 45）

J001240
造形美术 （德）福尔倍（Theodor Voldehr）著；钱稻孙译
上海 商务印书馆 1930 年 59 页 18cm（15 开）
（万有文库 第一集 0723）

J001241
造形美术 （德）福尔倍（Theodor Voldehr）著；钱稻孙译

上海 商务印书馆 民国二十二年［1933］国难后
1 版 59 页 19cm（32 开）定价：国币二角
（百科小丛书）

J001242

美术概论　黄忏华著

上海 商务印书馆 1927 年 98 页 17cm（35 开）
定价：大洋二角
（百科小丛书 134）

J001243

美的常识与美术史　（日）青山为吉著；杨伯
安译

上海 乐群书店 1929 年 120 页 18cm（15 开）
定价：三角

　　本书内容分美术、艺术、美术范论、美术分
论、美术史 5 章，介绍美的基本常识，绘画、雕
刻理论及美术史等。

J001244

最新立体图案法　俞剑华编著；何元校订

上海 商务印书馆 1929 年 64+21 页 有图
23cm（10 开）定价：大洋五角

　　本书内容分总论、器物形状组成法、尺度
律、制作器物的方式、装饰法、器体各部概论 6
章。作者俞剑华（1895—1979），绘画史论家、画
家、美术教育家。原名剑昆，曾用名俞德，字剑
华，以字行。生于山东济南，毕业于北京高等师
范手工图画专修科。先后执教于北京美术学校、
山东美术学校、上海美术专科学校、暨南大学
等。出版有《中国绘画史》《中国画论类编》《立
体图案法》等。

J001245

美术论　（法）罗丹（A.Rodin）讲；吉塞尔（P.Gisell）
译；曾觉之译

上海 开明书店 1930 年 399 页 有图
25cm（10 开）精装 定价：大洋三元五角

　　本书分 11 章，论述美学思想、美术运动、美
术上的现实主义等。附插图 83 幅。

J001246

新艺散谈　阿杨著

崇安 中国木刻用品合作工厂 1944 年 134 页
19cm（32 开）

（新艺丛书）

　　本书收录《从学画到学习木刻》《论艺术
家》《论国画的革命》《木刻的艺术价值》《漫画艺
术的真实价值》《素描与木刻》《多样的常识与专
一的学习》《放胆的学习吧》《美术节断想》《公式
化》等 25 篇文章。书前有代序《释"新艺术"》。

J001247

美育与美术　吕凤子著

丹阳 正则艺专 1947 年 70 页 19cm（32 开）
（正则丛刊）

　　本书收录作者 1942 年 3 月至 1947 年 6 月间
有关美育与美术的讲话，共 15 篇。作者吕凤子
（1886—1959），画家、艺术教育家。生于江苏丹
阳。历任苏南文化教育学院，江苏师范学院教授，
江苏省国画院筹委会主任委员，江苏省美术家协
会副主席等。著有《美术史讲稿》《中国画法研
究》《吕凤子仕女画册》《吕凤子华山速写集》等。

J001248

新美术论文集　（第一集）沃渣编

牡丹江 东北书店牡丹江分店 1947 年 100 页
19cm（32 开）
（新文艺丛刊 7）

　　本书收录《美术工作与群众的进一步结
合》（艾思奇）、《全国木刻展》（徐悲鸿）、《门外
汉的感想》（茅盾）、《狭隘的趣味如何妨碍创
作》（王朝闻）、《舞台以外》（陈叔亮）等 28 篇
文章。

J001249

新美术创作谈　方英撰

上海 大东书局 1952 年 84 页 18cm（32 开）
定价：旧币 5,200 元

J001250

成都美术创作集　（一九五二年）成都市文联
美术工作者协会辑

成都 成都市文联美术工作者协会 1953 年 影印
本 53 页 26cm（16 开）

J001251

对青年艺术家谈谈技巧　（苏）萨维茨基著；
倪焕之译

上海 华东人民美术出版社 1954 年 35 页

18cm（25 开）
（造型艺术理论译丛）

J001252
美术创作诸问题　陈烟桥著
上海 上海出版公司 1954 年 67 页 有图
18cm（15 开）定价：旧币 2,700 元
　　作者陈烟桥（1911—1970），版画家。曾用名
陈炳奎，笔名李雾城、米启郎。就读于广州市立
美术专科学校西画科和上海新华艺术专科学校
西洋画系。历任《新华日报》美术科主任，中国
美术家协会上海分会副秘书长、美协广西分会主
席等。代表作品有木刻《建设中的佛子岭》《鲁
迅和他的伙伴们》等。

J001253
在苏联造型艺术中为争取社会主义现实主
义而斗争　（苏）塞索耶夫（П.М.Сысоев）著；
严摩罕译
上海 华东人民美术出版社 1954 年 102 页 有图
21cm（32 开）定价：旧币 8,100 元
（造型艺术理论译丛）

J001254
论提香、戈雅、大维特、陀密埃的创作道
路　（苏）柯尔宾斯基（Ю. колпинский）著；
钱景长译
上海 上海人民出版社 1955 年 121 页 21cm（32 开）
定价：CNY0.75
（造型艺术理论译丛）
　　本书内容包括：提香；伟大的西班牙画家戈
雅；大维特创作的现实主义基础；陀密埃与十九
世纪三十年代初期法国的革命政治讽刺画。

J001255
美术专业常用词汇编　（俄汉对照）张荣生
编译
北京 商务印书馆 1959 年 104 页 14cm（64 开）
统一书号：9017.152 定价：CNY0.26
　　作者张荣生（1932— ），教授。别名荣升，
辽宁营口人，毕业于哈尔滨外国语学院。任中央
美术学院俄语老师、编译，共同课教研室主任、
教授。编著有《非洲岩石艺术》《柯罗 —— 艺术
家·人》《非洲雕刻》《俄汉对照美术专业常用词
汇编》等。

J001256
美术理论参考资料　（第一辑）（苏）米哈依洛
夫等著；彭鸿远等译
北京 人民美术出版社 1962 年 208+35 页 有图
20cm（32 开）统一书号：T8027.3858
定价：CNY1.40

J001257
造型艺术　（1963 年 7-9 月）中国人民大学附
属剪报资料图书卡片社编辑
北京 中国人民大学附属剪报资料图书卡片
社 1963 年 26cm（16 开）

J001258
造型艺术　（1963 年 10-12 月）中国人民大学
附属剪报资料图书卡片社编辑
北京 中国人民大学附属剪报资料图书卡片
社 1963 年 26cm（16 开）

J001259
造型艺术　（1964 年 1-6 月）中国人民大学附
属剪报资料图书卡片社编辑
北京 中国人民大学附属剪报资料图书卡片社
1964 年 26cm（16 开）

J001260
造型艺术　（1964 年 7-12 月）中国人民大学
附属剪报资料图书卡片社编辑
北京 中国人民大学附属剪报资料图书卡片社
1964 年 26cm（16 开）

J001261
造型艺术　（1965 年 1-3 月）中国人民大学附
属剪报资料图书卡片社编辑
北京 中国人民大学附属剪报资料图书卡片社
1964 年 26cm（16 开）

J001262
造型艺术　（1965 年 4-6 月）中国人民大学附
属剪报资料图书卡片社编辑
北京 中国人民大学附属剪报资料图书卡片社
1965 年 26cm（16 开）

J001263
造型艺术　（1965 年 7-9 月）中国人民大学附

属剪报资料图书卡片社编辑
北京 中国人民大学附属剪报资料图书卡片社
1965 年 26cm（16 开）

J001264
造型艺术 （1965 年 10–12 月）中国人民大学
附属剪报资料图书卡片社编辑
北京 中国人民大学附属剪报资料图书卡片社
1965 年 26cm（16 开）

J001265
美术设计　何昆泉编著
台北 编译馆 1980 年 256 页 有图
26cm（16 开）定价：TWD4.88，TWD5.88（精装）

J001266
德拉克罗瓦论美术和美术家　（法）德拉克罗
瓦（E.Delacroix）著；平野译
沈阳 辽宁美术出版社 1981 年 389 页 19cm（32 开）
统一书号：8117.2050 定价：CNY1.65
　　作者德拉克罗瓦（Ferdinand Victor Eugene
Delacroix, 1798—1863），现通译为：德拉克洛
瓦，法国浪漫主义画家。代表作品《自由引导人
民》《十字军占领君士坦丁堡》《希奥岛的屠杀》。
译者平野（1924—　　），原名张大晖，浙江温州
人，毕业于中央大学艺术系。历任人民美术出版
社任编审，菏泽书画研究院名誉院长，《简明不
列颠百科全书》主要译审，《中国大百科全书美
术》西方美术副主编。

J001267
基本造形学　（现代基本造形教学法的研究）
林书尧著
台北 维新书局 1981 年 543 页 有图 26cm（16 开）
精装 定价：TWD150.00

J001268
基本造形学　（现代基本造形教学法的研究）
林书尧著
台北 三民书局股份有限公司 1998 年 3 版
543 页 有图 26cm（16 开）精装
ISBN：978–957–14–1813–1 定价：TWD670.00

J001269
立体造形基本设计　张长杰著

台北 东大图书公司 1981 年 170 页 20cm（32 开）
（沧海丛刊 美术）

J001270
立体造形基本设计　张长杰著
台北 东大图书公司 1984 年 再版 170 页
有图 21cm（32 开）
（沧海丛刊 美术）

J001271
美术设计的基础　（日）大智浩著；王秀雄译
台北 台隆书店 1981 年 301 页 20cm（32 开）
精装

J001272
错觉与视觉美术　盖勒哈·查斯顿著；苏茂
生译
台北 大陆书店 1982 年 132 页 20cm（32 开）

J001273
视觉艺术　洛厄（Lowry, B.）著；杜若洲译
台北 雄狮图书股份有限公司 1982 年 210 页
20cm（32 开）定价：CNY46.00

J001274
美术设计的超现实构思　华雨诗编著
香港 万里书店 1983 年 134 页 有图 26cm（16 开）
定价：HKD20.00

J001275
造型教育　刘振源著
永和［台湾］刘振源［自刊］1983 年 308 页
有图 21cm（32 开）定价：TWD250.00
　　作者刘振源（1953—　　），画家。河北昌
黎人。号紫云斋主人。出版个人专辑《中国美
术成就——刘振源（1911—2011 百年书画名家
专辑）》。

J001276
构成·设计　陈海鱼绘编
长沙 湖南美术出版社 1984 年 110 页 有图
19cm（32 开）统一书号：8233.512
定价：CNY3.70
　　本书介绍了美术构图理论。共分 4 部分，即：
平面构成、装饰色彩、立体构成和应用设计。前

三部分对构成艺术作一缩影式的简介；第四部分则着重揭示构成艺术与现代设计之间的内在联系，从中可以鲜明地体现构成艺术在现代设计中的重要作用。

J001277
立体设计原理　王无邪著
台北　雄狮图书公司　1984 年　6 版　124 页　有照片图　19cm（32 开）定价：TWD120.00

J001278
刘开渠美术论文集　刘开渠著
济南　山东美术出版社　1984 年　301 页　有肖像
21cm（32 开）精装　统一书号：8332.204
定价：CNY2.70
　　本书收录美术论文 40 篇。分艺术、编译、漫忆 3 部分。作者刘开渠（1904—1993），雕塑家、教授。江苏徐州府萧县人（今属安徽）。就读于北平美术学校和法国巴黎国立高等美术学院雕塑系。曾任杭州艺术专科学校（中国美术学院）教授。创作浮雕有《淞沪战役阵亡将士纪念碑》《胜利渡长江解放全中国》《支援前线》《欢迎解放军》等。

J001279
视觉经验　洛厄（Lowry, B.）著；杜若洲译
台北　雄狮图书公司　1984 年　5 版　210 页　有图
20cm（32 开）定价：TWD160.00，TWD200.00
（精装）

J001280
视觉艺术　（视觉艺术的基本理论和实际）林书尧著
台北　维新书局　1984 年　修订本　382 页　有图
26cm（16 开）精装

J001281
二十世纪西方美术理论译丛　沈揆一主编
上海　上海人民美术出版社　1987 年　11 册
20cm（32 开）
　　外文书名：Translations of Western Art Theories in the Twentieth Century.

J001282
计算机美术　潘云鹤编著

北京　科学普及出版社　1987 年　127 页　有图
19cm（32 开）统一书号：15051.1220
定价：CNY1.60

J001283
人物变形设计　安迪编著
沈阳　辽宁大学出版社　1987 年　181 页　19cm（32 开）
ISBN：7-5610-0055-3　定价：CNY1.80

J001284
视觉艺术的含义　（美）潘诺夫斯基（Panofsky, E.）著；傅志强译
沈阳　辽宁人民出版社　1987 年　408 页　有图
20cm（32 开）ISBN：7-205-00096-3
定价：CNY4.65
（美学译文丛书）
　　本书首先介绍肖像学及圣像学（一种以艺术史为础的美学研究方法），然后着重介绍分析欧洲历代视觉艺术大师的不朽作品，再现古代、中世纪到文艺复兴时期几千年间视觉艺术的三姊妹——雕塑、绘画（包括版画）和建筑的发展历史，追究出很多视觉形象的母题含义及其流变。

J001285
我们所需要的造型　罗兰（Rowland, K.）著；柯志伟译
台北　六合出版社　1987 年　128 页　26cm（16 开）

J001286
造形原理　丘永福编著
台北　艺风堂出版社　1987 年　164 页　有图
26cm（16 开）精装　定价：TWD300.00
（现代美工丛书 6）

J001287
造型设计图集　徐迅主编
成都　四川科学技术出版社　1987 年　184 页
26cm（16 开）精装　ISBN：7-5364-0298-8
定价：CNY16.50
　　本书内容包括技术绘画基础、平面构成、色彩推移与联想、抽象表现、形象思维、商标设计、产品造型、室内设计与城市雕塑等。

J001288
观看与观察　（1 模式与形态）罗兰（Rowland,

K.）著；柯志伟译
台北 六合出版社 1988 年 2 版 131 页 有图
26cm（16 开）定价：TWD220.00

J001289
人体动势 1700 例　（图集）林百石编著
长春 吉林美术出版社 1988 年 128 页 26cm（16 开）
ISBN：7-5386-0124-4 定价：CNY9.00

　　编者林百石（1946—　），画家。吉林临江人，毕业于吉林艺术学院美术系。历任长春市美术家协会副主席，吉林日报社美术部主任编辑、书画院副秘书长，中国美术家协会会员、中国出版工作者协会装帧艺术研究会会员。作品有《秋声》《悟道图》《观沧海》等。

J001290
造型艺术心理学　高庆年著
北京 知识出版社 1988 年 220 页 有图
19cm（32 开）ISBN：7-5015-0012-6
定价：CNY1.80
（现代心理学丛书）

J001291
基本设计　（视觉形态动力学）（英）莫里斯·德·索斯马兹；莫天伟译
上海 上海人民美术出版社 1989 年 122 页 有图
20cm（32 开）ISBN：7-5322-0456-1
定价：CNY3.50
（设计丛书）

J001292
立体构成入门　杨清泉编
上海 上海书画出版社 1989 年 170 页 19cm（32 开）
ISBN：7-80512-320-9 定价：CNY6.14
（大世界画库 实用美术编）

J001293
立体构成原理　王无邪著；李田心译
西安 陕西人民美术出版社 1989 年 112 页
19cm（32 开）ISBN：7-5368-0048-7
定价：CNY3.75

J001294
平面设计　张力平等编著
长沙 湖南教育出版社 1989 年 88 页 19cm（32 开）

ISBN：7-5355-0936-3 定价：CNY4.10

J001295
器皿造型与装饰　王志强，刘琦编著
北京 轻工业出版社 1989 年 196 页 有图
20cm（32 开）ISBN：7-5019-0258-5
定价：CNY10.10

J001296
透视、色彩、构图、解剖　（造型艺术技法理论）魏永利等编著
北京 高等教育出版社 1989 年 233 页 26cm（16 开）
ISBN：7-04-002411-X 定价：CNY4.10

J001297
物生物　（现代设计理念）（意）莫拿利（Munari，B.）著；曾堉，洪进丁译
台北 博远出版公司 1989 年 381 页
21cm（32 开）定价：TWD350.00
　　外文书名：Da Cosa Nasce Cosa.

J001298
新艺术的震撼　（美）罗伯特·休斯（Robert Hughes）著；刘萍君，汪晴，张禾译
上海 上海人民美术出版社 1989 年 重印本
366 页 20cm（32 开）ISBN：7-5322-0442-1
定价：CNY18.50
（二十世纪西方美术理论译丛）

　　本书原稿是著者为英国广播公司撰写的一部介绍现代主义艺术兴衰的电视系列片解说词，成书时增加图 262 幅。

J001299
中国造型　庄伯和著
台北 光华画报杂志社 1989 年 有图 22cm（32 开）
精装 定价：TWD240.00
（光华杂志社丛书 11）

　　本书围绕的主题包括：中国独有的造型、因使用机能所产生的造型、造型的象征意义、造型本身的衍化。专论部分"中国民艺造型与生活美学"共 5 章，包括：何谓民艺、近代民艺研究的萌芽、民艺产生的条件、民艺的分类、民艺的特色。作者庄伯和，台湾民俗研究专家，著有《年画仕女的戏味与造形美》《民俗美术探访录》《台湾民艺造型》等。

J001300

包浩斯与现代艺术　许燕贞，陈慧津编辑
台北 台北市立美术馆 1990 年 133 页 有图
21cm（32 开）ISBN：957-93-5801-X
定价：TWD150.00
（美术论丛 23）

　　外文书名：Bauhaus and Modern Arts.

J001301

美术家手册　（材料与技巧）（美）梅耶（Mayer,
R.）著；蒋达等译
南宁 广西美术出版社 1990 年 663 页 20cm（32 开）
ISBN：7-80582-110-0 定价：CNY10.00

　　本书系美术材料应用与技巧专著。外文书
名：The Artist's Handbook of Materials.

J001302

设计概论　（日）佐口七郎编著；艺风堂出版社
编辑部编译
台北 艺风堂出版社编辑部 1990 年 246 页 有照
片 27cm（16 开）精装 ISBN：957-9394-15-6
定价：TWD450.00
（现代设计丛书 6）

J001303

设计基础　丘永福编著
台北 艺风堂出版社 1990 年 144 页 有照片
27cm（16 开）精装 ISBN：957-9394-26-1
定价：TWD350.00
（现代设计丛书 7）

J001304

视觉革命　彭德著
南京 江苏美术出版社 1990 年 265 页 有肖像
20cm（32 开）ISBN：7-5344-0175-5 定价：CNY3.80

　　本书内容包括：水墨画的死亡意识及前景；
中国建筑发展的障碍；摄影艺术的困境；外来影
响与中国美术的三次变革；后现代主义与中国当
代美术；中国画问题；审美作用是美术的唯一功
能；艺术的传统与变革；艺术与生活三部曲等。
作者彭德（1946—　），教授、一级美术师。笔
名楚迟，湖北天门人，毕业于华中师范大学中文
系。曾任湖北省文联副编审，中国美术家协会会
员。主编有《美术思潮》《楚艺术研究》《楚文艺
论集》《美术文献》等。著作有《美术志》《中华

五色》。

J001305

视觉革命　彭德著
南京 江苏美术出版社 1996 年 2 版 286 页
20cm（32 开）ISBN：7-5344-0175-5
定价：CNY12.10
（中国当代美术研究系列）

J001306

造形节奏　凯雷编著
香港 香港世界出版社［1990—1999 年］128 页
有图 23cm（10 开）精装 定价：HKD48.00

J001307

造型与形式构成　（包豪斯的基础课程及其发
展）（瑞士）伊顿著；曾雪梅，周至禹译
天津 天津人民美术出版社 1990 年 154 页 20cm
（32 开）ISBN：7-5305-0207-7 定价：CNY11.00

J001308

最新平面设计基础　（基本设计的理论与实例
应用）林品章编著
台北 星狐出版社 1990 年 144 页 25cm（小 16 开）
定价：TWD350.00

J001309

美的姿态　（英）哈泼德，（英）迈耶著；徐艺峰
等译
杭州 浙江摄影出版社 1991 年 175 页 19cm（32 开）
ISBN：7-80536-092-8 定价：CNY3.00

　　本书目的是向摄影家、导演和模特推荐怎样
进行摄影姿态造型以及各种造型的方法。书中
逐步列出人体主要部位和各个细部在摄影机前
发挥的作用。

J001310

模型与原型　（日）清水吉治等著
高雄 古印出版社 1991 年 167 页 有图
26cm（16 开）定价：TWD400.00

　　外文书名：Models & Prototypes.

J001311

视觉艺术　（美）兰尼尔（Lanier, V.）著；吴娟译
福州 福建美术出版社 1991 年 135 页 有图

20cm（32 开）ISBN：7-5393-0105-8
定价：CNY4.85

　　本书从艺术史学的角度出发，深入视觉艺术的各个领域，从而列举其现象、分析其异同、揭示其内涵和外延，以及如何理解、欣赏视觉艺术等，作了具体的论述。

J001312
瓦萨列里的艺术与设计　（法）若雷著；袁玲，逸心译
长沙 湖南美术出版社 1991 年 134 页 有图
15×13cm ISBN：7-5356-0323-8 定价：CNY7.00

　　本书内容包括：丹怀时期：1938—1958 年；贝里斯时期：1947—1954 年；克里斯塔尔－戈德斯时期：1948—1960 年；献给马列维奇：1952—1958 年；黑与白时期：1955—1963 年；艺术与科学思维；伏那尔时期：1966—1971 年；普遍结构；戈德斯教学美术馆；为了艺术社会化；埃克斯的瓦萨列里建筑美术馆；整合画——不朽之作等。外文书名：Vasarely's Art and Designs.

J001313
现代美术与设计基础　（概念、设计与实践）（美）马丁内兹（Martinez, Benjamin），布鲁克（Block, Jacqueline）著；毕盛镇，姜凡译
长春 吉林美术出版社 1991 年 250 页 有图
19cm（小 32 开）ISBN：7-5386-0231-3
定价：CNY7.50

　　本书介绍了现代美术与设计中的新思维、新方法，阐述了如何看代艺术中的视觉现象和艺术实践的创造活动。外文书名：Perception Design and Practice.

J001314
现代图形设计的创意与表现　薄贯休，贾荣林编著
北京 国际文化出版公司 1991 年 184 页
26cm（16 开）ISBN：7-80049-796-8
定价：CNY35.00

J001315
形式与设计　（鲍豪斯及鲍豪斯以后的基础课程）琼斯·伊顿著；米永亮译
上海 上海书画出版社 1991 年 127 页 21×19cm
ISBN：7-80512-507-4 定价：CNY9.00

　　本书内容包括：明暗对比、色彩理论、造型表现、主体形式等。外文书名：Design and Form: The Basic Course the Bauhaus and Later.

J001316
基本设计　林志伟，林传璋编著
台北 正文书局 1992 年 2 册 有图 26cm（16 开）（美术工艺系列 7-8）

J001317
美术术语与技法辞典　（美）迈耶（Mayer, Ralph）著；邵宏等译
广州 岭南美术出版社 1992 年 806 页 20cm（32 开）
精装 ISBN：7-5362-0975-4
定价：CNY29.00

　　本书解释在欣赏艺术的研究与实践中及其文献中遇到的专业术语，内容涉及油画、素描、雕塑、版画、瓷器及其他相关领域。

J001318
动态资料大全　（1 女人体多角度姿势 1800）林超译
福州 福建美术出版社 1996 年 164 页
29cm（大 16 开）ISBN：7-5393-0226-7
定价：CNY150.00（全 3 册）

J001319
动态资料大全　（2 女人体姿态变化 1800）林超译
福州 福建美术出版社 1996 年 159 页
29cm（大 16 开）ISBN：7-5393-0226-7
定价：CNY150.00（全 3 册）

J001320
动态资料大全　（3 女人体的动态和结构）林超译
福州 福建美术出版社 1996 年 159 页
29cm（大 16 开）ISBN：7-5393-0226-7
定价：CNY150.00（全 3 册）

J001321
视觉艺术设计　（法）J.J. 德卢西奥－迈耶著；李玮，周水涛译
台北 地景企业公司 1993 年 230 页 26cm（16 开）
ISBN：957-9580-91-X 定价：TWD350.00

外文书名：Visual Aesthetics.

J001322

无声的对话 （美术欣赏与研究）刘治贵著
重庆 重庆出版社 1993 年 298 页 有图
20cm（32 开）ISBN：7-5366-2390-9
定价：CNY6.00

　　本书收录美术短文 80 余篇，述及基本理论、美展、画作、美术书籍、世界著名画家以及当今诸多绘画流派等。

J001323

西方美术理论文选 （古希腊到 20 世纪）迟轲主编；邵宏等译
成都 四川美术出版社 1993 年 878 页 20cm（32 开）
ISBN：7-5410-0914-8 定价：CNY19.50

　　本书收录自公元前 5 世纪古希腊时代至 20 世纪 70 年代间 140 余位艺术家、艺术批评家的相关论述，按照历史的系统介绍了西方美术理论。作者迟轲（1925—2012），著名美学家、美术批评家。原名迟雁鸣，出生于天津，祖籍山东宁津。曾任广州美术学院教授、广东美学学会会长。代表作品《西方美术史话》。

J001324

造形 （一）林铭泉著
台北 三民书局 1993 年 185 页 26cm（16 开）
ISBN：957-14-1965-6
　　外文书名：Form.

J001325

造形 （二）林振阳著
台北 三民书局 1993 年 114 页 26cm（16 开）
ISBN：957-14-1966-4 定价：旧台币 5.56
　　外文书名：Form.

J001326

道与书画 李德仁著
北京 人民美术出版社 1994 年 469 页 20cm（32 开）
ISBN：7-102-01358-2 定价：CNY14.00

　　本书收录《书道书法论》《绘画传神新考》《画道与创新》等 30 篇文章。外文书名：Dao, Chinese calligraphy and painting. 作者李德仁（1946—　），教师。字泽甫，号寀原，山西榆次人。历任山西大学美术系副教授、中国美术家

协会会员，中国书法家协会会员，兼任马来西亚艺术学院东方艺术研究中心研究员。出版《东方绘画学原理概论》《道与书画》《明清绘画大师丛书——徐渭》《李德仁中国画作品集》等。

J001327

电脑美术设计 孙明著
沈阳 辽宁美术出版社 1994 年 201 页 有彩图
26cm（16 开）精装 ISBN：7-5314-1051-6
定价：CNY82.00
　　外文书名：Computer Graphic Design.

J001328

美术概论 王宏建，袁宝林主编；中央美术学院美术史系艺术理论教研室编著
北京 高等教育出版社 1994 年 613 页 20cm（32 开）
ISBN：7-04-004770-5 定价：CNY13.55

J001329

美术学文库 邓福星主编
哈尔滨 黑龙江美术出版社 1994 年 10 册
20cm（32 开）

　　本文库共 10 册，包括《西方美术史研究评述》《中国现代美术学史》《造型艺术原理》《美术教育学》《美术人类学》等。作者邓福星（1945—　），书画家，美术教育家。河北固安人，毕业于中国艺术研究院研究生班，获博士学位。任中国艺术研究院研究员，博士生导师，中国画学会副会长。绘画作品《周总理永远和我们在一起》《梅花欢喜漫天雪》《五体千字文》，论著《美术概论》等。

J001330

视觉艺术鉴赏 （英）伯杰（Berger, John）著；戴行钺译
北京 商务印书馆 1994 年 199 页 有图
19cm（小 32 开）ISBN：7-100-01535-9
定价：CNY8.00
（商务新知译丛）

　　本书共 7 编，其中 4 编图文并用，其余 3 篇纯用影像，论述了视觉艺术的理论和鉴赏知识。

J001331

电脑绘图入门 （电脑实用美术设计）刘国香，刘月华编著

青岛 青岛出版社 1995 年 204 页 20cm（32 开）
ISBN：7-5436-1291-7 定价：CNY8.60
（电脑快速入门丛书）

J001332
电脑美术　中央美术学院电脑美术工作室编
沈阳 辽宁画报出版社 1995 年 82+22 页 有图
28cm（大 16 开）ISBN：7-80601-009-2
定价：CNY19.80

J001333
电脑美术设计　（现代平面设计制作）季童
主编
北京 北京燕山出版社 1995 年 177 页 有图
26cm（16 开）ISBN：7-5402-0310-2
定价：CNY76.00

J001334
电脑美术设计实践　文增著、王雪编著
哈尔滨 黑龙江美术出版社 1995 年 238 页
29cm（16 开）ISBN：7-5318-0318-6
定价：CNY98.00
　　外文书名：Computer Design.

J001335
构成设计　蓝先琳主编
北京 中国旅游出版社 1995 年 94 页 26cm（16 开）
ISBN：7-5032-1174-1 定价：CNY18.00

J001336
论视觉艺术　罗门著
台北 文史哲出版社 1995 年 232 页 21cm（32 开）
ISBN：957-547-949-1 定价：TWD240.00
（罗门创作大系 9）

J001337
形、生活与设计　李荐宏著
台北 亚太图书出版社 1995 年 186 页
27cm（大 16 开）ISBN：957-8510-63-2
定价：TWD550.00
（设计生活 1）
　　外文书名：Form　Life & Design.

J001338
中国的现代造形观　（创作理念）陈振辉著

台北 银禾文化事业公司 1995 年 130 页
27cm（大 16 开）ISBN：957-568-347-1
定价：TWD250.00

J001339
中国古代艺术成象论　黄广华著
南宁 广西教育出版社 1995 年 151 页 20cm（32 开）
ISBN：7-5435-2261-6 定价：CNY4.45
（艺术学丛书）

J001340
大学美术　马一平、王林主编
重庆 西南师范大学出版社 1996 年 121 页 有图
26cm（16 开）ISBN：7-5621-1578-8
定价：CNY16.50

J001341
电脑美术创意　郭开鹤编著
北京 印刷工业出版社 1996 年 190 页 26cm（16 开）
ISBN：7-80000-212-8 定价：CNY25.00

J001342
电脑美术设计　（彩色印品设计制作）曾广华
主编
北京 警官教育出版社 1996 年 159 页 26cm（16 开）
ISBN：7-81027-656-5 定价：CNY167.00

J001343
电脑与艺术共创未来　潘云鹤等编
北京 清华大学出版社 1996 年 19+113 页
有彩图 29cm（16 开）ISBN：7-302-02140-6
定价：CNY98.00
（中国计算机学会学术专著丛书）
　　外文书名：The Computer and Art Create the
Future. 本书由清华大学出版社和广西科学技术
出版社联合出版。

J001344
泛舟玄海　（杨念彝美术文论）杨念彝著
贵阳 贵州民族出版社 1996 年 206 页
19cm（小 32 开）ISBN：7-5412-0658-X
定价：CNY6.80

J001345
公共艺术设计　施慧编著

杭州 中国美术学院出版社 1996 年 110 页
有彩图 26cm（16 开）ISBN：7-81019-517-4
定价：CNY24.50
（环境艺术设计丛书）
　　作者施慧（1955— ），女，画家。生于上海，
毕业于中国美术学院。中国美术学院雕塑系和
环境艺术系教授，中国美术家协会会员，中国环
境艺术委员会委员。

J001346
少年色彩入门　吴运鸿编著
北京 新华出版社 1996 年 59+16 页 有彩图
26cm（16 开）ISBN：7-5011-3284-4
定价：CNY12.00
（少年美术入门系列）
　　作者吴运鸿（1954— ），艺术家。笔名鲁人，
生于北京，祖籍山东蓬莱。中央美术学院中国画
专业研究生班毕业。中国外文出版社美术副编
审，北京轻工业技术学院美术特聘教授，民建北
京市委文化委员会委员。出版专著《少年美术入
门系列》《吴运鸿画集》等，国画作品有《松山月
色图》《春月图》《京剧印象》等。

J001347
设计　李百钧等著
北京 海豚出版社 1996 年 65 页 有图
26cm（16 开）ISBN：7-80051-880-9
定价：CNY13.60
（绘画与设计基础）

J001348
设计 21th （CI 设计）程大利主编
南京 江苏美术出版社 1996 年 63 页 28cm（15 开）
ISBN：7-5344-0634-X 定价：CNY48.00
　　作者程大利（1945— ），书画家、编辑出版
家、美术理论家。江苏徐州人。历任江苏美术出
版社社长兼总编辑、副编审，中国美术家协会会
员，江苏省国画院特邀画师，中国年画研究会常
务理事等。主要作品有《曲尽箫笙息》《风云际
会时》《闲云》《太行岂止铁壁高》《汉风流宕》等。

J001349
设计 21th （流行设计）程大利主编
南京 江苏美术出版社 1996 年 63 页 28cm（15 开）
ISBN：7-5344-0633-1 定价：CNY48.00

J001350
设计 21th （环境设计）程大利主编；江苏美
术出版社，南京艺术学院设计艺术系编辑
南京 江苏美术出版社 1996 年 63 页 28cm（15 开）
ISBN：7-5344-0635-8 定价：CNY48.00

J001351
设计 21th （设计摄影）程大利主编；江苏美
术出版社，南京艺术学院设计艺术系编辑
南京 江苏美术出版社 1996 年 63 页 28cm（15 开）
ISBN：7-5344-0636-6 定价：CNY48.00

J001352
设计基础　魏诗国编著
成都 四川教育出版社 1996 年 266+56 页 有图
26cm（16 开）ISBN：7-5408-2718-1
定价：CNY19.80
　　作者魏诗国（1942— ），美术教师。生于四
川成都，毕业于西南示范学院。历任中国职教美
术研究会、中国美术教育专业委员会职教分会秘
书长。代表作品有《秋阳》《春雨》《老磨》等。

J001353
设计透视入门　赵军，赵慧宁著
南宁 广西美术出版社 1996 年 48 页 有图
26cm（16 开）ISBN：7-80625-124-3
定价：CNY10.00
（设计基础入门丛书）

J001354
视觉艺术与造形　林崇宏著
台北 邯郸出版社 1996 年 117 页 有照片
27cm（16 开）精装 ISBN：957-9485-47-X
定价：TWD380.00

J001355
现代美术教育理论与教学法 （中日美术教
学方法的综合比较）张小鹭著
厦门 厦门大学出版社 1996 年 432 页 20cm（32 开）
ISBN：7-5615-1206-6 定价：CNY18.50
　　作者张小鹭（1952— ），厦门大学美术系中
国画教研室主任。

J001356
造型艺术的意义 （德）潘诺夫斯基（Erwin

Panofsky）著；李元春译
台北 远流出版事业公司 1996 年 440 页 有图
21cm（32 开）ISBN：957-32-3285-5
定价：TWD450.00
（艺术馆 44）
　　外文书名：Meaning in the Visual Arts.

J001357
造型艺术在后资本主义里的功能 （德）马
丁·达姆斯（Martin Damus）著；吴玛悧译
台北 远流出版事业公司 1996 年 178 页 有图
21cm（32 开）ISBN：957-32-3045-3
定价：TWD220.00
（艺术馆 38）
　　外文书名：Funktionen der Bilden den Kunst
im Spatkapitalismus.

J001358
中国造型艺术辞典　郎绍君等主编
北京 中国青年出版社 1996 年 33+864 页 有图
26cm（16 开）精装 ISBN：7-5006-2174-4
定价：CNY220.00
　　本书是《中国书画鉴赏辞典》的姊妹篇，包
括中国雕塑、建筑、青铜、陶瓷、玉器、金银器、
漆器、印染织绣、竹木牙角和民间美术 10 大类。
作者郎绍君（1939—　　），河北保定人，毕业于
天津美术学院。历任中国艺术研究院美术研究
所近现代美术研究室主任、研究员，河北大学艺
术理论研究中心主任。出版有《现代中国画论
集》《齐白石研究》《艺术理论研究》等。

J001359
中国造型艺术辞典　郎绍君等主编
北京 中国青年出版社 1996 年 864 页 26cm（16 开）
ISBN：7-5006-2174-4 定价：CNY175.00

J001360
电脑美术设计 （4）吴忠麟等编著
南京 江苏美术出版社 1997 年 94 页 26cm（16 开）
ISBN：7-5344-0701-X 定价：CNY48.00
（设计系列丛书 4）
　　外文书名：An Approach to Design of Com-
puter Arts.

J001361
电脑美术图案设计　尹武松著
北京 北京工艺美术出版社 1997 年 144 页
有彩图 26cm（16 开）ISBN：7-80526-267-5
定价：CNY26.00
（实用电脑美术创作世界丛书）

J001362
福建师范大学美术系教师论文集　福建师
范大学美术系编
福州 福建美术出版社 1997 年 306 页 有图
26cm（16 开）ISBN：7-5393-0632-7
定价：CNY40.00

J001363
构成　朱翔主编
天津 天津科学技术出版社 1997 年 120 页 有图
26cm（16 开）ISBN：7-5308-2346-9
定价：CNY30.00

J001364
构成　何谷主编
北京 中国商业出版社 1997 年 85 页 有图
26cm（16 开）ISBN：7-5044-3524-4
定价：CNY10.00

J001365
理论基础　谢雾编著
长沙 湖南美术出版社 1997 年 138 页 有图
26cm（16 开）ISBN：7-5356-1028-5
定价：CNY18.50
（青少年美术辅导丛书）

J001366
美术学研究 （第一集）陈池瑜主编；湖北美
术学院美术学系编
武汉 长江文艺出版社 1997 年 308 页 26cm（16 开）
ISBN：7-5354-1514-8 定价：CNY20.00
　　作者陈池瑜（1956—　　），湖北人，湖北美术
学院副教授，中国美术家协会会员。

J001367
美术学研究 （第二集）陈池瑜主编；湖北美
术学院美术学系编
武汉 长江文艺出版社 1998 年 345 页 有照片

26cm（16 开）ISBN：7-5354-1770-1
定价：CNY20.00

J001368
平面造形基础　林崇宏编著
台北 亚太图书出版社 1997 年 200 页 有图
26cm（16 开）ISBN：957-8510-89-6
定价：TWD500.00
（设计生活丛书 7）
　　外文书名：Graphic Design.

J001369
设计基础 （平面 图集）曹雪编著
苏州 古吴轩出版社 1997 年 60 页 26cm（16 开）
ISBN：7-80574-318-5 定价：CNY14.80

J001370
设计基础　王芃，曾俊编著
重庆 西南师范大学出版社 1997 年 199 页
有彩图 26cm（16 开）ISBN：7-5621-1580-X
定价：CNY38.00

J001371
中等美术学校考生指导丛书　乙丙主编
郑州 河南美术出版社 1997 年 4 册 26cm（16 开）
定价：CNY47.30

J001372
CorelDRAW　8 美术设计与范例　朱希宁，
朱洁著
北京 中国大地出版社 1998 年 369 页 26cm（16 开）
ISBN：7-80097-218-6 定价：CNY48.00

J001373
电脑美术精品设计 （图集）张建淳，张建
哲著
沈阳 辽宁美术出版社 1998 年 128 页
28cm（大 16 开）ISBN：7-5314-1954-8
定价：CNY50.00

J001374
电脑美术立体设计　尹武松著
北京 北京工艺美术出版社 1998 年 176 页
有图 26cm（16 开）ISBN：7-80526-160-1
定价：CNY26.00

（实用电脑美术创作世界丛书）

J001375
电脑美术平面设计　尹武松著
北京 北京工艺美术出版社 1998 年 160 页
有彩图 26cm（16 开）ISBN：7-80526-159-8
定价：CNY39.00
（实用电脑美术创作世界丛书）

J001376
电脑美术平面设计 （Photoshop 5.0）张建
春，黄伟编著
杭州 浙江摄影出版社 1998 年 210 页
有图 26cm（16 开）ISBN：7-80536-540-7
定价：CNY98.00
（电脑设计系列）

J001377
电脑美术设计 （Adobe Photoshop 4.0 解析与
运用 图册）胡建斌著
长沙 湖南美术出版社 1998 年 91 页 29cm（16 开）
ISBN：7-5356-1065-X 定价：CNY72.00

J001378
电脑美术设计技巧解析 （立体设计篇）陈贤
浩，张立群著
上海 上海科学技术文献出版社 1998 年 201 页
29cm（大 16 开）ISBN：7-5439-1260-0
定价：CNY120.00

J001379
电脑美术设计技巧解析 （平面设计篇）陈贤
浩，张立群著
上海 上海科学技术文献出版社 1998 年 167 页
29cm（大 16 开）ISBN：7-5439-1246-5
定价：CNY100.00

J001380
电脑美术作品制作与欣赏　大众软件杂志社
编辑
北京 学苑出版社 1998 年 179 页 有图
26cm（16 开）ISBN：7-5077-1344-X
定价：CNY18.00
　　本书内容包括："高手过招"、"好画大家看"、
"极品攻略 Photoshop4.0"、"极品攻略 Painter5.0"、

"极品攻略 Photoimpact40." 等。

J001381

电脑设计 王沂蓬［著］
济南 山东友谊出版社 1998 年 224 页 有图
22cm（30 开）ISBN：7-80551-923-4
定价：CNY55.00
（中央美术学院设计教学丛书）

J001382

计算机艺术设计 （上）李勇，付志勇编著
北京 中国纺织出版社 1998 年 102 页 有图
26cm（16 开）ISBN：7-5064-1360-4
定价：CNY45.00
（艺术设计丛书）

J001383

计算机艺术设计 （下）李勇，付志勇编著
北京 中国纺织出版社 1998 年 102 页 有图
26cm（16 开）ISBN：7-5064-1361-2
定价：CNY45.00
（艺术设计丛书）

J001384

美术形态学 王林著
重庆 重庆出版社 1998 年 2 版 245 页
20cm（32 开）ISBN：7-5366-1655-4
定价：CNY12.70
本书内容包括：绘画的艺术特征、摄影艺术
的特征、文字艺术的特征、美术的重要品种、分
离形态的现代美术等。作者王林，籍贯辽宁，生
于西安，长在四川。毕业于重庆师院中文系。四
川美术学院教师，美术批评家。参加撰写有《艺
术教育学》等。

J001385

设计概论 高兴著
兰州 甘肃人民出版社 1998 年 156 页 20cm（32 开）
ISBN：7-226-01963-9 定价：CNY10.00

J001386

设计基础 谭平［著］
济南 山东友谊出版社 1998 年 102 页 22cm（30 开）
ISBN：7-80551-985-4 定价：CNY26.00
（中央美术学院设计教学丛书）

J001387

设计目标论 尹定邦著
广州 暨南大学出版社 1998 年 355 页 20cm（32 开）
ISBN：7-80597-179-X 定价：CNY118.00

J001388

艺术对话 （与十五位女性艺术家的访谈）辛
蒂·南瑟（Cindy Nemser）著；徐洵蔚译
台北 远流出版事业公司 1998 年 439 页 有照片
图 21cm（32 开）ISBN：957-32-3636-2
定价：TWD450.00
（艺术馆 55）
外文书名：Art Talk.

J001389

走近美术 尹少淳著
长沙 湖南美术出版社 1998 年 398 页 有图
20cm（32 开）ISBN：7-5356-1220-2
定价：CNY35.50

J001390

保罗·克利教学手记 （瑞士）保罗·克利（Paul
Klee）著；周群超译
台北 艺术家出版社 1999 年 57 页 有图
26cm（16 开）精装 ISBN：957-8273-46-0
定价：TWD280.00
（包浩斯丛书 1）
外文书名：Padagogisches Skizzenbuch. 作者保
罗·克利（Paul Klee，1879—1940），瑞士画家。毕
业于慕尼黑美术学院，曾任教于包豪斯学院。其
作品多以油画、版画、水彩画为主，代表作品有
《亚热带风景》《老人像》等。

J001391

电脑美术立体设计 何樾主编；全国中等职
业学校计算机应用、实用美术专业教材编写
组编
北京 高等教育出版社 1999 年 247 页 有图
26cm（16 开）ISBN：7-04-007003-0
定价：CNY35.80

J001392

电脑美术立体设计案例 何樾主编；全国中
等职业学校计算机应用、实用美术专业教材编
写组编

北京 高等教育出版社 1999 年 82 页 26cm（16 开）
ISBN：7-04-007004-9 定价：CNY19.50

J001393

电脑美术平面设计　徐伟雄主编；全国中等
职业学校计算机应用、实用美术专业教材编写
组［编］
北京 高等教育出版社 1999 年 181 页 26cm（16 开）
ISBN：7-04-007005-7 定价：CNY20.00

J001394

电脑美术平面设计案例　徐伟雄，王朝蓬主
编；全国中等职业学校计算机应用、实用美术
专业教材编写组［编］
北京 高等教育出版社 1999 年 168 页 26cm（16 开）
ISBN：7-04-007006-5 定价：CNY20.30

J001395

梦幻 photoshop4 创意设计　（美）麦克莱兰
著；末末，刘军译
北京 中国水利水电出版社 1999 年 333 页
有彩图 26cm（16 开）定价：CNY35.00
（万水电脑创意设计精品丛书）
　　外文书名：Photo 4 Studio Secrets

J001396

设计学概论　尹定邦著
长沙 湖南科学技术出版社 1999 年 239 页
26cm（16 开）ISBN：7-5357-2593-7
定价：CNY27.00
（设计学丛书）

J001397

西安美术学院 50 周年院庆美术学论文集
王宁宇主编
北京 人民美术出版社 1999 年 505 页 有图
26cm（16 开）ISBN：7-102-02075-9
定价：CNY42.50
　　本论文集收录当代美术与美术教育趋势研
究，艺术哲学问题研究，美术考古与文化人类学
研究，中国绘画史研究，西方绘画研究，美术创
作动态研究，设计艺术学研究，教材、教学法及
教改研究共计 66 篇。作者王宁宇（1945—　　），
美术史研究员。河南孟津人，毕业于西安美术学
院。曾在陕西省工艺美术公司、陕西省群众艺术

馆、陕西省文化厅群众文化处工作。曾任陕西雕
塑院艺术委员会副主任、研究员，中国美术家协
会会员。编著有《陕西民间美术研究》等。

J001398

新视觉艺术　靳鸣，冬日编著
沈阳 辽宁美术出版社 1999 年 104 页 有彩图
29cm（16 开）精装 ISBN：7-5314-2072-4
定价：CNY58.00

J001399

新视野　（色彩集）杜宏祺编著
沈阳 辽宁美术出版社 1999 年 68 页 26cm（16 开）
ISBN：7-5314-2383-9 定价：CNY22.00
（21 世纪技法系列丛书 艺术设计基础教学）

J001400

新视野　（素描集）杜宏祺编著
沈阳 辽宁美术出版社 1999 年 86 页 26cm（16 开）
ISBN：7-5314-2280-8 定价：CNY15.00
（21 世纪技法系列丛书 艺术设计基础教学）

J001401

形象设计　孔德明著
郑州 河南科学技术出版社 1999 年 12+165 页
有图 26cm（16 开）ISBN：7-5349-2242-9
定价：CNY30.00

J001402

艺术设计　汤义勇编著
太原 希望出版社 1999 年 124 页 有彩图
26cm（16 开）ISBN：7-5379-2371-X
定价：CNY28.00
（美术院校升学指导丛书）
　　本书内容包括：形式美的基本法则、装饰色
彩、招贴广告设计、书籍封面设计、服装设计等。
作者汤义勇（1951—　　），生于上海，毕业于华东
师范大学。上海工程技术大学艺术设计学院美
术系主任。著有《艺术设计》等。

J001403

艺术设计概论　李龙生编著
合肥 安徽美术出版社 1999 年 97 页 有图
26cm（16 开）ISBN：7-5398-0534-X
定价：CNY18.00

J001404

用 CorelDRAW 8 做美术设计　曾子屹编著
成都 四川美术出版社 1999 年 110 页 有彩图
29cm（16 开）ISBN：7–5410–1626–8
定价：CNY25.00
（画家轻松学电脑丛书）

J001405

造型艺术美学导论　章利国著
石家庄 河北美术出版社 1999 年 264 页
有彩图 20cm（32 开）ISBN：7–5310–0938–2
定价：CNY24.00
　　作者章利国（1947—　　），教授。浙江安吉人。
历任中国美术学院教授、硕士生导师，中国美术
家协会会员，中华美学学会会员。著有《希腊罗
马美术史话》《造型艺术美学导论》《现代设计美
学》等。

J001406

中等美术进阶　张建平主编
上海 上海画报出版社 1999 年 127 页 29cm（16 开）
ISBN：7–80530–462–9 定价：CNY68.00

J001407

中西造型艺术赏析　赵九杰著
北京 科学出版社 1999 年 109 页 有图
20cm（32 开）ISBN：7–03–007663–X
定价：CNY30.00

造型艺术理论——构图学

J001408

最新图案法　俞剑华编著；何明斋，焦秉贞
校订
上海 商务印书馆 1926 年 171 页 有图
23cm（大 32 开）
　　本书内容包括：总论、图案之资料、图案的
画法、平面图案。作者俞剑华（1895—1979），绘
画史论家、画家、美术教育家。原名俞琨，曾用
名俞德，字剑华，以字行。生于山东济南，毕业
于北京高等师范手工图画专修科。先后执教于
北京美术学校、山东美术学校、上海美术专科学
校、暨南大学等。出版有《中国绘画史》《中国画

论类编》《立体图案法》等。

J001409

构图法 ABC　丰子恺著
上海 ABC 丛书社 1929 年 2 版 118 页 有图
19cm（32 开）定价：五角
（ABC 丛书）
　　本书内容包括：序说、画面的位置、构图法、
构图论。书前有徐蔚南的《ABC 丛书发刊旨趣》
及编者例言。

J001410

构图法示例　陈影梅编
上海 开明书店 1936 年 95 页 有图 19cm（32 开）
定价：国币三角
　　本书内容包括：构图的使命、构图的实例、
构图的背景、桌线与地平线等。

J001411

造型艺术的构图问题　（苏）马尼泽尔（М. Г.
Манизер）著；丰一吟译
上海 上海人民美术出版社 1955 年 有图
20cm（32 开）定价：CNY0.31
（造型艺术理论丛书）
　　作者丰一吟（1929—　　），女，画家、翻译学
家。浙江崇德县（今桐乡市石门镇）人，丰子恺
之女。毕业于中苏友协俄文学校。上海市文史
研究馆馆员，丰子恺研究会顾问，上海翻译家协
会会员。主要著作有《潇洒风神－我的父亲丰子
恺》《丰子恺漫画全集》《爸爸的画》等。

J001412

造型艺术的构图问题　（苏）马尼泽尔（М. Г.
Манизер）著；丰一吟译
上海 上海人民美术出版社 1956 年 重印本
有图 20cm（32 开）统一书号：8081.0815
定价：CNY0.30
（造型艺术理论丛书）

J001413

现代形式构图原理　（造型形式美基础）史春
珊著
哈尔滨 黑龙江科学技术出版社 1985 年 169 页
26cm（16 开）统一书号：8271.031
定价：CNY2.30

本书是研究现代造型形式美的基础理论性专著，主要内容有概论、形式构图的基本规律、形式构图的基本方法和原则、形态的知觉心理、视觉的特征与错觉、形态、色彩。

J001414

平面构形基础　陆韬编著

香港 万里书店 1988年 214页 21cm（32开）

ISBN：962-14-0332-4 定价：HKD38.00

（新美术丛书9）

外文书名：Two-dimensional Forming.

J001415

光构成　（日）朝仓直已著；林品章译

台北 艺术家出版社 1990年 173页

有彩图 21cm（32开）定价：TWD300.00

J001416

光构成　（光构成作品评介）（日）朝仓直已，陈小清编著

南宁 广西美术出版社 1995年 64页 26cm（16开）

ISBN：7-80582-745-1 定价：CNY28.80

J001417

平面构成设计　李槐清编著

石家庄 河北美术出版社 1990年 120页 有彩图 26cm（16开）ISBN：7-5310-0362-7

定价：CNY7.80

（美术技法丛书）

本书除介绍了以数理化为基础的概念构成之外，还将以情感为基础的直觉构成和以想象为基础的幻觉构成作了适当介绍，使具象、意象、抽象融汇一体，丰富了平面构成设计的教学内容。

J001418

立体构成　辛华泉著

哈尔滨 黑龙江美术出版社 1991年 200页 有图 20cm（32开）ISBN：7-5318-0120-5

定价：CNY21.80

（视觉设计教育丛书）

本书以立体造型的创作训练为主线，着眼于智能训练，采取形象思维与逻辑思维相结合的构思方法、开创思路。作者辛华泉（1936— ），教授。河北人，毕业于中央工艺美

术学院。历任中央工艺美术学院副教授、中国书画函授大学兼任教授、中国美术家协会会员。译著有《设计基础》，论文有《设计形态创造的科学依据》《论构成》等。

J001419

立体构成　赵殿泽编著

沈阳 辽宁美术出版社 1991年 299页 有图 17×19cm ISBN：7-5314-0920-8

定价：CNY18.50

（工艺美术丛书）

本书重点介绍了线材构成、面材构成、块材构成等。作者赵殿泽（1931— ），教授。辽宁海城人，毕业于鲁迅美术学院。曾任鲁迅美术学院工艺系教授、辽宁华海专修学院副院长、辽宁省装帧艺术研究会常务理事。著有《构成艺术》《色彩构成》《立体构成》。

J001420

立体构成　赵殿泽编著

沈阳 辽宁美术出版社 1994年 重印本 299页 有图 17×19cm ISBN：7-5314-0920-8

定价：CNY22.00

（工艺美术丛书）

J001421

中心的力量　（视觉艺术构图研究）（美）阿恩海姆（Arnheim, R.）著；张维波，周彦译

成都 四川美术出版社 1991年 203页 有图 20cm（32开）ISBN：7-5410-0576-2

定价：CNY5.45

（现代美术理论翻译系列）

本书以中心系统与笛卡儿方格系统的相互作用来解释视觉艺术作品的组织结构，提出了一系列视觉艺术构图组织的原则。作者鲁道夫·阿恩海姆（1904—2007），德裔美籍作家、美术和电影理论家。出生于柏林。曾任美国美学协会主席。代表作品《艺术与视知觉》《视觉思维》《作为艺术的电影》等。

J001422

空间构成　辛华泉著

哈尔滨 黑龙江美术出版社 1992年 186页 有彩图 20cm（32开）ISBN：7-5318-0141-8

定价：CNY24.00

（视觉设计教育丛书）

本书内容包括：空间构成概论、内空间的构成、空间的装饰等9章。作者辛华泉（1936—　），教授。河北人，毕业于中央工艺美术学院。历任中央工艺美术学院副教授、中国书画函授大学兼任教授、中国美术家协会会员。译著有《设计基础》，论文有《设计形态创造的科学依据》《论构成》等。

J001423

平面构成原理　李波编

大连 大连理工大学出版社 1992年 99页 18×17cm ISBN：7-5611-0572-X

定价：CNY5.40

本书着重阐述与平面有关的形态、构图、美感以及构成形式规律的问题。

J001424

立体构成　卢少夫编著

杭州 浙江美术学院出版社 1993年 97页 有彩图 26cm（16开）ISBN：7-81019-192-6

定价：CNY13.50

本书包括构成要素、形成要素、材料要素、技术要素、练习程序等7部分。作者卢少夫（1955—　），教授。浙江人，毕业于中国美术学院。中国美术学院教授，中国美术家协会会员。

J001425

图像与观念　（范景中学术论文选）范景中著；曹意强，洪再辛编

广州 岭南美术出版社 1993年 473页 20cm（32开）

ISBN：7-5362-0942-8 定价：CNY11.80

本书收集了范景中自1980年以来所写的文章共计24篇，其中有《艺术探索和艺术问题》《比较美术与美术比较》《法国象征主义画家莫罗》等。

J001426

黑白平面构成　王化斌著

北京 人民美术出版社 1994年 240页 有图 26cm（16开）ISBN：7-102-01364-7

定价：CNY16.00

本书内容包括：概论、形象、骨格、重复构成、近似构成、渐变构成、发射构成、变异构成、分割构成、结集与对比、空间构成、肌理构成、

视幻与其他。作者王化斌（1944—　），二级美术师。字之秋，北京人。北京美术家协会会员。

J001427

画面肌理构成　王化斌著

北京 人民美术出版社 1994年 211页 26cm（16开）ISBN：7-102-01491-0 定价：CNY32.00

J001428

图形想象　刘巨德著

沈阳 辽宁美术出版社 1994年 154页 26cm（16开）精装 ISBN：7-5314-1237-3

定价：CNY49.80

外文书名：Graphical Imagination. 作者刘巨德（1946—　），蒙古族，画家、美术理论家。内蒙古商都人，硕士毕业于中央工艺美术学院并留校任教。清华大学美术学院绘画系教授、副院长、博士生导师、学术委员会主席、清华大学吴冠中艺术研究中心主任，中国美术家协会理事，北京市美术家协会理事。代表作品有《鱼》《面对形象》《图形想象》《刘巨德素描集》等。

J001429

构图基础入门　黄菁著

南宁 广西美术出版社 1995年 32页 26cm（16开）

ISBN：7-80582-893-8 定价：CNY3.60

（美术基础入门画库）

J001430

新编平面构成教程　田旭桐著

南宁 广西美术出版社 1995年 140页 26cm（16开）

ISBN：7-80582-856-3 定价：CNY17.50

作者田旭桐（1962—　），教授。北京人，毕业于中央工艺美术学院。清华美院教授、硕士生导师。作品有《天街连晓雾》《隔溪烟雨》《一池清水泛鱼苗》等。

J001431

平面构成　夏镜湖编著

重庆 西南师范大学出版社 1996年 170页 26cm（16开）ISBN：7-5621-1553-2

定价：CNY68.00

（二十一世纪设计家丛书 装潢系列）

外文书名：Plane Construction.

J001432
平面构成 （图集）王晓林，崔齐编著
北京 中国纺织出版社 1996年 154页 26cm（16开）
ISBN：7-5064-1222-5 定价：CNY16.00

J001433
平面构成 黄刚著
杭州 中国美术学院出版社 1996年 重印本
132页 26cm（16开）ISBN：7-81019-092-X
定价：CNY14.00
（设计教材丛书）

J001434
平面构成入门 （图集）陆红阳著
南宁 广西美术出版社 1996年 48页 26cm（16开）
ISBN：7-80625-089-1 定价：CNY8.50
（设计基础入门丛书）

J001435
平面构形设计 （图集）田旭桐著
南宁 广西美术出版社 1996年 160页 26cm（16开）
ISBN：7-80625-145-6 定价：CNY18.90

J001436
平面图形构成 郭茂来著
石家庄 河北美术出版社 1996年 155页
26cm（16开）ISBN：7-5310-0738-X
定价：CNY19.00
　　作者郭茂来（1956—　），教师。生于河北张
家口。历任嘉兴学院设计学院工业设计专业教
授、《装饰》杂志社特约撰稿人、中国机械工业教
育协会工业设计学科教学委员会委员等。代表
作品《视觉艺术概论》《屠夫毕加索》《水禽动物
图案集》等。

J001437
构成艺术教程 鲁迅美术学院染织美术设计
系著；宋德昌主编
沈阳 辽宁美术出版社 1997年 199页 29cm（16开）
ISBN：7-5314-1651-4 定价：CNY51.00
（高等美术院校考生必读 5）

J001438
平面构成 （视觉传达 设计思维 图集）王红
卫，何沙编著

北京 人民美术出版社 1997年 208页 26cm（16开）
ISBN：7-102-01609-3 定价：CNY68.00

J001439
平面构成 （图集）韩永，王学东编著
北京 中国连环画出版社 1997年 125页
26cm（16开）ISBN：7-5061-0757-0
定价：CNY22.00

J001440
构成基础 张建辛主编
北京 高等教育出版社 1998年 222页 有图
26cm（16开）ISBN：7-04-006564-9
定价：CNY30.00
　　作者张建辛（1954—　），教师。山东济南人，
山东艺术学院美术设计系任教。

J001441
构图中心技巧释秘 李以泰著
杭州 浙江人民美术出版社 1998年 79页
26cm（16开）ISBN：7-5340-0809-3
定价：CNY22.00
（名家画艺抱秀）

J001442
立体构成基础 蒋民民编著
北京 中国社会出版社 1998年 77页 有图
26cm（16开）ISBN：7-80146-049-9
定价：CNY12.00
（美术与设计基础丛书）
　　本书介绍了立体形态创造的方法，包括综合
形态、空间、材料、结构、肌理、心理、审美等诸
多方面的知识，并结合图片与设计实例。

J001443
立体构成资料精选 黄亚奇等编
沈阳 辽宁美术出版社 1998年 144页 17×19cm
ISBN：7-5314-1895-9 定价：CNY18.00

J001444
鲁迅美术学院美术教育教程 （三大构成）
李泽浩主编
哈尔滨 黑龙江美术出版社 1998年 83页
29cm（16开）ISBN：7-5318-0439-5
定价：CNY30.00

作者李泽浩（1939—　　），画家、教授。辽宁辽中县人。毕业于鲁迅美术学院并留校任教。历任油画系党支部书记、美术教育系主任、学位委员会副主席、教授，中国高等院校美术教育研究会副理事长，中国美术家协会会员，辽宁省家美术家协会常务理事。作品有《垦区新兵》《第二次大沽口之战》《民族魂·聂耳·冼星海》等，出版《李泽浩画集》。

J001445

平面构成　　满懿编著

沈阳 辽宁美术出版社 1998年 278页 17×19cm
ISBN：7-5314-1983-1 定价：CNY25.00

J001446

平面构成基础　　王大虎编著

北京 中国社会出版社 1998年 112页 有图
26cm（16开）ISBN：7-80146-052-9
定价：CNY13.00
（美术与设计基础丛书）

J001447

艺术设计的造形与构成　　龚铁编著

北京 中国书籍出版社 1998年 92页 有图
26cm（16开）ISBN：7-5068-0336-4
定价：CNY25.00

J001448

构成设计　　远宏，朱旭著

济南 山东美术出版社 1999年 78页 有图
29cm（16开）
（美术设计教与学丛书）

　　本书介绍了平面构成的基本要素、平面构成的基本形式、色彩构成的基本原理、色彩的基调、色彩的感觉等内容。作者远宏（1964—　　），教授。山东诸城人，毕业于中央工艺美术学院陶艺系。历任山东艺术学院美术设计系教师，山东艺术学院设计学院教授、硕士研究生导师、副院长，中国美术家协会会员，中国美术家协会陶艺委员会委员。

J001449

构成艺术　　刘雪茜著

济南 黄河出版社 1999年 141页 有图
26cm（16开）ISBN：7-80152-093-9

定价：CNY26.00
（美术教育丛书）

J001450

构成艺术教程　　郭承波，张军编著

北京 中国建材工业出版社 1999年 134页+[24页]
图版 26cm（16开）ISBN：7-80090-965-4
定价：CNY38.00

　　本书作者根据建筑师及艺术设计专业的教学要求，结合多年来教学及实践的经验，引用和借鉴了大量国内外著述及图例，着眼于学生设计思维的培养与训练，并按平面构成、色彩构成、立体构成展开叙述。

J001451

平面构成　　徐欣编著

长春 吉林美术出版社 1999年 105页 26cm（16开）
ISBN：7-5386-0835-4 定价：CNY18.00
（现代设计教育丛书）

J001452

平面构成教程　　张立编著

北京 中国纺织出版社 1999年 129页 有图
26cm（16开）ISBN：7-5064-1454-6
定价：CNY19.00

J001453

平面构成艺术　　陈乃敏编著

福州 福建美术出版社 1999年 134页 有图
26cm（16开）ISBN：7-5393-0855-9
定价：CNY30.00

J001454

平面设计构图　　杜兴顺，李金龙编著

哈尔滨 黑龙江科学技术出版社 1999年 157页
26cm（16开）ISBN：7-5388-3419-2
定价：CNY30.00

J001455

破译效果图表现技法　　张克非，俞虹编著

沈阳 辽宁美术出版社 1999年 117页 29cm（16开）
ISBN：7-5314-2116-X 定价：CNY56.00

　　本书为中国建筑艺术绘画技法集。外文书名：The key Technique of Rendering.

J001456

奇妙构图 （构图与创意）王琳编著
沈阳 辽宁美术出版社 1999 年 103 页 29cm（16 开）
ISBN：7-5314-2292-1 定价：CNY40.00
（21 世纪技法系列丛书）

J001457

新编立体构成　邱松编著
沈阳 辽宁美术出版社 1999 年 126 页 有图
26cm（16 开）ISBN：7-5314-2349-9
定价：CNY23.00
（21 世纪技法系列丛书）

本书是一本基础造型设计教学辅助性教材，不仅介绍了方法，还选用了较多数量的作品图片，以加强直观感受。作者邱松，教授、博士生导师。历任清华大学美术学院设计基础部主任，北京工业设计促进会理事，国际设计管理协会会员，中国流行色协会理事。代表作品《通天沙塔》。

J001458

新编平面构成　洪兴宇编著
沈阳 辽宁美术出版社 1999 年 134 页 26cm（16 开）
ISBN：7-5314-2340-5 定价：CNY24.00
（21 世纪技法系列丛书）

作者洪兴宇，教授。任教于中央工艺美术学院，中国工艺美术学会纤维艺术专业委员会副会长，北京市工艺美术学会副会长，中国城市广告标识与公共环境设施委员会主任等。著作有《平面构成》《图形与想象》《居室卫浴间装饰指南》等。

J001459

形态构成学　辛华泉编著
杭州 中国美术学院出版社 1999 年 276 页 有图
26cm（16 开）ISBN：7-81019-708-8
定价：CNY38.00
（中国艺术教育大系）

作者辛华泉（1936—　），教授。河北人，毕业于中央工艺美术学院。历任中央工艺美术学院副教授、中国书画函授大学兼任教授、中国美术家协会会员。译著有《设计基础》，论文有《设计形态创造的科学依据》《论构成》等。

J001460

造型的诞生 （图像宇宙学 "万物照应剧场"）
（日）杉浦康平著；李建华，杨晶译
北京 中国青年出版社 1999 年 285 页 有图
21cm（32 开）ISBN：7-5006-3498-6
定价：CNY68.00

作者杉浦康平（1932—　），平面设计家、书籍设计家。生于东京都，毕业于东京艺术大学建筑科。任神户艺术工科大学教授。著有《造型的诞生》《亚洲之书·文字·设计》《吞下宇宙》等。

造型艺术理论——透视学

J001461

透视学　沈良能编纂
上海 商务印书馆 1922 年 4 版 274 页 有图
22cm（16 开）精装 定价：大洋一元四角

J001462

透视学撮要　沈良能编
上海 土山湾印书馆 1928 年 2 版 56 页 有图
18cm（32 开）精装

本书据《透视学》一书删减而成。书前有编者绪言和潘谷生的序。

J001463

透视学 （法）嘉择义（A.Cassagne）著；沈良能译
上海 商务印书馆 1932 年 国难后 1 版 274 页
有图 22cm（16 开）精装 定价：大洋一元四角
外文书名：Practical Treatise on Perspective.

J001464

透视学 （法）嘉择义（A.Cassagne）著；沈良能译
上海 商务印书馆 1935 年 国难后 2 版 274 页
有图 22cm（16 开）定价：大洋一元四角

J001465

透视学　魏元信编
长沙 商务印书馆 1939 年 268 页 有图
19cm（32 开）定价：国币一元三角
（工学小丛书）

J001466
透视学　魏元信编
上海 商务印书馆 1950 年 268 页 有图
18cm（32 开）定价：11 元

J001467
透视学　姜丹书著
上海 中华书局 1933 年 152 页 有图
20cm（32 开）定价：银六角五分
　　本书内容包括：透视学的基本原则，直线消失于视点时一定的规律，直线消失于距离时一定的规律，曲线与曲线形体的透视规律，各种规律的应用问题，阴影与透视，反影与透视，写生上的要诀等。

J001468
透视学　姜丹书著
上海 中华书局 1935 年 再版 152 页 有图
20cm（32 开）定价：银六角五分
　　作者姜丹书（1885—1962），美术教育家、美术理论家。江苏溧阳人。字敬庐，号赤石道人，别名金瀫子，斋名丹枫红叶楼。毕业于两江优级师范图画手工科。历任上海、杭州、华东各艺术院校教师达五十余年。学生有丰子恺、潘天寿、来楚生等。传世作品有《黄山图》，著有《艺术论文集》《敬庐画集》《美术史》《艺用解剖学》等。

J001469
透视学　姜丹书著
上海 中华书局 1939 年 3 版 152 页 有图
20cm（32 开）定价：中储券十七元五角

J001470
透视学　姜丹书著
上海 中华书局 民国三十七年［1948］4 版
152 页 有图 20cm（32 开）定价：国币四元二角

J001471
透视学　姜丹书著
上海 中华书局 1951 年 5 版 152 页 有图
18cm（32 开）定价：旧币 9,600 元

J001472
透视学　姜丹书著
上海 中华书局 1954 年 19cm（32 开）
定价：旧币六千六百元

J001473
透视术便览　（英）华伦（W.G.Warren）著；陈岳生译
上海 商务印书馆 1937 年 58 页 19cm（32 开）
定价：国币二角五分
　　本书内容包括：水平视心透视图；斜倾视心透视图；反射图、影、曲线、向心尺等。外文书名：Handbook of Perspective.

J001474
透视术便览　（英）华伦（W.G.Warren）著；陈岳生译
上海 商务印书馆 1951 年 3 版 58 页 18cm（32 开）
定价：旧币 3,500 元
　　外文书名：Handbook of Perspective.

J001475
透视学　卢布斯舍斯（Ben Jehudah Lubschez）著；朱育万译
上海 龙门联合书局 1953 年 57 页 26cm（16 开）
定价：旧币 7,500 元
　　外文书名：Pespective.

J001476
新透视学　孙青羊编
上海 中外书局 1953 年 99 页 26cm（16 开）
定价：旧币 16,000 元
　　本书内容包括：眼的视物和透视画、消减点和点线的透视、水平消减线和矩形的平行透视、立体的平行透视、视锥和透视的关系、直立消减线和房屋正向的平行透视、立体的成角透视、房屋的成角透视、房屋的平行斜透视、倾斜消减线与房屋的成角斜透视、原线聚基尺、平行线和对角线、阶级的透视、曲面的透视、室内的透视、原线日光下的立体的影子、远俯变线日光下的立体的影子、远仰变线日光下的立体的影子、烛光下的立体的影子、立体的反射面前的虚像。

J001477
新透视学　孙青羊著
上海 科学技术出版社 1957 年 160 页 26cm（16 开）
统一书号：15119.594 定价：CNY1.60

J001478

怎样学习透视　王端等编

上海　四联出版社　1954年　115页　14×18cm

定价：旧币5,000元

J001479

透视学入门　夏同光编著

北京　朝花美术出版社　1956年　99页　26cm（16开）

精装　定价：CNY1.32

　　本书内容包括：透视学中的基本问题、关于绘画中所经常接触到的问题和常用的画法。

J001480

美术用透视学　颜文樑著

上海　上海人民美术出版社　1957年　232页　有图25cm（15开）精装　统一书号：8081.2233

定价：CNY2.50

　　本书分析在各种情况下的画面投影及其变化规律，本书的选材、排列层次和学理根据，由浅入深，由简到繁，其中兼有各国美术家的论点和经验以及编著者多年的作画和教学心得。

J001481

透视理论　（苏）杰依涅柯（В.Х.Дейнеко）著；章菊女译

北京　测绘出版社　1957年　89页　有图21cm（32开）

统一书号：15039.113　定价：CNY0.52

J001482

透视图新技法　（美）多布林（J.Doblin）著；蔡育之译

哈尔滨　黑龙江科学技术出版社　1984年　70页26cm（16开）统一书号：15217.149

定价：CNY2.00

　　外文书名：Perspective A New System for Designers.

J001483

奇妙的视错觉　（欣赏与应用）（美）布洛克（Block，J.R.），（美）尤克尔（Yuker，HaroldE.）著；初景利，吴冬曼译

北京　世界图书出版公司　1992年　259页20cm（32开）ISBN：7-5062-1444-X

定价：CNY6.30

　　外文书名：Can You Believe Your Eyes？作者

布洛克（Block，J.R.），美国霍夫斯特拉大学心理学教授，副校长。

J001484

透视和体视　董国耀编著

北京　北京理工大学出版社　1992年　350页26cm（16开）ISBN：7-81013-485-X

定价：CNY14.25

　　本书阐述了透视投影和体视投影的性质、原理、画法、算法及应用。

J001485

最新透视图技法　（日）山城义彦著

台北　邯郸出版社　1993年　137页　有图30cm（16开）定价：TWD450.00

J001486

现代设计透视　胡乃敏著

沈阳　辽宁美术出版社　1994年　221页26cm（16开）

精装　ISBN：7-5314-1053-2

定价：CNY98.00

　　本书内容包括：透视图法、透视基本规律、实用透视画法、全景画透视等9章。

J001487

透视　莫言等著

北京　国际文化出版公司　1995年　712页20cm（32开）ISBN：7-80105-205-6　定价：CNY19.80

（《0》艺术工程丛书）

J001488

设计透视学　路凤仙著

福州　福建美术出版社　1996年　176页　有折图26cm（16开）ISBN：7-5393-0524-X

定价：CNY28.00

J001489

视觉表述　向海涛编著

重庆　西南师范大学出版社　1996年　169页26cm（16开）ISBN：7-5621-1555-9　定价：CNY68.00

（二十一世纪设计家丛书　装潢系列）

　　外文书名：Visual Expression.

J001490

透视学　陈传文等编

南昌 江西高校出版社 1997 年 92 页 26cm（16 开）
ISBN：7-81033-692-4 定价：CNY12.50

　　外文书名：Perspective.

J001491
船舶与航海　翁维珠译
台北 台湾麦克公司 1998 年 64 页 31cm（10 开）
精装 ISBN：957-9277-72-9 定价：TWD240.00
（生活视觉赏析经典）

J001492
飞行　陈柏光译
台北 台湾麦克公司 1998 年 64 页 31cm（10 开）
精装 ISBN：957-9277-63-X 定价：TWD240.00
（生活视觉赏析经典）

J001493
汽车　周贤福译
台北 台湾麦克公司 1998 年 64 页 31cm（10 开）
精装 ISBN：957-9277-81-8 定价：TWD240.00
（生活视觉赏析经典）

J001494
美术设计透视图法　逄国园编著
南京 江苏美术出版社 1998 年 106 页 有图
26cm（16 开）ISBN：7-5344-0755-9
定价：CNY13.00

造型艺术理论——色彩学

J001495
色彩学 ABC　俞寄凡著
上海 ABC 丛书社 1931 年 113 页 19cm（32 开）
定价：五角
（ABC 丛书）

　　作者俞寄凡（1891—1968），现代画家、美术
教育家。江苏吴县人。别名俞义范。南京两江
优级师范学堂毕业，后赴日本东京高等师范学
校图画手工部学习。任上海美术专科学术教授
兼师范部主任、高等师范科西洋画主任，上海艺
术学会会长，新华艺术专科学校教授、校长，南
京中央大学教授等职。著作有《艺术概论》《近
代西洋绘画》《人体美之研究》等，译作《美学

纲要》。

J001496
色彩学 ABC　俞寄凡著
上海 ABC 丛书社 1931 年 2 版 113 页
19cm（32 开）定价：五角
（ABC 丛书）

J001497
色彩学　史岩编
上海 中华书局 1932 年 132 页 有图
18cm（32 开）定价：银六角

　　本书内容包括：色与光的关系、光带、色影
的感觉、色的配合与调和等 15 章，论述色彩学
的原理与应用。作者史岩（1904—1994），教授。
生于江苏宜兴，毕业于上海大学美术系。曾任金
陵大学文学院副教授，国立敦煌艺术学院华东
分院图书馆馆长，浙江美术学院教授、博士生导
师。著作有《色彩学》《室内装饰美术》《绘画的
理论与实际》《东洋美术史》等。

J001498
色彩学纲要　吕澂著
上海 商务印书馆 1933 年 118 页 18cm（32 开）
（万有文库 第一集 0725）

　　本书内容论述光、色、色觉及其应用等。书
末"附两色对比变化表"、"配色表"等。

J001499
色彩学　刘以祥著
上海 商务印书馆 1934 年 国难后 1 版 59 页 有
图 20cm（32 开）定价：大洋二角

　　本书共分 13 章，论述色彩的原理、对比、调
和、分解、变化，色彩与感情、环境的关系，色彩
的应用等。

J001500
艺术作品之色的研究　白宁撰
临桂白宁 民国二十四年［1935］有图表 线装

J001501
色彩学　史岩编
上海 中华书局 1939 年 3 版 132 页 有图
18cm（32 开）定价：国币五角

　　本书内容包括：色与光的关系、光带、色影

的感觉、色的配合与调和等15章，论述色彩学的原理与应用。

J001502
色彩学　史岩编
上海 中华书局 1951年 5版 132页 有图 18cm（32开）定价：旧币 7,200元

J001503
实用色彩学　李慰慈编著
长沙 商务印书馆 1939年 59页 有图 19cm（32开）精装 定价：国币四角
　　本书据法国实用美术名家 Edme Coutrg 的《实用装饰学》"论色部分"编成，内容包括：物象色彩的模仿、和色的创造、和色原理之应用。

J001504
实用色彩学　李慰慈编著
上海 商务印书馆 1951年 3版 59页 有图 18cm（32开）定价：旧币 4,500元

J001505
实用色彩学　李慰慈编著
上海 商务印书馆 1956年 7版 57页 有图 19cm（32开）定价：CNY0.26

J001506
色彩学研究　温肇桐编著
上海 商务印书馆 1947年 148页 18cm（32开）定价：国币四元
（艺术研究丛书）
　　本书内容包括：色彩的光学根据；色彩的要素与混合；色彩的对比与变化、感觉、配合，绘画上的色彩材料；色彩与绘画、生活、舞台等。书末附"配色图板的制作和使用"。作者温肇桐（1909—1990），美术史论家、教育家。笔名虞复，江苏常熟人，毕业于上海艺术大学。历任华东艺术专科学校教授兼图书馆主任、美术系副主任、硕士生导师，南京艺术学院教授，中国美术家协会会员，江苏省美学会顾问。著有《怎样教小学的美术》。

J001507
色彩学研究　温肇桐编著
上海 商务印书馆 1957年 9版 修订本 140页

有图 19cm（32开）

J001508
绘画色彩方法论　金冶编著
北京 朝花美术出版社 1956年 92页 有图 20cm（32开）定价：CNY2.50
　　本书是关于绘画色彩的专著，内容包括：光和色彩的关系；色彩的个性与相关性；色彩的混合、重置与并置；色彩的谐调、运动感和空间表现；写实色彩方法与非写实色彩方法的区别；中国传统的色彩方法；不同的材料和技法所产生不同的效果；依主题思想所引起的变化以及选择颜料的知识。

J001509
色谱　中国科学院编译出版社委员会名词室编订
北京 科学出版社 1957年 71页 19cm（32开）精装 统一书号：13031.446 定价：CNY2.50

J001510
色彩学指南　（苏）H.Г.鲁金著；李婉贞译
北京 中国财政经济出版社 1964年 110页 有图 14×21cm 统一书号：15166.179 定价：CNY1.50

J001511
色彩认识论　林书尧著
台北 林书尧 1977年 197页 有照片 29cm（16开）

J001512
色彩认识论　林书尧著
台北 三民书局 1995年 3版 197页 有照片 29cm（16开）精装 ISBN：957-14-1816-1 定价：旧台币 6.80

J001513
色彩论　（德）阿恩海姆（R.Arnheim）著；常又明译
昆明 云南人民出版社 1980年 56页 有图 21cm（32开）统一书号：8116.922 定价：CNY0.36
　　作者鲁道夫·阿恩海姆（1904—2007），德裔美籍作家、美术和电影理论家。生于柏林。曾任美国美学协会主席。代表作品《艺术与视知

觉》《视觉思维》《作为艺术的电影》等。

J001514

调和配色事典 （人见人爱的配色法）郑月桂译
台北 尖端出版公司［1980—1989 年］160 页
21cm（32 开）
　　外文书名：The Color Harmony Guide.

J001515

最新实用配色事典 艺术出版社编辑部编著
九龙 艺术出版社［1980—1989 年］127 页
有图 21cm（32 开）定价：HKD50.00
　　外文书名：The Coloring book.

J001516

色彩常识 刘剑青编著
太原 山西人民出版社 1982 年 40 页 19cm（32 开）
统一书号：8088.1469 定价：CNY0.28
（群众文艺辅导丛书）
　　本书讲解了色彩的一般原理和规律。书中除列举多幅美术作品以便分析和参考外，并就有关绘画和装饰两种不同的用色方法分别作了介绍。

J001517

色彩与生活 （实用的色彩技巧）德瑞克·希利（Deryck Healey）著；张琰译
台北 好时年出版社有限公司 1983 年 220 页
有照片 21cm（32 开）定价：TWD180.00（普及版），TWD240.00（珍藏版）
（现代人新知系列 12）
　　外文书名：Living with Color.

J001518

色彩与生活 （实用的色彩技巧）希利著；张琰译
台北 桂冠图书公司 1989 年 220 页 有彩图
21cm（32 开）ISBN：957–551–045–3
定价：TWD250.00
（桂冠生活知识百科 13）
　　外文书名：Living with Color.

J001519

实用色彩学 欧秀明，赖来洋编著

香港 博文出版社［1983 年］119 页 有图
20cm（32 开）定价：HKD45.00

J001520

海外海 林平著
北京 人民出版社 1984 年 145 页 21cm（32 开）
定价：CNY1.23

J001521

配色技法 汉欣文化事业有限公司出版部编译
台北 汉欣文化事业公司出版部 1984 年 132 页
有图 26cm（16 开）精装 定价：TWD420.00
　　外文书名：The Coloring Book.

J001522

配色事典
台北 汉欣文化事业公司 1984 年 2 册
20cm（32 开）定价：TWD480.00
　　外文书名：The Coloring Book.

J001523

配色应用实务 高俊茂著
台北 海德堡实业公司 1984 年 158 页 有彩照
20cm（32 开）精装 定价：TWD480.00
　　本书由海德堡实业公司和五洲出版社联合出版。

J001524

色彩的妙用 王震元编
合肥 安徽科学技术出版社 1984 年 128 页 有图
19cm（小 32 开）统一书号：13200.56
定价：CNY0.50

J001525

设色基础与配色 （配色事典）华雨诗编
香港 万里书店 1984 年 2 版 144 页 26cm（16 开）
定价：HKD50.00
（工商美术丛书）

J001526

色彩艺术 （色彩的主观经验与客观原理）（瑞士）约翰内斯·伊顿（Itten, Jogannes）著；杜定宇译
上海 上海人民美术出版社 1985 年 117 页
有图 26cm（16 开）统一书号：8081.12944

定价：CNY5.90

　　本书从主观感觉和客观原理两个方面研究色彩和介绍色彩。有200幅图例，其中有28幅彩色图版，包括从中世纪到20世纪西方各个时代的代表作。外文书名：The Art of Color. 作者约翰内斯·伊顿（Jogannes ltten，1888—1967），画家、雕刻家、美术理论家和艺术教育家，毕生从事色彩学研究。译者杜定宇（1932—　），戏剧、美术理论翻译家。河南西峡人，毕业于上海外国语学院英文系。上海戏剧学院教授。译著有《色彩艺术》《西方名画家绘画技法》《川剧艺术形象谱》《越剧舞台美术》等。

J001527

色彩艺术　（瑞士）约翰内斯·伊顿（Itten，Jogannes）著；杜定宇译
上海　上海世界图书出版公司 1999 年 141 页
21×28cm 精装 ISBN：7-5062-3329-0
定价：CNY92.00

J001528

色彩与配色　（需要自己去做实地练习的色彩知识）（日）太田昭雄，（日）河原英介著；北屋出版编辑部日文翻译组译
台北 北屋出版社 1985 年 3 版 增修订本 142 页
26cm（16 开）定价：TWD700.00
（北屋出版丛书）

J001529

色套法的研究　林书尧著
台北 维新书局 1985 年 再版 108 页 有图
26cm（16 开）精装 定价：TWD300.00

J001530

色彩大系　李萧锟编审；吕月玉译
台北 汉艺色研文化事业公司 1986 年 173 页
有图 21cm（32 开）定价：TWD180.00
（色彩之美 3）

J001531

色彩的发达　李萧锟编审；吕月玉译
台北 汉艺色研文化事业公司 1986 年 135 页
有图 21cm（32 开）定价：TWD240.00
（色彩之美）

J001532

色彩的管理　李萧锟编；吕月玉译
台北 汉艺色研文化事业公司 1986 年 135 页
有图 21cm（32 开）定价：TWD260.00
（色彩之美）

J001533

色彩的魅力　李萧锟著
台北 汉艺色研文化事业公司 1986 年 2 版
174 页 有图 21cm（32 开）定价：TWD280.00
（色彩之美 1）

J001534

色彩的探险　李萧锟编审；吕月玉译
台北 汉艺色研文化事业公司 1986 年 127 页
有图 21cm（32 开）定价：TWD240.00
（色彩之美 2）

J001535

色彩调色版　李萧锟编；吕月玉译
台北 汉艺色研文化事业公司 1986 年 143 页
有图 21cm（32 开）定价：TWD260.00
（色彩之美）

J001536

色彩美的创造　（日）琢田敢等著；易利森编译；宁德辉校
长沙 湖南美术出版社 1986 年 130 页 有图表
17cm（32 开）统一书号：8233.940
定价：CNY2.80

J001537

色彩与音响　苏连第著
济南 山东教育出版社 1986 年 189 页 20cm（32 开）
定价：CNY1.30

J001538

设计色彩知识　（日）大智浩著；尹武松译
北京 科学普及出版社 1986 年 98 页 19cm（32 开）
统一书号：8051.1066 定价：CNY0.85

J001539

探索流行色的奥秘　吴永编著
北京 轻工业出版社 1986 年 335 页 有照片
20cm（32 开）统一书号：15012.2011

定价：CNY2.65

J001540
探索流行色的奥秘　吴永编著
北京 轻工业出版社 1986 年 335 页 有照片
20cm（32 开）统一书号：5042.2041
定价：CNY3.65

J001541
色彩的冒险　日本视觉设计研究所主编
台北 唐代文化事业公司 1987 年 93 页 有照片
21cm（32 开）
（美术系列 028）

J001542
色彩计划　郑国裕，林磐耸编著
台北 艺风堂出版社 1987 年 174 页 有图
26cm（大 16 开）精装 ISBN：957–9394–22–9
（现代设计丛书 4）

　　作者林磐耸（1957—　　），教授。台湾屏东县
人，毕业于台湾师范大学美术研究所。任台湾师
范大学美术系主任兼研究所所长。著有《色彩计
划》《台湾设计文化初探》等。

J001543
色彩计划　林文昌著
台北 艺术图书公司 1987 年 200 页 有图
26cm（16 开）定价：TWD380.00
（绘画、设计、工艺丛书 5）

J001544
色彩计划　林文昌著
台北 艺术图书公司 1994 年 再版 198 页 有图
26cm（16 开）ISBN：957–9045–81–X
定价：TWD420.00
（绘画·设计·工艺丛书 5）

J001545
色彩趣谈　王贵龙等编写
呼和浩特 内蒙古人民出版社 1987 年 182 页 有
彩图 19cm（32 开）定价：CNY1.25

J001546
色彩意象世界　吕月玉，张荣森编译
台北 汉艺色研文化事业公司 1987 年 159 页

有照片 26cm（16 开）定价：TWD380.00
　　外文书名：World of Colour Image.

J001547
色谱　张清浦等设计
北京 测绘出版社 1987 年 52 页 26cm（16 开）
ISBN：7–5030–0002–3 定价：CNY25.00
　　本书收有 6768 个色块及 5 幅彩色样张。外
文书名：Colour Atlas.

J001548
现代色彩设计　李庄稼编译；崔永山绘图
北京 轻工业出版社 1987 年 182 页 有图
19cm（32 开）ISBN：7–5019–0129–5
定价：CNY1.35
　　本书内容包括：色彩的科学根据、色彩的三
属性、色彩感觉、色彩调和、色彩的应用等。

J001549
颜色理论及其在艺术和设计中的应用
（法）阿格斯顿（Agoston，G.）著；朱晓农，朱晓
钢译
北京 纺织工业出版社 1987 年 171 页 有图表
19cm（32 开）统一书号：15041.1528
定价：CNY1.60

J001550
绘画应用色彩学　白铭洲著
长春 吉林美术出版社 1988 年 77 页 有彩图
19cm（32 开）ISBN：7–5386–0072–8
定价：CNY1.90

J001551
配色的要素　视觉设计研究所编
台北 唐代文化事业公司出版社 1988 年 再版
124 页 有图 21cm（32 开）定价：TWD180.00
（美术丛书系列 019）

J001552
色彩理论与设计表现　（对色彩的观念与色
彩官能设计）谷欣伍编著
台北 武陵出版社 1988 年 188 页 有图 21cm（32 开）
ISBN：957–35–0537–1 定价：TWD250.00
（美术陶艺丛书 54）

J001553

色彩理论与设计表现 （对色彩的观念与色彩官能设计）谷欣伍编著

台北 武陵出版社 1992年 再版 188页 有图 21cm（32开）ISBN：957-35-0537-1

（美术陶艺丛书 54）

J001554

色彩设计初步 （日）福田邦夫，（日）佐藤邦夫著；徐艺乙，石建中译

北京 北京工艺美术出版社 1988年 202页 19cm（32开）ISBN：7-80526-006-0

定价：CNY1.80

J001555

国际流行色研究 蔡作意著

杭州 浙江美术学院出版社 1989年 49页 26cm（16开）ISBN：7-81019-046-6

定价：CNY5.90

（设计教材丛书）

　　作者蔡作意（1928—　），教授。浙江吴兴人。历任上海丝绸科学技术研究所副所长，高级工艺美术师等。著有《国际流行色研究》《国际流行色探索》《服装配色手册》。

J001556

流行色彩配色实例 （1）竹君编译

台南 信宏出版社 1989年 107页 有图 21cm（32开）定价：TWD170.00

（彩美 18）

　　外文书名：Color Trends.

J001557

色彩创意造型设计 竹君编译

台南 大坤书局 1990年 142页 有图 21cm（32开）ISBN：957-538-027-4

（彩美 20）

J001558

色彩创意造型设计 竹君编译

台南 信宏出版社 1989年 142页 有图 22cm（16开）ISBN：957-538-027-4

定价：TWD180.00

（彩美 20）

　　外文书名：Creation Through Shapes and Patterns.

J001559

色彩创意造型设计 竹君编译

台南 信宏出版社 1993年 再版 142页 21cm（32开）ISBN：957-538-027-4

定价：TWD200.00

（彩美 20）

　　外文书名：Creation Through Shapes and Patterns.

J001560

色彩辞典 李桢泰著

沈阳 辽宁美术出版社 1989年 2册（11+483+45页）有图 24×26cm ISBN：7-5314-0043-X

定价：CNY500.00

　　全书分两个部分，第1部分为标准色帖，每个色有色卡50种，附有色名对照表。第2部分色卡解说，包括色名定义、外文色名、色彩事典、工厂染色、色彩性格等。

J001561

色彩构成 赵国志编著

沈阳 辽宁美术出版社 1989年 192页 17cm（32开）ISBN：7-5314-0229-7

定价：CNY23.00

　　本书侧重色彩的视觉心理与视知觉的审美性，阐释色彩构成法则，传授科学的训练方法，在设计实践中加以创造性的应用，拓宽了设计艺术的创作思路。作者赵国志（1942—　），教授。生于辽宁锦县。历任鲁迅美术学院教授，中国工艺美术学会会员，中国包装技术协会设计委员会资格会员等。著有《色彩构成与绘画·设计艺术》《透明水色（彩色墨水）画技法》《设计色彩构成理论及应用研究》等。

J001562

色彩心理学 （日）泷本孝雄，（日）藤泽英昭著；成同社译

北京 科学技术文献出版社 1989年 103页 19cm（32开）ISBN：7-5023-0762-1

定价：CNY1.25

J001563

色彩与艺术 刘盛夫编著

长沙 湖南美术出版社 1989 年 78 页 有彩图
26cm（16 开）ISBN：7-5356-0292-4
定价：CNY6.30

J001564
色彩　保彬编
北京 朝花美术出版社 1990 年 17 页
27cm（大 16 开）定价：CNY3.50
（美术技法画库 15）
　　作者保彬（1936—　），蒙古族，国画家。江
苏南通人。毕业于南京艺术学院美术系并留校
任教。南京艺术学院院长、中国美术家协会会
员，江苏美术家协会理事等。主要作品有《鹤寿
图》《华夏魂》《嫦娥奔月》等。专著有《纵横挥
洒》《保彬画集》《黄山奇松》。

J001565
色彩史话　（日）城一夫著；亚健，徐漠译
杭州 浙江人民美术出版社 1990 年 169 页
19cm（32 开）ISBN：7-5340-0186-2
定价：CNY2.80
　　本书以人类文明史为线索，引述古今著名学
者有关色彩的理论和历史资料，以色彩美学为轴
心，从时代、环境、民族、民俗等角度，对色彩与
绘画、雕塑、建筑、染织、服饰、工艺品的关系，
以及在宗教、伦理、天文地理、心理、民俗、制
作等各个领域的作用和历史发展作了有意义的
探索。

J001566
最新彩色配色图鉴　（Ⅰ）视觉研究所编
台北 世茂出版社 1990 年 120 页 21cm（32 开）
ISBN：957-529-082-8 定价：TWD250.00
　　外文书名：The Super Color Collection.

J001567
最新彩色配色图鉴　视觉研究所编
台北 世茂出版社 1992 年 3 版 120 页 22cm（30 开）
ISBN：957-529-082-8 定价：TWD250.00
（世茂美术丛书）
　　外文书名：The Super Color Collection.

J001568
色彩的应用艺术　程道逸编著
呼和浩特 内蒙古教育出版社 1991 年 104 页

有彩图 19cm（小 32 开）ISBN：7-5311-1450-X
定价：CNY1.80
　　本书从色彩基本的科学原理和色彩在视
觉的反映规律角度，通过实例探讨色彩的应用
艺术。

J001569
色彩构成　吴士元著
哈尔滨 黑龙江美术出版社 1991 年 61 页
有彩图 20cm（32 开）ISBN：7-5318-0112-4
定价：CNY19.30
（视觉设计教育丛书）
　　本书介绍了色彩形成及被感知的条件，同时
用基本练习为例介绍色彩自身属性及其在色彩
调和及心理效应中的变化规律，并且还介绍了西
方有代表性的表色体系及色彩调和论。

J001570
设计的色彩计划　（日）大智浩著；陈晓同译
台北 大陆书店 1991 年 305 页 有图 21cm（32 开）
精装 定价：TWD150.00

J001571
色彩美学　郭廉夫，张继华编著
西安 陕西人民美术出版社 1992 年 376 页
有彩图 20cm（32 开）ISBN：7-5368-0283-8
定价：CNY8.65
　　本书内容包括：人类色彩审美意识的萌芽与
发展，色彩审美的时代特征，色彩的自然美艺术
美、对比美、和谐美、色彩美的创造等。作者郭
廉夫（1938—　），编审、美术家。江苏扬中人，
毕业于南京艺术学院美术系。历任江苏美术出
版社副编审、副社长。代表作品《色彩美学》《王
羲之评传》等。作者张继华（1939—　），江苏沛
县人，时任蝶球纺织印染联合公司副高级工艺美
术设计师。

J001572
设计配色图典　（1 红色系）〔拉塞尔〕Russell,
D 著；寓农译
香港 万里书店 1992 年 144 页 23cm（20 开）
精装 ISBN：962-14-0707-9
　　外文书名：Colour Works, The Red Book.

J001573
设计配色图典 （2 蓝色系）[拉塞尔]Russell,
D 著；蒲书雅译
香港 万里书店 1992 年 144 页 23cm（20 开）
精装 ISBN：962-14-0708-7
　　外文书名：Colour Works, The Blue Book.

J001574
设计配色图典 （3 黄色系）[拉塞尔]Russell,
D 著；蒲书雅译
香港 万里书店 1992 年 144 页 23cm（20 开）
精装 ISBN：962-14-0709-5
　　外文书名：Colour Works, The Yellow Book.

J001575
设计配色图典 （4 粉彩系）[拉塞尔]Russell,
D 著；庄灏坚译
香港 万里书店 1992 年 144 页 23cm（20 开）
精装 ISBN：962-14-0710-9
　　外文书名：Colour Works, The Pastel Book.

J001576
设计配色图典 （5 黑白系）[拉塞尔]Russell,
D 著；蒲书雅译
香港 万里书店 1992 年 144 页 23cm（20 开）
精装 ISBN：962-14-0711-7
　　外文书名：Colour Works, The Black & White
Book.

J001577
设计配色图典 ［罗素］（Dale Russell）著；寓
农等译
南宁 广西民族出版社 1995 年 5 册 23×23cm
精装 ISBN：7-5363-2914-8 定价：CNY720.00
　　本图典分为红色系、蓝色系、黄色系、粉彩
系、黑白系。本书由广西民族出版社和万里机
构出版有限公司联合出版。外文书名：Colour
works.

J001578
实用标准色卡 中国科学院地理研究所设计
研制
北京 测绘出版社 1992 年 55×16cm
ISBN：7-5030-0504-1 定价：CNY40.00

J001579
实用参考色样 中国科学院地理研究所设计
研制
北京 测绘出版社 1992 年 55×16cm
ISBN：7-5030-0505-X 定价：CNY15.00

J001580
实用色谱 张曙然，王恩尧主编；中国科学院
印刷厂编
北京 科学出版社 1992 年 40 页 26×38cm
精装 ISBN：7-03-002861-9 定价：CNY60.00
　　本色谱分为两大部分：第 1 部分为基础部
分，列出了四色组合各系列的标准色块；第 2
部分为应用参考部分，展示了各种颜色相互对
比的规律。

J001581
色彩构成图例 刘亚中，祝世广编著
济南 明天出版社 1993 年 22 页 有彩照 26×24cm
ISBN：7-5332-1762-4 定价：CNY19.80

J001582
色彩画 徐荣贵主编；广东省教育厅职业技术
教材编写组编
北京 高等教育出版社 1993 年 45 页 +34 页
彩图 26cm（16 开）ISBN：7-04-004239-8
定价：CNY6.55

J001583
颜色的奥秘 尹协和著
石家庄 河北教育出版社 1993 年 105 页 有图
19cm（小 32 开）ISBN：7-5434-1622-0
定价：CNY2.20
（小博士文库）

J001584
艺用色彩学 林明琛编著
深圳 海天出版社 1993 年 217 页 有图
26cm（16 开）ISBN：7-80542-927-8
定价：CNY28.50

J001585
蝴蝶色彩的应用 （图册）王之屏主编
北京 中国纺织出版社 1994 年 140 页 26×26cm
精装 ISBN：7-5064-1058-3 定价：CNY208.00

作者王之屏，北京纺织科学研究所教授级高级工程师。

J001586
青少年色彩五十讲 张安吾，陈九如编著
天津 天津人民美术出版社 1994 年 134 页
有彩图 26cm（16 开）ISBN：7-5305-0381-2
定价：CNY18.50
（青少年自学丛书）

作者陈九如（1955—　 ），教授。天津人。历任天津美术学院版画系主任、中国美术家协会会员、中国版画家协会会员。出版有《陈九如水彩人体画选》《一代画风——当代中青年水彩画家作品集》《素描五十讲》等。

J001587
色彩 （理论·实践·修养）冯健亲等编著
南京 江苏美术出版社 1994 年 340 页 有图
26cm（16 开）ISBN：7-5344-0410-X
定价：CNY88.50

作者冯健亲（1939—　 ），画家。浙江海宁人，毕业于南京艺术学院美术系油画专业。历任南京艺术学院院长，南京艺术学院工艺系副教授。代表作品《冯健亲作品集》《素描》等。

J001588
色彩 何贵生编
太原 山西人民出版社 1994 年 30 页 有彩图
26cm（16 开）ISBN：7-203-03152-7
定价：CNY6.40

J001589
色彩 高敏编著
重庆 西南师范大学出版社 1994 年 重印本
65+40 页 有彩图 26cm（16 开）
ISBN：7-5621-0727-0 定价：CNY16.00

作者高敏（1957—　 ），画家、教师。四川人，毕业于西南师范大学美术系，并留校任教。代表作品有《红蜡烛》《红色·黑色》《刘伯承青年时代》等

J001590
色彩构成 钟蜀珩著
北京 中国美术学院出版社 1994 年 73 页 有图
26cm（16 开）ISBN：7-81019-200-0

定价：CNY15.00
（设计教材丛书）

外文书名：*Colour Constrution*. 作者钟蜀珩（1946—　 ），女，满族，教授、画家。辽宁人，毕业于中央工艺美术学院装潢系。历任昆明师范学院教师，清华大学美术学院教授，中国美术家协会会员。作品有《西北印象》《傣家女》等，译著有《素描的潜在要素》等。

J001591
色彩构成设计 李槐清著
石家庄 河北美术出版社 1994 年 81 页
有彩图 26cm（16 开）ISBN：7-5310-0635-9
定价：CNY14.00

本书内容包括：色彩性质、色彩对比、色彩调和、色彩心理、色彩美的创造、流行色等。

J001592
色彩美学 王智明著
北京 航空工业出版社 1994 年 174 页
有彩图 19cm（小 32 开）ISBN：7-80046-848-8
定价：CNY7.40

J001593
色彩设计 陈震邦，张文莉编
北京 机械工业出版社 1994 年 83 页 有图
26cm（16 开）ISBN：7-111-04145-3
定价：CNY7.80

J001594
新色彩基础构成实技 周永红编著
沈阳 辽宁美术出版社 1994 年 122 页 有彩图
26cm（16 开）ISBN：7-5314-1231-4
定价：CNY26.00

J001595
应用色彩学 欧秀明著
台北 雄狮图书公司 1994 年 157 页 26cm（16 开）
ISBN：957-8980-19-1 定价：TWD380.00
（雄狮丛书 11-014）

J001596
美术设计中的色彩 图象 构成 白鸽编
著；谭红丽，唐家祥绘
北京 北京工艺美术出版社 1995 年 114 页

26cm（16 开）ISBN：7-80526-158-X
定价：CNY25.00
（自学成画家丛书）

J001597
色彩的力量　［沃克］（Morton Walker）著；陈
铭宗译
台北 号角出版社 1995 年 207 页 21cm（32 开）
ISBN：957-620-169-1 定价：TWD200.00
（生活语言 1）
　　外文书名：The Power of Color.

J001598
色彩计划手册　（设计专用）美工图书社编
台北 美工图书社 1995 年 153 页 有图
26cm（16 开）ISBN：957-8883-68-4
定价：TWD400.00

J001599
色彩平面构成　王化斌著
北京 人民美术出版社 1995 年 186 页 有彩图
26cm（16 开）ISBN：7-102-01409-0
定价：CNY32.00
　　作者王化斌（1944—　　），二级美术师。字之
秋，北京人。北京美术家协会会员。

J001600
色彩趣典　夏南强主编
武汉 湖北人民出版社 1995 年 10+310 页 有彩
图 20cm（32 开）精装 ISBN：7-216-01745-5
定价：CNY16.50
（圆心文化趣典）

J001601
色彩设计　（图集）孙晋云，赵巍编著
南京 江苏美术出版社 1995 年 26cm（16 开）
ISBN：7-5344-0503-3 定价：CNY48.00
（设计系列丛书 2）
　　外文书名：Colouristic Design. 作者孙晋云，
南京师范大学美术系任教。作者赵巍，江苏省出
版总社音像部美术编辑。

J001602
标准设计色标图典
广州 广东世界图书出版公司 1996 年 重印本

21×20cm 活页装 ISBN：7-5062-2609-X
定价：CNY98.00

J001603
彩视设计工具大全　（1 渐变色图典）王义钢，
吴涤生主编
海口 海南摄影美术出版社 1996 年 159 页
29cm（16 开）精装 ISBN：7-8057-1916-0
定价：CNY300.00
　　本书分 8 部分，即渐变方法、渐变图例、单
色渐变、双色渐变、三色渐变、变色调渐变、特
殊渐变等，并其间差有渐变与不渐变（平纲）叠
色的变化。

J001604
彩视设计工具大全　（2 色谱图典）王义钢，
吴涤生主编
海口 海南摄影美术出版社 1996 年 159 页
29cm（16 开）精装 ISBN：7-80571-917-9
定价：CNY300.00
　　本书分 6 部分，即色谱图例、单色色谱、双
色色谱、三色色谱、四色色谱、金银色谱。

J001605
彩视设计工具大全　（3 底纹肌理图典）王义
钢，吴涤生主编
海口 海南摄影美术出版社 1996 年 159 页
29cm（16 开）精装 ISBN：7-80571-918-7
定价：CNY300.00
　　全书分 4 部分，即底纹肌理图例、自然纹肌
理、人为纹肌理、电脑纹肌理。

J001606
彩视设计工具大全　（4 电脑设计图典）王义
钢，吴涤生主编
海口 海南摄影美术出版社 1996 年 159 页
29cm（16 开）精装 ISBN：7-80571-919-5
定价：CNY300.00
　　本书内容包括：电脑美术设计图例、电脑美
术设计工具、电脑美术设计功能、和电脑美术设
计特殊效果等。

J001607
常用标准色彩的实际应用　李景凯编著
西安 陕西人民美术出版社 1996 年 122+32 页

有彩图 26cm（16 开）ISBN：7-5368-0682-5
定价：CNY28.80

J001608
配色图典 （第 1 册）（日）涩川育由，（日）高桥由美编
上海 世界图书出版公司 1996 年 重印本 127 页
21cm（32 开）ISBN：7-5062-2846-7
定价：CNY60.00
　　本书 1995 年由日本东京河出书房新社出版，上海世界图书出版公司重印。

J001609
配色图典 （第 2 册）（日）涩川育由，（日）高桥由美编
上海 世界图书出版公司 1996 年 重印本 127 页
21cm（32 开）ISBN：7-5062-2845-9
定价：CNY60.00
　　本书 1995 年由日本东京河出书房新社出版，上海世界图书出版公司重印。

J001610
破译色彩之谜 （色彩运用方法与技巧）陆震纶，郑化中编著
北京 农村读物出版社 1996 年 142 页
19cm（小 32 开）ISBN：7-5048-2685-5
定价：CNY8.80

J001611
色彩 王培秋编著
成都 四川美术出版社 1996 年 91 页 有图
19cm（小 32 开）ISBN：7-5410-1109-6
定价：CNY15.40
（青少年美术技法丛书）

J001612
色彩构成 崔唯编著
北京 中国纺织出版社 1996 年 94 页 有彩图
26cm（16 开）ISBN：7-5064-1223-3
定价：CNY18.00
　　作者崔唯（1963—　　），教授。毕业于中央工艺美术学院。历任北京服装学院图案教师、中国工业设计学会会员。著作有《色彩构成》《当代欧洲色彩设计》《现代色彩设计技法》《色彩环境设计》等。

J001613
色彩构成基础入门 小山等编绘
北京 中国画报出版社 1996 年 35 页 26cm（16 开）
ISBN：7-80024-333-8 定价：CNY9.80
（美术入门丛书）

J001614
色彩构成与设计 （图集）陈小清编著
广州 广东科技出版社 1996 年 168 页 26cm（16 开）
精装 ISBN：7-5359-1707-0
定价：CNY138.00
　　作者陈小清（1955—　　），广州美术学院工艺系工业产品设计专业讲师。

J001615
色彩技法 100 例 程自良绘著
杭州 浙江人民美术出版社 1996 年 94 页
26cm（16 开）ISBN：7-5340-0580-9
定价：CNY24.00

J001616
色彩与世界 （韩）朴英秀著；王明前，（韩）金宰民译
上海 学林出版社 1996 年 193 页 19cm（小 32 开）
ISBN：7-80510-925-7 定价：CNY9.00

J001617
属于个人的色彩 杜碧玲编译
台南 信宏出版社 1996 年 138 页 有图
21cm（32 开）ISBN：957-538-452-0
定价：TWD220.00
（彩美 49）

J001618
色彩 王彦发，张复乘编著
郑州 河南美术出版社 1997 年 46 页 26cm（16 开）
ISBN：7-5401-0570-4 定价：CNY14.00
（中等美术学校考生指导丛书）
　　编者张复乘（1946—　　），画家。河南人，毕业于河南省艺术学校绘画专业。历任中国美术家协会会员，河南美术出版社副编审。主编《中国当代油画·静物》。

J001619
色彩 （图集）吕智凯编著

西安 陕西人民出版社 1997 年 62 页 26cm（16 开）
ISBN：7-224-04441-5 定价：CNY25.00
（绘画入门提高丛书）

作者吕智凯（1957—　），教授。生于陕西旬邑，毕业于西安美术学院和中国美术学院水彩高级研修班。西安美术学院教授、硕士生导师，中国美术家协会会员，中国美术家协会水彩画艺术委员会委员。出版有《美术技法大全－水粉静物》《水彩·水粉画教学》《吕智凯水彩画选集》等。

J001620
色彩工学 （日）大田登著；刘中本译
西安 西安交通大学出版社 1997 年 280 页 有图 20cm（32 开）ISBN：7-5605-0892-8
定价：CNY13.50

J001621
色彩构成 郑健编著
福州 福建美术出版社 1997 年 120 页 有彩图 17×19cm ISBN：7-5393-0620-3 定价：CNY39.80

J001622
色彩构成设计 杨仁敏编著
郑州 河南美术出版社 1997 年 83 页 26cm（16 开）
ISBN：7-5401-0577-1 定价：CNY28.00
（构成艺术丛书）

作者杨仁敏（1949—　），教授。中央工艺美院文学硕士，四川美术学院讲师，重庆市包装技术协会设计委员会主任。著述有《外国历代名建筑》《礼品包装新空间》《钢笔风景画技法》等。

J001623
色彩设计 白芸编著
西安 陕西人民美术出版社 1997 年 113 页
26cm（16 开）ISBN：7-5368-0880-1
定价：CNY25.00
（工艺美术成人高等教育丛书）

J001624
设计的色彩 刘观庆，惠军编著
石家庄 河北美术出版社 1997 年 72 页
29cm（16 开）ISBN：7-5310-0884-X
定价：CNY48.00

J001625
实用色谱 施祖辉等编
北京 测绘出版社 1997 年 63 页 26cm（16 开）
ISBN：7-5030-0890-3 定价：CNY160.00

J001626
室内设计色彩技法 （居住空间的色彩计画）（日）长谷川矩祥著；林运征译
台北 龙溪国际图书公司 1997 年 159 页 有图 26cm（16 开）ISBN：957-98596-0-4
定价：TWD600.00

J001627
四色配色手册 （美术设计师必备色谱）姚根发等编
上海 上海科学技术文献出版社 1997 年 2 版 修订本 151 页 14×21cm 精装
ISBN：7-5439-1014-4 定价：CNY100.00
（现代实用美术设计丛书）

J001628
中国颜色名称 尹泳龙著
北京 地质出版社 1997 年 97 页 26cm（16 开）
ISBN：7-116-02490-5 定价：CNY15.00

J001629
标准色标应用手册
长春 吉林科学技术出版社 1998 年 19×21cm
活页装 ISBN：7-5384-2016-9

本书是在红版（M）、蓝版（C）固定的基础上逐页增加黄版（Y）和黑版（K）印刷的。每页的蓝版是由上到下，由 0-100 比例排列，每页的红版都是由左到右，由 0-100 的比例排列，而黄版和黑版则是逐页加深，代表整页每方格中的颜色都是一样，颜色比例示于本页的右上方。本书由吉林科学技术出版社和香港科技出版社联合出版。

J001630
流行色的色调与情调 荣梅芳等编
合肥 安徽美术出版社 1998 年 128 页 19×22cm
ISBN：7-5398-0674-5 定价：CNY29.50
（世界实用美术精品屋 第二套）

J001631
鲁迅美术学院美术教育教程 （色彩）李泽
浩主编
哈尔滨 黑龙江美术出版社 1998 年 59 页
29cm（16 开）ISBN：7-5318-0435-2
定价：CNY35.80
　　作者李泽浩（1939— ），画家、教授。辽
宁辽中县人。毕业于鲁迅美术学院并留校任教。
历任油画系党支部书记、美术教育系主任、学位
委员会副主席、教授，中国高等院校美术教育研
究会副理事长，中国美术家协会会员，辽宁省
美术家协会常务理事。作品有《垦区新兵》《第
二次大沽口之战》《民族魂·聂耳·冼星海》等，出
版《李泽浩画集》。

J001632
色彩的魔力 （善用色彩增进生活情趣和健
康）（德）卡琳·珲克（Karin Hunkel）著；管中
琪译
台北 智库公司 1998 年 218 页 有彩照
21cm（32 开）ISBN：957-8396-38-4
定价：TWD280.00
（智库文化 人文 80）
　　外文书名：Die Kraft der Farben.

J001633
色彩构成必览　　刘宝岳编著
天津 天津杨柳青画社 1998 年 100 页 17×19cm
ISBN：7-80503-232-7 定价：CNY25.00

J001634
色彩构成基础　　周薇编著
北京 中国社会出版社 1998 年 24+44 页 有彩图
26cm（16 开）ISBN：7-80088-853-3
定价：CNY20.00
（美术与设计基础丛书）

J001635
色彩构成资料精选　　赵永伟等编
沈阳 辽宁美术出版社 1998 年 96 页 17×19cm
ISBN：7-5314-1896-7 定价：CNY23.00

J001636
色彩基础教程　　陈乃敏编著
福州 福建美术出版社 1998 年 82 页 有彩图

26cm（16 开）ISBN：7-5393-0728-5
定价：CNY28.00

J001637
色彩心理学 （追寻牛顿与歌德的脚步）（日）
大山正著
台北 牧村图书公司 1998 年 224 页 21cm（32 开）
ISBN：957-98400-1-6
定价：TWD250.00

J001638
色彩学讲座　　李萧锟著
台北 艺术家出版社 1998 年 2 版 119 页
有彩图 26cm（16 开）ISBN：957-9530-15-7
定价：TWD450.00
　　外文书名：Interpretation of Chromatics.

J001639
实用色彩设计　　陈炜著
广州 广东人民出版社 1998 年 98 页 21cm（32 开）
ISBN：7-218-02862-4 定价：CNY19.80

J001640
通俗色彩理论 （美）吉姆·艾米斯（Jim Ames）
著；赵晓红译
北京 中国建筑工业出版社 1998 年 110 页
26cm（16 开）ISBN：7-112-03215-6
定价：CNY58.00

J001641
现代色彩构成表现技法　　崔唯编著
长沙 湖南美术出版社 1998 年 79 页 26cm（16 开）
ISBN：7-5356-1038-2 定价：CNY47.50
（设计表现技法丛书）
　　作者崔唯（1963— ），教授。毕业于中央工
艺美术学院。历任北京服装学院图案教师、中国
工业设计学会会员。著作有《色彩构成》《当代
欧洲色彩设计》《现代色彩设计技法》《色彩环境
设计》等。

J001642
中国色彩论　　姜澄清著
贵阳 贵州人民出版社 1998 年 259 页 有彩图
20cm（32 开）ISBN：7-221-04766-9
定价：CNY23.80

作者姜澄清(1935—2018)，书画艺术评论家。号三一斋主，云南昭通人。历任贵州大学古典文学副教授，贵州大学图书馆馆长，中国书法家协会学术委员等。主要著作有《中国绘画精神体系》《易经与中国艺术精神》《书法文化丛谈》《中国人的色彩观》《姜澄清散文选》等。

J001643

爱美自学方案　（个人色彩分析 DIY）李昀著
台北　探索文化事业公司　1999 年　109 页　有图
26cm（16 开）ISBN：957-615-213-5
定价：TWD199.00
（Mook 7）

J001644

色彩·构成·设计　李莉婷编著
合肥　安徽美术出版社　1999 年　103 页　28cm
（大 16 开）ISBN：7-5398-0706-7
定价：CNY28.00
（中央工艺美术学院基础教学技法丛书）

J001645

色彩博览会　叶鹏著
台北　业强出版社　1999 年　183 页　21cm（32 开）
ISBN：957-683-540-2 定价：TWD140.00
（青少年图书馆 131）

J001646

色彩构成　李慧媛编著
济南　山东省地图出版社　1999 年　138 页　有彩图
21cm（32 开）ISBN：7-80532-350-X
定价：CNY28.00

本书主要阐述了色彩的本质，色彩的对比与调和，从人的生理性方面研究了色彩的视觉规律，从人的心理性方面研究了色彩的情感，以及利用色彩三要素的搭配交变获得色彩审美价值的原理、规律、法则等内容。编者李慧媛（1959—　），女，生于山东济南。现任山东省女书画家协会会员、山东省书画学会会员，山东省美协会员等职。作品有《橄榄枝》《时尚》《春》等。

J001647

色彩构成设计　刘宝岳，董雅编著
北京　中国建筑工业出版社　1999 年　141 页

20×19cm ISBN：7-112-03857-X 定价：CNY35.00

J001648

色彩基础教学　庞茂琨，叶强编著
成都　四川美术出版社　1999 年　113 页　有图
26cm（16 开）ISBN：7-5410-1721-3
定价：CNY35.00

本书旨在通过对一些课堂的色彩习作及少量创作的分析和评价，让学习者了解每位作者在具体作品中如何通过写生建立画面的色彩关系，并将色彩融入自己的造型与技法之中。

J001649

色彩设计手册　明天创意设计工作室编
上海　上海科学普及出版社　1999 年　187 页
21cm（32 开）精装　ISBN：7-5427-1526-7
定价：CNY95.00

J001650

色彩设计在法国　（法国著名色彩设计大师让·菲力普·郎科罗的研究、教学与社会实践）
宋建明编著
上海　上海人民美术出版社　1999 年　330 页
29cm（16 开）精装　ISBN：7-5322-2189-X
定价：CNY285.00

J001651

色彩原理与色彩构成　安宁编著
杭州　中国美术学院出版社　1999 年　94 页
有彩图　26cm（16 开）ISBN：7-81019-705-3
定价：CNY26.50
（美术教材丛书）

J001652

色到极点　（日）大平雅美著；吴佩芬译
台北　骏达出版公司　1999 年　198 页　有图
21cm（32 开）ISBN：957-8226-37-3
定价：TWD210.00
（另类未来学 16）

J001653

设计色彩教学　宁钢著
南昌　江西美术出版社　1999 年　98 页　有彩图
26cm（16 开）ISBN：7-80580-531-8
定价：CNY29.50

J001654

现代色典

奎屯 伊犁人民出版社 1999 年 14cm（64 开）
ISBN：7-5425-0356-1 定价：CNY35.00

J001655

现代实用美术标色色谱　周克家编著

西安 陕西人民美术出版社 1999 年 125 页
20cm（32 开）ISBN：7-5368-1105-5
定价：CNY45.00

J001656

新编色彩构成　钟蜀珩编著

沈阳 辽宁美术出版社 1999 年 118 页 26cm（16 开）
ISBN：7-5314-2350-2 定价：CNY28.00
（21 世纪技法系列丛书）

　　本书用较多篇幅介绍了现代美术、中国
及世界民族民间美术的色彩。作者钟蜀珩
（1946—　），女，满族，教授、画家。辽宁人，毕
业于中央工艺美术学院装潢系。历任昆明师范
学院教师，清华大学美术学院教授，中国美术家
协会会员。作品有《西北印象》《傣家女》等，译
著有《素描的潜在要素》等。

J001657

新视点·色彩设计　（图集）田旭桐编著

沈阳 辽宁美术出版社 1999 年 136 页 26cm（16 开）
ISBN：7-5314-2188-7 定价：CNY48.00

　　作者田旭桐（1962—　），教师。北京人，毕
业于中央工艺美术学院。清华美院教授、硕士生
导师。作品有《天街连晓雾》《隔溪烟雨》《一池
清水泛鱼苗》等。

造型艺术理论——艺术解剖学

J001658

艺用解剖学　姜丹书著

上海 商务印书馆 1930 年 254 页 有图
23cm（10 开）定价：大洋一元五角

　　本书分骨骼概论、骨骼各论、筋肉各论、
表情论、容貌论等 8 章。作者姜丹书（1885—
1962），美术教育家、美术理论家。江苏溧阳人。
字敬庐，号赤石道人，别名金瀨子，斋名丹枫红

叶楼。毕业于两江优级师范图画手工科。历任
上海、杭州、华东各艺术院校教师达五十余年。
学生有丰子恺、潘天寿、来楚生等。传世作品有
《黄山图》，著有《艺术论文集》《敬庐画集》《美术
史》《艺用解剖学》等。

J001659

艺用解剖学　姜丹书著

上海 商务印书馆 1947 年 2 版 254 页 有图
20cm（32 开）定价：国币七元五角

J001660

艺用解剖学　姜丹书著

上海 商务印书馆 1950 年 3 版 254 页 有图
20cm（32 开）定价：十五元

J001661

艺用解剖学　姜丹书著

上海 商务印书馆 1951 年 4 版 254 页 有图
20cm（32 开）定价：十五元

J001662

艺术解剖学三十八讲　姜丹书编著；陈积厚
助编

上海 上海人民美术出版社 1958 年 精装
定价：CNY2.80

J001663

艺用解剖学三十八讲　姜丹书编著

上海 上海人民美术出版社 1958 年 261 页
有图 26cm（16 开）

　　本书分骨骼论、肌肉论、权衡论、表情论、
容貌论 5 编。

J001664

艺用人体解剖图　张宗禹译绘

上海 商务印书馆 1934 年 74 页 37cm（8 开）
精装 定价：大洋二元二角

　　本书据法国波利奢著的《艺术人体解剖学》
并参照意大利三大作家的解剖图选集译绘而成。
收有人体各部解剖图 74 幅。

J001665

艺用人体解剖学　陈之佛编

上海 开明书店 1935 年 172 页 有图

19cm（32开）定价：大洋七角

作者陈之佛（1896—1962），画家、工艺美术家。又名陈绍本、陈杰，号雪翁。毕业于浙江省工业专门学校染织科机织专业，曾留学日本入东京美术学校工艺图案科。任教于上海美术专科学校及中央大学艺术系，任南京大学、南京师范学院教授、江苏美协副主席、南京艺术学院副院长、中国美术家协会理事等职。代表作品有《瑞安名胜古诗选》《旅美纪行》《江村集》等。

J001666

袖珍艺用人体解剖图　刘风虎译绘
北平 刘风虎［自刊］1936年［72］页 有图
19cm（32开）定价：大洋六角

J001667

艺术解剖学　李景凯编译
李景凯［自刊］1940年［81］页 有图
25cm（16开）定价：国币十二元

本书内容包括：绘画与比例、骨骼部、头颈部、躯干部、臂腕部、手部、腿部、脚部、人体筋络图。

J001668

艺术解剖学　李景凯编译
汉口 兴华书局［1940—1949年］影印本 92页
有图 26cm（16开）

J001669

艺术解剖学　李景凯编译
汉口 黄光益 1951年 影印本 1册 有图
26cm（16开）定价：旧币 40,000元

J001670

艺术解剖学　李景凯编译
上海 兴华书局 1951年 影印本 有图
26cm（16开）定价：旧币 40,000元

J001671

艺术解剖学　李景凯编译
上海 兴华书局 1953年 增订本 影印本 182页
有图 26cm（16开）定价：旧币 40,000元

J001672

艺用人体解剖简明图　曼硕编制

[哈尔滨]东北画报社 1948年 146页 有图
17cm（32开）

J001673

艺用人体解剖图　吕琳编
重庆 西南人民出版社 1952年 133页 26cm（16开）
定价：旧币 40,000元

J001674

艺用人体解剖学　文金扬编著
北京 朝花美术出版社 1956年 179页 有图
26cm（16开）精装 统一书号：8028.213
定价：CNY2.15

本书内容包括：绪论、人体总论、头部外形及面部表情、躯干外形及其运动、上肢外形及其运动、下肢外形及其运动、余论。全书附图 111幅，均有文字说明。

J001675

艺用人体解剖学　文金扬编著
北京 朝花美术出版社 1959年［179页］有图
26cm（16开）精装

J001676

人体造形解剖学　（苏）伊凡尼茨基（M.X.И-еаницкий）著；王之烈译
北京 人民美术出版社 1958年 76页 20cm（32开）
统一书号：T8027.1862 定价：CNY0.65

本书以文图结合的形式，讲解艺用人体结构概要，包括躯干骨骼的造形解剖，颅和上下肢骨骼的造形解剖，躯干肌、颈肌、头肌和上下肢肌的造形解剖，人体状态和运动的解剖分析的知识，眼、耳和鼻的造形解剖，皮肤的造形解剖以及人体的比例等部分。另有人体解剖、素描、雕塑作品范图 25幅。

J001677

艺用人体解剖　（美）佐治·伯里曼著（G.B.Bridg-man）；润棠译
北京 人民美术出版社 1959年 20cm（32开）
精装 定价：CNY1.30

外文书名：Constructive Anatomy.

J001678

人体的解剖与构成　（美）勃拉特倍莱著；柴

庆翔译

北京 朝花美术出版社 1962 年 196 页 有图

26cm（16 开）统一书号：8028.1846

定价：CNY5.30

J001679

人体的解剖与构成　（美）勃拉特倍莱著；柴庆翔译

北京 人民美术出版社 1987 年 2 版 134 页

有图 26cm（16 开）统一书号：8027.8543

定价：CNY2.80

　　全书系统论述了人体的主要结构和每个部分的基本造型，编入 200 张素描图例，较为形象地介绍了人体解剖基本知识。其中分析了人体的比例、骨骼、上肢、下肢；以及四肢、躯体、头部各个部位的肌肉组合及其动作特征等。作者柴庆翔，美术教师。

J001680

艺用人体结构　（美）G.B. 伯里曼著；润棠译

北京 人民美术出版社 1973 年 147 页 有图

19cm（32 开）统一书号：8027.5718

定价：CNY0.58

J001681

艺用人体结构　浙江美术学院绘画教材编写组编

杭州 浙江人民出版社 1973 年 173 页 有图

21cm（32 开）统一书号：8103.51 定价：CNY0.43

J001682

艺用人体解剖　郑州市文化馆，郑州市图书馆编辑

郑州 郑州市文化馆 1973 年 油印本 98 页

有图 26cm（16 开）

　　本书由郑州市文化馆和郑州市图书馆联合出版。

J001683

人体姿式 1500　李元佑编

香港 香港得利书局 1983 年 88 页 26cm（16 开）

J001684

人体姿式 1500　李元佑编

香港 香港得利书局 1988 年 88 页 26cm（16 开）

ISBN：962-15-0121-0

　　外文书名：Poses 1500.

J001685

艺用人体结构运动学　陈聿强著

上海 上海人民美术出版社 1984 年 188 页

19cm（32 开）简精装 统一书号：8081.13677

定价：CNY3.80

　　全书包括人体的结构和运动两个方面。它从造型艺术的特点出发，尽量用直观的图例来说明人体结构和运动的规律，在必要的部分作了文字的阐述和解释。

J001686

艺用人体结构运动学　陈聿强编著

上海 上海人民美术出版社 1999 年 重印本

188 页 26cm（16 开）ISBN：7-5322-1313-7

定价：CNY21.00

J001687

艺用解剖学　（名家素描实例解说）（美）贺尔著；高玫，朱圣节译

台北 梵谷图书出版公司 1985 年 再版 260 页

26cm（16 开）精装 定价：TWD350.00

（梵谷美术丛书）

J001688

人体造形解剖学　李景凯编著

天津 天津人民美术出版社 1987 年 20 页

26cm（16 开）ISBN：7-5305-0021-X

定价：CNY4.00

J001689

艺用解剖学　视觉素描研究所编

台北 艺术图书公司 1987 年 239 页 25cm（15 开）

定价：TWD150.00

（素描新技 6）

J001690

艺用人体解剖　李景凯编译

西安 陕西人民美术出版社 1987 年 169 页

26cm（16 开）定价：CNY1.85

J001691

人体姿态与解剖　陈伟生编著

长沙 湖南美术出版社 1989 年 150 页 有图 26cm（16 开）精装 ISBN：7-5356-0246-0
定价：CNY23.00

　　本书分 3 部分。第 1 部分为绘画人体解剖知识，介绍了全身、头部、躯干、上下肢的解剖结构。第 2 部分为人体解剖结构图例，以详尽的人体骨骼、肌肉图例进一步加深对人体解剖结构的了解。第 3 部分为男女人体动态照片，以大童的人体照片及人体解剖结构图例进行对照分析。作者陈伟生（1932— ），教授。浙江温岭人，毕业于中央美术学院。曾任教于清华美术学院、中央美术学院、中国人民大学、北京（首都）师范大学，中国美术家协会会员。著作有《人体姿态与解剖》《素描基本规律十七法》《服装色彩学》等。

J001692
人体姿态与解剖　（动态）郏宝雄主编；陈伟生撰文；刘家洪等插图；王春林等摄影
长沙 湖南美术出版社 1998 年 135 页 26cm（16 开）
ISBN：7-5356-1158-3 定价：CNY29.80

J001693
人体姿态与解剖　（静态）郏宝雄主编；陈伟生撰文；刘家洪等插图；王春林等摄影
长沙 湖南美术出版社 1998 年 2 版 135 页 26cm（16 开）ISBN：7-5356-0246-0
定价：CNY29.80

J001694
动态人体解剖　（德）谢培德著；许震民译
南宁 广西美术出版社 1990 年 139 页 有图 19cm（32 开）ISBN：7-80582-037-6
定价：CNY5.80

J001695
艺用人体结构形态分析解剖　李景凯编著
西安 陕西人民美术出版社 1990 年 194 页 26cm（16 开）ISBN：7-5368-0214-5
定价：CNY5.15

J001696
人体·人体结构·人体艺术　贾彤福等编著
北京 高等教育出版社 1991 年 262 页 35cm（15 开）精装 ISBN：7-04-003455-7

定价：CNY186.00

　　本书介绍了艺术家们在习作中运用人体解剖学知识塑造人体艺术形象的经验，世界上不同时期不同艺术家创作的风格和手法等。

J001697
人体动态画法　蒋仲兴编著
石家庄 河北美术出版社 1991 年 96 页 有图 20cm（32 开）ISBN：7-5310-0386-4
定价：CNY3.60

　　本书内容包括：人体结构、人体运动的节奏和韵律、人体动态造型、人体动态照片参考等 7 部分。

J001698
艺术家与人体解剖学　约翰·拉依内斯著；左建华，张晖编译
天津 天津人民美术出版社 1992 年 188 页 有图 26cm（16 开）ISBN：7-5305-0308-1
定价：CNY13.60

　　本书内容包括：一为"绪言"、二为"骨骼"、三为"肌肉"、四为"外表艺术"、五为"艺术作品中的人体解剖学"。

J001699
艺术家与人体解剖学　约翰·拉依内斯原著；左建华，张晖编译
天津 天津人民美术出版社 1998 年 2 版 188 页 有图 26cm（16 开）ISBN：7-5305-0308-1
定价：CNY20.00

J001700
人体造型与人体形象　（图集）李家旭著；冯炜烈，支养年摄；陈九如等绘
天津 天津人民美术出版社 1996 年 143 页 26cm（16 开）ISBN：7-5305-0570-X 定价：CNY30.00

　　作者陈九如（1955— ），教授。天津人。历任天津美术学院版画系主任、中国美术家协会会员、中国版画家协会会员。出版有《陈九如水彩人体画选》《一代画风——当代中青年水彩画家作品集》《素描五十讲》等。

J001701
人体艺术解剖学　张宝才著
沈阳 辽宁美术出版社 1998 年 207 页 26cm（16 开）

精装 ISBN：7-5314-1759-6
定价：CNY43.00

J001702
艺用人体解剖　崔岩编著
济南 山东友谊出版社 1998 年 196 页 有图
29cm（16 开）ISBN：7-80642-147-5
定价：CNY48.00
　　作者崔岩（1954—　），女，教授、画家。山

东潍坊人。山东师范大学美术系副教授，山东省
美术家协会会员。

J001703
人体动态　高盛奎摄；伊人编
杭州 浙江摄影出版社 1999 年 231 页 29cm（16 开）
ISBN：7-80536-641-1 定价：CNY150.00
（美术参考图库）

世界艺术（概况）

J001704

当代外国艺术 （第1辑）中国艺术研究院外
国文艺研究所编
北京 文化艺术出版社 1984年 176页 有图
26cm（16开）统一书号：8228.090
定价：CNY1.00

J001705

当代外国艺术 （第2辑）中国艺术研究院外
国文艺研究所编
北京 文化艺术出版社 1985年 176页 有图
26cm（16开）统一书号：8228.108
定价：CNY1.00

J001706

当代外国艺术 （第3辑）中国艺术研究院外
国文艺研究所编
北京 文化艺术出版社 1985年 176页 有图
26cm（16开）统一书号：8228.114
定价：CNY1.00

J001707

当代外国艺术 （第4辑）郑雪来主编；当代
外国艺术编辑部编辑
北京 文化艺术出版社 1987年 144页 有图
26cm（16开）统一书号：8228.123
定价：CNY1.00

　　主编郑雪来（1925—　　），戏剧、电影理论
家、翻译家。曾用名郑存善、郑诗昂，笔名雷楠。
福建长乐人，就读于暨南大学外文系。中国艺
术研究院研究员以及原外国文艺研究所负责人。
主要论著有《电影美学问题》《斯坦尼斯拉夫斯

基体系论集》《电影学论稿》《世界电影鉴赏辞
典》等。

J001708

当代外国艺术 （第5辑）中国艺术研究院外
国文艺研究所编
北京 文化艺术出版社 1986年 176页 有图
26cm（16开）统一书号：8228.130
定价：CNY1.00

J001709

当代外国艺术 （第6辑）郑雪来主编；当代
外国艺术编辑部编
北京 文化艺术出版社 1988年 144页 有图
26cm（16开）ISBN：7-5039-0130-6
定价：CNY1.80

J001710

当代外国艺术 （第7辑）郑雪来主编；当代
外国艺术编辑部编
北京 文化艺术出版社 1988年 144页 有图
26cm（16开）ISBN：7-5039-0174-8
定价：CNY1.80

J001711

当代外国艺术 （第8辑）郑雪来主编；当代
外国艺术编辑部编辑
北京 文化艺术出版社 1989年 144页 有图
26cm（16开）ISBN：7-5039-0381-3
定价：CNY2.00

J001712

当代外国艺术 （第 9 辑）郑雪来主编；当代外国艺术编辑部编

北京 文化艺术出版社 1989 年 144 页 有图
26cm（16 开）ISBN：7-5039-0380-5
定价：CNY2.00

J001713

当代外国艺术 （第 10 辑）郑雪来主编；当代外国艺术编辑部编

北京 文化艺术出版社 1989 年 144 页 有图
26cm（16 开）ISBN：7-5039-0464-X
定价：CNY2.00

J001714

当代外国艺术 （第 11 辑）郑雪来主编；当代外国艺术编辑部编

北京 文化艺术出版社 1990 年 144 页 有图
26cm（16 开）ISBN：7-5039-0587-5
定价：CNY2.60

J001715

当代外国艺术 （第 12 辑）郑雪来主编；当代外国艺术编辑部编

北京 文化艺术出版社 1990 年 144 页 有图
26cm（16 开）ISBN：7-5039-0644-8
定价：CNY2.60

J001716

当代外国艺术 （第 13 辑）郑雪来主编；当代外国艺术编辑部编

北京 文化艺术出版社 1990 年 144 页 有图
26cm（16 开）ISBN：7-5039-0671-5
定价：CNY2.60

J001717

当代外国艺术 （第 14 辑）郑雪来主编；当代外国艺术编辑部编辑

北京 文化艺术出版社 1991 年 144 页 有图
26cm（16 开）ISBN：7-5039-0787-8
定价：CNY2.60

J001718

当代外国艺术 （第 15 辑）郑雪来主编；《当代外国艺术》编辑部编

北京 文化艺术出版社 1991 年 144 页 有图
26cm（16 开）ISBN：7-5039-0683-9
定价：CNY2.60

J001719

西洋美术辞典 雄狮西洋美术辞典编委会编译

台北 雄狮图书公司 1984 年 修订版 1001 页
有图 26cm（16 开）精装
（雄狮美术辞典大系）

J001720

西洋美术辞典 王秀雄编译

台北 雄狮图书公司 1998 年 最新版 1007 页
有图 26cm（16 开）精装 ISBN：957-9420-34-3
定价：TWD2650.00
（雄狮丛书 13-002 雄狮美术辞典大系）

J001721

千奇百怪的国外艺术 李成贵编

上海 上海文化出版社 1986 年 118 页 19cm（32 开）
统一书号：8077.3005 定价：CNY0.50
（五角丛书）

J001722

东方美术 时英等编辑

天津 南开大学出版社 1987 年 285 页
20cm（32 开）统一书号：8301.3 定价：CNY2.00
（南开大学东方艺术系美术译著丛书）

J001723

世界艺术百科全书选译 （Ⅰ）上海人民美术出版社编

上海 上海人民美术出版社 1987 年 325 页
20cm（32 开）精装 定价：CNY5.20
　　外文书名：Encyclopedia of World Art.

J001724

世界艺术百科全书选译 （Ⅱ）

上海 上海人民美术出版社 1990 年 314 页
20cm（32 开）精装 ISBN：7-5322-0325-5
定价：CNY10.00
　　外文书名：Encyclopedia of World Art.

J001725

大英视觉艺术百科全书 （第一卷 艺术史 旧时器时代艺术～意特斯堪艺术）王嘉骥等译
台北 台湾大英百科公司 1988 年 29cm（16 开）
精装 定价：TWD1800.00

J001726

大英视觉艺术百科全书 （第二卷 艺术史 罗马艺术～意特斯堪艺术）王嘉骥等译
台北 台湾大英百科公司 1988 年 191 页
29cm（16 开）精装 定价：TWD1800.00
　　作者王嘉骥，台湾地区艺术史论学者。

J001727

大英视觉艺术百科全书 （第三卷 艺术史 拜占庭艺术～奥图时期艺术）王嘉骥等译
台北 台湾大英百科公司 1988 年 29cm（16 开）
精装 定价：TWD1800.00

J001728

大英视觉艺术百科全书 （第四卷 艺术史 罗马风格的艺术～浪漫艺术）王嘉骥等译
台北 台湾大英百科公司 1988 年 29cm（16 开）
精装 定价：TWD1800.00

J001729

大英视觉艺术百科全书 （第五卷 艺术史 写实主义～南非艺术）王嘉骥等译
台北 台湾大英百科公司 1988 年 29cm（16 开）
精装 定价：TWD1800.00

J001730

大英视觉艺术百科全书 （第六卷 艺术家传记辞典 奥瓦·奥图～保罗·杜朗～鲁耶）王嘉骥等译
台北 台湾大英百科公司 1988 年 29cm（16 开）
精装 定价：TWD1800.00

J001731

大英视觉艺术百科全书 （第七卷 艺术家传记辞典 阿尔布雷希特·丢勒～扬·利芬斯）王嘉骥等译
台北 台湾大英百科公司 1988 年 29cm（16 开）
精装 定价：TWD1800.00

J001732

大英视觉艺术百科全书 （第八卷 艺术家传记辞典 林堡兄弟～瑞巴尔塔·弗兰且斯可）王嘉骥等译
台北 台湾大英百科公司 1988 年 29cm（16 开）
精装 定价：TWD1800.00

J001733

大英视觉艺术百科全书 （第九卷 艺术家传记辞典 纳西普·德·里贝拉～法兰西斯可德·苏巴朗字汇）王嘉骥等译
台北 台湾大英百科公司 1988 年 29cm（16 开）
精装 定价：TWD1800.00

J001734

大英视觉艺术百科全书 （第十卷）王嘉骥等译
台北 台湾大英百科公司 1988 年 29cm（16 开）
精装 定价：TWD1800.00

J001735

大英视觉艺术百科全书 （中文版）（美）劳伦斯·高文（Lawrence Gowing）主编；王嘉骥等译
南宁 广西美术出版社等 1994 年 10 册
26cm（16 开）精装 ISBN：7-80582-713-3
定价：CNY1380.00
　　外文书名：The Encyclopedia of Visual Art. 编者劳伦斯·高文（Sir Lawrence Gowing），英国爵士，《大英视觉艺术百科全书》主编。译者王嘉骥，台湾艺术史论学者。

J001736

西方现代艺术词典　邹贤敏主编
成都 四川文艺出版社 1989 年 812 页
21cm（32 开）精装 定价：CNY10.50
　　本词典分美学文论、小说、诗歌、戏剧、音乐、舞蹈、美术、建筑等部分，共 1693 个条目。

J001737

艺术音乐精华　（美）古特曼（Gutman，E.），（美）古德（Goode，R.）著；乔长森，胡萌洁译
济南 明天出版社 1990 年 120 页 有图
26cm（16 开）精装 ISBN：7-5332-0969-9
定价：CNY23.35
（少男少女丛书）

本书内容包括艺术和音乐两大部分。艺术部分概述世界美术史上各主要流派的起源、发展和影响，涉及绘画、雕塑、建筑等各方面，并且按照美术发展史的轨迹重点介绍有成就的美术家的事迹。音乐部分介绍了世界各音乐流派，并对音乐界各时期的代表人物人生足迹和巨大贡献作了阐释，书中还以一定篇幅介绍了音乐的基础知识。外文书名：The Story of Art and Music.

J001738

中外艺术辞典　李思德主编

济南　山东文艺出版社　1991年　988页　20cm（20开）ISBN：7-5329-0358-3　定价：CNY36.70

本书共收辞目6000余条。分文学、戏剧、电影、音乐、舞蹈、书法、工艺等15类。主要介绍诠释古今中外艺术的名词术语、艺术流派、艺术家生平、作品、艺术特色等。

J001739

东西方艺术辞典　戚廷贵等主编

长春　吉林教育出版社　1992年　1566页　26cm（16开）精装　ISBN：7-5383-1599-3　定价：CNY50.00

本辞书搜集东西方艺术的重要条目1万余条，分编6类，即艺术理论、实用艺术、表情艺术、造型艺术、综合艺术、语言艺术。

J001740

93国际艺术文化交流展　顾志成主编

北京　中国文联出版公司　1993年　28cm（大16开）ISBN：7-5059-2025-1　定价：CNY40.00

J001741

东方美术　（第二辑）刘治贵主编；《东方美术》编辑部编

成都　四川美术出版社　1993年　58页26cm（16开）ISBN：7-5410-0898-2　定价：CNY4.80

J001742

今日先锋　（1）《今日先锋》编委会编

北京　三联书店　1994年　166页　20cm（32开）

J001743

今日先锋　（2）《今日先锋》编委会编

北京　三联书店　1994年　166页　20cm（32开）

本书收录《神话－西方与中国》《先锋与自由》《炮竹炸碎冬梦》《〈零档案〉从诗到戏剧》等。

J001744

今日先锋　（3）《今日先锋》编委会编

北京　三联书店　1995年　166页20cm（32开）

本书收录《传统－现代－先锋》《雕塑的自觉》《感情和技术》《建筑空间的观念断想》等。

J001745

今日先锋　（4）《今日先锋》编委会编

北京　三联书店　1996年　166页20cm（32开）ISBN：7-108-00861-0　定价：CNY13.00

本书收录《评法国关于当代艺术的论战》《孤独的飞了－崔健访谈录》《往日风景》《卡里奈斯库－现代性的五个面孔》等。

J001746

今日先锋　（5）《今日先锋》编委会编

北京　三联书店　1997年　166页20cm（32开）ISBN：7-108-01021-6　定价：CNY12.80

本书收录《封闭的游戏——作为当代形象的今日先锋》《转嫁的伤害——论中国当代先锋派的处境》等。

J001747

今日先锋　（6）《今日先锋》编委会编

北京　三联书店　1999年　166页20cm（32开）ISBN：7-108-01266-9　定价：CNY12.80

本书收录《音乐与科技谈片》《议论的自由与思想的诚实》《虚拟发言》《智取DOOM山》《想象的变革》《建筑独白》等。

J001748

今日先锋　（7）蒋原伦等主编

天津　天津社会科学院出版社　1999年　152页20cm（32开）ISBN：7-80563-763-6　定价：CNY13.80

J001749

美术撷英　徐改编著

北京　中国大百科全书出版社　1996年　2册（267页）有彩图　20cm（32开）ISBN：7-5000-5729-6　定价：CNY16.80

（小学图书馆百科文库）

J001750

外国艺术小百科　　陆家齐，孟庆文主编；《外
国艺术小百科》编委会编译

天津　天津教育出版社　1996 年　23+496 页　有图
20cm（32 开）　精装　ISBN：7-5309-2420-6

定价：CNY67.00

J001751

澄心、天籁　（方召麐·池田大作书画摄影合
集）方召麐，（日）池田大作摄

香港　天地图书公司　1999 年　142 页　31cm（10 开）

精装　定价：HKD250.00

J001752

绿星国际少年儿童美术摄影作品集　　"绿星
杯"国际少年儿童美术、摄影大赛组委会编

北京　中国世界语出版社　1999 年　276 页

25×26cm ISBN：7-5052-0433-5

定价：CNY198.00

世界艺术史、世界艺术思想史

J001753

西洋美术史入门画本　　王光祈译

中华书局　[1911—1949]　38cm（8 开）

定价：国币一元七角

　　本书内容包括：上古美术、中古美术、近代
美术。译者王光祈（1892—1936），音乐学家、社
会活动家。字润玙，笔名若愚，四川温江人。毕
业于柏林大学，获波恩大学博士。代表作《东方
民族之音乐》《欧洲音乐进化论》《论中国古典歌
剧》等。

J001754

美术史　　姜丹书编著

上海 商务印书馆 1917 年 87 页 有图 21cm（32 开）

　　作者姜丹书（1885—1962），美术教育家、美
术理论家。江苏溧阳人。字敬庐，号赤石道人，
别名金瀙子，斋名丹枫红叶楼。毕业于两江优级
师范图画手工科。历任上海、杭州、华东各艺术

院校教师达五十余年。学生有丰子恺、潘天寿、
来楚生等。传世作品有《黄山图》，著有《艺术论
文集》《敬庐画集》《美术史》《艺用解剖学》等。

J001755

美术史　　姜丹书编著

上海　商务印书馆　1924 年　7 版　94 页　有图
21cm（32 开）

J001756

美术史参考书　　姜丹书编

上海　商务印书馆　1918 年　78+31 页 19cm（32 开）

　　本书为《美术史》一书中各名词术语的解释
说明，按该书章节编排。

J001757

近代美术思潮　　黄忏华编述

上海　商务印书馆　1922 年　71 页 21cm（32 开）

定价：大洋二角五分

　　本书内容包括：新兴绘画、新兴雕刻、新兴
建筑。

J001758

近代美术思潮　　黄忏华编述

上海　商务印书馆　1927 年　3 版　71 页
21cm（32 开）定价：大洋二角五分

J001759

西洋美术史　　吕澂编译

上海　商务印书馆　1922 年　163 页　有图
21cm（32 开）精装　定价：大洋八角

　　本书据法国 S. Reinach 著的"Apollo"（中译
书名为《阿波罗艺术史》）一书编译，论述古代至
20 世纪世界各国美术发展史。全书分原始美术、
新石器时代、埃及之美术、希腊之美术—史前时
代、罗马之美术、文艺复兴期之建筑、19 世纪各
国之美术、20 世纪各国之美术等 26 章。

J001760

西洋美术史　　吕澂编译

上海　商务印书馆　1923 年　再版　163 页　有图
20cm（32 开）精装　定价：大洋八角

J001761

西洋美术史　　吕澂编译

上海 商务印书馆 1925 年 3 版 163 页 有图 21cm（32 开）精装 定价：大洋八角

J001762

西洋美术史　吕澂编译

上海 商务印书馆 1931 年 4 版 163 页 有图 21cm（32 开）精装

J001763

西洋美术史　吕澂著

上海 商务印书馆 民国二十二［1933］165 页 有图 18cm（32 开）

（万有文库 第一集 0706）

J001764

西洋美术史　吕澂著

长沙 商务印书馆 1939 年 简编版 165 页 有图 19cm（32 开）精装

（万有文库 第一、二集简编）

J001765

西洋美术史　吕澂著

重庆 商务印书馆 1945 年 渝 1 版 112 页 有图 19cm（32 开）定价：国币一元七角

（百科小丛书）

J001766

西洋美术史提要　郭沫若著

上海 商务印书馆 1926 年 12+59 页 17cm（32 开）定价：大洋一角

（百科小丛书 118）

　　本书简述自古代至近代的绘画、雕刻、建筑的概况及发展史，作者以日本板垣鹰穗的《西洋美术史》为蓝本写成。作者郭沫若（1892—1978 年），文学家、历史学家。原名开贞，字鼎堂，号尚武，乳名文豹，笔名沫若、麦克昂、郭鼎堂，四川乐山人，毕业于日本九州帝国大学。历任中国科学院首任院长、中国科学技术大学首任校长、苏联科学院外籍院士。代表作《郭沫若全集》《甲骨文字研究》《中国史稿》等。

J001767

西洋美术史　丰子恺编

上海 开明书店 1928 年 再版［50］+246 页 有图 19cm（32 开）定价：大洋一元八角

　　本书为立达学园西洋画科的讲义，也是编者读日本一氏义良的《西洋美术的知识》一书的节录。分古代、近代、现代三大部分，对原始时代、古代埃及、古希腊、古罗马及现代新兴美术各流派作了系统介绍。作者丰子恺（1898—1975），画家、文学家、艺术教育家。原名丰润，又名仁、仍，字子觊，后改为子恺，笔名 TK，浙江嘉兴人。作品有《缘缘堂随笔》、画集《子恺漫画》等。

J001768

西洋美术史纲要　萧石君编

上海 中华书局 1928 年 156 页 有图 22cm（16 开）定价：银一元二角

　　本书为古希腊至 19 世纪的美术史。分建筑、雕刻、绘画 3 编。

J001769

近代艺术　倪贻德编著

上海 金屋书店 1929 年 110 页 有图 19cm（32 开）定价：大洋四角半

　　本书共分 9 章，包括：印象派名称之由来、印象派之原理与新印象派之诞生、后期印象派与表现主义、立体派与几何学派、旋风主义、未来派之艺术、新理想主义的绘画、构图主义、都会的艺术与野趣的艺术等。作者倪贻德（1901—1970），著名油画家、美术理论家和美术教育家。笔名尼特，毕业于上海美术专科学校。历任浙江美术学院教授、第一副院长、全国美协理事、浙江省美协副主席等职。著作有《西洋画概论》《水彩画研究》《画人行脚》《艺术漫谈》《近代艺术》。还有小说集《玄武湖之秋》《东海之滨》《百合集》等。

J001770

美术的表现与背景　（日）板垣鹰穗著；萧石君译

上海 开明书店 1931 年 122 页 有图 18cm（15 开）定价：大洋九角五分

　　本书内容包括：希腊思潮的推移与神像的蜕变、基督教寺院形式的蜕变、文栖的人与艺术、法兰西大革命与国民美术的起源、印象派的归结点——穆列的连作。

J001771

少年艺术史　（上卷）（日）木村庄八著；洛三译

上海 神州国光社 1931年 65页 有图 19cm(32开)
(少年时代丛书)

本书分三卷,由古代、中世、近古、近世4部分组成,用故事体裁介绍数千年有关西洋绘画、雕刻、建筑等的起源、变革、艺术家等。

J001772

少年艺术史 (中卷)(日)木村庄八著;洛三译
上海 神州国光社 1931年 112页 有图
19cm(32开)
(少年时代丛书)

J001773

少年艺术史 (下卷)(日)木村庄八著;洛三译
上海 神州国光社 1931年 96页 有图
19cm(32开)
(少年时代丛书)

J001774

西方艺术史 (上卷)(匈)马查(I.Matsa)著;武思茂译
上海 开明书店 1931年 251页 有图
17cm(32开)定价:大洋一元二角

本书内容包括:印象主义与新印象主义、旧与新的斗争、从现象的显示到现象的内心揭露。

J001775

西洋美术大纲 梁得所编译
上海 良友图书印刷公司 1931年 3版 有图
21cm(32开)精装 定价:大洋五元

本书据英国 William Orphen 所著的"Outline of art"一书译出,共分22章,内容包括:近代美术之诞生、油画的发明、文艺复兴的极峰、到威尼斯之路、十五世纪的德国美术、十七世纪荷兰的绘画、十八世纪的英国美术、风景画的兴盛、东方美术的影响、欧战与美术等。书末附《近今中国之西洋美术》和"译名对照表"等。

J001776

西洋艺术史话 (日)木村庄八著;钱君匋译
上海 开明书店 1932年 172页 有图
19cm(32开)定价:大洋八角

本书内容包括:古代之话、中世之话、近古之话、现代之话,叙述各国绘画、雕刻、建筑等艺术史。作者钱君匋(1907—1998),书画家。浙

江桐乡人。名玉堂、锦堂,字君陶,号豫堂、禹堂。现通用名为钱君陶。毕业于上海艺术师范学校。曾任西泠印社副社长、上海文艺出版社编审、上海市政协委员等职。代表作品《长征印谱》《君长跋巨卯选》《鲁迅印谱》《钱君陶印存》。

J001777

西洋美术史纲要 倪贻德编
上海 汉文正楷印书局 1933年 38页 19cm(32开)

本书介绍埃及、希腊、罗马、中世纪、文艺复兴期、十七至二十世纪的西洋美术发展史。

J001778

近代艺术纲要 丰子恺编
上海 中华书局 1934年 132+12页 有图
19cm(32开)
(中华百科丛书)

本书据日本中井宗太郎著的《近代艺术概论》节译,内容包括:总论、古典主义与浪漫主义的艺术、写实主义的艺术、印象主义的艺术化、表现主义的艺术、新兴艺术。

J001779

近代艺术纲要 丰子恺编
上海 中华书局 民国三十年[1941]3版
132+12页 有图 19cm(32开)
定价:中储券六百〇四元八角
(中华百科丛书)

J001780

西方美术东渐史 (日)关卫著;熊得山译
上海 商务印书馆 1936年 492页 有图
19cm(32开)定价:国币一元五角

本书内容包括:古代欧洲艺术之东渐、中国中原西方艺术之传播、朝鲜半岛的西方艺术之传统、由南方海路传于极东之西方艺术、由荷兰船传播于日本的欧洲艺术等。

J001781

一九三五年的世界艺术 林风眠编著;王云五、韦悫主编
上海 商务印书馆 民国二十五年[1936]127页
有照片图 20cm(32开)定价:国币伍角
(一九三五年世界概况丛书)

本书收录《回到主题上来》《主题之选择》《野兽主义之结算》《现代之艺术》《立体主义之创造者》《巴黎意大利艺术展览会》《卡罗》等15篇文章。书前有编著者的"弁言"和著名艺术家的代表作品35幅。编者林风眠（1900—1991），画家、艺术教育家。名绍琼，字凤鸣，后改风眠。广东梅县人。曾任国立艺术学院首任院长，中国美术家协会上海分会副主席。代表作品有《春晴》《江畔》《仕女》。

J001782

阿波罗艺术史　（法）S. 赖那克（S.Reinach）著；李朴园译

上海　商务印书馆　1937年　[528]页　有图　19cm（32开）精装　定价：国币1.8元

　　本书论述上古至19世纪的世界艺术史。内容包括：艺术之起源、光石器时代及青铜时代的艺术、埃及卡尔提阿及波斯、希腊的小艺术等25章。

J001783

史前艺术史　岑家梧著

长沙　商务印书馆　1938年　156页　有图　19cm（32开）定价：国币七角

（百科小丛书）

　　本书内容包括：史前时代、旧石器时代、新石器时代、铜器时代的艺术。书末附《史前人类之身体装饰》及参考书目。

J001784

史前艺术史　岑家梧著

台北　商务印书馆　1974年　156页　17cm（32开）定价：TWD18.00

（人人文库　2064—6065）

J001785

西洋美术史入门　（说明书）王光祈编译

广州　中华书局　1939年　112+16页　有图　26cm（16开）定价：国币八角

　　本书包括上古美术、中古美术、近代美术3编，收364幅图。书后附美术家姓名、美术专门名词、译名对照表等。译者王光祈（1892—1936），音乐学家、社会活动家。字润玙，笔名若愚，四川温江人。毕业于柏林大学，获波恩大学博士。代表作《东方民族之音乐》《欧洲音乐进化论》《论中国古典歌剧》等。

J001786

西洋美术史入门图本　王光祈译

上海　中华书局　[民国二十八年] 1939　有图　38cm（6开）定价：国币三元

J001787

西洋古代美术史　钱君匋著

上海　永祥印书馆　1946年　79页　有图　17cm（32开）

（青年知识文库　第2集　6）

　　本书内容包括：古代美术、中世美术、文艺复兴、古典时代的美术。作者钱君匋（1907—1998），书画家。浙江桐乡人。名玉堂、锦堂，字君陶，号豫堂、禹堂。现通用名为钱君陶。毕业于上海艺术师范学校。曾任西泠印社副社长、上海文艺出版社副编审、上海市政协委员等职。代表作品《长征印谱》《君匋跋巨印选》《鲁迅印谱》《钱君陶印存》。

J001788

西洋近代美术史　钱君匋著

上海　永祥印书馆　1946年　72页　17cm（32开）

（青年知识文库　第3辑　5）

　　本书内容包括近代美术和现代美术两章，介绍近代美术家米勒、柯培、杜米哀等及其派别，现代美术的绘画、建筑、雕刻、工艺美术等的发展。

J001789

近代艺学界　（英）史密斯著；王臻善译

[1949—1979年] 208页　22cm（32开）

J001790

西洋美术史　钱君匋著

上海　永祥印书馆　1949年　79+72页　19cm（32开）

　　本书分西洋古代美术史和西洋近代美术史两部分。西洋古代美术史包括古代美术、中世术、文艺复兴、古典时代的美术4章；西洋近代美术史包括近代美术、现代美术2章。

J001791

俄罗斯建筑史　[苏]莫·依·尔集亚宁著；陈志华译

北京　建筑工程出版社　1955年　130页

20cm（32开）定价：CNY1.26

　　译者陈志华（1914—　），教授。生于江苏苏州。四川攀枝花大学教授。著有《陈志华艺术论集》等。

J001792

中印艺术因缘　常任侠著

上海　上海出版公司　1955年　80页　有图

21cm（32开）定价：CNY0.78

　　作者常任侠（1904—1996），艺术考古学家、东方艺术史研究专家、诗人。别名季青，生于安徽颍上县。毕业于南京中央大学文学院，并留校任教。历任国立北平艺术专科学校特级教授，中央美术学院教授，国家文物鉴定委员会委员。代表作品有《毋亡草》《祝梁怨》《亚细亚之黎明》等。

J001793

文艺复兴时期的美术　（苏）阿尔巴托夫（М.В.Алпатов）著；中央美术学院美术史研究室译

北京　朝花美术出版社　1957年　205+76页

有图　21cm（32开）统一书号：8028.1478

定价：CNY1.40

　　本书是作者所著的《美术通史》的一部分，介绍了意大利、德国、法国的文艺与艺术。文中有插图19幅，黑白图76幅。

J001794

十八与十九世纪欧洲美术　（苏）阿尔巴托夫著；中央美术学院美术史研究室译

北京　人民美术出版社　1958年　206页+[57]页

图版　21cm（32开）统一书号：8027.1370

定价：CNY1.40

　　本书主要介绍了法国大革命前后时期及近代的法国美术，有黑白附图86幅。

J001795

文艺复兴时期的美术　朱龙华编

北京　人民美术出版社　1960年　68页　有照片

19cm（32开）统一书号：8027.3165

定价：CNY1.86

　　作者朱龙华（1931—　），教授。广西桂林人，毕业于北京大学，并留校任教。主要著作有《古代世界史参考图集》《希腊艺术》《意大利文艺复

兴》等，编有《波提切利》，译著有《文艺复兴时期的佛罗伦萨》。

J001796

西洋美术史　吕征著

台北　商务印书馆　1967年　165页

17cm（32开）（人人文库　263）

J001797

世界美术史话　斯蒂茨（Stites，R.S）等著；林泽之等译

台北　广文书局　1971年　再版　455页　有图

21cm（32开）定价：TWD120.00

J001798

西洋美术史　（日）大泽武雄著；徐代德译

台北　三民书局　1972年　再版　2册　有图

19cm（32开）定价：TWD20.00

（三民文库　105）

J001799

西洋美术史　（日）大泽武雄著；徐代德译

台北　三民书局　1970年　2册　有图

19cm（32开）定价：TWD20.00

（三民文库　105）

J001800

西洋美术史　（日）大泽武雄著；徐代德译

台北　三民书局　1982—1983年　4版　2册　有图

19cm（32开）定价：旧台币　2.50

（三民文库　105）

J001801

西洋美术史　文森特著；任永温，余企霓译

台北　1972年　299页　19cm（32开）

定价：旧台币　2.27

（大学用书选译）

J001802

原始艺术探究　刘其伟编著

台北　启源书局　[1977年]　224页　有图

20cm（32开）精装

J001803

西洋美术史　唐德鉴编著

香港　1979年　131页　20cm（32开）

J001804

西洋美术史　丰子恺著

上海　上海书店　1990年　影印本　246页　有图

19cm（32开）ISBN：7-80569-304-8

定价：CNY3.20

　　作者丰子恺（1898—1975），画家、文学家、艺术教育家。原名丰润，又名仁、仍，字子颛，后改为子恺，笔名TK，浙江嘉兴人。作品有《缘缘堂随笔》、画集《子恺漫画》等。

J001805

西方美术史纲　李浴编著

沈阳　辽宁美术出版社　1980年　676页

19cm（32开）精装　统一书号：8117.4045

定价：CNY5.00

　　本书论述自原始时代至20世纪初叶西方（主要是欧洲）各国、各地区建筑、雕刻、工艺、绘画的发展过程。介绍各个时期的艺术家代表及其作品。编者李浴（1915—2010），教授。别名子青，河南内黄人，毕业于北平艺专西画班。执教于鲁迅文艺学院、东北美专、鲁迅美术学院，后为鲁迅美术学院终身荣誉教授，中国美术家协会会员。代表作《中国美术史纲》《西方美术史纲》。

J001806

西洋美术史纲要　李长俊著

台北　李长俊［自刊］1979年　191页　有照片

20cm（32开）定价：［TWD150.00］

J001807

西洋美术史纲要　李长俊著

台北　李长俊［自刊］1980年　再版　修订本

191页　有照片　20cm（32开）定价：TWD150.00

J001808

西洋社会艺术进化史　（近代篇）（匈）豪斯

（Hauser, A.）著；邱彰译述

台北　雄狮图书公司　1980年　154页19cm（32开）

定价：TWD50.00

（雄狮文库）

J001809

西洋社会艺术进化史　（现代篇）（匈）豪斯

（Hauser, A.）著；邱彰译述

台北　雄狮图书公司　1980年　2版　153页

19cm（32开）定价：TWD60.00

（雄狮文库）

J001810

艺术的故事　（英）高布瑞克（Gombrich, E.H.）著

台北　联经出版社　1980年［550］有图

21cm（32开）ISBN：957-08-0158-1

定价：TWD380.00

　　本书概括地叙述了从最早的洞窟绘画到当今的实验艺术的发展历程。著者现通译为：贡布里希。

J001811

艺术的故事　（英）宫布利希（Gombrich, E.H）著；雨云译

台北　联经出版事业公司　1991年　3版　增订本

578页　有彩照　21cm（32开）

ISBN：957-08-0563-3　定价：TWD380.00

　　著者现通译为：贡布里希。

J001812

艺术的故事　（英）宫布利希（E.H.Gombrich）著；雨云译

台北　联经出版事业公司　1995年　3版　688页

有图　25cm（小16开）ISBN：957-08-1697-X

　　外文题名：The Story of Art. 著者现通译为：贡布里希。

J001813

艺术的故事　（英）宫布利希（E.H.Gombrich）著；雨云译

台北　联经出版事业公司　1997年　修订版

688页　有图　25cm（小16开）

　　外文书名：The Story of Art. 著者现通译为：贡布里希。

J001814

艺术的故事　（英）贡布里希（E.H.Gombrich）著；范景中译

北京　三联书店　1999年　688页　有图

25cm（小16开）精装　ISBN：7-108-01313-4

定价：CNY228.00

J001815

西洋艺术史 （1古代艺术）（美）健生（Janson，H.W.）著；曾堉，王宝连译
台北 幼狮文化事业公司 1981年 再版 212页
有图 26cm（16开）精装 定价：旧台币 10.34

　　外文书名：History of Art: The Ancient World.

J001816

西洋艺术史 （2中古艺术）（美）健生（Janson，H.W.）著；曾堉，王宝连译
台北 幼狮文化事业公司 1981年 再版 128页
有图 26cm（16开）精装 定价：旧台币 8.68

　　外文书名：History of Art: The Middle Ages.

J001817

西洋艺术史 （3文艺复兴艺术）（美）健生（Janson，H.W.）著；曾堉，王宝连译
台北 幼狮文化事业公司 1981年 再版 204页
有图 26cm（16开）精装 定价：旧台币 11.84

　　外文书名：Histroy of Art: The Renaissance.

J001818

西洋艺术史 （4现代艺术）（美）健生（Janson，H.W.）著；曾堉，王宝连译
台北 幼狮文化事业公司 1981年 再版 174页
有图 26cm（16开）精装 定价：旧台币 9.67

　　外文书名：Histroy of Art: The Modern World.

J001819

古代罗马艺术 刘志鹗著
北京 商务印书馆 1982年 41页 19cm（32开）
统一书号：11017.560 定价：CNY0.16
（外国历史小丛书）

J001820

美术史文选 （苏）阿尔巴托夫，（苏）罗斯托夫采夫编；佟景韩译
北京 人民美术出版社 1982年 429页
19cm（32开）统一书号：8027.7856
定价：CNY2.20

　　本书收录文章60篇，图画106幅。内容包括：世界各国自古至今重要的绘画、雕塑、建筑方面的作品和美术家的评述等。

J001821

西洋美术辞典 雄狮西洋美术辞典编委会编译
台北 雄狮图书股份有限公司 1982年 2册
（1111页）有图 26cm（16开）精装
（雄狮美术辞典大系）

　　本书收录条目的范围以文艺复兴到当代的西洋美术家为主，另包括绘画、雕刻、技法、术语等。附录18篇断代美术史专论及18则美术史地图、年表。

J001822

艺术的起源 朱狄著
北京 中国社会科学出版社 1982年 286页
19cm（32开）统一书号：2190.047
定价：CNY0.87
（美学论丛）

　　本书内容包括：人类起源与艺术起源；探索艺术起源的几种途径；关于艺术起源的各种理论；最早的艺术类型。

J001823

艺术的起源 朱狄著
北京 中国少年儿童出版社 1996年 328页
有图 19cm（小32开）ISBN：7-5007-3005-5
定价：非卖品
[（希望书库 1-18（总018）]

　　本书由中国少年儿童出版社和中国青年出版社联合出版。

J001824

近代艺术革命 泽德迈牙著；徐代德译
台北 三民书局 1983年 4版 210页
17cm（40开）定价：旧台币 1.11
（三民文库 37）

J001825

美术之旅 （人类美术发展史）（美）江森（Jason，H.W.）著；唐文娉译
台北 好时年出版社 1983年 432页 有照片
20cm（32开）定价：TWD240.00（普及版），
TWD300.00（珍藏本）
（现代人新知系列 8）

　　外文书名：History of Art.

J001826
美术之旅 （人类美术发展史）（美）江森（Jason, H.W.）著；唐文娉译
台北 桂冠图书公司 1989 年 432 页 有彩图 21cm（32 开）ISBN：957-551-029-1
定价：TWD250.00
（桂冠生活知识百科 5）
　　外文书名：History of Art.

J001827
文明的脚印 （以西方艺术为旁证阐释文明本质）（英）肯尼斯·克拉克著；杨孟华译
台北 好时年出版社有限公司 1983 年 4 月再版 409 页 20cm（32 开）
（现代人新知识系列 6）

J001828
文明的脚印 （从西方艺术为旁证阐释文明的本质）（英）肯尼斯·克拉克（Kenneth Clark）著；杨孟华译
台北 好时年出版有限公司 1983 年 3 版 409 页 有图 21cm（32 开）定价：TWD230.00
（现代人新知系列 6）
　　外文书名：Civilisation.

J001829
文明的脚印 （以西方艺术为旁证阐释文明本质）（英）肯尼斯·克拉克著；杨孟华译
台北 好时年出版社有限公司 1985 年 4 版 409 页 20cm（32 开）定价：TWD230.00
（现代人新知识系列 6）

J001830
文明的脚印 （从西方艺术阐释文明的本质）（英）克拉克（Clark, K.）著；杨孟华译
台北 桂冠图书公司 1989 年 409 页 有彩图 21cm（32 开）ISBN：957-551-035-6
定价：TWD250.00
（桂冠生活知识百科 8）
　　外文书名：Civilisation.

J001831
西方美术史话 迟轲著
北京 中国青年出版社 1983 年 467 页 有图 19cm（32 开）统一书号：8009.39

定价：CNY1.60
　　本书从古埃及、希腊、罗马的作品谈起，中世纪欧洲文艺复兴，一直谈到缤纷缭乱的现代流派，并对一些艺术巨匠的代表作品进行思想和艺术的分析。作者迟轲（1925—2012），著名美学家、美术批评家。原名迟雁鸣，出生于天津，祖籍山东宁津。曾任广州美术学院教授、广东美学学会会长。代表作品《西方美术史话》。

J001832
西方美术史话 迟轲著
北京 中国青年出版社 1990 年 467 页 有彩图 19cm（32 开）ISBN：7-5006-0734-2
（青年文库 新编本 38）

J001833
西方美术史话 迟轲著
北京 中国青年出版社 1996 年 重印本 467 页 有图 19cm（32 开）ISBN：7-5006-0646-X
定价：CNY16.20
（青年文库）

J001834
西方美术史话 迟轲著
北京 中国少年儿童出版社 1996 年 467 页 有图 19cm（小 32 开）ISBN：7-5007-3010-1
定价：非卖品
（希望书库 6-54 总 423）
　　本书由中国少年儿童出版社和中国青年出版社联合出版。

J001835
西方美术史话 迟轲著
北京 中国青年出版社 1998 年 2 版 474 页 有图 19cm（32 开）ISBN：7-5006-2701-7
定价：CNY20.60

J001836
希腊罗马美术 （苏）科尔宾斯基等著；严摩罕译
北京 人民美术出版社 1983 年 283 页 20cm（32 开）统一书号：8027.7853
定价：CNY3.20
　　本书是苏联艺术科学院组织美术史家编著的《世界美术通史》6 卷本中的部分内容。

J001837

希腊罗马艺术 瓦特著；冯作民译
台北 星光出版社 1983 年 134 页 有图
20cm（32 开）定价：TWD120.00，TWD150.00（精装）
（双子星丛书 252）

J001838

东方艺术丛谈 常任侠著
上海 上海文艺出版社 1984 年 新 1 版 348 页
＋［17］页图版 21cm（32 开）精装
统一书号：10078.1183 定价：CNY3.70
　　全书内容包括：上编古典艺术初探；下编东
方文艺交流；补编东方艺术丛谈。作者常任侠
（1904—1996），艺术考古学家、东方艺术史研究
专家、诗人。别名季青，生于安徽颍上县。毕业
于南京中央大学文学院，并留校任教。历任国立
北平艺术专科学校特级教授，中央美术学院教
授，国家文物鉴定委员会委员。代表作品有《毋
亡草》《祝梁怨》《亚细亚之黎明》等。

J001839

新地平线 （绘画和雕刻的历史）（英）派柏
（Piper, D.）著；佳庆编辑部编译
台北 佳庆文化事业公司 1984 年 255 页
30cm（10 开）精装
（佳庆艺术图书馆 3）
　　外文书名：New Horizons.

J001840

艺术的起源 （德）格罗塞著；蔡慕晖译
北京 商务印书馆 1984 年 2 版 242 页
21cm（32 开）统一书号：2017.323
定价：CNY1.20
（汉译世界学术名著丛书）
　　本书对原始艺术的产生、形成和发展作了
详尽的探讨和论证，介绍了艺术科学目的、方
法、原始民族、人体装饰、装潢、造型艺术、舞
蹈、诗歌、音乐等，据 1897 年纽约英文本译出，
英文原名：The beginning of art. 作者格罗塞（Ernst
Grosse, 1862—1927），德国艺术史家、社会学
家。曾任弗赖堡大学教授。主要著作有《艺术
的起源》《艺术科学研究》《东亚绢画》《东亚雕
塑》等。

J001841

原始艺术 邢琏［编］
北京 中央民族学院民族学系 1984 年 2 册
（195；128 页）有图 26cm（16 开）

J001842

古代西亚埃及美术 （苏）罗塞娃等著；严摩
罕译
北京 人民美术出版社 1985 年 20cm（32 开）
统一书号：8027.8623 定价：CNY1.55
　　本书内容是苏联科学院美术理论和美术史
研究所编辑的《世界美术通史》6 卷本的一部分。
书中有罗塞娃等著、严摩罕译的古代西亚埃及雕
塑画册，附有 88 幅版图。

J001843

七十年代美术 （英）史密斯著；汪晴译
广州 岭南美术出版社 1985 年 80 页
有图 19cm（32 开）统一书号：8260.1727
定价：CNY5.95
　　本书论述了当代世界美术的概况、当代美术
各种流派的产生和社会根源、60 年代的波普，以
及 70 年代极少主义和概念美术的发展。

J001844

外国美术简史 周之骐著
兰州 甘肃人民出版社 1985 年 有图 19cm（32 开）
统一书号：8096.1135 定价：CNY4.60
　　本书全面勾画了外国美术发展史的轮廓，书
中附图 1200 幅。

J001845

艾斯纳艺术教育思想研究 刘丰荣著
台北 水牛图书出版事业公司 1986 年 202 页
21cm（32 开）定价：TWD150.00
（教育丛书 7）

J001846

漫画西洋美术史 视觉美学社编辑
台北 武陵出版社 1986 年 127 页 26cm（16 开）
定价：TWD250.00
　　外文书名：History of Art by Seeing Pictures.

J001847

塞尚　凡·高　高更书信选 （美）赫谢尔·B.

奇普编；吕澎译
成都　四川美术出版社　1986 年　98 页
20cm（32 开）定价：CNY1.15

J001848
图腾艺术史　岑家梧著
上海　学林出版社　1986 年　159 页　有图
20cm（32 开）统一书号：8259.015　定价：CNY1.75

J001849
外国美术史　朱铭编著
济南　山东美术出版社　1986 年　830 页　有图
19cm（32 开）精装　定价：CNY6.10
　　本书共 5 编 38 章。介绍了原始美术、两
河流域美术、埃及美术以及爱琴、希腊、罗马美
术、中世界从初期基督教美术到早期美洲美术、
14 至 18 世纪意大利文艺复兴时期的美术到荷兰
的市民美术至英国美术的成长、19 世纪新古典
主义美术和美国绘画、印象主义美术及现代建
筑等。附有 550 多幅黑白照片和插图。外文书
名：The History of Foreign Art. 作者朱铭（1937—
2011），教授。江苏泰州人，毕业山东师范大学艺
术系。历任山东艺术学院教授，中国美术家协会
会员，山东美协理事，山东省广告协会副会长。

J001850
外国美术史　朱铭编著
济南　山东美术出版社　1986 年　830 页 19cm（32 开）
统一书号：7275.394　定价：CNY6.60

J001851
外国美术史　朱铭编著
济南　山东教育出版社　1990 年　830 页　有图
20cm（32 开）精装　ISBN：7-5328-1093-3
定价：CNY18.65

J001852
文艺复兴时期的美术　吴泽义著
长春　吉林大学出版社　1986 年　247 页　有照片
19cm（小 32 开）定价：CNY3.00
　　本书阐述文艺复兴时期具有代表性的艺术
家的创作思想及其艺术特点和影响。

J001853
西方现代艺术史　（绘画·雕塑·建筑）（美）阿

纳森（Arnason, H.H.）著；邹德侬等译
天津　天津人民美术出版社　1986 年　754 页
26cm（16 开）精装　统一书号：8073.50338
定价：CNY32.00
　　本书系统介绍西方现代艺术史，内容包括绘
画、雕塑、建筑，全书介绍 870 余位艺术家，附
有彩色图 280 幅，黑白插图 1258 幅。外文书名：
History of Modern Art: Painting· Sculpture· Architec
ture.

J001854
西方现代艺术史　（绘画·雕塑·建筑）（美）阿
纳森（Arnason, H.H.）著；邹德侬等译
天津　天津人民美术出版社　1986 年 2 版　754 页
26cm（16 开）精装　ISBN：7-5305-0044-9
定价：CNY43.50
　　本书介绍了西方现代绘画、雕塑和建筑的概
况，并将三者综合起来研究。全书约 1500 幅插
图，着重作品分析。外文书名：History of Modern
Art： Painting· Sculpture· Architecture.

J001855
西方现代艺术史　（绘画·雕塑·建筑）（美）
H.H. 阿纳森著；邹德侬，巴竹师，刘珽译
天津　天津人民美术出版社　1994 年 2 版　753 页
有图　26cm（16 开）精装

J001856
西方现代艺术史　（绘画·雕塑·建筑）（美）
H.H. 阿纳森著；邹德侬等译
天津　天津人民美术出版社　1999 年　2 版
重印本　753 页　有图　26cm（16 开）精装
ISBN：7-5305-0044-9　定价：CNY100.00

J001857
西方艺术简史　（美）麦克迪（Mccurdy, C.R.）
著；柯平译
上海　上海人民美术出版社　1986 年　78 页　有照
片　20cm（32 开）定价：CNY1.10
　　本书作者以浅近易懂的语言论述从史前至
20 世纪的西方艺术。

J001858
艺海奇观　（国外艺术生活琐闻）马树德著
长沙　湖南文艺出版社　1986 年　268 页 19cm（32 开）

统一书号：8456.21 定价：CNY1.35

J001859
艺术前的艺术 （史前艺术研究）邓福星著
济南 山东文艺出版社 1986 年 163 页 有图
20cm（32 开）统一书号：10331.259
定价：CNY1.55
（文化哲学丛书）
　　本书通过大量的史前艺术研究，对于史前
艺术发生的上限、关键环节、与人类形成的关系
等做了推论，提出史前艺术有着成长期、第一繁
荣期过渡期、第二繁荣期、衰变期等，5 个时期
的发展过程，并且对史前人类的审美心理基础和
史前艺术独特的艺术形态进行了分析研究，认为
史前艺术是史前人类相互交织的混沌状态、对具
体形象的敏感和表象思维、征服欲和崇仰等审美
心理的反映，因而史前艺术是史前人类独特艺术
形态。

J001860
艺术前的艺术 （史前艺术研究）邓福星著
济南 山东文艺出版社 1987 年 2 版 160 页 +
[22] 页图版 21cm（32 开）统一书号：10331.259
定价：CNY1.70
（文化哲学丛书）
　　作者邓福星（1945— ），书画家，美术教育
家。河北固安人，毕业于中国艺术研究院研究生
班，获博士学位。任中国艺术研究院研究员，博
士生导师，中国画学会副会长。绘画作品《周总
理永远和我们在一起》《梅花欢喜漫天雪》《五体
千字文》，论著《美术概论》等。

J001861
巴洛克艺术 王瑞芸编著
北京 人民美术出版社 1987 年 36 页 有图
19cm（32 开）统一书号：8027.10453
定价：CNY1.60

J001862
裸体艺术论 陈醉著
北京 中国文联出版公司 1987 年 322 页 有图
19cm（32 开）ISBN：7-5059-0122-2
定价：CNY8.00
　　本书作者以人类文化发展史为线索，以古希
腊艺术、基督教艺术以及印度、中国和非洲艺术

为背景，从美学，文艺学、艺术史理论等多种角
度入手，通过对大量裸体艺术作品的研究分析，
翔实和系统地论述从原始社会到现代社会裸体
艺术。作者陈醉（1942— ），艺术史论家、画家。
出生于广东。曾任中国艺术研究院美术研究所
学术委员会委员、理论研究室主任，中国美术家
协会理论委员会委员。代表作品有专著《裸体艺
术论》，论文集《女神的腰蔓》，画集《诗书画意》。

J001863
裸体艺术论 陈醉著
北京 中国文联出版公司 1988 年 322 页 有图
19cm（32 开）精装 ISBN：7-5059-0122-2
定价：CNY11.50

J001864
美的历程 （英）冈特（Gaunt, W.）著；肖聿，
凌君译
北京 中国文联出版公司 1987 年 311 页 有照
片 20cm（32 开）定价：CNY2.35
　　外文书名：The Aesthetic Adventure. 作者冈
特（William Gaunt, 1900—1980），英国艺术史论
家、作家、画家。全名威廉·冈特。著有《拉斐尔
前派的梦》《美的历险》《维多利亚时代的奥林匹
斯山》等。

J001865
美术简史 徐延尔，侯万硅编写
西宁 青海人民出版社 1987 年 175 页 19cm（32 开）
ISBN：7-225-00009-8 定价：CNY0.83

J001866
美术简史 奚传绩，陈世强编著
济南 山东美术出版社 1987 年 310 页 有图
26cm（16 开）ISBN：7-5330-0062-5
定价：CNY8.00
　　作者奚传绩（1936— ），教授。笔名雪华，
江苏江阴人。毕业于中央美术学院美术史系。
历任南京艺术学院设计艺术系教授、博士生导
师、院学术委员会副主任。出版有《中国古代画
家》《中外美术史大事对照年表》《美术鉴赏》等。

J001867
美洲非洲原始民族艺术 张荣生编著
长沙 湖南美术出版社 1987 年 有图[20×22cm]

ISBN：7-5356-0083-2 定价：CNY3.10

　　本书介绍了美洲、非洲原始民族的雕像、面具等艺术，并附有80页图版。作者张荣生（1932—　　），教授。别名荣升，辽宁营口人，毕业于哈尔滨外国语学院。任中央美术学院俄语老师、编译，共同课教研室主任、教授。编著有《非洲岩石艺术》《柯罗—艺术家·人》《非洲雕刻》《俄汉对照美术专业常用词汇编》等。

J001868

世界美术史　（第一卷 原始美术）朱伯雄主编；潘跃昌等编写

济南 山东美术出版社 1987年 570页 有图

21cm（32开）统一书号：8332.851 精装

ISBN：7-5330-0001-3 定价：CNY9.80

　　外文书名：The History of World Art. 主编朱伯雄（1932—2005），美术史论家。别名羊石，出生于上海，祖籍浙江湖州，毕业于东北鲁迅艺术学院美术系。历任美国哈佛大学文理学院美术史论系客座教授，马来西亚艺术学院客座教授。代表作品有《世界美术史》《世界美术经典》等。

J001869

世界美术史　（第二卷 古代西亚、埃及、美洲的美术）朱伯雄主编

济南 山东美术出版社 1988年 486页 有图

20cm（32开）精装 ISBN：7-5330-0092-7

定价：CNY12.00

　　外文书名：The History of World Art.

J001870

世界美术史　（第三卷 古代希腊、罗马美术）朱伯雄主编

济南 山东美术出版社 1989年 531页 有图

20cm（32开）精装 ISBN：7-5330-0169-9

定价：CNY16.00

J001871

世界美术史　（第四卷 古代中国与印度的美术）朱伯雄主编

济南 山东美术出版社 1990年 703页 有图

20cm（32开）精装 ISBN：7-5330-0237-7

定价：CNY19.00

J001872

世界美术史　（第五卷 中世纪美术）朱伯雄主编

济南 山东美术出版社 1989年 482页 有图

20cm（32开）精装 ISBN：7-5330-0217-2

定价：CNY16.50

J001873

世界美术史　（第六卷 文艺复兴美术）朱伯雄主编

济南 山东美术出版社 1990年 712页 有图

20cm（32开）精装 ISBN：7-5330-0255-5

定价：CNY18.00

J001874

世界美术史　（第七卷 十七、十八世纪的欧洲美术）朱伯雄主编

济南 山东美术出版社 1991年 481页 有图

20cm（32开）精装 ISBN：7-5330-0366-7

定价：CNY17.00

J001875

世界美术史　（第八卷 十三～十九世纪亚洲美术）朱伯雄丰编

济南 山东美术出版社 1991年 679页 有图

20cm（32开）精装 ISBN：7-5330-0367-5

定价：CNY21.00

J001876

世界美术史　（第九卷 上 十九世纪欧美各国的美术）朱伯雄主编

济南 山东美术出版社 1991年 696页 有图

20cm（32开）精装 ISBN：7-5330-0384-5

定价：CNY21.50

J001877

世界美术史　（第九卷 下 十九世纪欧美各国的美术）朱伯雄主编；吴达志等编

济南 山东美术出版社 1991年 779页 有图

20cm（32开）精装 ISBN：7-5330-0427-2

定价：CNY23.00

　　编者吴达志（1925—　　），教授。贵州绥阳人。毕业于中央美术学院。先后在中央美术学院、中央工艺美术学院讲授西方艺术史。论文有《艺术和时代》，出版译著《德拉克洛瓦》《米勒传》等。

J001878

世界美术史 （第十卷 上 现代美术）朱伯雄
主编

济南 山东美术出版社 1991 年 600 页 有图
20cm（32 开）精装 ISBN：7-5330-0385-3
定价：CNY19.50

J001879

世界美术史 （第十卷 下 现代美术）朱伯雄
主编；马文启等编写

济南 山东美术出版社 1991 年 546 页 有图
20cm（32 开）精装 ISBN：7-5330-0455-8
定价：CNY19.50

J001880

西方艺术批评史 （意）文杜里著；迟轲译

海口 海南人民出版社 1987 年 356 页 有图
19cm（32 开）定价：CNY2.98

　　全书从艺术批评、艺术史和美学三者的相
互联系的角度以丰富的资料和深刻独到的见解
提纲挈领地概述了从古希腊、罗马到 20 世纪中
期西方造型艺术理论批评的发展历史和各个时
期种种不同的艺术理论和美学观点，也阐述了
不少精辟的艺术见解。外文书名：History of Art
Criticism. 译者迟轲（1925—2012），著名美学家、
美术批评家。原名迟雁鸣，出生于天津，祖籍山
东宁津。曾任广州美术学院教授、广东美学学会
会长。代表作品《西方美术史话》。

J001881

西方艺术史 （英）利维（Levey, M.）著；孙津
等译

南京 江苏美术出版社 1987 年 261 页 有图
19cm（32 开）定价：CNY2.90

　　本书资料丰富，论述精辟，观点鲜明。阐述
美术活动自身的出现和发展，突出西方美术史的
历史个性和活动特点；史论结合，具有较高的学
术价值。

J001882

西洋社会艺术进化史 （匈）豪斯（Hauser, A.）
著；邱彰译

台北 雄狮图书公司 1987 年 修订本 212 页
26cm（16 开）ISBN：957-94-2017-3
定价：TWD300.00

外文书名：The Social History of Art.

J001883

西洋社会艺术进化史 （匈）豪斯（Hauser, A.）
著；邱彰译

台北 雄狮图书公司 1990 年 2 版 212 页 26cm
（16 开）

外文书名：The Social History of Art.

J001884

艺术的历程 （英）冈布里奇著；党晟，康正
果译

西安 陕西人民美术出版社 1987 年 405 页 有
图版 20cm（32 开）定价：CNY5.80

　　本书内容包括：古埃及、希腊、中国、巴比
伦、印度及中世纪欧洲的文艺复兴直至现代世界
艺术的发展情况。作者冈布里奇（Ernst Hans Josef
Gombrich, 1909—2001），现通译贡布里希，英国
美学家、艺术史家。生于奥地利首都维也纳，后
移居英国并加入英国国籍。曾任伦敦大学教授。
著有《艺术与幻觉》《象征的图象》《艺术发展
史》等。

J001885

艺术史的原则 （瑞士）韩瑞屈·沃夫林
（Heinrich Wolfflin）著；曾雅云译

台北 雄狮图书公司 1987 年 253 页 有图
26cm（16 开）ISBN：957-94-2061-0
定价：TWD250.00

外文书名：Principles of Art History.

J001886

艺术史的原则 （瑞士）韩瑞屈·沃夫林
（Heinrich Wolfflin）著；曾雅云译

台北 雄狮图书公司 1991 年 2 版 253 页 有图
26cm（16 开）ISBN：957-9420-61-0
定价：TWD280.00
（雄狮丛书）

外文书名：Principles of Art History.

J001887

原始美术 业强编辑室编辑

台北 业强编辑室 1987 年 151 页 有图
15cm（40 开）定价：TWD100.00
（彩色文库 38）

J001888

1945 年以后的现代视觉艺术 （英）爱德华·卢西·史密斯（Edward Lucie-Smith）著；陈麦译

上海　上海人民美术出版社　1988 年　271 页　有图　20cm（32 开）ISBN：7-5322-0211-9
定价：CNY15.90

本书为作者众多艺术史论中的经典之作。作者爱德华·卢西·史密斯（Edward Lucie-Smith，1933- ），著名诗人、记者及广播撰稿人。生于牙买加金斯敦市，1946 年移居英国，著有《法兰西绘画简史》等。

J001889

20 世纪艺术中的抽象和技巧 （英）奥斯本（Osborne, H.）著；阎嘉、黄欢译

成都　四川美术出版社　1988 年　246 页　有图　20cm（32 开）ISBN：7-5410-0092-2
定价：CNY2.40
（现代美术理论翻译系列）

书名原文：Abstraction and Artifice in Twentieth-century Art.

J001890

哥特艺术鉴赏 （意）玛利亚·克里斯蒂娜·高佐莉著；彭小樵译；劳陇校

北京　北京大学出版社　1988 年　64 页　有图　21cm（32 开）精装　ISBN：7-301-00014-6
定价：CNY4.65
（世界艺术鉴赏译丛）

J001891

罗马艺术鉴赏 （意）麦尔克姆·科利奇著；曹吉祥译

北京　北京大学出版社　1988 年　64 页　有图　20cm（32 开）精装　ISBN：7-301-00015-4
定价：CNY4.65
（世界艺术鉴赏译丛）

J001892

图腾艺术史 （始祖的诞生与图腾）李则纲，岑家梧编著

上海　上海文艺出版社　1988 年　影印本　156+82 页有图　19cm（小 32 开）定价：CNY3.20
（民俗、民间文学影印资料 8）

J001893

外国文化 （文艺复兴时期美术名家荟萃）方瑾，白义贤主编

上海　学林出版社　1988 年　148 页　有彩图　21cm（32 开）ISBN：7-80510-078-0
定价：CNY8.00

J001894

文艺复兴艺术鉴赏 （意）弗拉维奥·孔蒂著；李宗慧译

北京　北京大学出版社　1988 年　64 页　有图　21cm（32 开）精装　ISBN：7-301-00017-0
定价：CNY4.65
（世界艺术鉴赏译丛）

J001895

艺术发展史 （艺术的故事）（英）贡布里希（Gombrich, E.H.）著；范景中译

天津　天津人民美术出版社　1988 年　502 页　有肖像及图　26cm（16 开）精装
ISBN：7-5305-0065-1 定价：CNY32.00

本书以传统的"所知"和"所见"的区别为纲，勾勒了艺术从依靠其"所知"的原始人的概念化方法到成功记录其"所见"的印象主义者的方案的发展历程。收图 406 幅。外文书名：The Story of Art. 作者贡布里希（Ernst Hans Josef Gombrich, 1909—2001），英国美学家、艺术史家。生于奥地利首都维也纳，后移居英国并加入英国国籍。曾任伦敦大学教授。著有《艺术与幻觉》《象征的图象》《艺术发展史》等。

J001896

艺术发展史 （艺术的故事）（英）贡布里希（Ernst H.Gombrich）著；范景中译

天津　天津人民美术出版社　1999 年　3 版重印本　491 页　有图　26cm（16 开）精装
ISBN：7-5305-0065-1 定价：CNY70.00

J001897

艺术与自然中的抽象 （美）黑尔（Hale, H.C.）著；沈揆一，胡知凡译

上海　上海人民美术出版社　1988 年　237 页　有照片　20cm（32 开）ISBN：7-5322-0239-9
定价：CNY4.60
（二十世纪西方美术理论译丛）

外文书名：Abstraction in Art and Nature.

J001898

中外美术史大事对照年表　奚传绩编

南京　江苏美术出版社　1988 年　511 页 20cm（32 开）

ISBN：7-5344-0000-7 定价：CNY4.50

　　作者奚传绩（1936—　　），教授。笔名雪华，江苏江阴人。毕业于中央美术学院美术史系。历任南京艺术学院设计艺术系教授、博士生导师、院学术委员会副主任。出版有《中国古代画家》《中外美术史大事对照年表》《美术鉴赏》等。

J001899

表现主义　（奥）巴尔（Fahr, H.）著；徐菲译

北京　三联书店　1989 年　147 页 有图 19cm（32 开）

ISBN：7-108-00144-6 定价：CNY2.80

（"文化：中国与世界"系列丛书　新知文库 69）

　　本书系世界艺术史及艺术批评。外文书名：Expressionismus.

J001900

当代西方美术运动　（英）史密斯著；殷泓译

长沙　湖南美术出版社　1989 年　222 页

19cm（32 开）ISBN：7-5356-0240-1

定价：CNY5.90

　　本书收录西方国家 1945 年至 80 年代的艺术家代表性作品图录 222 幅，其中彩图 54 幅，并附有图版目录。并对这段时期的最新艺术动向做出了描述与分析。

J001901

华丽的罗可可艺术　胡德智著

北京　人民美术出版社　1989 年　98 页 有图

19cm（32 开）ISBN：7-102-00429-X

定价：CNY2.70

（世纪美术文库）

　　本书收有 31 幅图。介绍称为罗可可艺术的 18 世纪法国、英国、意大利绘画和雕刻，以及同时代的建筑、装饰和服装。

J001902

人类的艺术　（美）房龙（VanLoon, H.W.）著；衣成信译

北京　中国文联出版公司　1989 年　826 页 有图

19cm（32 开）ISBN：7-5059-0838-3

定价：CNY10.30

　　本书以轶事、趣谈、掌故，抓住各个时期的人类生产活动及重要的历史事件这条主线，对人类艺术－音乐、绘画、建筑、服装等的发展，进行了全面的剖析。内容包括：史前人的艺术；埃及的艺术；巴比伦；迦勒底；神秘的苏美尔人之国；海因里希·谢里曼；希腊人的艺术；伯里克利时代等。

J001903

人类的艺术　（美）房龙著；衣成信译

北京　中国和平出版社　1996 年　2 册（15+833 页）

有图　20cm（32 开）ISBN：7-80101-697-1

定价：CNY32.00

　　外文书名：The Arts of Mankind. 作者房龙（Hendrik Willem Van Loon, 1882—1944），历史学家、作家。全名亨德里克·威廉·房龙，出生于荷兰鹿特丹，毕业于康奈尔大学和慕尼黑大学。代表作品有《人类的故事》《圣经的故事》《宽容》等。

J001904

人类的艺术　（上册）（美）房龙（Hendrik Willem VanLoon）著；衣成信译

台北　米娜贝尔出版公司　1999 年　422 页 有图

21cm（32 开）ISBN：957-8622-74-0

定价：TWD280.00

（FAMOUS 1）

　　外文书名：The Art of Mankind.

J001905

人类的艺术　（下册）（美）房龙（Hendrik Willem VanLoon）著；衣成信译

台北　米娜贝尔出版公司　1999 年　440 页 有图

21cm（32 开）ISBN：957-8622-75-9

定价：TWD280.00

（FAMOUS 2）

　　外文书名：The Arts of Mankind.

J001906

世界美术概览　郑方伟编著

福州　福建教育出版社　1989 年　144 页 有彩图

19cm（32 开）定价：CNY2.85

（当代中学生丛书）

J001907

世界美术概览　郑方伟［著］

福州　福建教育出版社　1997 年　153 页　有图

19cm（32 开）ISBN：7-5334-2240-6

定价：CNY9.95

（当代中学生丛书　精品集　艺术篇）

J001908

世界美术史　（英）昂纳（Honour, H.），（英）弗

莱明（Fleming, J.）著；毛君炎等译

北京　国际文化出版公司　1989 年　631 页

25cm（16 开）精装　ISBN：7-80049-382-2

定价：CNY90.00

　　外文书名：The Visual Arts: A History.

J001909

世界原始美术图集　（非洲卷）杨志麟，金磊编

南京　江苏美术出版社　1989 年　251 页 26cm（16 开）

ISBN：7-5344-0068-6 定价：CNY24.80

（世界原始美术图集丛书）

　　本卷收录非洲尚处于原始民族社会形态的

48 个部落民族的原始美术作品 282 幅（件），展示

了非洲原始木雕、陶器及各种手工艺品制作的面

具、祭祀用品、生活用品和礼仪用品。

J001910

世界原始美术图集　（大洋洲卷）杨志麟，金

磊编

南京　江苏美术出版社　1992 年　219 页 26cm（16 开）

ISBN：7-5344-0259-X 定价：CNY45.00

　　本卷分人物类、动物类、器物类、岩画类

部分。

J001911

世界原始美术图集　（美洲卷）杨志麟等编

南京　江苏美术出版社　1992 年　347 页 26cm（16 开）

ISBN：7-5344-0255-7 定价：CNY58.80

　　本卷分雕塑类、人物类、动物类、器物类、

绘画类、染织类部分。

J001912

世界原始美术图集　（欧洲、亚洲卷）杨志麟

等编

南京　江苏美术出版社　1992 年　269 页 26cm（16 开）

ISBN：7-5344-0260-3 定价：CNY50.00

　　本卷分人物类、动物类、器物类、岩画类

部分。

J001913

现实主义·浪漫主义　（艺术历程的追踪）

（美）丹缅·格兰特，（美）莉莲·弗斯特著；郑鸣

放等译

西安　陕西人民出版社　1989 年　181 页 19cm（32 开）

定价：CNY2.45

（现代人·知识·文化译丛）

J001914

艺术史　（史前至现代）（法）巴赞（G.Bazin）著；

刘明毅译

上海　上海人民美术出版社　1989 年　727 页　有

肖像 20cm（32 开）精装　ISBN：7-5322-0321-2

定价：CNY15.10

　　本书是对人类自史前至现代在绘画、雕塑、

建筑和工艺美术等领域内的成就的论述，抓住了

各文明世界和艺术时代的精神，对个别艺术家

及其作品的评述，具有恒久的启示性和知识性。

作者还对美学思想的演变给予特别的注意，选

取的插图全面地显示各种风格或各种文化的特

点。作者旨在从一个真正世界性的、公正的观点

出发，把艺术作品视为超越时间和地区限制的东

西。外文书名：A History of Art: From Prehistoric

Times to the Present.

J001915

永恒之美　（谈希腊艺术）云鹤著

北京　人民美术出版社　1989 年　56 页　有图

18cm（15 开）ISBN：7-102-00493-1

定价：CNY3.25

（世纪美术文库）

J001916

原始艺术　（美）博厄斯（Boas, F.）著；金辉译

上海　上海文艺出版社　1989 年　350 页 20cm（32

开）ISBN：7-5321-0153-3 定价：CNY4.30

　　本书作者通过在北美南美、多人种地区实

地考察，综合了丰富的原始资料，对绘画造型艺

术、表现艺术、象征、风格、文学、音乐、舞蹈诸

方面原始艺术若干特征进行了精深的分析研究，

认为原始艺术来源于生产技术和具有一定形式

的思想感情的表现。外文书名：PrimitiveArt. 作

者博厄斯（Franz Boas，1858—1942），美国著名人类学家。出生于普鲁士威斯特伐利亚州明登市。曾任哥伦比亚大学人类学教授，美国自然历史博物馆民族学馆馆长，美国人类学协会主席等职。主要著作有《潜山神话学》《人类学通讯》《文化和种族》《原始艺术》《人类学与现代生活》等。

J001917

东洋美术史　史岩著

上海　上海书店　1990 年　影印本　469+246 页　有图　19cm（32 开）精装　ISBN：7-80569-373-0（民国丛书　第二编　美学、艺术类 67）

　　本书与丰子恺著的《西洋美术史》合订。分别据商务印书馆 1935 年版、开明书店 1931 年版影印。作者史岩（1904—1994），教授。生于江苏宜兴，毕业于上海大学美术系。曾任金陵大学文学院副教授，国立敦煌艺术学院华东分院图书馆馆长，浙江美术学院教授、博士生导师。著作有《色彩学》《室内装饰美术》《绘画的理论与实际》《东洋美术史》等。

J001918

都是杜象惹的祸　（廿世纪的前卫艺术发展）
张心龙著

台北　雄狮图书公司　1990 年　180 页　有图　26cm（16 开）ISBN：957-9420-47-5
定价：TWD280.00

　　外文书名：It's All Duchamp's Fault.

J001919

剑桥艺术史：希腊和罗马、中世纪、文艺复兴　（英）苏珊·伍德福特等著；罗通秀，钱乘旦译

北京　中国青年出版社　1990 年　521 页　21cm（32 开）定价：CNY19.00

　　本书介绍了希腊罗马、中世纪和文艺复兴时期的绘画、建筑、雕塑及其他美术作品，体现了西方美术史的研究，已从单纯的分析转向从社会学、考据学、图像学、风格学等方面进行综合研究的趋势。

J001920

人体艺术史略　邵传烈著
成都　四川人民出版社　1990 年　398 页　有图　20cm（32 开）ISBN：7-220-00813-9

定价：CNY8.85

　　本书研究从史前时期至 20 世纪末西方人体艺术的历史。

J001921

外国美术简史　中央美术学院美术史系外国美术史教研室编著

北京　高等教育出版社　1990 年　315 页　有图　20cm（32 开）ISBN：7-04-002929-4
定价：CNY3.90，CNY9.15（精装）

　　本书内容包括：原始、古代美术；欧洲中世纪美术；欧洲文艺复兴时期美术；17、18 世纪欧洲美术；19 世纪欧洲及美国美术；20 世纪美术；亚洲美术；非洲、拉丁美洲古代美术。

J001922

外国美术简史　中央美术学院美术史系外国美术史教研室编著

北京　高等教育出版社　1998 年　2 版　修订版　469 页　有插图　20cm（32 开）
ISBN：7-04-006377-8　定价：CNY23.10

J001923

文艺复兴盛期　（英）列维（Levey，M.）著；赵建平，李晓明译

重庆　重庆出版社　1990 年　335 页　有图　19cm（32 开）ISBN：7-5366-0703-2
定价：CNY4.30
（外国文化研究丛书）

　　外文书名：High Renaissance. 作者列维（Michael Levey，1927—2008），全名米凯尔·列维，前英国国立美术馆馆长。著有《六位伟大的画家》《洛可可到革命》《文艺复兴盛期》等。

J001924

西方艺术史图解辞典　珍妮·哈维兰编；北屋等译

上海　上海人民美术出版社　1990 年　306 页　26cm（16 开）精装　ISBN：7-5322-0512-6
定价：CNY19.50

J001925

西方艺术事典　（英）霍尔（Hall，J.）著；迟轲译
广州　广东人民出版社　1990 年　4 版　672 页　有照片　20cm（32 开）ISBN：7-218-00115-7

定价：CNY9.00

　　书中共收集1000多条典故，是一部介绍西方人在形象方面的创造才能的纲要式著作，涉及神话学、宗教学、民俗学等多学科，引证的典故极为丰富。外文书名：Dictionary of Subjects and Symbols in Art。译者迟轲（1925—2012），著名美学家、美术批评家。原名迟雁鸣，出生于天津，祖籍山东宁津。曾任广州美术学院教授、广东美学学会会长。代表作品《西方美术史话》。

J001926
艺术史与艺术批评　郭继生著
台北　书林出版公司　1990年　325页　有图
21cm（32开）ISBN：957-586-073-X
定价：TWD150.00

J001927
中外美术简史　王垠生编著
乌鲁木齐　新疆人民出版社　1990年　293页
19cm（32开）ISBN：7-228-01415-4
定价：CNY4.20

J001928
总体艺术　（英）亨利（Henri，A.）著；毛君炎译
上海　上海人民美术出版社　1990年　134页
有照片　20cm（32开）ISBN：7-5322-0611-4
定价：CNY3.00

　　本书系统地介绍现代主义的总体艺术的历史发展。全书由4个部分组成，涉及了几乎所有活跃的先锋艺术家，作者不仅对他们的作品进行了完整的描述和评论，而且介绍了这种艺术形式的起源和发展，以及它们之间的内在联系。书中有图70幅。外文书名：Total Art。

J001929
20世纪世界美术大系　（非洲卷）朱伯雄主编；张荣生编著
哈尔滨　黑龙江美术出版社　1991年　328页　有图
29cm（16开）精装　ISBN：7-5318-0151-5
定价：CNY128.00

　　主编朱伯雄（1932—2005），美术史论家。别名羊石，出生于上海，祖籍浙江湖州，毕业于东北鲁迅艺术学院美术系。历任美国哈佛大学文理学院美术史论系客座教授，马来西亚艺术学院客座教授。代表作品有《世界美术史》《世界美

术经典》等。作者张荣生（1932—　　），教授。别名荣升，辽宁营口人，毕业于哈尔滨外国语学院。任中央美术学院俄语老师、编译，共同课教研室主任、教授。编著有《非洲岩石艺术》《柯罗——艺术家·人》《非洲雕刻》《俄汉对照美术专业常用词汇编》等。

J001930
20世纪世界美术大系　（东欧卷）朱伯雄主编；张荣生等编著
哈尔滨　黑龙江美术出版社　1994年　424页
29cm（16开）精装　ISBN：7-5318-0173-6
定价：CNY196.00

J001931
东方美术史　范梦编著
昆明　云南人民出版社　1991年　451页　有图
19cm（小32开）ISBN：7-222-00739-3
定价：CNY10.40，CNY12.00（精装）

　　本书共13章。分别介绍了非洲、埃及、两河流域、小亚细亚、波斯、阿拉伯、印度、东南亚、朝鲜、日本、拉丁美洲、大洋洲的美术发展历史。附有黑白及彩色图片。作者范梦（1938—　　），教授。山东冠县人，毕业于中央美术学院。历任山东师范大学美术系副教授，中国美术家协会会员、中国版画家协会会员、山东美学学会理事。著有《西方美术史》《中外画家谈素描》《东方美术史》等。

J001932
简明外国美术史　（史前至现代）周正，于云香编著
西安　陕西师范大学出版社　1991年　421页
有图　20cm（32开）ISBN：7-5613-0410-2
定价：CNY4.00

　　本书论述了外国美术从史前至现代发展的过程，各阶段的历史、具体情况及其规律。作者周正（1934—　　），油画家、艺术理论家。江苏苏州人，毕业于西北艺术学院美术系。陕西师范大学教授、艺术系主任，中国美术家协会会员，陕西省美术家协会常务理事、艺术美学学会常务理事。出版有《油画技法》《绘画色彩学概要》《简明外国美术史》《绘画构图原理》《周正油画集》。

J001933
人类艺术史 （英）霍林斯沃恩（Hollingsworth, M.）著；陈春怀译
香港　中华书局（香港）1991 年　498 页
27cm（大 16 开）精装　ISBN：962-231-639-5

J001934
世纪末艺术 （悲观主义与享乐主义）马凤林著
天津　天津人民美术出版社　1991 年　327 页
有照片 20cm（32 开）ISBN：7-5305-0257-3
定价：CNY12.50
　　作者马凤林（1950—　　），天津人民美术出版社美术编辑。

J001935
世界美术之旅 （英）冈布里奇（Gombrich, E.H.）著；马文启，平野译
沈阳　辽宁美术出版社　1991 年　498 页　有图
19cm（小 32 开）ISBN：7-5314-0858-9
定价：CNY12.00
　　本书讲述从古至今美术的发生、发展的历程，以及各个时代艺术创造和样式变化的故事。本书又名《艺术的故事》。外文书名：The Story of Art．作者冈布里奇（Ernst Hans Josef Gombrich，1909—2001），现通译贡布里希，英国美学家、艺术史家。生于奥地利首都维也纳，后移居英国并加入英国国籍。曾任伦敦大学教授。著有《艺术与幻觉》《象征的图象》《艺术发展史》等。

J001936
外国美术史 汤麟主编
武汉　湖北美术出版社　1991 年　268 页　有图
24cm（26 开）精装　ISBN：7-5394-0270-9
定价：CNY19.50
　　本书内容包括：古代美术；中世纪美术；近代美术；现代美术；西亚、东南亚及日本美术；古美洲和古美洲美术等。

J001937
外国美术史图释 （美）福兰克·J·罗斯著；蔚兰，晓冬译
西安　陕西人民美术　1991 年　277 页 26cm（16 开）
ISBN：7-5368-0196-3 定价：CNY26.50

J001938
西方中世纪艺术史 （建筑·雕刻·绘画 神圣的艺术）（英）扎内奇（Zarnecki, George）著；陈平译
杭州　浙江美术学院出版社　1991 年　521 页
有照片及图 26cm（16 开）ISBN：7-81019-099-7
定价：CNY22.50
　　本书概述和评价了从君士坦丁大帝时代到 14 世纪基督教艺术的发展路线，书后附有专业词汇表、索引、文献目录等。外文书名：Art of the Medieval World. 作者扎内奇（1915—　　），西方著名中世纪艺术专家，伦敦大学艺术史教授。译者陈平，浙江美术学院任教。

J001939
艺术与观念 （美）威廉·弗莱明，（美）玛丽·马里安著；宋协立译
西安　陕西人民美术出版社　1991 年　[542] 页
20cm（32 开）
　　本书作者通过对文学、绘画、艺术、建筑等领域的有代表性的作品的分析研究，展现西方艺术的发展历程。全书附有图 300 幅。

J001940
巴罗克艺术鉴赏 （意）孔蒂著；李宗慧译
北京　北京大学出版社　1992 年　64 页 有彩图
20cm（32 开）精装　ISBN：7-301-01774-X
定价：CNY5.45
（世界艺术鉴赏译丛）
　　巴罗克艺术 17 世纪盛行于欧洲和拉美大部分地区。本书通过精选的艺术杰作，用彩色插图和图解，从建筑、绘画、雕塑 3 方面对巴罗克艺术进行了分析。

J001941
鲁迅与中外美术 李允经著
西安　陕西人民出版社　1992 年　363 页 有图
19cm（32 开）ISBN：7-224-02670-0
定价：CNY6.65
　　本书论述了鲁迅与新兴木刻运动，与中国美术遗产、苏联版画、日本浮世绘，以及西方现代派绘画艺术的关系。

J001942
帕诺夫斯基与美术史基础 （美）霍丽著；易英译

长沙 湖南美术出版社 1992 年 275 页
19cm（小 32 开）ISBN：7-5356-0561-3
定价：CNY13.70

　　本书探讨了帕诺夫斯基的美术史方法的哲学基础与文化背景。译者易英（1953—　），教授。生于湖南芷江侗族自治县，毕业于中央美术学院美术史系。历任中央美术学院教师，中央美术学院《美术研究》杂志社社长、《世界美术》主编。著作有《油画风景技法》《学院的黄昏》《西方当代美术批评文选》等。

J001943
西方当代美术：从抽象表现主义到超级写实主义　（英）史密斯著；柴小刚等译
南京 江苏美术出版社 1992 年 205 页
19cm（小 32 开）ISBN：7-5344-0134-8
定价：CNY3.30
（外国现代美术理论丛书）

J001944
西方现代艺术史·80 年代　（美）阿纳森（Arnason, H.H.）著；曾胡等译
北京 北京广播学院出版社 1992 年 185 页
有图 26cm（16 开）精装 ISBN：7-81004-378-1
定价：CNY27.00

　　本书介绍了近 10 年来西方现代艺术在绘画、雕塑、建筑等方面的状况和当今世界艺坛上重要流派、艺术家及其代表作。作者阿纳森（Arnason, H.H.），美国著名艺术史家、艺术教育家。

J001945
新世界的震撼　（澳）罗伯特·晓斯（Robert Hughes）著；张心龙译
台北 远流出版事业公司 1992 年 259 页 有图
21cm（32 开）ISBN：957-32-1531-4
定价：TWD560.00
（艺术馆 7）

J001946
新世界的震撼　（澳）罗伯特·晓斯（Robert Hughes）著；张心龙译
台北 远流出版事业公司 1996 年 543 页
有照片 21cm（32 开）ISBN：957-32-2765-7
定价：TWD560.00
（艺术馆 7）

J001947
艺术史学的基础　［阿加恩］（Argan, G.C.），［法焦洛］（Fagiolo, M.）著；曾堉，叶刘天增译
台北 东大图书公司 1992 年 256 页 24cm（26 开）
精装 ISBN：957-19-1380-4 定价：TWD500.00
（沧海美术 2）

J001948
原始美术　王小明著
上海 学林出版社 1992 年 186 页 有图
19cm（小 32 开）ISBN：7-80510-768-8
定价：CNY14.50

　　本书内容包括：法兰西·坎塔布连的洞穴艺术、西班牙·黎万特的岩画艺术、非洲的史前绘画、其他地区的原始美术。

J001949
外国美术史纲要　陈洛加编著
成都 电子科技大学出版社 1993 年 235 页
有图 26cm（16 开）ISBN：7-81016-672-7
定价：CNY11.80

　　本书分析评价了西方美术社会历史、风格流派及艺术家，并将有代表性的艺术作品单独列出进行鉴赏分析。作者陈洛加（？—2010），女，教授。毕业于西南师范大学。曾任教于西南师大美术系、北京北方交通大学建筑系。中国美术家协会会员，中华美学学会会员，北京水彩画会会员，北京女美术家联谊会会员。出版有《外国美术史》《美术鉴赏》等著作和《中国当代实力派画家——陈洛加》画册。

J001950
肖像艺术 5000 年　约翰·沃尔克著；毛建雄译
长沙 湖南美术出版社 1993 年 206 页 有图
20cm（32 开）ISBN：7-5356-0587-7
定价：CNY19.80

　　本书叙述了西方肖像艺术的历史，从其滥觞时期的埃及、美索不达米亚一直到现代欧洲和美国艺术家的艺术活动。外文书名：Portaits 5000 Years.

J001951
写给大家的原始艺术　赖明珠著
台北 台湾东华书局股份有限公司 1993 年
144 页 有图 26cm（16 开）精装

ISBN：957-636-591-0 定价：TWD500.00

J001952

欧美现代美术　何政广著

台北 艺术家出版社 1994年 修订版 239页
30cm（10开）ISBN：957-9500-75-4
定价：TWD580.00

外文书名：European and American Modern Art.

J001953

世界美术大图典　胡德智，毛君炎主编

南宁 广西美术出版社 1994年 24+892页
26cm（16开）精装 ISBN：7-80582-735-4
定价：CNY398.00

J001954

外国美术史教程　司徒常主编

广州 岭南美术出版社 1994年 354页 有照片
26cm（16开）ISBN：7-5362-1102-3
定价：CNY19.50

外文书名：A Concise History of Foreign Art.

J001955

西方新艺术发展史　（19-20世纪工艺、实用
造型、建筑、绘画）（英）拉雷－文卡·马西尼；
马凤林等译

南宁 广西美术出版社 1994年 370页 有图
26cm（16开）精装 ISBN：7-80582-633-1
定价：CNY88.00

J001956

世界艺术史　（法）艾黎·福尔著；张泽乾，张
延风译

武汉 长江文艺出版社 1995年 2册(11+1123页）
有图 21cm（32开）精装 ISBN：7-5354-1251-3
定价：CNY46.00

全书共上下两册。内容内容包括：古代艺术、
中世纪艺术、文艺复兴艺术、近代艺术、现代艺
术。分别论述了世界各国各地区各个时期各种
流派的绘画、雕刻、建筑、装饰、彩陶、园林、洞
窟、神庙、音乐等艺术风格的形成和特征。

J001957

外国美术史纲要　陈洛加编著

重庆 西南师范大学出版社 1995年 235页

有图 26cm（16开）ISBN：7-5621-1163-4
定价：CNY16.50

作者陈洛加（？—2010），女，教授。毕业于
西南师范大学。曾任教于西南师大美术系、北京
北方交通大学建筑系。中国美术家协会会员，中
华美学学会会员，北京水彩画会会员，北京女美
术家联谊会会员。出版有《外国美术史》《美术
鉴赏》等著作和《中国当代实力派画家——陈洛
加》画册。

J001958

艺术发生学　于文杰著

上海 上海人民出版社 1995年 225页 20cm（32开）
ISBN：7-208-01806-5 定价：CNY9.30

J001959

中外美术简史对览　（上册）方长江编著

武汉 湖北美术出版社 1995年 174页 有表格
30cm（10开）ISBN：7-5394-0262-8
定价：CNY26.00

J001960

中外美术简史对览　（下册）方长江编著

武汉 湖北美术出版社 1995年 235页 有地图
30cm（10开）ISBN：7-5394-0263-6
定价：CNY12.00

J001961

巴洛克与洛可可　（法）巴宁（Germain Bazin）
著；王俊雄，李祖智译

台北 远流出版事业公司 1996年 320页 有照
片 21cm（32开）ISBN：957-32-3159-X
定价：TWD380.00
（艺术馆 41）

外文书名：Baroque and Rococo.

J001962

东方美术史话　范梦著

北京 中国青年出版社 1996年 452页 有图
19cm（小32开）ISBN：7-5006-2175-2
定价：CNY20.40

作者范梦（1938—　），教授。山东冠县人，
毕业于中央美术学院。历任山东师范大学美术
系副教授、中国美术家协会会员、中国版画家
协会会员、山东美学学会理事。著有《西方美术

史》《中外画家谈素描》《东方美术史》等。

J001963

奇妙的色彩王国　童强著
南京 江苏教育出版社 1996年 197页 有彩图
20cm（32开）ISBN：7-5343-2778-4
定价：CNY7.80
（小蜻蜓美育丛书 美术卷）

J001964

奇妙的色彩王国　童强著
南京 江苏教育出版社 1998年 2版 197页
有彩图 20cm（32开）ISBN：7-5343-2778-4
定价：CNY7.80
（小蜻蜓美育丛书 美术卷）

J001965

世界当代艺术史　曹治国著
北京 中国国际广播出版社 1996年 248页
19cm（小32开）ISBN：7-5078-1235-9
定价：CNY128.80（全辑）
（世界全史 百卷本 新编世界艺术史 100）

J001966

世界古代后期艺术史　朱龙华著
北京 中国国际广播出版社 1996年 196页
19cm（小32开）ISBN：7-5078-1235-9
定价：CNY128.80（全辑）
（世界全史 百卷本 新编世界艺术史 30）

　　作者朱龙华（1931—　　），教授。广西桂林人，
毕业于北京大学，并留校任教。主要著作有《古
代世界史参考图集》《希腊艺术》《意大利文艺复
兴》等，编有《波提切利》，译著有《文艺复兴时
期的佛罗伦萨》。

J001967

世界古代前期艺术史　顾丽霞著
北京 中国国际广播出版社 1996年 204页
19cm（小32开）ISBN：7-5078-1235-9
定价：CNY128.80（全辑）
（世界全史 百卷本 新编世界艺术史 10）

J001968

世界古代中期艺术史　朱龙华编著
北京 中国国际广播出版社 1996年 190页

19cm（小32开）ISBN：7-5078-1235-9
定价：CNY128.80（全辑）
（世界全史 百卷本 新编世界艺术史 20）

J001969

世界近代后期艺术史　欧阳周编著
北京 中国国际广播出版社 1996年 224页
19cm（小32开）ISBN：7-5078-1235-9
定价：CNY128.80（全辑）
（世界全史 百卷本 新编世界艺术史 70）

J001970

世界近代前期艺术史　刘士文，王宪洪著
北京 中国国际广播出版社 1996年 192页
19cm（小32开）ISBN：7-5078-1235-9
定价：CNY128.80（全辑）
（世界全史 百卷本 新编世界艺术史 50）

J0001999 **世界近代中期艺术史**　马桂琪著
北京 中国国际广播出版社 1996年 192页
19cm（小32开）ISBN：7-5078-1235-9
定价：CNY128.80（全辑）
（世界全史 百卷本 新编世界艺术史 60）

J001971

世界现代后期艺术史　桑世志著
北京 中国国际广播出版社 1996年 185页
19cm（小32开）ISBN：7-5078-1235-9
定价：CNY128.80（全辑）
（世界全史 百卷本 新编世界艺术史 90）

　　本书是20世纪上半叶，艺术家们用自己的
艺术对已知的和未知的世界进行解读。主要从
音乐、戏剧、电影、绘画、建筑、摄影等领域，勾
勒世界艺术在主要国家和民族中的发展轨迹。

J001972

世界现代前期艺术史　桑世志著
北京 中国国际广播出版社 1996年 193页
19cm（小32开）ISBN：7-5078-1235-9
定价：CNY128.80（全辑）
（世界全史 百卷本 新编世界艺术史 80）

　　本书是19世纪末以来，人本主义美学成为
西方现代美学的主潮。主要从音乐、舞蹈、戏剧、
电影、绘画、雕塑等艺术领域，勾勒世界艺术在
主要国家和民族中的发展轮廓，并对主要艺术思

潮、艺术流派、艺术大师、杰出艺术品给以简要
的介绍，展现本时期的艺术世界。

J001973

世界中世纪艺术史　古丽比娅等编著
北京　中国国际广播出版社　1996 年　218 页
19cm（小 32 开）ISBN：7-5078-1235-9
定价：CNY128.80（全辑）
（世界全史　百卷本　新编世界艺术史　40）

J001974

外国古代文化艺术　（合订本　一）
北京　中国少年儿童出版社　1996 年　369 页
有图　19cm（小 32 开）ISBN：7-5007-3010-1
定价：非卖品
（希望书库 6-06）
　　本书由中国少年儿童出版社和中国青年出
版社联合出版。

J001975

外国古代文化艺术　（合订本　二）
北京　商务印书馆　1996 年　323 页　有图
19cm（小 32 开）ISBN：7-100-01260-0
定价：CNY11.40
（外国历史小丛书）

J001976

外国文化与文学　陆人豪等主编
苏州　苏州大学出版社　1996 年　485 页 20cm（32 开）
ISBN：7-81037-302-1 定价：CNY20.00

J001977

新编世界艺术史　史仲文，胡晓林主编
北京　中国国际广播出版社　1996 年　10 册
19cm（小 32 开）ISBN：7-5078-1235-9
定价：CNY128.80
（世界全史　百卷本）

J001978

艺术的起源　章建刚，杨志明著
昆明　云南大学出版社　1996 年　288 页 20cm（32 开）
ISBN：7-81025-737-4 定价：CNY16.00
（原始艺术丛书）

J001979

艺术学手册　（日）神林恒道著；潘襎译
台北　艺术家出版社　1996 年　287 页　有图
21cm（32 开）ISBN：957-9530-41-6
定价：TWD300.00

J001980

艺闻录　（六、七〇年代艺术对话）（美）珍·席
格尔（Jeanne Siegel）著；林淑琴译
台北　远流出版事业公司　1996 年　279 页
21cm（32 开）ISBN：957-32-2789-4
定价：TWD280.00
（艺术馆　35）

J001981

艺闻录　（80 年代早期艺术对话 2）（美）珍·席
格尔（Jeanne Siegel）编；王元贞译
台北　远流出版事业公司　1996 年　420 页
21cm（32 开）ISBN：957-32-2790-8
定价：TWD380.00
（艺术馆　36）

J001982

筚路蓝缕四十年　（中央美术学院美术史系教
师论文集）薛永年，王宏建主编
北京　人民美术出版社　1997 年　2 册（1197 页）
有图　19cm（小 32 开）ISBN：7-102-01896-7
定价：CNY98.00
　　本书收录《永乐宫三清殿壁画题材试探》
（王逊），《画家鲁本斯》（常又明），《古代书画名
作考辨》（尚爱松），《创作论》（孙美兰），《近百
年书家泛论》（叶喆民），《作者个人风格辨识在
书画鉴定中的作用》（杨臣彬），《论吴镇山水画
的空间表现》（宋晓霞），《中国古家具的演变与
造型》（杨泓）等。

J001983

创造与永恒　（中西美术史话　美术分册）陈翔
等著
上海　百家出版社　1997 年　314 页　有图
20cm（32 开）ISBN：7-80576-676-2
定价：CNY22.00
（典雅艺术普及丛书）

J001984

过程与今日艺术　　滕守尧著

台北　生智文化事业公司　1997年　172页

21cm（32开）ISBN：957-8637-42-X

定价：TWD120.00

J001985

绵延之维　（走向艺术史哲学）丁宁著

北京　三联书店　1997年　368页　有图　20cm（32开）

ISBN：7-108-01038-0　定价：CNY19.80

（三联·哈佛燕京学术丛书　第四辑）

　　本书内容共分4章，包括："导论：艺术史哲学的意义""当代西方艺术史哲学概貌""西方女性主义艺术史观述评""艺术史的超学科格局"。

J001986

世界艺术史话　　梅小卉，贾俊菊编著

武汉　湖北人民出版社　1997年　254页　有图

19cm（小32开）ISBN：7-216-02026-X

定价：CNY8.80

（青少年文史库　第二辑）

J001987

泰国民族传统艺术　　林仁风，玉腊编著

昆明　云南美术出版社　1997年　313+95页　有图

20cm（32开）精装　ISBN：7-80586-362-8

定价：CNY96.00

J001988

外国美术简史　　彭亚编著

郑州　河南美术出版社　1997年　224页　有图

20cm（32开）ISBN：7-5401-0587-9

定价：CNY16.50

J001989

外国美术史　　宋玉成编著

沈阳　辽宁美术出版社　1997年　338页　有图

20cm（32开）ISBN：7-5314-1702-2

定价：CNY23.00

J001990

外国美术史　　欧阳英，潘耀昌主编

杭州　中国美术学院出版社　1997年　197页

有图　26cm（16开）ISBN：7-81019-371-6

定价：CNY32.00

（美术史丛书）

　　外文书名：A Concise History of World Art. 作者欧阳英，浙江美术学院任教。

J001991

外国美术史及作品鉴赏　　高师《外国美术史及作品鉴赏》教材编写组编

北京　高等教育出版社　1997年　350+18页　有图

26cm（16开）ISBN：7-04-006046-9

定价：CNY45.00

J001992

新艺术研究　　蔡绮著

台中　捷太出版社　1997年　225页　26cm（16开）

ISBN：957-8858-04-3　定价：TWD400.00

J001993

当代学术入门　（古典学）（英）比尔德（Beard, M.），（英）汉德森（Henderson, J.）著；董乐山译

沈阳　辽宁教育出版社　1998年　132页　20cm（32开）

ISBN：7-5382-5028-X　定价：CNY10.00

（牛津精选）

J001994

格罗塞原始艺术研究　　程孟辉著

北京　中国人民大学出版社　1998年　116页

有图　19cm（小32开）ISBN：7-300-02433-5

定价：CNY8.00

　　本书内容共分7章，包括：艺术科学的使命；对丹纳艺术史观的批判；艺术史研究的原则和方法；人体装饰；舞蹈、诗歌和音乐；装潢艺术；造型艺术。

J001995

古典学　（英）玛丽·比尔德（Mary Beard），（英）约翰·汉德森（John Henderson）著；董乐山译

香港　牛津大学出版社　1998年　132页　有图

22cm（30开）ISBN：0-19-590971-2

（当代学术入门）

　　本书内容包括：参观、在遗址现场、置身在那里、一册指南在手、表层下面、宏伟的理论、复原的艺术等。外文书名：Classics.

J001996

女性主义与艺术历史　（扩充论述　I）（美）

诺玛·布罗德(Norma Broude)，(美)玛丽·戈拉
德(Mary D.Garrard)编；谢鸿均译
台北 远流出版事业公司 1998 年 467 页 有图
21cm(32 开) ISBN：957-32-3587-0
定价：TWD450.00
(艺术馆 52)
　　外文书名：The Expanding Discourse.

J001997
女性主义与艺术历史 （扩充论述 Ⅱ）（美）
诺玛·布罗德(Norma Broude)，(美)玛丽·戈拉
德(Mary D.Garrard)编；陈香君译
台北 远流出版事业公司 1998 年 469-1007 页
有图 21cm(32 开) ISBN：957-32-3588-9
定价：TWD450.00
(艺术馆 53)

J001998
世界艺术史 （法）[雅克·马赛]Jacques Marseille
主编；王文融译
台北 联经出版事业公司 1998 年 318 页 有图
30cm(10 开) 精装 ISBN：957-08-1842-5
定价：TWD900.00

J001999
外国美术简史 唐士桐编著
天津 天津教育出版社 1998 年 156 页 有照片
19cm(小 32 开) ISBN：7-5309-2862-7
定价：CNY15.00

J002000
外国美术史 齐凤阁，周绍斌著
长春 东北师范大学出版社 1998 年 520 页
有图 20cm(32 开) ISBN：7-5602-2139-4
定价：CNY25.00, CNY35.00（精装）
(东北师范大学文库)
　　作者齐凤阁(1953—　)，东北师大美术系教
授，中国版画家协会会员。

J002001
现代与后现代 （西方艺术文化小史）河清著
杭州 中国美术学院出版社 1998 年 472 页
有照片及图 20cm(32 开) ISBN：7-81019-688-X
定价：CNY25.00

J002002
艺术品与包装 （美）罗森堡（Harold Rosenberg）
著；钱正珠，谢东山译
台北 远流出版事业公司 1998 年 269 页 有图
21cm(32 开) ISBN：957-32-3572-2
定价：TWD300.00
(艺术馆 50)
　　外文书名：Artworks and Packages.

J002003
艺术史与艺术教育 （美）艾迪斯（Stephen
Addlss ），（美）埃里克森（Marry Erlckson）著；宋
献春，伍桂红译
成都 四川人民出版社 1998 年 320 页
20cm(32 开) ISBN：7-220-04250-7
定价：CNY18.00
(美学·设计·艺术教育丛书)
　　外文书名：Art History and Education. 作者艾
迪斯（Stophen Addlss），美国里士满大学艺术和人
文学科教授，新奥尔良艺术博物馆东方艺术馆馆
长。作者埃里克森（Marry Erlckson），美国亚利桑
那州立大学艺术学院坦佩分院教授。译者宋献
春，北京第二外国语学院教授。译者伍桂红，北
京第二外国语学院英语系副教授。

J002004
艺术之根 （艺术起源学引论）郑元者著
长沙 湖南教育出版社 1998 年 14+341 页 有图
20cm(32 开) 精装 ISBN：7-5355-2562-8
定价：CNY80.00
(博士论丛)

J002005
原始艺术史 陈兆复，邢琏著
上海 上海人民出版社 1998 年 424 页 有图
20cm(32 开) ISBN：7-208-02758-7
定价：CNY23.00
　　本书内容包括：原始人类与原始艺术；旧石
器时代的艺术；中石器时代的艺术；新石器时代
的艺术；现代原始民族的艺术；余论——关于艺
术起源的思考。

J002006
原始艺术史 陈兆复，邢琏著
上海 上海人民出版社 1998 年 424 页 有图

20cm（32 开）精装 ISBN：7-208-02759-5
定价：CNY30.00

作者陈兆复（1933—　　），教授。生于浙江瑞安，毕业于浙江美术学校。中央民族大学教授、博士生导师，联合国教科文组织国际岩画委员会执行委员，中国岩画研究中心名誉主任，中国美术家学会会员。出版有《中国岩画发现史》《中国岩画札记》《原始艺术史》等。

J002007

百年困惑 （现代美术）王端廷著
长春 吉林美术出版社 1999 年 157 页 有图
19cm（小 32 开）ISBN：7-5386-0746-3
定价：CNY15.00
（世界艺术教育文库）

作者王端廷（1961—　　），教授。出生于湖北蕲春，毕业于武汉大学。中国艺术研究院美术研究所研究员。专著有《心灵万象·绘画》《迷狂的独行者——雷蒙·饶可让的绘画艺术》《人体艺术欣赏》《百年困惑——现代美术》等。

J002008

表现主义 （德）沃夫 - 迪特·杜比（Wolf-Dieter Dude）著；吴介祯，吴介祥译
台北 远流出版事业公司 1999 年 246 页 有图
21cm（32 开）ISBN：957-32-3819-5
定价：TWD360.00
（艺术馆 59）
外文书名：The Expressionists.

J002009

东方的文明 （法）格鲁塞著；常任侠，袁音译
北京 中华书局 1999 年 2 册 20cm（32 开）
ISBN：7-101-01960-9 定价：CNY77.00

J002010

旧石器时代之艺术 裴文中著
北京 商务印书馆 1999 年 161 页 有图
20cm（32 开）ISBN：7-100-02660-1
定价：CNY9.00
（商务印书馆文库）

本书研究了旧石器时代之艺术、中国的旧石器时代文化、周口店山顶洞之文化、中国的旧石器时代——附中石器时代，并附录裴文中教授和中国史前考古学。

J002011

巨人时代 （文艺复兴美术）吉宝航著
长春 吉林美术出版社 1999 年 152+16 页
有彩图 19cm（小 32 开）ISBN：7-5386-0742-0
定价：CNY14.50
（世界艺术教育文库 首批）

J002012

美术史论基本知识 刘江主编
杭州 西泠印社 1999 年 52 页 有图 26cm（16 开）
ISBN：7-80517-364-8 定价：CNY9.50
（浙江省学生艺术特长水平测试标准辅导丛书）

主编刘江，浙江美术学院国画系教授。

J002013

日本艺术史 邢福泉著
台北 东大图书公司 1999 年 317 页 有图 23cm
ISBN：957-19-2208-0 定价：TWD490.00
（沧海丛刊 美术）

J002014

如歌的行板 （古典美术欣赏）甄巍著
北京 纺织工业出版社 1999 年 286 页 有图
20cm（32 开）ISBN：7-5064-1550-X
定价：CNY24.00
（完全素质手册）

J002015

世界艺术历程 朱龙华著
杭州 浙江摄影出版社 1999 年 390 页 有图
26cm（16 开）精装 ISBN：7-80536-659-4
定价：CNY130.00

作者朱龙华（1931—　　），教授。广西桂林人，毕业于北京大学，并留校任教。主要著作有《古代世界史参考图集》《希腊艺术》《意大利文艺复兴》等，编有《波提切利》，译著有《文艺复兴时期的佛罗伦萨》。

J002016

世界艺术史图集 （法）雅克·马赛勒（Jacques Marseille）总主编；王文融等译
上海 上海文艺出版社 1999 年 319 页
29cm（16 开）精装 ISBN：7-5321-1879-7
定价：CNY160.00

本书原名《艺术史上的重大事件》，为法国

Larousse 出版公司《人类的记忆》系列丛书之一。

外文书名：Les grands eve-nements de l'histoire de l'art

J002017

外国美术史话丛书　刘晓路［主编］

北京　人民美术出版社　1999—2000 年［10］册

有图　20cm（32 开）

J002018

伟大属于罗马　石琳琳著

长沙　湖南美术出版社　1999 年　157 页　有图

20cm（32 开）ISBN：7-5356-1292-X

定价：CNY19.80

（失落的文明丛书）

J002019

西方美术史学中的中国山水画　（美）詹姆斯·埃尔金斯（James Elkins）著；潘耀昌、顾泠译

杭州　中国美术学院出版社　1999 年　14+185 页

有图　20cm（32 开）ISBN：7-81019-707-X

定价：CNY18.00

（学术史丛书　第一批）

J002020

西洋美术史　丰子恺撰；丰一吟导读

上海　上海古籍出版社　1999 年　120 页

20cm（32 开）ISBN：7-5325-2610-0

定价：CNY7.90

（蓬莱阁丛书）

　　作者丰子恺（1898—1975），画家、文学家、艺术教育家。原名丰润，又名仁、仍，字子觊，后改为子恺，笔名 TK，浙江嘉兴人。作品有《缘缘堂随笔》、画集《子恺漫画》等。导读者丰一吟（1929—　　），女，画家、翻译学家。浙江崇德县（今桐乡市石门镇）人，丰子恺之女。毕业于中苏友协俄文学校。上海市文史研究馆馆员，丰子恺研究会顾问，上海翻译家协会会员。主要著作有《潇洒风神 - 我的父亲丰子恺》《丰子恺漫画全集》《爸爸的画》等。

J002021

希腊罗马美术史话　章利国著

北京　人民美术出版社　1999 年　186 页　有图

20cm（32 开）ISBN：7-102-02082-1

定价：CNY38.00

（外国美术史话丛书）

　　外文书名：Story of Greece and Rome Art. 作者作者章利国（1947—　　），教授。浙江安吉人。历任中国美术学院教授、硕士生导师，中国美术家协会会员，中华美学学会会员。著有《希腊罗马美术史话》《造型艺术美学导论》《现代设计美学》等。

J002022

艺术　朱利安·弗里曼（Julian Freeman）著；史然译

香港　三联书店（香港）公司　1999 年　143 页

有图 18cm（32 开）精装　ISBN：962-04-1615-5

定价：HKD92.00

（速成读本）

　　外文书名：Art.

J002023

艺术的故事　（从史前到印象派的西方艺术）姚宏翔著

上海　上海人民出版社　1999 年　358 页　有图

20cm（32 开）

　　本书是一部介绍西方艺术（从原始人类、古埃及、西亚到后印象派绘画）的通俗读物，使读者了解西方艺术风格的演变过程，介绍了西方历代大师的生活、创作等。作者姚宏翔，主要翻译作品有《纽约现代艺术博物馆》《芝加哥艺术学院美术馆》《伦敦国家美术馆》等。

J002024

艺术的起源　（德）恩斯特·格罗塞著；杨泽译

北京　中国社会出版社　1999 年　520 页

20cm（32 开）精装　ISBN：7-80146-290-4

定价：CNY5800.00（全套）

（旷世名典　伦理学美学卷）

J002025

艺术的起源　朱狄著

北京　中国青年出版社　1999 年　249 页　有图

20cm（32 开）ISBN：7-5006-3246-0

定价：CNY12.50

（幼狮文化书系）

J002026
艺术圣经 （世界名人论古希腊艺术）王海燕
选编
长春 吉林美术出版社 1999年 15+481页
20cm（32开）ISBN：7-5386-0837-0
定价：CNY29.00

J002027
艺术史研究 （1）中山大学艺术学研究中心编
广州 中山大学出版社 1999年 464页 有图
26cm（16开）ISBN：7-306-01586-9
定价：CNY80.00

J002028
艺术史终结了吗？ （当代西方艺术史哲学文
选）（德）汉斯·贝尔廷等著；常宁生编译
长沙 湖南美术出版社 1999年 350页
19cm（小32开）ISBN：7-5356-1355-1
定价：CNY24.50
（实验艺术丛书 21）
　　外文书名：The end of the History of Art.

J002029
永恒的魅力 （古希腊罗马美术）晓凯等著
长春 吉林美术出版社 1999年 157页 有彩图
19cm（小32开）ISBN：7-5386-0747-1
定价：CNY15.00
（世界艺术教育文库 首批）

J002030
中国美术史 曾繁森编著
成都 四川美术出版社 1999年 251页 有图
26cm（16开）ISBN：7-5410-1649-7
定价：CNY25.00

J002031
中外美术史 高毅清著
济南 山东美术出版社 1999年 229页 有图
17cm（40开）ISBN：7-5330-1332-8
定价：CNY8.80
（美术知识百问百答手册）
　　本书包括中国美术史和外国美术史两部分。
以问答的形式对208个问题进行解答，内容有：
石器时代美术的明显特征是什么、商代玉石雕刻
的艺术特点是什么等。

世界艺术流派及其研究

J002032
今日之艺术 （美）里德（H.Reed）著；施蛰存译
上海 商务印书馆 1935年 12+113页 有图
19cm（32开）定价：大洋七角
　　本书论述现代西洋绘画及雕刻的发展。内
容包括：从科学到象征主义、主观的写实主义、
抽象、主观的观念论之理论、共同的要素。本书
原名：Art Now. 作者里德（Herbert Read, 1893—
1968），英国诗人、艺术批评家、美学家。英国
美学学会主席。著有《艺术的真谛》《今日之艺
术》《现代艺术哲学》等。

J002033
今日之艺术 （美）里德（H.Reed）著；施蛰存译
上海 商务印书馆 民国二十五年［1936］再版
12+113页 有图 19cm（32开）定价：大洋七角

J002034
论现实主义艺术法则底客观性质 （苏）克
墨诺夫著；顾用中译
上海 新文艺出版社 1954年 73页 17cm（40开）
定价：旧币 2,200 元
（文艺理论学习小译丛 第四辑 7）

J002035
**现代资产阶级反动艺术与美学主要流派的
批判** （苏）特罗菲莫夫（П.С.Трофимов）著；
吴天真译
上海 新文艺出版社 1958年 46页 19cm（32开）
统一书号：10078.1820 定价：CNY0.15
（文艺理论译丛 第三辑 9）

J002036
现实主义艺术论 蔡仪著
北京 作家出版社 1958年 215页 有图
20cm（32开）统一书号：10020.1026
定价：CNY0.75

J002037

大维特创作的现实主义基础——反对资产阶级艺术学的反科学观点　（苏）Ю.佐洛托夫著；倪焕之译

上海　上海中央美术学院华东分院研究室［1960—1969年］11页有图 26cm（16开）

J002038

艺术中的现实主义　（美）芬克斯坦（S.Finkel-stein）著；赵澧译

北京　人民美术出版社 1964年 265页19cm（32开）统一书号：8027.4146

定价：CNY0.90

　　外文书名：Realism in Art.

J002039

从古典的到浪漫的　（由十三位艺术家的作品探讨艺术精神）克拉克（Kenneth Clark）著；雨芸译

台北　枫城出版社 1978年 296页 20cm（32开）

（枫城文库 1）

J002040

现代派美术浅议　邵大箴编著

石家庄　河北美术出版社 1982年 97页19cm（32开）统一书号：8080.2671

定价：CNY0.70

　　本书介绍现代派美术的含义、起源、流派、特征，以及现代派美术产生的社会背景。作者邵大箴（1934—　），美术理论家，国画家。江苏镇江人。历任中央美术学院教授、博士生导师、《美术研究》主编、中国国家画院美术研究院院长等。著有《现代派美术浅议》《传统美术与现代派》《欧洲绘画简史》《西方现代美术思潮》。

J002041

草堂之灵　杨钧著

长沙　岳麓出版社 1985年 337页 19cm（32开）统一书号：11285.36 定价：CNY1.40

（笔记丛书）

　　本书是作者在书法、绘画、篆刻、文章、诗律、古玩、民俗、人物、掌故等方面的记议，共分16卷。

J002042

风格　流派　史迹　安旭主编

天津　南开大学出版社 1985年 216页20cm（32开）统一书号：8301.2

　　本书选编了十多篇有关美国、苏联、联邦德国、阿拉伯国家、墨西哥等国和地区的造型艺术方面的译文。

J002043

艺术中的现实主义　（美）锡德尼·芬克斯坦著；赵澧译

上海　上海文艺出版社 1985年 239页21cm（32开）统一书号：10078.3540

定价：CNY1.40

（外国文学研究资料丛刊）

　　本书强调了艺术技巧的创新和形式的发展不能脱离现实的社会斗争，并从思想体系上驳斥了抽象主义、超现实主义的所谓“纯艺术”观点。书中阐述了艺术的起源和发展，探讨了艺术和现实生活关系。作者锡德尼·芬克斯坦（1909—1959），美国当代著名文艺评论家。

J002044

巴比松派风景画　雅沃尔斯卡娅著；孙越生译

上海　上海人民美术出版社 1987年 335页有图 20cm（32开）统一书号：8081.14657

定价：CNY4.00

　　本书讲述了巴比松派艺术家在发展风景画方面所起的作用。

J002045

美的历险　（英）冈特（Gaunt, W.）著；肖聿，凌君译

北京　中国文联出版公司 1987年 311页有图20cm（32开）统一书号：10355.935

定价：CNY2.35

　　本书描绘19世纪30年代到20世纪20年代，西方唯美主义文艺思潮，对西方文化转型所引起的文化震荡，将错综复杂的文艺现象，具有代表性理论主张，30多位艺术家的生平事迹贯穿一体。是一部形象化的西方艺术史。外文书名：The Aesthetic Adventure. 作者冈特（William Gaunt, 1900—1980），英国艺术史论家、作家、画家。全名威廉·冈特。著有《拉斐尔前派的梦》《美的历险》《维多利亚时代的奥林匹斯山》等。

J002046

存在主义美学与现代派艺术　毛崇杰著

北京　社会科学文献出版社　1988年　331页

21cm（32开）ISBN：7-80050-022-5

定价：CNY2.65

　　本书内容包括：西方现当代美学主流思潮；存在主义美学——动向与趋势；现代派艺术——从西方到中国。

J002047

西方现代艺术诸流派与中外美术交流　朱冰著

兰州　兰州大学出版社　1988年　179页

19cm（32开）ISBN：7-311-00131-5

定价：CNY2.50

J002048

现代艺术和现代主义　（英）弗兰契娜（Frascina, F.），（英）哈里森（Harrison, C.）编；张坚，王晓文译

上海　上海人民美术出版社　1988年　492页

19cm（32开）ISBN：7-5322-0126-0

定价：CNY7.00

（二十世纪西方美术理论译丛）

　　本书所收评论文章均由文学大家和有很大影响的批评家撰写，反映了许多不同流派的不同观点。外文书名：Modern Art and Modernism.

J002049

象征主义艺术　（法）皮埃尔（Pierre, J.）著；狄玉明，江振宵译

北京　人民美术出版社　1988年　78页　有图

19cm（32开）ISBN：7-102-00381-1

定价：CNY1.95

（世纪美术文库）

　　本书介绍19-20世纪欧洲象征主义绘画的特点及主要发展阶段。附图27幅。

J002050

告别古典主义　李洁非，张陵著

上海　上海文艺出版社　1989年　8版　289页

19cm（小32开）ISBN：7-5321-0213-0

定价：CNY3.90

（牛犊丛书）

J002051

现代派艺术心理　（联邦德国）希勒布雷希特著；陈钰鹏译

上海　上海文艺出版社　1989年　239页

19cm（32开）ISBN：7-5321-0403-6

定价：CNY3.20

J002052

后现代的艺术现象　陆蓉之著

台北　艺术家出版社　1990年　230页　有图

21cm（32开）ISBN：957-95-00800-0

定价：TWD300.00

（艺术家丛书）

J002053

从浪漫到新浪漫　黄海云著

台北　艺术家出版社　1991年　313页　有图

19cm（小32开）ISBN：957-9500-21-5

定价：TWD320.00

（艺术家丛书）

J002054

现代主义，评论，现实主义　（英）哈里森（Harrison, Charles），（英）奥顿（Orton, Fred）编；崔诚等译

上海　上海人民美术出版社　1991年　358页

20cm（32开）ISBN：7-5322-0685-8

定价：CNY7.50

（二十世纪西方美术理论译丛）

　　本书是有关现代主义审美范畴的论文集。收录克莱门特·格林伯格、贝里尔·雷克、巴里·巴恩斯、托马斯·S·萨兹等人的论文24篇。外文书名：Modernism, Criticism, Realism.

J002055

建构主义——文本化趋势　赵冰主编

长沙　湖南美术出版社　1992年　48页　有照片

26cm（16开）ISBN：7-5356-0546-X

定价：CNY7.60

（当代艺术　系列丛书　2）

J002056

解构主义——当代的挑战　赵冰主编

长沙　湖南美术出版社　1992年　46页　有图

26cm（16开）ISBN：7-5356-0508-7

定价：CNY3.70
（当代艺术 系列丛书 1）

J002057

浪漫主义艺术 （英）休·霍勒（Honour, Hugh）
著；袁宪军, 钱坤强译
上海 三联书店上海分店 1992 年 242+72 页 有
彩图 26cm（16 开）精装 ISBN：7-5426-0071-0
定价：CNY90.00
　　本书论述了浪漫主义在艺术态度上进行的
革命及其艺术成就。书后附艺术插图 200 余幅。
据美国 Harper & Row 出版社 1979 年英文版译
出。外文书名：Romanticism. 著者通译：昂纳。

J002058

多元主义——挪用的策略 赵冰主编
长沙 湖南美术出版社 1993 年 44 页 有图
26cm（16 开）ISBN：7-5356-0590-7
定价：CNY7.60
（当代艺术系列丛书 4）
　　本书对于多元主义的创作立场进行了研
究，强调了多元主义挪用的策略。外文书名：
Pluralism: The Strategy of Appropriation.

J002059

古典与象征的界限 （象征主义画家莫侯及其
诗人寓意画）李明明著
台北 三民书局 1993 年 317 页 有图 21cm（32 开）
ISBN：957-19-1603-X 定价：旧台币 8.89
（沧海丛刊）

J002060

西方现代派美术 鲍诗度著
北京 中国青年出版社 1993 年 394 页 有彩图
19cm（小 32 开）ISBN：7-5006-1213-3
定价：CNY9.90
　　本书分 18 章介绍了西方现代派美术流派中
影响较大的立体派、野兽派、表现派、未来派等
代表性画家 25 位，以及他们的创作思想、生活
经历、轶闻趣事等。

J002061

现代艺术中的原始主义 （美）戈德沃特
（Goldwater, Robert）著；殷泓译
南京 江苏美术出版社 1993 年 316 页 有照片

19cm（32 开）ISBN：7-5344-0277-8
定价：CNY8.90
（外国现代美术理论丛书）
　　本书从人类文化学博物馆的建立到现代艺
术中原始主义发生的准备阶段，直至对原始主义
的界定和评价，分时期多角度地介绍现代艺术中
原始主义的渊源和表现。外文书名：Primitivism
in Modern Art.

J002062

转换主义——生成与置换 赵冰主编
长沙 湖南美术出版社 1993 年 48 页 有图
26cm（16 开）ISBN：7-5356-0589-3
定价：CNY7.60
（当代艺术 系列丛书 3）

J002063

变形 李安宁著
乌鲁木齐 新疆美术摄影出版社 1994 年 236 页
有图 20cm（32 开）ISBN：7-80547-241-6
定价：CNY15.80
　　本书作者提出了对现代主义画派的看法，内
容包括：感情的需要、适形适型、变形手法等 6
部分。

J002064

超越现代主义 （70 年代和 80 年代艺术论
文集）（美）吉姆·莱文（Kim Levin）著；常宁生
等译
南京 江苏美术出版社 1995 年 351 页
19cm（小 32 开）ISBN：7-5344-0480-0
定价：CNY18.00
（外国现代美术理论丛书）
　　外文书名：Beyond Modernism: Essays on Art
from the '70S and '80S. 作者吉姆·莱文, 女, 美
国《格林威治之声》杂志的批评家,《艺术杂志》
的特约撰稿人。

J002065

浪漫主义艺术 （英）威廉·沃恩（William
Vaughan）著；李美蓉译
台北 远流出版事业公司 1995 年 362 页 有图
21cm（32 开）ISBN：957-32-2720-7
定价：TWD380.00
（艺术馆 26）

外文书名：Romantic Art.

J002066

超写实主义绘画　曲欣编著
南宁 广西美术出版社 1996年 78页 有彩图
26cm（16开）ISBN：7-80625-054-9
定价：CNY33.00

J002067

后普普艺术　［保罗·泰勒］Paul Taylor 著；徐
洵蔚，郑湛译
台北 远流出版事业公司 1996年 164页
21cm（32开）ISBN：957-32-2757-6
定价：TWD180.00
（艺术馆 33）
　　　外文书名：Post-Pop Art.

J002068

跨越世纪　（西方现代派艺术）袁林主编
北京 中国工人出版社 1997年 407页 有图
19cm（小32开）ISBN：7-5008-1270-1
定价：CNY24.00

J002069

失落与超越　（西方后现代艺术现象研究）孙
志宜著
合肥 安徽美术出版社 1998年 219页
有彩照 21cm（32开）ISBN：7-5398-0688-5
定价：CNY22.00

J002070

象征派历程　（象征主义者的亢奋与无奈）马
凤林等编著
沈阳 辽宁美术出版社 1998年 256页 有图
26cm（16开）ISBN：7-5314-1635-2
定价：CNY38.00
（艺术与现实）
　　　编者马凤林（1950—　　　），天津人民美术出版
社美术编辑。

J002071

后现代主义　郑祥福著
台北 扬智文化事业公司 1999年 181页
19cm（小32开）ISBN：957-818-020-9
定价：TWD150.00

（文化手边册 46）
　　　外文书名：Postmodernism.

J002072

艺术论述　（后现代艺术与文化的对话）（美）
玛西亚·塔克（Marcia Tucker）等编；吴介祯译
台北 远流出版事业公司 1999年 562页 有图
21cm（32开）ISBN：957-32-3712-1
定价：TWD500.00
（艺术馆 56）
　　　外文书名：Discourses.

世界艺术作品综合集

J002073

国际友谊馆艺术品图片　故宫博物院编
北京 故宫博物院 1955年 12幅 10×16cm
定价：CNY0.60

J002074

外国美术选集　（Ⅰ 素描）
北京 人民美术出版社 1978年 160页
25cm（16开）精装 统一书号：8027.6926
定价：CNY10.00
　　　本书编选自15世纪至20世纪欧美各国著
名画家的素描作品。全书大致以时期分编。本
书是文艺复兴时期（15-16世纪）意大利、德国、
尼德兰、法国画家的作品。

J002075

外国美术选集　（Ⅱ 素描）
北京 人民美术出版社 1979年 192页
25cm（16开）精装 统一书号：8027.7036
定价：CNY11.00
　　　本书为17世纪至18世纪西欧各国画家的
作品。

J002076

外国美术选集　（Ⅲ 素描）
北京 人民美术出版社 1980年 160页
25cm（15开）精装 统一书号：8027.7150
定价：CNY10.00

本书是 19–20 世纪欧美各国画家的作品。

J002077

外国美术选集 （十九世纪法国绘画）邵大箴
编著
北京　人民美术出版社　1981 年　144+35 页
27cm（16 开）精装　统一书号：8027.7628
定价：CNY20.00

　　本书选编 18 世纪末至 19 世纪法国古典主
义、浪漫主义和现实主义三大画派，包括著名画
家大卫、安格尔等的作品 166 幅。作者邵大箴
（1934—　　），美术理论家，国画家。江苏镇江人。
历任中央美术学院教授、博士生导师、《美术研
究》主编、中国国家画院美术研究院院长等。著
有《现代派美术浅议》《传统美术与现代派》《欧
洲绘画简史》《西方现代美术思潮》。

J002078

外国美术选集 （文艺复兴欧洲美术）许幸之
编著
北京　人民美术出版社　1985 年　21 页
27cm（16 开）精装　统一书号：8027.8622
定价：CNY19.20

　　本书选编欧洲文艺复兴时期（14–16 世纪）
意大利、尼德兰和德国著名美术家的绘画、雕刻
作品（包括局部图）119 幅。

J002079

外国美术选集 （尼德兰、弗兰德斯及荷兰的
绘画）杨蔼琪编著
北京　人民美术出版社　1986 年　160+10 页
26cm（16 开）ISBN：7-102-00227-0
定价：CNY19.70

　　本书选编 15–17 世纪欧洲尼德兰、弗兰德斯
及荷兰著名画家的作品 173 幅。

J002080

外国美术选集 （尼德兰·弗兰德斯及荷兰的
绘画）杨蔼琪编著
北京　人民美术出版社　1988 年　36cm（12 开）
　　本书收录有 173 幅图。其内容主要是对肖
时尼德兰、弗兰德斯，以及荷兰的绘画和著名画
家及其作品作了论述。书后附图版说明，对作品
的题材内容和艺术表现等作了介绍。

J002081

人体美术资料 （上）
沈阳　辽宁美术出版社　1980 年　25cm（16 开）
统一书号：8117.1870（上）定价：CNY1.80

J002082

人体美术资料 （下）
沈阳　辽宁美术出版社　1980—1986 年
25cm（小 16 开）统一书号：8161.0936（下）
定价：CNY4.10

J002083

现代派美术作品集
上海　上海译文出版社　1981 年　120 页
19cm（32 开）统一书号：10188.195
定价：CNY1.80
（外国文艺丛书）

J002084

现代派美术作品集 （第一辑）《外国文艺》编
辑部编
上海　上海译文出版社　1986 年　39 页 25cm（16 开）
统一书号：10188.195　定价：CNY5.00

J002085

现代派美术作品集 （第二辑）《外国文艺》编
辑部编
上海　上海译文出版社　1989 年　39 页 26cm（16 开）
ISBN：7-5327-0074-7 定价：CNY7.50

J002086

北京鲁迅博物馆藏画选 　北京鲁迅博物馆编
天津　天津人民美术出版社　1986 年　110 页
24cm（26 开）统一书号：8073.50396
定价：CNY17.00

J002087

当代人体艺术 　陈醉编著
桂林　漓江出版社　1988 年　195 页 26cm（16 开）
ISBN：7-5407-0312-1 定价：CNY29.00
（中国当代美术系列）

　　本书选收从 1978 年至 1988 年 10 年间的人
体艺术作品共 152 幅，其中有油画、中国画、雕
塑、版画、速写以及其他画种的作品，不但有传
统的人体形象，还有人体局部的变形形象。书前

序文对裸体艺术作了较深入的探讨。作者陈醉（1942— ），艺术史论家、画家。出生于广东。曾任中国艺术研究院美术研究所学术委员会委员、理论研究室主任，中国美术家协会理论委员会委员。代表作品有专著《裸体艺术论》，论文集《女神的腰蕞》，画集《诗书画意》。

J002088

世界现代人体艺术鉴赏图册 张连生等编
北京 世界知识出版社 1988年 120页
26cm（16开）精装 ISBN：7-5012-0206-0
定价：CNY34.00

J002089

西方画廊 尹戎生编
沈阳 辽宁美术出版社 1989年 6册 目录1册
21cm（20开）ISBN：7-5314-0233-5
定价：CNY290.00

本书所收录的作品是作者于1984年到1989年多次出国考察时所拍摄的西方油画原作，绝大多数是各个时期的主要代表作，作者对法国、意大利、西班牙、美国、荷兰、比利时、德国、瑞士和美国的油画艺术做了比较深入的研究，按不同题材辑成人物、裸休、风景、静物、雕塑、新潮6册。编者尹戎生（1930— ），教授。四川宜宾人。毕业于北京中央美术学院。曾任中央美术学院油画系教授、中国美术家协会会员等职。主要作品有《夺取全国胜利》《老战士》《卢浮尔博物馆藏画选集》等。

J002090

现代艺术大参考 （第1辑）孙平编；冯展译
长沙 湖南美术出版社 1989年 60页26cm（16开）
ISBN：7-5356-0283-5 定价：CNY15.00
　　外文书名：Modern Art Reference.

J002091

现代艺术大参考 （第2辑）孙平编；冯展译
长沙 湖南美术出版社 1989年 60页26cm（16开）
ISBN：7-5356-0288-6 定价：CNY15.00
　　外文书名：Modern Art Reference.

J002092

现代艺术大参考 （第3辑）郭天民编
长沙 湖南美术出版社 1990年 1册 26cm（16开）

ISBN：7-5356-0426-9 定价：CNY15.00
　　外文书名：Modern Art Reference.

J002093

现代艺术大参考 （第4辑）凌晨，朝史编译
长沙 湖南美术出版社 1991年 60页26cm（16开）
ISBN：7-5356-0429-3 定价：CNY15.00
　　外文书名：Modern Art Reference.

J002094

现代艺术大参考 （第5辑）湘里，伟义编译
长沙 湖南美术出版社 1992年 60页26cm（16开）
ISBN：7-5356-0496-X 定价：CNY15.00
　　外文书名：Modern Art Reference.

J002095

现代艺术大参考 （第6辑）王兰，筱健编译
长沙 湖南美术出版社 1992年 60页26cm（16开）
ISBN：7-5356-0521-4 定价：CNY15.00
　　外文书名：Modern Art Reference.

J002096

现代艺术大参考 （第7辑）莎子，吉米编译
长沙 湖南美术出版社 1992年 60页26cm（16开）
ISBN：7-5356-0553-2 定价：CNY22.50
　　外文书名：Modern Art Reference.

J002097

现代艺术大参考 （第8辑）晨风，毛燕编译
长沙 湖南美术出版社 1992年 60页26cm（16开）
ISBN：7-5356-0596-6 定价：CNY22.50
　　外文书名：Modern Art Reference.

J002098

现代艺术大参考 （第9辑）晓山，玉心编译
长沙 湖南美术出版社 1992年 60页26cm（16开）
ISBN：7-5356-0593-1 定价：CNY22.50
　　外文书名：Modern Art Reference.

J002099

现代艺术大参考 （第10辑）哲曙，水线编；毛燕译
长沙 湖南美术出版社 1992年 60页26cm（16开）
ISBN：7-5356-0594-X 定价：CNY22.50
　　外文书名：Modern Art Reference.

J002100

现代艺术大参考 （第 11 辑）大凯等编译
长沙 湖南美术出版社 1994 年 60 页 26cm（16 开）
ISBN：7-5356-0667-9 定价：CNY22.50
　　　外文书名：Modern Art Reference.

J002101

现代艺术大参考 （第 12 辑）哲曙等编；毛燕，伊师译
长沙 湖南美术出版社 1994 年 60 页 26cm（16 开）
ISBN：7-5356-0668-7 定价：CNY22.50
　　　外文书名：Modern Art Reference.

J002102

现代艺术大参考 （第 13 辑）晓石，玉心编译
长沙 湖南美术出版社 1994 年 60 页 26cm（16 开）
ISBN：7-5356-0670-9 定价：CNY22.50
　　　外文书名：Modern Art Reference.

J002103

现代艺术大参考 （第 14 辑）晓曙等编译
长沙 湖南美术出版社 1995 年 60 页 26cm（16 开）
ISBN：7-5356-0724-1 定价：CNY22.50
　　　外文书名：Modern Art Reference.

J002104

现代艺术大参考 （第 15 辑）晓曙等编译
长沙 湖南美术出版社 1995 年 60 页 26cm（16 开）
ISBN：7-5356-0731-4 定价：CNY22.50
　　　外文书名：Modern Art Reference.

J002105

现代艺术大参考 （第 16 辑）晓山，黄冰编
长沙 湖南美术出版社 1995 年 60 页 26cm（16 开）
ISBN：7-5356-0779-9 定价：CNY25.00
　　　外文书名：Modern Art Reference.

J002106

现代艺术大参考 （第 17 辑）孙平等编译
长沙 湖南美术出版社 1995 年 60 页 26cm（16 开）
ISBN：7-5356-0808-6 定价：CNY25.00
　　　外文书名：Modern Art Reference.

J002107

现代艺术大参考 （第 18 辑）天水等编译
长沙 湖南美术出版社 1995 年 60 页 26cm（16 开）
ISBN：7-5356-0813-2 定价：CNY25.00
　　　外文书名：Modern Art Reference.

J002108

现代艺术大参考 （第 19 辑）晓山等编译
长沙 湖南美术出版社 1995 年 60 页 26cm（16 开）
ISBN：7-5356-0814-0 定价：CNY25.00
　　　外文书名：Modern Art Reference.

J002109

现代艺术大参考 （第 20 辑）文青等编译
长沙 湖南美术出版社 1997 年 60 页 26cm（16 开）
ISBN：7-5356-0983-X 定价：CNY25.00
　　　外文书名：Modern Art Reference.

J002110

现代艺术大参考 （第 21 辑）文青等编译
长沙 湖南美术出版社 1997 年 60 页 26cm（16 开）
ISBN：7-5356-0984-8 定价：CNY25.00
　　　外文书名：Modern Art Reference.

J002111

现代艺术大参考 （第 22 辑）晓山等编译
长沙 湖南美术出版社 1997 年 60 页 26cm（16 开）
ISBN：7-5356-0985-6 定价：CNY25.00
　　　外文书名：Modern Art Reference.

J002112

现代艺术大参考 （第 23 辑）毛雨等编译
长沙 湖南美术出版社 1998 年 60 页 26cm（16 开）
ISBN：7-5356-1075-7 定价：CNY28.00
　　　外文书名：Modern Art Reference.

J002113

现代艺术大参考 （第 24 辑）毛雨等编译
长沙 湖南美术出版社 1998 年 60 页 26cm（16 开）
ISBN：7-5356-1076-5 定价：CNY28.00
　　　外文书名：Modern Art Reference.

J002114

现代艺术大参考 （第 25 辑）毛雨等编译
长沙 湖南美术出版社 1998 年 60 页 26cm（16 开）
ISBN：7-5356-1077-3 定价：CNY28.00
　　　外文书名：Modern Art Reference.

J002115

邮票中的世界名画　迟轲编

台北 万象出版社 1990 年 有图 21cm（32 开）

ISBN：957-9056-20-X 定价：TWD240.00

（生活艺术 1）

　　作者迟轲（1925—2012），著名美学家、美术批评家。原名迟雁鸣，出生于天津，祖籍山东宁津。曾任广州美术学院教授、广东美学学会会长。代表作品《西方美术史话》。

J002116

大都会博物馆《美术全集》（4 义大利文艺复兴）纽约大都会博物馆著；吴嘉苓翻译

台北 国巨出版社 1992 年 重印本 157 页

30cm（10 开）ISBN：957-9277-00-1

　　外文书名：The Metropolitan Museum of Art, The Renaissance in Italy and Spain.

J002117

大都会博物馆《美术全集》（10 回教世界）纽约大都会博物馆著；萧宝森译

台北 国巨出版社 1991 年 160 页 30cm（10 开）

精装 ISBN：957-9277-037-0 定价：TWD2333.00

J002118

东方美术百图　范梦编著

北京 人民美术出版社 1991 年 200 页 有图

19cm（小 32 开）ISBN：7-102-00836-8

定价：CNY6.15

　　本书收录亚洲、非洲、拉丁美洲和大洋洲几十个国家和地区有代表性的美术作品 100 幅，均附简要文字介绍。作者范梦（1938—　），教授。山东冠县人，毕业于中央美术学院。历任山东师范大学美术系副教授、中国美术家协会会员、中国版画家协会会员、山东美学学会理事。著有《西方美术史》《中外画家谈素描》《东方美术史》等。

J002119

历史绘画　（香港艺术馆藏品选粹）何金泉编辑；关家驹等摄

香港 香港艺术馆 1991 年 28×28cm 软精装

　　外文书名：Historical Pictures, Collection of the Hong Kong Museum of Art.

J002120

超凡者之门　（欧美前卫艺术的超级巨星）徐累编撰

南京 江苏美术出版社 1992 年 92 页 有照片

19cm（小 32 开）ISBN：7-5344-0221-2

定价：CNY6.60

　　本书介绍了前卫艺术史上具有特殊地位和贡献的 10 位超凡者杜尚、丰塔纳、波洛克等的艺术思想和精品。

J002121

世界瑰宝　（国际友谊博物馆藏品选）国际友谊博物馆编

北京 地质出版社 1993 年 72 页 28cm（16 开）

精装 ISBN：7-116-01381-4 定价：CNY180.00

　　本书收集了近 500 幅精美图片，是按照不同地区和国家介绍世界艺术（工艺）品的大型图录。

　　外文书名：World's Treasure：Selected Collections of the International Friendship Museum.

J002122

典藏画册　（一）陈端甫主编

台北 孙中山先生纪念馆 1995 年 240 页

有肖像 36cm（9 开）精装 定价：TWD3500.00

J002123

典藏画册　（二）陈端甫主编

台北 孙中山先生纪念馆 1996 年 131 页

有肖像 36cm（9 开）精装 定价：TWD3500.00

J002124

华裔美术选集　（Ⅰ 常玉）陈炎锋著

台北 艺术家出版社 1995 年 191 页 有图

30cm（大 16 开）ISBN：957-9530-05-X

定价：TWD980.00

J002125

华裔美术选集　（Ⅱ 朱德群）廖琼芳著

台北 艺术家出版社 1999 年 301 页 有图

30cm（大 16 开）ISBN：957-8273-17-7

J002126

世界当代少儿美术书法摄影优秀作品精选

（中国卷）张建明主编；西安光大文化艺术研究所编

西宁　青海人民出版社　1995 年　468 页
29cm（16 开）精装　ISBN：7-225-01009-3
定价：CNY325.00
　　外文书名：Refined Collection of the Modern
World Children's Excellent Painting Calligraphy and
Photography Works. 主编张建明（1945—　　），画
家。号清官店人，河北束鹿人。中国美术家协会
会员。

J002127
艺苑新秀　（中国和亚太地区少年儿童书画大
赛作品选）中国《美术报》编辑部编
杭州　中国美术学院出版社　1995 年　116 页
29cm（16 开）ISBN：7-81019-520-4
定价：CNY100.00

J002128
中外书画家作品大观　张虎臣主编
昆明　云南美术出版社　1995 年　470 页
20cm（32 开）精装　ISBN：7-80586-211-7
定价：CNY58.00
　　主编张虎臣（1950—　　），书法家。笔名苦
辛，山东省聊城市交通局任职，东昌书画家联谊
会会长。主编《硬笔书法家精品大全》《书画艺
苑报》《中国书画作品集粹》等。

J002129
20 世纪国际现代美术精作博览　郁枫主编
北京　中国人事出版社　1996 年　10+397 页
26cm（16 开）精装　ISBN：7-80076-902-X
定价：CNY440.00

J002130
世界美术全集　（1 原始与古代美术）
天津　天津人民美术出版社　1996 年　262 页
13×13cm　精装　ISBN：7-5305-0622-6
定价：CNY72.00

J002131
世界美术全集　（2 欧洲中世纪与文艺复兴
美术）
天津　天津人民美术出版社　1996 年　254 页
13×13cm　精装　ISBN：7-5305-0623-4
定价：CNY78.00

J002132
世界美术全集　（3 文艺复兴美术）
天津　天津人民美术出版社　1996 年　274 页
13×13cm　精装　ISBN：7-5305-0624-2
定价：CNY72.00

J002133
世界美术全集　（4 巴洛克与罗可可美术）
天津　天津人民美术出版社　1996 年　264 页
13×13cm　精装　ISBN：7-5305-0625-0
定价：CNY72.00

J002134
世界美术全集　（5 古典主义与浪漫主义美术）
天津　天津人民美术出版社　1996 年　260 页
13×13cm　精装　ISBN：7-5305-0626-9
定价：CNY72.00

J002135
世界美术全集　（6 欧洲现实主义美术）
天津　天津人民美术出版社　1996 年　260 页
13×13cm　精装　ISBN：7-5305-0627-7
定价：CNY72.00

J002136
世界美术全集　（7 印象主义美术）
天津　天津人民美术出版社　1996 年　268 页
13×13cm　精装　ISBN：7-5305-0628-5
定价：CNY72.00

J002137
世界美术全集　（8 西方现代美术）
天津　天津人民美术出版社　1996 年　272 页
13×13cm　精装　ISBN：7-5305-0629-3
定价：CNY72.00

J002138
世界美术全集　（9 中国美术　原始—唐）
天津　天津人民美术出版社　1996 年　264 页
13×13cm　精装　ISBN：7-5305-0630-7
定价：CNY78.00

J002139
世界美术全集　（10 中国美术　五代—清）
天津　天津人民美术出版社　1996 年　258 页

13×13cm 精装 ISBN：7-5305-0631-5
定价：CNY78.00

J002140
世界美术作品选集 （1）韩舒柳主编
成都 四川美术出版社 1996年 14+504页
29cm（16开）精装 ISBN：7-5410-1213-0
定价：CNY400.00
　　外文书名：A Collection of World Fine Arts
and Crafts Works.

J002141
外国美术图典 捷人，卫海编
海口 海南国际新闻出版中心 1996年 20+595页
14cm（64开）精装 ISBN：7-80609-469-5
定价：CNY78.00

J002142
西方现代艺术精粹 （纽约古根海姆博物馆藏
品选）上海博物馆［编］
上海 上海书画出版社 1997年 179页
27×24cm ISBN：7-80635-117-5
　　外文书名：Masterpieces from the Gug-
genheim Museum.

J002143
造型艺术图典 （插图卷）岭南美术出版社编
广州 岭南美术出版社 1997年 277页
26cm（16开）ISBN：7-5362-1563-0
定价：CNY55.00
　　外文书名：Visual Art.

J002144
造型艺术图典 （兵器卷）林涛，赵厚义编著；
岭南美术出版社编
广州 岭南美术出版社 1998年 243页 26cm（16开）
ISBN：7-5362-1850-8 定价：CNY55.00

J002145
**'98（福州）亚太地区当代艺术邀请展作品
集** 胡强，林军主编
福州 海风出版社 1998年 194页 25×26cm
ISBN：7-80597-210-9 定价：CNY198.00

J002146
奥塞美术馆 邹敏讷主编；晓孙译
长沙 湖南美术出版社 1998年 412页 有图
14cm（64开）精装 ISBN：7-5356-1059-5
定价：CNY58.00
（世界著名博物馆图典）
　　外文书名：D'Orsay Gallery.

J002147
第二届中外咏梅翰墨精品博览 云凌主编
北京 中国文联出版公司 1998年 327页
26cm（16开）精装 ISBN：7-5059-3056-7
定价：CNY288.00

J002148
跨世纪中外翰墨艺术家精品大全 云凌主编
北京 中国文联出版公司 1998年 423页
26cm（16开）精装 ISBN：7-5059-3055-9
定价：CNY289.00

J002149
美术大师经典 ［英］妮古拉·霍奇，［英］莉
比·安森著；史亚良，洪英译
杭州 浙江人民美术出版社 1998年 398页
29cm（15开）精装 ISBN：7-5340-0781-X
定价：CNY280.00

J002150
外国美术图典 捷人，卫海编
长沙 湖南美术出版社 1998年 595页
14cm（64开）精装 ISBN：7-5356-1199-0
定价：CNY78.00

J002151
艺术大师 （500经典巨作）［英］［A.巴特勒］
Adam Butler 等著
济南 山东美术出版社 1998年 2册（510页）
29×25cm 精装 ISBN：7-5330-1182-1
定价：CNY480.00

J002152
'99上海艺术博览会 方全林主编；'99上
海艺术博览会图录编辑委员会［编］
上海 上海书画出版社 1999年 532页
28×28cm 精装 ISBN：7-80635-543-X

定价：CNY560.00

　　本画册收录来自全国各地以及法国、美国、意大利、俄罗斯、英国、日本、捷克、比利时等国家的艺术作品。

J002153

国际少年儿童美术书法摄影优秀作品集
（中国卷）高继承主编
西安　陕西旅游出版社　1999 年　25+524 页　有图
29cm（16 开）精装　ISBN：7-5418-1651-5
定价：CNY486.00

　　本书内容包括：中国当代少年儿童美术书法摄影优秀作品选；中国当代少年儿童美术书法摄影优秀辅导教师作品选；中国当代少年儿童美术书法摄影优秀辅导教师及国际少年儿童美术书法摄影(中国)和平之星简介。作者高继承（1954—　），书法家。生于陕西西安，毕业于西安交通大学。历任陕西省硬笔书法研究会会长，中国硬笔书法协会名誉副主席，陕西省书法家协会副主席。出版《怎样写好写快钢笔字》《妙语赠言钢笔字帖》《中学生古诗词钢笔字帖》。

J002154

艺术家丛集　（一　雕塑艺术专辑）邵忠，马钦忠主编
上海　上海书画出版社　1999 年　160 页
28cm（16 开）ISBN：7-80635-404-2
定价：CNY50.00

　　本册收录王华祥的《天使》《与各青树一样高的秘密》《鸾凤和鸣》《花街柳巷》《兰桂齐芳》等绘画和雕塑作品。

世界艺术事业与艺术市场

J002155

全国儿童艺术展览会纪要　（第一次）教育部社会教育司编
1915 年　[106] 页　有照片　26cm（16 开）

　　本书收录全国各地展览会的各种说明文字、展览会章程、报告及展览会展品的统计表等。书末附：《儿童观念界之研究》《儿童之绘画》。

J002156

艺术教育论　（日）小林澄见，（日）大多和显著；唐开斌译
上海　商务印书馆　1925 年　90 页 18cm（32 开）
定价：大洋二角
（师范小丛书）

　　本书共分 8 章，内容包括：艺术教育的问题、艺术教育的思潮发达、游戏和艺术教育、直观与认识及艺术教育、艺术教育的理论、艺术教育的实际、家庭的儿童剧、儿童论。

J002157

艺术教育论　（日）小林澄见，（日）大多和显著；唐开斌译
上海　商务印书馆　1930 年　75 页 18cm（16 开）
（万有文库　第一集　0702）

J002158

艺术教育论　（日）小林澄见，（日）大多和显著；唐开斌译
上海　商务印书馆　1934 年　国难后 1 版　75 页
19cm（32 开）定价：大洋二角
（万有文库　第 1 集）

J002159

艺术教育学　雷家骏编
上海　商务印书馆　1925 年　[12]+162 页
22cm（20 开）定价：大洋六角
（师范丛书）

　　全书分 4 编，内容包括：艺术教育的缘起、意义、派别、要点、效能、影响；艺术教育与德育、知育、宗教、职业、哲学、心理学、家庭、学校、社会；实施艺术教育的目的、障碍、先决问题、范围，学校艺术教育的实施，社会艺术教育的实施；艺术教育家各个的主张、艺术教育学说的批评、新学制与艺术教育。

J002160

艺术教育学　雷家骏编；吕澂，马客谈校订
上海　商务印书馆　1933 年　国难后 1 版
[12]+162 页 22cm（20 开）定价：大洋六角
（师范丛书）

J002161

艺术教育 ABC　丰子恺著

上海 世界书局 1928年 111页 19cm（32开）精装 定价：国币六角
（ABC丛书）

本书分上下编。上编论述艺术教育的意义与原理；下编论述方法与手段。此书取材于日本阿部重孝的《艺术教育》、关卫的《教育大观》。书前有徐蔚南的《ABC丛书发刊旨趣》。作者丰子恺（1898—1975），画家、文学家、艺术教育家。原名丰润，又名仁、仍，字子觊，后改为子恺，笔名TK，浙江嘉兴人。作品有《缘缘堂随笔》、画集《子恺漫画》等。

J002162
艺术教育ABC 丰子恺著
上海 ABC丛书社 1929年 影印本 111页 19cm（32开）定价：国币五角；国币六角（精装）
（ABC丛书）

J002163
艺术教育ABC 丰子恺著
上海 ABC丛书社 民国二十八年［1939］再版 111页 19cm（32开）定价：国币五角
（ABC丛书）

J002164
教育部全国美术展览会特刊全部目录 ［教育部全国美术展览会编］
［1929年］［180页］38cm（6开）
本书分为书画、西画、外国作品、建筑、工艺美术、摄影6部分。书前有蔡元培序。

J002165
艺术教育设施法 （美）巴力（H.T.Barley）著；俞寄凡译
上海 商务印书馆 1931年 再版 113页 19cm（32开）定价：大洋五角
（上海美术专门学校丛书）
本书分8章，内容包括：艺术教育之目的及方法；校舍运动场花坛等之艺术教育作用；教室之艺术教育作用；学校之整顿；学校方面之服装；学校课业之艺术教育作用；艺术教育之特殊教授；教师是艺术教育之中心。

J002166
艺术教育 丰子恺译著

上海 大东书局 1932年 408页 21cm（32开）定价：大洋一元二角
本书收录《艺术教育思想的发达》《艺术教育运动》（阿部重孝）、《图画教育》（岸田刘生）、《音乐教育论》（北村久雄）、《音乐教育初步》（Franck Damrosch）、《儿童的年龄性质与玩具》（爱伦斯德·韦裴尔）、《关于学校中的艺术科》（丰子恺）等。

J002167
艺术教育
［北平］中华平民教育促进会 1933年 24页 19cm（32开）
本书主要论述图画、音乐、戏剧、广播无线电、摄影的教育目标和办法。

J002168
艺术教育
北京 中华平民教育促进会 1934年 25页 19cm（32开）定价：四分

J002169
民众艺术及工人娱乐 国际联盟世界文化合作院著；许斋译
上海 世界文化合作中国协会 1935年 301页 19cm（32开）

J002170
第五届亚洲艺术节 （1980）香港市政局编
香港 香港市政局 1980年 204页 有图 25cm（15开）精装 定价：HKD80.00
外文书名：The 5th Festival of Asian Arts.

J002171
第六届亚洲艺术节 （1981）香港市政局编
香港 香港市政局 1981年 196页 有图 25cm（15开）精装 ISBN：962-7040-04-5 定价：HKD10.00
外文书名：The 6th Festival of Asian Arts.

J002172
第七届亚洲艺术节 （1982）香港市政局编
香港 香港市政局 1982年 208页 有图 25cm（15开）精装 ISBN：962-7040-07-X 定价：HKD15.00

本书介绍了 1982 年第七届亚洲艺术节的概况。外文书名：The 7th Festival of Asian Arts.

J002173

第八届亚洲艺术节 （1983）香港市政局编
香港 香港市政局 1983 年 158 页 有图
24cm（26 开）定价：HKD15.00
　　外文书名：The Eighth Festival of Asian Arts.

J002174

第十一届亚洲艺术节 （1986）香港市政局编
香港 香港市政局 1986 年 143 页 有图
24cm（27 开）ISBN：962–7040–20–7
定价：HKD25.00
　　外文书名：The Eleventh Festival of Asian Arts.

J002175

第十二届亚洲艺术节 （1988）香港市政局编
香港 香港市政局 1988 年 148 页 有图
24cm（26 开）ISBN：962–7040–26–6
定价：HKD28.00
　　外文书名：The 12th Festival of Asian Arts.

J002176

第十三届亚洲艺术节 （1990）香港市政局编
香港 香港市政局 1990 年 143 页 有图
24cm（26 开）ISBN：962–7040–31–2
定价：HKD40.00
　　外文书名：The 13th Festival of Asian Arts.

J002177

世界美术馆全集 （1 罗浮美术馆）吕清夫编译
台北 光复书局 1981 年 重印本 171 页 有图
29cm（15 开）精装
（光复美术丛书）
　　外文书名：Louvre Paris.

J002178

世界美术馆全集 （2 华盛顿国家画廊）吕清夫编译
台北 光复书局 1981 年 重印本 171 页 有图
29cm（15 开）精装
（光复美术丛书）
　　外文书名：National Gallery Washington.

J002179

世界美术馆全集 （3 开罗美术馆）吕清夫编译
台北 光复书局 1981 年 重印本 167 页
29cm（15 开）精装
（光复美术丛书）
　　外文书名：Egyptian Museum Cairo.

J002180

世界美术馆全集 （4 阿姆斯特丹美术馆）吕清夫编译
台北 光复书局 1981 年 重印本 171 页
29cm（15 开）精装
（光复美术丛书）
　　外文书名：Rijksmuseum Amsterdam.

J002181

世界美术馆全集 （5 乌菲兹美术馆）吕清夫编译
台北 光复书局 1981 年 重印本 169 页 有图
29cm（15 开）精装
（光复美术丛书）
　　外文书名：Uffizi Florence.

J002182

世界美术馆全集 （6 梵蒂冈美术馆）吕清夫编译
台北 光复书局 1981 年 重印本 171 页 有图
29cm（15 开）精装
（光复美术丛书）
　　外文书名：Vatican Museums Rome.

J002183

世界美术馆全集 （7 普拉多美术馆）吕清夫编译
台北 光复书局 1981 年 重印本 171 页 有图
29cm（15 开）精装
（光复美术丛书）
　　外文书名：Prado Madrid.

J002184

世界美术馆全集 （8 伦敦国家画廊）吕清夫编译
台北 光复书局 1981 年 重印本 172 页 有图
29cm（15 开）精装
（光复美术丛书）

外文书名：National Gallery London.

J002185

世界美术馆全集　（9 波士顿美术馆）吕清夫编译
台北　光复书局　1981 年　重印本　175 页　有图
29cm（15 开）精装
（光复美术丛书）

　　外文书名：Museum of Fine Arts Boston.

J002186

世界美术馆全集　（10 维也纳美术馆）吕清夫编译
台北　光复书局　1981 年　重印本　171 页　有图
29cm（15 开）精装
（光复美术丛书）

　　外文书名：Art History Museum Vienna.

J002187

世界美术馆全集　（11 大英博物馆）吕清夫编译
台北　光复书局　1981 年　重印本　175 页　有图
29cm（15 开）精装
（光复美术丛书）

　　外文书名：British Museum London.

J002188

世界美术馆全集　（12 东京国立博物馆）吕清夫编译
台北　光复书局　1981 年　重印本　175 页　有图
29cm（15 开）精装
（光复美术丛书）

　　外文书名：National Museum Tokyo.

J002189

世界美术馆全集　（13 慕尼黑美术馆）吕清夫编译
台北　光复书局　1981 年　重印本　171 页　有图
29cm（15 开）精装
（光复美术丛书）

　　外文书名：Pinakothek Munich.

J002190

世界美术馆全集　（14 布列拉美术馆）吕清夫编译
台北　光复书局　1981 年　重印本　171 页　有图
29cm（15 开）精装
（光复美术丛书）

　　外文书名：Brera Milan.

J002191

世界美术馆全集　（15 墨西哥国立博物馆）吕清夫编译
台北　光复书局　1981 年　重印本　171 页　有图
29cm（15 开）精装
（光复美术丛书）

　　外文书名：National Museum of Anthropology Mexico City.

J002192

《全国卫生美术摄影作品展览》图录　中央爱国卫生运动委员会，卫生部主编
北京　人民卫生出版社　1984 年　80 页 26cm（16 开）
统一书号：14048.4683 定价：CNY2.00
　　1983 年在北京中国美术馆举办了全国卫生美术摄影作品展览，共展出美术作品 275 件，摄影作品 174 件。本图录汇集了展览的全部作品以及名人题词。

J002193

中等学校美术教学法　蒋荪生主编
南京　江苏教育出版社　1987 年　289 页　有彩图
20cm（24 开）ISBN：7-5343-0245-5
定价：CNY2.20
　　本书论述了高等师范院校美术教学的目的、教材编选原则、教学方法和欣赏、绘画、雕塑等教学方法。

J002194

实用文艺经营管理入门　上海大学文学院文化管理教研室编译
上海　百家出版社　1988 年　316 页 20cm（32 开）
ISBN：7-900000-07-0 定价：CNY3.50

J002195

艺术管理与剧院管理　（英）皮克（Pick, J.），（英）里德（Reid, F.）著；甄悦等译
北京　中国戏剧出版社　1988 年　406 页
20cm（32 开）ISBN：7-104-00113-1
定价：CNY4.30

J002196

寻索 （艺术与人生：印度、喀什米尔、尼泊尔、土耳其、爱琴海）叶维廉著
台北 东大出版社 1990 年 [5]+193 页 有彩图 24cm（26 开）ISBN：9571903396
定价：TWD200.00（第二册）
（沧海丛刊）

J002197

艺术教育学 魏传义主编
重庆 重庆出版社 1990 年 381 页 20cm（32 开）精装 ISBN：7-5366-1384-9 定价：CNY7.15

本书对艺术教育的历史、目的、功能进行了综述，对艺术教育的对象、教师、结构、进行了多角度的论述。主编魏传义（1928— ），书画家、教育家。别名川一，生于四川达县，毕业于四川省立艺术专科学校和中央美术学院马克西莫夫油画训练班。历任厦门书画教育研究院院长，中国美术家协会会员，福建省副主席，福建省美术教育研究会会长。主编出版《艺术教育学》《魏传义艺术》《魏传义中国花鸟画选》《魏传义中国山水画选》等。

J002198

对美术教学的意见 （美）阿恩海姆著；郭小平等译
长沙 湖南美术出版社 1993 年 432 页 有图 20cm（32 开）ISBN：7-5356-0610-5
定价：CNY15.50
（美术教育译丛）

本书从理论、实践、直觉等方面，阐述了对于美术教学的新思考。作者鲁道夫·阿恩海姆（1904—2007），德裔美籍作家、美术和电影理论家。出生于柏林。曾任美国美学协会主席。代表作品《艺术与视知觉》《视觉思维》《作为艺术的电影》等。

J002199

通过艺术的教育 （英）里德（Read, Herbert）著；吕廷和译
长沙 湖南美术出版社 1993 年 296 页 有照片及图 20cm（32 开）ISBN：7-5356-0569-9
定价：CNY13.00
（美术教育译丛）

阐述了教育的目的、艺术和性质及儿童的艺术、教育的自然形式、教师的职能等。作者里德（Herbert Read, 1893—1968），英国诗人、艺术批评家、美学家。英国美学学会主席。著有《艺术的真谛》《今日之艺术》《现代艺术哲学》等。

J002200

日本美术教育 （从传统到现代）张小鹭著
长沙 湖南美术出版社 1994 年 325 页 有图 20cm（32 开）ISBN：7-5356-0658-X
定价：CNY17.00
（跨世纪美术教育研究丛书）

本书探讨日本是如何创造性地运用西方现代和东方传统的美术教育思想，展开美术教育基础理论的研究和教育实践的经验，探究日本各类学校的美术教学方法。作者张小鹭（1952— ），厦门大学美术系中国画教研室主任。

J002201

如何参观美术馆 张心龙著
台北 雄狮图书公司 1995 年 150 页 26cm（16 开）ISBN：957-8980-36-1 定价：TWD350.00
（西洋艺术鉴赏系列 4）

外文书名：Visit a Museum with Your Own Way.

J002202

画家·画商·画廊 （当代艺术家如何进入艺术市场）陈世怀编著
北京 北京工艺美术出版社 1996 年 104 页 19cm（32 开）ISBN：7-80526-137-7
定价：CNY8.50

J002203

美术教育简明辞典 杨建滨，范凯熹主编
武汉 湖北教育出版社 1996 年 17+374 页 有插图 20cm（32 开）ISBN：7-5351-1966-2
定价：CNY16.70

外文书名：Art Education Dictionary.

J002204

艺术教育学 周卫东著
天津 百花文艺出版社 1996 年 437 页 20cm（32 开）精装 ISBN：7-5306-2243-9
定价：CNY48.80

J002205

'97 上海艺术博览会　方全林主编

上海　上海书画出版社　1997 年　396 页

29cm（16 开）精装　ISBN：7-80635-161-2

定价：CNY360.00

外文书名：'97 Sahnghai Art Fair.

J002206

'98 上海艺术博览会　（汉英对照）方全林主编

上海　上海书画出版社　1998 年　374 页　有图版

28×28cm　精装　ISBN：7-80635-309-7

定价：CNY520.00

J002207

'98 上海艺术博览会　（汉英对照）方全林主编

上海　上海书画出版社　1998 年　385 页　有图版

28×28cm ISBN：7-80635-308-9

定价：CNY460.00

J002208

初入艺术市场　张志雄编著

上海　上海书画出版社　1997 年　336 页

18cm（小 32 开）ISBN：7-80512-983-5

定价：CNY20.00

本书内容包括：回报率最高的艺术品投资、艺术市场的运作和交易、中国书画市场、投资当代艺术、古玩市场、艺术投资的十一条建议等。

J002209

日本美术馆巡礼　何肇衢著

台北　1997 年　223 页　有图　21cm（32 开）

ISBN：957-9530-76-9 定价：TWD380.00

（艺术生活丛书 8）

J002210

艺术教育学　李新生，曹洞颐主编

郑州　河南美术出版社　1997 年　393 页

20cm（32 开）ISBN：7-5401-0642-5

定价：CNY18.50

J002211

INTERNET 艺术网站精粹　陈硕英，葛航主编

北京　电子工业出版社　1998 年　168 页

26cm（16 开）ISBN：7-5053-4889-2

定价：CNY17.50

（INTERNET 网站系列丛书）

J002212

东西方美术的交流　（英）M. 苏立文（MichaelSullivan）著；陈瑞林译

南京　江苏美术出版社　1998 年　10+648 页　有图

20cm（32 开）ISBN：7-5344-0807-5

定价：CNY64.00

译者陈瑞林（1944—　），教授。笔名楚水，湖南人，毕业于中央美术学院美术史系。历任清华大学美术学院教授，澳门艺术博物馆客座研究员，南京艺术学院客座教授等职。主要有《中国西画五十年 1898—1949 年》《民俗与民间美术》《当代中国油画》《东西方美术交流》《21 世纪装饰艺术》等。

J002213

票房行销　（菲利浦·科特勒谈表演艺术行销策略）（美）菲利浦·科特勒（Philip Kotler），（美）琼安·雪芙（Joanne Scheff）著；高登第译

台北　远流出版事业公司　1998 年　869+21 页

22cm（32 开）精装　ISBN：957-32-3475-0

定价：TWD800.00

（跨世纪智库 1）

本书附有《中英文名词对照表》。外文书名：Standing Room Only：Strategies for Marketing the Performing Arts.

J002214

普拉多美术馆　邹敏讷主编；朱上上，姜群译

长沙　湖南美术出版社　1998 年　440 页

15cm（40 开）ISBN：7-5356-1058-7

定价：CNY58.00

（世界著名博物馆图典）

外文书名：Prado Gallery.

J002215

艺术教育　（批评的必要性）（美）列维（Alber William Levi），（美）史密斯（RalphA.Smith）著；王柯平译

成都　四川人民出版社　1998 年　303 页

20cm（32 开）ISBN：7-220-04251-5

定价：CNY18.00

（美学·设计·艺术教育丛书）

外文书名：Art Education：Critical Necessity.

J002216

中外美术交流史　王镛主编
长沙　湖南教育出版社　1998 年　379 页　有彩图
20cm（32 开）精装　ISBN：7-5355-2565-2
定价：CNY23.10
（中外文化交流史丛书）

　　主编王镛（1948—　），别署凸斋、鼎楼主人
等。生于北京，山西太原人。硕士毕业于中央
美术学院。历任中央美术学院教授、书法艺术研
究室主任、中国书法家协会篆刻艺术委员会副
主任。

J002217

阿姆斯特丹美术馆　　吴运鸿主编；外文出版
社编辑部，光复书局编辑部编著
北京　外文出版社　1999 年　191 页 22cm（30 开）
ISBN：7-119-02328-4 定价：CNY48.00
（家庭艺术馆典藏系列 世界美术馆巡览 10）

　　作者吴运鸿（1954—　），艺术家。笔名鲁人，
生于北京，祖籍山东蓬莱。中央美术学院中国画
专业研究生班毕业。中国外文出版社美术副编
审，北京轻工业技术学院美术特聘教授，民建北
京市委文化委员会委员。出版专著《少年美术入
门系列》《吴运鸿画集》等，国画作品有《松山月
色图》《春月图》《京剧印象》等。

J002218

波士顿美术馆　　吴运鸿主编；外文出版社编
辑部，光复书局编辑部编著
北京　外文出版社　1999 年　191 页 22cm（30 开）
ISBN：7-119-02326-8 定价：CNY48.00
（家庭艺术馆典藏系列 世界美术馆巡览 3）

J002219

大英博物馆　吴运鸿主编；外文出版社编辑
部，光复书局编辑部编著
北京　外文出版社　1999 年　183 页 22cm（30 开）
ISBN：7-119-02327-6 定价：CNY48.00
（家庭艺术馆典藏系列 世界美术馆巡览 4）

J002220

法国博物馆之旅　吴晓雯编撰
台北县　高谈文化事业有限公司　1999 年　254 页

有图　19cm（小 32 开）ISBN：957-97759-5-8
定价：TWD300.00
（文明风情 5）
　　外文书名：Museums in France.

J002221

华盛顿国家画廊　　吴运鸿主编；外文出版社
编辑部，光复书局编辑部编著
北京　外文出版社　1999 年　199 页 22cm（30 开）
ISBN：7-119-02325-X 定价：CNY48.00
（家庭艺术馆典藏系列 世界美术馆巡览 2）

J002222

加拿大因纽特女性艺术家作品展　［台北］
历史博物馆编辑委员会编辑
台北　历史博物馆　1999 年　212 页　有照片图
30cm（10 开）ISBN：957-02-3406-7
定价：TWD500.00

J002223

卢浮宫美术馆　吴运鸿主编；外文出版社编
辑部，光复书局编辑部编著
北京　外文出版社　1999 年　191 页 22cm（30 开）
ISBN：7-119-02324-1 定价：CNY48.00
（家庭艺术馆典藏系列 世界美术馆巡览 1）

J002224

慕尼黑美术馆　吴运鸿主编；外文出版社编
辑部，光复书局编辑部编著
北京　外文出版社　1999 年　191 页 22cm（30 开）
ISBN：7-119-02331-4 定价：CNY48.00
（家庭艺术馆典藏系列 世界美术馆巡览 9）

J002225

普拉多美术馆　吴运鸿主编；外文出版社编
辑部，光复书局编辑部编著
北京　外文出版社　1999 年　183 页 22cm（30 开）
ISBN：7-119-02330-6 定价：CNY48.00
（家庭艺术馆典藏系列 世界美术馆巡览 7）

J002226

**世界重要国际性视觉艺术展览及竞赛资料
汇编**　王庭玫执行主编
台北　1999 年　149 页　有图 30cm（10 开）
ISBN：957-02-3744-9 定价：CNY300.00

J002227

维也纳艺术史博物馆　吴运鸿主编；外文出
版社编辑部，光复书局编辑部编著
北京　外文出版社　1999 年　191 页 22cm（30 开）
ISBN：7-119-02332-2 定价：CNY48.00
（家庭艺术馆典藏系列 世界美术馆巡览 6）

J002228

乌菲兹美术馆　吴运鸿主编；外文出版社编
辑部，光复书局编辑部编著
北京　外文出版社　1999 年　191 页 22cm（30 开）
ISBN：7-119-02329-2 定价：CNY48.00
（家庭艺术馆典藏系列 世界美术馆巡览 8）

J002229

五洲神韵　（C.I.O.F.F. 第二十九届世界年会暨
第六届亚洲民间艺术节纪实）林爽爽主编
昆明　云南科技出版社　1999 年　184 页
29cm（15 开）ISBN：7-5416-1318-5

定价：CNY180.00

　　外文书名：Melody of the World. Record
of Actual Eevent of the 29th CIOFF World
Congress & the 6th Asian Folklore Festival.

J002230

艺术·走向新世纪　（'98 上海国际艺术节掠
影）马博敏，周渝生主编；《艺术·走向新世纪》
编辑委员会编
上海　上海人民美术出版社　1999 年　79 页
29cm（12 开）ISBN：7-5322-2142-3
定价：CNY128.00

J002231

中国上海国际艺术节　（1999.11.1-12.1）中
国上海国际艺术节组织委员会编
上海　百家出版社　1999 年　74 页 28×29cm
ISBN：7-80656-007-6 定价：CNY160.00

中国艺术（概况）

J002232

游艺四家 （明）胡文焕辑
明万历 刻本

　　分四册。内容包括:《新刻文会堂琴谱六卷》(明)胡文焕辑;《弈选一卷》(明)岑乾撰;《新刻墨薮二卷》(唐)韦续纂;《新刻绘事指蒙一卷》(明)邹德中编。

J002233

中国美术 （英）布舍尔（S.W.Bushell）著；戴岳译；蔡元培校
上海 商务印书馆 1923 年 259 页 有图
19cm（32 开）定价:大洋二元
（世界丛书）

　　本书分上、下卷，详述石刻、建筑、雕金、雕漆、木刻、陶瓷器、织物、玻璃、绘画等概况。外文书名：Chinese Art.

J002234

美术丛书 （1–4 集）黄宾虹，邓实编
上海 神州国光社 1947 年 4 版 增订本 20 册
（10000 页）19cm（32 开）精装

　　本套书内容包括：书画、雕刻摹印、磁铜玉石、文艺(词曲、传奇)、杂记等 5 类，共分 4 集，每集 10 辑，收 250 余篇文章。编者黄宾虹(1865—1955)，山水画家。初名懋质，后改名质，字朴存，号宾虹，别署予向。生于浙江金华，原籍安徽歙县，代表作《山居烟雨》《新安江舟中作》等，著有《黄山画家源流考》《虹庐画谈》《画法要旨》等作品。

J002235

美术丛书 黄宾虹，邓实编
南京 江苏古籍出版社 1986 年 影印本 3 册
（2958）26cm（16 开）精装 统一书号：8354.025
定价：CNY45.00

　　编者邓实（1877—1951），晚清著名报人。字秋枚，生于上海，祖籍广东顺德。致力于珍本古籍的收藏，曾在上海创办国学保存会藏书楼，收藏大量的珍本古籍。代表作品《国粹学》。

J002236

民间技艺 周辛易著
上海 国光书店 1950 年 再版 103 页 有图
18cm（15 开）

J002237

新中国的新美术 温肇桐撰
上海 商务印书馆 1950 年 30 页 有图
15cm（40 开）定价：一元二角
（人民百科小册）

　　作者温肇桐(1909—1990)，美术史论家、教育家。笔名虞复，江苏常熟人，毕业于上海艺术大学。历任华东艺术专科学校教授兼图书馆主任、美术系副主任、硕士生导师，南京艺术学院教授，中国美术家协会会员，江苏省美学会顾问。著有《怎样教小学的美术》。

J002238

进一步贯彻"百花齐放、推陈出新"的方针 中南军政委员会文化部编
汉口 中南人民文学艺术出版社 1953 年 225 页
有剧照 20cm（32 开）定价:旧币 14,000 元

J002239

美术书刊介绍 （第三辑）人民美术出版社编辑

北京 人民美术出版社 1957 年 34 页 18cm（15 开）

J002240

中华艺术图录 谭旦冏编

台北 明华书局 1959 年 26cm（16 开）精装
定价：TWD280.00

J002241

中共破立文艺概论 王集丛著

台北 黎明文化事业公司 1978 年 68 页
19cm（32 开）定价：TWD20.00

J002242

美术论集 （第一辑）沈鹏，令狐彪编

北京 人民美术出版社 1982 年 244 页 有图
20cm（32 开）统一书号：8027.8098
定价：CNY0.88

　　本套书内容包括：美术界重大理论问题探讨、美术创作实践总结、绘画美学思想研究、美术史论研究等。编者沈鹏（1931—　），书法家、美术评论家、诗人。生于江苏江阴。历任中国文联副主席、中国书法家协会主席、中国美术出版总社顾问以及《中国书画》主编、炎黄书画院副院长等。书法作品有《书画论评》《沈鹏书画谈》《三余吟草》《沈鹏书法选》《沈鹏书法作品集》。

J002243

美术论集 （第二辑）沈鹏，令狐彪编

北京 人民美术出版社 1983 年 237 页 有图
20cm（32 开）统一书号：8027.8553
定价：CNY1.30

　　编者令狐彪（1942—1989），教师、编辑。山西临猗人，中央美术学院美术史专业研究生毕业。历任中学美术教师，人民美术出版社编辑、陕西人民美术出版社副社长、副总编辑。编著有《宋代画院研究》《中国古代山水画百图》《现代国画家百人传》等。

J002244

美术论集 （第三辑）沈鹏，令狐彪编

北京 人民美术出版社 1984 年 271 页 有图
20cm（32 开）统一书号：8027.9114

定价：CNY1.00

J002245

美术论集 （第四辑 中国画讨论专辑）沈鹏，陈履生编

北京 人民美术出版社 1986 年 329 页 有图
20cm（32 开）统一书号：8027.9862
定价：CNY2.15

　　作者陈履生（1956—　），画家、美术理论家。江苏镇江人。号平生。硕士毕业于南京艺术学院美术系。中国美术家协会会员，中国、日本美术交流协会会员、装帧艺术研究会会员。主要著作有《神画主神研究》《明清花鸟画 题画诗选注》《台湾现代美术运动》等。

J002246

石涛之一研究 徐复观著

台北 台湾学生书局 1982 年 4 版 增补 200 页
20cm（32 开）定价：TWD25.00

J002247

美术论集 蔡秋来，陈国宁主编

台北 文化大学出版部 1983 年 再版
801 页 有图 21cm（32 开）
定价：TWD300.00，TWD350.00（精装）
（中华学术与现代文化丛书 5）

J002248

中国艺术 庄申等著

香港 香港中文大学校外进修部 1984 年 22 页
33cm（5 开）
（报纸课程）

J002249

艺术体育论文集 河南大学科研处［编］

郑州 河南大学 1985 年 287 页 20cm（32 开）

J002250

中国的艺术 （中英对照）胡恒等著；HaroldL.
K.Siu，骆正荣，孙宏庸译

台北 幼狮文化事业公司 1985 年 288 页 有图
27cm（16 开）精装 定价：旧台币 10.00
　　外文书名：Chinese Art.

J002251

中国美术 （1985 年第 1 期 总第十期）李松
涛主编
北京 人民美术出版社 1985 年 26cm（16 开）
统一书号：8027.9524 定价：CNY2.80

J002252

蔡若虹美术论集 蔡若虹著
成都 四川美术出版社 1987 年 452 页 21cm（32
开）ISBN：7-5410-0061-2 定价：CNY3.20
　　作者蔡若虹（1910—2002），画家、美术家。
原名蔡雍，笔名雷萌、张再学。江西九江人，毕
业于上海美术专科学校。曾任延安鲁艺教员、美
术系主任，《人民日报》美术编辑、中国画研究院
副院长、中国文联第一至四届委员、中国美协第
一至四届副主席。著作有画集《苦从何来》，诗画
集《若虹诗画》，回忆录《上海亭子间时代风习》
及《赤脚天堂》。

J002253

贵州省专业艺术资料汇编 （1986）贵州省
文化厅艺术处编
［贵州省文化厅艺术处］1987 年 194 页 有照片
26cm（16 开）

J002254

贵州省专业艺术资料汇编 （1987）贵州省
文化厅艺术处编
［贵州省文化厅艺术处］［1987 年］
352 页 有照片 26cm（16 开）

J002255

贵州省专业艺术资料汇编 （1988）贵州省
文化厅艺术处编
［贵州省文化厅艺术处］1988 年 246 页 有照片
26cm（16 开）

J002256

贵州省专业艺术资料汇编 （1989）贵州省
文化厅艺术处编
［贵州省文化厅艺术处］1990 年 368 页 有照片
26cm（16 开）

J002257

贵州省专业艺术资料汇编 （1990）贵州省
文化厅艺术处编
1990 年 19+646 页 有照片 26cm（16 开）

J002258

中国美术辞典 沈柔坚主编；邵洛羊等撰
上海 上海辞书出版社 1987 年 566 页 有图
26cm（16 开）精装 ISBN：7-5326-0047-5
定价：CNY17.00
　　本辞典共收词目 5816 条。其内容有通用名
词术语、绘画、书法、篆刻、版画、建筑艺术、工
艺美术等 9 大学科 10 大门类。按门类排列，按
时代顺序立目，书前有词目总录和分类词目表，
书后有词目笔画索引，配有 1000 多幅彩色及黑
白图。

J002259

中国美术辞典 沈柔坚主编
台北 雄师图书公司 1989 年 797 页 26cm（16 开）
精装
（雄师美术辞典大系）
　　作者沈柔坚（1919—1998），画家、教授。福
建诏安人。历任上海大学美术学院教授，中国美
术家协会常务理事，中国美术家协会上海分会副
主席，中国版画家协会副主席。代表作品《拉纤
者》《田野》《拾草》《为了正义》《庆功图》等。

J002260

贵州艺术研究文丛 （1988.1 彝族 布依族舞
蹈专辑）邓正良总编；贵州省艺术研究室编
贵阳［贵州省艺术研究所］1988 年 170 页
有图 19cm（32 开）

J002261

贵州艺术研究文丛 （1988.3 文化史料
辑）邓正良主编；贵州省艺术研究室编
贵阳［贵州省艺术研究室］1988 年 120 页
18cm（32 开）

J002262

中国艺术概论 王壮为等著
台北 中国文化出版部 1988 年 230 页
21cm（32 开）定价：TWD160.00

J002263

广西美术 《广西文化志》第一编辑室［编］

1989 年 348 页 19cm（小 32 开）

J002264

广西美术 （续集）《广西文化志》第一编辑室
［编］
1989 年 342 页 19cm（32 开）

J002265

面临危机的选择 （中国艺术民族化现代化论
稿）杨曾宪著
北京 文化艺术出版社 1989 年 120 页
19cm（32 开）ISBN：7-5039-0139-X
定价：CNY1.30

　　本书全面剖析了艺术危机感产生的原因，提
出了"两化并举"的结论和促进艺术繁荣的措施。
文中回答了艺术界关心和感兴趣的各种问题。
内容分 7 章，内容包括：艺术"两化"研究中的方
法论；中国艺术"两化"问题的发生及其性质；从
艺术与社会系统看"两化"；"两化"并举的现实
迫切性；"两化"是一项社会文化工程；"两化"创
作理论的总结；"两化"创作目标与"两化"创作
工程。

J002266

社会主义初级阶段的艺术文化 刘颖南主
编；中共中国艺术研究院委员会编
北京 文化艺术出版社 1989 年 189 页
20cm（32 开）ISBN：7-5039-0389-9
定价：CNY2.60

J002267

改革才能开创文艺工作的新局面 朱穆之著
北京 文化艺术出版社 1990 年 196 页
20cm（32 开）ISBN：7-5039-0487-9
定价：CNY2.90

J002268

南炼藏画集 周应斌主编
南京［南京炼油厂］［1990—1999 年］63 页
有图 29×30cm 精装

J002269

中国狮子艺术 徐华铛，杨古城编著
北京 轻工业出版社 1991 年 421 页 有图
26cm（16 开）ISBN：7-5019-1015-4

定价：CNY30.50

　　本书讲述了中国狮子艺术的起源、成长、壮
大、鼎盛和程式化、世俗化的演变过程以及历代
的艺术特色及中国狮子在现代生活中的运用和
中外文化交流的作用。作者徐华铛（1944—　　），
工艺美术师。生于浙江嵊县。历任工艺竹编
厂研究所，中国民间文艺家协会，中国工艺美
术研究会会员。著有《中国竹艺术》《中国的
龙》《佛国造像艺术》《中国古塔》等。作者杨古
城（1938—　　），浙江省宁波市人，宁波市工艺美
术研究所工艺美术师。

J002270

中国艺术精粹 唐跃编著
合肥 安徽少年儿童出版社 1992 年 357 页
20cm（32 开）ISBN：7-5397-0797-6
定价：CNY5.20

　　本书介绍中国艺术发展长河中涌现出来的
杰出人物、精美作品和各种最具有代表性的艺术
种类。作者结合作品赏鉴分析，简要地对中国艺
术史上的艺术大家作了评述，同时还介绍了一些
中国传统艺术样式的特征。

J002271

安吉吴昌硕纪念馆馆藏吴昌硕作品选 安
吉吴昌硕纪念馆编辑
杭州 中国美术学院出版社 1994 年 53 页
38cm（6 开）精装 ISBN：7-81019-367-8
定价：CNY150.00

J002272

大漠夕阳红：新疆军区老战士书画作品选
新疆军区老战士书画研究会编
乌鲁木齐 新疆美术摄影出版社 1994 年 124 页
29cm（16 开）ISBN：7-80547-265-X
定价：CNY46.00

J002273

齐鲁群星大汇：山东省群众文化干部论文集
高鼎铸主编
济南 山东文艺出版社 1994 年 415 页
26cm（16 开）精装 ISBN：7-5329-1023-7
定价：CNY69.00

J002274

艺术盛会前奏曲：第四届中国艺术节　范
昌德，陈宗立主编；中共甘肃省委宣传部办公
室，崇信县人民政府编
兰州　甘肃人民出版社　1994 年　164 页　有彩照
20cm（32 开）精装　ISBN：7-226-01413-0
定价：CNY28.00

J002275

中国大百科全书　（美术 Ⅰ）
北京　中国大百科全书出版社　1994 年
重印本　16+30+622 页　有图　26cm（16 开）
精装　ISBN：7-5000-5015-1　定价：CNY73.00
　　本书内容包括：凡例、美术条目分类目录、
正文、美术大事年表、条目汉字笔画索引等。

J002276

湖北文化艺术　周祖元，周济洋主编
武汉　湖北美术出版社　1995 年　88 页　有彩图
29cm（16 开）ISBN：7-5394-0579-1
定价：CNY98.00

J002277

**江苏省文化名人艺术资料档案库馆藏作品
集**　（第一辑）江苏省文化厅编
南京　江苏省文化厅［1995 年］有图 39cm（8 开）

J002278

**"爱祖国　爱北京"大型系列文化活动美术、
书法、摄影作品集粹**　强卫，龙新民主编
北京　中国连环画出版社　1996 年　72 页
25×26cm ISBN：7-5061-0726-0
定价：CNY50.00

J002279

当代中国美术　王琦主编
北京　当代中国出版社　1996 年　446 页　有图
20cm（32 开）ISBN：7-80092-446-7
定价：CNY66.00
（当代中国丛书）

J002280

第四届中国艺术节文献选编　陈绮玲主编
兰州　甘肃人民出版社　1996 年　912 页　有彩照
26cm（16 开）精装　ISBN：7-226-01628-1

定价：CNY120.00

J002281

高等美术院校考生指导　陆符钧等编著
沈阳　辽宁美术出版社　1996 年　108 页
26cm（16 开）ISBN：7-5314-1433-3
定价：CNY21.00

J002282

九十年代中国美术：1990—1992　张晴主编
乌鲁木齐　新疆美术摄影出版社　1996 年　198 页
有图 29cm（16 开）ISBN：7-80547-384-6
定价：CNY68.00

J002283

刘建生诗文书画篆刻　刘建生著
上海　百家出版社　1996 年　40 页 26cm（16 开）
ISBN：7-80576-663-0　定价：CNY16.00

J002284

梅园风范　中国共产党代表团梅园新村纪念
馆编
南京　南京出版社　1996 年　110 页 29cm（16 开）
精装　ISBN：7-80614-081-6　定价：CNY120.00

J002285

墨缘集：书画作品选　（汉英对照）杨德儒
等书
兰州　甘肃文化出版社　1996 年　82 页 26×27cm
ISBN：7-80608-003-1　定价：CNY52.00

J002286

全国老干部书画作品选集　谭振国主编；新
疆先锋文化艺术发展中心编
乌鲁木齐　新疆美术摄影出版社　1996 年　204 页
26cm（16 开）ISBN：7-80547-475-3
定价：CNY76.00

J002287

艺苑走笔　赵毅著
兰州　敦煌文艺出版社　1996 年 232 页 20cm（32 开）
ISBN：7-80587-320-8　定价：CNY12.00

J002288

昭陵六骏书画诗萃编　张学谦编

乌鲁木齐　新疆美术摄影出版社　1996 年　40 页
26cm（16 开）ISBN：7-80547-477-X
定价：CNY20.00

J002289
珍惜过去　再创未来　（山东《支部生活》杂
志创刊四十周年纪念）路振荣主编
济南　山东美术出版社　1996 年　88 页
29cm（16 开）ISBN：7-5330-0970-3
定价：CNY180.00

J002290
当代艺术教育研究　李新生，曹洞颇主编
郑州　河南美术出版社　1997 年　364 页
20cm（32 开）ISBN：7-5401-0641-7
定价：CNY16.50

J002291
美术文献　（丛书 1997 年．总第 8 辑　中国当代
雕塑专辑）彭德主编，《美术文献》编辑部［编］
武汉　湖北美术出版社　1997 年　60 页
29cm（16 开）ISBN：7-5394-0672-0
定价：CNY18.00
　　主编彭德（1946—　），教授、一级美术师。
笔名楚迟，湖北天门人，毕业于华中师范大学中
文系。曾任湖北省文联副总编审，中国美术家协会
会员。主编有《美术思潮》《楚艺术研究》《楚文
艺论集》《美术文献》等。著作有《美术志》《中
华五色》。

J002292
中国美术备忘录　黄贞燕编辑
台北　石头出版公司　1997 年　327 页　有图
19cm（小 32 开）塑装　ISBN：957-9089-24-8
定价：TWD380.00

J002293
高师艺术教育改革试验与研究　曾峥等著
长沙　湖南师范大学出版社　1998 年　250 页
20cm（32 开）ISBN：7-81031-624-9
定价：CNY15.00

J002294
美术高考辅导班学生优秀习作评析　（服装
设计、图案、装饰画、室内设计）韩玮主编

济南　山东美术出版社　1998 年　60 页 26cm（16 开）
ISBN：7-5330-1124-4 定价：CNY26.00

J002295
全国九大美术学院考生指导　（试题、试卷、
信息）邓濯编
沈阳　辽宁美术出版社　1998 年　108 页
26cm（16 开）ISBN：7-5314-1898-3
定价：CNY23.00

J002296
写意　（中国美学之灵魂）韩玉涛编
深圳　海天出版社　1998 年　590 页 20cm（32 开）
ISBN：7-80615-723-9 定价：CNY29.80

J002297
滇土艺韵　刘竹编著
昆明　云南美术出版社　1999 年　123 页
20cm（32 开）ISBN：7-80586-569-8
定价：CNY9.60
　　本书有戏剧、民歌、舞蹈、乐器、绘画、雕塑
6 个部分，收录并介绍云南从原始社会至今天的
民族艺术成果 100 多种。

J002298
二十世纪中国美术文选　郎绍君，水天中编
上海　上海书画出版社　1999 年　2 册（760；901 页）
20cm（32 开）精装　ISBN：7-80635-337-2
定价：CNY98.00
　　本书从内容上侧重于美术理论与思潮，包括
理论命题涉及美术现象的文章近 200 余篇。编
者郎绍君（1939—　），河北保定人，毕业于天津
美术学院。历任中国艺术研究院美术研究所近
现代美术研究室主任、研究员，河北大学艺术理
论研究中心主任。出版有《现代中国画论集》《齐
白石研究》《艺术理论研究》等。

J002299
田野的希望　余凡，秦志法，赵绍龙主编
南京［江苏省省级机关老干部书画协会］［1999 年］
100 页　有图　29cm（16 开）

J002300
振龙美术　（1999.2）卢禹舜主编
哈尔滨　黑龙江美术出版社　1999 年　80 页

29cm（16开）ISBN：7-5318-0705-X
定价：CNY19.00

　　本书分理论、研究、当代名家、龙江风、画家与作品、市场与收藏、东北之窗等栏目。作者卢禹舜（1962—　），国画家。黑龙江哈尔滨人，毕业于哈尔滨师范大学美术系。历任中国国家画院常务副院长、中国艺术研究院博士生导师，中国美术家协会理事，中国画学会副会长。代表作品有《北疆情》《一夜乡心》《白梅山水》等。

J002301

咫尺山林　（园林艺术文粹）孙小力编著
上海　东方出版中心　1999年　221页19cm（32开）
ISBN：7-80627-383-2 定价：CNY10.00
（中国历代艺术文粹丛书）

中国美术丛书、辞典

J002302

陕华吟馆书画杂物目　（不分卷）（清）翁心存藏
［清］稿本

J002303

美术丛书　（初集　第一辑）邓实，黄宾虹编
上海　神州国光社　民国元年［1912］4册
28cm（16开）线装

　　本书包括：《书筏一卷》（清）笪重光撰；《画筌一卷》（清）笪重光撰，（清）王翚同评，（清）恽格同评；《龚安节先生画诀一卷》（清）龚贤撰；《苦瓜和尚画语录一卷》（清释）道济撰；《赐砚斋题画偶录一卷》（清）戴熙撰；《草心楼读画集一卷》（清）黄崇惺撰；《摹印述一卷》（清）陈澧撰；《墨经一卷》（宋）晁贯之撰；《琴学八则一卷》（清）程雄撰；《观石录一卷》（清）高兆撰；《艺兰记一卷》（清）刘文淇撰；《履园画学一卷》（清）钱泳撰；《七颂堂词绎一卷》（清）刘体仁撰；《七颂堂识小录一卷》（清）刘体仁撰。编者邓实（1877—1951），晚清著名报人。字秋枚，生于上海，祖籍广东顺德。致力于珍本古籍的收藏，曾在上海创办国学保存会藏书楼，收藏大量的珍本古籍。代表作品《国粹学》。

J002304

美术丛书　（初集　第二辑）邓实，黄宾虹编
上海　神州国光社　民国元年［1912］4册
28cm（16开）线装

　　本书包括：《初月楼论书随笔一卷》（清）吴德旋撰；《雨窗漫笔一卷》（清）王原祁撰；《麓台题画稿一卷》（清）王原祁撰；《东庄论画一卷》（清）王昱撰；《装潢志一卷》（清）周嘉胄撰；《端溪砚坑记一卷》（清）李兆洛撰；《玉纪一卷》（清）陈性撰；《玉纪补一卷》（清）刘心珑撰；《金粟词话一卷》（清）彭孙遹撰；《制曲枝语一卷》（清）黄周星撰；《前尘梦影录二卷》（清）徐康撰。编者黄宾虹（1865—1955），山水画家。初名懋质，后改名质，字朴存，号宾虹，别署予向。生于浙江金华，原籍安徽歙县，代表作《山居烟雨》《新安江舟中作》等，著有《黄山画家源流考》《虹庐画谈》《画法要旨》等作品。

J002305

美术丛书　（初集　第三辑）邓实，黄宾虹编
上海　神州国光社　民国元年［1912］4册
28cm（16开）线装

　　本书包括：《书法约言一卷》（清）宋曹撰；《画眼一卷》（明）董其昌撰；《画诀一卷》（清）孔衍栻撰；《冬心画竹题记一卷》《画梅题记一卷》《画马题记一卷》《画佛题记一卷》《自写真题记一卷》（清）金农撰；《阳羡名陶录二卷》（清）吴骞撰；《窑器说一卷》（清）程哲撰；《后观石录一卷》（清）毛奇龄撰；《勇卢闲诘一卷》（清）赵之谦撰；《士那补释一卷》（清）张义澍撰；《负暄野录二卷》（宋）陈槱撰。

J002306

美术丛书　（初集　第四辑）邓实，黄宾虹编
上海　神州国光社　民国元年［1912］4册
28cm（16开）线装

　　本书包括：《钝吟书要一卷》（清）冯班撰；《画引一卷》（明）顾凝远撰；《二十四画品一卷》（清）黄钺撰；《画友录一卷》（清）黄钺撰；《赖古堂书画跋一卷》（清）周亮工撰；《小松圆阁书画跋一卷附砚铭杂器铭一卷》（清）程庭鹭撰；《秋水园印说一卷》（清）陈炼撰；《墨志一卷》（明）麻三衡撰；《勘勘笛律图注一卷》（清）徐养原撰；《书影择录一卷》（清）周亮工撰。

J002307

美术丛书 （初集 第五辑）邓实，黄宾虹编

上海 神州国光社 民国元年［1912］4 册

28cm（16 开）线装

　　本书包括:《频罗庵论书一卷》（清）梁同书撰;《绘事发微一卷》（清）唐岱撰;《论画绝句一卷》（清）宋荦原唱，（清）朱彝尊和;《漫堂书画跋一卷》（清）宋荦撰;《频罗庵书画跋一卷》（清）梁同书撰;《古铜瓷器考二卷》（清）梁同书撰;《怪石赞一卷》（清）宋荦撰;《雪堂墨品一卷》（清）张仁熙撰;《漫堂墨品一卷》（清）宋荦撰;《笔史一卷》（清）梁同书撰;《秋园杂佩一卷》（明）陈贞慧撰。

J002308

美术丛书 （初集 第六辑）邓实，黄宾虹编

上海 神州国光社 民国元年［1912］4 册

28cm（16 开）线装

　　本书包括:《临池管见一卷》（清）周星莲撰;《画麈一卷》（明）沈颢撰;《绘事津梁一卷》（清）秦祖永撰;《徐电发枫江渔父小像题咏一卷》（清）徐釚辑;《书笺一卷》（明）屠隆撰;《帖笺一卷》（明）屠隆撰;《画笺一卷》（明）屠隆撰;《琴笺一卷》（明）屠隆撰;《摹印传灯二卷》（清）叶尔宽撰;《石谱一卷》（清）诸九鼎撰;《砚录一卷》（清）曹溶撰;《瓶史二卷》（明）袁宏道撰;《天壤阁杂记一卷》（清）王懿荣撰。

J002309

美术丛书 （初集 第七辑）邓实，黄宾虹编

上海 神州国光社 民国元年［1912］4 册

28cm（16 开）线装

　　本书包括:《临池心解一卷》（清）朱和羹撰;《学画浅说一卷》（清）王概撰;《学古编一卷附三十五举校勘记一卷》（元）吾丘衍撰，（清）姚觐元撰;《附录续三十五举一卷》（清）桂馥撰;《再续三十五举一卷》（清）姚晏撰;《续三十五举一卷》（清）黄子高撰;《端溪砚石考一卷》（清）高兆撰;《享金簿一卷》（清）孔尚任撰。

J002310

美术丛书 （初集 第八辑）邓实，黄宾虹编

上海 神州国光社 民国元年［1912］4 册

28cm（16 开）线装

　　本书包括:《海岳名言一卷》（宋）米芾撰;

《宝章待访录一卷》（宋）米芾撰;《指头画说一卷》（清）高秉撰;《玉几山房画外录二卷》（清）陈撰撰;《z《印章集说一卷》（明）甘旸撰;《清秘藏二卷》（明）张应文撰。

J002311

美术丛书 （初集 第九辑）邓实，黄宾虹编

上海 神州国光社 民国元年［1912］4 册

28cm（16 开）线装

　　本书包括:《安吴论书一卷》（清）包世臣撰;《小山画谱二卷》（清）邹一桂撰;《曝书亭书画跋一卷》（清）朱彝尊撰;《说砚一卷》（清）朱彝尊撰;《赏延素心录一卷》（清）周二学撰;《琉璃志一卷》（清）孙廷铨撰;《石友赞一卷》（清）王晫撰;《洞天清禄集一卷》（宋）赵希鹄撰。

J002312

美术丛书 （初集 第十辑）邓实，黄宾虹编

上海 神州国光社 民国元年［1912］4 册

28cm（16 开）线装

　　本书包括:《天际乌云帖考二卷》（清）翁方纲撰;《评书帖一卷》（清）梁巘撰;《眉公书画史一卷》（明）陈继儒撰;《书画金汤一卷》（明）陈继儒撰;《西湖卧游图题跋一卷》（明）李流芳撰;《三万六千顷湖中画船录一卷》（清）迮朗撰;《妮古录四卷》（明）陈继儒撰。

J002313

美术丛书 （二集 第一辑）邓实，黄宾虹编

上海 神州国光社 民国三年［1914］4 册

28cm（16 开）线装

　　本书包括:《书史一卷》（宋）米芾撰;《汪氏珊瑚网画继一卷》《画据一卷》《画法一卷》（明）汪珂玉撰;《印说一卷》（明）万寿祺撰;《论墨一卷》（明）万寿祺撰;《砚林拾遗一卷》（清）施闰章撰;《寓意编一卷》（明）都穆撰。

J002314

美术丛书 （二集 第二辑）邓实，黄宾虹编

上海 神州国光社 民国三年［1914］4 册

28cm（16 开）线装

　　本书包括:《云烟过眼录二卷附续集一卷》（宋）周密撰，（元）汤允谟撰续集;《国朝吴郡丹青志一卷》（明）王稚登撰;《竹懒画賸一卷续画賸一卷附录一卷》（明）李日华撰;《竹懒墨君题语

一卷》(明)李日华撰;《醉鸥墨君题语一卷》(明)李肇亨撰;《评纸帖一卷》(宋)米芾撰;《墨表二卷》《古今墨论一卷》(明)万寿祺撰;《传古别录一卷》(清)陈介祺撰。

J002315

美术丛书 (二集 第三辑)邓实,黄宾虹编
上海 神州国光社 民国三年[1914]4册
28cm(16开)线装

　　本书包括:《贞观公私画史一卷》(唐)裴孝源撰;《玉雨堂书画记四卷》(清)韩泰华撰;《今夕庵读画绝句一卷》(清)居巢撰;《今夕庵题画诗一卷》(清)居巢撰;《七家印跋不分卷》(清)秦祖永辑。

J002316

美术丛书 (二集 第四辑)邓实,黄宾虹编
上海 神州国光社 民国三年[1914]4册
28cm(16开)线装

　　本书包括:《书法雅言一卷》(明)项穆撰;《须静斋云烟过眼录一卷》(清)潘世璜撰,(清)潘遵祁录;《宣德鼎彝谱八卷附宣炉博论一卷》(明)吕震等撰,(明)项元汴撰附录;《宣炉歌注一卷》(清)冒襄撰;《非烟香法一卷》(清)董说撰。

J002317

美术丛书 (二集 第五辑)邓实,黄宾虹编
上海 神州国光社 民国三年[1914]4册
28cm(16开)线装

　　本书包括:《寒山帚谈二卷附录二卷》(明)赵宧光撰;《竹人录二卷》(清)金元钰撰;《竹谱一卷》(元)李衎撰;《墨竹记一卷》张退公撰;《华光梅谱一卷》(宋释)仲仁撰;《画梅题跋一卷》(清)查礼撰。

J002318

美术丛书 (二集 第六辑)邓实,黄宾虹编
上海 神州国光社 民国三年[1914]4册
28cm(16开)线装

　　本书包括:《唐朝名画录一卷》(唐)朱景玄撰;《钤山堂书画记一卷》(明)文嘉撰;《朱卧庵藏书画目一卷》(明)朱之赤撰;《金粟笺说一卷》(清)张燕昌撰;《墨法集要一卷》(明)沈继孙撰;《青霞馆论画绝句一卷》(清)吴修撰。

J002319

美术丛书 (二集 第七辑)邓实,黄宾虹编
上海 神州国光社 民国三年[1914]4册
28cm(16开)线装

　　本书包括:《林泉高致一卷》(宋)郭熙撰;《传神秘要一卷》(清)蒋骥撰;《陶说六卷》(清)朱琰撰;《绣谱一卷》(清)陈丁佩撰;《谈石一卷》(清)梁九图撰。

J002320

美术丛书 (二集 第八辑)邓实,黄宾虹编
上海 神州国光社 民国三年[1914]4册
28cm(16开)线装

　　本书包括:《字学忆参一卷》(清)姚孟起撰;《山水纯全集一卷》(宋)韩拙撰;《景德镇陶录十卷》(清)蓝浦撰,(清)郑廷桂补辑;《杖扇新录一卷》(清)王廷鼎撰;《骨董十三说一卷》(明)董其昌撰。

J002321

美术丛书 (二集 第九辑)邓实,黄宾虹编
上海 神州国光社 民国三年[1914]4册
28cm(16开)线装

　　本书包括:《画史一卷》(宋)米芾撰;《六如居士画谱三卷》(明)唐寅辑;《纸墨笔砚笺一卷》(明)屠隆撰;《香笺一卷》(明)屠隆撰;《茶笺一卷》(明)屠隆撰;《山斋清供笺一卷》(明)屠隆撰;《起居器服笺一卷》(明)屠隆撰;《文房器具笺一卷》(明)屠隆撰;《游具笺一卷》(明)屠隆撰;《论印绝句一卷》(清)吴骞辑。

J002322

美术丛书 (二集 第十辑)邓实,黄宾虹编
上海 神州国光社 民国三年[1914]4册
\28cm(16开)

　　本书包括:《书法粹言一卷》(明)汪挺撰;《中麓画品一卷》(明)李开先撰;《砚史一卷》(宋)米芾撰;《歙州砚谱一卷》(宋)唐积撰;《端溪砚谱一卷》(宋)阙名撰;《瓶花谱一卷》(明)张丑撰;《朱砂鱼谱一卷》(明)张丑撰;《茶经一卷》(明)张丑撰;《野服考一卷》(宋)方凤撰;《红术轩紫泥法定本一卷》(清)汪镐京撰;《韵石斋笔谈二卷》(明)姜绍书撰。

J002323

美术丛书　（三集　第一辑）邓实，黄宾虹编
上海　神州国光社　民国九年［1920］4 册
28cm（16 开）线装
　　本书包括：《篆学指南一卷》（明）赵宧光撰；《砚林印款一卷》（清）丁敬撰；《米庵鉴古百一诗一卷》（明）张丑撰；《溪山卧游录四卷》（清）盛大士撰；《冬心先生杂画题记一卷补遗一卷》（清）金农撰；《冬心先生随笔一卷》（清）金农撰；《竹里画者诗一卷》（清）张廷济撰；《清仪阁杂咏一卷》（清）张廷济撰。

J002324

美术丛书　（三集　第二辑）邓实，黄宾虹编
上海　神州国光社　民国九年［1920］4 册
28cm（16 开）线装
　　本书包括：《书学绪闻一卷》（清）魏锡曾撰；《古今画鉴一卷》（元）汤垕撰；《图书精意识一卷》《画论一卷》（清）张庚撰；《我川寓赏编一卷》（清）阙名撰；《我川书画记一卷附录一卷》（清）阙名撰；《墨记一卷》（宋）何薳撰；《绩语堂论印汇录一卷》（清）魏锡曾撰。

J002325

美术丛书　（三集　第三辑）邓实，黄宾虹编
上海　神州国光社　民国九年［1920］4 册
28cm（16 开）线装
　　本书包括：《四友斋书论一卷》《画论一卷》（明）何良俊撰；《歙砚说一卷》《辨歙石说一卷》（宋）阙名撰；《茗壶图录一卷》（日）奥玄宝撰；《论画杂诗一卷》（清）金农撰；《山静居画论一卷》（清）方薰撰；《志雅堂杂钞一卷》（宋）周密撰。

J002326

美术丛书　（三集　第四辑）邓实，黄宾虹编
上海　神州国光社　民国九年［1920］4 册
28cm（16 开）线装
　　本书包括：《论书法一卷》（清）王宗炎撰；《文湖州竹派一卷》（元）吴镇撰；《梅道人遗墨一卷》（元）吴镇撰；《松壶画忆二卷》（清）钱杜撰；《海虞画苑略一卷补遗一卷》（清）鱼翼撰；《曼庵壶卢铭一卷》（清）叶金寿撰，（清）郭传璞注。

J002327

美术丛书　（三集　第五辑）邓实，黄宾虹编
上海　神州国光社　民国九年［1920］4 册
28cm（16 开）线装
　　本书包括：《翰林要诀一卷》（元）陈绎曾撰；《越画见闻三卷》（清）陶元藻撰；《冬花庵题画绝句一卷》（清）奚冈撰；《松壶画赘二卷》（清）钱杜撰；《蜀牋笺谱一卷》（元）费著撰；《蜀锦谱一卷》（元）费著撰；《颐堂先生糖霜谱一卷》（宋）王灼撰。

J002328

美术丛书　（三集　第六辑）邓实，黄宾虹编
上海　神州国光社　民国九年［1920］4 册
28cm（16 开）线装
　　本书包括：《书诀一卷》（明）丰坊撰；《古画品录一卷》（南齐）谢赫撰；《续画品一卷》（陈）姚最撰；《续画品录一卷》（唐）李嗣真撰；《后画录一卷》（唐释）彦悰撰；《饮流斋说瓷一卷》（清）许之衡撰。

J002329

美术丛书　（三集　第七辑）邓实，黄宾虹编
上海　神州国光社　民国九年［1920］4 册
28cm（16 开）线装
　　本书包括：《画论一卷》（元）汤垕撰；《明画录一卷》（清）徐沁撰；《端溪研坑考一卷》（清）计楠撰；《石隐砚谈一卷》（清）计楠撰；《墨馀赘稿一卷》（清）计楠撰。

J002330

美术丛书　（三集　第八辑）邓实，黄宾虹编
上海　神州国光社　民国九年［1920］4 册
28cm（16 开）线装
　　本书包括：《宣和论画杂评一卷》（宋）徽宗赵佶撰；《好古堂家藏书画记二卷》《续收书画奇物记一卷》（清）姚际恒撰；《啸月楼印赏一卷》（清）戴启伟撰；《武英殿聚珍版程式一卷》（清）金简撰；《金玉琐碎二卷》（清）谢堃撰。

J002331

美术丛书　（三集　第九辑）邓实，黄宾虹编
上海　神州国光社　民国九年［1920］4 册
28cm（16 开）线装
　　本书包括：《玉燕楼书法一卷》（清）鲁一贞，

（清）张廷相撰《梁元帝山水松石格一卷》梁世祖萧绎撰；《画山水诀一卷》（宋）李澄叟撰；《云林石谱三卷》（宋）杜绾撰；《长物志十二卷》（明）文震亨撰。

J002332

美术丛书　（三集　第十辑）邓实，黄宾虹编
上海　神州国光社　民国九年［1920］4 册
28cm（16 开）线装

　　本书包括：《大涤子题画诗跋四卷》（清释）道济撰；《画说一卷》（清）华翼纶撰；《燕闲清赏笺一卷》（明）高濂撰；《谈艺录一卷》邓实撰。

J002333

美术丛书　（四集　第一辑）邓实，黄宾虹编
上海　神州国光社　民国十七年至民国二十五年
［1928—1936］4 册　28cm（16 开）线装

　　本书包括：《清内府藏刻丝书画录七卷》朱启钤撰；《画说一卷》（明）莫是龙撰；《南窑笔记一卷》（清）阙名撰；《纪砚一卷》（清）程瑶田撰。

J002334

美术丛书　（四集　第二辑）邓实，黄宾虹编
上海　神州国光社　民国十七年至民国二十五年
［1928—1936］4 册　28cm（16 开）线装

　　本书包括：《述书赋一卷》（唐）窦泉撰；《续书法论一卷》（清）蒋骥撰；《画录广遗一卷》（宋）张徵撰；《画禅一卷》（明释）莲儒撰；《湛园题跋一卷》（清）姜宸英撰；《板桥题画一卷》（清）郑燮撰；《丝绣笔记二卷》朱启钤撰。

J002335

美术丛书　（四集　第三辑）邓实，黄宾虹编
上海　神州国光社　民国十七年至民国二十五年
［1928—1936］4 册　28cm（16 开）线装

　　本书包括：《玉台书史一卷》（清）厉鹗撰；《玉台画史五卷别录一卷》（清）汤漱玉撰；《拙存堂题跋一卷》（清）蒋衡撰；《鼎录一卷》（梁）虞荔撰；《研史一卷》（宋）米芾撰；《皱水轩词筌一卷》（明）贺裳撰。

J002336

美术丛书　（四集　第四辑）邓实，黄宾虹编
上海　神州国光社　民国十七年至民国二十五年
［1928—1936］4 册　28cm（16 开）线装

本书包括：《南宋院画录八卷》（清）厉鹗撰；《茗笈二卷》《品藻一卷》（明）屠本畯撰；《刀剑录一卷》（梁）陶弘景撰；《翼谱丛谈一卷》（清）继光撰。

J002337

美术丛书　（四集　第五辑）邓实，黄宾虹编
上海　神州国光社　民国十七年至民国二十五年
［1928—1936］4 册　28cm（16 开）线装

　　本书包括：《苏米斋兰亭考八卷》（清）翁方纲撰；《画品一卷》（宋）李荐撰；《宋中兴馆阁储藏图画记一卷》（宋）杨王休撰；《南宋院画录补遗一卷》（清）厉鹗撰；《女红传征略一卷》朱启钤撰。

J002338

美术丛书　（四集　第六辑）邓实，黄宾虹编
上海　神州国光社　民国十七年至民国二十五年
［1928—1936］4 册　28cm（16 开）线装

　　本书包括：《书势一卷》（清）程瑶田撰；《笔法记一卷》（后梁）荆浩撰；《书画目录一卷》（元）王恽撰；《南田画跋四卷》（清）恽格撰；《铜仙传一卷》（清）徐元润撰；《水坑石记一卷》（清）钱朝鼎撰；《刺绣书画录七卷》紫江撰。

J002339

美术丛书　（四集　第七辑）邓实，黄宾虹编
上海　神州国光社　民国十七年至民国二十五年
［1928—1936］4 册　28cm（16 开）线装

　　本书包括：《听飒楼书画记五卷》（清）潘正炜撰；《听飒楼续刻书画记二卷》（清）潘正炜撰。

J002340

美术丛书　（四集　第八辑）邓实，黄宾虹编
上海　神州国光社　民国十七年至民国二十五年
［1928—1936］4 册　28cm（16 开）线装

　　本书包括：《湘管斋寓赏编六卷》（清）陈焯辑。

J002341

美术丛书　（四集　第九辑）邓实，黄宾虹编
上海　神州国光社　民国十七年至民国二十五年
［1928—1936］4 册　28cm（16 开）线装

　　本书包括：《书小史十卷》（宋）陈思撰；《衍极五卷》（元）郑杓撰；《右军年谱一卷》《丛谈

一卷》（清）鲁一同撰。

J002342

美术丛书 （四集　第十辑）邓实，黄宾虹编
上海　神州国光社　民国十七年至民国二十五年
[1928—1936] 4 册　28cm（16 开）线装
　　本书包括：《书画所见录一卷》（清）谢堃
撰；《天瓶斋书画题跋二卷》（清）张照撰；《画录
广遗一卷》（宋）张澄撰；《赵兰坡所藏书画目录
一卷》阙名撰；《山水纯全集五卷》（宋）韩拙撰；
《悦生所藏书画别录一卷》（宋）阙名撰；《画禅
一卷》（明释）莲儒撰；《竹园陶说一卷》刘子芬
撰；《古玉考一卷》刘子芬撰；《香国二卷》（明）
毛晋撰；《罗钟斋兰谱一卷》（明）张应文撰。

J002343

美术丛书 （五集　第一辑）严一萍辑
台北　台北艺文印书馆　1964 年　影印本
　　本书包括：《詹东图玄览编四卷附录一卷》
（明）詹景凤撰；《延嬉室书画经眼录一卷》黄颙
士撰；《小来禽馆帖录一卷》勾圆撰。作者严一萍
（1912—1987），原名城，又名志鹏，字大钧，以号
行。浙江嘉兴人。东亚大学法科政治经济系毕业。
在台湾创办艺文印书馆，任经理并编辑《中国文
字》杂志。著有《殷墟医微》《殷商史记》《陆宣
公年谱》等。

J002344

美术丛书 （五集　第二辑）严一萍辑
台北　台北艺文印书馆　1964 年　影印本
　　本书包括：《贞松老人书画跋一卷》（清）罗
振玉撰；《印林清话一卷》娱堪老人撰；《中国文
人画之研究》陈衡恪辑；《郎世宁传考略》（日）石
田干之助撰，贺昌群译。

J002345

美术丛书 （五集　第三辑）严一萍辑
台北　台北艺文印书馆　1964 年　影印本
　　本书包括：《骨董琐记八卷》邓之诚撰。

J002346

美术丛书 （五集　第四辑）严一萍辑
台北　台北艺文印书馆　1964 年　影印本
　　本书包括：《奕载堂古玉图录不分卷》（清）
瞿中溶撰。

J002347

美术丛书 （五集　第五辑）严一萍辑
台北　台北艺文印书馆　1964 年　影印本
　　本书包括：《骨董续记四卷》邓之诚撰。

J002348

美术丛书 （五集　第六辑）严一萍辑
台北　台北艺文印书馆　1964 年　影印本
　　本书包括：《石墨馀馨一卷》俞陛云撰；《绘
事微言二卷》（明）唐志契撰。

J002349

美术丛书 （五集　第七辑）严一萍辑
台北　台北艺文印书馆　1964 年　影印本
　　本书包括：《敦煌石室画象题识不分卷》史
岩撰。

J002350

美术丛书 （五集　第八辑）严一萍辑
台北　台北艺文印书馆　1964 年　影印本
　　本书包括：《高文恪公藏书画真赝目一卷》
（清）高士奇撰；《垢道人集四卷》（明）程邃撰。

J002351

美术丛书 （五集　第九辑）严一萍辑
台北　台北艺文印书馆　1964 年　影印本
　　本书包括：《瓯钵罗室书画过目考四卷附卷
一卷》（清）李玉棻撰。

J002352

美术丛书 （五集　第十辑）严一萍辑
台北　台北艺文印书馆　1964 年　影印本
　　本书包括：《渐江大师外传》黄予向撰；《桐
心阁指法析微一卷》彭祉卿撰。

J002353

美术丛书 （六集　第一辑）严一萍辑
台北　台北艺文印书馆　1976 年　影印本
　　本书包括：《宋朝名画评三卷》（宋）刘道醇
撰、《五代名画补遗一卷》（宋）刘道醇撰、《读石
墨遗馨后记一卷》朱鼎荣撰、《莫高窟概述一卷》
谢稚柳撰。

J002354

美术丛书 （六集　第二辑）严一萍辑

台北　台北艺文印书馆　1976年　影印本

　　本书包括:《折肱录一卷》(清)周济撰;《宋季翰林图画院暨画学史实系年一卷》史岩撰;《真迹日录五卷》(明)张丑撰。

J0002387

美术丛书　(六集　第三辑)严一萍辑
台北　台北艺文印书馆　1976年　影印本

　　本书包括:《天瓶斋书画题跋补辑一卷》(清)张照撰,(清)张兴载辑录;《安持精舍印话一卷》陈巨来撰;《画谈一卷》黄宾虹撰;《古画评三种总考三篇》史岩撰;《宋代陷北之美术考古家毕少董一卷》刘铭恕撰;《陈设一卷》璞子撰;《医无闾山摩崖巨手之书画一卷》黄宾虹撰。

J002355

美术丛书　(六集　第四辑)严一萍辑
台北　台北艺文印书馆　1976年　影印本

　　本书包括:《龙门造像目录一卷》(清)陆蔚庭撰;《论墨绝句诗一卷》(清)谢崧岱撰;《陈氏香谱四卷》(宋)陈敬撰。

J002356

美术丛书　(六集　第五辑)严一萍辑
台北　台北艺文印书馆　1976年　影印本

　　本书包括:《墨池璚录四卷》(明)杨慎撰;《选学斋书画寓目记三卷续编三卷》(清)崇彝辑。

J002357

美术丛书　(六集　第六辑)严一萍辑
台北　台北艺文印书馆　1976年　影印本

　　本书包括:《王子若摹刻研史手牍一卷》(清)王日申撰;《高南阜先生研史年谱一卷》(清)钱侍晨撰;《屠琴鸬之诗与画一卷》鲁仁撰;《中国画之传神术一卷》蔡申之撰;《墨谱法式三卷》(宋)李孝美撰;《松弦馆琴谱二卷》(明)严澄撰。

J002358

美术丛书　(六集　第七辑)严一萍辑
台北　台北艺文印书馆　1976年　影印本

　　本书包括:《松风阁琴谱二卷首一卷》(清)程雄撰;《浦山论画一卷》(清)张庚撰;《近三百年书家生卒年表》吴天任撰;《髹饰录二卷附笺证二卷》(明)黄成撰,(明)杨明注,阚铎撰笺证;《陶雅二卷》(清)寂园叟撰;《论书诗一卷》(清)

史德本撰。

J002359

美术丛书　(六集　第八辑)严一萍辑
台北　台北艺文印书馆　1976年　影印本

　　本书包括:《瓷史二卷》(清)黄矞撰;《画家佚事一卷》黄宾虹撰;《周秦印谈一卷》黄宾虹撰;《一家言居室器玩部不分卷》(清)李渔撰;《画谱一卷》(清释)道济撰,朱季海注释。

J002360

美术丛书　(六集　第九辑)严一萍辑
台北　台北艺文印书馆　1976年　影印本

　　本书包括:《题显堂所藏书画录一卷》台静农撰;《二弩精舍文存一卷》赵叔孺撰;《豰庵图卷一卷》介修撰;《龙凤印谈一卷》黄宾虹撰;《骨董三记六卷》邓文如撰。

J002361

美术丛书　(六集　第十辑)严一萍辑
台北　台北艺文印书馆　1976年　影印本

　　本书包括:《古月轩瓷考不分卷》杨啸谷撰;《临淄封泥文字叙一卷目录一卷》王献唐撰;《墨法集要一卷》(明)沈继孙撰。

J002362

美术丛书　　黄宾虹,邓实编
南京　江苏古籍出版社　1997年　影印本　3册
(2979页)26cm(16开)精装
ISBN:7-80519-595-1 定价:CNY400.00

　　本书据神州国光社1947年第4版影印。

J002363

美术丛刊　(第二期)天津美术馆编辑部编辑
天津　天津美术馆　1933年　再版　52页　有图
25cm(10开)定价:大洋二角

J002364

中国美术年鉴　(中华民国三十六年)蒋孝游等编;王扆昌主编
上海　上海市文化运动委员会　1948年　有图
26cm(16开)定价:金圆二十五元,金圆三十五元(精装),金圆五十元(珍藏)

　　全书分史料、美术家传略、书法、图画、篆刻、西画、雕刻、摄影、图案、论文等部分。卷

首有马公愚等人的题词、张道藩等人的序文，共
13篇。

J002365
中国美术年鉴 （1949—1989）刘曦林主编；
中国美术馆编
南宁 广西美术出版社 1993年 88+586页 有彩
图 26cm（16开）精装 ISBN：7-80582-574-2
定价：CNY298.00
　　本书内容包括：美术纪事，美术社团，创作
研究工作机构，画乡，美术院校，美术馆，博物
馆，美术出版单位，美术报刊，美术家，美术书
目选编，美术展览一览表等。

J002366
美术丛刊 （一）（南朝齐）谢赫等著；虞君质
选辑
台北 丛书编审委员会 1956年 478页
20cm（32开）定价：TWD20.00
（中华丛书）

J002367
美术丛刊 （二）（南朝齐）谢赫等著；虞君质
选辑
台北 丛书编审委员会 1964年 706页
20cm（32开）定价：TWD20.00
（中华丛书）

J002368
美术丛刊 （1）上海人民美术出版社编辑
上海 上海人民美术出版社 1978年 112页
20cm（32开）统一书号：8081.11070
定价：CNY1.40

J002369
美术丛刊 （2）上海人民美术出版社编辑
上海 上海人民美术出版社 1978年 112页
20cm（32开）统一书号：8081.11109
定价：CNY1.40

J002370
美术丛刊 （3）上海人民美术出版社编辑
上海 上海人民美术出版社 1978年 111页
20cm（32开）统一书号：8081.11247
定价：CNY1.40

J002371
美术丛刊 （4）上海人民美术出版社编辑
上海 上海人民美术出版社 1978年 111页
20cm（32开）统一书号：8081.11317
定价：CNY1.40

J002372
美术丛刊 （5）上海人民美术出版社编辑
上海 上海人民美术出版社 1978年 111页
20cm（32开）统一书号：8081.11376
定价：CNY1.40

J002373
美术丛刊 （6）上海人民美术出版社编辑
上海 上海人民美术出版社 1979年 111页
20cm（32开）统一书号：8081.11444
定价：CNY1.40

J002374
美术丛刊 （7）上海人民美术出版社编辑
上海 上海人民美术出版社 1979年 111页
20cm（32开）统一书号：8081.11611
定价：CNY1.40

J002375
美术丛刊 （8）上海人民美术出版社编辑
上海 上海人民美术出版社 1979年 112页
20cm（32开）统一书号：8081.11746
定价：CNY1.40

J002376
美术丛刊 （9）上海人民美术出版社编辑
上海 上海人民美术出版社 1980年 111页
20cm（32开）统一书号：8081.11846
定价：CNY1.40

J002377
美术丛刊 （10）上海人民美术出版社编辑
上海 上海人民美术出版社 1980年 111页
20cm（32开）统一书号：8081.11935
定价：CNY1.40

J002378
美术丛刊 （11）上海人民美术出版社编辑
上海 上海人民美术出版社 1980年 111页

20cm（32开）统一书号：8081.12072

定价：CNY1.40

J002379

美术丛刊 （12）上海人民美术出版社编辑

上海　上海人民美术出版社　1980年　109页

20cm（32开）统一书号：8081.12150

定价：CNY1.40

J002380

美术丛刊 （13）上海人民美术出版社编辑

上海　上海人民美术出版社　1981年　111页

20cm（32开）统一书号：8081.12198

定价：CNY1.40

J002381

美术丛刊 （14）上海人民美术出版社编辑

上海　上海人民美术出版社　1981年　111页

20cm（32开）统一书号：8081.12388

定价：CNY1.40

J002382

美术丛刊 （15）上海人民美术出版社编辑

上海　上海人民美术出版社　1981年　111页

20cm（32开）统一书号：8081.12555

定价：CNY1.40

J002383

美术丛刊 （16）上海人民美术出版社编辑

上海　上海人民美术出版社　1981年　111页

20cm（32开）统一书号：8081.12617

定价：CNY1.40

J002384

美术丛刊 （17）上海人民美术出版社编辑

上海　上海人民美术出版社　1982年　111页

20cm（32开）统一书号：8081.12680

定价：CNY1.40

J002385

美术丛刊 （18）上海人民美术出版社编辑

上海　上海人民美术出版社　1982年　111页

20cm（32开）统一书号：8081.12934

定价：CNY1.40

J002386

美术丛刊 （19）上海人民美术出版社编辑

上海　上海人民美术出版社　1982年　111页

20cm（32开）统一书号：8081.12834

定价：CNY1.40

J002387

美术丛刊 （20）上海人民美术出版社编辑

上海　上海人民美术出版社　1982年　111页

20cm（32开）统一书号：8081.13018

定价：CNY1.40

J002388

美术丛刊 （21）上海人民美术出版社编辑

上海　上海人民美术出版社　1983年　111页

20cm（32开）统一书号：8081.13172

定价：CNY1.40

J002389

美术丛刊 （22）上海人民美术出版社编辑

上海　上海人民美术出版社　1983年　111页

20cm（32开）统一书号：8081.13247

定价：CNY1.40

J002390

美术丛刊 （23）上海人民美术出版社编辑

上海　上海人民美术出版社　1983年　111页

20cm（32开）统一书号：8081.13470

定价：CNY1.40

J002391

美术丛刊 （24）上海人民美术出版社编辑

上海　上海人民美术出版社　1983年　111页

20cm（32开）统一书号：8081.13548

定价：CNY1.40

J002392

美术丛刊 （25）上海人民美术出版社编辑

上海　上海人民美术出版社　1984年　112页

20cm（32开）统一书号：8081.13626

定价：CNY1.40

J002393

美术丛刊 （26）上海人民美术出版社编辑

上海　上海人民美术出版社　1984年　112页

20cm（32 开）统一书号：8081.13909
定价：CNY1.40

J002394
美术丛刊 （27）上海人民美术出版社编辑
上海 上海人民美术出版社 1984 年 112 页
20cm（32 开）统一书号：8081.14039
定价：CNY1.40

J002395
美术丛刊 （28）上海人民美术出版社编辑
上海 上海人民美术出版社 1984 年 111 页
20cm（32 开）统一书号：8081.14080
定价：CNY1.40

J002396
美术丛刊 （29）上海人民美术出版社编
上海 上海人民美术出版社 1985 年 111 页
20cm（32 开）统一书号：8081.14301
定价：CNY1.70

J002397
美术丛刊 （30）上海人民美术出版社编
上海 上海人民美术出版社 1985 年 111 页
20cm（32 开）统一书号：8081.14477
定价：CNY1.70

J002398
美术丛刊 （31）上海人民美术出版社编辑
上海 上海人民美术出版社 1985 年 79 页
20cm（32 开）统一书号：8081.14596
定价：CNY2.00

J002399
美术丛刊 （32）任满鑫主编
上海 上海人民美术出版社 1985 年
20cm（32 开）定价：CNY2.00

J002400
美术丛刊 （33）任满鑫主编
上海 上海人民美术出版社 1986 年 77 页
20cm（32 开）定价：CNY2.00

J002401
美术丛刊 （34）任满鑫主编

上海 上海人民美术出版社 1986 年 77 页
20cm（32 开）定价：CNY2.00

J002402
美术丛刊 （35）任满鑫主编
上海 上海人民美术出版社 1986 年 78 页
20cm（32 开）定价：CNY2.00

J002403
美术丛刊 （36）上海人民美术出版社编辑
上海 上海人民美术出版社 1987 年
20cm（32 开）定价：CNY2.40

J002404
美术丛刊 （37）上海人民美术出版社编辑
上海 上海人民美术出版社 1988 年
20cm（32 开）定价：CNY3.00

J002405
美术丛刊 （38）上海人民美术出版社编辑
上海 上海人民美术出版社 1988 年
20cm（32 开）定价：CNY3.00

J002406
美术丛刊 （39）上海人民美术出版社编辑
上海 上海人民美术出版社 1988 年 79 页
20cm（32 开）定价：CNY3.00

J002407
美术丛刊 （40）上海人民美术出版社编辑
上海 上海人民美术出版社 1988 年
20cm（32 开）定价：CNY3.00

J002408
中国音乐舞蹈戏曲人名词典 曹惆生编
北京 商务印书馆 1959 年 324页 20cm（大32开）
统一书号：8017.8 定价：CNY1.90

J002409
西泠艺丛 （1979 年·总第 1 期）西泠印社编
辑部编辑
杭州 西泠印社 1979 年 36 页 25×25cm
统一书号：8.193.101 定价：CNY1.20
　　本刊于 1979 年创刊，由西泠印社出版社编
辑出版。刊物以篆刻为主，兼收书法、绘画作品

及论文，古今并蓄，古为今用，是一本研究和繁荣金石书画创作的综合性刊物。

J002410

西泠艺丛 （1980 年．总第 2 期）西泠印社编辑部编辑

杭州　西泠印社　1980 年　36 页　25×25cm

统一书号：8.191.125 定价：CNY1.00

J002411

西泠艺丛 （1981 年．总第 3 期）西泠印社编辑部编辑

杭州　西泠印社　1981 年　36 页　25×25cm

统一书号：8.191.189 定价：CNY1.00

J002412

西泠艺丛 （1981 年．总第 4 期）西泠印社编辑部编辑

杭州　西泠印社　1981 年　36 页　25×25cm

统一书号：8191.163 定价：CNY1.00

J002413

西泠艺丛 （1982 年．总第 5 期）西泠印社编辑部编辑

杭州　西泠印社　1982 年　36 页　25×25cm

统一书号：8.191.194 定价：CNY1.00

J002414

西泠艺丛 （1982 年．总第 6 期）西泠印社编辑部编辑

杭州　西泠印社　1982 年　36 页　25×25cm

统一书号：8.191.194 定价：CNY1.00

J002415

西泠艺丛 （1983 年．总第 7 期）西泠印社编辑部编辑

杭州　西泠印社　1983 年　36 页　25×25cm

统一书号：8191.229 定价：CNY1.00

J002416

西泠艺丛 （1983 年．总第 8 期）西泠印社编辑部编辑

杭州　西泠印社　1983 年　36 页　25×25cm

统一书号：8191.248 定价：CNY1.00

J002417

西泠艺丛 （1984 年．总第 9 期　纪念吴昌硕诞生一百四十周年专刊）西泠印社编辑部编辑

杭州　西泠印社　1984 年　36 页　25×25cm

统一书号：8191.330 定价：CNY1.00

J002418

西泠艺丛 （1984 年．总第 10 期）西泠印社编辑部编辑

杭州　西泠印社　1984 年　36 页　25×25cm

定价：CNY1.00

J002419

西泠艺丛 （1984 年．总第 11 期）西泠印社编辑部编辑

杭州　西泠印社　1984 年　36 页　25×25cm

统一书号：8191.226 定价：CNY1.00

J002420

西泠艺丛 （1985 年．总第 12 期）西泠印社编辑部编辑

杭州　西泠印社　1985 年　36 页　25×25cm

统一书号：8191.367 定价：CNY1.10

J002421

西泠艺丛 （1985 年．总第 13 期）西泠印社编辑部编辑

杭州　西泠印社　1985 年　36 页　有图　25×25cm

统一书号：8191.431 定价：CNY1.10

J002422

西泠艺丛 （1986 年．总第 14 期）西泠印社编辑部编辑

杭州　西泠印社　1986 年　36 页　25×25cm

统一书号：8191.516 定价：CNY1.10

J002423

西泠艺丛 （1987 年．总第 15 期）西泠印社编辑部编辑

杭州　西泠印社　1987 年　36 页　25×25cm

统一书号：8198.647 定价：CNY1.10

J002424

西泠艺丛 （1987 年．总第 16 期）西泠印社编辑部编辑

杭州 西泠印社 1987 年 36 页 25×25cm
统一书号：8191.648 定价：CNY1.10

J002425
西泠艺丛 （1988 年．总第 17 期）西泠印社编
辑部编辑
杭州 西泠印社 1988 年 36 页 25×25cm
定价：CNY1.10

J002426
西泠艺丛 （1989 年．总第 18 期）西泠印社编
辑部编辑
杭州 西泠印社 1989 年 36 页 25×25cm
定价：CNY1.10

J002427
西泠艺丛 （1989 年第 2 期．总第 19 期）金鉴
才主编
杭州 西泠印社 1989 年 80 页 25×25cm
ISBN：7-80517-071-1 定价：CNY4.00

J002428
西泠艺丛 （1989 年第 3 期．总第 20 期）金鉴
才主编
杭州 西泠印社 1989 年 80 页 25×25cm
ISBN：7-80517-071-1 定价：CNY4.00

J002429
西泠艺丛 （1989 年第 4 期．总第 21 期）金鉴
才主编
杭州 西泠印社 1989 年 80 页 25×25cm
ISBN：7-80517-071-1 定价：CNY4.00

J002430
西泠艺丛 （1990 年第 1 期．总第 22 期）金鉴
才主编
杭州 西泠印社 1990 年 80 页 有照片 25×25cm
ISBN：7-80517-072-X 定价：CNY4.00
　　外文书名：Xinling Collection.

J002431
西泠艺丛 （1990 年第 2 期．总第 23 期）金鉴
才主编
杭州 西泠印社 1990 年 80 页 25×25cm
ISBN：7-80517-073-8 定价：CNY4.00

（篆刻书画丛刊）
　　外文书名：Xiling Collection Volume.

J002432
西泠艺丛 （1990 年第 3 期．总第 24 期）金鉴
才主编
杭州 西泠印社 1990 年 80 页 25×25cm
ISBN：7-80517-074-6 定价：CNY4.00
　　外文书名：Xiling Collection.

J002433
西泠艺丛 （1990 年第 4 期．总第 25 期）金鉴
才主编
杭州 西泠印社 1990 年 80 页 25×25cm
ISBN：7-80517-075-4 定价：CNY4.00
　　外文书名：Xiling Collection.

J002434
西泠艺丛 （1991 年第 1 期．总第 26 期）金鉴
才主编
杭州 西泠印社 1991 年 80 页 25×25cm
ISBN：7-80517-078-9 定价：CNY4.00
（篆刻书画丛刊）
　　外文书名：Xiling Collection.

J002435
西泠艺丛 （1991 年第 2 期．总第 27 期）金鉴
才主编
杭州 西泠印社 1991 年 80 页 25×25cm
ISBN：7-80517-080-0 定价：CNY4.00
（篆刻书画丛刊）
　　外文书名：Xiling Collection.

J002436
西泠艺丛 （1991 年第 3 期．总第 28 期）金鉴
才主编
杭州 西泠印社 1991 年 80 页 25×25cm
ISBN：7-80571-090-8 定价：CNY4.00
（篆刻书画丛刊）

J002437
西泠艺丛 （1991 年第 4 期．总第 29 期）金鉴
才主编
杭州 西泠印社 1991 年 80 页 25×25cm
ISBN：7-80571-090-8 定价：CNY4.00

（篆刻书画丛刊）

外文书名：Xiling Collection.

J002438

西泠艺丛 （1992 年第 1 期．总第 30 期）金鉴才主编

杭州 西泠印社 1992 年 80 页 25×25cm

ISBN：7-80571-085-1 定价：CNY4.00

（篆刻书画丛刊）

J002439

西泠艺丛 （1992 年第 2 期．总第 31 期）金鉴才主编

杭州 西泠印社 1992 年 80 页 25×25cm

ISBN：7-80571-085-1 定价：CNY4.00

外文书名：Xiling Collection.

J002440

西泠艺丛 （1996 年复刊号．总第 32 期）金鑑才主编

杭州 西泠印社 1996 年 128 页 25×25cm

ISBN：7-80517-222-6 定价：CNY48.00, USD28.00

（篆刻书画丛刊）

J002441

西泠艺丛 （1997 年．总第 33 期 潘天寿专辑）金鑑才主编

杭州 西泠印社 1997 年 128 页 25×25cm

ISBN：7-80517-237-4

定价：CNY48.00, USD28.00

（篆刻书画丛刊 潘天寿专辑）

潘天寿（1897—1971），现代著名国画家，美术教育家，原名天授，字大颐，号寿者。浙江宁海县人。擅画花鸟、山水，兼善指画，亦能书法、诗词、篆刻。曾任中国文联委员，中国美术家协会副主席，浙江省文联副主席，中国美协浙江分会主席，浙江美术学院院长、教授等职。著有《中国绘画史》《听天阁画谈随笔》等。

J002442

西泠艺丛 （1999 年．总第 34 期）朱妙根主编

杭州 西泠印社 1999 年 112 页 25×25cm

ISBN：7-80517-146-7

定价：CNY48.00, USD28.00

J002443

中国艺术 （总第 1 期 创刊号）《中国艺术》编辑部编

北京 人民美术出版社 1985 年 120 页 有图 34cm（10 开）定价：CNY7.90

J002444

中国艺术 （总第 3 期）《中国艺术》编辑部编

北京 人民美术出版社 1988 年 80 页 29cm（16 开）ISBN：7-102-00371-4

定价：CNY14.90

J002445

中国艺术 （总第 5 期 甘肃专辑）《中国艺术》编辑部编辑

北京 人民美术出版社［1990 年］80 页 29cm（16 开）ISBN：7-102-00553-9

定价：CNY14.90

J002446

中国艺术 （总第 8 期）《中国艺术》编辑部编辑；陈允鹤主编

北京 人民美术出版社 1993 年 80 页 29cm（16 开）ISBN：7-102-01190-3

定价：CNY26.00

主编陈允鹤（1933— ），上海宝山人。笔名云鹤。结业于文化学院。曾任中国美术出版研究委员会会长、《中国艺术》季刊主编、中国美术家协会插图装帧艺术委员会委员。编著出版有《永恒之美：谈希腊艺术》《米开朗基罗雕刻》《伦勃朗》等。

J002447

中国艺术 （总第 10 期 图集）《中国艺术》编辑部编辑

北京 人民美术出版社 1993 年 72 页 29cm（16 开）ISBN：7-102-01346-9

本期收南宋绘画、叶毓中作品、沙孟海书司空图诗品等。外文书名：Chinese Arts.

J002448

中国艺术 （总第 11 期 图集）《中国艺术》编辑部编辑

北京 人民美术出版社 1994 年 80 页 29cm（16 开）ISBN：7-102-01367-1 定价：CNY28.00

本期收元代绘画、王克庆作品、黄庭坚草书等。外文书名：Chinese Arts.

J002449

中国艺术　（总第 12 期 图集）《中国艺术》编辑部编；陈允鹤主编

北京 人民美术出版社 1994 年 72 页 29cm（16 开）

ISBN：7-102-01434-1 定价：CNY32.00

外文书名：Chinese Arts.

J002450

四库全书　（第八一二册 子部 一一八 艺术类）（清）纪昀总纂

上海 上海古籍出版社 1987 年 影印本 944 页 19cm（小 32 开）精装

作者纪昀（1724—1805），清代学者、文学家、政治家。字晓岚，号石云。直隶献县（今河北沧州）人。曾任《四库全书》总纂官。著有《阅微草堂笔记》《纪文达公遗集》等。

J002451

四库全书　（第八一三册 子部 一一九 艺术类）（清）纪昀总纂

上海 上海古籍出版社 1987 年 影印本 906 页 19cm（小 32 开）精装

J002452

四库全书　（第八一四册 子部 一二〇 艺术类）（清）纪昀总纂

上海 上海古籍出版社 1987 年 影印本 848 页 19cm（小 32 开）精装

J002453

四库全书　（第八一五册 子部 一二一 艺术类）（清）纪昀总纂

上海 上海古籍出版社 1987 年 影印本 831 页 19cm（小 32 开）精装

本书包括：（明）朱存理编的《珊瑚木难》，（明）朱存理撰，（明）赵琦美编的《赵氏铁网珊瑚》。

J002454

四库全书　（第八一六册 子部 一二二 艺术类）（清）纪昀总纂

上海 上海古籍出版社 1987 年 影印本 963 页 19cm（小 32 开）精装

J002455

四库全书　（第八一七册 子部 一二三 艺术类）（清）纪昀总纂

上海 上海古籍出版社 1987 年 影印本 628 页 19cm（小 32 开）精装

J002456

四库全书　（第八一九册 子部 一二五 艺术类）（清）纪昀总纂

上海 上海古籍出版社 1987 年 影印本 605 页 19cm（小 32 开）精装

J002457

四库全书　（第八二〇册 子部 一二六 艺术类）（清）纪昀总纂

上海 上海古籍出版社 1987 年 影印本 770 页 19cm（小 32 开）精装

J002458

四库全书　（第八二一册 子部 一二七 艺术类）（清）纪昀总纂

上海 上海古籍出版社 1987 年 影印本 944 页 19cm（小 32 开）精装

J002459

四库全书　（第八二二册 子部 一二八 艺术类）（清）纪昀总纂

上海 上海古籍出版社 1987 年 影印本 729 页 19cm（小 32 开）精装

J002460

四库全书　（第八二三册 子部 一二九 艺术类）（清）纪昀总纂

上海 上海古籍出版社 1987 年 影印本 752 页 19cm（小 32 开）精装

J002461

四库全书　（第八二四册 子部 一三〇 艺术类）（清）纪昀总纂

上海 上海古籍出版社 1987 年 影印本 584 页 19cm（小 32 开）精装

J002462

四库全书 （第八二五册 子部 一三一 艺术类）（清）纪昀总纂

上海 上海古籍出版社 1987 年 影印本 669 页 19cm（小 32 开）精装

J002463

四库全书 （第八二六册 子部 一三二 艺术类）（清）纪昀总纂

上海 上海古籍出版社 1987 年 影印本 576 页 19cm（小 32 开）精装

J002464

四库全书 （第八三〇册 子部 一三六 艺术类）（清）纪昀总纂

上海 上海古籍出版社 1987 年 影印本 549 页 19cm（小 32 开）精装

J002465

四库全书 （第八三一册 子部 一三七 艺术类）（清）纪昀总纂

上海 上海古籍出版社 1987 年 影印本 930 页 19cm（小 32 开）精装

J002466

四库全书 （第八三三册 子部 一三九 艺术类）（清）纪昀总纂

上海 上海古籍出版社 1987 年 影印本 612 页 19cm（小 32 开）精装

J002467

四库全书 （第八三五册 子部 一四一 艺术类）（清）纪昀总纂

上海 上海古籍出版社 1987 年 影印本 731 页 19cm（小 32 开）精装

J002468

四库全书 （第八三六册 子部 一四二 艺术类）（清）纪昀总纂

上海 上海古籍出版社 1987 年 影印本 761 页 19cm（小 32 开）精装

J002469

四库全书 （第八三七册 子部 一四三 艺术类）（清）纪昀总纂

上海 上海古籍出版社 1987 年 影印本 898 页 19cm（小 32 开）精装

J002470

四库全书 （第八三八册 子部 一四四 艺术类）（清）纪昀总纂

上海 上海古籍出版社 1987 年 影印本 748 页 19cm（小 32 开）精装

J002471

四库全书 （第八三九册 子部 一四五 艺术类）（清）纪昀总纂

上海 上海古籍出版社 1987 年 影印本 1011 页 19cm（小 32 开）精装

J002472

台湾美术年鉴 （1990）雄狮台湾美术年鉴编辑委员会编著

台北 雄狮图书公司 1989 年 678 页 26cm（16 开）定价：TWD1600.00

J002473

台湾美术年鉴 （1991）雄狮台湾美术年鉴编辑委员会编著

台北 雄狮图书公司 1991 年 633 页 26cm（16 开）定价：TWD1200.00

J002474

台湾美术年鉴 （1992）黄秀慧主编

台北 雄狮图书公司 1992 年 492 页 26cm（16 开）定价：TWD800.00

J002475

台湾美术年鉴 （1993）黄秀慧主编

台北 雄狮图书公司 1993 年 26cm（16 开）定价：TWD800.00

J002476

台湾美术年鉴 （1994）雄狮台湾美术年鉴编辑委员会编著

台北 雄狮图书公司 1994 年 26cm（16 开）ISBN：957-8980-07-8 定价：TWD800.00

J002477

台湾美术年鉴 （1995）雄狮台湾美术年鉴编

辑委员会编著

台北 雄狮图书公司 1995 年 26cm（16 开）

ISBN：957-8980-27-2 定价：TWD800.00

J002478

台湾美术年鉴 （1996）雄狮台湾美术年鉴编

辑委员会编著

台北 雄狮图书公司 1995 年 26cm（16 开）

ISBN：957-8980-41-8 定价：TWD1000.00

J002479

台湾美术年鉴 （1997）雄师台湾美术年鉴编

辑委员会编著

台北 雄狮图书公司 1996 年 347 页

26cm（16 开） ISBN：957-8980-53-1

定价：TWD1000.00

J002480

中国民间艺术大辞典 刘波主编

北京 农村读物出版社 1990 年 1045 页

19cm（32 开） 精装 ISBN：7-5048-1199-8

定价：CNY19.50

　　本辞典收录民间音乐、民间舞蹈、戏曲、曲

艺、杂技、民间工艺美术、民间陶瓷等民间艺术

品种条目 1415 条。

J002481

中国艺术收藏年鉴 （'92-'93）伍时雄主编

成都 四川美术出版社 1993 年 126 页

29cm（16 开） ISBN：7-5410-0913-X

定价：CNY90.00，CNY120.00（精装）

　　外 文 书 名：Year Record of Chinese Art

Collection.

J002482

中国艺术收藏年鉴 （'92-'93）伍时雄主编

成都 四川美术出版社 1993 年 126 页

29cm（16 开） ISBN：962-444-015-6

定价：HKD120.00，HKD150.00（精装）

　　外 文 书 名：Year Record of Chinese Art

Collection.

J002483

香港艺术指南'94　　香港艺术资料及资讯中

心编

香港 三联书店（香港）公司 1994 年 558 页

21cm（32 开） ISBN：962-04-1160-9

定价：HKD150.00

　　外文书名：Hong Kong Arts Directory'94.

J002484

中国艺术收藏年鉴 （'93-'94 ）伍时雄

主编

广州 新世纪出版社 1994 年 174 页

29cm（12 开） ISBN：7-5405-1200-8

定价：CNY100.00，CNY150.00（精装）

J002485

中国乡村书画 （1997 年第 1 期 创刊号）金

鉴才主编

杭州 西泠印社 1997 年 46 页 29cm（16 开）

ISBN：7-80517-238-2 定价：CNY16.80

　　外文书名：The Rural Calligraphy and Painting

of China.

J002486

中华美术丛书 （一）黄宾虹，邓实编

北京 北京古籍出版社 1998 年 影印本

14+228+252 页 20cm（32 开）精装

ISBN：7-5300-0148-5 定价：CNY980.00（全套）

　　本书据 1947 年神州国光社本影印，本册初

集第一辑内容包括：《书筏》《画筌》《画诀》《画

语录》《题画偶录》《草心楼读画集》《摹印

述》《墨经》《琴学八则》《观石录》《艺兰记》《履

园画学》《七颂堂词绎》《七颂堂识小录》；初

集第二辑包括：《初月楼论书随笔》《雨窗漫

笔》《麓台题画稿》《东庄论画》《装潢志》《端溪

砚坑记》《玉纪》《玉纪补》《金粟词话》《制曲枝

语》《前尘梦影录》。

J002487

中华美术丛书 （二）黄宾虹，邓实编

北京 北京古籍出版社 1998 年 影印本 272+244 页

20cm（32 开） 精装 ISBN：7-5300-0148-5

定价：CNY980.00（全套）

　　本书据 1947 年神州国光社本影印。本册初

集第三辑包括：《书法约言》《画眼》《画诀》《冬

心画竹题记》《冬心画梅题记》《冬心画马题

记》《冬心画佛题记》《冬心自写真题记》《阳羡

名陶录》《窑器说》《后观石录》《勇卢闲诘》《士

那补释》《负暄野录》；初辑第四集包括：《钝吟书要》《画引》《二十四画品》《画友录》《小松圆阁书画跋》《秋水园印说》《墨志》《笛律图注》《书影择录》。

J002488

中华美术丛书 （三）黄宾虹，邓实编
北京 北京古籍出版社 1998年 影印本 238+244页
20cm（32开）精装 ISBN：7-5300-0148-5
定价：CNY980.00（全套）

　　本书据1947年神州国光社本影印。本册初集第五辑内容包括：《频罗庵论书》《绘事发微》《论画绝句》《漫堂书画跋》《频罗庵书画跋》《古铜瓷器考》《怪石赞》《雪堂墨品》《漫堂墨品》《笔史》《秋园杂佩》；初集第六辑包括：《临池管见》《画尘》《绘事津梁》《徐电发枫江渔父小像题咏》《书笺》《帖笺》《画笺》《琴笺》《摹印传灯》《石谱》《砚录》《瓶史》《天壤阁杂记》。

J002489

中华美术丛书 （四）黄宾虹，邓实编
北京 北京古籍出版社 1998年 影印本 244+252页
20cm（32开）精装 ISBN：7-5300-0148-5
定价：CNY980.00（全套）

　　本书据1947年神州国光社本影印。本册初集第七辑内容包括：《临池心解》《学画浅说》《学古编.附三十五举校勘记》《续三十五举》《再续三十五举》《端溪砚石考》《享金簿》；初集第八辑包括：《海岳名言》《宝章待访录》《指头画说》《玉几山房画外录》《印章集说》《清秘藏》。

J002490

中华美术丛书 （五）黄宾虹，邓实编
北京 北京古籍出版社 1998年 影印本 278+308页
20cm（32开）精装 ISBN：7-5300-0148-5
定价：CNY980.00（全套）

　　本书据1947年神州国光社本影印。本册初集第九辑内容包括：《安吴论书》《小山画谱》《曝书亭书画跋》《说砚》《赏延素心录》《琉璃志》《石友赞》《洞天清禄集》；初集第十辑包括：《天际乌云帖考》《评书帖》《书画史》《书画金汤》《西湖卧》《游图题跋》《三万六千顷湖中画船录》《妮古录》。

J002491

中华美术丛书 （六）黄宾虹，邓实编
北京 北京古籍出版社 1998年 影印本 292+346页
20cm（32开）精装 ISBN：7-5300-0148-5
定价：CNY980.00（全套）

　　本书据1947年神州国光社本影印。本册二集第一辑内容包括：《书史》《珊瑚网画继》《珊瑚网画据》《珊瑚网画法》《印说》《论墨》《砚林拾遗》《寓意编》；二集第二辑包括：《云烟过眼录》《云烟过眼录续集》《吴郡丹青志》《竹懒画剩》《竹懒续画剩》《竹懒墨君题语》《醉鸥墨君题语》《评纸帖》《墨表》《传古别录》。

J002492

中华美术丛书 （七）黄宾虹，邓实编
北京 北京古籍出版社 1998年 影印本 256+272页
20cm（32开）精装 ISBN：7-5300-0148-5
定价：CNY980.00（全套）

　　本书据1947年神州国光社本影印。本册二集第三辑内容包括：《贞观公私画史》《玉雨堂书画记》《今夕盦读画绝句》《今夕盦题画诗》《七家印跋》；二集第四辑内容：《书法雅言》《须静斋云烟过眼录》《宣德鼎彝谱》〈附宣炉博论〉《宣炉歌注》《非烟香法》。

J002493

中华美术丛书 （八）黄宾虹，邓实编
北京 北京古籍出版社 1998年 影印本 284+234页
20cm（32开）精装 ISBN：7-5300-0148-5
定价：CNY980.00（全套）

　　本书据1947年神州国光社本影印。本册二集第五辑内容包括：《寒山帚谈》赵宧光著，《竹人录》金元钰著，《竹谱》李衎著，《墨竹记》张退公著，《华光梅谱》（释）华光著，《画梅题跋》查礼著。二集第六辑内容包括：《唐朝名画录》朱景玄撰，《钤山堂书画记》文嘉著，《朱卧庵藏书画目》朱之赤著，《金粟笺说》张燕昌著，《墨法集要》沈继孙撰，《论画绝句》吴修著。

J002494

中华美术丛书 （九）黄宾虹，邓实编
北京 北京古籍出版社 1998年 影印本 256+264页
20cm（32开）精装 ISBN：7-5300-0148-5
定价：CNY980.00（全套）

　　本书据1947年神州国光社本影印。本册

二集第七辑内容包括:《林泉高致》《传神秘要》《陶说》《绣谱》《谈石》;二集第八辑包括:《字学忆参》《山水纯全集》《景德镇陶录》《杖扇新录》《骨董十三说》。

J002495

中华美术丛书 （十）黄宾虹,邓实编

北京 北京古籍出版社 1998年 影印本 274+230页 20cm（32开）精装 ISBN:7-5300-0148-5

定价:CNY980.00（全套）

　　据1947年神州国光社本影印。本册二集第九辑内容包括:《画史》《六如居士画谱》《纸墨笔砚笺》《香笺》《茶笺》《山斋清供笺》《起居器服笺》《文房器具笺》《游具笺》《论印绝句》;二集第十辑包括:《书法粹言》《中麓画品》《砚史》《歙州砚谱》《端溪砚谱》《瓶花谱》《朱砂鱼谱》《茶经》《野服考》《紫泥法》《韵石斋笔谈》。

J002496

中华美术丛书 （十一）黄宾虹,邓实编

北京 北京古籍出版社 1998年 影印本 274+280页 20cm（32开）精装 ISBN:7-5300-0148-5

定价:CNY980.00（全套）

　　本书据1947年神州国光社本影印。本书据1947年神州国光社本影印。本册三集第一辑包括:《篆学指南》《砚林印款》《米庵鉴古百一诗》《盛大士著溪山卧游录》《冬心先生杂画题记》《冬心先生随笔》《竹里画者诗》《清仪阁杂咏》。三集第二辑包括《书学绪闻》《古今画鉴》《图画精意识》《我川寓赏编》《我川书画记》《墨记》《绩语堂论印汇录》。

J002497

中华美术丛书 （十二）黄宾虹,邓实编

北京 北京古籍出版社 1998年 影印本 242+240页 20cm（32开）精装 ISBN:7-5300-0148-5

定价:CNY980.00（全套）

　　本书据1947年神州国光社本影印。本册三集第三辑内容包括:《四友斋书论》《四友斋画论》《歙砚说》《辨歙石说》《茗壶图录》《论画杂诗》《山静居画论》《志雅堂杂钞》;三集第四辑《论书法》《文湖州竹派》《梅道人遗墨》《松壶画忆》《海虞画苑略》《海虞画苑略补遗》《曼盦壶卢铭》。

J002498

中华美术丛书 （十三）黄宾虹,邓实编

北京 北京古籍出版社 1998年 影印本 264+292页 20cm（32开）精装 ISBN:7-5300-0148-5

定价:CNY980.00（全套）

　　本书据1947年神州国光社本影印。本册三集第五辑内容包括:《翰林要诀》《越画见闻》《冬花庵题画绝句》《松壶画赘》《蜀笺谱》《蜀锦谱》《糖霜谱》;三集第六辑包括《书诀》《古画品录》《续画品》《续画品录》《后画录》《饮流斋说瓷》

J002499

中华美术丛书 （十四）黄宾虹,邓实编

北京 北京古籍出版社 1998年 影印本 226+238页 20cm（32开）精装 ISBN:7-5300-0148-5

定价:CNY980.00（全套）

　　本书据1947年神州国光社本影印。本册三集第七辑内容包括:《画论》《明画录》《端溪研坑考》《石隐砚谈》《墨余赘稿》;三集第八辑:《宣和论画杂评》《好古堂家藏书画论》《啸月楼印赏》《武英殿聚珍版程式》《金玉琐碎》。

J002500

中华美术丛书 （十五）黄宾虹,邓实编

北京 北京古籍出版社 1998年 影印本 268+310页 20cm（32开）精装 ISBN:7-5300-0148-5

定价:CNY980.00（全套）

　　本书据1947年神州国光社本影印。本册三集第九辑内容包括:《玉燕楼书法》《山水松石格》《画山水诀》《云林石谱》《长物志》;三集第十辑:《大涤子题画诗跋》《画说》《燕闲清赏笺》《谈艺录》。

J002501

中华美术丛书 （十六）黄宾虹,邓实编

北京 北京古籍出版社 1998年 影印本 338+388页 20cm（32开）精装 ISBN:7-5300-0148-5

定价:CNY980.00（全套）

　　本书据1947年神州国光社本影印。本册四集第一辑内容包括:《内府刻丝书画录》《画说》《南窑笔记》《纪砚》;四集第二辑内容包括:《述书赋》《续书法论》《画录广遗》《画禅》《湛园题跋》《板桥题画》《丝秀笔记》。

J002502

中华美术丛书 （十七）黄宾虹，邓实编
北京 北京古籍出版社 1998年 影印本 336+364页
20cm（32开）精装 ISBN：7-5300-0148-5
定价：CNY980.00（全套）
　　本书据1947年神州国光社本影印。本册四集第三辑内容包括《玉台书史》《玉台画史》《拙存堂题跋》《鼎录》《研史》《词筌》；四集第四辑内容包括：《南宋院画录》《南宋院画录引用书目》《茗笈》《刀剑录》《翼谱丛谈》。

J002503

中华美术丛书 （十八）黄宾虹，邓实编
北京 北京古籍出版社 1998年 影印本 338+332页
20cm（32开）精装 ISBN：7-5300-0148-5
定价：CNY980.00（全套）
　　本书据1947年神州国光社本影印。本册四集第五辑内容包括：《苏米斋兰亭考》《画品》《宋中兴馆阁储藏图画记》《南宋院画录补遗》《女红传征略》；四集第六辑内容包括：《书势》《笔法记》《书画目录》《南田画跋》《铜仙传》《水坑石记》《清内府藏刺绣书画录》。

J002504

中华美术丛书 （十九）黄宾虹，邓实编
北京 北京古籍出版社 1998年 影印本 666+444页
20cm（32开）精装 ISBN：7-5300-0148-5
定价：CNY980.00（全套）
　　本书据1947年神州国光社本影印。本册四集第七辑内容包括《听骊楼书画记》《听骊楼续刻书画记》；四集 第八辑内容包括：《湘管斋寓赏编》。

J002505

中华美术丛书 （二十）黄宾虹，邓实编
北京 北京古籍出版社 1998年 影印本 434+354页
20cm（32开）精装 ISBN：7-5300-0148-5
定价：CNY980.00（全套）
　　本书据1947年神州国光社本影印。本册四集第九辑内容包括：《书小史》《衍极》《右军年谱》；四集第十辑内容包括：《书画所见录》《天瓶斋书画题跋》《画录广遗》《赵兰坡所藏书画目录》《山水纯全集》《悦生所藏书画别录》《画禅》《竹园陶说》《香国》《罗钟斋兰谱》等。

中国艺术史、中国艺术思想史

J002506

清秘藏 （二卷）（明）张应文撰
明 抄本
　　本书为明代工艺美术鉴赏著作。论述玉、书法、名画、石刻、窑器、晋汉印章、砚、珠宝、琴剑、雕刻、古纸绢素等内容。

J002507

清秘藏 （二卷）（明）张应文撰；（明）张丑编
[明] 抄本
　　《清秘藏二卷》《法书名画见闻表一卷》《南阳法书表一卷》《清河秘箧书画表一卷》《南阳名画表一卷》（明）张应文撰；（明）张丑编合订。

J002508

清秘藏 （二卷 附录一卷）（明）张应文撰
[明] 抄本

J002509

清秘藏 （二卷）（明）张应文授；（明）张丑述
明万历 刻本
（张氏藏书）
　　张丑（1577—1643），明代收藏家、文学家。原名张谦德，字青甫，号米庵。江苏昆山人。主要作品有《清河书画舫》《瓶花谱》《论墨》等。

J002510

清秘藏 （一卷）（明）张应文撰
李瘦叟 清 抄本
　　《真迹日录三卷》《清河秘箧书画表一卷》《南阳法书表一卷》《名画表一卷》《法书名画见闻表一卷》（明）张丑撰、《清秘藏一卷》（明）张应文撰合订。分四册。九行二十三或二十四字白口四周单边。

J002511

清秘藏 （一卷）（明）张应文撰
李瘦叟 清 抄本
　　《真迹日录三卷》《清河秘箧书画表一卷》《名画表一卷》《法书名画见闻表一卷》（明）张丑撰、《清秘藏一卷》（明）张应文撰合订。

J002512
考古秘诀鉴定新书　（三卷）（明）张应文撰
敦怀书屋　清光绪十一年［1885］刻本　线装
　　分三册。七行十七字小字双行同白口半页四周双边。

J002513
古今图书集成　（四十三部八百二十四卷）蒋廷锡等撰
上海　上海图书集成版印书局　清光绪甲午年［1894年］重印本　150册　20cm（32开）线装

J002514
国粹学报　（第四年　第七册　美术篇　丛谈）
［上海］［国学保存会］1906年　刻本　21cm（32开）环简页装　定价：洋三元（全八册）
　　本书收录黄质的"美术篇"和王阎运的"丛谈"。

J002515
美术史　（四编）佚名编
民国　线装

J002516
战时艺术论文集　（林风眠）等著
［民国］58页［19cm］（32开）
（国立艺术专科学校丛书　第1辑）
　　本书收录《抗战建国与艺术教育》（林风眠）、《战时的艺术教育》（常书鸿）、《抗战与民族艺术之再建设》（李朴园）、《绘画界在抗战时期的工作》（王曼硕）、《战时的艺术家》（雷圭元）、《建国中的艺术教育》（刘开渠）、《谈战争与装饰艺术》（李有行）、《抗战时期戏剧音乐运动之原则》（林文铮）、《战时的音乐宣传》（李树化）。

J002517
审核新学制艺术科课程纲要以后　刘海粟著
［1923—1929年］44页19cm（32开）
　　本书"前记"写于1923年3月。作者刘海粟（1896—1994），画家、美术教育家。名槃，字季芳，号海翁。江苏武进人。参与创办上海私立美术学院。曾任华东艺术专科学校校长，南京艺术学院院长。代表作《黄山云海奇观》《披狐皮的女孩》《九溪十八涧》等，有画集《黄山》《海粟老人书画集》等。

J002518
国立北平大学艺术学院同学录　国立北平大学艺术学院编
［北平］国立北平大学艺术学院［1925—1949年］石印本　24cm（15开）

J002519
中国美术小史　滕固著
上海　商务印书馆　1926年　51页17cm（40开）
定价：大洋一角
（百科小丛书　90）
　　本书将中国美术发展历程分为生长时代、混交时代、昌盛时代、沉滞时代进行论述。

J002520
中国美术小史　滕固著
上海　商务印书馆　1929年　43页18cm（28开）
（万有文库　第一集　0708）

J002521
中国美术小史　滕固著
上海　商务印书馆　1933年　国难后1版　43页19cm（32开）定价：大洋一角五分
（百科小丛书）

J002522
中国美术小史　滕固著
上海　商务印书馆　1935年　国难后2版　43页19cm（32开）定价：大洋一角五分
（百科小丛书）

J002523
中国美术小史　滕固著
长沙　商务印书馆　民国二十八年［1939］43页18cm（30开）
（万有文库简编　第1–2集）

J002524
中国美术小史　滕固著
重庆　商务印书馆　1945年　36页18cm（15开）
定价：国币七角
（百科小丛书）

J002525

中国美术小史　滕固著

台北　商务印书馆　1979年　2版　43页

18cm（15开）定价：TWD14.00

（人人文库　2026）

J002526

中国美术小史　滕固著

上海　上海书店　1989年　影印本　19cm（32开）

精装　ISBN：7-80569-179-7

（民国丛书　第一编　67）

　　本书与郑昶著的《中国美术史》、胡蛮著的《中国美术史》、朱杰勤的《秦汉美术史》、傅抱石著的《中国美术年表》合订。

J002527

国立艺术院第一届周年纪念特刊　国立艺术院编

杭州　国立艺术院　[1928年]　56页　27cm（16开）

　　本书收录《国立艺术院沿革》（李朴园）、国立艺术院大学部教务规程、该院各课办事细则、招生简章、教员和各系学生一览表等。

J002528

国立艺术院各系学生一览

杭州　国立艺术院　1928年　2页　28×35cm

　　本书附《国立艺术学校教育工作者名录》。

J002529

无锡美术专门学校第一届毕业纪念刊　江苏无锡美专第一届毕业同学会编

无锡　江苏无锡美专第一届毕业同学会　1928年　[88]页　有照片　23cm（10开）

　　本书内有师生作品照片，以及艺谈，文苑等。

J002530

中国美术史　胡蛮著

吉林　吉林书店　1928年　173页　20cm（32开）

　　本书内容包括：原始时代中国的美术、灿烂的"青铜时代"、熔铁底发明与先秦诸子底美学、中国美术底复兴等12章。论述自原始时代至抗战期间的绘画、木刻、工艺美术等发展史。其中插图29幅选自《世界美术全集》《中国版画史》《中国历史图谱》等书。

J002531

中国美术史　胡蛮著

上海　群益出版社　1946年　216页　有图

20cm（32开）定价：十三元

（群益艺丛　2）

J002532

中国美术史　胡蛮著

新华书店　1946年　215页　有图　20cm（32开）

J002533

中国美术史　胡蛮著

吉林　吉林书店　1948年　173页　18cm（15开）

J002534

中国美术史　胡蛮著

上海　群益出版社　1950年　216页　有图

21cm（32开）定价：15,100元

（群益译丛　3）

J002535

中国美术史　胡蛮著

上海　新文艺出版社　1951年　新1版　修正本

214页　有图　21cm（32开）定价：旧币15,100元

J002536

中国美术史　（日）大村西崖著；陈彬龢译

上海　商务印书馆　1928年　262页　22cm（32开）

定价：大洋一元

　　本书分17章，论述太古至清各时期绘画、工艺、雕刻、建筑等的发展概况。

J002537

中国美术史　（日）大村西崖著；陈彬龢译

上海　商务印书馆　1930年　再版　262页

23cm（10开）精装　定价：大洋一元六角

（历史丛书）

J002538

中国美术史　（日）大村西崖著；陈彬龢译

上海　商务印书馆　民国十九年[1930]254页

18cm（15开）

（万有文库　第一集　0707）

J002539

中国美术史　（日）大村西崖著；陈彬龢译

上海 商务印书馆 1932 年 国难后 1 版 254 页 19cm（32 开）定价：大洋六角
（国学小丛书）

J002540

中国美术史　（日）大村西崖著；陈彬龢译

上海 商务印书馆 1935 年 国难后 3 版 254 页 19cm（32 开）定价：大洋六角
（国学小丛书）

J002541

国立艺术院艺术运动社第一届展览会特刊
（国立艺术院艺术运动社）编

上海 国立艺术院艺术运动社 1929 年 36 页 有图 26cm（16 开）

　　本书收录《艺术运动》（李树化）、《色彩派吴大羽氏》（顾之）、《我所见之艺术运动社》（李朴园）等 5 篇文章，画 13 幅。书后有"艺术运动社简章"、"出品目录"等。

J002542

国立杭州艺术专科学校一览　国立杭州艺术专科学校编

杭州 国立杭州艺术专科学校 [1930 年] 112 页 有照片 23cm（10 开）

　　本书内容包括：沿革、组织大纲、规程、同学录等。

J002543

国立杭州艺术专科学校一览　杭州艺术专科学校编

杭州 国立杭州艺术专科学校 1934 年 159 页 有照片 23cm（10 开）

J002544

西湖一八艺社第六届展览会特刊　西湖一八艺社编

[杭州][国立艺术专科学校][1931 年] 22 页 有图像 26cm（16 开）

　　本书收录《近年艺术空气沉闷之主要原因》（林文静）、《野外写生的画学以外的经验》（孙福熙）、《我怀疑着新文化运动步骤》（李金发）、《为生活的艺术为艺术的生活》（孙俍工）等 4 篇文

章。书前有李朴园的《西湖一八艺社赴粤展览特刊序》，书末附该社社章。

J002545

中国艺术史概论　李朴园著

上海 良友图书印刷公司 [1931 年][234]页 有图 21cm（32 开）定价：洋一元五角

　　本书分原始社会、初期宗法社会、第一过渡期社会、初期混合社会、第二过渡期、社会主义社会、中国艺术之将来等 11 章，论述建筑、雕刻、绘画史。

J002546

东方艺术与西方艺术　王云五，李圣五主编

上海 商务印书馆 1933 年 122 页 15cm（40 开）定价：大洋一角
（东方文库 续编）

　　本书收录《明清之际中国美术所受西洋之影响》（向达）、《中国美术在现代艺术上的胜利》（婴行）。

J002547

国立艺术院第一二届毕业纪念刊　国立艺术院编

杭州 国立艺术院 1933 年 有照片 26cm（16 开）精装

J002548

私立武昌艺术专科学校学则　私立武昌艺术专科学校编

武昌 私立武昌艺术专科学校 1934 年 28 页 有照片 22cm（32 开）

J002549

私立武昌艺术专科学校一览　私立武昌艺术专科学校编

武昌 私立武昌艺术专科学校 1934 年 [171]页 有图 26cm（16 开）

　　本书内容包括：校史、规则、名录、文艺作品等。

J002550

艺术与新生活运动　林风眠著

南京 正中书局 1934 年 68 页 有肖像 15cm（40 开）

（新生活丛书）

本书内容包括：绪论、艺术与社会、艺术家与生活、艺术家的新生活、结论 5 部分。作者林风眠（1900—1991），画家、艺术教育家。名绍琼，字凤鸣，后改风眠。广东梅县人。曾任国立艺术学院首任院长，中国美术家协会上海分会副主席。代表作品有《春晴》《江畔》《仕女》。

J002551

中国美术的演变 土钧初著

北平 文心书业社 1934 年 144 页 有图 19cm（32 开）定价：大洋六角

本书分 21 章，内容包括：艺术起源的烟幕、火的发现与工具的萌芽、东西文化的亲近血缘、从武器到食器、祭坛上的反光、铁的火花与奴隶的血汗、美的意识的播种、侍奉宗教的美术、艺术圣人与民间艺术、山水画的起源与南北宗、对外之风格上的交换、当代诸流派之错综发展、革命美术等。

J002552

新华艺术专科学校第十六届毕业同学纪念刊 张逸心编辑

上海 新华艺术专科学校 1935 年 [66] 页 有照片 27cm（16 开）精装

J002553

新华艺术专科学校第十八届毕业同学纪念刊 新华艺术专科学校编

上海 新华艺术专科学校 1936 年 149 页 有照片 27cm（16 开）精装

J002554

中国美术史 郑昶编

上海 中华书局 民国二十四年 [1935] 166+12 页 19cm（32 开）定价：银六角

（中华百科丛书）

本书内容包括：雕塑、建筑、绘画、书法、陶瓷等 6 章，每章均有思考题若干条。书末附名词索引。作者郑昶（1894—1952），画家、美术史家。字午昌，号弱龛，浙江省嵊州人，毕业于北京师范大学。曾任中华书局美术部主任。著有《中国美术史》《中国画学全史》《中国壁画史》等。

J002555

中国美术史 郑昶编

上海 中华书局 民国二十九年 [1940] 166+12 页 19cm（32 开）

（中华百科丛书）

J002556

中国美术史 郑昶编

香港 中华书局香港分局 1989 年 影印本 166 页 19cm（32 开）精装 ISBN：962-231-629-8 定价：HKD30.00

（中华文史精刊）

本书由中华书局香港分局和上海书店联合出版。

J002557

国立北平艺术专科学校招生简章 国立北平艺术专科学校编

北平 国立北平艺术专科学校 1936 年 8 页 25cm（15 开）经折装

J002558

教育部电化教育人员训练班第一期毕业同学录 教育部电化教育人员训练班编

教育部电化教育人员训练班 1936 年 [72] 页 有像 27cm（16 开）精装

J002559

教育部立案上海美术专科学校二十五周年纪念一览 上海美术专科学校编

上海 上海美术专科学校 1936 年 152 页 有照片 26cm（16 开）

本书为民国时期上海美术教育高等专科学校资料，有校史、规章、课程、统计、名录等。

J002560

秦汉美术史 朱杰勤著

上海 商务印书馆 1936 年 183 页 19cm（32 开）定价：国币四角五分

（史地小丛书）

本书概述了秦汉两代的建筑、金石雕刻、书画等，兼及笔墨纸砚的考证。

J002561

秦汉美术史 朱杰勤著

上海 商务印书馆 1957 年 修订本 184 页
有图 19cm（32 开）
统一书号：8017.6 定价：CNY0.70

J002562
中国现代艺术史　李朴园等著
上海 良友图书印刷公司 1936 年 ［370］页
22cm（32 开）定价：洋四元
（现代中国史丛书 4）

　　本书内容包括：李朴园著的"工艺美术"、李树化著的"音乐"、梁得所著的"绘画"、杨邨人著的"戏剧"、郑君里著的"电影"5 部分。

J002563
抗战与美术　　朱应鹏著
长沙 商务印书馆 1937 年 35 页 19cm（32 开）
定价：国币一角五分
（抗战小丛书）

　　本书收录作者致友人书信、演讲稿中的有关绘画、雕刻、建筑以及抗战时期文艺与时代的关系等文章，包括《文艺与宣传》《战争与民族》《战争与文艺》《推动美术宣传》《美术家当前的责任》《美术与精神训练》6 篇。

J002564
抗战与美术　　朱应鹏著
长沙 商务印书馆 1938 年 3 版 35 页 19cm（32 开）
定价：国币一角五分
（抗战小丛书）

J002565
抗战与美术　　朱应鹏著
长沙 商务印书馆 1938 年 4 版 35 页 19cm（32 开）
定价：国币一角五分
（抗战小丛书）

J002566
抗战与美术　　朱应鹏著
长沙 商务印书馆 1938 年 5 版 35 页 19cm（32 开）
定价：国币一角五分
（抗战小丛书）

J002567
抗战与游艺　　周寒梅著
长沙 商务印书馆 1937 年 42 页 19cm（32 开）

（抗战小丛书）

J002568
钤山堂书画记　（明）文嘉撰
上海 商务印书馆 1937 年 24+10 页 18cm（15 开）
（丛书集成初编 1572）

　　《钤山堂书画记一卷》（明）文嘉撰、《七颂堂识小录一卷》（清）刘体仁撰合订。据《知不足斋丛书》本排印。

J002569
钤山堂书画记　（明）文嘉撰
北京 中华书局 1985 年 新 1 版 24+10 页
18cm（15 开）统一书号：17018.151
（丛书集成初编）

　　《钤山堂书画记一卷》（明）文嘉撰、《七颂堂识小录一卷》（清）刘体仁撰合订。

J002570
中国美术年表　傅抱石著
上海 商务印书馆 1937 年 148 页 19cm（32 开）
定价：国币一元

　　本年表自公元前 2697 年至公元 1911 年止。作者傅抱石（1904—1965），画家。原名长生、瑞麟，号抱石斋主人。生于江西南昌，祖籍江西新余，早年留学日本。历任南京师范学院教授、江苏国画院院长等职。代表作品有《山阴道上》《钟馗》《屈原》《江山如此多娇》，著有《中国古代绘画之研究》《中国绘画变迁史纲》等。

J002571
中国美术年表　傅抱石著
台北 木铎出版社 1982 年 148 页 21cm（32 开）
定价：TWD80.00

J002572
抗战与艺术宣传　国立艺术专科学校抗敌宣传工作团编
国立艺术专科学校抗敌宣传工作团 ［1938 年］
44 页 有图 18cm（15 开）

　　本书为国立艺术专科学校抗敌宣传工作团工作报告。内容包括：从学校的观点来检讨绘画宣传工作、雕塑、本校音乐宣传之前后、本校戏剧工作的经历与所得、国立艺专抗敌宣传工作团供应股工作的检讨 5 部分。

J002573

中国艺术综览　（美）John C. Ferguson 著
上海　商务印书馆　1938 年　56 页 28cm（16 开）
　　外文书名：Survey of Chinese Art.

J002574

抗战与艺术　老舍等著
重庆　独立出版社　1939 年　3 版　44 页 19cm（32 开）
　　定价：二角
（战时综合丛书　第 3 辑）
　　本书分美术、音乐、电影、文艺 4 章，收录
《引言——略论战时美术》（黄茅）、《战时的漫画
界》（胡考）、《谈抗战歌曲》（丰子恺）、《关于抗战
电影》（魏孟克）、《谈通俗文艺》（老舍）、《战时的
小说》（郁达夫）、《关于报告文学》（穆木天）、《战
时戏剧教育与戏剧运动》（王家齐）等 12 篇文章。
书前有卷头语《战时艺术》（李文剑）。

J002575

新华艺术专科学校第廿三、廿四届毕业纪
念刊　陈尹生，樊邨夫编
上海　新华艺术专科学校　1939 年　[60] 页 有图
27cm（16 开）
　　本书内容包括该校简史，教职员和第 23、24
届毕业生的照片，以及中西画、图案设计等作品
的摄影。

J002576

国立西康技艺专科学校要览
西康　国立西康技艺专科学校　1940 年　油印本
11 叶　29cm（15 开）环筒页装

J002577

战时美术论丛　广西省立艺术馆美术部编
[桂林] 广西省立艺术馆美术部　1940 年　66 页
19cm（32 开）定价：国币二角
　　本书为民国时期艺术思想文集，收录《非常
时期的美术》（集体意见）、《战时艺术的内容与
技巧》（黄显之）、《画家的正义感及其责任》（张
安治）、《绘画题材的新发展》（陈晓南）、《如何制
作宣传画》（陆其清）、《谈战时工艺美术》（曹佩
圻）、《速写的研究》（集体讨论）等 15 篇论文。

J002578

中国艺术史各论　（上册）冯贯一著

南京　中日文化协会　民国三十年 [1941] 212 页
有图　18cm（15 开）定价：国币五元
（学术丛书）
　　本书分 20 章，论述自周秦时代至民国的书
画、铜器、陶瓷、玉器、漆器、丝绣、地毯、文房
四宝、建筑、雕刻等各种艺术史。

J002579

中国艺术史各论　（下册）冯贯一著
南京　中日文化协会　民国三十年 [1941] 204 页
有图　18cm（15 开）定价：国币五元
（学术丛书）

J002580

中国艺术史各论　冯贯一著
上海　上海书店　1990 年　影印本　有图
19cm（32 开）精装　ISBN：7-80569-373-0
（民国丛书　第二编　美学、艺术类 66）
　　本书与岑家梧著的《中国艺术论集》、李朴
园著的《中国艺术史概论》合订。

J002581

中国艺术史各论　冯贯一著
上海　上海书店　1990 年　影印本　416 页 有图
19cm（32 开）ISBN：7-80569-308-0 定价：6.00
（民国丛书选印）

J002582

[艺术剪报]　（民国 31 年 1 至 6 月份）
[1942 年] 剪报本 [34 叶] 23×25cm

J002583

艺术教育重要法令　教育部社会教育司编
[北平] 教育部社会教育司　1942 年　24 页
19cm（32 开）
　　本书内容包括：音乐教育委员会章程、艺术
文物考察团简章、美术教育委员会章程、学校课
外音乐活动办法等 12 个部分。

J002584

[中国美术发达史]　刘思训撰
刘思训 [自刊] 民国三十五年 [1946] 稿本
线装
　　分三册。

J002585

中国美术发达史　刘思训著

上海　商务印书馆　1946年　123页　18cm（15开）

定价：国币二元

（美术丛书）

　　本书分4编，论述太古至清各时期有关书法、绘画、雕塑、建筑的发展史。

J002586

中国美术发达史　刘思训著

上海　商务印书馆　1947年　再版　123页

19cm（32开）定价：国币二元五角

（新中学文库）

J002587

中国美术发达史　刘思训著

上海　商务印书馆　1950年　4版　123页

18cm（15开）定价：基价5.50元

（美术丛书）

J002588

广西省立艺术馆开幕纪念特刊　广西省立

艺术馆研究部编

桂林　广西省立艺术馆研究部　1947年　31页

19cm（32开）

　　本书内容包括：关于艺术馆方针、任务与组织的介绍；艺术馆各部1946年工作报告和1947年工作计划大纲。

J002589

民间艺术研究联席座谈会代表通讯录

［大众文艺用品社］1947年［26］页

19cm（32开）

　　本书为1947年2月在冀鲁豫边区文联供应部召开的边区13个县民间艺人研究会通讯录，内含《民间艺术研究会全体代表告同行同业书》和《洋片、画工、塑工、印刷、画店代表通讯录》。书前有《全体代表联合启事》和毛泽东木刻像等。书后附冀鲁豫边区文联《关于建立大众文艺用品供应社的决定》。

J002590

中共冀鲁豫区党委宣传部关于改造民间艺人、旧艺人和民间艺术、旧剧的一封信　中共冀鲁豫区党委宣传部著

［菏泽］冀鲁豫书店　1947年　11页20cm（32开）

J002591

中国艺术论集　岑家梧著

　　本书收录《唐代妇女的装饰》《唐宋花鸟画的发展》《中国画的气韵与形似》《中国艺术考古学之进展》《中国民俗艺术概说》《中国边疆艺术之探究》《论艺术社会学》《中国艺术对于近代欧洲的影响》（冯来仪著）等9篇文章。

J002592

中国艺术论集　岑家梧著

上海　上海书店　1991年　影印本172页

19cm（小32开）ISBN：7-80569-305-6

定价：CNY2.20

J002593

新美术运动诸问题　茹茹撰

上海　商务印书馆　1950年　52页15cm（40开）

定价：基价1.70元

（人民百科小册）

J002594

上海美术运动　陈烟桥撰

上海　大东书局　1951年　58页18cm（32开）

定价：旧币3,500元

　　本书内容包括：我们发动大家都来画新年年画、上海彩印图画的发行与制作的一些问题、关于上海年画、全国美协上海分会的工作与经验、一年来上海美术创作情况与今后展望。作者陈烟桥（1911—1970），版画家。曾用名陈炳奎，笔名李雾城、米启郎。就读于广州市立美术专科学校西画科和上海新华艺术专科学校西洋画系。历任《新华日报》美术科主任，中国美术家协会上海分会副秘书长、美协广西分会主席等。代表作品有木刻《建设中的佛子岭》《鲁迅和他的伙伴们》等。

J002595

中国美术史　祜曼著

上海　新文艺出版社　1953年　增订本197页

有图21cm（32开）定价：旧币11,200元

J002596

论中国古代艺术　（苏）阿尔巴拓夫（М.В.

Алпатов)撰；林念松选译
上海 万叶书店 1953年 29页 有图 21cm（32开）
定价：旧币 6,000 元

J002597
中国古典艺术　常任侠著
上海 上海出版公司 1954年 144页 有图
18cm（15开）定价：旧币 5,600 元
（中国文艺研究丛书）
　　本书探讨中国优秀的艺术遗产的起源和发
展的过程，包括音乐、舞蹈、戏剧、绘画、雕刻等
各方面，并说明了中国的美术被传播到我们周围
的国家和民族，同时也不断地吸收了其他民族的
艺术特长。作者常任侠（1904—1996），艺术考古
学家、东方艺术史研究专家、诗人。别名季青，
生于安徽颍上县。毕业于南京中央大学文学院，
并留校任教。历任国立北平艺术专科学校特级
教授，中央美术学院教授，国家文物鉴定委员会
委员。代表作品有《毋亡草》《祝梁怨》《亚细亚
之黎明》等。

J002598
中国美术史导论　（英）席尔科（Arnold Silcock）
著；王德昭译
台北 正中书局 1954年 140页 有图 20cm（32开）
定价：二元
（正中文库 2）

J002599
中国美术史论集　虞君质等著
台北 文化出版事业委员会 1955年 3册（568页）
19cm（32开）定价：TWD15.00（单册）
（现代国民基本知识丛书 第三辑）

J002600
中华美术图集　中华丛书委员会编
台北 中华丛书委员会 1955年 48cm（5开）

J002601
中国美术史讲稿　王逊编
北京 中央美术学院 1956年 油印本 294页
26cm（16开）
　　编者王逊（1915—1969），美术史论家。山东
莱阳人，毕业于清华大学哲学系。曾任天津南开
大学哲学系副教授，清华大学哲学系教授，中央

美术学院美术史系教授及系主任，兼《美术》杂
志执行编委。出版专著有《中国美术史》《北京
皮影》等。

J002602
中国美术史讲义　王逊编
北京 中央美术学院 1956年 216页 26cm（16开）

J002603
中国美术史纲　李浴编著
北京 人民美术出版社 1957年 340页+[74]页
图版 有图 21cm（32开）统一书号：8027.1169
定价：CNY3.30（布面精装），CNY2.90（纸面精装）
　　本书共有8章，第1章原始时代的美术；第
2章青铜时代的美术；第3章秦汉时代的美术；
第4章魏晋南北朝时代的美术；第5章封建文化
鼎盛时代的隋唐美术；第6章五代两宋的美术；
第7章元明清的美术；第7章元明清的美术；第
8章简述辛亥革命以来的美术概势及本篇的最后
余论。

J002604
中国美术史纲　李浴编著
香港 天下书业艺术公司 [1980—1999年]
309页 有图 21cm（32开）定价：HKD30.00

J002605
中国美术史纲　（上卷）李浴著
沈阳 辽宁美术出版社 1984年 519页 有图
19cm（32开）精装 统一书号：8161.0291
定价：CNY3.90
　　本书是在人民美术出版社1957年出版的《中
国美术史纲》的基础上重新编写的。全书约50
万字，插图1000余幅。

J002606
中国美术史纲　（下卷）李浴著
沈阳 辽宁美术出版社 1988年 926页 有彩图
19cm（32开）精装 ISBN：7-5314-0203-3
定价：CNY12.00

J002607
台湾省通志稿　（卷六 学艺志 艺术篇）台湾
省文献委员会编；杜学知等纂修
台北 [台湾省文献委员会] 1958年 284页

26cm（16 开）

J002608
中国美术史略　　阎丽川编著
北京　人民美术出版社　1958 年　229 页 +73 页图版　21cm（32 开）精装　统一书号：T8027.1316
定价：CNY2.25
　　本书分 10 章，内容包括：中国原始时代的文化艺术；商、周（春秋、战国）时代的美术；秦汉美术；魏、晋、南北朝的美术；隋、唐美术；五代、两宋（辽金）的美术；元代美术；明清美术；近代美术；新中国的美术。

J002609
中国美术史略　　阎丽川编著
北京　人民美术出版社　1980 年　2 版修订本
370 页 有图　19cm（32 开）统一书号：8027.1316
定价：CNY1.95
　　作者阎丽川（1910—1997），美术史论家、书画家和艺术教育家。原名必达，字立川，山西太原人。毕业于上海新华艺术专科学校西画系。历任天津美术学院教授，中国美术家协会美术史学会理事等。出版专著《中国美术史略》《文物史话》等。

J002610
中国美术史略　　阎丽川著
台北　丹青图书公司　1987 年　台 1 版　有图
19cm（32 开）定价：TWD250.00
（丹青艺术丛书）

J002611
历代艺术馆　　故宫博物院编
北京　文物出版社　1959 年　19cm（小 32 开）
定价：CNY0.40

J002612
敦煌艺术　　郭宗纾编写
北京　中华书局　1960 年　19cm（小 32 开）
定价：CNY0.12
（中国历史小丛书）

J002613
扬州美术　　（第一辑　扬州八怪参考资料之一）
扬州市文化处，扬州市文联编

扬州　扬州市文化处　1962 年　70 页 19cm（32 开）
　　本书由扬州市文化处和扬州市文联联合出版。

J002614
中国美术年表　　钱兴华编
台北　五洲出版社　1968 年　影印本 148 页
19cm（32 开）定价：TWD20.00

J002615
充分发挥笔杆子的战斗作用　　上海市出版
"革命组"编辑
上海　上海市出版"革命组"　1970 年
19cm（32 开）定价：CNY0.17

J002616
中华艺术史纲　　（上册　史前·商周·春秋战国）
谭旦冏主编
台北　光复书局　1972 年　台初版　有图
26cm（16 开）精装

J002617
中华艺术史纲　　（中册　汉·魏晋南北朝·隋唐）
谭旦冏主编
台北　光复书局　1973 年　台初版　有图
26cm（16 开）精装

J002618
中华艺术史纲　　（下册　宋元·明清）谭旦冏
主编
台北　光复书局　1973 年　台初版　有图
26cm（16 开）精装

J002619
中华艺术史纲　　谭旦冏主编
台中　印刷出版社　1986 年　3 版　2 册（856 页）
有图 26cm（16 开）精装

J002620
中国美术史参考资料　　广东人民艺术学院文艺理论教研组编
广州　广东人民艺术学院文艺理论教研组
1973 年　26cm（16 开）

J002621

汉唐美术杂记　黄蒙田［编］

香港　大光出版社　1975年　166页

19cm（小32开）

J002622

中国美术简史　（上册　石器时代、青铜时代、

秦汉·魏晋南北朝之部）大尹编著

香港　中流出版社　1981年　189页20cm（32开）

J002623

中国美术简史　（中册　隋、唐、五代、两宋

之部）

香港　中流出版社　1979年　189页20cm（32开）

定价：CNY10.00

J002624

美的历程　李泽厚著

北京　文物出版社　1981年　213页21cm（32开）

统一书号：8068.829　定价：CNY1.90

　　本书内容包括：龙飞凤舞、先秦理性精神、

楚汉浪漫主义、魏晋风度、韵外之致等10个

部分。

J002625

美的历程　李泽厚著

北京　文物出版社　1982年　213页＋56页图版

21cm（32开）精装　定价：CNY3.40

J002626

美的历程　李泽厚著

北京　中国社会科学出版社　1984年　268页

18cm（15开）统一书号：2190.102

定价：CNY0.84

J002627

美的历程　（文物考古研究）李泽厚著

北京　文物出版社　1989年　2版　210页

21cm（32开）定价：CNY3.80

J002628

美术史论丛刊　（第一辑）中国艺术研究院美

术研究所《美术史论》丛刊编辑部编

北京　文化艺术出版社　1981年　284页　有图

20cm（32开）统一书号：8228.007

定价：CNY1.30

J002629

美术史论丛刊　（第二辑）中国艺术研究院美

术研究所《美术史论丛》丛刊编辑部编

北京　文化艺术出版社　1982年　292页＋［9］页

图版　21cm（32开）统一书号：8228.008

定价：CNY1.30

　　本书是中国美术史评论集，本辑以绘画研究

文章为主，其中有新疆克孜尔壁画、北宋画论、

古代漫画探讨等；在现代画家及作品栏中，评介

了吴冠中、张法根、张德蒂等画家的创作与艺术

特色。

J002630

延安鲁艺　钟敬之著

北京　文物出版社　1981年　46页19cm（32开）

统一书号：11068.896　定价：CNY0.44

（革命文物丛书）

　　作者钟敬之（1910—1998），电影理论家。浙

江嵊县人。历任中国电影家协会理事，全国文

联委员，中国电影家协会书记处书记、常务理

事、名誉理事，中国延安文艺学会顾问。著有

《大众文库电影》《延安鲁艺》《延安十年戏剧图

集》《人民电影初程纪迹》。

J002631

中国古代美学艺术论文集　蒋孔阳主编

上海　上海古籍出版社　1981年　388页

21cm（32开）统一书号：10186.242

定价：CNY1.20

　　本书收录《中国古代美学简介》《中国艺术

意境之诞生》《中国绘画的审美特点》《中国戏

曲舞台美术浅论》《中国美学史研究的方法论问

题》《评老子"大音希声"和庄周"至乐无乐"的

音乐美学思想》《试论屈原赋之"怨"的思想内容

和艺术特色——中国古典悲剧初探》《王充的真

实论与审美判断》《论苏轼的"随物赋形"说》《论

石涛及其美学思想》《论〈红楼梦〉的悲剧和曹雪

芹的悲剧思想》《评晚清小说理论中的艺术境界

移情说》等。

J002632

中国美术史导论　（英）西尔科克（Silcock, A.）

著；王德昭译

台北　正中书局　1981年　5版　影印本140页
有图　21cm（32开）

J002633
中国美术史论集　金维诺著
北京　人民美术出版社　1981年　433页+54页图版
21cm（32开）统一书号：8027.7388
定价：CNY2.00
　　本书分上下两编，上编是从中国史前期到明
清历代绘画、雕塑、工艺等各类作品和作者的专
论，共27篇；下编主要是有关佛教、石窟艺术的
论述，共6篇。作者金维诺（1924—2018），教授、
美术教育家。笔名若金，湖北鄂州人。历任中央
美术学院教授，国际知名敦煌学者，中国国家文
物鉴定委员会委员。代表作品《中国美术全集·原
始社会至战国雕塑》。

J002634
中国美术史论集　　金维诺著
台北　明文书局　1984年　447页　有图
21cm（32开）定价：TWD250.00

J002635
中国美术史论集　（上篇　综论）金维诺著
台北　南天书局有限公司　1995年　15+215页
有图　26cm（16开）精装　ISBN：957–638–265–3
定价：TWD1200.00（全2册）

J002636
中国美术史论集　（下篇　佛教艺术）金维诺著
台北　南天书局有限公司　1995年　217–470页
有图　26cm（16开）精装　ISBN：957–638–265–3
定价：TWD1200.00（全2册）

J002637
中国艺术精神　　徐复观著
台北　台湾学生书局　1981年　7版　580页
21cm（32开）

J002638
中国艺术精神　　徐复观著
台北　台湾学生书局　1984年　8版　增订本
580页21cm（32开）
定价：TWD220.00，TWD270.00（精装）
（新亚研究所丛刊12）

J002639
中国艺术精神　徐复观著
沈阳　春风文艺出版社　1987年　505页
20cm（32开）ISBN：7–5313–0008–7
定价：CNY3.85
（港台文化艺术理论丛书）

J002640
中华艺术大观　（1　铜器）顾俊编著
台北县　新夏出版社　1981年　208页　有图
29cm（15开）精装

J002641
中华艺术大观　（2　工艺）顾俊编著
台北县　新夏出版社　1981年　199页　有图
29cm（15开）精装

J002642
中华艺术大观　（3　陶瓷）顾俊编著
台北县　新夏出版社　1981年　208页　有图
29cm（15开）精装

J002643
中华艺术大观　（4　书法）于大成编著
台北县　新夏出版社　1982年　208页　有图
29cm（16开）精装

J002644
中华艺术大观　（6　建筑）李乾朗编著
台北县　新夏出版社　1982年　208页　有图
29cm（15开）精装

J002645
古美术集记　黄苗子著
香港　大光出版社有限公司　1982年　173页+
［33］页图版　21cm（32开）定价：HKD24.00

J002646
美术史论丛刊　（1981年第1辑.总第1辑）中
国艺术研究院美术研究所《美术史论》丛刊编辑
部编
天津　天津人民美术出版社　1982年　有图
20cm（32开）统一书号：8073.50232
定价：CNY1.00

J002647

美术史论丛刊 （1981年第2辑.总第2辑）中国艺术研究院美术研究所《美术史论》丛刊编辑部编

天津 天津人民美术出版社 1982年 有图 20cm（32开）统一书号：8073.50232

定价：CNY1.00

J002648

美术史论丛刊 （1982年第1辑.总第3辑）中国艺术研究院美术研究所《美术史论》丛刊编辑部编

天津 天津人民美术出版社 1982年 254页 有图 20cm（32开）统一书号：8073.50232

定价：CNY1.00

J002649

美术史论丛刊 （1982年第2辑.总第4辑）中国艺术研究院美术研究所《美术史论》丛刊编辑部编

天津 天津人民美术出版社 1982年 214页+[8]页图版 21cm（32开）

统一书号：8073.50236 定价：CNY1.00

J002650

美术史论丛刊 （1982年第3辑.总第5辑）中国艺术研究院美术研究所《美术史论》丛刊编辑部编

天津 天津人民美术出版社 1982年 250页 有图 20cm（32开）统一书号：8073.50245

定价：CNY1.00

J002651

美术史论丛刊 （1982年第4辑.总第6辑）中国艺术研究院美术研究所《美术史论》丛刊编辑部编

天津 天津人民美术出版社 1982年 237页 有图 20cm（32开）统一书号：8073.50254

定价：CNY1.00

J002652

美术史论丛刊 （1983年第1辑.总第7辑）中国艺术研究院美术研究所《美术史论》丛刊编辑部编

天津 天津人民美术出版社 1983年 271页

有图 20cm（32开）统一书号：8073.50263

定价：CNY1.00

J002653

美术史论丛刊 （1983年第2辑.总第8辑）中国艺术研究院美术研究所《美术史论》丛刊编辑部编

天津 天津人民美术出版社 1983年 250页 有图 20cm（32开）统一书号：8073.50274

定价：CNY1.00

J002654

美术史论季刊 （1984年第1期.总第9期）中国艺术研究院美术研究所《美术史论》编辑部编

天津 天津人民美术出版社 1984年 209页 有图 20cm（32开）定价：CNY1.00

J002655

美术中国 郭继生编著

台北 锦绣出版社 1982年 251页 有图 30cm（10开）精装

（锦绣系列 中国全集 3）

J002656

新四军美术工作回忆录 杨涵编

上海 上海人民美术出版社 1982年 165+94页 21cm（32开）统一书号：8081.12829

定价：CNY1.80

　　本书收录30篇回忆新四军部队美术工作的文章。记述了新四军各师、团和有关部门开展各种美术活动的情况，其中包括新四军战地服务团的美术工作、新四军的美术出版工作、"华中鲁艺"的教学情况"淮南艺专"的情况、新安旅行团的美术活动、华中美术工厂的情况、对敌宣传中的美术工作等。编者杨涵（1920—2014），编辑。原名桂森，浙江温州人。历任上海人民美术出版社副社长、副总编、编审。主要木刻作品《淮海战役》《赔碗》《修运河水闸》。

J002657

中国美术史 何恭上主编；冯振凯撰述

台北 艺术图书公司 1982年 239页 有图 21cm（32开）定价：TWD180.00

J002658

中国美术史 张光福编著

北京 知识出版社 1982年 478页 有图 21cm（32开）统一书号：8214.1 定价：CNY2.30

本书阐述了我国美术发展的情况，对历代美术的特色、流派、代表作家及代表作品，对工艺美术、雕刻、石窟艺术、壁画、山水画、人物画等作了专题论述。附有插图63幅。

J002659

韵石斋笔谈 （二卷）（清）姜绍书撰

台北 商务印书馆 1983年 影印本 （景印文渊阁四库全书 子部 一七八 第872册）

本书与（清）刘体仁撰的《七颂堂识小录》合订。

J002660

韵石斋笔谈 （清）姜绍书著

北京 中华书局 1985年 新1版 32+8页 18cm（15开）统一书号：17018.151 （丛书集成初编）

本书与（清）王懿荣撰的《天壤阁杂记》合订。

J002661

黑龙江省艺术史志集成资料汇编 黑龙江省艺术研究所编

1984年 94页 21cm（32开）

J002662

美学和中国美术史 朱光潜著

上海 知识出版社 1984年 124页 有图 21cm（32开）统一书号：2214.1001 定价：CNY0.77 （多学科学术讲座丛书 1）

本书分别从美学本质、美学史和文学评论等问题进行了评述，角度虽然各异，主论也不尽相同，但阐述精辟，运用材料具有说服力，并附有珍贵美术插图近30幅。

J002663

中国美术史 （日）大村西崖著；陈彬和译

台北 商务印书馆 1984年 7版 254页 18cm（15开）定价：TWD0.60 （人人文库 264–265）

J002664

文物史话 阎丽川著

太原 山西人民出版社 1985年 118页 有图 20cm（32开）定价：CNY2.00

本书内容选取有代表性的艺术文物，介绍和论述了中国古代工艺美术和石刻彩塑的发展、变化和成就。作者阎丽川（1910—1997），美术史论家、书画家和艺术教育家。原名必达，字立川，山西太原人。毕业于上海新华艺术专科学校西画系。历任天津美术学院教授，中国美术家协会美术史学会理事等。出版专著《中国美术史略》《文物史话》等。

J002665

延安岁月 （延安时期革命美术活动回忆录）孙新元，尚德周编

西安 陕西人民美术出版社 1985年 534页 有肖像 20cm（32开）精装 统一书号：11199.1 定价：CNY5.00

本书是抗日战争时期延安革命美术活动的回忆录，收录当年学习、生活、战斗在延安，活跃于陕甘宁边区和敌后抗日根据地约60多位老一辈革命美术家撰写的回忆文章67篇。

J002666

中国美术简史 周之骐著

西宁 青海人民出版社 1985年 208+232页 有图 20cm（32开）统一书号：8097.551 定价：CNY5.10

本书分文字和图版两部分：文字部分从原始社会的美术至清代的美术。图版部分选印从远古到清代的石器、彩陶、青铜器、帛画、建筑、壁画、雕塑、版画、绘画等各美术门类的精品图片1200幅。

J002667

中国美术史 王逊著

上海 上海人民美术出版社 1985年 508页 有图 19cm（32开）精装 统一书号：8081.13495 定价：CNY5.20

本书全面反映了从原始社会到明清时代，我国绘画、雕塑、建筑、工艺美术等各个艺术门类的发展状况及彼此间的相互关系。作者王逊（1915—1969），美术史论家。山东莱阳人，毕业于清华大学哲学系。曾任天津南开大学哲学系

副教授,清华大学哲学系教授,中央美术学院美术史系教授及系主任,兼《美术》杂志执行编委。出版专著有《中国美术史》《北京皮影》等。

J002668

中国美术史　　王逊著
上海　上海人民美术出版社　1989 年　548 页
有照片　19cm(32 开)精装
ISBN:7-5322-0093-0 定价:CNY10.20

J002669

中国美术史　　王逊著
上海　上海人民美术出版社　1999 年　重印本
548 页 有图 18cm(15 开)精装
ISBN:7-5322-0093-0 定价:CNY29.00

J002670

中国艺术史　　(英)苏立文(Sullivan, M.)著;
曾堉,王宝连编译
台北　南天书局　1985 年　331 页 有彩图
26cm(16 开)精装　ISBN:9576380928
定价:TWD1000.00
　　外文书名:The Arts of China.

J002671

笼天地于形内　　(艺术史与艺术批评)郭继生著
台北　时报文化出版事业公司　1986 年
325 页 有照片 21cm(32 开)
定价:TWD150.00
(学术丛书 45)

J002672

美的沉思　　(中国艺术思想刍论)蒋勋著
台北　雄狮图书公司　1986 年　136 页 有图
26cm(16 开)定价:TWD150.00
　　外文书名:A Contemplation on Chinese Art.
作者蒋勋(1947—　),画家、诗人、作家。生于
陕西西安,祖籍福建福州。毕业于台北中国文化
大学史学系、艺术研究所。历任台湾东海大学美
术系主任、《联合文学》社社长。代表作品有《汉
字书法之美》《孤独六讲》《美的沉思》《蒋勋细
说红楼梦》等。

J002673

美的沉思　　(中国艺术思想刍论)蒋勋著
台北　雄狮图书公司 [1990 年] 4 版　134 页
有图　27cm(大 16 开)ISBN:9579420041
(雄狮丛书 1-12)

J002674

中国美术史　　张光福编著
台北　华正书局　1986 年　631 页 有图
22cm(30 开)精装

J002675

中国美术史百题　　谭天编著
长沙　湖南美术出版社　1986 年　472 页
20cm(32 开)统一书号:82333.934
定价:CNY2.90
　　本书按中国美术发展的历史进程,列选各个
历史时期有代表性的美术现象、画家、作品、遗
迹和著作,分为 100 个专题进行介绍,并配有图
例。书后附参考书目。作者谭天(1949—　),教
授。名凯,生于湖南湘乡。广州美术学院美术
研究所教授、硕士生导师,兼任《美术学报》副主
编、广东省美术家协会理事。著作有《中国美术
史百题》。

J002676

中国人民解放军文艺史料选编　　(红军时期
上册)中国人民解放军文艺史料编辑部编
北京　解放军出版社　1986 年　有照片
19cm(32 开)统一书号:11185.69
定价:CNY5.30(全 2 册)

J002677

中国人民解放军文艺史料选编　　(红军时期
下册)中国人民解放军文艺史料编辑部编
北京　解放军出版社　1986 年　有照片
19cm(32 开)统一书号:11185.69
定价:CNY5.30(全 2 册)

J002678

中国人民解放军文艺史料选编　　(解放战争
时期 上册)解放军文艺史料编辑部编
北京　解放军出版社　1989 年　影印本 472 页
有图 20cm(32 开)ISBN:7-5065-1029-4
定价:CNY6.80

J002679

中国人民解放军文艺史料选编（抗日战争时期　第一册）中国人民解放军文艺史料编辑部编

北京　解放军出版社　1988 年　影印本 485 页　有照片　20cm（32 开）ISBN：7-5065-0311-5

定价：CNY4.50

J002680

中国人民解放军文艺史料选编（抗日战争时期　第二册）中国人民解放军文艺史料编辑部编

北京　解放军出版社　1988 年　影印本 479 页　有照片　20cm（32 开）ISBN：7-5065-0322-0

定价：CNY4.50

J002681

中国人民解放军文艺史料选编（抗日战争时期　第三册）中国人民解放军文艺史料编辑部编

北京　解放军出版社　1988 年　影印本 503 页　有照片　20cm（32 开）ISBN：7-5065-0323-9

定价：CNY4.50

J002682

中国人民解放军文艺史料选编（抗日战争时期　第四册）中国人民解放军文艺史料编辑部编

北京　解放军出版社　1988 年　影印本 487 页　有图　20cm（32 开）ISBN：7-5065-0324-7

定价：CNY4.50

J002683

古今图书集成（博物汇编　艺术典）（清）陈梦雷编纂；（清）蒋廷锡校订

北京　中华书局　1987 年　影印本 7 册（51195—59798 页）27cm（大 16 开）精装

定价：CNY410.00

　　本书由中华书局和巴蜀书社联合出版。

J002684

美术纵横（美术史论丛编　第 3 辑）中国美术家协会江苏分会编

南京　江苏美术出版社　1987 年　245 页　有图　20cm（32 开）定价：CNY2.80

J002685

中国美术史稿　李霖灿著

台北　雄狮图书公司　1987 年　253 页　有彩图　26cm（16 开）定价：TWD220.00

J002686

中国美术史稿　李霖灿著

台北　雄狮图书公司　1990 年　2 版　253 页　有彩图　26cm（16 开）ISBN：957-9420-45-9

定价：TWD280.00

（雄狮丛书 1-013）

J002687

中国美术通史（第一卷）王伯敏主编

济南　山东教育出版社　1987 年　414 页　有图　26cm（16 开）精装　ISBN：7-5328-0001-6

定价：CNY18.30

　　本书内容分建筑艺术、工艺美术、雕塑、绘画、版画、书法篆刻 6 个类别。主编王伯敏（1924—2013），美术史论家、画家、诗人。浙江台州人。曾担任中国美术学院教授，美术学博士生导师。著有《中国绘画通史》《中国版画史》《中国美术通史》等。

J002688

中国美术通史（第二卷）王伯敏主编

济南　山东教育出版社　1987 年　290 页　有图　26cm（16 开）统一书号：7275.621　精装　ISBN：7-5328-0002-4 定价：CNY14.40

J002689

中国美术通史（第三卷）王伯敏主编

济南　山东教育出版社　1987 年　311 页　有图　26cm（16 开）精装　ISBN：7-5328-0003-2

定价：CNY15.10

J002690

中国美术通史（第四卷）王伯敏主编

济南　山东教育出版社　1987 年　401 页　有图　26cm（16 开）精装　ISBN：7-5328-0004-0

定价：CNY18.10

J002691

中国美术通史（第五卷）王伯敏主编

济南　山东教育出版社　1988 年　479 页　有图

26cm（16开）精装 ISBN：7-5328-0262-0
定价：CNY30.40

J002692
中国美术通史 （第六卷）王伯敏主编
济南 山东教育出版社 1988 年 485 页 有图
26cm（16开）精装 ISBN：7-5328-0263-9
定价：CNY32.50

J002693
中国美术通史 （第七卷）王伯敏主编
济南 山东教育出版社 1988 年 436 页 有图
26cm（16开）精装 ISBN：7-5328-0264-7
定价：CNY29.30

J002694
中国美术通史 （第八卷）王伯敏主编
济南 山东教育出版社 1988 年 506 页 有图
26cm（16开）精装 ISBN：7-5328-0265-5
定价：CNY28.30

J002695
中国美术通史 （第一卷）王伯敏主编
济南 山东教育出版社 1996 年 393 页 有图
26cm（16开）精装 ISBN：7-5328-2311-3
定价：CNY85.00
　　本书是《中国美术通史》的第一卷，分为原始社会美术、夏商周美术、秦汉美术三编，内容包括石器的产生与发展、原始建筑、工艺美术、绘画、书法、建筑艺术、雕塑等。 卷主编：萧默、田自秉、俞守仁。

J002696
中国美术通史 （第二卷）王伯敏主编
济南 山东教育出版社 1996 年 290 页 有图
26cm（16开）精装 ISBN：7-5328-2311-3
定价：CNY85.00
　　本书是《中国美术通史》的第二卷，为魏晋南北朝美术部分，内容包括建筑艺术、绘画、书法篆刻、雕塑、工艺美术等。

J002697
中国美术通史 （第三卷）王伯敏主编
济南 山东教育出版社 1996 年 311 页 有图
26cm（16开）精装 ISBN：7-5328-2311-3

定价：CNY85.00
　　本书是《中国美术通史》的第三卷，为隋唐美术部分，内容包括绘画、书法篆刻、建筑艺术、雕塑、工艺美术等。

J002698
中国美术通史 （第四卷）王伯敏主编
济南 山东教育出版社 1996 年 401 页 有图
26cm（16开）精装 ISBN：7-5328-2311-3
定价：CNY85.00
　　本书是《中国美术通史》的第四卷，为五代两宋美术部分，内容包括绘画、书法篆刻、建筑艺术、雕塑、版画、工艺美术等。

J002699
中国美术通史 （第五卷）王伯敏主编
济南 山东教育出版社 1996 年 479 页 有图
26cm（16开）精装 ISBN：7-5328-2311-3
定价：CNY85.00
　　本书是《中国美术通史》的第五卷，分元代美术和明代美术(上)两部分，内容涉及建筑艺术、绘画、书法篆刻、版画、雕塑、工艺美术等。

J002700
中国美术通史 （第六卷）王伯敏主编
济南 山东教育出版社 1996 年 485 页 有图
26cm（16开）精装 ISBN：7-5328-2311-3
定价：CNY85.00
　　本书是《中国美术通史》的第六卷，分为明代美术(下)和清代美术两部分，涉及建筑艺术、工艺美术、绘画、书法篆刻、版画、雕塑等内容。

J002701
中国美术通史 （第七卷）王伯敏主编
济南 山东教育出版社 1996 年 436 页 有图
26cm（16开）精装 ISBN：7-5328-2311-3
定价：CNY85.00
　　本书是《中国美术通史》的第七卷，为近现代美术部分，内容涉及近现代美术的兴起和发展、中国画、书法篆刻、西洋画、版画、漫画、雕塑等。

J002702

中国美术通史 （第八卷）王伯敏主编

济南 山东教育出版社 1996 年 506 页

26cm（16 开）精装 ISBN：7-5328-2311-3

定价：CNY85.00

　　本书是《中国美术通史》的附录部分，内容包括：中国美术史年表、中国美术史参考文献。

J002703

中国美术通史 （第一卷 先秦 - 汉）王伯敏主编

济南 山东教育出版社 1996 年 393 页 有图

26cm（16 开）精装 ISBN：7-5328-2319-9

定价：CNY110.00（豪华本）

J002704

中国美术通史 （第二卷 魏晋南北朝）王伯敏主编

济南 山东教育出版社 1996 年 290 页 有图

26cm（16 开）精装 ISBN：7-5328-2320-2

定价：CNY110.00（豪华本）

J002705

中国美术通史 （第三卷 隋唐）王伯敏主编

济南 山东教育出版社 1996 年 311 页 有图

26cm（16 开）精装 ISBN：7-5328-2321-0

定价：CNY110.00（豪华本）

J002706

中国美术通史 （第四卷 五代两宋）王伯敏主编

济南 山东教育出版社 1996 年 401 页 有图

26cm（16 开）精装 ISBN：7-5328-2322-9

定价：CNY110.00（豪华本）

J002707

中国美术通史 （第五卷 元代、明代 上）王伯敏主编

济南 山东教育出版社 1996 年 479 页 有图

26cm（16 开）精装 ISBN：7-5328-2323-7

定价：CNY110.00（豪华本）

J002708

中国美术通史 （第六卷 明代 下、清代）王伯敏主编

济南 山东教育出版社 1996 年 485 页 有图

26cm（16 开）精装 ISBN：7-5328-2324-5

定价：CNY110.00（豪华本）

J002709

中国美术通史 （第七卷 近现代）王伯敏主编

济南 山东教育出版社 1996 年 436 页 有图

26cm（16 开）精装 ISBN：7-5328-2325-3

定价：CNY110.00（豪华本）

J002710

中国美术通史 （第八卷 附录）王伯敏主编

济南 山东教育出版社 1996 年 506 页 有图

26cm（16 开）精装 ISBN：7-5328-2326-1

定价：CNY110.00（豪华本）

J002711

中国美术之最 朱国荣编

北京 知识出版社 1987 年 202 页 19cm（32 开）

ISBN：7-5015-5319-X 定价：CNY1.35

　　作者朱国荣（1947— ），上海人。上海美术家协会任职，中国美术家协会会员。

J002712

中国美术之最 朱国荣编著

北京 知识出版社 1990 年 2 版 199 页 有彩照

20cm（32 开）ISBN：7-5015-5319-X

定价：CNY4.70

J002713

中国艺术之最 张国臣编著

北京 中国旅游出版社 1987 年 224 页

19cm（32 开）统一书号：8179.947

ISBN：7-5032-0034-0 定价：CNY1.70

J002714

中国艺术之最 张国臣编著

北京 中国旅游出版社 1993 年 2 版 203 页

19cm（小 32 开）ISBN：7-5032-0034-0

定价：CNY5.50

（中国之最丛书）

J002715

藏族美术史研究 安旭编著

上海 上海人民美术出版社 1988 年 275 页

20cm（32 开）ISBN：7-5322-0161-9

定价: CNY5.20

　　本书分8章, 内容包括: 1. 高原环境与藏族美术的关系; 2. 西藏远古美术; 3. 吐蕃时期的美术; 4. 农奴制制成时期(五代、宋)的美术; 5. 元代西藏美术; 6. 明代西藏美术; 7. 清代西藏美术; 8. 西藏解放后的美术。

J002716

根源之美　　庄申编著

台北　东大图书公司　1988年　753页　有图 24cm(26开)　精装

(沧海丛刊　美术)

J002717

内蒙古艺术史料选编　　邢野选编

内蒙古艺术研究所　1988年　299页　20cm(32开)

J002718

新疆美术家　　中国美术家协会新疆分会, 新疆画院编

乌鲁木齐　新疆人民出版社　1988年　344页 21cm(32开)定价: CNY2.50

J002719

新时期文艺学论争资料　　(1976—1985)复旦大学中文系资料室编

上海　复旦大学出版社　1988年　2册(267; 249页) 26cm(16开)　ISBN: 7-309-00136-2

定价: CNY4.95

J002720

原始艺术与民间文化　　刘锡诚著

北京　中国民间文艺出版社　1988年　305页+ [5]页图版21cm(32开) ISBN: 7-5040-0054-X

定价: CNY3.70

(中国民间文学理论建设丛书)

　　本书内容包括: 马克思恩格斯与民间文学; 列宁论劳动者的口头创作; 拉法格的民歌与神话理论; 论民间文学普查; 整体研究要义; 原始艺术论纲等。作者刘锡诚(1935—　), 山东昌乐人。毕业于北京大学。先后在中国民间文艺研究会、新华通讯社、中国作家协会、中国文学艺术界联合会任职。代表作品有《小说创作漫谈》《刘锡诚文学评论选》, 编有《俄国作家论民间文学》, 译有《苏联民间文学论文集》。

J002721

中华国宝　　(艺术珍宝分册)张圣福编写

南京　江苏少年儿童出版社　1988年　271页 有图　19cm(32开)　ISBN: 7-5346-0172-X

定价: CNY1.70

J002722

古代艺术三百题　　上海古籍出版社编

上海　上海古籍出版社　1989年　720页　有照片 19cm(32开)　精装　ISBN: 7-5325-0671-1

定价: CNY11.15

　　本书内容包括书法篆刻、绘画雕塑、音乐舞蹈等方面。以问答的形式介绍传统艺术的各种基本知识, 包括古代著名艺术家、艺术流派以及作品与理论。

J002723

近代中国艺术发展史　　李朴园等著

上海　上海书店　1989年　影印本19cm(小32开) 精装　ISBN: 7-80569-179-7

(民国丛书　第一编 65)

　　本书与傅彦长等著《艺术三家言》、滕固编的《中国艺术论丛》合订。

J002724

林风眠致全国艺术界书　　林风眠著

[1990—1999年] 29页19cm(32开)

　　作者林风眠(1900—1991), 画家、艺术教育家。名绍琼, 字凤鸣, 后改风眠。广东梅县人。曾任国立艺术学院首任院长, 中国美术家协会上海分会副主席。代表作品有《春晴》《江畔》《仕女》。

J002725

日据时代台湾美术运动史　　谢里法著

台北　艺术家出版社 [1990—1999年] 272页 有图　21cm(32开)定价: TWD150.00

(艺术家丛刊 2)

J002726

日据时代台湾美术运动史　　谢里法著

台北　艺术家出版社　1992年　3版　261页　有图 26cm(16开)定价: TWD380.00

J002727

日据时代台湾美术运动史　谢里法著
台北　艺术家出版社　1998 年　5 版　261 页　有图
26cm（16 开）ISBN：957-9530-11-4
定价：TWD380.00

J002728

西域文化与敦煌艺术　何山著
长沙　湖南美术出版社　1990 年　[12]+494 页
有图　19cm（32 开）精装　ISBN：7-5356-0327-0
定价：CNY12.00

　　本书站在世界文化的整体高度，对敦煌艺术
与西域文化的交融进行了深入探讨，从艺术比较
学、人类文化学、艺术形态学等多角度、多层次
的剖析。介绍了佛教文化在敦煌的传播及佛、道、
儒三教的合流，并推论出敦煌艺术是中国内陆
文明、印度文明、希腊文明交融互补与溶合的产
物，属于这三大文明临界点的新型文化形态。同
时进一步探讨了敦煌艺术各时期的风格特征，分
析了彼此的联系与因承。书中附有敦煌艺术的
图例 133 幅。

J002729

云南地方艺术集成·志
北京　文化艺术出版社　[1990 年]　有图
20cm（32 开）

　　本套书介绍了云南的民间歌曲、民间乐器、
民间舞蹈、戏曲音乐等。将各民族先人创造的灿
烂文化遗产和中华人民共和国成立后各民族艺
术工作者创造的优秀成果和经验通过科学的体
例，全面系统的记录下来。

J002730

中国北方民族美术史料　（达）鄂嫩哈拉·苏
日台编著
上海　上海人民美术出版社　1990 年　637 页
19cm（小 32 开）精装　ISBN：7-5322-0491-X
定价：CNY16.30

　　本书内容包括：北方原始美术概论、北方青
铜器时代的美术、北方石窟艺术崛起时代的美
术、隋唐五代时期北方民族美术、辽代美术、西
夏各族美术、金代各族美术等 9 章。附图 211 幅。
作者鄂嫩哈拉·苏日台（1940—　），达斡尔族，
鄂嫩哈拉氏，中国美协会员、内蒙古分会常务理
事，中国工艺美术学会会员。

J002731

中国的美术和雕塑　孟逢贤编
太原　山西教育出版社　1990 年　98 页　有图
19cm（32 开）ISBN：7-80578-174-5
定价：CNY1.60
（可爱的中国丛书　第二辑）

J002732

中国的音乐·舞蹈·戏曲　康荣编
太原　山西教育出版社　1990 年　150 页　有图
19cm（32 开）ISBN：7-80578-179-6
定价：CNY2.40
（可爱的中国丛书　第二辑）

J002733

中国美术简史　中央美术学院美术史系中国
美术史教研室编著
北京　高等教育出版社　1990 年　430 页　有图
20cm（32 开）ISBN：7-04-003030-9
定价：CNY5.15

　　本书为卫星电视教育高等师范专科美术专
业教材。共 6 编，按时代阐述从史前美术至近现
代 6 个阶段的美术发展状况。

J002734

中国美术简史　中央美术学院美术史系中国
美术史教研室编著
北京　高等教育出版社　1992 年　430 页　有图
20cm（32 开）精装　ISBN：7-04-003035-7
定价：CNY13.15

J002735

中国史前艺术　谢崇安著
海口　三环出版社　1990 年　166 页　有图
19cm（32 开）ISBN：7-80564-231-1
定价：CNY2.50
（龙文化大系丛书）

J002736

中国艺术辩证法　陈德礼著
长春　吉林人民出版社　1990 年　373 页
19cm（32 开）ISBN：7-206-00509-8
定价：CNY4.10

　　本书阐述了艺术美的本质与特征、创造与鉴
赏、内涵与构成、风貌与意境、风格与技巧等。

J002737

北京文化史资料选集 （北京画院文化史料专辑 1919—1949）北京市文化局，北京画院编
1991年 122页 23×26cm 定价：CNY25.00

J002738

楚艺术研究 彭德主编；湖北省文联图书编辑部编
武汉 湖北美术出版社 1991年 403页 有图
20cm（32开）ISBN：7-5394-0223-7
定价：CNY7.50

　　本书为论文集，从80余种有关刊物中选取论文32篇，内容分绘画、雕塑、工艺、建筑、乐舞、综论6个部分。从不同的方面考证楚艺术的源流、特征、艺术价值和美学思想，通过历史文献、考古发现和民俗资料进行分析、比较，系统地展现了楚艺术。主编彭德（1946—　），教授、一级美术师。笔名楚迟，湖北天门人，毕业于华中师范大学中文系。曾任湖北省文联副编审，中国美术家协会会员。主编有《美术思潮》《楚艺术研究》《楚文艺论集》《美术文献》等。著作有《美术志》《中华五色》。

J002739

汉代乐舞百戏艺术研究 萧亢达编著
北京 文物出版社 1991年 381页 20cm（32开）
ISBN：7-5010-0579-6 定价：CNY8.00

　　本书以大量的文献记载和考古发现为依据，考证和论述汉乐舞百戏的渊源、种类、特征，同时还就汉代乐队的编制、舞台美术、表演艺术等问题进行了探讨。

J002740

姜丹书艺术教育杂著 姜丹书著
杭州 浙江教育出版社 1991年 443页 有图
20cm（32开）ISBN：7-5338-0785-5
定价：CNY3.90

　　本书汇集了作者自清季以来各个历史时期有关艺术教育史料、传记、评论、随笔等遗稿近百篇。作者姜丹书（1885—1962），美术教育家、美术理论家。江苏溧阳人。字敬庐，号赤石道人，别名金瀛子，斋名丹枫红叶楼。毕业于两江优级师范图画手工科。历任上海、杭州、华东各艺术院校教师达五十余年。学生有丰子恺、潘天寿、来楚生等。传世作品有《黄山图》，著有《艺术论

文集》《敬庐画集》《美术史》《艺用解剖学》等。

J002741

洛都美术史迹 宫大中著
武汉 湖北美术出版社 1991年 658页 有图
20cm（32开）ISBN：7-5394-0261-X
定价：CNY9.80

　　本书分5编，介绍洛都夏商周、洛都两汉、洛都曹魏、西晋和北魏、洛都隋唐五代、洛都北宋的美术史迹。作者宫大中（1939—　），美术史论家。笔名河阳，河南孟州人。历任中国美术家协会会员，中国博物馆学会会员，中国古都学会理事，洛阳都城博物馆馆长。出版有《龙门石窟艺术》《洛都美术史迹》等。

J002742

琴棋书画 （以水为脉的东方人格）宋学孟著
北京 三联书店 1991年 185页 19cm（小32开）
ISBN：7-108-00324-4 定价：CNY3.50

　　本书介绍了"琴、棋、书、画"四艺的来龙去脉及与东方人的文化人格之间的关系，四艺体现的哲理、境界。

J002743

唐代艺术 宋燕燕编
西安 陕西人民美术出版社 1991年 51页
30cm（12开）ISBN：7-5368-0292-7

　　本书以唐代出土文物为主线，向人们展示唐代艺术的一个侧面。

J002744

写给大家的中国美术史 蒋勋著
台北 台湾东华书局 1991年 2版 229页 有图
31cm（10开）精装 定价：TWD600.00

　　作者蒋勋（1947—　），画家、诗人、作家。生于陕西西安，祖籍福建福州。毕业于台北中国文化大学史学系、艺术研究所。历任台湾东海大学美术系主任、《联合文学》社社长。代表作品有《汉字书法之美》《孤独六讲》《美的沉思》《蒋勋细说红楼梦》等。

J002745

写给大家的中国美术史 蒋勋著
香港 三联书店（香港）公司 1991年 229页 有图
31cm（10开）精装 ISBN：962-04-0895-0

定价：HKD198.00

J002746
写给大家的中国美术史　蒋勋著
北京　三联书店　1993年　229页28cm（16开）
ISBN：7-108-00598-0
定价：CNY88.00，CNY118.00（精装）

J002747
艺海漫游
南京　南京大学出版社　1991年　226页
19cm（小32开）ISBN：7-305-01129-0
定价：CNY3.00
　　本书收录与影视有关的人、事的实录和
轶闻。

J002748
中国当代美术史　（1985—1986）高名潞等著
上海　上海人民出版社　1991年　731页 有彩图
20cm（32开）精装　ISBN：7-208-00510-9
定价：CNY26.00
　　本书从历史哲学的理论框架出发，对从"文
革"结束到80年代中期整个10年的中国当代美
术思潮、流派、风格、作品进行了概括、梳理和
评析。

J002749
中国的文明　（法）格鲁塞著；常任侠，袁学
礼译
合肥　黄山出版社　1991年　169页20cm（32开）
ISBN：7-80535-253-4 定价：CNY2.90
　　本书略述了中国的艺术发展，内容包括中国
审美观念的形成，佛教在中国的影响，艺术法则
的确定及明代的美术爱好与画院艺术。作者雷
奈·格鲁塞，法兰西科学院院士，东方文化研究
家，法国格米博物馆馆长。

J002750
中国古代少数民族美术　陈兆复编著
北京　人民美术出版社　1991年　481+48页
有图 20cm（32开）ISBN：7-102-00610-1
定价：CNY11.50
　　本书对中国古代少数民族美术进行了研
究。附插图222幅和照片48幅。作者陈兆复
（1933—　　），教授。生于浙江瑞安，毕业于浙江

美术学校。中央民族大学教授、博士生导师，联
合国教科文组织国际岩画委员会执行委员，中国
岩画研究中心名誉主任，中国美术家学会会员。
出版有《中国岩画发现史》《中国岩画札记》《原
始艺术史》等。

J0002755
中国美术五千年　中国美术全集编辑委员会编
北京　人民美术出版社　1991年　8册 有彩图
20cm（32开）精装 ISBN：7-102-00772-8
定价：CNY348.00

J002751
中华文化集粹丛书　（艺苑篇）李希凡主编
北京　中国青年出版社　1991年　2册（236；244页）
有图 20cm（32开）ISBN：7-5006-0985-X
定价：CNY10.65
　　本书介绍了中国九大门类的艺术：音乐、
舞蹈、戏曲、曲艺、杂技为上篇；建筑艺术、绘
画、雕塑、书法为下篇。主编李希凡（1927—
2018），红学家。原名李锡范，字畴九。生于北
京通州，祖籍浙江绍兴，毕业于山东大学和中
国人民大学。历任中国艺术研究院常务副院长，
中国作家协会理事，中国红学会副会长。主要
作品有《红楼梦评论集》《论中国古典小说艺术
形象》等。

J002752
东北艺术史　李浴等著
沈阳　春风文艺出版社　1992年　543页 有照片
20cm（32开）精装 ISBN：7-5313-0733-2
定价：CNY15.00
（东北文化丛书）
　　本书概述了从上古时代至近代东北艺术的
流变和发展史。内容涉及美术、书法、音乐、舞
蹈4个方面。作者李浴（1915—2010），教授。别
名子青，河南内黄人，毕业于北平艺专西画班。
执教于鲁迅文艺学院、东北美专、鲁迅美术学
院，后为鲁迅美术学院终身荣誉教授，中国美术
家协会会员。代表作《中国美术史纲》《西方美
术史纲》。

J002753
古艺拾粹　隗芾著
长春　时代文艺出版社　1992年　289页 有照片

20cm（32开）ISBN：7-5387-0479-5

定价：CNY5.80

（汕头大学人文科学丛书 5）

　　本书是作者对中国古代音乐、舞蹈、戏曲等方面进行研究的论文集。作者隗蒂（1938—2016），满族，研究员。笔名顾乡，辽宁新宾人。毕业于吉林大学中文系。历任汕头大学潮汕文化研究中心副教授、汕头文学会副会长、中国戏曲学会理事等。出版有《中国喜剧史》《戏曲史简编》《元明清戏曲选》等。

J002754

狩猎民族原始艺术　　（达）苏日台著

海拉尔　内蒙古文化出版社 1992年 101页

有照片 20cm（32开）ISBN：7-80506-235-8

定价：CNY8.00

　　本书对北方狩猎民族原始艺术的发生、发展及演变过程进行了探索。作者鄂嫩哈拉·苏日台（1940—　　），达斡尔族，鄂嫩哈拉氏，中国美协会员、内蒙古分会常务理事、中国工艺美术学会会员。

J002755

台湾美术历程　李钦贤著

台北　自立晚报社文化出版部 1992年 205页

有图 21cm（32开）ISBN：957-596-181-1

定价：TWD200.00

（台湾本土系列三 10）

J002756

谭树桐美术史论文集　　谭树桐著

乌鲁木齐　新疆人民出版社 1992年 268页

有照片 20cm（32开）ISBN：7-228-01544-4

定价：CNY4.75

　　本书收录关于新疆石窟艺术在外来佛教艺术与中原艺术融合过程中重要地位、古龟兹美术独特文化风貌的来由、中原和西陲佛塑的对比研究等方面的研究论文 13篇。作者谭树桐（1925—1987），研究员。辽宁沈阳人。毕业于北平私立京华美术学院西画系。曾任中国艺术研究院美术研究所研究员，古代美术研究室主任，中国美术家协会会员等。著作有《克孜尔壁画艺术欣赏》《神交不泯，意溢乎形——王履的作画和画论》等。

J002757

永远的童颜　　庄伯和著

台北　雄狮图书公司 1992年 218页 有图

21cm（32开）ISBN：957-9420-80-7

定价：TWD250.00

（雄狮丛书 1-017）

　　作者庄伯和，台湾民俗研究专家，著有《年画仕女的戏味与造形美》《民俗美术探访录》《台湾民艺造型》等。

J002758

中国美术七千年图鉴　　奚传绩编著

南京　江苏教育出版社 1992年 435页 有彩照

26cm（16开）精装 ISBN：7-5343-1600-6

定价：CNY72.15

　　本书介绍了自原始社会到当代的美术，并附图片说明和主要参考书目。外文书名：An Illustrated Encyclopaedia of Chinese Fine Arts for 7000 Years. 作者奚传绩（1936—　　），教授。笔名雪华，江苏江阴人。毕业于中央美术学院美术史系。历任南京艺术学院设计艺术系教授、博士生导师、院学术委员会副主任。出版有《中国古代画家》《中外美术史大事对照年表》《美术鉴赏》等。

J002759

中国美术史　　（原始卷）王朝闻总主编；邓福星主编

济南　齐鲁书社 1992年 21+296页+［178］页图版 CNY400.00

　　本书论述了自美术发生至大约四千年前中国美术发生发展的历史。内容包括：石器·骨器·玉器、原始制陶、彩陶、原始建筑等。本书由齐鲁书社和明天出版社联合出版。作者邓福星（1945—　　），书画家，美术教育家。河北固安人。毕业于中国艺术研究院研究生班，获博士学位。任中国艺术研究院研究员，博士生导师，中国画学会副会长。绘画作品《周总理永远和我们在一起》《梅花欢喜漫天雪》《五体千字文》，论著《美术概论》等。

J002760

中国美术史标准教程　　徐建融著

上海　上海书画出版社 1992年 378页

19cm（小32开）ISBN：7-80512-600-3

定价：CNY10.20

J002761

中国美术史典故集锦　李福顺，吉淑芝编著
北京　紫禁城出版社　1992年　241页　有图
19cm（小32开）ISBN：7-80047-131-4
定价：CNY8.55

本书选取了169个我国古代美术史典故。按内容分为名作述评、画家轶事、创作趣闻、帝王美术活动、宗教美术、书画流传、普通画理和美术杂记8部分。编者李福顺，教授。毕业于中央美术学院美术史系。历任首都师范大学美术学院教授、博士生导师、学术委员会委员，中国美术家协会会员，联合国教科文组织国际岩画委员会会员。专著有《中国美术史》，主编有《雕塑绘画鉴赏辞典》《中国书画名家丛书》。

J002762

中国美术五十年　（1942—1992）中华人民共和国文化部艺术局主编
杭州　浙江人民美术出版社　1992年　405页
38cm（6开）精装　ISBN：7-5340-0323-7
定价：CNY700.00

外文书名：Fifty Years Chinese Fine Art.

J002763

中国现代艺术史　（1979—1989）吕澎，易丹编
长沙　湖南美术出版社　1992年　409页　有图
26cm（16开）精装　ISBN：7-5356-0478-1
定价：CNY68.00

本书是国内第一部反映从改革开放以来中国现代艺术的兴起和发展的历史著作，本书以700多幅图片和丰富的第一手资料介绍了现代艺术在中国的缘起和发展的背景及原因。编者吕澎（1956—　），编辑、艺术评论家。生于重庆，毕业于四川师范学院政治教育系。历任《戏剧与电影》杂志社编辑，中国美术学院艺术人文学院副教授，成都当代美术馆馆长。著有《欧洲现代绘画美学》《现代绘画：新的形象语言》《艺术——人的启示录》等。编者易丹（1960—　），四川大学中文系世界文学、比较文学教研室副教授。

J002764

中国原始艺术精神　张晓凌著
重庆　重庆出版社　1992年　340页　有彩照

20cm（32开）精装　ISBN：7-5366-1943-X
定价：CNY8.50

本书内容包括：史前人类审美意识和艺术的发生与演化、内涵与功能、创造行为与审美心态、中国原始造型艺术观念的建构等6章。作者张晓凌（1956—　），教授。生于安徽。毕业于安徽阜阳师范学院艺术系和中国艺术研究院。曾任中国艺术研究院美术研究所副所长，中国艺术研究院院长助理、研究生院院长，中国国家画院院长等。著有《中国原始艺术精神》《中国原始雕塑》《观念艺术：解构与重建的诗学》等。

J002765

中华民国美术史　（1911—1949）阮荣春，胡光华著
成都　四川美术出版社　1992年　428页　有图
20cm（32开）ISBN：7-5410-0669-6
定价：CNY14.70

本书论述了西洋画与西方艺术思想，对中国美术的影响、变化，概括了中国美术发展的规律，评述了中国近现代美术的发展史。

J002766

诸家中国美术史著选汇　陈辅国主编
长春　吉林美术出版社　1992年　2032页　有彩图
20cm（32开）精装　ISBN：7-5386-0268-2
定价：CNY39.50

J002767

"贵州现象"启示录　罗强烈著
北京　人民美术出版社　1993年　181+15页
有彩图　20cm（32开）ISBN：7-102-01123-7
定价：CNY24.00

所谓"贵州现象"系指贵州的美术家冲破地缘阻隔，将传统文化现代化，使西方文化中国化，创作通过展览和各种媒介传播，所引起的国内外关注现象。本书论述了"贵州现象"的文化意义和对中国当代艺术发展的感受，并附画家小传、画展概况等。作者罗强烈（1959—　），作家。生于四川古蔺县，毕业于四川大学中文系。《中国青年报》文学编辑。著有《原型的意义群—二十世纪中国文学主题》《贵州现象启示录》《寻找格林先生》《逃向绘画》等。

J002768

朝华之歌　汪占辉著

西安　陕西人民美术出版社　1993 年　210 页

有图　20cm（32 开）ISBN：7-5368-0307-9

定价：CNY6.80

　　本书收录作者从事革命美术事业所见所闻所感共 18 篇，并收录李可染先生给作者的信等。作者汪占辉（1911—2013），美术家、美术教育家。又名汪占非，江西贵溪人。就读于国立北平艺术学院西画系。历任西北艺术学院美术系主任、西安美术学院油画系主任。作品有木刻《纪念左联五作家》、油画《人民解放军渡长江》、中国画《战耕图》《人定胜天岂豪语，三门峡上自恍然》等。

J002769

潮汕历代书画录　（潮州市卷）丘玉卿，丘金峰编著

汕头　汕头大学出版社　1993 年　299 页　有图

19cm（小 32 开）精装　ISBN：7-81036-014-0

定价：CNY38.00

（潮汕文库　潮汕历史文化研究丛书）

J002770

福州文坛回忆录　（1930—1949）徐君藩等编

福州　海潮摄影艺术出版社　1993 年　411 页

有照片　19cm（32 开）ISBN：7-80562-210-8

定价：CNY7.20

J002771

广东美术史　李公明著

广州　广东人民出版社　1993 年　659 页　有彩照

20cm（32 开）ISBN：7-218-00992-1

定价：CNY22.00

（岭南文库）

　　本书论述了广东美术的发展过程，内容包括：广东远古美术的发源、秦汉时期的广东美术、清代美术等 9 章。

J002772

华夏五千年艺术不能不知道丛书　（版画集）

冯骥才主编；陈骧龙著

天津　天津杨柳青画社　1993 年　171 页

20cm（32 开）ISBN：7-80503-189-4

定价：CNY9.60

　　作者陈骧龙（1941—2012），书法家。生于北京，祖籍浙江温州。曾任天津人民美术出版社编辑、中国书法家协会会员，美术家协会天津分会会员。著有《华夏五千年艺术丛书 版画集》《青少年书法五十讲》等。主编冯骥才（1942—　），作家、画家、文化学者、教授。浙江宁波人。历任中国文学艺术界联合会荣誉委员，中国民间文艺家协会名誉主席，国务院参事，天津大学冯骥才文学艺术研究院院长、教授、博士生导师。代表作品有《雕花烟斗》《高女人和她的矮丈夫》《神鞭》《三寸金莲》《珍珠鸟》《一百个人的十年》等。

J002773

华夏五千年艺术不能不知道丛书　（壁画集）

冯骥才主编；王振德著

天津　天津杨柳青画社　1993 年　161 页

20cm（32 开）ISBN：7-80503-186-X

定价：CNY9.10

　　作者王振德（1941—　），教授。天津宝坻人，毕业于河北北京师院。历任天津美术学院教授、美术史论教研室主任，天津美学学会常务理事，天津美术家协会理事等。著有《王振德艺文集》《中国近现代名家画集·王振德》等。

J002774

华夏五千年艺术不能不知道丛书　（丹青集）冯骥才主编

天津　天津杨柳青画社　1993 年　201 页

20cm（32 开）ISBN：7-80503-184-3

定价：CNY11.30

J002775

华夏五千年艺术不能不知道丛书　（雕塑集）冯骥才主编；王家斌著

天津　天津杨柳青画社　1993 年　181 页

20cm（32 开）ISBN：7-80503-188-6

定价：CNY10.20

　　作者王家斌（1945—　），天津美术学院造型教研室主任。作者王家斌（1945—　），教授。河北安兴人。曾任天津美术学院造型教研室主任。作品《律动》《姑娘追》。出版《华夏五千年艺术·雕集》，译著《画动物》。

J002776

华夏五千年艺术不能不知道丛书 （工巧集）冯骥才主编；华梅著

天津　天津杨柳青画社　1993年　201页

20cm（32开）ISBN：7-80503-187-8

定价：CNY11.30

作者华梅（1951—　　），女，天津美术学院任教。

J002777

华夏五千年艺术不能不知道丛书 （翰墨集）

冯骥才主编；孙宝发著

天津　天津杨柳青画社　1993年　183页

20cm（32开）ISBN：7-80503-185-1

定价：CNY10.30

作者孙宝发（1939—　　），书法家。河北沧县人。曾任天津杨柳青画社副社长兼副总编、副研究馆员，中国书法家协会会员。作品有《中国历代文献精粹大典文艺卷》书法碑帖部分，《华夏五千年艺术不能不知道－翰墨集》等。

J002778

华夏五千年艺术不能不知道丛书 （吉金集）

冯骥才主编；李东琬著

天津　天津杨柳青画社　1993年　161页

20cm（32开）ISBN：7-80503-191-6

定价：CNY9.10

作者李东琬（1937—　　），女，天津市艺术博物馆副研究馆员。

J002779

华夏五千年艺术不能不知道丛书 （美玉集）

冯骥才主编；尤仁德著

天津　天津杨柳青画社　1993年　161页

20cm（32开）ISBN：7-80503-192-4

定价：CNY9.10

本书介绍了中国玉器艺术的发展历史，以及从新石器时代红山文化碧玉龙到清乾隆白玉桐荫仕女图80个品种的质料、工艺技法、纹饰风格等。作者尤仁德（1938—　　），天津市艺术博物馆副研究馆员。

J002780

华夏五千年艺术不能不知道丛书 （俗艺集）

冯骥才主编；崔锦著

天津　天津杨柳青画社　1993年　163页

20cm（32开）ISBN：7-80503-194-0

定价：CNY9.10

作者崔锦（1940—　　），天津市艺术博物馆副馆长、副研究馆员。论著有《试论扬州画派的形成及特点》《试谈天津民间美术的地方风格》等。

J002781

华夏五千年艺术不能不知道丛书 （陶瓷集）

冯骥才主编；徐静修著

天津　天津杨柳青画社　1993年　161页

20cm（32开）ISBN：7-80503-193-2

定价：CNY9.10

本书介绍了中国陶瓷文化的发展历史；以及从新石器时代仰韶文化彩陶人面鱼纹盆，到清嘉庆款粉彩石榴纹瓶，80个品种的烧制方法、艺术特色等。作者徐静修（1936—　　），女，天津市艺术博物馆副研究馆员。

J002782

华夏五千年艺术不能不知道丛书 （文房集）

冯骥才主编；蔡鸿茹著

天津　天津杨柳青画社　1993年　181页

20cm（32开）ISBN：7-80503-190-8

定价：CNY10.20

本书介绍了文房四宝的悠久历史，以及从西晋青釉双坐书写瓷俑到现代红丝石砚，90个品种各自独立的发展体系。作者蔡鸿茹（1938—　　），女，古砚鉴定专家。天津市艺术博物馆陈列部副主任、副研究馆员。

J002783

华夏五千年艺术不能不知道丛书 （营造集）

冯骥才主编；魏克晶著

天津　天津杨柳青画社　1993年　201页

20cm（32开）ISBN：7-80503-195-9

定价：CNY11.30

本书介绍了远自周口店中国猿人的住所到现代北京四合院等各种建筑的艺术风格和特色。作者魏克晶（1940—2018），研究员。生于四川。历任天津市文化局文物处副研究员，兼中国长城学会理事，天津市建筑学会建筑历史与理论学术委员会副主任，市园林学会、文博学会理事。

J002784

华夏之美 （中国艺术图鉴）杨泓，李力著
上海 上海三联书店 1993年 12+367页 26cm（16开）
精装 ISBN：7-5426-0733-2 定价：CNY350.00

J002785

华夏之美 （中国艺术图鉴）杨泓，李力著
香港 中华书局（香港）公司 1993年 367页
27cm（16开）精装 ISBN：962-231-564-X

J002786

西泠印社九十年 （摄影集）西泠印社编辑
杭州 西泠印社 1993年 152页 28cm（大16开）
ISBN：7-80517-111-4 定价：CNY85.00

J002787

艺林旬刊
天津 天津市古籍书店 1993年［影印本］有图
38cm（6开）精装 定价：CNY195.00
　　本刊于1928年创刊，1929年12月21日第
72期改为16开本，更名为《艺林旬刊》（8开本）。
天津市古籍书店将此刊的72期合订后影印出版。

J002788

艺林月刊
天津 天津市古籍书店 1993年［影印本］有图
38cm（6开）精装 定价：CNY480.00
　　本刊于1930年创刊，1942年停刊。共出版
118期，天津市古籍书店将此刊中110期合订后
影印出版。是研究中国近代美术史的珍贵资料。

J002789

艺文神韵 赵永新著
北京 北京语言学院出版社 1993年 141页
有彩图 20cm（32开）ISBN：7-5619-0269-7
定价：CNY3.45
（中华文化书系）
　　本书介绍了中国艺术的基本精神以及绘画、
书法、音乐、雕刻、建筑、园林、工艺美术。

J002790

中国古代美术丛书 邓实辑
北京 国际文化出版公司 1993年 影印本21册
20cm（32开）精装 ISBN：7-80049-448-9
定价：CNY2000.00

　　本书原名《美术丛书》，汇编中国古代美术
论著，分4集。每集各10辑，收辑著作257种，
包括书画、雕刻摹印、瓷铜玉石、文艺及杂记等
5类，而以书画之书为最多。作者邓实（1877—
1951），晚清著名报人。字秋枚，生于上海，祖籍
广东顺德。致力于珍本古籍的收藏，曾在上海创
办国学保存会藏书楼，收藏大量的珍本古籍。代
表作品《国粹学》。

J002791

中国美术史 （五代两宋美术 讨论稿）中国艺
术研究院美术研究所［编］
北京［中国艺术研究院美术研究所］1993年
2册 26cm（16开）定价：CNY120.00

J002792

中国艺术在世界的传播与影响 施建业著
济南 黄河出版社 1993年 340页 20cm（32开）
ISBN：7-80558-423-0 定价：CNY7.50
　　本书全面介绍了中国的戏剧、美术、音乐、
舞蹈、曲艺、书法、建筑、电影、摄影等在国外
的传播情况，其中包括出版、收藏、演出、展览、
放映、得奖等情况，以及外国人对中国艺术的
评价。

J002793

挫万物于笔端 （艺术史与艺术批评文集）郭
继生著
台北 东大图书公司 1994年 187页 21cm（32开）
ISBN：957-19-1625-0 定价：TWD278.00
（沧海美术 艺术论丛 2）

J002794

国际中国美术史研究 （第1期）陈履生主编
北京 人民美术出版社 1994年 31页 26cm（16开）
ISBN：7-102-01363-9 定价：CNY3.00
　　外文书名：Newsletter of Chinese Art & Ar-
chaeology. 作者陈履生（1956—　），画家、美术
理论家。江苏镇江人。号平生。硕士毕业于南
京艺术学院美术系。中国美术家协会会员，中
国、日本美术交流协会会员、装帧艺术研究会
会员。主要著作有《神画主神研究》《明清花鸟
画 题画诗选注》《台湾现代美术运动》等。

J002795

国际中国美术史研究 （第2期）陈履生主编
北京 人民美术出版社 1994年 31页 26cm（16开）
ISBN：7-102-01436-8 定价：CNY3.00

外文书名：Newsletter of Chinese Art & Archaeology.

J002796

诗琴书画入宫苑 （帝王的艺术世界）葛承雍著
武汉 华中理工大学出版社 1994年 231页
19cm（小32开） ISBN：7-5609-1024-6
定价：CNY5.20

本书内容包括：独抒性灵、不拘韵格的帝王诗歌；清新婉丽、辞采瑰玮的皇帝词曲；绰约多姿、情怡神旷的君主书法；丰神独具、浓墨重彩的天子绘画等。作者葛承雍（1955—　），编辑、教授。出生于陕西西安，毕业于西北大学历史系。历任西北大学教师，国家文物局文物出版社总编辑、党委副书记，中国文物研究所党委书记、副所长。出版有《唐都建筑风貌》《中国书法与传统文化》《煌煌盛世——隋唐史》。

J002797

丝绸之路艺术研究 周菁葆著
乌鲁木齐 新疆人民出版社 1994年 436页
20cm（32开）精装 ISBN：7-228-02985-2
定价：CNY25.00
（丝绸之路研究丛书）

J002798

中国春秋战国艺术史 李福顺，刘晓路著
北京 人民出版社 1994年 190页 19cm（小32开）
ISBN：7-01-001757-3 定价：CNY9.80
（中国全史 20）

作者李福顺，教授。毕业于中央美术学院美术史系。历任首都师范大学美术学院教授、博士生导师、学术委员会委员，中国美术家协会会员，联合国教科文组织国际岩画委员会会员。专著有《中国美术史》，主编有《雕塑绘画鉴赏辞典》《中国书画名家丛书》。

J002799

中国历代艺术 （雕塑编）中国历代艺术编辑委员会编
北京 人民美术出版社 1994年 377页
34cm（12开）精装 ISBN：7-102-01421-X

J002800

中国历代艺术 （绘画编 上）中国历代艺术编辑委员会编
北京 人民美术出版社 1994年 360页
34cm（12开）精装 ISBN：7-102-01422-8

J002801

中国历代艺术 （绘画编 下）中国历代艺术编辑委员会编
上海 上海人民美术出版社 1994年 368页
34cm（12开）精装 ISBN：7-5322-1386-2

J002802

中国历代艺术 （书法篆刻编）中国历代艺术编辑委员会编
上海 上海书画出版社 1994年 355页
34cm（12开）精装 ISBN：7-80512-864-2

J002803

中国历代艺术 （工艺美术编）中国历代艺术编辑委员会编
北京 文物出版社 1994年 360页 34cm（12开）
精装 ISBN：7-5010-0804-3

J002804

中国历代艺术 （建筑艺术编）中国历代艺术编辑委员会编
北京 中国建筑工业出版社 1994年 349页
34cm（12开）精装 ISBN：7-112-02268-1

J002805

中国美术史纲要 黄宗贤编著
重庆 西南师范大学出版社 1994年 重印本
145页 有图 26cm（16开） ISBN：7-5621-0724-6
定价：CNY14.00

J002806

中国民国艺术史 蒋菁等著
北京 人民出版社 1994年 245页 19cm（小32开）
ISBN：7-01-001445-0 定价：CNY9.80
（中国全史 100）

J002807

中国明代艺术史　刘士文等著
北京　人民出版社　1994年　187页　19cm（小32开）
ISBN：7-01-001757-3　定价：CNY9.80
（中国全史　80）

J002808

中国秦汉艺术史　岳庆平，尚铮著
北京　人民出版社　1994年　216页　19cm（小32开）
ISBN：7-01-001375-6　定价：CNY9.80
（中国全史　30）

J002809

中国清代艺术史　张树英，周传家著
北京　人民出版社　1994年　230页　19cm（小32开）
ISBN：7-01-001757-3　定价：CNY9.80
（中国全史　90）

J002810

中国宋辽金夏艺术史　天琪，周岩著
北京　人民出版社　1994年　197页　19cm（小32开）
ISBN：7-01-001757-3　定价：CNY9.80
（中国全史　60）

J002811

中国隋唐五代艺术史　刘士文等著
北京　人民出版社　1994年　271页　19cm（小32开）
ISBN：7-01-001395-0　定价：CNY9.80
（中国全史　50）

J002812

中国魏晋南北朝艺术史　黄新亚著
北京　人民出版社　1994年　201页　19cm（小32开）
ISBN：7-01-001385-3　定价：CNY9.80
（中国全史　40）

J002813

中国元代艺术史　李福顺著
北京　人民出版社　1994年　234页　19cm（小32开）
ISBN：7-01-001757-3　定价：CNY9.80
（中国全史　70）

　　作者李福顺，教授。毕业于中央美术学院美术史系。历任首都师范大学美术学院教授、博士生导师、学术委员会委员，中国美术家协会会员，联合国教科文组织国际岩画委员会会员。专

著有《中国美术史》，主编有《雕塑绘画鉴赏辞典》《中国书画名家丛书》。

J002814

中国远古暨三代艺术史　吴耀利著
北京　人民出版社　1994年　207页　19cm（小32开）
ISBN：7-01-001355-1　定价：CNY9.80
（中国全史　10）

J002815

中国少数民族原始艺术　向云驹著
西宁　青海人民出版社　1994年　293页　有彩照
20cm（32开）ISBN：7-225-00940-0
定价：CNY7.80
（中国少数民族美学思想研究丛书）
　　本书分艺术审美的原始内涵和艺术审美的原始形态两编。

J002816

陈滢美术文集　陈滢著
广州　广东人民出版社　1995年　341页　有图
19cm（小32开）ISBN：7-218-01629-4
定价：CNY10.00
（广州美术馆美术史论丛书）
　　作者陈滢，广州美术馆任职。

J002817

楚艺术史　皮道坚著
武汉　湖北教育出版社　1995年　312页　有彩图
20cm（32开）精装　ISBN：7-5351-1087-8
定价：CNY24.00
（楚学文库）

J002818

东方美的历程　（中国古代文化艺术）李伟等著
北京　人民日报出版社　1995年　224页
19cm（小32开）ISBN：7-80002-695-7
（炎黄文化漫游丛书　15）

J002819

古刻丛钞　（外十二种）（明）陶宗仪等撰
上海　上海古籍出版社　1995年　影印本
19cm（小32开）精装　ISBN：7-5325-1842-6
定价：CNY43.10

（四库艺术全书）

作者陶宗仪(1329—约1412)，元末明初文学家、史学家。字九成，号南村，浙江黄岩（清陶乡）人。工诗文，善书画。汇编《辍耕录》（或称《南村辍耕录》）。作品还有《南村诗集》《国风尊经》《沧浪棹歌》等。

J002820

尽善尽美　（儒学艺术精神）李明泉著
成都　四川人民出版社　1995年　210页
19cm（小32开）ISBN：7-220-02677-3
定价：CNY6.65
（中华儒学文化系列）

J002821

六朝时代新兴美术之研究　黄永川著
台北　历史博物馆　1995年　17+153页　有图
21cm（32开）ISBN：957-00-5480-8
（史物丛刊　2）

J002822

民国艺术　（市民与商业化的时代　摄影集）逸明撰稿
北京　国际文化出版公司　1995年　145页
29cm（12开）精装　ISBN：7-80105-262-5
定价：CNY210.00

J002823

四库全书存目丛书　（子73　艺术类）四库全书存目丛书编纂委员会编
济南　齐鲁书社　1995年　影印本895页
26cm（16开）精装　ISBN：7-5333-0478-0
定价：CNY78300.00（子部）
　　本丛书包括：《草韵汇编》《清》陶南望辑，(清)侯昌言等补辑；《画诀》(清)孔衍栻撰；《研山斋珍赏历代名贤图绘集览》(清)孙承泽撰；《汉溪书法通解》(清)戈守智撰；《国朝画征录》(清)张庚撰；《读画录》(清)王槩撰；《重修正文对音捷要真传琴谱大全》(明)杨表正撰。

J002824

台湾美术发展史论　王秀雄著
台北　历史博物馆　1995年　320页　有图
21cm（32开）ISBN：957-00-5924-9
（史物丛刊　7）

J002825

新编中国艺术史　（精装合订本）史仲文，胡晓林主编
北京　人民出版社　1995年　2册　19cm（32开）
精装　ISBN：7-01-001761-0　定价：CNY119.80
（中国全史　百卷本）

J002826

燕塞艺火　张伯安主编；晋察冀文艺研究会冀热辽分会编
［晋察冀文艺研究会冀热辽分会］1995年
129页　有照片　19cm（小32开）
　　本书内容为抗日战争时期晋察冀边区文艺宣传队回忆录和史料。

J002827

云南民族美术史论丛　李伟卿著
昆明　云南人民出版社　1995年　245页　有图
19cm（小32开）ISBN：7-222-01670-8
定价：CNY12.00
　　作者李伟卿(1919—2011)，水彩画家、美术评论家。广东汕头人，毕业于广东省立艺术院。曾任《云南文物》《云南民族美术史》等主编，中国美术家协会会员，云南美协顾问。作品有《玉龙风景》等，出版有《李伟卿水彩画》。

J002828

云南艺术史　李昆声著
昆明　云南教育出版社　1995年　468页
20cm（32开）ISBN：7-5415-1064-5
定价：CNY19.80

J002829

中国历代艺术　中国历代艺术编辑委员会编
台北　台湾大英百科公司　1995年　12册
34cm（12开）精装　ISBN：957-8592-24-8
定价：TWD28500.00（全套）
　　本套书共12册，包括：绘画编4册，书法编2册，工艺美术编2册，建筑艺术变2册，雕塑编2册。

J002830

中国历代艺术　（雕塑编　一）中国历代艺术编辑委员会编；刘玉山主编
台北　台湾大英百科公司　1995年　184页

34cm（10开）精装 ISBN：957-8592-27-2

　　编者刘玉山（1940— ），美术编辑。生于北京，毕业于中央美术学院版画系。历任国家艺术教育委员会委员、中国美术家协会会员、人民美术出版社美术编辑等。出版有《刘玉山画集》《刘玉山速写集》《刘玉山黑白画作品集》《江南写生集》等。

J002831

中国历代艺术（雕塑编 二）中国历代艺术编辑委员会编；刘玉山主编

台北 台湾大英百科公司 1995年 185-377页 34cm（12开）精装 ISBN：957-8592-27-2

J002832

中国历代艺术（工艺美术编 一）中国历代艺术编辑委员会编；李中岳等编

台北 台湾大英百科公司 1995年 184页 34cm（12开）精装 ISBN：957-8592-28-0

J002833

中国历代艺术（工艺美术编 二）中国历代艺术编辑委员会编；李中岳等编

台北 台湾大英百科公司 1995年 185-360页 34cm（12开）精装 ISBN：957-8592-28-0

J002834

中国历代艺术（绘画编 一）中国历代艺术编辑委员会编；陈允鹤编

台北 台湾大英百科公司 1995年 184页 34cm（12开）精装 ISBN：957-8592-25-6

　　编者陈允鹤（1933— ），上海宝山人。笔名云鹤。结业于文化学院。曾任中国美术出版研究委员会会长、《中国艺术》季刊主编、中国美术家协会插图装帧艺术委员会委员。编著出版有《永恒之美：谈希腊艺术》《米开朗基罗雕刻》《伦勃朗》等。

J002835

中国历代艺术（绘画编 二）中国历代艺术编辑委员会编；陈允鹤编

台北 台湾大英百科公司 1995年 185-360页 34cm（12开）精装 ISBN：957-8592-25-6

J002836

中国历代艺术（绘画编 三）中国历代艺术编辑委员会编；袁春荣编

台北 台湾大英百科公司 1995年 180页 34cm（12开）精装 ISBN：957-8592-26-4

J002837

中国历代艺术（绘画编 四）中国历代艺术编辑委员会编；袁春荣编

台北 台湾大英百科公司 1995年 181-368页 34cm（12开）精装 ISBN：957-8592-26-4

J002838

中国历代艺术（建筑艺术编 一）中国历代艺术编辑委员会编；王伯扬编

台北 台湾大英百科公司 1995年 184页 34cm（12开）精装 ISBN：957-8592-29-9

J002839

中国历代艺术（建筑艺术编 二）中国历代艺术编辑委员会编；王伯扬编

台北 台湾大英百科公司 1995年 185-349页 34cm（12开）精装 ISBN：957-8592-24-8

J002840

中国历代艺术（书法篆刻编 一）中国历代艺术编辑委员会编；茅子音编

台北 台湾大英百科公司 1995年 184页 34cm（12开）精装 ISBN：957-8592-30-2

J002841

中国历代艺术（书法篆刻编 二）中国历代艺术编辑委员会编；茅子音编

台北 台湾大英百科公司 1995年 185-355页 34cm（12开）精装 ISBN：957-8592-30-2

J002842

中国美术史概要　马延岳著

济南 山东友谊出版社 1995年 161页 有图 19cm（小32开）ISBN：7-80551-776-2 定价：CNY5.50

　　作者马延岳，教授。毕业于曲阜师范大学艺术系美术专业。任教于曲阜师范大学美术系，青岛科技大学艺术学院副院长、教授、学术委副主任、硕士生导师。出版有《中国美术史概要》《中国书画家名号》《造型艺术鉴赏》《世界美术简史》等。

J002843
中国美术史稿 温友言著
西安 三秦出版社 1995年 216页 有图
20cm（32开）ISBN：7-80546-072-8
定价：CNY10.50
　　外文书名：History of Chinese Fine Arts. 作者温友言（1941— ），教授。陕西三原人。西北大学教授、研究生导师、艺术系主任，中国书法家协会会员，陕西省书法家协会理事。出版有《中国美术史稿》《艺术散论》《书学导论》《中国古代诗歌述评》《中国历史文选》等。

J002844
中国少数民族美术史 王伯敏主编
福州 福建美术出版社 1995年 6册 有图
29cm（16开）精装 ISBN：7-5393-0214-3
定价：CNY1880.00
　　本书是我国第一部大型民族美术史专著，分别论述了我国55个少数民族美术发展的历程，全书分5编，第1编：东北、内蒙古地区；第2编：西北地区；第3编：西南地区（上、下）；第4编：中南、东南地区；第5编：附录。作者王伯敏（1924—2013），美术史论家、画家、诗人。浙江台州人。曾担任中国美术学院教授，美术学博士生导师。著有《中国绘画通史》《中国版画史》《中国美术通史》等。

J002845
中国书画 （笔墨中的异彩神韵）黄正雨著
武汉 湖北人民出版社 1995年 146页
19cm（小32开）ISBN：7-216-01670-X
定价：CNY4.80
（青少年文史库 第一辑）

J002846
中国艺术经济史 李向民著
南京 江苏教育出版社 1995年 16+724页
有彩图 20cm（32开）ISBN：7-5343-2494-7
定价：CNY20.40
　　作者李向民（1966— ），江苏建湖人，经济学博士，江苏省人民政府办公厅任职。

J002847
中华民族优秀传统文化丛书 （艺术卷）赵宪章著
沈阳 辽宁古籍出版社 1995年 8册 有图
19cm（小32开）ISBN：7-80507-280-9
定价：CNY43.00
　　本套书8册，分别为：书法、绘画、雕塑、建筑、舞蹈、音乐、戏曲及艺术理性。

J002848
国艺 万晓钰编著
延吉 东北朝鲜民族教育出版社 1996年 120页
有图 19cm（小32开）ISBN：7-5437-2593-2
定价：CNY4.35
（国史百科系列）

J002849
少儿中国美术史话 边广兰编著
长沙 湖南少年儿童出版社 1996年 281页
有图 20cm（32开）ISBN：7-5358-1238-4
定价：CNY8.10

J002850
台湾美术阅览 李钦贤著
台北 玉山社出版事业股份有限公司 1996年
109页 24cm（26开）ISBN：957-9361-22-3
定价：TWD380.00
（影像·台湾 5）

J002851
艺术的幽思 （琴棋书画）刘玉平，周晓琳著
成都 四川人民出版社 1996年 203页 有图
20cm（32开）ISBN：7-220-03125-4
定价：CNY68.00
（中国风雅文化系列）

J002852
艺术的幽思 （琴棋书画）刘玉平，周晓琳著
成都 四川人民出版社 1997年 重印本 203页
有图 20cm（32开）ISBN：7-220-03625-6
定价：CNY9.60
（中国风雅文化系列）

J002853
中国美术简史 李茂昌编著

开封 河南大学出版社 1996 年 221 页 有图
20cm（32 开）ISBN：7-81041-298-1
定价：CNY12.00

　　作者李茂昌（1934— ），河南兰考人，河南
大学美术系资料室主任、副教授。

J002854
中国原始艺术　　吴诗池著
北京 紫禁城出版社 1996 年 247 页 有图
26cm（16 开）ISBN：7-80047-175-6
定价：CNY55.00

　　作者吴诗池（1941— ），教授。福建泉州
人。历任厦门大学历史系副教授，厦门市老教授
协会秘书长。出版有《中国原始艺术》《文物学
概论》《文物民俗学》等。

J002855
岛屿色彩　（台湾美术史论）萧琼瑞著
台北 东大图书公司 1997 年 453 页 有图
23cm（18 开）ISBN：957-19-2114-9
定价：TWD480.00
（沧海美术 艺术史 13）

J002856
渡越惊涛骇浪的台湾美术　林惺岳著
台北 艺术家出版社 1997 年 255 页 有照片
26cm（16 开）ISBN：957-9530-75-0
定价：TWD500.00
（艺术论丛）

J002857
翰墨飘香　（中山美术风采）滕小松，卢德铭著
广州 岭南美术出版社 1997 年 12+277 页
20cm（32 开）ISBN：7-5362-1733-1
定价：CNY28.00

J002858
画家与画史　（近代美术丛稿）万青力著
杭州 中国美术学院出版社 1997 年 381 页
20cm（32 开）ISBN：7-81019-599-9
定价：CNY25.00
　　外文书名：Painter and Painting History.

J002859
蒙古族美术史　鄂·苏日台著

海拉尔 内蒙古文化出版社 1997 年 163 页
有图 20cm（32 开）ISBN：7-80506-525-X
定价：CNY10.00

J002860
蒙古族美术研究　阿木尔巴图编著
沈阳 辽宁民族出版社 1997 年 28+541 页
有图 20cm（32 开）ISBN：7-80527-904-7
定价：CNY16.00
（中国蒙古学文库）

J002861
现实关怀与语言变革　（20 世纪前半期一个
普遍关注的美术课题）广东省美术馆等编辑
沈阳 辽宁美术出版社 1997 年 299 页 有图
29cm（12 开）ISBN：7-5314-1785-5
定价：CNY162.00
（20 世纪中国美术状态丛书 第一辑）

J002862
彰化县美术发展调查研究　（雕刻篇）陈振
辉著
彰化县［台湾］彰化县立文化中心 1997 年
167 页 有图 28cm（大 16 开）精装
定价：［TWD150.00］

J002863
彰化县美术发展调查研究　（绘画篇）林文
昌著
彰化县 彰化县立文化中心 1998 年 180 页
有图 28cm（大 16 开）精装
定价：［TWD200.00］

J002864
中国近代美术史　（1911—1949）阮荣春，胡
光华著
台北 商务印书馆 1997 年 332 页 有图
21cm（32 开）ISBN：957-05-1412-4
定价：TWD500.00

J002865
中国美术史及作品鉴赏　高师《中国美术史
及作品鉴赏》教材编写组编
北京 高等教育出版社 1997 年 296 页 有图
26cm（16 开）ISBN：7-04-006045-0

定价：CNY40.00

J002866

中国文化杂说 （八 艺术文化卷）关立勋主编；顾云、滕振才卷主编

北京 北京燕山出版社 1997年 586页 有图 26cm（16开）精装 ISBN：7-5402-0770-1

定价：CNY998.00（全套）

J002867

中国艺术学 彭吉象主编；张法等著

北京 高等教育出版社 1997年 471页 26cm（16开）精装 ISBN：7-04-006618-1

定价：CNY68.00

本书上编"中国传统艺术流变"在各艺术门类史的基础上，从总体上勾画出中国传统艺术的风貌。中编"中国传统艺术概论"包括："创作论"、"鉴赏论"与"门类论"，总结出中国传统艺术在这几个方面的民族特色。下编"中国传统艺术精神"在史、论的基础上，概括出最能够反映中国传统艺术精神与艺术发展的基本规律、美学特征。作者彭吉象（1948— ），教授。四川成都人，获得北京大学哲学博士。历任北京大学艺术教研室主任、教授，重庆大学电影学院副院长，中国作家协会会员。代表作品《艺术学概论》《电影银幕世界的魅力》。

J002868

重修台湾省通志 （卷十 艺文志 艺术篇）梁在正编纂

南投县 台湾省文献委员会 1997年 1018页 有肖像 27cm（大16开）精装

ISBN：957-02-0649-7 定价：TWD650.00

J002869

百年中国美术经典文库 （第一卷 中国传统美术 1896—1949）顾森，李树声主编

深圳 海天出版社 1998年 31+234页 有图 26cm（16开）精装 ISBN：7-80615-907-X

定价：CNY120.00

本书收录《万木草堂论画》（康有为）、《美术革命》（吕澂）、《美术革命一答吕澂》（陈独秀）、《中国绘画新论》（林风眠）、《美术杂话》（乌以峰）、《中国绘画之精神》（傅抱石）、《中国绘画的蕴藏》（陶德曼）、《中国山水画写生的问题》（胡佩衡）、《中国山水画气韵的研究》（胡佩衡）、《中国美术在现代艺术上的胜利》（婴行）、《徐悲鸿与中国绘画》（宗白华）、《介绍两本关于中国画学的书并论中国的绘画》（宗白华）、《中国诗画中所表现的空间意识》（宗白华）、《论中国诗书画的交融》（朱锦江）、《中国诗与中国画》（钱钟书）、《论秦汉诸美术与西方之关系》（傅抱石）、《中国装饰艺术之没落及其当前之出路》（雷圭元）等。

J002870

百年中国美术经典文库 （第二卷 中国传统美术 1950—1996）顾森，李树声主编

深圳 海天出版社 1998年 37+200页 有图 26cm（16开）精装 ISBN：7-80615-908-8

定价：CNY120.00

本书收录《董其昌论》（伍蠡甫）、《中国画革新论争的回顾》（水天中）、《中国画法研究》（吕凤子）、《中国山水画起源考》（童书业）、《中国山水画的发展与道释思想的关系》（王伯敏）、《中国古代画论初探（摘录）》（邓白）、《中国文化中的菩萨》（顾森）等。

J002871

百年中国美术经典文库 （第三卷 美术思潮与外来美术 1896—1949）顾森，李树声主编

深圳 海天出版社 1998年 35+203页 有图 26cm（16开）精装 ISBN：7-80615-909-6

定价：CNY120.00

本书收录《美术与生活》（梁启超）、《拟播布美术意见书》（鲁迅）、《明清之际中国美术所受西洋之影响》（向达）、《现代中国艺术之恐慌》（傅雷）、《艺术与中国社会》（吴作人）、《中国美术运动的展望》（许幸之）、《春地美术研究所成立宣言》（春地美术研究所）、《鲁迅与中国木刻运动》（许广平）、《鲁迅先生和中国新兴的木刻》（曹白）、《全国美术家在抗敌建国的旗帜下联合起来》（田汉）、《国统区的进步美术运动》（叶浅予）等。

J002872

百年中国美术经典文库 （第四卷 美术思潮与外来美术 1950—1996）顾森，李树声主编

深圳 海天出版社 1998年 35+240页 有图 26cm（16开）精装 ISBN：7-80615-910-X

定价：CNY120.00

　　本书收录《面向生活》（王朝闻）、《"五四"运动前后的美术教育回忆片断》（吴梦非）、《继承与发展革命美术教育传统》（王式廓）、《从中国绘画的表现方法谈到油画中国风》（董希文）、《中国早期油画的纵向反思》（朱伯雄，陈瑞林）、《中国早期油画发展现象陈述》（郑工）、《从黑格尔对人体美术的看法谈起》（叶朗）、《人体美术之花与中国"土壤"》（马鸿增）、《略论当前美术评论中的几个观点》（杨成寅）等。

J002873

百年中国美术经典文库（第五卷 自述、自传、评传、回忆录、年谱、年表 1896—1996）顾森、李树声主编
深圳 海天出版社 1998年 37+205页 有图 26cm（16开）精装 ISBN：7-80615-911-8
定价：CNY120.00

　　本书收录《白石老人自述》（齐白石）、《九十杂述》（黄宾虹）、《悲鸿自述》（徐悲鸿）、《中国新兴版画运动五十年大事年表》（李树声）等。

J002874

嘉兴市文学艺术志　王福基主编；嘉兴市文学艺术界联合会编
杭州 杭州大学出版社 1998年 317页 20cm（32开）ISBN：7-81035-226-1
定价：CNY15.00

J002875

美术长廊　李遵进，陈存千编写
北京 中国少年儿童出版社 1998年 2册（144；128页）有图 19cm（小32开）ISBN：7-5007-4004-2 定价：CNY49.10（全10册）
（爱国主义教育文库 灿烂文化卷 下）

J002876

美术志　彭德撰
上海 上海人民出版社 1998年 629页 有图 21cm（32开）精装 ISBN：7-208-02328-X
定价：CNY6000.00（全套）
（中华文化通志 第8典 艺文 075）

　　作者彭德（1946—　），教授、一级美术师。笔名楚迟，湖北天门人，毕业于华中师范大学中文系。曾任湖北省文联副编审，中国美术家协会

会员。主编有《美术思潮》《楚艺术研究》《楚文艺论集》《美术文献》等。著作有《美术志》《中华五色》。

J002877

台湾近代美术大事年表　颜娟英编著
台北 雄狮图书公司 1998年 274页 有照片 26cm（16开）精装 ISBN：957-8980-78-7
定价：TWD700.00

J002878

西藏原始艺术　李永宪著
成都 四川人民出版社 1998年 11+328页 有彩图 20cm（32开）精装 ISBN：7-220-03110-6
定价：CNY25.00
（西藏文明研究系列）

J002879

艺文　刘梦溪主编
上海 上海人民出版社 1998年 10册 21cm（32开）精装 定价：CNY6000.00
（中华文化通志 第8典 071-080）

J002880

中国传统艺术　顾建华主编
长沙 中南工业大学出版社 1998年 370页 20cm（32开）ISBN：7-81061-106-2
定价：CNY16.00

J002881

中国当代美术二十年启示录　郭晓川主编
北京 文化艺术出版社 1998年 2册（165；168页）30cm（10开）精装 ISBN：7-5039-1815-2
定价：CNY420.00

J002882

中国古代艺术的文化学阐释　高楠著
沈阳 辽宁人民出版社 1998年 17+584页 20cm（32开）ISBN：7-205-04075-2
定价：CNY30.00
（汉学新纪元书系）

J002883

中国古代艺术思想史　刘道广著；东南大学艺术研究所编

上海　上海人民出版社　1998 年　261 页
20cm（32 开）ISBN：7-208-02738-2
定价：CNY15.00
（艺术学研究丛书）

　　作者刘道广，教授。历任东南大学艺术学院
教授、博士生导师，北京大学软件与微电子学院
媒体艺术与设计专业硕士生导师。

J002884
中国艺术品经营史话　李向民著
上海　上海书画出版社　1998 年　104 页
19cm（小 32 开）ISBN：7-80635-156-6
定价：CNY7.80

J002885
中国原始艺术　刘锡诚著
上海　上海文艺出版社　1998 年　462 页　有图
20cm（32 开）精装　ISBN：7-5321-1416-3
定价：CNY26.00
（蝙蝠丛书）

　　作者刘锡诚（1935—　　），山东昌乐人。毕业
于北京大学。先后在中国民间文艺研究会、新华
通讯社、中国作家协会、中国文学艺术界联合会
任职。代表作品有《小说创作漫谈》《刘锡诚文
学评论选》，编有《俄国作家论民间文学》，译有
《苏联民间文学论文集》。

J002886
中央苏区文化艺术史　刘云主编
南昌　百花洲文艺出版社　1998 年　684 页　有照
片　20cm（32 开）精装　ISBN：7-80647-034-4
定价：CNY30.00

J002887
自贡市文化艺术志　自贡市文化局编
成都　四川人民出版社　1998 年　330 页
26cm（16 开）ISBN：7-220-03910-7
定价：CNY45.00

J002888
百花齐放和主旋律　（文学艺术）王强军等著
北京　中国物资出版社　1999 年　104 页
18cm（小 32 开）ISBN：7-5047-1555-7
定价：CNY128.00（全套）
（共和国成长教育丛书 27）

J002889
广西美术五十年　（1949—1999）刘新编著
南宁　广西美术出版社　1999 年　275 页
29cm（16 开）精装　ISBN：7-80625-737-3
定价：CNY250.00

J002890
河南现代美术史　张绍卿著
郑州　河南美术出版社　1999 年　337 页　有图
20cm（32 开）ISBN：7-5401-0794-4
定价：CNY25.00

　　本书通过绘画艺术、雕塑艺术、民间美术、
现代美术家及其代表作品、美术教育 5 部分，对
河南美术史进行探究。

J002891
日治时代台湾美术教育　（1895—1927）杨
孟哲著
台北　前卫出版社　1999 年　267 页　有图
22cm（30 开）精装　ISBN：957-801-205-5
定价：TWD350.00
（台湾文史丛书 75）

J002892
上海艺术史图志　上海艺术研究所编
上海　上海文化出版社　1999 年　225 页
31cm（10 开）精装　ISBN：7-80646-081-0
定价：CNY375.00
　　外 文 书 名：An Illustrated History of the
Art of Shanghai.

J002893
上海艺术史图志　上海艺术研究所编
上海　上海文化出版社　1999 年　226 页
26cm（16 开）精装　ISBN：7-80646-081-0
定价：CNY325.00

J002894
图说中国艺术史
成都　巴蜀书社　1999 年　280 册　29cm（16 开）
　　本套书包括：《书法传世名作》《绘画传世
名作》《雕塑传世名作》《玉器传世名作》《陶
瓷传世名作》《青铜器传世名作》《建筑传世名
作》等。

J002895

新中国美术 50 年 （1949—1999）刘大为，
郜宗远主编；中国美术家协会，中国美术出版
总社编
北京 人民美术出版社 1999 年 501 页
37cm（8 开）精装 ISBN：7-102-02100-3
定价：CNY560.00

　　本书收录了反映新中国 50 年美术进展的
美术作品 500 余幅，包括：《开国大典》《祖国万
岁》《春梅图》等，并附"新中国美术大事记"。
主编刘大为（1945—　　），教师。山东诸城人。解
放军艺术学院美术系主任，中国美术家协会中国
画艺术委员会委员等。出版有《刘大为画集》。

J002896

云南美术 50 年 段锡著
昆明 云南美术出版社 1999 年 537 页 有图
20cm（32 开）ISBN：7-80586-615-5
定价：CNY28.00

　　本书记述了云南美术 50 年来的成果，包括
美术概览、艺苑撷英、大事记 3 部分。作者段锡
（1946—　　），彝族，美术编辑。生于云南个旧市，
历任《云南日报》主任编辑，云南省美术家协会
理事，中国美术家协会云南分会会员等。著有《红
土高原的画卷》《1910 年的列车》等。

J002897

中国传统艺术的继承和弘扬 成葆德主编
银川 宁夏人民出版社 1999 年 322 页 20cm（32 开）
ISBN：7-227-01967-5 定价：CNY19.00
（有中国特色社会主义文化理论建设丛书 第
一辑）

J002898

中国艺术通史 王琪森著
南京 江苏文艺出版社 1999 年 12+544 页
20cm（32 开）ISBN：7-5399-1360-6
定价：CNY26.00

　　作者王琪森（1954—　　），篆刻家。上海人。
历任中国作家协会会员，中国书法家协会会员，
西泠印社社员，上海美术家协会会员。代表作品
《上海六记》《上海打将军》《上海·1912》《王琪
森篆刻》《楷、行、草、隶、篆书法技艺》。

J002899

中华文化十万个为什么 （第一辑 美术卷）
刘墨主编
沈阳 辽海出版社 1999 年 15+305 页 有图
20cm（32 开）ISBN：7-80638-984-9
定价：CNY15.50

J002900

中华文明之光 （古代艺术）袁行霈主编
香港 三联书店（香港）公司 1999 年 126 页
21cm（32 开）ISBN：962-04-1721-6
定价：HKD33.00

J002901

中央苏区美术史 林道福主编
南昌 江西高校出版社 1999 年 106 页 有图
20cm（32 开）ISBN：7-81033-994-X
定价：CNY198.00
（中央苏区研究丛书）

　　本书是一部论述第二次国内革命战争时期，
毛泽东等老一辈无产阶级革命家，从 1927 年创
建以江西瑞金为中心的中央革命根据地到 1934
年红军离开中央苏区开始长征这短短 7 年如火
如荼的革命斗争中诞生、发展、壮大的美术史。

中国艺术作品综合集

J002902

陕西赈灾书画古物展览会出品录
［民国］26cm（16 开）线装

J002903

中国美术 （卷上）（英）波西尔（S.W.Bushell）
著；戴岳译
上海 商务印书馆 ［1920—1927 年］再版
180 页有图 21cm（32 开）
（世界丛书）

J002904

中国美术 （英）波西尔（S.W.Bushell）著；戴
岳译
上海 商务印书馆 1928 年 3 版 259 页

有图 21cm（32 开）定价：大洋二元
（世界丛书）

J002905
中国美术 （上册）（英）波西尔（S.W.Bushell）
著；戴岳译
上海 商务印书馆 民国二十三年［1934］国难
后 1 版 180 页 有图 21cm（32 开）
定价：大洋二元(全 2 册)
（世界丛书）

J002906
中国美术 （下册）（英）波西尔（S.W.Bushell）
著；戴岳译
上海 商务印书馆 民国二十三年［1934］
国难后 1 版 259 页 有图 21cm（32 开）
定价：大洋二元(全 2 册)
（世界丛书）

J002907
中国美术 施德之编
施德之［自刊］1930 年 204 页 38cm（6 开）
精装
　　本书收录编者所藏乾隆御窑古月轩瓷器照
片 102 幅。书前有中、英、日、西班牙、法等文
字介绍。

J002908
秋林黄叶 莽苍社编辑部编
北平 北京书店 1928 年 27cm（16 开）
定价：大洋一元
（莽苍社艺术丛书 1）
　　本书影印自北宋至明各代的艺术品，有东坡
遗墨、汉蒸壶、康熙五彩瓷瓶、宋徽宗荔子扇面、
南田花卉，以及王渔洋等人的画像。

J002909
好友佳作集 （第一年）好友艺术社编著
上海 文华美术图书印刷公司 1931 年 有图
25cm（15 开）定价：一元，一元五角（精装）
　　本书内容包括：西洋美术画、西洋雕刻、书
艺、金石、国粹美术画、美术摄影 6 部分，收 146
幅作品。

J002910
国立杭州艺术专科学校第四届展览会目录
杭州 国立杭州艺术专科学校 1934 年 26 页
19cm（32 开）

J002911
托沙遗作选集 （木刻、油绘、雕塑）戴托沙
作；青春文艺社编
［湖南］青春文艺社 1934 年 16 页 有图
19cm（32 开）

J002912
广东美术 （第二次全国美展广东出品专刊 美
展目录）
1937 年［72］页 27cm（16 开）
　　本书为美展目录。内容有国画、西洋画、雕
塑、篆刻、建筑、摄影等。书前有陆丹林的《广
东美术概况》。

J002913
教育部第二次全国美术展览会补充目录
国立美术陈列馆编
［南京］［国立美术陈列馆］［1937 年］29 页
19cm（32 开）

J002914
**教育部第二次全国美术展览会展品补充目
录** 国立美术陈列馆编
南京 国立美术陈列馆［1937 年］29 页
18cm（15 开）

J002915
教育部第二次全国美术展览会展品目录
国立美术陈列馆编
南京 国立美术陈列馆［1937 年］［186］页
有图 18cm（15 开）
　　本书内容包括：图书、刻印、美术工艺、建
筑图案及模型、雕塑、西画、现代书画、历代书
画、摄影 9 部分。书前有"参观规则"、"临时目
录"等。

J002916
教育部第二次全国美术展览会展品目录
国立美术陈列馆编
南京 国立美术陈列馆［1937 年］再版

有图 18cm（15 开）

J002917

抗敌画展特刊　重庆市江巴各界五月抗敌宣传大会编

重庆 抗敌后援会 1938 年 有图 27cm（16 开）

定价：法币八角

　　本书收录国画、油画、水彩、漫画、图案、摄影等作品 73 幅。

J002918

湖北省一九五五年群众业余戏剧、音乐、舞蹈汇报演出大会专集　（节目部分）湖北省文化局编

武汉 湖北省文化局［1950—1959 年］190 页 20cm（32 开）

J002919

湖北省一九五五年群众业余戏剧、音乐、舞蹈汇报演出大会专集　湖北省文化局编

武汉 湖北省文化局［1956 年］196 页 20cm（32 开）

J002920

美术作品选集　临桂县文联编

临桂县 临桂县文联［1950—1959 年］28 页 19×26cm 定价：CNY0.25

J002921

新美术选集　（第一辑）中华全国美术工作者协会上海分会编选

上海 大东书局 1950 年 6 版 改订本 影印本 78 页 有图 24cm（32 开）定价：旧币 16,000 元

J002922

新美术选集　（第二辑）中华全国美术工作者协会上海分会编选

上海 大东书局 1952 年 影印本 77 页 21cm（32 开）定价：旧币 16,000 元

J002923

新美术选集　陈烟桥等选辑

上海 大东书局 1950 年 影印本 80 页 22cm（32 开）

定价：基价 12.00，基价 17.00（精装）

　　本书为中国现代美术作品画册。作者陈烟桥（1911—1970），版画家。曾用名陈炳奎，笔名李雾城、米启郎。就读于广州市立美术专科学校西画科和上海新华艺术专科学校西洋画系。历任《新华日报》美术科主任，中国美术家协会上海分会副秘书长、美协广西分会主席等。代表作品有木刻《建设中的佛子岭》《鲁迅和他的伙伴们》等。

J002924

新美术选集　米谷，陈烟桥等选辑

上海 大东书局 1950 年 改订再版 影印本 80 页 22cm（20 开）

定价：基价 10.00，基价 20.00（精装）

J002925

中华全国文学艺术工作者代表大会美术作品选集　中华全国文学艺术工作者大会宣传处编辑

北京 人民美术出版社 1950 年 影印本 146 页 27cm（16 开）精装

J002926

中华全国文学艺术工作者代表大会艺术展览会美术作品选集　中华全国文学艺术工作者代表大会宣传处编

上海 新华出版社 1950 年 146 页 28cm（10 开）

定价：基价 51.00，基价 80.00（精装）

J002927

美术作品选集　西南人民艺术学院辑

西南人民艺术学院 1951 年 影印本 149 页 26cm（16 开）

J002928

伟大的艺术传统图录　（第一辑 古代）郑振铎编辑

上海 上海出版公司 1951 年［1 套活页装］38cm（8 开）定价：CNY28.00（普及洋装本）

　　本套书按年代分为 12 辑，分别为古代、两汉三国、两晋南北朝、隋唐五代一、隋唐五代二、宋辽金一、宋辽金二、元代、明代上、明代下、清代上、清代下，收录各时期有代表性的中国艺术品共 198 件，有珂罗版图版 146 张，原色图版 12 张，每辑中有一张原色图版。作者郑振铎（1898—1958），社会活动家、作家、学者、翻译家、收藏

家。生于浙江永嘉县，祖籍福建长乐。毕业于北京铁路管理学校。历任全国文联福利部部长，全国文协研究部长，中国科学院考古研究所所长，文化部副部长，中国作家协会理事等。代表作品有《插图本中国文学史》《中国文学研究》《中国版画史图录》《猫》《我们是少年》等。

J002929
伟大的艺术传统图录 （第二辑 两汉三国）郑振铎编辑
上海 上海出版公司 1951 年［1 套活页装］
38cm（8 开）定价：CNY28.00（普及洋装本）

J002930
伟大的艺术传统图录 （第三辑 两晋南北朝）
郑振铎编辑
上海 上海出版公司 1951 年［1 套活页装］
38cm（8 开）定价：CNY28.00（普及洋装本）

J002931
伟大的艺术传统图录 （第四辑 隋唐五代一）
郑振铎编辑
上海 上海出版公司 1951 年［1 套活页装］
38cm（8 开）定价：CNY28.00（普及洋装本）

J002932
伟大的艺术传统图录 （第五辑 隋唐五代二）
郑振铎编辑
上海 上海出版公司 1951 年［1 套活页装］
38cm（8 开）定价：CNY28.00（普及洋装本）

J002933
伟大的艺术传统图录 （第六辑 宋辽金一）
郑振铎编辑
上海 上海出版公司 1951 年［1 套活页装］
38cm（8 开）定价：CNY28.00（普及洋装本）

J002934
伟大的艺术传统图录 （第七辑 宋辽金二）
郑振铎编辑
上海 上海出版公司 1951 年［1 套活页装］
38cm（8 开）定价：CNY28.00（普及洋装本）

J002935
伟大的艺术传统图录 （第八辑 元代）郑振

铎编辑
上海 上海出版公司 1951 年［1 套活页装］
38cm（8 开）定价：CNY28.00（普及洋装本）

J002936
伟大的艺术传统图录 （第九辑 明代上）郑振铎编辑
上海 上海出版公司 1951 年［1 套活页装］
38cm（8 开）定价：CNY28.00（普及洋装本）

J002937
伟大的艺术传统图录 （第十辑 明代下）郑振铎编辑
上海 上海出版公司 1951 年［1 套活页装］
38cm（8 开）定价：CNY28.00（普及洋装本）

J002938
伟大的艺术传统图录 （第十一辑 清代上）
郑振铎编辑
上海 上海出版公司 1951 年［1 套活页装］
38cm（8 开）定价：CNY28.00（普及洋装本）

J002939
伟大的艺术传统图录 （第十二辑 清代下）
郑振铎编辑
上海 上海出版公司 1951 年［1 套活页装］
38cm（8 开）定价：CNY28.00（普及洋装本）

J002940
伟大的艺术传统图录 （十二辑）郑振铎编辑
上海 上海出版公司 1953 年 2 版 影印本 2 册
39cm（6 开）

J002941
伟大的艺术传统图录 （十二辑）郑振铎编辑
上海 上海出版公司 1954 年 3 版 影印本
38cm（6 开）精装

J002942
伟大的艺术传统图录 （十二辑）郑振铎编辑
北京 中国古典艺术出版社［1956 年］影印本
2 册 39cm（6 开）

J002943
伟大的艺术传统图录 郑振铎编辑

上海 三联书店上海分店 1989 年 影印本 有图
26cm（16 开）精装 ISBN：7-5426-0023-0
定价：CNY21.00

J002944
喷雾画集　陶荫培作
上海 北新书局 1952 年 54 页 有图 15×18cm
定价：旧币 4,000 元

J002945
一九五三年吉林省美术展览会优秀作品集
吉林省人民政府文化局编辑
长春 吉林省人民政府文化局 1953 年 18 页
26cm（16 开）

J002946
哈尔滨市美术展览会图录　（1954）哈尔滨
市文学艺术工作者联合会［编］
哈尔滨 哈尔滨市文学艺术工作者联合会
1954 年 40 页 26cm（16 开）

J002947
河南省第一届美术展览会纪念集　河南人
民出版社编
郑州 河南人民出版社 1955 年 ［1］张
定价：CNY0.85

J002948
西北二届美展作品选集　中国美术家协会西
安分会编
西安 陕西人民出版社 1955 年 50 页 26cm（16 开）
定价：CNY1.30

J002949
第二届全国美术展览会年画、宣传画选集
人民美术出版社编辑
北京 人民美术出版社 1956 年 影印本 57 页
21cm（32 开）统一书号：8027.972
定价：CNY2.20

J002950
馆藏中国艺术书目　（古籍部分）东北美专图
书馆编
沈阳 东北美术专科学校 1956 年 油印本 23 页
26cm（16 开）环筒页装

本书为沈阳地区院校图书馆美术专题目录。

J002951
上海工人美术选集　上海劳动报编辑部编辑
上海 上海文化出版社 1956 年 80 页 13×18cm
统一书号：T8077.39 定价：CNY0.28

J002952
中国美术作品集　人民美术出版社编辑
北京 人民美术出版社 1957 年 影印本
37cm（8 开）精装 统一书号：8027.1041
定价：CNY11.00

J002953
贵州省美术作品选集　中国美术家协会贵阳
分会筹委会，贵州人民出版社编
贵阳 贵州人民出版社 1958 年 50 页 26cm（16 开）
统一书号：8115.140 定价：CNY1.00

J002954
华南青年美术作品选集　中国美术家协会广
州分会辑
广州 广东人民出版社 1958 年 影印本 85 页
26cm（16 开）统一书号：8111.49
定价：CNY2.70

J002955
惊天动地　杨荣良等作
上海 上海人民出版社 1958 年 48 页
19cm（32 开）统一书号：T8081.4211
定价：CNY0.34
（工农兵美术作品选辑 之一）

J002956
我们的力量大无穷　陈良鹤等作
上海 上海人民出版社 1958 年 51 页
18cm（32 开）统一书号：T8081.4213
定价：CNY0.48
（工农兵美术作品选辑 之三）

J002957
中国妇女美术作品选集　中国妇女杂志社编
北京 人民美术出版社 1959 年 1 函 28 帧
38cm（6 开）统一书号：8027.2434
定价：CNY12.00

J002958

第二届工人业余美术创作展览会目录　中华全国总工会，中国美术家协会编

北京 中华全国总工会 1960 年 24 页 19cm（32 开）

　　本书由中华全国总工会和中国美术家协会联合出版。

J002959

青海十年美术作品选集　青海省美术工作者协会编

西宁［青海人民出版社］1960 年

J002960

庆祝建国十周年广东美术作品选　中国美术家协会广州分会编

广州 广东人民出版社 1960 年 影印本 30 页［38cm］（12 开）定价：CNY6.00

J002961

上海鲁迅纪念馆美术作品小辑　肖传玖等作

上海 上海人民美术出版社 1961 年 10 张（套）定价：CNY0.50

J002962

美术作品小辑　（之一）赵梦朱等作

辽宁 辽宁美术出版社 1962 年 10 张（套）13cm（60 开）定价：CNY0.30

　　作者赵梦朱（1892—1985），花鸟画家、教授。原名恩熹，号明湖，河北雄县人。历任京华美术学院、华北艺专教授，中国美术家协会会员。

J002963

中国人民解放军（1927—1962）（摄影集）解放军画报社编辑

北京 解放军画报社 1962 年 121 页 28cm（16 开）精装 定价：CNY30.00

J002964

中国人民解放军第三届美术作品展览会选集　中国人民解放军总政治部编

北京 人民美术出版社 1965 年 120 页 30cm（10 开）精装 统一书号：8027.4526 定价：CNY14.00

J002965

毛主席万岁　（世界革命人民热爱毛主席）

广州 广东人民出版社 1970 年 19cm（32 开）统一书号：8111.092 定价：CNY0.07

J002966

世界革命人民热爱毛主席

上海 上海市出版"革命组" 1970 年 ［182 页］19cm（32 开）定价：CNY0.32

J002967

伟大时代的英雄形象　（革命美术作品选）中国人民军事博物馆美术组集体创作；新华社发

北京 解放军报 1970 年 2 幅 11×15cm 定价：CNY2.00

　　本作品集包括：《生命不息，冲锋不止》（水粉画）、《提高警惕，保卫祖国》（油画）

J002968

汾江文艺　（美术、摄影专集）佛山市"革命委员会"政工组文艺办公室编

佛山 佛山市"革命委员会"政工组文艺办公室 1972 年 51 页 18×26cm

J002969

工农兵美术、摄影作品选　承德市文化局编

承德 承德市文化局 1972 年 55 页 18×20cm

J002970

贵州省美术、摄影作品展览目录　贵州省"革命委员会"政治部编

贵阳 贵州省"革命委员会"政治部 1972 年 14 页 19cm（32 开）

J002971

黑龙江生产建设兵团美术作品选集　黑龙江生产建设兵团政治部编

哈尔滨 黑龙江人民出版社 1972 年 46 页 12×15cm 统一书号：8093.121 定价：CNY1.10

J002972

美术作品小辑　（一）内蒙古自治区人民出版社编辑

呼和浩特 内蒙古自治区人民出版社 1972 年 12 张（套）19cm（32 开）定价：CNY0.30

J002973
美术作品小辑 （二）内蒙古自治区人民出版
社编辑
呼和浩特 内蒙古自治区人民出版社 1972 年
12 幅 19×13cm 统一书号：M8089.10
定价：CNY0.30

J002974
平顶山市业余美术摄影作品选 平顶山市
毛泽东思想宣传站编
平顶山 平顶山市人民印刷厂 1972 年 24 页
19×26cm

J002975
沈阳市第三届美术、摄影展览美术作品选
沈阳市文化处编
沈阳［沈阳市文化处］1972 年 19cm（32 开）

J002976
石家庄市美术摄影作品选 石家庄市纪念毛
主席《在延安文艺座谈会上的讲话》发表三十
年办公室编辑
石家庄 石家庄市纪念毛主席在延安文艺座谈
会上的讲话发表三十周年办公室 1972 年 62 页
25cm（16 开）

J002977
邢台地区美术作品选 河北省邢台地区"革
命委员会"文化局［编］
邢台 河北省邢台地区"革命委员会"文化局
1972 年 16 页 18×26cm（16 开）

J002978
安徽美术作品选 （第一辑 国画）安徽省文
化局创作组编
合肥 安徽人民出版社 1973 年 15×19cm
统一书号：8102.615 定价：CNY0.45

J002979
安徽美术作品选 （第二辑 版画）安徽省文
化局创作组编
合肥 安徽人民出版社 1973 年 15×19cm
统一书号：8102.616 定价：CNY0.45

J002980
纪念毛主席《在延安文艺座谈会上的讲话》
发表三十周年全国美术作品展览会 （中国
画作品选辑）人民美术出版社编辑
天津 天津人民美术出版社 1973 年 13×18cm
统一书号：8073.80145 定价：CNY［0.45］

J002981
纪念毛主席《在延安文艺座谈会上的讲
话》发表三十周年全国美术作品展览会选
辑 人民美术出版社编辑
北京 人民美术出版社 1972 年 16 张
13×18cm 定价：CNY0.80

J002982
纪念毛主席《在延安文艺座谈会上的讲
话》发表三十周年全国美术作品展览会选
辑 （油画）人民美术出版社编辑
北京 人民美术出版社 1973 年 14 张 13×18cm
统一书号：8027.5646 定价：CNY0.52

J002983
纪念毛主席《在延安文艺座谈会上的讲话》
发表三十周年全国美术作品展览会选辑
（中国画）人民美术出版社编辑
北京 人民美术出版社 1973 年 13×18cm
统一书号：8027.5645 定价：CNY0.52

J002984
美术摄影书法作品选 江西省赣州市文化工
作站编
赣州 江西省赣州市文化工作站 1973 年 16 页
19×27cm

J002985
美术作品小辑 （2）
郑州 河南人民出版社 1973 年 12 幅（套）
19cm（32 开）定价：CNY0.42

J002986
美术作品选 （1）黑龙江人民出版社编辑
哈尔滨 黑龙江人民出版社 1973 年
12 幅（套）26cm（16 开）定价：CNY1.40

J002987

美术作品选　（纪念毛主席《在延安文艺座谈会上的讲话》发表三十周年）国务院文化组美术作品征集小组编辑

北京 人民美术出版社 1973 年 32×38cm

统一书号：8027.5606 定价：CNY16.00

J002988

厦门文艺　（美术、工艺美术、摄影展览作品选辑）厦门市"革命委员会"政治处文化组编

厦门 厦门市"革命委员会"政治处文化组

1973 年 40 页 19cm（32 开）

J002989

庆祝中华人民共和国成立二十五周年全国美术作品展览目录

北京 1974 年 26 页 18cm（32 开）

J002990

宁夏美术作品选

银川 宁夏人民出版社 1975 年 13 幅 26cm（16 开）

定价：CNY0.86

J002991

上饶市美术摄影书法作品选　上饶市文化工作站编选

上饶 上饶市文化工作站 1975 年 75 页 17×18cm

J002992

工人美术作品选

南京 江苏人民出版社 1976 年 17 幅 19cm（32 开）

统一书号：8100.4.011 定价：CNY0.60

J002993

贵州省工农兵美术作品选　（1974）

贵阳 贵州人民出版社 1976 年 16 幅 19cm（32 开）

定价：CNY0.50

J002994

内蒙古美术作品选集　内蒙古自治区"革命委员会"文化局编

呼和浩特 内蒙古人民出版社 1976 年 59 幅

38cm（6 开）定价：CNY12.00

J002995

高举毛主席的伟大旗帜胜利前进　（美术作品选）人民美术出版社编辑

北京 人民美术出版社 1977 年 100 幅

47×39cm 精装 定价：CNY28.60

J002996

金石家珍藏书画集

台北 大通书局 1977 年 2 册 39cm（4 开）精装

J002997

一九七七年当代香港艺术　香港艺术馆编

香港 香港市政局 1977 年 197 页 有图

23cm（10 开）ISBN：962-215-001-2

定价：HKD6.50

　　外文书名：Contemporary Hong Kong Art

1977.

J002998

美术作品展览图录　（版画）

天津 天津人民美术出版社 1978 年 90 页

19cm（32 开）定价：CNY0.56

　　本图录为庆祝中国人民解放军建军五十周年出版。

J002999

美术作品展览图录　（1942—1977）

天津 天津人民美术出版社 1978 年 86 页

18cm（15 开）统一书号：8073.50093

定价：CNY0.55

　　本图录纪念毛泽东同志《在延安文艺座谈会上的讲话》发表三十五周年。

J003000

美术作品展览图录　（中国画）

天津 天津人民美术出版社 1978 年 132 页

19cm（32 开）定价：CNY1.10

　　本图录为庆祝中国人民解放军建军五十周年。

J003001

美术作品展览图录　（中国画 油画 1942—1977）

天津 天津人民美术出版社 1978 年 146 页

18cm（15 开）统一书号：8073.50095

定价：CNY0.87

本图录纪念毛泽东同志《在延安文艺座谈会上的讲话》发表三十五周年。

J003002

美术作品展览图录 （1942—1977）

天津 天津人民美术出版社 1979 年 104 页
17cm（40 开）定价：CNY0.91

本图录为纪念毛泽东同志《在延安文艺座谈会上的讲话》发表三十五周年。

J003003

美术作品展览图录 （版画 1942—1977）

天津 天津人民美术出版社 1979 年 220 页
19cm（32 开）统一书号：8073.50094
定价：CNY1.85

本图录为纪念毛泽东同志《在延安文艺座谈会上的讲话》发表三十五周年。

J003004

艺苑掇英 （第一期）上海人民美术出版社编辑
上海 上海人民美术出版社 1978 年 48 页
有图 38cm（8 开）统一书号：8081.11176
定价：CNY3.00

中国美术作品选集，主要介绍中国历代绘画、书法等艺术作品。本期有图版 17 幅，文字 7 种。其中图版部分包括：《芦雁册》（明）边寿民、《三友图轴》（明）徐渭、《海山三图》（清）袁江等。文字部分包括：《十七帖》宋帖、《论书帖》（唐）怀素、《青天歌》（明）徐渭等。

J003005

艺苑掇英 （第二期）上海人民美术出版社编辑
上海 上海人民美术出版社 1978 年 48 页
有图 38cm（8 开）统一书号：8081.11280
定价：CNY3.00

本期有图版 20 幅，文字 7 种。其中图版部分包括：《杜甫诗意图卷》（南宋）赵葵、《墨荷图轴》吴昌硕、《秋山红树图轴》（明）蓝瑛等，文字部分包括：《杜甫诗意图卷》朱恒蔚、《读王履〈华山画册〉雨林》《闸口盘车图卷》郑为等。

J003006

艺苑掇英 （第三期）上海人民美术出版社编辑
上海 上海人民美术出版社 1978 年［48］页

有图 38cm（8 开）统一书号：8081.11410
定价：CNY3.00

本期有图版 41 幅，文字 8 种。其中图版部分包括：《神骏图卷》（唐）韩幹、《瑞鹤图卷》（宋）赵佶、《悟阳子养性图卷》（唐）唐寅等。文字部分包括：《读画札记之一》杨仁恺、《试谈赵佶的〈瑞鹤图〉》《浅谈〈归去来兮图〉》刘忠诚等。

J003007

艺苑掇英 （第四期）上海人民美术出版社编辑
上海 上海人民美术出版社 1979 年 48 页 有图
38cm（6 开）统一书号：8081.11428
定价：CNY3.00

J003008

艺苑掇英 （第五期）上海人民美术出版社编辑
上海 上海人民美术出版社 1979 年 48 页 有图
38cm（8 开）统一书号：8081.11578
定价：CNY3.00

J003009

艺苑掇英 （第六期）上海人民美术出版社编辑
上海 上海人民美术出版社 1979 年 48 页 有图
38cm（6 开）统一书号：8081.11769
定价：CNY3.00

J003010

艺苑掇英 （宋拓王羲之十七帖）上海人民美术出版社编辑
上海 上海人民美术出版社 1979 年 26 页 有图
38cm（8 开）统一书号：8081.11371
定价：CNY1.80

J003011

艺苑掇英 （第七期）上海人民美术出版社编辑
上海 上海人民美术出版社 1980 年 48 页 有图
38cm（8 开）统一书号：8081.11853
定价：CNY3.00

J003012

艺苑掇英 （第八期）上海人民美术出版社编辑
上海 上海人民美术出版社 1980 年 48 页 有图

38cm（8开）统一书号：8081.11924
定价：CNY3.00

J003013
艺苑掇英 （第九期）上海人民美术出版社编辑
上海 上海人民美术出版社 1980 年 48 页 有图
38cm（8开）统一书号：8081.12053
定价：CNY3.00

J003014
艺苑掇英 （第十期）上海人民美术出版社编辑
上海 上海人民美术出版社 1980 年 48 页 有图
38cm（8开）统一书号：8081.12176
定价：CNY3.00

J003015
艺苑掇英 （第十一期）上海人民美术出版社
编辑
上海 上海人民美术出版社 1981 年 48 页 有图
38cm（8开）统一书号：8081.12239
定价：CNY3.00

J003016
艺苑掇英 （第十二期）上海人民美术出版社
编辑
上海 上海人民美术出版社 1981 年 48 页 有图
38cm（8开）统一书号：8081.12371
定价：CNY3.00

J003017
艺苑掇英 （第十三期）上海人民美术出版社
编辑
上海 上海人民美术出版社 1981 年 48 页 有图
38cm（8开）统一书号：8081.12558
定价：CNY3.00

J003018
艺苑掇英 （第十四期）上海人民美术出版社
编辑
上海 上海人民美术出版社 1981 年 48 页 有图
38cm（8开）统一书号：8081.12645
定价：CNY3.00

J003019
艺苑掇英 （第十五期）上海人民美术出版社

编辑
上海 上海人民美术出版社 1982 年 48 页 有图
38cm（8开）统一书号：8081.12766
定价：CNY3.00

J003020
艺苑掇英 （第十六期）上海人民美术出版社
编辑
上海 上海人民美术出版社 1982 年 48 页 有图
38cm（8开）统一书号：8081.12933
定价：CNY3.00

J003021
艺苑掇英 （第十七期）上海人民美术出版社
编辑
上海 上海人民美术出版社 1982 年 48 页 有图
38cm（8开）统一书号：8081.12972
定价：CNY3.00

J003022
艺苑掇英 （第十八期）上海人民美术出版社
编辑
上海 上海人民美术出版社 1982 年 48 页 有图
38cm（8开）统一书号：8081.12991
定价：CNY3.00

J003023
艺苑掇英 （唐玄序集王羲之书金刚经）上海
人民美术出版社编辑
上海 上海人民美术出版社 1982 年 有图
38cm（8开）统一书号：8081.13014
定价：CNY3.95

J003024
艺苑掇英 （第十九期）上海人民美术出版社
编辑
上海 上海人民美术出版社 1983 年 49 页
有图 38cm（8开）统一书号：8081.13210
定价：CNY3.00

J003025
艺苑掇英 （第二十期）上海人民美术出版社
编辑
上海 上海人民美术出版社 1983 年 48 页 有图
38cm（8开）统一书号：8081.13382

定价: CNY3.00

J003026
艺苑掇英 （第二十一期）上海人民美术出版社编辑
上海 上海人民美术出版社 1983 年 48 页 有图
38cm（8 开）统一书号: 8081.13472
定价: CNY3.00

J003027
艺苑掇英 （第二十二期）上海人民美术出版社编辑
上海 上海人民美术出版社 1983 年 48 页 有图
38cm（8 开）统一书号: 8081.13545
定价: CNY3.00

J003028
艺苑掇英 （第二十三期）上海人民美术出版社编辑
上海 上海人民美术出版社 1984 年 48 页 有图
38cm（8 开）统一书号: 8081.13814
定价: CNY3.00

J003029
艺苑掇英 （第二十四期）上海人民美术出版社编辑
上海 上海人民美术出版社 1984 年 48 页 有图
38cm（8 开）统一书号: 8081.13939
定价: CNY3.00

J003030
艺苑掇英 （第二十五期）上海人民美术出版社编辑
上海 上海人民美术出版社 1985 年 48 页 有图
38cm（8 开）统一书号: 8081.14036
定价: CNY3.60

J003031
艺苑掇英 （第二十六期）上海人民美术出版社编辑
上海 上海人民美术出版社 1985 年 48 页 有图
38cm（6 开）定价: CNY3.60

J003032
艺苑掇英 （第二十七期）上海人民美术出版

社编辑
上海 上海人民美术出版社 1985 年 48 页 有图
38cm（8 开）定价: CNY3.60

J003033
艺苑掇英 （第二十八期）上海人民美术出版社编辑
上海 上海人民美术出版社 1985 年 48 页 有图
38cm（8 开）定价: CNY3.60

J003034
艺苑掇英 （第二十九期）上海人民美术出版社编辑
上海 上海人民美术出版社 1985 年 48 页 有图
38cm（8 开）统一书号: 8081.14601 定价: CNY3.60

J003035
艺苑掇英 （第三十期）上海人民美术出版社编辑
上海 上海人民美术出版社 1985 年 48 页 有图
38cm（8 开）定价: CNY3.60

J003036
艺苑掇英 （第三十一期）上海人民美术出版社编辑
上海 上海人民美术出版社 1986 年 48 页 有图
38cm（8 开）统一书号: 8081.15056
定价: CNY3.60

J003037
艺苑掇英 （第三十二期）上海人民美术出版社编辑
上海 上海人民美术出版社 1986 年 48 页 有图
38cm（8 开）统一书号: 8081.15057
定价: CNY3.60

J003038
艺苑掇英 （第三十三期）上海人民美术出版社编辑
上海 上海人民美术出版社 1986 年 48 页 有图
38cm（8 开）统一书号: 8081.15056
定价: CNY3.60

J003039
艺苑掇英 （第三十四期）上海人民美术出版

社编辑

上海 上海人民美术出版社 1987 年 61 页
有图 38cm（8 开）定价：CNY5.30

J003040
艺苑掇英 （第三十五期）上海人民美术出版
社编辑
上海 上海人民美术出版社 1987 年 49 页
有图 38cm（8 开）定价：CNY4.00

J003041
艺苑掇英 （第三十六期）上海人民美术出版
社编辑
上海 上海人民美术出版社 1987 年 56 页
有图 38cm（8 开）定价：CNY4.30
　　本期内容为清初四僧精品集，为纪念上海博
物馆建馆三十五周年出版的专辑。

J003042
艺苑掇英 （第三十七期）上海人民美术出版
社编辑
上海 上海人民美术出版社 1987 年 56 页
有图 38cm（8 开）定价：CNY4.30

J003043
艺苑掇英 （第三十八期）上海人民美术出版
社编辑
上海 上海人民美术出版社 1988 年 53 页
有图 38cm（8 开）定价：CNY7.00

J003044
艺苑掇英 （第三十九期）上海人民美术出版
社编辑
上海 上海人民美术出版社 1989 年 有图
38cm（8 开）

J003045
艺苑掇英 （第四十期）上海人民美术出版社
编辑
上海 上海人民美术出版社 1990 年 有图
38cm（8 开）

J003046
艺苑掇英 （第四十一期）上海人民美术出版
社编辑

上海 上海人民美术出版社 1990 年 有图
38cm（8 开）
　　本期为景元斋珍藏历代绘画专辑。

J003047
艺苑掇英 （第四十二期）上海人民美术出版
社编辑
上海 上海人民美术出版社 1992 年 有图
38cm（8 开）定价：CNY18.00

J003048
艺苑掇英 （第四十三期）上海人民美术出版
社编辑
上海 上海人民美术出版社 1992 年 有图
38cm（8 开）定价：CNY18.00
　　本期内容为台北故宫藏画专辑。

J003049
艺苑掇英 （第四十四期）上海人民美术出版
社编辑
上海 上海人民美术出版社 1993 年 有图
38cm（8 开）
　　本期内容为天津市艺术博物馆藏历代书画
精品专辑。

J003050
艺苑掇英 （第四十五期）上海人民美术出版
社编辑
上海 上海人民美术出版社 1993 年 有图
38cm（8 开）
　　本期内容为天津市艺术博物馆藏历代书画
精品专辑。

J003051
艺苑掇英 （第四十六期）上海人民美术出版
社编辑
上海 上海人民美术出版社 1994 年 有图
38cm（8 开）
　　本期内容为无锡市博物馆藏历代书画专辑。

J003052
艺苑掇英 （第四十七期）上海人民美术出版
社编辑
上海 上海人民美术出版社 1994 年 有图
38cm（8 开）

本期内容为常熟博物馆藏书画专辑。

J003053

艺苑掇英 （第四十八期）上海人民美术出版社编辑

上海 上海人民美术出版社 1994年 有图 38cm（8开）

本期内容为大阪市立美术馆藏中国书画名品专辑。

J003054

艺苑掇英 （第四十九期）上海人民美术出版社编辑

上海 上海人民美术出版社 1994年 有图 38cm（8开）

本期内容为大阪市立美术馆藏中国书画名品专辑。

J003055

艺苑掇英 （第五十期）上海人民美术出版社编辑

上海 上海人民美术出版社 1995年 有图 38cm（8开）

本期内容为海外藏画专辑。

J003056

艺苑掇英 （第五十一期）上海人民美术出版社编辑

上海 上海人民美术出版社 1995年 有图 38cm（8开）

本期内容为故宫博物院藏元代绘画专辑。

J003057

艺苑掇英 （第五十二期）上海人民美术出版社编辑

上海 上海人民美术出版社 1995年 有图 38cm（8开）

本期内容为故宫博物院藏元代绘画专辑。

J003058

艺苑掇英 （第五十三期）上海人民美术出版社编辑

上海 上海人民美术出版社 1995年 有图 38cm（8开）

本期内容为海派绘画专辑。

J003059

艺苑掇英 （第五十四期）上海人民美术出版社编辑

上海 上海人民美术出版社 1995年 有图 38cm（8开）

本期内容为海派绘画专辑。

J003060

艺苑掇英 （第五十五期）上海人民美术出版社编辑

上海 上海人民美术出版社 1996年 有图 38cm（8开）

本期内容为辽宁省博物馆藏历代书画专辑。

J003061

艺苑掇英 （第五十六期）上海人民美术出版社编辑

上海 上海人民美术出版社 1996年 有图 38cm（8开）

本期内容为安徽省博物馆建馆四十周年书画藏品专辑。

J003062

艺苑掇英 （第五十七期）上海人民美术出版社编辑

上海 上海人民美术出版社 1996年 有图 38cm（8开）

本期内容为苏州博物馆专辑。

J003063

艺苑掇英 （第五十八期）上海人民美术出版社编辑

上海 上海人民美术出版社 1996年 有图 38cm（8开）

本期内容为苏州博物馆专辑。

J003064

艺苑掇英 （第五十九期）上海人民美术出版社编辑

上海 上海人民美术出版社 1997年 49页 有图 38cm（8开）定价：CNY32.00

J003065

艺苑掇英 （第六十期）上海人民美术出版社编辑

上海 上海人民美术出版社 1997 年 49 页
有图 38cm（8 开）定价：CNY32.00

J003066
艺苑掇英 （第六十一期）上海人民美术出版
社编辑
上海 上海人民美术出版社 1998 年 有图
38cm（8 开）定价：CNY32.00

J003067
艺苑掇英 （第六十二期）上海人民美术出版
社编辑
上海 上海人民美术出版社 1998 年 有图
38cm（8 开）
　　本期内容为辽宁省博物馆藏品专辑和寒英
馆藏历代书画专辑。

J003068
艺苑掇英 （第六十三期）上海人民美术出版
社编辑
上海 上海人民美术出版社 1998 年 有图
38cm（8 开）

J003069
艺苑掇英 （第六十四期）上海人民美术出版
社编辑
上海 上海人民美术出版社 1998 年 有图
38cm（8 开）

J003070
艺苑掇英 （第六十五期）上海人民美术出版
社编辑
上海 上海人民美术出版社 1998 年 有图
38cm（8 开）

J003071
张义 （雕塑 版画 素描）张义绘作
香港 香港市政局 1978 年 32 页 有图
23cm（10 开）ISBN：962–215–005–5
定价：HKD9.00
　　外文书名：Sculptures Prints Drawings.

J003072
**张岳军先生、王雪艇先生、罗志希夫人捐
赠书画特展目录** 台北故宫博物院编纂

台北 台北故宫博物院 1978 年 248 页
有图 30cm（10 开）精装

J003073
陈兰甫先生书画特展目录 陈兰甫书绘；台
北故宫博物院编纂
台北 台北故宫博物院 1979 年 120 页
有图 30cm（10 开）精装

J003074
当代香港艺术双年展 （1979）香港艺术馆编
香港 香港市政局 1979 年 59 页 有图
23cm（16 开）ISBN：962–215–019–5
定价：HKD12.50
　　外文书名：Contemporary Hong Kong Art
Biennial Exhibition.

J003075
当代香港艺术双年展 （1981）香港艺术馆编
香港 香港市政局 1981 年 48 页 有图
23cm（16 开）ISBN：962–215–038–1
定价：HKD18.00
　　外文书名：Contemporary Hong Kong Art
Biennial Exhibition.

J003076
当代香港艺术双年展 （1983）
香港 香港市政局 1983 年 52 页 有图 23cm（16 开）
ISBN：962–215–053–5 定价：HKD23.00
　　外文书名：Contemporary Hong Kong Art
Biennial Exhibition.

J003077
当代香港艺术双年展 （1985 第十届亚洲艺
术节）香港艺术馆编
香港 香港市政局 1985 年 180 页 28cm（16 开）
ISBN：962–215–068–3 定价：HKD79.00
　　外文书名：Contemporary Hong Kong Art
Biennial Exhibition.

J003078
当代香港艺术双年展 （1987）
香港 香港市政局 1987 年 165 页 有图
29cm（16 开）ISBN：962–215–083–7
定价：HKD94.00

外文书名：Contemporary Hong Kong Art Biennial Exhibition.

J003079
当代香港艺术双年展 （1989）
香港 香港市政局 1989 年 159 页 有图
29cm（16 开）ISBN：962-215-093-4
定价：HKD125.00
　　外文书名：Contemporary Hong Kong Art Biennial Exhibition.

J003080
当代香港艺术双年展 （1998）香港临时市政局，香港艺术馆编
香港 香港临时市政局 1998 年 185 页 有图
28×28cm ISBN：962-215-160-4
定价：HKD290.00
　　外文书名：Contemporary Hong Kong art Biennial Exhibition.

J003081
济南市三十年美术、书法作品选集
（1949—1979）济南市文学艺术界联合会编
济南 济南市文学艺术界联合会 1979 年
29cm（12 开）

J003082
铜仁地区建国以来美术摄影作品选集
铜仁 贵州省铜仁地区行政公署文化局
1979 年 1 册 29×28cm（12 开）

J003083
自卫还击保卫边疆美术作品选 战士出版社编辑
北京 战士出版社 1979 年 52 张 26cm（16 开）

J003084
大一艺术设计 15 周年纪念第 11 年刊 大一艺术设计学院编
香港 大一艺术设计学院［1980—1989 年］
143 页 有图 28×28cm
　　外文书名：First Institute of Art & Design 15th Anniversary 11th Annual.

J003085
京津沪职工美术作品选
上海 上海人民美术出版社 1980 年 56 幅
22cm（30 开）统一书号：8081.11874
定价：CNY1.75

J003086
龙的五千年 杨晓能编著
香港 广汇书业公司［1980—1989 年］有照片
22cm（30 开）活页装 ISBN：962-331-002-1

J003087
美术作品 （1 雕塑）阎淑琴等摄影
北京 人民美术出版社 1980 年 50 页
25cm（小 16 开）统一书号：8027.7413
定价：CNY1.20

J003088
美术作品 （2 油画）人民美术出版社编辑室编
北京 人民美术出版社 1980 年 27 幅
25cm（小 16 开）统一书号：8027.7391
定价：CNY1.60

J003089
美术作品 （3 青岛风景画）
北京 人民美术出版社 1980 年 17 页 26cm（16 开）
统一书号：8027.7396 定价：CNY1.10

J003090
美术作品 （7 油画）王仲，王裕安编辑
北京 人民美术出版社 1981 年 20 幅
25cm（小 16 开）统一书号：8027.7798
定价：CNY1.00

J003091
美术作品 （8 工笔重彩）
北京 人民美术出版社 1982 年 32 页 26cm（16 开）
统一书号：8027.7898 定价：CNY1.60

J003092
美术作品 （9 解放军画选）
北京 人民美术出版社 1982 年 26cm（16 开）
统一书号：8027.8171 定价：CNY1.30

J003093

美术作品 （10 海军画选）

北京 人民美术出版社 1983 年 26cm（16 开）

统一书号：8027.8391 定价：CNY1.05

　　本辑选印了中国人民解放军海军部队 1981 年 11 月在北京举办画展展出的部分作品。作品反映了祖国万里海疆的壮丽景色和海疆军民的生活。

J003094

美术作品 （11 山水画）

北京 人民美术出版社 1983 年 26cm（16 开）

统一书号：8027.7396 定价：CNY1.10

J003095

美术作品 （12 版画）

北京 人民美术出版社 1983 年 26cm（16 开）

统一书号：8027.8606 定价：CNY0.65

J003096

美术作品 （13 解放军画选画）

北京 人民美术出版社 1983 年 26cm（16 开）

统一书号：8027.7396 定价：CNY1.10

J003097

美术作品 （14 浙江中国画选）

北京 人民美术出版社 1983 年 26cm（16 开）

统一书号：8027.8800 定价：CNY1.70

J003098

美术作品 （15 美丽的海滨）

北京 人民美术出版社 1984 年 26cm（16 开）

统一书号：8027.9228 定价：CNY1.30

　　本辑编选的是青岛人讴歌家乡的美术作品，包括油画、水彩画和水粉画。

J003099

美术作品 （16 中央美术学院国画系教师作品选 上）

北京 人民美术出版社 1984 年 25 幅 26cm（16 开）

定价：CNY1.40

　　本集作品分两册出版，上册为人物画部分，下册为山水、花鸟画部分。本册收入舞蹈人物、仕女、渔翁等人物国画共 25 幅。

J003100

美术作品 （17 中央美术学院国画系教师作品选 下）

北京 人民美术出版社 1984 年 34 幅 26cm（16 开）

定价：CNY1.80

　　本册收入山水、花鸟国画共 34 幅。

J003101

美术作品 （18 壁画）

北京 人民美术出版社 1984 年 25 幅 26cm（16 开）

统一书号：8027.9046 定价：CNY1.40

J003102

美术作品 （19 黑龙江省书画院绘画作品选）

人民美术出版社编辑室编

北京 人民美术出版社 1986 年 26cm（16 开）

统一书号：8027.9629 定价：CNY1.75

J003103

美术作品 （20 十人画选）陈行等绘

北京 人民美术出版社 1987 年 25 页 26cm（16 开）

统一书号：8027.9875 定价：CNY2.65

J003104

美术作品 （21 王怀庆 秦龙 黄冠余作品选）

北京 人民美术出版社 1987 年 26cm（16 开）

统一书号：8027.10170 定价：CNY2.40

J003105

美术作品 （22 钱绍武 王克庆 曹春生作品选）钱绍武等绘

北京 人民美术出版社 1987 年 [24]页 26cm（16 开）定价：CNY1.65

J003106

美术作品 （23 厦门中国画选）人民美术出版社编

北京 人民美术出版社 1989 年 49 页 26cm（16 开）

ISBN：7-102-00385-4 定价：CNY6.40

J003107

佘雪曼书画合集 佘雪曼著

香港 雪曼艺文院 1980 年 98 页 29cm（大 16 开）

精装

　　外 文 书 名：Chinese Painting Calligraphy by

Professor Sheh Hsueh—Man.

J003108
佘雪曼书画合集　佘雪曼著
香港 雪曼艺文院 1987 年 96 页 29cm（15 开）
精装

J003109
造型艺术　（1）辽宁美术出版社编
沈阳 辽宁美术出版社 1980 年 100 页 有图
13×26cm 统一书号：8117.1741 定价：CNY1.40

J003110
造型艺术　（2）辽宁美术出版社编
沈阳 辽宁美术出版社 1980 年 94 页 有图
13×26cm 统一书号：8161.1989 定价：CNY1.40

J003111
造型艺术　（2）辽宁美术出版社编
沈阳 辽宁美术出版社 1982 年 重印本 89 页
有图 13×26cm 统一书号：8117.1831
定价：CNY1.40

J003112
造型艺术　（3）辽宁美术出版社编
沈阳 辽宁美术出版社 1981 年 94 页 有图
13×26cm 统一书号：8161.1989 定价：CNY1.40

J003113
造型艺术　（4）辽宁美术出版社编
沈阳 辽宁美术出版社 1981 年 94 页 有图
13×26cm 统一书号：8117.1741 定价：CNY1.40

J003114
造型艺术　（5）辽宁美术出版社编
沈阳 辽宁美术出版社 1982 年 94 页 有图
13×26cm 统一书号：8161.0006 定价：CNY1.40

J003115
造型艺术　（6）辽宁美术出版社编
沈阳 辽宁美术出版社 1983 年 94 页 有图
13×26cm 统一书号：8161.0239 定价：CNY1.40

J003116
造型艺术　（7）辽宁美术出版社编

沈阳 辽宁美术出版社 1985 年 94 页 有图
13×26cm 统一书号：8161.0517 定价：CNY1.60
　　本辑收有中外画家有关绘画艺术的文章 10
篇，还收有乌叔养、任梦璋、刘力等人作品。

J003117
造型艺术　（7）辽宁美术出版社编
沈阳 辽宁美术出版社 1987 年 重印本 94 页
有图 13×26cm 统一书号：8161.0516
定价：CNY1.60

J003118
造型艺术　（8）辽宁美术出版社编
沈阳 辽宁美术出版社 1986 年 93 页 有图
13×26cm 统一书号：8161.2820 定价：CNY1.60

J003119
造型艺术　（9）辽宁美术出版社编
沈阳 辽宁美术出版社 1987 年 94 页 有图
13×26cm 统一书号：CN8161.1149
定价：CNY1.80

J003120
造型艺术　（10）辽宁美术出版社编
沈阳 辽宁美术出版社 1988 年 95 页 有图
13×26cm ISBN：7-5314-0034-0 定价：CNY2.50

J003121
造型艺术　（11）辽宁美术出版社编
沈阳 辽宁美术出版社 1989 年 95 页 有图
13×26cm ISBN：7-5314-0201-7 定价：CNY3.55

J003122
造型艺术　（12）辽宁美术出版社编
沈阳 辽宁美术出版社 1989 年 79 页 有图
13×26cm ISBN：7-5314-0218-1 定价：CNY4.90

J003123
造型艺术　（13）辽宁美术出版社编
沈阳 辽宁美术出版社 1991 年 83 页 有图
13×26cm ISBN：7-5314-0890-2 定价：CNY6.20
　　本书选收有中外画家有关绘画艺术的文章，
并收有潘缨、李爱国、孙晓、崔晓柏、王忠年、张
有等人的作品。外文书名：The Plastic Arts.

J003124

全国美术学院学生作品选

沈阳 辽宁美术出版社 1981 年 90 页 25cm（16 开）

统一书号：6117.3116 定价：CNY2.10

J003125

香港现代艺术作品选　"香港现代艺术作品选" 编辑委员会编

广州 岭南美术出版社 1981 年 69 页 17×18cm

统一书号：8260.0154 定价：CNY2.00

J003126

香港艺术　（1970–80）香港艺术馆编

香港 香港艺术馆 1981 年 180 页 有图 26cm（16 开）

精装 ISBN：962-215-035-7 定价：HKD60.00

　　外文书名：Hong Kong Art.

J003127

中国美术　（1982 年第 1 期 总第七期）王朝闻，王琦主编

北京 人民美术出版社 1982 年 64 页 26cm（16 开）

定价：CNY2.80

J003128

中国美术　（1982 年第 2 期 总第八期）美术编辑部编

北京 人民美术出版社 1982 年 72 页 26cm（16 开）

定价：CNY2.80

J003129

中国美术　（1984 年第 9 期 总第九期）《中国美术》编辑部编

北京 人民美术出版社 1984 年 26cm（16 开）

定价：CNY2.80

J003130

中国美术　（1985 年第 2 期 总第十一期）李松涛主编

北京 人民美术出版社 1985 年 26cm（16 开）

统一书号：8027.9594 定价：CNY3.50

J003131

中国美术　（1986 年第 1 期 总第十二期）李松涛主编

北京 人民美术出版社 1986 年 26cm（16 开）

统一书号：8027.9660 定价：CNY3.50

J003132

中国美术　（1986 年第 2 期 总第十三期）李松涛主编

北京 人民美术出版社 1986 年 72 页 26cm（16 开）

定价：CNY3.50

J003133

毛泽东故居藏书画家赠品集　毛泽东故居图书管理组选编

北京 人民美术出版社 1983 年 97 幅 37cm（8 开）

统一书号：8027.8768 定价：CNY60.00

　　本画集为纪念毛泽东九十诞辰编辑出版，叶剑英为本书题写书名，共收录作品 97 件。

J003134

第 6 届全国美术作品展览　（漫画 图录）中华人民共和国文化部，中国美术家协会编

长沙 湖南美术出版社 1984 年 56 页 27cm（16 开）

统一书号：8233.654 定价：CNY1.98

J003135

第 6 届全国美术作品展览　（油画 图录）

沈阳 辽宁美术出版社 1984 年 40 页 27cm（16 开）

统一书号：8260.1371 定价：CNY1.50

J003136

第 6 届全国美术作品展览　（港澳台作品 图录）中华人民共和国文化部，中国美术家协会主办

广州 岭南美术出版社 1984 年 76 幅 27cm（16 开）

统一书号：8260.0978 定价：CNY1.30

J003137

第 6 届全国美术作品展览　（水彩 水粉 图录）中华人民共和国文化部，中国美术家协会主办

广州 岭南美术出版社 1984 年 200 幅 27cm（16 开）统一书号：8260.1371

定价：CNY2.00

J003138

第 6 届全国美术作品展览　（中国画 图录）

中华人民共和国文化部，中国美术家协会主办

南京 南京江苏美术出版社 1984 年 112 页
26cm（16 开）统一书号：8353.6.013
定价：CNY2.90

J003139

第 6 届全国美术作品展览 （宣传画 素描 图
录）第六届全国美展陕西展区办公室编
西安 陕西美术出版社 1984 年 27cm（16 开）
统一书号：8199.845 定价：CNY2.50

J003140

第 6 届全国美术作品展览 （年画 图录）中
华人民共和国文化部，中国美术家协会编
杭州 浙江人民美术出版社 1984 年 96 页
27cm（16 开）统一书号：8156.752
定价：CNY2.50

J003141

第 6 届全国美术作品展览 （版画 图录）中
华人民共和国文化部，中国美术家协会编
重庆 重庆出版社 1984 年 80 页 22cm（25 开）
统一书号：8114.248 定价：CNY2.00

J003142

第 6 届全国美术作品展览 （雕塑 壁画 漆
画 图录）中华人民共和国文化部，中国美术家
协会主办
北京 北京美术摄影出版社 1985 年 12cm（60 开）
定价：CNY4.50

J003143

第 6 届全国美术作品展览 （连环画 插图 儿
童读物图录）中华人民共和国文化部，中国美
术家协会主办
上海 上海人民美术出版社 1985 年 384 页
12cm（60 开）定价：CNY8.70

　　本册包括连环画 306 件、插图 134 件、儿童
读物 114 件。

J003144

第 6 届全国美术作品展览 （儿童读物美术
作品选）上海少年儿童出版社编
上海 上海少年儿童出版社 1986 年 54 页
26cm（16 开）统一书号：8024.138
定价：CNY3.00

J003145

朵云轩金石书画　　徐德森编辑
上海 上海书画出版社 1984 年 37cm（8 开）
定价：CNY1.95

J003146

中国美术全集 （古代部分 六十卷）中国美术
全集编辑委员会编
北京 人民美术出版社 1989 年 29cm（16 开）

　　本套书由人民美术出版社、上海人民美术出
版社、文物出版社、中国建筑工业出版社、上海
书画出版社共同参与编制。内容包括：《绘画编》
21 卷、《雕塑编》13 卷、《工艺美术编》12 卷、《建
筑艺术编》6 卷、《书法篆刻编》7 卷。最后有《总
目录 索引 年表》1 册。

J003147

中国美术全集 （绘画编 1 原始社会至南北朝
绘画）中国美术全集编辑委员会编；张安治卷
主编
北京 人民美术出版社 1986 年 29cm（16 开）
精装 定价：CNY110.00

　　本画集收录原始时期岩画、彩陶画、地画、
战国秦汉时期绘画，魏晋南北朝时期绘画的 104
幅图，生动地反映了我国先民的生活、思想和情
感。卷首载有张安治、薛永年的专论文章。主
编张安治（1911—1990），艺术家、油画家。字汝
进，笔名紫天、张帆，江苏扬州人，毕业于南京
中央大学美术系。就职于北京师范大学、北京艺
术学院、中央美术学院等。著有《中国画论纵横
谈》《中国画发展史纲要》《中国绘画史纲要》《墨
海精神——中国画论纵横谈》等。

J003148

中国美术全集 （绘画编 2 隋唐五代绘画）中
国美术全集编辑委员会编；金维诺卷主编
北京 人民美术出版社 1984 年 179 页
25cm（16 开）精装 统一书号：8027.9250
定价：CNY80.00

　　本画集收录隋代、唐代、五代时期的绘画
80 幅。卷首载有金维诺的《隋唐时期的绘画艺
术》，王靖宪的《五代十国的绘画艺术》专论文
章。反映这一时期流传的及新出土的绘画珍
品，并通过概况论述和图版说明系统地介绍了
当时的绘画发展概貌和艺术成就。主编金维诺

（1924—2018），教授、美术教育家。笔名若金，湖北鄂州人。历任中央美术学院教授，国际知名敦煌学者，中国国家文物鉴定委员会委员。代表作品《中国美术全集·原始社会至战国雕塑》。

J003149

中国美术全集 （绘画编 2 隋唐五代绘画）中国美术全集编辑委员会编；金维诺卷主编
北京 人民美术出版社 1988 年 179+49 页
25cm（15 开）精装 定价：CNY125.00

J003150

中国美术全集 （绘画编 3 两宋绘画 上）中国美术全集编辑委员会编；傅熹年卷主编
北京 文物出版社 1996 年 重印本 37+184+39 页
29cm（13 开）精装 ISBN：7-5010-0139-1
定价：CNY80.00

本画集收录北宋、辽代、金代时期绘画 67 幅。卷首载有傅熹年的《北宋、辽、金绘画艺术》专论文章。作者傅熹年，中国建筑技术发展中心建筑历史研究所高级建筑师。主编傅熹年（1933— ），高级建筑师。生于北京，毕业于清华大学。历任中国建筑技术发展中心建筑历史研究所高级建筑师，中国工程院院士。代表作品《傅熹年建筑史论文集》，出版有《古玉精英》《古玉掇英》。

J003151

中国美术全集 （绘画编 4 两宋绘画 下）中国美术全集编辑委员会编；傅熹年卷主编
北京 文物出版社 1988 年 26cm（16 开）
精装 ISBN：7-5010-0181-2 定价：CNY195.00

本画集收录南宋、辽代时期画 152 幅。卷首载傅熹年的《南宋时期的绘画艺术》专论文章。其中包括卷轴画中的山水、人物、花鸟和杂画诸门类的作品，系统展示了南宋中国画坛的独特风貌。

J003152

中国美术全集 （绘画编 5 元代绘画）中国美术全集编辑委员会编；傅熹年卷主编
北京 文物出版社 1989 年 31+199+73 页
29cm（16 开）精装 ISBN：7-5010-0182-0
定价：CNY190.00

本画集收录元代精品卷轴画 139 幅。卷首

载傅熹年、陶启匀的《元代绘画艺术》专论文章，阐述元代卷轴画发展概况，卷末图版说明介绍每幅作品的题材内容、艺术特色、流传情况和学术界存在的不同见解。附彩色图版 200 幅。

J003153

中国美术全集 （绘画编 6 明代绘画 上）中国美术全集编辑委员会编
上海 上海人民美术出版社 1988 年 203+65 页
26cm（16 开）精装 ISBN：7-5322-0462-6
定价：CNY195.00

本画集收录明代绘画 169 幅，以明代初期的"院体派"与"浙派"诸家作品为主。卷首载有杨仁恺的《明代绘画艺术初探》、穆益勤的《明初绘画与院体浙派》专论文章。

J003154

中国美术全集 （绘画编 7 明代绘画 中）中国美术全集编辑委员会编；杨涵卷主编
北京 文物出版社 1989 年 26+206+70 页
29cm（16 开）精装 ISBN：7-5322-0525-8
定价：CNY195.00

本画集收录明代中期绘画 187 幅。卷首载有单国霖的《吴门画派综述》专论文章。以沈周、文徵明、仇英、唐寅为代表的"吴门画派"诸家作品为中心，并同期其他画家作品。"吴门画派"是继元代文人画遗风而发展起来的。主编杨涵（1920—2014），编辑。原名桂森，浙江温州人。历任上海人民美术出版社副社长、副总编、编审。主要木刻作品《淮海战役》《赔碗》《修运河水闸》。

J003155

中国美术全集 （绘画编 8 明代绘画 下）中国美术全集编辑委员会编；杨涵卷主编
上海 上海人民美术出版社 1988 年 13+208+61 页
29cm（16 开）精装 ISBN：7-5322-0526-6
定价：CNY195.00

本画集收录明代晚期诸流派的作品 178 幅。卷首载有杨新的《论晚明绘画》专论文章。其内容以董其昌为代表的"松江派"为核心，并收同期人物画、肖像画佳品。

J003156

中国美术全集 （绘画编 9 清代绘画 上）中

国美术全集编辑委员会编；杨涵卷主编
上海　上海人民美术出版社　1988年　24+206+78页
28cm（16开）ISBN：7-5322-0432-4
定价：CNY195.00

本画集收录清代绘画209幅。书前有谢稚柳的《清代绘画概论》，胡海超的《论清代初四画僧的绘画艺术》，单国强的《金陵八家及其绘画》等专论文章。主要收有王铎、弘仁、朱耷、髡残、梅清等画家作品。

J003157

中国美术全集　（绘画编　10　清代绘画　中）中国美术全集编辑委员会编；杨涵卷主编
北京　文物出版社　1989年　34+207+74页
29cm（16开）精装　ISBN：7-5322-0527-4
定价：CNY200.00

本画集收录清代绘画204幅。书前有聂崇正的《清初六家及其绘画艺术》，杨伯达的《清代康、雍、乾院画艺术》专论文章。主要收有王时敏、袁江、郎世宁、李鱓等的作品。

J003158

中国美术全集　（绘画编　11　清代绘画　下）中国美术全集编辑委员会编；杨涵卷主编
上海　上海人民美术出版社　1989年　304页
26cm（16开）精装　ISBN：7-5322-0216-X
定价：CNY195.00

本画集收录清代绘画217幅。卷首载有薛永年的《扬州八怪与海派的绘画艺术》专论文章。其中收康、雍、乾时代的"扬州画派"到晚清的"上海画派"、"岭南画派"的作品为主。

J003159

中国美术全集　（绘画编　12　墓室壁画）中国美术全集编辑委员会编；宿白卷主编
北京　文物出版社　1989年　29cm（16开）
精装　ISBN：7-5010-0183-9　定价：CNY195.00

本画集收录墓室壁画196幅。卷首载有汤池的《汉魏南北朝墓室壁画》、王仁波的《隋唐时期的墓室壁画》、李红的《宋辽金元时期的墓室壁画》专论文章。

J003160

中国美术全集　（绘画编　13　寺观壁画）中国美术全集编辑委员会编；金维诺卷主编

北京　文物出版社　1988年　57+206+91页
29cm（16开）ISBN：7-5010-0012-3
定价：CNY190.00

本画集收录寺观壁画200幅。卷首载有金维诺的《中国古代寺观壁画》、柴泽俊的《山西古代寺观壁画》专论文章。收有新疆、山西、西藏、北京、四川、河北、内蒙古地区的寺观壁画。主编金维诺（1924—2018），教授、美术教育家。笔名若金，湖北鄂州人。历任中央美术学院教授，国际知名敦煌学者，中国国家文物鉴定委员会委员。代表作品《中国美术全集·原始社会至战国雕塑》。

J003161

中国美术全集　（绘画编　14　敦煌壁画　上）中国美术全集编辑委员会，敦煌研究院编
上海　上海人民美术出版社　1985年　76页
26cm（16开）统一书号：8081.14583
定价：CNY95.00

本画集收录敦煌壁画200幅。卷首载有段文杰的《敦煌壁画概述》《敦煌早期壁画的风格》专论文章。

J003162

中国美术全集　（绘画编　15　敦煌壁画　下）中国美术全集编辑委员会，敦煌研究院编
上海　上海人民美术出版社　1985年　76页
26cm（16开）统一书号：8081.14583
定价：CNY95.00

本画集收录敦煌壁画203幅。卷首载有史苇湘的《灿烂的敦煌壁画》专论文章。

J003163

中国美术全集　（绘画编　16　新疆石窟壁画）中国美术全集编辑委员会编；宿白卷主编
北京　文物出版社　1989年　28cm（16开）
精装　ISBN：7-5010-0021-2　定价：CNY210.00

本画集收录新疆石窟壁画242幅。卷首载有晁华山的《新疆石窟中的龟兹风格》、马世长的《新疆石窟中的汉风洞窟和壁画》专论文章。

J003164

中国美术全集　（绘画编　17　麦积山等古窟壁画）中国美术全集编辑委员会编；董玉祥卷主编

北京 人民美术出版社 1987年 35+168+59页 29cm（16开）精装 定价：CNY125.00

本画集收录古窟壁画163幅图。卷首载董玉祥《麦积山等壁画艺术》专论文章。汇集甘肃省境内的麦积山、炳灵寺、水帘洞、天梯山、马蹄寺、文殊山、冒马、五个庙等石窟的屁话，其创作年代从东晋十六国至明代，主要分布于沿丝绸之路的各处。其中不少作品是首次发表。主编董玉祥（1936— ），石窟专家。甘肃兰州市人，毕业于西北师范大学历史系。就职于甘肃省文物考古研究所，中国敦煌学理事。出版有《中国美术全集——炳灵寺等石窟雕塑》《中国美术全集——麦积山等石窟壁画》《梵宫艺苑——甘肃石窟寺》《甘肃——丝绸之路上的石窟瑰宝》等。

J003165

中国美术全集 （绘画编18 画像石 画像砖）中国美术全集编辑委员会编；常任侠卷主编
上海 上海人民美术出版社 1988年 26cm（16开）精装 ISBN：7-5322-0127-9 定价：CNY195.00

本画集收录画像石、画像砖262幅。卷首载有常任侠的《汉代画像石画像砖艺术的发展与成就》专论文章。其主要收有山东、河南、四川、山西、陕西、江苏徐州等地的精品拓本，并附部分原石、砖图版。主编常任侠（1904—1996），著名艺术考古学家、东方艺术史研究专家、诗人。别名季青，生于安徽颍上县。毕业于南京中央大学文学院，并留校任教。历任国立北平艺术专科学校特级教授，中央美术学院教授，国家文物鉴定委员会委员。代表作品有《毋亡草》《祝梁怨》《亚细亚之黎明》等。

J003166

中国美术全集 （绘画编19 石刻线画）中国美术全集编辑委员会编；王树村卷主编
上海 上海人民美术出版社 1988年 28cm（16开）精装 ISBN：7-5322-0037-X 定价：CNY195.00

本画集收录石刻线画192幅。卷首载有王树村的《中国石刻线画发展史》专论文章。其中有上起南北朝、下迄清末各个时期的石刻线画精品。对于新出土和发现的历代作品，过去出土后散佚而仅存拓本的孤本，本书皆尽量收录。凡原拓本采用朱搨、蓝搨、蝉翼搨或混合搨不同搨法的。主编王树村（1923—2009），画家。

天津人，毕业于华北大学美术科。曾在中国美术研究所、中国艺术研究院从事创作、编辑、研究工作，任中国民间美术协会副会长，中国民俗学会理事、顾问、研究员。主要著作《杨柳青年画资料集》《中国美术全集·石刻线画、民间年画》。

J003167

中国美术全集 （绘画编20 版画）中国美术全集编辑委员会编；王伯敏卷主编
上海 上海人民美术出版社 1988年 26cm（16开）精装 ISBN：7-5322-0128-7 定价：CNY195.00

本画集收录版画组作品210幅。卷首载有王伯敏的《中国古代版画概观》、范志民的《枯木逢春华花烂漫——中国古代版画插图析赏》专论文章。其中集唐、宋、元、明、清各个时期具有代表性、欣赏性的版画作品。卷末附有图版说明。主编王伯敏（1924—2013），美术史论家、画家、诗人。浙江台州人。曾担任中国美术学院教授，美术学博士生导师。著有《中国绘画通史》《中国版画史》《中国美术通史》等。

J003168

中国美术全集 （绘画编21 民间年画）中国美术全集编辑委员会编
北京 人民美术出版社 1985年 30+219+73页 26cm（16开）精装
统一书号：8027.9581 定价：CNY100.00

本画集收录中国民间年画221幅。卷首载有王树村的《中国年画史叙要》专论文章。以明清两代为主，其中大部分是罕见的孤本珍品，包括全国各主要产地的不同题材，如苏州桃花坞、天津杨柳青、山东潍县、山西临汾、河北武强、河南开封和福建漳州等地。

J003169

中国美术全集 （雕塑编1 原始社会至战国雕塑）中国美术全集编辑委员会编；金维诺主编
北京 人民美术出版社 1987年 26cm（16开）精装 ISBN：7-102-00063-4 定价：CNY180.00

本画集收录原始社会、商代、西周、春秋战国时期的优秀雕刻作品234件。卷首有金维诺的《中国雕刻的早期发展》、李松的《中国雕塑艺术的灿烂开端——原始社会至战国时期雕塑概说》专论文章，对原始社会及战国的雕塑的起源、发展、风格、时代特色，及政治宗教对雕塑的深刻影响等方面做了详细论述和说明。

J003170

中国美术全集　（雕塑编 2 秦汉雕塑）中国美术全集编辑委员会编；傅天仇卷主编

北京 人民美术出版社 1985 年 36+155+55 页 26cm（16 开）精装 定价：CNY100.00

本画集收录秦汉雕塑 148 幅。卷首载有汤池的《秦及西汉时期的雕塑艺术》、刘兴珍的《东汉时期的雕塑艺术》、傅天仇的《秦汉时期的雕塑艺术》专论文章。其中以丰富的图版介绍了这一时期流传有绪的与新出土的珍品，并通过概要论述和图版说明，系统地介绍了秦汉雕塑艺术的发展与成就。主编傅天仇（1920—1990），雕塑艺术家、美术教育家。广东南海人。中央美术学院雕塑系主任、教授，中国美术家协会理事，全国城市雕塑艺术委员会秘书长，《中国美术全集·秦汉雕塑分册》主编、《中国美术辞典》雕塑学科主编、首都城市雕塑艺术委员会委员。

J003171

中国美术全集　（雕塑编 3 魏晋南北朝雕塑）中国美术全集编辑委员会编；林树中卷主编

北京 人民美术出版社 1988 年 35+174+57 页 26cm（16 开）精装 ISBN：7-102-00064-2 定价：CNY170.00

本画集收录魏晋南北朝雕塑 148 幅。卷首载有林树中的《魏晋南北朝的雕塑》专论文章。全书分三国、十六国、南朝、北朝 4 部分，收录这一时期代表性作品。书中的概要论述和图版说明，系统地介绍了晋南北朝时期雕塑的沿革与成就。主编林树中（1926—2014），美术史论家。别名光望，字树中，浙江平阳人。曾任南京艺术学院教授，中国美术家协会会员。代表作品有《朱德像》《山间烟雾》等，著作有《海外藏中国历代名画》等。

J003172

中国美术全集　（雕塑编 4 隋唐雕塑）中国美术全集编辑委员会编；史岩卷主编

北京 人民美术出版社 1988 年 31+212+71 页 26cm（16 开）精装 ISBN：7-102-00294-7 定价：CNY200.00

本画集收录隋唐各类雕塑代表作品 209 幅。卷首载有史岩的《隋唐的雕塑艺术》专论文章。其中图版说明对每件作品作具体介绍，对于收藏、研究和欣赏，有重要的参考价值。主编史岩（1904—1994），教授。生于江苏宜兴，毕业于上海大学美术系。曾任金陵大学文学院副教授，国立敦煌艺术学院华东分院图书馆馆长，浙江美术学院教授、博士生导师。著作有《色彩学》《室内装饰美术》《绘画的理论与实际》《东洋美术史》等。

J003173

中国美术全集　（雕塑编 5 五代宋雕塑）中国美术全集编辑委员会编；史岩卷主编

北京 人民美术出版社 1988 年 35+199+67 页 26cm（16 开）精装 ISBN：7-102-00065-0 定价：CNY135.00

本画集收录五代宋雕塑 174 幅。卷首载有史岩的《五代两宋雕塑概说》专论文章。主要包括寺庙造像、陵墓表饰、墓室俑以及墓室装饰雕刻作品，其中山西太原晋祠彩塑和山东长青灵岩寺的彩塑最佳。

J003174

中国美术全集　（雕塑编 6 元明清雕塑）中国美术全集编辑委员会编；杨伯达卷主编

北京 人民美术出版社 1988 年 28+190+62 页 26cm（16 开）精装 ISBN：7-102-00369-2 定价：CNY185.00

本画集收录元明清雕塑 206 幅。卷首载有杨伯达的《秀丽多彩的元明清雕塑》专论文章。书中精选全国各地石、木、金属、泥、陶等作品，集中反映出中国元明清各代的雕塑风貌。主编杨伯达（1927—　），研究馆员。生于辽宁旅顺，祖籍山东蓬莱，毕业于华北大学美术系。历任故宫博物院副院长、中国博物馆学会副理事长。编著有《中国金银器、玻璃器、珐琅全集》《中国玉器全集补遗》等。

J003175

中国美术全集　（雕塑编 7 敦煌彩塑）中国美术全集编辑委员会编；段文杰卷主编

上海 上海人民美术出版社 1987 年 301 页 26cm（16 开）精装 定价：CNY125.00

本画集收录敦煌彩塑 195 幅。卷首载有史苇湘的《珍贵的敦煌彩塑》、刘玉权的《敦煌彩塑的特点与风格》专论文章。书中黑白和彩图按照北凉、西魏、北周、隋、初唐、盛唐、吐蕃时代、晚唐、五代、宋、西夏时期排列。主编段文杰（1917—2011），美术家。四川蓬溪县人，祖籍四川绵阳。毕业于重庆国立艺专。历任敦煌艺术研究院美术组组长、敦煌研究院院长、中国美术家协会甘肃分会副主席。著有《敦煌彩塑艺术》《敦煌壁画概述》《敦煌壁画中的衣冠服饰》等。

J003176

中国美术全集 （雕塑编 8 麦积山石窟雕塑）
中国美术全集编辑委员会编；孙纪元卷主编
北京 人民美术出版社 1988 年 26cm（16 开）
精装 ISBN：7-102-00368-4 定价：CNY200.00

　　本画集精选北魏至明代的麦积山石窟雕塑205 幅。卷首载有孙纪元的《麦积山石窟雕塑艺术》、李西民的《麦积山石窟史略及其雕塑源流》专论文章，对麦积山雕塑作了详尽介绍。主编孙纪元（1932—　　），艺术家。江苏无锡人，生于西安。毕业于西北艺术学院美术系及中央美术学院雕塑研究班。中国美术家协会会员、中国雕塑学会会员，曾任敦煌文物研究所美术研究室主任、天水麦积山石窟艺术研究所所长。有雕塑创作《瑞雪》等。

J003177

中国美术全集 （雕塑编 9 炳灵寺等石窟雕塑）
中国美术全集编辑委员会编；董玉祥卷主编
北京 人民美术出版社 1988 年 31+172+43 页
26cm（16 开）精装 ISBN：7-102-00201-7
定价：CNY175.00

　　本画集收录 136 幅图，介绍了炳灵寺等石窟雕塑。除敦煌莫高窟、麦积山石窟另编专册外，甘肃境内其他石窟均编入本册。卷首载有董玉祥，岳邦湖的《炳灵寺等石窟雕塑艺术》的专论文章。主编董玉祥（1936—　　），石窟专家。甘肃兰州市人，毕业于西北师范大学历史系。就职于甘肃省文物考古研究所，中国敦煌学理事。出版有《中国美术全集——炳灵寺等石窟雕塑》《中国美术全集——麦积山等石窟壁画》《梵宫艺苑——甘肃石窟寺》《甘肃——丝绸之路上的石窟瑰宝》等。

J003178

中国美术全集 （雕塑编 10 云冈石窟雕刻）
中国美术全集编辑委员会编；宿白主编
北京 文物出版社 1988 年 26cm（16 开）
精装 ISBN：7-5010-0106-5 定价：CNY190.00

　　本画集收录了 191 幅图，介绍了云冈石窟雕塑。卷首载有李治国，丁明夷的《云冈石窟开盘历程》的专论文章。

J003179

中国美术全集 （雕塑编 11 龙门石窟雕刻）
中国美术全集编辑委员会编；温玉成主编
上海 上海人民美术出版社 1988 年 296 页
26cm（16 开）精装 ISBN：7-5322-0241-0
定价：CNY190.00

　　本画集收录 202 幅图，介绍了龙门石窟雕塑。卷首载有李文生的《祖国中原的艺术瑰宝——龙门石窟》，温玉成的《近瞻实相 严若金身 远鉴神光 湛如留影》的专论文章。

J003180

中国美术全集 （雕塑编 12 四川石窟雕塑）
中国美术全集编辑委员会编；李巳生，王家祐主编
北京 人民美术出版社 1988 年 45+205+66 页
26cm（16 开）精装 ISBN：7-102-00071-5
定价：CNY190.00

　　本画集以丰富的图版介绍了四川石窟流传雕塑珍品 200 幅，并通过概要论述和图版说明系统地介绍了四川石窟发展与成就。卷首载有李巳生的《四川石窟雕塑艺术》、王家祐的《四川道教摩崖造像概述》专论文章。主编李巳生（1923—2014），教授。四川成都人，就读于四川省立艺专、重庆国立艺专雕塑系、国立北平艺专。历任四川美术学院雕塑系教授，重庆大足石刻研究会顾问。代表作有《綦江烈士陵园纪念碑》等。

J003181

中国美术全集 （雕塑编 13 巩县天龙山、乡堂山安阳石窟雕刻）中国美术全集编辑委员会编；陈明达主编
北京 文物出版社 1989 年 26cm（16 开）
精装 ISBN：7-5010-0184-7 定价：CNY190.00

　　本画集收录 215 幅图，介绍了巩县天龙山、乡堂山安阳石窟雕刻。卷首载有陈明达《北朝晚

期的重要石窟艺术》、丁明夷的《鞏县天龙乡堂安阳数处石窟寺》的专论文章。

J003182

中国美术全集 （书法篆刻编 1 商周至秦汉书法）中国美术全集编辑委员会编；启功卷主编
北京 人民美术出版社 1987 年 49+200+90 页
26cm（16 开）精装 ISBN：7-102-00245-9
定价：CNY135.00

　　本画集收录商周、春秋战国和秦汉时期的甲骨文、金文、简牍、帛书和著名的碑刻、砖刻等书法作品112幅图。卷首载有谷溪的《商周春秋战国的书法艺术》、王靖宪的《秦汉的书法艺术》专论文章。主编启功（1912—2005），满族，中国现代著名书法家。字元伯，北京人。曾任北京师范大学教授，中央文史研究馆副馆长，中国书协名誉主席等职、世界华人书画家联合会创会主席、中国佛教协会、故宫博物院、国家博物馆顾问，西泠印社社长。

J003183

中国美术全集 （书法篆刻编 2 魏晋南北朝书法）中国美术全集编辑委员会编；王靖宪卷主编
北京 人民美术出版社 1986 年 217+75 页
26cm（16 开）精装 定价：CNY110.00

　　本画集收录魏晋南北朝时期各种墨迹、写经、木简、残纸、碑刻、墓志、法帖等书法作品122幅图。卷首载有王靖宪的《魏晋南北朝时期的书法艺术》专论文章。

J003184

中国美术全集 （书法篆刻编 3 隋唐五代书法）中国美术全集编辑委员会编；杨仁恺卷主编
北京 人民美术出版社 1989 年 22+221+61 页
26cm（16 开）精装 ISBN：7-102-00518-0
定价：CNY200.00

　　本画集收录隋唐五代书法作品100幅。卷首载有杨仁恺的《隋唐五代的书法艺术》的专论文章。主编杨仁恺（1915—2008），博物馆学家、书画鉴赏大师、书画大家、美术史家。号遗民，笔名易木，斋名沐雨楼。四川岳池人。曾任中国博物馆协会名誉理事，文史研究馆名誉馆长，人民大学国学院教授，中央美术学院研究生导

师，美术家协会名誉主席等职。代表作品有《国宝沉浮录》《中国书画鉴定学稿》《沐雨楼书画论稿》等。

J003185

中国美术全集 （书法篆刻编 4 宋金元书法）中国美术全集编辑委员会编；沈鹏卷主编
北京 人民美术出版社 1986 年 38+192+91 页
26cm（16 开）精装 统一书号：8027.9585
定价：CNY110.00

　　本画集收录宋金元时期的书家作品111幅。卷首载有沈鹏的《宋金尚书法述略》的专论文章。主编沈鹏（1931—　），书法家、美术评论家、诗人。生于江苏江阴。历任中国文联副主席、中国书法家协会主席、中国美术出版总社顾问以及《中国书画》主编、炎黄书画院副院长等。书法作品有《书画论评》《沈鹏书画谈》《三余吟草》《沈鹏书法选》《沈鹏书法作品集》。

J003186

中国美术全集 （书法篆刻编 5 明代书法）中国美术全集编辑委员会编
上海 上海书画出版社 1989 年 135 页
26cm（16 开）精装 ISBN：7-80512-330-6
定价：CNY210.00

　　本画集收录明代书法作品171幅。其中包括：宋濂、解缙、沈周、祝允明、董其昌等书法家的作品。卷首载有刘九庵的《帖学鼎盛期的明代书法》专论文章。

J003187

中国美术全集 （书法篆刻编 6 清代书法）中国美术全集编辑委员会编
上海 上海人民美术出版社 1989 年 171 页
26cm（16 开）精装 ISBN：7-80512-346-2
定价：CNY215.00

　　本画集收录清代书法作品212幅。其中包括：王铎、查士标、朱耷、刘镛、邓如石、吴昌硕等书法家的作品。卷首载有沙孟海的《清代书法概论》专论文章。

J003188

中国美术全集 （书法篆刻编 7 玺印篆刻）中国美术全集编辑委员会编
上海 上海人民美术出版社 1989 年 132 页

26cm（16 开）精装 ISBN：7-80512-347-0
定价：CNY210.00

　　本画集收录玺印篆刻作品 463 幅。卷首载
有马承源的《古玺秦汉印及其余绪》、方去疾的
《明清篆刻流派概述》专论文章。

J003189

中国美术全集 （工艺美术编 1 陶瓷 上）中
国美术全集编辑委员会编；杨可扬卷主编
上海 上海人民美术出版社 1991 年 30+200+82 页
26cm（16 开）精装 ISBN：7-5322-0038-8
定价：CNY195.00

　　本画集收录新石器时代至南北朝器物 244
幅图。卷首载有冯先铭的"前言"、邓白的《源远
流长丰富多彩的中国陶瓷——原始社会到南北
朝的陶瓷艺术》的专论文章。主编杨可扬（1914—
2010），版画家。原名杨嘉昌，笔名 A 扬、阿扬
等，浙江遂昌人。历任中国木刻研究会浙区理事，
中华全国木刻协会常务理事，上海版画会会长
等。代表作品有《木合工厂》《老教师》《张老师
早!》《江南古镇》《上海，您好!》等。

J003190

中国美术全集 （工艺美术编 2 陶瓷 中）中
国美术全集编辑委员会编；杨可扬卷主编
上海 上海人民美术出版社 1988 年 26cm（16 开）
精装 ISBN：7-5322-0138-4 定价：CNY200.00

　　本画集收录陶瓷图片 239 幅，重点介绍处于
隋、唐、五代、宋、辽、金这一繁荣发展时期的中
国陶瓷、细述陶瓷鼎盛时期南、北各窑口所形成
的风格、特点。卷首载有冯先铭的《隋、唐、宋
时期的中国陶瓷》专论文章。

J003191

中国美术全集 （工艺美术编 3 陶瓷 下）中
国美术全集编辑委员会编；杨可扬卷主编
上海 上海人民美术出版社 1988 年 199+84 页
26cm（16 开）精装 ISBN：7-5322-0131-7
定价：CNY195.00

　　本画集收录陶瓷图片 240 幅。着重介绍元、
明、清时期，阐述江南地区瓷业的发展，以及历
时五六百年景德镇制瓷技术的兴旺，突出了青
花瓷、彩瓷及不同颜色釉相互间的联系、发展与
成熟。卷首载有傅振伦的《中国元、明、清陶瓷
美术》。

J003192

中国美术全集 （工艺美术编 4 青铜器 上）中
国美术全集编辑委员会编；李学勤卷主编
北京 文物出版社 1986 年 26cm（16 开）精装
统一书号：8068.1427 定价：CNY100.00

　　本画集收录商代和西周时期的青铜器图片
240 幅。卷首载有李学勤的《中国青铜器的起源
与发展》。主编李学勤（1933—2019），历史学家、
古文字学家。北京人，就读于清华大学哲学系。
历任中国社会科学院历史研究所研究员，西北
大学历史系、南开大学历史系兼职教授。著有
《殷墟文字缀合》《李学勤集》《走出疑古时代》。

J003193

中国美术全集 （工艺美术编 4 青铜器 上）
中国美术全集编辑委员会编；李学勤卷主编
北京 文物出版社 1990 年 重印本 215+83 页
26cm（16 开）精装 ISBN：7-5010-0382-3
定价：CNY190.00

　　本画集收录商代和西周时期的青铜器图片
240 幅。卷首载有李学勤的《中国青铜器的起源
与发展》。

J003194

中国美术全集 （工艺美术编 5 青铜器 下）
中国美术全集编辑委员会，敦煌研究院编
上海 上海人民美术出版社 1986 年 216 页
26cm（16 开）统一书号：8081.14583
定价：CNY110.00

　　本画集收录春秋、战国、西汉、东汉时期的
青铜器图片 253 幅。

J003195

中国美术全集 （工艺美术编 5 青铜器 下）
中国美术全集编辑委员会编；李学勤卷主编
北京 文物出版社 1992 年 重印本 216+189 页
26cm（16 开）精装 ISBN：7-5010-0625-3
定价：CNY185.00

　　本画集收录春秋、战国、西汉、东汉时期的
青铜器图片 253 幅。主编李学勤（1933—2019），
历史学家、古文字学家。北京人，就读于清华大
学哲学系。历任中国社会科学院历史研究所研
究员，西北大学历史系、南开大学历史系兼职教
授。著有《殷墟文字缀合》《李学勤集》《走出疑
古时代》。

J003196

中国美术全集 （工艺美术编 6 印染、织绣上）中国美术全集编辑委员会编；黄能馥卷主编

北京 文物出版社 1985 年 220+93 页 26cm（16 开）精装 定价：CNY110.00

　　本画集收录商、西周、春秋战国、两汉、南北朝、隋、唐、五代、宋时期的印染织绣作品 203 幅。其中许多珍贺的考古发掘品是新发表或首次以彩版著录。卷首载有黄能馥的《印染织绣工艺美术的光辉传统》专论文章。主编黄能馥（1927—　 ），教授。浙江义乌人。毕业于中央美术学院实用美术系。历任中央工艺美术学院教授，中国书法函授大学副校长，中国服饰艺术博物馆总顾问。著有《中国服饰艺术源流》《中华服饰七千年》。

J003197

中国美术全集 （工艺美术编 7 印染、织绣下）中国美术全集编辑委员会编；黄能馥卷主编

北京 文物出版社 1987 年 104 页 26cm（16 开）精装 定价：CNY135.00

　　本画集收录元明清时代的印染织绣图 213 幅，卷首载有黄能馥的《印染织绣工艺美术的光辉传统 下》专论文章。

J003198

中国美术全集 （工艺美术编 8 漆器）中国美术全集编辑委员会编；王世襄，朱家烨卷主编

北京 文物出版社 1989 年 26cm（16 开）精装 ISBN：7-5010-0185-5 定价：CNY190.00

　　本画集收录商代至清代的漆器图片 190 幅。卷首载有王世襄的《中国古代漆工艺》专论文章。主编王世襄（1914—2009），收藏家、文物鉴赏家、学者。字畅安，生于北京，祖籍福建福州。曾任中国营造学社助理研究员，文物博物馆研究所、文物保护科学技术研究所副研究员，文化部文物局中国文物研究所研究员。代表作品有《竹刻鉴赏》《髹饰录解说》《明式家具珍赏》等。

J003199

中国美术全集 （工艺美术编 9 玉器）中国美术全集编辑委员会编；杨伯达卷主编

北京 文物出版社 1986 年 117 页 26cm（16 开）精装 定价：CNY130.00

　　本画集收录从新时期时代至清代的玉器图片 333 幅。卷首载有杨伯达的《中国古代玉器发展历程》专论文章。主编杨伯达（1927—　 ），研究馆员。生于辽宁旅顺，祖籍山东蓬莱，毕业于华北大学美术系。历任故宫博物院副院长、中国博物馆学会副理事长。编著有《中国金银器、玻璃器、珐琅器全集》《中国玉器全集补遗》等。

J003200

中国美术全集 （工艺美术编 9 玉器）中国美术全集编辑委员会编；杨伯达卷主编

上海 上海人民美术出版社 1997 年 重印本 25+200+117 页 26cm（16 开）精装 ISBN：7-5010-0284-3

　　本画集收录从新时期时代至清代的玉器图片 333 幅。卷首载有杨伯达的《中国古代玉器发展历程》专论文章。

J003201

中国美术全集 （工艺美术编 10 金银玻璃珐琅器）中国美术全集编辑委员会编；杨伯达卷主编

北京 文物出版社 1987 年 26cm（16 开）精装 ISBN：7-5010-0149-9 定价：CNY135.00

　　本画集收录从新石器时代至清代的玉器图片 333 幅。卷首载有杨伯达的《中国古代玉器发展历程》专论文章。

J003202

中国美术全集 （工艺美术编 11 竹木牙角器）中国美术全集编辑委员会编；朱家烨，王世襄卷主编

北京 文物出版社 1987 年 26cm（16 开）精装 ISBN：7-5010-0148-0 定价：CNY130.00

　　本画集收录从新时期时代至清代的玉器图片 212 幅。卷首载有的王世襄的《竹刻总论》、朱家溍的《牙角总论》《明清家具》专论文章。

J003203

中国美术全集 （工艺美术编 12 民间玩具剪纸皮影）中国美术全集编辑委员会编

北京 人民美术出版社 1988 年 33+209+90 页

26cm（16开）精装 ISBN：7-102-00066-9
定价：CNY205.00

本画集收录民间玩具、剪纸、皮影作品317幅。民间玩具介绍中国自新石器时代至清末的数千年间的各种玩赏的艺术品，其内容多彩多姿，淳朴可爱。民间剪纸则收集了新疆出土的北朝至隋代剪纸及各地清代剪纸。皮影选用了用牛皮和驴皮雕刻的名种戏 剧人物和布景，收录明代至清末造型古朴、刻制精美的各路皮影。卷首载有李寸松的《中国民间玩具述略》、王树村的《剪纸艺术史提要》、曹振峰的《中国的皮影艺术》专论文章。

J003204

中国美术全集 （建筑艺术编 1 宫殿建筑）中国美术全集编辑委员会编；于倬云，楼庆西卷主编
北京 中国建筑工业出版社 1987年 26cm（16开）精装 ISBN：7-112-00010-6 定价：CNY130.00

本画集收录明清北京宫殿、沈阳故宫、城墙城楼和钟鼓楼的宫殿建筑图片184幅。卷首载有于倬云、茹竟华、楼庆西的《中国宫殿建筑艺术》，楼庆西的《中国古代的城墙城楼和钟鼓楼》专论文章。主编于倬云（1918—2004），古建筑专家。原名文汉，祖籍河北天津，毕业于北京大学工学院建筑系。故宫博物院教授级高级工程师，中国文物保护协会第一届副理事长。合著有《紫禁城宫殿》。主编楼庆西，教授。浙江衢州人，毕业于清华大学建筑系。历任清华大学教授，清华大学古建筑研究所所长。主要著作有《中国建筑艺术全集—建筑装修与装饰》《中国建筑的门文化》《中国古建筑二十一讲》《凝视——楼庆西建筑摄影集》等。

J003205

中国美术全集 （建筑艺术编 2 陵墓建筑）中国美术全集编辑委员会编；杨道明卷主编
北京 中国建筑工业出版社 1988年
26cm（16开）精装 ISBN：7-112-00496-9
定价：CNY170.00

本画集收录陵墓建筑图片189幅，卷首载有杨道明的《中国陵墓建筑概论》《古代桥梁概说》专论文章。

J003206

中国美术全集 （建筑艺术编 3 园林建筑）中国美术全集编辑委员会编；潘谷西卷主编
北京 中国建筑工业出版社 1988年 26cm（16开）精装 ISBN：7-112-00392-X 定价：CNY190.00

本画集收录北海、颐和园、避暑山庄、廋西湖、拙政园、留园、杜甫草堂等不同地区的园林建筑图片192幅。卷首载有潘谷西的《中国古代的园林艺术》专论文章。

J003207

中国美术全集 （建筑艺术编 4 宗教建筑）中国美术全集编辑委员会编；孙大章，喻维国卷主编
北京 中国建筑工业出版社 1988年 198+64页
26cm（16开）精装 ISBN：7-112-00497-7
定价：CNY185.00

本画集收录宗教建筑图片193幅。卷首载有孙大章、喻维国的《宗教建筑艺术》专论文章。

J003208

中国美术全集 （建筑艺术编 5 民居建筑）中国美术全集编辑委员会编
北京 中国建筑工业出版社 1988年 195+59页
26cm（16开）精装 ISBN：7-112-00498-5
定价：CNY170.00

本画集收录民居建筑图片175幅。卷首载有陆元鼎、杨毅生的《宗教建筑艺术》专论文章。

J003209

中国美术全集 （建筑艺术编 6 坛庙建筑）中国美术全集编辑委员会编；白佐民，邵俊仪卷主编
北京 中国建筑工业出版社 1988年
26cm（16开）精装 ISBN：7-112-00430-6
定价：CNY170.00

本画集收录天坛、地坛、太庙、晋祠、苏州文庙、曲阜孔庙等坛庙建筑图片189幅。卷首载有白佐民、邵俊仪的《坛庙建筑及其艺术特色》专论文章。

J003210

中国美术全集 （总目录、索引、年表）中国美术全集编辑委员会编
北京 人民美术出版社 1989年 405页

26cm（16 开）精装 ISBN：7-102-00593-8
定价：CNY145.00

　　本书内容包括：《中国美术全集总目录》《中国美术全集分卷目录》《中国美术全集各卷作品分期索引》等。

J003211
中国美术全集 （1 晋至五代绘画）刘建平主编
天津 天津人民美术出版社 1997 年 174 页
19cm（32 开）精装 ISBN：7-5305-0768-0
定价：CNY72.50

J003212
中国美术全集 （2 宋代绘画）刘建平主编
天津 天津人民美术出版社 1997 年 174 页
19cm（32 开）精装 ISBN：7-5305-0769-9
定价：CNY72.50

J003213
中国美术全集 （3 元代绘画）刘建平主编
天津 天津人民美术出版社 1997 年 174 页
19cm（32 开）精装 ISBN：7-5305-0770-2
定价：CNY72.50

J003214
中国美术全集 （4 明代绘画 上）刘建平主编
天津 天津人民美术出版社 1997 年 176 页
19cm（32 开）精装 ISBN：7-5305-0771-0
定价：CNY72.50

　　本书上卷以明代"院体派"与"浙派"名家作品为主，并收录明初其他画家及佚名画家作品，其笔墨皆继南宋遗绪，为宫廷所喜爱。

J003215
中国美术全集 （5 明代绘画 下）刘建平主编
天津 天津人民美术出版社 1997 年 184 页
19cm（32 开）精装 ISBN：7-5305-0772-9
定价：CNY72.50

　　本书下卷以明代晚期诸流派的作品为主。以董其昌为代表的"松江派"为核心，并收录同期人物画、肖像画佳品。

J003216
中国美术全集 （6 清代绘画 上）刘建平主编

天津 天津人民美术出版社 1997 年 174 页
19cm（32 开）精装 ISBN：7-5305-0773-7
定价：CNY72.50

J003217
中国美术全集 （7 清代绘画 中）刘建平主编
天津 天津人民美术出版社 1997 年 182 页
19cm（32 开）精装 ISBN：7-5305-0774-5
定价：CNY72.50

J003218
中国美术全集 （8 清代绘画 下）刘建平主编
天津 天津人民美术出版社 1997 年 182 页
19cm（32 开）精装 ISBN：7-5305-0775-3
定价：CNY72.50

J003219
中国人民革命军事博物馆美术作品选集
中国人民革命军事博物馆编
北京 人民美术出版社 1984 年 22 幅（函）
39cm（4 开）统一书号：8027.8479
定价：CNY24.00

J003220
中国人民革命军事博物馆美术作品选集
中国人民革命军事博物馆编
北京 人民美术出版社 1984 年 55 幅 26×36cm
精装 统一书号：8027.8497 定价：CNY24.00

　　本作品集收录军内外美术工作者在 1957 年至 1980 年所创作的作品 50 余幅，包括油画 35 幅，国画 5 幅，雕塑 13 件，素描 1 幅。以不同的美术形式与艺术风格形象地再现了中国人民革命武装斗争的历史，展现了中国人民解放军半个多世纪以来为中国人民的解放和社会主义建设事业建立的不朽功勋。

J003221
中国艺术全集 （6 中国工艺精品）谭继山等译述
台北 名家出版社有限公司 1984 年 166 页
有图片 27cm（大 16 开）精装 定价：CNY270.00

J003222
丛书集成新编 （四八 应用科学类 艺术类）
新文丰出版股份有限公司编辑部编著

台北 新文丰出版股份有限公司 1985 年 影印本
786 页 有图 28cm（12 开）精装
ISBN：957-17-0363-X
定价：TWD2500.00（全 120 册）

　　本册为应用科学类和艺术类。应用科学类
内容包括：衣服、机械、河海工程、工艺、军器、
枪炮、印刷、文具、笔、墨、纸、砚、印泥、建筑、
家具、器物、陶瓷、玉、石；艺术类内容包括：欣
赏品、园林、金石。

J003223

丛书集成新编　（四九 艺术类）新文丰出版股
份有限公司编辑部编著
台北 新文丰出版股份有限公司 1985 年 影印本
746 页 有图 28cm（12 开）精装
ISBN：957-17-0363-X
定价：TWD2500.00（全 120 册）

　　本册为艺术类，内容包括：金石、砖、篆刻、
印谱。

J003224

丛书集成新编　（五○ 艺术类）新文丰出版股
份有限公司编辑部编著
台北 新文丰出版股份有限公司 1985 年 影印本
717 页 有图 28cm（12 开）精装
ISBN：957-17-0363-X
定价：TWD2500.00（全 120 册）

　　本册为艺术类，内容包括：彝器、摹拓、赏
鉴、装潢、书画目、书画考识。

J003225

丛书集成新编　（五一 艺术类）新文丰出版股
份有限公司编辑部编著
台北 新文丰出版股份有限公司 1985 年 影印本
712 页 有图 28cm（12 开）精装
ISBN：957-17-0363-X
定价：TWD2500.00（全 120 册）

　　本册为艺术类，内容包括：书画考识、书画
论、碑、碑帖考识。

J003226

丛书集成新编　（五二 艺术类）新文丰出版股
份有限公司编辑部编著
台北 新文丰出版股份有限公司 1985 年 影印本
744 页 有图 28cm（12 开）精装

ISBN：957-17-0363-X
定价：TWD2500.00（全 120 册）

　　本册为艺术类，内容包括：碑帖考识、书法、
书论、书传、画谱、画考识。

J003227

丛书集成新编　（五三 艺术类）新文丰出版股
份有限公司编辑部编著
台北 新文丰出版股份有限公司 1985 年 影印本
782 页 有图 28cm（12 开）精装
ISBN：957-17-0363-X
定价：TWD2500.00（全 120 册）

　　本册为艺术类，内容包括：画考识、画法、
画论、画传、音乐、乐器、乐歌、乐曲、乐谱。

J003228

丛书集成新编　（五四 艺术类 文学类）新文
丰出版股份有限公司编辑部编著
台北 新文丰出版股份有限公司 1985 年 影印本
711 页 有图 28cm（12 开）精装
ISBN：957-17-0363-X
定价：TWD2500.00（全 120 册）

　　本册为艺术类与文学类。艺术类内容包括：
乐谱、口技、武术、投壶、弹丸、围棋、象棋、赌
博、饮酒、拇战；文学类内容包括：诗文总集（文
选）、诗文总集（历代）。

J003229

美术院校高考·业余美术辅导作品　（1 素
描石膏）诸庭樵，骆振龙，杨涤江编辑
杭州 浙江人民美术出版社 1985 年 37cm（8 开）
统一书号：8156.1045 定价：CNY1.70

　　本书是中国现代素描人物画册。收录美
术院校教师和低年级学生石膏素描习作 21 幅，
并作为专业高考和业余美术辅导的教材。编者
骆振龙（1955—　　），浙江富阳人，毕业于中国美
术学院油画系，历任中国美协会员，著名画家，
新四军书画院院长。现为浙江美术出版社副社
长、编审，绍兴文理学院教授。

J003230

美术院校高考·业余美术辅导作品　（2 素
描人物）诸庭樵，骆振龙，杨涤江编辑
杭州 浙江人民美术出版社 1985 年 37cm（8 开）
统一书号：8156.1044 定价：CNY1.70

本书是中国现代素描人物画画册。收录美术院校教师和低年级学生习作23幅，并作为专业高考和业余美术辅导的教材。编者杨涤江（1949— ），画家。 浙江绍兴人。于哈尔滨师范大学艺术系美术专业学习，擅长油画。曾任海宁市美协主席。代表作品有《荒原情》《孤儿》《太行山上》《伟大的使命》等。

J003231

美术院校高考·业余美术辅导作品 （3 色彩静物）诸庭樵，骆振龙，杨涤江编辑
杭州 浙江人民美术出版社 1985 年 37cm（8 开）统一书号：8156.1047 定价：CNY2.20
本书收录美术院校教师和低年级学生色彩静物写生23幅。

J003232

美术院校高考·业余美术辅导作品 （4 色彩人物）诸庭樵，骆振龙，杨涤江编辑
杭州 浙江人民美术出版社 1985 年 13 幅 37cm（8 开）统一书号：8156.1048
定价：CNY2.10
本书收录美术院校教师和学生的色彩人物图头像写生。

J003233

美术院校高考·业余美术辅导作品 （5 国画写生）诸庭樵，骆振龙，杨涤江编辑
杭州 浙江人民美术出版社 1985 年 37cm（8 开）统一书号：8156.1046 定价：CNY2.50
本书收录美术院校教师、学生以及考生作品29幅。分人物、花鸟、山水 3 部分。有白描、着色工笔、意笔 3 种表现方法。

J003234

美术院校高考·业余美术辅导作品 （6 工艺美术）诸庭樵，骆振龙，杨涤江编辑
杭州 浙江人民美术出版社 1985 年 37cm（8 开）统一书号：8156.1049 定价：CNY2.30

J003235

美术院校高考·业余美术辅导作品 （1 素描石膏）诸庭樵，骆振龙，杨涤江编辑
杭州 浙江人民美术出版社 1986 年 修订本 37cm（8 开）统一书号：8156.1045
定价：CNY1.70

J003236

美术院校高考·业余美术辅导作品 （2 素描人物）诸庭樵，骆振龙，杨涤江编辑
杭州 浙江人民美术出版社 1986 年 修订本 37cm（8 开）统一书号：8156.1044
定价：CNY1.70
本书是中国现代素描人物画画册。收录美术院校教师和低年级学生习作23幅，并作为专业高考和业余美术辅导的教材。

J003237

美术院校高考·业余美术辅导作品 （3 色彩静物）诸庭樵，骆振龙，杨涤江编辑
杭州 浙江人民美术出版社 1986 年 修订本 37cm（8 开）ISBN：7-5340-0140-4
定价：CNY2.60

J003238

美术院校高考·业余美术辅导作品 （4 色彩人物）诸庭樵，骆振龙，杨涤江编辑
杭州 浙江人民美术出版社 1986 年 修订本 13 幅 37cm（8 开）统 书号：8156.1048
定价：CNY2.10
本书收录美术院校教师和学生的色彩人物图头像写生。

J003239

美术院校高考·业余美术辅导作品 （5 国画写生）诸庭樵，骆振龙，杨涤江编辑
杭州 浙江人民美术出版社 1986 年 修订本 37cm（8 开）统一书号：8156.1046
定价：CNY2.50
本书收录美术院校教师、学生以及考生作品29幅。分人物、花鸟、山水 3 部分。有白描、着色工笔、意笔 3 种表现方法。

J003240

美术院校高考·业余美术辅导作品 （6 工艺美术）诸庭樵，骆振龙，杨涤江编辑
杭州 浙江人民美术出版社 1986 年 修订本 37cm（8 开）统一书号：8156.1049
定价：CNY2.30

J003241

美术院校高考·业余美术辅导作品 （色彩）潘长臻等绘

杭州 浙江人民美术出版社 1991 年 37cm（8 开）
ISBN：7-5340-0247-8 定价：CNY11.50

J003242

美术院校高考·业余美术辅导作品 （素描）全山石等绘

杭州 浙江人民美术出版社 1991 年 36 页
37cm（8 开）ISBN：7-5340-0245-1
定价：CNY6.50

　　本书包括素描石膏和素描人物两部分。作者全山石（1930—　），画家、教授。浙江宁波人，毕业于中央美术学院华东分院。历任中国油画学会副主席、中国美术家协会油画艺术委员会副主任、中国美术学院教授等。代表作有《英勇不屈》《井冈山上》《娄山关》等。

J003243

中国当代雕塑壁画艺术选集 曹大澄主编；中国雕塑壁画艺术总公司编

北京 中国建筑工业出版社 1985 年 56 页
26cm（12 开）统一书号：15040.4829
定价：CNY14.00

J003244

第 6 届全国美术作品展览油画选 （第一辑）上海人民美术出版社编

上海 上海人民美术出版社 1986 年 24 幅
26×23cm 统一书号：8081.14566
定价：CNY4.10

J003245

第 6 届全国美术作品展览油画选 （第二辑）上海人民美术出版社编

上海 上海人民美术出版社 1986 年 24 幅
26×23cm 统一书号：8081.14567
定价：CNY4.10

J003246

李石曾先生遗赠书画目录 台北故宫博物院编辑委员会编辑

台北 台北故宫博物院 1986 年 146 页 有图
30cm（15 开）精装

J003247

王曼硕作品选 王曼硕篆刻绘画

沈阳 辽宁美术出版社 1986 年 61 页 有照片
25cm（16 开）统一书号：8161.0922
定价：CNY5.00

　　本书包括篆刻作品、绘画作品、王曼硕年表、国画与素描等。

J003248

中国高等美术学院学生研究生作品集

郑州 河南美术出版社 1986 年 7 册 21cm（32 开）
定价：CNY67.00

　　本书收录中央美院、中央工艺美院、浙江美院、四川美院、广州美院、鲁迅美院、西安美院的作品。

J003249

中国高等美术学院作品全集 （素描集）靳尚谊主编

长沙 湖南美术出版社 1986 年 34cm（10 开）
统一书号：8233.972 定价：CNY55.00

　　本书选择 9 所高等美术学院师生素描范作作品 398 幅。主编靳尚谊（1934—　），满族，画家、教授。河南焦作人，毕业于中央美院绘画系和马克西莫夫油画训练班。曾任中央美术学院院长、教授、博士生导师，中国美协主席、中国文联副主席。代表作品有《塔吉克新娘》《青年歌手》《蓝衣少女》等，出版有《靳尚谊油画选》《靳尚谊肖像作品选集》等。

J003250

中国高等美术学院作品全集 （油画集）《中国高等美术学院作品全集》编辑委员会编

长沙 湖南美术出版社 1986 年 34cm（10 开）
统一书号：8233.898 精装
ISBN：7-5356-0038-7 定价：CNY150.00

J003251

中国高等美术学院作品全集 （中央工艺美术学院作品集）李绵璐，何燕明主编

长沙 湖南美术出版社 1986 年 34cm（10 开）
统一书号：8233.991 定价：CNY84.00

J003252

中国高等美术学院作品全集 （版画集）宋

源文等主编

长沙 湖南美术出版社 1988 年 38cm（6 开）
精装 ISBN：7-5356-0178-2 定价：CNY74.00

J003253

中国高等美术学院作品全集 （雕塑集）钱
绍武等主编

长沙 湖南美术出版社 1988 年 38cm（6 开）
ISBN：7-5356-0225-8 定价：CNY84.00

　　主编钱绍武（1928—　），雕刻家、书法家。
江苏无锡人，毕业于中央美术学院，曾赴苏留
学。历任中央美术学院雕塑系主任、国家教委艺
术教育委员会委员、全国城市雕塑艺术委员会委
员、中国国家画院雕塑院院长等职。代表作品有
《大路歌》《江丰头像》《李大钊纪念碑》出版《素
描与随想》《素描人体选集》。

J003254

中国高等美术学院作品全集 （中国画集）
黄润华等主编

长沙 湖南美术出版社 1988 年 38cm（6 开）
精装 ISBN：7-5356-0226-6 定价：CNY125.00

　　主编黄润华（1932—2000），教授。河北正定
人。毕业于中央美术学院中国画系。历任中央
美术学院中国画系主任，中央美术学院学术委员
会委员，中国美术家协会会员，中国书画函授大
学名誉教授。出版有《黄润华山水画集》《黄润
华画集》。

J003255

中国高等美术学院作品全集 （壁画、年画、
连环画集）李化吉等主编

长沙 湖南美术出版社 1989 年 38cm（6 开）
精装 ISBN：7-5356-0287-8 定价：CNY88.00

J003256

中国高等美术学院作品全集 （设计作品
集）李元志等主编

长沙 湖南美术出版社 1989 年 38cm（6 开）
精装 ISBN：7-5356-0254-1 定价：CNY99.00

　　本书收录作品267幅。内容包括室内外设计，
以及装饰绘画、雕塑、展览会、交通工具、服装、
陶瓷器皿、纺织品、商品装潢、书籍装帧的设计
等。主编李元志（1940—　），美术家、美术教育
家。浙江美术学院工艺系副主任、副教授。

J003257

中国高等美术学院作品全集 （水彩、水粉
画集）文国璋等主编

长沙 湖南美术出版社 1989 年 38cm（6 开）
精装 ISBN：7-5356-0284-3 定价：CNY69.00

J003258

中国高等美术学院作品全集 （素描集）靳
尚谊等主编

长沙 湖南美术出版社 1996 年 重印本 38cm（6 开）
精装 ISBN：7-5356-0427-7 定价：CNY135.00

J003259

中国美术全集选页 （隋唐绘画）人民美术出
版社编

北京 人民美术出版社 1986 年 13 页 29cm（16 开）
统一书号：8027.9445 定价：CNY6.00

J003260

中国美术全集选页 （五代绘画）人民美术出
版社编

北京 人民美术出版社 1986 年 14 页 29cm（16 开）
统一书号：8027.9446 定价：CNY6.00

J003261

出版纸张工作三十五周年纪念册 （1952—
1987）中国印刷物资公司编

中国印刷物资公司 1987 年 194 页 28cm（大 16 开）

J003262

港艺汇萃 （香港大会堂银喜纪念）香港市政
局主办

香港 和记印刷公司 1987 年 120 页 有照片
29cm（15 开）ISBN：962-7040-23-1
定价：HKD28.00

　　外文书名：A Celebration of Hong Kong Art-
ists, City Hall Silver Jubilee.

J003263

翰墨秋红 （山西离休干部美术作品选）中共
山西省委老干部局编

太原 山西人民出版社 1987 年 126 页
26cm（16 开）定价：CNY9.95

J003264

玛丽及佐治伯乐现代艺术珍藏　香港艺术馆编

香港　香港市政局 1987 年 191 页 有图

26cm（16 开）精装 ISBN：962-215-080-2

定价：HKD96.00

　　外文书名：Modern Art from the Collection of Mary and George Bloch.

J003265

南京师范大学美术系作品集　湖南美术出版社选编

长沙　湖南美术出版社 1987 年 60 页 38cm（8 开）

精装 ISBN：7-5356-0039-5 定价：CNY49.00

（中国高等艺术院校美术作品集）

J003266

神剑　（美术摄影作品选集）人民美术出版社编

北京　人民美术出版社 1987 年 47 页 37cm（12 开）

统一书号：8027.9442

定价：CNY19.50，CNY31.50（精装）

J003267

台湾美术作品选　马寿华等绘

北京　人民美术出版社 1987 年 26cm（16 开）

精装 统一书号：8027.9360 定价：CNY17.00

　　本书选编作品共 95 幅，作品大部分为 60 年代以来所作，表现了对祖国山河和乡土的爱和对中华文化的深情。

J003268

文楼的艺术

香港　香港市政局 1987 年 97 页 有图

25cm（16 开）ISBN：962-215-078-0

定价：HKD75.00

　　外文书名：The Art of Van Lau.

J003269

中国人民解放军美术作品选集　中国人民解放军总政治部文化部编辑

北京　解放军文艺出版社 1987 年 36cm（6 开）

精装 ISBN：7-5033-0051-5

　　外文书名：The Selected Art Works of the Chinese P.L.A.

J003270

中华人民共和国第 6 届全国美术作品展览落选作品选　令狐彪主编

西安　陕西人民美术出版社 1987 年 132 页

27cm（16 开）精装 ISBN：7-5368-0009-6

定价：CNY28.00

　　本书为编者从落选的作品中，选出近 140 幅作品编辑成册。内容包括：中国画、油画、版画、雕塑及其他画作。外文书名：The 6th National Fine Art Exhibiton the People's Republic of China Selected Works Failing to be Chosen. 主编令狐彪（1942—1989），教师、编辑。山西临狩人，中央美术学院美术史专业研究生毕业。历任中学美术教师，人民美术出版社编辑、陕西人民美术出版社副社长、副总编辑。　编著有《宋代画院研究》《中国古代山水画百图》《现代国画家百人传》等。

J003271

艺术学院美术学系第二届毕业作品集　陈光辉编辑

台北　艺术学院 1988 年 112 页 有照片

29cm（15 开）

J003272

储云、沃兴华书画作品选　储云，沃兴华作

上海　华东师范大学出版社 1988 年 63 页

38cm（6 开）定价：CNY9.00

J003273

丰子恺遗作　丰子恺绘；夏宗禹编

北京　华夏出版社 1988 年 238 页 32cm（10 开）

精装 ISBN：7-80053-480-4 定价：CNY75.00

　　本书又称《丰子恺遗墨》。作者丰子恺（1898—1975），画家、文学家、艺术教育家。原名丰润，又名仁、仍，字子觊，后改为子恺，笔名 TK，浙江嘉兴人。作品有《缘缘堂随笔》、画集《子恺漫画》等。

J003274

韩天衡书画篆刻集　韩天衡作

上海　上海书店 1988 年 66 页 30cm（10 开）

定价：CNY18.00

　　作者韩天衡（1940—　），教授、书法家。号豆庐，上海中国画院副院长，上海交通大学兼职

教授，西泠印社副社长。代表作品有《韩天衡印选》《韩天衡书画印选》《韩天衡画集》等。

J003275
黄养辉书画辑 （第一辑）黄养辉作
南京 江苏美术出版社［1988年］13张 38cm（6开）
ISBN：7-5344-0057-0 定价：CNY6.80

作者黄养辉（1911—2001），书画艺术家、美术教育家、金石篆刻家。字扬辉，笔名黄易，江苏无锡人。就学于国立中央大学艺术系。中国美术家协会会员，中国书法家协会会员，徐悲鸿奖学金全委员会委员，金陵印社名誉社长，江苏省国画院高级画师，南京大学教授。

J003276
理性绘画 唐庆年编著
桂林 漓江出版社 1988年 26cm（16开）
（中国当代美术系列）

本书介绍1985年以后在中国大陆兴起的"新潮美术"，其中包括理性绘画及其代表作135幅。

J003277
色彩选集 （浙江美术学院工艺系学生习作选）高而颐，赵燕选编
杭州 浙江美术学院出版社 1988年 19cm（小32开）
ISBN：7-81019-024-5 定价：CNY7.50

J003278
文艺创作奖 （美术类得奖作品专辑 1988）
台北 1988年 29cm（16开）

J003279
文艺创作奖 （国画、书法、摄影、油画水彩得奖作品专辑 1989）
台北 1989年 29cm（16开）

J003280
咏华山书画篆刻集 陕西省渭南地区书法家协会编
西安 陕西人民美术出版社 1988年 26cm（16开）
定价：CNY6.00

J003281
中国美术馆藏品集 （第一集）中国美术馆编辑

北京 人民美术出版社 1988年 145页 有肖像37cm（8开）精装 ISBN：7-102-00230-0
定价：CNY84.00

本作品集选择当代最具有代表性的，著名美术家的作品，很多作品也是大家所熟悉的。共107幅图，包括中国画45幅，版画28幅，油画16幅，水彩水粉画8幅，雕塑10件。本书由中国美术馆馆长、雕塑家刘开渠先生作序，书后按次序排列并附作者小传和照片。

J003282
中国石化职工美术书法摄影作品选 中国石油化工总公司编
上海 百家出版社 1988年 103页 25cm（小16开）
ISBN：7-900000-53-4 定价：CNY20.00

J003283
丛书集成续编 （91 艺术类）王德毅等编
台北 新文丰出版公司 1989年 影印本 760页28cm（16开）精装

本册艺术类，含欣赏品、园林、金石部分。包括：《花品》《园冶》《花佣月令》《将就园记》《江村草堂纪》《武林第宅考》《春草园小记》《俞楼诗记》《竹垞小志》《金石录》《集古录》《啸堂集古录》《苍崖先生金石例》《寒山金石林部目》《金陵古金石考目》《金石文字跋尾》等。

J003284
丛书集成续编 （92 艺术类）王德毅等编
台北 新文丰出版公司 1989年 影印本 793页28cm（16开）精装

本册艺术类，含金石部分。包括：《金石萃编补目》《金石小笺》《竹崦盦金石目录》《昭陵六骏赞辨》《铁桥金石跋》《清仪阁金石题识》《古泉山馆金文编残稿》《石经阁金石跋文》《陶斋金石文字跋尾》《东洲草堂金石跋》《古志石华》等。

J003285
丛书集成续编 （93 艺术类）王德毅等编
台北 新文丰出版公司 1989年 影印本 776页28cm（16开）精装

本册艺术类，含金石部分。包括：《清仪阁杂咏》《石泉书屋金石题跋》《金石学录》《中州金石目录》《石墨考异》《金石文字辨异》《海东金石苑》《海东金石存考》《安徽金石略》《括苍金石

志补遗》《嵩阳石刻集记》《九曜石刻录》《汉石存目》《宋代金文著录表》等。

J003286

丛书集成续编 （94 艺术类）王德毅等编
台北 新文丰出版公司 1989 年 影印本 767 页
28cm（16 开）精装

本册艺术类，含金石、印谱、篆刻家、彝器、砖瓦、赏鉴部分。包括：《国朝金文著录表》《海外贞珉录》《怡松轩金石偶记》《台州金石略》《介庵印谱》《澹一斋章谱》《乾隆宝谱》《清内府藏古玉印》《印文考略》《摹印述》《秋水园印说》《清仪阁古印》《续百家姓印谱考略》《金轮精舍藏古玉印》《周栋园印人传》《飞鸿堂印人传》《摹印传灯》《焦山古鼎考》《宣德彝器图谱》《宣德彝器谱》《商周彝器释铭》《淮安北门城楼金天德年大钟款识》《宣炉歌注》《瘗鹤铭辨》《宣炉小志》《汉甘泉宫瓦记》《清秘藏》《骨董十三说》《淇泉摹古录》《宾告》《黄山松石谱》。

J003287

丛书集成续编 （95 艺术类）王德毅等编
台北 新文丰出版公司 1989 年 影印本 768 页
28cm（12 开）精装

本册艺术类，含赏鉴、书画题识、书画论部分。包括：《瓯钵罗室书画过目考》《珊瑚木难》《西湖卧游图题跋》《寓意录》《辛丑消夏记》《墨井题跋》《麓台题画稿》《读画录》《月壶题画诗》《芳坚馆题跋》《图绘宝鉴》《真赏斋赋》《张氏四种》《玉雨堂书画记》等。

J003288

丛书集成续编 （96 艺术类）王德毅等编
台北 新文丰出版公司 1989 年 影印本 781 页
28cm（12 开）精装

本册艺术类，含书画论、碑、碑帖考识部分。包括：《游艺卮言》《碑薮》《补寰宇坊碑录》《隋唐石刻拾遗》《元碑存目》《雪屐寻碑录》《刻碑姓名录》《洛阳石刻录》《汉魏碑考》《魏晋石存目》《万邑西南山石刻记》《西陲石刻后录》《洛阳存古阁藏石目》《三韩冢墓遗文目录》《昭陵碑录》《集古录跋尾》《碑帖纪证》《苍润轩碑跋》。

J003289

丛书集成续编 （97 艺术类）王德毅等编
台北 新文丰出版公司 1989 年 影印本 792 页
28cm（12 开）精装

本册艺术卷，含碑帖考识、书题识部分。包括：《求古录》《樵书外记》《虚舟题跋原》《虚舟题跋》《拙存堂题跋》《平津读碑记》《求是斋碑跋》《杭郡庠得表忠观碑记事》《绿阴亭集》《开成石经图考》《滋惠堂法帖题跋》《淳化阁帖跋》《读碑记再读》《淳化秘阁法帖源流考》《十七帖述》《南村帖考》《砢龙颜碑考释》《汪氏珊瑚网法书题跋》。

J003290

丛书集成续编 （98 艺术类）王德毅等编
台北 新文丰出版公司 1989 年 影印本 779 页
28cm（12 开）精装

本册艺术类，含书题识、书法、书论部分。包括：《汪氏珊瑚网法书题跋》《法书考》《童学书程》《书法约言》《钝吟书要》《书法偶集》《分隶偶存》《玫瑰题跋》《御览书苑菁华》《后村先生题跋》。

J003291

丛书集成续编 （99 艺术类）王德毅等编
台北 新文丰出版公司 1989 年 影印本 793 页
28cm（16 开）精装

本册艺术类，含书论、书传、书谱部分。收有《书诀》《书笺》《侯氏书品》《国朝隶品》《评书帖》《艺舟双楫》《书小史》《玉台书史》《飞白录》《颜书编年表》《皇清书史》《晚笑堂画传》《上如木刻四种》等。

J003292

丛书集成续编 （100 艺术类）王德毅等编
台北 新文丰出版公司 1989 年 影印本 823 页
28cm（16 开）精装

本册艺术类，含画谱、画题识部分。包括：《朱上如木刻四种》《明刻传奇图像十种》《声画集》《汪氏珊瑚网名画题跋》《画罗汉颂》《南田画跋》《冬心画题记》。

J003293

丛书集成续编 （101 艺术类）王德毅等编
台北 新文丰出版公司 1989 年 影印本 814 页

28cm（16 开）精装

本册艺术类，含画题识、书法、画论、画传、音乐部分。包括：《板桥题画》《画梅题记》《消夏百一诗》《观画百咏》《画尘》《绘事发微》《画学心法问答》《画诀》《山南论画》《画筌析览》《南宗抉秘》《绘事津梁》《名画猎精录》《画语录》《雨窗漫笔》《学画浅说》《东庄论画》《一角编》《图画精意识》《瓜田画论》《指头画说》《写竹杂记》《三万六千倾湖中画船录》《二十四画品》《养素居画学钩深》《南香画语》《南薰殿尊藏图像目》《茶库藏贮图像目》《画家知唏录》《玉台画史》《玉台画史别录》《南宋院画录》《无声诗史》《海虞画苑略》《乐书正误》《律吕新义》。

J003294

丛书集成续编　（102 艺术类）王德毅等编

台北　新文丰出版公司 1989 年　影印本 783 页 28cm（大 16 开）精装

本册艺术类，含书音乐、乐器、乐谱、剧曲、武术、投壶、棋弈、赌博、饮酒部分。包括：《圣谕乐本解说》《律吕古谊》《晋泰始笛律匡谬》《律吕臆说》《管色考》《苟勖笛律图注》《古律吕考》《琴学八则》《琴声十六法》《琴况》《乐府传声》《琵琶录》《琴史》《瑟谱》《昭代乐章恭纪》《重订拟瑟谱》《粉墨丛谈》《戏曲考原》等 42 种。

J003295

丛书集成续编　（85 子部）

上海　上海书店出版社［1994 年］影印本 1166 页 26cm（16 开）精装　ISBN：7-80569-759-0

定价：CNY36000.00

本书循《丛书集成初编》之例，续选明、清、民国时期丛书 100 部，共收典籍 3200 余种，分类编排，加以影印。本册为子部"艺术类·书画之属"，收相关著作 17 种。

J003296

丛书集成续编　（86 子部）

上海　上海书店出版社［1994 年］影印本 1012 页 26cm（16 开）精装　ISBN：7-80569-759-0

定价：CNY36000.00

本册为子部"艺术类·书画之属"，收相关著作 44 种。

J003297

丛书集成续编　（87 子部）

上海　上海书店出版社［1994 年］影印本 972 页 26cm（16 开）精装　ISBN：7-80569-759-0

定价：CNY36000.00

本册为子部"艺术类·音乐、篆刻、游艺、饮食、观赏、杂论之属"，收相关著作 97 种。

J003298

当代书画名家　周分廷编

郑州　河南美术出版社 1989 年 39cm（12 开）

定价：CNY30.00

J003299

第七届全国美术作品展览　（漫画目录）

北京　第七届全国美术作品展览会 1989 年

23 页 40cm（42 开）

J003300

第七届全国美术作品展览　（油画目录）

南京　第七届全国美术作品展览会 1989 年

23 页 26cm（16 开）

J003301

第七届全国美术作品展览　（中国画目录）

广州　第七届全国美术作品展览会 1989 年

23 页 40cm（42 开）

J003302

第七届全国美术作品展览　（中国画集）

广州　岭南美术出版社 1989 年 120 页 40cm（12 开）

ISBN：978-7-5362-0427-0 定价：CNY58.00

J003303

第七届全国美术作品展览　（水彩、水粉、粉画精选）

广州　岭南美术出版社 1990 年 53 页 26cm（16 开）

ISBN：7-5362-0506-6 定价：CNY32.00

J003304

勒流书法研究会书画作品选　《勒流书法研究会书画作品选》编委会编

广州　广东人民出版社 1989 年 154 页 26cm（16 开）

ISBN：7-218-00295-1 定价：CNY18.00

J003305

上海个体劳动者艺术作品选　上海市个体劳动者协会编
上海　上海人民出版社　1989年　48页　26cm（16开）
ISBN：7-208-00942-2　定价：CNY17.00

J003306

汪济诚先生书画集　汪济诚著
台北　台北市安溪同乡会　1989年　120页
31cm（16开）定价：TWD500.00

J003307

吴馥余书画集　吴馥余绘；邵伟尧编
南宁　广西美术出版社　1989年　28页　26cm（16开）
ISBN：978-7-8058-2000-2　定价：CNY30.00

J003308

兴化历代名人书画选　兴化市博物馆，兴化市郑板桥纪念馆编
南京　南京出版社　1989年　50页　27cm（16开）
ISBN：7-80560-083-X　定价：CNY36.00

J003309

中国高等美术学院壁画、年画、连环画集　（中央美术学院年画、连环画分卷）杨先让主编
长沙　湖南美术出版社　1989年　37cm（8开）
ISBN：7-5356-0285-1　定价：CNY15.00

主编杨先让（1930—　），画家、教授。生于山东平平，毕业于中央美术学院绘画系。历任人民美术出版社编辑和创作员，中央美术学院民间美术系主任、教授，中国民间美术学会常务副会长等职务。代表作品有《晌午》《渔村》《杨先让木刻选集》《黄河十四走民艺考》等。

J003310

濮州老年书画作品选　濮阳市老年书画研究会编
郑州　河南美术出版社　1990年　26cm（16开）
ISBN：7-5401-0142-3　定价：CNY20.00

J003311

纪念黄遵宪先生当代书画艺术国际展览
香港南源永芳集团公司主办
香港　香港南源永芳集团公司［1990年］36页
24×25cm
外文书名：The International Exhibition on Contemporary Calligraphy and Painting in Commemoration of Huang Zunxian.

J003312

纪念黄遵宪先生当代书画艺术国际展览
南源永芳集团有限公司主编
北京　中国华侨出版社　1996年　86页
29cm（15开）精装　ISBN：7-80120-092-6
外文书名：The International Exhibition on Contemporary Calligraphy and Painting in Commemoration of Huang Zunxian.

J003313

涓涓小溪　（文艺专集）中国工商银行北京市分行编辑
北京　中国广播电视出版社　1990年　92页
有图21cm（32开）ISBN：7-5043-0712-2
定价：CNY3.90

J003314

苦乐年华　（摄影·诗词·歌曲）秦庚云，刘可编；郭佳胜等摄
南昌　江西美术出版社［1990年］
15cm（64开）ISBN：7-80580-037-5
定价：CNY3.80

J003315

老山魂　（全国书画篆刻展览作品选）薛永维主编；五一四一〇部队编
石家庄　河北美术出版社　1990年　136页
26cm（16开）ISBN：7-5310-0373-2
定价：CNY11.50

J003316

李圣和诗书画集　李圣和著
南京　江苏美术出版社　1990年　32页　26cm（16开）
精装　ISBN：7-5344-0122-4　定价：CNY8.20
本书包括诗词100首、书法8幅、画18幅。

J003317

名人珍藏书画展选集　清韵艺术中心编
台北　清韵国际事业公司　1990年　30页
30cm（10开）定价：TWD200.00

J003318

石涛 （清）石涛作；郑为编

上海 上海人民美术出版社 1990 年 145 页

38cm（8 开）精装 ISBN：7-5322-0047-7

定价：CNY62.00

　　本书选收清代书画家石涛的各种类型的作品，包括彩版画作 23 幅，黑白图版 200 幅，编年印章 81 方，编年名款 18 条。其中有立轴、手卷、册页、扇面等，作品均由上海博物馆提供。作者石涛（1642—1708），清初书画家、绘画理论家。广西桂林人，祖籍安徽凤阳。本姓朱，名若极，系明代靖江王朱赞仪的第十世孙朱亨嘉之子。朱亨嘉死后幼年石涛被送至全州当和尚，法名道济，又字石涛，号苦瓜和尚、大涤子、靖江后人、清湘陈人、零丁老人等等。著有《苦瓜和尚画语录》。存世作品有《石涛罗汉百开册页》《山水清音图》《竹石图》等。

J003319

书画新作 中州书画编辑部编

郑州 河南美术出版社 1990 年［30cm］（10 开）

ISBN：7-5401-0139-3 定价：CNY15.00

J003320

天安门珍藏书画集 北京市人民政府天安门地区管理委员会编

北京 北京出版社 1990 年 100 页 38cm（6 开）

精装 ISBN：7-200-01183-5 定价：CNY70.00

　　本画集为迎接中华人民共和国成立 40 周年，天安门地区管理委员会从全国百余名著名书画家捐献给天安门的数百幅巨型书画中特选 100 幅，其中 94 幅画，6 幅书法。

J003321

晚霞集 （福建老年书画摄影作品选）《晚霞集》编辑委员会编

福州 福建美术出版社 1990 年 113 页 26cm（16 开）

ISBN：7-5393-0083-3 定价：CNY20.00

　　本书从福建老年书画协会举办的"福建老年书画摄影作品展"中选收书画作品 174 幅，摄影作品 68 帧。

J003322

文物图注 张兹生，邢捷编著

天津 天津杨柳青画社 1990 年 168 页

［20cm］（32 开）ISBN：7-80503-104-5

定价：CNY10.80

J003323

中国第七届全国美术作品展览获奖作品集 中国第七届全国美术作品展览获奖作品集编委会编

香港 博雅艺术公司 1990 年 215 页

29cm（16 开）ISBN：962-04-0804-7

定价：HKD200.00

　　外文书名：Prize Winning Art Works of the 7th Chinese National Art Exhibition.

J003324

中国个体户书画摄影作品 （明信片）中国个体劳动者协会编

北京 中国社会出版社［1990 年］10 张

15cm（64 开）ISBN：7-80088-018-4

定价：CNY1.70

J003325

中国美术馆藏品选集 （1949—1984 版画编）中国美术馆藏品选集编辑委员会编

杭州 浙江人民美术出版社 1990 年 183 页

35cm（8 开）精装 ISBN：7-5340-0189-7

（中国美术馆藏品选集丛书）

　　本书收录现代版画家创作的优秀作品 80 件。包括：石鲁的《说理》、黄永玉的《阿诗玛》、梁永泰的《从前没有人到过的地方》、古元的《刘志丹和赤卫军》、李桦的《征服黄河》、赵延年的《和时间赛跑》、俞启慧的《鲁迅和瞿秋白》等。画集附有画家简历。

J003326

中国美术馆藏品选集 （1949—1984 油画编）中国美术馆藏品选集编辑委员会编

杭州 浙江人民美术出版社 1990 年 225 页

35cm（8 开）精装 ISBN：7-5340-0188-9

　　本书收录近百位画家的 100 件油画作品。以《开国大典》《父亲》为不同时期的代表作。

J003327

中国美术馆藏品选集 （1949—1984 中国画编）中国美术馆藏品选集编辑委员会编

杭州 浙江人民美术出版社 1990 年 239 页

35cm（8 开）精装 ISBN：7-5340-0187-0

本书收录现代近百位画家的 106 件作品，其中有 50 年代齐白石的《莲蓬蜻蜓》《青蛙》、黄宾虹的《九子山》《阳朔山水》、于非闇的《牡丹蜂雀》、黄胄的《洪荒风雪》等作品。其中 60 年代收有林风眠、潘天寿、傅抱石、陈之佛、钱松嵒等画家作品。70 年代末以后的作品有《人民和总理》《支前》《太行丰碑》《大唐伎乐图》《水浒组画》《太行铁壁》等。

J003328

中国美术馆藏品选集　（1949—1985 雕塑编）中国美术馆藏品选集编辑委员会编
杭州 浙江人民美术出版社 1990 年 161 页
35cm（8 开）精装 ISBN：7-5340-0190-1
（中国美术馆藏品选集丛书）

本书收录刘开渠的《毛泽东像》、程曼叔的《妇女头像》、王朝闻的《刘胡兰像》、潘鹤的《艰苦岁月》、陈道坦的《少女像》，以及《稻香千里》《瑞雪》《饲养员》《小胖》《开荒牛》《饮水的熊》《杨虎城将军》《白山魂》《日日夜夜》《家乡的河》《鲁迅像》等 70 件作品。书后附有崔开宏《现代中国雕塑》一文和现代雕塑家简历。

J003329

钟馗百图　王阑西主编
广州 岭南美术出版社 1990 年 120 页
25cm（小 16 开）ISBN：7-5362-0549-X
定价：CNY58.00，CNY62.00（精装）

本图录收集古今钟馗美术佳作 100 幅，并加以简介略说。

J003330

赤子心　（白玉绘画陶艺选）白玉著
［台北］THRONE Graphic Arts. lnc. 1991 年 174 页 有照片 26cm（16 开）
外文书名：Pure Heart of a Newborn.

J003331

湖北工学院工业美术系师生作品选　胡祺，杜沛然主编
武汉 湖北美术出版社［1991 年］64 页 有照片
26cm（16 开）ISBN：7-5394-0208-3
定价：CNY28.00
外文书名：Teacher and Students' Works of

Industry Design Department in Hubei Industry Institute.

J003332

金昌市美术·摄影·书法作品选　高银禄主编
兰州 甘肃人民美术出版社［1991 年］29cm（16 开）
ISBN：7-80558-022-0

J003333

世纪之光　（美术·摄影卷）《世纪之光》编委会编
沈阳 春风文艺出版社 1991 年 42 页
20cm（32 开）ISBN：7-5313-0704-9
定价：CNY6.60
（东北电力企业文化丛书）

J003334

太乙楼藏中国近代书画　朱锦鸾等编
香港 香港市政局 1991 年 228 页 30cm（12 开）
精装 ISBN：962-215-101-9 定价：HKD222.00
外文书名：Modern Chinese Painting and Calligraphy from the Taiyilou Collection.

J003335

西藏艺术　（雕刻卷）西藏自治区文学艺术界联合会编
上海 上海人民美术出版社 1991 年 204 幅
26cm（16 开）精装 ISBN：7-5322-0540-1
定价：CNY140.00

本书介绍了自吐蕃初期至近代的出自西藏本土民族民间艺术家之手的石雕、木雕、铜雕、泥陶雕等。

J003336

西藏艺术　（绘画卷）西藏自治区文学艺术界联合会编
上海 上海人民美术出版社 1991 年 202 幅
26cm（32 开）精装 ISBN：7-5322-0541-X
定价：CNY145.00

本书收录西藏不同历史时期，以及不同地区的主要画派的代表作品。

J003337

西藏艺术　（民间工艺卷）西藏自治区文学艺术界联合会编

上海 上海人民美术出版社 1991 年 26cm（16 开）
精装 ISBN：7-5322-0708-0 定价：CNY140.00

J003338
炎黄艺术馆藏品集　（古代书画卷）黄胄，宗
文龙主编
杭州 浙江人民美术出版社［1991 年］229 页
37cm（8 开）精装 ISBN：7-5340-0313-X
定价：CNY250.00

　　本书收录宋代至清代的绘画作品 97 件，自
唐代至清代的书法作品 21 件，共 118 件。其中
中还有历代无名氏作品，如明代四米多长的《百
雁图》和《墨竹图》。主编黄胄（1925—1997），画
家、社会活动家、收藏家。字映斋，河北蠡县人。
历任总政治部文化部创作员，中国画研究院副院
长，中国美术家协会常务理事等。代表作品有《洪
荒风雪》《巡逻图》等，出版有《黄胄书画论》《黄
胄作品集》《黄胄谈艺术》等。

J003339
喻乐静先生纪念专辑　喻乐静绘
台北 喻许秀晶 1991 年 80 页 有图 30cm（10 开）
定价：TWD350.00

J003340
方书乐书画选　方书乐著
上海 同济大学出版社 1992 年 40 页 14×16cm
ISBN：7-5608-1156-2 定价：CNY15.00

J003341
福建工艺美术学校四十周年校庆作品集
郑礼阔主编
福州 福建美术出版社 1992 年 174 页 25×26cm
ISBN：7-5393-0196-1 定价：CNY108.00

　　外文书名：Collective Works of Fujian Arts and
Crafts School 40th Anniversary. 作者郑礼阔，历任
福建省第二轻工业厅厅长，福建省美术家协会副
主席，福建省工艺美术学会理事长。

J003342
广西师范大学艺术系美术书法作品选　广
西师范大学艺术系编辑
桂林 广西师范大学出版社 1992 年 64 页
25×25cm ISBN：7-5633-1358-3
定价：CNY49.50

外文书名：Collections of Paintings & Calligraphy
Works by Art Department of Guangxi Teachers
University.

J003343
华夏红孩儿　（娃哈哈书画精选）李晓芬等编
成都 四川美术出版社 1992 年 124 页 26cm（16 开）
ISBN：7-5410-0730-7 定价：CNY15.00

J003344
江苏省美术馆美术家作品选　江苏美术出版
社编
南京 江苏美术出版社 1992 年 66 页 25×26cm
精装 ISBN：7-5344-0227-1 定价：CNY45.00

　　外文书名：Selected Works by the Artists of the
Art Gallery of Jiangsu Province.

J003345
**江苏省中等师范学校学生优秀美术作品
选**　江苏省教育委员会师范教育处编
南京 江苏美术出版社 1992 年 66 页 18×17cm
ISBN：7-5344-0148-8 定价：CNY4.90

J003346
江西美术作品选　（1992）江西省美术家协
会编
南昌 江西美术出版社 1992 年 138 页 25×25cm
ISBN：7-80580-080-4
定价：CNY49.00，CNY56.00（精装）

J003347
绿叶集　（吉林省首届中小学生艺术节作品选）
牟刚主编
长春 吉林美术出版社 1992 年 104 页 25×26cm
ISBN：7-5386-0244-5 定价：CNY9.80

　　本书所收作品包括：水粉画、版画、贴画、
纸雕、书法美术作品等。作者牟刚（1959—　），
吉林省教育学院任教。

J003348
南京艺术学院美术作品选集　（1912—1992
绘画雕塑卷 工艺美术卷 校友作品卷）南京美
术学院美术系等编
南京 江苏美术出版社 1992 年 112 页
29cm（大 16 开）精装 ISBN：7-5344-0238-7

定价：CNY248.00

J003349

张灿辉摄影篆刻作品选　张灿辉著
香港 1992 年 111 页 23cm（20 开）
ISBN：962-7715-01-8 定价：HKD110.00
　　外 文 书 名：Photographs and Seals Cheung Chan Fai.

J003350

中国当代艺术文献　（1990—1991）李路明主编
长沙 湖南美术出版社 1992 年 112 页 26cm（16 开）
精装 ISBN：7-5356-0524-9 定价：CNY58.00
　　本书收录 1990—1991 年中国画家有代表性的作品 200 幅，作品分为：综合材料与波普倾向、个体话语与新形象、现实主义新倾向、对新文人画的反拨 4 个方面。外文书名：Chinese Contemporary Art Document.

J003351

丁绍光艺术作品珍藏本
昆明 云南人民出版社［1993 年］38cm（8 开）
ISBN：7-222-02763-7 定价：CNY180.00
　　外 文 书 名：A Special Edition of Ting Sha-okuang's Art.

J003352

海军画集　中国人民解放军海军政治部编
北京 北京美术摄影出版社 1993 年 121 页
25×26cm ISBN：7-80501-165-6
定价：CNY53.00, CNY63.00（精装）
　　本书所收作品分为：油画、中国画、版画、雕塑 4 部分。外文书名：Painting Album of the Navy.

J003353

纪念毛泽东同志诞辰一百周年中国书画作品精选　高占祥主编；纪念毛泽东同志诞辰一百周年中国书画作品精选征集工作委员会编
杭州 浙江美术学院出版社，书目文献出版社
1993 年 682 页 29（大 16 开）精装
ISBN：7-81019-167-5 定价：CNY120.00
　　主编高占祥（1935—　），诗人、书法家。笔名罗丁、高翔，北京通县人。曾任文化部常务

副部长，中国作家协会、中国书法家协会、中国摄影家协会会员，北京大学、中国人民大学、上海交通大学客座教授。著有《人生宝鉴》《咏荷四百首》《浇花集》《微笑集》等，摄影集有《莲花韵》《祖国颂》等。

J003354

纪念上海建城七百年书画摄影选集　上海老文化艺术工作者协会，上海新闻摄影学会编
上海 上海人民出版社 1993 年 175 页
29cm（大 16 开）精装 ISBN：7-208-01618-6
定价：CNY130.00
　　本影集记录了上海建城 700 年的历程，特别是中华人民共和国成立以来上海发生的巨大变化。全书分为：悠久历史、光荣传统、文化长河、走向 21 世纪的上海等 5 部分。外文书名：Selected Works of Calligraphy, Painting and Photography Marking the 700th Anniversary of the Founding of the City of Shanghai.

J003355

全国电力教育系统美术书法摄影作品选集
王永干，刘治国主编
天津 天津科学技术出版社 1993 年 94 页
26cm（16 开）ISBN：7-5308-1372-2
定价：CNY35.00
　　本书收录全国电力教育系统举办的"美术、书法、摄影大赛"部分作品精华。

J003356

全国儿童美术作品　（美术家专为孩子们创作的美术作品选集）中国美术家协会儿童美术艺术委员会编
北京 中国少年儿童出版社 1993 年 93 页
21cm（24 开）ISBN：7-5007-1781-4
定价：CNY9.00
　　本书内容包括：儿童读物插图、水墨画、版画、年画、油画、磨漆画、装饰画、雕塑、泥塑、壁挂等专为儿童欣赏的美术作品。

J003357

上海大学美术学院建院十周年美术作品集
（1983—1993）
上海 上海远东出版社 1993 年 94 页 25×26cm
ISBN：7-80514-913-5 定价：CNY30.00

外文书名：Album of Paintings in Celebration of the Tenth Anniversary of the Founding of College of Fine Arts Attached to Shanghai University.

J003358

首都农村金融系统书法绘画集锦　姚钿主编
北京　北京出版社　1993 年　42 页 26cm（16 开）
ISBN：7-200-02212-8 定价：CNY12.00

J003359

新疆老干部书画集　新疆维吾尔自治区老干部学画学会编
乌鲁木齐　新疆美术摄影出版社　1993 年　275 页 26cm（16 开）ISBN：7-80547-202-5
定价：CNY30.00

J003360

新闻美术家作品集　刘小刚，孙文松主编
济南　山东文艺出版社　1993 年　123 页 26cm（16 开）ISBN：7-5329-0937-9
定价：CNY12.00

J003361

中国美术学院工艺系教师作品集　李元志等［绘］
杭州　中国美术学院出版社　1993 年　80 页 24×25cm ISBN：7-81019-299-X
定价：CNY80.00

外文书名：Selections of the Works by the Design Department China National Academy of Fine Arts. 作者李元志（1940—　），美术家、美术教育家。浙江美术学院工艺系副主任、副教授。

J003362

'94 秋季中国书画珍品广东拍卖会　（汉英对照）郑晓星等编辑；张树摄影
济南　山东美术出版社　1994 年　111 页 29cm（16 开）ISBN：7-5330-0820-0
定价：CNY150.00

J003363

'94 深圳美术馆　深圳美术馆编
［深圳］深圳美术馆出版社　1994 年　56 页 29cm（16 开）

J003364

"慧光杯"全国少年儿童美术·书法·摄影大赛作品选　"慧光杯"全国少年儿童美术·书法·摄影大赛组委会编
沈阳　沈阳出版社　1994 年　120 页 26cm（16 开）
精装　ISBN：7-5441-0331-5 定价：CNY185.00

J003365

"慧光杯"全国少年儿童美术·书法·摄影大赛作品选　（第 2 辑）"慧光杯"全国少年儿童美术·书法·摄影大赛组委会编
沈阳　沈阳出版社　1997 年　72 页 26cm（16 开）
精装　ISBN：7-5441-0726-4 定价：CNY158.00

J003366

安徽建筑工业学院建筑美术作品选集　徐军撰稿
合肥　安徽美术出版社　1994 年　重印本 44 页 25×26cm ISBN：7-5398-0292-8
定价：CNY26.80

J003367

当代的西绪福斯　（邱振中的书法、绘画与诗歌）范景中编
杭州　中国美术学院出版社　1994 年　157 页 29cm（16 开）精装　ISBN：7-81019-376-7
定价：CNY198.00

邱振中（1947—　），教授，博士生导师。生于江西南昌，硕士毕业于浙江美术学院。历任江西师范大学教授，中央美术学院中国画系教授，西泠印社社员。著作有《书法的形态与阐释》《神居何所》《书写与观照》。

J003368

光辉的历程　（中国革命历史美术精品集）杜滋龄主编
天津　天津人民美术出版社　1994 年　169 页 38cm（6 开）精装　ISBN：7-5305-0468-1

主编杜滋龄（1941—　），教授。生于天津，毕业于中国美术学院中国画系研究生班。历任中国画学会副会长，中国艺术研究院博士生导师，南开大学教授，天津美术家协会副主席。代表作品《帕米尔初雪》《古老的歌》《大漠行》等。

J003369
广州美术学院附中学生习作 （素描）广州
美术学院附中编
西安 陕西人民美术出版社 1994 年 90 页
28cm（大 16 开） ISBN：7-5368-0695-7
定价：CNY9.80

J003370
海平线'94 （绘画、雕塑联展）徐昌酩主编
上海 上海书画出版社 1994 年 26×27cm 精
装 ISBN：7-80512-845-6 定价：CNY88.00
　　主编徐昌酩（1929—2018），美术师。浙江
桐乡人。上海市美术家协会秘书长、常务副主
席。出版有《徐昌酩装饰画》《徐昌酩动物装饰
画集》《徐昌酩漫画集》等。

J003371
画苑集萃 （洛阳师范高等专科学校美术系师
生作品选）叶鹏主编
郑州 河南美术出版社 1994 年 72 页
28cm（大 16 开） ISBN：7-5401-0434-1
定价：CNY66.00
　　外文书名：Albumof Excellent Paintings Luoyang
Senior Teachers' College.

J003372
金凤流辉 （顺德市美术书法摄影优秀作品
选集）
广州 岭南美术出版社 1994 年 163 页
29cm（16 开）精装 ISBN：7-5362-1188-0
定价：CNY68.00

J003373
李鹤三岁书画集 李鹤作
广州 岭南美术出版社 1994 年 39 页 19×21cm
ISBN：7-5362-1138-4 定价：CNY12.60

J003374
马西园书画 马西园书绘
兰州 甘肃人民美术出版社 1994 年 28cm（大 16 开）
ISBN：7-80588-061-1 定价：CNY25.00

J003375
衢州书画集 康夫主编；衢州市政协浙西书画
院编
杭州 中国美术学院出版社 1994 年 29cm（16 开）
ISBN：7-81019-296-5 定价：CNY85.00

J003376
神州艺萃 于春时主编
呼和浩特 远方出版社 1994 年 349 页 26cm（16 开）
ISBN：7-80595-053-9 定价：CNY29.00

J003377
首届全国皇家杯书画大赛作品集
北京 人民卫生出版社 1994 年 112 页
26cm（16 开） ISBN：7-117-02178-0
定价：CNY150.00

J003378
太阳河 （画册 广州石油化工总厂职工美术、
书法、摄影作品选）朱琬然等主编
广州 岭南美术出版社 1994 年 57 页 25×26cm
ISBN：7-5362-1110-4 定价：CNY38.00

J003379
我是中国人 陈慕榕总编；《我是中国人》画
册编委会编
杭州 杭州大学出版社 1994 年 86 页 29×21cm
ISBN：7-81035-727-1 定价：CNY45.00

J003380
吴静山书画集 宋忠元主编
杭州 中国美术学院出版社 1994 年 115 页
37cm（8 开）精装 ISBN：7-81019-294-9
定价：CNY260.00
　　主编宋忠元（1932—2013），教授。上海奉
贤人，毕业于浙江美术学院，留校任教。历任
中国美术学院教授、副院长、中国美术家协会
理事、浙江美术协会副主席、浙江省文联委员等
职。代表作品《文成公主入藏图》《游春图》《邓
白像》等。

J003381
伍必端作品选 伍必端绘
合肥 安徽美术出版社 1994 年 96 页 25×25cm
ISBN：7-5398-0359-2 定价：CNY65.00
　　本为书现代中国美术作品画册，中英文本。
　　外文书名：The Selected Works of Wu Biduan. 作
者伍必端（1926—　），回族，画家、教授。生于

江苏南京。历任中央美术学院版画系主任、教授。代表作《上甘岭上的英雄》(油画)《寂静的草地》(水彩画)《周总理》(素描头像)等。

J003382

新世纪中国诗书画印大观　陆山主编
北京 国际文化出版公司 1994 年 416 页
26cm(16 开)精装 ISBN:7-80105-147-5
定价:CNY186.00

J003383

星光集（广州市海珠区·美术书法摄影优秀作品汇编）海珠区文联编
广州 岭南美术出版社 1994 年 28cm(大 16 开)
ISBN:7-5362-1208-9 定价:CNY60.00

J003384

艺海珍藏:山东美术出版社建社十周年纪念　山东美术出版社编
济南 山东美术出版社 1994 年 160 页 25×24cm
ISBN:7-5330-0826-X 定价:CNY125.00

J003385

中国美术家书法家作品人汇　山东省艺术馆编
济南 山东文艺出版社 1994 年 458 页
26cm(16 开)精装 ISBN:7-5329-1129-2
定价:CNY360.00

J003386

中国美术学院作品展选集（中国画　油画　版画 雕塑 壁挂部分）中国美术学院作品展筹委员编
杭州 中国美术学院出版社 1994 年 102 页
37cm(8 开)精装 ISBN:7-81019-341-4
定价:CNY218.00
　　外文书名:China National Academy of Fine Arts Exhibtion Catalog.

J003387

中国书画作品集粹　张虎臣,洪荣主编
北京 中国经济出版社 1994 年 429 页 20cm(32 开)
精装 ISBN:7-5017-2442-3 定价:CNY30.00
　　主编张虎臣(1950—),书法家。笔名苦辛,山东省聊城市交通局任职,东昌书画家联谊

会会长。主编《硬笔书法家精品大全》《书画艺苑报》《中国书画作品集粹》等。

J003388

中国现代艺术（'89-'92）
南京 江苏美术出版社 1994 年 261 页 30cm(10 开)
精装 ISBN:7-5344-0408-8 定价:CNY137.50
　　本书内容包括:感觉中的'85 新潮美术、89 以后－中国制造、89 以后的中国现代艺术描述,并收有 26 位画家的作品。外文书名:Contemporary Art of China.

J003389

自强花开（残疾人艺术作品集）阎振铎等绘
北京 中国电影出版社 1994 年 28cm(大 16 开)
ISBN:7-106-01023-5 定价:CNY68.00
　　本画册收录 62 位残疾艺术家 78 幅作品,有绘画、书法、工艺作品等。

J003390

白续智书画篆刻作品选　白续智作
赤峰 内蒙古科学技术出版社 1995 年 100 页
26cm(16 开)ISBN:7-5380-0281-2
定价:CNY18.00
　　作者白续智(1945—),书法家。字仲孚,河北玉田人。内蒙古书法家协会会员。任中国硬笔书法艺术研究所副所长,中华硬笔书法家协会副会长,北京名人翰墨书画院长等职。获"新中国书法艺术最高荣誉奖"。

J003391

陈丁书画　陈丁绘
广州 岭南美术出版社 1995 年 96 页 29cm(16 开)
ISBN:7-5362-1204-6 定价:CNY120.00

J003392

陈良敏画集　陈良敏绘
福州 福建美术出版社 1995 年 64 页
29cm(18 开)ISBN:7-5393-0315-8
定价:CNY78.00,CNY108.00(精装)
　　本书收录《古今多少事,都付笑谈中》《空门寂寂淡吾身》《人生若尘露,天道邈悠悠》《神怡无邪思》等作品。外文书名:A Collection of Chen Liang-min's Paintings. 作者陈良敏(1951—),画家。字鲤跃、熙瀚,号九鲤山人、八闽游子。福

建仙游县人，毕业于中国国家画院。历任福建南平地区工艺美术工业公司总设计师、高级工艺美术师，当代中国书画研究会副会长，中国工艺美术学会会员。代表作有《气壮山河》《日月争辉》《百花争艳》。

J003393

大路画展作品选 （1979—1995）
天津 天津人民美术出版社 1995 年 157 页
28×28cm ISBN：7-5305-0539-4 定价：CNY128.00
　　外 文 书 名：The Selected Art Works of the Wide Road Fine Arts Exhibition.

J003394

对山集 （贵阳艺苑第三辑）夏文俊等绘
长春 吉林摄影出版社 1995 年 18 册 25×26cm
ISBN：7-80606-041-3 定价：CNY290.00

J003395

冯凭箑扇书画集　冯凭作
青岛 青岛出版社 1995 年 60 张 28×42cm
ISBN：7-5436-1187-2 定价：CNY168.00
　　作者冯凭(1910—2013)，书画家、美术教育家。山东莱阳人。别名冯寄禅、冯子祥，号展公。历任中国美术家协会会员、山东画院名誉院长、青岛画院名誉院长、青岛工艺美术学校教授兼副校长等。代表作品有《百花谱》《诗忆画印》《冯凭书画集》等。

J003396

海口市美术书法摄影作品选　（椰乡风情）
林世治主编
海口 海南出版社 1995 年 78 页 28cm（大 16 开）
ISBN：7-80564-699-1 定价：CNY88.00
　　本书由海南出版社和三环出版社联合出版。

J003397

河北美术家画集　（中英文本）李丰田主编；
河北省美术家协会编
石家庄 河北美术出版社 1995 年 102 页
29cm（16 开）ISBN：7-5310-0700-2
定价：CNY98.00
　　外 文 书 名：A Collection of Hebei Artists' Paintings. 主编李丰田(1939—　)，画家。山西平定人。历任中国美术家协会会员，河北日报主任

编辑，山西省美协副秘书长。代表作品有《南滚龙沟》《迎亲图》《山村小店》等，出版有《李丰田速写集》《李丰田画集》《西洋绘画名作选集》等。

J003398

美术书法摄影作品选　（湖北省工商银行储蓄宣传成果集）李开万主编
武汉 湖北美术出版社 1995 年 95 页
28cm（大 16 开）ISBN：7-5394-0587-2
定价：CNY55.00
　　主编李开万，中国工商银行湖北省分行副行长。

J003399

名川艺术作品集　于名川作；徐乃湘编
广州 岭南美术出版社 1995 年 99 页 23×21cm
ISBN：7-5362-1273-9 定价：CNY78.00
　　作者于名川，人民美术出版社副编审，美协、书协会员。编者徐乃湘，故宫博物院副研究员。

J003400

璞玉集　（20 世纪中国女艺术家美术作品荟萃 中英文本）孙美兰，吴丽珠主编
北京 中国档案出版社 1995 年 333 页
28cm（大 16 开）精装 ISBN：7-80019-513-9
定价：CNY280.00
　　外 文 书 名：A Collection of Art Works by 20th-Century Chinese Women Artists.

J003401

棋·纸·艺　（许江·施慧作品选）许江，施慧制作；宋忠元主编
杭州 中国美术学院出版社 1995 年 131 页
27×29cm 精装 ISBN：7-81019-474-7
定价：CNY238.00
　　外 文 书 名：Chess·Paper·Art. 作者许江(1955—　)，福建人。中国美术学院油画系副主任、副教授。作者施慧(1955—　)，女，画家。生于上海，毕业于中国美术学院。中国美术学院雕塑系和环境艺术系教授，中国美术家协会会员，中国环境艺术委员会委员。

J003402

上海美育节书画作品选　墨谷子主编；上海

市美育学会等编
上海 上海文艺出版社 1995年 79页 26cm（16开）
ISBN：7-5321-1379-5 定价：CNY15.00

J003403
深圳中学学生美术书法作品选 李大强
编著
广州 新世纪出版社 1995年 107页 25×26cm
ISBN：7-5405-1203-2 定价：CNY48.00
　　作者李大强（1951— ），深圳中学高级教
师，深圳美术教育研究会副秘书长，深圳书法教
育研究会副会长。

J003404
书画集锦 （书画界朋友向中华见义勇为基金
会捐赠作品选）定兆甲主编；《书画集锦》编委
会编
北京 群众出版社 1995年 119页 28cm（大16开）
ISBN：7-5014-1354-1 定价：CNY60.00

J003405
四川美术学院附中学生习作 （素描）四川
美术学院附中编
西安 陕西人民美术出版社 1995年 92页
28cm（大16开）ISBN：7-5368-0583-7
定价：CNY12.00

J003406
台湾朴素艺术图录 洪米贞主编
台北 台北县立文化中心 1995年 215页
25×26cm 精装 ISBN：957-004735-6
定价：TWD1000.00

J003407
铜城杯书画艺术大观 《铜城杯书画艺术大
观》编委会编
兰州 甘肃文化出版社 1995年 77页
28cm（大16开）ISBN：7-80608-146-1
定价：CNY68.00

J003408
王征远书画印选 王征远作
天津 百花文艺出版社 1995年 26×24cm
ISBN：7-5306-2169-6 定价：CNY32.80

J003409
香港艺术家 （香港艺术馆藏品选粹 第一
辑）香港市政局编
香港 香港市政局 1995年 396页 28×28cm
ISBN：962-215-129-9 定价：HKD300.00

J003410
中国当代女美术家作品选 朱丹南主编
北京 华夏出版社 1995年 192页 29cm（16开）
ISBN：7-5080-0834-0
　　本画集收录155位当代中国女美术家的160
余件作品，这些女美术家来自30多个省区市的
10多个民族，包括国画家、油画家、版画家、雕
塑家、漫画家和工艺美术家。

J003411
中国女美术家作品选 中国美术馆主编
北京 中国美术馆 1995年 130页 28cm（大16开）

J003412
中国体育美术作品选 （第三集）戴文忠主编
北京 人民体育出版社 1995年 144页
29cm（16开）ISBN：7-5009-1046-0
定价：CNY90.00

J003413
方书九作品选 （第二集）方书久绘
福州 福建美术出版社 1996年 58页
29cm（16开）ISBN：7-5393-0519-3
定价：CNY53.00

J003414
河南大学美术系教师作品选集 王彦发
主编
郑州 河南美术出版社 1996年 94页
29cm（18开）ISBN：7-5401-0560-7
定价：CNY78.00，CNY105.00（精装）

J003415
建筑院校美术教师优秀作品选 （水彩 水
粉）中国建筑学会建筑美术与摄影专业委员会，
中国建筑工业出版社编
北京 中国建筑工业出版社 1996年 156页
26×26cm 精装 ISBN：7-112-02877-9
定价：CNY96.00

J003416

刘声道书画金石集　刘声道著；张戎主编；
李兵英文翻译
成都　四川人民出版社　1996 年　195 页
29cm（16 开）精装　ISBN：7-220-03294-3
定价：CNY280.00

　　外文书名：A Collection of Mr. Liu Shengdao's
Paintings, Calligraphies and Stele Inscriptions.

J003417

美术教师作品集　刘凤兰编
北京　中国建筑工业出版社　1996 年　137 页
29cm（16 开）精装　ISBN：7-112-02869-8
定价：CNY88.00
（清华大学建筑学术丛书 1946—1996）

　　作者刘凤兰（1944—　），女，教授。河北沧
州人，清华大学建筑学院美术教授，中国水彩画
家协会会员等。代表作品《京城春雪》《春光湖
影》《凤凰晨曦》等。

J003418

美术教师作品集　（1927—1997）赵军编
北京　中国建筑工业出版社　1997 年　135 页
29cm（16 开）精装　ISBN：7-112-03344-6
定价：CNY92.00
（东南大学建筑系理论与创作丛书）

J003419

民间珍品图说红楼梦　王树村著
台北　东大图书公司　1996 年　353 页 27cm（大 16 开）
ISBN：957-19-1879-2 定价：TWD17.00
（沧海美术 艺术特辑 3）

　　作者王树村（1923—2009），画家。天津人，
毕业于华北大学美术科。曾在中国美术研究
所、中国艺术研究院从事创作、编辑、研究工作，
任中国民间美术协会副会长，中国民俗学会理
事、顾问、研究员。主要著作《杨柳青年画资料
集》《中国美术全集·石刻线画、民间年画》。

J003420

齐白石全集　（第十卷 诗文）齐白石著；郎绍
君、郭天民主编；王振德，舒俊杰卷主编
长沙　湖南美术出版社　1996 年　149+141+103 页
有照片 38cm（8 开）精装　ISBN：7-5356-0896-5

　　外文书名：The Collected Works of Qi Baishi.

作者齐白石（1864—1957），近现代中国绘画大
师、国画家、篆刻家。湖南湘潭人，原名纯芝，
字渭青，号兰亭，后改名璜，字濒生，号白石等。
历任国立北京艺术专科学校和京华美术专科学
校教习、教授，中央美术学院名誉教授，中国文
学艺术界联合会主席团委员，中国画研究会和中
国美术家协会主席，中国画院名誉院长。代表作
有《蛙声十里出山泉》《墨虾》等。著有《白石诗
草》《齐白石作品集》《白石老人自述》等。

J003421

全国高校建筑学学科教师美术作品集　牟
桑、陈翔主编
哈尔滨　黑龙江科学技术出版社　1996 年　88 页
25×26cm ISBN：7-5388-2924-5
定价：CNY50.00

　　主编牟桑（1942—　），教授。生于山东日照，
毕业于山东师范学院艺术系。历任中国美术家
协会会员，山东建筑大学艺术系教研室主任、教
授。作品有《举士奇创》《农林益鸟》《林黛玉魁
夺菊花诗》，专集有《花卉写生集》《中国太湖石
写生集》。主编《全国高校建筑学学科教师美术作
品集》。

J003422

任弼时诞辰九十周年纪念册　（图集）任远
远主编
北京　中国青年出版社　1996 年　205 页 38cm（6 开）
精装　ISBN：7-5006-2452-2

J003423

书画　摄影精品　（中国农业银行资组系统书
画、摄影大赛）
北京　中国摄影出版社　1996 年　91 页 29cm（16 开）
ISBN：7-80007-207-X 定价：CNY150.00

J003424

天津美术学院作品集　（1906—1996）张世
范主编
天津　天津人民美术出版社　1996 年　227 页
29cm（16 开）精装　ISBN：7-5305-0585-8
定价：CNY118.00

　　外文书名：Tianjin Academy of Fine Arts. 主
编张世范（1936—2012），教授。河北冀州人，毕
业于天津美术学院。曾任天津美术学院院长、教

授。代表作品有《罗马尼亚艺术家－科·巴巴》《素描人体新概念》。

J003425

新汶矿物局建局四十周年职工美术书法摄影作品选集 （1956—1996）江心坦主编；新汶矿物局工会编

北京 中国轻工业出版社 1996年 150页
29cm（16开）精装 ISBN：7–5019–1827–9
定价：CNY142.00

J003426

长炼职工美术书法摄影作品选 王家富主编
长沙 湖南美术出版社 1996年 25×26cm 精装
ISBN：7–5356–0909–0 定价：CNY148.00

J003427

中国瓷器书画工艺品拍卖图鉴 施大光主编
沈阳 辽宁画报出版社 1996年 2册（275；275页）
26cm（16开）精装 ISBN：7–80601–068–8
定价：CNY380.00

J003428

中国美术图典 捷人，卫海编
海口 海南国际新闻出版中心 1996年 20+628页
14cm（64开）精装 ISBN：7–80609–468–7
定价：CNY78.00

J003429

中国美术图典 捷人，卫海编
长沙 湖南美术出版社 1998年 628页 14cm（64开）
精装 ISBN：7–5356–1198–2 定价：CNY78.00

J003430

中国美术图典 （人马画）曹利祥主编；余辉编撰
广州 岭南美术出版社 1996年 155页 29cm（15开）
精装 ISBN：7–5362–1357–3 定价：CNY165.00

J003431

从北京到凡尔赛 （中法美术交流）香港市政局编
香港 香港市政局 1997年 378页 有图
29cm（16开）精装 ISBN：962–215–151–5
定价：HKD530.00

J003432

大围山风光 （书法美术摄影作品集）邹祖福，王治环主编
长沙 湖南美术出版社 1997年 71页
26×25cm 精装 ISBN：7–5356–0994–5
定价：CNY89.00

J003433

代代相传 （陈伯陶纪念集）陈绍南编
香港 1997年 106页 29cm（16开）

J003434

福建画院画集
福州 福建美术出版社 1997年 141页
35cm（9开）ISBN：7–5393–0608–4
定价：CNY218.00，CNY268.00（精装）

J003435

福建师范大学艺术学院美术系教师作品选 施珍贵主编
福州 福建美术出版社 1997年 3册（58；66；55页）38cm（8开）ISBN：7–5393–0599–1
定价：CNY260.00，CNY288.00（精装）

J003436

福建师生书画作品·论文辑 福建美术教育研究会编
福州 福建美术出版社 1997年 16册 20×19cm
ISBN：7–5393–0512–6 定价：CNY96.00

J003437

福建师生书画作品·论文辑 （2）刘秉贤主编；福建省美术教育研究会编
福州 福建美术出版社 1998年 12册 21×19cm
ISBN：7–5393–0635–1 定价：CNY96.00（全12册）

　　本套丛书包括：《彭擎政绘画作品选》《申东速写作品选》《郑书健书画作品选》《福建美术教育论文集》等12册。

J003438

果碧蓝天 （中国青梅、蕉柑、青榄之乡普宁市风采选）杜良林，赖水生主编
北京 大众文艺出版社 1997年 263页 20cm（32开）
ISBN：7–80094–241–4 定价：CNY29.80

J003439

翰海情丝 （中国有色金属工业沈阳公司' 97
书法绘画摄影作品集）韩治中，聂成文主编
沈阳 辽宁人民出版社 1997 年 104 页
26cm（16 开）精装 ISBN：7-205-03852-9
定价：CNY98.00

J003440

纪念唐山抗震二十周年美术书法作品集
中国人民政治协商会议河北省唐山市委员会
编辑
北京 北京体育大学出版社 1997 年 88 页
28cm（大 16 开）ISBN：7-81051-178-5
定价：CNY68.00

J003441

情系港澳名家艺术珍品丛书 胡孟祥主编
济南 黄河出版社 1997 年 5 册 29cm（16 开）
ISBN：7-80558-831-7 定价：CNY480.00

J003442

陕西省职工美术书法摄影精品集 李怡霞
主编
西安 陕西人民美术出版社 1997 年 157 页
28cm（大 16 开）ISBN：7-5368-0952-2
定价：CNY135.00

J003443

台湾朴素艺术 台北市立美术馆展览组编辑
台北 台北市立美术馆 1997 年 231 页 有彩图
31cm（10 开）精装 ISBN：957-00-9903-8

J003444

童心·爱心·匠心 （广州少儿美术教育八年）
广东美术馆，广州少儿美术教育促进会编
广州 新世纪出版社 1997 年 92 页
29cm（12 开）ISBN：7-5405-1583-X
定价：CNY49.80
（现代美术教育丛书）

J003445

吴平昌吴迪雄吴子昊三代家庭作品选 吴
平昌等作
广州 岭南美术出版社 1997 年 59 页 21×28cm
ISBN：7-5362-1747-1 定价：CNY85.00

J003446

香港艺术 （一九九七）香港临时市政局，香
港艺术馆编
香港 香港临时市政局 1997 年 251 页
28×28cm 定价：HKD360.00

J003447

**中国纺织大学服装学院与艺术设计学院师
生作品集** 黄元庆主编
上海 中国纺织大学出版社 1997 年 74 页
29cm（16 开）ISBN：7-81038-086-9
定价：CNY48.00
　　外文书名：Collections of Creations by Teachers
and Students At Fashion Institute and Art-Design
Institute of China Textile University.

J003448

中国历代人物造型 孙永印总编著
北京 今日中国出版社 1997 年 288 页 37cm（8 开）
ISBN：7-5072-0848-6
定价：CNY298.00，CNY318.00（精装）
　　外文书名：The Representation of the Figure in
Chinese History.

J003449

中国现代美术全集 （1 中国画 一 人物 上）
中国现代美术全集编辑委员会编；李松卷主编
台北县 锦年国际有限公司 1997 年 23+209+53 页
29cm（16 开）精装 ISBN：957-720-304-3
（中国美术分类全集）
　　编者李松（1932— ），中国美术家协会理
事、理论委员会委员、中国画研究院院务委员。

J003450

中国现代美术全集 （2 中国画 二 人物 下）
中国现代美术全集编辑委员会编；李松卷主编
台北县 锦年国际有限公司 1997 年 238+67 页
29cm（16 开）精装 ISBN：957-720-305-1
（中国美术分类全集）

J003451

中国现代美术全集 （3 中国画 三 花鸟 上）
中国现代美术全集编辑委员会编；刘曦林卷
主编
台北县 锦年国际有限公司 1998 年 21+217+57 页

29cm（15开）精装 ISBN：957-720-311-6
（中国美术分类全集）

J003452

中国现代美术全集 （4 中国画 四 花鸟 下）
中国现代美术全集编辑委员会编；刘曦林卷
主编

台北县 锦年国际有限公司 1998年 224+57页
29cm（15开）精装 ISBN：957-720-312-4
（中国美术分类全集）

J003453

中国现代美术全集 （5 中国画 五 山水 上）
中国现代美术全集编辑委员会编；郎绍君卷
主编

台北县 锦年国际有限公司 1998年 22+209+54页
29cm（15开）精装 ISBN：957-720-313-2
（中国美术分类全集）

　　作者郎绍君（1939—　　），河北保定人，毕业
于天津美术学院。历任中国艺术研究院美术研
究所近现代美术研究室主任、研究员，河北大学
艺术理论研究中心主任。出版有《现代中国画论
集》《齐白石研究》《艺术理论研究》等。

J003454

中国现代美术全集 （6 中国画 六 山水 下）
中国现代美术全集编辑委员会编；郎绍君卷
主编

台北县 锦年国际有限公司 1998年 227+62页
29cm（15开）精装 ISBN：957-720-315-9
（中国美术分类全集）

J003455

中国现代美术全集 （7 油画 一）中国现代
美术全集编辑委员会编；艾中信卷主编
台北县 锦年国际有限公司 1997年 28+204+60页
29cm（16开）精装 ISBN：957-720-306-X
（中国美术分类全集）

　　作者艾中信（1915—2003），画家。上海人。
历任中央美术学院教授，油画系主任、副院长，
《中国大百科全书·美术》编辑委员会主任、中国
美术家协会理事等职。代表作品有《背煤》《通
往乌鲁木齐》《炮兵过雪山》等，著有《徐悲鸿研
究》《读画论画》《油画风采谈》等。

J003456

中国现代美术全集 （8 油画 二）中国现代
美术全集编辑委员会编；艾中信卷主编
台北县 锦年国际有限公司 1997年 16+199+51页
29cm（16开）精装 ISBN：957-720-307-8
（中国美术分类全集）

J003457

中国现代美术全集 （9 油画 三）中国现代
美术全集编辑委员会编；艾中信卷主编
台北县 锦年国际有限公司 1998年 23+203+70页
29cm（16开）精装 ISBN：957-720-309-4
（中国美术分类全集）

J003458

中国现代美术全集 （10 油画 四）中国现代
美术全集编辑委员会编；艾中信卷主编
台北县 锦年国际有限公司 1998年 14+204+50页
29cm（16开）精装 ISBN：957-720-310-8
（中国美术分类全集）

J003459

中国现代美术全集 （11 水彩）中国现代美
术全集编辑委员会编；李剑晨卷主编
台北县 锦年国际有限公司 1998年 19+208+58页
29cm（16开）精装 ISBN：957-720-316-7
（中国美术分类全集）

　　主编李剑晨（1900—2002），教授、画家。原
名李汝骅，字剑晨，河南内黄县人，毕业于北平
国立艺术专科学校。历任东南大学建筑系教授，
江苏省美术家协会副主席，江苏省水彩画研究会
会长，中国水彩画协会名誉会长，国际水彩画联
盟理事，亚洲画会主席等。出版有《水彩画创作
技法》《李剑晨中国画集》等。

J003460

中国现代美术全集 （12 水粉）中国现代美
术全集编辑委员会编；袁运甫卷主编
台北县 锦年国际有限公司 1998年 17+259+72页
29cm（16开）精装 ISBN：957-720-343-4
（中国美术分类全集）

　　主编袁运甫（1933—2017），画家、教育家。
江苏南通人，毕业于中央美术学院。历任清华大
学美术学院教授、博士生导师、装饰艺术研究所
所长，中央工艺美术学院教授，清华大学张仃艺

术研究中心主任，中国国家画院公共艺术院院长等。代表作品有《祖国大地》《江山胜揽》《晨曦》等。

J003461

中国现代美术全集　（13 版画 一）中国现代美术全集编辑委员会编；刘玉山卷主编

台北县 锦年国际有限公司 1998年 16+215+71页 29cm（16 开）精装 ISBN：957-720-340-X

（中国美术分类全集）

主编刘玉山（1940—　），美术编辑。生于北京，毕业于中央美术学院版画系。历任国家艺术教育委员会委员，中国美术家协会会员，人民美术出版社美术编辑室。出版有《刘玉山画集》《刘玉山速写集》《刘玉山黑白画作品集》《江南写生集》等。

J003462

中国现代美术全集　（14 版画 二）中国现代美术全集编辑委员会编；刘玉山卷主编

台北县 锦年国际有限公司 1998年 203+68+21页 29cm（16 开）精装 ISBN：957-720-341-8

（中国美术分类全集）

J003463

中国现代美术全集　（15 插图）中国现代美术全集编辑委员会编；张守义卷主编

台北县 锦年国际有限公司 1998年 21+245+47页 29cm（16 开）精装 ISBN：957-720-342-6

（中国美术分类全集）

J003464

中国现代美术全集　（16 壁画）中国现代美术全集编辑委员会编；张仃卷主编

台北县 锦年国际有限公司 1997年 25+307+107页 29cm（16 开）精装 ISBN：957-720-308-6

（中国美术分类全集）

主编张仃（1917—2010），国画家、美术教育家、美术理论家。号它山，辽宁黑山人。曾任黄宾虹研究会会长，中央工艺美术学院教授、院长等。中国人民政治协商会议会徽的设计者，中华人民共和国国徽设计提议者之一。代表作品有《张仃水墨写生》《张仃画室》。

J003465

中国现代美术全集　（17 漆画）中国现代美术全集编辑委员会编；乔十光卷主编

台北县 锦年国际有限公司 1998年 35+215+54页 29cm（16 开）精装 ISBN：957-720-317-5

（中国美术分类全集）

主编乔十光（1937—　），漆画艺术家。河北馆陶人，毕业于中央工艺美术学院笔画专业。曾任中央工艺美术学院教授，中国漆艺研究会会长。漆画代表作《泼水节》《青藏高原》《北斗》等。

J003466

中国现代美术全集　（18 农民画）中国现代美术全集编辑委员会编；左汉中卷主编

台北县 锦年国际有限公司 1998年 20+223+54页 29cm（16 开）精装 ISBN：957-720-318-3

（中国美术分类全集）

主编左汉中（1947—　），湖南双峰人。湖南美术出版社年画编辑室主任，中国美术家协会会员、中国民间美术学会会员，中国民俗学会会员。

J003467

中国现代美术全集　（19 素描）中国现代美术全集编辑委员会编；李路明主编

台北县 锦年国际有限公司 1998年 21+222+62页 29cm（16 开）精装 ISBN：957-720-320-5

（中国美术分类全集）

J003468

中国现代美术全集　（20 速写）中国现代美术全集编辑委员会编；李路明卷主编

台北县 锦年国际有限公司 1998年 19+222+60页 29cm（16 开）精装 ISBN：957-720-344-2

（中国美术分类全集）

J003469

中国现代美术全集　（21 印染织绣）中国现代美术全集编辑委员会编；常沙娜卷主编

台北县 锦年国际有限公司 1999年 19+192+74页 29cm（16 开）精装 ISBN：957-720-347-7

（中国美术分类全集）

J003470

中国现代美术全集　（22 陶瓷—陶器）中国

现代美术全集编辑委员会编；邓白卷主编

台北县 锦年国际有限公司 1998年 42+199+66页

29cm（16开）精装 ISBN：957-720-334-5

（中国美术分类全集）

　　主编邓白（1906—2003），画家、美术教育家。号白叟，别字曙光。广东东莞人，就读于广州市立美术学校和中央大学艺术系。历任中央美术学院华东分院工艺美术系副教授，浙江美术学院院长，中国美术家协会理事等。代表作品有《和平春色》《岭南丹荔》《罗岗香雪》等。出版有《中国画论初探》《图画见闻志注释》《徐熙与黄筌》等。

J003471

中国现代美术全集 （23 陶瓷 二 瓷器 上）中国现代美术全集编辑委员会编；邓白，秦锡麟卷主编

台北县 锦年国际有限公司 1998年 18+212+70页

29cm（16开）精装 ISBN：957-720-335-3

（中国美术分类全集）

J003472

中国现代美术全集 （24 陶瓷 三 瓷器 下）中国现代美术全集编辑委员会编；邓白，秦锡麟卷主编

台北县 锦年国际有限公司 1998年 18+212+70页

29cm（16开）精装 ISBN：957-720-336-1

（中国美术分类全集）

J003473

中国现代美术全集 （25 陶瓷 四 陶瓷雕塑）中国现代美术全集编辑委员会编；邓白，杨永善卷主编

台北县 锦年国际有限公司 1998年 18+211+69页

29cm（16开）精装 ISBN：957-720-337-X

（中国美术分类全集）

　　主编杨永善（1938—　），陶瓷设计家、教授。山东莱州人，毕业于中央工艺美术学院陶瓷美术系。清华大学美术学院博士生导师，中国工艺美术学会副理事长。陶艺作品《结环》《晨曲》《渔趣》等，出版有《陶瓷造型基础》《中国的陶瓷》《民间陶瓷》《说陶论艺集》等，主编《中国现代美术全集·陶瓷卷》。

J003474

中国现代美术全集 （26 陶瓷 五 民间陶瓷）中国现代美术全集编辑委员会编；杨永善卷主编

台北县 锦年国际有限公司 1998年 18+210+70页

29cm（16开）精装 ISBN：957-720-338-8

（中国美术分类全集）

J003475

中国现代美术全集 （27 玉器）中国现代美术全集编辑委员会编；王振卷主编

台北县 锦年国际有限公司 1998年 30+215+53页

29cm（16开）精装 ISBN：957-720-319-1

（中国美术分类全集）

J003476

中国现代美术全集 （28 象牙金银器）中国现代美术全集编辑委员会编；王振卷主编

台北县 锦年国际有限公司 1998年 30+215+53页

29cm（16开）精装 ISBN：957-720-346-9

（中国美术分类全集）

J003477

中国现代美术全集 （29 漆器）中国现代美术全集编辑委员会编；沈福文卷主编

台北县 锦年国际有限公司 1999年 16+222+65页

29cm（16开）精装 ISBN：957-720-348-5

（中国美术分类全集）

J003478

中国现代美术全集 （30 雕塑 一 架上雕塑）中国现代美术全集编辑委员会编；程允贤卷主编

台北县 锦年国际有限公司 1999年 22+199+57页

29cm（16开）精装 ISBN：957-720-349-3

（中国美术分类全集）

　　主编程允贤（1928—2005），雕塑学家、学者。出生于江西南昌。毕业于国立湖北师范学院中国文学系，中国美术家协会会员。代表作《美国的城市雕塑》《程允贤雕塑作品选》。

J003479

中国现代美术全集 （31 雕塑 二 城市雕塑）中国现代美术全集编辑委员会编；王克庆卷主编

台北县 锦年国际有限公司 1999年 24+197+53页
29cm（16开）精装 ISBN：957-720-350-7
（中国美术分类全集）

　　主编王克庆（1933—　　），画家、教授。又名
王克安，安徽含山县人。硕士毕业于中央美术学
院雕塑系，后留校任教。历任全国城市雕塑建设
指导委员会主任，中央美术学院教授。作品有《源
远流长》《五卅惨案》《陶渊明》等。出版有《王
克庆作品集》。

J003480

中国现代美术全集　（32 建筑艺术 一）中国
现代美术全集编辑委员会编；吴光祖卷主编
　台北县 锦年国际有限公司 1998年 39+209+57页
29cm（16开）精装 ISBN：957-720-328-0
（中国美术分类全集）

J003481

中国现代美术全集　（33 建筑艺术 二）中国
现代美术全集编辑委员会编；邹德侬，路红卷
主编
　台北县 锦年国际有限公司 1998年 30+189+63页
29cm（16开）精装 ISBN：957-720-329-9
（中国美术分类全集）

J003482

中国现代美术全集　（34 建筑艺术 三）中国
现代美术全集编辑委员会编；邹德侬卷主编
　台北县 锦年国际有限公司 1998年 37+209+57页
29cm（16开）精装 ISBN：957-720-330-2
（中国美术分类全集）

J003483

中国现代美术全集　（35 建筑艺术 四）中国
现代美术全集编辑委员会编；邹德侬卷主编
　台北县 锦年国际有限公司 1998年 30+204+60页
29cm（16开）精装 ISBN：957-720-331-0
（中国美术分类全集）

J003484

中国现代美术全集　（36 建筑艺术 五）中国
现代美术全集编辑委员会编；邹德侬卷主编
　台北县 锦年国际有限公司 1998年 22+206+56页
29cm（16开）精装 ISBN：957-720-332-9
（中国美术分类全集）

J003485

中国现代美术全集　（37 书法 一）中国现代
美术全集编辑委员会编；刘正成卷主编
　台北县 锦年国际有限公司 1998年 23+198+70页
29cm（16开）精装 ISBN：957-720-322-1
（中国美术分类全集）

　　主编刘正成（1946—　　），编审。笔名听涛斋
主、八方斋主、松竹梅花堂主人等，生于四川成
都。历任国际书法家协会主席，中国书法家协会
副秘书长，中国书协学术委员会副主任，《中国
书法》杂志社社长、主编，《中国书法全集》主编。
编著有《刘正成书法集》《当代书法精品集－刘
正成》《书法艺术概论》《晤对书艺－刘正成书法
对话录》等。

J003486

中国现代美术全集　（38 书法 二）中国现代
美术全集编辑委员会编；刘正成卷主编
　台北县 锦年国际有限公司 1998年 19+196+68页
29cm（16开）精装 ISBN：957-720-323-X
（中国美术分类全集）

J003487

中国现代美术全集　（39 书法 三）中国现代
美术全集编辑委员会编；刘正成卷主编
　台北县 锦年国际有限公司 1998年 15+200+70页
29cm（16开）精装 ISBN：957-720-324-8
（中国美术分类全集）

J003488

中国现代美术全集　（40 篆刻）中国现代美
术全集编辑委员会编；程大利卷主编
　台北县 锦年国际有限公司 1998年 19+160+141
29cm（16开）精装 ISBN：957-720-321-3
（中国美术分类全集）

　　主编程大利（1945—　　），书画家、编辑出
版家、美术理论家。江苏徐州人。历任江苏美
术出版社社长兼总编辑、副编审，中国美术家协
会会员，江苏省国画院特邀画师，中国年画研究
会常务理事等。主要作品有《曲尽箫笙息》《风
云际会时》《闲云》《太行岂止铁壁高》《汉风流
宕》等。

J003489

中国现代美术全集　（中国画 1 人物 上）中

国现代美术全集编辑委员会编；李松卷主编
北京 人民美术出版社 1997 年 23+209+53 页
29cm（16 开）精装 ISBN：7–102–01761–8
定价：CNY350.00
（中国美术分类全集）
　　主编李松（1932—　　　），中国美术家协会理
事、理论委员会委员、中国画研究院院务委员。

J003490
中国现代美术全集 （中国画 2 人物 下）中
国现代美术全集编辑委员会编；李松卷主编
北京 人民美术出版社 1997 年 238+67 页
29cm（16 开）精装 ISBN：7–102–01762–6
定价：CNY350.00
（中国美术分类全集）

J003491
中国现代美术全集 （中国画 3 花鸟 上）中
国现代美术全集编辑委员会编；刘曦林卷主编
北京 人民美术出版社 1997 年 21+217+57 页
28cm（大 16 开）精装 ISBN：7–102–01759–6
定价：CNY350.00
（中国美术分类全集）

J003492
中国现代美术全集 （中国画 4 花鸟 下）中
国现代美术全集编辑委员会编；刘曦林卷主编
北京 人民美术出版社 1997 年 224+57 页
28cm（大 16 开）精装 ISBN：7–102–01760–X
定价：CNY350.00
（中国美术分类全集）

J003493
中国现代美术全集 （中国画 5 山水 上）中
国现代美术全集编辑委员会编；郎绍君卷主编
北京 人民美术出版社 1997 年 209+54 页
28cm（大 16 开）精装 ISBN：7–102–01757–X
定价：CNY350.00
（中国美术分类全集）
　　主编郎绍君（1939—　　　），河北保定人，毕业
于天津美术学院。历任中国艺术研究院美术研
究所近现代美术研究室主任、研究员，河北大学
艺术理论研究中心主任。出版有《现代中国画论
集》《齐白石研究》《艺术理论研究》等。

J003494
中国现代美术全集 （中国画 6 山水 下）中
国现代美术全集编辑委员会编；郎绍君卷主编
北京 人民美术出版社 1997 年 227+62 页
28cm（大 16 开）精装 ISBN：7–102–01758–8
定价：CNY350.00
（中国美术分类全集）

J003495
中国现代美术全集 （油画 1）中国现代美术
全集编辑委员会编；艾中信卷主编
天津 天津人民美术出版社 1997 年 28+205+60 页
29cm（16 开）精装 ISBN：7–5305–0690–0
定价：CNY340.00
（中国美术分类全集）
　　主编艾中信（1915—2003），画家。上海人。
历任中央美术学院教授，油画系主任、副院长，
《中国大百科全书·美术》编辑委员会主任、中国
美术家协会理事等职。代表作品有《背煤》《通
往乌鲁木齐》《炮兵过雪山》等，著有《徐悲鸿研
究》《读画论画》《油画风采谈》等。

J003496
中国现代美术全集 （油画 2）中国现代美术
全集编辑委员会编；艾中信卷主编
天津 天津人民美术出版社 1997 年 16+199+51 页
29cm（16 开）精装 ISBN：7–5305–0691–9
定价：CNY340.00
（中国美术分类全集）
　　本卷内容包括自 1949 年至 1976 年间有代
表性的 139 位画家的作品 202 幅，并有关专家撰
写了论文，内容具有史料性、学术性。全书包括：
《冬》《南湖》《夏》《战门英雄邰喜德》《黄山云
海》《向日葵》《广东造船厂》《红花》《中日黄海
海战》《巨臂》等等。

J003497
中国现代美术全集 （油画 3）中国现代美术
全集编辑委员会编；艾中信卷主编
天津 天津人民美术出版社 1997 年 23+203+71 页
29cm（15 开）精装 ISBN：7–5305–0692–7
定价：CNY340.00
（中国美术分类全集）
　　本卷内容包括自 1977 年至 1989 年间代表
性的 206 位画家的作品 203 篇，并有关专家撰写

的论文，内容具有史料性、学术性。全书包括：《踏雪》《武夷山村》《鲁迅故乡》《江南春》《作品》《南海渔帆》《李欧丽格教授》《讲座》《附中的走廊》《山村行云》《书外音》《悠悠我思》《沙海》等。

J003498

中国现代美术全集 （油画 4）中国现代美术全集编辑委员会编；艾中信卷主编
天津 天津人民美术出版社 1997 年 14+204+50 页
29cm（16 开）精装 ISBN：7-5305-0748-6
定价：CNY340.00
（中国美术分类全集）

J003499

中国现代美术全集 （水彩）中国现代美术全集编辑委员会编；李剑晨卷主编
北京 人民美术出版社 1997 年 19+208+58 页
29cm（16 开）精装 ISBN：7-102-01790-1
定价：CNY350.00
（中国美术分类全集）

主编李剑晨（1900—2002），教授、画家。原名李汝骅，字剑晨，河南内黄县人，毕业于北平国立艺术专科学校。历任东南大学建筑系教授，江苏省美术家协会副主席，江苏省水彩画研究会会长，中国水彩画协会名誉会长，国际水彩画联盟理事，亚洲画会主席等。出版有《水彩画创作技法》《李剑晨中国画集》等。

J003500

中国现代美术全集 （水粉）中国现代美术全集编辑委员会编；袁运甫卷主编
北京 人民美术出版社 1998 年 17+259+72 页
29cm（16 开）精装 ISBN：7-102-01793-6
定价：CNY380.00
（中国美术分类全集）

主编袁运甫（1933—2017），画家、教育家。江苏南通人，毕业于中央美术学院。历任清华大学美术学院教授、博士生导师、装饰艺术研究所所长，中央工艺美术学院教授，清华大学张仃艺术研究中心主任，中国国家画院公共艺术院院长等。代表作品有《祖国大地》《江山胜揽》《晨曦》等。

J003501

中国现代美术全集 （版画 1）中国现代美术全集编辑委员会编；刘玉山卷主编
贵阳 贵州人民出版社 1998 年 215+71 页
29cm（16 开）精装 ISBN：7-221-04427-9
定价：CNY350.00
（中国美术分类全集）

主编刘玉山（1940—   ），美术编辑。生于北京，毕业于中央美术学院版画系。历任国家艺术教育委员会委员，中国美术家协会会员，人民美术出版社美术编辑等。出版有《刘玉山画集》《刘玉山速写集》《刘玉山黑白画作品集》《江南写生集》等。

J003502

中国现代美术全集 （版画 2）中国现代美术全集编辑委员会编；刘玉山卷主编
贵阳 贵州人民出版社 1998 年 203+68+21 页
29cm（16 开）精装 ISBN：7-221-04428-7
定价：CNY350.00
（中国美术分类全集）

J003503

中国现代美术全集 （插图）中国现代美术全集编辑委员会编；张守义卷主编
合肥 安徽美术出版社 1997 年 21+245+47 页
29cm（16 开）精装 ISBN：7-102-0592-7
定价：CNY350.00
（中国美术分类全集）

J003504

中国现代美术全集 （壁画）中国现代美术全集编辑委员会编；张仃卷主编
沈阳 辽宁美术出版社 1997 年 25+107 页
29cm（16 开）精装 ISBN：7-5314-1654-9
定价：CNY590.00
（中国美术分类全集）

主编张仃（1917—2010），国画家、美术教育家、美术理论家。号它山，辽宁黑山人。曾任黄宾虹研究会会长，中央工艺美术学院教授、院长等。中国人民政治协商会议会徽的设计者，中华人民共和国国徽设计提议者之一。代表作品有《张仃水墨写生》《张仃画室》。

J003505

中国现代美术全集 （漆画）中国现代美术全
集编辑委员会编；乔十光卷主编
长沙 湖南美术出版社 1998 年 35+215+54 页
29cm（16 开）精装 ISBN：7-102-01791-X
定价：CNY350.00
（中国美术分类全集）

　　主编乔十光（1937—　），漆画艺术家。河北
馆陶人，毕业于中央工艺美术学院笔画专业。曾
任中央工艺美术学院教授，中国漆艺研究会会
长。漆画代表作《泼水节》《青藏高原》《北斗》等。

J003506

中国现代美术全集 （农民画）中国现代美术
全集编辑委员会编；左汉中卷主编
长沙 湖南美术出版社 1998 年 20+223+55 页
29cm（16 开）精装 ISBN：7-5356-1009-9
定价：CNY350.00
（中国美术分类全集）

　　主编左汉中（1947—　），湖南双峰人。湖
南美术出版社年画编辑室主任，中国美术家协
会会员、中国民间美术学会会员，中国民俗学会
会员。

J003507

中国现代美术全集 （素描）中国现代美术全
集编辑委员会编；李路明卷主编
长沙 湖南美术出版社 1998 年 222+62 页
29cm（16 开）精装 ISBN：7-5356-1007-2
定价：CNY350.00
（中国美术分类全集）

J003508

中国现代美术全集 （速写）中国现代美术全
集编辑委员会编；李路明卷主编
长沙 湖南美术出版社 1998 年 222+60 页
29cm（16 开）精装 ISBN：7-5356-1008-0
定价：CNY350.00
（中国美术分类全集）

J003509

中国现代美术全集 （印染织绣）中国现代美
术全集编辑委员会编；常沙娜卷主编
石家庄 河北美术出版社 1998 年 19+192+74 页
29cm（16 开）精装 ISBN：7-5310-1011-9
定价：CNY350.00
（中国美术分类全集）

J003510

中国现代美术全集 （陶瓷 1 陶器）中国现代
美术全集编辑委员会编；邓白，杨永善卷主编
南昌 江西美术出版社 1998 年 42+199+66 页
29cm（16 开）精装 ISBN：7-80580-413-3
定价：CNY350.00
（中国美术分类全集）

　　主编邓白（1906—2003），画家，美术教育
家。号白叟，别字曙光。广东东莞人，就读于广
州市立美术学校和中央大学艺术系。历任中央
美术学院华东分院工艺美术系副教授，浙江美术
学院院长，中国美术家协会理事等。代表作品有
《和平春色》《岭南丹荔》《罗岗香雪》等。出版有
《中国画论初探》《图画见闻志注释》《徐熙与黄
筌》等。

J003511

中国现代美术全集 （陶瓷 2 瓷器 上）中国
现代美术全集编辑委员会编；邓白，秦锡麟卷
主编
南昌 江西美术出版社 1998 年 18+212+70 页
29cm（16 开）精装 ISBN：7-80580-414-1
定价：CNY350.00
（中国美术分类全集）

J003512

中国现代美术全集 （陶瓷 3 瓷器 下）中国
现代美术全集编辑委员会编；邓白，秦锡麟卷
主编
南昌 江西美术出版社 1998 年 18+212+70 页
29cm（16 开）精装 ISBN：7-80580-415-X
定价：CNY350.00
（中国美术分类全集）

J003513

中国现代美术全集 （陶瓷 4 陶瓷雕塑）中
国现代美术全集编辑委员会编；邓白，杨永善
卷主编
南昌 江西美术出版社 1998 年 18+212+69 页
29cm（16 开）精装 ISBN：7-80580-416-8
定价：CNY350.00
（中国美术分类全集）

主编杨永善(1938—　　)，陶瓷设计家、教授。山东莱州人，毕业于中央工艺美术学院陶瓷美术系。清华大学美术学院博士生导师，中国工艺美术学会副理事长。陶艺作品《结环》《晨曲》《渔趣》等，出版有《陶瓷造型基础》《中国的陶瓷》《民间陶瓷》《说陶论艺集》等，主编《中国现代美术全集·陶瓷卷》。

J003514

中国现代美术全集　（陶瓷 5 民间陶瓷）中国现代美术全集编辑委员会编；杨永善卷主编
南昌 江西美术出版社 1998年 18+210+70页
29cm（16 开）精装 ISBN：7-80580-417-6
定价：CNY350.00
（中国美术分类全集）

J003515

中国现代美术全集　（玉器）中国现代美术全集编辑委员会编；王振卷主编
北京 北京工艺美术出版社 1997年 30+215+53页
29cm（16 开）精装 ISBN：7-80526-256-X
定价：CNY350.00
（中国美术分类全集）

J003516

中国现代美术全集　（象牙金银器）中国现代美术全集编辑委员会编；王振卷主编
北京 北京工艺美术出版社 1998年 30+215+53页
29cm（16 开）精装 ISBN：7-80526-257-8
定价：CNY350.00
（中国美术分类全集）
　　本书收录自20世纪初以来的象牙雕刻与金银器的珍品、精品211件(组)。所收作品，按材料及制作年代的分类为序。

J003517

中国现代美术全集　（漆器）中国现代美术全集编辑委员会编；沈福文卷主编
石家庄 河北美术出版社 1998年 16+222+65页
29cm（16 开）精装 ISBN：7-5310-1012-7
定价：CNY350.00
（中国美术分类全集）

J003518

中国现代美术全集　（雕塑 1 架上雕塑）中

国现代美术全集编辑委员会编；程允贤卷主编
杭州 浙江人民美术出版社 1998年 22+199+57页
29cm（16 开）精装 ISBN：7-5340-0729-1
定价：CNY340.00
（中国美术分类全集）
　　主编程允贤(1928—2005)，雕塑学家、学者。出生于江西南昌。毕业于国立湖北师范学院中国文学系，中国美术家协会会员。代表作《美国的城市雕塑》《程允贤雕塑作品选》。

J003519

中国现代美术全集　（雕塑 2 城市雕塑）中国现代美术全集编辑委员会编；王克庆卷主编
杭州 浙江人民美术出版社 1998年 24+197+53页
29cm（16 开）精装 ISBN：7-5340-0730-5
定价：CNY340.00
（中国美术分类全集）
　　本书按雕塑作品的创作年代为序，共收入有代表性的作品187件，所收作品的创作年代截止到1996年。主编王克庆(1933—　　)，画家、教授。又名王克安，安徽含山县人。硕士毕业于中央美术学院雕塑系，后留校任教。历任全国城市雕塑建设指导委员会主任，中央美术学院教授。作品有《源远流长》《五卅惨案》《陶渊明》等。出版有《王克庆作品集》。

J003520

中国现代美术全集　（建筑艺术 1）中国现代美术全集编辑委员会编；吴光祖卷主编
北京 中国建筑工业出版社 1998年 209+57页
29cm（16 开）精装 ISBN：7-112-03347-0
定价：CNY350.00
（中国美术分类全集）

J003521

中国现代美术全集　（建筑艺术 2）中国现代美术全集编辑委员会编；邹德侬，路红卷主编
北京 中国建筑工业出版社 1998年 189+63页
29cm（16 开）精装 ISBN：7-112-03348-9
定价：CNY350.00
（中国美术分类全集）

J003522

中国现代美术全集　（建筑艺术 3）中国现代美术全集编辑委员会编；邹德侬卷主编

北京 中国建筑工业出版社 1998 年 209+57 页
29cm（16 开）精装 ISBN：7-112-03349-7
定价：CNY350.00
（中国美术分类全集）

J003523
中国现代美术全集　（建筑艺术 4）中国现代
美术全集编辑委员会编；邹德侬卷主编
北京 中国建筑工业出版社 1998 年 204+60 页
29cm（16 开）精装 ISBN：7-112-03350-0
定价：CNY350.00
（中国美术分类全集）

J003524
中国现代美术全集　（建筑艺术 5）中国现代
美术全集编辑委员会编；邹德侬卷主编
北京 中国建筑工业出版社 1998 年 206+56 页
29cm（16 开）精装 ISBN：7-112-03351-9
定价：CNY350.00
（中国美术分类全集）

J003525
中国现代美术全集　（书法 1）中国现代美术
全集编辑委员会编；刘正成卷主编
石家庄 河北美术出版社 1998 年 23+198+70 页
29cm（16 开）精装 ISBN：7-5310-1008-9
定价：CNY350.00
（中国美术分类全集）
　　主编刘正成（1946—　　），编审。笔名听涛斋
主、八方斋主、松竹梅花堂主人等，生于四川成
都。历任国际书法家协会主席，中国书法家协会
副秘书长，中国书协学术委员会副主任，《中国
书法》杂志社社长、主编，《中国书法全集》主编。
编著有《刘正成书法集》《当代书法精品集－刘
正成》《书法艺术概论》《晤对书艺－刘正成书法
对话录》等。

J003526
中国现代美术全集　（书法 2）中国现代美术
全集编辑委员会编；刘正成卷主编
石家庄 河北美术出版社 1998 年 19+196+68 页
29cm（16 开）精装 ISBN：7-5310-1009-7
定价：CNY350.00
（中国美术分类全集）

J003527
中国现代美术全集　（书法 3）中国现代美术
全集编辑委员会编；刘正成卷主编
石家庄 河北美术出版社 1998 年 15+200+70 页
29cm（16 开）精装 ISBN：7-5310-1010-0
定价：CNY350.00
（中国美术分类全集）

J003528
中国现代美术全集　（篆刻）中国现代美术全
集编辑委员会编；程大利卷主编
南京 江苏美术出版社 1997 年 19+160+141 页
29cm（16 开）精装 ISBN：7-5344-0724-9
定价：CNY320.00
（中国美术分类全集）
　　主编程大利（1945—　　），书画家、编辑出版
家、美术理论家。江苏徐州人。历任江苏美术出
版社社长兼总编辑、副编审，中国美术家协会会
员，江苏省国画院特邀画师，中国年画研究会常
务理事等。主要作品有《曲尽箫笙息》《风云际
会时》《闲云》《太行岂止铁壁高》《汉风流宕》等。

J003529
中国现代美术全集　（连环画 1）中国现代美
术全集编辑委员会编；姜维朴卷主编
北京 中国连环画出版社 1998 年 19+247+28 页
29cm（16 开）精装 ISBN：7-5061-0825-9
定价：CNY350.00
（中国美术分类全集）
　　主编姜维朴（1926—2019），编辑。山东黄
县人，毕业于山东大学文艺系。历任人民美术出
版社《连环画报》编辑室主任、副主编，中国连
环画出版社总编辑等。代表作品有《鲁迅论连环
画》《要摄取事物的本质》《连环画艺术论》等。

J003530
中国现代美术全集　（连环画 2）中国现代美
术全集编辑委员会编；姜维朴卷主编
北京 中国连环画出版社 1998 年 263+29 页
29cm（16 开）精装 ISBN：7-5061-0826-7
定价：CNY350.00
（中国美术分类全集）

J003531
中国现代美术全集　（漫画）中国现代美术全

集编辑委员会编；华君武卷主编
天津 天津人民美术出版社 1998 年 29cm（16 开）
精装 ISBN：7-5305-0972-1 定价：CNY340.00
（中国美术分类全集）

　　主编华君武（1915—2010），漫画家。别名
华潮，生于杭州，祖籍无锡荡口。就读于上海大
同大学高中部。历任鲁迅艺术文学院任研究员，
《人民日报》文学艺术部主任，中国美术家协会
副主席，中国文联书记处书记等职务。代表作
品有《疲劳过度症》《肉骨头引狗》《1939 年所植
的树》等。

J003532

中国现代美术全集 （年画 1）中国现代美术
全集编辑委员会编；王树村卷主编
沈阳 辽宁美术出版社 1998 年 186+69 页
29cm（16 开）精装 ISBN：7-5314-2164-X
定价：CNY350.00
（中国美术分类全集）

　　主编王树村（1923—2009），画家。天津人，
毕业于华北大学美术科。曾在中国美术研究
所、中国艺术研究院从事创作、编辑、研究工作，
任中国民间美术协会副会长，中国民俗学会理
事、顾问、研究员。主要著作《杨柳青年画资料
集》《中国美术全集·石刻线画、民间年画》。

J003533

中国现代美术全集 （年画 2）中国现代美术
全集编辑委员会编；王树村卷主编
沈阳 辽宁美术出版社 1998 年 267+102 页
29cm（16 开）精装 ISBN：7-5314-2166-6
定价：CNY390.00
（中国美术分类全集）

J003534

中国现代美术全集 （邮票 1）中国现代美术
全集编辑委员会编；张仃卷主编
石家庄 河北美术出版社 1998 年 20+232+90 页
29cm（16 开）精装 ISBN：7-5310-1013-5
定价：CNY465.00
（中国美术分类全集）

J003535

中国现代美术全集 （邮票 2）中国现代美术
全集编辑委员会编；张仃卷主编

石家庄 河北美术出版社 1998 年 240+81 页
29cm（16 开）精装 ISBN：7-5310-1014-3
定价：CNY465.00
（中国美术分类全集）

J003536

中国艺术大展作品全集 卢辅圣，田丹总编；
[潘天寿绘]；中国艺术大展组织委员会编
上海 上海书画出版社 1997 年 15 册
37cm（8 开）精装 ISBN：7-80635-134-5
定价：CNY5680.00（全套）

　　本套书共有 15 卷。其中有关画家的专卷有
张大千卷、齐白石卷、徐悲鸿卷、刘海粟卷、潘
天寿卷、黄宾虹卷、林风眠卷、名家卷。有关美
术作品的专卷有艺术设计卷、中国画卷、油画
卷、版画卷、雕塑卷、水彩画粉画卷、主题创作
卷。主编卢辅圣（1949— ），编辑。浙江东阳人，
毕业于浙江美术学院中国画系。历任《朵云》《书
法研究》主编，上海书画出版社总编辑，中国美
术家协会会员，上海美术家协会顾问。代表作品
有中国画《旧游》，连环画《钗头凤》。

J003537

中国艺术大展作品全集 （版画卷）中国艺术
大展组织委员会编
上海 上海书画出版社 1997 年 111 页 37cm（8 开）
ISBN：7-80635-127-2 定价：CNY248.00

J003538

中国艺术大展作品全集 （雕塑卷）卢辅圣，
田丹总编；中国艺术大展组织委员会编
上海 上海书画出版社 1997 年 191 页 37cm（8 开）
ISBN：7-80635-128-0 定价：CNY398.00

　　本卷收录有凡、马改户、王中、邓刚等人的
雕塑作品 160 件，包括《女王的新衣》《牛鼎》《97
情结》《红与黑》等。

J003539

中国艺术大展作品全集 （黄宾虹卷）卢辅
圣，田丹总编；[黄宾虹绘]；中国艺术大展组织
委员会编
上海 上海书画出版社 1997 年 69 页 37cm（8 开）
ISBN：7-80635-124-8 定价：CNY168.00

　　本卷收录黄宾虹先生的 50 幅绘画作品，包
括《江山无尽图》《水墨山水图》《溪山深处》《山

居图》《春山图》《设色山水》等。

J003540
中国艺术大展作品全集 （林风眠卷）卢辅圣，田丹总编；[林风眠绘]；中国艺术大展组织委员会编

上海 上海书画出版社 1997 年 71 页 37cm（ 8 开）
ISBN：7-80635-135-3 定价：CNY168.00

　　林风眠（1900—1991），画家、艺术教育家。名绍琼，字凤鸣，后改风眠。广东梅县人。曾任国立艺术学院首任院长，中国美术家协会上海分会副主席。代表作品有《春晴》《江畔》《仕女》。

J003541
中国艺术大展作品全集 （刘海粟卷）卢辅圣，田丹总编；[刘海粟绘]；中国艺术大展组织委员会编

上海 上海书画出版社 1997 年 70 页 37cm（ 8 开）
ISBN：7-80635-120-5 定价：CNY168.00

　　本卷收录刘海粟先生的画作 50 幅，包括《前门》《言子墓图》《南京夫子庙》《如松常青如水常流》《艳斗汉宫春》等。刘海粟（1896—1994），画家、美术教育家。名槃，字季芳，号海翁。江苏武进人。参与创办上海私立美术学院。曾任华东艺术专科学校校长，南京艺术学院院长。代表作《黄山云海奇观》《披狐皮的女孩》《九溪十八涧》等，有画集《黄山》《海粟老人书画集》等。

J003542
中国艺术大展作品全集 （名家卷）中国艺术大展组织委员会编

上海 上海书画出版社 1997 年 111 页 37cm（ 8 开）
ISBN：7-80635-130-2 定价：CNY248.00

J003543
中国艺术大展作品全集 （潘天寿卷）卢辅圣，田丹总编；[潘天寿绘]；中国艺术大展组织委员会编

上海 上海书画出版社 1997 年 67 页 37cm（ 8 开）
ISBN：7-80635-122-1 定价：CNY168.00

　　本卷收录潘天寿先生的 50 幅绘画作品，包括《灵芝图》《朱荷图》《鱼乐图》《青绿山水》《凝视图》等。潘天寿（1897—1971），现代著名国画家，美术教育家，原名天授，字大颐，号寿者。浙江宁海县人。擅画花鸟、山水，兼善指画，亦

能书法、诗词、篆刻。曾任中国文联委员，中国美术家协会副主席，浙江省文联副主席，中国美协浙江分会主席，浙江美术学院院长、教授等职。著有《中国绘画史》《听天阁画谈随笔》等。

J003544
中国艺术大展作品全集 （齐白石卷）卢辅圣，田丹总编；[齐白石绘]；中国艺术大展组织委员会编

上海 上海书画出版社 1997 年 71 页 37cm（ 8 开）
ISBN：7-80635-121-3 定价：CNY168.00

　　本卷收录齐白石老先生的画作 50 幅，包括《仕女》《红线盗盒》《凌霄鸣蝉》《秋水鸬鹚》《雁来红蜻蜓》《茶花》等。作者齐白石（1864—1957），近现代中国绘画大师，国画家、篆刻家。湖南湘潭人。原名纯之，字渭青，号兰亭，后改名璜，字濒生，号白石等。历任国立北京艺术专科学校和京华美术专科学校教习、教授，中央美术学院名誉教授，中国文学艺术界联合会主席团委员，中国画研究会和中国美术家协会主席，中国画院名誉院长。代表作有《蛙声十里出山泉》《墨虾》等。著有《白石诗草》《齐白石作品集》《白石老人自述》等。

J003545
中国艺术大展作品全集 （水彩画粉画宣传画卷）中国艺术大展组织委员会编

上海 上海书画出版社 1997 年 69 页 37cm（ 8 开）
ISBN：7-80635-123-X 定价：CNY168.00

J003546
中国艺术大展作品全集 （徐悲鸿卷）卢辅圣，田丹总编；[徐悲鸿绘]；中国艺术大展组织委员会编

上海 上海书画出版社 1997 年 70 页 37cm（ 8 开）
ISBN：7-80635-122-1 定价：CNY200.00

　　徐悲鸿（1895—1953），著名画家、美术教育家。原名徐寿康，江苏宜兴市屺亭镇人，毕业于巴黎国立美术学校。曾任教于国立中央大学艺术系，北平大学艺术学院和北平艺专，后任中央美术学院院长。代表作品《愚公移山图》《八骏图》《负伤之狮》《田横五百士》等。

J003547
中国艺术大展作品全集 （艺术设计卷）卢辅

圣，田丹总编；中国艺术大展组织委员会编

上海　上海书画出版社 1997 年 188 页 37cm（8 开）

ISBN：7-80635-129-9 定价：CNY398.00

主编卢辅圣（1949—　），编辑。浙江东阳人，毕业于浙江美术学院中国画系。历任《朵云》《书法研究》主编，上海书画出版社总编辑，中国美术家协会会员，上海美术家协会顾问。代表作品有中国画《旧游》，连环画《钗头凤》。

J003548

中国艺术大展作品全集　（油画卷）卢辅圣，田丹总编；中国艺术大展组织委员会编

上海　上海书画出版社 1997 年 186 页 37cm（8 开）

ISBN：7-80635-126-4 定价：CNY398.00

本卷收录《日记片段》《一统江山》《青纱帐》《戈壁记忆》《无极容器》《青春》《夏日》《乡村圆月图》等油画作品近 200 幅。

J003549

中国艺术大展作品全集　（张大千卷）［张大千绘］；卢辅圣，田丹总编；中国艺术大展组织委员会编

上海　上海书画出版社 1997 年 71 页 37cm（8 开）

ISBN：7-80635-132-9 定价：CNY168.00

本卷收录张大千先生的 50 幅绘画作品，包括《花卉》《黄山破石松》《双松高士》《秋山徜徉》等。张大千（1899—1983），国画大师、山水画大家、书法家。四川内江人，祖籍广东番禺。代表作有《爱痕湖》《长江万里图》《四屏大荷花》《八屏西园雅集》等。

J003550

中国艺术大展作品全集　（中国画卷）卢辅圣，田丹总编；中国艺术大展组织委员会编

上海　上海书画出版社 1997 年 183 页 37cm（8 开）

ISBN：7-80635-131-0 定价：CNY398.00

本卷收录于水、于志学、方峻、甘伟斌等人的中国画作品 144 幅，包括《静物写生》《采莲图》《天涯共此时》等。

J003551

中国艺术大展作品全集　（主题创作卷）卢辅圣，田丹总编；中国艺术大展组织委员会编

上海　上海书画出版社 1997 年 193 页 37cm（8 开）

ISBN：7-80635-133-7 定价：CNY398.00

本卷收录《岁月交响》《七月盛开三棱剑花》《主权是不能谈判的》《铁证》《百年沉思》《租界会审公堂》《广州起义》等 81 幅作品。

J003552

中国之梦　（'97 中国当代艺术）冷林主编

北京　今日中国出版社 1997 年 29cm（30 开）

ISBN：7-5072-0900-8 定价：CNY150.00

主编冷林（1965—　），艺术家。北京人，毕业于中央美术学院美术史系。北京公社创始人及现任主持，中国艺术研究院《文艺研究》编辑，中国社会科学院文学所助理研究员。

J003553

竹篱笆内的春天　（画我眷村美展专辑）洪惠冠总编辑

新竹县　新竹市立文化中心 1997 年 108 页

25×26cm ISBN：957-00-9704-3

（竹堑文化资产丛书 114）

J003554

主流的召唤　（画册 1976—1996 广东）广东美术馆编

沈阳　辽宁美术出版社 1997 年 249 页 29cm（12 开）

ISBN：7-5314-1786-3 定价：CNY120.00

（20 世纪中国美术状态丛书）

J003555

北京昌平少儿优秀艺术作品集　《北京昌平少儿优秀艺术作品集》编委会编

北京　海洋出版社 1998 年 60 页 29cm（16 开）

ISBN：7-5027-4703-6 定价：CNY58.00

J003556

当代书画名家精英大典　吴高龙主编

北京　国际文化出版公司 1998 年 10+405 页

37cm（8 开）精装 ISBN：7-80017-359-3

定价：CNY458.00

（当代书画名家作品集系列丛书 D 卷）

外文书名：Modern Chinese Artistic Paintings.

本书由国际文化出版公司和香港人民美术出版社联合出版。

J003557

段葆祥诗书作品集　段葆祥著

北京 海潮出版社 1998 年 108 页 26cm（16 开）
ISBN：7-80151-006-2 定价：CNY58.00

J003558
多彩世界 （庆祝中华人民共和国成立五十周年湖南省少年儿童美术书法精品集）湖南省文化厅社会文化处，湖南省群众艺术馆编
长沙 湖南少年儿童出版社 1998 年 4 册
26cm（16 开）ISBN：7-5358-1491-3
定价：CNY118.00

J003559
甘肃美术作品选集　甘肃省美术家协会编
兰州 甘肃人民美术出版社 1998 年 184 页
29cm（16 开）ISBN：7-80588-233-9
定价：CNY180.00
　　本画集收录甘肃省有代表性的美术家近 20 年来的新创作，涵盖了中国画、油画、版画等造型艺术的诸多品种。

J003560
金戈美术作品选　关维兴主编；总装备部编
北京 朝华出版社 1998 年 112 页 29cm（16 开）
ISBN：7-5054-0634-5 定价：CNY98.00
　　本书收录《上天之路》《天使》等近 110 余件历年全国全军美展的参展和获奖作品，以体现国防科技战线所取得的辉煌成就。

J003561
两岸新声 （当代画语）熊宜中总编辑
台北 台湾艺术教育馆 1998 年 108 页
30cm（10 开）ISBN：957-02-1092-3
定价：TWD300.00
（艺术展览专辑 5）

J003562
廖碧兰摄影绘画作品选　廖碧兰［作］
成都 四川美术出版社 1998 年 70 页 25×26cm
ISBN：7-5410-1542-3 定价：CNY58.00

J003563
鲁迅美术学院作品集　韦尔申主编
沈阳 辽宁美术出版社 1998 年 358 页
29cm（16 开）精装 ISBN：7-5314-1887-8
定价：CNY368.00

J003564
全国第八届"群星奖"作品集　陈琪林主编；中华人民共和国文化部编
北京 文化艺术出版社 1998 年 399 页
29cm（16 开）ISBN：7-5039-1820-9
定价：CNY280.00

J003565
山东艺术学院建校四十周年美术作品集
济南 山东友谊出版社 1998 年 185 页
25×27cm 精装 ISBN：7-80642-148-3
定价：CNY260.00

J003566
陕西文化艺术集锦　陕西省文化厅编
西安 陕西人民美术出版社 1998 年 51 页
30cm（10 开）精装 ISBN：7-5368-1031-8
定价：CNY48.00

J003567
世纪传薪 （中国美术学院七十周年纪念）
杭州 中国美术学院出版社 1998 年 278 页
30cm（10 开）精装 ISBN：7-81019-646-4
定价：CNY390.00

J003568
宋后军书法摄影作品选　宋后军［作］
北京 长城出版社 1998 年 95 页 28cm（大 16 开）
ISBN：7-80017-388-7 定价：CNY108.00

J003569
台北市立美术馆典藏目录 （1997 年 6 月—1998 年 4 月）台北市立美术馆典藏组编辑
台北 台北市立美术馆 1998 年 151 页 25×25cm
ISBN：957-02-1766-9
　　外文书名：TaiPei Fine Arts Museum Collection Catalogue.

J003570
箫韵作品选　箫韵著
北京 中国华侨出版社 1998 年 44+189 页
26cm（16 开）ISBN：7-80120-267-8
定价：CNY60.00

J003571

优秀作品集 （江苏省中等师范学生美术书法摄影作品展）江苏省教育委员会师范教育处编
南京 江苏美术出版社 1998年 80页29cm（16开）
ISBN：7-5344-0878-4 定价：CNY25.00

J003572

中国革命征程美术精品 李仁才主编；中国革命博物馆编
沈阳 辽宁美术出版社 1998年 101页27×28cm
精装 ISBN：7-5314-2087-2 定价：CNY80.00

J003573

中国现代艺术精品集
北京 人民中国出版社 1998年 329页29cm（16开）
精装 ISBN：7-80065-657-8 定价：CNY285.00

J003574

20世纪中国美术 （上卷 中国美术馆藏品选1900—1949）刘曦林主编
台北 阁林国际图书公司 1999年 197页
34cm（10开）精装 ISBN：957-9220-30-1
外文书名：20 Century Chinese Fine Art.

J003575

20世纪中国美术 （中卷 中国美术馆藏品选1949—1978）刘曦林主编
台北 阁林国际图书公司 1999年 197页
34cm（10开）精装 ISBN：957-9220-30-1
外文书名：20 Century Chinese Fine Art.

J003576

20世纪中国美术 （下卷 中国美术馆藏品选1978—1999）刘曦林主编
台北 阁林国际图书公司 1999年 230页
34cm（10开）精装 ISBN：957-9220-30-1
外文书名：20 Century Chinese Fine Art.

J003577

20世纪中国美术 （中国美术馆藏品选）刘曦林等主编
杭州 浙江人民美术出版社 1999年
3册（197；201；230页）33×26cm 精装
ISBN：7-5340-0993-6 定价：CNY1200.00
本书由浙江人民美术出版社和山东美术出版社联合出版。

J003578

'99北京大学生艺术节优秀作品 兰宏生主编；北京市教委编
北京 人民美术出版社 1999年 111页
29cm（16开）ISBN：7-102-02084-8
主编兰宏生（1939— ），研究员。历任北京市教育局政教处处长，北京市教科院特约研究员，北京家庭教育研究会会长，中国教育学会学术委员，中学德育研究会理事长等。主编有《中小学思想品德课和思想政治课教材》《学校管理体制改革》《寻觅哲学之路》《希望之星从这里升起》。

J003579

China46 中国当代艺术 张玉梅总编辑
［台北］霍克艺术会馆 1999年 252页30cm（10开）
精装 ISBN：957-98715-6-6
外文书名：China46 Contemporary Chinese Art.

J003580

澳门艺术荟萃 澳门市政局文化暨康体部［编］
澳门 澳门市政局文化暨康体部 1999年
30cm（10开）ISBN：972-97132-4-3
定价：MOP80.00

J003581

本溪美术书法摄影精品集
沈阳 辽宁美术出版社 1999年 163页37cm（8开）
精装 ISBN：7-5314-2245-X 定价：CNY380.00
外文书名：Benxi Fine Works Collection of Painting, Calligraphy and Photography.

J003582

大潮 （深圳美术作品选集）骆文冠主编，深圳市美术家协会编
深圳 海天出版社 1999年 164页35cm（15开）
精装 ISBN：7-80654-094-6 定价：CNY288.00
主编骆文冠（1949— ），国家一级美术师。号山车，广东和平县人。深圳市美术家协会主席、广东省美术家协会理事，深圳市文联委员、协会工作部副主任。出版有《骆文冠版画选》《骆文冠画集》等。

J003583

岛屿的飞翔 （马祖牛角村艺术家参访笔记）
许雨仁[等]著
连江县[福建] 连江县政府 1999 年 59 页
有照片 24×23cm

J003584

邓尔雅书画印集　陈浩星主编
澳门 澳门艺术博物馆 1999 年 127 页
34cm（10 开）ISBN：972-97609-9-3
定价：CNY100.00

J003585

第九届全国美术作品展览 （水彩画、粉画作品集）[第九届全国美术作品展览·水彩画、粉画作品集编委会]编
南京 江苏美术出版社 1999 年 249 页
29cm（16 开）ISBN：7-5344-0996-9
定价：CNY180.00

J003586

第九届全国美术作品展览 （艺术设计作品集）中华人民共和国文化部，中国美术家协会[编]
广州 岭南美术出版社 1999 年 11+324 页
29cm（15 开）ISBN：7-5362-2035-9
定价：CNY238.00

J003587

第九届全国美术作品展览 （中国画作品集）中华人民共和国文化部，中国美术家协会[编]
广州 岭南美术出版社 1999 年 328 页 有照片
29cm（15 开）ISBN：7-5362-2002-2
定价：CNY298.00（平装），CNY328.00（精装）
　　外文书名：The 9th Chinese National Art Exhibition 1999.

J003588

第九届全国美术作品展览 （版画作品集）中华人民共和国文化部等[编]
呼和浩特 内蒙古大学出版社 1999 年 241 页
30cm（15 开）ISBN：7-81074-019-9
定价：CNY300.00
　　本册收录版画展区的入选作品《红楼岁

月》《大河纵横》《秋之恋》《雪域儿女》《城市风景》等 406 件。

J003589

第九届全国美术作品展览 （油画作品集）
第九届全国美术作品展览·油画作品集编委会编
上海 上海人民美术出版社 1999 年 264 页
29cm（15 开）ISBN：7-5322-2271-3
定价：CNY328.00

J003590

第九届全国美术作品展览 （雕塑作品集）
中华人民共和国文化部，中国美术家协会主办
天津 天津杨柳青画社 1999 年 251 页
29cm（16 开）ISBN：7-80503-478-8
定价：CNY190.00
　　本书收录雕塑展区的入选作品 407 件，包括：张照旭的《周总理》、何勇的《方位》、隋建国的《衣钵》等。

J003591

第九届全国美术作品展览获奖作品集　中华人民共和国文化部等编
北京 人民美术出版社 1999 年 240 页 37cm（8 开）
精装 ISBN：7-102-02112-7 定价：CNY480.00
　　本书收录第九届全国美术作品展览获奖作品 588 件，其中金奖 19 件，银奖 72 件，铜奖 192 件，优秀奖 305 件，再加上部分总评委作品共计 600 余件。

J003592

典藏品图录　赖万镇总编辑
嘉义[台湾] 嘉义市立文化中心 1999 年 170 页
25×26cm
（嘉义市艺术丛书 34）

J003593

丁里艺术集　丁里著；荆蓝主编
北京 解放军文艺出版社 1999 年 16+623 页
有图 20cm（32 开）精装 ISBN：7-5033-1065-0
定价：CNY35.00

J003594

二十世纪中国美术书法家作品拍卖库　文

全史主编

北京　中国华侨出版社 1999 年 742 页

26cm（16 开）精装 ISBN：7-80120-361-5

定价：CNY196.00

　　外文书名：The Auction of Chinese Artists and Calligraphers Works in the 20th Century.

J003595

傅狷夫的艺术世界　（论文集）历史博物馆编辑委员会编辑

台北　历史博物馆 1999 年 207 页 有照片

37cm（8 开）精装 ISBN：957-02-3431-8

J003596

傅狷夫的艺术世界　（书法暨常用印集）历史博物馆编辑委员会编辑

台北　历史博物馆 1999 年 199 页

37cm（8 开）精装 ISBN：957-02-3430-X

J003597

傅狷夫的艺术世界　（水墨画）历史博物馆编辑委员会编辑

台北　历史博物馆 1999 年 405 页

37cm（8 开）精装 ISBN：957-02-3429-6

J003598

广西艺术学院美术作品集　黄格胜，甘武炎主编

南宁　广西美术出版社 1999 年 191 页 28×28cm

精装 ISBN：7-80625-694-6 定价：CNY280.00

　　主编黄格胜（1950—　　），壮族，广西武宣人。毕业于广西艺术学院美术系研究生班。历任广西书画院副院长，广西民族书画院院长，广西艺术学院副院长，广西美术家协会副主席。代表作品有《漓江百里图》《侗乡月》《我的中国心》等。

J003599

翰墨飘香　（中华人民共和国建立 50 周年暨人民政协成立 50 周年纪念　画册）政协汕头市委员会编

汕头　政协汕头市委员会 1999 年 156 页

37cm（8 开）

J003600

湖南省新闻出版局系统美术书法摄影作品集　陈满之主编

长沙　湖南美术出版社 1999 年 112 页 26cm（16 开）

ISBN：7-5356-1259-8 定价：CNY52.00

J003601

吉林省五十年文艺作品选　（1949~1999 10 美术卷）中共吉林省委宣传部等编辑；胡悌麟，金隆贵主编

长春　吉林美术出版社 1999 年 159 页

29cm（16 开）精装 ISBN：7-5386-0877-X

定价：CNY248.00

　　外文书名：Fifty Years of Art and Literature in Jilin Province. 作者胡悌麟（1935—2017），教授。江苏镇江人，毕业于东北美术专科学校油画系。吉林艺术学院教授、中国美术家协会理事。作品有《孤儿》《万水千山》《瑞雪》等。

J003602

江苏美术五十年　（1949—1999 版画 连环画 插图 漫画 年画 宣传画）赵绪成主编

南京　江苏美术出版社 1999 年 177 页 29cm（16 开）

精装 ISBN：7-5344-0987-X 定价：CNY280.00

J003603

江苏美术五十年　（1949—1999 油画 水粉 水彩 色粉 漆画 雕塑）赵绪成主编

南京　江苏美术出版社 1999 年 177 页

29cm（16 开）精装 ISBN：7-5344-0986-1

定价：CNY280.00

J003604

江西五十年美术书法摄影作品选　（1949—1999 美术卷）江西省文学艺术界联合会主编

北京　中国摄影出版社 1999 年 118 页

29×29cm 精装 ISBN：7-80007-322-X

定价：CNY160.00

　　本卷收录冯洁等人的《春天的故事》、游新民的《秋崖新晴自吟诗》、刘玉铃的《炉前》、孙勇的《朝圣者》等百余幅绘画作品。

J003605

江西五十年美术书法摄影作品选　（1949—1999 摄影卷）江西省文学艺术界联合会主编

北京 中国摄影出版社 1999 年 88 页
29×29cm 精装 ISBN：7-80007-322-X
定价：CNY120.00
　　本卷收录王昭荣的《高凌云汉》、毛榜元的
《滕王阁》、陈世旭的《香江源》和黄家腾的《老区
圆了铁路梦》等百余幅摄影作品。

J003606
江西五十年美术书法摄影作品选 （1949—
1999 书法卷）江西省文学艺术界联合会主编
北京 中国摄影出版社 1999 年 74 页
29×29cm 精装 ISBN：7-80007-322-X
定价：CNY80.00
　　本卷收录陶博吾的《篆书对联》、张鑫的《草
书中堂》、尹世珍的《草书中堂》、廖晓红的《行草
立轴》等百余副对联作品。

J003607
井冈情 （吉安地区美术书法摄影作品集）中
共吉安地委宣传部，吉安地区文学艺术界联合
会［编］
福州 海潮摄影艺术出版社 1999 年 57 页
25×26cm ISBN：7-80562-609-X 定价：CNY78.00

J003608
林宰平先生帖考及书画集 林宰平著
上海 上海教育出版社 1999 年 6 册（1 函）
29cm（16 开）线装 ISBN：7-5320-5486-1
定价：CNY380.00

J003609
楼辛壶金石书画 楼辛壶绘画；楼禹编著
上海 上海人民美术出版社 1999 年 32 页
37cm（8 开）ISBN：7-5322-2302-7
定价：CNY60.00

J003610
南京师范大学美术学院教师作品集 范扬，
朱文秀主编
南京 江苏美术出版社 1999 年 72 页
28×29cm 精装 ISBN：7-5344-0951-9
定价：CNY118.00
　　主编范扬（1955—　　），画家。生于香港，祖
籍江苏南通，毕业于南京师范大学美术系。历
任南京师范大学美术学院院长、教授、博士生导

师，中国国家画院国画院副院长，兼任南京书画
院院长，中国艺术研究院中国画院研究员。邮票
作品有《太湖》《周恩来同志诞生 100 周年》《普
陀秀色》。

J003611
**南京市文联五十年美术书法摄影作品选
集** （1949—1999）赵光德主编
南京 江苏人民出版社 1999 年 3 册（144；108；
123 页）29×29cm 精装 ISBN：7-214-02595-7
定价：CNY500.00

J003612
宁波优秀美术作品选 宁波市文学艺术界联
合会编
宁波 宁波出版社 1999 年 135 页 29×29cm
ISBN：7-80602-320-8 定价：CNY228.00

J003613
庆祝建国五十周年诗书画篆刻歌曲集 邬
梦兆，黎元江主编
广州 广州出版社 1999 年 194 页 29cm（16 开）
精装 ISBN：7-80592-990-4 定价：CNY380.00，
CNY280.00（平装）

J003614
山西文艺创作五十年精品选 （1949—
1999 美术卷）
太原 山西人民出版社 1999 年 142 页
29cm（16 开）精装 ISBN：7-203-03859-9
定价：CNY238.00

J003615
绍兴书画选 张茂荣主编；中国人民政治协商
会议浙江省绍兴县委员会编
杭州 中国美术学院出版社 1999 年 79 页
30cm（16 开）ISBN：7-81019-808-4
定价：CNY68.00

J003616
太原美术书法摄影作品选 中共太原市委宣
传部，太原市文学艺术界联合会编
太原 山西人民出版社 1999 年 162 页
26cm（16 开）ISBN：7-203-03897-1
定价：CNY102.00

（太原市当代文艺精品文库 1949—1999 4）

J003617

温州市图书馆建馆八十周年纪念集 潘旭龙主编

1999 年 69 页 29cm（16 开）

J003618

五华公安民警美术书法摄影作品选 昆明市公安局五华分局政治部编

昆明 云南美术出版社 1999 年 77 页 25 × 26cm

ISBN：7-80586-647-3 定价：CNY78.00

J003619

武汉铁路分局美术书法摄影作品选集 武汉铁路分局文联编

北京 中国铁道出版社 1999 年 29cm（16 开）

ISBN：7-113-03485-3 定价：CNY55.00

J003620

峡诗品鉴 （李白 杜甫 白居易 苏轼 陆游）广州市文学艺术界联合会编

广州 岭南美术出版社 1999 年 119 页

29cm（20 开）ISBN：7-5362-1876-1

定价：CNY188.00，CNY280.00（精装）

J003621

兖煤杯全国煤矿职工第五届美术书法摄影展览作品集 中国煤矿文化艺术联合会等编

北京 煤炭工业出版社 1999 年 121 页

29cm（16 开）ISBN：7-5020-1802-6

定价：CNY78.00

J003622

宜兴书画作品集 吴俊达主编

南京 江苏美术出版社 1999 年 37cm（8 开）

精装 ISBN：7-5344-0949-7 定价：CNY175.00

J003623

艺海同舟 （政协广州市委员会书画摄影艺术作品选集）政协广州市委员会办公厅编

广州 广州出版社 1999 年 110 页 29cm（16 开）

ISBN：7-80592-997-1 定价：CNY80.00

J003624

艺术家丛集 （三 岭南西南专辑）邵忠，马钦忠主编

广州 广州出版社 1999 年 160 页 28cm（16 开）

ISBN：7-80592-996-3 定价：CNY50.00

J003625

艺术乐园 （第 1 辑 小荷初露 1999 年）《福建教育》编辑部编

福州 福建教育出版社 1999 年 31 页 20cm（32 开）

ISBN：7-5334-2812-9 定价：CNY2.50

J003626

艺术乐园 （第 2 辑 1999 年）《福建教育》编辑部编

福州 福建教育出版社 1999 年 64 页 20cm（32 开）

ISBN：7-5334-2826-9 定价：CNY2.50

J003627

云南古代艺术珍品集 （英汉对照）李昆生编著

昆明 云南大学出版社 1999 年 125 页 29cm（16 开）

精装 ISBN：7-81068-036-6 定价：CNY199.00

J003628

张文阁大漠土艺 （英汉对照）张文阁著

乌鲁木齐 新疆人民出版社 1999 年 52 页

29cm（16 开）精装 ISBN：7-228-05440-7

定价：CNY148.00

　　本书收录《提葫芦老人》（土陶）、《大漠歌后》（土陶）、《孕妇躯干》（铸铜）、《生活中的欢乐》（丙烯画）等。

J003629

浙江美术作品集 《浙江美术作品集》编委会编

杭州 浙江美术出版社 1999 年 255 页 36cm（15 开）

精装 ISBN：7-5340-1015-2 定价：CNY520.00

　　外文书名：A Collection of Zhejiang's Fine Arts.

J003630

中国工艺美术大师阮文辉作品选 （1 笔情墨趣）阮文辉著

兰州 甘肃民族出版社 1999 年 96 页

20cm（32 开）ISBN：7-5421-0695-3

定价：CNY112.00（全 7 册）

（冷余斋艺丛）

J003631
中国美术　邓福星，黄兰著
北京 文化艺术出版社 1999 年 174 页 有图
21cm（32 开）ISBN：7-5039-1831-4
定价：CNY28.00
（中国文化艺术丛书）
　　作者邓福星（1945—　），书画家，美术教育家。河北固安人，毕业于中国艺术研究院研究生班，获博士学位。任中国艺术研究院研究员，博士生导师，中国画学会副会长。绘画作品《周总理永远和我们在一起》《梅花欢喜漫天雪》《五体千字文》，论著《美术概论》等。

J003632
中央国家机关书法美术摄影展览优秀作品集　中央国家机关工会联合会编
北京 文物出版社 1999 年 290 页 35cm（8 开）
精装 ISBN：7-5010-1193-1 定价：CNY485.00

J003633
做个飞翔的美梦　刘墉著
南宁 接力出版社 1999 年 282 页 20cm（32 开）
ISBN：7-80631-429-6 定价：CNY20.00
　　作者刘墉（1949—　），画家、作家、教育家、演讲家。生于台北，祖籍浙江杭州，现居美国。原名刘镛，号梦然。曾任美国丹维尔美术馆驻馆艺术家、纽约圣若望大学驻校艺术家、厦门大学客座教授、圣文森学院副教授。代表作品有《刘墉画集》《萤窗小语》《超越自己》《我不是教你诈》。

世界艺术事业与艺术市场

J003634
艺术教育之原理　朱元善编
上海 商务印书馆 民国五年［1916 年］2 版
149 页 15cm（40 开）定价：大洋三角
（教育丛书 第 1 集 第 4 编）
　　本书内容包括：哲学原理、美学的原理、心理学的原理、结论。

J003635
私立武昌艺术专科学校课程纲要、训育方案　私立武昌艺术专科学校编
武昌 私立武昌艺术专科学校［1920—1929 年］
22 页 22cm（32 开）

J003636
国立艺术院院友录
国立艺术院 1928 年 6 叶 27cm（16 开）环筒页装

J003637
北平大学艺术学院毕业同学录　北平大学艺术学院编
北平 北平大学艺术学院 1929 年 74 页 有照片
20×28cm 精装

J003638
京华美术专门学校要览　京华美术专门学校编
北平 京华美术专门学校 1929 年 18 页 有照片
21cm（32 开）
　　本书内容包括：校董一览、组织大纲、学则、课程标准等。

J003639
美展特刊　教育部全国美术展览会编
教育部全国美术展览会［1929 年］［390］页
38cm（6 开）活页函装
　　本书收录 1929 年教育部全国美术展览会全部目录及作品。内容有书画、金石、雕塑、建筑、工艺美术、摄影等类。

J003640
艺苑绘画研究所概况　艺苑绘画研究所辑
上海 艺苑绘画研究所 1929 年［34］页 有照片
19cm（32 开）
　　本书内容包括：创立宣言、师生名录、大事记、师生作品摄影等。

J003641
国立杭州艺术专科学校招生简章　（二十一年度）国立杭州艺术专科学校编
杭州 国立杭州艺术专科学校 1932 年 10 页
19cm（32 开）经折装

J003642

国立杭州艺术专科学校第三届毕业纪念刊　国立杭州艺术专科学校编

杭州　国立杭州艺术专科学校　1935 年　[98]页
有照片及图 26cm（16 开）

J003643

汉口市美术展览大会纪念特刊　汉口市美术展览会筹备委员会编

汉口　汉口市美术展览会筹备委员会　1935 年
70+84 页　有图 26cm（16 开）

　　本书分两部分，前一部分收展品摄影 58 幅；
后一部分为有关展览会的言论、专著、纪实、法
规及特载。

J003644

私立新华艺术专科学校章程　新华艺术专科学校编

上海　新华艺术专科学校　[1935 年]　[36]页
有照片 23cm（16 开）

J003645

腾冲美术展览会宣言　腾冲美术展览会编

云南　腾冲美术展览会　1936 年　12 页 21cm（32 开）

J003646

广州市市立美术学校十五周年纪念特刊
广州市市立美术学校出版处编

广州　广州市市立美术学校出版处　[1937 年]
28 页 21cm（32 开）

J003647

雪展专号　雪社慰劳前敌将士书画展览会编

南京　中国辞典馆　[1937 年] 40 页 19cm（32 开）
　　本书内容为金陵雪社书画特辑。

J003648

第二回兴亚美术展览会要纲　新民会中央总会主办

北京　新民会中央总会　[1940 年] 24 页
19cm（32 开）

J003649

国立西康技艺专科学校各科必修课目一览
国立西康技艺专科学校编

国立西康技艺专科学校　[1940 年] 油印本
28cm（15 开）

J003650

国立西康技艺专科学校现任教职员资历表　国立西康技艺专科学校编

国立西康技艺专科学校　[1940 年] 油印本
28cm（15 开）

J003651

师范美术　（上册）王济远编

上海　中华书局　1940 年　67 页 18×25cm
定价：国币二元

　　本书共 34 课，每课有图和说明。书前有编
辑大意。新课程标准适用，供师范学校第一、二
学年用。

J003652

白燕艺术学社社章　白燕艺术学社编

泉州　白燕艺术学社　1941 年　8 页 19cm（32 开）
　　本书前冠《本社周年纪念告国内艺术同志》
一文。

J003653

国立艺术专科学校第廿年校庆特刊　国立艺术专科学校编

杭州　国立艺术专科学校　1947 年　21 页
25cm（15 开）
　　本书收录校史和艺术论文，共 12 篇。

J003654

上海美术专科学校概况　[上海美术专科学校编]

上海　上海美术专科学校　[1947 年] 31 页
25cm（16 开）

J003655

九台县美术工作者协会章程　（草案）九台县美术工作者协会编

九台[长春]九台县美术工作者协会编 [1950—
1959 年] 油印本 19cm（32 开）

J003656

哈尔滨美术展览会图录　哈尔滨市文学艺术工作者联合会编辑

哈尔滨 哈尔滨市文学艺术工作者联合会
1954 年 40 页 26cm（16 开）

J003657
河南省第一届美术展览会纪念集　河南人
民出版社编辑
郑州 河南人民出版社 1955 年 34 页
25cm（15 开）定价：CNY0.85

J003658
**第二届全国美术展览会各民族人民生活作
品选辑**　民族出版社编辑
北京 民族出版社 1956 年 26cm（16 开）

J003659
怎么办好农村业余剧团　朱力士编写
长沙 湖南人民出版社 1956 年 1 张
定价：CNY0.12

J003660
怎样组织业余话剧演出　李门编写
广州 广东人民出版社 1956 年 1 张
定价：CNY0.09
（农村俱乐部小丛书）

J003661
宝应县文化艺术学校各班教学计划　（草
案）宝应县文化艺术学校编
宝应县 宝应县文化艺术学校 1958 年
26cm（16 开）

J003662
高等艺术院校招生升学指导与考试大纲
（1958 年暑期）中华人民共和国文化部编订
北京 高等教育出版社 1958 年 19 页 19cm（32 开）
统一书号：7010.297 定价：CNY0.04

J003663
**黔东南苗族侗族自治州美术摄影展览作品
选集**　黔东南苗族侗族自治州"革命委员会"
政治部编
黔东南苗族侗族自治州"革命委员会"政治部
1972 年 33 页 19cm（32 开）

J003664
浙江省美术展览会作品选辑　浙江人民出版
社编辑
杭州 浙江人民出版社 1972 年 24 幅 13×19cm
统一书号：72–4.66 定价：CNY0.76

J003665
贵州省美术作品展览会选辑　（1972）
贵阳 贵州人民出版社 1973 年 19cm（32 开）
统一书号：8115.566 定价：CNY0.60

J003666
**庆祝中华人民共和国成立二十五周年全国
美术作品展览作品选集**　国务院文化组美术
作品征集小组编
北京 人民美术出版社 1975 年 109 幅 31×38cm
统一书号：8027.6133
定价：CNY17.00（乙），CNY22.00（甲）

J003667
市政局艺术奖获得者作品展　（1976）香港
艺术馆编
香港 香港市政局 1976 年 32 页 有图 23cm（16 开）

J003668
市政局艺术奖获得者作品展　（1980—1981）
香港艺术馆编
香港 香港市政局 1981 年 有图 23cm（16 开）
ISBN：962–215–031–4 定价：HKD14.50

J003669
市政局艺术奖获得者作品展　（1983）香港
艺术馆编
香港 香港市政局 1983 年 24 页 有图 23cm（16 开）
ISBN：962–215–047–0 定价：HKD12.00

J003670
市政局艺术奖获得者作品展　（1984）香港
艺术馆编
香港 香港市政局 1984 年 27 页 23cm（16 开）
定价：HKD16.00

J003671
市政局艺术奖获得者作品展　（1986）香港
艺术馆编

香港 香港市政局 1986 年 32 页 23cm（16 开）
ISBN：962-215-072-1 定价：HKD17.00

J003672
市政局艺术奖获得者作品展 （1988）香港
艺术馆编
香港 香港市政局 1988 年 59 页 23cm（16 开）
定价：HKD68.00

J003673
市政局艺术奖获得者作品展 （1990）香港
艺术馆编
香港 香港市政局 1990 年 39 页 23cm（16 开）
ISBN：962-215-099-3 定价：HKD35.00

J003674
温情洋溢的展能艺术节 （一九八六年四月
十二至二十六 香港）香港艺术中心编
香港 香港艺术中心［1980—1989 年］62 页
有照片 28cm（16 开）

J003675
鲁迅艺术学院 （沈阳音乐学院大事记 上）谷
音等编
沈阳 沈阳音乐学院《东北现代音乐史》编委会
1983 年 133 页 26cm（16 开）
（东北现代音乐史料 1）

J003676
惠风和畅
台北 故宫博物院 1984 年 100 幅（函）有图
35×58cm

J003677
四川美术学院作品选集 王大同等绘
重庆 重庆出版社 1984 年 112 页 37cm（8 开）
精装 定价：CNY25.00

J003678
香港儿童美术展览 香港艺术馆编
香港 香港市政局 1984 年 99 页 有图
23×24cm（20 开）ISBN：962-215-061-6
定价：HKD29.00
　　外文书名：Hong Kong Children's Art Ex-
hibition.

J003679
中国广播艺术团建团三十周年 （1953—
1983）中国广播艺术团建团三十周年纪念册编
委会编辑
北京［1984 年］有图 25cm（24 开）

J003680
**河南省艺术类中等专业学校艺术教育学术
讨论会论文选集** 河南省文化厅［编］
1986 年 26cm（16 开）

J003681
香港艺术节 （英汉对照）杨瑞意等编辑
香港 香港艺术节协会 1986 年 86 页 有图
28cm（16 开）定价：HKD15.00
　　外文书名：Hong Kong Arts Festival.

J003682
桂海艺丛 （第一辑）广西艺术研究所编
桂林 广西艺术研究所 1987 年 236 页 19cm（32 开）

J003683
桂海艺丛 （第二辑）广西艺术研究所编
桂林 广西艺术研究所 1988 年 190 页 19cm（32 开）

J003684
桂海艺丛 （第六辑）广西艺术研究所编
桂林 广西艺术研究所 1991 年 222 页 19cm（32 开）

J003685
湖北美术院作品选 湖北美术院艺术委员会
主编
武汉 湖北美术出版社 1987 年［36］页
25cm（小 16 开）统一书号：8399.599
精装 ISBN：7-5394-0015-3 定价：CNY12.00

J003686
台湾省第四十四届全省美术展览会汇刊
台湾省第四十四届全省美展筹备委员会编
台北 台湾省第四十四届全省美展筹备委员会
1990 年 417 页 有照片 25×26cm 精装
定价：TWD750.00

J003687
天津市艺术博物馆建馆三十周年纪念文

集 （1957—1987）云希正，刘国展主编
天津［天津市艺术博物馆］1987 年 168 页
有图 20cm（32 开）精装

J003688

香港艺术节十五周年纪念特刊 （英汉对照）纪参逊等编辑
香港 香港艺术节协会 1987 年 87 页 有图
28cm（16 开）定价：HKD15.00
　　外文书名：A Souvenir of the Fifteenth Annual Hong Kong Arts Festival.

J003689

第三届亚洲国际美术展览会
香港 香港艺术家联盟 1988 年 有图
24cm（27 开）定价：HKD80.00

J003690

高等美术院校考生试卷选 人民美术出版社编
北京 人民美术出版社 1988 年 69 页
26cm（16 开）ISBN：7-102-00202-5
定价：CNY4.80

J003691

国立福建音专校史资料集 福建省艺术研究所编
1988 年 283 页 有照片 20cm（32 开）
　　国立福建音乐专科学校，简称"福建音专"，原为福建省立音乐专科学校，1942 年改为国立。1940 年创办于福建临时省会永安县。抗战胜利后，迁至福州。1950 年初并入中央音乐学院华东分院（即今上海音乐学院）。

J003692

国立音乐院校友录 （1940—1949）《国立音乐院校友录》筹备组［编］
1988 年 189 页 有照片 19cm（32 开）
　　国立音乐院，即上海国立音乐学院，现为上海音乐学院。1927 建校，1929 年更名为国立音乐专科学校，萧友梅任校长。1950 年更名为中央音乐学院华东分院。同年，国立福建音乐专科学校并入，1956 年定名为上海音乐学院。

J003693

美术院校升学考试资料 上海人民美术出版社编
上海 上海人民美术出版社 1988 年 150 页
有图 19cm（32 开）ISBN：7-5322-0081-7
定价：CNY3.00

J003694

全国美术院校报考指南 晓雨编
北京 人民美术出版社 1988 年 268 页 有图
19cm（32 开）ISBN：7-102-00176-2
定价：CNY2.70

J003695

艺术摇篮 （浙江美术学院六十年）萧峰等著
杭州 浙江人民美术出版社 1988 年 307+66 页
有照片 26cm（16 开）精装
ISBN：7-81019-018-0 定价：CNY39.00

J003696

中等美术学校考生试卷选 人民美术出版社编
北京 人民美术出版社 1988 年 54 页 26cm（16 开）
ISBN：7-102-00214-9 定价：CNY3.20

J003697

全国第七届美术作品展览中国画集 全国第七届美展广东省筹委会办公室，岭南美术出版社编
广州 岭南美术出版社 1989 年 120 页 26cm（16 开）
ISBN：7-5362-0427-2 定价：CNY58.00
　　本书收录第七届美术作品展览中的全部中国画作品 118 幅图。

J003698

第二届中国艺术节艺术集锦 （一九八九年九月十五日至十月十五日）中华人民共和国文化部，北京市人民政府主办
北京 文化艺术出版社 1990 年 29cm（15 开）
ISBN：7-5039-0707-X 定价：CNY35.00

J003699

广西艺术研究所 （1985—1990）
南宁 1990 年 186 页 19cm（32 开）

J003700

鸿禧美术馆开馆纪念选集　周宗濂摄

台北 鸿禧艺术文教基金会出版社 1990 年 142 页 有图 31cm（10 开）精装
（鸿禧美术馆）

J003701

北京美术活动大事记 （1949—1989）安世明编写

北京 北京市美术家协会 1992 年 216 页 20cm（32 开）

J003702

艺术收藏 （第一辑 艺术家与市场）伍时雄，陈培辉主编

深圳 海天出版社 1992 年 60 页 有图 19×21cm ISBN：7-80542-522-1 定价：CNY7.80

J003703

东方艺术市场 （第一集）祝君波主编；《东方艺术市场》编辑部编

上海 上海书画出版社 1993 年 96 页 26cm（16 开）ISBN：7-80512-009-9 定价：CNY18.00

J003704

东方艺术市场 （第二集）祝君波主编

上海 上海书画出版社 1994 年 64 页 有图 26cm（16 开）ISBN：7-80512-862-6
定价：CNY18.00

　　本书设有"艺术市场"、"艺术论坛"、"名家访谈"、"真伪鉴定"等栏目，收录《关于文物市场的思考》《艺术批评与艺术市场》《古玩作伪漫谈》《当代书画鉴定概论》等文章。

J003705

艺术市场与艺术品投资　文化部文化市场司编

北京 文化艺术出版社 1999 年 342 页 有图 20cm（32 开）ISBN：7-5039-1883-7
定价：CNY29.80

　　本书从宏观角度出发，详尽地论述了我国艺术品市场发展历史及其现状，客观地分析了市场经济新形势下艺术品市场发展的机遇和面临的困境，并对市场作了情景预测，提出了很多前瞻性的建议。

中国艺术机构、团体、企业、会议、展览

J003706

参加伦敦中国艺术国际展览会出品图说

（第一册 铜器）伦敦中国艺术国际展览会筹备委员会编

上海 正中书局 民国二十五年[1936]27cm（16 开）

J003707

参加伦敦中国艺术国际展览会出品图说 （第二册 瓷器）伦敦中国艺术国际展览会筹备委员会编辑

上海 商务印书馆［民国二十五年］1936 244 页 26cm（16 开）

J003708

参加伦敦中国艺术国际展览会出品图说

（第三册 书画）伦敦中国艺术国际展览会筹备委员会编辑

上海 商务印书馆［民国二十五年］1936 256 页 26cm（16 开）

J003709

参加伦敦中国艺术国际展览会出品图说

（第四册 其他类）伦敦中国艺术国际展览会筹备委员会编辑

上海 商务印书馆 民国二十五年［1936］191 页 26cm（16 开）

J003710

中华全国文学艺术工作者代表大会艺术展览会美术作品选集　中华全国文学艺术工作者大会宣传处编辑

北京 人民美术出版社 1950 年 27cm（16 开）

J003711

中国美术家协会第一届理事会第二次会议汇刊　中国美术家协会第一届理事会第二次会议办公室编

北京 中国美术家协会第一届理事会第二次会议

办公室 1955 年 163 页 21cm（32 开）

J003712
江苏省美术馆年鉴 （1982）
南京 江苏省美术馆［1982 年］132 页 26cm（16 开）

J003713
江苏省美术馆年鉴 （1983）江苏省美术馆编
南京 江苏省美术馆［1983 年］136 页 26cm（16 开）

J003714
江苏省美术馆年鉴 （1984）江苏省美术馆编
南京 江苏省美术馆［1984 年］112 页 26cm（16 开）

J003715
江苏省美术馆年鉴 （1985）江苏省美术馆编
南京 江苏省美术馆［1985 年］26cm（16 开）
定价：CNY22.00

J003716
江苏省美术馆年鉴 （1986）江苏省美术馆编
南京 江苏省美术馆 1986 年 120 页
26cm（16 开）定价：CNY22.00

J003717
江苏省美术馆年鉴 （1987）
南京 江苏省美术馆 1987 年 124 页 26cm（16 开）

J003718
江苏省美术馆年鉴 （1988—1989）马鸿增
主编
南京 江苏省美术馆［1989 年］122 页 26cm（16 开）
　　主编马鸿增（1940—　　），江苏高邮人。历
任江苏省美术馆副馆长、研究员，中国美术家
协会理论委员会委员，江苏省美协理论委员会
主任。

J003719
江苏省美术馆年鉴 （1991）马鸿增主编
南京 江苏省美术馆［1991 年］126 页 26cm（16 开）

J003720
江苏省美术馆年鉴 （1992）马鸿增主编
南京 江苏省美术馆［1992 年］98 页 26cm（16 开）

J003721
江苏省美术馆年鉴 （1993）马鸿增主编
南京 江苏省美术馆［1993 年］97 页 26cm（16 开）

J003722
江苏省美术馆年鉴 （1994）马鸿增主编
［南京］［江苏省美术馆］［1994 年］109 页
26cm（16 开）定价：CNY7.18

J003723
江苏省美术馆年鉴 （1995）马鸿增主编
南京 江苏省美术馆［1995 年］97 页 26cm（16 开）

J003724
江苏省美术馆年鉴 （1996）马鸿增主编
南京 江苏省美术馆［1997 年］111 页
26cm（16 开）定价：CNY8.00

J003725
江苏省美术馆年鉴 （1997）马鸿增主编
南京 江苏省美术馆［1997 年］101 页
26cm（16 开）定价：CNY8.00

J003726
江苏省美术馆年鉴 （1998）马鸿增主编
南京 江苏省美术馆［1998 年］117 页 26cm（16 开）

J003727
江苏省美术馆年鉴 （1999）马鸿增主编
南京 江苏省美术馆［1999 年］97 页 26cm（16 开）

J003728
中央广播艺术团 中央广播艺术团建团三十
周年纪念册编委会编
北京 中央广播艺术团建团三十周年纪念册编委
会 1983 年 29×28cm

J003729
重庆雾季艺术节资料汇编 重庆市文化局编
1986 年 359 页 有图 20cm（32 开）

J003730
中国美协株洲荷塘铺创作研讨会 中国美
协主办
北京 中国美协 1988 年 油印本 26cm（16 开）

环筒页装

J003731
中国现代艺术展 （中英文本）侯瀚如译
南宁 广西人民出版社 1989 年 有彩照
20cm（32 开）ISBN：7-219-01014-1
定价：CNY5.00

J003732
第二届河南艺术节资料汇编 丁发杰主编；
河南省文化厅，郑州市人民政府主办
［郑州］河南省文化厅 1991 年 119 页 有照片
26cm（16 开）

J003733
城市变奏 （香港艺术家西方媒介近作展）香
港市政局主办编辑
香港 香港市政局 1992 年 有图 29cm（16 开）
定价：HKD99.00
外文书名：City Vibrance.

J003734
第三届中国艺术节活动指南手册 第三届
中国艺术节组委会宣传处编
昆明 云南人民出版社 1992 年 115 页 17cm（32 开）
ISBN：7-222-00965-5 定价：CNY2.80

J003735
荣宝斋三百年间 郑理著
北京 北京燕山出版社 1992 年 261 页 有彩图
20cm（32 开）ISBN：978-7-5402-0410-9
定价：CNY4.85，CNY7.50（精装）
　　本书有 20 章，全面记录了荣宝斋从 1672 年
以来 300 年间的历史。首先介绍了收藏的名人字
画、木板水印、装裱印刷、文房四宝等业务成就；
其次介绍了王仁山、后铠等历代经理经营过程，
也讴歌了新中国建设中老一代革命家周恩来、陈
毅、郭沫若对荣宝斋的关怀和支持。第三记述了
书画界和学术界名人鲁迅、郑振铎、齐白石等与
荣宝斋的不解之缘。

J003736
艺术市场 （第 1.2.3 辑合订本）湖南美术出版
社编
长沙 湖南美术出版社 1992 年 19 页 26cm（16 开）

ISBN：7-5356-0523-0 定价：CNY5.90

J003737
中国书法篆刻社团文房四宝单位通信录
沈道荣主编；北京市书法家协会编
北京 北京体育学院出版社 1992 年 210 页
19cm（小 32 开）ISBN：7-81003-636-X
定价：CNY3.00
　　本书收录全国各地的书法篆刻社团和文房
四宝单位等总计 565 家。主编沈道荣（1939—　），
湖南临湘人。中国书法家协会会员。专著有《草
字辨异手册》《硬笔草体辨异字帖》《历代名句硬
笔字帖》《欧阳询楷书字汇》等。

J003738
第三届中国艺术节文集 陈立英主编；云南
省承办第三届中国艺术节工作领导小组文集编
辑部编
昆明 云南人民出版社 1993 年 904 页
20cm（32 开）ISBN：7-222-01154-4
定价：CNY19.25
　　本书主要记录了第三届中国艺术节的开幕、
闭幕盛况、重要文件、讲话、艺术节组委会各处
（部）工作纪实等。

J003739
高雄县乡土之美特展 高雄县立文化中心编
高雄 高雄县政府 1993 年 155 页 26cm（16 开）

J003740
艺术・市场 李小山，吕澎主编
长沙 湖南美术出版社 1994 年 47 页
29cm（16 开）ISBN：7-5356-0669-5
定价：CNY12.80
　　主编吕澎（1956—　），编辑、艺术评论家。
生于重庆，毕业于四川师范学院政治教育系。历
任《戏剧与电影》杂志社编辑，中国美术学院艺
术人文学院副教授，成都当代美术馆馆长。著
有《欧洲现代绘画美学》《现代绘画：新的形象语
言》《艺术——人的启示录》等。

J003741
'95 中国艺术博览会 黎子流主编
广州 岭南美术出版社 1995 年 284 页 29cm（15 开）
ISBN：7-5362-1315-8 定价：CNY180.00

本博览会由中华人民共和国文化部办公厅、广州市人民政府主办。外文书名：China Art Exposition'95.

J003742

'95 中国艺术博览会图录　高占祥主编

南京 江苏美术出版社 1995年 342页 28cm（16开）

ISBN：7-5344-0473-8

定价：CNY180.00，CNY230.00（精装）

　　主编高占祥（1935—　），诗人、书法家。笔名罗丁、高翔，北京通县人。曾任文化部常务副部长，中国作家协会、中国书法家协会、中国摄影家协会会员，北京大学、中国人民大学、上海交通大学客座教授。著有《人生宝鉴》《咏荷四百首》《浇花集》《微笑集》等，摄影集有《莲花韵》《祖国颂》等。

J003743

'96 中国艺术博览会　艾青春主编

北京 文化艺术出版社 1996年 424页 29cm（16开）

ISBN：7-5039-1479-3 定价：CNY220.00

　　本书收集了'96中国艺术博览会上展出艺术家的美术作品近五百幅，同时附有艺术家们的生平简介。外文书名：China Art Exposition'96.

J003744

'97 广州国际艺术博览会　'97 广州国际艺术博览会会刊编辑部编

广州 岭南美术出版社 1997年 342页 29cm（16开）

ISBN：7-5362-1723-4 定价：CNY280.00

J003745

'97 中国艺术博览会　郭禄主编

北京 文化艺术出版社 1997年 430页 29cm（16开）

ISBN：7-5039-1610-9 定价：CNY260.00

　　本书收集了'97中国艺术博览会上展出的艺术家的美术作品近500幅，同时附有艺术家们的生平简介。外文书名：China Art Exposition'97.

J003746

'98 中国艺术博览会　（中英文本）[艾青春总编]；[郭禄主编]

北京 文化艺术出版社 1998年 511页 29cm（16开）

ISBN：7-5039-1785-7 定价：CNY360.00

　　本书收集了'98中国艺术博览会上展出的刘勃舒、刘大为、官布、王学仲、乔木、宁旭等艺术家的美术作品近五百幅，同时附有艺术家们的生平简介。

J003747

南投县茶乡茶香特展　（台湾1994年度文艺季地方美展 画册）陈正升总编辑；林裕允等著

南投县 财团法人南投县文化基金会 1995年2版 130页 26cm（16开）定价：TWD300.00

J003748

荣宝斋　（1894—1994）

北京 荣宝斋出版社 1995年 133页 有彩图 29cm（16开）精装 ISBN：7-5003-0272-X

定价：CNY168.00

J003749

艺术博物馆　（画册）王镛主编

郑州 河南教育出版社 1995年 266页 28cm（大16开）ISBN：7-5347-1391-9

定价：CNY85.00

（当代博物馆丛书）

　　主编王镛（1948—　），别署凸斋、鼎楼主人等。生于北京，山西太原人。硕士毕业于中央美术学院。历任中央美术学院教授、书法艺术研究室主任、中国书法家协会篆刻艺术委员会副主任。

J003750

黄河潮　（第四届中国艺术节）

兰州 甘肃人民出版社 1996年 244页 29cm（16开）精装 ISBN：7-226-01617-6 定价：CNY358.00

　　本书以摄影的方式，记录了第四届中国艺术节的开幕、舞台演出、广场演出、展览、经贸洽谈、节日里、闭幕情况。外文书名：Torrents of the Yellow River: The Fourth China Art Festival.

J003751

首届当代艺术学术邀请展　（1996—1997）

首届当代艺术学术邀请展组委会编

广州 岭南美术出版社 1996年 176页 29cm（16开）ISBN：7-5362-1533-9

J003752

世纪辉煌　（第五届中国艺术节）第五届中国艺术节组委会画册编辑部编

成都 四川人民出版社 1998年 175页 29cm（16开）
精装 ISBN：7-220-04044-X 定价：CNY298.00

J003753
星光作证 （中国艺术节）伍松乔主编
成都 四川人民出版社 1998年 430页 有照片
20cm（32开）ISBN：7-220-04131-4
定价：CNY28.00

J003754
'99北京首都艺术博览会 周茂非主编
北京 华文出版社 1999年 192页 29cm（16开）
ISBN：7-5075-0854-4 定价：CNY256.00
　　外文书名：Beijing Capital Art Exposition'99.

J003755
共庆澳门回归祖国——中国艺术大展作品
集 田丹，王增扬主编
澳门 华翰国际文化发展公司 1999年 26×25cm
　　本书由华翰国际文化发展公司和澳门特别
行政区文化局联合出版。

J003756
香港书画团体研究 张惠仪著
香港 香港中文大学艺术系 1999年 235页
有照片 29cm（16开）ISBN：962-85210-3-9
（香港艺术研究）

J003757
迎接新世纪的中国艺术市场 （艺术市场研
讨文集 第2辑）方全林主编
上海 上海书画出版社 1999年 380页 有图
20cm（32开）ISBN：7-80635-540-5
定价：CNY28.00
　　本书收录《中国艺术收藏的环境和问
题》《艺术市场问题面面观》《中国当代艺术市场
四题》《绘画如何走向市场》《艺术家与画廊的代
理合同》等30多篇文章。

J003758
中国著名艺术表演团体 中华人民共和国文
化部对外文化联络局，中华人民共和国文化部
文化艺术人才中心编
北京 中国文联出版公司 1999年 393页
有彩照 29cm（16开）ISBN：7-5059-3486-4

　　本画册收录全国258个艺术表演团体，介绍
了它们的发展简况、主要代表作品、主要艺术家
和出访国家及地区、联系方式等。

中国艺术教育

J003759
中学师范应用美术 朱琼颐等编辑
北平 北师特科美术研究组 1935年 280页
有图 19cm（32开）

J003760
美术高考指南 （水粉写生）
沈阳 辽宁美术出版社 1988年 49页 30cm（10开）
定价：CNY10.00

J003761
美术高考指南 （速写、素描、色彩、工艺美
术）丁宁原著
济南 山东美术出版社 1988年 82页 有图
19cm（32开）ISBN：7-5330-0094-3
定价：CNY4.85
　　作者丁宁原（1939—　　），山东青州人。毕
业于山东艺术专科学校美术系。中国美术家协
会会员，山东省美术家协会副主席，山东师范
大学艺术系教授。主要作品有《重见光明》《出
工》《胜似春光》《灵岩秋色》。出版《丁宁原速写
作品》《丁宁原俄罗斯写生》等。

J003762
美术高考指南 （美术院校试卷评析 创作）张
弘、燕陵编
广州 岭南美术出版社 1993年 16页 有彩图
37cm（8开）ISBN：7-5362-0890-1
定价：CNY5.50
　　编者张弘（1959—　　），湖南宁乡人，生于武
汉，毕业于广州美术学院中国画系。历任广州美
院美术教育系系主任、教授、硕士研究生导师，
中国美术家协会会员，广东美术家协会理事。作
品有《新港》《日月盈昃》《不灭的火焰》《十月秋
染山》《日落而息》。

J003763

美术高考指南 （美术院校试卷评析 工艺）童燕康等编

广州 岭南美术出版社 1993年 24页 有彩图 37cm（8开）ISBN：7-5362-0891-X

定价：CNY9.00

J003764

美术高考指南 （美术院校试卷评析 色彩）陈杰雄，吴正斌编

广州 岭南美术出版社 1993年 16页 有彩图 37cm（8开）ISBN：7-5362-0888-X

定价：CNY6.50

J003765

美术高考指南 （美术院校试卷评析 设计）马高骧编

广州 岭南美术出版社 1993年 16页 有彩图 37cm（8开）ISBN：7-5362-0892-8

定价：CNY7.00

J003766

美术高考指南 （美术院校试卷评析 素描）吴雅琳，盛檬编

广州 岭南美术出版社 1993年 16页 有彩图 37cm（8开）ISBN：7-5362-0889-8

定价：CNY5.40

J003767

美术高考指南 （色彩）王小勤编

合肥 安徽教育出版社 1995年 24页 25×25cm

ISBN：7-5336-1760-6 定价：CNY10.00

J003768

美术高考指南 （素描）陈世和编

合肥 安徽教育出版社 1995年 24页 25×25cm

ISBN：7-5336-1759-2 定价：CNY8.00

J003769

美术高考指南 （图案）金士钦编

合肥 安徽教育出版社 1995年 24页 25×25cm

ISBN：7-5336-1761-4 定价：CNY10.00

J003770

中国美术院校报考指南 谢述先编著

太原 北岳文艺出版社 1988年 107页 有图 26cm（16开）ISBN：7-5378-0157-6

定价：CNY17.50

J003771

中国高等艺术院校简史集 蔡子人，郭淑兰总编；中华人民共和国文化部教育科技司编

杭州 浙江美术学院出版社 1991年 860页 有照片 27cm（大16开）精装

ISBN：7-81019-083-0 定价：CNY50.00

本书介绍了全国专业高等艺术院校29所。其中包括历年在校生和毕业生统计、历年师生参加国际国内艺术比赛获奖名单以及高级职称名录等。

J003772

美术院校考生指导 李升权，李春编

沈阳 辽宁美术出版社 1992年 183页 有图 17×19cm ISBN：7-5314-0922-4

定价：CNY13.00

本书介绍了国内美术院校近年来专业招生考试的情况，包括试卷、试卷评议分析、考场见闻、试卷图例等。编者李升权（1942— ），辽宁锦州人。辽宁美术出版社《美术大观》编辑部副主编，辽宁美术家协会会员，中国工业美协会员，中国书画电视艺术学会会员。

J003773

南京艺术学院史 王秉舟主编；南京艺术学院校史编写组编

南京 江苏美术出版社 1992年 374页 有照片 20cm（32开）ISBN：7-5344-0263-8

定价：CNY10.60

本书记述了1912年至1992年南京艺术学院的创立及发展历史。

J003774

四十春秋 （中央美术学院五二届同学作品集）

北京 1992年 47页 26cm（16开）

J003775

艺术家的摇篮 （上海市青少年艺术学校、上海业余艺术进修学院）墨谷子编著

上海 学林出版社 1992年 105页 有图 20cm（32开）

ISBN：7-80510-754-8 定价：CNY4.50

本书介绍了上海市青少年艺术学校和上海业余艺术进修学院的历史、概况、办学方针及教育方法等。作者墨谷子，号王子，书画家，上海社会科学学会联合会委员，上海市青少年艺术学校校长，上海市业余艺术进修学院院长。

J003776

中国高等美术院校考生试卷评析 （创作·设计）湖北美术出版社编著
武汉 湖北美术出版社 1992 年 53 页 25×26cm
ISBN：7-5394-0302-0 定价：CNY12.00

J003777

中国高等美术院校考生试卷评析 （色彩·水彩·水粉·油画）湖北美术出版社编著
武汉 湖北美术出版社 1992 年 43 页 有彩图
25×26cm ISBN：7-5394-0304-7
定价：CNY12.00

J003778

中国高等美术院校考生试卷评析 （素描·速写·白描）湖北美术出版社编著
武汉 湖北美术出版社 1992 年 56 页 25×26cm
ISBN：7-5394-0303-9 定价：CNY8.00

J003779

中国高等美术院校考生试卷评析 （创作·设计）湖北美术出版社编著
武汉 湖北美术出版社 1996 年 2 版 64 页
25×26cm ISBN：7-5394-0302-0 定价：CNY24.00

J003780

中国高等美术院校考生试卷评析 （色彩 水彩·水粉·油画）湖北美术出版社编著
武汉 湖北美术出版社 1996 年 2 版 54 页
25×26cm ISBN：7-5394-0304-7 定价：CNY20.00

J003781

中国高等美术院校考生试卷评析 （素描·速写·白描）湖北美术出版社编著
武汉 湖北美术出版社 1996 年 2 版 66 页
25×26cm ISBN：7-5394-0303-9 定价：CNY16.00

J003782

报考高等美术院校考生指南 （一把帮助你进入艺术殿堂的金钥匙）四川美术学院招生办公室编
成都 四川美术出版社 1993 年 58 页 25×26cm
ISBN：7-5410-0850-8 定价：CNY24.70

J003783

全国高等艺术院校美术专业高考指南 中华人民共和国文化部教科司规划处编
杭州 浙江美术学院出版社 1993 年 266 页
有图 26cm（16 开）ISBN：7-81019-272-8
定价：CNY23.80

本书主要分为招生政策、报考知识、专业考试要求、各院校招生工作介绍、1990—1993 年各院校试卷、考生作品精选等部分。

J003784

中央美术学院壁画系教师优秀美术作品选 秦岭等绘
沈阳 辽宁美术出版社 1993 年 68 页 24×26cm
ISBN：7-5314-0971-2 定价：CNY48.20

外文书名：The Selected Works by the Teaching Staff of The Central Institute of Fine Arts. 作者秦岭（1931—　），中央美术学院壁画系副教授，中国美术家协会会员。

J003785

艺术苗圃 （中国美术学院附属中等美术学校65 年）施绍辰主编
杭州 中国美术学院出版社 1994 年 252 页
有彩照 26cm（16 开）精装
ISBN：7-81019-365-1 定价：CNY70.00

本书记载了学校发展历史，收录了几代人的生活经历与体验，分为校史、回忆录、各项名录等 4 部分。外文书名：Nursery of arts. 主编施绍辰（1939—　），油画家。祖籍浙江湖州，毕业于中国美术学院油画系。历任中国美术学院教授、学术委员会委员，中国美术学院附中校长，浙江美术家协会常务理事、浙江油画家协会副会长。出版专题油画集《撒哈拉风情》。

J003786

中等艺术学校美术专业报考指南 郭士星主编
太原 山西人民出版社 1994 年 62 页 有彩图
26cm（16 开）ISBN：7-203-03246-9

定价：CNY12.80

J003787

中国当代艺术 （中国美术学院专辑）张雨方主编

北京 新华出版社 1994年 93页 有彩图
29cm（16开）ISBN：7-5011-2532-5
定价：CNY58.00
（中国当代艺术丛书）

本书收录中国画、油画、版画、雕塑和壁挂的作品图片及论文。外文书名：Modern Chinese Art.

J003788

中国美术学院历史·回顾 宋忠元主编

杭州 中国美术学院出版社［1994年］138页
26cm（16开）ISBN：7-81019-342-2
定价：CNY20.00

本书介绍曾在中国美术学院任教的各专业、各画种的专家、教授及其部分代表作品。主编宋忠元（1932—2013），教授。上海奉贤人，毕业于浙江美术学院，留校任教。历任中国美术学院教授、副院长、中国美术家协会理事、浙江美术协会副主席、浙江省文联委员等职。代表作品《文成公主入藏图》《游春图》《邓白像》等。

J003789

高等艺术院校（系科）报考指南 刘相臣主编

北京 中国纺织出版社 1995年 136页 有彩图
19cm（小32开）ISBN：7-5064-1141-5
定价：CNY10.00

J003790

西安美术学院附中学生习作 （素描）西安美术学院附中编

西安 陕西人民美术出版社 1995年 89页
28cm（大16开）ISBN：7-5368-0585-3
定价：CNY12.00

J003791

中国艺术院校艺术团体报考从艺指南 《中国艺术院校艺术团体报考从艺指南》编委会编

大连 辽宁师范大学出版社 1995年 448页
20cm（32开）ISBN：7-81042-054-2
定价：CNY20.00

J003792

中师美术课外活动指导 叶茂涵主编；四川省教育委员会师范处编

成都 四川教育出版社 1996年 2版 172+24页
有图 26cm（16开）ISBN：7-5408-2297-X
定价：CNY12.00

主编叶茂涵（1939— ），四川隆昌人。毕业于西南师范学院美术系。历任成都师范学校教师，四川省艺术教育委员会委员，中国美术家协会四川分会会员，中国教育学会美术专业委员会会员，四川省教育学会理事。主编有《中师美术选修教程》《中师美术课外活动指导》等。

J003793

中央工艺美术学院艺术设计 （图册）袁运甫主编；中央工艺美术学院编著

石家庄 河北美术出版社 1996年 437页
29cm（16开）ISBN：7-5310-0847-5
定价：CNY480.00

本书献给中央工艺美术学院建院四十周年。外文书名：The Artistic Design of the Central Academy of Arts and Design. 主编袁运甫（1933—2017），画家、教育家。江苏南通人，毕业于中央美术学院。历任清华大学美术学院教授、博士生导师、装饰艺术研究所所长，中央工艺美术学院教授，清华大学张仃艺术研究中心主任，中国国家画院公共艺术院院长等。代表作品有《祖国大地》《江山胜揽》《晨曦》等。

J003794

艺术摇篮 （第二辑）张锐林主编；广州市工艺美术职业高级中学编

广州 岭南美术出版社 1997年 68页 29cm（16开）
ISBN：7-5362-1611-4 定价：CNY48.00

J003795

雕塑春秋 （中国美术学院雕塑系七十年）郑朝编撰

杭州 中国美术学院出版社 1998年 276页
有照片 20cm（32开）精装
ISBN：7-81019-650-2 定价：CNY58.00

J003796

湖北省普通高等艺术院校（系科）报考指南 吴荣靖主编

武汉 中国地质大学出版社 1998 年 138 页
有图 19cm（小 32 开）ISBN：7-5625-1235-3
定价：CNY10.00

J003797
鲁迅美术学院美术教育教程 （版画 速写
书法 篆刻）李泽浩主编
哈尔滨 黑龙江美术出版社 1998 年 59 页
29cm（16 开）ISBN：7-5318-0437-9
定价：CNY18.00
　　　主编李泽浩（1939—　），画家、教授。辽
宁辽中县人。毕业于鲁迅美术学院并留校任教。
历任油画系党支部书记、美术教育系主任、学位
委员会副主席、教授，中国高等院校美术教育研
究会副理事长，中国美术家协会会员，辽宁省
美术家协会常务理事。作品有《垦区新兵》《第
二次大沽口之战》《民族魂·聂耳·冼星海》等，出
版《李泽浩画集》。

J003798
鲁迅美术学院美术教育教程 （教师作品）
李泽浩主编
哈尔滨 黑龙江美术出版社 1998 年 118 页 有照
片 29cm（16 开）ISBN：7-5318-0443-3
定价：CNY54.00

J003799
鲁迅美术学院美术教育教程 （平面广告 .CI）
李泽浩主编
哈尔滨 黑龙江美术出版社 1998 年 51 页
29cm（16 开）ISBN：7-5318-0441-7
定价：CNY29.80

J003800
鲁迅美术学院美术教育教程 （漆画 壁画
装饰画）李泽浩主编
哈尔滨 黑龙江美术出版社 1998 年 53 页
29cm（16 开）ISBN：7-5318-0442-5
定价：CNY29.80

J003801
鲁迅美术学院美术教育教程 （商业插图 剪
纸）李泽浩主编
哈尔滨 黑龙江美术出版社 1998 年 51 页
29cm（16 开）ISBN：7-5318-0444-1

定价：CNY22.80

J003802
鲁迅美术学院美术教育教程 （四大变化）李
泽浩主编
哈尔滨 黑龙江美术出版社 1998 年 67 页
29cm（16 开）ISBN：7-5318-0440-9
定价：CNY25.60

J003803
鲁迅美术学院美术教育教程 （素描）李泽
浩主编
哈尔滨 黑龙江美术出版社 1998 年 75 页
29cm（16 开）ISBN：7-5318-0434-4
定价：CNY25.80

J003804
鲁迅美术学院美术教育教程 （油画）李泽
浩主编
哈尔滨 黑龙江美术出版社 1998 年 75 页
29cm（16 开）ISBN：7-5318-0436-0
定价：CNY39.50

J003805
鲁迅美术学院美术教育教程 （中国画）李
泽浩主编
哈尔滨 黑龙江美术出版社 1998 年 75 页
29cm（16 开）ISBN：7-5318-0438-7
定价：CNY39.00

J003806
少年美术教育　周和平编著
北京 教育科学出版社 1998 年 88 页 20cm（32 开）
ISBN：7-5041-1792-7 定价：CNY7.00
（美育丛书）

J003807
学院金秋 （中国美术学院教学成果 1993—
1997）中国美术学院出版社编
杭州 中国美术学院出版社 1998 年 274 页
29cm（18 开）精装 ISBN：7-81019-647-2
定价：CNY370.00

J003808
中国美术学院七十年华

杭州 中国美术学院出版社 1998 年 346 页
有照片 26cm（16 开）ISBN：7-81019-648-0
定价：CNY78.00

J003809
美术院校应试指南　江西美术出版社编
南昌 江西美术出版社 1999 年 171 页 26cm（16 开）
ISBN：7-80580-498-2 定价：CNY16.50

J003810
四川师范学院美术系教师作品集　向新元
主编
成都 四川美术出版社 1999 年 60 页 29cm（16 开）
ISBN：7-5410-1689-6 定价：CNY58.00

J003811
西安美术学院美术作品集　杨晓阳主编
西安 陕西人民美术出版社 1999 年 357 页

35cm（15 开）精装 ISBN：7-5368-1216-7
定价：CNY385.00，CNY360.00（简精装）
　　外文书名：A Collection of Works of Xi'An Art
Institute.

J003812
中央美术学院壁画系　（1979—1999）孙景
波主编
天津 天津人民美术出版社 1999 年 240 页
29cm（16 开）ISBN：7-5305-1003-7
定价：CNY169.00
　　外文书名：Central Academy of Fine Art. 主编
孙景波（1945—　　），画家。生于山东牟平，毕业
于中央美术学院油画研究班，曾赴法国巴黎美术
学院进修油画、壁画。中央美术学院教授，中国
油画家学会理事，中国美术家协会会员。代表作
品《阿细新歌》《阿佤山人》《青海湖》等。

各国艺术（概况）

J003813
日本新美术的新印象　刘海粟编
上海 商务印书馆 1921年 191页 有图 19cm（32开）
定价：大洋六角
　　本书内容包括：第1篇"日本美术展览会的
鸟瞰"，介绍该国八个美术展览会；第2篇"日
本的艺术教育"，介绍东京美术学校，日本美术
学校、川端画学校、关西美术院等11个美术学
校。作者刘海粟（1896—1994），画家、美术教育
家。名槃，字季芳，号海翁。江苏武进人。参与
创办上海私立美术学院。曾任华东艺术专科学
校校长，南京艺术学院院长。代表作《黄山云海
奇观》《披狐皮的女孩》《九溪十八涧》等，有画
集《黄山》《海粟老人书画集》等。

J003814
日本新美术的新印象　刘海粟编
上海 商务印书馆 1925年 3版 191页 有图
19cm（32开）定价：大洋六角

J003815
意大利及其艺术概要　李金发著
上海 商务印书馆 1928年 220页 有图
21cm（32开）定价：大洋一元五角
（文学研究会丛书）
　　本书分文艺复兴与杂述、意大利历史略表、
社会概情、过阿尔卑斯山、米郎、威奴姐、布英
蕊、惠兰紫、罗马、拿破仑等11章。

J003816
意大利及其艺术概要　李金发著
上海 商务印书馆 民国二十三年[1934]国难后1版

256页 有图 19cm（32开）定价：大洋一元五角
（文学研究会丛书）

J003817
近代美术史潮论　（以"民族底色彩"为主
的）（日）板垣鹰穗著；鲁迅译
上海 北新书局 1929年 24+202页 有图
21cm（32开）定价：大洋一元八角
　　本书叙述从法兰西大革命起至20世纪初叶
的欧洲美术史。全书分民族与艺术意欲、法兰西
大革命直前的美术界、古典主义的主导作家、罗
曼蒂克思潮和绘画等10章。译者鲁迅（1881—
1936），中国现代文学家、思想家。生于浙江绍
兴，祖籍河南汝南县。原姓周，幼名樟寿，字豫
山，后改为豫才，青年以后改名树人。公费留学
日本，五四新文化运动的重要参与者。发表中国
史上第一篇白话小说《狂人日记》，代表作还有小
说集《呐喊》《彷徨》，杂文集《华盖集》《三闲集》
等。著作收入《鲁迅全集》。

J003818
近代美术史潮论　（日）板垣鹰穗著；鲁迅译
北京 人民文学出版社 1957年 124页+[108]页
图版 21cm（32开）
统一书号：10019.507 定价：CNY4.10
　　本书论述从法国大革命至近代的欧洲美术
史及思潮，附插画140幅。

J003819
现代欧洲的艺术　（匈）玛察（I.Matsa）著；雪
峰译
上海 大江书铺 1930年 284页 有图 20cm（32开）

定价: 大洋一元
（文艺理论丛书 2）

J003820
现代欧洲的艺术 （匈）I. 玛察（I.Matsa）著;
雪峰译
上海 中华全国木刻协会新艺丛书社 1946 年 订
正重版 172 页 有图 19cm（32 开）
（新艺丛书）
　　本书内容包括: 序论、艺术及文学的各种流
派、文学及艺术的各种倾向、新演剧领域上的实
验、新音乐发展的一般轮廓等章。

J003821
近世美术史概论 （日）板垣鹰穗著; 赵世
铭译
上海 女子书店 1933 年 106 页 17cm（21 开）
定价: 大洋二角五分
（青年文艺丛书）
　　本书概论 17 世纪至 19 世纪欧洲各国建筑、
绘画、雕刻的发展。包括: 近世美术史上的"时
代"与"思潮"、浪漫主义底思想与美术、风景画
的新运动、十九世纪末叶的美术界、欧洲大战后
的美术界等 9 节。

J003822
苏俄艺术总论 （美）弗理曼等著; 克已译
上海 国际书局 1933 年 再版 392 页 有图
18cm（32 开）定价: 一元八角
　　本书分 6 章，综论十月革命后的苏联文学、
戏剧、电影、绘画、雕刻、建筑、音乐等。外文书
名: Voice of October: Art and Literature in Soviet
Russia.

J003823
苏俄艺术总论 （美）弗理曼等著; 克已译
南京 国际译报社 1933 年 392 页 有图
19cm（32 开）定价: 一元二角
（世界名论译丛）

J003824
十九世纪法兰西的美术 刘海粟著
上海 中华书局 1935 年 132 页 有图
22cm（32 开）定价: 银八角
　　本书分两编: 第 1 编为绘画，包括古典主

义、浪漫主义、理想画与装饰画、1830 年之风景
画、平民的美术、印象派及其前后、后期印象主
义等 7 章; 第 2 编为雕刻。作者刘海粟（1896—
1994），画家、美术教育家。名槃，字季芳，号海
翁。江苏武进人。参与创办上海私立美术学院。
曾任华东艺术专科学校校长，南京艺术学院院
长。代表作《黄山云海奇观》《披狐皮的女孩》《九
溪十八涧》等，有画集《黄山》《海粟老人书画
集》等。

J003825
东洋美术史 （上卷）史岩著
上海 商务印书馆 1936 年 26+469 页 有图
23cm（10 开）定价: 国币二元四角
　　本书分太古史、中古史两篇，共 16 章，略
述中国、印度、日本、朝鲜、锡兰以及中亚细亚
各国各时代的美术作风、倾向、特征及主要艺术
家、作品等。作者史岩（1904—1994），教授。生
于江苏宜兴，毕业于上海大学美术系。曾任金陵
大学文学院副教授，国立敦煌艺术学院华东分院
图书馆馆长，浙江美术学院教授、博士生导师。
著作有《色彩学》《室内装饰美术》《绘画的理论
与实际》《东洋美术史》等。

J003826
东洋美术史 （上卷）史岩著
上海 上海书店 1990 年 影印本 469 页 有图
19cm（32 开）ISBN: 7-80569-303-X
定价: CNY6.20
　　本书主要讲述中国、印度、日本等东方国家
美术史，联系各时代的政治、外交、文化、宗教、
风俗以及一般思想加以阐述。

J003827
苏联艺术讲话 葛一虹，田鲁编译
上海 读书生活出版社 1937 年 159 页
有图 19cm（32 开）定价: 国币五角
　　本书为苏联现代艺术史，内分 6 章，论述苏
联十月革命后的戏剧、歌剧、舞剧、电影、雕塑、
绘画、建筑等艺术发展。

J003828
德国绘画木刻展览会 ［中德学会］编
北平 中德学会 ［1942 年］21 页 24cm（26 开）
线装

本书是展览会目录，包括绘画、木刻两部分。外文书名：Ausstellung Deutscher Malerei und Graphik.

J003829

现代欧洲艺术思潮 吴景嵩著

上海 永祥印书馆 1945 年 75 页 19cm（32 开）（青年知识文库 第一辑 11）

本书分 12 章，内容包括：传统艺术方法的摆脱、所谓后期印象派、关于野兽派、现代德国画派、抽象形式理论的历史根据、立体主义、两个德国画家、超现实主义派等。

J003830

现代欧洲艺术思潮 吴景嵩著

上海 永祥印书馆 1947 年 再版 75 页 17cm（32 开）（青年知识文库 第一辑 11）

本书内容包括：传统艺术方法的摆脱、所谓后期印象派、关于野兽派、现代德国画派、抽象形式理论的历史根据、立体主义等 12 章。

J003831

南洋美术专科学校复校三周年第三届毕业纪念刊 南洋美术专科学校第三届毕业刊编辑委员会编

南洋美术专科学校第三届毕业班 1949 年 142 页 有图 27cm（16 开）

J003832

苏联艺术的发展 刘汝醴编译

旅大 旅大中苏友好协会 1949 年 109 页 18cm（32 开）（友谊丛书 25）

本书内容包括：苏联美术的发展、苏联的音乐生活、苏联的建筑思想等。

J003833

苏联艺术的发展 刘汝醴编译

上海 时代出版社 1950 年 104 页 20cm（32 开）定价：5.00

J003834

日本人民反帝斗争照片木刻集 中央人民政府文化部对外文化联络事务局辑

北京 中央人民政府文化部对外文化联络事务局 1951 年 26cm（16 开）

J003835

苏联的美术 倪焕之编译

上海 时代出版社 1951 年 116 页 20cm（32 开）定价：旧币 13,900 元

J003836

意大利文艺复兴期的美术 江丰编著

上海 万叶书店 1952 年 40+69 页 有图 20cm（32 开）定价：旧币 9,500 元

作者江丰（1910—1982），版画家、美术教育家、美术评论家。原名周熙，笔名高岗、固林、江烽，介福。上海人。历任《前线画报》编辑，鲁迅艺术学院美术部主任，中华全国美术工作者协会副主席，中央美术学院院长，中国美术家协会主席。出版有《江丰美术论集》。

J003837

印度艺术展览 全印美术工艺协会编

北京 全印美术工艺协会 1952 年 27 页 有图 26cm（16 开）

J003838

苏联艺术三十五年 （苏）盖拉西莫夫（А.Ге-расимов）著；倪焕之译

北京 人民美术出版社 1953 年 36 页 有图 20cm（32 开）定价：旧币 8,000 元

J003839

蒙古人民共和国美术展览会

北京 1954 年 32 页 20cm（32 开）

J003840

蒙古人民共和国美术作品选集 人民美术出版社编

北京 人民美术出版社 1954 年 30 页 26cm（16 开）定价：旧币 24,000 元

J003841

蒙古人民共和国美术作品选集 人民美术出版社编

北京 人民美术出版社 1955 年 26cm（16 开）定价：CNY2.40

J003842

十八世纪俄罗斯艺术发展的道路 （苏）左
托夫（А.Зотов）著；倪焕之译
上海 华东人民美术出版社 1954 年 62 页
有图 21cm（32 开）定价：旧币 8,600 元
（造型艺术理论译丛）

J003843

**十八世纪十九世纪前半叶俄罗斯艺术发展
的道路** （俄）А.佐托夫著；倪焕之，赵琦译
上海 上海人民美术出版社 1954 年 110+15 页
有图 19cm（小 32 开）定价：CNY0.75
（造型艺术理论译丛）

J003844

十九世纪前半叶俄罗斯艺术发展的道路
（苏）左托夫（А.Зотов）著；赵琦译
上海 华东人民美术出版社 1954 年 49 页
有图 21cm（32 开）定价：旧币 8,500 元
（造型艺术理论译丛）

J003845

苏联的业余艺术活动 上海市中苏友好协
会译
上海 新文艺出版社 1954 年 23 页 有图
18cm（32 开）定价：旧币 1,400 元

J003846

苏联的艺术 接待苏联来华展览办公室宣传
处编
接待苏联来华展览办公室宣传处 1954 年 36 页
有图 19cm（32 开）

J003847

苏联美术论文集 （一）（苏）季米特里叶瓦等
著；秦顺新等译
上海 华东人民美术出版社 1954 年 58 页
有图 21cm（32 开）定价：旧币 8,800 元
（造型艺术理论译丛）
　　本书收录《造型艺术中的典型问题》《苏
维埃宣传画是布尔什维克宣传工作的重要手
段》《论宣传画——一个艺术家的札记》《库克雷
尼克塞的政治讽刺画》《给库克雷尼克塞的一封
信》《论茹可夫为小说〈真正的人〉所绘的插图》。

J003848

苏联美术论文集 （二）（苏）尤恩等著；严摩
罕等译
上海 华东人民美术出版社 1954 年 144 页
有图 21cm（32 开）定价：旧币 12,000 元
（造型艺术理论译丛）
　　本书收录《论生活的真实与艺术的技
巧》《论绘画的构图》《论肖像画家的技法》《我怎
样创作〈战斗后的休息〉》《拉克基昂诺夫的〈前
线的来信〉》等。

J003849

苏联美术论文集 （三）（苏）格拉西莫夫等著；
袁文德等译
上海 上海人民美术出版社 1957 年 158 页
有图 21cm（32 开）统一书号：T8081.1880
定价：CNY1.00
（造型艺术理论译丛）
　　本书收录《我们的艺术的道路》《传统与革
新》《论艺术性》《论绘画的构图》《雕刻家的心
曲》《论实用艺术的本质和特点》《论纪念性装饰
雕刻与建筑的结合》。

J003850

苏联美术论文集 （四）（苏）约干松等著；佟
景韩等译
上海 上海人民美术出版社 1958 年 82 页
20cm（32 开）统一书号：8081.4203
定价：CNY0.48
（造型艺术理论译丛）
　　本书收录《与青年画家论创作》《论构图教
学》《素描教学的任务》《论卡尔陀夫斯基教育
工作中的教学原则》等。作者约干松（Борис
Владимирович Иогансон, 1893— ？），苏联
画家。全名波里斯·弗拉基米洛维奇·约干松，毕
业于莫斯科绘画、雕刻、建筑专科学校。作品
有《受审》《1919 年的铁路交叉站》《苏维埃法
庭》《工农预备大学学生出来了》等。

J003851

苏联造型艺术展览品目录
北京 1954 年 [22 页] 有图 24cm（16 开）

J003852

一九五二年苏联造型艺术 （苏）德米特利耶

娃(Н.Дмитриева)等著；姚岳山等译
上海 华东人民美术出版社 1954 年 74 页
有图 21cm(32 开)定价：旧币 8,200 元
（造型艺术理论译丛）

J003853
解放后十年来罗马尼亚造型艺术　对外文
化联络局编
北京 对外文化联络局 1955 年 5 页 19cm(32 开)
（文化交流资料丛刊 9 ）

J003854
论苏联的造形艺术　（苏）尼基弗罗夫(Б.Ни-
кифоров)著；钟宁等译
北京 朝花美术出版社 1955 年 41 页 有图
19cm(32 开)定价：旧币 2,500 元

J003855
罗马尼亚美术作品选集　上海人民美术出版
社编辑
上海 上海人民美术出版社 1955 年 影印本
51 页 24cm(26 开)定价：CNY1.80

J003856
罗马尼亚人民共和国民间艺术展览会　中
华人民共和国国务院对外文化联络局主办
北京 中华人民共和国国务院对外文化联络
局 1955 年 58 页 有图 21cm(32 开)

J003857
蒙古人民共和国的造型艺术　北京大学东方
语文系译；中华人民共和国国务院对外文化联
络局编辑
北京 中华人民共和国国务院对外文化联络局
1955 年 9 页 18cm(15 开)
（文化交流资料丛刊 3 ）

J003858
苏联的艺术　苏联经济及文化建设成就展览
会广州办公室宣传处编
广州 苏联经济及文化建设成就展览会 1955 年
52 页 有图 19cm(32 开)

J003859
索非亚国家艺术陈列馆　对外文化联络局编

北京 对外文化联络局 1955 年 4 页 19cm(32 开)
（文化交流资料丛刊 14 ）

J003860
为造型艺术进一步繁荣而斗争　（苏）约干
松(Б.Иогансон)著；孙建平译
上海 新艺术出版社 1955 年 29 页 有图
19cm(32 开)定价：CNY0.23
　　译者孙建平(1948—　)，画家。天津人，
毕业于天津美术学院油画专业。曾任天津美术
学院绘画系油画教研室主任，中国美术家协会
会员。作品有《韦启美先生》《剧终》《同仇敌
忾》《高原秋》等。

J003861
印度艺术　游云山撰
香港 原泉出版社 1955 年 184 页 有图 21cm(32 开)

J003862
埃及艺术展览会　（1956）文化部主办
北京 文化部 1956 年 [42]页 24cm(26 开)

J003863
东方艺术丛谈　常任侠著
上海 新文艺出版社 1956 年 192 页 有图
21cm(32 开)统一书号：10078.1183
定价：CNY1.10, CNY1.80（精装）
　　本书是讨论和介绍东方各民族优秀艺术的
专著。主要研究它们产生和发展的过程，以及相
互间的交流关系，分古典艺术初探和东方文艺交
流两篇。作者常任侠(1904—1996)，艺术考古学
家、东方艺术史研究专家、诗人。别名季青，生
于安徽颍上县。毕业于南京中央大学文学院，并
留校任教。历任国立北平艺术专科学校特级教
授，中央美术学院教授，国家文物鉴定委员会委
员。代表作品有《毋亡草》《祝梁怨》《亚细亚之
黎明》等。

J003864
东方艺术丛谈　常任侠著
上海 上海文艺出版社 1984 年 新 1 版 348 页
有照片 21cm(32 开)统一书号：10078.1183
定价：CNY1.70

J003865

苏联美术家创作经验谈　（苏）茹可夫（Н.Н.Жуков）等著；钱景长，张同霞译

上海 上海人民美术出版社 1956 年 70 页 20cm（32 开）统一书号：8081.1744

定价：CNY0.75

（造型艺术理论译丛）

J003866

匈牙利造型艺术复制图片展览　（1800—1954）对外文化联络局主办

北京 对外文化联络局 1956 年 18×19cm

J003867

埃及美术概观　潘公昭编著

北京 朝花美术出版社 1957 年 84 页 有图 21cm（25 开）统一书号：8028.1570

定价：CNY0.66

　　本书内容有 1、埃及美术发展的轨迹；2、埃及建筑美术的发展；3、埃及雕刻美术的发展；4、埃及绘画美术的发展；5、埃及工艺美术的发展。附 7 页图版。

J003868

论苏维埃艺术中美的问题　（苏）德米特里耶娃（Н.Дмитриева）等著；杨成寅等译

上海 上海人民美术出版社 1957 年 180 页 20cm（32 开）统一书号：8081.2681

定价：CNY0.95

（造型艺术理论译丛）

　　本书内容包括：几个美学问题、艺术形象是反映现实的形式、论苏维埃艺术中美的问题、列宁与美学问题、苏联艺术中的遗产问题、艺术创作上的一些迫切问题。译者杨成寅（1926—2016），美术理论家、雕塑家。河南南阳市人，毕业于中央美院研究生班并留校任教。曾任《美术理论资料》《美术译丛》等刊物编辑，中国美术学院教授，中国美术家协会会员。雕塑作品有《晨读》《汤显祖像》《谢文锦像》等。

J003869

苏联经济及文化建设成就展览会美术作品选集　中苏友好协会总会［编］

北京 人民美术出版社 1957 年 影印本 98 页 21×25cm 精装

统一书号：8027.943 定价：CNY5.00

J003870

匈牙利的造型艺术　王文秋编

上海 上海人民美术出版社 1957 年 影印本 8+26 页 有图 18cm（32 开）

统一书号：T8081.1720 定价：CNY0.38

J003871

意大利访华美术家作品选集　人民美术出版社编辑

北京 人民美术出版社 1957 年 影印本 40 页 26cm（16 开）统一书号：8027.1085

定价：CNY3.20

J003872

越南民主共和国美术作品选集　安靖编

北京 人民美术出版社 1957 年 影印本 60 页 26cm（16 开）统一书号：8027.1167

定价：CNY8.70

J003873

保加利亚美术　（苏）马夫罗金诺夫（Н.Мавродинов）著；张荣生等译

北京 人民美术出版社 1958 年 45 页 有图 18cm（15 开）统一书号：8027.1343

定价：CNY1.15

　　本书内容包括："文艺复兴初期"、"文艺复兴"、"革命者时期"、"解放后保加利亚艺术的现实主义时期"、"古典主义和印象主义"、"'民族艺术'时期"、"最新一代的艺术家"。译者张荣生（1932—　），教授。别名荣升，辽宁营口人，毕业于哈尔滨外国语学院。任中央美术学院俄语老师、编译，共同课教研室主任、教授。编著有《非洲岩石艺术》《柯罗——艺术家·人》《非洲雕刻》《俄汉对照美术专业常用词汇编》等。

J003874

芬兰艺术展览会　中国人民对外文化协会编

北京 中国人民对外文化协会 1958 年 37 页 26cm（16 开）

J003875

罗马尼亚美术　（苏）蒂霍米罗夫著；张荣生，吕圣尧译

北京 人民美术出版社 1958 年［83］页
18cm（15 开）统一书号：T8027.1335
定价：CNY1.00

J003876

全苏美术家代表大会报告、发言集 （苏）
K.尤恩等著；钱琼平等译
上海 上海人民美术出版社 1958 年 527 页
21cm（32 开）统一书号：8081.2968
定价：CNY2.60

J003877

十六与十七世纪欧洲的美术 （苏）阿尔巴托
夫（M.B.Алпатов）著；中央美术学院美术史
研究室译
北京 人民美术出版社 1958 年 200 页 20cm（32 开）
统一书号：8027.1553 定价：CNY1.40

J003878

苏维埃俄罗斯美术 （苏）列昂节夫（А.И.Ле-
онов）等编；冯湘一，吕叔东译
北京 朝花美术出版社 1958 年 298+161+25 页
有图 21cm（32 开）统一书号：8028.1662
定价：CNY3.00

J003879

伊拉克共和国艺术展览会 中华人民共和国
对外文化联络委员会编
北京 中华人民共和国对外文化联络委员会
1958 年 21cm（32 开）

J003880

印度尼西亚华侨美工团作品选集 鲁少飞，
张贻来编
北京 人民美术出版社 1958 年 100 幅
38cm（6 开）精装 统一书号：8027.1275
定价：CNY19.00

J003881

1955—1957 苏联美术家作品展览会 （油
画、雕塑、版画）对外文化联络委员会编辑
［北京］对外文化联络委员会 1959 年 25cm（15 开）

J003882

朝鲜民主主义人民共和国造型艺术展览会

中华人民共和国对外文化联络委员会，中国美
术家协会［主编］
北京 中华人民共和国对外文化联络委员会
1959 年 有图 22cm（30 开）
　　本书由中华人民共和国对外文化联络委员
会和中国美术家协会联合出版。

J003883

苏联艺术理论四十年 苏联美术学院美术理
论与美术史研究所，苏联科学院艺术史研究所
编；孙越生等译
北京 人民美术出版社 1959 年 182 页 21cm（32 开）
统一书号：8027.2603 定价：CNY0.80

J003884

匈牙利革命艺术展览会 对外文化联络委员
会等编
北京 对外文化联络委员会 1959 年 18×24cm

J003885

德意志民主共和国造型艺术选集 （1949—
1959）（德）R.汉涅等绘；上海人民美术出版社
编辑
上海 上海人民美术出版社 1961 年 26cm（16 开）
精装 统一书号：T8081.4842 定价：CNY20.00
　　本书选编 1959 年在中国举行的"德意志民
主共和国建国十周年艺术展览会"中的部分作品
96 件。其中有油画、石版画、木版画、铜版画、
雕塑，以及水彩、水粉和毛笔画等多种形式，题
材内容以表现日常生活居多，还有少数表现中德
友谊和中国风情的作品。

J003886

罗马尼亚民间艺术展览会 对外文化联络委
员会等编
北京 对外文化联络委员会 1961 年 14 页
26cm（16 开）

J003887

希腊艺术 朱龙华著
上海 上海人民美术出版社 1962 年 79 页 有图
21cm（32 开）统一书号：8081.5135 定价：CNY0.98
　　本书内容包括：荷马时代的希腊艺术、古式
时代的希腊艺术、古典时代的希腊艺术等。作者
朱龙华（1931—　），教授。广西桂林人，毕业于

北京大学,并留校任教。主要著作有《古代世界史参考图集》《希腊艺术》《意大利文艺复兴》等,编有《波提切利》,译著有《文艺复兴时期的佛罗伦萨》。

J003888

伊拉克美术简介　(伊拉克)哈立德·迦底尔著;纳忠译

北京 人民美术出版社 1962年 26页 有图 20cm(32开)统一书号:8027.3731 定价:CNY1.64

J003889

拉丁美洲古代美术　陈荣豪等编著

上海 上海人民美术出版社 1963年 [121]页 有图 21cm(32开)统一书号:8081.5275 定价:CNY1.30

J003890

印度的文明　(法)格鲁塞著;常任侠,袁音译

北京 商务印书馆 1965年 203+246页 有图 21cm(32开)精装 统一书号:11017.245 定价:CNY3.60

　　外文书名:The Civilizations of the East. 译者常任侠(1904—1996),艺术考古学家、东方艺术史研究专家、诗人。别名季青,生于安徽颍上县。毕业于南京中央大学文学院,并留校任教。历任国立北平艺术专科学校特级教授,中央美术学院教授,国家文物鉴定委员会委员。代表作品有《毋亡草》《祝梁怨》《亚细亚之黎明》等。

J003891

印度艺术　晓云法师撰

台北 水牛出版社 1971年 [50]+229页 有图 21cm(32开)

(现代青年丛书)

J003892

印度艺术　晓云法师著

台北 水牛图书出版事业公司 1983年 229页 有图 21cm(32开)

(现代青年丛书 22)

J003893

米开朗基罗　(意)米开朗基罗(B. Michelan-gelo)绘

北京 人民美术出版社 1978年 33幅 26cm(16开)统一书号:8027.6880 定价:CNY0.42

　　本书为意大利近代美术作品专著。介绍文艺复兴时期意大利艺术家米开朗基罗的雕刻和绘画作品。作者米开朗基罗(Michelangelo Buonarroti, 1475—1564),又译米开朗琪罗。意大利文艺复兴时期的绘画家、雕塑家、建筑师和诗人。毕业于圣马尔谷修道院美第奇学院。文艺复兴时期雕塑艺术最高峰的代表,与拉斐尔和达芬奇并称为文艺复兴后三杰。代表作品《大卫》《摩西》《奴隶》《创世纪》等。

J003894

米开朗基罗　(意大利)米开朗基罗·波纳罗蒂绘;郭文堉编

北京 人民美术出版社 1983年 32页 有图 26cm(16开)

　　编者郭文堉(1932—　　),女,编辑、教授。河北保定人,毕业于中央美术学院。历任吉林艺专、长春电影学院美术系、东北师大艺术系教师,天津美术学院教授。　出版有《达芬奇》《米开朗基罗》《拉斐尔》《德加》等。

J003895

古代的夏威夷及其艺术　金荣华著

台北 正中书局 1979年 138页 有图 18cm(32开)定价:TWD0.90

(正中文艺丛书)

J003896

印度与东南亚美术发展史　常任侠编著

上海 上海人民美术出版社 1980年 202页 21cm(32开)统一书号:8081.11377 定价:CNY1.40

　　本书共6章29节。第1章,印度史前及上古艺术;第2章,印度古代佛教艺术;第3章,印度中世纪印度教艺术;第4章,印度近代伊斯兰教艺术;第5—6章,叙述东南亚诸国的艺术,包括斯里兰卡僧伽罗人的艺术、狮子岩的壁画艺术、印度尼西亚马来人的艺术、婆罗浮屠的雕刻艺术、普兰巴南的雕刻艺术、中南半岛古代诸国概述、柬埔寨克美尔人的艺术、吴哥瓦特的雕刻艺术、越南和老挝、卡姆人的艺术、泰国孟人的艺术等。

J003897

爱德华多·鲍洛齐雕塑、素描、版画 香港艺术馆编

香港 香港市政局 1981 年 32 页 23cm（ 10 开）
ISBN: 962-215-033-0 定价：HKD7.00

外文书名：Eduardo Paolozzi sculptures · drawings · prints.

J003898

近东与中东的文明 （法）雷奈·格鲁塞著；常任侠，袁音译

上海 上海人民美术出版社 1981 年 165+15 页
有图 20cm（ 32 开）统一书号：8081.11943
定价：CNY1.15

作者雷奈·格鲁塞，法兰西科学院院士，东方文化研究家，法国格米博物馆馆长。

J003899

三校联合美展专辑 （中国文化大学美术学系、新加坡南洋美术专科学院、马来西亚艺术学院）台北历史博物馆编

台北 历史博物馆 1983 年 84 页 有图 25cm（ 16 开）

J003900

欧洲美术馆导游 雄狮美术编著

台北 雄狮图书公司 1984 年 168 页 有图 21cm（ 32 开）定价：TWD120.00
（美的丛刊 2）

J003901

欧洲艺术之旅 叶蝉贞著

台北 文化大学出版部 1984 年 294 页
有图 21cm（ 32 开）定价：TWD300.00

J003902

美国美术史 （苏）契格达耶夫著；晨朋译

北京 文化艺术出版社 1985 年 158 页
有图 19cm（ 32 开）统一书号：8228.081
定价：CNY1.65

本书系美国美术史论的研究专著。对 18 世纪末至 20 世纪中期近 200 年的美国美术作了较全面的研究。对各时期的艺术特征，发展特点、意义，以及各流派的斗争也进行了系统的阐述。 作者契格达耶夫，苏联美术理论博士，教

授。从事西方美术史论的研究。

J003903

欧洲美术史 王琦主编

上海 上海人民美术出版社 1985 年 788 页
有图 19cm（ 32 开）统一书号：8081.13486
定价：CNY9.65

本书共 9 编，每编分若干章节。前 7 编论述西欧美术发展状况；后两编论述东欧美术的发展状况。附图 449 幅，均为各时期的绘画、雕塑、建筑的代表作品。

J003904

文艺复兴欧洲艺术 苏联艺术科学院美术理论与美术史研究所编；严摩罕等译

北京 人民美术出版社 1985 年 2 册（692 页）
有图 20cm（ 32 开）统一书号：8027.8851
定价：CNY5.45

本书为苏联艺术科学院史论研究所于 50 年代出版的 6 卷本《世界美术通史》的一部分。文艺复兴是西方艺术的第二个高峰，在世界文化史上十分重要。作者详尽地评介了这一时期的美术。附黑白图 235 幅。

J003905

中东艺术史 （古代）（埃及）伊斯梅尔著；朱威烈，郭黎译

上海 上海人民美术出版社 1985 年 243 页
20cm（ 32 开）统一书号：8081.13960
定价：CNY3.60

J003906

中东艺术史 （希腊人侵至伊斯兰征服）（埃及）阿拉姆著；朱威烈译

上海 上海人民美术出版社 1992 年 144 页
有图 20cm（ 32 开）ISBN: 7-5322-0006-X
定价：CNY4.50

本书介绍了中东地区被亚历山大大帝攻占后的文化艺术，亦即希腊化艺术和基督教艺术，其中包括建筑、雕塑、绘画等造型艺术。

J003907

从乌东到德加 （法）朗多斯基（Lanolowski, P.）著；沈宝基译

成都 四川美术出版社 1986 年 74 页 有照片

19cm（32开）统一书号：8373.695 定价：CNY0.90

J003908

法意美术考察　王德威著
杭州 浙江人民美术出版社 1986年 25页
有照片 20cm（32开）统一书号：8156.1297
定价：CNY2.70

　　本书旨在介绍法、意两国的传统艺术和世界现代艺术状况，以及法、意两国的美术教育情况。书后附有彩色图版56幅。作者王德威（1927—1984），教授。河北高阳人，毕业于杭州美术学院。历任《儿童画报》《华中少年画报》主编，浙江美术学院副教授、副院长。中国美术家协会浙江分会副主席，中国美术家协会理事。主要作品有《渡江战役》《刘少奇同志在林区》《英雄的姐妹们》等。出版有《王德威法国意大利写生（册页装）油画》。

J003909

纽约美术家十一人作品展　岭南美术出版社编辑
广州 岭南美术出版社 1986年 26cm（16开）
定价：CNY2.80

J003910

欧洲美术鉴赏　左庄伟编著
南京 江苏美术出版社 1986年 348页 有图
19cm（32开）定价：CNY3.20

J003911

遨游美的世界　（莫斯科）（苏）别索洛娃（Бес-сонова, Н.）著；桑抗等译
重庆 重庆出版社 1987年 286页 有图
19cm（32开）ISBN：7-5366-0116-6
定价：CNY1.85

J003912

从德拉克罗瓦到新印象派　（法）西涅克著；闵叔骞译
北京 人民美术出版社 1987年 85+53页
19cm（32开）ISBN：7-102-00226-2
定价：CNY1.40

J003913

罗浮宫美术馆　（Ⅰ 文明的曙光 古埃及巡

礼）龙和出版公司编辑委员会编译
［台北］龙和出版公司编辑委员会 1987年
192页 有图 30cm（10开）精装
定价：TWD7000.00（全7册）

J003914

罗浮宫美术馆　（Ⅱ 地中海世界的光辉 古希腊、罗马）龙和出版公司编辑委员会编译
台北 龙和出版公司编辑委员会 1987年
191页 有图 30cm（10开）精装
定价：TWD7000.00（全7册）

J003915

罗浮宫美术馆　（Ⅲ 神的王国与人类都市 从中世纪到文艺复兴）龙和出版公司编辑委员会编译
台北 龙和出版公司编辑委员会 1987年
191页 有图 30cm（10开）精装
定价：TWD7000.00（全7册）

J003916

罗浮宫美术馆　（Ⅳ 文艺复兴的波动：法兰德尔、德意志、意大利、法国）龙和出版公司编辑委员会编译
台北 龙和出版公司编辑委员会 1987年
191页 有图 30cm（10开）精装
定价：TWD7000.00（全7册）

J003917

罗浮宫美术馆　（Ⅴ 巴洛克的光与影 意大利、西班牙、法兰德尔、荷兰）龙和出版公司编辑委员会编译
台北 龙和出版公司编辑委员会 1987年
191页 有图 30cm（10开）精装
定价：TWD7000.00（全7册）

J003918

罗浮宫美术馆　（Ⅵ 法国艺术之花：路易王朝时代）龙和出版公司编辑委员会编译
台北 龙和出版公司编辑委员会 1987年
184页 有图 30cm（12开）精装
定价：TWD7000.00（全7册）

J003919

罗浮宫美术馆　（Ⅶ 浪漫派的抬头 步入现代

的序曲）龙和出版公司编辑委员会编译
台北 龙和出版公司编辑委员会 1987年
184页 有图 30cm（10开）精装
定价：TWD7000.00（全7册）

J003920

欧洲美术中的神话与传说　王观泉著
台北 金枫出版公司 1987年 207页 有图
17cm（40开）定价：TWD49.50
（495系列 98）

J003921

托尔斯泰与造型艺术　苏联美术科学院编；
张荣生，刘泽善译
西安 陕西人民美术出版社 1987年 263页 有图
20cm（32开）统一书号：10119.51 定价：CNY2.45

J003922

艺术·自然·自我　（克利日记选）（瑞士）克利
著；雨云译
南京 江苏美术出版社 1987年 178页 有图
19cm（32开）统一书号：8353.7.021
定价：CNY1.70
（外国现代美术理论丛书）

　　作者保罗·克利（Paul Klee，1879—1940），瑞
士画家。毕业于慕尼黑美术学院，曾任教于包豪
斯学院。其作品多以油画、版画、水彩画为主，
代表作品有《亚热带风景》《老人像》等。

J003923

巴洛克大师贝尼尼　华莱士（Wallace，R.）著；
毛保诠译
北京 人民美术出版社 1988年 110页 有图
19cm（32开）ISBN：7-102-00379-X
定价：CNY2.25
（世纪美术文库）

　　本书论述的巴洛克艺术产生于16世纪下
半叶的意大利，鼎盛期是在17世纪，它是欧洲
文艺复兴后一种强调豪华、壮丽、金碧辉煌的艺
术体裁。外文书名：The World of Bernini. 乔凡
尼·洛伦佐·贝尼尼（Gian Lorenzo Bernini，1598—
1680），意大利雕塑家、建筑家、画家。代表作品
有《阿波罗和达芙娜》《大卫》《巴贝里尼宫》《蒙
地卡罗皇宫》等。

J003924

非洲黑人艺术　张荣生著
北京 人民美术出版社 1988年 121页 有图
19cm（32开）ISBN：7-102-00378-1
定价：CNY2.35
（世纪美术文库）

　　本书内容分4章，包括："非洲岩石艺术"、
"尼日利亚的中世纪艺术"、"刚果河流域各族的
艺术"、"沃尔特河流域各族的艺术"。作者张荣
生（1932—　　），教授。别名荣升，辽宁营口人，
毕业于哈尔滨外国语学院。任中央美术学院俄
语老师、编译，共同课教研室主任、教授。编著
有《非洲岩石艺术》《柯罗——艺术家·人》《非洲
雕刻》《俄汉对照美术专业常用词汇编》等。

J003925

今日美国艺术　（美）史密斯著；范岳等译
沈阳 辽宁大学出版社 1988年 159页
28cm（大16开）精装 ISBN：7-5610-0307-2
定价：CNY50.00

　　本书比较全面地反映当时美国画坛风格各
异的艺术风貌。探讨了绘画风格上的新的多元
化和与日俱增的地方特征两个重要方面。作者
史密斯，美国伊利诺斯大学文化与教育系教授。

J003926

日本美术史　（日）町田甲一著；莫邦富译
上海 上海人民美术出版社 1988年 428页
有肖像 20cm（32开）精装
ISBN：7-5322-0208-9 定价：CNY11.30
（外国美术史丛书）

　　本书内容自史前起至现代止，分11章介绍
日本美术的发展史。

J003927

西方现代美术流派介绍　朱铭著
济南 山东美术出版社 1988年 29页 有图
19cm（32开）ISBN：7-5330-0065-X
定价：CNY1.25

　　作者朱铭（1937—2011），教授。江苏泰州人，
毕业山东师范大学艺术系。历任山东艺术学院
教授，中国美术家协会会员，山东美协理事，山
东省广告协会副会长。

J003928

西洋美术图史 （日）富永惣一主编；牛山公男，高阶秀二解说；王振华等译

北京 人民美术出版社 1988 年 2 册 有图 19cm（32 开）ISBN：7-102-00060-X

定价：CNY16.50

J003929

日本美术史 （日）石田一良著；朱伯雄，平砚译

杭州 浙江美术学院出版社 1989 年 157 页 有图 19cm（32 开）ISBN：7-81019-019-9

定价：CNY4.50

J003930

西方美术史 （英）伍德福特等著；平野，赵怿贤译

成都 四川美术出版社 1989 年 608 页 有图 20cm（32 开）ISBN：7-5410-0310-7

定价：CNY15.80

（剑桥大学艺术史丛书）

J003931

西方美术史 范梦著

太原 山西教育出版社 1993 年 531 页 有图 21cm（32 开）

　　本书主要对古希腊古罗马、画家与画派、杰出作品、创作技巧、风格演变等作了详尽的介绍和分析。作者范梦（1938— ），教授。山东冠县人，毕业于中央美术学院。历任山东师范大学美术系副教授，中国美术家协会会员、中国版画家协会会员、山东美学学会理事。著有《西方美术史》《中外画家谈素描》《东方美术史》等。

J003932

西方美术史 范梦著

太原 山西教育出版社 1993 年 529 页 有彩图 20cm（32 开）ISBN：7-5440-2338-8

定价：CNY16.00，CNY20.80（精装）

　　本书从人类与美术的起源始笔，介绍了西方美术数千年发展史中古希腊罗马、文艺复兴、十九世纪这三次高峰时期的整体美术面貌、画家与画派、杰出作品、创作技巧等。外文书名：History of the West's Art.

J003933

西方艺术大观 （日）八代修次著；庄玮，格非译

北京 中国广播电视出版社 1989 年 114 页 19cm（32 开）ISBN：7-5043-0206-6

定价：CNY1.80

　　作者八代修次（1926— ），日本庆应义塾大学文学系教授。

J003934

希腊艺术手册 （古代希腊视觉艺术的遗产）（英）里克特（Richter，G.M.A.）著；李本正，范景中译

杭州 浙江美术学院出版社 1989 年 257 页 有图 26cm（16 开）ISBN：7-81019-016-4

定价：CNY12.50

　　本书共 3 部分；第一部分：希腊雕刻第；二部分：希腊绘画和镶嵌画；第三部分：陶器与瓶饰画。

J003935

巴黎现代艺术 陈英德著

台北 艺术家出版社 1990 年 472 页 有图 22cm（30 开）定价：TWD300.00

（艺术家丛书）

J003936

德国绘画雕塑百图 人民美术出版社编辑

北京 人民美术出版社 1990 年 24 页 19cm（32 开）ISBN：7-102-00601-2 定价：CNY6.50

　　本书分时期介绍了德国绘画与雕塑方面的重要作品，德国专家在前言中对德国美术史加以介绍。

J003937

俄罗斯苏联美术史 奚静之著

台北 艺术家出版社 1990 年 573 页 有图 21cm（32 开）定价：TWD450.00

（艺术家丛书）

　　本书内容包括：第 1 部分"俄罗斯美术（10世纪—1917）"，收录《拜占庭文化的移植与古俄罗斯民族艺术的形成——古俄罗斯的美术》《彼得大帝的改革和"西化"——18 世纪上半期的美术》《在意大利、法国艺术影响下的进展——18 世纪下半期的美术》《民族艺术的奠定——

19 世纪上半期的美术》《面向生活和巡回展览画派——19 世纪下半期的美术》《"艺术世界"和俄国的前卫艺术——现代派艺术的起步》；第 2 部分"苏联美术（1917—1991）"，收录《苏联社会主义美术的形成与发展》《主要美术家介绍》等。

外文书名：History of Russian Art.

J003938

俄罗斯苏联美术史 奚静之著

天津 天津人民美术出版社 1999 年 511 页 有照片 26cm（16 开）ISBN：7-5305-1120-3

定价：CNY120.00

外文书名：History of Russian Art. 作者奚静之（1935— ），教授、美术史论家。生于江苏常州。历任中央工艺美术学院工艺美术史论系主任、教授、博士生导师，《中国大百科全书·美术》编委及东欧分支主编。著有《俄罗斯美术史话》《俄罗斯苏联美术史》等，合著《欧洲绘画简史》。

J003939

非洲艺术 高玉珍，梁台生编辑

台北 历史博物馆 1990 年 218 页 有图 31cm（10 开）定价：TWD400.00

外文书名：Forms and functions of African art.

J003940

婆罗洲土著文化艺术 刘其伟著

台北 台北市立美术馆 1990 年 223 页 有图 21cm（32 开）ISBN：957-00-0465-5

（美术论丛 26）

外文书名：Aboriginal Culture and Art of Borneo.

J003941

西方当代美术 （从抽象表现主义到超级写实主义）（英）史密斯（Smith, E.L.）著；柴小刚等译

南京 江苏美术出版社 1990 年 205 页 有图 19cm（32 开）ISBN：7-5344-0134-8

定价：CNY3.30

（外国现代美术理论丛书）

外文书名：Art Today: From Abstract Expressionism to Superrealism.

J003942

西方美术发展史 刘汝醴，张少侠著

北京 人民美术出版社 1990 年 2 册（606；562 页）20cm（32 开）ISBN：7-102-00260-2

定价：CNY15.90

J003943

西方现代美术思潮 邵大箴著

成都 四川美术出版社 1990 年 403 页 有图 20cm（32 开）ISBN：7-5410-0265-8

定价：CNY5.50

作者邵大箴（1934— ），美术理论家、国画家。江苏镇江人。历任中央美术学院教授、博士生导师、《美术研究》主编、中国国家画院美术研究院院长等。著有《现代派美术浅议》《传统美术与现代派》《欧洲绘画简史》《西方现代美术思潮》。

J003944

西方现代艺术 （英）科普勒斯顿著；郭虹，徐韬滔译

合肥 安徽美术出版社 1990 年 158 页 有图 20cm（32 开）ISBN：7-5398-0074-7

定价：CNY12.00

本书着重介绍各种现代艺术流派，书后附有各种艺术流派的代表作品近 70 幅，并附文字介绍。译者郭虹（1957— ），大学语言教师。译者徐韬滔（1954— ），安徽省委宣传部工作。

J003945

大洋洲土著艺术 张建中等编

昆明 云南美术出版社 1991 年 150 页 17×18cm ISBN：7-80586-003-3 定价：CNY17.80

（世界土著艺术画丛）

本画册搜集了 200 多幅土著民族创作的艺术精品，其中包括图腾、面具、宗教祭祀物、人体装饰及纹身纹面等。

J003946

法国现代美术 张延风著

武汉 湖北美术出版社 1991 年 238 页 有图 24cm（26 开）

本书介绍了 19 世纪中叶至 20 世纪 80 年来以来法国美术的发展史。内容包括艺术流派、艺术运动、艺术主张、艺术风格、代表人物、代表

作品等。附有图 35 幅。作者张延风，教授。毕业于北京外国语学院和北京语言大学。专著有《法国现代美术》《中西方文化撷英》《西方文化艺术巡礼》《中国艺术史》，翻译作品《黑非洲艺术》《世界艺术史》。

J003947
法国现代美术　张延风著
台北 亚太图书出版社 1993 年 238 页 有图 24cm（26 开）ISBN：957–8510–28–4
定价：TWD250.00
（艺术典藏丛书 艺术生活 1）

J003948
少儿西方美术史话　（美）希利尔，（美）休伊著；朱利安，李于昆译
长沙 湖南少年儿童出版社 1991 年 274 页 有照片 20cm（32 开）ISBN：7–5358–0565–5
定价：CNY3.00
　　本书介绍了西方 2000 多年来的绘画、雕塑、建筑名作及艺术家的故事。附有 100 多幅精美图片。

J003949
印度美术史　叶公贤，王迪民编著
昆明 云南人民出版社 1991 年 282 页 有彩图 20cm（32 开）精装 ISBN：7–222–00878–0
定价：CNY8.55

J003950
埃及艺术鉴赏　（意）利塞著；陈西中译
北京 北京大学出版社 1992 年 64 页 有彩图 20cm（32 开）精装 ISBN：7–301–01775–8
定价：CNY5.45
（世界艺术鉴赏译丛）
　　本书从建筑、雕塑、绘画、装饰艺术 4 个方面，描述埃及艺术的伟大成就与独具特点，从理论上进行分析概括。

J003951
当代美国艺术家论艺术　（美）约翰逊（Johnson, EllenH.）编；姚宏翔，泓飞译
上海 上海人民美术出版社 1992 年 308 页 有图 20cm（32 开）ISBN：7–5322–0852–4
定价：CNY7.41

（二十世纪西方美术理论译丛）
　　本书论述了抽象表现主义、大色域绘画、波普艺术、最简单派艺术、系统艺术及概念艺术、场所及建筑性雕塑等问题。作者约翰逊（Johnson, Ellen H.），美国当代著名的艺术理论家。

J003952
古典艺术　（意大利文艺复兴艺术导论）（瑞士）沃尔夫林（Wolfflin, Heinrich）著；潘耀昌，陈平译
杭州 浙江美术学院出版社 1992 年 302 页 有图 26cm（16 开）精装 ISBN：7–81019–205–1
定价：CNY39.50
　　本书论述了意大利古典艺术的内容、著名艺术的创作及其所代表的不同流派风格的艺术特征。外文书名：Classic Art, An Introduction to the Italian Renaissance.

J003953
日本古陶瓷　施永安编著
吉林 吉林美术出版社 1992 年 有图 20cm（32 开）ISBN：7–5386–0293–3 定价：CNY19.50
　　本书主要介绍：日本陶瓷源流概述、日本主要陶瓷窑及陶家、日本古陶瓷的艺术风格、日本古陶瓷款识。论述了日本土著陶器的产生与演进和中日陶瓷文化的源流关系等。书后附有日本历史简表，干支公元中日年号对照表，日本主要陶瓷窑窑址分布图。

J003954
西方美术风格演变史　（美）柯耐尔著；欧阳英，樊小明译
杭州 浙江美术学院出版社 1992 年 267 页 有图 26cm（16 开）精装 ISBN：7–81019–096–2
定价：CNY27.50
　　本书分古代世界、中世纪、文艺复兴等 5 部分，介绍了西方美术及不同风格的发展史，并阐述了当代文学、社会、哲学诸多因素为美术发展提供的历史条件。外文书名：Art: A History of Changing Style. 译者欧阳英，浙江美术学院任教。译者樊小明，浙江美术学院任教。

J003955
浮世绘大场景　（江户市井生活十帖）李钦贤著
台北 雄狮图书公司 1993 年 151 页 26cm（16 开）

ISBN：957-9420-96-3 定价：TWD320.00
（雄狮丛书 4-009）

J003956

日本美术的近代光谱 李钦贤著
台北 雄狮图书公司 1993 年 159 页 26cm（16 开）
ISBN：957-9420-95-5 定价：TWD320.00
（雄狮丛书 4-008）

J003957

日本美术史话 李钦贤著
台北 雄狮图书公司 1993 年 133 页 26cm（16 开）
ISBN：957-9420-94-7 定价：TWD320.00
（雄狮丛书 4-007）

J003958

西方美术史要 郭文堉著
天津 天津人民美术出版社 1993 年 408 页
有图 19cm（32 开）ISBN：7-5305-0333-X
定价：CNY21.80
　　作者郭文堉（1932—　　），女，编辑、教授。
河北保定人，毕业于中央美术学院。历任吉林
艺专、长春电影学院美术系、东北师大艺术系教
师，天津美术学院教授。 出版有《达芬·奇》《米
开朗基罗》《拉斐尔》《德加》等。

J003959

西方美术史要 郭文堉著
天津 天津人民美术出版社 1998 年 2 版 408 页
有图 19cm（小 32 开）
　　本书介绍了西方各国艺术的发展过程；艺术
的变异兴衰；艺术同政治、经济的关系；记录了
各个历史时期人们的精神、生活面貌和艺术创作
的光辉业绩。

J003960

印度艺术史概论 高木森著
台北 渤海堂文化事业公司 1993 年 350 页
有图 22cm（30 开）精装 ISBN：957-9324-87-5
定价：TWD350.00

J003961

黑非洲艺术 洛德著；张延风译
南京 江苏美术出版社 1994 年 188 页 有图
19cm（小 32 开）ISBN：7-5344-0372-3

定价：CNY9.60
　　本书内容包括：失而复得的非洲艺术、历史
概况、黑人艺术家、面具、雕塑等 8 章。外文书
名：Art of black Africa.

J003962

剑桥艺术史 （1. 希腊和罗马、中世纪、文艺
复兴）（英）苏珊·伍德福特等著；罗通秀，钱乘
旦译
北京 中国青年出版社 1994 年 521 页 有图
21cm（32 开）精装 ISBN：7-5006-0227-8
定价：CNY26.70
　　外 文 书 名：Cambridge Introduction to the
History of Art.

J003963

剑桥艺术史 （2 17 世纪、18 世纪）马德琳·梅
因斯通（Madeleine Mainstone）等著；钱乘旦译
北京 中国青年出版社 1994 年 297 页 有图
20cm（32 开）精装 ISBN：7-5006-1302-4
定价：CNY18.00
　　外 文 书 名：Cambridge Introduction to the
History of Art.

J003964

剑桥艺术史 （3 19 世纪、20 世纪绘画欣赏）
（英）唐纳德·雷诺兹（Donald Reynolds）等著；钱
乘旦，罗通秀译
北京 中国青年出版社 1994 年 493 页 有图
20cm（32 开）精装 ISBN：7-5006-0879-9
定价：CNY25.30
　　外 文 书 名：Cambridge Introduction to the
History of Art.

J003965

中亚各族文化艺术史 （苏）普伽琴科娃,（苏）
列姆佩利著；贾东海等译
兰州 甘肃人民出版社 1994 年 190 页 有图
20cm（32 开）ISBN：7-226-01332-0
定价：CNY7.50
　　本书对中亚的历史发展、艺术演变和文化发
展及近现代的中亚考古情况作了阐述。作者加
琳娜·安·普伽琴科娃，艺术学博士、教授、院士。
作者拉里扎·依·列姆佩利，艺术博士、教授。

J003966

中亚古代艺术 （俄）Г.А.普加琴科娃，（俄）Л.И.列穆佩著；陈继周，李琪译

乌鲁木齐 新疆美术摄影出版社 1994 年 164 页 有图 23cm（32 开）ISBN：7-80547-274-2

定价：CNY9.80

（国际阿尔泰学研究丛书 2）

本书分为壁画、雕塑、细密画、陶器、金属工艺等 8 个方面，论述了中亚古代艺术的起源、发展及其特点等。

J003967

俄国的艺术实验 （俄）卡蜜拉·葛瑞（Camilla Gray）著；曾长生译

台北 远流出版事业公司 1995 年 378 页 有图 21cm（32 开）ISBN：957-32-2624-3

定价：TWD400.00

（艺术馆 23）

本书内容包括：俄国现代艺术运动启蒙时期、俄国新艺术运动酝酿时期、从象征主义到前卫艺术运动、大战结束后的无产阶级艺术发展等。外文书名：The Russian Experiment in Art.

J003968

克利日记选 （艺术·自然·自我）（瑞士）保罗·克利著；雨云译

南京 江苏美术出版社 1995 年 重印本 178 页 有图 19cm（32 开）ISBN：7-5344-0239-5

定价：CNY6.50

（外国现代美术理论丛书）

作者保罗·克利（Paul Klee，1879—1940），瑞士画家。毕业于慕尼黑美术学院，曾任教于包豪斯学院。其作品多以油画、版画、水彩画为主，代表作品有《亚热带风景》《老人像》等。

J003969

阿洛依斯·鲁姆普 （德）阿洛依斯·鲁姆普绘；高迎进等主编；刘福安，张霞译

石家庄 河北美术出版社 1996 年 63 页 28cm（大 16 开）ISBN：7-5310-0867-X

定价：CNY49.00

（20 世纪末欧洲艺术家大系）

J003970

加斯东·路易·马萨尔 （法）加斯东·路易·马萨尔绘；邓国源等主编；段晓英译

石家庄 河北美术出版社 1996 年 75 页 28cm（大 16 开）ISBN：7-5310-0871-8

定价：CNY54.00

（20 世纪末欧洲艺术家大系）

外文书名：Gaston Louis Marchal.

J003971

空之颂 （空间、平面、意义）（西）贝多罗·欧萨卡·欧拉伊斯（Pedro Osakar Olaiz）等著

屏东县 屏东县立文化中心 1996 年 102 页 有图 30cm（10 开）ISBN：957-00-8155-4

定价：TWD3000.00

（屏东县文化资产丛书 80）

J003972

前卫艺术的转型 （美）黛安娜·克莱恩（Diana Crane）著；张心龙译

台北 远流出版事业公司 1996 年 254 页 21cm（32 开）ISBN：957-32-2766-5

定价：TWD250.00

（艺术馆 34）

外文书名：The Transformation of the Avant-garde.

J003973

日本美术史 徐小虎著；许燕贞译

台北 南天书局 1996 年 186 页 有图 26cm（16 开）ISBN：957-638-357-9 定价：TWD480.00

J003974

希特勒与艺术 （德国艺术史上最可耻的一章）赵鑫珊著

天津 百花文艺出版社 1996 年 13+416 页 有照片 20cm（32 开）ISBN：7-5306-2302-8

定价：CNY24.00

作者赵鑫珊（1938—　），教授、哲学家、文学家。江西南昌人，毕业于北京大学德国文学语言系。历任上海社会科学院欧亚研究所德国研究中心主任、教授，上海欧洲学会理事。代表作品有《科学艺术哲学断想》《地球在哭泣》《哲学与当代世界》《希特勒与艺术》《我是北大留级生》等。

J003975

新艺术百图 （西方绘画·工艺·建筑·雕塑）刘
发全编著

北京 人民美术出版社 1996 年 100×2 页 有图
19cm（小 32 开）ISBN：7-102-01057-5

定价：CNY12.00

J003976

尤莉亚·洛曼 （德）尤莉亚·洛曼绘；邓国源
等主编；肖云，邓国源译

石家庄 河北美术出版社 1996 年 71 页
28cm（大 16 开）ISBN：7-5310-0876-9

定价：CNY54.00

（20 世纪末欧洲艺术家大系）

外文书名：Julia Lohmann.

J003977

20 世纪俄苏美术 晨朋著

北京 文化艺术出版社 1997 年 428 页 有图
20cm（32 开）精装 ISBN：7-5039-1520-X

定价：CNY48.00

（二十世纪外国美术丛书）

本书内容共分 9 章，包括："跨世纪、跨时代
的美术——20 世纪初年的美术"；"十月的美术"；
"20—40 年代美术的演变和发展"；"战火中的美
术"；"战后年代的美术"；"60—70 年代现实主
义美术的变革"；"60—70 年代的雕塑综合体和
大型艺术"；"60—80 年代的版画"；"80 年代画
坛概貌"。

J003978

20 世纪非洲美术 梁宇著

北京 文化艺术出版社 1997 年 182 页 有图
20cm（32 开）精装 ISBN：7-5039-1524-2

定价：CNY48.00

（二十世纪外国美术丛书）

本书内容共分 7 章，包括："概述——20 世
纪黑非洲现代美术的产生和发展"、"黑非洲著名
画家"、"黑非洲著名雕塑家"、"民间美术"、"工
术美术"、"美术教育与培训"、"黑非洲现代美术
的传播"。作者梁宇（1944— ），我国驻非洲使
馆从事外交工作，任文化参赞。

J003979

20 世纪美国美术 王瑞芸著

北京 文化艺术出版社 1997 年 330 页 有图
20cm（32 开）精装 ISBN：7-5039-1523-4

定价：CNY48.00

（二十世纪外国美术丛书）

本书内容共分 16 章，包括："打响现代艺术
革命第一枪——八人画派"；"星星之火——施蒂
格利茨和他的'291'画廊"；"燎原之势——军械
库展览"；"美国——现代艺术的'新大陆'"；"写
实艺术占上风的时代"；"千呼万唤始出来——美
国现代风格的出现"；"美国绘画的胜利——抽象
表现主义"；"美国钢铁时代的雕塑"；"艺术等于
生活——波普艺术"；"走出艺术——环境艺术、
偶发艺术和表演艺术"；"60 年代以来的抽象艺
术"；"极少艺术和动态艺术"；"过程艺术、观念
艺术、大地艺术"；"现代写实艺术"；"后现代主
义艺术"；"80 年代的美国艺术"。

J003980

20 世纪日本美术 刘晓路著

北京 文化艺术出版社 1997 年 215 页 有图
20cm（32 开）精装 ISBN：7-5039-1521-8

定价：CNY39.00

（二十世纪外国美术丛书）

本书内容共分 14 章，包括："开拓 发展 低
落——战前美术纵观"，"世界潮流和民族源泉的
合流——战后美术大趋势"，"新世纪的开拓——
明治末期绘画"，"流派纷呈——大正时期绘画"，
"从分化到沉寂——昭和前期绘画"，"战前现代
主义绘画"，"抽象和具象——战后油画的两潮
流"，"两个时代的交替——战后日本画"，"战前
工艺美术"，"战后设计和工艺美术"，"从折衷样
式到现代样式——战前建筑艺术"，"从废墟上拔
地而起——战后建筑艺术"，"20 世纪雕塑"，"20
世纪版画"。

J003981

20 世纪印度美术 王镛著

北京 文化艺术出版社 1997 年 318 页 有图
20cm（32 开）精装 ISBN：7-5039-1522-6

定价：CNY48.00

（二十世纪外国美术丛书）

本书内容共分 7 章，包括："印欧学院派"，
"孟加拉派"，"印度现代艺术的先驱"，"印度
表现主义绘画"，"印度超现实主义绘画"，"新
坦多罗艺术"，"20 世纪印度雕塑"。作者王镛

（1948—　　），别署凸斋、鼎楼主人等。生于北京，山西太原人。硕士毕业于中央美术学院。历任中央美术学院教授、书法艺术研究室主任、中国书法家协会篆刻艺术委员会副主任。

J003982

20 世纪英国艺术　（英）弗朗西斯·斯帕尔丁（Frances Spalding）著；陈平译

上海　上海人民美术出版社 1999 年 340 页 有图 20cm（32 开）ISBN：7-5322-2122-9

定价：CNY25.00

（20 世纪西方艺术丛书）

　　本书内容分 10 章，包括："爱德华时代的种种思考"；"后印象主义画家：影响与遗产"；"20 年代的绘画与版画创作"；"两次世界大战之间的雕塑"；"30 年代的艺术与政治"；"新浪漫主义和二次大战艺术"；"战后几年的现实与烦恼"；"回归抽象"；"波普、光效应以及'新一代'雕塑"；"概念主义与后现代主义"。外文书名：British Art Since 1900.

J003983

仿罗马式艺术　（英）安德烈亚·培卓得（Andreas Petzold）著；曾长生译

台北　远流出版事业公司 1997 年 176 页 有彩图 24cm（26 开）ISBN：957-32-2957-9

定价：TWD350.00

（艺术藏 3）

　　外文书名：Romanesque Art.

J003984

纽约艺术现场扫描　（1 艺术手札）施并锡著

台北　草根出版公司 1997 年 331 页 有图 21cm（32 开）精装 ISBN：957-8466-08-0

定价：TWD360.00

（台湾感觉系列 01）

J003985

葡萄牙美术史　（葡）玛利亚·米兰达等著；陈用仪，姚越秀译

北京　中国文联出版公司 1997 年 165 页 有彩照 20cm（32 开）ISBN：7-5059-2598-9

定价：CNY18.30

（葡萄牙文化丛书）

J003986

法国美术史话　高天民著

北京　人民美术出版社 1998 年 185 页 有图 21cm（32 开）ISBN：7-102-01973-4

定价：CNY38.00

（外国美术史话丛书）

J003987

美国美术史话　王瑞芸著

北京　人民美术出版社 1998 年 204 页 有图 21cm（32 开）ISBN：7-102-01991-2

定价：CNY38.00

（外国美术史话丛书）

J003988

日本美术史　（上册）王秀雄著

台北　历史博物馆 1998 年 246 页 有图 30cm（10 开）ISBN：957-02-3050-9

　　外文书名：The History of Japanese Art.

J003989

日本美术史　（中册）王秀雄著

台北　历史博物馆 1999 年 295 页 有图 30cm（10 开）ISBN：957-02-3466-0

定价：TWD800.00

　　本书附《日本美术史年表》。外文书名：The History of Japanese Art.

J003990

日本美术史　（下册）王秀雄著

台北　历史博物馆 2000 年 261 页 有图 30cm（10 开）ISBN：957-02-7109-4

定价：TWD750.00

　　外文书名：The History of Japanese Art.

J003991

日本美术史话　刘晓路著

北京　人民美术出版社 1998 年 210 页 有图 21cm（32 开）ISBN：7-102-01972-6

定价：CNY38.00

（外国美术史话丛书）

J003992

日林斯卡娅　（俄）Н. 日林斯卡娅（Н.Жилинская）绘

长沙 湖南美术出版社 1998年 101页 31cm（10开）
精装 ISBN：7-5356-1083-8 定价：CNY128.00
（当代俄罗斯画家作坊）

J003993
尚·杜布菲回顾展 （1919—1985）（法）尚·杜
布菲（Jean Dubuffet）绘；张婉真执行编辑
台北 历史博物馆 1998年 255页
30cm（12开）ISBN：957-02-2381-2
　　外文书名：Retrospective Jean Dubuffet.

J003994
世纪末的艺术反思 （西方后现代主义与中国
当代美术的文化比较）段炼著
上海 上海文艺出版社 1998年 13+15+334页
有图 20cm（32开）ISBN：7-5321-1681-6
定价：CNY22.40

J003995
世界文明史 （5 文艺复兴）（美）威尔·杜兰
（WillDurant）著；幼狮文化公司译
北京 东方出版社 1998年 602页 有图
26cm（16开）精装 ISBN：7-5060-1001-1
定价：CNY1998.00（全11册）
　　本书分为文艺复兴总述、文艺复兴在意大
利、文艺复兴在罗马、文艺复兴的没落4部分。
外文书名：The History of Civilization, Volume 5,
The Renaissance.

J003996
西方文化艺术巡礼　张延风著
北京 中国青年出版社 1998年 333页 有图
20cm（32开）ISBN：7-5006-3325-4
定价：CNY21.50
　　作者张延风，教授。毕业于北京外国语学院
和北京语言大学。专著有《法国现代美术》《中
西方文化撷英》《西方文化艺术巡礼》《中国艺术
史》，翻译作品《黑非洲艺术》《世界艺术史》。

J003997
西方艺术风格词典 （德）林德曼（G.Linde-
mann），（德）伯克霍夫（H.Boekhoff）著；吴裕
康译
南宁 广西美术出版社 1998年 265页 有图
19cm（小32开）ISBN：7-80625-728-4

定价：CNY25.00

J003998
现代拉丁美洲艺术　啸声［著］
南昌 江西美术出版社 1998年 127页 29cm（16开）
精装 ISBN：7-80580-552-0 定价：CNY118.00
　　作者啸声（1938—　），教授、艺术史专家。
原名邢啸声，生于上海，祖籍北京。出版有《现
代拉丁美洲艺术》《西方中世纪雕刻》《巴尔蒂
斯》《西班牙绘画》《神曲插图集》等。

J003999
新古典浪漫之旅　张心龙（Hing Alan Cheung）著
台北 雄狮图书股份有限公司 1998年 161页
有图 26cm（16开）ISBN：957-8980-71-X
定价：TWD480.00
（西洋美术史系列 3）

J004000
春的故事　翟宗祝编著
南京 江苏美术出版社 1999年 112页 有图
19cm（小32开）ISBN：7-5344-0887-3
定价：CNY9.60
（西方美术史丛书 蓝色画廊）
　　本书内容包括：欧洲中世纪美术及文艺复兴
时期的美术。作者翟宗祝（1938—　），教师。笔
名天竹，安徽巢湖人，毕业于皖南大学艺术科。
历任安徽师范大学美术系副教授、系主任，中国
美术家协会会员，安徽省美协理事。代表作品有
《雾破山明》《昭君出塞》等。

J004001
从古典走向现代 （法兰西美术）高天民著
长春 吉林美术出版社 1999年 181+16页
有彩图 19cm（小32开）ISBN：7-5386-0743-9
定价：CNY16.50
（世界艺术教育文库 首批）

J004002
德国美术史话　徐沛君著
北京 人民美术出版社 1999年 185页 20cm（32开）
ISBN：7-102-02083-X 定价：CNY38.00
（外国美术史话丛书）
　　作者徐沛君（1971—　），生于江苏铜山，中
国艺术研究院研究生部美术学系硕士。著有《德

国美术史话》《模仿的误区》《中国画步入现代的几个障碍》等。

J004003

俄罗斯美术史话　奚静之著

北京 人民美术出版社 1999年 194页 有图 20cm（32开）ISBN：7-102-02125-9

定价：CNY38.00

（外国美术史话丛书）

外文书名：Story of Russian Art. 作者奚静之（1935—　　），教授、美术史论家。生于江苏常州。历任中央工艺美术学院工艺美术史论系主任、教授、博士生导师，《中国大百科全书·美术》编委及东欧分支主编。著有《俄罗斯美术史话》《俄罗斯苏联美术史》等，合著《欧洲绘画简史》。

J004004

非洲艺术　（图册）中华人民共和国文化部中国展览交流中心编

长春 吉林美术出版社 1999年 190页 29cm（16开）ISBN：7-5386-0797-8 定价：CNY180.00

J004005

光荣属于希腊　徐庆平等著

长沙 湖南美术出版社 1999年 137页 20cm（32开）ISBN：7-5356-1290-3 定价：CNY18.00

（失落的文明丛书）

J004006

蓝色画廊　翟宗祝编著

南京 江苏美术出版社 1999年 5册 有图 19cm（小32开）定价：CNY43.00［合计］

（西方美术史丛书）

作者翟宗祝（1938—　　），教师。笔名天竹，安徽巢湖人，毕业于皖南大学艺术科。历任安徽师范大学美术系副教授、系主任，中国美术家协会会员，安徽省美协理事。代表作品有《雾破山明》《昭君出塞》等。

J004007

伦敦国家画廊　吴运鸿主编；外文出版社编辑部，光复书局编辑部编著

北京 外文出版社 1999年 199页 22cm（30开）ISBN：7-119-02333-0 定价：CNY48.00

（家庭艺术馆典藏系列 世界美术馆巡览 5）

主编吴运鸿（1954—　　），艺术家。笔名鲁人，生于北京，祖籍山东蓬莱。中央美术学院中国画专业研究生班毕业。中国外文出版社美术副编审，北京轻工业技术学院美术特聘教授，民建北京市委文化委员会委员。出版专著《少年美术入门系列》《吴运鸿画集》等，国画作品有《松山月色图》《春月图》《京剧印象》等。

J004008

日出印象　翟宗祝编著

南京 江苏美术出版社 1999年 136页 有图 19cm（小32开）ISBN：7-5344-0889-X

定价：CNY9.60

（西方美术史丛书 蓝色画廊）

本书介绍了19世纪法国、欧洲、美国美术史。

J004009

少女和桃　翟宗祝编著

南京 江苏美术出版社 1999年 128页 有图 19cm（32开）ISBN：7-5344-0888-1

定价：CNY9.60

（西方美术史丛书 蓝色画廊）

本书介绍了17、18世纪欧洲美术和19世纪俄罗斯美术。

J004010

时代乐章　（苏俄美术）晨朋著

长春 吉林美术出版社 1999年 164页 有彩图 19cm（小32开）ISBN：7-5386-0744-7

定价：CNY15.50

（世界艺术教育文库 首批）

J004011

图式与精神　（西方美术的历史与审美）邵大箴主编

北京 中国人民大学出版社 1999年 353页 有图 23cm ISBN：7-300-03057-2

定价：CNY29.00

（高等学校美育教材系列）

本书内容共分6章，包括："创造的黎明——原始、古代的艺术"；"信仰的时代——中世纪的艺术"；"人的觉醒——文艺复兴时期的艺术"；"从天国到凡尘——17世纪、18世纪的艺术"；"变革与传——19世纪的艺术"；"我们的时

代——20 世纪的艺术"。主编邵大箴（1934—　），美术理论家，国画家。江苏镇江人。历任中央美术学院教授、博士生导师、《美术研究》主编、中国国家画院美术研究院院长等。著有《现代派美术浅议》《传统美术与现代派》《欧洲绘画简史》《西方现代美术思潮》。

J004012

西方美术史丛书　翟宗祝，鲍诗度编著

南京 江苏美术出版社 1999 年 有图
19cm（小 32 开）

J004013

西洋美术史之旅　张心龙著

台北 雄狮图书公司 1999 年 207 页 有图
23cm（32 开）ISBN：957-8980-92-2
定价：TWD520.00
（雄狮丛书 04-011）

J004014

现代艺术　（二十世纪西方现代艺术）翟宗祝，鲍诗度编著

南京 江苏美术出版社 1999 年 128 页 有图
19cm（32 开）ISBN：7-5344-0890-3
定价：CNY9.60
（西方美术史丛书 蓝色画廊）

　　作者翟宗祝（1938—　），教师。笔名天竹，安徽巢湖人，毕业于皖南大学艺术科。历任安徽师范大学美术系副教授、系主任，中国美术家协会会员，安徽省美协理事。代表作品有《雾破山明》《昭君出塞》等。

J004015

祥雄文集　（心灵呐喊·散文集）林祥雄著；林野编

创新基金有限公司 1999 年 219 页 有图
23cm（16 开）
（炎黄国际丛书 9）

J004016

小岛与大洋　（日本美术）刘晓路著

长春 吉林美术出版社 1999 年 158 页 有彩图
19cm（小 32 开）ISBN：7-5386-0748-X
定价：CNY15.00
（世界艺术教育文库 首批）

J004017

写给大家的西方美术史　王端廷，李黎阳著

北京 时事出版社 1999 年 309 页 有图 20cm（32 开）
ISBN：7-80009-538-X 定价：CNY25.00

　　作者王端廷（1961—　），教授。出生于湖北蕲春，毕业于武汉大学。中国艺术研究院美术研究所研究员。专著有《心灵万象·绘画》《迷狂的独行者——雷蒙·饶可让的绘画艺术》《人体艺术欣赏》《百年困惑——现代美术》等。

J004018

印度美术史话　王镛著

北京 人民美术出版社 1999 年 203 页 有图
20cm（32 开）ISBN：7-102-02117-8
定价：CNY38.00
（外国美术史话丛书）

　　外文书名：Story of Indian Art. 作者王镛（1948—　），别署凸斋、鼎楼主人等。生于北京，山西太原人。硕士毕业于中央美术学院。历任中央美术学院教授、书法艺术研究室主任、中国书法家协会篆刻艺术委员会副主任。

J004019

远古之谜　翟宗祝编著

南京 江苏美术出版社 1999 年 112 页 有图
19cm（小 32 开）ISBN：7-5344-0886-5
定价：CNY9.60
（西方美术史丛书 蓝色画廊）

　　本书包括：原始美术、古代埃及美术、两河流域美术、古代希腊、罗马美术。

美 术 考 古

J004020
陈眉公订正古奇器录 （一卷）（明）陆深撰；
（明）陈继儒订
明刻本

　　作者陈继儒(1558—1639)，明代文学家、书画家。字仲醇，号眉公，又号麋公。华亭(今上海市松江县)人。主要作品有：诗文集《眉公十集》，词集《晚香堂词》2卷和《邵康节外纪》等。

J004021
陈眉公订正古奇器录附江东藏书目录小序
（一卷）（明）陆深撰
明万历 刻本
（宝颜堂续秘笈）

　　八行十八字白口四周单边。收于《宝颜堂续秘籍》五十种九十九卷中。

J004022
洞天清录 （一卷）（宋）赵希鹄撰
童氏乐志堂 明 刻本
（奚囊广要）

　　九行十八字白口四周单边。收于《奚囊广要》十三种十四卷中。

J004023
新刻宝货辨疑 （一卷）
胡氏文会堂 明 刻本
（格致丛书）

J004024
新刻洞天清录 （一卷）（宋）赵希鹄撰
胡氏文会堂 明 刻本

（格致丛书）

J004025
格古要论 （三卷）（明）曹昭撰
荆山书林 明万历二十五年［1597］刻本
（夷门广牍）

　　收于《夷门广牍》五十五种九十一卷中。

J004026
格古要论 （三卷）（明）曹昭撰
金陵 荆山书林 明万历二十五年［1597］刻本
（夷门广牍）

　　收于《夷门广牍》一百〇六种一百六十二卷中。

J004027
新刻格古要论 （五卷）（明）曹昭撰；（明）王佐增补
胡氏文会堂 明 刻本
（格致丛书）

J004028
新刻格古要论 （五卷）（明）曹昭撰
胡氏文会堂 明 刻本
（格致丛书）

J004029
新增格古要论 （十三卷）（明）曹昭著；（明）舒敏编(明)；王佐［增补］
长沙 商务印书馆 1939年 初版 3册（5+25+246页）18cm（小 32 开）
（丛书集成初编 1554—1556）

J004030

新增格古要论 （明）曹昭撰，（明）王佐补
北京 中国书店 1987 2册 19cm（小32开）
定价：CNY3.70（全两册）

J004031

新增格古要论 （十三卷）（明）曹昭；（明）舒
敏；（明）王佐
成都 巴蜀书社 1994 169–450页 21cm（32开）
（古玩宝典 1）

J004032

宣德彝器谱 （三卷）（明）吕棠等撰
明 抄本

J004033

宣德彝器谱 （三卷）（明）吕棠等撰
博古堂 清 抄本
　　《宣德彝器谱三卷》《宣炉杂记一卷》（明）吕
棠等撰合订。

J004034

宣德彝器谱 （三卷）（明）吕棠等撰
清 抄本

J004035

宣德彝器谱 （三卷）题（明）吕棠撰
李盛铎 1913年 抄本
　　十行十九字蓝格细蓝口左右双边。

J004036

燕几图 （一卷）（宋）黄伯思撰
明 刻本
（重订欣赏编）
　　作者黄伯思（1079—1118），北宋书画家、书
学理论家。邵武（今属福建）人。字长睿，别字霄
宾，号云林子，黄履孙。元符三年（1100年）进士，
官至秘书郎。著有《法帖刊误》《东观馀论》《博
古图说》等。

J004037

燕几图 （一卷）（宋）黄伯思撰
茅一相 明万历八年［1580］刻本
（欣赏编）

J004038

燕几图 （一卷）（宋）黄伯思撰
清 刻本

J004039

燕几图 （一卷）（宋）黄伯思撰
姚椿 清嘉庆十四年［1809］抄本

J004040

鼎录 （一卷）（南朝陈）虞荔撰
顾元庆 明正德至嘉靖 刻本
（顾氏文房小说）
　　十行十八或十九字白口左右双边。收于《顾
氏文房小说》四十种五十八卷中。

J004041

鼎录 （一卷）题（梁）虞荔撰
毛氏汲古阁 明末 刻本
（山居小玩）
　　收于《山居小玩》十种十三卷中。

J004042

宝颜堂订正鼎录 （一卷）（梁）虞荔撰
明万历 刻本
（宝颜堂续秘笈）
　　八行十八字白口四周单边。收于《宝颜堂续
秘籍》五十种九十九卷中。

J004043

古器总说 （一卷）（明）胡文焕辑
明万历 刻本
（格致丛书）

J004044

古器总说 （一卷）（明）胡文焕辑
明万历 刻本
（格致丛书）
　　《新刻古器具名二卷》《古器总说一卷》（明）
胡文焕辑合订。

J004045

十八学士告身 （一卷）（明）百花主人撰
明万历 刻本
　　《十八学士告身》《斋中十六友图说一卷》合
订，均为（明）百花主人撰。

J004046
新刻古器具名　（二卷）（明）胡文焕辑
明万历　刻本
（格致丛书）
　　《新刻古器具名二卷》《古器总说一卷》（明）
胡文焕辑合订。

J004047
斋中十六友图说　（一卷）（明）百花主人撰
明万历　刻本
　　《十八学士告身一卷》《斋中十六友图说》合
订，均（明）百花主人撰。九行十八字，无直格白
口四周单边。

J004048
蝶几谱　（一卷）（明）戈汕撰
毛氏汲古阁　明末　刻本
（山居小玩）

J004049
蝶几谱　（一卷）（明）戈汕撰
毛氏汲古阁　明末　刻本
（群芳清玩）
　　李玙汇印本。

J004050
蜨几图　（一卷）（明）戈汕撰
民国　石印本
（存素堂校写几谱三种）

J004051
古玩品　（一卷）（明）高濂撰
明末　刻本
（锦囊小史）
　　收于《锦囊小史》四十一种四十二卷中。

J004052
古玉图考　（二卷）（元）朱德润撰
明末　刻本
（说郛）
　　清初张缙彦等汇印本。

J004053
古玉图考　（二卷）（元）朱德润撰
李际期宛委山堂　清初　刻本　续刻

（说郛）
　　明末刻清初李际期宛委山堂续刻汇印本。

J004054
宣德鼎彝谱　（八卷）（明）吴中，（明）吕震撰
明天启　抄本
　　四库全书底本。

J004055
宣德鼎彝谱　（八卷）（明）吴中，（明）吕震撰
清　抄本

J004056
宣德鼎彝谱　（八卷）（明）吴中，（明）吕震撰
内府　清乾隆　写本
（四库全书）
　　《宣德鼎彝谱八卷》（明）吴中，（明）吕震撰、
《宣炉博论一卷》（明）项子京撰合订。

J004057
宣德鼎彝谱　（八卷）（明）吴中，（明）吕震撰；
清翁树培校
翁树培　清乾隆五十三年［1788］抄本
　　清翁树培跋，清周鉴诒跋。

J004058
宣德鼎彝谱　（八卷）（明）吴中，（明）吕震撰
金山钱氏　清道光　刻本　重编增刻
（珠丛别录）
　　据清嘉庆十三至十六年海虞张海鹏刻墨海
金壶本重编增刻。《宣德鼎彝谱八卷》（明）吴中，
（明）吕震撰、《宣炉博论一卷》（明）项子京撰
合订。

J004059
宣德鼎彝谱　（八卷）（明）吴中，（明）吕震撰
清光绪九年［1883］铅印本
　　《宣德鼎彝谱八卷》（明）吴中，（明）吕震撰、
《宣炉博论一卷》（明）项子京撰合订。

J004060
百宝总珍集　（十卷）□□辑
清　抄本

J004061
博古奇书 （不分卷）□□辑
清初 抄本

J004062
成家宝书 □□撰
清 抄本

J004063
当谱 （一卷）（清）启朋氏辑
清 抄本

J004064
觚记注 （一卷）（宋）郑獬撰
李际期宛委山堂 清初 刻本 续刻
（说郛）
　　明末刻清初李际期宛委山堂续刻汇印本。

J004065
古器物图谱 （不分卷）□□撰
清 刻本

J004066
古铜瓷器考证 （二卷）（清）梁同书撰
清 抄本
　　清蔡锡恭跋。

J004067
古玉图录 （六卷）（清）瞿中溶撰
［清］抄本

J004068
金银珠宝谱 （一卷）□□辑
清 抄本

J004069
景德镇陶录 （十卷）（清）蓝浦撰；（清）郑廷
桂补辑
清 刻本

J004070
景德镇陶录 （十卷）（清）蓝浦撰；（清）郑廷
桂补辑
翼经堂 清嘉庆二十年［1815］刻本

J004071
景德镇陶录 （十卷）（清）蓝浦撰；（清）郑廷
桂补辑
上海 朝记书庄 清末至民国初 石印本

J004072
景德镇陶录 （十卷）（清）蓝浦撰；（清）郑廷
桂补辑
昌南郑氏 清同治九年［1870］刻本

J004073
景德镇陶录 （十卷）（清）蓝浦撰；（清）郑廷
桂补辑
清光绪十七年［1891］刻本

J004074
景德镇陶录 （十卷）（清）蓝浦撰；（清）郑廷
桂补辑
上海 神州国光社 民国三年［1914］
（美术丛书）

J004075
看珠录 （一卷）（清）汪浩辑
［清］稿本

J004076
历代古玉汇 （不分卷）（明）吕震辑
清 抄本
　　清孙书年跋。

J004077
热河都统衙门启送各项陈设数目清册 （不
分卷）
清 抄本

J004078
陶说 （六卷）（清）朱琰撰
竹庐书屋 清 抄本

J004079
陶说 （六卷）（清）朱琰撰
鲍廷博 清乾隆 刻本

J004080
陶说 （六卷）（清）朱琰撰

清乾隆三十九年［1774］刻本

J004081

陶说 （六卷）（清）朱琰撰
石门马氏大西山房 清乾隆五十九年［1794］
刻本
（龙威秘书）

J004082

陶说 （六卷）（清）朱琰撰
羊城冯氏 清光绪 刻本
（翠琅玕馆丛书）

J004083

陶说 （六卷）（清）朱琰撰
民国 重印本
（艺术丛书）

J004084

陶说 （六卷）（清）朱琰撰
上海 神州国光社 民国三年［1914］
（美术丛书）

J004085

陶说 （六卷）（清）朱琰撰
南海黄氏 民国二十四年［1935］汇印本
（芋园丛书）
　　据旧版汇印本。

J004086

兔床清玩录 （不分卷）（清）吴骞辑
吴氏拜经楼 清 抄本
　　作者吴骞（1733—1813），清代藏书家、文学
家。浙江海宁人。字槎客、葵里，号愚谷，别号
兔床、漫叟等。所辑《拜经楼丛书》校勘精审，
著名于世。著有《拜经楼诗集》《拜经楼诗集续
编》《愚谷文存》等。

J004087

宣炉杂记 （一卷）（明）吕棠等撰
博古堂 清 抄本
　　《宣德彝器谱三卷》《宣炉杂记一卷》（明）吕
棠等撰合订。

J004088

阳羡名陶录 （二卷 续一卷）（清）吴骞撰
陈庆镛 清 抄本

J004089

阳羡名陶录 （二卷 续一卷）（清）吴骞撰
海昌吴氏 清乾隆至嘉庆 刻本
（拜经楼丛书）

J004090

阳羡名陶录 （一卷）（清）吴骞撰
吴江沈氏世楷堂 清道光 刻本
（昭代丛书）

J004091

阳羡名陶录 （二卷）（清）吴骞撰
清同治至光绪 刻本
（榆园丛刻）

J004092

阳羡名陶录 （二卷 续一卷）（清）吴骞撰
清光绪 刻本
（重刊拜经楼丛书七种）

J004093

阳羡名陶录 （二卷 续一卷）（清）吴骞撰
会稽章氏鄂渚 清光绪十一年［1885］刻本
（重校拜经楼丛书）

J004094

阳羡名陶录 （二卷 续一卷）（清）吴骞撰
上海 神州国光社 民国元年［1912］
（美术丛书）
　　作者吴骞（1733—1813），清代藏书家、文学
家。浙江海宁人。字槎客、葵里，号愚谷，别号
兔床、漫叟等。所辑《拜经楼丛书》校勘精审，
著名于世。著有《拜经楼诗集》《拜经楼诗集续
编》《愚谷文存》等。

J004095

阳羡名陶录 （二卷 续一卷）（清）吴骞撰
上海 博古斋 民国十一年［1922］影印本
（拜经楼丛书）
　　据清吴氏刻本增辑影印。

J004096

阳羡名陶录 （清）吴骞编

合肥 黄山书社 1992 年 影印本 19cm（小 32 开）

ISBN：7-80535-406-5 定价：CNY2.30

　　本书包括《阳羡名陶录》（吴骞）、《书画说铃》（陆时化）、《频罗庵论书》（梁同书）、《赏延素心录》（周二学）4 种，研究古陶和书画及装帧。

J004097

阳羡名陶录摘钞

清 稿本

（瓶庐丛稿）

　　收于《瓶庐丛稿》二十六种中。

J004098

养真斋长物记 （一卷）（清）钱聚朝撰

［清］稿本

　　金兆蕃跋。

J004099

珠宝要论 （一卷）□□辑

清 抄本

J004100

珠谱 （二卷）□□辑

清 抄本

J004101

清闻录 （十二卷）（明）黄中行辑

清康熙 抄本

J004102

辨银 （一卷）文苑堂主人辑

文苑堂 清乾隆 刻本

J004103

鼎炉谱 （一卷）（清）汪启淑辑

清乾隆 摹绘本

　　《飞鸿堂砚谱三卷》《墨谱一卷》《瓶谱一卷》《鼎炉谱一卷》（清）汪启淑辑合订。作者汪启淑（1728—1799），清著名藏书家、金石学家、篆刻家。字慎仪，号秀峰，自称印癖先生，安徽歙县人。编著有《飞鸿堂印谱》《飞鸿堂印人传》《水槽清暇录》等。

J004104

宣炉博论 （一卷）（明）项子京撰

内府 清乾隆 写本

（四库全书）

　　《宣德鼎彝谱八卷》（明）吴中，（明）吕震撰、《宣炉博论一卷》（明）项子京撰合订。收于《四库全书》中。

J004105

宣炉博论 （一卷）（明）项子京撰

金山钱氏 清道光 刻本 重编增刻

（珠丛别录）

　　据清嘉庆十三至十六年海虞张海鹏刻墨海金壶本重编增刻。《宣德鼎彝谱八卷》（明）吴中，（明）吕震撰、《宣炉博论一卷》（明）项子京撰合订。

J004106

宣炉博论 （一卷）（明）项子京撰

清光绪九年［1883］

　　《宣德鼎彝谱八卷》（明）吴中，（明）吕震撰、《宣炉博论一卷》（明）项子京撰合订。

J004107

阳羡茗壶系 （一卷）（明）周高起撰

卢文弨 清乾隆 抄本

　　清卢文弨、清丁丙跋。

J004108

阳羡茗壶系 （一卷）（明）周高起撰

武进 盛氏思惠斋 清宣统 刻本 汇印

（常州先哲遗书）

　　据清光绪二十一至三十三年武进盛氏思惠斋刻本汇印。《阳羡茗壶系一卷》《洞山岕茶系一卷》（明）周高起撰合订。

J004109

宝古堂重修古玉图 （二卷）（元）朱德润撰

天都 黄晟亦政堂 清乾隆十七年［1752］刻本

J004110

宋淳熙敕编古玉图谱 （一百卷）（宋）龙大渊等编

江春康山草堂 清乾隆四十四年［1779］刻本

J004111
宋淳熙敕编古玉图谱 （一百卷）（宋）龙大渊
等编
歙县 江春康山草堂 清同治八年［1869］刻本

J004112
新刊辨银谱 （一卷）（清）冯琢珩撰
马心恭 清乾隆五十四年［1789］刻本

J004113
窑器说 （一卷）（清）程哲撰
吴江沈氏世楷堂 清道光 刻本
（昭代丛书）

J004114
窑器说 （一卷）（清）程哲撰
上海 神州国光社 民国元年［1912］
（美术丛书）

J004115
金玉琐碎 （二卷）（清）谢堃撰
曲邑奎文斋 清道光二十年［1840］刻本
（春草堂集）
　　清道光二十五年印本。

J004116
金玉琐碎 （二卷）（清）谢堃撰
清光绪元年至九年［1875—1883］刻本
（扫叶山房丛钞）
　　光绪九年汇印本。

J004117
印香图谱 （清）丁沄绘
清光绪四至五年［1878—1879］刻本 有图 线装

J004118
印香炉图谱 （不分卷）（清）丁沄撰
清光绪七年［1881］刻本

J004119
古玉图考 （不分卷）（清）吴大澂撰
上海 同文书局 清光绪十五年［1889］石印本
　　作者吴大澂（1835—1902），清代官员、学
者、金石学家、书画家。原名大淳，字止敬、清
卿，号恒轩，别号白云山樵等。江苏吴县人，同

治进士。主要作品《说文古籀补》《皇华纪程》等。

J004120
玉谱类编 （四卷）（清）徐寿基辑
源阳官署 清光绪十五年［1889］刻本

J004121
秋园杂佩 （一卷）
武进 盛氏思惠斋 清光绪二十一至三十三年
［1895—1907］刻本
（常州先哲遗书）
　　收于《常州先哲遗书》七十二种七百四十九
卷史类中。

J004122
匋雅 （三卷）（清）陈浏撰
清宣统至民国初
（寂园丛书）
　　本书原名《古瓷汇考》，又名《瓷学》《寂园
志第一种》。内容以述论清代瓷器为主，上溯古
陶起源，历代名窑、匠作、瓷器花色品种样式，
乃至制作工艺、款识、古瓷鉴定、市场行情等，
均有记载，间杂考辨。尤以对清康、雍、乾三朝
官窑器记录为详，对晚清民国初年北京陶瓷市场
情况的记载，更是补此前人诸书之未逮，是一部
有重要史料价值和很高学术性的瓷学专著，对研
究瓷学特别是精通清瓷具有无可替代的参考价
值。其有关古瓷鉴定的经验与理论，对初学者乃
至略通此道的行家来说，更不啻是入门的捷径和
深造的指南。

J004123
匋雅 （三卷）（清）陈浏撰
上海 朝记书庄 清宣统二年［1910］石印本

J004124
匋雅 （三卷）（清）陈浏撰
书贵山房 清宣统二年［1910］刻本

J004125
匋雅 （三卷）（清）陈浏撰
三乐堂 清宣统三年［1911］铅印本

J004126
匋雅 （三卷）（清）陈浏撰

上海 天真美术馆 民国七年［1918］
（静园丛书）

J004127

匋雅　江浦寂园叟编
上海古瓷研究会 民国十二年［1923］再版
2 册 27cm（16 开）线装

　　著者寂园叟，本名陈浏，字亮白，号寂园叟，
江苏江浦人，生卒年不详。

J004128

蝶几谱　（一卷）（宋）黄伯思撰
民国 石印本
（存素堂校写几谱三种）

　　作者黄伯思（1079—1118），北宋书画家、书
学理论家。邵武（今属福建）人。字长睿，别字
霄宾，号云林子，黄履孙。元符三年（1100 年）
进士，官至秘书郎。著有《法帖刊误》《东观馀
论》《博古图说》等。

J004129

骨董十三说　（明）董其昌撰
山阴吴隐西泠印社 民国三年［1914］木活字
本 线装

　　作者董其昌（1555—1636），明代著名书画
家。字玄宰，号思白，别号香光居士，松江华亭
（今上海）人。主要作品有《岩居图》《秋兴八景
图》《昼锦堂图》等。

J004130

骨董十三说　（明）董其昌撰
民国七年［1918］木活字本 线装
（静园丛书）

J004131

中国京都古物陈列所周铜器　中国京都古物
陈列所编
北京 中国京都古物陈列所 1915 年 4 册（20；
20；20；20 页）14×22cm

　　本书为故宫武英殿古物陈列所展览的周代
铜器摄影图片集。共 4 册，每册 20 件，均有原
物照片及铭文，并注明器物之名称、形制、尺寸、
重量、铭文所在部位及铭文释文。

J004132

古瓷汇考　（二卷）（清）陈浏撰
上海 古瓷研究会 民国十二年［1923］石印本

J004133

髹饰录　（二卷）（明）黄成撰；（明）杨明注
民国十五年［1926］石印本

J004134

髹饰录　（二卷）（明）黄成撰；（明）杨明注
朱启 民国十六年［1927］钤刻本

　　《髹饰录二卷》（明）黄成撰；（明）杨明注、
《髹饰录笺证一卷》（日）寿碌堂主人撰；阚铎辑
合订。

J004135

髹饰录　（二卷）（明）黄成撰；（明）杨明注
民国二十二年［1933］

　　《髹饰录二卷》（明）黄成撰；（明）杨明注、
《髹饰录笺证一卷》（日）寿碌堂主人撰；阚铎辑
合订。

J004136

髹饰录笺证　（一卷）（日）寿碌堂主人撰；阚
铎辑
朱启 民国十六年［1927］钤刻本

　　《髹饰录二卷》（明）黄成撰；（明）杨明注、
《髹饰录笺证一卷》（日）寿碌堂主人撰；阚铎辑
合订。

J004137

髹饰录笺证　（一卷）（日）寿碌堂主人撰；阚
铎辑
民国二十二年［1933］

　　《髹饰录二卷》（明）黄成撰；（明）杨明注、
《髹饰录笺证一卷》（日）寿碌堂主人撰；阚铎辑
合订。

J004138

辽碑九种　孟森编
北平 国立北京大学国学季刊社 1932 年 24 页
26cm（16 开）

　　本书辽代碑刻 9 种的拓片影印集，其中有文
武大孝宣皇帝哀册 2 石、道宗仁圣大考文皇帝哀
册 2 石。仁德皇后哀册 2 石，钦爱皇后哀册 2 石，

仁懿皇后哀册1石、宣懿皇后哀册2石、大辽故相国武威贾公墓志铭2石（一盖一铭）及契丹文石刻两种，各为2石（一盖一铭），共17幅拓片，后附跋尾，对碑文作了注释。本书为《国立北京大学国学季刊》3卷3期抽印本。

J004139

燕下都半规瓦当上的兽形纹饰　滕固著

南京 金陵大学 1936年 16页 16开（16开）

　　本书分燕下都遗物的发现与年代、半规瓦当上的纹饰、燕瓦兽形和斯鸠底西伯利亚的兽纹装饰、饕餮纹的意义和来源等4部分论述燕下都半规瓦当的造形、艺术形式及与其他文化的关系等问题。书后附半规瓦当纹饰拓片的影印件16幅。本书为《金陵学报》第六卷第二期抽印本。

J004140

越器图录　陈万里著

上海 中华书局 1937年 88页 有图 26cm（16开）定价：国币三元

　　本书收录作者搜集的古代浙江一带古陶瓷器及碎片的图片88幅。部分为彩色图片、大多为单线墨勾图。

J004141

中国明代室内装饰和家具　杨耀著

北平 国立北京大学 1942年 38页 有图 27cm（16开）

　　本书内容包括：明代绘画与传奇木刻图中所见的室内装饰和家具、现存明代家具之式样与做法、北京民宅配置情形与室内装饰家具的今昔比较、日本与中国明代室内装饰和家具上的同点。作者杨耀（1938—2017），画家。原名耀珍，字子虚，自号林泉室主。陕西延川人，毕业于山东师范学院艺术系美术专业。历任山东工艺美术学院副教授、中国美术家协会会员、山东画院高级画师。出版有《杨耀画集》《杨耀新疆山水画》《松树画法》等。

J004142

华磁　丁惠康著

上海 中国美术馆 1944年 有图 26cm（16开）精装 定价：旧币 10,000元

　　本书收录上海中国美术馆馆藏历代名窑瓷器图片90幅，部分为彩色图片。先按制出年代排列，再按各窑名称分编。书首有叶恭绰序文和作者序文，后者简述了中国陶瓷发展史。

J004143

安徽博物馆筹备处所藏楚器图录　（第一集）安徽博物馆筹备处编

合肥 安徽博物馆筹备处 1953年 34幅 22cm（32开）袋装

　　本书辑录寿县出土的烹饪器、食器、容酒器、水器、生产工具、兵器等青铜器图片34幅。

J004144

长沙出土古代漆器图案选集　北京历史博物馆编

北京 人民美术出版社 1954年 影印本 27页 28cm（大16开）定价：旧币 22,000元

J004145

彩陶　中国科学院考古研究所绘图室编

北京 朝花美术出版社 1955年 影印本 26页 有图 21cm（32开）定价：旧币 8,400元

J004146

彩陶　中国科学院考古研究所绘图室绘

北京 人民美术出版社 1955年 26页 有图 18cm（32开）定价：CNY0.84

J004147

明代瓷器工艺　傅振伦编著

北京 朝花美术出版社 1955年 影印本 29页 有图 20cm（32开）定价：旧币 15,000元

J004148

长沙出土楚漆器图录　商承祚编著

上海 上海出版公司 1955年 影印本 58页 38cm（6开）精装 定价：CNY20.00

J004149

长沙出土楚漆器图录　商承祚编著

上海 上海出版公司 1955年 影印本 26cm（16开）

J004150

长沙出土楚漆器图录　商承祚编

北京 中国古典艺术出版社 1957 年 修订版 影印本 68 页 38cm（6 开）精装 定价：CNY20.00

J004151

中国古代漆器图案选　北京历史博物馆编

北京 荣宝斋新记 1955 年 8 幅 43×31cm

　　本书为荣宝斋新记木刻水印。

J004152

敦煌　（伟大的文化宝藏）姜亮夫著

上海 古典文学出版社 1956 年［19cm］（32 开）

定价：CNY1.20

J004153

敦煌图案　敦煌文物研究所编辑委员会编

北京 中国古典艺术出版社 1957 年

定价：CNY0.90

J004154

明代民间青花瓷器　傅扬编

北京 中国古典艺术出版社 1957 年 影印本

有图 21cm（32 开）统一书号：8029.28

定价：CNY1.30

J004155

南京出土六朝青瓷　江苏省文物管理委员会编

北京 文物出版社 1957 年 影印本 92 页 有图

18cm（小 32 开）统一书号：7068.20

定价：CNY0.72

J004156

青花瓷器　傅扬编著

北京 中国古典艺术出版社 1957 年 影印本

有图 21cm（32 开）统一书号：8029.22

定价：CNY1.00

J004157

陶瓷选辑　故宫博物院编

［北京］文物出版社 1957 年 定价：CNY6.50

J004158

陶屋

北京 文物出版社 1957 年 12 页 15cm（64 开）

统一书号：7068.12 定价：CNY0.24

J004159

耀瓷图录　陕西省博物馆编

北京 中国古典艺术出版社 1957 年 影印本

51 页 有图 26cm（16 开）定价：CNY3.20

J004160

印文学　默凤道人编

［台北］艺文印书馆 1957 年

J004161

重庆市博物馆藏四川汉画象砖选集　重庆市博物馆编

北京 文物出版社 1957 年 90 页 26cm（16 开）

统一书号：7068.18 定价：CNY1.80

J004162

北魏石窟浮雕拓片选　于希宁，罗叔子编

北京 中国古典艺术出版社 1958 年 106 页

38cm（6 开）精装 统一书号：8029.15

定价：CNY9.50

　　作者于希宁（1913—2007），教授、画家。山东潍坊人，毕业于上海新华艺术专科学校国画系。曾任山东艺术学院教授、名誉院长、中国画研究院院委，山东画院院长等职。主要作品《北魏石窟拓片选》《殷周青铜花纹演变初探》《论画梅》《写意画花》等。

J004163

邓县彩色画象砖墓　河南省文化局文物工作队编辑

北京 文物出版社 1958 年 50 页 26cm（16 开）

统一书号：7068.70 定价：CNY2.00

J004164

敦煌彩塑　（公元 366—1911）敦煌文物研究所编辑委员会编

北京 中国古典艺术出版社 1958 年 41 页

有图 19cm（小 32 开）定价：CNY0.70

（敦煌艺术画库 第 2 种）

J004165

故宫铜器图录　台北故宫博物院联合管理处编辑

台北 中华丛书委员会 1958 年 2 册 有图

23cm（32 开）定价：TWD260.00

（中华丛书）

J004166
杭州元代石窟艺术　黄湧泉编
北京 中国古典艺术出版社 1958 年［80］页
20cm（32 开）统一书号：8029.68 定价：CNY1.70

J004167
四川汉代画象砖艺术　（四川省博物馆研究
图录）刘志远编
北京 中国古典艺术出版社 1958 年 10+76+22 页
25cm（小 16 开）精装 统一书号：T8029.78

J004168
中国古代陶瓷艺术小品　河南省博物馆编
北京 中国古典艺术出版社 1958 年 有图
17cm（40 开）统一书号：8029.113
定价：CNY1.50

J004169
大足石刻　中国美术家协会四川石刻考察团编
北京 北京出版社 1959 年 定价：CNY0.70

J004170
大足石刻　四川美术学院雕塑系编
北京 朝花美术出版社 1962 年 198+23 页 有图
39cm（4 开）精装 统一书号：8028.1851
定价：CNY32.00

J004171
唐宋陶瓷纹样集　陈石濑编
北京 人民体育出版社 1959 年 91 页 有图
18cm（小 32 开）统一书号：8027.2730
定价：CNY0.44

J004172
中国艺术　（第一辑 铜器 匋器 瓷器）
天津 天津美术出版社 1959 年 10 幅 16cm（64 开）
统一书号：8073.2055 定价：CNY0.50

J004173
中国艺术　（第二辑 玉器）
天津 天津美术出版社 1959 年 10 幅 16cm（64 开）
统一书号：8073.2057 定价：CNY0.50

J004174
敦煌彩塑　（第 2 集）文物出版社编辑
北京 文物出版社 1960 年 定价：CNY0.50

J004175
敦煌彩塑　（第 3 集）文物出版社编辑
北京 文物出版社 1960 年 定价：CNY0.50

J004176
敦煌彩塑　（第 4 集）文物出版社编辑
北京 文物出版社 1960 年 定价：CNY0.50

J004177
敦煌彩塑　（第 5 集）文物出版社编辑
北京 文物出版社 1960 年 定价：CNY0.50

J004178
敦煌彩塑　（第 6 集）文物出版社编辑
北京 文物出版社 1961 年 10 张(套)
定价：CNY0.50

J004179
敦煌彩塑　（第 7 集）文物出版社编辑
北京 文物出版社 1961 年 10 张(套)
定价：CNY0.50

J004180
敦煌彩塑　（第 8 集）文物出版社编辑
北京 文物出版社 1962 年 10 张(套)
13cm（60 开）定价：CNY0.50

J004181
**陕西省博物馆　陕西省文物管理委员会藏
青铜器图释**　陕西省博物馆，陕西省文物管理
委员会合编
北京 文物出版社 1960 年 124 页 26cm（16 开）
统一书号：7068.123 定价：CNY6.50

J004182
石寨山古代铜铸艺术　（图片）文物出版社
编辑
北京 文物出版社 1960 年 25 幅（1 函）
19cm（32 开）统一书号：7068.1045
定价：CNY2.00

J004183

宋代民间陶院瓷纹样 （磁州窑型）曹克家，王书文作

上海 上海人民美术出版社 1960 年 145 幅

25cm（小 16 开）精装 统一书号：T8081.4573

定价：CNY20.00

　　作者曹克家（1906—1979），画家。号汝贤，北京人，毕业于上海中华职业学校。曾在轻工业部工艺美术局任职，中国美术家协会会员。作品有《耄耋图》等。著作有《怎样画猫》和《宋瓷纹样》。

J004184

中国铜器花纹集 谭旦冏编著

台北 台北故宫博物院 1960 年 37cm（8 开）

　　外 文 书 名：Decorative Patterns on Chinese Bronzes.

J004185

故宫藏瓷 （明彩瓷）台北故宫博物院编纂

香港 开发股份有限公司 1961 年 3 册 有彩图

38cm（8 开）精装

　　外文书名：Enamelled Ware of the Ming Dynasty.

J004186

故宫藏瓷 （汝窑）台北故宫博物院编纂

香港 开发股份有限公司 1961 年 有彩图

38cm（8 开）精装

　　外文书名：Ju Ware of the Sung Dynasty.

J004187

故宫藏瓷 （定窑）台北故宫博物院编纂

香港 开发股份有限公司 1962 年 2 册 有彩图

38cm（8 开）精装

　　外文书名：Ting Ware of the Sung Dynasty.

J004188

故宫藏瓷 （哥窑）台北故宫博物院编纂

香港 开发股份有限公司 1962 年 2 册 有彩图

38cm（8 开）精装

　　外文书名：Ko Ware of the Sung Dynasty.

J004189

故宫藏瓷 （官窑）台北故宫博物院编纂

香港 开发股份有限公司 1962 年 有彩图

38cm（8 开）精装

　　外文书名：Kuan Ware of the Sung Dynasty.

J004190

故宫藏瓷 （钧窑）台北故宫博物院编纂

香港 开发股份有限公司 1962 年 有彩图

38cm（8 开）精装

　　外文书名：Chun Ware of the Sung Dynasty.

J004191

故宫藏瓷 （龙泉窑）台北故宫博物院编纂

香港 开发股份有限公司 1962 年 有彩图

38cm（8 开）精装

　　外文书名：Lung—Ch'Uan Ware of the Sung Dynasty.

J004192

故宫藏瓷 （明清花瓷）台北故宫博物院编纂

香港 开发股份有限公司 1962 年 7 册 有彩图

38cm（8 开）精装

　　外文书名：Blue—And—White Ware of the Ming Dynasty.

J004193

故宫藏瓷 （南宋官窑）台北故宫博物院编纂

香港 开发股份有限公司 1962 年 3 册 有彩图

38cm（8 开）精装

　　外文书名：Kuan Ware of the Southern Sung Dynasty.

J004194

故宫藏瓷 （明釉里红瓷）台北故宫博物院编纂

香港 开发股份有限公司 1963 年 有彩图

38cm（8 开）精装

　　外 文 书 名：Underglaze Red Wareof the Ming Dynasty.

J004195

故宫藏瓷 （清康熙珐琅彩瓷）台北故宫博物院编纂

香港 开发股份有限公司 1967 年 有彩图

38cm（8 开）精装

　　外 文 书 名：Fine—Enamelled Ware of the Ch'ing Dynasty K'ang—Hsi Period.

J004196

故宫藏瓷 （清乾隆珐琅彩瓷）台北故宫博物院编纂
香港 开发股份有限公司 1967 年 2 册 有彩图
38cm（8 开）精装
　　外 文 书 名：Fine-Enamelled Ware of the
Ch'ing Dynasty Ch'ien-Lung Period.

J004197

故宫藏瓷 （清青花瓷）台北故宫博物院编纂
香港 开发股份有限公司 1967 年 2 册 有彩图
38cm（8 开）精装
　　外 文 书 名：Blue-And-White Ware of the
Ch'ing Dynasty.

J004198

故宫藏瓷 （清雍正珐琅彩瓷）台北故宫博物
院编纂
香港 开发股份有限公司 1967 年 2 册 有彩图
38cm（8 开）精装
　　外 文 书 名：Fine-Enamelled Ware of the
Ch'ing Dynasty Yung-Cheng Period.

J004199

故宫藏瓷 （明单色釉瓷）台北故宫博物院
编纂
香港 开发股份有限公司 1968 年 2 册 有彩图
38cm（8 开）精装
　　外 文 书 名：Monochrome Wareof the Ming
Dynasty.

J004200

故宫藏瓷 （清彩瓷）台北故宫博物院编纂
香港 开发股份有限公司 1969 年 2 册 有彩图
38cm（8 开）精装
　　外 文 书 名：Enamelled Wareof the Ch'ing
Dynasty.

J004201

故宫藏瓷大系 （钧窑之部 图集）余佩瑾著
台北 台北故宫博物院 1999年 255页 37cm（8开）
精装 ISBN：957-562-363-0 定价：TWD1990.00
　　外 文 书 名：A Panorama of Ceramics in the
Collection of the National Palace Museum：Chun
Ware.

J004202

四川汉代画像砖拓片　四川省博物馆编
上海 上海人民美术出版社 1961 年 18 幅
53cm（4 开）统一书号：T8081.8579
定价：CNY3.60

J004203

故宫博物院藏瓷选集　故宫博物院编
北京 文物出版社 1962 年 100 幅
38cm（6 开）精装 统一书号：7068.200
定价：CNY200.00

J004204

故宫博物院藏瓷选集　故宫博物院编
北京 文物出版社 1982 年 重印本 100 幅
38cm（8 开）精装 统一书号：7068.200
定价：CNY280.00

J004205

故宫博物院藏陶瓷选　（一）故宫博物院编
北京 文物出版社 1978 年 10 幅 定价：CNY0.65

J004206

故宫博物院藏陶瓷选　（二）故宫博物院编
北京 文物出版社 1978 年 10 幅 定价：CNY0.65

J004207

故宫博物院藏陶瓷选　（三）故宫博物院编
北京 文物出版社 1978 年 10 幅 定价：CNY0.65

J004208

辽瓷选集　（图集）辽宁省博物馆编
北京 文物出版社 1962 年 115 页 29cm（16 开）
精装 统一书号：7068.170 定价：CNY28.00

J004209

四川汉代陶俑　沈仲常等编
北京 朝花美术出版社 1963 年 ［47 页］
有照片 26cm（16 开）统一书号：8028.1866
定价：CNY2.80

J004210

敦煌彩塑　（386-960）敦煌文物研究所编
北京 文物出版社 1964 年 50 张（套）
13cm（64 开）定价：CNY2.50

J004211
敦煌彩塑　敦煌文物研究所编
北京 文物出版社 1978 年 85 幅 38cm（6 开）
统一书号：8068.639 精装 定价：CNY65.00

J004212
秦汉瓦当　陕西省博物馆编
北京 文物出版社 1964 年 定价：CNY5.00

J004213
秦汉瓦当　傅嘉仪编著
西安 陕西旅游出版社 1999 年 27+814 页
28cm（10 开）精装 ISBN：7-5418-1550-0
定价：CNY480.00

J004214
青铜器　（公元前 16 世纪–公元 24 年 图片）文
物出版社编辑
北京 文物出版社 1964 年 8 幅 26cm（16 开）
统一书号：7068.1085 定价：CNY0.64

J004215
青铜器　（公元前 16 世纪–公元前 221 年 图
片）中国历史博物馆编
北京 文物出版社 1965 年 8 幅 26cm（16 开）
统一书号：7068.1100 定价：CNY0.64

J004216
青铜器　（摄影明信片辑）
太原 山西人民出版社 1982 年 10 张 13cm（60 开）
定价：CNY0.65

J004217
陕西唐三彩俑　陕西省文物管理委员会编
北京 文物出版社 1964 年 38cm（6 开）
精装 定价：CNY20.00

J004218
陕西唐三彩俑　（图册）陕西省文物管理委员
会编
北京 文物出版社 1964 年 20 幅 37cm（8 开）
精装 统一书号：7068.240 定价：CNY20.00

J004219
中国历史博物馆藏彩陶选辑　（新石器时

代）中国历史博物馆编
北京 人民美术出版社 1964 年 12 张（套）
15cm（50 开）定价：CNY1.00

J004220
中国历史博物馆藏瓷器选辑　（汉—五代 纪
元前 206—960 年）中国历史博物馆编
北京 人民美术出版社 1964 年 12 张（套）
15cm（50 开）定价：CNY1.00

J004221
中国历史博物馆藏青铜器选辑　（一 商—西
周 纪元前 16 世纪—纪元前 771 年）中国历史
博物馆编
北京 人民美术出版社 1964 年 12 张（套）
15cm（50 开）定价：CNY1.00

J004222
中国历史博物馆藏青铜器选辑　（二 西周—
战国 纪元前 9 世纪—纪元前 201 年）中国历史
博物馆编
北京 人民美术出版社 1964 年 12 张（套）
15cm（50 开）统一书号：8027.4400
定价：CNY1.00

J004223
中国历史博物馆藏青铜器选辑　（三 纪元前
16 世纪—纪元前 201 年）中国历史博物馆编
北京 文物出版社 1965 年 12 张（套）15cm（50 开）
统一书号：7068.1100 定价：CNY0.64

J004224
瓷器　（元 公元 1271—1368 年）文物出版社编
北京 文物出版社 1965 年 8 张（套）13cm（64 开）
定价：CNY0.64
（中国历代工艺美术）

J004225
瓷器　（摄影明信片辑）
太原 山西人民出版社 1982 年 10 张 13cm（60 开）
定价：CNY0.65

J004226
故宫博物院藏瓷器　（三国～五代 公元 260—
979 年）文物出版社编

北京 文物出版社 1965 年 8 张(套)

13cm(64 开)定价：CNY0.64

(中国历代工艺美术)

J004227

故宫博物院藏瓷器 （宋 公元 960—1279 年）文物出版社编

北京 文物出版社 1965 年 8 张(套)

13cm(64 开)定价：CNY0.64

(中国历代工艺美术)

J004228

故宫博物院藏瓷器 （明 公元 1426—1627 年）文物出版社编

北京 文物出版社 1965 年 8 张(套)

13cm(64 开)定价：CNY0.64

(中国历代工艺美术)

J004229

故宫博物院藏瓷器 （清 公元 1662—1795 年）文物出版社编

北京 文物出版社 1965 年 8 张(套)

13cm(64 开)定价：CNY0.64

(中国历代工艺美术)

J004230

故宫博物院藏玉雕与石雕 文物出版社编

北京 文物出版社 1965 年 8 张(套)

13cm(64 开)定价：CNY0.64

(中国历代工艺美术)

J004231

故宫博物院藏玉雕与石雕 （中、英文对照版）文物出版社编

北京 文物出版社 1965 年 10 张(套)

13cm(64 开)

(中国历代工艺美术)

J004232

湖南汉代漆器图录 湖南省博物馆编

长沙 湖南人民出版社 1965 年 32 页 38cm(6 开)

统一书号：11109.88 定价：CNY9.00

J004233

湖南汉代漆器图录 湖南省博物馆编

长沙 湖南人民出版社 1965 年 32 页 38cm(6 开)

统一书号：11109.88 定价：CNY9.00

J004234

天津市艺术博物馆藏玉器 天津市艺术博物馆编

北京 文物出版社 1965 年 8 张(套)

13cm(64 开)定价：CNY0.64

(中国历代工艺美术)

J004235

中国历史博物馆藏雕塑选辑 （公元前 403—公元 907 年）中国历史博物馆编

北京 人民美术出版社 1965 年 10 张(套)

15cm(42 开)定价：CNY1.00

(战国——唐)

J004236

中国历史博物馆藏青铜器 （公元前 16 世纪—公元前 221 年）中国历史博物馆编

北京 文物出版社 1965 年 8 张(套)13cm(64 开)

统一书号：7068.1100 定价：CNY0.64

(中国历代工艺美术)

J004237

中国历史博物馆藏青铜器 中国历史博物馆编

北京 文物出版社 1977 年 10 幅 17cm(40 开)

统一书号：8068.50 定价：CNY0.65

J004238

中国历史博物馆藏三彩釉陶俑选辑 （唐〈公元 618—907 年〉）中国历史博物馆编

北京 人民美术出版社 1965 年 10 张(套)

15cm(40 开)定价：CNY1.00

J004239

秦汉瓦当图 陈明远藏

台北 文海出版社 1972 年 62 页 26cm(16 开)

精装 定价：TWD200.00

J004240

故宫宋瓷图录 （定窑、定窑型）台北故宫博物院编纂

台北 台北故宫博物院 1973 年

36cm（15 开）精装

J004241
故宫宋瓷图录 （龙泉窑、哥窑及其他各窑）
台北故宫博物院编纂
台北 台北故宫博物院 1973 年 36cm（9 开）
精装

J004242
故宫宋瓷图录 （汝窑、官窑、钧窑）台北故宫
博物院编纂
台北 台北故宫博物院 1973 年 36cm（15 开）
精装

J004243
故宫宋瓷图录 （南宋官窑）台北故宫博物院
编纂
台北 台北故宫博物院 1974 年 36cm（15 开）
精装

J004244
上海博物馆陶瓷选辑
上海 上海人民出版社［1974 年］12 幅 11×15cm

J004245
中国艺术考古论文索引（1949—1966）陈锦
波［编］
香港 香港大学亚洲研究中心 1974 年
　　外文书名：Chinese Art and Archaeology:
A Classified Index to Articles Published in Mainland
China Periodicals, 1949—1966.

J004246
嘉峪关画象砖 （魏—晋 摄影明信片）甘肃省
博物馆编
北京 文物出版社 1976 年 10 张（套）15cm（64 开）
定价：CNY0.65

J004247
洛阳唐三彩 洛阳博物馆编
北京 文物出版社 1976 年 10 幅 15cm（64 开）
统一书号：7068.402 定价：CNY0.65

J004248
洛阳唐三彩 洛阳市博物馆编

北京 文物出版社 1980 年 129 幅 37cm（8 开）
统一书号：8068.710 定价：CNY7.00

J004249
洛阳唐三彩 洛阳博物馆编
郑州 河南美术出版社 1985 年 104 页
25cm（小 16 开）

J004250
明清一色釉瓷 香港艺术馆编
香港 香港市政局 1976 年 142 页 有彩照
26cm（16 开）精装
　　外文书名：Monochrome Ceramics of Ming
and Ch'ing Dynasties.

J004251
云南青铜器 （明信片）云南省博物馆编
北京 文物出版社 1976 年 10 幅 16×14cm 精装
统一书号：8068.35 定价：CNY0.65

J004252
中国古青铜器选 （图集）文物出版社编辑
北京 文物出版社 1976 年 34×19cm
定价：CNY7.00

J004253
中国青铜器 （第一集 图集）文物出版社编辑
北京 文物出版社 1976 年 10 幅 16×14cm
统一书号：8068.20 定价：CNY0.65

J004254
中国青铜器 （第二集 图集）文物出版社编辑
北京 文物出版社 1976 年 10 幅 16×14cm
统一书号：8068.21 定价：CNY0.65

J004255
中国青铜器 （第三集 图集）文物出版社编辑
北京 文物出版社 1977 年 10 幅 16×14cm
定价：CNY0.65

J004256
中国青铜器 （第四集 图集）文物出版社编辑
北京 文物出版社 1977 年 10 幅 16×14cm
统一书号：8068.23 定价：CNY0.65

J004257

中国青铜器 （第五集 图集）文物出版社编辑
北京 文物出版社 1977 年 10 幅 16×14cm
统一书号：8068.24 定价：CNY0.65

J004258

南京博物院藏瓷器 （图集）南京博物院编
北京 文物出版社 1977 年 10 幅 16×14cm
统一书号：8068.49 定价：CNY0.65

J004259

南京博物院藏青铜器 （图集）南京博物院编
北京 文物出版社 1977 年 10 幅 16×14cm
统一书号：8068.48 定价：CNY0.65

J004260

中国历史博物馆藏瓷器 （图集）中国历史博
物馆编
北京 文物出版社 1977 年 10 幅 16×14cm
统一书号：8068.51 定价：CNY0.65

J004261

江苏彩陶 南京博物院编
北京 文物出版社 1978 年 66 幅 26cm（16 开）
统一书号：8068.555 定价：CNY3.50

J004262

上海博物馆铜器选辑 上海博物馆编
上海 上海人民出版社 1978 年 10 页
18cm（小 32 开）统一书号：8081.11042
定价：CNY0.58

J004263

甘肃彩陶 甘肃省博物馆编
北京 文物出版社 1979 年 26cm（16 开）
统一书号：8068.769 定价：CNY15.00

J004264

甘肃彩陶 甘肃省博物馆，甘肃省文物工作
队编
北京 文物出版社 1984 年 2 版 26cm（16 开）
定价：CNY14.00

J004265

陕西出土商周青铜器 （一）陕西省考古研究

所等编
北京 文物出版社 1979 年 26cm（16 开）精装
统一书号：11068.726 定价：CNY23.00

J004266

陕西出土商周青铜器 （二）陕西省考古研究
所等编
北京 文物出版社 1980 年 207 页 26cm（16 开）
精装 统一书号：11068.754 定价：CNY23.00

J004267

陕西出土商周青铜器 （三）陕西省考古研究
所等编
北京 文物出版社 1980 年 192+33 页 26cm（16 开）
精装 统一书号：11068.837 定价：CNY23.00

J004268

上海博物馆藏瓷选集 上海博物馆选编
北京 文物出版社 1979 年 40cm（小 8 开）精装
统一书号：8068.47 定价：CNY220.00

J004269

黑龙江省博物馆藏文物 （摄影明信片辑 汉
英文对照）黑龙江省博物馆编；德振摄影
哈尔滨 黑龙江人民出版社 1980 年 10 张(套)
15cm（64 开）定价：CNY0.60

J004270

江苏六朝青瓷 中国陶瓷史编委会著
台北 胡氏图书出版社 [1980—1989 年]
112 页 31cm（12 开）精装 定价：TWD1500.00

J004271

江苏六朝青瓷 南京博物馆编
北京 文物出版社 1980 年 120 幅 25cm（小 16 开）
统一书号：8068.767 定价：CNY9.00

J004272

青海彩陶 青海省文物考古队编
北京 文物出版社 1980 年 185 幅 26cm（16 开）
统一书号：8068.709 定价：CNY17.00

J004273

唐三彩 谭旦冏编著
台北 编译馆 1980 年 2 版 104 页

20cm（32 开）精装 定价：TWD30.00

　　本书由编译馆和丛书编审委员会联合出版。

J004274
吐鲁番出土彩色雕塑　（汉、维、英文对照）
乌鲁木齐 新疆人民出版社 1980 年 15 张
13cm（64 开）定价：CNY0.92

J004275
中国陶瓷雅集　香港艺术馆编
香港 敏求精舍 1980 年 203 页 有图
28cm（大 16 开）精装 ISBN：962–215–030–6
　　外文书名：An Anthology of Chinese Ceramics.
本书由敏求精舍和香港市政局联合出版。

J004276
紫金庵古塑罗汉　封云清摄；江苏吴县东山
紫金庵编辑
上海 上海人民美术出版社 1980 年 20 幅
19cm（小 32 开）统一书号：8081.12049
定价：CNY1.90

J004277
紫金庵古塑罗汉　封云清摄影；江苏吴县东
山紫金庵编
上海 上海人民美术出版社 1983 年 20 张
26cm（16 开）定价：CNY3.50
　　本书为古罗汉塑像摄影作品。紫金庵罗汉
是国内著名的古罗汉塑像，是珍贵的佛教文物，
在艺术上也有很高的造诣。

J004278
古玺印概论　罗福颐编
北京 文物出版社 1981 年 133 页 25cm（15 开）
统一书号：8068.801 定价：CNY2.30

J004279
秦俑　（摄影图片辑）丁慎忠等摄
西安 陕西人民美术出版社 1981 年 10 张
19cm（小 32 开）定价：CNY0.85

J004280
秦俑　（汉英对照）马中义等摄影
西安 陕西旅游出版社［1986 年］10 张

J004281
中国古代玉器　林淑心编；秦之棣，姜慧音，
费凯玲翻译
［台北］历史博物馆 1981 年 有 26cm 16 开

J004282
故宫古玉图录　台北故宫博物院编辑
台北 台北故宫博物院 1982 年 30cm（10 开）
精装

J004283
凉山彝族文物图谱　（漆器）凉山彝族自治州
博物馆编绘
重庆 四川民族出版社 1982 年 69 页 26cm（16 开）
统一书号：M8140.64 定价：CNY2.30

J004284
马家窑文化的彩陶艺术　李纪贤编著
北京 人民美术出版社 1982 年 45 页
25cm（小 16 开）统一书号：8027.8076
定价：CNY1.50

J004285
秦俑　（摄影明信片辑 汉英文对照）陕西省外
办，中国旅游出版社编
北京 中国旅游出版社 1982 年 13cm（60 开）
定价：CNY1.00

J004286
瓷器上的龙纹特展目录　台北故宫博物院编
辑委员会编辑
台北 台北故宫博物院 1983 年

J004287
故宫所藏痕都斯坦玉器特展图录　台北故
宫博物院编辑委员会编
台北 台北故宫博物院 1983 年 289 页 有彩照
25cm（小 16 开）
　　外文书名：Catalogue of a Special Exhibition of
Hindustan Jade in the National Palace Museum.

J004288
关氏所藏晚清官窑瓷器　林业强编辑
香港 香港中文大学文物馆 1983 年 156 页
有彩照 26cm（16 开）精装

外文书名：Imperial Porcelain of Late Qing From the Kwan Collection.

J004289

汉俑 （汉英文对照）陕西省咸阳市博物馆编；安克仁摄影

西安 陕西人民美术出版社［1983年］10张 13cm（60开）定价：CNY0.60

J004290

明陵石雕 （汉英文对照）

北京 中国旅游出版社 1983年 7张 19cm（32开）定价：CNY1.00

J004291

乾陵唐三彩 （汉英文对照）

西安 陕西人民美术出版社［1983年］8张 13cm（60开）定价：CNY0.60

J004292

秦铜器 （汉英文对照）陕西省咸阳市博物馆编；安克仁摄影

西安 陕西人民美术出版社［1983年］10张 11×17cm 定价：CNY0.60

J004293

铜车马 （汉英文对照）陕西省外事办公室宣传处，秦始皇兵马俑博物馆编

西安 陕西人民美术出版社［1983年］ 13cm（60开）定价：CNY1.00

J004294

中国历代雕塑 （秦始皇陵俑塑群）秦始皇兵马俑博物馆等编

西安 陕西人民美术出版社 1983年［168］页［53］cm（4开）精装 定价：CNY50.00

中国古代雕塑作品综合图集。收录秦始皇兵马俑博物馆的秦始皇陵俑塑群的彩色及单色图版143幅，另附发型、甲衣、靴履、兵器、鞍辔、战车、铭文等参考图版106幅。

J004295

中华五千年文物集刊 （彩陶篇 甘肃仰韶彩陶）袁德星、陈擎光主编

台北 中华五千年文物集刊编辑委员会 1983年

423页 有图版 30cm（10开）精装

外文书名："Five Thousand Years of Chinese Art"Series，Neolithic Painted Pottery，Yang—Shao Painted Pottery From Kansu Province.

J004296

中华五千年文物集刊 （瓷器篇）童依华主编

台北 中华五千年文物集刊编辑委员会 1983—1985年 2册（182；178页）30cm（10开）精装

外文书名："Five Thousand Years of Chinese Art"Series，Porcelain.

J004297

中华五千年文物集刊 （唐三彩）童依华主编

台北 中华五千年文物集刊编辑委员会 1984年 2册（321页）30cm（10开）精装

外文书名："Five Thousand Years of Chinese Art"Series，Tang Three—Colored Pottery.

J004298

中华五千年文物集刊 （石雕篇）苏莹辉主编

台北 中华五千年文物集刊编辑委员会 1984年 2册（156；199页）30cm（10开）精装

外文书名："Five Thousand Years of Chinese Art" Series，Stone Carving.

J004299

中华五千年文物集刊 （漆器篇 一）索予明主编

台北 中华五千年文物集刊编辑委员会 1984年 251页 30cm（10开）精装

外文书名："Five Thousand Years of Chinese Art"Series，Chinese Lacquer.

J004300

中华五千年文物集刊 （玺印篇）袁旃主编

台北 中华五千年文物集刊编辑委员会 1985年 280页 30cm（10开）精装

外文书名："Five Thousand Years of Chinese Art" Series，Chinese Seals.

J004301

中华五千年文物集刊 （法书篇 一）吴哲夫总编辑；朱惠良，杨美莉主编

台北 中华五千年文物集刊编辑委员会 1985年

31cm（10 开）精装 ISBN：957-00-5744-0

外文书名："Five Thousand Years of Chinese Art"Series, Chinese Calligraphy, Part Ⅰ. 总编吴哲夫，画家。师从杭稺英，被称为"杭派"月份牌画家。作品有《节日的食堂》《向解放军叔叔致敬》《老手带新手》等。

J004302
中华五千年文物集刊 （法书篇 二）吴哲夫总编辑；朱惠良，杨美莉主编
台北 中华五千年文物集刊编辑委员会 1985 年 258 页 31cm（12 开）精装 ISBN：957-00-5744-0 定价：CNY26520.00（全套）

外文书名："Five Thousand Years of Chinese Art"Series, Chinese Calligraphy, Part Ⅱ.

J004303
中华五千年文物集刊 （法书篇 三）吴哲夫总编辑；朱惠良，杨美莉主编
台北 中华五千年文物集刊编辑委员会 1985 年 31cm（12 开）精装 ISBN：957-00-5744-0

外文书名："Five Thousand Years of Chinese Art"Series, Chinese Calligraphy, Part Ⅲ.

J004304
中华五千年文物集刊 （法书篇 四）吴哲夫总编辑；杨美莉主编
台北 中华五千年文物集刊编辑委员会 1985 年 274 页 31cm（10 开）精装 ISBN：957-00-2747-9 定价：CNY26520.00（全套）

外文书名："Five Thousand Years of Chinese Art"Series, Chinese Calligraphy, Part Ⅳ.

J004305
中华五千年文物集刊 （法书篇 五）吴哲夫总编辑；杨美莉主编
台北 中华五千年文物集刊编辑委员会 1985 年 322 页 31cm（10 开）精装 ISBN：957-00-2748-7

外文书名："Five Thousand Years of Chinese Art"Series, Chinese Calligraphy, Part Ⅴ.

J004306
中华五千年文物集刊 （法书篇 六）吴哲夫总编辑；郑瑶锡主编
台北 中华五千年文物集刊编辑委员会 1986 年

368 页 31cm（10 开）精装 ISBN：957-00-2761-4

外文书名："Five Thousand Years of Chinese Art"Series, Chinese Calligraphy, Part Ⅵ.

J004307
中华五千年文物集刊 （法书篇 七）吴哲夫总编辑；杨美莉，赵铁铭主编
台北 中华五千年文物集刊编辑委员会 1986 年 309 页 31cm（10 开）精装 ISBN：957-00-5745-9

外文书名："Five Thousand Years of Chinese Art"Series, Chinese Calligraphy, Part Ⅶ.

J004308
中华五千年文物集刊 （法书篇 八）吴哲夫总编辑；杨美莉，赵铁铭主编
台北 中华五千年文物集刊编辑委员会 1986 年 272 页 31cm（10 开）精装 ISBN：957-00-3423-8

外文书名："Five Thousand Years of Chinese Art"Series, Chinese Calligraphy, Part Ⅷ.

J004309
中华五千年文物集刊 （法书篇 九）吴哲夫总编辑；杨美莉主编
台北 中华五千年文物集刊编辑委员会 1986 年 317 页 31cm（10 开）精装 ISBN：957-00-5746-7

外文书名："Five Thousand Years of Chinese Art"Series, Chinese Calligraphy, Part Ⅸ.

J004310
中华五千年文物集刊 （法书篇 十）吴哲夫总编辑；杨美莉主编
台北 中华五千年文物集刊编辑委员会 1986 年 288 页 31cm（10 开）精装 ISBN：957-00-6077-8

外文书名："Five Thousand Years of Chinese Art" Series, Chinese Calligraphy, Part Ⅹ.

J004311
中华五千年文物集刊 （法书篇 十一）吴哲夫总编辑；杨美莉主编
台北 中华五千年文物集刊编辑委员会 1987 年 272 页 31cm（10 开）精装 ISBN：957-00-9825-2

外文书名："Five Thousand Years of Chinese Art" Series, Chinese Calligraphy, Part Ⅺ.

J004312

中华五千年文物集刊 （法书篇 十二）吴哲夫总编辑；杨美莉主编

台北 中华五千年文物集刊编辑委员会 1987 年 268 页 31cm（10 开）精装 ISBN：957-00-9826-0

　　外文书名："Five Thousand Years of Chinese Art" Series, Chinese Calligraphy, Part XII.

J004313

中华五千年文物集刊 （法书篇 十三 杜甫诗小楷字帖）吴哲夫总编辑；何传馨，杨美莉主编

台北 中华五千年文物集刊编辑委员会 1988 年 230 页 31cm（10 开）精装 ISBN：957-02-3402-4

　　外文书名："Five Thousand Years of Chinese Art" Series, Chinese Calligraphy, Part XIII.

J004314

中华五千年文物集刊 （宋画篇 一）李慧淑，周云锦主编

台北 中华五千年文物集刊编辑委员会 1985 年 245 页 30cm（10 开）精装

　　外文书名："Five Thousand Years of Chinese Art" Series, Sung Painting, Part I.

J004315

中华五千年文物集刊 （宋画篇 二）李慧淑主编

台北 中华五千年文物集刊编辑委员会 1985 年 209 页 30cm（10 开）精装

　　外文书名："Five Thousand Years of Chinese Art" Series, Sung Painting, Part Ⅱ.

J004316

中华五千年文物集刊 （宋画篇 三）李慧淑主编

台北 中华五千年文物集刊编辑委员会 1985 年 209 页 30cm（10 开）精装

　　外文书名："Five Thousand Years of Chinese Art" Series, Sung Painting. Part Ⅲ.

J004317

中华五千年文物集刊 （宋画篇 四）李慧淑主编

台北 中华五千年文物集刊编辑委员会 1986 年 279 页 30cm（10 开）精装

　　外文书名："Five Thousand Years of Chinese Art" Series, Sung Painting, Part Ⅳ.

J004318

中华五千年文物集刊 （玉器篇 一）邓淑苹编辑

台北 中华五千年文物集刊编辑委员会 1985 年 206 页 30cm（10 开）精装

　　外文书名："Five Thousand Years of Chinese Art"Series, Chinese Jade, Part I, From Neolithic Age to Early Shang.

J004319

中华五千年文物集刊 （玉器篇 二）杨美莉主编

台北 中华五千年文物集刊编辑委员会 1993 年 309 页 30cm（10 开）精装 ISBN：957-00-1886-0

　　外文书名："Five Thousand Years of Chinese Art"Series, Chinese Jade, Part Ⅱ, From Neolithic Age to Early Shang.

J004320

中华五千年文物集刊 （玉器篇 三）杨美莉主编

台北 中华五千年文物集刊编辑委员会 1995 年 275 页 30cm（10 开）精装 ISBN：957-00-6314-9

　　外文书名："Five Thousand Years of Chinese Art"Series, Chinese Jade, Part Ⅲ, From Neolithic Age to Early Shang.

J004321

中华五千年文物集刊 （玉器篇 四）吴棠海主编

台北 中华五千年文物集刊编辑委员会 1995 年 175 页 30cm（10 开）精装 ISBN：957-00-6313-0

　　外文书名："Five Thousand Years of Chinese Art"Series, Chinese Jade, Part Ⅳ, From Neolithic Age to Early Shang.

J004322

中华五千年文物集刊 （玉器篇 五）吴棠海主编

台北 中华五千年文物集刊编辑委员会 1995 年 170 页 30cm（12 开）精装 ISBN：957-00-6315-7

　　外文书名："Five Thousand Years of Chinese

Art"Series, Chinese Jade, Part V, From Neolithic Age to Early Shang.

J004323

中华五千年文物集刊 （元画篇 一）杨雪梅主编

台北 中华五千年文物集刊编辑委员会 1986 年 195 页 30cm（10 开）精装 ISBN：957-02-3058-4

外文书名："Five Thousand Years of Chinese Art" Series， Yan Painting. Part I.

J004324

中华五千年文物集刊 （元画篇 二）杨雪梅主编

台北 中华五千年文物集刊编辑委员会 1987 年 205 页 30cm（10 开）精装

外文书名："Five Thousand Years of Chinese Art" Series， Yan Painting, Part Ⅱ.

J004325

中华五千年文物集刊 （明画篇 一）李淑美主编

台北 中华五千年文物集刊编辑委员会 1987 年 310 页 30cm（10 开）精装

外文书名："Five Thousand Years of Chinese Art" Series， Ming Painting, Part I.

J004326

中华五千年文物集刊 （明画篇 二）李淑美主编

台北 中华五千年文物集刊编辑委员会 1987 年 316 页 30cm（10 开）精装

外文书名："Five Thousand Years of Chinese Art" Series， Ming Painting, Part Ⅱ.

J004327

中华五千年文物集刊 （明画篇 三）李淑美主编

台北 中华五千年文物集刊编辑委员会 1988 年 329 页 30cm（10 开）精装

外文书名："Five Thousand Years of Chinese Art" Series， Ming Painting, Part Ⅲ.

J004328

中华五千年文物集刊 （青铜器篇 一）杨美莉主编

台北 中华五千年文物集刊编辑委员会 1988 年 30cm（10 开）精装 ISBN：957-562-020-8

外文书名："Five Thousand Years of Chinese Art"Series, Shang Chou Dynasty Bronze, Part Ⅰ.

J004329

中华五千年文物集刊 （青铜器篇 二）杨美莉主编

台北 中华五千年文物集刊编辑委员会 1988 年 30cm（10 开）精装 ISBN：957-562-020-8

外文书名："Five Thousand Years of Chinese Art"Series， Shang Chou Dynasty Bronze， Part Ⅱ.

J004330

中华五千年文物集刊 （青铜器篇 三）杨美莉主编

台北 中华五千年文物集刊编辑委员会 1988 年 30cm（10 开）精装 ISBN：957-562-020-8

外文书名："Five Thousand Years of Chinese Art"Series， Shang Chou Dynasty Bronze， Part Ⅲ.

J004331

中华五千年文物集刊 （青铜器篇 四）杨美莉主编

台北 中华五千年文物集刊编辑委员会 1988 年 30cm（10 开）精装 ISBN：957-562-020-8

外文书名："Five Thousand Years of Chinese Art"Series， Shang Chou Dynasty Bronze， Part Ⅳ.

J004332

中华五千年文物集刊 （青铜器篇 五）杨美莉主编

台北 中华五千年文物集刊编辑委员会 1988 年 30cm（10 开）精装 ISBN：957-562-020-8

外文书名："Five Thousand Years of Chinese Art"Series， Shang Chou Dynasty Bronze， Part Ⅴ.

J004333

中华五千年文物集刊 （青铜器篇 六）杨美莉主编

台北 中华五千年文物集刊编辑委员会 1988 年 221 页 30cm（10 开）精装 ISBN：957-562-039-9

外文书名："Five Thousand Years of Chinese Art"Series， Shang Chou Dynasty Bronze， Part Ⅵ.

J004334

中华五千年文物集刊 （青铜器篇 七）杨美莉主编

台北 中华五千年文物集刊编辑委员会 1990 年 250 页 30cm（10 开）精装 ISBN：957–562–040–2

外文书名："Five Thousand Years of Chinese Art"Series，Shang Chou Dynasty Bronze，Part Ⅶ.

J004335

中华五千年文物集刊 （青铜器篇 八）杨美莉主编

台北 中华五千年文物集刊编辑委员会 1990 年 255 页 30cm（10 开）精装 ISBN：957–562–043–7

外文书名："Five Thousand Years of Chinese Art"Series，Shang Chou Dynasty Bronze，Part Ⅷ.

J004336

中华五千年文物集刊 （青铜器篇 九）杨美莉主编

台北 中华五千年文物集刊编辑委员会 1988 年 227 页 30cm（10 开）精装 ISBN：957–562–064–X

外文书名："Five Thousand Years of Chinese Art"Series，Shang Chou Dynasty Bronze，Part Ⅸ.

J004337

中华五千年文物集刊 （织绣篇）张湘雯主编

台北 中华五千年文物集刊编辑委员会 1988 年 175 页 30cm（10 开）精装

外文书名："Five Thousand Years of Chinese Art" Series，Chinese Textiles.

J004338

中华五千年文物集刊 （砖瓦篇）刘玉芬主编

台北 中华五千年文物集刊编辑委员会 1989 年 175 页 30cm（10 开）精装

外文书名："Five Thousand Years of Chinese Art"Series，Bricks and Tiles.

J004339

中华五千年文物集刊 （版画篇 一）杨美莉主编

台北 中华五千年文物集刊编辑委员会 1993 年 197 页 30cm（10 开）精装 ISBN：957–562–066–6

外文书名："Five Thousand Years of Chinese Art" Series，Woodblock. Prints I.

J004340

中华五千年文物集刊 （铜镜篇 上册）朱仁星主编

台北 中华五千年文物集刊编辑委员会 1993 年 213 页 30cm（10 开）精装 ISBN：957–00–2579–4

外文书名："Five Thousand Years of Chinese Art"Series，Bronze Mirrors Ⅰ.

J004341

中华五千年文物集刊 （铜镜篇 下册）朱仁星主编

台北 中华五千年文物集刊编辑委员会 1993 年 217–427 页 30cm（10 开）精装 ISBN：957–00–2580–8

外文书名："Five Thousand Years of Chinese Art"Series，Bronze Mirrors Ⅱ.

J004342

安徽青铜器　　安徽省博物馆（藏）编

上海 上海人民美术出版社 1984 年 12 张 15cm（44 开）定价：CNY0.67

J004343

安岳石刻　　安岳文物保管所编

成都 四川省社会科学院出版社 1984 年 30 页 19cm（小 32 开）定价：CNY0.50

J004344

金属文物鉴赏　　金永林编

西安 陕西科学技术出版社 1984 年 160 页 19cm（小 32 开）定价：CNY0.54

J004345

乐山大佛 （摄影 1985 年年历）张益福摄影

济南 山东美术出版社 1984 年 54cm（4 开）定价：CNY0.20

作者张益福（1934—　　），摄影教育家。山东潍坊市人。毕业于北京电影学院摄影系，历任北京电影学院摄影系教授、摄影学院副院长兼教务主任，《人像摄影》杂志编委。主要著作有《摄影技巧研究》《人像摄影》《摄影色彩构成》等。

J004346

乐山大佛 （摄影 1985 年农历乙丑年年历）林林摄影

重庆 重庆出版社 1984 年 54cm（4 开）
定价：CNY0.38

J004347
清瓷荟锦 （香港艺术馆藏清代陶瓷）香港艺术馆编
香港 香港市政局 1984 年 221 页 29cm（16 开）
精装 ISBN：962-215-065-9
外文书名：The Wonders of the Potter's Palette：Qing Ceramics from the Collection of the Hong Kong Museum of Art.

J004348
清代画珐琅特展目录 台北故宫博物院编辑委员会编辑
台北 台北故宫博物院 1984 年 再版 151 页 25×25cm
外文书名：Catalogue of a Special Exhibition of Ch'ing-Dynasty Painted Enamels.

J004349
陕西省博物馆馆藏文物选 （摄影明信片辑 汉英文对照）
西安 陕西人民美术出版社［1984 年］
19cm（32 开）定价：CNY1.00

J004350
商周青铜器纹饰 上海博物馆青铜器研究组编
北京 文物出版社 1984 年 354 页 38cm（6 开）
精装 统一书号：11068.983 定价：CNY60.00

J004351
铜车马 陕西省外事办公室宣传处，秦始皇兵马俑博物馆编
西安 陕西人民美术出版社［1984 年］
19cm（32 开）定价：CNY1.00

J004352
敦煌彩塑 （摄影 1986 年年历）陈振戈摄影
合肥 安徽美术出版社 1985 年 1 张 54cm（4 开）
定价：CNY0.24

J004353
古茶壶精华录 钟长朗编著

台北 常春树书坊 1985 年 298 页 20cm（32 开）
定价：TWD100.00
（中国人的书 145）

J004354
故宫 （陈设 汉英对照）文物出版社
北京 文物出版社 1985 年 10 张 15cm（40 开）
定价：CNY1.00

J004355
故宫宝笈 （铜器、文玩）台北故宫博物院编辑委员会编辑
台北 台北故宫博物院编辑委员会 1985 年
209 页 16cm 精装

J004356
光灿华丽的珐琅 那志良著
台北 1985 年 2 版 60 页 21cm（32 开）
定价：TWD50.00
（文化资产丛书 10）

J004357
海外遗珍 （铜器）台北故宫博物院编辑委员会编辑
台北 台北故宫博物院编辑委员会 1985 年
223 页 30cm（10 开）精装

J004358
海外遗珍 （陶瓷）台北故宫博物院编辑委员会编辑
台北 台北故宫博物院编辑委员会 1986 年
200 页 30cm（10 开）精装

J004359
海外遗珍 （漆器）台北故宫博物院编辑委员会编辑
台北 台北故宫博物院编辑委员会 1987 年
200 页 30cm（10 开）精装

J004360
海外遗珍 （铜器续）台北故宫博物院编辑委员会编辑
台北 台北故宫博物院 1988 年 202 页
30cm（10 开）精装

J004361

清康雍乾名瓷特展　台北故宫博物院编辑委
员会编辑
台北　台北故宫博物院编辑委员会 1985 年
197 页 16cm（26 开）精装

J004362

日照两城镇陶器　南京博物院编
北京　文物出版社 1985 年 26cm（16 开）
统一书号：8068.1380 定价：CNY6.30

J004363

三国古址　徐震时，刘辽西摄；吴本华文
北京　人民美术出版社 1985 年 2 张 76cm（2 开）
定价：CNY0.42

J004364

陕西珍贵文物　（汉英对照）陕西省博物馆编；
张斌元，罗忠民摄影
西安　陕西人民美术出版社 1985 年 8 张
15cm（40 开）

J004365

商周青铜粢盛器特展图录　台北故宫博物院
编辑委员会编辑
台北　台北故宫博物院 1985 年 437 页
25cm（小 16 开）

J004366

商周青铜粢盛器特展图录　陈芳妹编辑
台北　台北故宫博物院 1994 年 重印本 436 页
25cm（15 开）精装 ISBN：957-562-180-8
定价：TWD2000.00
　　外文书名：Catalogue to the Special Exhibition
of Grain Vessels of the Shang and Chou Dynasties.

J004367

唐代金银器　镇江市博物馆，陕西省博物馆主
编；陆九皋，韩伟编
北京　文物出版社 1985 年 196 页 37cm（8 开）
精装 统一书号：8068.1457 定价：CNY49.00
　　本书全面介绍唐代金银工艺的成就，并附出
土银器的照片和线图近 300 幅。

J004368

唐三彩　陕西省博物馆编
西安　陕西人民美术出版社 1985 年 26cm（16 开）
统一书号：8199.891 定价：CNY3.50
（陕西古代美术巡礼）

J004369

颐和园铜牛　（摄影 1986 年农历丙寅年年
历）李瑞之摄影
太原　山西人民出版社 1985 年 1 张 54cm（4 开）
定价：CNY0.24

J004370

永泰公主石椁线刻画　《陕西古代美术巡礼》
编辑小组编；卢桂兰撰文；罗忠民摄影
西安　陕西人民美术出版社 1985 年 26cm（16 开）
统一书号：8199.893 定价：CNY1.00
（《陕西古代美术巡礼》）

J004371

玉石古器谱录　（明）陆深等撰
台北　世界书局 1985 年 3 版 影印 15cm（64 开）
精装 定价：旧台币 2.40
（中国学术名著 第五辑 艺术丛编 35）

J004372

中国彩陶艺术　郑为编著
上海　上海人民出版社 1985 年 81+180 页
19cm（小 32 开）统一书号：11074.645
定价：CNY6.45，CNY8.00（精装）
（中国文化史丛书）
　　本书以图为主，收有 200 多幅彩陶图片和
40 多幅黑白图片，具有典型性和代表性。展现
了中国彩陶的地区分布、制作年代、艺术特点、
纹饰类型等。

J004373

中国陶瓷　华石编
北京　文物出版社 1985 年 有图 26cm（16 开）
精装 统一书号：8068.1312 定价：CNY38.00

J004374

敦煌彩塑　（摄影 1987 年年历）刘海发摄影
上海　上海人民美术出版社 1986 年 1 张
53cm（4 开）定价：CNY0.37

J004375
乐山大佛 （汉英对照）陈锦摄影
成都 四川人民出版社 1986 年 10 张
定价：CNY1.20
　　　作者陈锦（1955— ），摄影编辑。出生于
四川成都，毕业于云南大学。四川美术出版社摄
影编辑，中国摄影家协会会员。出版有《四川茶
铺》《感怀成都》《高原魂》等。

J004376
麦积山石窟 （汉英对照）张宝玺等摄影
兰州 甘肃人民出版社 1986 年 10 张
定价：CNY1.50

J004377
青铜器赏析 刘万航著
台北 1986 年 63 页 21cm（32 开）定价：TWD60.00
（文化资产丛书 24）

J004378
青铜器赏析 刘万航著
台北 1988 年 2 版 63 页 21cm（32 开）
定价：TWD60.00
（文化资产丛书 24）

J004379
绚丽多姿的传统陶塑 刘良佑著
台北 1986 年 64 页 21cm（32 开）定价：TWD50.00
（文化资产丛书 18）

J004380
一九八七：故宫珍宝 （摄影挂历）
北京 朝花美术出版社 1986 年 78cm（2 开）
定价：CNY6.50

J004381
云冈石窟装饰 苏州丝绸工学院美术系编绘
天津 天津人民美术出版社 1986 年 102 页
26cm（16 开）定价：CNY1.90

J004382
云梦睡虎地出土秦汉漆器图录 左德承编绘
武汉 湖北美术出版社 1986 年 120 页
25cm（小 16 开）统一书号：8399.431
定价：CNY14.50

J004383
中国古代陶瓷 肇靖编
北京 文物出版社 1986 年 20cm（32 开）
统一书号：8068.1473 定价：CNY5.30

J004384
中国古代陶瓷 （彩绘瓷）褚毅编著
乌鲁木齐 新疆美术摄影出版社 1999 年 2 册
14cm（64 开）ISBN：7-80547-788-4
定价：CNY79.60
（艺术与收藏图典 陶瓷卷）

J004385
中国古代陶瓷 （色釉瓷）褚毅编著
乌鲁木齐 新疆美术摄影出版社 1999 年 2 册
14cm（64 开）ISBN：7-80547-788-4
定价：CNY79.60
（艺术与收藏图典 陶瓷卷）

J004386
中国古代陶瓷 （陶器）褚毅编著
乌鲁木齐 新疆美术摄影出版社 1999 年
14cm（60 开）ISBN：7-80547-788-4
定价：CNY44.80
（艺术与收藏图典 陶瓷卷）

J004387
中国历代织染绣图录 高汉玉主编
香港 商务印书馆（香港）1986 年 256 页
32cm（10 开）精装 ISBN：962-07-5040-3
　　　本书由香港商务印书馆和上海科学技术出
版社联合出版。

J004388
1988：古寺观壁画精萃 （摄影挂历）
太原 希望出版社［1987 年］（3 开）
定价：CNY6.50

J004389
1988：文物 （摄影挂历）
北京 朝花美术出版社 1987 年 78cm（3 开）
定价：CNY7.50

J004390
北海九龙壁 乔天富，牛嵩林摄

成都 四川美术出版社 1987年 1张 76cm（2开）
定价：CNY0.55

中国现代摄影作品，内容为北海九龙壁。作者乔天富（1954— ），高级记者，四川绵竹市人。历任解放军报高级记者，中国摄影家协会理事，中国新闻摄影学会常务理事。代表作品《中国人民解放军驻香港部队》《大阅兵》《军中姐妹》。作者牛嵩林（1925— ），记者、摄影师。大连庄河市人。历任解放军报社高级记者，中国旅游出版社编辑室主任，中国摄影家协会会员，中国老摄影家协会理事。20世纪50年代至70年代，曾担任中央国事采访工作，作品有《伟人的瞬间画册》《周恩来总理纪念册》《民兵画册》《领袖风采》《共和国十大将》等画册。

J004391

甘肃敦煌莫高窟菩萨像 （摄影 1988年年历）吴健摄影
上海 上海书画出版社 1987年 1张 78cm（3开）
定价：CNY0.42

J004392

古玉精萃 故宫博物院编
上海 上海人民美术出版社 1987年 21cm（32开）
精装 统一书号：8081.13638 定价：CNY42.50

J004393

古玉精萃 （图册）故宫博物院编
上海 上海人民美术出版社 1987年 21cm（32开）
精装 定价：CNY42.50

J004394

故宫历代铜印特展图录 台北故宫博物院编辑委员会编
台北 台北故宫博物院编辑委员会 1987年
380页 25cm（小16开）
外文书名：Catalogue of the Special Exhibition of Bronze Seals Throughout theDynasties in the National Palace Museum.

J004395

汉代漆器艺术 李正光绘编
北京 文物出版社 1987年 170页 36cm（6开）
精装 统一书号：8068.1437 定价：CNY110.00

J004396

汉唐陶瓷大全 崔延芳编辑
台北 艺术家出版社 1987年 604页 21cm（32开）
精装 定价：TWD800.00
（中国陶瓷大系 3）

J004397

河南钧瓷汝瓷与三彩 （中国古陶瓷研究会中国古外销陶瓷研究会 1985年郑州年会论文集）河南省文物研究所编
北京 紫禁城出版社 1987年 185页 26cm（16开）
ISBN：7-80047-037-7 定价：CNY1.60

J004398

九龙壁 肖顺权摄
北京 人民美术出版社 1987年 1张 76cm（2开）
定价：CNY0.31

作者肖顺权（1934— ），曾用名肖顺泉、肖舜权。河北博野人。曾任人民美术出版社总编办公室副主任、摄影部副主任等职。主要作品有《唐永泰公主墓壁画集》《故宫》《元明清雕塑》等。

J004399

九龙壁 （摄影 1988年年历）顾棣摄影
太原 山西人民出版社 1987年 1张 76cm（2开）
定价：CNY0.58

作者顾棣（1929— ），摄影家。生于河北阜平。《山西画报》原总编辑、山西省摄影家协会原副主席。合作编著的图书有《中国解放区摄影史料》《崇高美的历史再现》《中国摄影史》《沙飞纪念集》等。

J004400

九龙壁 （摄影 1988年年历）王洪洵摄影
天津 天津人民美术出版社 1987年 1张
76cm（2开）定价：CNY0.45

J004401

乐山大佛 孙树明摄
成都 四川美术出版社 1987年 1张 76cm（2开）
定价：CNY0.55

J004402

明清彩瓷 肇靖编

北京 文物出版社 1987 年 20cm（32 开）
ISBN：7-5010-0003-4 定价：CNY7.20

　　本书收录国内外明清彩瓷精品 184 件，其中彩色版占 65 幅，包括新发现的"宜窑五彩"。前言介绍了各个时期彩瓷的时代特点和艺术价值。

J004403
秦汉南北朝官印征存　　罗福颐主编；故宫博物院研究室玺印组编
北京 文物出版社 1987 年 480+53 页 26cm（16 开）
统一书号：8068.1188 定价：CNY18.00

J004404
上海博物馆藏青铜镜　　陈佩芬编著
上海 上海书画出版社 1987 年 17+100+59 页
26cm（16 开）统一书号：8172.1947 精装
ISBN：7-80512-071-4 定价：CNY65.80

J004405
上海博物馆藏青铜器 （上册）上海博物馆编
上海 上海人民美术出版社 1964 年 100 幅
39cm（8 开）精装 统一书号：8081.5090
定价：CNY160.00

J004406
上海博物馆藏青铜器 （下册）上海博物馆编
上海 上海人民美术出版社 1964 年 106 页
39cm（8 开）精装 统一书号：8081.5090
定价：CNY160.00

J004407
首都古迹　　刘世昭等摄
杭州 西湖摄影艺术出版社 1987 年 2 张
76cm（2 开）定价：CNY0.47

　　作者刘世昭（1948—　　），摄影家。四川省成都市人。作品《神境幽声》《归来的羊群》，摄影集有《徒步三峡》。

J004408
天民楼藏瓷　　香港艺术馆，香港市政局编
香港 中华商务联合印刷公司 1987 年 2 册
36cm（15 开）精装 ISBN：962-215-082-9
定价：HKD630.00
　　外 文 书 名：Chinese Porcelain the S.C.Ko

Tianminlou Collestion.

J004409
西汉南越王墓文物珍品 （一 汉英对照）西汉南越王墓博物馆编；业立中摄影
昆明 云南人民出版社［1987 年］10 张
定价：CNY1.60

J004410
西汉南越王墓文物珍品 （二 汉英对照）西汉南越王墓博物馆编；业立中摄影
昆明 云南人民出版社［1987 年］10 张
定价：CNY1.60

J004411
中国古代漆器　　王世襄编著
北京 文物出版社 1987 年 237 页 32cm（10 开）
精装 ISBN：7-5010-0167-7 定价：CNY120.00

　　本书选收了我国新石器时代以迄清代晚期各个时代有代表性的漆器作品 150 余件。作者王世襄（1914—2009），收藏家、文物鉴赏家、学者。字畅安，生于北京，祖籍福建福州。曾任中国营造学社助理研究员，文物博物馆研究所、文物保护科学技术研究所副研究员，文化部文物局中国文物研究所研究员。代表作品有《竹刻鉴赏》《髹饰录解说》《明式家具珍赏》等。

J004412
中国古代陶瓷百图　　李纪贤编著
北京 人民美术出版社 1987 年 19cm（小 32 开）
统一书号：8027.9412 定价：CNY2.70

　　本书收录历代发掘和传世的著名陶瓷作品及国内名窑的佳作 100 幅。同时对每幅作品都做了简介。

J004413
中国龙凤艺术研究　　蔡易安编绘
郑州 河南美术出版社 1987 年 318 页 有图
26cm（16 开）定价：CNY9.80

J004414
冰肌玉骨青花瓷　　历史博物馆编辑委员会编辑
台北 历史博物馆编辑委员会 1988 年
87 页 26cm（16 开）精装

J004415

敦煌彩塑 （汉日英对照）

兰州 甘肃少年儿童出版社 1988 年 10 张

13cm（60 开）

J004416

敦煌彩塑 （摄影 1989 年年历）江聪摄

北京 人民美术出版社 1988 年 1 张 54cm（4 开）

定价：CNY0.40

J004417

法门寺唐代真身宝塔地宫文物 （汉英对照）

刘合心，王保立摄

西安 陕西人民美术出版社［1988 年］8 张

13cm（60 开）定价：CNY1.50

J004418

洛阳出土铜镜 洛阳博物馆编

北京 文物出版社 1988 年 4+206+26 页

26cm（16 开）ISBN：7-5010-0033-6

定价：CNY13.00

本书以时代为序，共收录铜镜 200 余枚。前言论述了铜镜的艺术成就及其发展规律，并附有详细的图版说明。

J004419

宋元陶瓷大全 艺术家工具书编委会主编

台北 艺术家出版社 1988 年 680 页 21cm（32 开）

精装 定价：TWD800.00

（中国陶瓷大系）

外文书名：Chinese Ceramics，Song Yuan Dynasty.

J004420

西汉南越王墓文物珍品 （汉英对照）业立中摄

广州 广东旅游出版社［1988 年］10 张

13cm（60 开）定价：CNY1.60

J004421

郑振铎艺术考古文集 郑尔康编

北京 文物出版社 1988 年 628 页 有照片

20cm（32 开）ISBN：7-5010-0090-5

定价：CNY5.80

本书收录《〈子恺漫画〉序》《〈欧行日记〉有

关美术方面摘录》《〈程及水彩画集〉序》《〈中国艺术展览会〉序》《伟大的艺术传统》《〈伟大的艺术传统图录〉序》《考古事业的成就和今后的努力方向》等。

J004422

中国古代瓷器珍品集锦 李知宴，陈良珠编著

香港 中国对外文物展览公司 1988 年 315 页

有照片 27cm（大 16 开）精装

ISBN：962-321-005-1 定价：HKD480.00

外文书名：A Collection of Ancient Chinese Porcelain Treasures.

J004423

中国陶瓷 （唐三彩）中国陶瓷编辑委员会编

上海 上海人民美术出版社 1988 年

26×33cm 精装 ISBN：7-5322-0302-6

定价：CNY120.00

本书收录的 204 件珍品是从中国历史博物馆及北京、陕西省、河南省、陕西乾县等博物馆收藏中遴选的。后附河南巩县小黄冶古窑遗址 2 版，仿三彩釉烧窑 1 版，河南省洛阳市陶瓷厂三彩上釉车间及仿唐马制作车间各 1 版。其中：有李知宴撰《唐三彩》16000 余字专文，介绍唐三彩发展的历史条件和精湛的制作工艺，阐说唐三彩的艺术成就。

J004424

古代陶瓷大全 林素琴，陈玉珍译

台北 艺术家出版社 1989 年 480 页 有照片

22cm（30 开）精装 定价：TWD800.00

（中国陶瓷大系）

外文书名：The Ancient Ceramics.

J004425

古玉精英 傅忠谟著

香港 中华书局香港公司 1989 年 296 页 有照片

30cm（10 开）精装 ISBN：962-231-554-2

外文书名：The Art of Jade Carving in Ancient China.

J004426

海内外唐代金银器萃编 韩伟编著

西安 三秦出版社 1989 年 243 页 26cm（16 开）

精装 ISBN：7-80546-083-3 定价：CNY35.00

本书收集了中华人民共和国成立后历次重大发现中出土的唐代金银器，还收集了部分欧美、日本诸国珍藏的中国唐代金银器。

J004427

中国古瓷铭文 李正中，朱裕平著

天津 天津人民出版社 1989年 210页 19cm（32开）
ISBN：7-201-00454-9 定价：CNY3.05

本书提出了较为完整的分析古瓷铭文的方法，阐述了古瓷铭文题写的特点、款式、内容、字体等的基本特征和规律，同时有中国古瓷铭文实录汇编。

J004428

中国古瓷铭文 李正中，朱裕平著

天津 天津人民出版社 1991年 修订本 重印本
202页 19cm（小32开） ISBN：7-201-00670-3
定价：CNY4.30

J004429

中国古瓷铭文 李正中，朱裕平著

台北 艺术图书公司 1992年 199页 有照片
27cm（大16开）精装 ISBN：957-672-058-3
定价：TWD680.00
（陶瓷研究 鉴赏丛书2）

J004430

敦煌 敦煌研究院编

兰州 甘肃人民美术出版社 1990年 有彩图
30cm（10开）

本书为敦煌艺术综合性画册。收有敦煌艺术最有代表性的图版287幅。其中壁画和彩塑218幅，器物与文物28幅，古建筑遗存等41幅。本书由甘肃人民美术出版社和江苏人民出版社联合出版。

J004431

古器物造型 （中国历代日用器皿图集）刘锡朋编绘

天津 天津杨柳青画社 1990年 275页 26cm（16开）
ISBN：7-80503-115-0 定价：CNY16.50

本书收图660余幅，系统介绍古器物造型特点及其发展和演变情况，书前有作者撰文《中国历代日用器皿简说》，书后附有关文字资料。编

者刘锡朋（1934— ），别名慕容芹，天津人，毕业于中央美术学院版画系，留校任教。曾任天津市群众艺术馆副馆长，天津市文化局文化电影处处长。作品《少女与蛇郎》《大沽口》《海港》《不见黄河心不死》等，编著有《摄影构图纵横谈》《中国历代器皿图集》等。

J004432

济宁全汉碑 宫衍兴编著

济南 齐鲁书社 1990年 246页 有图 26cm（16开）
精装 ISBN：7-5333-0215-X 定价：CNY26.00

本书将当时新发现的汉代碑刻汇辑一册，进行介绍、辨识、评介、研究。

J004433

良渚文化玉器 浙江省文物考古研究所等编著

北京 文物出版社 1990年 235页 有照片
28cm（大16开）精装 ISBN：7-5010-0398-X
定价：CNY200.00

本书由文物出版社和两木出版社联合出版。

J004434

明宣德瓷器特展目录 台北故宫博物院编辑委员会编辑

台北 台北故宫博物院 1990年 4版 128页
26×25cm ISBN：957-562-028-3
定价：TWD240.00

外文书名：Catalogue of a special exhibition of Hsuan-Te period porcelain.

J004435

秦汉碑述 袁维春著

北京 北京工艺美术出版社 1990年 698页
有书影 20cm（32开） ISBN：7-80526-031-1
定价：CNY20.00

本书为金石学专著，书中对秦汉碑书法艺术及其形质流源、阙字、别字等进行了详尽的考证。其中对猪山刻石的研究尤为重要。作者袁维春，中国秦汉碑刻书法研究者。

J004436

宜兴陶艺 （茶具文物馆罗桂祥珍藏）香港艺术馆编

香港 香港市政局 1990年 249页 有照片

30cm（10开）精装 ISBN：962-215-096-9
定价：HKD203.00

外文书名：The Art of the Yinxing Potter.

J004437

中国彩陶图谱　张朋川著
北京 文物出版社 1990年 646页 26cm（16开）
精装 ISBN：7-5010-0240-1 定价：CNY130.00

J004438

中国古代陶瓷艺术　刘凤君著
济南 山东教育出版社 1990年 141页 19cm（32开）
ISBN：7-5328-1063-1 定价：CNY1.40
（中国文化史知识丛书）

J004439

中国历代陶瓷选集　周宗濂著
台北 鸿禧艺术文教基金会 1990年 374页
有照片 31cm（10开）精装
（鸿禧美术馆）

外文书名：Selected Chinese Ceramics From
Han to Qing Dynasties.

J004440

1993：敦煌壁画　（挂历）
北京 文物出版社 1991年 76cm（2开）
定价：CNY13.00

J004441

珐琅彩　（明信片）故宫博物院藏；马晓旋，林
京摄影
北京 紫禁城出版社 1991年 10张 15cm（64开）
ISBN：7-80047-130-6 定价：CNY5.00

J004442

故宫博物院历代艺术馆陈列品图目　故宫
博物院历代艺术馆编
北京 文物出版社 1991年 559页 26cm（16开）
ISBN：7-5010-0006-9 定价：CNY105.00

本书以时代先后为序，内容主要有3大部
分：绘画与雕塑、铭刻与书法，以及工艺美术品
1583件。

J004443

［台北］故宫名壶邮票暨茗壶特展专辑

台北 1991年 有照片 26cm（16开）精装
定价：TWD220.00
（壶中天地艺术丛书）

J004444

克孜尔石窟佛本生故事壁画　张荫才，姚士
宏著
乌鲁木齐 新疆人民出版社 1991年 235页
20cm（32开）ISBN：7-228-00230-X
定价：CNY3.80

本书选编新疆拜城克孜尔石窟壁画66幅，
并附有说明绘画内容的佛经故事。

J004445

南越王墓玉器　林业强编辑；黄锦忠摄影
香港 两木出版社 1991年 303页 有图
28cm（大16开）精装 ISBN：986-00-1639-9
定价：HKD580.00

外文书名：Jades From the Tomb of the King
of Nanyue.

J004446

石之美——玉　李协德著；孙显荣，何维纲摄影
台北 汉光文化事业公司 1991年 318页
30cm（10开）精装 定价：TWD2600.00
（精致生活）

J004447

首都博物馆藏瓷选　首都博物馆编
北京 文物出版社 1991年 166页 有彩照
26cm（16开）ISBN：7-5010-0567-2
定价：CNY60.00

本书选录首都博物馆藏具有代表性的瓷器
165件，介绍了首都博物馆藏瓷的概况和特色，
附有对各件瓷器的简要说明和英文《首都博物馆
藏瓷略述》。

J004448

瓦当汇编　钱君匋，张星逸，许明农编
台北 文史哲出版社 1991年 41+138页
21cm（32开）精装 ISBN：957-547-088-5
定价：TWD320.00

J004449

西清古鉴　（清）梁诗正等撰

上海 上海古籍出版社 1991 年 影印本 2 册 (764 ; 556 页) 有图 19cm (小 32 开) 精装

ISBN : 7–5325–1050–6 定价 : CNY31.90

(四库艺术丛书)

　　本书是一部著录清代宫廷所藏古代青铜器的大型谱录 , 共 40 卷 , 附录《钱录》16 卷。收商周至唐代铜器 1529 件 (包括铜镜) , 而以商周彝器为多。

J004450

西清古鉴　(清) 梁诗正撰

扬州 江苏广陵古籍刻印社 1992 年 影印本 886 页 有图 26cm (16 开) 精装 定价 : CNY95.00

　　据清刻本影印。

J004451

宜兴紫砂　梁白泉编

北京 文物出版社 1991 年 382 页 有图 29 × 22cm

ISBN : 7–5010–0590–7 定价 : CNY220.00

　　本书是有关紫砂器的大型图录 , 辑录紫砂珍品 201 件 , 以明、清两代作品为主 , 兼收近现代精品。还包括近年出土的珍贵紫砂器 220 余件 , 并附简明说明文字。作者梁白泉 (1928—) , 研究馆员。重庆合川市人。历任南京博物院院长、复旦大学历史系兼职教授 ,《中国大百科全书·博物馆》主编。

J004452

印章图谱　王厚之考

北京 中华书局 1991 年 [影印本] 76 页

19cm (小 32 开) ISBN : 7–101–00894–1

(丛书集成初编 1541)

　　本书为汉代至晋代印章图谱 , 摹拓类聚品列 , 严格始末 , 标注于每幅印章的下面。

J004453

玉艺　张君默著

香港 天地图书公司 1991 年 172 页 有照片

21cm (32 开) 定价 : HKD80.00

J004454

中国宝玉　赵松龄, 陈康德编著

台北 淑馨出版社 1991 年 339 页 有照片

20cm (32 开) ISBN : 957–531–121–3

定价 : TWD380.00

(吾土吾民文物丛书 5)

J004455

中国古代陶瓷　李知宴著

天津 天津教育出版社 1991 年 122 页 有彩照

19cm (小 32 开) ISBN : 7–5309–1218–6

定价 : CNY2.25

(中国文化史知识丛书)

　　本书介绍了中国古代陶瓷发展的历史和各个时期所取得的艺术成就。

J004456

中国古玉　王震球著

台北 汉光文化事业公司 1991 年 319 页 有彩照

29cm (16 开) 精装 ISBN : 957–629–070–8

定价 : TWD3000.00

(中华之美系列)

J004457

中国历代陶瓷鉴赏　(1 史前 ~ 五代) 刘良佑著

台北 尚亚美术出版社 1991 年 288 页

39cm (8 开) 精装 ISBN : 957–9259–00–3

J004458

中国历代陶瓷鉴赏　(2 宋瓷) 刘良佑著

台北 尚亚美术出版社 1991 年 307 页

39cm (8 开) 精装 ISBN : 957–9259–00–3

J004459

中国历代陶瓷鉴赏　(3 辽、西夏、金、元) 刘良佑著

台北 尚亚美术出版社 1991 年 299 页

39cm (8 开) 精装 ISBN : 957–9259–00–3

J004460

中国历代陶瓷鉴赏　(4 明官窑) 刘良佑著

台北 尚亚美术出版社 1991 年 308 页

39cm (8 开) 精装 ISBN : 957–9259–00–3

J004461

中国历代陶瓷鉴赏　(5 清官窑及民窑) 刘良佑著

台北 尚亚美术出版社 1991 年 320 页

39cm (8 开) 精装 ISBN : 957–9259–00–3

J004462

中国民窑瓷绘艺术　毕克官著

北京　外文出版社　1991年　193页　30cm（12开）

精装　ISBN：7-119-01434-X　定价：CNY[160.00]

　　本书分历代民窑瓷绘艺术及其贡献、中国历代民窑瓷绘访寻记两编。作者毕克官（1931—2013），艺术家。山东威海人。毕业于中央美术学院。历任中国美术家协会《漫画》《美术》杂志编辑，中国艺术研究院美术研究所所长，中国民间工艺美术学会副主席。漫画史论方面主要有《漫画十谈》《中国漫画史话》《中国漫画史》（合著）等。画集代表作有《毕克官漫画选》《毕克官王德娟画集》《毕克官水墨画》。

J004463

中国陶瓷茶具　香港艺术馆编

香港　香港市政局　1991年　359页　有照片　30cm（10开）精装　ISBN：962-215-100-0

定价：HKD185.00

　　外文书名：Chinese Ceramic Tea Vessels.

J004464

中国玉器大全　艺术家工具书编委会主编

台北　艺术家出版社　1991年　436页　有照片　22cm（30开）精装　ISBN：957-9500-04-5

定价：TWD800.00

（中国文物大系　1）

　　外文书名：The Chinese Jades.

J004465

定窑白瓷特展图录　台北故宫博物院编辑委员会编辑

台北　台北故宫博物院　1992年　重印本　231页　25×25cm　精装　ISBN：957-562-123-9

定价：TWD900.00

　　外文书名：Catalogue of the Special Exhibition of Ting Ware White Porcelain.

J004466

古埃及两河流域艺术精品资料图集　毛君焱编

北京　中国工人出版社　1992年　182页　18×17cm

ISBN：7-5008-0886-0　定价：CNY13.00

　　古埃及和两河流域是人类文明的摇篮。其丰富的艺术品有着极高的艺术价值，在世界艺术宝库中占有很高的地位，本书收集近300幅作品。

J004467

古董瓷器　（保值、收藏、鉴赏）李英豪著

香港　博益出版集团公司　1992年　125页　有照片　21cm（32开）ISBN：962-17-1122-3

定价：HKD60.00

（博益收藏保值　11）

J004468

古董瓷器　（保值·收藏·鉴赏）李英豪著

台北　艺术图书公司　1993年　125页　有彩图　21cm（32开）精装　ISBN：957-672-097-4

定价：TWD380.00

（香港博益出版生活系列丛书　保值收藏　7）

　　全书收录元、明、清官窑精品实物彩图共200幅。

J004469

广东省博物馆藏陶瓷选　宋良璧主编；广东省博物馆编

北京　文物出版社　1992年　203页　26cm（16开）

ISBN：7-5010-0656-3　定价：CNY65.00

　　作者宋良璧（1929—　），编辑。河南西平人。曾担任《中国文物大辞典》编委，《广东民间珍藏》《广东省博物馆藏品选》《广彩瓷器》副主编等。

J004470

景德镇出土五代至清初瓷展　香港大学冯平山博物馆，景德镇市陶瓷考古研究所主办

香港　香港大学冯平山博物馆　1992年　30cm（10开）精装　定价：HKD680.00

　　外文书名：Ceramic Finds from Jingdezhen Kilns.

J004471

清代单色釉瓷器特展目录　台北故宫博物院编辑委员会编辑

台北　台北故宫博物院　1992年　重印本　164页　有图　25×25cm　精装　ISBN：957-562-088-7

定价：[TWD600.00]

J004472

世界岩画资料图集　李淼，刘方编绘

北京 中国工人出版社 1992 年 202 页

18×17cm ISBN：7-5008-0888-7

定价：CNY13.00

（外国美术资料丛书）

　　岩画是一种石刻文化，人类最早的绘画艺术，已有 4 万年的历史。岩画分布在世界五大洲，有 150 多个国家和地区，包括欧洲岩画、非洲岩画、印度岩画和中国岩画。本书选入世界古代岩画 200 余幅。

J004473

唐人工艺　（紫砂陶艺）黄怡嘉总编

台北 盈记唐人工艺出版社 1992 年 240 页

有照片 29cm（16 开）精装 定价：TWD1200.00

J004474

陶瓷　（宋、元、明、清）刘良佑著

台北 幼狮文化事业公司 1992 年 203 页 有照片

30cm（12 开）精装 ISBN：957-530-313-X

定价：TWD1500.00

（中华古文物鉴藏系列）

J004475

天民楼青花瓷特展　鸿禧美术馆编

台北 鸿禧艺术文教基金会 1992 年 235 页

有照片 30cm（10 开）精装

　　外文书名：Blue and White Porcelain from the Tianminlou Collection.

J004476

新石器时代玉器图录　（中英文本）邓淑苹著

台北 台北故宫博物院 1992 年 311 页 30cm（12 开）

精装 ISBN：957-562-128-X 定价：TWD1600.00

　　外文书名：Neolithic Jades in the Collection of the National Palace Museum.

J004477

云峰刻石研究　山东石刻艺术博物馆，中国书法家协会山东分会编

济南 齐鲁书社 1992 年 317 页 20cm（32 开）

ISBN：7-5333-0233-8 定价：CNY6.30

　　本书选编云峰刻石学术讨论会的论文 24 篇，就云峰刻石的书法艺术、对后世的影响、刻石辨伪、传世拓本等方面进行了较深入的研究。并有《云峰刻石的艺术成就及郑道昭在书史上的地位》《青州市玲珑山北魏刻石考》两篇文章。本书原名《云峰诸山北朝刻石讨论会论文选集》。

J004478

织绣　武敏著

台北 幼狮文化事业公司 1992 年 244 页 有照片

30cm（10 开）精装 ISBN：957-530-345-8

定价：TWD1500.00

（中华古文物鉴藏系列）

J004479

中国古代贸易瓷国际邀请展比利时展品图录　成耆仁，罗焕光编辑

台北 历史博物馆 1992 年 115 页

28×26cm 精装 ISBN：957-00-1154-8

J004480

中国古代贸易瓷国际邀请展图录　（综合篇）

成耆仁，罗焕光编辑

台北 历史博物馆 1994 年 2 版 186 页

28×26cm 精装 ISBN：957-00-1410-5

J004481

中国古代陶瓷艺术精选　周淑兰主编

郑州 中州古籍出版社 1992 年 311 页 26cm（16 开）

精装 ISBN：7-5348-0728-X 定价：CNY100.00

J004482

中国汉阳陵彩俑　（图集）陕西省考古研究所汉陵考古队编

西安 陕西旅游出版社 1992 年 125 页

28cm（大 16 开）ISBN：7-5418-0508-4

定价：CNY125.00

　　本书着重论述了汉阳陵裸体俑的艺术特色和表现手法。外文书名：The Coloured Figurines in Yang Ling Mausoleum of Han in China.

J004483

中国名陶日本巡回展　（港台名家收藏陶瓷精品）林淑心，刘平衡，黄永川编辑

台北 历史博物馆 1992 年 255 页 有图 34cm（10 开）精装 ISBN：957-00-1409-1

J004484
中国玉　许燕贞编译
台北 艺术图书公司 1992 年 176 页 有照片
21cm（32 开）ISBN：957–672–011–7
定价：TWD250.00
（精致生活丛书 1）

J004485
紫砂茶壶　李英豪著
香港 博益出版集团公司 1992 年 2 版 120 页
有图 21cm（32 开）ISBN：962–17–0910–5
定价：HKD55.00
（博益生活通系列）

J004486
紫砂茶壶　李英豪著
台北 艺术图书公司 1992 年 120 页 有图
21cm（32 开）ISBN：957–9045–88–7
定价：TWD250.00
（精致生活丛书）

J004487
1994：国宝——古瓷珍赏　（摄影挂历）
北京 文物出版社 1993 年 53×38cm
定价：CNY35.00

J004488
巴蜀青铜器　（图集）四川省博物馆编
成都 成都出版社［1993 年］252 页 30cm（12 开）
精装 ISBN：7–80575–180–3
（巴蜀文化瑰宝系列）

　　本书选录了 260 余件铜器相关图片，荟萃了
四川博物馆巴蜀青铜器的精华和现藏于四川省
考古研究所的三星堆青铜器的精萃。本书由成
都出版社和紫云斋出版有限公司联合出版。

J004489
巴蜀青铜器　四川省博物馆编
成都 成都出版社［1999 年］252 页 有照片
31×22cm 精装 ISBN：7–80570–180–3
（巴蜀文化瑰宝系列 1）

　　本书所辑图片涵盖 260 余种青铜器，其中有
礼器、生产工具、生活用品、兵器等。外文书名：
Ba Shu Bronze Ware. 本书由成都出版社和紫云斋
出版有限公司联合出版。

J004490
斗彩名瓷　叶佩兰撰；曹建新译
台北 艺术图书公司 1993 年 179 页 有照片
31cm（10 开）精装 ISBN：957–672–127–X
定价：TWD980.00
（美哉陶瓷 6）

J004491
高昌砖书法　张铭心著
桂林 广西师范大学出版社 1993 年 51 页
有图 26cm（16 开）ISBN：7–5633–1694–9
定价：CNY4.10
（书法教学丛书）

　　本书以年代为序，收有部分高昌地区墓表砖
的书法，其中包括魏、行、楷书体。

J004492
古瓷指南　赵汝珍著
台北 艺术图书公司 1993 年 135 页 21cm（32 开）
ISBN：957–672–112–1 定价：TWD280.00
（精致生活丛书 35）

J004493
古董文物精品鉴赏　（珍藏本）湘音，剑鹰
编著
西安 陕西科学技术出版社 1993 年 26cm（16 开）
ISBN：7–5369–1689–2 定价：CNY22.00

J004494
古玉器　周南泉著
上海 上海古籍出版社 1993 年 159 页 有彩照
17cm（40 开）ISBN：7–5325–1400–5
定价：CNY2.85
（文物鉴赏丛书）

J004495
古玉撷珍　张尉等著
杭州 浙江人民美术出版社 1993 年 130 页
有图 19cm（小 32 开）ISBN：7–5340–0404–7
定价：CNY5.30
（华夏艺苑博览）

　　本书介绍了玉文化的渊源、古玉珍品鉴赏、
古玉造型与纹样涵义，以及玉的种类与功用等。

J004496
古玉至美 殷志强著；郭群摄
台北 艺术图书公司 1993 年 379 页 31cm（10 开）
精装 ISBN：957-672-083-4

J004497
官窑名瓷 马希桂主编；熊寥撰文
台北 艺术图书公司 1993 年 182 页 有照片
30cm（10 开）精装 ISBN：957-672-077-X
定价：TWD980.00
（美哉陶瓷 1）

J004498
金银器鉴赏 韩钊著
桂林 漓江出版社 1993 年 142 页 有彩照
20cm（32 开）ISBN：7-5407-1485-9
定价：CNY7.00
（中国文物鉴赏丛书）
　　本书叙述了金银器发展和简史，介绍了 70
种金银器的鉴赏知识。作者韩钊（1957— ），女，
陕西西安人。陕西省考古研究所助理研究员，中
国钱币学会陕西分会理事等。

J004499
民间陶瓷 杨永善，杨静荣撰
台北 艺术图书公司 1993 年 173 页 有照片
31cm（10 开）精装 定价：TWD800.00
（美哉陶瓷 2）
　　作者杨永善（1938— ），陶瓷设计家、教
授。山东莱州人，毕业于中央工艺美术学院陶瓷
美术系。清华大学美术学院博士生导师，中国
工艺美术学会副理事长。陶艺作品《结环》《晨
曲》《渔趣》等，出版有《陶瓷造型基础》《中国的
陶瓷》《民间陶瓷》《说陶论艺集》等，主编《中国
现代美术全集·陶瓷卷》。

J004500
明代民窑青花瓷大观 胡雁溪编著
北京 团结出版社 1993 年 19cm（小 32 开）
ISBN：7-80061-844-7 定价：CNY20.00
　　本书图文并茂地介绍了我国明代洪武至崇
祯各时期的民窑青花瓷盘、碗、杯、壶等器物
486 件。

J004501
青花名瓷 马希桂主编；赵光林撰，谷中秀，
王小侠摄
台北 艺术图书公司 1993 年 198 页 有彩图
31cm（10 开）精装 ISBN：957-672-092-3
定价：TWD980.00
（美哉陶瓷 3）

J004502
陕西出土历代玺印续编 王翰章，王长启编
著；陕西省古籍整理办公室编
西安 三秦出版社 1993 年 136 页 20cm（32 开）
ISBN：7-80546-508-8 定价：CNY12.00
（陕西金石文献汇集）

J004503
陕西出土历代玺印选编 王翰章编著；陕西
省古籍整理办公室编
西安 三秦出版社 1990 年 114+48 页 有彩图
21cm（32 开）定价：CNY12.00
（陕西金石文献汇集）
　　本书收录陕西出土的古代玺印中价值较高
的 247 方，并做了必要的考释。分为两汉魏晋官
印、唐宋元明清官印、秦汉姓名私印、吉语印、
宗教印、肖形印和押印 6 部分。

J004504
台阁佳器 （暂得楼捐赠堂名款瓷器）香港中
文大学文物馆编
香港 香港中文大学文物馆 1993 年 32 页 有照片
29cm（16 开）精装 ISBN：962-7101-23-0
定价：HKD180.00
（文物馆藏品专刊 4）
　　外文书名：Elegant Vessels for the Lofty Pa-
vilion.

J004505
西周青铜器铭文分代史征器影集 唐复年辑
北京 中华书局 1993 年 影印本 138 页 26cm（16 开）
ISBN：7-101-01145-4 定价：CNY52.00
　　本书为青铜器图录。收器物 449 种的照片
和 57 种据历代金石著录所绘制的线图。

J004506
玉器鉴赏 高大伦著

桂林 漓江出版社 1993 年 221 页 有照片
20cm（32 开）ISBN：7-5407-1489-1
定价：CNY11.00
（中国文物鉴赏丛书）
　　本书介绍了玉材的基本知识和琢玉工艺、玉器的种类与名称、几种主要玉器的演变与时代特征、历代玉器总体风格鉴赏以及玉器的做伪与辨伪。

J004507

玉器之美　　杨建芳著
台北 艺术图书公司 1993 年 101 页 有图
30cm（10 开）精装 ISBN：957-672-081-8
定价：TWD680.00
（文物珍宝 3）
　　外文书名：Beauty of Jade.

J004508

浙江青瓷
香港 香港大学冯平山博物馆 1993 年 90 页
有彩照 30cm（10 开）定价：HKD200.00

J004509

中国古代瓷器鉴赏辞典　　余继明，杨寅宗主编
北京 新华出版社 1993 年 重印本 51+340 页
有彩照 20cm（32 开）精装
ISBN：7-5011-1637-7 定价：CNY30.90
　　本书介绍了古瓷器名类器型、纹饰、瓷釉、瓷彩历代名窑烧造工艺及名家名著等。外文书名：Ancient Chinese Porcelain Appreciation Companion.

J004510

中国青花瓷　　李正中，朱裕平著
台北 艺术图书公司 1993 年 197 页 有图
27cm（大 16 开）精装 ISBN：957-672-100-8
定价：TWD680.00
（陶瓷研究 鉴赏丛书 3）

J004511

中国陶瓷图案集　　薛建华编绘
上海 上海书店 1993 年 258 页 17×18cm
ISBN：7-80569-666-7 定价：CNY8.50
（中国传统图案丛书）

本书汇集了历代具有代表性的典型陶瓷纹样，展现了中国陶瓷纹样的全貌。

J004512

中华工艺至美的陶瓷　　夏美驯著
台北 文史哲出版社 1993 年 200 页 有图
21cm（32 开）ISBN：957-547-164-4
定价：TWD250.00
（艺术丛刊 9）
　　外文书名：The Most Exquisite Porcelain Ware of Technology.

J004513

尊古斋古玉图录　　黄濬编
上海 上海古籍出版社 1993 年 重印本 454 页
26×27cm 精装 ISBN：7-5325-0781-5
定价：CNY332.80
（尊古斋金石集拓）

J004514

尊古斋瓦当文学　　黄濬编
上海 上海古籍出版社 1993 年 重印本 212 页
有图 26×27cm 精装 ISBN：7-5325-0779-3
定价：CNY172.00
（尊古斋金石集拓）

J004515

尊古斋造像集拓　　黄濬编
上海 上海古籍出版社 1993 年 重印本 82+95 页
26×27cm 精装 ISBN：7-5325-0780-7
定价：CNY159.80
（尊古斋金石集拓）
　　本书与《尊古斋陶佛留真》合订。

J004516

1995：稀世珍宝　　（摄影挂历）宫宗摄
南京 江苏美术出版社 1994 年 77×53cm
定价：CNY39.80

J004517

古玺印　　王光镐主编；陈连勇著；杨京京摄影
台北 艺术图书公司 1994 年 128 页 有照片
30cm（10 开）精装 ISBN：957-672-165-2
定价：TWD600.00
（文物珍宝 10）

外文书名：Ancient Seals.

J004518
古玉博览　周南泉著；王露等摄
台北 艺术图书公司 1994 年 304 页 有照片
31cm（10 开）精装 ISBN：957-672-095-8
定价：TWD2600.00
（艺术瑰宝 3）

J004519
关氏所藏宋代陶瓷　［香港艺术馆编］
香港 ［香港艺术馆］［1994 年］455 页 有彩图
29cm（16 开）精装 定价：HKD230.00
　　外 文 书 名：Song Ceramics from the Kwan
Collection.

J004520
湖北出土战国秦汉漆器　唐刚卯等著；林业
强，莫家良译
武汉 湖北省博物馆 1994 年 有照片 29cm（16 开）
精装 ISBN：962-7101-18-4
　　本书由湖北省博物馆和香港中文大学文物
馆联合出版。

J004521
黄河彩陶　程征，钱志强著
台北 南天书局有限公司 1994 年 429 页 有图
21×29cm 精装 ISBN：957-638-178-9
定价：TWD2600.00
　　作者程征（1944—　　），教授。生于湖北英
山县，祖籍湖南衡山。毕业于西安美术学院，历
任《美术》杂志编辑，陕西省国画院艺术委员会
主任，西安美术学院美术史论系教授、博士研究
生导师，中国美术家协会理论委员会委员。主要
著作有《速写技法》《中国历代雕塑·秦始皇陵俑
塑》《唐十八陵石刻》等。

J004522
金明集瓷选录　金明集；耿宝昌主编
北京 国际文化出版公司 1994 年 218 页
30×22cm 精装 ISBN：7-80049-192-7
定价：CNY288.00
　　本书从作者收藏中精选上至战国，下迄
明清瓷器百余件，每图附有说明。外文书名：
Selection of plates of porcelainwares collected by Jin

Ming. 作者金明，江苏常州人，中国古陶瓷研究
会名誉理事。

J004523
金银器鉴赏与收藏　李泽奉，刘如仲主编；
胡晓，孔晨编著
长春 吉林科学技术出版社 1994 年 81+93 页 有
照片 19cm（小 32 开）ISBN：7-5384-1212-3
定价：CNY9.80
（古董鉴赏收藏丛书）

J004524
景德镇古陶瓷　熊寥著
台北 艺术家出版社 1994 年 496 页 有照片
21cm（32 开）精装 ISBN：957-9500-69-X
定价：TWD800.00
（中国陶瓷大系）
　　作者熊寥（1943—　　），著名陶瓷学家、教
授。江西景德镇人。中国美术学院教授。撰有《中
国陶瓷美术史》《欧洲瓷器史》等。

J004525
景德镇陶瓷艺术（古代部分）熊寥编著
南昌 江西美术出版社 1994 年 496 页 有图
21cm（32 开）精装 ISBN：7-80580-174-6
定价：CNY198.00

J004526
漆器型制与装饰鉴赏　张荣著
北京 中国致公出版社 1994 年 231 页 有彩图
19cm（小 32 开）ISBN：7-80096-117-6
定价：CNY7.80
（中华文物精品鉴赏丛书）
　　作者张荣，故宫博物院任职。

J004527
清代瓷器鉴赏　钱振宗主编
上海 上海科学技术出版社 1994 年 463 页
29cm（16 开）精装 ISBN：7-5323-3483-X
　　本书由上海科学技术出版社和中华书局（香
港）有限公司联合出版。

J004528
清代瓷器赏鉴　钱振宗主编
上海 上海科学技术出版社 1995 年 重印本

463 页 29cm（12 开）精装 ISBN：7-5323-3483-X

　　本书由上海科学技术出版社和中华书局（香港）有限公司联合出版。

J004529

清代瓷器赏鉴　钱振宗主编

香港 中华书局（香港）公司 1994 年 463 页
有彩照 29cm（16 开）精装 ISBN：962-231-566-6

　　本书由上海科学技术出版社和中华书局（香港）有限公司联合出版。

J004530

清盛世瓷选粹　冯先铭，耿宝昌主编

北京 紫禁城出版社 1994 年 363 页 有彩图
29cm（16 开）精装 ISBN：7-80047-187-X

　　本书精选故宫博物馆收藏康雍乾三朝盛世瓷器 300 件编成，有概述、图版和说明。

J004531

陕西青铜器　李西兴主编

西安 陕西人民美术出版社 1994 年 419 页
29cm（16 开）精装 ISBN：7-5368-0692-2
定价：CNY280.00

　　外文书名：The Shanxi Bronzes. 作者李西兴，学者。

J004532

商周青铜酒器特展图录　台北故宫博物院编辑委员会编辑；陈芳妹编辑

台北 台北故宫博物院 1994 年 重印本 342 页
31cm（12 开）精装 ISBN：957-562-179-4

　　外文书名：Catalogue of the Special Exhibition of Shang and Chou Dynasty Bronze Wine Vessels.

J004533

说印　桑行之等编

上海 上海科技教育出版社 1994 年 影印本
32+981 页 有彩照 20cm（32 开）精装
ISBN：7-5428-0983-0 定价：CNY41.00
（古玩文化丛书）

J004534

陶瓷款识与装饰鉴赏　施琪，刘丽芳著

北京 中国致公出版社 1994 年 244 页 有彩图
19cm（小 32 开）ISBN：7-80096-121-9

定价：CNY7.80
（中华文物精品鉴赏丛书）

　　本书介绍了我国新石器时代至明清时期陶瓷的装饰风格和款识特征。

J004535

长沙窑瓷绘艺术　周世荣编著

上海 上海人民美术出版社 1994 年 19×17cm
ISBN：7-5322-1276-9 定价：CNY28.00

　　作者周世荣（1931—2017），考古学家、陶瓷研究专家。湖南祁阳县人，毕业于吉林大学古文字教师班。历任湖南省文物考古研究所研究员，马王堆医书研究会副会长，湖南省文物考古研究所研究员、教授等职。出版有《铜镜图案：湖南出土历代铜镜》《马王堆养生气功》《马王堆导引术》《长江漆文化》等。

J004536

中国八千年器皿造型　吴山等著

台北 艺术图书公司 1994 年 799 页
27cm（大 16 开）精装 ISBN：957-672-139-3
定价：TWD980.00

J004537

中国古代茶具展　香港市政局编

香港 香港市政局 1994 年 239 页 有图 29cm（16 开）

J004538

中国古代贸易瓷特展　（大英博物馆馆藏）

历史博物馆编辑委员会编辑；康蕊君，霍吉淑撰文

台北 历史博物馆 1994 年 363 页 有彩照
28×26cm 精装 ISBN：957-00-3623-0

J004539

中国古代漆器　周成著；陈志安等摄

台北 艺术图书公司 1994 年 157 页 有照片
31cm（10 开）精装 ISBN：957-672-135-0
定价：TWD8000.00
（文物珍宝 9）

J004540

中国古代陶瓷纹饰　刘兰华，张柏著

哈尔滨 哈尔滨出版社 1994 年 608 页 有图
26cm（16 开 ）ISBN：7-80557-838-9

定价：CNY72.00
（中华文博系列丛书 1）

J004541

中国古代陶瓷纹饰　刘兰华，张柏著
哈尔滨 哈尔滨出版社 1994 年 608 页 有图
26cm（16 开）精装 ISBN：7-80557-838-9
定价：CNY98.00
（中华文博系列丛书 1）

J004542

中国古陶瓷　彭适凡主编；范凤妹等撰，郭
群摄
台北 艺术图书公司 1994 年 223 页 有彩图
31cm（10 开）精装 ISBN：957-672-146-6
定价：TWD980.00
（美哉陶瓷 5）

J004543

中华珍宝选粹　陈一兵编
成都 巴蜀书社 1994 年 186 页 28cm（16 开）
精装 ISBN：7-80523-624-0 定价：CNY198.00

J004544

福寿康宁吉祥图案瓷器特展图录　台北故
宫博物院编辑委员会编辑；余佩瑾撰著
台北 台北故宫博物院 1995 年 223 页
25cm（小 16 开）ISBN：957-562-245-6
定价：[TWD1000.00]

J004545

古玉掇英　傅熹年著
香港 中华书局（香港）公司 1995 年 319 页 有
照片 31cm（10 开）精装 ISBN：962-231-567-4
　　作者傅熹年（1933—　），高级建筑师。生于
北京，毕业于清华大学。历任中国建筑技术发展
中心建筑历史研究所高级建筑师、中国工程院院
士。代表作品《傅熹年建筑史论文集》，出版有《古
玉精英》《古玉掇英》。

J004546

故宫环形玉器特展图录　台北故宫博物院编
辑；杨美莉著
台北 台北故宫博物院 1995 年 178 页
25×24cm 精装 ISBN：957-562-196-4

定价：[TWD1300.00]

J004547

故宫珍宝　高和，李文善主编；丁孟等撰写
北京 紫禁城出版社 1995 年 65 页 26×23cm
ISBN：7-80047-193-4
　　本书收有故宫珍宝图片 60 幅。外文书名：
Treasures of TheImperialpalace.

J004548

故宫珍宝　（摄影集）高和，李文善主编；胡
锤，刘志岗摄影
北京 紫禁城出版社 1995 年 135 页
29cm（16 开）ISBN：7-80047-196-9
　　外文书名：Treasures of TheImperialpalace.

J004549

金铜佛教供具特展　（中英对照 图录）朱仁
星著；李文迪译；林杰人摄影
台北 台北故宫博物院 1995 年 193 页 30cm（10 开）
精装 ISBN：957-562-246-4 定价：TWD1600.00
　　外 文 书 名：A Special Exhibition of Buddhist
Gilt Votive Objects.

J004550

金银器　王仁波，卢桂兰著
台北 幼狮文化事业公司 1995 年 141 页
31cm（10 开）精装 ISBN：957-530-552-3
定价：TWD2000.00
（中华古文物鉴赏系列）

J004551

民间藏珍　（广东省中国文物鉴藏家协会会员
藏品选集摄影集）赵自强主编；广东省中国文
物鉴藏家协会编
南宁 广西美术出版社 1995 年 212 页 29cm（16 开）
精装 ISBN：7-80582-758-3 定价：CNY200.00
　　编者赵自强，广东省中国文物鉴藏家协会副
会长兼秘书长、广州市文物管理委员会研究员。

J004552

民窑青花　毕克官著
台北 艺术图书公司 1995 年 111 页 有彩照
30cm（10 开）精装 ISBN：957-672-212-8
定价：TWD800.00

（美哉陶瓷 4）

外文书名：Folk Blue White. 作者毕克官（1931—2013），艺术家。山东威海人。毕业于中央美术学院。历任中国美术家协会《漫画》《美术》杂志编辑，中国艺术研究院美术研究所所长，中国民间工艺美术学会副主席。漫画史论方面主要有《漫画十谈》《中国漫画史话》《中国漫画史》（合著）等。画集代表作有《毕克官漫画选》《毕克官王德娟画集》《毕克官水墨画》。

J004553

名宝上珍 （台北故宫博物院名品选集）台北故宫博物院编辑委员会编辑
台北 台北故宫博物院编辑委员会 1995 年 365 页 有照片 32cm（10 开）精装
ISBN：957-562-197-2

J004554

明清织绣 杨玲著
台北 艺术图书公司 1995 年 189 页 有照片 31cm（10 开）ISBN：957-672-184-9
定价：TWD880.00
（文物珍宝 6）

J004555

欧洲所藏中国青铜器遗珠 李学勤，[美]艾兰（Sarah Allan）编著
北京 文物出版社 1995 年 16+428 页 29cm（16 开）精装 ISBN：7-5010-0624-5

外文书名：Chinese Bronzes: A Selection from European Collections. 编者李学勤（1933—2019），历史学家、古文字学家。北京人，就读于清华大学哲学系。历任中国社会科学院历史研究所研究员，西北大学历史系、南开大学历史系兼职教授。著有《殷墟文字缀合》《李学勤集》《走出疑古时代》。

J004556

漆器 朱仲岳著
上海 上海古籍出版社 1995 年 15+172 页 有照片 18cm（20 开）ISBN：7-5325-2008-0
定价：CNY8.10
（文物鉴赏丛书）

J004557

清瓷萃珍 （清代康雍乾官窑瓷器）宋伯胤撰文；程晓中，林业强著录；林业强，游学华编译
南京 南京博物院 1995 年 266 页 有彩照 29cm（12 开）精装 ISBN：962-7101-31-1

本书由南京博物院和香港中文大学文物馆联合出版。

J004558

清康熙前期款彩〈汉宫春晓〉漆屏风与中国漆工艺之西传 周功鑫著
台北 台北故宫博物院 1995 年 308 页 有图 21cm（32 开）ISBN：957-562-222-7
定价：TWD1200.00
（故宫丛刊甲种 37）

J004559

群玉别藏 （图录中英对照）邓淑苹著；李文迪译
台北 台北故宫博物院 1995 年 247 页 30cm（10 开）ISBN：957-562-242-1 定价：TWD1600.00

外文书名：Collectors' Exhibition of Archaic Chinese Jades.

J004560

认识古代青铜器 上海博物馆著
台北 艺术家出版社 1995 年 179 页 30cm（10 开）ISBN：957-9530-01-7 定价：TWD700.00

J004561

赏玉识玉 王智敏著；薛婕等摄影
台北 艺术图书公司 1995 年 181 页 有照片 27cm（大 16 开）精装 ISBN：957-672-211-X
定价：TWD720.00
（宝石研究鉴赏丛书 3）

本书以 200 多帧精美图片和优美而深入的文字，分别介绍新石器、商周和春秋战国等时代的玉器，使读者了解中国历史悠久、深沉博大的玉文化。外文书名：Appreciating Jades.

J004562

陶器鉴赏 叶茂林著
桂林 漓江出版社 1995 年 422 页 有彩图 20cm（32 开）ISBN：7-5407-1668-1
定价：CNY15.80

（中国文物鉴赏丛书）

　　本书内容包括：陶器常识、陶器历史、器皿之美、陶塑艺术、陶艺别品及欣赏鉴藏等 6 章。

J004563

修内司官窑　　于家兴著

香港 古萃出版社 1995 年 280 页 有彩照

21cm（32 开）精装 ISBN：962-85031-1-1

定价：HKD78.00

J004564

英国维多利亚和阿尔伯特国立博物院藏中国清代瓷器　（摄影集）（英）柯玫瑰著

南宁 广西美术出版社 1995 年 237 页 35cm（8 开）

精装 ISBN：7-80625-144-8 定价：CNY390.00

　　作者柯玫瑰（（Rose Kerr，1953—　），女，英国古陶瓷专家。原名罗丝·克尔。英国维多利亚和阿尔伯特国立博物院东方馆馆长。

J004565

云南李家山青铜器　（图集）玉溪地区行政公署编

昆明 云南人民出版社 1995 年 14+178+42 页

29cm（12 开）精装 ISBN：7-222-01412-8

定价：CNY198.00

J004566

中国古代瓷塑玩具大观　（图版集）白建国著

北京 光明日报出版社 1995 年 10+12+104 页

20cm（32 开）ISBN：7-80091-653-7

定价：CNY18.00

　　作者白建国，光明日报主任编辑，中国文物学会会员。

J004567

中国古代玺印　　张锡瑛著

北京 地质出版社 1995 年 198 页 有图

20cm（32 开）ISBN：7-116-01663-5

定价：CNY27.00

（文物鉴赏系列丛书）

J004568

中国古玉精华　　张庚编纂

石家庄 河北美术出版社 1995 年 19+423 页

29cm（16 开）精装 ISBN：7-5310-0671-5

定价：CNY450.00

J004569

中国古玉玩赏　　萧国镛著

台北 南天书局 1995 年 283 页 有照片

30cm（10 开）精装 ISBN：957-638-262-9

定价：TWD1800.00

J004570

中国历代青花画典　（人物、动物画卷）熊寥编撰

杭州 中国美术学院出版社 1995 年

2 册（104；112 页）26cm（16 开）精装

ISBN：7-81019-501-8 定价：CNY264.00

　　作者熊寥（1943—　），著名陶瓷学家、教授。江西景德镇人。中国美术学院教授。撰有《中国陶瓷美术史》《欧洲瓷器史》等。

J004571

中国历代陶瓷精品 100 件赏析　薛建华编著

济南 山东科学技术出版社 1995 年 205 页

29cm（16 开）ISBN：7-5331-1581-3

定价：CNY138.00（CNY50.00）

（工艺的·美术的·文物的·中华艺术精品 100 丛书 8）

J004572

中国历代玉器精品 100 件赏析　徐湖平主编；马久喜编著

济南 山东科学技术出版社 1995 年 205 页

29cm（16 开）ISBN：7-5331-1582-1

定价：CNY50.00，CNY138.00（精装）

（工艺的·美术的·文物的·中华艺术精品 100 丛书 7）

J004573

中国民间青花瓷画　（图集）左汉中，李智勇编著

长沙 湖南美术出版社 1995 年 237 页 26×25cm

ISBN：7-5356-0716-0 定价：CNY48.00

（中国民间美术丛书）

　　作者左汉中（1947—　），湖南双峰人。湖南美术出版社年画编辑室主任，中国美术家协会会员、中国民间美术学会会员，中国民俗学会会员。

J004574
中国漆器全集 （1 先秦）中国漆器全集编辑
委员会编
福州 福建美术出版社 1997 年 27+170+64 页
29cm（16 开）精装 ISBN：7-5393-0604-1
定价：CNY350.00
（中国美术分类全集）

J004575
中国漆器全集 （2 战国—秦）中国漆器全集
编辑委员会编
福州 福建美术出版社 1997 年 16+206+62 页
29cm（16 开）精装 ISBN：7-5393-0605-X
定价：CNY368.00
（中国美术分类全集）

J004576
中国漆器全集 （3 汉）中国漆器全集编辑委
员会编；傅举有卷主编
福州 福建美术出版社 1998 年 51+177+101 页
29cm（16 开）精装 ISBN：7-5393-0738-2
定价：CNY398.00
（中国美术分类全集）

J004577
中国漆器全集 （4 三国—元）中国漆器全集
编辑委员会编；陈晶卷主编
福州 福建美术出版社 1998 年 30+197+72 页
29cm（16 开）精装 ISBN：7-5393-0760-9
定价：CNY378.00
（中国美术分类全集）

J004578
中国漆器全集 （5 明）中国漆器全集编辑委
员会编
福州 福建美术出版社 1995 年 13+220+67 页
29cm（16 开）精装 ISBN：7-5393-0316-6
定价：CNY388.00
（中国美术分类全集）

J004579
中国文物精华大辞典 （青铜卷）国家文物局
主编
上海 上海辞书出版社 1995 年 382 页 29×24cm
精装 ISBN：7-5326-0376-8 定价：CNY384.00

本书由上海辞书出版社和商务印书馆联合
出版。

J004580
中国文物精华大辞典 （金银玉石卷）国家文
物局主编
上海 上海辞书出版社 1996 年 471 页 29×24cm
精装 ISBN：7-5326-0378-4 定价：CNY458.00
本书由上海辞书出版社和商务印书馆联合
出版。

J004581
中国文物精华大辞典 （书画卷）国家文物局
主编
上海 上海辞书出版社 1996 年 480 页 29×24cm
精装 ISBN：7-5326-0377-6 定价：CNY458.00
本书由上海辞书出版社和商务印书馆联合
出版。

J004582
中国文物精华大辞典 （陶瓷卷）国家文物局
主编
上海 上海辞书出版社 1996 年 重印本 462 页
29×24cm 精装 ISBN：7-5326-0375-X
定价：CNY452.00
本书由上海辞书出版社和商务印书馆联合
出版。

J004583
碑帖鉴赏与收藏 张菊英，闻光编著
长春 吉林科学技术出版社 1996 年 269 页
有图 19cm（小 32 开）ISBN：7-5384-1555-6
定价：CNY18.00
（古董鉴赏收藏丛书）

J004584
楚秦汉漆器艺术 （湖北）陈振裕主编
武汉 湖北美术出版社 1996 年 317 页 34cm（10 开）
精装 ISBN：7-5394-0634-8 定价：CNY598.00

J004585
珐琅器鉴赏与收藏 李永兴编著
长春 吉林科学技术出版社 1996 年 143 页
有图版及照片 19cm（小 32 开）
ISBN：7-5384-1546-7 定价：CNY18.00

（古董鉴赏收藏丛书）

J004586

古玻璃鉴赏与收藏 冯乃恩编著
长春 吉林科学技术出版社 1996 年 163 页
有图 19cm（小 32 开）ISBN：7-5384-1552-1
定价：CNY18.00
（古董鉴赏收藏丛书）

J004587

古瓷辨赏 王健华，李国强著
北京 紫禁城出版社 1996 年 168 页 有彩照
26cm（16 开）ISBN：7-80047-214-0
定价：CNY140.00

作者王健华（1955—　），女，陶瓷专家。故宫博物院古器物部陶瓷组研究馆员，中国文物学会培训部讲授专家，北京市文保文物鉴定中心鉴定专家。专著《古瓷辨赏》《明清官窑青花识真》《唐三彩的鉴定与收藏》等。

J004588

古瓷鉴赏与收藏 张海国编著
上海 上海书店出版社 1996 年 169 页 有图
20cm（32 开）ISBN：7-80622-105-0
定价：CNY40.00
（古玩宝斋丛书）

作者张海国（1938—　），陶瓷收藏家。祖籍浙江宁波市，毕业于景德镇瓷学院。中国科普作协会员，景德镇市美术家协会艺术顾问。著有《古瓷鉴赏与收藏》《名家陶瓷》《中国古陶瓷珍赏》等。

J004589

古漆器鉴赏与收藏 陈丽华编著
长春 吉林科学技术出版社 1996 年 231 页
有图 19cm（小 32 开）ISBN：7-5384-1548-3
定价：CNY18.00
（古董鉴赏收藏丛书）

J004590

故宫藏玉 故宫博物院编
北京 紫禁城出版社 1996 年 158 页 有彩照
28cm（16 开）ISBN：7-80047-216-7
定价：CNY140.00

外 文 书 名：Jade Artifact Collection in the

Palace Museum.

J004591

国宝 （普及版 图集）朱家溍主编
上海 上海书店出版社 1996 年 264 页
28cm（16 开）精装 ISBN：7-80622-160-3
定价：CNY295.00

本书介绍的 100 件历代文物艺术珍品，从故宫藏品中精选。分青铜器、书画、瓷器、工艺美术和织绣 5 大类。每类除有专文论述外，每件文物艺术品随图版均附有文字说明。本书由上海书店出版社和香港商务印书馆联合出版。

J004592

国宝大典 曹者祉主编
上海 文汇出版社 1996 年 53+1143 页 28cm（16 开）
精装 ISBN：7-80531-322-9 定价：CNY365.00

J004593

海外珍瓷与海底瓷都 周世荣，［马来西亚］魏止戈著
长沙 湖南美术出版社 1996 年 120 页 有彩图
20cm（32 开）ISBN：7-5356-0822-1
定价：CNY35.00

外 文 书 名：Overseas Precious Porcelain and Porcelain City on the Sea Floor.作者周世荣（1931—2017），考古学家、陶瓷研究专家。湖南祁阳县人，毕业于吉林大学古文字教师班。历任湖南省文物考古研究所研究员，马王堆医书研究会副会长，湖南省文物考古研究所研究员、教授等职。出版有《铜镜图案：湖南出土历代铜镜》《马王堆养生气功》《马王堆导引术》《长江漆文化》等。

J004594

晋唐瓷器 （三国至五代）李辉柄主编；胡锤，赵山，刘志岗摄影
香港 商务印书馆（香港）1996 年 281 页 有彩图
29cm（12 开）精装 ISBN：962-07-5204-X
（故宫博物院藏文物珍品全集 31）

外 文 书 名：Porcelain from the Jin to the Tang Dynasties.

J004595

老古董 （陶瓷）

南京 江苏美术出版社 1996 年 172 页
29cm（16 开）精装 ISBN：7-5344-0638-2
定价：CNY108.00

J004596

两宋瓷器 （下）李辉柄主编
香港 商务印书馆（香港）公司 1996 年 283 页
有图 29cm（16 开）精装 ISBN：962-07-5216-3
（故宫博物院藏文物珍品全集 33）

J004597

玲珑玉雕 （玉人·玉兽·玉饰 中英文对照）冯
陈善奇，杨春堂编辑；潘荣健摄影
香港 香港大学美术博物馆 1996 年 232 页
30cm（12 开）精装 ISBN：962-8038-06-0
定价：HKD900.00

J004598

明代陶瓷大全 艺术家工具书编委会主编
台北 艺术家出版社 1996 年 6 版 590 页
20cm（32 开）ISBN：9579500002
（中国陶瓷大系 艺术家工具书 1）

J004599

明代陶瓷大全 艺术家工具书编委会主编
台北 艺术家出版社 1996 年 6 版 591 页 有照片
22cm（30 开）精装 ISBN：957-9500-00-2
定价：TWD800.00
（艺术家工具书 2）
　　外文书名：Chinese Ceramics Ming Dynasty.

J004600

青铜礼器 马承源著
台北 幼狮文化事业公司 1996 年 180 页 有图
30cm（10 开）精装 ISBN：957-530-889-1
定价：TWD2000.00
（中华古文物鉴藏系列）

J004601

清代民窑彩瓷 500 图 胡雁溪，杨小涟编著
北京 团结出版社 1996 年 101 页 有图
29cm（16 开）ISBN：7-80130-085-8
定价：CNY128.00

J004602

清代青花瓷器鉴赏 （图集）陆明华著
上海 上海人民美术出版社 1996 年 134 页
29cm（16 开）精装 ISBN：7-5322-1552-0
定价：CNY135.00

J004603

上海博物馆中国古代陶瓷馆 上海博物馆编
上海 上海古籍出版社 1996 年 28×21cm
ISBN：7-5325-1721-7
　　外文书名：Ancient Chinese Ceramic Gallery,
The Shanghai Museum.

J004604

宋官窑特展 台北故宫博物院编辑委员会
编辑
台北 台北故宫博物院 1996 年 重印本 有彩图
25cm（15 开）精装 ISBN：957-562-073-9
　　外文书名：Catalogue of the Special Exhibition
of Sung Dynasty kuan Ware.

J004605

唐三彩鉴赏与收藏 王健华编著
长春 吉林科学技术出版社 1996 年 154 页
有图 19cm（小 32 开）ISBN：7-5384-1544-0
定价：CNY18.00
（古董鉴赏收藏丛书）
　　作者王健华（1955—　　），女，陶瓷专家。故
宫博物院古器物部陶瓷组研究馆员，中国文物
学会培训部讲授专家，北京市文保文物鉴定中心
鉴定专家。专著《古瓷辨赏》《明清官窑青花识
真》《唐三彩的鉴定与收藏》等。

J004606

陶瓷 （史前～五代）李知宴著
台北 幼狮文化事业公司 1996 年 233 页 有图
30cm（10 开）精装 ISBN：957-530-886-7
定价：TWD2000.00
（中华古文物鉴藏系列）

J004607

吴国王室玉器 （图集）姚勤德，龚金元著
上海 上海人民美术出版社 1996 年 78 页
29cm（16 开）精装 ISBN：7-5322-1544-X
定价：CNY110.00

外文书名：Royal Jades of Wu Guo.

J004608

五彩名瓷 叶佩兰著

台北 艺术图书公司 1996 年 221 页 有彩照

30cm（10 开）精装 ISBN：957–672–231–4

定价：TWD980.00

（美哉陶瓷 7）

J004609

扬州古陶瓷 扬州博物馆, 扬州文物商店编

北京 文物出版社 1996 年 177 页 有图

26cm（16 开）ISBN：7–5010–0905–8

定价：CNY140.00

J004610

玉器 （上 新石器时代至魏晋南北朝）周南泉
主编

北京 三联书店 1996 年 283 页 29cm（16 开）

精装 ISBN：7–108–00889–0

（故宫博物院藏文物珍品全集 40）

    本书由三联书店和商务印书馆（香港）有限
公司联合出版。

J004611

玉器 （中 唐代至明代）周南泉主编

北京 三联书店 1996 年 29+290 页 29cm（16 开）

精装 ISBN：7–108–00890–4

（故宫博物院藏文物珍品全集 41）

    本书由三联书店和商务印书馆（香港）有限
公司联合出版。

J004612

玉器 （下 清代）张广文主编

北京 三联书店 1996 年 28+292 页 29cm（16 开）

精装 ISBN：7–108–00891–2

（故宫博物院藏文物珍品全集 42）

    本书由三联书店和商务印书馆（香港）有限
公司联合出版。

J004613

中国历代青铜器精品 100 件赏析 徐湖平
主编；徐艺乙编著

济南 山东科学技术出版社 1996 年 205 页

28cm（16 开）ISBN：7–5331–1580–5

定价：CNY138.00，USD50.00

（工艺的·美术的·文物的·中华艺术精品 100 丛
书 9）

J004614

中国历代珍宝鉴赏辞典 齐吉祥主编

郑州 文心出版社 1996 年 30+860 页 有彩照

20cm（32 开）精装 ISBN：7–80537–533–X

定价：CNY88.00

J004615

中国青铜器全集 （1 夏 商 1）中国青铜器
全集编辑委员会编

北京 文物出版社 1996 年 59+168+48 页

29cm（16 开）精装 ISBN：7–5010–0889–2

定价：CNY330.00

（中国美术分类全集）

J004616

中国青铜器全集 （2 商 2）中国青铜器全集
编辑委员会编

北京 文物出版社 1997 年 40+144+68 页

29cm（16 开）精装 ISBN：7–5010–0933–3

定价：CNY350.00

（中国美术分类全集）

J004617

中国青铜器全集 （3 商 3）中国青铜器全集
编辑委员会编

北京 文物出版社 1997 年 216+95 页 29cm（16 开）

精装 ISBN：7–5010–0934–1 定价：CNY350.00

（中国美术分类全集）

J004618

中国青铜器全集 （4 商 4）中国青铜器全集
编辑委员会编

北京 文物出版社 1998 年 25+180+52 页

29cm（16 开）精装 ISBN：7–5010–1036–6

定价：CNY350.00

（中国美术分类全集）

J004619

中国青铜器全集 （5 西周 1）中国青铜器全
集编辑委员会编

北京 文物出版社 1996 年 28+192+75 页

29cm（16开）精装 ISBN：7-5010-0897-3
定价：CNY330.00
（中国美术分类全集）

J004620
中国青铜器全集　（6 西周 2）中国青铜器全
集编辑委员会编
北京 文物出版社 1997年 34+192+71 页
29cm（16开）精装 ISBN：7-5010-0939-2
定价：CNY350.00
（中国美术分类全集）

J004621
中国青铜器全集　（7 东周 1）中国青铜器全
集编辑委员会编
北京 文物出版社 1998年 23+156+64 页
29cm（16开）精装 ISBN：7-5010-1033-1
定价：CNY350.00
（中国美术分类全集）

J004622
中国青铜器全集　（8 东周 2）中国青铜器全
集编辑委员会编
北京 文物出版社 1995年 184+58 页
29cm（16开）精装 ISBN：7-5010-0855-8
定价：CNY280.00
（中国美术分类全集）

J004623
中国青铜器全集　（9 东周 3）中国青铜器全
集编辑委员会编
北京 文物出版社 1997年 35+184+79 页
29cm（16开）精装 ISBN：7-5010-0944-9
定价：CNY350.00
（中国美术分类全集）

J004624
中国青铜器全集　（10 东周 4）中国青铜器
全集编辑委员会编
北京 文物出版社 1998年 32+176+60 页
29cm（16开）精装 ISBN：7-5010-1041-2
定价：CNY350.00
（中国美术分类全集）

J004625
中国青铜器全集　（11 东周 5）中国青铜器
全集编辑委员会编
北京 文物出版社 1997年 29+168+54 页
29cm（16开）精装 ISBN：7-5010-0956-2
定价：CNY350.00
（中国美术分类全集）

J004626
中国青铜器全集　（12 秦汉）中国青铜器全
集编辑委员会编
北京 文物出版社 1998年 19+184+58 页
29cm（16开）精装 ISBN：7-5010-1043-9
定价：CNY350.00
（中国美术分类全集）

J004627
中国青铜器全集　（13 巴蜀）中国青铜器全
集编辑委员会编
北京 文物出版社 1994年 29cm（16开）
精装 ISBN：7-5010-0773-X 定价：CNY280.00
（中国美术分类全集）

J004628
中国青铜器全集　（14 滇 昆明）中国青铜器
全集编辑委员会编
北京 文物出版社 1993年 180+59 页 有图
29cm（16开）精装 ISBN：7-5010-0745-4
定价：CNY280.00
（中国美术分类全集）

J004629
中国青铜器全集　（15 北方民族）中国青铜
器全集编辑委员会编
北京 文物出版社 1995年（176+75 页）有图
29cm（16开）精装 ISBN：7-5010-0841-8
定价：CNY280.00
（中国美术分类全集）

J004630
中国青铜器全集　（16 铜镜）中国青铜器全
集编辑委员会编
北京 文物出版社 1998年 34+216+74 页
29cm（16开）精装 ISBN：7-5010-1044-7
定价：CNY350.00

（中国美术分类全集）

J004631

中国陶瓷综述 朱裕平著

台北 艺术图书公司 1996 年 164 页 有照片

27cm（大 16 开）精装 ISBN：957-672-223-3

定价：TWD680.00

（陶瓷研究 鉴赏丛书 5）

　　本书作者以时代先后顺序为经，各朝代代表陶瓷品种类别为纬，深入浅出地介绍了中国陶瓷的发展，并配以近百张图片，帮助读者了解博大精深的中国陶瓷的奥秘。

J004632

中国玉器赏鉴 薛贵笙主编

上海 上海科学技术出版社 1996 年 499 页

29cm（16 开）精装 ISBN：7-5323-3925-4

定价：CNY580.00

　　本书由上海科学技术出版社和中华书局(香港)有限公司联合出版。

J004633

紫砂风云 （居仁堂紫砂宝典）陈其凤主编

台北 居仁堂 1996 年 400 页 31cm（10 开）

精装 ISBN：957-97146-4-9 定价：TWD3800.00

J004634

紫砂器鉴赏与收藏 陈江编著

长春 吉林科学技术出版社 1996 年 172 页

有照片 19cm（小 32 开）ISBN：7-5384-1547-5

定价：CNY18.00

（古董鉴赏收藏丛书）

J004635

彩陶与彩绘陶器 张孝光编

北京 人民美术出版社 1997 年 150 页 18×18cm

ISBN：7-102-01772-3 定价：CNY8.00

　　本书是以新石器时代彩陶为重点的图案集。

J004636

瓷器 陈克伦［著］

上海 上海人民美术出版社 1997 年 76 页

有照片及图 19cm（小 32 开）精装

ISBN：7-5322-1674-8 定价：CNY28.00

（艺林撷珍丛书）

J004637

璀璨琉璃战国古珠 张宏实著

台北 淑馨出版社 1997 年 157 页 有图

20cm（32 开）精装 ISBN：957-531-554-5

定价：TWD900.00

　　外文书名：Chinese Warring State Glass Bead.

J004638

宫廷之雅 （清代仿古及画意玉器特展图录 中英文本）张丽端著

台北 台北故宫博物院 1997 年 210 页 30cm（12 开）

ISBN：957-562-286-3 定价：TWD800.00

　　外文书名：The Refined Taste of the Emperor: Special Exhibition of Archaic and Pictorial Jades of the Ch'ing Court.

J004639

古瓷器 马希桂著

上海 上海古籍出版社 1997 年 237 页 有照片

19cm（小 32 开）ISBN：7-5325-2289-X

定价：CNY10.00

（文物鉴赏丛书）

J004640

画说中华文化形象 （中华青铜）刘梦溪，黄克剑主编；许智范编著

南宁 广西教育出版社 1997 年 64 页 29cm（16 开）

精装 ISBN：7-5435-2598-4 定价：CNY78.00

J004641

画说中华文化形象 （中华陶瓷）刘梦溪，黄克剑主编；熊寥编著

南宁 广西教育出版社 1997 年 64 页 29cm（16 开）

精装 ISBN：7-5435-2597-6 定价：CNY78.00

　　作者熊寥（1943— ），著名陶瓷学家、教授。江西景德镇人。中国美术学院教授。撰有《中国陶瓷美术史》《欧洲瓷器史》等。

J004642

历代瓷器茶杯 （杯、碗、壶、盏）杜劲甫主编

台北 文物艺术品收藏家协会 1997 年

132 页 有彩照 30cm（10 开）精装

ISBN：957-99611-1-5

J004643

历代陶瓷款识 （图集）关宝琮主编
沈阳 辽宁画报出版社 1997 年 142 页 20cm（32 开）
ISBN：7-80601-101-3 定价：CNY68.00

J004644

历代陶瓷款识 （图集）关宝琮主编
沈阳 辽宁画报出版社 1999 年 2 版 重印本
141 页 20cm（32 开）ISBN：7-80601-101-3
定价：CNY68.00

J004645

明代雕漆图案选 故宫博物院陈列设计组编；
梁德娛摹绘
北京 人民美术出版社 1997 年 重印本 114 页
18×17cm ISBN：7-102-01774-X
定价：CNY7.20

J004646

青瓷青白瓷珍品 赵自强主编；广州博物馆编
南宁 广西美术出版社 1997 年 161 页 有图
29cm（16 开）精装 ISBN：7-80625-347-5
定价：CNY200.00
　　作者赵自强，广东省中国文物鉴藏家协会副
会长兼秘书长、广州市文物管理委员会研究员。

J004647

清代玉雕之美 历史博物馆编辑委员会编辑
台北 历史博物馆 1997 年 295 页
30cm（10 开）精装 ISBN：957-02-0202-5
定价：TWD3200.00

J004648

陶瓷鉴赏新知 康啸白著
台北 雄狮图书公司 1997 年 211 页 有照片
26cm（16 开）ISBN：957-8980-57-4
定价：TWD450.00
（雄狮丛书 01-02049）

J004649

陶瓷器 李广宁编著
合肥 黄山书社 1997 年 重印本 177 页
20cm（32 开）ISBN：7-80535-845-1
定价：CNY18.80
（中华古玩通鉴）

J004650

玉器 张明华［著］
上海 上海人民美术出版社 1997 年 76 页 有照片
19cm（小 32 开）精装 ISBN：7-5322-1682-9
定价：CNY28.00
（艺林撷珍丛书）

J004651

中国碑帖鉴赏与收藏 陈炳昶编著
上海 上海书店出版社 1997 年 260 页 有图
20cm（32 开）ISBN：7-80622-250-2
定价：CNY55.00
（古玩宝斋丛书）

J004652

中国古瓷集珍 陈润民，光冉著
台北 南天书局 1997 年 205 页 21cm（32 开）
ISBN：957-638-408-7 定价：TWD380.00
（中国美术文库 1）

J004653

中国古瓷集珍 陈润民，光冉撰文
北京 文物出版社 1997 年 205 页 有图
20cm（32 开）ISBN：7-5010-0932-5
定价：CNY70.00
（中国美术文库 1）

J004654

中国民间古陶瓷图鉴 张晓光，李文振编著
东营 石油大学出版社 1997 年 256 页
29cm（16 开）精装 ISBN：7-5636-0972-5
定价：CNY280.00

J004655

中国明清紫砂精萃 沙志明主编
南京 江苏美术出版社 1997 年 390 页 29cm（12 开）
精装 ISBN：7-5344-0749-4 定价：CNY480.00

J004656

中国明清紫砂精萃 （汉英对照）沙志明主编
南京 江苏美术出版社 1997 年 390 页 有彩图
26cm（16 开）精装 ISBN：7-5344-0749-4
定价：CNY480.00

J004657
中国三彩　　朱裕平著
台北 艺术图书公司 1997年 231页 21cm（32开）
ISBN：957-672-250-0 定价：TWD450.00
（中华陶瓷导览 3）
　　本书以唐三彩介绍为重点，另外与唐三彩接近的加彩、辽三彩、宋三彩、金三彩、明三彩、珐华、清素三彩也略作介绍，以便读者对中国三彩做全面了解。

J004658
八大山人印款说　　萧鸿鸣著
北京 北京燕山出版社 1998年 249页 20cm（32开）
ISBN：7-5402-1092-3 定价：CNY19.80
（八大山人研究系列丛书 2）

J004659
北京大学赛克勒考古与艺术博物馆藏品选
（1998）北京大学考古学系编
北京 科学出版社 1998年 165页 26cm（16开）
ISBN：7-03-006663-4 定价：CNY280.00

J004660
彩陶　　（图集）陈克伦著
上海 上海人民美术出版社 1998年 29cm（16开）
ISBN：7-5322-2094-X 定价：CNY10.00
（中国陶瓷名品珍赏丛书）

J004661
瓷器话三国　　（繁体本）成勇编著
成都 四川大学出版社 1998年 104页 29cm（16开）
ISBN：7-5614-1803-5 定价：CNY120.00

J004662
方寸之间见世界　　（中国古代玺印篆刻漫笔）
陈根远，阳冰著
成都 四川教育出版社 1998年 260页 有图
20cm（32开）ISBN：7-5408-3150-2
定价：CNY17.30
（华夏文明探秘丛书 31）
　　作者陈根远（1965—　），教师、古籍鉴定专家。任职于西安碑林博物馆研究室。出版有《屋檐上的艺术——中国古代的瓦当》《艺术玩家：古籍碑帖的鉴藏与市场》《瓦当留真》

J004663
古代玺印　　小鹿编著
北京 中国书店 1998年 301页 有图 20cm（32开）
ISBN：7-80568-767-6 定价：CNY18.00
（中国文物序列）

J004664
古陶瓷收藏与鉴赏　　陈德富著
成都 四川大学出版社 1998年 396+16页
20cm（32开）ISBN：7-5614-1688-1
定价：CNY28.00
（四川大学博物馆丛书）

J004665
故宫藏清代后妃首饰　　紫禁城出版社编
北京 紫禁城出版社 1998年 124页 13cm（64开）
精装 ISBN：7-80047-168-3 定价：CNY25.00

J004666
故宫商代青铜礼器图录　　陈芳妹著
台北 台北故宫博物院 1998年 606页
30cm（10开）精装 ISBN：957-562-333-9

J004667
黑龙江流域岩画碑刻研究　　董万仑著
哈尔滨 黑龙江教育出版社 1998年 11+295页
有图 20cm（32开）ISBN：7-5316-3446-5
定价：CNY14.80

J004668
康熙瓷　　陈克伦编
上海 上海科学普及出版社 1998年 75页
26cm（16开）精装 ISBN：7-5427-1343-4
定价：CNY70.00
（老古董百科大全 珍赏系列 2）

J004669
龙泉窑青瓷　　朱伯谦主编
台北 艺术家出版社 1998年 319页 有图
30cm（10开）ISBN：957-8273-08-8
定价：TWD800
（陶瓷文物丛书）
　　外文书名：Celadons from Longquan Kilns.

J004670
明彩瓷　周丽丽著
上海　上海人民美术出版社 1998 年 29cm（16 开）
ISBN：7-5322-2102-4 定价：CNY10.00
（中国陶瓷名品珍赏丛书）

J004671
明代宣德官窑菁华特展图录　廖宝秀著
台北　台北故宫博物院 1998 年 458 页 30cm（10 开）
ISBN：957-562-320-7 定价：TWD2000.00
　　外文书名：Catalogue of the Special Exhibition of Selected Hsuan-te Imperial Porcelains of the Minge Dynasty.

J004672
明青花　（上）陆明华著
上海　上海人民美术出版社 1998 年 29cm（16 开）
ISBN：7-5322-2099-0 定价：CNY10.00
（中国陶瓷名品珍赏丛书）

J004673
明青花　（下）陆明华著
上海　上海人民美术出版社 1998 年 29cm（16 开）
ISBN：7-5322-2100-8 定价：CNY10.00
（中国陶瓷名品珍赏丛书）

J004674
明清瓷器　程晓中著
贵阳　贵州人民出版社 1998 年 138 页 有图 20cm（32 开）ISBN：7-221-04368-X
定价：CNY11.60
（文物收藏知识丛书）

J004675
明颜色釉瓷　周丽丽著
上海　上海人民美术出版社 1998 年 29cm（16 开）
ISBN：7-5322-2102-4 定价：CNY10.00
（中国陶瓷名品珍赏丛书）

J004676
齐国瓦当艺术　安立华编著
北京　人民美术出版社 1998 年 129 页 26cm（16 开）
ISBN：7-102-01948-3 定价：CNY38.00
　　本书内容包括："齐国文明瓦头传——为《齐国瓦当艺术》的出版而作"、"齐国瓦当饰纹研

究"等。

J004677
乾隆玉　张尉编
上海　上海科学普及出版社 1998 年 75 页
26cm（16 开）精装 ISBN：7-5427-1341-8
定价：CNY70.00
（老古董百科大全 珍赏系列 3）

J004678
青白瓷　李仲谋著
上海　上海人民美术出版社 1998 年 29cm（16 开）
ISBN：7-5322-2095-8 定价：CNY10.00
（中国陶瓷名品珍赏丛书）

J004679
清彩瓷　周丽丽著
上海　上海人民美术出版社 1998 年 29cm（16 开）
ISBN：7-5322-2103-2 定价：CNY10.00
（中国陶瓷名品珍赏丛书）

J004680
清代玉器之美　宋小君著
台北　东大图书公司 1998 年 151 页 有照片 23cm
ISBN：957-19-2166-1 定价：TWD390.00
（沧海丛刊）

J004681
清宫瓷器　程晓中编撰；汪清，季倩翻译；郭群等摄影
上海　上海古籍出版社 1998 年 52 页 26cm（16 开）
ISBN：7-5325-2457-4 定价：CNY50.00
（南京博物院珍藏系列）
　　外文书名：Imperial kiln Porcelain of Qing Dynasty.

J004682
清青花　陆明华著
上海　上海人民美术出版社 1998 年 29cm（16 开）
ISBN：7-5322-2098-2 定价：CNY10.00
（中国陶瓷名品珍赏丛书）

J004683
清颜色釉瓷　江松著
上海　上海人民美术出版社 1998 年 29cm（16 开）

ISBN：7-5322-2104-0 定价：CNY10.00
（中国陶瓷名品珍赏丛书）

J004684
汝、官、哥、钧　李纪贤著
上海 上海人民美术出版社 1998年 29cm（16开）
ISBN：7-5322-2074-5 定价：CNY10.00
（中国陶瓷名品珍赏丛书）

J004685
赏陶识瓷　高阿申著
上海 上海教育出版社 1998年 159页 有图
19cm（小32开）ISBN：7-5320-6284-8
定价：CNY9.50
（文博丛书）

J004686
宋元青瓷　李纪贤著
上海 上海人民美术出版社 1998年 29cm（16开）
ISBN：7-5322-2076-1 定价：CNY10.00
（中国陶瓷名品珍赏丛书）

J004687
唐三彩　（图集）陆明华著
上海 上海人民美术出版社 1998年 29cm（16开）
ISBN：7-5322-2096-6 定价：CNY10.00
（中国陶瓷名品珍赏丛书）

J004688
唐三彩特展图录　陈永源总编辑
台北 历史博物馆 1998年 2版 173页
29cm（16开）ISBN：957-00-5688-6

J004689
唐宋白瓷　李纪贤著
上海 上海人民美术出版社 1998年 29cm（16开）
ISBN：7-5322-2105-9 定价：CNY10.00
（中国陶瓷名品珍赏丛书）

J004690
陶瓷　朱裕平著；上海非凡文化艺术有限公司编
上海 学林出版社 1998年 214页 21cm（32开）
ISBN：7-80616-523-1 定价：CNY98.00
（收藏指南丛书）

J004691
玺印　尚辉著
贵阳 贵州人民出版社 1998年 130页 有图
20cm（32开）ISBN：7-221-04369-8
定价：CNY11.00
（文物收藏知识丛书）
　　作者尚辉（1962—　），艺术评论家、画家、艺术家。江苏徐州人，中国艺术研究院美术学博士。历任江苏省美术馆学术部主任，上海美术馆学术部副主任、研究馆员，北京画院美术馆馆长，中国美术家协会《美术》杂志执行主编、上海美术馆研究馆员、上海刘海粟美术馆艺术委员会委员等。代表作品《远眺巴黎》等。

J004692
新疆彩陶　新疆文物考古研究所主编；穆舜英，祁小山编著
北京 文物出版社 1998年 108页 26cm（16开）
ISBN：7-5010-1097-8 定价：CNY80.00

J004693
新中国出土瓦当集录　（甘泉宫卷）张文彬主编
西安 西北大学出版社 1998年 20+461页
29cm（16开）精装 ISBN：7-5604-1344-7
定价：CNY400.00

J004694
新中国出土瓦当集录　（齐临淄卷）张文彬主编；山东省文物考古研究所编
西安 西北大学出版社 1999年 19+383页
29cm（16开）精装 ISBN：7-5604-1345-5
定价：CNY340.00

J004695
宜兴紫砂　潘春芳著
上海 上海人民美术出版社 1998年 76页 有图
19cm（小32开）精装 ISBN：7-5322-1896-1
定价：CNY28.00
（艺林撷珍丛书）

J004696
印章　孙慰祖著
上海 上海人民美术出版社 1998年 76页 有彩照
19cm（32开）精装 ISBN：7-5322-1893-7

定价：CNY28.00
（艺林撷珍丛书）

J004697

玉器　陈江编撰；汪清，季倩翻译；郭群等摄影
上海　上海古籍出版社 1998 年 52 页 26cm（16 开）
ISBN：7-5325-2453-1 定价：CNY50.00
（南京博物院珍藏系列）
　　外文书名：Jade. 作者陈江（1961—　），海南临高人，南京博物院陈列展览部副主任，江苏省博物馆学会秘书长，著有《紫砂器鉴赏与收藏》《紫砂壶》等。

J004698

元代瓷器　叶佩兰著
北京　九州图书出版社 1998 年 328 页 29cm（16 开）
精装 ISBN：7-80114-260-8 定价：CNY600.00

J004699

元青花　李仲谋著
上海　上海人民美术出版社 1998 年 29cm（16 开）
ISBN：7-5322-2093-1 定价：CNY10.00
（中国陶瓷名品珍赏丛书）

J004700

越窑青瓷　张东著
上海　上海人民美术出版社 1998 年 29cm（16 开）
ISBN：7-5322-2092-3 定价：CNY10.00
（中国陶瓷名品珍赏丛书）

J004701

张健谈古代珠宝首饰　张健著
长春　吉林科学技术出版社 1998 年 206 页
有彩照 20cm（32 开）ISBN：7-5384-1961-6
定价：CNY15.00
（东方收藏名家谈收藏）

J004702

中国古玻璃　韩韩著
台北　艺术家出版社 1998 年 159 页 有彩照
21cm（32 开）ISBN：957-8273-02-9
定价：TWD480.00
（文物生活系列 1）
　　外文书名：Chinese Antique Glass.

J004703

中国古代青铜器鉴赏　徐昌义编著
成都　四川大学出版社 1998 年 161 页 有彩图
20cm（32 开）ISBN：7-5614-1683-0
定价：CNY16.00

J004704

中国古代瓦当图典　赵力光著
北京　文物出版社 1998 年 21+766 页 有图
20cm（32 开）精装 ISBN：7-5010-1031-5
定价：CNY80.00
　　作者赵力光，西安碑林博物馆任职。

J004705

中国古陶瓷图典　冯先铭主编；《中国古陶瓷图典》编辑委员会编
北京　文物出版社 1998 年 469 页 26cm（16 开）
精装 ISBN：7-5010-0924-4 定价：CNY260.00

J004706

中国历代景德镇瓷器　（明卷）周銮书主编
北京　中国摄影出版社 1998 年 414 页
29cm（16 开）精装 ISBN：7-80007-132-4
定价：CNY620.00
　　外文书名：China's Jingdezhen Porcelain Through the Ages.

J004707

中国历代景德镇瓷器　（五代宋元卷）周銮书主编
北京　中国摄影出版社 1998 年 352 页 29cm（16 开）
精装 ISBN：7-80007-131-6 定价：CNY560.00
　　外文书名：China's Jingdezhen Porcelain Through the Ages.

J004708

中国龙泉青瓷　浙江摄影出版社，浙江省文物局编
杭州　浙江摄影出版社 1998 年 197 页 29cm（16 开）
精装 ISBN：7-80536-570-9 定价：CNY320.00

J004709

中国名瓷欣赏与收藏　周丽丽著
上海　上海科学技术出版社 1998 年 400 页
29cm（16 开）精装 ISBN：7-5323-4945-4

定价：CNY250.00

J004710

中国明代瓷器目录   谈雪慧等编著
海口 南方出版社 1998 年 215 页 21cm（32 开）
ISBN：7-80609-745-7 定价：CNY49.00

J004711

中国清代瓷器目录   王建宇等编著
海口 南方出版社 1998 年 215 页 21cm（32 开）
ISBN：7-80609-746-5 定价：CNY49.00

J004712

中国少数民族青铜装饰图选   邵大地，江贞
编绘
北京 人民美术出版社 1998 年 136 页 26cm（16 开）
ISBN：7-102-01888-6 定价：CNY13.00

J004713

中国玉精品图录   英雄编
海口 海南国际新闻出版中心 1998 年 29+263 页
20cm（32 开）ISBN：7-80609-610-8
定价：CNY18.80

J004714

中华国宝   （陕西珍贵文物集成 金银器卷）李
炳武主编；韩伟卷主编
西安 陕西人民教育出版社 1998 年 25+253 页
33cm 精装 ISBN：7-5419-7420-X
定价：CNY380.00，CNY480.00（特精装）

J004715

中华国宝   （陕西珍贵文物集成 唐三彩卷）李
炳武主编；陈安利卷主编
西安 陕西人民教育出版社 1998 年 23+253 页
33cm 精装 ISBN：7-5419-7421-8
定价：CNY380.00，CNY480.00（特精装）

J004716

中华国宝   （陕西珍贵文物集成 青铜器卷）李
炳武主编；吴镇烽卷主编
西安 陕西人民教育出版社 1999 年 27+307 页
33cm 精装 ISBN：7-5419-7629-6
定价：CNY440.00，CNY540.00（特精装）

J004717

中华国宝   （陕西珍贵文物集成 玉器卷）李炳
武主编；王长启卷主编
西安 陕西人民教育出版社 1999 年 29+311 页
33cm 精装 ISBN：7-5419-7628-8
定价：CNY450.00，CNY550.00（特精装）

J004718

中华国宝大典   （龙之舞）罗锐韧主编
北京 龙门书局 1998 年 2 册（901 页）
42cm（8 开）精装 ISBN：7-80111-495-7
定价：CNY3980.00

J004719

紫砂   曹者祉著
贵阳 贵州人民出版社 1998 年 93 页 有图
20cm（32 开）ISBN：7-221-04372-8
定价：CNY10.60
（文物收藏知识丛书）

J004720

紫砂   潘春芳著
上海 上海人民美术出版社 1998 年 29cm（16 开）
ISBN：7-5322-2075-3 定价：CNY10.00
（中国陶瓷名品珍赏丛书）

J004721

紫砂壶   陈江著
济南 山东科学技术出版社 1998 年 110 页
有照片 19cm（小 32 开）ISBN：7-5331-2205-4
定价：CNY16.00
（中国收藏小百科 第二辑 6）

    作者陈江（1961—　），海南临高人，南京博
物院陈列展览部副主任，江苏省博物馆学会秘书
长，著有《紫砂器鉴赏与收藏》《紫砂壶》等。

J004722

保利藏金   （保利艺术博物馆精品选）《保利藏
金》编辑委员会编
广州 岭南美术出版社 1999 年 396 页 29cm（16 开）
精装 ISBN：7-5362-2033-2 定价：CNY800.00

    本书分商代铜器，西周铜器，秦汉铜器，唐
代铜器，专论 5 部分，主要介绍了保利艺术博物
馆收藏的青铜器精品兽面纹平底爵，皇鼎，双龙
耳盘口壶等。

J004723

彩陶　谷建祥编撰；汪清，季倩翻译；郭群等摄影

上海 上海古籍出版社 1999年 52页 26cm（16开）

ISBN：7-5325-2562-7 定价：CNY50.00

（南京博物院珍藏系列）

J004724

藏玉赏玉　（一 古玉入门）蔡涤州著

台北 蔡涤州 1999年 254页 有彩图 21cm（32开）

ISBN：957-97361-3-8 定价：TWD460.00

J004725

常熟博物馆藏瓷　钱浚，周公太编

北京 人民美术出版社 1999年 29cm（16开）

ISBN：7-102-01993-9 定价：CNY87.00

J004726

当石与火相遇　（中国古瓷艺术）秦大树著

香港 中天出版社 1999年 351页 有照片

21cm（32开）ISBN：962-85389-7-7

定价：HKD67.00

（发现中国 007）

J004727

德化民窑青花　陈建中编著；何翠媚等摄影

北京 文物出版社 1999年 94页 有照片

26cm（16开）ISBN：7-5010-1166-4

定价：CNY90.00

　　本书内容包括：德化青花瓷的产生、德化青花瓷的兴盛、各乡镇青花瓷窑址简介、德化窑青花瓷的造型和类别、德化窑青花瓷装饰图案的分类、德化窑青花瓷的胎质及制作、德化窑青花瓷的釉色、德化窑青花瓷的烧造工艺、德化窑与德化窑装饰艺术的起源、德化窑的款识、德化窑的史料与研究等。作者陈建中（1959—　），福建德化县人，文博馆员。

J004728

珐琅彩·粉彩　叶佩兰主编

上海 上海科学技术出版社 1999年 28+292页

29cm（16开）精装 ISBN：7-5323-5193-9

定价：CNY320.00

（故宫博物院藏文物珍品大系）

　　本书由上海科学技术出版社和商务印书馆

（香港）联合出版。

J004729

古代民窑陶瓷　铁源主编

北京 中华工商联合出版社 1999年 156页

20cm（32开）ISBN：7-80100-541-4

定价：CNY38.00

（老古董丛书）

　　本书由中华工商联合出版社和华龄出版社联合出版。

J004730

古铜器　季崇建著

上海 上海科学普及出版社 1999年 75页

26cm（16开）精装 ISBN：7-5427-1508-9

定价：CNY70.00

（老古董百科大全 珍赏系列 7）

J004731

古玉纹饰器形　张俊著

台北县 经史子集出版社 1999年 248页

有图 21cm（32开）ISBN：957-8272-32-4

定价：TWD280.00

（玉器珠宝学 8）

J004732

故宫青铜器　故宫博物院编

北京 紫禁城出版社 1999年 349页 29cm（16开）

精装 ISBN：7-80047-306-6 定价：CNY350.00

　　本书所收青铜器为故宫藏品代表，涉及时代包括商代、西周和春秋战国。

J004733

金银器　韦正编撰；汪清，季倩翻译；郭群等摄影

上海 上海古籍出版社 1999年 52页 26cm（16开）

ISBN：7-5325-2564-3 定价：CNY50.00

（南京博物院珍藏系列）

J004734

景德镇出土元明官窑瓷器　梁穗主编；炎黄艺术馆编

北京 文物出版社 1999年 381页 29cm（16开）

精装 ISBN：7-5010-1173-7 定价：CNY500.00

J004735
老古董鉴赏袖珍手册 （良渚玉器）陈同乐，
陈江编撰
南京 江苏美术出版社 1999 年 139 页 12×13cm
ISBN：7-5344-0998-5 定价：CNY19.80

　　本册分礼器、佩饰器、工具等专题，收录68
件古代玉器，分别介绍了每件玉器的名称、时
代、出土地点、尺寸、质地、收藏地点以及形制。
作者陈同乐（1958—　　），教授。江苏苏州人，毕
业于南京艺术学院。历任江苏省美术馆副馆长、
南京博物院陈列艺术研究所所长、中国博物馆学
会陈列艺术委员会副主任等。著作有《老古董鉴
赏袖珍手册——清代瓷器》《光的艺术：光在陈
列艺术中的应用与研究》《中国展法：南京博物
院展览漫谈》等。

J004736
老古董鉴赏袖珍手册 （清代瓷器）陈江，陈
同乐编撰
南京 江苏美术出版社 1999 年 137 页 12×13cm
ISBN：7-5344-0940-3 定价：CNY19.80

　　本手册分日用瓷，陈设瓷，文房用具，法器
等6章，共收录了66件瓷器，介绍了每件瓷器
的名称、时代、尺寸、收藏地点以及形制等。作
者陈江（1961—　　），海南临高人，南京博物院陈
列展览部副主任，江苏省博物馆学会秘书长，著
有《紫砂器鉴赏与收藏》《紫砂壶》等。

J004737
六朝青瓷 周玫编撰；汪清，季倩翻译；郭群
等摄影
上海 上海古籍出版社 1999 年 52 页 26cm（16开）
ISBN：7-5325-2566-X 定价：CNY50.00
（南京博物院珍藏系列）

J004738
民国瓷器 铁源主编
北京 中华工商联合出版社 1999 年 156 页
20cm（32开）ISBN：7-80100-540-6
定价：CNY38.00
（老古董丛书）

　　本书由中华工商联合出版社和华龄出版社
联合出版。

J004739
明清瓷器目录 华光普主编
北京 中国民族摄影艺术出版社 1999 年 385 页
20cm（32开）ISBN：7-80069-280-9
定价：CNY78.00

J004740
明清珐琅器展览图录 陈夏生著
台北 台北故宫博物院 1999 年 290 页 31cm（10开）
精装 ISBN：957-562-343-6

J004741
千年传世珍宝鉴赏 （收藏秘要）邹文主编
北京 红旗出版社 1999 年 6 册 42cm（8开）
ISBN：7-5051-0343-1
定价：CNY2980.00（精装），CNY3680.00（豪华版）

J004742
青瓷风韵 （永恒的千峰翠色）李刚主编
杭州 浙江人民美术出版社 1999 年 156 页
有图 29cm（16开）精装 ISBN：7-5340-0997-9
定价：CNY128.00
（中国博物馆漫步）

　　本书图文并茂，内容包括"导言""釉色
篇""造型篇""纹饰篇""功用篇"及"余论"6部分，
展现了中国青瓷的魅力。

J004743
清代民窑彩瓷 穆青著
石家庄 河北人民出版社 1999 年 20+13+202 页
29cm（16开）精装 ISBN：7-202-02572-8
定价：CNY148.00，CNY198.00（盒装）
（个人理财收藏鉴赏系列）

J004744
清代民窑瓷器 铁源主编
北京 中华工商联合出版社 1999 年 156 页
21cm（32开）ISBN：7-80100-610-0
定价：CNY39.80
（老古董丛书）

　　本书由中华工商联合出版社和华龄出版社
联合出版。

J004745
清代青花瓷器 铁源主编

北京 华龄出版社 1999 年 156 页 20cm（32 开）
ISBN：7-80082-449-7 定价：CNY39.80
（老古董丛书）

　　本书对顺治、康熙、雍正、乾隆、嘉庆、道
光、咸丰、同治、光绪、宣统年间的青花瓷器的
花色及特征进行了分析鉴赏，并分别介绍了它们
的拍卖价格。

J004746
趣味陶瓷　　田村著
香港 商务印书馆（香港）1999 年 160 页 有照片
13cm（64 开）ISBN：962-07-5244-9

J004747
群玉别藏续集　　（1999）邓淑苹著；柯瑞廷英
文翻译
台北 台北故宫博物院 1999 年 372 页 31cm（10 开）
精装 ISBN：957-562-362-2 定价：TWD3200.00
　　外文书名：1999 Collectors' Exhibition of
Archaic Chinese Jades.

J004748
宋元瓷器目录　　华光普主编
北京 中国民族摄影艺术出版社 1999 年 204 页
21cm（32 开）ISBN：7-80069-269-8
定价：CNY48.00

J004749
陶瓷述古　　霍华著
上海 上海文化出版社 1999 年 249 页 有图
20cm（32 开）ISBN：7-80511-975-9
定价：CNY18.00
（中国民间收藏精编丛书 第二辑）

J004750
五彩·斗彩　　王莉英主编
上海 上海科学技术出版社 1999 年 28+292 页
29cm（16 开）精装 ISBN：7-5323-5194-7
定价：CNY320.00
（故宫博物院藏文物珍品大系）
　　本书由上海科学技术出版社和商务印书馆
（香港）联合出版。

J004751
颜色釉　　杨静荣主编；赵山，刘志岗摄影

香港 商务印书馆（香港）1999 年 283 页
29cm（16 开）精装 ISBN：962-07-5230-9
（故宫博物院藏文物珍品全集 37）
　　外文书名：Monochrome Porcelain.

J004752
颜色釉　　杨静荣主编
上海 上海科学技术出版社 1999 年 27+283 页
29cm（16 开）精装 ISBN：7-5323-5197-1
定价：CNY320.00
（故宫博物院藏文物珍品大系）
　　本书由上海科学技术出版社和商务印书馆
（香港）联合出版。

J004753
玉饰　　向元芬［著］
武汉 湖北人民出版社 1999 年 234 页 有图
19cm（小 32 开）ISBN：7-216-02615-2
定价：CNY12.40
（小小珍玩）

J004754
元瓷奇珍与古玉瑰宝　　熊寥，熊微编著
杭州 中国美术学院出版社 1999 年 208 页
28cm（大 16 开）ISBN：7-81019-639-1
定价：CNY318.00
　　本书分古玉瑰宝、元瓷奇珍两大部分，以
图录的形式对 160 种古器和元代瓷器的形状、
年代以及其他方面进行简要地介绍。作者熊寥
（1943—　　），著名陶瓷学家、教授。江西景德镇
人。中国美术学院教授。撰有《中国陶瓷美术
史》《欧洲瓷器史》等。作者熊微（1975—　　），
教授。南京艺术学院美术史论硕士研究生。参
撰有《古陶瓷文献集成注释》《中国历代青花画
典》等。

J004755
长沙窑珍品新考　　李效伟著；松岩摄影；吴镝
等译
长沙 湖南科学技术出版社 1999 年 225 页 光盘
1 片 25×26cm 精装 ISBN：7-5357-2785-9
定价：CNY380.00，USD100.00
　　作者李效伟（1952—　　），研究员。生于辽宁，
湖南省社科院研究员，中国冶金报主任记者，中
国古陶瓷研究会会员，湖南省收藏协会常务理

事，主编《火红的事业》《湖南冶金七五年鉴》等。

J004756

织绣　胡卫民编撰；汪清，季倩翻译；郭群等摄影

上海　上海古籍出版社 1999 年 52 页 26cm（16 开）

ISBN：7-5325-2565-1 定价：CNY50.00

（南京博物院珍藏系列）

J004757

中国古瓷引鉴　张安鸽编著

北京　地质出版社 1999 年 187 页 有图 20cm（32 开）

ISBN：7-116-02548-0 定价：CNY36.00

（文物鉴赏系列丛书）

　　作者张安鸽（1951—　），女，生于天津，国家文物出境鉴定天津站责任鉴定员、副研究馆员。

J004758

中国古代漆器造型纹饰　陈振裕主编；胡志华绘图

武汉　湖北美术出版社 1999 年 14+378 页

25×26cm ISBN：7-5394-0851-0 定价：CNY55.00

J004759

中国古代陶器　张旭著

北京　地质出版社 1999 年 110 页 有彩图

20cm（32 开）ISBN：7-116-02547-2

定价：CNY15.00

（文物鉴赏系列丛书）

J004760

中国古代颜色釉瓷器　吕成龙著

北京　紫禁城出版社 1999 年 177 页 有彩照

20cm（32 开）ISBN：7-80047-296-5

定价：CNY20.00

　　本书系统介绍了中国古代颜色釉瓷器的发展历史、成色机理、原料配方以及鉴定欣赏的基本知识。

J004761

中国古代玉器目录　谈雪慧等编著

海口　南方出版社 1999 年 220 页 21cm（32 开）

ISBN：7-80609-809-7 定价：CNY49.00

J004762

中国古代玉器图谱　常素霞编著

石家庄　河北美术出版社 1999 年 338 页

26cm（16 开）ISBN：7-5310-1117-4

定价：CNY45.00

J004763

中国民间青花瓷　路菁，关宝琮［著］

沈阳　辽宁画报出版社 1999 年 316 页 有图

28cm（大 16 开）精装 ISBN：7-80601-312-1

定价：CNY380.00

　　本书阐述了青花瓷的起源及发展、民窑与官窑的相互影响、民窑青花主要产区、民窑青花时代特征、民窑青花瓷画艺术以及青花瓷的对外输出及中外技术交流等内容。

J004764

中国明代瓷器图录　景戎华，帅茨平编著

北京　中国商业出版社 1999 年 213 页 21cm（32 开）

ISBN：7-5044-3716-6 定价：CNY50.00

J004765

中国青花瓷　马希桂著

上海　上海古籍出版社 1999 年 298 页 有图

26cm（16 开）精装 ISBN：7-5325-2663-1

定价：CNY148.00

J004766

中国青铜图典　顾望，谢海元编著

杭州　浙江摄影出版社 1999 年 845 页 26cm（16 开）

精装 ISBN：7-80536-640-3 定价：CNY238.00

J004767

中国清代瓷器图录　景戎华，帅茨平编著

北京　中国商业出版社 1999 年 221 页 20cm（32 开）

ISBN：7-5044-3920-7 定价：CNY50.00

　　本书对清代瓷器的器形、纹饰图案、釉色等方面作了介绍，还列出拍卖参考价格。

J004768

中国宋元瓷器图录　景戎华，帅茨平编著

北京　中国商业出版社 1999 年 213 页 21cm（32 开）

ISBN：7-5044-3905-3 定价：CNY50.00

J004769
中国陶瓷全集（8 宋 下）李辉柄卷主编；中国
陶瓷全集编辑委员会编
上海 上海人民美术出版社 1999 年 310 页
29cm（15 开）精装 ISBN：7-5322-2197-0
定价：CNY350.00
（中国美术分类全集）
　　本册收录了各地文物单位收藏的宋代南方
地区陶瓷精品 220 件，体现了这一时期陶瓷艺术
的时代风格和特点。

J004770
中国铜器杂项目录　谈雪慧等编著
海口 南方出版社 1999 年 217 页 21cm（32 开）
ISBN：7-80609-823-2 定价：CNY49.00

J004771
中华国宝百科大典　《中华国宝百科大典》编
委会编
北京 九州图书出版社 1999 年
4 册（51+2405 页）有照片 29cm（16 开）精装
ISBN：7-80114-385-X 定价：CNY1998.00

民间艺术、宗教艺术与现代边缘艺术等

J004772

画罗汉颂　（一卷）（清）廖燕撰
［清］稿本
（昭代丛书）

J004773

画罗汉颂　（一卷）（清）廖燕撰
吴江沈氏世楷堂　清道光　刻本
（昭代丛书）

J004774

画罗汉颂　（一卷）（清）廖燕撰
吴江沈氏世楷堂　清末　刻本　重印　线装
（昭代丛书）

　　九行二十字白口左右双边单鱼尾。收于《昭代丛书》续编戊集中。

J004775

画罗汉颂　（一卷）（清）廖燕撰
吴江沈氏世楷堂　清光绪　刻本　重印　线装
（昭代丛书）

　　九行二十字小字双行同白口左右双边单鱼尾。收于《昭代丛书》戊集中。

J004776

画罗汉颂　（一卷）（清）廖燕撰
吴江沈廷镛　民国八年［1919］重修本　线装
（昭代丛书）

　　清道光吴江沈氏世楷堂刻民国八年吴江沈廷镛重修本。收于《昭代丛书》戊集续编中。

J004777

中国佛教美术史讲义　戴蕃豫著
华北居士林［1912年］128+21页［19cm］（32开）

　　本书分11节，叙述中国佛教美术的起源及自东汉至宋元各朝代的建筑、绘画、雕刻、佛寺的发展。

J004778

佛像概说　（日）小野玄妙著；高观如译
上海　佛学书局　1931年　66页　17cm（21开）
定价：大洋六分
（佛学小丛书）

J004779

佛教美术史印度篇　（初稿）戴蕃豫著
北平　华北居士林佛画研究会　1943年　374页
19cm（32开）

　　本书内容包括：绪论、前印度、后印度、东印度4部分，分章叙述了各王朝的源起及其建筑、绘画、雕刻的发展。

J004780

佛教美术史中国篇　戴蕃豫著
中国佛教学院［1943年］301页　19cm（32开）

　　本书叙述了自东汉至清各时代的佛教美术史。

J004781

民间艺术和艺人　周扬，萧三，艾青等著
张家口　新华书店晋察冀分店　1946年　101页
20cm（32开）

J004782

民间艺术和艺人　周扬等著
佳木斯 东北书店 1946 年 92 页 21cm（32 开）
（民间文艺丛书）

J004783

民间艺术和艺人　周扬等著
佳木斯 东北书店 1948 年 92 页 20cm（32 开）
（民间文艺丛书）

J004784

冀鲁豫区的民间艺术工作　李春兰著
［1947 年］60 页 18cm（15 开）

J004785

文艺宗教论集　朱维之著
上海 青年协会书局 1951 年 230 页 22cm（16 开）
定价：旧币 8,000 元
（青年丛书 第三集 45）

J004786

**松江省第一届民间戏曲、音乐、舞蹈观摩
演出大会会刊**　松江省人民政府文化局编
牡丹江 松江省人民政府文化局 1954 年 37 页
有图 26cm（16 开）

J004787

西藏佛教艺术　刘艺斯编
北京 文物出版社 1957 年 81 页 26cm（16 开）
统一书号：7068.14 定价：CNY3.30

J004788

太平天国壁画　（画册）南京太平天国纪念
馆编
南京 江苏人民出版社 1959 年
［88cm］（2 开）精装 统一书号：11100.95
定价：CNY120.00（甲），CNY110.00（乙）
　　本书收录太平天国王府和驻屯地的壁画 12
幅，来自南京、苏州、绩溪、绍兴等地。

J004789

农村俱乐部　（第 1 集）广东人民出版社编
广州 广东人民出版社 1963 年 108 页 19cm（32 开）
ISBN：T10111.614 定价：CNY0.18

J004790

农村俱乐部　（第 2 集）广东人民出版社编
广州 广东人民出版社 1964 年 112 页 19cm（32 开）
统一书号：T10111.619 定价：CNY0.18

J004791

农村俱乐部　（第 3 集）广东人民出版社编
广州 广东人民出版社 1964 年 126 页 19cm（32 开）
统一书号：T10111.627 定价：CNY0.18

J004792

农村俱乐部　（第 4 集）广东人民出版社编
广州 广东人民出版社 1964 年 128 页 19cm（32 开）
统一书号：T10111.646 定价：CNY0.20

J004793

农村俱乐部　（第 5 集）广东人民出版社编
广州 广东人民出版社 1964 年 125 页 19cm（32 开）
统一书号：T10111.657 定价：CNY0.20

J004794

农村俱乐部　（第 6 集）广东人民出版社编
广州 广东人民出版社 1964 年 125 页 19cm（32 开）
统一书号：T10111.669 定价：CNY0.18

J004795

农村俱乐部　（第 7 集）广东人民出版社编
广州 广东人民出版社 1964 年 115 页 19cm（32 开）
定价：CNY0.20

J004796

农村俱乐部　（第 8 集）广东人民出版社编
广州 广东人民出版社 1964 年 142 页 19cm（32 开）
统一书号：T10111.689 定价：CNY0.22

J004797

农村俱乐部　（第 1 期）广西僮族自治区人民
出版社编
南宁 广西僮族自治区人民出版社 1964 年
98 页 有图及乐谱 15cm（40 开）
ISBN：T10113.298 定价：CNY0.15

J004798

农村俱乐部　（第 2 期）广西僮族自治区人民
出版社编

南宁 广西僮族自治区人民出版社 1964 年
98 页 有图及乐谱 15cm（40 开）定价：CNY0.15

J004799

农村俱乐部 （第 3 期）广西僮族自治区人民
出版社编
南宁 广西僮族自治区人民出版社 1964 年
98 页 有图及乐谱 15cm（40 开）定价：CNY0.15

J004800

农村俱乐部 （第 4 期）广西僮族自治区人民
出版社编
南宁 广西僮族自治区人民出版社 1964 年
98 页 有图及乐谱 15cm（40 开）定价：CNY0.15

J004801

农村俱乐部 （第 5 期）广西僮族自治区人民
出版社编
南宁 广西僮族自治区人民出版社 1964 年
98 页 有图及乐谱 15cm（40 开）定价：CNY0.15

J004802

农村俱乐部 （第 6 期）广西僮族自治区人民
出版社编
南宁 广西僮族自治区人民出版社 1964 年
98 页 有图及乐谱 15cm（40 开）定价：CNY0.15

J004803

农村俱乐部 （第 7 期）广西僮族自治区人民
出版社编
南宁 广西僮族自治区人民出版社 1964 年
98 页 有图及乐谱 15cm（40 开）定价：CNY0.15

J004804

农村俱乐部 （第 8 期）广西僮族自治区人民
出版社编
南宁 广西僮族自治区人民出版社 1964 年
98 页 有图及乐谱 15cm（40 开）定价：CNY0.15

J004805

农村俱乐部 （1）江西人民出版社编
南昌 江西人民出版社 1964 年 80 页 19cm（32 开）
统一书号：8110.384 定价：CNY0.15

J004806

农村俱乐部 （2）江西人民出版社编
南昌 江西人民出版社 1964 年 80 页 19cm（32 开）
统一书号：8110.387 定价：CNY0.15

J004807

农村俱乐部 （3）江西人民出版社编
南昌 江西人民出版社 1964 年 80 页 19cm（32 开）
统一书号：8110.392 定价：CNY0.15

J004808

农村俱乐部 （4）江西人民出版社编
南昌 江西人民出版社 1964 年 80 页 19cm（32 开）
统一书号：8110.397 定价：CNY0.15

J004809

农村俱乐部 （5）江西人民出版社编
南昌 江西人民出版社 1965 年 80 页 19cm（32 开）
统一书号：8110.403 定价：CNY0.15

J004810

农村俱乐部 （6）江西人民出版社编辑
南昌 江西人民出版社 1965 年 80 页 19cm（32 开）
统一书号：8110.408 定价：CNY0.15

J004811

农村俱乐部 （7）江西人民出版社编
南昌 江西人民出版社 1965 年 78 页 19cm（32 开）
统一书号：8110.420 定价：CNY0.15

J004812

农村俱乐部 （8）江西人民出版社编
南昌 江西人民出版社 1965 年 78 页 19cm（32 开）
统一书号：8110.440 定价：CNY0.12

J004813

农村俱乐部 （9）江西人民出版社编
南昌 江西人民出版社 1965 年 78 页 19cm（32 开）
定价：CNY0.12

J004814

农村俱乐部 （10）江西人民出版社编辑
南昌 江西人民出版社 1966 年 80 页 19cm（32 开）
定价：CNY0.12

J004815

农村俱乐部 （1）福建人民出版社编

福州 福建人民出版社 1965 年 147 页 15cm（50 开）

统一书号：T10104.314 定价：CNY0.20

J004816

农村俱乐部 （2）福建人民出版社编

福州 福建人民出版社 1965 年 98 页 15cm（50 开）

统一书号：T10104.316 定价：CNY0.15

J004817

农村俱乐部 （3）福建人民出版社编

福州 福建人民出版社 1965 年 136 页 15cm（50 开）

统一书号：T10104.317 定价：CNY0.19

J004818

农村俱乐部 （4）福建人民出版社编

福州 福建人民出版社 1965 年 166 页 15cm（50 开）

统一书号：T10104.329 定价：CNY0.23

J004819

农村俱乐部 （5）福建人民出版社编

福州 福建人民出版社 1965 年 164 页 15cm（50 开）

统一书号：T10104.359 定价：CNY0.23

J004820

农村俱乐部 （6）福建人民出版社编

福州 福建人民出版社 1965 年 150 页 15cm（50 开）

统一书号：T10104.360 定价：CNY0.20

J004821

农村俱乐部 （7）福建人民出版社编

福州 福建人民出版社 1965 年 136 页 15cm（50 开）

统一书号：T10104.361 定价：CNY0.19

J004822

农村俱乐部 （第 1 辑）云南人民出版社编

昆明 云南人民出版社 1965 年 98 页 15cm（50 开）

统一书号：T10116.457 定价：CNY0.15

J004823

农村俱乐部 （第 2 辑）云南人民出版社编

昆明 云南人民出版社 1965 年 98 页 15cm（50 开）

统一书号：T10116.458 定价：CNY0.15

J004824

农村俱乐部 （第 3 辑）云南人民出版社编

昆明 云南人民出版社 1965 年 94 页 15cm（50 开）

统一书号：T10116.459 定价：CNY0.15

J004825

农村俱乐部 （第 4 辑）云南人民出版社编

昆明 云南人民出版社 1965 年 280 页 15cm（50 开）

统一书号：T10116.481 定价：CNY0.40

J004826

农村俱乐部 （第 5 辑）云南人民出版社编

昆明 云南人民出版社 1965 年 102 页 15cm（50 开）

统一书号：T10116.482 定价：CNY0.15

J004827

农村俱乐部 （第 6 辑）云南人民出版社编

昆明 云南人民出版社 1966 年 104 页 15cm（50 开）

统一书号：T10116.498 定价：CNY0.15

J004828

清代匠作则例汇编 （佛作、门神作）王世襄
校辑

王世襄［自刊］1963 年 油印本 26cm（16 开）

作者王世襄（1914—2009），收藏家、文物鉴
赏家、学者。字畅安，生于北京，祖籍福建福州。
曾任中国营造学社助理研究员，文物博物馆研究
所、文物保护科学技术研究所副研究员，文化部
文物局中国文物研究所研究员。代表作品有《竹
刻鉴赏》《髹饰录解说》《明式家具珍赏》等。

J004829

小舞台 （第 1 期 1963 年）上海文艺出版社
编辑

上海 上海文艺出版社 1963 年 100 页 15cm（64 开）

定价：CNY0.17

（文娱材料丛刊）

本书是中国现代民间艺术、群众文化、各
种文娱活动材料丛刊。本册收录说唱《伟大的
号召》、唱词《美国佬，你的算盘打错了！》、弹
词开篇《幸福跟随勤劳人》、滑稽戏《我想的不是
你》等。

J004830

小舞台 （第 2 期 1963 年）上海文艺出版社

编辑
上海 上海文艺出版社 1963 年［80 页］
15cm（64 开）定价：CNY0.17
（文娱材料丛刊）

J004831
小舞台 （第 3 期 1963 年）上海文艺出版社
编辑
上海 上海文艺出版社 1963 年 80 页 15cm（64 开）
定价：CNY0.17
（文娱材料丛刊）

J004832
小舞台 （第 4 期 1963 年）上海文艺出版社
编辑
上海 上海文艺出版社 1963 年 76 页 15cm（64 开）
定价：CNY0.15
（文娱材料丛刊）

J004833
小舞台 （第 5 期 1963 年）上海文艺出版社
编辑
上海 上海文艺出版社 1963 年 80 页 15cm（64 开）
定价：CNY0.15
（文娱材料丛刊）

J004834
小舞台 （第 6 期 1963 年）上海文艺出版社
编辑
上海 上海文艺出版社 1963 年 100 页 15cm（64 开）
定价：CNY0.17
（文娱材料丛刊）

J004835
小舞台 （第 7 期 1964 年）上海文化出版社
编辑
上海 上海文化出版社 1964 年 15cm（64 开）
定价：CNY0.15
（文娱材料丛刊）

J004836
小舞台 （第 8 期 1964 年）上海文化出版社
编辑
上海 上海文化出版社 1964 年 15cm（64 开）
定价：CNY0.15

（文娱材料丛刊）

J004837
小舞台 （第 9 期 1964 年）上海文化出版社
编辑
上海 上海文化出版社 1964 年 15cm（64 开）
定价：CNY0.15
（文娱材料丛刊）

J004838
小舞台 （第 10 期 1964 年）上海文化出版社
编辑
上海 上海文化出版社 1964 年 15cm（64 开）
定价：CNY0.15
（文娱材料丛刊）

J004839
小舞台 （第 11 期 1964 年）上海文化出版社
编辑
上海 上海文化出版社 1964 年 15cm（64 开）
定价：CNY0.15
（文娱材料丛刊）

J004840
小舞台 （第 12 期 1964 年）上海文化出版社
编辑
上海 上海文化出版社 1964 年 15cm（64 开）
定价：CNY0.15
（文娱材料丛刊）

J004841
小舞台 （第 13 期 1964 年）上海文化出版社
编辑
上海 上海文化出版社 1964 年 15cm（64 开）
定价：CNY0.13
（文娱材料丛刊）

J004842
小舞台 （第 14 期 1964 年）上海文化出版社
编辑
上海 上海文化出版社 1964 年 15cm（64 开）
定价：CNY0.13
（文娱材料丛刊）

J004843
小舞台 （第 15 期 1964 年）上海文化出版社编辑
上海 上海文化出版社 1964 年 15cm（64 开）
定价：CNY0.13
（文娱材料丛刊）

J004844
小舞台 （第 16 期 1964 年）上海文化出版社编辑
上海 上海文化出版社 1964 年 15cm（64 开）
定价：CNY0.13
（文娱材料丛刊）

J004845
小舞台 （第 17 期 1965 年）上海文化出版社编
上海 上海文化出版社 1965 年 15cm（64 开）
定价：CNY0.13
（文娱材料丛刊）

J004846
小舞台 （第 18 期 1965 年）上海文化出版社编
上海 上海文化出版社 1965 年 15cm（64 开）
定价：CNY0.16
（文娱材料丛刊）

J004847
小舞台 （第 19 期 1965 年）上海文化出版社编
上海 上海文化出版社 1965 年 15cm（64 开）
定价：CNY0.13
（文娱材料丛刊）

J004848
小舞台 （第 20 期 1965 年）上海文化出版社编
上海 上海文化出版社 1965 年 15cm（64 开）
定价：CNY0.10
（文娱材料丛刊）

J004849
小舞台 （第 21 期 1965 年）上海文化出版社编
上海 上海文化出版社 1965 年 15cm（64 开）
定价：CNY0.10
（文娱材料丛刊）

J004850
小舞台 （第 22 期 1965 年）上海文化出版社编
上海 上海文化出版社 1965 年 15cm（64 开）
定价：CNY0.10
（文娱材料丛刊）

J004851
小舞台 （第 23 期 1965 年）上海文化出版社编
上海 上海文化出版社 1965 年 15cm（64 开）
定价：CNY0.20
（文娱材料丛刊）

J004852
小舞台 （第 24 期 1965 年）上海文化出版社编
上海 上海文化出版社 1965 年 15cm（64 开）
定价：CNY0.10
（文娱材料丛刊）

J004853
小舞台 （第 25 期 1965 年）上海文化出版社编
上海 上海文化出版社 1965 年 15cm（64 开）
定价：CNY0.10
（文娱材料丛刊）

J004854
小舞台 （第 26 期 1965 年）上海文化出版社编
上海 上海文化出版社 1965 年 15cm（64 开）
定价：CNY0.20
（文娱材料丛刊）

J004855
小舞台 （第 27 期 1966 年）上海文化出版社编辑
上海 上海文化出版社 1966 年 15cm（64 开）
统一书号：10077.1243 定价：CNY0.15
（文娱材料丛刊）

J004856
工人演唱 （第 1 期）上海文化出版社编
上海 上海文化出版社 1964 年 70 页
19cm（小 32 开）统一书号：10077.975
定价：CNY0.16

J004857
工人演唱 （第 2 期）上海文化出版社编

上海 上海文化出版社 1964 年 64 页
19cm（小 32 开）统一书号：10077.1086
定价：CNY0.15

J004858
工人演唱 （第 3 期）上海文化出版社编
上海 上海文化出版社 1965 年 75 页
19cm（小 32 开）统一书号：1077.1118
定价：CNY0.17

J004859
工人演唱 （第 4 期）上海文化出版社编
上海 上海文化出版社 1965 年 104 页
19cm（小 32 开）统一书号：10077.1152
定价：CNY0.22

J004860
工人演唱 （第 5 期）上海文化出版社编
上海 上海文化出版社 1965 年 90 页
19cm（小 32 开）统一书号：10077.1189
定价：CNY0.20

J004861
工人演唱 （第 6 期）上海文化出版社编
上海 上海文化出版社 1965 年 145 页
19cm（小 32 开）统一书号：10077.1224
定价：CNY0.30

J004862
俱乐部 （1）中国青年出版社编辑
北京 中国青年出版社 1964 年
19cm（小 32 开）定价：CNY0.37

J004863
俱乐部 （2 故事会专辑）中国青年出版社编辑
北京 中国青年出版社 1964 年
19cm（小 32 开）定价：CNY0.32

J004864
俱乐部 （3）中国青年出版社编
北京 中国青年出版社 1965 年 19cm（小 32 开）
定价：CNY0.32

J004865
农村小晚会 （1）农村读物出版社编选

北京 农村读物出版社 1964 年
19cm（小 32 开）定价：CNY0.25

J004866
农村小晚会 （2）农村读物出版社编选
北京 农村读物出版社 1964 年
19cm（小 32 开）定价：CNY0.26

J004867
农村小晚会 （3）农村读物出版社编选
北京 农村读物出版社 1964 年
19cm（小 32 开）定价：CNY0.25

J004868
农村小晚会 （4）农村读物出版社编选
北京 农村读物出版社 1964 年
19cm（小 32 开）定价：CNY0.25

J004869
农村小晚会 （5）农村读物出版社编选
北京 农村读物出版社 1964 年
19cm（小 32 开）定价：CNY0.25

J004870
农村小晚会 （6）农村读物出版社编选
北京 农村读物出版社 1964 年
19cm（小 32 开）定价：CNY0.26

J004871
农村演唱 （第 1 集）春风文艺出版社编辑
沈阳 春风文艺出版社 1964 年 70 页 有图，曲
谱 19cm（小 32 开）统一书号：T10158.398
定价：CNY0.18

J004872
农村演唱 （第 2 集）春风文艺出版社编辑
沈阳 春风文艺出版社 1964 年 84 页
19cm（小 32 开）统一书号：T10158.401
定价：CNY0.20

J004873
农村演唱 （第 3 集）春风文艺出版社编辑
沈阳 春风文艺出版社 1964 年 92 页
19cm（小 32 开）统一书号：T10158.408
定价：CNY0.22

J004874
农村演唱 （第 4 集）春风文艺出版社编辑
沈阳 春风文艺出版社 1964 年 68 页
19cm（小 32 开）统一书号：T10158.414
定价：CNY0.17

J004875
农村演唱 （第 5 集）春风文艺出版社编辑
沈阳 春风文艺出版社 1964 年
19cm（小 32 开）定价：CNY0.13

J004876
农村演唱 （第 6 集）春风文艺出版社编
沈阳 春风文艺出版社 1965 年 36 页
19cm（小 32 开）统一书号：T10158.438
定价：CNY0.09

J004877
农村演唱 （第 7 集）春风文艺出版社编
沈阳 春风文艺出版社 1965 年 32 页
19cm（小 32 开）统一书号：T10158.460
定价：CNY0.09

J004878
农村演唱 （第 8 集）春风文艺出版社编
沈阳 春风文艺出版社 1965 年 32 页
19cm（小 32 开）统一书号：T10158.473
定价：CNY0.09

J004879
农村演唱 （第 9 集）春风文艺出版社编
沈阳 春风文艺出版社 1965 年 33 页
19cm（小 32 开）统一书号：T10158.484
定价：CNY0.09

J004880
农村演唱 （第 10 集）春风文艺出版社编
沈阳 春风文艺出版社 1965 年 37 页
19cm（小 32 开）统一书号：T10158.482
定价：CNY0.09

J004881
农村演唱 （第 11 集）春风文艺出版社编
沈阳 春风文艺出版社 1965 年 32 页
19cm（小 32 开）统一书号：T10158.498

定价：CNY0.09

J004882
社员俱乐部 （1）吉林人民出版社编辑
长春 吉林人民出版社 1964 年
19cm（小 32 开）定价：CNY0.29

J004883
社员俱乐部 （2）吉林人民出版社编辑
长春 吉林人民出版社 1964 年
19cm（小 32 开）定价：CNY0.20

J004884
社员俱乐部 （3）吉林人民出版社编辑
长春 吉林人民出版社 1964 年
19cm（小 32 开）定价：CNY0.17

J004885
社员俱乐部 （4）吉林人民出版社编辑
长春 吉林人民出版社 1964 年
19cm（小 32 开）定价：CNY0.18

J004886
乘凉晚会 （1）江苏人民出版社编
南京 江苏人民出版社 1965 年 10cm（64 开）
定价：CNY0.13

J004887
乘凉晚会 （2）江苏人民出版社编
南京 江苏人民出版社 1965 年 10cm（64 开）
定价：CNY0.15

J004888
金色的太阳 《农村文化室》编辑委员会编
南宁 广西壮族自治区人民出版社 1965 年
33 页 19cm（小 32 开）统一书号：T10113.330
定价：CNY0.10
（农村文化室丛书 第 1 集）

J004889
农村说唱 （1）农村读物出版社编
北京 农村读物出版社 1965 年
19cm（小 32 开）定价：CNY0.24

J004890
农村说唱 （2）农村读物出版社编
北京 农村读物出版社 1965 年
19cm（小 32 开）定价：CNY0.27

J004891
农村文化室 （第 1 集）广东人民出版社编
广州 广东人民出版社 1965 年 20cm（32 开）
定价：CNY0.16

J004892
农村文化室 （第 2 集）广东人民出版社编
广州 广东人民出版社 1965 年 20cm（32 开）
定价：CNY0.16

J004893
农村文娱晚会 音乐出版社编辑部编
北京 音乐出版社 1965 年 19cm（小 32 开）
定价：CNY0.24

J004894
农村小演唱 （第 1 本）山东人民出版社编
济南 山东人民出版社 1965 年 105 页 19cm（32 开）
统一书号：T10099.986 定价：CNY0.24

J004895
农村小演唱 （第 2 本）山东人民出版社编
济南 山东人民出版社 1965 年 79 页 19cm（32 开）
统一书号：T10099.987 定价：CNY0.19

J004896
农村小演唱 （第 3 本）山东人民出版社编
济南 山东人民出版社 1965 年 88 页 19cm（32 开）
统一书号：T10099.988 定价：CNY0.22

J004897
万象更新 《农村文化室》编辑委员会编
南宁 广西壮族自治区人民出版社 1965 年
19cm（小 32 开）定价：CNY0.09
（农村文化室丛书 第 3 集）

J004898
文化园地 （4）中国青年出版社编
北京 中国青年出版社 1965 年
19cm（小 32 开）定价：CNY0.20

J004899
小晚会 （第 1 本）甘肃人民出版社编
兰州 甘肃人民出版社 1965 年 81 页 15cm（64 开）
统一书号：T10096.124 定价：CNY0.13

J004900
小晚会 （第 2 本）甘肃人民出版社编
兰州 甘肃人民出版社 1965 年 97 页 15cm（64 开）
统一书号：T10096.142 定价：CNY0.15

J004901
演唱 （1）
合肥 安徽人民出版社 1965 年 19cm（32 开）
定价：CNY0.21

J004902
演唱 （2）
合肥 安徽人民出版社 1965 年 19cm（32 开）
定价：CNY0.27

J004903
演唱 （3）
合肥 安徽人民出版社 1965 年 80 页
19cm（32 开）定价：CNY0.21

J004904
演唱 （4）
合肥 安徽人民出版社 1965 年 19cm（32 开）
定价：CNY0.21

J004905
演唱 （5）
合肥 安徽人民出版社 1965 年 19cm（32 开）
定价：CNY0.18

J004906
演唱 （6）
合肥 安徽人民出版社 1965 年 19cm（32 开）
定价：CNY0.18

J004907
演唱 （7）
合肥 安徽人民出版社 1965 年 19cm（32 开）
定价：CNY0.18

J004908

演唱会 （第1本）《演唱会》编委会编
乌鲁木齐 新疆人民出版社 1965年
19cm（小32开）定价：CNY0.22

J004909

演唱会 （第3本）《演唱会》编委会编
乌鲁木齐 新疆人民出版社 1965年
19cm（小32开）定价：CNY0.22

J004910

一匹马的故事 《农村文化室》编辑委员会编
南宁 广西壮族自治区人民出版社 1965年
19cm（小32开）定价：CNY0.10
（农村文化室丛书 第2集）

J004911

怎样讲革命故事 毛学镛编
上海 上海文化出版社 1965年
19cm（小32开）定价：CNY0.12
（工农通俗文库）

J004912

佛经变相美术创作之研究 陈清香撰
台北 中华丛刊编审委员会 1977年 122页
有图18cm（15开）定价：TWD30.00
（中华丛书 历史博物馆历史文物丛刊 第2辑）
　　外文书名：A study on the illustrations from
the buddhist sutras.

J004913

台湾民间艺术 施翠峰著
台中 1977年 132页 有图
21cm（32开）
（民族文化丛书 13）

J004914

现代佛教学术丛刊 （20 佛教艺术论集）张
曼涛主编
台北 大乘文化出版社 1978年 392页 有图
21cm（32开）精装 定价：TWD36000.00（全
100册），USD1000.00（全100册）
　　本书所选辑的佛教论文，限于中国地区。有
《中国佛教艺术溯源》《山西石佛考查记》《佛教
艺术之起源》《麦积山的佛教艺术》《佛教雕刻与

洞窟艺术》《龙门石窟之佛教雕刻》《北京香山碧
云寺的雕塑》《云刚石刻艺术》《南朝的佛本行故
事雕刻》《佛本生图形式的演变》《西安出土隋唐
泥佛像通考》《历代佛像之演变及断代研究》《四
川佛教摩崖造像的艺术价值及其现况》《晚唐贯
休绘十六罗汉应真像石刻述证》等。

J004915

中国佛教艺术 历史博物馆编纂
台北 历史博物馆 1978年

J004916

满蒙喇嘛教美术图版 （日）逸见梅荣，（日）
仲野半四郎著
台北 新文丰出版股份有限公司社 1979年
125页38cm（8开）

J004917

佛教的文化思想与艺术 褚柏思著
台北 新文丰出版公司 1981年 264+3页
19cm（32开）定价：
（佛林丛书 10）

J004918

台湾神像艺术 刘文三著
台北 艺术家出版社 1981年 238页 有图
21cm（32开）定价：TWD150.00
（艺术家丛刊 18）
　　外文书名：The God Statues of Taiwan.

J004919

台湾神像艺术 刘文三著
台北 艺术家出版社 1992年 238页 有图
21cm（32开）定价：TWD150.00
（艺术家丛刊 18）
　　外文书名：The God Statues of Taiwan.

J004920

台湾宗教艺术 刘文三著
台北 雄狮图书公司 1978年 200页 有图
21cm（32开）

J004921

台湾宗教艺术 刘文三著
台北 雄狮图书公司 1983年 6版 200页 有图

21cm（32 开）定价：TWD140.00，TWD170.00
（精装）

外文书名：Religious Art in Taiwan.

J004922
台湾宗教艺术　刘文三著
台北 雄狮图书公司 1990 年 7 版 200 页 有图
21cm（32 开）ISBN：927-9420-43-2
定价：TWD180.00
（雄狮丛书 2 002）

外文书名：Religious Art in Taiwan.

J004923
中国宗教艺术大观　（1）吕石明等编辑
台北 自然科学文化事业公司 1981 年 再版
有图 26cm（16 开）精装 定价：TWD700.00

J004924
中国宗教艺术大观　（2）吕石明等编辑
台北 自然科学文化事业公司 1981 年 再版
有图 26cm（16 开）精装 定价：TWD700.00

J004925
中国宗教艺术大观　（3）吕石明等编辑
台北 自然科学文化事业公司 1981 年 再版
有图 26cm（16 开）精装 定价：TWD700.00

J004926
中国宗教艺术大观　（4）吕石明等编辑
台北 自然科学文化事业公司 1981 年 再版
有图 26cm（16 开）精装 定价：TWD700.00

J004927
中国宗教艺术大观　（5）吕石明等编辑
台北 自然科学文化事业公司 1981 年 再版
有图 26cm（16 开）精装 定价：TWD700.00

J004928
中国宗教艺术大观　（1）吕石明等编辑
台北 文旺图书出版事业公司 1986 年 有图
26cm（16 开）精装 定价：TWD700.00

J004929
中国宗教艺术大观　（2）吕石明等编辑
台北 文旺图书出版事业公司 1986 年 有图

26cm（16 开）精装 定价：TWD700.00

J004930
中国宗教艺术大观　（3）吕石明等编辑
台北 文旺图书出版事业公司 1986 年 有图
26cm（16 开）精装 定价：TWD700.00

J004931
中国宗教艺术大观　（4）吕石明等编辑
台北 文旺图书出版事业公司 1986 年 有图
26cm（16 开）精装 定价：TWD700.00

J004932
中国宗教艺术大观　（5）吕石明等编辑
台北 文旺图书出版事业公司 1986 年 有图
26cm（16 开）精装 定价：TWD700.00

J004933
白马寺罗汉　（摄影明信片辑 汉英文对照）白
马寺汉魏故城文化保管所编
北京 文物出版社 [1982 年] 18 张
19cm（32 开）定价：CNY0.20

J004934
佛像雕刻入门　（心与造型之结合）（释）圆
生著
台北 武陵出版社 1982 年 111 页 有图
26cm（16 开）定价：TWD300.00
（美术丛书）

J004935
佛像雕刻入门　（心与造型之结合）（释）圆
生著
台北 武陵出版公司 1991 年 2 版 111 页 有图
26cm（16 开）ISBN：957-35-0349-2
定价：TWD300.00
（美术陶艺丛书 9）

J004936
佛像雕刻入门　东方德译
台南 信宏出版社 1993 年 195 页 有图 21cm（32开）
ISBN：957-538-333-8 定价：TWD150.00
（美术 87）

J004937
佛像之美 庄伯和著
台北 雄狮图书股份有限公司 1982 年 183 页
有图 19cm（小 32 开）
（艺术见闻录 3）
　　作者庄伯和，台湾民俗研究专家，著有《年
画仕女的戏味与造形美》《民俗美术探访录》《台
湾民艺造型》等。

J004938
佛像之美 庄伯和著
台北 雄狮图书公司 1984 年 3 版 182 页 有图
21cm（32 开）定价：TWD130.00
（艺术见闻录 3）

J004939
罗汉图汇 黄泽，悟真绘编
台北县 常春树书坊 1983 年 201 页
19cm（32 开）定价：TWD70.00

J004940
民俗艺术的维护 邱坤良著
台北 1984 年 3 版 59 页 有图 21cm（32 开）
（文化资产丛书 1）

J004941
民俗艺术的维护 邱坤良著
台北 1985 年 5 版 59 页 有图 21cm（32 开）
定价：TWD50.00
（文化资产丛书 1）

J004942
卧佛 （摄影 1985 年农历乙丑年年历）俞惠如
摄影
北京 中国戏剧出版社 1984 年 1 张 54cm（4 开）
定价：CNY0.20

J004943
西藏佛教密宗艺术 李冀诚，顾绶康编著
香港 商务印书馆（香港）1984 年 224 页 有彩图
30cm（12 开）精装 ISBN：962-07-5020-9
定价：TWD400.00
　　本书内容包括：西藏佛教密宗概述、藏密
源流、藏密艺术、唐嘎、石雕等部分。收录西
藏名寺中密宗艺术品的摄影图片 159 帧，有铜

质圆雕、唐嘎、壁画、泥质浮雕、木雕、木板
画、石雕、法器八类。外文书名：The Realm
Tibetan Buddhism. 编者李冀诚（1934—　　），研
究员。河北正定人。历任中国社会科学院世界
宗教所副研究员，北京西藏佛教研究会理事、
副秘书长。主要代表作有《西藏佛教密宗艺
术》《佛教密宗仪礼窥密》《西藏佛教密宗》《佛
教密宗百问》等。

J004944
西藏佛教密宗艺术 李冀诚，顾绶康编著
北京 外文出版社 1991 年 224 页 有彩图
29cm（16 开）精装 ISBN：7-119-01409-9
定价：CNY99.00
　　编者顾绶康（1933—　　），摄影家、编辑。笔
名阿康、雪波，浙江诸暨市人。历任新华社西藏
分社摄影组长，《摄影世界》杂志副主编，中国摄
影家协会、中国新闻学会、中国民族摄影协会会
员，北京西藏佛教研究会理事、副秘书长等。作
品有《牧民》《才龙及早发现泥石流征兆》《藏族
姑娘》等。出版有《西藏佛教密宗艺术》。

J004945
西藏佛教密宗艺术 李冀诚，顾绶康编著
北京 外文出版社 1999 年 224 页 29cm（16 开）
精装 ISBN：7-119-01409-9 定价：CNY128.00

J004946
宝宁寺明代水陆画 山西省博物馆编
北京 文物出版社 1985 年 218 页 36cm（6 开）
精装 统一书号：8068.1336 定价：CNY90.00
　　本书汇集山西省右玉县宝宁寺的中国现存
年代最早、保存最完好的明代早、中期水陆画
139 幅。内容以佛教为主，除佛、菩萨、明王和
罗汉像外，还有帝王后妃、文臣武将等。此外，
还有 25 幅世俗人物和当时社会生活的画幅。

J004947
宝宁寺明代水陆画 山西省博物馆编
北京 文物出版社 1988 年 218 页 36×26cm
精装 ISBN：7-5010-0068-9 定价：CNY130.00

J004948
强巴佛像
成都 四川民族出版社 1985 年 1 张 53cm（4 开）

定价：CNY1.00

J004949

西藏唐卡　西藏自治区文物管理委员会编

北京 文物出版社 1985 年 200 页 38cm（6 开）

精装 定价：CNY120.00

　　西藏唐卡是用彩缎装裱而成的卷轴画。具有鲜明的民族特点、浓郁的宗教色彩和独特的艺术风格，历来被藏族人民视为珍宝。本书收录明清两代各类唐卡 140 幅，加以彩色精印，并有藏、汉文字说明。

J004950

西藏唐卡　（藏汉对照）王露，孙之常摄影；仁增多吉等撰文

北京 文物出版社 1985 年 200 页 有图

37cm（9 开）豪华装 定价：CNY150.00

J004951

佛像艺术　赖传鉴编著

台北 艺术家出版社 1986 年 224 页 有图

21cm（32 开）定价：TWD210.00

（艺术家丛刊 9）

J004952

罗汉图卷　戒闻大师画

香港 香港东艺出版公司 1986 年

29cm（16 开）折页装

　　外文书名：The Scroll.

J004953

热贡艺术　（汉英对照）詹国光摄影

西宁 青海人民出版社 1986 年 10 张

定价：CNY0.92

　　热贡艺术是我国藏传佛教艺术的重要流派，始于 15 世纪甚至更为久远，主要包括唐卡、堆绣、雕塑、建筑彩画、图案、酥油花等多种艺术形式，因发祥于青海省黄南藏族自治州同仁县隆务河畔的热贡（藏语"金色谷地"）而得名。

J004954

五百罗汉图卷（上册）戒闻大师著；王修龄总编辑

香港 香港东艺出版公司 1986 年 有图

29cm（16 开）精装 ISBN：962-7238-02-3

　　外文书名：The Illustrated 500 Lo Han, volume one.

J004955

1988：佛像艺术　（挂历）

北京 中国戏剧出版社 1987 年 78cm（3 开）

定价：CNY7.00

J004956

1988：中华佛像艺术　（挂历）杨克林等摄影

上海 上海书画出版社 1987 年（3 开）

定价：CNY6.30

　　作者杨克林，擅长摄影。主要作品有年历《时装·女东方衫》《怒放》《漫游太空》等。

J004957

藏传佛教艺术　刘励中编辑

香港 三联书店香港分店 1987 年 358 页 有彩图

33cm（5 开）精装 ISBN：962-04-0567-6

　　本书包括建筑、雕塑、绘画、文物及其他有关风俗 5 辑。本书由三联书店香港分店和天津人民美术出版社联合出版。

J004958

藏传佛教艺术　（藏汉文对照）刘励中编辑，摄影

天津 天津人民美术出版社 1988 年 358 页

有彩图 33cm（5 开）精装 ISBN：7-5305-0137-2

　　本书由天津人民美术出版社和三联书店香港分店联合出版。

J004959

佛像的诞生　李元丰编著

台北 常春树书坊 1987 年 157 页 有图

19cm（32 开）定价：TWD80.00

（学佛必读 B51）

J004960

佛像小百科　（书香经典）卢永智编著

台北 常春树书坊 1987 年 625 页 有图

21cm（32 开）精装 定价：TWD600.00

J004961

莲花生像　张炳忠摄影

成都 四川民族出版社 1987 年 1 张 54cm（4 开）

定价：CNY1.00

J004962
上海玉佛寺玉佛 （摄影 1988 年年历）唐载清摄影
上海 上海书画出版社 1987 年 1 张 85cm（3 开）
定价：CNY0.42

J004963
释迦牟尼佛像 （摄影 1988 年年历）扎旺马摄影
拉萨 西藏人民出版社 1987 年 1 张
定价：CNY1.00

J004964
说民艺 曾永义著
台北 幼狮文化事业公司 1987 年 265 页 有彩照 21cm（32 开）

J004965
西藏大昭寺释迦牟尼像 （摄影 1988 年年历）杨克林摄影
上海 上海书画出版社 1987 年 1 张
定价：CNY0.42

J004966
西藏佛教唐嘎艺术 （八思巴画传）杨树文等编著
拉萨 西藏人民出版社 1987 年 164 页 有图 38cm（6 开）精装 定价：CNY60.00
　　本书由西藏人民出版社和新世界出版联合作出版。

J004967
云南筇竹寺罗汉 （1 汉英对照）范希胜，陈树德摄影
昆明 云南人民出版社［1987 年］10 张
定价：CNY1.30

J004968
云南筇竹寺罗汉 （2 汉英对照）范希胜，陈树德摄影
昆明 云南人民出版社［1987 年］10 张
定价：CNY1.30

J004969
宗教美术概论 翟宗祝著
合肥 安徽美术出版社 1987 年 181 页 有图 19cm（32 开）ISBN：7-5398-0009-7
定价：CNY2.10
　　本书以中国佛教美术为主，概述宗教与美术的渊源关系，分析了由于人类宗教意识的演变，促使宗教美术将人神化和将神人化的过程，肯定宗教美术的人文价值与美学价值。书中还分章论述了佛教美术、道教美术和基督教美术的起源、发展，并分析了各自的内容、形式和艺术特色。作者翟宗祝（1938—　），教师。笔名天竹，安徽巢湖人，毕业于皖南大学艺术科。历任安徽师范大学美术系副教授、系主任，中国美术家协会会员，安徽省美协理事。代表作有《雾破山明》《昭君出塞》等。

J004970
1989：佛像 （摄影挂历）
拉萨 西藏人民出版社 1988 年 76cm（2 开）
定价：CNY8.50

J004971
禅与艺术 铃木大拙等著；刘大悲译
哈尔滨 北方文艺出版社 1988 年 21cm（32 开）
（禅宗文化研究系列丛书）

J004972
禅与艺术 铃木大拙等著；刘大悲译
台北 天华出版事业股份有限公司 1988 年 4 版 369 页 21cm（32 开）定价：TWD200.00
（天华佛学丛刊 9）

J004973
佛教艺术 （音乐．戏剧．美术）（日）高楠顺次郎著；世界佛学名著译丛编委会译
台北 华宇出版社 1988 年 368 页 有图 21cm（32 开）
精装 定价：TWD54000.00（全 100 册）
（世界佛学名著译丛 91）

J004974
裸体艺术论 陈醉著
北京 中国文联出版公司 1988 年 322 页 有图 19cm（32 开）ISBN：7-5059-0122-2
定价：CNY9.50

本书以人类文化发展史为线索，以古希腊艺术、基督教艺术以及印度、中国和非洲艺术为背景，从美学，文艺学、艺术史理论等多种角度入手，通过对大量裸体艺术作品的研究分析，详实和系统地论述从原始社会到现代社会裸体艺术。作者陈醉（1942— ），艺术史论家、画家。出生于广东。曾任中国艺术研究院美术研究所学术委员会委员、理论研究室主任，中国美术家协会理论委员会委员。代表作品有专著《裸体艺术论》，论文集《女神的腰藥》，画集《诗书画意》。

J004975

裸体艺术欣赏 （英）肯尼思·克拉克著；张汉良等译

深圳 海天出版社 1988 年 128 页 19cm（小 32 开）ISBN：7-80542-063-7

J004976

人体美术 （英）菲尔德（Field, D.M.）著；杨岸青，杨径青译

长沙 湖南美术出版社 1988 年 123 页 有图 26cm（16 开）ISBN：7-5356-0194-4

定价：CNY17.00

外文书名：The Rude in Art.

J004977

中国文化佛像神像专辑 （第一辑）王诚伦总编辑

台北 圣像出版社 1988 年 2 版 220+72 页 31cm（10 开）精装 ISBN：957-9181-00-4

J004978

佛教艺术百问 丁明夷，邢军著

北京 中国建设出版社 1989 年 163 页 18cm（15 开）ISBN：7-5072-0151-1 定价：CNY2.30

（宗教文化丛书 第一辑）

J004979

佛教与东方艺术 张锡坤主编

长春 吉林教育出版社 1989 年 922 页 20cm（32 开）精装 ISBN：7-5383-0786-9 定价：CNY11.50

J004980

古代摩尼教艺术 （联邦德国）克林凯特（Kli-mkeit, H.J.）著；林悟殊译

广州 中山大学出版社 1989 年 104 页 有图 19cm（32 开）定价：CNY3.20

本书内容包括：摩尼生平及其教团的扩张、摩尼的教义、摩尼教的艺术等。

J004981

古镇小考 （小海民间艺苑探胜）周正良，舒翔著

北京 中国民间文艺出版社 1989 年 157 页 +［17］页图版 19cm（32 开）

ISBN：7-5040-0313-1 定价：CNY3.50

J004982

犍陀罗佛教艺术 （英）马歇儿著；王冀青译

兰州 甘肃教育出版社 1989 年 127 页 有图 20cm（32 开）ISBN：7-5423-0123-3

定价：CNY8.45

J004983

犍陀罗佛教艺术 （英）约翰·马歇尔（J.Marshall）著；许建英译

乌鲁木齐 新疆美术摄影出版社 1999 年 113 页 有图 20cm（32 开）ISBN：7-80547-855-4

定价：CNY18.80

（西域文化研究译丛）

犍陀罗艺术主要指贵霜时期的佛教艺术。因其地处于印度与中亚、西亚交通的枢纽，又受希腊、大夏等长期统治，受希腊文化影响较大，它的佛教艺术兼有印度和希腊风格，故又有"希腊式佛教艺术"之称。犍陀罗艺术形成后，对次大陆本土及周边地区的佛教艺术发展均有重大影响。

J004984

裸体艺术面前的中国人 （中国首届油画人体艺术大展纪实）覃深编

北京 华艺出版社 1989 年 290 页 19cm（32 开）ISBN：7-80039-112-4 定价：CNY3.60

J004985

人体艺术大观 陈醉著

北京 知识出版社 1989 年 128 页 有图 19cm（32 开）ISBN：7-5015-0319-2

定价：CNY7.00

J004986
吐鲁番·敦煌佛教艺术 （英汉对照）
乌鲁木齐 新疆人民出版社［1989年］10张
15cm（40开）

J004987
吐鲁番·敦煌佛教艺术
乌鲁木齐 新疆人民出版社［1990年］10张
15cm（40开）

J004988
中国古代彩塑艺术 中国长虹出版社编
台北 博远出版公司 1989年 208页 有照片
30cm（10开）精装 ISBN：957-531-035-7
定价：TWD1200.00

J004989
罗汉画 李玉珉编辑
台北 台北故宫博物院 1990年 96页 229cm
ISBN：957-56-2050-X

J004990
民间技艺人才与民族艺术传承研究报告
林恩显主编
台北 政治大学出版社 1990年 165页
27cm（大16开）

J004991
他与她 （论人体艺术及其他）陈醉著
北京 知识出版社 1990年 292页 19cm（32开）
ISBN：7-5015-0365-6 定价：CNY4.00
　　本书是作者近10年发表的一些文章，全面
阐述了当今人体艺术的新观念。书中还收集了
他有关形式感专题研究论文和对一些美术家、美
术作品的评价以及美育普及的文章。

J004992
西方人体艺术风格流变史略 王新伟著
南昌 江西美术出版社 1990年 169页 有图
19cm（32开）ISBN：7-80580-029-4
定价：CNY4.90
　　本书分引言、理性主义、罪恶人体、理想主
义、对写实的厌倦、非理性的觉醒、形而上学的
开端、纤巧恣肆、潜意识的先声等16篇。后附
西方人体艺术名作风格美感分析、参考书目及附

图64幅。

J004993
血与火的洗礼 （美术书法摄影民间艺术作品
集）北京市文学艺术界联合会编
北京 北京美术摄影出版社 1990年 26cm（16开）
ISBN：7-80501-105-2

J004994
伊斯兰艺术风格 （埃及）穆罕默德·高特卜
著；一虹译
北京 中国人民大学出版社 1990年 167页
19cm（32开）ISBN：7-300-00909-3
定价：CNY2.75
（东方美学译丛）

J004995
藏传佛教唐卡宝典 王光华等著；卢翰明等
编译
台北县 长春树书坊 1991年 359页 有图
21cm（32开）精装 定价：TWD4200.00

J004996
佛教东传与中国佛教艺术 吴焯著
杭州 浙江人民出版社 1991年 390页 有图
20cm（32开）ISBN：7-213-00522-7
定价：CNY5.70
（世界文化丛书）
　　本书内容包括：佛教产生、演变与中国文化
相融合；中国、印度佛教思想和艺术流派。

J004997
佛教东传与中国佛教艺术 吴焯著
台北 淑馨出版社 1994年 362页 21cm（32开）
ISBN：957-531-331-3 定价：TWD280.00
（世界文化丛书 22）

J004998
犍陀罗艺术 （美）H.因伐尔特著；李铁译
上海 上海人民美术出版社 1991年 74页
有图 21cm（32开）ISBN：7-5322-0651-3
定价：CNY6.00
　　外文书名：Gandharan Art.

J004999

郎世宁之艺术　（宗教与艺术研讨会论文集）

天主教辅仁大学主编

台北 幼狮出版社 1991 年 200 页 +60 页图版

21cm（32 开）ISBN：957-530-207-9

定价：TWD270.00

（学术丛书）

J005000

人体艺术论　（理想形态研究）（英）克拉克

（Clark, K.）著；彭小剑，董惠宁译

成都 四川美术出版社 1991 年 430 页 有图

20cm（32 开）ISBN：7-5410-0575-4

定价：CNY8.10

（现代美术理论翻译系列）

　　外文书名：The Nude：A Study in Ideal Art.

J005001

山西佛教彩塑　中国佛教文化研究所，山西

省文物局编

北京 中国佛教协会 1991 年 363 页 有照片

36cm（15 开）精装 ISBN：962-7571-01-6

　　本书由中国佛教协会和香港宝莲禅寺联合

出版。

J005002

世界三大宗教与艺术　（含道教与中国艺术）

张锡坤主编

长春 吉林人民出版社 1991 年 990 页 26cm（16 开）

ISBN：7-206-01017-2 定价：CNY43.00

J005003

彝族图腾艺术作品选　康恩达等著；楚雄彝

族自治州文化局编辑

昆明 云南民族出版社 1991 年 27cm（12 开）

ISBN：7-5367-0412-7 定价：CNY16.00

J005004

云南佛教艺术　邹启宇主编

昆明 云南教育出版社 1991 年 238 页 有彩照

30×25cm 精装 ISBN：7-5415-0417-5

定价：CNY189.00

　　本书选取云南佛教的彩色图片 330 余幅，配

以文字，分 7 个部分介绍云南各宗派的佛教艺术

风格及特殊的价值。外文书名：The Buddhist Arts

in Yunnan.

J005005

中国民间艺术　苏连第著

济南 山东教育出版社 1991 年 656 页 26cm（16 开）

ISBN：7-5328-0843-2 定价：CNY95.00

　　本书内容包括：百兽率舞、福寿图景、图中

趣闻、神工巧艺等。

J005006

自在容颜　（三十三观音菩萨和心经）奚淞著

台北 雄狮图书公司 1991 年 33 叶 有图

39cm（8 开）精装 ISBN：957-9420-54-8

定价：TWD1600.00

J005007

宗教美术意象　邓启耀著

昆明 云南人民出版社 1991 年 271 页 有图

19cm（小 32 开）ISBN：7-222-00901-9

定价：CNY4.70

（云南宗教文化研究丛书）

　　本书以云南少数民族民间美术为例，对云南

民族宗教美术的形式结构、功能、文化环境等进

行了考察，研究了少数民族宗教文化及相应的文

化心理。

J005008

《法界源流图》介绍与欣赏　苏兴钧，郑国著

香港 商务印书馆（香港）1992 年 43 页

33cm（12 开）ISBN：962-07-5140-X

　　作者苏兴钧，吉林省博物馆副馆长。

J005009

藏传佛画度量经　尕藏编译

西宁 青海人民出版社 1992 年 292 页 有图

26cm（16 开）精装 ISBN：7-225-00460-3

定价：CNY16.00

　　本书内容包括：身、语、意度量经注疏花蔓；

诸神佛像三百幅；常用藏汉美术词汇对照。

J005010

藏传佛画度量经　尕藏编译

西宁 青海民族出版社 1996 年 [2 版]修订版

292 页 26cm（16 开）精装 ISBN：7-5420-0616-9

J005011

禅与艺术　张育英著

杭州 浙江人民出版社 1992年 220页 20cm（32开）

ISBN：7-213-00825-0 定价：CNY4.40

（禅学丛书）

　　本书从诗歌、绘画、书法、雕塑、音乐、建筑等文学艺术形式入手，探讨了禅宗主要理论同艺术创作的主体精神和思维方式之间的联系及对各种艺术创作的具体影响。作者张育英，南京大学任教。

J005012

佛教与雕塑艺术　陈聿东著

天津 天津人民出版社 1992年 199页 有彩图

19cm（小32开）ISBN：7-201-01327-0

定价：CNY4.30

（佛教艺术丛书）

　　本书介绍了印度初期佛教雕塑、贵霜时代的佛教雕塑、笈多时代的佛教雕塑、东南亚诸国的佛教雕塑、隋唐佛教雕塑、五代宋辽金佛教雕塑等内容。作者陈聿东（1957—　），教师。出生于天津，祖籍江苏靖江。毕业于中央美术学院，获硕士学位。任南开大学东方艺术系教授。代表作《国画艺术》《印度艺术简史》《名画鉴赏》《佛教与雕塑艺术》。

J005013

佛教与佛教艺术　李涛著

台北 水牛图书出版事业公司 1992年 317页

21cm（32开）精装 ISBN：957-599-185-0

定价：TWD300.00

（育乐丛书 42）

J005014

佛教与音乐艺术　胡耀著

天津 天津人民出版社 1992年 190页 有彩图

19cm（小32开）ISBN：7-201-01329-7

定价：CNY4.20

（佛教艺术丛书）

　　本书不是在已有的历史结论和科学文化观念的基础上考证与追述，而是树立一个古老而又新鲜的历史结论与科学文化艺术观念。

J005015

祭舞神乐　（民族宗教乐舞论）周凯模著

昆明 云南人民出版社 1992年 213页 有彩照

19cm（小32开）ISBN：7-222-01103-X

定价：CNY4.65

（云南宗教文化研究丛书）

　　本书论述了宗教乐舞与神话哲学、原始科技、自然经济、宗法文化、生死礼俗及原始信念等的关系。作者周凯模（1955—　），音乐学研究员。毕业于香港中文大学。曾任岭南音乐文化发展研究中心教师，云南艺术学院任教。专著《滇南听歌：云南民族音乐考察》《云南民族音乐论》《文化心理学》等。

J005016

唐卡艺术　（图集）格桑本，刘励中编

成都 四川美术出版社 1992年 21+44+220页

29cm（16开）精装 ISBN：7-5410-0765-X

定价：CNY320.00

J005017

我的身体我的艺术　李铭盛作

台北 唐山出版社 1992年 204页 有照片

26cm（16开）定价：TWD690.00

（唐山前卫艺术丛书 2）

J005018

现世前尘　（敦煌艺术）王克文著

台北 书泉出版社 1992年 185页 有图

21cm（32开）ISBN：957-648-097-3

定价：TWD180.00

（艺术现代 1）

　　作者王克文（1933—　），教授。浙江奉化人，毕业于南京艺术学院美术系。任职于上海戏剧学院，兼任上海美育学会副会长，黄宾虹研究会（全国）副会长、秘书长，中国艺术研究院特邀研究员等。专著有《山水画技法述要》《敦煌艺术》《山水画审美与技法》。

J005019

伊斯兰艺术鉴赏　（意）曼德尔著；陈卫平译

北京 北京大学出版社 1992年 64页 有彩图

19cm（小32开）精装 ISBN：7-301-01772-3

定价：CNY5.45

（世界艺术鉴赏译丛）

J005020

艺术中的女性形体 （英）沃纳（ Warner, Marina ）著；孙田庆，刘培玲译

北京　三联书店　1992 年　237 页　有照片

19cm（小 32 开）ISBN：7–108–00431–3

定价：CNY4.60

　　本书作者通过女性形体在绘图、雕刻和摄影中的应用，介绍了超现实主义、新古典主义、象征主义、行为艺术、超级写实主义、原始主义等各流派的艺术作品。外文书名：Monuments and Maidens: The Allegory of the Female Form. 作者玛丽娜·沃纳，英国著名艺术评论家。

J005021

中亚佛教艺术 （意）马里奥·布萨格里（ Mario Bussagli ）等著；许建英，何汉民编译

乌鲁木齐　新疆美术摄影出版社　1992 年　396 页

有图 20cm（ 32 开）ISBN：7–80547–143–6

定价：CNY14.80

　　本书内容包括：中亚绘画、中亚艺术、中亚佛教。外文书名：Central Asian Buddhist Arts.

J005022

1994 : 佛教艺术 （摄影挂历）

天津　天津人民美术出版社［ 1993 年 ］76×53cm

定价：CNY26.80

J005023

1994 : 观音 （摄影挂历）

北京　文物出版社　1993 年　77×53cm

定价：CNY53.00

J005024

佛教艺术的传人　陈清香著

高雄　佛光出版社　1993 年　167 页　有照片

21cm（ 32 开）ISBN：957–543–185–5

定价：TWD160.00

（千手千眼系列）

J005025

汉传佛教绘画艺术　张剑华著

北京　今日中国出版社　1993 年　重印本　127 页

有图 20cm（ 32 开）软精装　ISBN：7–5072–0318–2

定价：CNY5.50

（宗教文化丛书）

　　本书介绍了佛画源流和种类，并从形象和技巧上论述了画佛、菩萨、明王、罗汉、天龙八部、高僧等。

J005026

行动艺术 （德）尤根·席宁（ Jurgen Schilling ）编著；吴玛悧译

台北　远流出版事业公司　1993 年　363 页　有图

21cm（ 32 开）ISBN：957–32–1942–5

定价：TWD360.00

（艺术馆 14）

　　外文书名：Aktionskunst.

J005027

江北县复盛乡协睦村四社谌宅的 "庆坛" 祭仪调查　王跃著

台北　施合郑民俗文化基金会　1993 年　530 页

有照片 21cm（ 32 开）ISBN：957–8892–23–3

定价：TWD424.00

（民俗曲艺丛书）

J005028

金铜佛造像图录　鸿禧美术馆编

台北　鸿禧艺术文教基金会　1993 年　191 页

30cm（ 10 开）

外文书名：Buddhist Images in Gilt Metal.

J005029

人体美　陈醉著

武汉　湖北教育出版社　1993 年　139 页　有彩图

20cm（ 32 开）ISBN：7–5351–0927–6

定价：CNY10.35

　　本书从人体装饰、体育、舞蹈和裸体艺术等各个侧面，从渊源、性质、价值、职业等多角度对人自身进行了美学探讨。作者陈醉（1942—　），艺术史论家、画家。出生于广东。曾任中国艺术研究院美术研究所学术委员会委员、理论研究室主任，中国美术家协会理论委员会委员。代表作品有专著《裸体艺术论》，论文集《女神的腰蓑》，画集《诗书画意》。

J005030

四川糖画 （中国四川民间艺术之花）中国成都锦江区文化广播电视局，中国成都锦江区民间糖画艺术协会编

成都 成都出版社 1993 年 96 页 有图
19cm（小 32 开）ISBN：7-80575-554-X
定价：CNY14.80
（民间文艺丛书）

　　本书收集了大量糖画作品及艺人们在国内
外表演的珍贵照片，描述了糖画的历史沿革、艺
术特点以及近几年来的飞速发展等。

J005031
五百罗汉图
长沙 岳麓书社 1993 年 26cm（16 开）豪华精装
ISBN：7-80520-427-6 定价：CNY98.00

J005032
宗教艺术论　（美）马特兰（Martland, Thom-
asR.）著；李军，张总译
北京 今日中国出版社 1993 年 254 页
19cm（小 32 开）ISBN：7-5072-0231-3
定价：CNY5.95
（宗教文化丛书）

　　本书从哲学角度阐释宗教与艺术的关系。
外文书名：Religion as Art: An Interpretation. 译者
李军（1963—　　），中央美术学院史论系讲师。译
者张总（1953—　　），甘肃敦煌人，中国社会科学
院世界宗教研究所任职，从事佛教艺术研究。

J005033
宗教艺术论　蒋述卓著
广州 暨南大学出版社 1998 年 334 页 有图
20cm（32 开）ISBN：7-81029-575-6
定价：CNY20.00

J005034
禅与中国艺术精神的嬗变　黄河涛著
北京 商务印书馆国际有限公司 1994 年 365 页
20cm（32 开）ISBN：7-80103-006-0
定价：CNY11.00
（中国禅学丛书）

　　本书包括：中国艺术精神的演进、禅与石窟
艺术的盛衰、禅对山水画形成的影响、禅宗与文
人画等 5 章。

J005035
禅与中国艺术精神的嬗变　黄河涛著
北京 商务印书馆国际有限公司 1995 年

重印本 13+365 页 有图 20cm（32 开）
ISBN：7-80103-006-0 定价：CNY12.00
（中国禅学丛书）

J005036
佛像艺术　（东方思想与造型）赖传鉴编著
台北 艺术家出版社 1994 年 5 版 224 页 有图
21cm（32 开）定价：TWD210.00
（艺术家丛刊 9）

　　本书从佛像的诞生、释迦如来像的哲学思
想，谈到禅的世界与佛教的演变，探讨佛像的造
型与思想。全书分 26 章，收集流落在世界各地
的佛像艺术名作 200 幅。

J005037
佛学文物馆　（14 佛像艺术篇）王维钧编著
台北 长圆图书出版公司 1994 年 285 页 有图
21cm（32 开）ISBN：957-794-050-1
定价：TWD160.00

J005038
观音画法鉴赏　洪立曜编辑
台北 世界佛教出版社 1994 年 221 页 21cm（32 开）
ISBN：957-8744-21-8 定价：TWD160.00
（莲花系列）

J005039
龟兹艺术研究　霍旭初著；新疆龟兹石窟研
究所编
乌鲁木齐 新疆人民出版社 1994 年 301 页 有彩
图 20cm（32 开）ISBN：7-228-03013-3 定价：
CNY15.80
（西域佛教文化艺术研究丛书）

　　本书收《克孜尔石窟前期壁画艺术》《龟兹
飞天艺术》《龟兹乐舞艺术探幽》等 10 余篇文章。

J005040
民间艺术的文化寻绎　胡潇著
长沙 湖南美术出版社 1994 年 471 页
19cm（小 32 开）ISBN：7-5356-0638-5
定价：CNY14.00

　　包括：耐人寻味的文化现象、民生的显象、
主题的文化剖析、艺术造型的图式等 6 章。

J005041

青词碧箫 （道教文学艺术）杨光文，甘绍成著

成都 四川人民出版社 1994年 242页 19cm（32开）
ISBN：7-220-02538-6 定价：CNY5.20
（中华道学文化系列）

J005042

清风朗月　郑铁林著

兰州 甘肃人民出版社 1994年 427页 20cm（32开）
ISBN：7-226-01419-X 定价：CNY10.50

　　本书着重论述了佛、禅与道家的哲学艺术与现实生活的关系及佛家对文化艺术的影响。作者郑铁林，号铁魔居士，法号郑铁佛，《甘肃日报》社主任编辑、甘肃文史馆文史研究员、甘肃大学新闻系客座教授等。

J005043

太平天国艺术 （图集）罗尔纲主编；太平天国历史博物馆编

南京 江苏人民出版社 1994年 2册（26+281）页
26×26cm 精装 ISBN：7-214-01294-4
定价：CNY260.00

　　外文书名：The Art of the Taiping Heavenly Kingdom. 主编罗尔纲（1901—1997），历史学家。广西贵县（今贵港市）人，毕业于上海中国公学大学部中文系。中国社会科学院近代史研究所研究员。著有《太平天国史纲》《太平天国史》《太平天国史论文集》《李秀成自述原稿注》《湘军兵志》《绿兵志》等。

J005044

天地人神鬼 （台北县一九九二年中元普渡祭宗教艺术节）姑娘庙民众文化工作室编著

台北 前卫出版社 1994年 232页 有照片
21cm（32开）ISBN：957-8994-66-4
定价：TWD250.00

J005045

五百罗汉图卷 （明）吴彬绘；喻建十编

天津 天津杨柳青画社 1994年 62页 26×38cm
ISBN：7-80503-230-0 定价：CNY7.50
（中国画孤本欣赏丛书）

　　作者吴彬，明代画家。字文中，福建莆田人。供职于宫廷画院。传世作品有《十六应真

卷》《山阴道上图》《层峦重障图》等。编者喻建十（1959—　），艺术家、教授。生于天津。历任中国书法家协会教育委员会委员、天津市书法家协会副主席；天津美术学院中国画系教授、硕士生导师，天津商业大学客座教授。著有《王颂余教学范图》《名家说名画—喻建十说黄慎》《书法艺术学》《中国山水画名家精品集—喻建十》等。

J005046

早期汉藏艺术 （法）海瑟·噶尔美著；熊文彬译

北京 中国藏学出版社 1994年 260页 有图
20cm（32开）ISBN：7-80057-097-5
定价：CNY9.00

　　外文书名：Early Sino-Tibetan Art.

J005047

宗教礼仪与古代艺术　陈荣富著

南昌 江西高校出版社 1994年 251页
19cm（小32开）ISBN：7-81033-394-1
定价：CNY6.40
（中华文化通俗丛书）

　　本书内容包括：宗教礼仪与艺术的起源和发展、宗教礼仪与雕塑、宗教礼仪与文学等6部分。

J005048

宗教艺术比较研究论纲　傅谨著

台北 文津出版社 1994年 253页 21cm（32开）
ISBN：957-668-186-3 定价：TWD220.00
（大陆地区博士论文丛刊 68）

J005049

宗教艺术鉴赏与收藏　李泽奉，刘如仲主编；王殿英编著

长春 吉林科学技术出版社 1994年 90+61页
有图19cm（小32开）ISBN：7-5384-1214-X
定价：CNY9.80
（古董鉴赏收藏丛书）

　　本书内容包括：中国古代宗教造像的鉴定、宗教造像名词解释、元明清时期的宗教造像艺术等6部分，有图片140余幅。

J005050

百佛图　卢延光编绘

香港 天地图书公司 1995 年 218 页 有图
26cm（16 开）ISBN：962-257-778-4
定价：HKD130.00

　　作者卢延光（1948—　　），画家、书法家、国
家一级美术师。广东开平县人。历任广州艺术
博物院院长，广州市美术家协会主席，广州市文
艺创作研究所艺术研究室主任，广州市文史研究
馆副馆长，广州市政协常委。代表作品有《一百
皇帝图》《一百仕女图》《一百儒士图》《一百僧佛
图》等百图系列。

J005051

藏传佛教绘画艺术　费新碑著
北京 今日中国出版社 1995 年 11+189 页
有图20cm（32 开）ISBN：7-5072-0317-4
定价：CNY11.70
（宗教文化丛书）

　　作者费新碑（1954—　　），教授。江苏海门人，
毕业于中央美术学院。历任四川美术学院史论
教研室主任、艺术史副教授。著作有《中国艺术
美学》《藏传佛教绘画艺术》《九二年中国大陆艺
评》等。

J005052

佛陀世界　阮荣春，黄宗贤编著
南京 江苏美术出版社 1995 年 63+106 页
有图版 26cm（16 开）ISBN：7-5344-0423-1
定价：CNY88.00

J005053

净域奇葩　（佛教艺术）徐湘霖著
成都 四川人民出版社 1995 年 242 页
有图19cm（小 32 开）ISBN：7-220-02755-9
定价：CNY8.00
（中华佛学文化系列）

J005054

台湾素人艺术　季国瑞，朱元君编辑
台北 自立晚报社文化出版组 1995 年 102 页
有图26cm（16 开）ISBN：957-596-317-2
定价：TWD300.00

J005055

西藏艺术集萃　韩书力著
台北 艺术家出版社 1995 年 301 页 有图

30cm（10 开）精装 ISBN：957-9500-96-7
定价：TWD1200.00
　　外文书名：Tibetan Arts.

J005056

中国佛教美术史　戴蕃豫著
北京 书目文献出版社 1995 年 1004 页
26cm（16 开）精装 ISBN：7-5013-1149-8
定价：CNY195.00

J005057

中国宗教美术史　金维诺，罗世平著
南昌 江西美术出版社 1995 年 258 页 有图
29cm（20 开）精装 ISBN：7-80580-158-4
定价：CNY180.00，CNY218.00（盒装）

　　外 文 书 名：China's Religious Fine Arts
History.作者金维诺（1924—2018），教授、美
术教育家。笔名若金，湖北鄂州人。历任中
央美术学院教授，国际知名敦煌学者，中国国
家文物鉴定委员会委员。代表作品《中国美
术全集·原始社会至战国雕塑》。作者罗世平
（1955—　　），教授。毕业于湖北艺术学院美术
系。中央美术学院教授、博士生导师，中国美
术家协会会员，中国敦煌吐鲁番学会会员。著
作有《欧洲近代雕塑大师罗丹》《山水百家》
《20 世纪唐研究文化卷·美术》等。

J005058

东方禅画　天竹著
北京 中国文学出版社 1996 年 137 页 有图
20cm（32 开）ISBN：7-5071-0312-9
定价：CNY14.80

　　作者天竹（1938—　　），教授、画家、美术理
论家。原名翟宗祝，安徽巢湖人。毕业于皖南大
学艺术科。安徽师范大学美术系主任，教授。代
表作品有《雾破山明》《昭君出塞》《彩墨画》。

J005059

敦煌艺术宗教与礼乐文明　（敦煌心史散
论）姜伯勤著
北京 中国社会科学出版社 1996 年 627 页
有图20cm（32 开）ISBN：7-5004-1917-1
定价：CNY38.00
（唐研究基金会丛书）

　　本书内容包括：艺术篇，"图像与解释"、"艺

术史与交流"；宗教篇，"敦煌的中国道教精神"、
"敦煌的中国大乘佛教"；礼乐篇，"敦煌礼论"、
"敦煌乐论"等。

J005060
佛教与工艺杂项　潘守永著
天津　天津人民出版社 1996 年 173 页 有彩照
19cm（小 32 开）ISBN：7-201-02191-5
定价：CNY10.00
（佛教艺术丛书）
　　作者潘守永，毕业于吉林大学考古系。中央
民族大学民族学人类学研究所副所长。

J005061
佛像　季崇建编著
上海　上海人民美术出版社 1996 年 76 页 有图
19cm（小 32 开）精装 ISBN：7-5322-1678-0
定价：CNY28.00
（艺林撷珍丛书）

J005062
佛像神相　述鼎著
台北　艺术图书公司 1996 年 157 页 有照片
21cm（32 开）ISBN：957-672-243-8
定价：TWD380.00
（精致生活丛书 23）

J005063
历代金铜佛造像特展目录　（图集）陈慧霞著
台北　台北故宫博物院 1996 年 137 页 30cm（10 开）
精装 ISBN：957-562-249-9

J005064
世界人体艺术鉴赏大典　武忠平主编
哈尔滨　黑龙江人民出版社 1996 年 2 册
（16+1400 页）29cm（16 开）精装
ISBN：7-207-03469-5 定价：CNY890.00
　　本书由黑龙江人民出版社和黑龙江美术出
版社联合出版。

J005065
五百罗汉图　周家驹主编；庐山博物馆编
北京　文物出版社 1996 年 140 页 30cm（10 开）
精装 ISBN：7-5010-0903-1

J005066
西藏经卷插图精选　翟跃飞，张虎生编
拉萨　西藏人民出版社 1996 年 193 页 18×18cm
ISBN：7-223-00966-7 定价：CNY24.00

J005067
心灵的甘露　黄墩岩著；陈寅隆绘
台北　育升文化出版公司 1996 年 93 页 有图
21cm（32 开）ISBN：957-9456-14-3
定价：TWD150.00
（菩提漫画 1）

J005068
中国佛教美术源流　范瑞华著
北京　国际文化出版公司 1996 年 179 页 有照片
20cm（32 开）ISBN：7-80105-499-7
定价：CNY8.50

J005069
中国佛像巡礼　胡光凡，赵志凡著
长沙　湖南出版社 1996 年 266 页 20cm（32 开）
ISBN：7-5438-1202-9 定价：CNY11.80

J005070
中国巫傩面具艺术　薛若邻主编
台北　南天书局 1996 年 2 册 有彩图
30cm（10 开）精装 ISBN：957-638-337-4
定价：TWD2200.00
　　外文书名：The Art of Chinese Ritual Masks.

J005071
慈悲的容颜　（中国佛像特辑）叶渡主编
台北　艺术图书公司 1997 年 235 页 有照片
21cm（32 开）ISBN：957-672-272-1
定价：TWD480.00
（中华艺术导览 11）

J005072
道教与艺术　王宜娥著
台北　文津出版社 1997 年 234 页 21cm（32 开）
ISBN：957-668-430-7 定价：TWD200.00
（道教文化丛刊）

J005073
佛雕之美　徐天福主编

台北 历史博物馆 1997 年 16+228 页
有图 21cm（32 开）ISBN：957-02-0613-6
（史物丛刊 19）

J005074

佛国造像艺术　徐华铛编绘
北京 中国轻工业出版社 1997 年 265 页
26cm（16 开）ISBN：7-5019-1943-7
定价：CNY36.00

　　作者徐华铛（1944—　），工艺美术师。生于
浙江嵊县。历任工艺竹编厂研究所，中国民间文
艺家协会，中国工艺美术研究会会员。著有《中
国竹艺术》《中国的龙》《佛国造像艺术》《中国古
塔》等。

J005075

佛教美术讲座　林保尧著
台北 艺术家出版社 1997 年 199 页 有照片
24cm（26 开）精装 ISBN：957-9530-82-3
定价：TWD600.00
（佛教美术全集 2）

J005076

佛像大观　林保尧编著
台北 艺术家出版社 1997 年 223 页 有照片
24cm（26 开）精装 ISBN：957-9530-81-5
定价：TWD600.00
（佛教美术全集 1）

J005077

犍陀罗艺术　（巴基）穆罕默德·瓦利乌拉·汗
著；陆水林译
北京 商务印书馆 1997 年 237 页 20cm（32 开）
ISBN：7-100-01940-0 定价：CNY11.70

　　本书是佛教艺术中的雕塑史研究文集。据
民间遗产出版社乌尔都文第 1 版译出。

J005078

女性与艺术的生态自述　邹建平主编
长沙 湖南美术出版社 1997 年 80 页 有图
28cm（大 16 开）ISBN：7-5356-0979-1
定价：CNY26.30
（当代艺术系列丛书 13）

　　主编邹建平（1955—　），生于湖南新化，毕
业于湖南师范大学，修业于广州美术学院油画

系，现任职湖南美术出版社副社长，湖南美术家
协会副主席，中国美术家协会会员，北京圣之空
间董事。

J005079

千年佛雕史　季崇建著
台北 艺术图书公司 1997 年 337 页 有照片
21cm（32 开）ISBN：957-672-264-0
定价：TWD580.00
（中华艺术导览 10）

J005080

世界佛教艺术源流　吴进生著
高雄 谛听文化事业公司 1997 年 609 页 有图
21cm（32 开）ISBN：957-8818-15-7
定价：TWD800.00

J005081

世界首尊金玉大佛　（摄影年历）
北京 中国戏剧出版社 1997 年 1 张 102×75cm
定价：CNY18.80

J005082

双林寺彩塑佛像　马元浩摄影
台北 艺术家出版社 1997 年 191 页 有照片
24cm（26 开）精装 ISBN：957-9530-86-6
定价：TWD600.00
（佛教美术全集 4）

　　作者马元浩（1944—　），摄影家、导演。毕
业于上海财经学院。中国摄影家协会会员，英国
皇家摄影学会高级会士。出版有《中国古代雕塑
观音》等。

J005083

西藏佛教彩绘彩塑艺术　［罗秉芬译注］
北京 中国藏学出版社 1997 年 153 页
19cm（小 32 开）ISBN：7-80057-320-6
定价：CNY8.50

J005084

西藏宗教艺术　扎雅·诺丹西绕著；谢继胜译
拉萨 西藏人民出版社 1997 年 重印本 370 页
有图 20cm（32 开）ISBN：7-223-00252-2
定价：CNY19.80

J005085

印度及犍陀罗佛像艺术精品图集　金申编
北京 中国工人出版社 1997 年 19×18cm
ISBN：7-5008-1833-5 定价：CNY29.80
（外国美术资料丛书）

J005086

中国佛教艺术思想探原　邢福泉著
台北 台湾商务印书馆 1997 年 修订版 170 页
有图 21cm（32 开）ISBN：957-05-1365-9
定价：TWD170.00
（新人人文库 133）

J005087

中国金铜佛像　蔡志忠著
台北 艺术家出版社 1997 年 175 页 有照片
24cm（26 开）精装 ISBN：957-9530-80-7
定价：TWD600.00
（佛教美术全集 3）

　　作者蔡志忠（1948— ），漫画家。台湾彰化
人，1976 年成立远东卡通公司、龙卡通公司。创
作的 100 多部作品被 30 多个国家翻译出版。代
表作品有《庄子说》《老子说》《列子说》《大醉
侠》《盗帅独眼龙》《光头神探》等。

J005088

禅艺　郑铁林编著
呼和浩特 内蒙古人民出版社 1998 年 569 页
20cm（32 开）ISBN：7-204-04281-6
定价：CNY26.00

　　作者郑铁林，号铁魔居士，法号郑铁佛，《甘
肃日报》社主任编辑、甘肃文史馆文史研究员、
甘肃大学新闻系客座教授等。

J005089

慈悲为怀　（中国佛教 佛像收藏）英豪著
北京 学苑出版社 1998 年 85 页 29cm（16 开）
ISBN：7-5077-0926-4 定价：CNY38.00

J005090

慈悲智慧　（藏传佛教艺术的美学、年代与风
格）玛丽琳·丽艾（MarylinM.Rhie）著；葛婉章
[等]译
台北 时广企业有限公司 1998 年 79 页 有图
26cm（16 开）定价：TWD150.00

　　外文书名：Windom and Compassion，The
Sacred Art of Tibet.

J005091

敦煌佛影　吴健摄影
台北 艺术家出版社 1998 年 206 页 有照片
24cm（26 开）精装 ISBN：957-9530-89-0
定价：TWD600.00
（佛教美术全集 5）

J005092

法相传真　（古代佛教艺术）香港大学美术博
物馆，香港大学艺术学系[编辑]
香港 香港大学美术博物馆 1998 年 378 页
30cm（10 开）ISBN：962-8038-23-0

J005093

佛教造像量度与仪轨　李翎编著
北京 宗教文化出版社 1998 年 138 页 有图
20cm（32 开）ISBN：7-80123-018-3
定价：CNY12.00

J005094

佛像鉴定与收藏　金申著
台北 艺术家出版社 1998 年 221 页 有照片
24cm（26 开）精装 ISBN：957-8273-01-0
定价：TWD600.00
（佛教美术全集 7）

J005095

古代中亚丝路艺术探微　张文玲著
台北 台北故宫博物院 1998 年 325 页 有照片
21cm（32 开）ISBN：957-562-324-X
（故宫丛刊 甲种 40）

　　本书内容包括："古代中亚丝路艺术的历史
背景"、"古代欧亚草原民族动物造形之初探"、
"新疆吐峪沟千佛洞首度巡礼"、"新疆佛教艺术
多元化风格分析"、"佛经故事在艺术表达上的时
与空"等。

J005096

观想佛像　徐政夫编著
台北 艺术家出版社 1998 年 223 页 有照片
25cm（小 16 开）精装 ISBN：957-8273-04-5
定价：TWD600.00

（佛教美术全集 8）

J005097
观音菩萨　（中国第一佛 观音像收藏）英豪著
北京 学苑出版社 1998 年 85 页 29cm（16 开）
ISBN：7-5077-1408-X 定价：CNY38.00

J005098
观音尊像卷　（《法界源流图》精巧本）（清）丁观鹏绘
香港 商务印书馆（香港）1998 年 有图
20cm（32 开）精装 ISBN：962-07-5240-6

J005099
贵州艺术之乡集锦　傅汝吉主编
贵阳 贵州人民出版社 1998 年 208 页 20cm（32 开）
ISBN：7-221-04759-6 定价：CNY14.80

J005100
金铜佛　季崇建著
上海 上海科学普及出版社 1998 年 75 页
26cm（16 开）精装 ISBN：7-5427-1340-X 定价：CNY70.00
（老古董百科大全 珍赏系列 1）

J005101
历代观音宝像
北京 中国书店 1998 年 142 页 29cm（16 开）
ISBN：7-80568-847-8 定价：CNY45.00

J005102
龙门佛教造像　张乃翥著
台北 艺术家出版社 1998 年 215 页 有照片
24cm（26 开）精装 ISBN：957-8273-00-2
定价：TWD600.00
（佛教美术全集 6）

J005103
如何欣赏唐卡　黄英峰著
台北 阁林图书有限公司 1998 年 119 页 有图
26cm（16 开）ISBN：957-9220-20-4
定价：TWD700.00
（藏传佛教艺术丛书系列）

J005104
双林寺彩塑　山西省文物局，平遥双林寺彩塑艺术馆编
天津 天津人民美术出版社 1998 年 211 页
38cm（6 开）精装 ISBN：7-5305-0899-7
定价：CNY330.00

J005105
胎藏曼荼罗图像宝典　（第一册）（日）西上青曜著
台北 唵阿吽出版社 1998 年 266 页 有图
21cm（32 开）ISBN：957-9022-10-0
定价：TWD280.00
（佛学丛书 20）

J005106
胎藏曼荼罗图像宝典　（第二册）（日）西上青曜著
台北 唵阿吽出版社 1998 年 259 页 有图
21cm（32 开）ISBN：957-9022-14-3
定价：TWD280.00
（佛学丛书 21）

J005107
胎藏曼荼罗图像宝典　（第三册）（日）西上青曜著
台北 唵阿吽出版社 1998 年 283 页 有图
21cm（32 开）ISBN：957-9022-16-X
定价：TWD280.00
（佛学丛书 22）

J005108
西藏寺庙艺术　李新建编；李振中译
重庆 重庆出版社 1998 年 232 页 21×19cm
精装 ISBN：7-5366-3832-9 定价：CNY65.00
（中国民间美术丛书）

J005109
雍和宫唐喀瑰宝　（英汉对照）雍和宫编委会编
北京 中国民族摄影艺术出版社 1998 年 2 版
144 页 26cm（16 开）ISBN：7-80069-182-9
定价：CNY88.00

J005110

安岳大足佛雕　胡文和著

台北 艺术家出版社 1999 年 255 页 有照片

24cm（26 开）精装 ISBN：957-8273-25-8

定价：TWD600.00

（佛教美术全集 10）

J005111

佛教艺术造像　贾文涛，季源业编选

天津 天津人民美术出版社 1999 年 13×13cm

（宗教艺术写真）

J005112

佛教造像法　王惕著

天津 天津人民出版社 1999 年 431 页 有图

28cm（大 16 开）精装 ISBN：7-201-02798-0

定价：CNY160.00

　　作者王惕（1938— ），女，锡伯族，编辑。

笔名惊鸿、明惕，字惊鸿，号婉若，生于北京。

毕业于中央美术附中。历任天津人民美术出版

社编辑、天津昆曲研究会副会长、中国版画家协

会、中国民俗学会、中国民间文艺家协会、中国

美术家协会天津分会会员。专著有《中华美术民

俗》《佛教造像法》《释迦牟尼传》等。

J005113

观音画艺术　米丁著

福州 福建美术出版社 1999 年 59 页 29cm（16 开）

ISBN：7-5393-0767-6 定价：CNY46.00

　　本书主要内容包括：观音画艺术、观世音菩

萨的由来、亭亭玉立的慈母形象、历代观音的造

像艺术、正坐观音等。

J005114

韩国佛教美术　陈明华编著

台北 艺术家出版社 1999 年 207 页 有照片

25cm（小 16 开）精装 ISBN：957-8273-24-X

定价：TWD600.00

（佛教美术全集 11）

J005115

话鬼说傩　张昕著

武汉 长江文艺出版社 1999 年 234 页 有图

20cm（32 开）ISBN：7-5354-1837-6

定价：CNY15.00

J005116

基督宗教美术图案集　巴博编绘

北京 宗教文化出版社［1999 年］282 页

17×19cm ISBN：7-80123-256-9

定价：CNY24.00

　　本书收录 2000 余帧美术作品，包括人物、

礼仪、信仰生活、圣经、图标、器具、教堂、装饰

等方面，是一部颇具特色的宗教文化作品。

J005117

裸体的艺术与艺术的裸体　（关于裸体艺术

研究开拓者陈醉）刘人岛编著

北京 中国戏剧出版社 1999 年 2 册（796 页）

42cm（8 开）精装 ISBN：7-104-00998-1

定价：CNY2880.00

J005118

青州龙兴寺佛教造像艺术　王华庆主编；青

州市博物馆编

济南 山东美术出版社 1999 年 193 页 29cm（16 开）

精装 ISBN：7-5330-1320-4 定价：CNY248.00

　　本书是全面介绍青州龙兴寺佛教造像的大

型画册，选刊造像百余件，还有精美造像的细节

局部，彩色图版 200 余幅。图册中还有专家学者

撰写的说明文字。

J005119

陕西佛教艺术　李淞著

台北 艺术家出版社 1999 年 239 页 有照片

24cm（26 开）精装 ISBN：957-8273-21-5

定价：TWD600.00

（佛教美术全集 9）

J005120

双林寺　王永先文；李瑞芝等摄影

太原 山西人民出版社 1999 年 71 页

19cm（32 开）ISBN：7-203-03842-4

定价：CNY20.00

　　本书是展现山西平遥县双林寺的摄影集，内

容包括古代建筑、彩塑、壁画以及历史传说、人

物等，从不同视角展示了双林寺彩塑的艺术成

就。并对双林寺的彩塑艺术特色、彩塑布局结构

特点、创作技法、展示方式和塑造方法进行了介

绍，附图片 80 幅。

J005121

西天的回声 （西域佛教艺术）古丽比亚著
长沙 湖南美术出版社 1999 年 164 页 有图
20cm（32 开）ISBN：7-5356-1311-X
定价：CNY13.00
（失落的文明丛书）

　　本书主要内容包括：丝路花雨——"一个死亡地带"上的回声；迷失的王国——楼兰佛教艺术；佛国圣地——于阗佛教艺术；异彩纷呈等。

J005122

信仰的兴衰 （宗教美术）骆公，秦天著
长春 吉林美术出版社 1999 年 144 页 有彩图
19cm（小 32 开）ISBN：7-5386-0745-5
定价：CNY14.00
（世界艺术教育文库 首批）

J005123

中国藏传佛教唐卡艺术 （汉藏文本）
北京 宗教文化出版社 1999 年 143 页 有彩照
28cm（大 16 开）经折装 ISBN：7-80123-226-7
定价：CNY396.00

　　本书为藏传佛教唐卡艺术念颂集，全书依藏传佛教文化弘法历程，依密法修持仪规传承，序上师部、菩萨部、无上瑜伽密承部、护法部、供养部，为修持密法的同参道友们提供了图文并茂看图持咒、观想上师本尊修持方便法门之法卷。

J005124

中国佛教百科丛书 （8 书画卷）章利国著
台北县 佛光文化事业股份有限公司 1999 年
339 页 21cm（32 开）ISBN：957-543-808-6
定价：TWD300.00
（佛光概论丛书 2011）

　　作者章利国（1947—　　），教授。浙江安吉人。历任中国美术学院教授、硕士生导师，中国美术家协会会员，中华美学学会会员。著有《希腊罗马美术史话》《造型艺术美学导论》《现代设计美学》等。

J005125

中国佛教百科丛书 （10 雕塑卷）刘道广著
台北县 佛光文化事业股份有限公司 1999 年
237 页 有图 21cm（32 开）ISBN：957-543-810-8
定价：TWD250.00
（佛光概论丛书 2013）

　　作者刘道广，教授。历任东南大学艺术学院教授、博士生导师，北京大学软件与微电子学院媒体艺术与设计专业硕士生导师。

J005126

宗教与艺术 （美）保罗·韦斯（Paul Weiss），（美）冯·O. 沃格特（Von Ogden Vogt ）著；何其敏，金仲译
成都 四川人民出版社 1999 年 325 页 20cm（32 开）
ISBN：7-220-04078-4 定价：CNY16.00
（宗教与世界丛书）

绘　画

J005127
小学教师应用美术　俞寄凡编著
上海 世界书局 1933 年 303 页 有图 21cm（32 开）
定价：银一元三角
　　本书分 3 编，分别讲述培养小学教师应用
的艺术常识与兴趣，小学教师应有的美术技能练
习，小学美术科适用的教材与教学法研究。

J005128
美术参考资料　贵州人民出版社编
贵阳 贵州人民出版社 1960 年 增订本
定价：CNY0.90

J005129
农村美术手册　河北人民出版社编辑
石家庄 河北人民出版社 1975 年 312 页
19cm（32 开）定价：CNY0.74
　　本书包括人物画的基本知识、怎样画素描、
怎样画速写、绘画透视基本知识、怎样着色、怎
样画连环画、工笔重彩人物画法、怎样刻木刻、
怎样画壁画、怎样布置与美化黑板报、怎样写美
术字、怎样搞剪纸、图案基本知识、怎样绘制幻
灯片、怎样布置展览等 15 部分。并有报头花边、
美术字、人物动态、风景、交通工具、生产工具、
军用武器、动物资料 8 个部分的参考资料。

J005130
农村美术手册　河北人民出版社编辑
石家庄 河北人民出版社 1976 年 重印本
312 页 19cm（32 开）统一书号：8086.551
定价：CNY0.82

J005131
美术专业词汇　（英汉对照）叶志雄编
广州 广州美术学院 1981 年 292 页
19cm（小 32 开）定价：CNY1.40

J005132
当代美术家　《当代美术家》编辑部，中国四
川美术学院编辑
重庆 重庆出版社 1984 年 86 页 28cm（16 开）
定价：CNY3.50

J005133
美术基础知识　李敦祥编著
西安 陕西人民美术出版社 1995 年 134 页
有图 26cm（16 开）ISBN：7-5368-0581-0
定价：CNY15.50
（美术技法丛书）
　　作者李敦祥（1935—　），湖南益阳人，湖南
省工艺美术职工大学副教授。

J005134
环境美术基础　段渊古，王宗侠著
西安 陕西人民美术出版社 1996 年 154 页
26cm（16 开）ISBN：7-5368-0897-6
定价：CNY16.80
　　本书为建筑、园林、花卉、室内设计美术教
学用书

J005135
美术　（第三册）国家教育委员会师范教育司
组编
北京 人民美术出版社 1996 年 144 页

26cm（16 开）ISBN：7–102–01559–3

定价：CNY19.00

J005136

美术基础与欣赏　　郝向炫，郑英锋主编

太原 山西人民出版社 1998 年 187 页 有图

26cm（16 开）ISBN：7–203–03743–6

定价：CNY23.00

J005137

美术专业高考试卷评析　　东北师范大学美术

系编

长春 东北师范大学出版社 1998 年 56 页

25×25cm ISBN：7–5602–2238–2

定价：CNY28.00

J005138

美术教育丛书　　邢凯，徐永义主编

济南 黄河出版社 1999 年 10 册 有图

26cm（16 开）ISBN：7–80152–093–9

定价：CNY260.00

J005139

美术专业教学指导　　尹继鸣主编；易云生

等著

武汉 华中师范大学出版社 1999 年 29 页

光盘 4 片 26cm（16 开）ISBN：7–5622–1991–5

定价：CNY150.00

（美术教育系列丛书）

绘画理论

J005140

画法小学　　（四卷）（明）王思义辑

明 刻本

J005141

刻皇明吴郡丹青志　　（明）王穉登撰

明 刻本 线装

（陈氏丛说）

　　八行十八字白口四周单边。

J005142

墨竹记　　（一卷）（元）张退公撰

明 刻本

（王氏书画苑）

J005143

墨竹记　　（一卷）（元）张退公撰

清初 抄本

（画苑补益）

J005144

墨竹记　　（一卷）（元）张退公撰

依样壶卢山馆 清道光 抄本

（绘事晬编）

J005145

陈眉公订正春雨杂述　　（一卷）（明）解缙撰；

（明）陈继儒订正

绣水沈氏 明万历至泰昌 刻本

（宝颜堂秘笈）

　　作者陈继儒（1558—1639），明代文学家、书

画家。字仲醇，号眉公，又号麋公。华亭（今上

海市松江县）人。主要作品有：诗文集《眉公十

集》，词集《晚香堂词》2 卷和《邵康节外纪》等。

J005146

画髓玄诠　　（五卷）（明）卓尔昌辑

卓氏雪堂 明天启六年［1626］刻本

J005147

大涤子题画诗跋　　（一卷）（清）汪绎辰辑

汪绎辰 清 抄本

　　有清汪绎辰、清丁丙跋。《苦瓜和尚画语

录一卷》（清释）道济撰、《大涤子题画诗跋一

卷（清）汪绎辰辑合订。

J005148

国朝画话　　（续辑一卷）（清）翁楚辑

清 稿本

　　《画话初稿八卷续稿八卷补遗一卷》《国朝画

话续辑一卷（清）翁楚辑合订。

J005149

画部杂录　　（二卷 外编一卷）（清）陈梦雷等辑

清 刻本

J005150

画话 （初稿八卷，续稿八卷，补遗一卷）（清）
翁楚辑
清 稿本

　　《画话初稿八卷续稿八卷补遗一卷》《国朝画话续辑一卷（清）翁楚辑合订。

J005151

画杂俎 （二十四卷）（清）袁树辑
[清]稿本

J005152

芥舟学画编 （四卷）（清）沈宗骞撰
琴书阁 清 刻本

　　本书是清代重要的绘画理论著作。卷1、2论山水，强调"宗派正法"、"避俗就雅"、"借古开今"、"笔墨合一"，代表了清代山水画坛的"正统派"见解，将董其昌、王原祁以来对山水画的见解发展为一个完整体系；卷3论传神，强调"形神逼似"、"有笔有墨"，总结肖像画经验，包前孕后，集其大成；卷4为琐论，泛论人物画创作经验及作画工具材料的使用方法。

J005153

芥舟学画编 （四卷）（清）沈宗骞撰
清 抄本

　　作者沈宗骞，清代画家、鉴赏家。字熙远，号芥舟，浙江乌程（今浙江湖州市）人。著有《芥舟学画编》。

J005154

芥舟学画编 （四卷）（清）沈宗骞撰
冰壶阁 清乾隆四十六年[1781]刻本

J005155

芥舟学画编 （四卷）（清）沈宗骞撰
清乾隆四十六年[1781]刻本 线装

　　分二册。八行十八字白口四周单边。

J005156

芥舟学画编 （四卷）（清）沈宗骞撰
民国十六年[1927]影印本 线装

　　分四册。

J005157

芥舟学画编 （四卷）（清）沈宗骞撰
民国十六年[1927]影印本 线装

　　分二册。据蠡吾齐振林写本影印。

J005158

箬庵画尘 （二卷）（清）程庭鹭撰
[清]手稿本

　　本书分上下卷，上卷"记画家轶事"，下卷"记名画"，均精审客观。作者程庭鹭（1796—1859/1858），清代画家、篆刻家。江苏嘉定（今属上海市）人。著有《以恬养智斋诗》《红蘅词》《多暇录》等。

J005159

箬庵画尘 （二卷 补遗一卷）（清）程庭鹭撰
紫庾香馆 民国十六年[1927]

J005160

山水赋 （一卷）（五代）荆浩撰
清初 抄本
（画苑补益）

J005161

书画指南 （清）佚名辑
清 抄本

　　有管庭芬跋。

J005162

论画正则 （一卷）（清）王愫撰
爱日堂 清乾隆三十二年[1767]刻本
（朴庐遗稿）

J005163

菊庄论画 （一卷）（清）王愕撰
清乾隆四十八年[1783]刻本

J005164

松壶画赘 （二卷）（清）钱杜撰
清嘉庆 刻本

　　作者钱杜（1764—1845），初名榆，字叔枚，更名杜，字叔美，号松壶小隐，亦号松壶，亦称壶公，号居士。钱塘（今浙江杭州）人。著有《松壶画诀》《松壶画忆》《松壶画赘》等。

J005165

松壶画赘 （二卷）（清）钱杜撰

清嘉庆十七年［1812］刻本 线装

　　十一行二十一字白口左右双边单鱼尾。

J005166

松壶画赘 （二卷）（清）钱杜撰

清同治至光绪 刻本

（榆园丛刻）

　　《松壶画赘二卷》《松壶画忆二卷（清）钱杜撰合订。

J005167

松壶画赘 （二卷）（清）钱杜撰

吴县潘祖荫八喜斋 清光绪六年［1880］刻本

　　《松壶画赘二卷》《松壶画忆二卷（清）钱杜撰合订。

J005168

松壶画赘 （二卷）（清）钱杜撰

上海 神州国光社 民国五年［1916］线装

（美术丛书后集）

　　分二册。收于《美术丛书后集》第五集中。

J005169

采绘辑议 （一卷）（元）王思善撰

依样壶卢山馆 清道光 抄本

（绘事晬编）

J005170

画谈 （一卷）（明）周晖撰

依样壶卢山馆 清道光 抄本

（绘事晬编）

J005171

画学杂论 （一卷）（清）蒋和撰

依样壶卢山馆 清道光 抄本

（绘事晬编）

J005172

绘宗 （一卷）（元）饶自然撰

依样壶卢山馆 清道光 抄本

（绘事晬编）

J005173

蟠螯山房论画 （二卷）（清）姜泓撰

依样壶卢山馆 清道光 抄本

（绘事晬编）

J005174

石村画诀 （一卷）（清）孔衍栻撰

依样壶卢山馆 清道光 抄本

（绘事晬编）

　　本书前有石村自序，张山来题辞。书皆自记作画之法，共 10 则："立意""取神""运笔""造景""位置""避俗""点缀""渴染""款识""图章"。其中"渴染"一则，作者自谓有秘诀，不忍泯灭，言之较详，颇具心得。

J005175

图画歌 （一卷）（宋）沈括撰

依样壶卢山馆 清道光 抄本

（绘事晬编）

　　本书内容是一篇 566 字的七言题画诗，对唐以来各家画派的作品及风格进行品评。为论画诗较重要的一篇著作。

J005176

菊庄论画 （一卷）（清）王谔撰

清道光二十三年［1843］刻本

J005177

松壶画忆 （二卷）（清）钱杜撰

清同治至光绪 刻本

（榆园丛刻）

　　本书是作者多年艺术创作的心得和长期观摩古代名迹的精到见解。分上下两卷，上卷是作者根据自己的绘画创作体会，并对前人宝贵的绘画创作经验进行总结梳理，共 65 则；下卷是作者所见的各家名迹。画家自陆探微、展子虔，而至明清蓝瑛、髡残、石涛，凡 101 则。详细记载画作的布局、画法、笔墨、画境、渊源、材料，或记尺寸、画家轶事，或录其题跋，并述及藏家、流传等。《松壶画赘二卷》《松壶画忆二卷（清）钱杜撰合订。

J005178

松壶画忆 （二卷）（清）钱杜撰

吴县潘祖荫八喜斋 清光绪六年［1880］刻本

《松壶画赘二卷》《松壶画忆二卷（清）钱杜撰合订。

J005179
松壶画忆 （二卷）（清）钱杜撰
民国 石印本

J005180
息柯杂著 （六卷）（清）杨翰撰
清同治至光绪 刻本
（息柯居士全集）

作者杨翰（1812—1879），字伯飞，一字海琴，号樗盒，别号息柯居士。直隶新城（今河北新城）人，一作宛平（今北京）人。道光二十五年（1845）进士，官至湖南辰沅永靖道。善诗词书画。著有《抱遗堂诗文集》《粤西访碑录》《小東题跋》。

J005181
笪江上先生画筌 （一卷）（清）笪重光撰；（清）金汉考订
清光绪 活字印本
（薛萝吟社所刊书三种）

本书是清代绘画理论著作。于康熙七年（1668）夏付印，全文4000余字，不分章节，通篇用骈文体对偶文字写成，一气贯注地讲述山水画理论和技法，兼及人物画和花鸟画。持论精微透彻，发前人所未发，是清代高水平的画论著作。

J005182
笪江上先生画筌 （清）笪重光撰；（清）王翚，（清）恽格评；（清）金汉考订
丹徒金汉薛萝吟社 清光绪十九年[1893]刻本 线装
（薛萝吟社四种）

九行二十一字白口四周双边单鱼尾。作者笪重光（1623—1692），清书画家。江苏句容人。字在辛，号江上外史、郁冈、扫叶道人。顺治进士。官御史。书画名重一时，画善山水，兼写兰竹，精鉴赏。主要美学思想著作有《画筌》和《书筏》。

J005183
笪江上先生画筌 （一卷）（清）笪重光撰；（清）金汉考订

清光绪十九年[1893]活字印本
（薛萝吟社所刊书三种）

J005184
读画丛谭 （四卷）（清）金汉撰
清光绪 活字印本
（薛萝吟社所刊书三种）

J005185
读画丛谭 （四卷）（清）金汉撰
丹徒金汉薛萝吟社 清光绪十九年[1893]刻本 线装
（薛萝吟社四种）

分二册。九行二十一字白口四周双边单鱼尾。

J005186
读画丛谭 （四卷）（清）金汉撰
清光绪十九年[1893]活字印本
（薛萝吟社所刊书三种）

J005187
浦山论画 （一卷）（清）张庚撰
羊城冯氏 清光绪 刻本 线装
（翠琅玕馆丛书）

本书"序论"中指出自明代以来各派绘画之弊端，推崇王原祁，主张"不囿于习，而追踪古迹，参席前贤"。分为论笔墨、论品格、论气韵、论性情、论工夫、论入门、论取资。九行二十一字黑口左右双边。收于《翠琅玕馆丛书》第三集中。作者张庚（1685—1760），清代画家、绘画理论家。原名焘，字溥三，号浦山。浙江嘉兴人。主要作品有《强恕斋集》《浦山论画》《国朝画征录》等。

J005188
浦山论画 （清）张庚撰
成都叶氏 清光绪二年[1876]刻本 线装
（诸家画说）

十行十八字白口左右双边单鱼尾。

J005189
浦山论画 （一卷）（清）张庚撰
华亭张氏 清光绪二十六年[1900]刻本
（四铜鼓斋论画集刻）

J005190

浦山论画 （清）张庚撰
清光绪二十六年［1900］刻本
（清瘦阁读画十八种）

J005191

浦山论画 （一卷）（清）张庚撰
北京 会文斋 清宣统元年［1909］刻本
（四铜鼓斋论画集刻）

J005192

薛萝吟社四种 （清）金汉辑
丹徒金汉薛萝吟社 清光绪十九年［1893］刻
本 线装
　　分二册。九行二十一字白口四周双边单
鱼尾。

J005193

清瘦阁读画十八种 （清）徐文清辑
清光绪二十六年［1900］刻本

J005194

柴丈人画诀 （一卷）（清）龚贤撰
民国
（画苑秘笈）

J005195

画学秘诀 （一卷）（唐）王维撰
上海 锦章图书局 民国 石印本 线装
（唐代丛书）
　　收于《唐代丛书》第六集第五十六帙中。作
者王维（701-761），唐代诗人、画家。字摩诘，号
摩诘居士。河东蒲州（今山西运城）人，祖籍山
西祁县。代表诗作有《相思》《山居秋暝》等。著
作有《王右丞集》《画学秘诀》。

J005196

画苑秘笈 （初编八种，二编五种）吴辟疆辑
吴县吴氏画山楼 民国 线装
　　分三册。

J005197

绘宗十二忌 （一卷）（元）饶自然撰
民国
（画论丛刊）

本书内容从布置迫塞、远近不分、山无气
脉、水无源流、境无夷险、路无出入、石止一面、
树少四枝、人物伛偻、楼阁错杂、滃淡失宜、点
染无法12个方面，论述了山水画用笔之得失。
作者饶自然（1312—1365），字太白（一云太虚），
自号玉笥山人。以诗画名世，山水画深得马远
笔法。

J005198

南画指南 （日）加纳黄文辑
民国 石印本 有图 线装
　　分四册。

J005199

题画诗钞 （一卷）（清）王愫撰
吴县 吴氏画山楼 民国
（画苑秘笈）

J005200

写像秘诀 （一卷）（元）王绎撰
民国
（画论丛刊）

J005201

履园画学 （一卷）（清）钱泳撰
上海 神州国光社 民国元年［1912］
（美术丛书）

J005202

陈眉公订正春雨杂述 （一卷）（明）解缙撰；
（明）陈继儒订正
上海 文明书局 民国十一年［1922］石印本
（宝颜堂秘笈）
　　据明万历刻本印。作者陈继儒（1558—
1639），明代文学家、书画家。字仲醇，号眉公，
又号麋公。华亭（今上海市松江县）人。主要作
品有：诗文集《眉公十集》，词集《晚香堂词》2卷
和《邵康节外纪》等。

J005203

经艺 （一卷）（宋）郭若虚撰
泰东图书局 民国十一年［1922］影印本 线装
（王氏书画苑）
　　据明刻本影印。作者郭若虚，北宋书画评论
家。太原（今山西）人。著有《图画见闻志》。

J005204

画兰琐言　杨鹿鸣撰

民国十三年［1924］线装

（兰言四种）

J005205

画筌丛谈　胡佩衡撰

长兴王氏泉园　民国十五年［1926］铅印暨影印本　有图　线装

　　作者胡佩衡（1892—1962），蒙古族，山水画家。谱名锡铨，又名衡，字佩衡，号冷庵，外号胡涂克图，以字行。河北涿县人。历任中国画学研究会和湖社画会评议，华北大学教授，北京师范大学讲师，北平艺术专科学校教授，北京中国画研究会常务理事、北京画院画师兼院务委员。著有《山水入门》《桂林写生》《胡佩衡画集》。

J005206

绘卷物之艺术民俗学的意义　（关于绘画上的时间性之发生）（日）竹内胜太郎著

［1930—1949年］17页23cm（10开）

（北京近代科学图书馆丛刊5）

J005207

画偈　（一卷）（明释）弘仁撰

民国二十一至二十五年［1932—1936］影印本

（安徽丛书）

J005208

画法撮要　沈议编

上海　中华书局　民国二十二年［1933］线装

　　白纸本。

J005209

西洋画概论　倪贻德著

上海　现代书局　1933年　314页21cm（32开）

定价：一元二角

　　本书分西洋画的基础知识、素描、水彩、油画、人物画、风景画、静物画、动物画、现代绘画的基础观念等10章。作者倪贻德（1901—1970），著名油画家、美术理论家和美术教育家。笔名尼特，毕业于上海美术专科学校。历任浙江美术学院教授、第一副院长、全国美协理事、浙江省美协副主席等职。著作有《西洋画概论》《水彩画研究》《画人行脚》《艺术漫谈》《近代艺术》。

还有小说集《玄武湖之秋》《东海之滨》《百合集》等。

J005210

中西画学纲要　马振麟编著

上海　新亚书店　1933年　206页　有图

19cm（32开）定价：银七角

　　本书内容包括：中西画学说总论与概况、写生原理概论、西画画法各论、西洋绘画史略、图画理论与用具、图画画法各论、中国绘画史略。

J005211

春觉斋论画　林纾撰

北平　燕京大学图书馆　民国二十四年［1935］

有图　线装

　　本书是近代林纾创作的中国画论著作，提出绘画的"陶情养心"观点，认为"西洋机器之图与几何之画，方称有用。若中国之画，特陶情养心最妙之物"。重传神，也重形似，重合"理"。主张画家多种风格，对"以为粉彩填砌即为俗，水墨渲染即为雅"的论点提出异议，主张"法律须尊古人，景物宜师造化"。

J005212

春觉斋论画遗稿　林纾撰

北平　燕京大学图书馆　民国二十四年［1935］

线装

J005213

绘画的理论与实际　史岩著

上海　商务印书馆　1935年　342页　有图

19cm（32开）定价：大洋一元

　　本书内容包括：油画水彩画与素描的剖说、活用的绘画理论、写生的实际知识。

J005214

绘画的理论与实际　史岩著

上海　商务印书馆　1935年　再版　342页

有图　19cm（32开）定价：大洋一元

J005215

绘画概说　丰子恺著

上海　亚细亚书局　民国二十四年［1935］118页

19cm（32开）定价：大洋七角

（基本知识丛书）

本书分 8 章，内容包括：绘画艺术的性状、绘画的种类、绘画的技法、绘画的理喻、中国绘画的完成、中国绘画的繁荣、文艺复兴期的西洋绘画、十九世纪以来的西洋绘画。

J005216
美术 （上册）汪亚尘编
上海 商务印书馆 1935 年 ［160 页］有图
19×27cm 定价：大洋一元四角
　　本书为师范学校美术教材，每册有图例 32 幅，每图作简单说明，并有美术起源、美术思潮、中国画和水彩画、西洋美术史略、水彩画等介绍。作者汪亚尘（1894—1983），美术家、美术教育家。号云隐，浙江杭州人。毕业于东京美术学校。代表作《金鱼》。

J005217
美术 （下册）汪亚尘编
上海 商务印书馆 1935 年 ［160 页］有图
19×27cm 定价：大洋一元六角

J005218
绘画概说　丰子恺著
上海 中国文化服务社 1936 年 再版 118 页
19cm（32 开）

J005219
西画论丛　倪贻德著
上海 中华书局 1936 年 140 页 有图
18cm（32 开）定价：国币五角
　　本书收录《绘画的鉴赏》《海的画家》《法兰西三大平民美术家》《近代绘画的代表作》《现代绘画的技巧论》等 15 篇论文。

J005220
长喜斋论画诗　龚韵珊撰
民国二十六年［1937］线装

J005221
卅年一得　张仲英撰
民国二十九年［1940］石印本 线装

J005222
图画常识　丰子恺著
桂林 文化供应社 1941 年 48 页 有图

16cm（25 开）定价：国币二角五分
（青年新知识丛刊）
　　本书分上、下编。上编包括：图画的形式、内容；中西画的特色、发展等 6 节；下编包括：中西画的基本练习、写生法、远近法、色彩法、构图法等 6 节。

J005223
工厂美术工作与新闻工作　程默著
上海 晨光出版社 1950 年 定价：CNY0.30

J005224
工人谈画画　程默撰辑
天津 知识书店 1950 年 33 页 17cm（40 开）
定价：1.80
（大众方向丛书）

J005225
绘画基本理论　周方白著
上海 商务印书馆 1950 年 定价：CNY0.47
（美术丛书）

J005226
绘画基本理论　周方白著
上海 商务印书馆 1954 年 5 版 67 页 有图
18cm（15 开）定价：旧币 4,700 元
（美术丛书）

J005227
新美术运动及其他　陈叔亮撰
上海 商务印书馆 1950 年 11+147 页
15cm（40 开）定价：CNY4.00
（人民百科小册）
　　作者陈叔亮（1901—1991），工艺美术教育家、书画家。浙江黄岩人，名寿颐。毕业于上海美术专科学校。曾在延安鲁迅艺术学院任教，历任华东文化部艺术处副处长、中央工艺美术学院院长、中国美术家协会理事、中国书法家协会副主席。有剪纸艺术专著《窗花》《新美术运动及其他》。

J005228
绘画浅说　（一）王影著
石家庄 大众美术出版社 1952 年 定价：CNY0.18

J005229

绘画浅说 （二）王影著

石家庄 大众美术出版社 1952 年 定价：CNY0.18

J005230

绘画浅说 （三）王影著

石家庄 大众美术出版社 1952 年 定价：CNY0.13

J005231

绘画浅说 （四）王影著

石家庄 大众美术出版社 1952 年 定价：CNY0.14

J005232

绘画浅说 （五）王影著

石家庄 大众美术出版社 1952 年 定价：CNY0.42

J005233

绘画基本知识讲话　陶荫培编撰

上海 上海文化出版社 1954 年 118 页 有图
20cm（32 开）定价：旧币 8,000 元

J005234

对青年艺术家谈谈技巧　（苏）萨维茨基著；
倪焕之译

上海 上海人民美术出版社 1955 年 2 版［54 页］
有图 19cm（32 开）定价：CNY0.33

J005235

生活·书籍·插图　（苏）卡缅斯基（А.Камен-
ский）著；崔永泉译

上海 上海人民美术出版社 1955 年 33 页 有图
21cm（32 开）定价：CNY0.30
（造型艺术理论译丛）

J005236

苏联主题画中的冲突问题　（苏）波里施楚克
著；王燕浪译

上海 新文艺出版社 1955 年 27 页 19cm（32 开）
定价：一角一分
（文艺理论学习小译丛 第七辑 之十）

J005237

业余绘画教材　全苏克鲁普斯卜娅人民创作
室编；马文启译

北京 朝花美术出版社 1955 年 232 页 有图

20cm（32 开）定价：CNY1.65

J005238

谈绘画的冲突问题　（苏）约干松（Б.Иоган-
сон）等著；吴行健等译

上海 新艺术出版社 1956 年 有图 18cm（32 开）
定价：CNY0.31

　　本书收录《正确处理现代生活的主题》《苏
维埃情节性绘画里的冲突问题》《社会主义现实
主义与艺术家底个性》。

J005239

风俗画·历史画·军事画　（苏）查托洛夫等
著；朝花美术出版社辑译

北京 朝花美术出版社 1957 年 47 页
19cm（32 开）统一书号：8028.1324
定价：CNY0.18

J005240

风俗画·历史画·军事画　（苏）查托洛夫等
著；姚岳山等译

北京 中央美术学院 1955 年 16 页 26cm（16 开）
定价：CNY0.18

J005241

谈绘画　王琦著

北京 人民美术出版社 1958 年 154 页 有图
20cm（32 开）统一书号：8027.1827
定价：CNY0.80

J005242

俄汉对照美术专业常用词汇编　张荣生编译

北京 商务出版社 1959 年 定价：CNY0.26

　　译者张荣生（1932— ），教授。别名荣升，
辽宁营口人，毕业于哈尔滨外国语学院。任中
央美术学院俄语老师、编译，共同课教研室主
任、教授。编著有《非洲岩石艺术》《柯罗—艺术
家·人》《非洲雕刻》《俄汉对照美术专业常用词
汇编》等。

J005243

画学汇编　（五种）王畅安编辑

王畅安 1959 年 油印本 有图 线装

　　本汇编包括：《绘事指蒙一卷（明）邹德中
编，（明）洪楩增补》《画解一卷（明）钦抑撰》《胭

脂录一卷（清）洪朴辑;《折肱录一卷（清）周济撰;《濠梁知乐集一卷》金章撰辑。

J005244
绘事指蒙 （一卷）（明）邹德中编;（明）洪梗校刊
北京 中国书店 1959 年 影印本 有图 线装
定价：CNY1.60
　　据明嘉靖间钱塘洪梗校刻本影印

J005245
壮游万里话丹青 傅抱石等著
南京 江苏人民出版社 1962 年 50 页 有图
20cm（32 开）统一书号：8100.967
定价：CNY0.28
（美术理论丛书）
　　本书收录傅抱石等人的文章数篇。记述作者深入生活从事创作的感受与经验，探讨如何继承发扬传统和绘画理论问题。

J005246
论神似及其它 （中国传统绘画艺术问题）华普著
上海 上海人民美术出版社 1963 年 43 页 有图
21cm（32 开）统一书号：8081.5282
定价：CNY1.70

J005247
绘画基础知识 四川美术学院《绘画基础知识》编写组编写
天津 天津人民美术出版社 1972 年 113 页
有图 20cm（32 开）统一书号：8073.50013
定价：CNY0.55
（工农兵美术丛书）

J005248
绘画基础知识 四川美术学院《绘画基础知识》编写组编写
天津 天津人民美术出版社 1979 年 2 版
125 页 有图 20cm（32 开）统一书号：8073.50068
定价：CNY0.60

J005249
现代绘画理论 刘其伟编著
台北 雄狮图书公司 1972 年 255 页 20cm（32 开）

定价：CNY15.08

J005250
英雄壮美　画卷生辉 河南人民出版社编
郑州 河南人民出版社 1972 年 66 页 32cm（10 开）
统一书号：8105.344 定价：CNY0.32

J005251
美术 湖南省师范教材编写组编
长沙 湖南人民出版社 1973 年 71 页 19×26cm
统一书号：K7109.970 定价：CNY1.33

J005252
美术学习资料 黔东南苗族侗族自治州文化局编
黔东南苗族侗族自治州文化局 1973 年 40 页
19cm（32 开）

J005253
现代绘画理论
台北 雄狮图书公司 1975 年 255 页 20cm（32 开）

J005254
芬奇论绘画 （意）芬奇（L.de.Vinci）著;戴勉编译
北京 人民美术出版社 1979 年 240 页
19cm（32 开）统一书号：8027.6997
定价：CNY0.74
　　本书总结了作者毕生的经验，写下许多关于绘画的笔记和论述。内容包括当时绘画界提出的构图法、明暗法、透视法和心理描写等各方面的问题。

J005255
美术 （第一册）湖南省教材教学研究室编
长沙 湖南人民出版社 1979 年 32 页 19×26cm
统一书号：K7109.1223 定价：CNY1.20

J005256
美术 （第一册）湖南省教材教学研究室编
长沙 湖南人民出版社 1981 年 81 页 26cm（16 开）
定价：CNY1.20

J005257
美术 （第二册）湖南省教材教学研究室编

长沙 湖南人民出版社 1981 年 61 页 26cm（16 开）
定价：CNY1.30

J005258
阿英美术论文集　阿英著
北京 人民美术出版社 1982 年 184 页 +46 幅图
19cm（32 开）统一书号：8027.7650
定价：CNY1.15

　　作者阿英（1900—1977），现代著名剧作家、
文艺批评家。安徽芜湖人，别名钱杏邨、钱德赋。
著有诗歌、小说、散文，尤以戏剧成就最高，代
表作品有历史剧《李闯王》等，著有《阿英文集》。

J005259
美术纵横　（第一辑）中国美术家协会江苏分
会编辑
南京 江苏人民出版社 1982 年 268 页 有图
19cm（32 开）统一书号：8100.036
定价：CNY0.78
（美术史论丛编）

　　本书内容包括：艺坛评论；革命美术史料；
原始艺术；扬州画派；画家传记；书法；谈艺录；
明画史料；调查研究等。

J005260
美术纵横　（第二辑）中国美术家协会江苏分
会编
南京 江苏美术出版社 1986 年 394 页 有图
20cm（32 开）统一书号：8353.7.013
定价：CNY2.80
（美术史论丛编）

J005261
美术纵横　（第三辑）中国美术家协会江苏分
会编
南京 江苏美术出版社 1987 年 245 页 有图
20cm（32 开）统一书号：CN8353.7023
定价：CNY2.80
（美术史论丛编）

J005262
绘画与光　蓓蒂·L.施莱姆著；郑录高编译
天津 天津人民美术出版社 1983 年 26 页
22cm（32 开）统一书号：8073.50252
定价：CNY1.80

本书包括有关光的基本理论，以及和光有直
接关系的其他各种绘画因素；并用范图进行了具
体的解说。

J005263
美术　（第一册）安徽省师范学校《美术》编写
组编
合肥 安徽教育出版社 1983 年 113 页
26cm（16 开）统一书号：7276.58
定价：CNY0.90

J005264
海粟黄山谈艺录　刘海粟著
福州 福建人民出版社 1984 年 363 页 有照片
21cm（32 开）统一书号：10173.624
定价：CNY1.80，CNY2.80（精装）

　　本书收录 32 篇文章，分 4 部分：画余漫笔
篇、黄岳怀旧篇、黄岳浇花篇、黄岳语丝篇。

J005265
绘画基础知识　黄堃源，张文博编著
广州 岭南美术出版社 1984 年 109 页 有图
19cm（32 开）统一书号：8260.0934
定价：CNY1.70

　　本书分 15 章，前 5 章讲素描、色彩、构图、
透视、人体的基本知识，后 10 章讲水彩、水粉、
油画、国画、版画、宣传画、连环画（附年画）、漫
画、图谱、应用美术的基础技法。附插图 100 多
幅。作者黄堃源，国家一级美术师。广州画院专
业画家，中国美术家协会会员。油画作品有《凤
凰花开》《小鸟天堂》《八骏》《胡杨树》《源远流
长》等。

J005266
如何看　（人为环境阅读引导手册）（美）尼尔
逊（Nelson, G.）著；王钰校订；胡致薇等译
台北 尚林出版社 1984 年 232 页 24cm（16 开）
定价：TWD300.00

　　外文书名：How to See: A Guide to Reading
our Manmade Environment.

J005267
现代绘画理论　刘其伟编著
台北 雄狮图书公司 1984 年 252 页 有照片
20cm（32 开）定价：TWD150.00

外文书名：The Theory of Modern Art.

J005268

中国历代画论采英　杨大年编著
郑州 河南人民出版社 1984 年 342 页
21cm（32 开）统一书号：8105.1284
定价：CNY1.30

本书辑录我国自战国以来历代画论著作的名篇精段约 300 则，其性质主要论述画理、画法。全书按内容归类为 20 章，除对原文作了必要的校勘、标点、注释外，每章末尾并有"本章说明"，以阐释原著的奥蕴精义，帮助读者了解这一章理论问题的由来。

J005269

点线面（绘画元素分析论）（俄）康丁斯基（Kandinsky）著；吴玛悧译
台北 艺术家出版社 1985 年 168 页 有图
21cm（32 开）定价：TWD150.00
（艺术家丛书）

外文书名：Punkt und Linie zu Flache.

J005270

画余论画　叶浅予著
天津 天津人民美术出版社 1985 年 317 页
有图 19cm（32 开）统一书号：8073.50322
定价：CNY3.00

本书 6 部分，内容包括：说古论今；画理探索；画家评论；人物画辩；关于速写；序、跋、评、议。作者叶浅予（1907—1995），教授、画家。浙江桐庐人。历任中国美协副主席、中国画研究院副院长、中央美院教授。曾为茅盾小说《子夜》、老舍剧本《茶馆》等书插图。作品有长篇漫画《王先生》《小陈留京外史》《天堂记》等。著有《画馀记画》《十年恶梦录》等。

J005271

硕士学位论文集　（美术卷）中国艺术研究院研究生部编
北京 文化艺术出版社 1985 年 418 页
20cm（32 开）ISBN：8228.097 定价：CNY2.05

J005272

透视现代美术　许坤成著
台北 艺讯出版社 1985 年 212 页 有图

26cm（16 开）精装 定价：TWD350.00

J005273

艺术的精神性　（俄）康丁斯基（Kandinsky）著；吴玛悧译
台北 艺术家出版社 1985 年 112 页 有图
21cm（32 开）定价：TWD150.00
（艺术家丛书）

外文书名：Uber Das Geistige in Der Kunst.

J005274

海粟画语　丁涛，周积寅编
南京 江苏美术出版社 1986 年 155 页 有图
20cm（32 开）统一书号：8353.014
定价：CNY1.90

编者丁涛（1941— ），教授。笔名松海，就读于辽宁省文化艺术大学和南京艺术学院美术系。南京艺术学院任教。代表作品有《半调集—艺苑漫步录》《论刘海粟》等。

J005275

美术常识　徐君萱等著
北京 中国青年出版社 1986 年 290 页 有图
19cm（32 开）统一书号：8009.52
定价：CNY1.65

作者徐君萱（1934— ），油画家、教授。江苏江阴人，毕业于浙江美术学院油画系，留校任教。中国美术家协会会员。出版有《徐君萱油画风景写生》《徐君萱－中国当代艺术家画库》《素描研究》《水彩画技法》《美术常识》等。

J005276

美术基础教程　宋守宏等编
济南 山东美术出版社 1986 年 224 页 有图
19cm（32 开）统一书号：8332.823
定价：CNY7.00

作者宋守宏（1939—2010），画家。山东青岛人，毕业于山东艺术专科学院。历任国家一级美术师，山东青岛工艺美术学校校长，编著有《美术基础教程》《水彩画技法》《水彩风景画基础》等。

J005277

美术五十讲　《富春江画报》编辑部编
杭州 浙江人民美术出版社 1986 年 466 页

有图版 20cm（32 开）定价：CNY4.50

本书简述了不同门类美术，以及各个画种的基础理论，形式特征、制作材料和基本技法。全书涉及中国画、油画、版画、雕塑、连环画、年画、宣传画等。并附有中外名作和数百幅技法插图，以及 16 页彩色图版。

J005278

张大千画说　上海书画出版社编

上海 上海书画出版社 1986 年 133 页 有肖像

26cm（16 开）统一书号：8172.1658

定价：CNY19.40

张大千（1899—1983），国画大师、山水画大家、书法家。四川内江人，祖籍广东番禺。代表作有《爱痕湖》《长江万里图》《四屏大荷花》《八屏西园雅集》等。

J005279

绘画散论　曾景初著

成都 四川美术出版社 1987 年 243 页

19cm（32 开）ISBN：7-5410-0065-5

定价：CNY1.65

本书收录《中国绘画中的线及其技法》《油画民族化问题的刍议》《试谈木刻版画的民族化——学习鲁迅论美术的一点体会》《早知不入时人眼 多买胭脂画牡丹——谈年画创作》《谈满与空》《漫谈学识》《画什么 怎么画 美在哪里》《关于真实——与邵养德同志商榷》《我对人物画的一些意见》《北大荒风情版画展观后》《不知所云——兼谈画上题字》等。

J005280

刘海粟艺术文选　刘海粟著；朱金楼，袁志煌编

上海 上海人民美术出版社 1987 年 569 页 有照片

20cm（32 开）精装 ISBN：7-5322-0213-5

定价：CNY8.80

本书收录作者各个时期有关美术与美术教育的重要论文、散文和演讲稿 53 种。

J005281

美术　江苏幼儿师范学校主编

上海 上海教育出版社 1987 年 225 页 有图

26cm（16 开）ISBN：7-5320-0215-2

定价：CNY2.95

J005282

清代画论四篇语译　黄复盛编译

南京 江苏美术出版社 1987 年 313 页

19cm（32 开）定价：CNY2.20

作者黄复盛（1938—　），画家。辽宁鞍山人，毕业于鲁迅美术学院国画系人物画专业。历任辽宁美术出版社副编审，中国书法家协会会员，辽宁美术家协会会员，辽宁中国画研究会理事。辽宁美术出版社副编审。代表作品有《清代画论四篇语译》《黄复盛书法辑》等。

J005283

现代美术家画论　作品　生平　（丰子恺）

丰一吟编

上海 学林出版社 1996 年 289 页 有图

24cm（20 开）精装 ISBN：7-80616-197-X

定价：CNY30.00

作者丰一吟（1929—　），女，画家、翻译学家。浙江崇德县（今桐乡市石门镇）人，丰子恺之女。毕业于中苏友协俄文学校。上海市文史研究馆馆员，丰子恺研究会顾问，上海翻译家协会会员。主要著作有《潇洒风神－我的父亲丰子恺》《丰子恺漫画全集》《爸爸的画》等。

J005284

现代美术家画论　作品　生平　（林风眠）

林风眠著；朱朴编著

上海 学林出版社 1996 年 160 页 有图

23cm（20 开）精装 ISBN：7-80510-112-4

定价：CNY29.00

作者林风眠（1900—1991），画家、艺术教育家。名绍琼，字凤鸣，后改风眠。广东梅县人。曾任国立艺术学院首任院长，中国美术家协会上海分会副主席。代表作品有《春晴》《江畔》《仕女》。

J005285

现代美术家画论　作品　生平　（潘天寿）

潘天寿著；杨成寅，林文霞编著

上海 学林出版社 1996 年 211 页 有图

23cm（20 开）精装 ISBN：7-80616-196-1

定价：CNY32.00

作者潘天寿（1897—1971），现代著名国画家，美术教育家，原名天授，字大颐，号寿者。浙江宁海县人。擅画花鸟、山水，兼善指画，亦

能书法、诗词、篆刻。曾任中国文联委员，中国美术家协会副主席，浙江省文联副主席，中国美协浙江分会主席，浙江美术学院院长、教授等职。著有《中国绘画史》《听天阁画谈随笔》等。

J005286

现代美术家画论　作品　生平　（颜文樑）
颜文梁著；林文霞记录整理
上海 学林出版社 1996年 190页 有图
23cm（32开）精装 ISBN：7-80616-198-9
定价：CNY30.00

　　作者颜文梁（1893—1988），画家、美术教育家。字栋臣，小名二官。生于江苏苏州，曾入商务印书馆画图室和法国巴黎高等美术专科学校学习。历任苏州美术专科学校教师，中央美术学院华东分院副院长，浙江美术学院顾问，中国美术家协会顾问。代表作《画室》《美术用透视学》《色彩琐谈》，出版有《颜文梁画集》《欧游小品》《苏杭风景》等。

J005287

现代美术家画论·作品·生平　（丰子恺）丰子恺，丰一吟著
上海 学林出版社 1987年 289+12页 有图
24cm（26开）精装 统一书号：8259.012
定价：CNY7.90

　　作者丰子恺（1898—1975），画家、文学家、艺术教育家。原名丰润，又名仁、仍，字子觊，后改为子恺，笔名TK，浙江嘉兴人。作品有《缘缘堂随笔》，画集《子恺漫画》等。

J005288

绘画新潮　张蔷著
南京 江苏美术出版社 1988年 120页
20cm（32开）ISBN：7-5344-0041-4
定价：CNY2.45

　　本书以详尽的资料，介绍了21个新潮美术青年艺术家群体的形成、艺术主张、创作活动；并对中国画危机，传统美术与现代美术关系，东西方艺术的异同，美术创作观念的演进，艺术审美意识之嬗变等问题进行了评析。作者张蔷（1940— ），研究员。历任江苏海门人，中国艺术研究院副研究员，中国美术研究所学术委员会副主任，中国美术家协会会员。

J005289

绘画中的后现代主义　罗青译
台北 徐氏基金会 1988年 99页 21cm（32开）
定价：旧台币 1.00
（科学图书大库）

J005290

美术基础教程　宋守宏，王笃正，梁百庚编著
济南 山东美术出版社 1988年 重印本
224页 26cm（16开）ISBN：7-5330-0074-9
定价：CNY8.00

J005291

美术理论知识　常锐伦主编；姚今迈等编著
济南 山东美术出版社 1988年 240页 有图
26cm（16开）ISBN：7-5330-0149-4
定价：CNY8.50

J005292

美术自修 100 问　宋守宏等著
济南 山东美术出版社 1988年 129页 有图
26cm（16开）ISBN：7-5330-0122-2
定价：CNY6.70

J005293

实用绘画学　赵少昂绘著
台北 艺术图书公司 1988年 157页 30cm（15开）
精装 定价：TWD600.00

　　外文书名：A Study of Chinese Paintings. 作者赵少昂（1905—1998），画家、教授。字叔仪，原籍广东番禺。"岭南派"著名画家，历任广州市立美术学校中国画系主任、广州大学美术科教授。出版有《少昂近作集》《少昂画集》《赵少昂画集》《实用绘画学》。

J005294

现代艺术观念　（英）斯坦戈斯（Stangos，N.）编；侯汉如译
成都 四川美术出版社 1988年 319+32页 有图
20cm（32开）ISBN：7-5410-0240-2
定价：CNY3.70
（现代美术理论翻译系列）

J005295

被迫谈艺录　张仃著

成都 四川美术出版社 1989 年 220 页
19cm（32 开）ISBN：7-5410-0207-0
定价：CNY2.20
（"画家论画"丛书）

　　本书为绘画理论和创作研究专著。作者张仃（1917—2010），国画家、美术教育家、美术理论家。号它山，辽宁黑山人。曾任黄宾虹研究会会长，中央工艺美术学院教授、院长等。中国人民政治协商会议会徽的设计者，中华人民共和国国徽设计提议者之一。代表作品有《张仃水墨写生》《张仃画室》。

J005296
艺术·爱·狂恋　王猛仁著
郑州 河南美术出版社 1989 年 175 页 有图
19cm（32 开）ISBN：7-5401-0088-5
定价：CNY3.00

J005297
存天阁谈艺录　刘海粟著
北京 中国青年出版社 1990 年 343 页 有图
20cm（32 开）ISBN：7-5006-0630-3
定价：CNY7.50

　　本书是刘海粟谈论艺术修养与创造经验的随笔集。全书两部分：1、"艺文·杂谈"，收录《艺术的革命观——为一九四七年〈美术年鉴〉所作》《走自己的路》《坦白——使人了解的钥匙》《艺术究竟有没有标准？》等；2、"师友·往事"，收录《知遇之恩 引导之情——纪念周恩来总理诞辰八十七周年》《三十年的夙愿——在中南海邓大姐家中作客》《和康有为论孙中山》《青松不老——回忆与胡老二三事》等。书前"序·代序"包括：胡厥文的《曾经沧海难为水》、张伯驹的《重题赤松诗》、关良的《岁寒三友》等。

J005298
美术　（绘画、工艺）人民教育出版社美术室编
北京 人民教育出版社 1990 年 193 页
26cm（16 开）ISBN：7-107-08106-3
定价：CNY6.40

J005299
美术常识　徐君萱等著
北京 中国青年出版社 1990 年 289 页 有彩图
19cm（32 开）ISBN：7-5006-0734-2

定价：CNY260.00（全 45 册）
（青年文库 新编本 37）

　　本书按国画、油画、版画、素描、水彩水粉画、雕塑、工艺美术等不同样式，分别就它们的发展简况、重要的作家及其代表作品、独特的创作技法和造型理论基础知识等作了详细介绍。

J005300
实用绘画学　赵少昂绘著
台北 艺术图书公司 1990 年 2 版 157 页
30cm（15 开）ISBN：957-9045-22-4
定价：TWD480.00

　　外文书名：A Study of Chinese Paintings.

J005301
天人论　（球体说：一个关于历史发展的假说）卢辅圣著
上海 上海三联书店 1990 年 463 页 20cm（32 开）
ISBN：7-5426-0351-5 定价：CNY10.70

　　作者卢辅圣（1949—　），编辑。浙江东阳人，毕业于浙江美术学院中国画系。历任《朵云》《书法研究》主编，上海书画出版社总编辑，中国美术家协会会员，上海美术家协会顾问。代表作品有中国画《旧游》，连环画《钗头凤》。

J005302
西方画论辑要　杨身源，张弘昕编著
南京 江苏美术出版社 1990 年 732 页
20cm（32 开）ISBN：7-5344-0125-9
定价：CNY9.20，CNY13.00（精装）

　　本书收录了公元 5 世纪至 20 世纪，希腊、罗马、意大利等 15 个国家的 227 位著名画家，1200 篇画论。按照年代先后编排，分为古希腊罗马和中世纪画论、文艺复兴时期画论、17 世纪和 8 世纪画论、19 世纪画论、20 世纪画论 5 篇。并附有画论作者生平和代表作简介。外文书名：Treasury of Western Theories on Arts.

J005303
现代绘画形式与技巧　鸥洋编著
合肥 安徽美术出版社 1990 年 128 页 有图
19cm（32 开）

　　本书讲述西方现代绘画的各种流派、各种风格和表现技巧。作者鸥洋（1937—　），女，生于湖北武昌，原籍江西龙南，毕业于广州美术学

院，留校任教。历任广州美术学院教授，中国美术家协会会员，中国油画学会理事，广东美术家协会油画艺术委员会委员，广东油画学会副主席。代表作有《女民警》《往事涌心头》《金色的秋天》等。

J005304

象征的图像　（贡布里希图像学文集）（英）贡布里希（Gombrich，E.H.）著；杨思梁，范景中编选

上海　上海书画出版社 1990 年 530 页 有照片 26cm（16 开）精装 ISBN：7-80512-010-2

定价：CNY45.00

外文书名：Symbolic Images. 作者贡布里希（Ernst Hans Josef Gombrich，1909—2001），英国美学家、艺术史家。生于奥地利首都维也纳，后移居英国并加入英国国籍。曾任伦敦大学教授。著有《艺术与幻觉》《象征的图象》《艺术发展史》等。

J005305

眼睛的潜力　（阿恩海姆《艺术与视知觉》导引）冯能保著

南京　江苏教育出版社 1990 年 236 页 19cm（32 开）ISBN：7-5343-1027-X

定价：CNY2.50

（世界学术名著导引丛书 第 1 辑）

J005306

美术形态学　王林著

重庆　重庆出版社 1991 年 293 页 有图 20cm（32 开）ISBN：7-5366-1655-4

定价：CNY6.50

本书用系统方法，从共时性和历时性两个方面对美术世界进行了描述，重点是美术样式及其历史形态。作者王林，籍贯辽宁，生于西安，长在四川。毕业于重庆师院中文系。四川美术学院教师，美术批评家。参加撰写有《艺术教育学》等。

J005307

现代绘画形式与技巧　鸥洋编著

合肥　安徽美术出版社 1991 年 重印本 128 页 有图 19cm（32 开）ISBN：7-5398-0037-2

定价：CNY12.00

J005308

艺海纵横　周韶华著

武汉　湖北美术出版社 1991 年 333 页 有图 20cm（32 开）ISBN：7-5394-0260-1

定价：CNY7.00

本书是周韶华绘画理论研究的一部分。作者周韶华（1929— ），画家。山东荣城人，毕业于中原大学美术系。历任湖北省美术院院长，湖北省文联主席，中国国家画院院务委员等职。代表作品有《茶山之歌》《渤海湾的晨光》《黄河魂》等，出版有《大河寻源画集》《周韶华画选》《周韶华六十年艺术探索画集》《中国近现代名家画集 - 周韶华》。

J005309

中国美术十年　（张蔷美术文集）张蔷著

长沙　湖南美术出版社 1991 年 269 页 20cm（32 开）ISBN：7-5356-0486-2

定价：CNY4.80

外文书名：Chinese Fine Arts Ten Years：Zhang Qiang Collected Works of Fine Arts. 作者张蔷（1940— ），研究员。历任江苏海门人，中国艺术研究院副研究员，中国美术研究所学术委员会副主任，中国美术家协会会员。

J005310

迟轲教授学术研讨交流文集　（1992）广州美术学院美术史论研究室编

广州　岭南美术出版社 1992 年 434 页 20cm（32 开）ISBN：7-5362-0840-5

定价：CNY6.80

作者迟轲（1925—2012），著名美学家、美术批评家。原名迟雁鸣，出生于天津，祖籍山东宁津。曾任广州美术学院教授、广东美学学会会长。代表作品《西方美术史话》。

J005311

美术——开启灵慧之窗　孙振华著

广州　暨南大学出版社 1992 年 222 页 19cm（小 32 开）ISBN：7-81029-091-6

定价：CNY3.50

（美育丛书 第 1 辑）

J005312

少儿绘画辅导探索　（英）凯特莉（Keightley，

Moy）著；刘迎朗，刘勉怡译编

长沙　湖南美术出版社　1992 年　175 页　有彩照

20cm（32 开）ISBN：7-5356-0552-4

定价：CNY13.70

（美术教育译丛）

　　本书分上下两篇。上篇题为美术是一种语言。着重讨论美术教育要帮助学生认知掌握美术的基本语汇、线条、形状、颜色、纹理、图案等。下篇题为美术语言的运用。附图 132 幅。作者摩伊·凯特莉，北伦敦专科学校美术系主任兼美术与设计中心学院讲师。译者刘勉怡（1944—　），湖南湘乡人，湖南美术出版社任职。

J005313

绘画创作内向深入论　谈士屺著

武汉　湖北美术出版社　1993 年　203 页

19cm（小 32 开）ISBN：7-5394-0418-3

定价：CNY5.10

　　本书收录《论绘画艺术表现中的内向深入》《对中国文化传统的再认识》《美术与科学》等 30 篇论文。作者谈士屺（1941—　），画家。湖北人。自号长江帚笔，得志斋主等。历任中国美术家协会湖北分会理事、湖北省书法家协会会员、鄂州中国画研究院院长。主要作品有《东窗》《东坡起舞》《飞旋》《南窗》《朱熹内省图》《黄鹤归楼》等。

J005314

美术　（第一册）人民教育出版社美术室编著

北京　人民教育出版社　1993 年　242 页　有彩图

26cm（16 开）ISBN：7-107-08147-0

定价：CNY10.20

　　本书内容分为：美术鉴赏、素描、选学知识、教学问答、名作欣赏、教学简笔画等。中等师范学校教科书。

J005315

美术形态学　王林著

台北　亚太图书出版社　1993 年　286 页　有图

23cm（20 开）ISBN：957-8510-31-4

定价：TWD350.00

（艺术生活 2）

J005316

绘画的形态语言　李淳，孙波编译

南昌　江西美术出版社　1994 年　重印本　159 页

18×20cm ISBN：7-80580-078-2

定价：CNY10.00

　　本书内容包括绘画形态语言的基本理论和图例分析两部分。

J005317

蒋兆和论艺术　蒋兆和著；刘曦林主编

北京　人民美术出版社　1994 年　181 页　有照片

20cm（32 开）ISBN：7-102-01375-2

定价：CNY10.00

　　本书收录美术及其他文章 20 余篇，其中有《怀念悲鸿先生》《谈素描问题》《谈传统人物写生的基本锻炼》等。作者蒋兆和（1904—1986），国画家、美术教育家。原名万绥，改名兆和。生于四川泸州，祖籍湖北麻城。历任上海美术专科学校、中央美术学院教授，中国美术家协会理事，中国文联委员，中国画研究院院务委员，民盟中央文教委员会委员。代表作品《流民图》，出版有《蒋兆和画册》《蒋兆和画集》《蒋兆和画选》等。

J005318

美术学习与高考指南　范凯熹执笔

广州　岭南美术出版社　1994 年　237 页

19cm（小 32 开）ISBN：7-5362-1073-6

定价：CNY9.00

　　作者范凯熹，教授。中国美术学院上海设计学院副院长、教授、硕士生导师，兼任中国设计师协会理事、国际商业美术师协会特聘专家等职。出版有《设计艺术教育方法论》《包装设计教程》。

J005319

邵宇文集　张进贤编

北京　人民美术出版社　1994 年　212 页

20cm（32 开）ISBN：7-102-01303-5

定价：CNY8.00

J005320

艺术涂抹：论儿童绘画的意义　（美）加登纳著；兰金仁，高金利译

北京　中国商业出版社　1994 年　315 页

20cm（32 开）ISBN：7-5044-2838-8

定价：CNY9.50

J005321
美术 （第二册）国家教育委员会师范教育司
组编
北京 人民美术出版社 1995 年 140 页
26cm（16 开）ISBN：7-102-01449-X
定价：CNY18.50

J005322
美术 （第三册）人民教育出版社美术室编著
北京 人民教育出版社 1995 年 341 页 有彩照
26cm（16 开）ISBN：7-107-11439-5
定价：CNY27.20

J005323
美术 王中州主编；部分省市职业高中幼儿
教育专业课程结构总体改革实验教材编写委员
会编
北京 高等教育出版社 1996 年 82+144 页
有彩图 26cm（16 开）ISBN：7-04-005576-7
定价：CNY45.00

J005324
美术 鲍凤林主编
呼和浩特 内蒙古大学出版社 1996 年 212 页
26cm（16 开）ISBN：7-81015-587-3
定价：CNY16.00

J005325
美术院校考生基础绘画分论
石家庄 河北美术出版社 1996 年 84 页
26cm（16 开）ISBN：7-5310-0742-8
定价：CNY22.00

J005326
中西画论选解 黄复盛著
沈阳 辽宁美术出版社 1996 年 304 页 有图
20cm（32 开）ISBN：7-5314-1396-5
定价：CNY18.50
　　作者黄复盛（1938— ），画家。辽宁鞍山人，
毕业于鲁迅美术学院国画系人物画专业。历任
辽宁美术出版社副编审，中国书法家协会会员，
辽宁美术家协会会员，辽宁中国画研究会理事。
辽宁美术出版社副编审。代表作品有《清代画论
四篇语译》《黄复盛书法辑》等。

J005327
绘画物语 （当代画体另类物象）羲千郁著
台北 生智文化事业公司 1997 年 142 页
24cm（26 开）精装 ISBN：957-8637-41-1
定价：TWD300.00

J005328
林风眠画语 林风眠［述］；朱朴编著
上海 上海人民美术出版社 1997 年 127 页
20cm（32 开）ISBN：7-5322-1735-3
定价：CNY12.70
（日月山画谭）
　　本书收录《艺术与美学》《艺术是什么》《东
西艺术之异同》《东西艺术之沟通》《艺术与社
会》《创造时代的艺术美》。书后附《林风眠年谱》。
作者林风眠（1900—1991），画家、艺术教育家。
名绍琼，字凤鸣，后改风眠。广东梅县人。曾任
国立艺术学院首任院长，中国美术家协会上海分
会副主席。代表作品有《春晴》《江畔》《仕女》。

J005329
刘海粟画语 刘海粟［著］；沈虎编
上海 上海人民美术出版社 1997 年 101 页
20cm（32 开）ISBN：7-5322-1738-8
定价：CNY11.20
（日月山画谭）
　　作者刘海粟（1896—1994），画家、美术教育
家。名槃，字季芳，号海翁。江苏武进人。参与
创办上海私立美术学院。曾任华东艺术专科学
校校长，南京艺术学院院长。代表作《黄山云海
奇观》《披狐皮的女孩》《九溪十八涧》等，有画
集《黄山》《海粟老人书画集》等。

J005330
美术 马宝康主编
天津 天津科学技术出版社 1997 年 145 页
有图 26cm（16 开）ISBN：7-5308-2338-8
定价：CNY28.00

J005331
潘天寿谈艺录 潘天寿著；潘公凯编
杭州 浙江人民美术出版社 1997 年 223 页
有肖像 20cm（32 开）ISBN：7-5340-0717-8
定价：CNY17.00
　　本书收录《艺术与人生》《艺术之民族

性》《继承与变革》《造化与心源》《人品与画品》《风格、独创》《气骨、境界》《用笔》《用墨》《用色》《布置》《题款与印章》《指墨画》《画史》《中国画教学》。附录《潘天寿传略》。作者潘天寿(1897—1971)，现代著名国画家，美术教育家，原名天授，字大颐，号寿者。浙江宁海县人。擅画花鸟、山水，兼善指画，亦能书法、诗词、篆刻。曾任中国文联委员，中国美术家协会副主席，浙江省文联副主席，中国美协浙江分会主席，浙江美术学院院长、教授等职。著有《中国绘画史》《听天阁画谈随笔》等。

J005332

朱屺瞻画语　朱屺瞻［著］；纫石编

上海　上海人民美术出版社　1997 年　112 页

20cm（32 开）ISBN：7-5322-1736-1

定价：CNY11.80

（日月山画谭）

　　作者朱屺瞻(1892—1996)，国画家。历任上海美术专科学校教授，上海新华艺术专科学校绘画研究所主任，中国美术家协会顾问、中国书法家协会理事，上海美术家协会常务理事，上海中国画院画师，上海师范大学艺术系教授等职。代表作品《朱屺瞻画集》《癖斯居画谈》《朱屺瞻画选》。

J005333

鲁虹美术文集　鲁虹著

武汉　湖北美术出版社　1998 年　311 页

20cm（32 开）ISBN：7-5394-0802-2

定价：CNY20.00

（当代美术批评文丛）

J005334

美术　（第一册）人民教育出版社美术室编著

北京　人民教育出版社　1998 年　236 页 26cm（16 开）

ISBN：7-107-13170-2 定价：CNY23.90

J005335

西方画论辑要　杨身源，张弘昕编著

南京　江苏美术出版社　1998 年［2 版］修订本

48+760 页 20cm（32 开）ISBN：7-5344-0125-9

定价：CNY30.00

　　本书收录 5 世纪至 20 世纪，希腊、罗马、意大利等 15 个国家的 227 位著名画家，1200 篇画论。按照年代先后编排，分为古希腊罗马和中世纪画论、文艺复兴时期画论、17 世纪和 8 世纪画论、19 世纪画论、20 世纪画论 5 篇。并附有画论作者生平和代表作简介。外文书名：Treasury of Western theorieson arts。

J005336

艺术的精神性　（德）康丁斯基(Kandinsky)著；吴玛悧译

台北　艺术家出版社　1998 年　111 页 有图

21cm（32 开）ISBN：957-9530-10-6

定价：TWD150.00

（艺术家丛书）

J005337

20 世纪中国大师画论书系　翟墨主编

郑州　河南人民出版社　1999 年　10 册　有照片

20cm（32 开）

　　作者翟墨(1941—2009)，编辑。原名翟葆艺，河南尉氏人。毕业于郑州大学中文系和中国艺术研究院研究生部美术系。历任《郑州晚报》记者，《中国美术报》副主编，《美术观察》杂志副主编，中国艺术研究院中国文化研究室研究员，东方美术交流学会理事等。作品有《艺术家的美学》《绘画美》等。

J005338

绘画艺术思维的新空间　高振美著

北京　朝华出版社　1999 年　164 页　有图

20cm（32 开）ISBN：7-5054-0659-0

定价：CNY38.00

　　本书是作者多年的教学实践及油画创作中的归纳与总结。其从艺术思维的角度，阐述了绘画艺术语言的起源、生成和发展，并对其进行了切实的艺术哲理的探讨。作者高振美(1940—)，女，画家、教授。陕西米脂县人，毕业于中央美术学院。中国美术家协会会员，中国少数民族美术促进会会员，北京市女美术家联谊会会员。著有《绘画艺术思维的新空间》《高振美画集》等，译著有《钢笔绘画艺术》等。

J005339

绘画语言论　汪晓曙著

南昌　江西美术出版社　1999 年　541 页 有图

21cm（32 开）ISBN：7-80580-591-1

定价: CNY49.90

作者汪晓曙(1956—),画家。江西南城人,毕业于师范学院美术系。历任江西师范大学艺术学院副教授,中国美术家协会会员,中国水彩画家协会会员,江西省水彩画研究会理事、秘书长,《东方画报》主编。著有《绘画语言》《绘画创作》《美术创作学》等。

J005340

林风眠画论　李净编著
郑州 河南人民出版社 1999 年 10+138 页
有照片 20cm(32 开) ISBN: 7-215-04249-9
定价: CNY10.90
(20 世纪中国大师画论书系)

林风眠(1900—1991),画家、艺术教育家。名绍琼,字凤鸣,后改风眠。广东梅县人。曾任国立艺术学院首任院长,中国美术家协会上海分会副主席。代表作品有《春晴》《江畔》《仕女》。

J005341

罗工柳艺术对话录　[罗工柳述];刘骁纯整理
太原 山西教育出版社 1999 年 211 页 有图
21cm(32 开) ISBN: 7-5440-1757-5
定价: CNY29.00
(艺术家论艺术丛书)

罗工柳(1916—2004),画家、教授。广东开平县人,毕业于杭州艺术专科学校和鲁迅艺术文学院美术系。中央美术学院教授。著有《罗工柳画集》《巨匠周刊·罗工柳·专集》《罗工柳艺术对话录》等。作者刘骁纯(1941—),又名刘小纯,河南洛阳人,中国艺术研究院美术研究所研究员,著有《致广大与精微:秦谊艺术略论》《从动物快感到人的美感》《解体与重建:论中国当代美术》等。

J005342

美术　(全一册)张石昇等主编
哈尔滨 黑龙江美术出版社 1999 年 91 页
29cm(16 开) ISBN: 7-5318-0658-4
定价: CNY22.80

本书内容包括:美术概论与欣赏;素描基础知识和画法;美术字、图案的应用;装饰绘画、剪纸、贺卡设计与制作。

J005343

名师点化　颜新元主编
长沙 湖南美术出版社 1999 年 5 册 29cm(16 开)

主编颜新元(1952—),民间美术家。生于湖南桃江,毕业于中央美术学院。历任北京航空航天大学新媒体艺术与设计学院教授,中国艺术研究院博士生导师。著作有《湖湘文库:湖湘民间绘画》《中国当代新民间艺术》等。

J005344

吴冠中画论　翟墨编著
郑州 河南人民出版社 1999 年 10+137 页
有照片 20cm(32 开) ISBN: 7-215-04254-5
定价: CNY10.90
(20 世纪中国大师画论书系)

作者翟墨(1941—2009),编辑。原名翟葆艺,河南尉氏人。毕业于郑州大学中文系和中国艺术研究院研究生部美术系。历任《郑州晚报》记者,《中国美术报》副主编,《美术观察》杂志副主编,中国艺术研究院中国文化研究室研究员,东方美术交流学会理事等。作品有《艺术家的美学》《绘画美》等。

J005345

徐悲鸿画论　裔萼编著
郑州 河南人民出版社 1999 年 10+127 页
有照片 20cm(32 开) ISBN: 7-215-04252-9
定价: CNY10.50
(20 世纪中国大师画论书系)

J005346

张仃画论　剑武,李梅编著
郑州 河南人民出版社 1999 年 10+127 页
有照片 20cm(32 开) ISBN: 7-215-04257-X
定价: CNY10.00
(20 世纪中国大师画论书系)

本书内容包括:张仃传略和张仃画论。收录《生活与艺术》《民族传统》《民间艺术》《中外艺术交流》《人品与画品》《学识修养》《艺术创作》《艺术语言》《画家、画派》。

J005347

中阶主义　翁美娥著
台北 文化大学出版部 1999 年 135 页
有图 30cm(10 开) ISBN: 957-0340-08-8

定价：TWD400.00

外文书名：Mouvement Intermediaire.

绘画教育、绘画艺术 通俗读物、绘画艺术 丛书及工具书

J005348

爱美生学画记　雷家骏编
上海 商务印书馆 1928 年 3 版 41 页 有图
19cm（32 开）定价：大洋一角五分
（儿童艺术丛书 1）

J005349

绘画辞典　吴恒勤编绘；汪亚尘校订
上海 艺术图书社 ［1936 年］2 册（110；118 页）
19cm（32 开）
（新华艺术专科学校丛书）
　　本书包括交通器具、建筑物、植物、动物、
人物、风景等内容。书末附军事、影画基本描写、
图案资料、色彩简说。

J005350

少年美术故事　丰子恺著
上海 开明书店 1937 年 126 页 有图 19cm（32 开）
定价：国币三角五分
（开明少年丛书）
　　本书为绘画少年读物，收录《贺年》《初
雪》《花纸儿》《初步》《喂食》《踏青》《远足》等
24 篇。

J005351

绘画书简　黄茅著
桂林 春草书店 1943 年 112 页 有图 19cm（32 开）
　　本书分 5 辑，以书信体形式讲述：美术与人
生的关系、绘画的发生、内容和形式、中国绘画
简史、中国绘画特点、十九世纪的西洋绘画、漫
画艺术、木刻艺术等论题。

J005352

给绘画青年　黄茅著
上海 开明书店 1948 年 144 页 18cm（15 开）
定价：二角四分
（开明青年丛书）

J005353

简易美术工作手册　鲁艺美术部编
长春 新华书店东北总分店 1950 年 43 页 有图
26cm（16 开）
（群众文娱活动小丛书）

J005354

绘画手册　美术工作室编
保定 河北人民出版社 1951 年 定价：CNY0.20

J005355

论绘画与素描教学法　（苏）约甘松（Б.В.И－
огансон）著；严逸译
上海 华东人民美术出版社 1954 年 53 页 有图
20cm（32 开）定价：旧币 9,700 元
（造型艺术理论丛书）

J005356

美术参考资料　贵州人民出版社编
贵阳 贵州人民出版社 1958 年 78 页 有图
26cm（16 开）统一书号：8115.114
定价：CNY0.75

J005357

群众美术手册　鲁迅美术学院编绘
沈阳 辽宁画报社 1958 年 影印本 101 页
12×18cm 统一书号：T8117.720 定价：CNY0.28

J005358

绘画心理学　（苏）伊格纳契也夫（ЕИИг－
натьев）等著；孙晔等译
北京 科学出版社 1959 年 280 页 有图
20cm（32 开）统一书号：2031.48 定价：CNY1.70

J005359

图画暂用教材　浙江省师范教材编写组编
杭州 浙江教育出版社 1959 年 111 页
20cm（32 开）统一书号：K7155.112
定价：CNY0.50

J005360

开明图画讲义　台湾开明函授学校编
台北　开明书店 1960 年 213 页 有图
19cm（32 开）定价：TWD0.80

J005361

图画暂用教材　（第一分册）浙江省师范教材
编写组编
杭州　浙江人民出版社 1964 年 2 版 66 页
20cm（32 开）统一书号：K7103.264
定价：CNY0.38

J005362

图画暂用教材　（第二分册）浙江省师范教材
编写组编
杭州　浙江人民出版社 1964 年 2 版 70 页
20cm（32 开）统一书号：K7103.265
定价：CNY0.28

J005363

美术　林晃达译
台北　徐氏基金会 1977 年 43 页 有图
20cm（32 开）定价：旧台币 0.60
（科学图书大库 童子军科学丛书 第六辑 1）

J005364

美术　（第一册）黄冈地区美术教材编写组编
武汉　湖北人民出版社 1978 年 40 页 19×26cm
统一书号：K7106.1369 定价：CNY0.28

J005365

美术　（第二册）黄冈地区美术教材编写组编
武汉　湖北人民出版社 1978 年 56 页 19×26cm
统一书号：K7106.1428 定价：CNY1.21

J005366

美术　（第三册）黄冈地区美术教材编写组编
武汉　湖北人民出版社 1979 年［86 页］有图
26cm（16 开）统一书号：K7106.1481
定价：CNY0.89

J005367

美术　（第四册）黄冈地区美术教材编写组编
武汉　湖北人民出版社 1979 年 51 页 19×26cm
统一书号：K7106.1522 定价：CNY0.72

J005368

美术书简　（与年轻朋友谈美术）谢里法著
台北　雄狮图书公司 1980 年 2 版 128 页
19cm（32 开）定价：TWD50.00

J005369

美术专业教学大纲　（试用本）
北京　北京师范大学出版社 1984 年 198 页 有图
19cm（32 开）统一书号：8243.3 定价：CNY0.70

J005370

英汉美术词典　钟肇恒编
上海　上海外语教育出版社 1984 年 435 页 有图
20cm（32 开）定价：CNY4.50
　　本书收词 1.1 万条，内容包括绘画、雕塑、
工艺美术、建筑艺术、艺用解剖、透视、美术史
论以及中外美术家人名和简介等。收录名作 200
余幅。外文书名：An English-chinese Dictionary of
Fine Arts.

J005371

中等师范学校美术教学大纲　（试行草案）
南京师范学院美术系编辑
北京　人民美术出版社 1984 年 16 页 有图
19cm（32 开）统一书号：8027.8194
定价：CNY0.07

J005372

美术之友　（1985 第一期）《美术之友》编辑委
员会编辑
北京　人民美术出版社 1985 年 64 页 有图
26cm（16 开）统一书号：8027.9533
定价：CNY0.30

J005373

中国美术名词浅释　康明瑶编
石家庄　河北美术出版社 1985 年 359 页
13cm（60 开）统一书号：8087.878
定价：CNY1.20
　　本书内容包括：美术专用名词术语，画家
及画派，绘画种类；部分绘画作品简介，绘画著
作简介；还有关于绘画题材，绘画技法，绘画工
具材料及工艺美术名词术语，陶瓷工艺，雕刻工
艺，织绣工艺，青铜工艺，民间工艺，雕塑，建筑
名词等的解释。

J005374

美工　扬州市中等职业教育教材编写组编
南京 江苏教育出版社 1986 年 325 页
19cm（32 开）统一书号：K7351.060
定价：CNY1.55

J005375

画丛
呼和浩特 内蒙古人民出版社 1987 年 40 页
26cm（16 开）ISBN：7-204-00276-8
定价：CNY1.30

J005376

绘画　人民教育出版社幼儿教育室编
北京 人民教育出版社 1987 年 136 页
26cm（16 开）定价：CNY3.35

　　本书内容包括：静物、风景、动物、人物、图
画 5 个部分，以装饰性水粉画为主。

J005377

幼儿师范学校课本　（手工 全一册）人民教
育出版社幼儿教育室编
北京 人民教育出版社 1987 年 26cm（16 开）

J005378

幼儿师范学校课本　（图案 全一册）人民教
育出版社幼儿教育室编
北京 人民教育出版社 1987 年 26cm（16 开）

J005379

幼儿师范学校美术教学大纲　（试行草案）
国家教育委员会制订
北京 人民教育出版社 1987 年 19 页 19cm（32 开）
ISBN：7-107-09052-6 定价：CNY0.11

　　本书分 8 部分，内容包括：教学目的和任务；
教材编选原则；教学内容；三年制各学年教学安
排和课时分配；各学年教学内容和教学要求；教
学方法；课外美术活动；教学设备和管理。

J005380

画丛
呼和浩特 内蒙古人民出版社 1988 年 40 页
26cm（16 开）定价：CNY1.30

J005381

书画篆刻实用辞典　岑久发主编
上海 上海书画出版社 1988 年 779 页 20cm（32 开）
精装 ISBN：7-80512-175-3 定价：CNY13.50

　　本书分绘画、书法、篆刻、文房用品 4 编。
其中前 3 编又分：术语（各种书画用语、基本技
法）；作家（历代主要的书画、篆刻家和各种流
派）；作品（历代著名的绘画、碑帖、墨迹、印玺
等）；论著（历代主要书画论著简介）等 4 大类。

J005382

幼儿师范学校课本　（绘画 全一册）人民教
育出版社幼儿教育室编
北京 人民教育出版社 1988 年 重印本 136 页
26cm（16 开）ISBN：7-107-09041-0
定价：CNY3.35

J005383

绘画百科辞典　高峰政编绘
台南 大孚书局 1989 年 259 页 有图
22cm（30 开）定价：TWD120.00

J005384

书画气功初探　姜成楠著
北京 中国文联出版公司 1989 年 151 页
20cm（32 开）ISBN：7-5059-0099-4
定价：CNY2.25

　　作者姜成楠（1944— ），画家。字雪父，曾
用名孔羽、一南，斋号红叶居等。出生于北京，
祖籍辽宁新金。历任北京军区炮兵政治部宣传
处文化干事，北京军区政治部文艺创作室美术
创作员、美术组长，中国书画收藏家协会艺术顾
问，河北美术学院名誉院长、教授等职。著有《用
笔八要》《谈墨韵》《书画气功研究》等。

J005385

图像与眼睛　（图画再现心理学的再研究）
（英）贡布里希（Gombrich, E.H.）著；范景中等译
杭州 浙江摄影出版社 1989 年 474 页 有图
20cm（32 开）ISBN：7-80536-034-0
定价：CNY7.50

　　外文书名：The Image and the Eye.

J005386

美术心理学　（苏）库津（Кузин，В.С.）著；

周新、王燕春译
北京 人民美术出版社 1990 年 242 页 有图
26cm（16 开）ISBN：7-102-00592-X
定价：CNY18.40

　　本书分 5 编 17 章，对美术心理学作了较深入的分析，除普通心理学问题以外，对于儿童心理学和教育心理学的问题，艺术创作和造型艺术的心理学问题也进行了阐述。反映苏联艺术专科教育心理学课程教学的特点。

J005387

西洋绘画实用词典　（美）巴朗（Barron, J.）著；程方，宋元生译
北京 人民美术出版社 1990 年 244 页 有图
19cm（32 开）ISBN：7-102-00477-X
定价：CNY4.55

　　本书特点是词条收集广泛，解释明晰。内容包括：绘画材料及技巧之介绍；艺术评论术语，绘画各流派、人物、运动的原理；专业绘画实用词汇。还附有 72 幅图解性插图。作者约翰·巴朗，纽约市艺术联唱终身盟员，曾任纽约影视学校讲师。

J005388

现代绘画辞典　（法）雷蒙·柯尼亚等著；徐庆平，卫衍贤译
北京 人民美术出版社 1991 年 366+143 页 有图
20cm（32 开）精装 ISBN：7-102-00916-X
定价：CNY19.50

　　本书是从法文版翻译的艺术工具书，共有 228 个条目，内容包括：艺术流派、艺术家、画商、评论家、理论刊物等内容。

J005389

绘画　（东西方文化的冲撞）王庆生著
台北 淑馨出版社 1992 年 201 页 有照片
21cm（32 开）ISBN：957-531-237-6
定价：TWD140.00
（艺术教育与美学研究丛书 3）

　　作者王庆生（1943—　），记者、编辑。江苏南京人，从事报社编辑和记者工作。

J005390

万影图苑　宣森主编
石家庄 河北少年儿童出版社 1992 年 2007 页

26cm（16 开）精装 ISBN：7-5376-0822-9
定价：CNY95.00

　　本书记录了数万个图形，包括人体、历史、文物、文化艺术、生活用品、动物、自然风光等诸多方面，展示了人类的历史风貌。

J005391

中学教师进修高等师范专科美术教育专业教学大纲　国家教育委员会师范教育司编
长春 东北师范大学出版社 1992 年 131 页
20cm（32 开）ISBN：7-5602-0708-1
定价：CNY2.50

J005392

创造与心智的成长　（美）罗恩菲德（Lowenfeld, Viktor）著；王德育译
长沙 湖南美术出版社 1993 年 494 页 20cm（32 开）
ISBN：7-5356-0568-0 定价：CNY17.90
（美术教育译丛）

　　本书为观察研究美术创造结合心智成长的关系以及每一发展阶段最有效的教学法和教材等。外文书名：Greative and Mental Growth. 作者维克多·罗恩菲德，美国美术教育家。

J005393

美术教育方法论　郭绍纲，范凯熹著
广州 岭南美术出版社 1993 年 258 页
19cm（小 32 开）ISBN：7-5362-0986-X
定价：CNY9.80

　　本书论述了美术教育在学校德育、智育、体育、美育和劳动教育中的基本职能、教学方法理论、学习方法理论以及现代美术教育教学技术和方法等问题。作者郭绍纲（1932—　），画家、艺术教育家。曾用名享邑。北京昌平人，毕业于中央美术学院和苏联列宾美术学院学习油画。历任武汉中南美专教师，广州美术学院院长、教授。代表作《锻工像》《红帽姑娘》《牡丹盛开》等。作者范凯熹，教授。中国美术学院上海设计学院副院长、教授、硕士生导师，兼任中国设计师协会理事、国际商业美术师协会特聘专家等职。出版有《设计艺术教育方法论》《包装设计教程》。

J005394

书画气功研究　姜成楠著
北京 科学普及出版社 1993 年 172 页 有照片

20cm（32 开）ISBN：7-110-02499-7
定价：CNY4.50

　　本书对传统书画美学理论和气功健身理论进行了深入探讨，并总结出一套系统实用的书画气功理论和功法。作者姜成楠（1944— ），画家。字雪父，曾用名孔羽、一南，斋号红叶居等。出生于北京，祖籍辽宁新金。历任北京军区炮兵政治部宣传处文化干事，北京军区政治部文艺创作室美术创作员、美术组长，中国书画收藏家协会艺术顾问，河北美术学院名誉院长、教授等职。著有《用笔八要》《谈墨韵》《书画气功研究》等。

J005395

书林画苑　墨瑶，水秀编写
延吉 东北朝鲜民族教育出版社 1993 年 168 页
有插图 19cm（小 32 开）ISBN：7-5437-1459-0
定价：CNY3.00
（我爱中华丛书 第四辑）

J005396

学生绘画知识与美术欣赏　曹春生等著
沈阳 辽宁少年儿童出版社 1993 年 156 页
有彩图 19cm（小 32 开）ISBN：7-5315-1423-0
定价：CNY1.70
（小学新书系 文体娱乐系列）

　　本书介绍了素描、水彩画、水粉画、油画、中国画、版画、雕塑知识。

J005397

东方书画　（1994 总第 1 期）许祖良，张学成编辑；东方书画编辑部编
南京 江苏美术出版社 1994 年 56 页 有图
29cm（16 开）ISBN：7-5344-0384-7
定价：CNY6.80
　　外文书名：Oriental Calligraphy and Painting.

J005398

东方书画　（1994 总第 2 期）许祖良，张学成编辑；东方书画编辑部编
南京 江苏美术出版社 1994 年 56 页 有图
29cm（16 开）ISBN：7-5344-0385-5
定价：CNY6.80
　　外文书名：Oriental Calligraphy and Painting.

J005399

东方书画　（1995 第 1 期 总第 3 期）许祖良主编；东方书画编辑部编
南京 江苏美术出版社 1995 年 56 页 有图
29cm（16 开）ISBN：7-5344-0424-X
定价：CNY6.80
　　外文书名：Oriental Calligraphy and Painting.

J005400

河南省中等学校招生美术专业考试大纲
河南省教委招生工作办公室编
郑州 河南美术出版社 1994 年 26 页 26cm（16 开）
ISBN：7-5401-0426-0 定价：CNY12.00

J005401

绘画与书法趣话　张润青，路基编著
北京 光明日报出版社 1994 年 176 页
19cm（小 32 开）ISBN：7-80091-568-9
定价：CNY4.40
（百科知识趣话丛书）

J005402

美术　吉林省中等师范学校教材编写委员会编
长春 吉林人民出版社 1994 年 208 页 有彩图
26cm（16 开）ISBN：7-206-02230-8
定价：CNY15.00

J005403

美术　（第一册）国家教育委员会师范教育司组编
北京 人民美术出版社 1994 年 136 页 有彩图
26cm（16 开）ISBN：7-102-01423-6
定价：CNY26.00

J005404

美术文献　（丛书 1994.1. 总第 1 辑 中国流专辑）《美术文献》编辑部编
武汉 湖北美术出版社 1994 年 60 页 有图 丛书
26cm（16 开）ISBN：7-5394-0490-6
定价：CNY15.00
　　外文书名：Art Literature.

J005405

美术文献　（丛书 1994.2. 总第 2 辑 中国后具象专辑）《美术文献》编辑部编

武汉 湖北美术出版社 1994 年 60 页 有图
26cm（16 开）ISBN：7-5394-0491-4
定价：CNY15.00
　　外文书名：Art Literature.

J005406
美术文献 （丛书 1995 年 . 总第 3 辑 中国彩
墨画）彭德主编；《美术文献》编辑部编辑
武汉 湖北美术出版社 1995 年 60 页
29cm（16 开）ISBN：7-5394-0524-4
定价：CNY15.00
　　主编彭德（1946— ），教授、一级美术师。
笔名楚迟，湖北天门人，毕业于华中师范大学中
文系。曾任湖北省文联副编审，中国美术家协会
会员。主编有《美术思潮》《楚艺术研究》《楚文
艺论集》《美术文献》等。著作有《美术志》《中
华五色》。

J005407
美术文献 （丛书 1995 年第 2 辑 . 总第 4 辑
中国女画家专辑）《美术文献》编辑部［编］
武汉 湖北美术出版社 1995 年 59 页 有图
29cm（16 开）ISBN：7-5394-0599-6
定价：CNY15.00

J005408
美术文献 （丛书 1995 第 3 辑 . 总第 5 辑 乡
土油画专辑）《美术文献》编辑部编
武汉 湖北美术出版社 1995 年 60 页 有图
29cm（16 开）ISBN：7-5394-0605-4
定价：CNY15.00

J005409
美术文献 （丛书 1995.5. 增卷一 周韶华专
辑）《美术文献》编辑部［编］
武汉 湖北美术出版社 1995 年 99 页 有图
29cm（16 开）ISBN：7-5394-0578-3
定价：CNY25.00
　　周韶华（1929— ），画家。山东荣城人，毕
业于中原大学美术系。历任湖北省美术院院长，
湖北省文联主席，中国国家画院院务委员等职。
代表作品有《茶山之歌》《渤海湾的晨光》《黄
河魂》等，出版有《大河寻源画集》《周韶华画
选》《周韶华六十年艺术探索画集》《中国近现代
名家画集 – 周韶华》。

J005410
美术文献 （丛书 1996 年第 1 辑 . 总第 6 辑
中国版画专辑）《美术文献》编辑部［编］
武汉 湖北美术出版社 1996 年 60 页 有图
29cm（16 开）ISBN：7-5394-0621-6
定价：CNY15.00

J005411
美术文献 （丛书 1996 年第 2 辑 . 总第 7 辑
想象性油画专辑）《美术文献》编辑部［编］
武汉 湖北美术出版社 1996 年 60 页 有图
29cm（16 开）ISBN：7-5394-0637-2
定价：CNY15.00

J005412
美术文献 （丛书 1997 年 . 总第 9 辑 旅美华
人画家专辑）《美术文献》编辑部［编］
武汉 湖北美术出版社 1997 年 60 页 有图
29cm（16 开）ISBN：7-5394-0680-1
定价：CNY18.00

J005413
美术文献 （丛书 1997 年 . 总第 10 辑）《美术
文献》编辑部［编］
武汉 湖北美术出版社 1997 年 有图
29cm（16 开）ISBN：7-5394-0680-1
定价：CNY18.00

J005414
美术文献 （丛书 1998 年 . 总第 11 辑 象征与
寓意油画专辑 1）《美术文献》编辑部编
武汉 湖北美术出版社 1998 年 60 页 有图
29cm（16 开）ISBN：7-5394-0640-2
定价：CNY18.00
　　外文书名：Fine Arts Literature.

J005415
美术文献 （丛书 1998 年 . 总第 12 辑 象征与
寓意油画专辑 2）《美术文献》编辑部编
武汉 湖北美术出版社 1998 年 60 页 有图
29cm（16 开）ISBN：7-5394-0641-0
定价：CNY18.00
　　外文书名：Fine Arts Literature.

J005416

美术文献 （丛书 1998 年．总第 14 辑 素描专辑．1）王华祥主编；《美术文献》编辑部编
武汉 湖北美术出版社 1999 年 60 页 有图
29cm（16 开）ISBN：7-5394-0837-5
定价：CNY18.00

　　主编王华祥（1962— ），画家。出生于贵州，毕业于贵州省艺术学校。中央美术学院造型学院副院长，中央美术学院版画系主任、博士生导师，国际学院版画联盟主席，西安美术学院客座教授，万圣谷美术馆馆长，中国美术家协会会员。代表作品《将错就错》《反向教学系统》《无主板套色木刻》等。

J005417

美术文献 （丛书 1999 年．总第 15 辑 素描专辑．2）王华祥主编；《美术文献》编辑部编
武汉 湖北美术出版社 1999 年 60 页 有图
29cm（16 开）ISBN：7-5394-0753-0
定价：CNY18.00

J005418

英汉美术词典　　钟肇恒编
上海 上海外语教育出版社 1994 年 增订本
569+62 页 有图 20cm（32 开）
ISBN：7-81009-755-5 定价：CNY25.00

　　外文书名：An English-Chinese Dictionary of Fine Arts.

J005419

彩色的世界　　武广久编著；车天德等绘
济南 明天出版社 1995 年 122 页 20cm（32 开）
ISBN：7-5332-2142-7 定价：CNY385.00（全套）
（全国小学生课外丛书）

J005420

河南省高等学校招生美术类专业考试大纲
侯福禄，肖红主编
郑州 河南美术出版社 1995 年 28 页 有照片
26cm（16 开）ISBN：7-5401-0488-0
定价：CNY12.00

J005421

绘画百科辞典　　林永蓁编著
九龙 艺术出版社 1995 年 206 页 19cm（32 开）

J005422

美术及其教育　　尹少淳著
长沙 湖南美术出版社 1995 年 329 页 20cm（32 开）
ISBN：7-5356-0723-3 定价：CNY11.00
（跨世纪美术教育研究丛书）

　　作者尹少淳（1957— ），湖南师范大学艺术学院美术系副教授。

J005423

美术教育论丛　　李永长著
兰州 兰州大学出版社 1995 年 188 页 有图
19cm（小 32 开）ISBN：7-311-00853-0
定价：CNY7.00

　　作者李永长（1940— ），原名李科秀，甘肃武威市人，就读于兰州艺术学院。历任敦煌艺术学院副院长、美术系主任，甘肃省美协副主席，甘肃省美术教育研究会副会长等职。代表作品有《风沙线上》《赤子情》《金秋》等。出版有《陈胜斗孔鲋》《元元见到了孙悟空》。

J005424

美术选修教程　　叶茂涵主编
成都 四川教育出版社 1995 年 62+176 页 有图
26cm（16 开）ISBN：7-5408-2749-1
定价：CNY14.00

　　作者叶茂涵（1939— ），四川隆昌人。毕业于西南师范学院美术系。历任成都师范学校教师，四川省艺术教育委员会委员，中国美术家协会四川分会会员，中国教育学会美术专业委员会会员，四川省教育学会理事。主编有《中师美术选修教程》《中师美术课外活动指导》等。

J005425

美术演义　　蒋家举，相匀撰文
北京 华语教学出版社 1995 年 270 页 20cm（32 开）
ISBN：7-80052-483-3 定价：CNY11.00
（中小学课堂学习新广角）

J005426

中等师范学校教科书美术第一册教学参考书　　三年制中师美术教材编写组编
北京 人民美术出版社 1995 年 216 页 有图
26cm（16 开）ISBN：7-102-01555-0
定价：CNY25.00

J005427

中央工艺美术学院入学考试专业试卷评析：素描、速写、色彩专业设计基础　张廷禄主编

长春 吉林美术出版社 1995 年 158 页 有图 26cm（16 开）ISBN：7-5386-0454-5

定价：CNY32.00

J005428

走进美术王国　武广久编著；王静等绘

济南 明天出版社 1995 年 154 页 20cm（32 开）

ISBN：7-5332-2142-7 定价：CNY385.00（全套）

（全国小学生课外丛书）

J005429

少年学美术　（素描）关涛，邵闯著

沈阳 辽宁美术出版社 1996 年 142 页 19×26cm

ISBN：7-5314-1415-5 定价：CNY20.00

　　作者关涛（1941— ），满族，教师。毕业于沈阳师范学校。历任沈阳市和平区少年宫高级美术教师，中国美术教育研究会会员，中国美术家协会辽宁分会会员。著作有《儿童学画》《学画教程》《学画入门》《儿童学画 100 例》《儿童学画套书》《智力游戏》等。

J005430

少年学美术　（色彩 上）张振华，吴家栋编著

沈阳 辽宁美术出版社 1997 年 120 页 19×26cm

ISBN：7-5314-1806-1 定价：CNY34.00

　　作者张振华，教师。江苏徐州市人。毕业于南京艺术学院中国画专业，留校任教。作品有《冬树》《冬景》。

J005431

少年学美术　（中国画 上）吴家栋等编著

沈阳 辽宁美术出版社 1997 年 120 页 19×26cm

ISBN：7-5314-1805-3 定价：CNY33.00

J005432

少年学美术　（书法 1）圣璞编著

沈阳 辽宁美术出版社 1998 年 2 版 128 页

19×26cm ISBN：7-5314-1804-5

定价：CNY19.50

J005433

少年学美术　（书法 上）圣璞编著

沈阳 辽宁美术出版社 1998 年 128 页 19×26cm

ISBN：7-5314-1804-5 定价：CNY19.50

J005434

少年学美术　（速写 1）吴家栋，石豁意编著

沈阳 辽宁美术出版社 1998 年 2 版 144 页

19×26cm ISBN：7-5314-1803-7

定价：CNY22.00

J005435

少年学美术　（速写 上）吴家栋，石豁意编著

沈阳 辽宁美术出版社 1998 年 144 页 19×26cm

ISBN：7-5314-1803-7 定价：CNY22.00

J005436

少年学美术　（中国画 1）吴家栋等编著

沈阳 辽宁美术出版社 1998 年 2 版 120 页

19×26cm ISBN：7-5314-1805-3

定价：CNY33.00

J005437

少年学美术　（色彩 上）张振华，吴家栋编著

沈阳 辽宁美术出版社 1999 年 3 版 96 页

19×26cm ISBN：7-5314-1806-1

定价：CNY26.00

J005438

儿童绘画与心智发展　赵云著

台北 艺术家出版社 1997 年 175 页 有图 21cm（32 开）ISBN：957-9530-87-4

定价：TWD280.00

（儿童美育丛书 6）

　　外文书名：Children's Painting and Development of One's Intellectual Capacity.

J005439

美术选修教程　叶茂涵主编；四川省教育委员会师范处编

成都 四川教育出版社 1997 年 2 版 重印本

176+64 页 有图 26cm（16 开）

ISBN：7-5408-2749-1 定价：CNY18.00

　　作者叶茂涵（1939— ），四川隆昌人。毕业于西南师范学院美术系。历任成都师范学校教

师，四川省艺术教育委员会委员，中国美术家协会四川分会会员，中国教育学会美术专业委员会会员，四川省教育学会理事。主编有《中师美术选修教程》《中师美术课外活动指导》等。

J005440
孩子的绘画为什么这么有趣　（日）安斋千鹤子著；时佩猛译
台北　汉湘文化事业公司 1998 年 252 页 有图
21cm（32 开）ISBN：957-700-763-5
定价：TWD220.00
（精致生活系列 41）

J005441
美术·图案　（第一册）人民教育出版社美术室编著
北京　人民教育出版社 1998 年 125 页
26cm（16 开）ISBN：7-107-12775-6
定价：CNY14.20

J005442
美术的教学选择　蒋良著
长沙　湖南美术出版社 1998 年 578 页 有图
20cm（32 开）ISBN：7-5356-1085-4
定价：CNY27.50
（学校艺术教育理论丛书）

J005443
美术基本功训练　（简笔画·美术字·折纸·黑板报版面设计）王福阳主编；福建省中等师范学校美术中心教研组编
福州　福建美术出版社 1998 年 [修订版]
170 页 26cm（16 开）ISBN：7-5393-0731-5
定价：CNY9.80

J005444
美术教育论与教学法　李新生，张健伟主编
郑州　河南美术出版社 1998 年 13+698 页
20cm（32 开）ISBN：7-5401-0754-5
定价：CNY36.00

J005445
美术教育学　《美术教育学》编写组编
北京　高等教育出版社 1998 年 161 页
26cm（16 开）ISBN：7-04-006359-X

定价：CNY9.00

J005446
绘画　（第二册）人民教育出版社美术室编著
北京　人民教育出版社 1999 年 69 页
26cm（16 开）ISBN：7-107-13287-3
定价：CNY8.90
　　本书在内容、教学方法、教学形式、教材形式上，均采用了灵活的方式，既培养了绘画者对形（包括平面与立体图形）的观察力、感受力与表现力；同时对运动的感知与表现，也进行了相应的美感教育。

J005447
幼儿师范学校教科书　（试用本　绘画　第一册）人民教育出版社美术室编著
北京　人民教育出版社 1999 年 重印本 103 页
26cm（16 开）ISBN：7-107-12774-8
定价：CNY12.30

绘画美学、绘画艺术理论的基本问题

J005448
绘画与生活　沈柔坚著
上海　上海人民美术出版社 1956 年 63 页 有图
19cm（32 开）统一书号：8081.1336
定价：CNY0.65
　　作者沈柔坚（1919—1998），画家、教授。福建诏安人。历任上海大学美术学院教授，中国美术家协会常务理事，中国美术家协会上海分会副主席，中国版画家协会副主席。代表作品《拉纤者》《田野》《拾草》《为了正义》《庆功图》等。

J005449
丰富的苏维埃生活是美术创作的基础
（1955—1957 年全苏美展参考资料）（苏）米哈依洛夫等著；钱琮平等译
上海　上海人民美术出版社 1958 年 94 页
20cm（32 开）统一书号：T8081.4047
定价：CNY0.45

J005450

艺术形式的探索　王琦著

成都　四川人民出版社 1982 年 217 页

19cm（32 开）统一书号：8118.1191

定价：CNY0.59

（画家论丛）

　　本书收录论著 16 篇。这些文章对美术创作的形式与内容，继承传统、借鉴外国与创新，解放思想与发展革命美术传统，以及版画艺术特点等问题，阐明了作者的见解。

J005451

风筝不断线　吴冠中著

成都　四川美术出版社 1985 年 246 页

19cm（32 开）统一书号：8373.324

定价：CNY1.54

（"画家论画"丛书）

　　本书收录 42 篇文章，大部分是 1981 年以来撰写的。

J005452

先秦至宋绘画美学　郭因著

台北　金枫出版公司 1987 年 231 页 17cm（32 开）

定价：TWD70.00

（艺术 6）

　　作者郭因（1926—　），作家、文学家。别名胡鲁焉。安徽绩溪人。历任安徽省人民政府文教委员会政策研究员，安徽省政协文史办公室副主任、文学艺术研究所副所长、艺术研究所研究员、绿色美学会名誉会长等职。著有《中国绘画美学史稿》《中国古典绘画美学中的形神论》《山水美与绘画》等。

J005453

元明绘画美学　郭因著

台北　金枫出版公司 1987 年 218 页 17cm（40 开）

定价：TWD70.00

（艺术 7）

J005454

中国古代绘画美学问题　（苏）查瓦茨卡娅著；陈训明译

长沙　湖南美术出版社 1987 年 277 页 20cm（32 开）

ISBN：7-5356-0089-1 定价：CNY1.90

　　本书内容包括：中国古代哲学的美学含义；作为特殊认识范畴的绘画美学的形成；唐和五代、宋、元绘画美学；审美标准规范化；绘画与哲学；绘画形态学；绘画的得与失；风格理论与画派理论；绘画起源理论、各个画种的理论，中国绘画的社会现象。卷首有作者自序，卷末有附引用文献和参考书目。

J005455

中国近代绘画美学　郭因著

台北　金枫出版公司 1987 年 292 页 17cm（40 开）

定价：TWD70.00

（艺术 8）

J005456

玄妙的线条和块面——绘画美　申远初著

贵阳　贵州人民出版社 1990 年 96 页 19cm（32 开）

ISBN：7-221-02076-0 定价：CNY1.50

（青少年美育丛书）

J005457

绘画美　（心灵同画面的视觉交谈）翟墨著

武汉　湖北教育出版社 1991 年 197 页 有彩图

19cm（小 32 开）ISBN：7-5351-0587-4

定价：CNY2.20

（中学生美学文库）

J005458

绘画美学　徐书城著

北京　人民出版社 1991 年 197 页 有彩图

19cm（小 32 开）ISBN：7-01-000829-9

定价：CNY2.75

（美学袖珍丛书）

　　本书论述了绘画美学基本理论和基础知识，探讨了再现与表现、具体与抽象、理智与情感等在绘画艺术中所表现出来的复杂关系。

J005459

绘画美　杨家安，李亚平著

长春　北方妇女儿童出版社 1992 年 177 页

19cm（小 32 开）ISBN：7-5385-0804-X

定价：CNY2.60

　　本书阐述了东方文化与西方现代艺术的互映，导致绘画艺术由一元化向多元化发展等问题。

J005460

凝固的乐章 （绘画、雕塑美的欣赏）萧菲著

太原 希望出版社 1993 年 148 页 有彩图

19cm（小 32 开）ISBN：7-5379-1173-8

定价：CNY4.50

（发现美的眼睛丛书）

J005461

画境探幽 （中国绘画美学初探）高建平著

香港 天地图书公司 1995 年 296 页 21cm（32 开）

ISBN：962-257-831-4 定价：HKD60.00

（文学中国丛书）

J005462

绘画美学 徐书城著

北京 东方出版社 1997 年 重印本 197 页

19cm（32 开）ISBN：7-5060-0868-8

定价：CNY9.80

（东方袖珍美学丛书 8 ）

J005463

何维正的数位慧画 何维正著

台北 桑格文化公司 1998 年 277 页 有图 20×21cm

ISBN：957-9650-38-1 定价：TWD1356.00

外文书名：The Digital Illustrations of David Ho.

J005464

绘画·美学·禅宗 程至的著

北京 中国文联出版公司 1999 年 329 页 有图

20cm（32 开）ISBN：7-5059-3138-5

定价：CNY18.80

绘画工作者、绘画创作方法

J005465

古今楹联汇刻小传 吴隐著

杭州 西泠印社 1906 年 刻本 30×14cm

作者吴隐（1867—1922），近代篆刻家、书法家。原名金培，字石泉、石潜，号潜泉等，浙江绍兴人。杭州西泠印社创始人之一。

J005466

中国画家人名大辞典 孙瀫公编著

上海 神州国光社 1941 年 752 页 19cm（小 32 开）

J005467

对青年艺术谈谈技巧 （苏）萨维茨基（Г.К. Савицкий）著；倪焕之译

上海 华东人民美术出版社 1954 年 20cm（32 开）

定价：旧币 4,300 元

（造型艺术理论译丛）

J005468

论绘画中的典型问题 （苏）涅陀希文（Г.Не-дошивин）著；杨成寅译

北京 朝花美术出版社 1954 年 20cm（32 开）

定价：旧币 4,000 元

译者杨成寅（1926—2016），美术理论家、雕塑家。河南南阳市人，毕业于中央美院研究生班并留校任教。曾任《美术理论资料》《美术译丛》等刊物编辑，中国美术学院教授，中国美术家协会会员。雕塑作品有《晨读》《汤显祖像》《谢文锦像》等。

J005469

艺术大师吴昌硕 东迈著

杭州 浙江人民出版社 1958 年 34 页 有图

19cm（小 32 开）统一书号：10103.150

定价：CNY0.30

J005470

我的创作经验 郭同江口述；周佐愚整理

广州 广东人民出版社 1959 年 30 页 有图

20cm（32 开）精装 统一书号：T8111.283

定价：CNY0.22

作者郭同江（1925—2003），连环画家。广东东莞人。历任中国美术家协会会员，广东分会理事，东莞市美协主席。主要作品有《开工之前》《喜雨》《渔女春秋》《学撒网》《除田草》《珠江河畔》等。

J005471

我是怎样画画的 郭同江口述；周佐愚整理

北京 人民美术出版社 1959 年 26 页 有图

19cm（32 开）统一书号：8027.2854

定价：CNY0.20

J005472

美术创作经验谈　傅抱石等著；上海人民美术出版社编辑
上海 上海人民美术出版社 1961 年［96］页
有图 21cm（32 开）统一书号：8081.5052
定价：CNY0.58

　　本书内容包括：傅抱石、关山月创作人民大会堂巨幅国画《江山如此多娇》的创作经验谈；王式廓所写《〈血衣〉创作过程中接触到的几个问题》；王盛烈谈《创作〈八女投江〉的体会》等 13 篇文章。

J005473

柯九思史料　宗典编
上海 上海人民美术出版社 1963 年 20cm（32 开）
定价：CNY1.80

　　柯九思（1290—1343），元代著名画家。字敬仲，号丹丘、丹丘生、五云阁吏等，浙江仙居县人。存世书迹有《老人星赋》《读诔蚊赋诗》《重题兰亭独孤本》等，代表作《竹石图》《清閟阁墨竹图》《双竹图》。

J005474

形象的探索　（美术创作经验谈之二）李琦等著
上海 上海人民美术出版社 1964 年 182 页
有图 21cm（32 开）统一书号：8081.5391
定价：CNY1.60

　　本书内容包括：美术家李琦、钟涵、侯逸民、罗工柳、古元、潘鹤、吴凡、李习勤、贺友直、黄胄、晁楣、吴衍休、傅抱石、陈之佛、王个簃的创作体会；玉雕专家潘秉衡和西安几位画家的采访录和刘传的陶塑经验简介。附创作草图、局部图及作品共 55 幅。

J005475

中国人民解放军美术创作经验谈　徐华令等著
上海 上海人民美术出版社 1965 年 55 页
有图 21cm（32 开）统一书号：T8081.5531
定价：CNY0.40

J005476

美术创作学习资料　成都日报编辑部编
成都 成都日报编辑部 1972 年 61 页 26cm（16 开）

J005477

美术创作经验谈 （一）
天津 天津人民美术出版社 1973 年 31 页
有图 19cm（32 开）统一书号：8073.50008
定价：CNY0.26
（工农兵美术丛书）

J005478

美术创作经验谈 （二）
天津 天津人民美术出版社 1973 年 27 页
有图 19cm（32 开）统一书号：8073.50009
定价：CNY0.28
（工农兵美术丛书）

J005479

美术创作经验谈 （三）
天津 天津人民美术出版社 1973 年 25 页
有图 19cm（32 开）统一书号：8073.50010
定价：CNY0.28
（工农兵美术丛书）

J005480

美术创作经验谈 （四）
天津 大津人民美术出版社 1973 年 22 页
有图 19cm（32 开）统一书号：8073.50011
定价：CNY0.22
（工农兵美术丛书）

J005481

美术创作经验谈 （五）
天津 天津人民美术出版社 1975 年 17 页
有图 19cm（32 开）统一书号：8073.50034
定价：CNY0.11
（工农兵美术丛书）

J005482

美术创作经验谈 （六）
天津 天津人民美术出版社 1975 年 17 页
有图 19cm（32 开）定价：CNY0.15
（工农兵美术丛书）

J005483

美术创作经验谈 （七）
天津 天津人民美术出版社 1975 年 26 页
有图 19cm（32 开）定价：CNY0.19

（工农兵美术丛书）

J005484
美术创作经验谈 （八）
天津 天津人民美术出版社 1975年 23页 有图
19cm（32开）定价：CNY0.22
（工农兵美术丛书）

J005485
美术创作经验谈 （十 谈《开钻》等作品）
天津 天津人民美术出版社 1976年 37页 有图
19cm（32开）定价：CNY0.26
（工农兵美术丛书）

J005486
美术创作经验谈 （十一 谈《翻身奴隶决不许
历史倒退》等作品）
天津 天津人民美术出版社 1976年 24页 有图
19cm（32开）定价：CNY0.22
（工农兵美术丛书）

J005487
美术创作经验谈 （十二 谈《支农列车到山
村》等作品）
天津 天津人民美术出版社 1977年 20页 有图
19cm（32开）定价：CNY0.28
（工农兵美术丛书）

J005488
画余随笔 容天圻著
台北 商务印书馆 1974年 2版 235页
有图 16cm（25开）定价：TWD30.00
（人人文库 特80）

J005489
美术创作学习参考材料 云南省群众文化馆
编辑
昆明 云南省群众文化馆 1974年 52页
19cm（32开）

J005490
农村业余美术基础知识 福安县文化馆编辑
福安［福建］福安县文化馆 1974年 油印本
126页 19cm（32开）

J005491
为我们伟大祖国站岗 上海人民出版社编辑
上海 上海人民出版社 1976年 47页 19cm（32开）
统一书号：8171.1351 定价：CNY0.23
（美术创作丛书）

J005492
绘画创作研究 池振周著
台北 文史哲出版社 1979年 178页 有图
21cm（32开）ISBN：957-547-753-7
定价：TWD150.00

J005493
听天阁画谈随笔 潘天寿著
上海 上海人民美术出版社 1980年 89页 有图
21cm（32开）统一书号：8081.11481
定价：CNY0.36
　　本书分听天阁画谈随笔和指头画谈两部分。
随笔分杂论、用笔、用墨、用色、布置、指画6
节。指头画谈，介绍指头画的创始，高且园后的
指头画家，指头画的优缺点，指头画技法。

J005494
癖斯居画谭 朱屺瞻著
上海 上海人民美术出版社 1981年 108页
21cm（32开）统一书号：8081.12482
定价：CNY0.95
　　本书为画谈，是作者日常与亲友交谈的点滴
随录。收录《探求》《形与意》《借鉴与生活》《关
于西画》《笔墨》《章法》《色彩》《学画自述》。附
图40幅。吴昌硕有个画斋，曰"癖斯堂"，屺
瞻老人选用了"癖斯居"这一斋名来命名，既含
有对昌硕的敬仰之心，亦怀有对读者的"芹献"
之意。

J005495
颜文樑——现代美术家画论·作品·生平
颜文樑讲述；林文霞记录整理
上海 学林出版社 1982年 100页 26cm（16开）
精装 定价：CNY3.10
　　本书是作者一生艺术创作和艺术教育实践
的经验总结。

J005496
画语拾零 王肇民著

长沙 湖南美术出版社 1983年 48页 21cm（32开）
统一书号：8233.406 定价：CNY0.48

　　本书内容涉及绘画创作和教学的各个方面。书末附图14幅。作者王肇民（1908－2003），画家、美术教育家。安徽萧县人。广州美术学院教授。出版有《画语拾零》《水彩画选集》，诗词选《红叶》等。

J005497

美术创作规律二十讲　李桦著

长沙 湖南美术出版社 1983年 216页 21cm（32开）统一书号：8233.425 定价：CNY1.87

　　本书系统地阐述了美术创作的全面知识，其中包括深入生活、构思、构图、情节安排、形象刻划以及艺术联想和意境、风格、创新等方面，共分20讲。

J005498

齐白石谈艺录　齐白石著；王振德，李天庥辑注

郑州 河南人民出版社 1984年 102页 有图 21cm（32开）统一书号：8105.1283 定价：CNY0.57

　　本书从齐白石的诗词、题款、印文、语录、自记中谈艺的部分，择其精要，较系统地阐述了齐白石的绘画理论和美学思想。

J005499

徐悲鸿评集　王震编

桂林 漓江出版社 1986年 401页 有肖像 20cm（32开）统一书号：8256.299 定价：CNY2.25

　　本书收集了从1930—1984年间国内外报刊上有关徐悲鸿的73篇文章，作者多为其学生和亲友对徐悲鸿在治学、创作、教育等方面的评价和回忆。

J005500

齐白石绘画艺术　（第一分册）娄师白著

济南 山东美术出版社 1987年 95页 有图 26cm（16开）ISBN：7-5330-0033-1 定价：CNY4.00

　　本书对群众所熟知的白石老人的虾、蟹、鱼、蛙，分别按落笔顺序作了步骤分解，有示范

图例，有解说。作者娄师白（1918—2010），著名国画家。原名娄绍怀，曾用名娄少怀，字亦鸣，斋号老安馆。生于北京，祖籍湖南浏阳。毕业于辅仁大学美术系。历任中国美协会员，中国画研究会理事、副会长，中国国际书画艺术研究院研究员，燕京书画社顾问，中国书画函授大学名誉教授等。代表作品《春暖人间》《雏鸭》《漓江帆影》《长白积雪》等。

J005501

书画家成才之路　曹世钦著

北京 北京日报出版社 1988年 184页 19cm（32开）ISBN：7-80502-128-7 定价：CNY1.90

J005502

吴冠中文集　吴冠中著

成都 四川美术出版社 1989年 546页 有照片 20cm（32开）精装 ISBN：7-5410-0461-8 定价：CNY8.40

　　作者吴冠中（1919—2010），著名画家、美术教育家。江苏宜兴人，毕业于国立杭州艺术专科学校。中央工艺美术学院教授。代表作品《长江三峡》《鲁迅的故乡》《春雪》《长城》；油画代表作有《长江三峡》《北国风光》《小鸟天堂》《黄山松》《鲁迅的故乡》等；个人文集有《吴冠中谈艺集》《吴冠中散文选》《美丑缘》等。

J005503

祖国·艺术·人生　范曾著

天津 天津人民出版社 1989年 199页 19cm（小32开）ISBN：7-201-00372-0 定价：CNY2.85

　　作者范曾（1938—　），画家、学者。字十翼，别署抱冲斋主，江苏南通人。毕业于中央美术学院中国画系。历任中央工艺美术学院讲师、副教授，南开大学东方艺术系教授、博士生导师，中国艺术研究院终身研究员等。代表作品有《庄子显灵记》《范曾自述》《老子出关》《钟馗神威》等。

J005504

绘画的抽象与抽象绘画　邓福星著

北京 人民美术出版社 1990年 102页 有图 19cm（32开）ISBN：7-102-00621-7 定价：CNY2.90

（世纪美术文库）

作者邓福星（1945— ），书画家、美术教育家。河北固安人，毕业于中国艺术研究院研究生班，获博士学位。任中国艺术研究院研究员，博士生导师，中国画学会副会长。绘画作品《周总理永远和我们在一起》《梅花欢喜漫天雪》《五体千字文》，论著《美术概论》等。

J005505

美术院校考生创作训练　潘行健，谭天编著
成都 四川美术出版社 1991 年 123 页 有彩图
26cm（16 开）ISBN：7-5410-0616-5
定价：CNY12.50

J005506

生活的聚光点　（美术创作的起步与追求）阎茂如编
天津 新蕾出版社 1991 年 126 页 有图
18cm（小 32 开）ISBN：7-5307-0840-6
定价：CNY2.85

编者阎茂如（1925— ），曾任天津市文联委员、中国美术家协会天津分会常务理事。

J005507

写给未来的画家　（绘画创作教学札记）戴国顺著
广州 岭南美术出版社 1991 年 198 页 有图
19cm（小 32 开）ISBN：7-5362-0686-0
定价：CNY8.00

作者戴国顺（1940— ），教师。历任广东省肇庆师专美术系美术讲师、系副主任，广东省江门教育学院美术系主任，副教授，中国版画家协会会员。

J005508

南田画学　朱季海辑
北京 朝花出版社 1992 年 88 页 19cm（小 32 开）
ISBN：7-80574-025-9 定价：CNY2.00

本书分 4 篇：一神趣，二画理，三家法，四名迹，皆南田语。作者朱季海（1916—2011），国学大师。名学浩，孔文子，江苏苏州人。师从国学大师章太炎先生，著有《南齐书校议》《楚辞解故》等。

J005509

艺林妙语　张展欣，钟良彬编
广州 岭南美术出版社 1992 年 436 页
19cm（小 32 开）ISBN：7-5362-0847-2
定价：CNY9.80

本书收录广东百余位美术家语录，内容包括：人品与画品、画坛透视、人物画技法谈、画外功夫等。

J005510

编织五彩的梦　（91 上海儿童美术研讨会论文集）少年儿童出版社儿童文学研究编辑室编
上海 少年儿童出版社 1993 年 338 页
20cm（32 开）精装 ISBN：7-5324-2011-6
定价：CNY12.30

J005511

记者笔下的画人　赵君谋编著
广州 广东旅游出版社 1995 年 265 页 有彩照
20cm（32 开）ISBN：7-80521-570-7
定价：CNY25.00

J005512

作家的画梦　贡岩编
北京 中国人民大学出版社 1995 年 136 页
有彩图 20cm（32 开）ISBN：7-300-01717-7
定价：CNY16.50

本书收录任光椿、孟伟哉、管桦等 8 位作家的画作及其有关绘事的漫谈。

J005513

创作与构图　张启文编著
重庆 西南师范大学出版社 1996 年 161 页 有图
26cm（16 开）ISBN：7-5621-1274-6
定价：CNY26.00

J005514

达·芬奇手记　（美）麦考迪编译；张舒平中译
兰州 敦煌文艺出版社 1998 年 213 页
20cm（32 开）ISBN：7-80587-464-6
定价：CNY12.00

J005515

齐白石谈艺录　齐白石［著述］；王振德，李天庥编著

郑州 河南美术出版社 1998 年 75 页
20cm（32 开）ISBN：7-5401-0519-4
定价：CNY6.00
（大师谈艺丛书）

作者齐白石（1864—1957），近现代中国绘画大师，国画家、篆刻家。湖南湘潭人。原名纯之，字渭青，号兰亭，后改名璜，字濒生，号白石等。历任国立北京艺术专科学校和京华美术专科学校教习、教授，中央美术学院名誉教授，中国文学艺术界联合会主席团委员，中国画研究会和中国美术家协会主席，中国画院名誉院长。代表作有《蛙声十里出山泉》《墨虾》等。著有《白石诗草》《齐白石作品集》《白石老人自述》等。

J005516
绘画创意 200 例　（美）卡罗莱·卡琴（G.Katchen）著；胡翠娥译
天津 天津人民美术出版社 1999 年 144 页
28cm（大 16 开）精装 ISBN：7-5305-1014-2
定价：CNY85.00

绘画评论、欣赏

J005517
消夏百一诗　（二卷）叶德辉撰
长沙叶氏观古堂 清光绪三十四年［1908］刻本 线装

十一行二十二字小字双行同黑口左右双边双鱼尾。

J005518
近代画家论　（英）罗斯庚（JohnRuskin）著；彭兆良译
上海 中华新教育社 1929 年 96 页 19cm（32 开）
定价：大洋四角

J005519
西洋名画巡礼　丰子恺著
上海 开明书店 1931 年［30］+217页 19cm（32开）
定价：一元六角

本书收录名画 24 幅，美术讲话 12 篇。讲话包括《贫乏的大画家》《一个铜板的画家官司》《富贵的美术家》《身边带镜子的画家》《五年画成的笑颜》《发明油画的兄弟画家》等，介绍名画的鉴赏法、作者的事略、图画的学习法、绘画的理论及美术知识等。名画作者有米叶、特拉克洛亚、柯裴、泰纳、辉史勤、昂格尔、达微特、霍裴马等。

J005520
西洋名画巡礼　丰子恺著
上海 开明书店 1931 年 再版［30］+217 页
19cm（32 开）定价：大洋一元六角

J005521
儿童美术鉴赏指导法　吴成均编
上海 大东书局 1933 年 112 页 19cm（32 开）
定价：大洋二角五分
（儿童教育丛书 7）

本书内容包括：艺术的意义和绘画、绘画的鉴赏、绘画理论、鉴赏能力、鉴赏资料、鉴赏指导的实际、洋画鉴赏和讲话资料等。

J005522
绘画欣赏　马国亮著
上海 良友图书印刷公司 1933 年 61 页
14cm（56 开）
（一角丛书 71）

本书内容有美的条件、颜色、线条、构图、画派等。

J005523
冷月画评　陈健中编
上海 冷月画室 1935 年 70 页 19cm（32 开）

本书收录对陶冷月画展的评论，以及赠言、题诗、题词、题图等。书前有陶冷月小传，蔡元培、于右任等人的亲笔题词。

J005524
艺术丛论　林风眠著
上海 正中书局 1936 年 155 页 23cm（10 开）
定价：银六角

本书收录《东西艺术之前途》《致全国艺术界书》《我们要注意》《原始人类的艺术》《中国绘画新论》《前奏发刊词》《美术的杭州》等 9 篇文章。作者林风眠（1900—1991），画家、艺术教育家。名绍琼，字凤鸣，后改风眠。广东梅县人。曾任国立艺术学院首任院长，中国美术家协会上海分会副主席。代表作品有《春晴》《江畔》《仕女》。

J005525
艺术丛论　林风眠著
上海　正中书局　1937年　沪1版　155页
21cm（32开）定价：国币四元四角

J005526
艺术丛论　林风眠著
上海　正中书局　民国三十六年［1947］沪1版
155页23cm（16开）定价：国币四元四角

J005527
艺术丛论　林风眠著
上海　上海书店　1992年　影印本　155页
19cm（32开）精装　ISBN：7-80569-741-8
定价：CNY4500.00（全编）
（民国丛书　第四编　美学·艺术类 61）

J005528
民间图画展览会特刊　浙江省立民众教育实验学校编
杭州　浙江省立民众教育实验学校　1937年
70页　有图22cm（30开）
　　本书收录《民间图画展览底意义（钟敬文）、《民间图画短论（施世珍）、《白状元祭塔（许钦文）、《神马（徐俊坤）等7篇文章。

J005529
参观英国战事画家作品展览会记　蒋彝著
1940年　32页26cm（16开）
　　本书评论与介绍英国战事画展中的部分作品与作者。该画展于1940年7月在伦敦英国国家画院举办。作者蒋彝（Chiang Yee，1903—1977），画家、诗人、作家、书法家。字仲雅，又字重哑，笔名哑行者，江西九江人。美国哥伦比亚大学终身教授，美国科学院艺术学院院士。作品有《英国湖滨画记》《约古郡画记》《伦敦画记》《都柏林画记》等，著作有《重游中国》。

J005530
又铭画展评集
航空建设协会（印）［1940年］72页19cm（32开）

　　本书收录有关梁又铭个人抗战画展（国画、油画）的新闻、特写、评论、题词等。

J005531
洋画欣赏及美术常识　陈抱一著
上海　世界书局［1945年］26+181页　有图
18cm（32开）
　　本书分14章，用对话形式介绍西洋画上的一般画法性质、怎样欣赏西洋画、近代至现代的西洋画派、实用的绘画和美术的应用、画家的创作与艺术修养等，最后一章为"美术用语便览"。

J005532
谈艺录　伍蠡甫著
上海　商务印书馆　民国三十六年［1947］134页
21cm（32开）定价：国币四元
　　本书收录《文艺的倾向性》《试论距离、歪曲、线条》《中国古画在日本》《关于顾恺之"画云台山记"》《中国绘画的意境》《中国绘画的线条》《故宫读画记》《笔法论》等9篇。书末附译文《最后晚餐》。

J005533
图画的鉴赏　沈子丞编
上海　中华书局　1948年　92页18cm（32开）
定价：国币二元五角
（中华文库　初中第1集）
　　作者沈子丞（1904—1996），画家。浙江嘉兴人。原名德坚，别名之淳，号听蛙翁。曾为上海市文史研究馆馆员、上海中国画院画师。代表作品有《花仕女图》《围棋图》等。出版有《历代论画名著汇编》《沈子丞书画集》等。

J005534
读画随笔　黄茅撰
广州　人间书屋　1949年　149页19cm（32开）
定价：HKD2.50
（人间文丛）

J005535
读画随笔　黄茅著
香港　人间书屋　1949年　149页［19cm］（32开）
定价：HKD2.50
（人间文丛）
　　本书收录《由行万里路说起》《毕加索断

片》《读画随笔》《读叶浅予的漫画》《符罗飞之画》《画坛小感》等20篇。

J005536

图画的鉴赏　沈子丞编
上海 中华书局 1949年 再版 92页 20cm（32开）
（中华文库 初中第1集）

J005537

画家与生活　（美术批评）熙龄辑译
上海 新文艺出版社 1951年 158页 有图
18cm（15开）定价：旧币6,700元

J005538

莱奥纳多·达·芬奇绘画论　倪焕之译
中央美术学院华东分院 1953年 20页
26cm（16开）

J005539

苏里科夫创作的世界意义　（苏）А·И·查木士金著；卓祥燕译
上海 中央美术学院华东分院研究室［1954年］
18页 有图 26cm（16开）
（美术参考资料 58 作家研究）

J005540

苏维埃绘画与版画中的正面人物的形象　（苏）查木士金（А.И.Замошкин）著；赵琦译
北京 朝花美术出版社 1954年 20cm（32开）
定价：旧币11,000元

J005541

罗马尼亚绘画的现实主义　中华人民共和国对外文化联络局编
北京 中华人民共和国对外文化联络局 1955年
17页 19cm（32开）
（文化交流资料丛刊 24）

J005542

雪舟的生涯与艺术　（纪念日本画家雪舟逝世450周年）丰子恺编
上海 上海人民美术出版社 1956年 34页 有图
19cm（32开）统一书号：T8081.1325
定价：CNY0.46

本书概述雪舟生平，介绍中日两国绘画的关系，中国绘画对日本的影响，同时还分析了雪舟艺术的特色。附山水、人物、花鸟等作品22幅，其中山水画《四季山水图卷》《秋冬山水图》《天桥立图》；人物画《益石兼尧寿像》《慧可断臂图》等，均有说明。

J005543

一九五四年全苏美展的风俗画与讽刺画　（苏）卡缅斯基（А.Каменский），（苏）叶菲莫夫（Б.Ефимов）著；佟景韩，杜德华译
上海 上海人民美术出版社 1956年 41页
18cm（32开）统一书号：8081.1272
定价：CNY0.42
（造型艺术理论译丛）

J005544

画家与画　黄蒙田著
香港 上海书局有限公司 1957年 186页
19cm（32开）定价：HKD2.30

J005545

世界美术家简介　（1）
北京 朝华美术出版社 1957年 20cm（32开）
统一书号：8028.1517 定价：CNY0.57
（苏联大百科全书选译）

J005546

世界美术家简介　（2）朝花美术出版社编辑
北京 朝花美术出版社 1957年 142页
18cm（小32开）统一书号：8028.1663
定价：CNY0.41
（苏联大百科全书选译）

J005547

世界美术家简介　（3）杜德华等译
北京 人民美术出版社 1958年 132页
19cm（小32开）统一书号：8027.1792
定价：CNY0.40
（苏联大百科全书选译）

J005548

世界美术家简介　（4）尤新叔等译
北京 人民美术出版社 1958年 128页
19cm（小32开）统一书号：T8027.1474

定价：CNY0.38
（苏联大百科全书选译）

J005549
世界美术家简介 （5）王毅等译
北京 人民美术出版社 1958 年 140 页
19cm（小 32 开）统一书号：T8027.1898
定价：CNY0.43
（苏联大百科全书选译）

J005550
世界美术家简介 （6）
北京 人民美术出版社 1961 年 19cm（小 32 开）
定价：CNY0.49
（苏联大百科全书选译）

J005551
世界美术家简介 （7）
北京 人民美术出版社 1962 年 20cm（32 开）
统一书号：8027.3860 定价：CNY0.71
（苏联大百科全书选译）

J005552
世界美术家简介 （8）
北京 人民美术出版社 1962 年 20cm（32 开）
统一书号：8027.3860 定价：CNY0.71
（苏联大百科全书选译）

J005553
世界美术家简介 （苏联大百科全书选译）
北京 人民美术出版社 1962 年 19cm（32 开）
定价：CNY0.71

J005554
世界美术家简介 （苏联大百科全书选译）
北京 人民美术出版社 1962 年 19cm（32 开）
定价：CNY0.96

J005555
德拉克洛亚 吴达志编著
上海 上海人民美术出版社 1958 年 21cm（32 开）
定价：CNY0.50
（西洋画家丛书）
　　作者吴达志（1925— ），教授。贵州绥阳人。毕业于中央美术学院。先后在中央美术学院、中

央工艺美术学院讲授西方艺术史。论文有《艺术和时代》，出版译著《德拉克洛瓦》《米勒传》等。

J005556
戈雅 人民美术出版社编
北京 人民美术出版社 1958 年 ［8］页
13cm（64 开）折页 定价：CNY0.04
（美术家画页）

J005557
库尔贝 人民美术出版社编
北京 人民美术出版社 1958 年 19cm（32 开）
定价：CNY0.04
（美术家画页）

J005558
库克雷尼克塞 人民美术出版社编
北京 人民美术出版社 1958 年 定价：CNY0.04
（美术家画页）
　　库克雷尼克塞，3 位苏联画家从 1926 年起共同从事创作所使用的笔名。他们是 M.B. 库普里亚诺夫（1903—1991）、П.Н. 克雷洛夫（1902—1990）、Н.А. 索科洛夫（1903—2000）。都受过高等美术教育，又都是漫画家。主要合作创作政治讽刺画。绘画语言简练、辛辣，内容深刻，形象幽默。库克雷尼克塞虽是一个创作集体，但又各自独立从事肖像画和风景画创作。

J005559
列宾 人民美术出版社编
北京 人民美术出版社 1958 年 定价：CNY0.04
（美术家画页）
　　伊里亚·叶菲莫维奇·列宾（Ilya Yafimovich Repin, 1844—1930），俄国批判现实主义画家。毕业于彼得堡美术学院。代表作品有《伏尔加河上的纤夫》《宣传者被捕》《意外归来》《查波罗什人复信土耳其苏丹》《托尔斯泰》等。

J005560
美术战线上的一颗卫星 （江苏省邳县农民画文集）中国美术家协会南京分会筹委会编
上海 上海人民美术出版社 1958 年 150 页
19cm（32 开）统一书号：T8081.4202
定价：CNY0.60

J005561

蒙卡契　人民美术出版社编

北京 人民美术出版社 1958 年 21cm（32 开）

定价：CNY0.04

（美术家画页）

J005562

米列　人民美术出版社编

北京 人民美术出版社 1958 年 21cm（32 开）

定价：CNY0.04

（美术家画页）

让·弗朗索瓦·米勒（1814—1875）是杰出的法兰西现实主义美术家。有作品《簸谷子的人（1848）、《割麦人的休憩（1849）、《播种者（1850）、《剪羊毛（1852）、《接枝（1855）、《晚钟（1858—1859）、《十一月之夜（1870）、《小牧童（1872）、《打谷人（1874）等。米列是优美风景的绘画家、色粉笔画家、素描画家、铜版画家。俄国先进的美术家和批评家（尤其是斯塔索夫）对于米列的优秀作品给予很高的评价。其主要作品都保存在巴黎鲁佛尔博物馆。

J005563

苏里柯夫　人民美术出版社编

北京 人民美术出版社 1958 年 定价：CNY0.04

（美术家画页）

瓦西里·伊万诺维奇·苏里柯夫（1848—1916），俄罗斯杰出的现实主义画家。

J005564

约干松　人民美术出版社编

北京 人民美术出版社 1958 年 定价：CNY0.04

（美术家画页）

J005565

在苏联的法国绘画　（苏）西特尼克（К.Ситник）著；彭鸿远译

上海 上海人民美术出版社 1958 年 36+20 页有图 19cm（32 开）统一书号：T8081.3939

定价：CNY0.55

J005566

访问苏联画家　力群著

天津 天津美术出版社 1959 年 146 页 有图 19cm（32 开）统一书号：T8072.1558

定价：CNY1.20

作者力群（1912—2012），画家。原名郝力群。山西灵石人，毕业于国立杭州艺术专科学校。历任中国版画家协会副主席，山西省美术院名誉院长，山西省美术家协会名誉主席。木刻版画作品有《鲁迅像》《病》《收获》。

J005567

回忆列宾　[俄]科尔尼·楚可夫斯基著；杨廉坤译

北京 人民美术出版社 1959 年 101 页 19cm（32 开）

统一书号：8027.2686 定价：CNY0.38

J005568

拉斐尔　朱龙华编著

上海 上海人民美术出版社 1959 年 26cm（16 开）

定价：CNY0.46

（西洋画家丛书）

拉斐尔·桑西（Raffaello Sanzio da Urbino，1483—1520），意大利画家。创作了大量的圣母像，他的作品充分体现了安宁、协调、和谐、对称以及完美和恬静的秩序。代表作《西斯廷圣母》《雅典学派》《圣玛利亚的婚礼》等。

J005569

美国的绘画　佛莱克纳（James Thomas Flexner）著；行人译

台北 世界书局 1959 年 124 页 有图 19cm（小 32 开）

J005570

苏联名画欣赏　力群著

北京 人民美术出版社 1959 年 81 页 有图 21cm（32 开）统一书号：8027.2390

定价：CNY0.83

J005571

提香　朱龙华编著

上海 上海人民美术出版社 1959 年 定价：CNY0.40

（西洋画家丛书）

提香·韦切利奥（Tiziano Vecellio，1488—1576），意大利威尼斯画派画家。

J005572

回忆列维坦　（苏）阿·费多罗夫 - 达卫多夫编；孙越生译

上海 上海人民美术出版社 1960 年 196 页
有图 54cm（4 开）统一书号：T8081.4556
定价：CNY1.30

列维坦（Isaak Iliich Levitan, 1860—1900），俄国写生画家、风景画大师。出生于立陶宛基巴尔塔。主要作品《弗拉基米尔卡》《墓地上空》《傍晚钟声》。

J005573

书画介绍 （第一辑）天津美术出版社，天津少年儿童美术出版社编
天津 天津美术出版社 1960 年 32 页
18cm（32 开）定价：CNY0.05

本书由天津美术出版社和天津少年儿童美术出版社联合出版。

J005574

康斯特布尔 吴达志编著
上海 上海人民美术出版社 1961 年 24 页
定价：CNY0.44
（西洋画家丛书）

画家约翰·康斯太勃尔，英国皇家美术学院院士，19 世纪英国最伟大的风景画家。作品真实生动地表现瞬息万变的大自然景色，其画风对后来法国风景画的革新和浪漫主义的绘画有着很大的启发作用。代表作品有《干草车》《白马》《斯特拉福特磨坊》《水闸》《英国的运河》。

J005575

达·芬奇 许幸之编著
上海 上海人民美术出版社 1962 年 17cm（40开）
定价：CNY0.46
（西洋画家丛书）

J005576

米叶 王琦编著
上海 上海人民美术出版社 1962 年 32 页 有图
17cm（32 开）统一书号：8081.5106
定价：CNY0.48
（西洋画家丛书）

让·弗朗索瓦·米勒（1814—1875）是杰出的法兰西现实主义美术家。有作品《簸谷子的人（1848）》、《割麦人的休憩（1849）》、《播种者（1850）》、《剪羊毛（1852）》、《接枝（1855）》、《晚钟（1858—1859）》、《十一月之夜（1870）》、《小牧童（1872）》、《打谷人（1874）》等。米列是优美风景的绘画家、色粉笔画家、素描画家、铜版画家。俄国先进的美术家和批评家（尤其是斯塔索夫）对于米列的优秀作品给予很高的评价。其主要作品都保存在巴黎鲁佛尔博物馆。

J005577

委拉斯开兹 朱龙华编著
上海 上海人民美术出版社 1962 年 1 册
17cm（32 开）定价：CNY0.50
（西洋画家丛书）

J005578

达·芬奇 贺熙煦编写
北京 商务印书馆 1963 年 19cm（32 开）
定价：CNY0.15
（外国历史小丛书）

J005579

戈雅 李春编著
上海 上海人民美术出版社 1963 年 43 页 +
[16 页]图版（32 开）统一书号：8081.5336
定价：CNY0.55
（西洋画家丛书）

J005580

拉斐尔 朱龙华编写
北京 商务印书馆 1963 年 40 页 有图
19cm（32 开）定价：CNY0.26
（外国历史小丛书）

本书是对拉斐尔画作的评论。拉斐尔·圣齐奥（Raffaello Sanzio, 1483—1520），本名拉斐尔·桑西，常简称拉斐尔，意大利画家。创作了大量圣母像。代表作品有《西斯廷圣母》《雅典学派》《圣玛利亚的婚礼》等。

J005581

荷尔拜因 朱龙华编著
上海 上海人民美术出版社 1964 年 44 页 有图
19cm（小 32 开）统一书号：8081.5404
定价：CNY0.42
（西洋画家丛书）

小汉斯·荷尔拜因（Hans Holbein, Jr. 约1497—1543），德国画家。擅长油画和版画，代表作品有《死神之舞》。

J005582

米开朗琪罗 朱龙华著
北京 商务印书馆 1964 年 39 页 有图
19cm（小 32 开）定价：CNY0.15
（外国历史小丛书）

J005583

现代美术作品欣赏 （第一辑）人民美术出版
社编辑
北京 人民美术出版社 1964 年 10 幅 38cm（6 开）
活页 统一书号：8027.4281 定价：CNY0.80

J005584

现代美术作品欣赏 （第二辑）人民美术出版
社编辑
北京 人民美术出版社 1964 年 10 幅 38cm（6 开）
活页 统一书号：8027.4282 定价：CNY0.80

J005585

现代美术作品欣赏 （第三辑）人民美术出版
社编辑
北京 人民美术出版社 1964 年 10 幅 38cm（6 开）
活页 统一书号：8027.4373 定价：CNY0.80

J005586

现代美术作品欣赏 （第四辑）人民美术出版
社编辑
北京 人民美术出版社 1965 年 10 幅 38cm（6 开）
活页 统一书号：8027.4421 定价：CNY0.80

J005587

现代美术作品欣赏 （第五辑）人民美术出版
社编辑
北京 人民美术出版社 1965 年 10 幅 36cm（6 开）
活页 统一书号：8027.4525 定价：CNY0.80

J005588

美术作品介绍 （第三集）上海人民美术出版
社编辑
上海 上海人民美术出版社 1966 年 30 页 有图
18cm（32 开）统一书号：T8081.5624
定价：CNY0.20

J005589

美术作品介绍 （第四辑）上海人民出版社编辑
上海 上海人民出版社 1975 年 37 页 19cm（32 开）
定价：CNY0.26

J005590

美术作品介绍 （第五辑）上海人民出版社
编辑
上海 上海人民出版社 1976 年 32 页 19cm（32 开）
定价：CNY0.30

J005591

美术作品介绍 （第六辑）上海人民出版社
编辑
上海 上海人民出版社 1976 年 56 页 19cm（32 开）
定价：CNY0.25

J005592

现代美国绘画与雕塑 （美）亨达（Hunter, S.）
著；陈子明，汤新楣同译
香港 今日世界社 1967 年 212 页 有图
19cm（32 开）定价：HKD3.00

J005593

美术创作评价 上海人民出版社编辑
上海 上海人民出版社 1972 年 68 页 有图
19cm（32 开）统一书号：8.3.362 定价：CNY0.21

J005594

墨君画论 石叔明编著
台北 商务印书馆 1974 年 82 页 17cm（40 开）
定价：TWD18.00
（人人文库 2074–2075）

J005595

美术评论集 上海人民出版社编辑
上海 上海人民出版社 1975 年 100 页
19cm（32 开）统一书号：8171.1232
定价：CNY0.36

J005596

时代的画卷 战斗的艺术 （《全国美术作品
展览》和《上海、阳泉、旅大工人画展览》评论
选）沈阳市群众艺术馆编
沈阳 辽宁人民出版社 1975 年 70 页 19cm（32 开）
统一书号：8090.631 定价：CNY0.17

J005597

美术作品介绍 （第六辑）上海人民出版社编辑

上海 上海人民出版社 1976年 56页 19cm（32开）

统一书号：8171.1725 定价：CNY0.25

J005598

西洋名画欣赏 陈钟吾译

台北 五洲出版社 1976年 143页 有图

19cm（32开）定价：TWD80.00

（五洲艺术丛书）

J005599

浪漫时期的艺术 （法）布里翁（Brion，M）著；李长俊译

台北 志文出版社 1978年 277页 有图

19cm（32开）定价：TWD75.00，TWD100.00

（精装）

（新潮文库 184）

J005600

画廊 （1）《画廊》编辑部编辑

广州 广东人民出版社 1979年 60页

定价：CNY2.40

J005601

画廊 （1980 1）《画廊》编辑部编辑

广州 广东人民出版社 1980年 60页 36cm（12开）

统一书号：8111.2175 定价：CNY2.40

J005602

画廊 （1980 2）《画廊》编辑部编辑

广州 广东人民出版社 1980年 72页 36cm（12开）

统一书号：8111.2316 定价：CNY2.40

J005603

鉴余杂稿 谢稚柳著

上海 上海人民美术出版社 1979年 169页 有图

20cm（32开）统一书号：8081.11434

定价：CNY1.10

　　本书为关于中国古代书画鉴赏考证的学术文论专集。作者谢稚柳（1910—1997），书画家、书画鉴定家。原名稚，字稚柳，后以字行，晚号壮暮翁，斋名鱼饮溪堂等。江苏常州人。历任上海市文物保护委员会编纂、副主任、上海市博物馆顾问、中国书法家协会理事、国家文物局全国古代书画鉴定小组组长等。编著有《敦煌石室记》《敦煌艺术叙录》《水墨画》《唐五代宋元名迹》等。

J005604

西屋闲话 （美术评论十八题）李桦著

上海 上海人民美术出版社 1979年 102页

19cm（32开）统一书号：8081.11656

定价：CNY0.34

　　本书是中国现代美术评论选集。全书以客、主对话的形式，发表作者对若干艺术问题，主要是对美术创作和美术活动方面一些问题的看法与艺术见解。作者李桦（1907—1994），教授、画家。曾用名浪沙、小泉。广东番禺人。毕业于广州市立美术学校，留学日本。历任中央美术学院教授兼版画系主任，中国文联全国委员，中国版画家协会主席等。代表作品《怒吼吧，中国》，组画《怒潮》《征服黄河》等。

J005605

波提切利 朱龙华编

北京 人民美术出版社 1980年 99页 有图

27cm（16开）统一书号：8027.7317

定价：CNY0.95

　　桑德罗·波提切利（Botticelli，Sandro，1445—1510），意大利著名画家，欧洲文艺复兴早期佛罗伦萨画派的最后一位画家。代表作品《春》《维纳斯的诞生》《三博士来朝》等。

J005606

勃朗琼 朱伯雄编

北京 人民美术出版社 1980年 30页

27cm（大16开）定价：CNY0.60

（外国美术介绍丛书）

　　编者朱伯雄（1932—2005），美术史论家。别名羊石，出生于上海，祖籍浙江湖州，毕业于东北鲁迅艺术学院美术系。历任美国哈佛大学文理学院美术史论系客座教授，马来西亚艺术学院客座教授。代表作品有《世界美术史》《世界美术经典》等。

J005607

画廊 （1980年 第1期）

天津 天津人民美术出版社 1980年 36cm（6开）

统一书号：8073.50145 定价：CNY1.50

J005608
画廊 （1980 年 第 3 期）
天津 天津人民美术出版社 1980 年 36cm（12 开）
统一书号：8073.50160 定价：CNY1.50

J005609
画廊 （1980 年 第 6 期）
天津 天津人民美术出版社 1980 年 36cm（12 开）
统一书号：8073.50212 定价：CNY1.50

J005610
画廊 （1980 年 第 10 期）
天津 天津人民美术出版社 1980 年 36cm（12 开）
统一书号：8073.50244 定价：CNY1.50

J005611
画廊 （1980 年 第 11 期）
天津 天津人民美术出版社 1980 年 36cm（12 开）
统一书号：8073.50256 定价：CNY1.50

J005612
画廊 （1981 年 第 4 期）《画廊》编辑部
天津 天津人民美术出版社 1981 年 24 页
25×26cm 统一书号：8073.50174
定价：CNY1.50

J005613
画廊漫步 迟轲著
广州 广东人民出版社 1980 年 187 页 有图
21cm（32 开）统一书号：8111.2221
定价：CNY0.98
　　作者迟轲（1925—2012），著名美学家、美术批评家。原名迟雁鸣，出生于天津，祖籍山东宁津。曾任广州美术学院教授、广东美学学会会长。代表作品《西方美术史话》。

J005614
浪漫时期的艺术 （法）布里翁（Brion，M）著；李长俊译
台北 志文出版社 1980 年 2 版 277 页 有图
19cm（小 32 开）定价：TWD96.00
（新潮文库 184）

J005615
欧洲现代画派画论选 瓦尔特·赫斯编著；宗白华译
北京 人民美术出版社 1980 年 209 页
19cm（32 开）定价：CNY0.70
　　译者宗白华（1897—1986），哲学家、美学大师、诗人。生于安徽安庆市，籍贯江苏常熟。字白华、伯华。毕业于同济大学，赴德国留学，在法兰克福大学、柏林大学学习哲学 、美学等。北京大学哲学系教授，兼任中华全国美学学会顾问。代表作品《美学散步》《艺境》《宗白华全集》。

J005616
世界名画欣赏 （女性美篇 第一辑）何恭上编著
台北 艺术图书公司 1980 年 再版 115 页
19cm（32 开）

J005617
世界名画欣赏 （女性美篇 第三辑）何恭上编著
台北 艺术图书公司 1988 年 6 版 106 页
19cm（32 开）定价：TWD100.00

J005618
谈艺录 伍蠡甫著
台北 商务印书馆 1980 年 3 版 134 页
17cm（40 开）
（人人文库 176）

J005619
"画圣"拉斐尔 朱龙华著
北京 商务印书馆 1981 年 2 版 37 页 有图
19cm（32 开）统一书号：11017.549
定价：CNY0.20
（外国历史小丛书）
　　本书是对拉斐尔画作的评论。

J005620
德拉克罗瓦日记 （法）德拉克罗瓦（Eugene Delacroix）著；李嘉熙译
北京 人民美术出版社 1981 年 659 页 +80 页图版 19cm（32 开）统一书号：8027.7370
定价：CNY2.40
　　德拉克罗瓦（Ferdinand Victor Eugene Dela-

croix, 1798—1863), 现通译为: 德拉克洛瓦,
是 19 世纪法国浪漫派画家, 该画派的代表人物。
他不仅在绘画上有杰出的成就, 而且在写作和艺
术理论方面也有很深的造诣。在这部日记中, 德
拉克罗瓦记述了他对有关绘画各种问题的探索、
心得和见解, 以及关于艺术、文学、哲学、社会
等各方面的活动和评论。书前附有赫·威灵顿写
的长篇"引言"和年表。

J005621
画家与画　黄蒙田著
香港 上海书局有限公司 1981 年 186 页
19cm（32 开）定价:

J005622
画廊　《画廊》编辑部编辑
广州 岭南美术出版社 1981 年 47 页 29×28cm

统一书号: 8260.0128 定价: CNY1.80

J005623
画廊　（3）《画廊》编辑部编辑
广州 岭南美术出版社 1981 年 48 页 29×28cm
统一书号: 8260.0128 定价: CNY1.80

J005624
画廊　（4）《画廊》编辑部编辑
广州 岭南美术出版社 1982 年 48 页 29×28cm
统一书号: 8260.0231 定价: CNY1.80

J005625
画廊　（5）《画廊》编辑部编辑
广州 岭南美术出版社 1982 年 42 页 29×28cm
统一书号: 8260.0279 定价: CNY1.80

J005626
画廊　（6）《画廊》编辑部编辑
广州 岭南美术出版社 1982 年 34 页 29×28cm
统一书号: 8260.0392 定价: CNY1.80

J005627
画廊　（7）《画廊》编辑部编辑
广州 岭南美术出版社 1982 年 48 页 29×28cm
定价: CNY1.80

J005628
画廊　（8）《画廊》编辑部编辑
广州 岭南美术出版社 1983 年 48 页 29×28cm
统一书号: 8260.0565 定价: CNY1.80

J005629
画廊　（9）《画廊》编辑部编辑
广州 岭南美术出版社 1983 年 48 页 29×28cm
定价: CNY1.80

J005630
画廊　（10）《画廊》编辑部编辑
广州 岭南美术出版社 1983 年 46 页 29×28cm
定价: CNY1.80

J005631
画廊　（11）《画廊》编辑部编辑
广州 岭南美术出版社 1984 年 48 页 29×28cm
统一书号: 8260.0565 定价: CNY1.80

J005632
画廊　（12）《画廊》编辑部编辑
广州 岭南美术出版社 1984 年 48 页 29×28cm
定价: CNY1.80

J005633
画廊　（13）《画廊》编辑部编辑
广州 岭南美术出版社 1984 年 48 页 29×28cm
定价: CNY1.80

J005634
画廊　（14）《画廊》编辑部编辑
广州 岭南美术出版社 1984 年 48 页 29×28cm
定价: CNY1.80

J005635
画廊　（15）《画廊》编辑部编辑
广州 岭南美术出版社 1984 年 49 页 29×28cm
统一书号: 8260.1398 定价: CNY2.80

J005636
画廊　（16）《画廊》编辑部编辑
广州 岭南美术出版社 1985 年 48 页 29×28cm
统一书号: 8260.1444 定价: CNY2.80

J005637
画廊 （17）《画廊》编辑部编辑
广州 岭南美术出版社 1985 年 29×28cm
定价：CNY2.80

J005638
画廊 （19）《画廊》编辑部编辑
广州 岭南美术出版社 1985 年［48］页 29×28cm
定价：CNY2.80

J005639
画廊 （20）《画廊》编辑部编辑
广州 岭南美术出版社 1986 年 49 页 29×28cm
统一书号：8620.1736 定价：CNY2.80

J005640
画廊 （21）《画廊》编辑部编辑
广州 岭南美术出版社 1987 年［48］页 29×28cm
定价：CNY2.80

J005641
画廊 （22）《画廊》编辑部编辑
广州 岭南美术出版社 1987 年［48］页 29×28cm
定价：CNY2.80

J005642
画廊 （23）《画廊》编辑部编辑
广州 岭南美术出版社 1987 年［48］页 29×28cm
定价：CNY2.80

J005643
画廊 （27）《画廊》编辑部编辑；林抗生主编
广州 岭南美术出版社 1989 年 60 页
定价：CNY5.80

J005644
画廊 （28）《画廊》编辑部编辑
广州 岭南美术出版社 1989 年 定价：CNY5.80

J005645
画廊 （29）《画廊》编辑部编辑
广州 岭南美术出版社 1990 年 60 页
定价：CNY5.80

J005646
画廊 （30）《画廊》编辑部编辑
广州 岭南美术出版社 1990 年 60 页
定价：CNY5.80

J005647
画廊 （32）《画廊》编辑部编辑
广州 岭南美术出版社 1990 年 60 页
定价：CNY5.80

J005648
画廊 （35）《画廊》编辑部编辑
广州 岭南美术出版社 1992 年 47 页 29×28cm

J005649
克洛德·莫奈 （法）莫奈（C.Monet）绘；朱伯雄编著
天津 天津人民美术出版社 1981 年 26 幅
22cm（30 开）统一书号：8073.50183
定价：CNY1.20
（画家介绍丛书）
　　作者克劳德·莫奈（Claude Monet，1840—1926），法国画家。出生于法国巴黎。毕业于夏尔·格莱尔画室。19 世纪法国印象画派主将。代表作品《日出·印象》《卢昂大教堂》《维特尼附近的罂粟花田》《睡莲》《干草堆》等。

J005650
米开朗琪罗 朱龙华著
北京 商务印书馆 1981 年 37 页 有图
19cm（小 32 开）统一书号：11017.530
定价：CNY0.24
（外国历史小丛书）

J005651
西欧 50 艺术大师传略 （苏）尤·戈·夏皮罗等著；马云亮译
北京 人民美术出版社 1981 年 152 页
有图 19cm（32 开）统一书号：8027.7475
定价：CNY2.30

J005652
现代画是什么？ （美）巴尔（Barr，A.H.）著；李渝译
台北 雄狮图书公司 1981 年 84 页 有彩照

20cm（32开）定价：TWD90.00

J005653

修拉　西涅克　（法）修拉（G.Seurat），（法）西涅克（P.Sihgnae）绘
上海　上海人民美术出版社 1981 年 64 页
19cm（32开）统一书号：8081.12227
定价：CNY1.80
　　作者修拉（Georges Seurat, 1859—1891），法国印象派画家。全名乔治·修拉。代表作品有《大碗岛星期天的下午》《安涅尔浴场》。

J005654

徐悲鸿研究　艾中信著
上海　上海人民美术出版社 1981 年 165 页
21cm（32开）统一书号：8081.12142
定价：CNY1.05
　　作者艾中信（1915—2003），画家。上海人。历任中央美术学院教授、油画系主任、副院长，《中国大百科全书·美术》编辑委员会主任、中国美术家协会理事等职。代表作品有《背煤》《通往乌鲁木齐》《炮兵过雪山》等，著有《徐悲鸿研究》《读画论画》《油画风采谈》等。

J005655

东寻西找集　吴冠中著
成都　四川人民出版社 1982 年 179 页 19cm（32开）
统一书号：8118.1221 定价：CNY0.50
（画家论画）
　　本书收录谈艺术的文章 30 篇。内容包括：1、对油画民族化、绘画形式美、抽象美、人体艺术等当时美术界讨论的热点问题的探讨；2、对老画家林风眠、潘天寿、张仃、卫天霖等人的回忆和艺术评价；3、对西方著名画家及其作品的介绍。

J005656

二次大战后的视觉艺术　路希－史密斯著；李长俊译
台北　大陆书店 1982 年 2 版 297 页 19cm（32开）
定价：TWD180.00

J005657

凡·高　杨学昭编辑
上海　上海人民美术出版社 1982 年 64 页 有图

20cm（32开）统一书号：8081.12225 定价：CNY1.80
（世界美术家画库）

J005658

画刊　（4）《画刊》编辑部编辑
合肥　安徽人民出版社［1980 年］37cm（8开）

J005659

画刊　（1）《画刊》编辑部编辑
合肥　安徽人民出版 1982 年 35 页 37cm（8开）
定价：CNY1.40

J005660

画刊　（3）《画刊编辑部》编辑
合肥　安徽人民出版社 1983 年 48 页 37cm（8开）
定价：CNY1.40

J005661

画刊　（6）《画刊编辑部》编辑
合肥　安徽人民出版社 1984 年 48 页 37cm（8开）
定价：CNY1.40

J005662

鉴别画考证要览　李涤尘著
南宁　广西人民出版社 1982 年 44 页 21cm（32开）
统一书号：8113.769 定价：CNY0.46
　　本书是考证我国古代书画的专辑。它是作者长期研究、鉴别我国古代书画的见闻经验之作，其中介绍了历代画派及其艺术风格。

J005663

渴望生活　（凡·高的艺术生涯）（美）欧文·斯通（I.Stone）著；刘明毅译
上海　上海人民美术出版社 1982 年 545 页 有图 19cm（32开）
　　书 名 原 文：Lust for life—the novel of vincent Van Gohg。

J005664

鲁迅美术论集　鲁迅著；张光福编注
昆明　云南人民出版社 1982 年 666 页 有图
21cm（32开）统一书号：8116.1006
定价：CNY2.65
　　本书收录有关鲁迅美术论著百余篇。内容包括：美术泛论；绘画、中国画、连环画和漫画；

封面画、插图画和装帧散论；外国版画；中国现代木刻论丛；关于汉代石刻画像、明代版画和"北平笺谱"；有关美术散论7个部分。

J005665

美国画家惠斯勒　邢啸声编

天津　天津人民美术出版社　1982 年　38 页

22cm（30 开）统一书号：8073.50196

定价：CNY0.80

（外国画家介绍丛书）

　　惠斯勒（James Abbott McNeill Whistler，1834—1903），美国画家。生于美国马萨诸塞州的洛威尔城。代表作品有铜版画《法国组画》，肖像画《母亲》，组画《泰晤士河》等。编者邢啸声（1938—　），教授、艺术史专家。生于上海，祖籍北京。出版有《现代拉丁美洲艺术》《西方中世纪雕刻》《巴尔蒂斯》《西班牙绘画》《神曲插图集》等。

J005666

普维·德·夏凡纳　朱伯雄著

天津　天津人民美术出版社　1982 年　30 页

19cm（32 开）统一书号：8073.50242

定价：CNY0.80

（画家介绍丛书）

J005667

世界名画欣赏　（1）朱金楼著

上海　上海人民美术出版社　1982年　25cm（16开）

统一书号：8081.12630　定价：CNY1.98

　　本书选编了世界各国的美术珍藏，包括古典主义、浪漫主义、现实主义、印象派、野兽派，及其他诸流派的画家杰作。

J005668

世界名画欣赏　（2）朱金楼编

上海　上海人民美术出版社　1982 年

25cm（16 开）定价：CNY1.98

J005669

世界名画欣赏　（3）朱金楼编

上海　上海人民美术出版社　1982年　25cm（16开）

统一书号：8081.12630　定价：CNY1.98

J005670

世界名画欣赏　（4）上海人民美术出版社编辑

上海　上海人民美术出版社　1985 年　12 幅

25cm（16 开）统一书号：8081.13512

定价：CNY2.50

J005671

世界名画欣赏　（5）上海人民美术出版社编辑

上海　上海人民美术出版社　1985 年　12 幅

25cm（16 开）统一书号：8081.13513

定价：CNY2.50

J005672

世界名画欣赏　（6）上海人民美术出版社编辑

上海　上海人民美术出版社　1985 年　12 幅

25cm（16 开）统一书号：8081.13514

定价：CNY2.50

J005673

世界名画欣赏　（7）上海人民美术出版社编辑

上海　上海人民美术出版社　1985 年　12 幅

25cm（16 开）统一书号：8081.13515

定价：CNY2.50

J005674

世界名画欣赏　（8）黄启荣编辑

上海　上海人民美术出版社　1987年　25cm（16开）

ISBN：7-5322-0032-9　定价：CNY3.40

J005675

世界名画欣赏　（9）黄启荣编辑

上海　上海人民美术出版社　1987年　25cm（16开）

ISBN：7-5322-0033-7　定价：CNY3.40

J005676

世界名画欣赏　（10）黄启荣编辑

上海　上海人民美术出版社　1987年　25cm（16开）

ISBN：7-5322-0034-5　定价：CNY3.40

J005677

世界名画欣赏　（11）

上海　上海人民美术出版社　1988 年　11 页

25cm（16 开）定价：CNY4.40

J005678

世界名画欣赏 （12）

上海 上海人民美术出版社 1988 年 11 页
25cm（16 开）ISBN：7-5322-0066-3
定价：CNY4.40

J005679

世界名画欣赏 （13）

上海 上海人民美术出版社 1988 年 12 页
25cm（16 开）定价：CNY4.40

J005680

世界名画欣赏 （14 雕塑篇）

上海 上海人民美术出版社 1988 年 10 页
25cm（16 开）定价：CNY4.40

J005681

西洋名画十二讲 丰子恺著

香港 中流出版社有限公司 1982 年 143 页
20cm（32 开）

作者丰子恺(1898—1975)，画家、文学家、
艺术教育家。原名丰润，又名仁、仍，字子觊，
后改为子恺，笔名 TK，浙江嘉兴人。作品有《缘
缘堂随笔》、画集《子恺漫画》等。

J005682

席德进书简 （致庄佳村）席德进撰

台北 联合月刊社 1982 年 191 页 有照片
21cm（32 开）定价：TWD80.00
（联合月刊丛书）

J005683

现代美术家画论·作品·生平 （颜文樑）颜
文樑讲述；林文霞记录整理

上海 学林出版社 1982 年 190 页 25cm（16 开）
精装 统一书号：8259.001 定价：CNY3.10

J005684

野兽派 弥勒著；李长俊译

台北 大陆书店 1982 年 261 页 19cm（32 开）
定价：CNY22.50

J005685

奥古斯塔斯·约翰 （美）约翰（A.John）绘；蒋
淑均译

北京 人民美术出版社 1983 年 36 页 25cm（12 开）
统一书号：8027.8228 定价：CNY1.00
（外国美术介绍丛书）

J005686

波提切利 朱龙华编

北京 人民美术出版社 1983 年 2 版 100 页 有图
27cm（16 开）统一书号：8027.7317
定价：CNY0.95

桑德罗·波提切利（Botticelli,Sandro， 1445—
1510)，意大利著名画家，欧洲文艺复兴早期佛
罗伦萨画派的最后一位画家。代表作品《春》《维
纳斯的诞生》《三博士来朝》等。

J005687

惠斯勒 （美）惠斯勒绘；邢啸声编译；上海人
民美术出版社编辑

上海 上海人民美术出版社 1983 年 74 页
19cm（32 开）统一书号：8081.12945
定价：CNY1.65

本书是惠斯勒的作品集，共选其作品数十
幅。其中包括他的名作《画家的母亲》《散落的
烟火》等。书末有《画家生平介绍》一文。作者
惠 斯 勒（James Abbott McNeill Whistler，1834—
1903)，美国画家。生于美国马萨诸塞州的洛威
尔城。代表作品有铜版画《法国组画》，肖像画《母
亲》，组画《泰晤士河》等。

J005688

江丰美术论集 江丰著；《江丰美术论集》编
辑组编

北京 人民美术出版社 1983 年 2 册 有图
21cm（32 开）统一书号：8027.8854
定价：CNY12.00

本书收录 68 篇有代表性的文章，按年代编
辑成这部论集的上集；另外三篇是对西方美术的
评论，则集中收入下集。书后附录中刊登了纪念
江丰同志的文章。作者江丰(1910—1982)，版画
家、美术教育家、美术评论家。原名周熙，笔名
高岗、固林，江烽，介福。上海人。历任《前线
画报》编辑，鲁迅艺术学院美术部主任，中华全
国美术工作者协会副主席，中央美术学院院长，
中国美术家协会主席。

J005689

柯罗·米勒·库尔贝　今东编译
天津　天津人民美术出版社　1983 年　88 页
24cm（26 开）定价：CNY2.80
（画家介绍丛书）

　　本书介绍了 19 世纪法国三位油画家的生平及其主要作品。

J005690

李白杜甫论画诗散记　王伯敏著
杭州　西泠印社　1983 年　126 页　有图 19cm（32 开）
统一书号：8191.200 定价：CNY0.98

　　作者王伯敏（1924—2013），美术史论家、画家、诗人。浙江台州人。曾担任中国美术学院教授，美术学博士生导师。著有《中国绘画通史》《中国版画史》《中国美术通史》等。

J005691

美国画家霍麦　（美）霍麦绘；朱伯雄编
北京　人民美术出版社　1983 年　91 页 19cm（32 开）
统一书号：8027.8849 定价：CNY0.80

J005692

美国画家魏斯　（美）魏斯（A.Wyeth）绘；吴步乃编
北京　人民美术出版社　1983 年　43 幅
25cm（小 16 开）统一书号：8027.8508
定价：CNY0.85

J005693

潘天寿美术文集　潘天寿著
北京　人民美术出版社　1983 年　320 页　有图
19cm（32 开）统一书号：8027.757588
定价：CNY1.30

　　本书辑录潘天寿有关美术论著 14 篇。作者潘天寿（1897—1971），现代著名国画家，美术教育家，原名天授，字大颐，号寿者。浙江宁海县人。擅画花鸟、山水，兼善指画，亦能书法、诗词、篆刻。曾任中国文联委员，中国美术家协会副主席，浙江省文联副主席，中国美协浙江分会主席，浙江美术学院院长、教授等职。著有《中国绘画史》《听天阁画谈随笔》等。

J005694

塞冈蒂尼　（意）塞冈蒂尼（G.Segantini）绘

北京　人民美术出版社　1983 年　26 页　有图
25cm（16 开）统一书号：8027.8201
定价：CNY0.85
（外国美术介绍丛书）

　　作者塞冈蒂尼（Segantini Giovanni,1858—1899），意大利画家。出生于奥地利南部边境的阿尔科镇，毕业于布雷拉美术学院。代表作有油画《牧歌》《饮水》《被系住的牛群》《爱的女神》《春天里的牧场》《爱的果实》等。

J005695

外国美术家简介
北京　人民美术出版社　1983 年　2 册（675 页）
19cm（小 32 开）定价：CNY2.20

　　本书是在 1962 年出版的《世界美术家简介（共 8 册）的基础上做了全面修订，介绍了更多外国美术家。

J005696

外国美术名作欣赏　周楷编著
南宁　广西人民出版社　1983 年　126+48 页
19cm（32 开）统一书号：8113.883
定价：CNY2.10

　　本书选编了从古希腊到现代共 16 个国家的40 多位美术家的 40 多件著名作品，配有各种附图 90 余幅。

J005697

西洋名画故事选　杨蔼琪，杨小凯编著
北京　知识出版社　1983 年　44 页 27cm（大 16 开）
定价：CNY0.95

　　本书搜集了古希腊罗马文艺鼎盛时期、文艺复兴时期和十八、十九世纪资产阶级革命时期的一部分西方艺术大师的著名美术作品，比较详细地介绍了它们的故事来源和背景，并对这些作品的技法、特点也进行简略的评述。

J005698

伯明翰博物馆美术馆珍藏拉斐尔前派作品　香港艺术馆编
香港　香港市政局　1984 年　153 页　有图
28cm（16 开）ISBN：962-215-064-0
定价：HKD53.00

　　外 文 书 名：Pre-Raphaelite Art from the Birmingham Museun and Art Gallery.

J005699

达文西论绘画　（意）达文西著

台北 雄狮出版社 1984 年 2 版 241 页 有图

21cm（32 开）定价：TWD110.00

J005700

法国巴比松风景画派　（苏）雅伏尔斯卡娅著；平野译

成都 四川人民出版社 1984 年 263 页 有图

19cm（32 开）统一书号：8118.1421

定价：CNY1.65

　　本书为法国绘画美术批评专著。巴比松派是以巴比松村而得名的。巴比松派画家是持人文主义理想，是维克多·雨果、乔治桑、巴尔扎克、福楼拜之友。这些画家创作的是民族的、现实主义的风景画。

J005701

海粟艺术集评

福州 福建人民出版社 1984 年 377 页

19cm（32 开）统一书号：10173.451

定价：CNY1.80，CNY2.80（精装）

　　本书收集了中国和外国评论刘海粟的生平、思想、艺术生活与绘画创作的评论文章 67 篇。书后附有"题画摘萃"与"报刊评论索引"。

J005702

画廊中的思考　吴甲丰著

成都 四川人民出版社 1984 年 204 页 有图

19cm（32 开）统一书号：8118.1734

定价：CNY1.10

（画家论画丛书）

J005703

了解艺术　（绘画与雕塑简介）（英）派柏（Piper, D.）著；佳庆编辑部编译

台北 佳庆文化事业公司 1984 年 213 页 30cm（15 开）精装

（佳庆艺术图书馆 1）

　　外文书名：Understanding Art.

J005704

美国插图画家诺尔曼·罗克威尔　朱伯雄编著

济南 山东美术出版社 1984 年 29+64 页 有图

19cm（小 32 开）定价：CNY3.50

J005705

世界美术名作二十讲　傅雷著

香港 三联书店香港分店出版社 1984 年 181 页 有图 19cm（小 32 开）

　　本书论述一批有代表性的西方美术家及其作品，重点评价了拉斐尔、达·芬奇、米开朗基罗"文艺复兴三杰"。书中介绍了美术家的身世，以及由艺术实践引起的美学方面的疑难问题。书后附有索引和译名对照表。

J005706

世界美术名作二十讲　傅雷编

北京 三联书店 1985 年 198 页 有图

19cm（32 开）统一书号：7002.87 定价：CNY2.10

　　作者傅雷（1908—1966），文学翻译家、外国文学研究家。江苏南汇（今属上海市）人。字怒安，号怒庵，笔名小青等。就读于法国巴黎大学，曾任上海美专教授，中国作协上海分会理事及书记处书记等职，法国巴尔扎克研究协会会员。生平翻译外国名著多部，有《约翰·克利斯朵夫》《高老头》《托尔斯泰传》《贝多芬传》《艺术哲学》等，代表著作《傅雷家书》。

J005707

世界美术名作二十讲　傅雷著

海口 海南出版社 1994 年 11+294 页 有图

17cm（40 开）ISBN：7-80590-924-5

定价：CNY6.80

（人人袖珍文库）

J005708

世界美术名作二十讲　傅雷著

台北 建筑情报季刊杂志社 1995 年 197 页 有图

21cm（32 开）ISBN：957-575-041-1

定价：TWD320.00

J005709

世界美术名作二十讲　傅雷［著］

北京 三联书店 1997 年 2 版 196 页 有图

19cm（小 32 开）ISBN：7-108-00994-3

定价：CNY12.80

J005710

世界美术名作二十讲 （插图珍藏本）傅雷
著；傅敏编
北京 三联书店 1998 年 3 版 267 页 23cm（20 开）
ISBN：7-108-01214-6 定价：CNY66.00

J005711

谈艺录 伍蠡甫著
台北 商务印书馆 1984 年 4 版 134 页
17cm（40 开）
（人人文库 176）

J005712

外国美术名作欣赏 朱伯雄编著
上海 上海人民出版社 1984 年 256 页 19cm（32 开）
统一书号：8074.2 定价：CNY2.35
（当代大学生丛书）

　　本书编选了外国 77 幅美术名作。不仅着重
对作品本身加以分析，还对各幅作品的创作时
期、作者简历、风格流派以及一些与作品本身有
关的问题，也一并作了提示。

J005713

外国美术欣赏 王建国编；迟轲撰文
广州 岭南美术出版社 1984 年 138 页 25cm（16 开）
统一书号：8260.0971 定价：CNY9.90

　　本书介绍了包括古希腊雕塑、素描、黑白木
刻、肖像画、勃朗琼的装饰壁画、法国印象派、
插画艺术、现代静物画、苏联的版画与雕塑、象
征主义绘画、美国现代写实艺术、加拿大油画
等，还介绍了戈雅、米勒、密莱斯、列宾、罗丹、
列维坦、凡·高、肯特、马蒂斯、山口华扬、毕加
索、卫斯等 12 位著名画家及其作品、

J005714

维纳斯与钟馗 迟轲著
广州 岭南美术出版社 1984 年 325 页 19cm（32 开）
统一书号：8260.0728 定价：CNY1.60

　　作者迟轲（1925—2012），著名美学家、美术
批评家。原名迟雁鸣，出生于天津，祖籍山东宁
津。曾任广州美术学院教授、广东美学学会会长。
代表作品《西方美术史话》。

J005715

徐悲鸿研究 艾中信著

上海 上海人民美术出版社 1984 年 2 版 185 页
有图 21cm（32 开）统一书号：8081.12142
定价：CNY1.20

　　作者艾中信（1915—2003），画家。上海人。
历任中央美术学院教授、油画系主任、副院长，
《中国大百科全书·美术》编辑委员会主任、中国
美术家协会理事等职。代表作品有《背煤》《通
往乌鲁木齐》《炮兵过雪山》等，著有《徐悲鸿研
究》《读画论画》《油画风采谈》等。

J005716

在巴黎看新写实画 陈英德著
台北 艺术家出版社 1984 年 228 页 有图
20cm（32 开）定价：TWD180.00
（艺术家丛刊 29）

J005717

中国美术名作欣赏 叶尚青编著
上海 上海人民出版社 1984 年 254 页 有图
19cm（32 开）统一书号：8074.1 定价：CNY2.00
（当代大学丛书）

　　本书从我国历代美术名作中精选了 75 幅作
品（主要是绘画，也有雕塑），并从艺术欣赏的角
度对每幅作品进行了精辟的分析，还介绍了画家
的简况及创作作品的历史背景。

J005718

论八十年代西洋新绘画之发展 林书尧著
台北 维新书局 1985 年 111 页 23cm（10 开）
精装 定价：TWD150.00

J005719

梅花香自苦寒来 力群著
成都 四川美术出版社 1985 年 152 页
有图 19cm（32 开）定价：CNY1.10
（画家论画丛书）

　　作者力群（1912—2012），画家。原名郝力群。
山西灵石人，毕业于国立杭州艺术专科学校。历
任中国版画家协会副主席，山西省美术院名誉院
长，山西省美术家协会名誉主席。木刻版画作品
有《鲁迅像》《病》《收获》。

J005720

丝绸之路造型艺术 《新疆艺术》编辑部编
乌鲁木齐 新疆人民出版社 1985 年 372 页

有图 20cm（32 开）统一书号：8098.223

定价：CNY2.60

　　本书收录文章 35 篇，介绍和论述西域石窟、雕刻、建筑、绘画等艺术的发展、演变，及其对中西文艺的交流和佛教的传播产生的重大影响。

J005721

艺苑交游录　黄蒙田著

广州 岭南美术出版社 1985 年 362 页 有图 19cm（32 开）定价：CNY2.50

　　本书收录短文 100 多篇，内容包括三四十年代画坛史料轶闻，评述海内外画家思想艺术，其中有附图 52 幅。

J005722

艺苑随笔　马晋封著

台北 汉光文化事业公司 1985 年 2 册 20cm（32 开）定价：TWD200.00

（汉光丛书 023-024）

J005723

傅抱石美术文集　叶宗镐选编

南京 江苏文艺出版社 1986 年 694 页 有照片 20cm（32 开）定价：CNY4.30

　　本书是一部学习、研究中国美术史、中国绘画理论，指导美术创作、提高艺术修养的重要读物，也是学习、研究傅抱石先生本人绘画艺术、学术思想、政治态度以及他的人生经历等等的必备的资料书。收录《中国绘画变迁史纲》《论顾恺之至荆浩之山水画史问题》《中华民族美术之展望与建设》《中国国民性与艺术思潮——读金原省吾氏之东洋美术论》《论秦汉诸美术与西方之关系》《关于中国画的传统问题》《中国绘画史的新页——谈谈十年来国画事业的发展》等。

J005724

美术欣赏　郑重著

成都 四川人民出版社 1986 年 248 页 有图 19cm（32 开）统一书号：8118.2100

定价：CNY1.80

J005725

莫迪里阿尼　（美）阿尔弗雷德·威尔纳著；吴达志译

北京 人民美术出版社 1986 年 78 页 有图

20cm（32 开）统一书号：8027.9610

定价：CNY1.50

　　译者吴达志（1925— ），教授。贵州绥阳人。毕业于中央美术学院。先后在中央美术学院、中央工艺美术学院讲授西方艺术史。论文有《艺术和时代》，出版译著《德拉克洛瓦》《米勒传》等。

J005726

书画论评　沈鹏著

成都 四川美术出版社 1986 年 273 页 有照片 19cm（32 开）统一书号：8373.737

定价：CNY1.75

　　本书选编作者 1980—1984 年撰写的书画评论文章 40 篇，并附书画作品 29 幅。作者沈鹏（1931— ），书法家、美术评论家、诗人。生于江苏江阴。历任中国文联副主席、中国书法家协会主席、中国美术出版总社顾问以及《中国书画》主编、炎黄书画院副院长等。书法作品有《书画论评》《沈鹏书画谈》《三余吟草》《沈鹏书法选》《沈鹏书法作品集》。

J005727

外国美术鉴赏　（1）（意）拉斐尔等绘

北京 人民美术出版社 1986 年 [24] 页 26cm（16 开）统一书号：8027.9605

定价：CNY1.75

J005728

现代日本画　（日）河北伦明著；祖秉河译

北京 中国文联出版公司 1986 年 119 页 有彩图 19cm（32 开）统一书号：8355.256

定价：CNY1.50

J005729

艺术放谈　刘汝醴著

南京 江苏美术出版社 1986 年 342 页 20cm（32 开）统一书号：83537.011

定价：CNY2.90

J005730

英国风景画大师——泰纳　（苏）涅克拉索娃著；张荣生，刘泽善译

长沙 湖南美术出版社 1986 年 167 页 有图 19cm（32 开）统一书号：82333.988

定价：CNY1.33

J005731

元明时代东传日本的水墨画　郑樑生编著

台北　文史哲出版社　1986年　187页

21cm（32开）定价：TWD150.00

（文史哲学集成 146）

J005732

中国名画欣赏　李霖灿著

台北　1986年　63页　有彩照　21cm（32开）

定价：TWD50.00

（文化资产丛书 22）

J005733

保罗·克利　（生活与作品）哥尔哈尔著；吴玛悧译

台北　艺术家出版社　1987年　160页　有图

21cm（32开）定价：TWD200.00

　　作者保罗·克利（Paul Klee, 1879—1940），瑞士画家。毕业于慕尼黑美术学院，曾任教于包豪斯学院。其作品多以油画、版画、水彩画为主，代表作品有《亚热带风景》《老人像》等。

J005734

从古典到浪漫　克拉克（Clark, K.）著；雨芸译

台北　金枫出版公司　1987年　240页　有图

17cm（40开）定价：TWD49.50

（495系列 64）

J005735

大河寻源　周韶华著

成都　四川美术出版社　1987年　252页　有图

19cm（32开）ISBN：7-5410-0026-4

定价：CNY2.40

（"画家论画"丛书）

　　本书系美术理论和中国美术作品评论。作者周韶华（1929— ），画家。山东荣城人，毕业于中原大学美术系。历任湖北省美术院院长，湖北省文联主席，中国国家画院院务委员等职。代表作品有《茶山之歌》《渤海湾的晨光》《黄河魂》等，出版有《大河寻源画集》《周韶华画选》《周韶华六十年艺术探索画集》《中国近现代名家画集－周韶华》。

J005736

狄德罗画评选　（法）狄德罗著；陈占元译

北京　人民美术出版社　1987年　291页　18cm（15开）

ISBN：7-102-00511-3　定价：CNY5.95

　　本书收录狄德罗30多篇有关艺术作品的评述，是一部法国近代绘画评论选集，附图87幅。作者狄德罗（Denis Diderot, 1713—1784），法国启蒙思想家、唯物主义哲学家、作家、百科全书派的代表人物。著有《对自然的解释》《达朗贝和狄德罗的谈话》《关于物质和运动的原理》等。

J005737

凡·高论　（荷）韦尔什－奥夫沙罗夫（Welsh-Ovcharov, B.）编；刘明毅译

上海　上海人民美术出版社　1987年　194页　有图

20cm（32开）ISBN：7-5322-0008-6

定价：CNY3.90

（二十世纪西方美术理论译丛）

　　外文书名：Van Gogh in Perspective.

J005738

画廊漫步　代琇，庄辛著

上海　华东师范大学出版社　1987年　133页　有图

20cm（32开）统一书号：8135.009　定价：CNY1.40

J005739

看名画的眼睛　（日）高阶秀尔著；范钟鸣译

成都　四川美术出版社　1987年　260页　有图

19cm（32开）ISBN：7-5410-0032-9

定价：CNY2.00

J005740

论外国画家　王琦著

成都　四川美术出版社　1987年　186页　有版

19cm（小32开）ISBN：7-5410-0024-8

定价：CNY1.35

（画家论画）

J005741

论文人画　林木著

上海　上海人民美术出版社　1987年　181页　有图

20cm（32开）定价：CNY1.80

　　本书内容包括：1，文人画说；2，文人画特征，有文人画的本质特征、创作思想、创作方法和风格特征；3，浪漫主义的文人画潮，有文人画的产生、发展中的人文画、浪漫主义的人文画思潮；4，文人画再评价。附有图33幅。作者林木

（1949—　），教授。四川泸州人，毕业于西南师范大学中文系。历任四川美术学院教授、美术史论家、评论家。著有《论文人画》《明清文人画新潮》《中国古代画论发展史实》等。

J005742

墨池散记　　洪丕谟著

上海　学林出版社　1987年　233页　19cm（32开）
ISBN：7-80510-030-6 定价：CNY1.25
（夜读丛书）

　　本书内容包括：书画欣赏、书画散论、书画画家、艺苑玉屑。作者洪丕谟（1940—2005），医生、教师。生于上海，毕业于上海市卫生局中医大专班。华东政法学院教师。中国书法家协会第一届学术委员，上海市大学书法教育学会会长等。著有《洪丕谟书法集》《中国书法史话》等。

J005743

潘天寿美术文集　　潘天寿著

台北　丹青图书公司　1987年　210页 21cm（32开）
定价：TWD130.00
（丹青丛书）

　　作者潘天寿（1897—1971），现代著名国画家，美术教育家，原名天授，字大颐，号寿者。浙江宁海县人。擅画花鸟、山水，兼善指画，亦能书法、诗词、篆刻。曾任中国文联委员，中国美术家协会副主席，浙江省文联副主席，中国美协浙江分会主席，浙江美术学院院长、教授等职。著有《中国绘画史》《听天阁画谈随笔》等。

J005744

潘天寿谈艺录　　潘天寿著

台北　丹青图书公司　1987年　台1版　244页
21cm（32开）定价：TWD130.00
（丹青艺术丛书）

J005745

石壶论画语要　　陈子庄口述；陈滞冬整理

成都　四川美术出版社　1987年　156页
20cm（32开）ISBN：7-5410-0011-6
定价：CNY1.05

　　本书分总论、画史、画法、学画、金石书法、其他6个部分，全面记录了陈子庄的晚年艺术思想。作者陈子庄（1913—1976），画家。号南原，又号石壶。出生于四川荣昌县。历任四川省文

史馆研究员、四川省政协委员。代表作有《山深林密》《秋山如醉》《溪岸图》等。著有《石壶论画语要》。整理者陈滞冬（1951—　），画家、书法家、艺术史学者。四川成都人。硕士毕业于四川师范大学中国古代文学研究所。出版《陈滞冬画集》《中国书画与文人意识》《中国书学论著提要》等著作。

J005746

世界悲剧中的女性　　马尚龙等编写

上海　上海文化出版公司　1987年　105页　有图
19cm（32开）ISBN：7-80511-075-1
定价：CNY0.50
（五角丛书　第六辑）

J005747

谁家粉本　　吴冠中著

成都　四川美术出版社　1987年　238页
19cm（32开）ISBN：7-5410-0060-4
定价：CNY2.00
（"画家论画"丛书）

　　作者吴冠中（1919—2010），著名画家、美术教育家。江苏宜兴人，毕业于国立杭州艺术专科学校。中央工艺美术学院教授。代表作品《长江三峡》《鲁迅的故乡》《春雪》《长城》；油画代表作有《长江三峡》《北国风光》《小鸟天堂》《黄山松》《鲁迅的故乡》等；个人文集有《吴冠中谈艺集》《吴冠中散文选》《美丑缘》等。

J005748

天才之悲剧　（世界名画家评传）赖传鉴著

台北　雄狮图书公司　1987年　9版　213页
有彩照　21cm（32开）定价：TWD120.00
　　外文书名：Tragedy of Eleven Genius.

J005749

外国美术鉴赏　（2）（意）米开朗基罗（Michelangelo，Buounarroti）等绘

北京　人民美术出版社　1987年　24页 26cm（16开）
活页统一书号：8027.9650 定价：CNY2.00

　　作者米开朗基罗（Michelangelo Buonarroti，1475—1564），又译米开朗琪罗。意大利文艺复兴时期的绘画家、雕塑家、建筑师和诗人。毕业于圣马尔谷修道院美第奇学院。文艺复兴时期雕塑艺术最高峰的代表，与拉斐尔和达芬奇并称

为文艺复兴后三杰。代表作品《大卫》《摩西》《奴隶》《创世纪》等。

J005750

现代美术新潮　杨炽宏著
台北 艺术家出版社 1987 年 288 页 有图
21cm（32 开）定价：TWD180.00
（艺术家丛刊 32）

J005751

徐悲鸿艺术文集　徐悲鸿著；徐伯阳，金山合编
台北 艺术家出版社 1987 年 2 册 有图
21cm（32 开）定价：TWD500.00
（艺术家丛刊）

J005752

中国名画欣赏　李霖灿著
台北 1987 年 2 版 63 页 有彩照 21cm（32 开）
定价：TWD50.00
（文化资产丛书 22）

J005753

二十世纪西方绘画　亨特著；平野译
北京 中国国际广播出版社 1988 年 20cm（32 开）
ISBN：7-80035-051-7 定价：CNY4.20
（现代社会与文化丛书）

　　译者平野（1924— ）。原名张大晖。浙江温州人，毕业于中央大学艺术系，。历任人民美术出版社任编审，菏泽书画研究院名誉院长，《简明不列颠百科全书》主要译审，《中国大百科全书·美术》西方美术副主编。

J005754

龚贤研究　华德荣编著
上海 上海人民美术出版社 1988 年 215 页 有图
20cm（32 开）定价：CNY5.00

　　龚贤（1618—1689），明末清初画家。又名岂贤，字半千，又字野遗，岂贤，号半亩等。江苏昆山人。著有《香草堂集》《画诀》《柴丈人画稿》《龚半千课徒画说》。

J005755

林风眠　朱朴编著
上海 学林出版社 1988 年 159 页 有图

23cm（10 开）精装 ISBN：7-80510-112-4
定价：CNY9.50
（现代美术家 画论·作品·生平）

　　林风眠（1900—1991），画家、艺术教育家。名绍琼，字凤鸣，后改风眠。广东梅县人。曾任国立艺术学院首任院长，中国美术家协会上海分会副主席。代表作品有《春晴》《江畔》《仕女》。

J005756

玛丽　何肇衢编撰
台北 艺术图书公司 1988 年 135 页 有图
26cm（16 开）定价：TWD380.00
（艺术画廊丛书 2）

J005757

苏轼论书画史料　李福顺编著
上海 上海人民美术出版社 1988 年 553 页
20cm（32 开）ISBN：7-5322-0194-5
定价：CNY5.80

　　苏轼（1037—1101），北宋文学家、书画家。字子瞻、和仲，号铁冠道人、东坡居士，世称苏东坡。在诗、词、散文、书、画等方面取得很高成就，擅长文人画，尤擅墨竹、怪石、枯木等。作品有《东坡七集》《东坡易传》《东坡乐府》《潇湘竹石图卷》《古木怪石图卷》等。

J005758

吴作人文选　吴作文著
合肥 安徽美术出版社 1988 年 459 页 有图
20cm（32 开）精装 ISBN：7-5398-0055-0
定价：CNY12.00

　　本书内容包括：艺为人生；诚与勤；严而后放；法由我变；变才是常；关于新中国的美术；论中国古代美术；论外国美术 8 大部分 79 篇文章。作者吴作人（1908—1997），著名画家、教授。生于江苏苏州，祖籍安徽泾县，先后就读于苏州工业专科学校建筑系、上海艺术大学、南国艺术学院美术系及南京中央大学艺术系。曾任中央美术学院院长，中国美术家协会主席等。出版有《吴作人》《吴作人艺术馆藏品集》《吴作人画传》等。

J005759

西方裸体艺术鉴赏　左庄伟著
长沙 湖南美术出版社 1988 年 150 页 有图

19cm（32 开）ISBN：7-5356-0151-0
定价：CNY5.00

本书分 10 节，以史为线索，从审美鉴赏角度介绍了原始时期、希腊时期、文艺复兴直至近现代西方艺术中风格各异的人体艺术品，书中附西方历代人体艺术代表作 91 幅。

J005760

西洋画欣赏　肯尼特（Kennet, F.）, 米森（Measham, T.）著；任溶溶译
香港 新雅文化事业公司 1988 年 47 页 有图
28cm（16 开）ISBN：962-08-1637-4
定价：HKD35.00
（艺术丛书）

J005761

现代美术家陈抱一　陈瑞林编
北京 人民美术出版社 1988 年 202 页 有图
24cm（16 开）ISBN：7-102-00396-X
定价：CNY29.00

编者陈瑞林（1944—　），教授。笔名楚水，湖南人，毕业于中央美术学院美术史系。历任清华大学美术学院教授，澳门艺术博物馆客座研究员，南京艺术学院客座教授等职。主要有《中国西画五十年 1898—1949 年》《民俗与民间美术》《当代中国油画》《东西方美术交流》《21 世纪装饰艺术》等。

J005762

张望美术文集　张望著
沈阳 辽宁美术出版社 1988 年 431 页 有肖像
20cm（32 开）精装 ISBN：7-5314-0017-0
定价：CNY7.20

作者张望（1916—1993），画家、思想家。原名张发赞，笔名致平、克之、张抃，广东大埔县百侯镇南山村人，代表作品《新美术评论集》。

J005763

中国书画鉴赏辞典　郎绍君等主编
北京 中国青年出版社 1988 年 1505 页 有图
19cm（32 开）精装 ISBN：7-5006-0075-5
定价：CNY20.50

本鉴赏辞典收录辞目 1243 条，分为绘画和书法两个部分，按照中国古代到现代时期排列。绘画部分收入辞目 981 条，现谈作品，后介绍作者。书法部分收入辞目 262 条，先介绍作者，后分析作品。书末附有画家人名索引和书法家人名索引。

J005764

都是裸体惹的祸　理查德·阿穆尔著；谢枫，纪东宇编译
北京 中国国际广播出版社 1989 年 169 页
13cm（60 开）ISBN：7-80035-285-4
定价：CNY1.50

J005765

凡·高（一个孤独的天才）（法）埃勒卡尔（Elgar, F.）著；范立新，平野译
北京 人民美术出版社 1989 年 49 页 有图
19cm（32 开）ISBN：7-102-00602-0
定价：CNY1.90
（世纪美术文库）

外文书名：Van Gogh. 译者平野（1924—　）。原名张大晖，浙江温州人，毕业于中央大学艺术系。历任人民美术出版社任编审，菏泽书画研究院名誉院长，《简明不列颠百科全书》主要译审，《中国大百科全书美术》西方美术副主编。

J005766

画家笔下的青海　里果编著
西宁 青海人民出版社 1989 年 19cm（32 开）
ISBN：7-225-00302-X 定价：CNY3.50

J005767

鉴余杂稿　谢稚柳著
上海 上海人民美术出版社 1989 年 2 版 241 页
有图 20cm（32 开）统一书号：8081.11434
ISBN：7-5322-0209-7 定价：CNY5.90

本书为关于中国古代书画鉴赏考证的学术文论专集。作者谢稚柳（1910—1997），书画家、书画鉴定家。原名稚，字稚柳，后以字行，晚号壮暮翁，斋名鱼饮溪堂等。江苏常州人。历任上海市文物保护委员会编纂、副主任、上海市博物馆顾问、中国书法家协会理事、国家文物局全国古代书画鉴定小组组长等。编著有《敦煌石室记》《敦煌艺术叙录》《水墨画》《唐五代宋元名迹》等。

J005768

巨匠之足迹 （3 二十世纪初期名画家评传）
赖传鉴著
台北 雄狮出版社 1989 年 有彩图 21cm（32 开）
ISBN：957-94-201-1 定价：TWD200.00

J005769

论古代艺术 （德）温克尔曼（J.J.Winckelmann）
著；邵大箴译
北京 中国人民大学出版社 1989 年 291 页 有图
19cm（32 开）ISBN：7-300-00528-4
定价：CNY4.50
（外国文艺理论研究资料丛书）

　　译者邵大箴（1934— ），美术理论家，国画家。江苏镇江人。历任中央美术学院教授、博士生导师、《美术研究》主编、中国国家画院美术研究院院长等。著有《现代派美术浅议》《传统美术与现代派》《欧洲绘画简史》《西方现代美术思潮》。

J005770

论西方写实绘画 吴甲丰著
北京 文化艺术出版社 1989 年 303 页 有图
20cm（32 开）ISBN：7-5039-0359-7
定价：CNY6.20

　　本书是系统研究西方写实绘画的学术专著。全书分为三篇，上篇研究摄影术的产生及其对西方写实绘画的影响；中篇集中辨析西方写实绘画与摄影术的相异，以及写实绘画的基本特征；下篇通过对西方写实绘画名作的分析，对著名写实画家和艺术理论家有关理论的研究。书中附有插图 98 幅。

J005771

美术院校考生考卷讲评 范朴等编
成都 四川美术出版社 1989 年 85 页 有图
26cm（16 开）ISBN：7-5410-0456-1
定价：CNY8.70

J005772

潘天寿研究 卢炘选编
杭州 浙江美术学院出版社 1989 年 574 页 有肖像 20cm（32 开）ISBN：7-81019-061-X
定价：CNY9.00

J005773

世界画坛的大师们 林小枫，王迎编著
北京 人民邮电出版社 1989 年 158 页
19cm（小 32 开）ISBN：7-115-03871-6
定价：CNY1.65
（青年人看世界丛书 7）

J005774

外国人体美术名作欣赏 何振志等编著
上海 上海人民出版社 1989 年 317 页 有图
19cm（32 开）ISBN：7-208-00644-X
定价：CNY9.40
（当代大学生丛书）

J005775

西方美术名作鉴赏辞典 刘德滨等编著
长春 吉林美术出版社 1989 年 359 页 有图
20cm（32 开）精装 ISBN：7-5386-0161-9
定价：CNY11.50

　　本鉴赏辞典共收录西方 184 个画家，雕刻家作品 356 件，按照历史年代、国家、地区排列鉴赏作品顺序。每条辞目包括：作品题名、国家地区、作者、创作年代、画中、尺寸、现在收藏地等内容。

J005776

西方美术赏析 明源等编著
天津 天津人民美术出版社 1989 年 211 页 有图
19cm（32 开）ISBN：7-5305-0200-X
定价：CNY10.00

J005777

西洋名画故事 （日）山田邦祐著；宋红等译
北京 人民美术出版社 1989 年 232 页 有图
19cm（32 开）ISBN：7-102-00001-4
定价：CNY3.35

　　本书收录波提切利的《春》、达·芬奇的《蒙娜丽莎》、米开朗基罗的《亚当的创造》、拉斐尔的《西斯廷圣母》、提香的《马利亚·抹大拉》及荷尔拜因的《国王的饲鹰人》等 79 幅图。并对每一幅画加以简明阐述。

J005778

闲话闲画集 韩羽著
北京 学苑出版社 1989 年 257 页 21cm（32 开）

定价: CNY4.00

J005779

现代西洋绘画的空间表现　陈秋瑾著
台北 艺风堂出版社 1989年 124页 有图
26cm（16开）ISBN: 957-9394-04-0
定价: TWD250.00
（精艺丛书 2）

J005780

张望集　张望著
广州 广东人民出版社 1989年 111页 有图
20cm（32开）ISBN: 7-218-00423-7
定价: CNY2.60

　　世界美术评论文集。张望(1916—1993)，画
家、思想家。原名张发赞，笔名致平、克之、张
抨，广东大埔县百侯镇南山村人，代表作品《新
美术评论集》。

J005781

中国诗画　曾景初著
北京 国际文化出版公司 1989年 213页 有图
19cm（32开）ISBN: 7-80049-239-7
定价: CNY2.80

　　本书是研究中国诗与画怎样结合的专著，探
索诗画原则问题、诗画结合问题、如何体现"诗
中有画和画中有诗"的问题。作者曾景初(1918—
2001)，美术编辑。笔名秦肃、荆楚、特西等。湖
南双峰人，上海美专肄业。历任长沙《国民日
报》《湖南日报》《晚晚报》美术编辑，北京《铁路
画报》美术编辑，华北人民出版社美编，天津人
民美术出版社美编，中国美术家协会会员，中国
版画协会会员。作品有《沸腾的矿山》《场上》《四
等车上》等。

J005782

中外名画欣赏　朱铭主编
济南 山东教育出版社 1989年 303页 有图
26cm（16开）精装 定价: CNY35.00

　　本书分中国和外国两部分。中国部分选编
了战国时期到现代75位画家的作品；外国部分
选编了从古希腊到20世纪初的欧洲、美洲、亚洲
的75位画家的作品。主编朱铭(1937—2011)，
教授。江苏泰州人，毕业山东师范大学艺术系。
历任山东艺术学院教授，中国美术家协会会员，

山东美协理事，山东省广告协会副会长。

J005783

陈之佛研究　李有光，陈修范著
南京 江苏美术出版社 1990年 233页 有图
20cm（32开）ISBN: 7-5344-0174-7
定价: CNY4.80
（中国现代美术家研究丛书 江苏系列）

　　作者李有光(1931—)，南京师范大学教授、
中国美术家协会会员。陈修范(1934—)，江苏
国画院高级画师、中国美术家协会会员。

J005784

关山月论画　黄小庚选编
郑州 河南美术出版社 1990年 140页 26cm（16开）
精装 ISBN: 7-5401-0048-6 定价: CNY21.00

　　本书收辑关山月自40年代迄至90年代初
有关画艺绘事的主要言论，按散论、专论、诗联
画语、集联画语、作品图版各部分编次。编者提
出自己的看法和主张，也是个人实践的总结。

J005785

广东现代画坛实录　黄小庚，吴瑾编
广州 岭南美术出版社 1990年 439页 19cm（32开）
ISBN: 7-5362-0500-7 定价: CNY12.00

　　本书收录20年代至新中国成立前，曾公开
发表过的有关现代广东画坛的资料逾百篇，内
容涉及现代广东美术作品、画论、画家、社团活
动等。

J005786

林风眠论　郑朝，金尚义编著
杭州 浙江美术学院出版社 1990年 168页 有图
21×19cm ISBN: 7-81019-023-7 定价: CNY7.90

　　本书辑录《蔡元培器重林风眠（林文铮）、
《彩色的诗——读林风眠画集（艾青）、《林风
眠（王朝闻）、《诗画情·东方韵——林风眠（沈柔
坚）、《寂寞耕耘七十年（吴冠中）等论文30篇。
书中附黑白插图21幅，彩色插图13幅，并附有
《林风眠论艺术（朱朴），《林风眠艺术生涯编年
表（金尚义、朱朴）。

J005787

马格利特　（美）嘉贝丽克(Gablik, S.)著；舟
子译

长沙 湖南美术出版社 1990 年 154 页
19cm（小 32 开）定价：CNY6.50
（国外现代画家译丛）

J005788

钱君匋论艺　钱君匋著
杭州 西泠印社 1990 年 344 页 有图 20cm（32 开）
ISBN：7-80517-044-4 定价：CNY9.80
　　本书收录作者论艺文章 88 篇，内容包括：
第 1 辑谈书籍装帧艺术；第 2 辑论述篆刻书法艺
术；第 3 辑谈绘画艺术；第 4 辑会议与鲁迅、茅
盾、郁达夫等友谊与交往；第 5 辑反映作者的一
些亲身经历。其中有《装帧琐谈》《略谈浙版书
籍装帧》《漫谈篆刻》《略论吴昌硕》等文章。

J005789

柔坚画谭　沈柔坚著
上海 上海书店 1990 年 223 页 有照片
20cm（32 开）ISBN：7-80569-332-3
定价：CNY8.00
　　作者沈柔坚（1919—1998），画家、教授。福
建诏安人。历任上海大学美术学院教授，中国美
术家协会常务理事，中国美术家协会上海分会副
主席，中国版画家协会副主席。代表作品《拉纤
者》《田野》《拾草》《为了正义》《庆功图》等。

J005790

天才之悲剧　赖传鉴著
台北 雄狮图书股分有限公司 1990 年 2 册
有图 21cm（32 开）ISBN：957-942040-8
定价：TWD200.00

J005791

王式廓艺术研究　《王式廓艺术研究》编辑
组编
北京 人民美术出版社 1990 年 430 页 有照片
20cm（32 开）ISBN：7-102-00845-7
定价：CNY6.20
　　本书是关于王式廓生活、学习、创作、教学、
理论的研究文集。王式廓（1911—1973），画家、
教育家。山东掖县人，毕业于上海美专。曾任中
国美术家协会常务理事，中央美术学院教授、研
究部主任，中国美协常务理事等职。代表作品有
《参军》《井冈山会师》《血衣》《毛主席和我们在
一起》等。

J005792

西洋风景画百图　李维世著
北京 人民美术出版社 1990 年 19cm（32 开）
ISBN：7-102-00622-5 定价：CNY7.15
　　本书编选西洋各种体裁的风景画 100 幅，并
介绍了画家及作品的风格特色。

J005793

艺海探源　（黄安仁评画·画评）黄安仁著
海口 三环出版社［1990 年］332 页 有图
20cm（32 开）ISBN：7-80564-039-4
定价：CNY12.00
　　作者黄安仁（1924—2018），书画家。广东阳
江人，广州健力宝海日书画会、广州友声诗书画
会、广州离退休美术家协会会长。代表作品有《大
地新弦》等。 出版有《黄安仁画选》《黄安仁速
写集》《美加写生集》《北美风情录》等。

J005794

艺术大师徐悲鸿　金山著
台北 雄狮出版社 1990 年 153 页 有图
21cm（32 开）ISBN：957-94-2029-7
定价：TWD240.00

J005795

中国当代部分老画家作品介绍　（之一）侯
学忠主编；天津市老年书画研究会编
天津［天津市老年书画研究会］1990 年
133 页 26cm（16 开）

J005796

中国当代美术家　（1-15 总目录）王伟主编
成都 四川美术出版社［1990 年］有图
30cm（10 开）定价：CNY55.00
　　本书为大型系列画传。首批出版 15 卷，画
卷除了介绍画家代表作品外，还通过综合性的文
字、图片资料，全面、立体地展示构成画家艺术
创造有关的社会、文化和生活背景以及艺术风格
形成的过程。外文书名：Contemporary Chinese
Artists.

J005797

中国当代美术家　（崔子范）王伟主编
成都 四川美术出版社［1990 年］有图
30cm（10 开）精装 ISBN：7-5410-0402-2

定价：CNY55.00

　　外文书名：Contemporary Chinese Artists.

J005798

中国当代美术家 （邓林）王伟主编
成都 四川美术出版社［1990年］有图
30cm（10开）精装 ISBN：7-5410-0398-0
定价：CNY55.00

　　外文书名：Contemporary Chinese Artists.

J005799

中国当代美术家 （范曾）王伟主编
成都 四川美术出版社［1990年］有图
30cm（10开）精装 ISBN：7-5410-0401-4
定价：CNY55.00

　　外文书名：Contemporary Chinese Artists.

J005800

中国当代美术家 （黄胄）王伟主编
成都 四川美术出版社［1990年］有图
30cm（10开）精装 ISBN：7-5410-0405-7
定价：CNY55.00

　　外文书名：Contemporary Chinese Artists.

J005801

中国当代美术家 （贾又福）王伟主编
成都 四川美术出版社［1990年］有图
30cm（10开）精装 ISBN：7-5410-0395-6
定价：CNY55.00

　　外文书名：Contemporary Chinese Artists.

J005802

中国当代美术家 （李可染）王伟主编
成都 四川美术出版社［1990年］有图
30cm（10开）精装 ISBN：7-5410-0406-5
定价：CNY55.00

　　外文书名：Contemporary Chinese Artists. 李
可染（1907—1989），国画家、诗人、教授。原名
李永顺，江苏徐州人。历任中央美术学院教授，
中国美术家协会副主席，中国文联委员，中国
画研究院院长等。代表作品有《江山无尽图》《万
山红遍》《漓江胜境图》等，画集有《李可染水
墨写生画集》《李可染中国画集》《李可染画
牛》等。

J005803

中国当代美术家 （林墉）王伟主编
成都 四川美术出版社［1990年］有图
30cm（10开）精装 ISBN：7-5410-0404-9
定价：CNY55.00

　　外文书名：Contemporary Chinese Artists.

J005804

中国当代美术家 （龙瑞）王伟主编
成都 四川美术出版社［1990年］有图
30cm（10开）精装 ISBN：7-5410-0397-2
定价：CNY55.00

　　外文书名：Contemporary Chinese Artists.

J005805

中国当代美术家 （聂鸥）王伟主编
成都 四川美术出版社［1990年］有图
30cm（10开）精装 ISBN：7-5410-0403-0
定价：CNY55.00

　　外文书名：Contemporary Chinese Artists. 聂
鸥（1948— ），女，画家。辽宁新民人。毕业于
中央美术学院中国画系研究生班。擅长版画、水
墨人物画、油画、连环画。北京画院一级美术师、
中国美术家协会理事。出版有《聂鸥水墨画》《回
响—聂鸥画集》《又回山乡—聂鸥画集》等。

J005806

中国当代美术家 （石齐）王伟主编
成都 四川美术出版社［1990年］有图
30cm（10开）精装 ISBN：7-5410-0400-6
定价：CNY55.00

　　外文书名：Contemporary Chinese Artists. 石
齐（1939— ），福建福清人。毕业于厦门工艺美
术学院。北京画院专业画家，中国美术家协会会
员，北京美协理事。代表作品有《金秋时节》《养
鸡图》《泼水节》。出版有《石齐画集》等。

J005807

中国当代美术家 （王迎春,杨力舟）王伟主编
成都 四川美术出版社［1990年］有图
30cm（10开）精装 ISBN：7-5410-0392-1
定价：CNY55.00

　　外文书名：Contemporary Chinese Artists.

J005808

中国当代美术家 （吴冠中）王伟主编
成都 四川美术出版社［1990年］有图
30cm（10开）精装 ISBN：7-5410-0394-8
定价：CNY55.00
　　外文书名：Contemporary Chinese Artists.

J005809

中国当代美术家 （吴作人）王伟主编
成都 四川美术出版社［1990年］有图
30cm（10开）精装 ISBN：7-5410-0399-9
定价：CNY55.00
　　外文书名：Contemporary Chinese Artists.

J005810

中国当代美术家 （徐希）王伟主编
成都 四川美术出版社［1990年］有图
30cm（10开）精装 ISBN：7-5410-0396-4
定价：CNY55.00
　　外文书名：Contemporary Chinese Artists.

J005811

中国当代美术家 （杨刚）王伟主编
成都 四川美术出版社［1990年］有图
30cm 精装 ISBN：7-5410-0393-X
定价：CNY55.00
　　外文书名：Contemporary Chinese Artists.

J005812

中国现代绘画评论　水天中著
太原 山西人民出版社 1990年 242页 20cm（32开）
ISBN：7-203-00197-5 定价：CNY4.20

J005813

M.C.埃舍尔的魔镜　（荷）布鲁诺·恩斯特（Bruno Ernst）著；李述宏，马尔丁译
重庆 重庆出版社 1991年 95+106页 有图
21cm（32开）精装 ISBN：7-5366-1342-3
定价：CNY18.60
　　本书内容包括：素描是幻觉、不可能存在的世界两大部分。对M.C.埃舍尔的生平及绘画艺术进行了较系统的研究。

J005814

杜桑　（美）汤姆金斯（Tomkins，Calvin）著；李

星明，马晓琳译
长沙 湖南美术出版社 1991年 有图
19cm（小32开）ISBN：7-5356-0423-4
定价：CNY7.90
（国外现代画家译丛）
　　本书以历史背景为基础，对杜桑一生的艺术活动作了较为全面的论述，对杜桑的艺术观念、重要作品和影响面，以及同时代的艺术家、艺术活动作了理论分析。

J005815

干舞集　黄翰荻著
台北 三民书局 1991年 218页 有图 21cm（32开）
ISBN：957-14-1802-1 定价：TWD4.22
（三民丛刊 25）

J005816

绘画　（东西方文化的冲撞）王庆生著
北京 北京大学出版社 1991年 260页 有彩图
19cm（小32开）ISBN：7-301-01546-1
定价：CNY5.80
（北京大学艺术教育与美学研究丛书 第1辑 3）
　　本书主要从东西方文化艺术的相互影响与融合这一宏观视角，探讨了中国绘画的历史沿革；剖析了中国绘画在不同发展阶段所形成的艺术特色，审美特征等。作者王庆生（1943— ），记者、编辑。江苏南京人，从事报社编辑和记者工作。

J005817

绘画·成才　（早期艺术教育对话）卜维勤，王丽岩著
天津 新蕾出版社 1991年 293页［20×22cm］
ISBN：7-5307-0907-0 定价：CNY17.60

J005818

老顽童与小精灵　（西）米罗著
台北 雄狮图书公司 1991年 21cm（32开）
ISBN：957-8980-33-7 定价：TWD100.00
（雄狮丛书 名画笔记系列 15-005）
　　作者胡安·米罗（JoanMiró，1893—1983），西班牙画家、雕塑家、陶艺家、版画家，超现实主义的代表人物。出生于西班牙巴塞罗那，毕业于St.Luke艺术学院。代表作品《哈里昆的狂欢》《犬吠月》《人投鸟一石子》。

J0005881

李可染研究　孙美兰编著

南京　江苏美术出版社　1991 年　332 页　有图
20cm（32 开）ISBN：7-5344-0183-6

定价：CNY7.50

（中国现代美术家研究丛书　江苏系列）

　　李可染（1907—1989），国画家、诗人、教授。
原名李永顺，江苏徐州人。历任中央美术学院
教授，中国美术家协会副主席，中国文联委员，
中国画研究院院长等。代表作品有《江山无尽
图》《万山红遍》《漓江胜境图》等，画集有《李可
染水墨写生画集》《李可染中国画集》《李可染画
牛》等。

J005819

立体派　[弗赖伊]Fry, E.F. 著；陈品秀译

台北　远流出版事业公司　1991 年　247 页　有图
21cm（32 开）ISBN：957-32-1455-5

定价：TWD360.00

（艺术馆 4）

　　外文书名：Cubism.

J005820

庞薰琹随笔　庞薰琹著

成都　四川美术出版社　1991 年　172 页　有照片
19cm（32 开）ISBN：7-5410-0466-9

定价：CNY3.10

（画家论画丛书）

　　作者庞薰琹（1906—1985），画家、工艺美术
教育家。生于江苏常熟，字虞铉，笔名鼓轩。曾
任中央工艺美术学院第一副院长。代表作品有
《地之子》《路》《贵州山民图卷》《瓶花》等。著
有《薰琹随笔》。

J005821

培根　（英）约翰·拉塞尔（Johy Russell）著；罗
健，吕澎，雷克强译

长沙　湖南美术出版社　1991 年　150 页 +92 页图
版　19cm（小 32 开）ISBN：7-5356-0477-3

定价：CNY5.80

（国外现代画家译丛）

　　本书评述作者的艺术成就并简介生平。外
文书名：Francis Bacon. 弗朗西斯·培根（Francis
Bacon, 1909 — 1992），英国画家。生于爱尔兰
都柏林。主要作品有《三张十字架底下人物的素

描》《弗洛伊德肖像画习作》《教皇》等。

J005822

石画与欣赏　（铜鼓地启示录）刘荆洪著

武汉　武汉工业大学出版社　1991 年　182 页　有彩
图 19cm（小 32 开）ISBN：7-5629-0533-9

定价：CNY3.90

（石头三部曲 2）

J005823

世界绘画　（中国卷）张蔷编著

长沙　湖南少年儿童出版社　1991 年　100+16 页
26 × 23cm ISBN：7-5358-0687-2 定价：CNY9.90

（世界美术欣赏丛书）

　　本画集精选中国绘画史上各时代的作品 100
幅，有战国时期的人物龙凤帛画，西汉的彩绘帛
画，敦煌壁画，以及从东晋顾恺之到现代齐白石
等画家、大师的代表作。内容包括人物、山水和
花鸟，形式有帛画、壁画、界画、工笔、写意、重
彩、浅绛、水墨以及卷、册、立轴等。

J005824

世界现代美术大师绘画技法　诸迪等编译

北京　北京工艺美术出版社　1991 年　131 页　有图
26cm（16 开）ISBN：7-80526-076-1

定价：CNY35.00

　　全书收录图片 400 余幅，介绍 30 余位现代
绘画大师的背景材料，并向读者展示了世界 20
世纪美术的发展和各种绘画风格，各种流派代表
性作品所使用的技法。译者诸迪（1966— ），教
授。江苏无锡人。历任中央美术学院教务处处长、
城市设计学院院长，中央美术学院院长助理，文
化和旅游部艺术司司长，上海市浦东新区副区
长、区政府党组成员。

J005825

王朝闻美术谈　王朝闻著；简平编

北京　人民美术出版社　1991 年　659 页
20cm（32 开）　ISBN：7-102-00874-0

定价：CNY8.90

　　作者王朝闻（1909—2004），雕塑家、文艺理
论家、美学家。生于四川合江。别名王昭文，更
名王朝闻，笔名汶石、廖化、席斯珂。就读于成
都艺专、杭州国立艺专。历任中央美术学院副教
务长、中国美术家协会副主席、中国艺术研究院

副院长等。代表作品《浮雕毛泽东像》《圆雕刘胡兰像》等。

J005826

徐悲鸿研究　王震著
南京 江苏美术出版社 1991 年 340 页 有图
20cm（32 开）ISBN：7-5344-0206-9
定价：CNY4.90
（中国现代美术家研究丛书 江苏系列）

J005827

保值字画　李英豪著；博益编辑委员会编
香港 博益出版集团公司 1992 年 120 页
21cm（32 开）ISBN：962-17-1097-9
定价：HKD55.00
（博益生活通系列）

J005828

毕加索　库图索（Renato Guttuso）等著；丁天缺，闵希文译
上海 上海人民美术出版社 1992 年 126 页 有图
20cm（32 开）ISBN：7-5322-0450-2
定价：CNY4.80

J005829

毕加索——私生活与美术创作　（美）玛丽·马修斯·吉多著；钱凤根译
长沙 湖南美术出版社 1992 年 292 页
20cm（32 开）ISBN：7-5356-0548-6
定价：CNY4.90
　　译者钱凤根（1961— ），汕头大学文学院任教。

J005830

从学徒到大师　（画家赵望云）程征编
西安 陕西人民美术出版社 1992 年 334 页
26cm（16 开）ISBN：7-5368-0149-1
定价：CNY56.00，CNY59.00（精装）
　　作者程征（1944— ），教授。生于湖北英山县，祖籍湖南衡山。毕业于西安美术学院，历任《美术》杂志编辑，陕西省国画院艺术委员会主任，西安美术学院美术史论系教授、博士研究生导师，中国美术家协会理论委员会委员。主要著作有《速写技法》《中国历代雕塑·秦始皇陵俑塑》《唐十八陵石刻》等。

J005831

达利谈话录　（法）阿兰·鲍斯克特著；杨志麟译
南京 江苏美术出版社 1992 年 重印本 185 页
有图 19cm（32 开）ISBN：7-5344-0187-9
定价：CNY3.50
（外国现代美术理论丛书）
　　本书收录了作者与阿兰·鲍斯克特的 10 次谈话，以对话的方式再现了作为天才与疯子的作者对于艺术、人生和社会的看法。

J005832

大陆名画家探访录　黎朗著
台北 艺术家出版社 1992 年 294 页 有图
21cm（32 开）ISBN：957-9500-22-3
定价：TWD300.00
（艺术家丛书）

J005833

凡·高画风　（荷）凡·高绘；乔松等编
重庆 重庆出版社 1992 年 194 页
21cm（32 开）精装 ISBN：7-5366-1723-2
定价：CNY17.40
　　本书收集了凡·高的素描与油画作品 560 余幅，并对他的绘画风格作了简述。作者凡·高（Vincent van Gogh，1853—1890），荷兰后印象派画家。现通称文森特·梵高，也有译梵谷。代表作有《星月夜》、自画像系列、向日葵系列等。

J005834

绘画天堂　（丁绍光的艺术）（美）安·威克斯（Ann Elizabeth Barrott Wicks）著；陆钧，刘迟编译
北京 人民美术出版社 1992 年 89+82 页 有彩图
20cm（32 开）ISBN：7-102-01098-2
定价：CNY35.00
　　丁绍光（1939— ），画家。出生于陕西城固县，毕业于中央工艺美术学院。任教于云南艺术学院。代表作品有《版纳晨曦》《生命之源》《西双版纳》《催眠曲》《和谐》。

J005835

美术笔谈　王琦著
石家庄 河北美术出版社 1992 年 260 页 有图
20cm（32 开）ISBN：7-5310-0430-5

定价：CNY11.50

　　本书收录作者近年来在国内各大报刊上发表过的有关美术的评论、随笔、回忆文章共38篇。

J005836

三代怀斯　（画册）［美］达夫（Duff, JamesH.）等著；沈建东，秦蘅译
北京 人民美术出版社 1992年 111页 18×17cm
ISBN：7-102-00995-X 定价：CNY28.00
　　书名原文：Three Generations of Wyeth Art.

J005837

西方八十年代艺术　（英）卢西－史密斯著；于君等译
长沙 湖南美术出版社 1992年 110页 有图
19cm（小32开）ISBN：7-5356-0503-6
定价：CNY3.00
（实验艺术丛书）

　　本书分析了西方80年代的美术，描述了美术家、美术运动、美术市场及美术本身，介绍西方各国各流派的绘画及其风格，并附有精彩的意象图例。外文书名：Art in the Eighties. 作者爱德华·卢西－史密斯（EdwardLucie-Smith, 1933—　），著名诗人、记者及广播撰稿人。生于牙买加金斯敦市，1946年移居英国，著有《法兰西绘画简史》等。

J005838

阳太阳艺术文集　阳太阳著；广西美术出版社编
南宁 广西人民美术出版社 1992年 359页
有照片 20cm（32开）ISBN：7-80582-265-4
定价：CNY15.00

　　本书汇编了著者的诗文、书画和各界人士、友好、学生对他的评论，介绍了他的艺术生平、艺术思想、艺术创作和艺术教育。作者阳太阳（1909—2009），画家、艺术教育家。又名阳雪坞，晚号芦笛山翁。广西桂林人，毕业于上海艺专。代表作品有《漓江烟雨》《碧莲峰下》《塔山朝晖》《象山朝晖》等，出版《阳太阳绘画全集》《荣宝斋画谱·阳太阳山水部分》《中国近现代名家－阳太阳》《阳太阳艺术文集》等。

J005839

野兽派　［吉里］Giry, M 著；李松泰译
台北 远流出版事业公司 1992年 339页 有图
21cm（32开）ISBN：957-32-1670-1
定价：TWD460.00
（艺术馆 1）
　　外文书名：Le fauvisme.

J005840

艺术欣赏与知识　周于栋著
台北 汉艺色研文化事业公司 1992年 99页
有图 21cm（32开）ISBN：957-622-178-1
定价：TWD100.00
（艺术百类 10）

J005841

张蒲生评集　阔天著
北京 朝花出版社 1992年 179页 有图 20cm（32开）
ISBN：7-5054-0192-9 定价：CNY4.20

　　张蒲生（1936—　），教授、画家。陕西大荔县人。毕业于西安美术学院。擅长写意花鸟画。曾任天津美院副院长，中国书画报社社长，天津美院教授，白洋淀诗书画院首任院长等职。代表作品有《瓦雀归巢》《晨曲》《麦场无人时》《风雨欲来》等。

J005842

中国当代部分老画家介绍　（之二）侯学忠主编
天津 ［天津市老年书画研究会］1992年 78页
26cm（16开）

　　本书由天津市老年书画研究会和天津市炎黄文化研究会联合出版。

J005843

波普倾向　（当代中国新课题）顾丞峰主编
长沙 湖南美术出版社 1993年 48页 有照片
26cm（16开）ISBN：7-5356-0592-3
定价：CNY11.50
（当代艺术丛书 第五辑）

　　本书收录《当代中国波普倾向研究》《冷漠的激情——张培力的几幅作品分析》等11篇文章。外文书名：Pop Trend New Question in China.

J005844

当代书画家作品鉴赏　新疆美术出版社编；陈新良主编

乌鲁木齐 新疆美术摄影出版社 1993 年 378 页 26cm（16 开）ISBN：7-80547-156-8

定价：CNY38.00

J005845

邓以蛰美术文集　邓以蛰著；刘纲纪编

北京 人民美术出版社 1993 年 257 页 20cm（32 开）ISBN：7-102-00624-1

定价：CNY14.00

　　作者邓以蛰（1892—1973），美学家、美术史家。字叔存，安徽怀宁人，毕业于日本早稻田大学。邓石如的五世孙，邓稼先之父。曾在清华大学、北京大学、燕京大学、厦门大学任教授。主要作品有《画理探微》《六法通铨》《书法欣赏》等。

J005846

高傲的野蛮人　（论高更的艺术）孔凡平，孙丽荣译著

沈阳 辽宁美术出版社 1993 年 406 页 有照片 20cm（32 开）ISBN：7-5314-0982-8

定价：CNY11.40

J005847

绘画艺术与使命　王裕文著

银川 宁夏人民出版社 1993 年 195 页 19cm（小 32 开）ISBN：7-227-01170-5

定价：CNY3.50

　　本书分艺术的渊源、艺术的本质两部分。内容包括：人类艺术的起源、发展；艺术与历史、生活、人民等 7 章。作者王裕文（1945— ），宁夏话剧团舞台美术设计师，中国舞台美术学会宁夏分会会员。

J005848

美感与认知　（美术论文集）黄光男著

高雄 复文图书出版社 1993 年 271 页 21cm（32 开）ISBN：957-555-174-5

定价：TWD200.00

（艺术丛书 1）

J005849

美术论文选　（广州美术学院四十周年校庆专辑）广州美术学院四十周年校庆筹委会编

广州 岭南美术出版社 1993 年 435 页 20cm（32 开）ISBN：7-5362-0993-2

定价：CNY10.00

　　本书收录论文 38 篇，包括：《给木刻工作者》《李铁夫其人及其艺术》《试谈构图的艺术手法》等。

J005850

美苑拾花　徐光荣著

沈阳 辽宁美术出版社 1993 年 168 页 19cm（小 32 开）ISBN：7-5314-1021-4

定价：CNY4.00

　　作者徐光荣（1941— ），作家。辽宁辽阳人，毕业于沈阳教育学院大学中文系。历任辽宁省作家协会创联室副主任，《群众文艺》编辑部主任，辽宁美术出版社编委、省作家协会创作联络部副主任、省作家协会创作研究部作家。著有《心灵的窗口》《徐光荣诗选》《传神的眼睛》《美神的召唤》《关东笑星》等。

J005851

蒙娜·丽莎的启示　汤麟编著

南昌 江西美术出版社 1993 年 210 页 有彩图 20cm（32 开）ISBN：7-80580-115-0

定价：CNY7.65

　　本书介绍了 70 幅世界名画的作者简况及作品表现内容，其中有《断臂的维娜斯》《读书少女》《在平台上》等。

J005852

倪贻德美术论集　倪贻德著；林文霞编

杭州 浙江美术学院出版社 1993 年 308 页 有图 20cm（32 开）ISBN：7-81019-233-7

定价：CNY19.50

　　作者倪贻德（1901—1970），著名油画家、美术理论家和美术教育家。笔名尼特，毕业于上海美术专科学校。历任浙江美术学院教授、第一副院长、全国美协理事、浙江省美协副主席等职。著作有《西洋画概论》《水彩画研究》《画人行脚》《艺术漫谈》《近代艺术》。还有小说集《玄武湖之秋》《东海之滨》《百合集》等。

J005853

诗书画缘探美　周旻著

福州 海峡文艺出版社 1993 年 324 页

20cm（32 开）ISBN：7-80534-540-6

定价：CNY6.25

　　本书将诗、书、画艺术联系在一起，阐明了三者的关系，并通过名家代表作的剖析，为史和论提供了具体形象和证据。

J005854

台湾新生代美术巡礼　王福东著

台北 皇冠文化出版有限公司 1993 221 页 有图照片 21cm（32 开）ISBN：957-33-0991-2

定价：TWD220.00（HKD88.00）

（皇冠丛书 2224）

J005855

文人情趣的智慧　布丁著

台北 国际村文库书店 1993 年 318 页 21cm（32 开）

ISBN：957-754-036-8 定价：TWD180.00

（中国的智慧 11）

J005856

阎丽川美术论文集　阎丽川著；王振德编

长春 吉林美术出版社 1993 年 422 页 有彩照

20cm（32 开）ISBN：7-5386-0339-5

定价：CNY12.00

　　本书内容包括：史论画论、书画评论、画家评论、序跋、游记 5 部分。作者阎丽川（1910—1997），美术史论家、书画家和艺术教育家。原名必达，字立川，山西太原人。毕业于上海新华艺术专科学校西画系。历任天津美术学院教授，中国美术家协会美术史学会理事等。出版专著《中国美术史略》《文物史话》等。编者王振德（1941— ），教授。天津宝坻人，毕业于河北北京师院。历任天津美术学院教授、美术史论教研室主任，天津美学学会常务理事，天津美术家协会理事等。著有《王振德艺文集》《中国近现代名家画集·王振德》等。

J005857

杨先让文集　杨先让著

北京 北京工艺美术出版社 1993 年 246 页

20cm（32 开）ISBN：7-80526-109-1

定价：CNY12.00

　　本书收录作者 52 篇文章，记述了作者的生活经历、艺术界的人与事、国外艺术的评介和对民间美术的论述。作者杨先让（1930— ），画家、教授。生于山东牟平，毕业于中央美术学院绘画系。历任人民美术出版社编辑和创作员，中央美术学院民间美术系主任、教授，中国民间美术学会常务副会长等职务。代表作品有《晌午》《渔村》《杨先让木刻选集》《黄河十四走民艺考》等。

J005858

中国前卫艺术　李陀著

香港 牛津大学出版社 1993 年 350 页 有照片

28cm（16 开）精装 ISBN：0-19-586648-7

J005859

中西艺术的文化精神　冯晓著

上海 上海书画出版社 1993 年 321 页

20cm（32 开）ISBN：7-80512-658-5

定价：CNY15.00

（中国绘画研究丛书）

　　本书以中西方绘画为比较研究对象，论述了中西方绘画所具有的文化精神上的差异及所导致的绘画形式、艺术表象及审美观念上的差异。

J005860

宾退集　（灯下谈艺录）程大利著

武汉 湖北美术出版社 1994 年 266 页

20cm（32 开）ISBN：7-5394-0431-6

定价：CNY12.00

　　本书收录文章 48 篇，分为论画、品书、序跋、艺术观感 4 部分。作者程大利（1945— ），书画家、编辑出版家、美术理论家。江苏徐州人。历任江苏美术出版社社长兼总编辑、副编审，中国美术家协会会员，江苏省国画院特邀画师，中国年画研究会常务理事等。主要作品有《曲尽箫笙息》《风云际会时》《闲云》《太行岂止铁壁高》《汉风流宕》等。

J005861

从题材欣赏绘画　张心龙著

台北 雄狮图书公司 1994 年 139 页 26cm（16 开）

ISBN：957-8980-21-3 定价：TWD350.00

（西洋艺术鉴赏系列 3）

　　外 文 书 名：Appreciating Paintings Through Subject Matters.

J005862

当代美术片论　华夏著
杭州　中国美术学院出版社　1994 年　309 页　有图
20cm（32 开）精装　ISBN：7-81019-339-2
定价：CNY29.00
　　本书收录作者从事美术工作 40 年来所写评
论文章 70 篇。作者华夏，《美术》杂志主编。

J005863

佛兰德与荷兰绘画　（法）皮埃尔·库蒂翁
（PierreCourthion）著；啸声译
上海　上海人民美术出版社　1994 年　229 页　有图
20cm（32 开）精装　ISBN：7-5322-0451-0
定价：CNY14.00
（外国美术史丛书）
　　译者啸声（1938— ），教授、艺术史专家。
原名邢啸声，生于上海，祖籍北京。出版有《现
代拉丁美洲艺术》《西方中世纪雕刻》《巴尔蒂
斯》《西班牙绘画》《神曲插图集》等。

J005864

感官艺术　（美）露丝·魏斯太摩著；赵永芬译
台北　万象图书公司　1994 年　180 页　23 × 23cm
精装　ISBN：957-669-534-1　定价：TWD1250.00

J005865

何怀硕文集　何怀硕著
天津　百花文艺出版社　1994 年　310 页　20cm（32 开）
ISBN：7-5306-1486-X　定价：CNY8.20
　　作者何怀硕（1941— ），画家、艺术理论家
和散文作家。毕业于台北师大，后留学美国并获
硕士学位，在台湾从事美术教学、评论和创作。
代表著作有《孤独的滋味（人生论）》《苦涩的美
感（艺术论）》《大师的心灵（画家论），被世人称
作“怀硕三论”。

J005866

画坛双十星座　李绪萱著
北京　中国文联出版公司　1994 年　224 页　有照片
20cm（32 开）ISBN：7-5059-1640-8
定价：CNY8.80

J005867

挥不走的美　（文艺复兴到象征主义名画欣赏）
李美蓉著

台北　雄狮图书公司　1994 年　158 页　26cm（16 开）
ISBN：957-8980-17-5　定价：TWD350.00
（西洋艺术鉴赏系列 5）

J005868

鉴赏与构图　施绍辰，吴国荣著
南昌　21 世纪出版社　1994 年　75 页　有彩照
19cm（小 32 开）ISBN：7-5391-0783-9
定价：CNY4.50
（红领巾书架　美术少年宫丛书）
　　作者施绍辰（1939— ），油画家。祖籍浙江
湖州，毕业于中国美术学院油画系。历任中国
美术学院教授、学术委员会委员，中国美术学
院附中校长，浙江美术家协会常务理事、浙江
油画家协会副会长。出版专题油画集《撒哈拉
风情》。作者吴国荣（1952— ），画家。上海人，
毕业于浙江美术学院油画系。历任中国美术学
院附中讲师、中国美术家协会浙江省分会会员，
中国油画家协会会员，浙江油画家协会会员，
浙江水彩画粉画家协会会员等职。出版有《创
意油画艺习新技》《设计造型基础—色彩基础教
程》《素描表现》等。

J005869

论当代画家　（夏硕琦美术文集 1）夏硕琦著
天津　天津人民美术出版社　1994 年　544 页
有照片　20cm（32 开）ISBN：7-5305-0350-2
定价：CNY38.00
　　外文书名：On Contemporary Artists. 作者夏
硕琦（1935— ），美术评论家。河南原阳人，毕
业于中央美术学院美术史系。就职于中国美术
家协会，历任《美术》杂志社编辑、记者、编辑部
主任、副主编，编审。

J005870

论当代画家　（夏硕琦美术文集 1）夏硕琦著
天津　天津人民美术出版社　1994 年　544 页　有照
片　20cm（32 开）精装　ISBN：7-5305-0350-2
定价：CNY46.00
　　外文书名：On Contemporary Artists.

J005871

论第三代画家　邓平祥著
南京　江苏美术出版社　1994 年　241 页　20cm（32 开）
ISBN：7-5344-0364-2　定价：CNY7.20

本书收录论文30篇,内容包括:综论;76后的青年画家;画家专论;美术与当代文化思潮;当代美术思考等。

J005872

猫·蝶·图 (黄智溶谈艺录)黄智溶著
台北 东大图书公司 1994年 186页 有图 21cm(32开) ISBN:957-19-1651-X
定价:TWD311.00
(沧海美术 艺术论丛 3)

J005873

庞薰琹研究 庞薰琹美术馆编
南京 江苏美术出版社 1994年 224+64页 有图 20cm(32开) ISBN:7-5344-0412-6
定价:CNY11.50
(中国现代美术家研究丛书 江苏系列)

作者庞薰琹(1906—1985),画家、工艺美术教育家。生于江苏常熟,笔名鼓轩。曾任中央艺美术学院第一副院长。代表作品《地之子》《路》《贵州山民图卷》《瓶花》等。

J005874

气势撼人 (十七世纪中国绘画中的自然与风格)(美)高居翰(Cahill, J.)著;李佩桦译
台北 石头出版公司 1994年 327页 31cm(10开)
精装 ISBN:957-9089-20-5 定价:TWD3000.00
外文书名:The Compelling Image.

J005875

诗情土地上的跋涉者 (论陈天然的艺术世界)徐恩存著
郑州 河南人民出版社 1994年 314页 有彩图 20cm(32开) ISBN:7-215-02936-0
定价:CNY27.50, CNY29.50(精装)

本书记述了画家陈天然艺术思想、艺术追求及其作品的艺术特色。

J005876

台湾画坛老顽童 (刘其伟绘画研究)黄美贤著
台北 雄狮图书公司 1994年 331页 21cm(32开)
ISBN:957-8980-20-5 定价:TWD320.00
(雄狮图书 6-035)

J005877

王立美术评论集 王立著
广州 花城出版社 1994年 207页 19cm(小32开)
ISBN:7-5360-1781-2 定价:CNY5.50

本书收录论文80余篇,包括:《黄新波的版面艺术》《余本的新收获》《浅谈陈吾的画》等。作者王立(1925—2000),别名王竟祥,广东兴宁人。历任中国美术家协会会员,中国版协理事,广东美协常务理事,广东省文联委员,广东画院秘书长。木刻作品有《生产者》《野菜无处寻》《吃错了树叶》,出版有《王立画集》《王立国画新作集》《王立美术评论集》等。

J005878

王学仲美术论集 王学仲著;于明夫编
天津 百花文艺出版社 1994年 188页 20cm(32开)
ISBN:7-5306-1701-X 定价:CNY5.20
(黾园论丛)

本书收录论文41篇,包括:国画体论、古代画论、当代画论等7部分。作者王学仲(1925—2013),画家、教育家。别名王黾、滕固词人,山东滕州人。毕业于中央美术学院。历任中国书法家协会顾问,中国书法家协会副主席、学术委员会主任,天津大学艺术研究所所长、教授。代表作品有《四季繁荣图》《王学仲美术论》《垂杨饮马图》等。

J005879

夏加尔 谢家模主编;任昆石等译
北京 中国文联出版公司 1994年 156页 有图 19cm(小32开) ISBN:7-5059-1980-6
定价:CNY8.20

J005880

谢文勇美术文集 谢文勇著
广州 广东人民出版社 1994年 319页 有图 19cm(小32开) ISBN:7-218-01688-X
定价:CNY10.00
(广州美术馆美术史论丛书)

本书收录《广东绘画史略述》《读画小记》《长野静司画松》等40多篇文章。

J005881

心灵万象——绘画 王端庭,李黎阳著
中国美术学院出版社 1994年 228页 有彩图

19cm（小 32 开）ISBN：7-81019-350-3
定价：CNY13.00
（艺术迷宫指南丛书）

　　本书由中国美术学院出版社和蓝鲸艺术图书发展公司联合出版。

J005882

徐悲鸿的艺术世界　王震编
上海　上海书画出版社 1994 年 632 页 有图
20cm（32 开）ISBN：7-80512-844-8
定价：CNY36.00
（上海市徐悲鸿艺术研究协会丛书 1）

J005883

徐悲鸿艺术文集　徐悲鸿著；王震，徐伯阳编
银川　宁夏人民出版社 1994 年 62+14+849 页
有图 20cm（32 开）精装 ISBN：7-227-01307-3
定价：CNY68.00

　　作者徐悲鸿（1895—1953），著名画家、美术教育家。原名徐寿康，江苏宜兴市屺亭镇人，毕业于巴黎国立美术学校。曾任教于国立中央大学艺术系，北平大学艺术学院和北平艺专，后任中央美术学院院长。代表作品《愚公移山图》《八骏图》《负伤之狮》《田横五百士》等。

J005884

杨新美术论文集　杨新著
台北　商务印书馆 1994 年 351 页 有图
20cm（32 开）ISBN：957-05-0851-5
定价：TWD420.00

　　作者杨新（1940— ），书法家。湖南湘阴人，毕业于中央美术学院。历任故宫博物院副院长、研究员，中国书法家协会会员、北京市博物馆学会副理事长。出版有《作者杨新美术论文集》《扬州八怪》《中国传统线描人物画》《中国绘画三千年》等。

J005885

杨新美术论文集　杨新著
北京　紫禁城出版社 1994 年 351 页 有彩图
20cm（32 开）ISBN：7-80047-148-9
定价：CNY16.50

　　本书收录《书画鉴定之感》《论晚明绘画》《关于〈千里江山图〉》等 40 多篇文章。

J005886

印象派绘画　（西洋绘画导览）刘振源著
台北　艺术图书公司 1994 年 249 页
21cm（32 开）ISBN：957-672-144-X
定价：TWD380.00

　　作者刘振源（1953— ），画家。河北昌黎人。号紫云斋主人。出版个人专辑《中国美术成就——刘振源（1911—2011 百年书画名家专辑）》。

J005887

中国军事题材美术作品略谈　杨奕著
北京　解放军文艺出版社 1994 年 129 页
19cm（小 32 开）ISBN：7-5033-0444-8
定价：CNY4.60

　　本书对古今重要时代的代表作品，结合历史背景、军事形势、艺术思潮等进行了论述。

J005888

中国美术研究　（陈少丰教授从教五十年纪念论文集）李伟铭等编
北京　人民美术出版社 1994 年 504 页
26cm（16 开）ISBN：7-102-01489-9
定价：CNY58.00

　　编者李伟铭，教授。广东汕头人，毕业于广州师范学院中文系。历任广州美术学院研究员、学术委员会委员，广东美术家协会常务理事，中国美术家协会理论委员会委员，岭南画派纪念馆学术咨询委员会委员等。

J005889

中国书画鉴赏辞典　（豪华本）郎绍君等主编
北京　中国青年出版社 1994 年 2 版 30+985 页
有插图 26cm（16 开）精装
ISBN：7-5006-1392-X 定价：CNY165.00

　　本书收录历代中国绘画、书法作品条目 1246 个，每个条目的释文分为辞典释义与赏析两部分。主编郎绍君（1939— ），河北保定人，毕业于天津美术学院。历任中国艺术研究院美术研究所近现代美术研究室主任、研究员，河北大学艺术理论研究中心主任。出版有《现代中国画论集》《齐白石研究》《艺术理论研究》等。

J005890

中外美术名作欣赏　黄幼钧编著
杭州　中国美术学院出版社 1994 年 60 页

26cm（16开）ISBN：7-81019-383-X

定价：CNY15.00

（家庭美术教师画库）

J005891

中外名画欣赏　徐建融编著

太原 希望出版社 1994年 79页 有照片

19cm（小32开）ISBN：7-5379-1255-6

定价：CNY1.70

（农村少年文库 文艺篇）

J005892

蔡若虹文集　蔡若虹著；陈泊萍编

北京 人民美术出版社 1995年 699页 有照片

20cm（32开）ISBN：7-102-01222-5

定价：CNY14.00

　　作者蔡若虹（1910—2002），画家，美术家。原名蔡雍，笔名雷萌、张再学。江西九江人，毕业于上海美术专科学校。曾任延安鲁艺教员、美术系主任，《人民日报》美术编辑、中国画研究院副院长、中国文联第一至四届委员、中国美协第一至四届副主席。著作有画集《苦从何来》，诗画集《若虹诗画》，回忆录《上海亭子间时代风习》及《赤脚天堂》。

J005893

红土高原的画卷　（段锡美术论文集）段锡著

昆明 云南美术出版社 1995年 173页

19cm（小32开）ISBN：7-80586-228-1

定价：CNY8.00

　　作者段锡（1946— ），彝族，美术编辑。生于云南个旧市，历任《云南日报》主任编辑，云南省美术家协会理事，中国美术家协会云南分会会员等。著有《红土高原的画卷》《1910年的列车》等。

J005894

画坛·一位女评论者的思考　陶咏白著

南京 江苏美术出版社 1995年 311页

20cm（32开）ISBN：7-5344-0471-1

定价：CNY12.50

（中国当代美术研究系列）

　　作者陶咏白（1937— ），女，研究员。江苏江阴市人。曾任《中国美术报》主任编辑。代表作：《中国油画280年》《女儿国的圣歌》《造型艺术研究》《赞硬邦邦的四川小伙》《众里寻他千百度》等。

J005895

今栋美术论集　王今栋著

郑州 河南美术出版社 1995年 292页 有图

26cm（16开）ISBN：7-5401-0504-6

定价：CNY39.00

　　作者王今栋（1932—2013），画家、一级美术师。北京人。历任河南省文史研究馆馆员，河南省美术家协会副主席，中国美术家协会会员，中国画家协会理事等。代表作品《今栋山水画》。

J005896

近代绘画选论　刘芳如著

台北 历史博物馆 1995年 292页

21cm（32开）ISBN：957-00-6552-4

（史物丛刊 8）

J005897

廊下巡礼　（从传统到现代的艺术探讨）钟涵著

北京 人民美术出版社 1995年 400页

20cm（32开）ISBN：7-102-01369-8

定价：CNY11.00

　　作者钟涵（1929— ），教授、油画家、理论家。生于江西萍乡，毕业于中央美术学院。历任全国美协油画艺术委员会副主任，中央美院学术委员会副主任，吴作人国际美术基金会艺术委员会主任，中央美术学院教授。作品有《延河边上》《河上炊烟》《密云》《暖冬》等，出版有《钟涵乡土小品油画》。

J005898

林风眠研究文集　郑朝选编

杭州 中国美术学院出版社 1995年 531页 有照片 21cm（32开）精装 ISBN：7-81019-489-5

定价：CNY39.50

　　本书收录《林风眠艺术的精神内涵（郎绍君）、《关于林风眠的历史思考（陶咏白）、《林风眠"为人生而艺术"的思想（朱伯雄）、《林风眠的人格美（水天中）、《他走在时代的前面——略谈林风眠的艺术思想（邵大箴）、《创造新的审美结构——林风眠对绘画形式语言的探索（郎绍君）、《〈林风眠全集〉序（吴冠中）、《林风眠的艺术魅

力永存（沈柔坚）、《不朽的艺术（吕蒙）等。外文
书名：Lin Fengmian in Perspective.

J005899
洛羊论画　邵洛羊著
上海 上海人民美术出版社 1995 年 327 页
有彩图 20cm（32 开）ISBN：7–5322–1371–4
定价：CNY18.00
　　作者邵洛羊（1917—2009），美术理论家。字
青溪，浙江宁波人，毕业于上海新华艺专国画
系。历任上海中国画院艺术顾问，上海交通大学
教授，中国美术家协会和中国书法家协会会员。
代表作品《李思训》《李唐》等。

J005900
美，在你身边　王旭晓著
太原 山西教育出版社 1995 年 245 页
19cm（小 32 开）ISBN：7–5440–0595–X
定价：CNY8.30
（美育丛书·美术系列 1）

J005901
美术新闻话芳菲　（报刊美术散论）李荣升著
沈阳 辽宁美术出版社 1995 年 144 页 有图
20cm（32 开）ISBN：7–5314–1267–5
定价：CNY9.80
　　作者李荣升（1937— ），辽宁日报主任编辑，
中国美术家协会辽宁分会会员，辽宁省报刊美术
学会副秘书长。

J005902
门外絮语　（杨悦浦美术评论文选）杨悦浦著
长沙 湖南美术出版社 1995 年 485 页 有照片
20cm（32 开）ISBN：7–5356–0775–6
定价：CNY27.00
　　作者杨悦浦（1938— ），油画家。北京人，
毕业于北京艺术学院美术系油画专业。历任中
国美术家协会《美术家通讯》主编、编审，中国美
术家协会、科普作家协会会员。代表作品有《珠
穆朗玛峰科学考察》《迹》《门外絮语》等。

J005903
名画的故事　（西方篇 中国篇）欧阳英，王心
其著
杭州 中国美术学院出版社 1995 年 313 页

有照片 19cm（小 32 开）ISBN：7–81019–481–X
定价：CNY10.00
　　作者欧阳英，浙江美术学院任教。

J005904
女性裸体　（英）琳达·尼德（LyndaNead）著；
侯宜人译
台北 远流出版事业公司 1995 年 202 页 有图
21cm（32 开）ISBN：957–32–2557–3
定价：TWD280.00
（艺术馆 18）
　　外文书名：The Female Nude.

J005905
全国美术高考录取生"状元"试卷精选
（素描卷）
长沙 湖南美术出版社 1995 年 40 页 26×38cm
ISBN：7–5358–1043–8 定价：CNY18.00
　　本书由湖南美术出版社和湖南少年儿童出
版社联合出版。

J005906
诗情画意　（中国绘画艺术欣赏）张长杰著
台北 书泉出版社 1995 年 349 页 有图 21cm（32 开）
ISBN：957–648–424–3 定价：TWD450.00
（艺术现场 11）

J005907
世纪之交中国女性绘画走势　（图集）高伟
川主编
南宁 广西美术出版社 1995 年 61 页 29cm（16 开）
ISBN：7–80582–915–2 定价：CNY78.00
　　外文书名：Painting Trend of Chinese Female
Artist on the Turn of the Centuries. 主编 高伟川
（1963— ），女，中国美术馆艺术研究部任职，中
国女艺术家协会会员，《中国美术报》特约编辑、
记者。

J005908
世界绘画　（外国卷）刘惠民等编著
长沙 湖南少年儿童出版社 1995 年 100 页
25×23cm ISBN：7–5358–1055–1
定价：CNY17.50
（世界美术欣赏丛书）
　　本书从外国绘画名作中选取有代表性的100

幅，其中绝大部分是西方绘画，介绍西方绘画的演变过程并对其作品进行了赏析。

J005909

隋唐五代绘画 何恭上编著

台北 艺术图书公司 1995 年 249 页 有图 21cm（32 开）ISBN：957-672-213-6 定价：TWD450.00

（中华艺术导览 1）

J005910

台湾视觉文化 （艺术家二十年文集）郭纪生编选

台北 艺术家出版社 1995 年 307 页 26cm（16 开）ISBN：957-9500-94-0 定价：TWD380.00

外 文 书 名：Visual Culture in Taiwan, 1975-1995.

J005911

外国名画赏析 刘树杞编著

天津 新蕾出版社 1995 年 72 页 26cm（16 开）ISBN：7-5307-1664-6 定价：CNY12.00

（小画家丛书）

编者刘树杞（1936— ），教授。笔名绿野，凌风，北京通县人，毕业于天津美术学院史论专业。历任天津工艺美院艺术理论教授，全国中等艺术学校艺术理论研究会副主席，全国工艺美术家协会会员，天津美术家协会会员。出版有《中国美术名作赏析》《外国美术名作赏析》等。

J005912

吴冠中谈艺集 吴冠中著

北京 人民美术出版社 1995 年 313 页 有图 20cm（32 开）ISBN：7-102-01455-4 定价：CNY34.00

（中国当代美术名家艺术论丛）

作者吴冠中（1919—2010），著名画家、美术教育家。江苏宜兴人，毕业于国立杭州艺术专科学校。中央工艺美术学院教授。代表作品《长江三峡》《鲁迅的故乡》《春雪》《长城》；油画代表作有《长江三峡》《北国风光》《小鸟天堂》《黄山松》《鲁迅的故乡》等；个人文集有《吴冠中谈艺集》《吴冠中散文选》《美丑缘》等。

J005913

西方裸体艺术鉴赏 左庄伟著

长沙 湖南美术出版社 1995 年 2 版 重印本 150 页 有图 19cm（32 开）ISBN：7-5356-0715-2 定价：CNY9.80

外 文 书 名：Appreciation of the West Art of Nude.

J005914

西洋古典近代现代画巨匠 （合订本）郭文堉著

台北 艺术图书公司 1995 年 有图 21cm（32 开）ISBN：957-672-185-7 定价：TWD840.00

（走入名画世界 5）

作者郭文堉（1932— ），女，编辑、教授。河北保定人，毕业于中央美术学院。历任吉林艺专、长春电影学院美术系、东北师大艺术系教师，天津美术学院教授。 出版有《达芬奇》《米开朗基罗》《拉斐尔》《德加》等。

J005915

西洋名画家 （古典画巨匠）郭文堉著

台北 艺术图书公司 1995 年 137 页 21cm（32 开）ISBN：957-672-183-0 定价：TWD280.00

（走入名画世界 2）

J005916

西洋名画家 （近代画巨匠）郭文堉著

台北 艺术图书公司 1995 年 139 页 21cm（32 开）ISBN：957-672-182-2 定价：TWD280.00

（走入名画世界 3）

J005917

西洋名画家 （现代画巨匠）郭文堉著

台北 艺术图书公司 1995 年 138 页 21cm（32 开）ISBN：957-672-181-4 定价：TWD280.00

（走入名画世界 4）

J005918

西洋名画家 （波提且利）吴泽义，吴龙著

台北 艺术图书公司 1997 年 135 页 21cm（32 开）ISBN：957-672-252-7 定价：TWD280.00

（走入名画世界 6）

J005919

西洋名画家 （达文西）吴泽义，吴龙著
台北 艺术图书公司 1997 年 139 页 有照片
21cm（32 开）ISBN：957-672-260-8
定价：TWD280.00
（走入名画世界 7）

J005920

西洋名画家 （拉飞尔）吴泽义，吴龙著
台北 艺术图书公司 1997 年 137 页 21cm（32 开）
ISBN：957-672-256-X 定价：TWD280.00
（走入名画世界 9）

J005921

西洋名画家 （米开朗基罗）吴泽义，吴龙著
台北 艺术图书公司 1997 年 239 页 21cm（32 开）
ISBN：957-672-253-5 定价：TWD280.00
（走入名画世界 8）

J005922

西洋名画家 （提香）吴泽义，刘锡海著
台北 艺术图书公司 1997 年 135 页 21cm（32 开）
ISBN：957-672-261-6 定价：TWD280.00
（走入名画世界 10）

J005923

西洋名画家 （丁特列托）吴泽义，吴龙著
台北 艺术图书公司 1999 年 137 页 21cm（32 开）
ISBN：957-672-298-5 定价：TWD280.00
（走入名画世界 12）

J005924

西洋名画家 （高尔培）吴泽义，翟文奇著
台北 艺术图书公司 1999 年 137 页 21cm（32 开）
ISBN：957-672-299-3 定价：TWD280.00
（走入名画世界 15）

J005925

西洋名画家 （林布兰特）吴泽义，吴龙著
台北 艺术图书公司 1999 年 137 页 21cm（32 开）
ISBN：957-672-296-9 定价：TWD280.00
（走入名画世界 13）

J005926

形神记 （陈树人的写生与绘画）陈真魂著

广州 岭南美术出版社 1995 年 47 页 26cm（16 开）
ISBN：7-5362-1272-0 定价：CNY25.00

作者陈真魂（1924— ），女，广东番禺人，广
东美术家协会会员。

J005927

艺苑掠影 潘立纲著
合肥 安徽文艺出版社 1995 年 289 页 20cm（32 开）
ISBN：7-5396-1369-6 定价：CNY9.80

作者潘立纲（1944— ），美术编辑。安徽寿
县人，《合肥晚报》主任编辑，安徽省新闻工作者
协会理事，安徽省新闻美协秘书长。有书画评论
文集《艺苑掠影》《书缘百家》。出版《潘立纲集
印选》《潘立纲捐赠书画作品集》等。

J005928

袁运甫悟艺集 袁运甫著
北京 人民美术出版社 1995 年 328 页 有图
20cm（32 开）ISBN：7-102-01454-6
定价：CNY34.00
（中国当代美术名家艺术论丛）

作者袁运甫（1933—2017），画家、教育家。
江苏南通人，毕业于中央美术学院。历任清华大
学美术学院教授、博士生导师、装饰艺术研究所
所长，中央工艺美术学院教授，清华大学张仃艺
术研究中心主任，中国国家画院公共艺术院院
长等。代表作品有《祖国大地》《江山胜揽》《晨
曦》等。

J005929

中国当代美术家图鉴 星座文化艺术研究中
心主编；高伟川等撰写
北京 京华出版社 1995 年 313 页 29cm（16 开）
ISBN：7-80600-113-1 定价：CNY295.00

外文书名：A Pictorial Book of Contemporary
Chinese Artists. 作者高伟川（1963— ），女，中国
美术馆艺术研究部任职，中国女艺术家协会会
员，《中国美术报》特约编辑、记者。

J005930

中国书画文化
北京 新星出版社 1995 年 17 页 有彩照
18cm（小 32 开）ISBN：7-80102-437-0
（中国简况）

J005931

陈之佛文集　陈之佛著；李有光，陈修范编

南京 江苏美术出版社 1996年 498页 有照片

20cm（32开）ISBN：7-5344-0559-9

定价：CNY38.00

　　本书为纪念陈之佛先生百年冥诞出而版，共收文章62篇。作者陈之佛（1896—1962），画家、工艺美术家。又名陈绍本、陈杰，号雪翁。毕业于浙江省工业专门学校染织科机织专业，曾留学日本入东京美术学校工艺图案科。曾任教于上海美术专科学校及中央大学艺术系，任南京大学、南京师范学院教授、江苏美协副主席、南京艺术学院副院长、中国美术家协会理事等职。代表作品有《瑞安名胜古诗选》《旅美纪行》《江村集》等。

J005932

多元与选择　贾方舟著

南京 江苏美术出版社 1996年 402页 20cm（32开）

ISBN：7-5344-0552-1 定价：CNY16.60

（中国当代美术研究系列）

　　中国现代绘画美术评论。作者贾方舟（1940— ），画家、美术评论家。生于山西壶关县，毕业于内蒙古师范学院艺术系。中国美协内蒙古分会副主席。著作有《中国现代美术理论批评文丛·贾方舟卷》《柳暗花明：新水墨论集》《吴冠中》《吴冠中研究》等。

J005933

宫廷艺术的光辉　（清代宫廷绘画论丛）聂崇正著

台北 东大图书公司 1996年 272页 21cm（32开）

ISBN：957-19-1846-6 定价：TWD420.00

（沧海丛刊）

J005934

古今书画鉴定　晏霁著

郑州 河南美术出版社 1996年 182页 26cm（16开）

ISBN：7-5401-0493-7

定价：CNY67.00，CNY86.00（精装）

　　作者晏霁（1941— ），名福林，号宫潞，河南省书画院任职，省文物鉴定委员会委员、花鸟画研究会副秘书长。

J005935

鉴余杂稿　谢稚柳著

上海 上海人民美术出版社 1996年 增订本

342页 20cm（32开）ISBN：7-5322-1627-6

定价：CNY42.00

　　本书是关于中国古代书画鉴赏考证的学术文论专集。作者谢稚柳（1910—1997），书画家、书画鉴定家。原名稚，字稚柳，后以字行，晚号壮暮翁，斋名鱼饮溪堂等。江苏常州人。历任上海市文物保护委员会编纂、副主任、上海市博物馆顾问、中国书法家协会理事、国家文物局全国古代书画鉴定小组组长等。编著有《敦煌石室记》《敦煌艺术叙录》《水墨画》《唐五代宋元名迹》等。

J005936

论第三代画家　邓平祥著

南京 江苏美术出版社 1996年 2版 255页

20cm（32开）ISBN：7-5344-0364-2

定价：CNY10.80

（《中国当代美术研究》系列）

　　中国现代绘画美术评论。作者邓平祥（1947— ），湖南宁乡人，中国美术家协会会员、湖南美协常务理事、湖南油画研究会副理事长。

J005937

马鸿增美术论文集　马鸿增著

南京 江苏美术出版社 1996年 457页 有图

20cm（32开）ISBN：7-5344-0556-4

定价：CNY20.00

　　作者马鸿增（1940— ），江苏高邮人，江苏省美术馆副馆长、研究员，中国美术家协会理论委员会委员，江苏省美协理论委员会主任。

J005938

马艺春秋　（中国画马艺术）张长杰著

台北 书泉出版社 1996年 189页 有图 21cm（32开）

ISBN：957-648-516-9 定价：TWD280.00

（艺术现场 14）

J005939

美术欣赏　黄堃源著

广州 新世纪出版社 1996年 85页 有彩图

19cm（小32开）ISBN：7-5405-1379-9

定价：CNY4.75

（广东省中小学课外丛书）

　　作者黄堃源，国家一级美术师。广州画院专业画家，中国美术家协会会员。油画作品有《凤凰花开》《小鸟天堂》《八骏》《胡杨树》《源远流长》等。

J005940

迷狂的独行者　（雷蒙·饶可让的绘画艺术）王端廷著

上海 上海文艺出版社 1996 年 112 页 + [64] 页图版 20cm（32 开）ISBN：7-5321-1175-X

定价：CNY18.60

　　本书展示了画家摩天大楼系列、汽车系列、多元肖像系列、色情系列和中国系列等多种绘画组成的艺术世界。外文书名：Raymond Georgein. 雷蒙·饶可让（Raymond Georgein，1920—2000），生于法国布尔高涅。

J005941

墨池散记　洪丕谟著

上海 学林出版社 1996 年 374 页 有图 20cm（32 开）ISBN：7-80510-030-6

定价：CNY16.50

　　本书内容包括：卷上"书画欣赏"，收录《书法欣赏漫谈》《王羲之〈姨母帖〉赏析》《顾恺之和他的〈列女传图〉》《欧阳询的〈张翰思鲈帖〉》等；卷中"书画散论"，收录《学习书法随想》《和青少年书法朋友谈读书与修养》《形象思维与书法》《字中有笔》等；卷下"书家掠影"，收录《创今草书的张芝》《创飞白书体的蔡邕》《"真草唯命"的蔡琰》《王羲之的老师——卫夫人》等；附卷"艺苑玉屑"，收录《上海书画家拾零》《吴昌硕"苦铁"别号小考》《回忆丰子恺》等。书前有钱君匋的"卷首赘言"。

J005942

蒲国昌　（贵州人文景观的当代样板）蒲国昌绘；邹建平主编

长沙 湖南美术出版社 1996 年 64 页 28cm（大 16 开）ISBN：7-5356-0806-X

定价：CNY27.50

（当代艺术 系列丛书 9）

　　外文书名：Pu Guochang: A Modern Example of Humanistic Landscape of Guizhou. 蒲 国 昌（1937— ），教授。四川成都人，毕业于中央美术

学院。擅长版画、中国画，现为贵州大学艺术学院教授、硕士生导师。作品有《节日》《召唤》《机器时代》系列，《石榴》系列，《人—人》系列等。

J005943

人体艺术欣赏　王端廷著

太原 山西教育出版社 1996 年 231 页 有彩图 18cm（小 32 开）ISBN：7-5440-0850-9

定价：CNY9.10

（美育丛书 美术系列）

　　作者王端廷（1961— ），教授。出生于湖北蕲春，毕业于武汉大学。中国艺术研究院美术研究所研究员。专著有《心灵万象·绘画》《迷狂的独行者—雷蒙·饶可让的绘画艺术》《人体艺术欣赏》《百年困惑—现代美术》等。

J005944

世界名画鉴赏图典　奚静之主编

长沙 湖南美术出版社 1996 年 200 页 29cm（16 开）精装 ISBN：7-5356-0825-6 定价：CNY158.00

　　主编奚静之（1935— ），教授、美术史论家。生于江苏常州。历任中央工艺美术学院工艺美术史论系主任、教授、博士生导师，《中国大百科全书·美术》编委及东欧分支主编。著有《俄罗斯美术史话》《俄罗斯苏联美术史》等，合著《欧洲绘画简史》。

J005945

书画鉴真　史树青著

北京 北京燕山出版社 1996 年 419 页 20cm（32 开）ISBN：7-5402-0689-6 定价：CNY29.80

（当代文物鉴定家论丛）

　　本书内容包括："书法"部分，收录《中国历史博物馆藏法书大观概述》《丁佛言手批鲁斋集古录序》《秦始皇二十六年诏书及其大字诏版》等；"绘画"部分，收录《战国龙凤人物帛画》《中国古代的金错工艺》《麟为夷兽说》等；"印章"部分，收录《乐氏藏古玺印选序》《对竹内实教授〈金印之谜〉讲演的补充讲话》《清怡亲王田黄对章》等；"余论"部分，收录《书画鉴定经验谈》《鉴别书画应注意的几点》《谈中国书画的鉴赏》等。

J005946

台湾美术影像阅读　黄宝萍著

台北 艺术家出版社 1996 年 151 页 21cm（32 开）

ISBN：957-9530-24-6 定价：TWD250.00

J005947

天衡艺谈　王宏，韩国权编
天津 天津古籍出版社 1996年 357页 20cm（32开）
ISBN：7-80504-432-5 定价：CNY24.00

J005948

魏斯　（美国写实派大师）何政广编著
台北 艺术家出版社 1996年 231页 有照片
21cm（32开）ISBN：957-9530-46-7
定价：TWD480.00
（世界名画家全集 20）

J005949

西洋人体艺术精品欣赏　董雨萍编
兰州 甘肃人民美术出版社 1996年 69页
29cm（16开）ISBN：7-80588-124-3
定价：CNY47.00
　　外文书名：Appreciation of the Western
Art of Human Body.

J005950

浙江的画院和画家　顾汉昌，郑竺三主编
杭州 中国美术学院出版社 1996年 39+205页
有彩图26cm（16开）ISBN：7-81019-537-9
定价：CNY40.00
　　主编郑竺三（1943—　），书画家、教授。笔
名郑竹三、郑竹珊，浙江金华人，毕业于杭州大
学体育系。历任浙江东方国画院秘书长、副院长，
海南职业大学艺术系主任、教授，浙江省中国文
化研究会艺术研究中心主任、研究员，浙江省博
物馆西湖画院副院长等。著有《郑竺三美术评论
集》《郑竺三书画集》等。

J005951

中国古今书画真伪图鉴　杨仁恺主编
沈阳 辽宁画报出版社 1996年 163页 29cm（16开）
精装 ISBN：7-80601-069-6 定价：CNY188.00
　　外文书名：Genuine and fake illustrated
handbook of Chinese Every Dynasties Calligraphy
and Paintings. 主编杨仁恺（1915—2008），博物馆
学家、书画鉴赏大师、书画大家、美术史家。号
遗民，笔名易木，斋名沐雨楼。四川岳池人。曾
任中国博物馆协会名誉理事，文史研究馆名誉馆

长，人民大学国学院教授，中央美术学院研究生
导师，美术家协会名誉主席等职。代表作品有《国
宝沉浮录》《中国书画鉴定学稿》《沐雨楼书画论
稿》等。

J005952

中国现代绘画鉴赏及行情介绍　东方晴轩，
陈馨文编著
成都 四川大学出版社 1996年 272页 20cm（32开）
ISBN：7-5614-1171-5 定价：CNY19.80

J005953

中外名画　李志天主编
南宁 广西民族出版社 1996年 120页
19cm（小32开）ISBN：7-5363-3123-1
定价：CNY4.00
（中外名胜系列丛书）

J005954

巴黎派绘画　刘振源著
台北 艺术图书公司 1997年 249页 有图
21cm（32开）ISBN：957-672-277-2
定价：TWD450.00
（西洋绘画导览 8）
　　作者刘振源（1953—　），画家。河北昌黎人。
号紫云斋主人。出版个人专辑《中国美术成就——
刘振源（1911—2011百年书画名家专辑）》。

J005955

杜尚访谈录　（法）卡巴内（PierreCabanne）著；
王瑞芸译
北京 文化艺术出版社 1997年 201页 有照片
20cm（32开）ISBN：7-5039-1560-9
定价：CNY10.50
（思想者书系）
　　杜尚（1887—1968），生于法国，1954年加入
美国籍。他的出现改变了西方现代艺术的进程。
尤其是第二次世界大战后的艺术，主要是沿着杜
尚的思想轨迹进行的，因此，了解杜尚是了解西
方现代艺术的关键。本书中杜尚用对话展现了
他的一生，阐述解释他的行动、反叛、感受和选
择。书前有马塞尔和撒尔瓦多·达利的"序"。
书后附《杜尚年表》等。

J005956

多彩的绘画　石凡编著

广州　广州出版社 1997 年　114 页 19cm（小 32 开）

ISBN：7-80592-708-1 定价：CNY92.00（全辑）

（百科世界丛书 第四辑 65）

J005957

哈林　李星明，张跃铭编译

长沙　湖南美术出版社 1997 年　69+80 页 有图

19cm（小 32 开）ISBN：7-5356-0980-5

定价：CNY9.50

（国外现代画家译丛）

凯 斯·哈 林（Keith Haring, 1958—1990）是

1980 年代美国街头绘画艺术家和社会运动者。

J005958

画室中的画家　吴亮著

上海　上海三联书店 1997 年　226 页 有图

21×19cm ISBN：7-5426-1009-0

定价：CNY24.80

J005959

卡通一代　（后岭南画派）邹建平主编

长沙　湖南美术出版社 1997 年　64 页 有图

28cm（大 16 开）ISBN：7-5356-1024-2

定价：CNY19.00

（当代艺术系列丛书 14）

主编邹建平（1955— ），生于湖南新化，毕

业于湖南师范大学，修业于广州美术学院油画

系，现任职湖南美术出版社副社长，湖南美术家

协会副主席，中国美术家协会会员，北京圣之空

间董事。

J005960

色彩的盛宴　（中外绘画精品欣赏）朱国荣等

编著

上海　少年儿童出版社 1997 年　10+329 页

有照片 19cm（小 32 开）ISBN：7-5324-3113-4

定价：CNY13.70

（艺术长廊丛书）

作者朱国荣（1947— ），上海人。上海美术

家协会任职，中国美术家协会会员。

J005961

沈鹏书画谈　沈鹏著

北京　人民美术出版社 1997 年 369 页 有照片

20cm（32 开）ISBN：7-102-01862-2

定价：CNY38.00

（中国当代美术名家艺术论丛）

作者沈鹏（1931— ），书法家、美术评论家、

诗人。生于江苏江阴。历任中国文联副主席、中

国书法家协会主席、中国美术出版总社顾问以及

《中国书画》主编、炎黄书画院副院长等。书法作

品有《书画论评》《沈鹏书画谈》《三余吟草》《沈

鹏书法选》《沈鹏书法作品集》。

J005962

西洋古典近代现代画巨匠　（合订本）郭文

堉著

台北　艺术图书公司 1997 年　有图 21cm（32 开）

ISBN：957-672-185-7 定价：TWD840.00

（走入名画世界 5）

作者郭文堉（1932— ），女，编辑、教授。河

北保定人，毕业于中央美术学院。历任吉林艺专、

长春电影学院美术系、东北师大艺术系教师，天

津美术学院教授。 出版有《达芬奇》《米开朗基

罗》《拉斐尔》《德加》等。

J005963

写实到印象　范萝著

台北　艺术图书公司 1997 年　247 页 21cm（32 开）

ISBN：957-672-259-4 定价：TWD450.00

（西洋绘画导览 18）

J005964

新的传统　（美）罗森堡（Harold Rosenberg）著；

陈香君译

台北　远流出版事业股份有限公司 1997 年

288 页 21cm（32 开）ISBN：957-32-3286-3

定价：TWD280.00

（艺术馆 43）

外文书名：The Tradition of the New.

J005965

寻求梦中的世界　（李玉昌文集）李玉昌编著

北京　北京美术摄影出版社 1997 年　303 页

有图 20cm（32 开）ISBN：7-80501-203-2

定价：CNY36.00

J005966

意图的模式 （关于图画的历史说明）（英）M. 巴克森德尔（Michael Baxandall）著；曹意强等译

杭州 中国美术学院出版社 1997 年 184 页

有照片 20cm（32 开）ISBN：7-81019-378-3

定价：CNY22.50

（学院丛书 第一批）

　　译者曹意强（1957— ），教授，哲学博士。出生于杭州，毕业于浙江美术学院版画系。历任中央美术学院客座教授，中央戏剧学院客座教授，中国美术家协会理论委员，中国油画学会常务理事，教育部艺术硕士（MFA）指导委员会美术学科组长。主要译著有《理想与偶象》《意图的模式》《人体》等。主要专著有《图像的力量—艺术史学史与批评文集》《欧洲油画》《艺术与历史》。

J005967

中国前卫艺术　高名潞著

南京 江苏美术出版社 1997 年 286 页 20cm（32 开）

ISBN：7-5344-0732-X 定价：CNY14.00

（《中国当代美术研究》系列）

J005968

兹土有情　（李梅树和他的艺术）倪再沁著

台中 台湾省立美术馆 1997 年 重印本 355 页

有图照片 21cm（32 开）精装

ISBN：957-00-8013-2 定价：TWD330.00

（美术丛刊 5）

J005969

毕卡索　（新画派的宗师）（法）[玛丽-洛尔贝尔纳达克]（Marie-LaureBernadac），（法）[波勒·布谢]（Pauledu Bouchet）著；叶晓苟，古瑛芝译

台北 时报文化出版企业公司 1998 年 192 页

有图 18cm（小 32 开）ISBN：957-13-2667-4

定价：TWD250.00

（发现之旅 47）

J005970

毕卡索的成败　（英）约翰·柏杰（John Berger）著；连德诚译

台北 远流出版事业股份有限公司 1998 年 241 页

有照片 21cm（32 开）ISBN：957-32-3487-4

定价：TWD250.00

（艺术馆 48）

　　外文书名：The Success and Failure of Picasso.

J005971

拆／解艺术　（美）哈洛德·罗森堡（Harold Rosenberg）著；周丽莲译

台北 远流出版事业公司 1998 年 270 页 有图

21cm（32 开）ISBN：957-32-3573-0

定价：TWD300.00

（艺术馆 51）

　　外文书名：The De-definition Art.

J005972

春彦点评录　张美寅编；谢春彦著

上海 上海远东出版社 1998 年 131 页 有图

29cm（16 开）ISBN：7-80613-831-5

定价：CNY58.00

J005973

梵谷星月夜　何恭上著

台北 艺术图书公司 1998 年 278 页 有图

21cm（32 开）ISBN：957-672-301-9

定价：TWD450.00

（西洋绘画导览 22）

　　本书编写者远赴法国追寻凡·高当年写生地——阿尔、圣瑞米、奥维追思顶礼，配合流传画作，加上实地拍摄的照片，以感性的文笔捕捉凡·高创作意念，背景动机，以及画风特色。内容包括："梵谷点描画——画面开始亮丽起来"、"梵谷自画像——不安而锐利眼神"、"梵谷与浮世绘——悠游久远东方梦"、"梵谷卧室——'如画景色'室内画"、"今天梵谷旅店——重建后黄色小屋"、"梵谷与那比派——为那比派迷失自己"、"梵谷画向日葵——高更画梵谷或自己"等。

J005974

湖北美术学院入学考试作品点评　湖北美术学院教务处编

杭州 中国美术学院出版社 1998 年 92 页

26cm（16 开）ISBN：7-81019-703-7

定价：CNY25.00

J005975

画事夜说　黄亦生著

广州 岭南美术出版社 1998 年 265 页 有照片
20cm（32 开）ISBN：7-5362-1875-3
定价：CNY23.00
（当代美术家丛书）

J005976

黄胄谈艺术　黄胄著；郑闻慧主编
北京 中国青年出版社 1998 年 432 页 有图
20cm（32 开）ISBN：7-5006-2884-6
定价：CNY20.50
　　作者黄胄（1925—1997），画家、社会活动
家、收藏家。字映斋，河北蠡县人。历任总政治
部文化部创作员，中国画研究院副院长，中国
美术家协会常务理事等。代表作品有《洪荒风
雪》《巡逻图》等，出版有《黄胄书画论》《黄胄作
品集》《黄胄谈艺术》等。

J005977

精神的逍遥　（梅墨生美术论评集）梅墨生
［著］
合肥 安徽美术出版社 1998 年 471 页 有照片
20cm（32 开）ISBN：7-5398-0622-2
定价：CNY32.00
　　作者梅墨生（1960—2019），书画家、诗人、
太极拳家。生于河北。又名觉公。曾任首都师
范大学、北京大学艺术学院、中国书法院台湾艺
术大学教授，书法研究所所长、博士生导师等。
编著有《现代书法家批评》《书法图式研究》等。

J005978

跨世纪中国画名家 21 人　陈风新主编并
摄影
北京 今日中国出版社 1998 年 408 页 42cm（8 开）
精装 ISBN：7-5072-0960-1 定价：CNY1100.00
　　本书构思别致，是画册、文集，也是评论集。
21 位画家有作品，有生活照，有艺术自序，有亲
友的述说，还有他人的评论。入编画家包括：李
宝林、杨延文、贾浩义、张立辰、刘国辉、邓林、
贾又福等。外文书名：21 Most Famous Artists of
Chinese Painting Beyond the Century.

J005979

李湜谈中国古代女性绘画　李湜著
长春 吉林科学技术出版社 1998 年 205 页
有彩图 20cm（32 开）ISBN：7-5384-1959-4

定价：CNY15.00
（东方收藏名家谈收藏丛书）

J005980

美的足迹　（中国所见古书画记）杜南发著
福州 海潮摄影艺术出版社 1998 年 249 页
有图 21cm（32 开）ISBN：7-80562-513-1
定价：CNY58.00

J005981

名家点评大师佳作　（欧洲油画）全山石，曹
意强编著
济南 山东美术出版社 1998 年 282 页 29cm（16 开）
精装 ISBN：7-5330-1250-X 定价：CNY320.00
　　作者全山石（1930—　），画家、教授。浙江
宁波人，毕业于中央美术学院华东分院。历任中
国油画学会副主席、中国美术家协会油画艺术委
员会副主任、中国美术学院教授等。代表作有
《英勇不屈》《井冈山上》《娄山关》等。作者曹意
强（1957—　），教授。生于浙江杭州，毕业于浙
江美术学院版画系。中国美术家协会理论委员、
中国油画学会常务理事。主要译著有《理想与偶
象》《意图的模式》《人体》等，专著有《图像的力
量—艺术史学史与批评文集》《欧洲油画》《艺术
与历史》。

J005982

名家点评大师佳作　（中国画）王伯敏主编
济南 山东美术出版社 1998 年 283 页 29cm（16 开）
精装 ISBN：7-5330-1249-6 定价：CNY320.00
　　主编王伯敏（1924—2013），美术史论家、画
家、诗人。浙江台州人。曾担任中国美术学院
教授，美术学博士生导师等。著有《中国绘画通
史》《中国版画史》《中国美术通史》等。

J005983

**全国高等院校美术师范专业学生色彩作品
点评**　李泽浩，姬俊尧主编
石家庄 河北美术出版社 1998 年 94 页
26cm（16 开）ISBN：7-5310-1056-9
定价：CNY29.00
　　主编李泽浩（1939—　），画家、教授。辽宁
辽中县人。毕业于鲁迅美术学院并留校任教。
历任油画系党支部书记、美术教育系主任、学位
委员会副主席、教授，中国高等院校美术教育研

究会副理事长，中国美术家协会会员，辽宁省家
美术家协会常务理事。作品有《垦区新兵》《第
二次大沽口之战》《民族魂·聂耳·冼星海》等，出
版《李泽浩画集》。

J005984

色彩的盛宴　（中外绘画精品长廊）朱国荣等
编著
上海　少年儿童出版社　1998年　171页　有图
19cm（小32开）ISBN：7-5324-3474-5
定价：CNY6.00
（海螺·绿叶文库　长河浪涛）
　　作者朱国荣（1947—　），上海人。上海美术
家协会任职，中国美术家协会会员。

J005985

世界经典绘画鉴赏丛书　（第一辑）海童编著
济南　济南出版社　1998年　10册　19cm（小32开）
ISBN：7-80629-268-3 定价：CNY240.00
　　本套丛书共10册，其中包括：夏娃的膜
拜——文艺复兴绘画1-4册，谛听阳光——现实
主义绘画1-3册，燃烧的旋律——巴洛克绘画1
册，天堂圣火——学院派绘画1-2册。

J005986

台湾画家评述　黄光男著
台北　台北市立美术馆　1998年　231页　有图
21cm（32开）ISBN：957-02-1381-7
（美术论丛74）
　　外文书名：Analyses of Five Taiwanese Painters.

J005987

西洋巨匠美术丛书　（毕加索）（意）［A.D.菲
奥雷］Angelo De Fiore 等著；黄文捷译
北京　文物出版社　1998年　32页　有图29cm（16
开）ISBN：7-5010-1022-6 定价：CNY25.00
　　本书原名《绘画大观》，意大利 RCS 集团
FABBRI 公司和台湾锦绣出版事业股份有限公
司授权出版。外文书名：Discovering the Great
Paintings. 作者 A.D. 菲奥雷（Angelo De Fiore），意
大利美术家。

J005988

西洋巨匠美术丛书　（布鲁盖尔）（意［A.D.菲
奥雷］Angelo De Fiore 等著；贾辉丰译

北京　文物出版社　1998年　32页　有图29cm（16开）
ISBN：7-5010-1080-3 定价：CNY25.00
　　本书原名《绘画大观》意大利 RCS 集团
FABBRI 公司和台湾锦绣出版事业股份有限公
司授权出版。外文书名：Discovering the Great
Paintings.

J005989

西洋巨匠美术丛书　（达·芬奇）（意）［A.D.菲
奥雷］Angelo De Fiore 等著；贾辉丰译
北京　文物出版社　1998年　32页　有图29cm（16开）
ISBN：7-5010-1025-0 定价：CNY25.00
　　本书原名《绘画大观》，意大利 RCS 集团
FABBRI 公司和台湾锦绣出版事业股份有限公
司授权出版。外文书名：Discovering the Great
Paintings..

J005990

西洋巨匠美术丛书　（达利）（意）［A.D.菲奥
雷］Angelo De Fiore 等著；乐华等译
北京　文物出版社　1998年　32页　有图29cm（16开）
ISBN：7-5010-1075-7 定价：CNY25.00

J005991

西洋巨匠美术丛书　（大卫）（意）［A.D.菲奥
雷］Angelo De Fiore 等著；王麟进译
北京　文物出版社　1998年　32页　有图29cm（16开）
ISBN：7-5010-1030-7 定价：CNY25.00
　　本书原名《绘画大观》，意大利 RCS 集团
FABBRI 公司和台湾锦绣出版事业股份有限公
司授权出版。外文书名：Discovering the Great
Paintings.

J005992

西洋巨匠美术丛书　（凡·高）（意）［A.D.菲
奥雷］Angelo De Fiore 等著；桑建平译
北京　文物出版社　1998年　32页　有图29cm（12开）
ISBN：7-5010-1021-8 定价：CNY25.00
　　本书原名《绘画大观》，意大利 RCS 集团
FABBRI 公司和台湾锦绣出版事业股份有限公
司授权出版。外文书名：Discovering the Great
Paintings.

J005993

西洋巨匠美术丛书　（高更）（意）［A.D.菲奥

雷〕Angelo De Fiore 等著；王麟进译
北京 文物出版社 1998年 32页有图29cm（16开）
ISBN：7-5010-1028-5 定价：CNY25.00

　　本书原名《绘画大观》，意大利 RCS 集团 FABBRI 公司和台湾锦绣出版事业股份有限公司授权出版。外文书名：Discovering the Great Paintings.

J005994

西洋巨匠美术丛书　（哥雅）（意）［A.D. 菲奥雷〕Angelo De Fiore 等著；王麟进译
北京 文物出版社 1998年 32页有图29cm（16开）
ISBN：7-5010-1076-5 定价：CNY25.00

　　本书原名《绘画大观》意大利 RCS 集团 FABBRI 公司和台湾锦绣出版事业股份有限公司授权出版。外文书名：Discovering the Great Paintings..

J005995

西洋巨匠美术丛书　（卡拉瓦乔）（意〔A.D. 菲奥雷〕Angelo De Fiore 等著；王天清译
北京 文物出版社 1998年 32页有图29cm（16开）
ISBN：7-5010-1074-9 定价：CNY25.00

　　本书原名《绘画大观》意大利 RCS 集团 FABBRI 公司和台湾锦绣出版事业股份有限公司授权出版。外文书名：Discovering the Great Paintings. 作者A.D. 菲奥雷（Angelo De Fiore），意大利美术家。

J005996

西洋巨匠美术丛书　（卡纳列托）（意〔A.D. 菲奥雷〕Angelo De Fiore 等著；丁文林译
北京 文物出版社 1998年 32页有图29cm（16开）
ISBN：7-5010-1078-1 定价：CNY25.00

　　本书原名《绘画大观》意大利 RCS 集团 FABBRI 公司和台湾锦绣出版事业股份有限公司授权出版。外文书名：Discovering the Great Paintings.

J005997

西洋巨匠美术丛书　（克里姆特）（意〔A.D. 菲奥雷〕Angelo De Fiore 等著；丁宏为，龚秀敏译
北京 文物出版社 1998年 32页有图29cm（16开）
ISBN：7-5010-1071-4 定价：CNY25.00

　　本书原名《绘画大观》意大利 RCS 集团

FABBRI 公司和台湾锦绣出版事业股份有限公司授权出版。外文书名：Discovering the Great Paintings.

J005998

西洋巨匠美术丛书　（克里姆特）（意）［A.D. 菲奥雷〕Angelo De Fiore 等著；丁宏为，龚秀敏译
北京 文物出版社 1998年 32页有图29cm（16开）
ISBN：7-5010-1071-4 定价：CNY25.00

　　本书原名《绘画大观》意大利 RCS 集团 FABBRI 公司和台湾锦绣出版事业股份有限公司授权出版。外文书名：Discovering the Great Paintings.

J005999

西洋巨匠美术丛书　（拉斐尔）（意）［A.D. 菲奥雷〕Angelo De Fiore 等著；盛力译
北京 文物出版社 1998年 32页有图29cm（13开）
ISBN：7-5010-1029-3 定价：CNY25.00

　　本书原名《绘画大观》，意大利 RCS 集团 FABBRI 公司和台湾锦绣出版事业股份有限公司授权出版。外文书名：Discovering the Great Paintings.

J006000

西洋巨匠美术丛书　（劳特累克）（意〔A.D. 菲奥雷〕Angelo De Fiore 等著；田荣译
北京 文物出版社 1998年 32页有图29cm（16开）
ISBN：7-5010-1073-0 定价：CNY25.00

　　本书原名《绘画大观》意大利 RCS 集团 FABBRI 公司和台湾锦绣出版事业股份有限公司授权出版。外文书名：Discovering the Great Paintings.

J006001

西洋巨匠美术丛书　（雷诺阿）（意）［A.D. 菲奥雷〕Angelo De Fiore 等著；许秀鸿译
北京 文物出版社 1998年 32页有图29cm（16开）
ISBN：7-5010-1026-9 定价：CNY25.00

　　本书原名《绘画大观》，意大利 RCS 集团 FABBRI 公司和台湾锦绣出版事业股份有限公司授权出版。外文书名：Discovering the Great Paintings.

J006002

西洋巨匠美术丛书 （米开朗基罗）（意）［A.
D. 菲奥雷］Angelo De Fiore 等著；丁宏为译
北京 文物出版社 1998 年 32 页有图 29cm（16 开）
ISBN：7-5010-1023-4 定价：CNY25.00

　　本书原名《绘画大观》，意大利 RCS 集团
FABBRI 公司和台湾锦绣出版事业股份有限公
司授权出版。外文书名：Discovering the Great
Paintings.

J006003

西洋巨匠美术丛书 （莫奈）（意）［A.D. 菲奥
雷］Angelo De Fiore 等著；贾辉丰译
北京 文物出版社 1998 年 32 页有图 29cm（16 开）
ISBN：7-5010-1024-2 定价：CNY25.00

　　本书原名《绘画大观》，意大利 RCS 集团
FABBRI 公司和台湾锦绣出版事业股份有限公
司授权出版。外文书名：Discovering the Great
Paintings.

J006004

西洋巨匠美术丛书 （塞尚）（意）［A.D. 菲奥
雷］Angelo De Fiore 等著；王麟进译
北京 文物出版社 1998 年 32 页有图 29cm（16 开）
ISBN：7-5010-1027-7 定价：CNY25.00

　　本书原名《绘画大观》意大利 RCS 集团
FABBRI 公司和台湾锦绣出版事业股份有限公
司授权出版。外文书名：Discovering the Great
Paintings.

J006005

西洋巨匠美术丛书 （泰纳）（意）［A.D. 菲奥
雷］Angelo De Fiore 等著；林燕译
北京 文物出版社 1998 年 32 页有图 29cm（16 开）
ISBN：7-5010-1072-2 定价：CNY25.00

　　本书原名《绘画大观》意大利 RCS 集团
FABBRI 公司和台湾锦绣出版事业股份有限公
司授权出版。外文书名：Discovering the Great
Paintings.

J006006

西洋巨匠美术丛书 （夏加尔）（意）［A.D. 菲
奥雷］Angelo De Fiore 等著；王麟进译
北京 文物出版社 1998 年 32 页有图 29cm（16 开）
ISBN：7-5010-1079-X 定价：CNY25.00

　　本书原名《绘画大观》意大利 RCS 集团
FABBRI 公司和台湾锦绣出版事业股份有限公
司授权出版。外文书名：Discovering the Great
Paintings.

J006007

西洋巨匠美术丛书 （修拉）（意）［A.D. 菲奥
雷］Angelo De Fiore 等著；王麟进译
北京 文物出版社 1998 年 32 页有图 29cm（16 开）
ISBN：7-5010-1077-3 定价：CNY25.00

J006008

夏娃的膜拜 （文艺复兴绘画 1-4）海童编著
济南 济南出版社 1998 年 4 册 19cm（小 32 开）
ISBN：7-80629-268-3 定价：CNY96.00
（世界经典绘画鉴赏丛书 第一辑）

J006009

艳俗艺术的语境与定位 邹建平主编
长沙 湖南美术出版社 1998 年 48 页有图
28cm（大 16 开）ISBN：7-5356-1037-4
定价：CNY24.00
（当代艺术系列丛书 15）

　　作者邹建平（1955— ），生于湖南新化，毕
业于湖南师范大学，修业于广州美术学院油画
系。历任湖南美术出版社副社长，湖南美术家
协会副主席，中国美术家协会会员，北京圣之
空间董事。

J006010

艺术手册 ［英国费唐出版公司］（Phaidon）
［编］；晓峰，汪芳译
上海 上海远东出版社 1998 年 503 页
19cm（小 32 开）ISBN：7-80613-788-2
定价：CNY66.00

J006011

中外名画赏析 段七丁，李伟主编；四川联合
大学教务处［组织编写］
成都 四川人民出版社 1998 年 166 页有彩图
20cm（32 开）ISBN：7-220-04038-5
定价：CNY15.00

J006012

边缘画家 邹建平著

重庆 重庆出版社 1999年 341页 有图 20cm（32开）
ISBN：7-5366-4057-9 定价：CNY23.80
（当代艺术批评与自我批评书系）

J006013

陈醉论裸体画裸体及其他　刘人岛主编
北京 中国戏剧出版社 1999年 152页 有图
29cm（16开）精装 ISBN：7-104-00999-X
定价：CNY358.00

J006014

当代中国画家·画风　苏鸿升主编
郑州 河南美术出版社 1999年 694页 有图
21cm（32开）ISBN：978-7-5401-0782-6
定价：CNY36.00

　　本书介绍90余位画家，并总结、评述和归
纳了各位美术家创作的优秀作品，使读者加深
对作品理解的同时，领略他们的文学风采与评述
风格。

J006015

断层与绵延　（波普艺术）孙津著
长春 吉林美术出版社 1999年 203页 有图
20cm（32开）ISBN：7-5386-0766-8
定价：CNY22.50
（中国当代美术现象批评文丛）

J006016

丰子恺艺术随笔　孙冰编选
上海 上海文艺出版社 1999年 233页 有图
20cm（32开）ISBN：7-5321-1925-4
定价：CNY16.50
（现代名家艺术随笔）

　　本书内容包括：第1部分注重普遍性的内
容，谈美说艺，意在增进读者对美与艺术的观
念、艺术的多种形式、艺术教育、艺术人物等
多方面问题的理解和认识。收录《从梅花说到
美》《美与同情》《读画漫感》《卅年来艺术教育之
回顾》等；第2部分注重个人性的内容，其实是
关于"我与艺术（主要是绘画）"的自述。收录《我
的学画》《甘美的回味》《漫画创作二十年》《〈敝
帚自珍〉序言》等。

J006017

高剑父诗文初编　高剑父著；李伟铭辑录整

理；高励节，张立雄校订
广州 广东高等教育出版社 1999年 398页
有肖像 20cm（32开）ISBN：7-5361-2405-8
定价：CNY20.00
（高剑父纪念馆学术丛书）

　　作者高剑父（1879—1951），国画家、美术教
育家。名仑，字剑父，后以字行，生于广东番禺
县，毕业于东京美术学院。岭南画派创始人之一。
著作有《中国现代的绘画》《印度艺术》《国画新
路向》《蛙声集》《佛国记》等。

J006018

光与色的交响　（西方绘画）高昕丹著
杭州 浙江人民美术出版社 1999年 155页
20cm（32开）ISBN：7-5340-0836-0
定价：CNY15.00
（艺术教育图典）

J006019

画室来鸽　钟涵著
南宁 广西美术出版社 1999年 528页 20cm（32开）
ISBN：7-80625-691-1 定价：CNY32.00
（中国当代美术理论家文丛）

　　作者钟涵（1929—　），教授、油画家、理论
家。生于江西萍乡，毕业于中央美术学院。历任
全国美协油画艺术委员会副主任，中央美院学术
委员会副主任，吴作人国际美术基金会艺术委
员会主任，中央美术学院教授。作品有《延河边
上》《河上炊烟》《密云》《暖冬》等，出版有《钟
涵乡土小品油画》。

J006020

画坛偶像　（中国当代8位杰出艺术家）殷双
喜主编
珠海 珠海出版社 1999年 181页 有图 20cm（32开）
ISBN：7-80607-641-7 定价：CNY11.00
（世纪末艺术丛书）

　　本书以访谈的形式，对朝戈、毛焰、尚华、
苏新平、王广义、王华祥、杨飞云、张晓刚8位
中国画坛杰出艺术家对艺术的领悟等作了较详
尽的阐述。

J006021

绘画　（追随大师的目光及笔触透析名画）（英）
杰佛瑞·侃普（Jeffery Camp）著；李淑真译

台北　猫头鹰出版社　1999 年　284 页　有图
29cm（16 开）精装　ISBN：957-0337-07-9
定价：TWD1290.00

J006022
良师益友　醉山张编
石家庄　河北教育出版社　1999 年　182 页
19cm（小 32 开）ISBN：7-53347-3403-2
定价：CNY8.00

J006023
林风眠艺术随笔　朱朴编选
上海　上海文艺出版社　1999 年　191 页　有图
20cm（32 开）ISBN：7-5321-1927-0
定价：CNY15.00
（现代名家艺术随笔）

　　本书收录《东西艺术之前途》《艺术的艺术
与社会的艺术》《致全国艺术界书》《原始人类的
艺术》《我们要注意——国立杭州艺专纪念周讲
演》《徒呼奈何是不行的——国立杭州艺专纪念
周讲演》《中国绘画新论》《〈前奏〉发刊词——为
〈前奏〉月刊作》《美术馆之功用》《我们所希望的
国画前途》《艺术家应有的态度》《知与感》等。

J006024
林风眠与二十世纪中国美术　（国际学术研
讨会论文集）林风眠百岁诞辰纪念画册文集编
辑委员会编
杭州　中国美术学院出版社　1999 年　2 册（814 页）
有图 20cm（32 开）ISBN：7-81019-805-X
定价：CNY80.00

　　本套书收录《〈摸索〉——林风眠的宣言书
和墓志铭（苏天赐）、《林风眠——革命美术的先
行者（肖峰）、《从北京到西湖：北平艺专和杭州
艺专的比较——林风眠执长两校（1926—1938）
的背景分析（刘晓路）、《法国的革命和德国的理
论——评林风眠和蔡元培的合作（潘耀昌）、《十
年壮怀——与林风眠联手办学的林文铮（郑朝）、
《对立与调和——中西艺术比较中的一个理论陷
阱（高士明）、《林风眠与丰子恺——以东西美术
融合观为视点（莫小也）、《中国知识分子的两个
典型——林风眠和卫天霖（顾森）等 50 多篇文章。

J006025
另一个世界　（抽象艺术）张晓凌，孟禄新著

长春　吉林美术出版社　1999 年　307 页　有图
20cm（32 开）ISBN：7-5386-0770-6
定价：CNY29.80
（中国当代美术现象批评文丛）

　　作者张晓凌（1956—　　），教授。生于安徽。
毕业于安徽阜阳师范学院艺术系和中国艺术研究
院。曾任中国艺术研究院美术研究所副所长，中
国艺术研究院院长助理、研究生院院长，中国国
家画院院长等。著有《中国原始艺术精神》《中国
原始雕塑》《观念艺术：解构与重建的诗学》等。

J006026
论吴冠中　（吴冠中研究文选）何冰，翟墨主编
南宁　广西美术出版社　1999 年　307 页　有图
21×19cm ISBN：7-80625-740-3
定价：CNY50.00

　　吴冠中以反潮流的精神提出绘画形式美和
抽象美以及中国传统笔墨的发展问题，引起海内
外的关注和争论，成为世纪末东西方文化焦点。
本书选出部分文章结集于此。

J006027
马格利特　（美）苏西·盖伯利克（Suzi Gablik）
著；项幼榕译
台北　远流出版事业公司　1999 年　279 页　有图
21cm（32 开）ISBN：957-32-3656-7
定价：TWD350.00
（艺术群像 13）
　　外文书名：Magritte.

J006028
漫游的存在　（新生代艺术）吕品田著
长春　吉林美术出版社　1999 年　311 页　有图
20cm（32 开）ISBN：7-5386-0765-X
定价：CNY29.80
（中国当代美术现象批评文丛）

　　作者吕品田（1959—　　），江西丰城人，毕业
于景德镇陶瓷学院美术系和中国艺术研究院研
究生部美术系。中国艺术研究院美术研究所助
理研究员。著作有《中国民间美术观念》《中国
民间美术全集·玩具卷》《社火卷》《中国传统工
艺》等。

J006029
名画与疾病　张天钧著

上海　上海科学技术文献出版社 1999 年 181 页
有照片 20cm（32 开）ISBN：7-5439-1500-6
定价：CNY35.00

　　本书是台湾生智文化事业有限公司授权
出版的世界绘画美术评论与疾病的关系的科普
读物。

J006030

倪贻德艺术随笔　丁言昭编选
上海　上海文艺出版社 1999 年 216 页 有图
20cm（32 开）ISBN：7-5321-1891-6
定价：CNY16.00
（现代名家艺术随笔）

　　倪贻德（1901—1970），油画家、美术理论家
和美术教育家。笔名尼特，毕业于上海美术专科
学校。历任浙江美术学院教授、第一副院长、全
国美协理事、浙江省美协副主席等职。著作有《西
洋画概论》《水彩画研究》《画人行脚》《艺术漫
谈》《近代艺术》。还有小说集《玄武湖之秋》《东
海之滨》《百合集》等。编者丁言昭（1946—　），
上海木偶剧团编剧。

J006031

女娲之灵　（中国当代 10 位优异女画家）岛子
主编
珠海　珠海出版社 1999 年 216 页有图 20cm（32 开）
ISBN：7-80607-641-7 定价：CNY13.00
（世纪末艺术丛书）

　　本书通过对陈曦、奉家丽、甫立亚、李虹、
刘艳、王赛、文凤仪等 10 位优秀女画家的作品
进行分析和点评，反映了她们的创作理念和生活
状态。

J006032

色彩与光　（西方绘画欣赏）奚传绩著
天津　新蕾出版社 1999 年 132 页有图 20cm（32 开）
ISBN：7-5307-1952-1 定价：CNY8.10
（西方艺术鉴赏丛书）

　　作者奚传绩（1936—　），教授。笔名雪华，
江苏江阴人。毕业于中央美术学院美术史系。
历任南京艺术学院设计艺术系教授、博士生
导师、院学术委员会副主任。出版有《中国古
代画家》《中外美术史大事对照年表》《美术鉴
赏》等。

J006033

色界枭雄　（中国当代 10 位优秀艺术家）陈静
主编
珠海　珠海出版社 1999 年 221 页 有图 20cm（32 开）
ISBN：7-80607-641-7 定价：CNY13.00
（世纪末艺术丛书）

　　本书对崔宪基、何森、马保中、石良、申伟
光、吴剪、夏星等 10 位优秀艺术家的美术作品
进行了分析和点评。

J006034

世纪末艺术系列　邓平祥，殷双喜总编
珠海　珠海出版社 1999 年 4 册 有图 20cm（32 开）
ISBN：7-80607-641-7 定价：CNY48.00

　　本套书在展示作品的同时，将艺术家的背景
材料（访谈、口述、多种身份人物的评介等）一并
呈示出来，力图使读者在作品之外多角度、多层
面地读解艺术家。

J006035

台湾美术评论全集　（何怀硕卷）颜娟英著
台北　艺术家出版社 1999 年 197 页 有图
30cm（16 开）精装 ISBN：957-8273-32-0
定价：TWD600.00

J006036

台湾美术评论全集　（何铁华卷）梅丁衍著
台北　艺术家出版社 1999 年 199 页 有图
30cm（16 开）精装 ISBN：957-8273-31-2
定价：TWD600.00

J006037

台湾美术评论全集　（李仲生卷）曾长生著
台北　艺术家出版社 1999 年 199 页 有图
30cm（16 开）精装 ISBN：957-8273-44-4
定价：TWD600.00

J006038

台湾美术评论全集　（王秀雄卷）刘坤富著
台北　艺术家出版社 1999 年 199 页 有图
30cm（16 开）精装 ISBN：957-8273-41-X
定价：TWD600.00

J006039

台湾美术评论全集　（席德进卷）倪再沁，廖

瑾瑷著
台北 艺术家出版社 1999 年 199 页 有图
30cm（16 开）精装 ISBN：957–8273–36–3
定价：TWD600.00

J006040
台湾美术评论全集 （谢里法卷）邱琳婷著
台北 艺术家出版社 1999 年 199 页 有图
30cm（16 开）精装 ISBN：957–8273–40–1
定价：TWD600.00

J006041
探索与出新 （沈柔坚的绘画艺术）朱国荣
主编
上海 文汇出版社 1999 年 370 页 有照片
20cm（32 开）ISBN：7–80531–624–4
定价：CNY60.00

J006042
西洋名画家 （戈耶）吴泽义，吴龙著
台北 艺术图书公司 1999 年 137 页 21cm（32 开）
ISBN：957–672–297–7 定价：TWD280.00
（走入名画世界 14）

J006043
现代传世名画鉴赏 刘人岛，唐璐主编
北京 红旗出版社 1999 年 4 册 42cm（8 开）
精装 ISBN：7–5051–0335–0 定价：CNY3680.00

J006044
现代美术鉴赏和理念 陈继权著
台北 华杏出版公司（发行）1999 年 2 版 232 页
30cm（10 开）ISBN：957–640–307–3
定价：TWD450.00
（华杏机构丛书）
　　外文书名：Modern Art, Modern Ideas.

J006045
现代中国绘画中的自然 （中外比较艺术学
术研讨会论文集）当代中国山水画·油画风景展
执行委员会编
南宁 广西美术出版社 1999 年 465 页 20cm（32 开）
ISBN：7–80625–579–6 定价：CNY39.00
　　外文书名：The Great Nature in the Modern
Chinese Paintings.

J006046
徐悲鸿艺术随笔 王震编选
上海 上海文艺出版社 1999 年 196 页 有图
20cm（32 开）ISBN：7–5321–1910–6
定价：CNY15.00
（现代名家艺术随笔）

J006047
艺术家画像 （奥）里克尔著；张黎译
广州 花城出版社 1999 年 191 页 20cm（32 开）
ISBN：7–5360–2934–9 定价：CNY9.80
（经典散文译丛）

J006048
永恒艺术魅力的探寻 （中西绘画鉴赏比
较）李新生主编
北京 文化艺术出版社 1999 年 12+697 页
20cm（32 开）ISBN：7–5039–1903–5
定价：CNY32.50
　　本书运用了比较的方法，对中西绘画艺术试
图作出一个较为全面的分析和鉴赏比较，使读者
对这两种绘画艺术有更深切的理解和认识。

J006049
在现实和内心之间 （新具象艺术）杭间著
长春 吉林美术出版社 1999 年 238 页 有图
20cm（32 开）ISBN：7–5386–0769–2
定价：CNY25.50
（中国当代美术现象批评文丛）
　　作者杭间（1961— ），艺术史学者、批评
家。浙江义乌人，毕业于中央工艺美术学院。
历任《装饰》杂志主编、清华大学美术学院艺术
史论系主任、汕头大学长江艺术与设计学院常
务副院长、清华大学美术学院副院长等职。代
表作品《设计的善意》《手艺的思想》《中国工艺
美学史》等。

J006050
长安当代书画名家 刘无奇编著
西安 陕西人民教育出版社 1999 年 409 页 +
[95 页]图版 有彩照及图 26cm（16 开）
ISBN：7–5419–7639–3 定价：CNY118.00
　　本书全方位地反映了长安当代书画名家的
风采，收录 80 篇书评、画评和评介文章，准确地
介绍了每位书画家的个性特色和独特风格。

J006051

中国美术欣赏　戴伯乐编著

杭州 浙江摄影出版社 1999年 169页 26cm（16开）

ISBN：7-80536-637-3 定价：CNY28.00

J006052

中国前卫艺术　刘淳著

天津 百花文艺出版社 1999年 327页 有照片

20cm（32开）ISBN：7-5306-2287-0

定价：CNY21.80

J006053

综合绘画　（中国美术学院综合绘画工作室教

学实验作品评论 文献集 1994—1999）中国美

术学院综合绘画工作室编

杭州 中国美术学院出版社 1999年 189页

有图 29cm（16开）ISBN：7-81019-753-3

定价：CNY150.00

　　　外文书名：Comprehensive Media Painting.

绘画造型艺术理论

J006054

视学　（不分卷）（清）年希尧撰

清雍正 刻本

　　本书一名《视学精蕴》，是我国最早研究西

画技法的一本透视学著作。不分卷册和章节，内

容包括："序言"、"绘制透视图的工具图"、"透

视图"。

J006055

投影画　（二编）钱绍孟编

北京 平民书局 民国十三年［1924］影印本 线装

J006056

透视画法　黄涵秋编

上海 开明书店 1930年 97页 有图 21cm（32开）

定价：大洋六角五分

　　本书分5章，论述透视画的意义、方法、平

行、成角、阴影的透视画法等。

J006057

简易透视画法　朱铣，徐刚编

香港 今代图书公司 1936年 60页 18cm（32开）

定价：HKD0.60

J006058

简易透视画法　朱铣，徐刚编

上海 开明书店 1936年 60页 19cm（32开）

定价：国币四角

　　本书内分平行透视、成角透视两部分，附平

面几何法、立体投影画法练习题解答。

J006059

透视画法　黄涵秋编

上海 开明书店 1936年 92页 19cm（32开）

定价：大洋六角五分

J006060

绘画透视学　王端等编

香港 南山出版社［1949—1975年］117页

15×19cm 定价：HKD1.40

J006061

人体结构图例　（续编）

［1949—1979年］晒印本 26cm（16开）

定价：CNY1.00

J006062

简明艺用人体解剖图　王曼硕编绘

上海 万叶书店 1951年 147页 19cm（32开）

定价：旧币 9,500元

J006063

构图法讲话　王伯敏，贺鸣声编撰

上海 万叶书店 1953年 128页 有图

20cm（32开）定价：旧币 8,500元

（艺术理论学习丛刊）

　　作者王伯敏（1924—2013），美术史论家、画

家、诗人。浙江台州人。曾担任中国美术学院

教授，美术学博士生导师。著有《中国绘画通

史》《中国版画史》《中国美术通史》等。

J006064

解剖　陕西省群众艺术馆编辑

西安 长安美术出版社 1957年 19页 有图

17cm（40开）统一书号：8094.66 定价：CNY0.10
（绘画基本知识丛书）

J006065
透视　陕西省群众艺术馆编辑
西安 长安美术出版社 1957年 20页 有图
17cm（32开）统一书号：8094.65 定价：CNY0.10
（绘画基本知识丛书）

J006066
透视画法　孙常非编著
上海 上海人民美术出版社 1958年 92页
25cm（16开）统一书号：T8081.2180
定价：CNY0.75
　　作者孙常非（1920—1986），版画家、艺术
家、透视学专家。吉林市人，吉林师范大学图画
系。历任沈阳鲁迅美术学院副教授、全国美术技
法理论学会副理事长。代表作品有《挣扎》《饥
饿的人们》等。著有《透视画法》《透视学教
程》《绘画应用透视学》等。

J006067
怎样画透视图　文金扬编著
北京 美术出版社 1958年 20页 19cm（32开）
统一书号：8027.2110 定价：CNY0.18

J006068
色彩　任国钧著
西安 长安艺术出版社 1959年 20页 有图
18cm（32开）统一书号：8146.301
定价：CNY0.13
（绘画基本知识丛书）

J006069
艺用人体结构解剖　（美）G.B. 伯里曼（Bridg-
man, G.B.）著；润棠译
北京 人民美术出版社 1959年 145页 有图
20cm（32开）精装 统一书号：8027.2862
定价：CNY1.32
　　外文书名：Constructive Anatomy.

J006070
怎样画人体解剖　文金扬，陈伟生编著
北京 人民美术出版社 1959年 12页 有图
19cm（32开）统一书号：T8027.2109

定价：CNY0.16
　　作者陈伟生（1932—　），教授。浙江温岭
人，毕业于中央美术学院。曾任教于清华美术学
院、中央美术学院、中国人民大学、北京（首都）
师范大学，中国美术家协会会员。著作有《人体
姿态与解剖》《素描基本规律十七法》《服装色彩
学》等。

J006071
绘画应用透视学　文金扬编著
北京 人民美术出版社 1963年 163页 有图
26cm（16开）统一书号：8027.3855
定价：CNY1.80

J006072
艺用人体解剖资料　子旷编
合肥 安徽人民出版社 1973年 76页 21cm（32开）
统一书号：8102.633 定价：CNY0.30
　　本书按照"形体"、"结构"、"运动"的顺序编
排，选用国外解剖图例，并作了补充和说明。

J006073
人体与绘画　（美）G.B. 伯里曼著；润棠译
北京 人民美术出版社 1974年 157页 有图
19cm（32开）统一书号：8027.5795
定价：CNY0.46

J006074
绘画透视知识　陆仰豪编著
上海 上海人民出版社 1976年 92页 19cm（32开）
统一书号：8171.1635 定价：CNY0.22
（工农兵美术技法丛书）

J006075
绘画透视　浙江美术学院绘画教材编写组编
天津 天津人民美术出版社 1977年 215页
20cm（32开）统一书号：8073.50055
定价：CNY0.65

J006076
艺用人体解剖资料　子旷编
合肥 安徽人民出版社 1977年 76页 21cm（32开）
统一书号：8102.633 定价：CNY0.30

J006077

绘画透视知识　陆仰豪编著
上海 上海人民美术出版社 1978 年 新 1 版
92 页 19cm（32 开）统一书号：8081.11173
定价：CNY0.22
（工农兵美术技法丛书）

J006078

人体的结构与形态　陈向编著
上海 上海人民美术出版社 1978 年 200 页
有图 19cm（32 开）统一书号：8081.11059
定价：CNY0.34
（工农兵美术技法丛书）

J006079

人体结构　浙江美术学院教材编写组编
北京 人民美术出版社 1978 年 171 页 26cm（16 开）
统一书号：8027.6540 定价：CNY0.94

J006080

人体与绘画　（美）伯里曼（G.B.Bridgman）著；
润棠译
北京 人民美术出版社 1978 年 重印本 157 页
19cm（32 开）统一书号：8027.5795
定价：CNY0.46

J006081

色彩琐谈　颜文梁著
上海 上海人民美术出版社 1978 年 57 页
19cm（32 开）统一书号：8081.11169
定价：CNY0.17

　　作者颜文梁（1893—1988），画家、美术教育
家。字栋臣，小名二官。生于江苏苏州，曾入商
务印书馆画图室和法国巴黎高等美术专科学校
学习。历任苏州美术专科学校教师，中央美术
学院华东分院副院长，浙江美术学院顾问，中国
美术家协会顾问。代表作《画室》《美术用透视
学》《色彩琐谈》，出版有《颜文梁画集》《欧游小
品》《苏杭风景》等。

J006082

透视图法　赖传鉴编译
台北 艺术图书公司 1978 年 144 页 20cm（32 开）
定价：TWD80.00

J006083

绘画色彩知识　张英洪，陈培荣编著
上海 上海人民美术出版社 1979 年 60 页 有图
19cm（32 开）统一书号：8081.11203
定价：CNY0.52
（工农兵美术技法丛书）

　　作者张英洪（1931— ），教师。字青子，上
海轻专美术系副教授、中国美术家协会会员、上
海水彩画研究会副会长。作者陈培荣（1941— ），
著名画家、设计家、教育家。生于上海，毕业于
上海轻工业专科学校。中国布面水彩画及新意
象画派创始人。历任上海轻专美术系主任、上
海工程技术大学广告系主任、上海理工大学艺
术设计学院院长、教授。代表作有油画《烟云乡
情》《都市掠影》系列，水彩画《花之韵》系列。

J006084

运动人体画法　（美）荷加斯（B.Hogarth）著；
殷光宇等译
上海 上海人民美术出版社 1979 年 158 页 有图
26cm（16 开）统一书号：8081.11727
定价：CNY2.70
　　外文书名：Dynamic Figure Drawing.

J006085

当代透视图技法
香港 龙和出版公司 [1980—1989 年] 230 页
有图 30cm（15 开）精装
（灵感系列 C）
　　外文书名：Modern Perspective Art.

J006086

绘画透视技法　焦俊华编
石家庄 河北人民出版社 1980 年 99 页
21cm（32 开）统一书号：8086.1209
定价：CNY0.64

　　编者焦俊华（1932— ），河北人，天津美术
学院美术教育系系主任，教授。出版有《画中揽
胜》《中国古塔》等。

J006087

人体造型解剖　李振才编绘
济南 山东人民出版社 1980 年 205 页 21cm（32 开）
定价：CNY1.05

J006088

写生色彩学浅谈 李天祥，赵友萍著

天津 天津人民美术出版社 1980 年 114 页 有图 25cm（16 开）统一书号：8073.50136

定价：CNY3.20

本书从实用角度、视角印象系统地讲述了原色相与环境色的认识，间色、补色的运用及混置、并置的视角感等实用绘画色彩的知识。附有彩色插图作品。

J006089

最新实用透视图法

台北 天和出版社 1980—1989 年 230 页 30cm（10 开）精装 定价：TWD1200.00

外文书名：Practical Perspective.

J006090

写生色彩学 李天祥，赵友萍著

天津 天津人民美术出版社 1981 年 114 页 26cm（16 开）定价：CNY3.20

J006091

绘画构图 黄梦生编译

台北 艺术家出版社 1982 年 216 页 20cm（32 开）

定价：TWD150.00

（艺术家丛刊 28）

J006092

绘画构图法基础 文国璋著

长沙 湖南美术出版社 1982 年 89 页 19cm（32 开）

统一书号：8233.307 定价：CNY0.42

本书内容包括：构图在绘画中的地位；绘画构图的基本规律和方法；构图的基本法则。书末附图 10 幅。

J006093

绘画绘图法基础 文国璋著

长沙 湖南美术出版社 1982 年 89 页 21cm（32 开）

统一书号：8233.307 定价：CNY0.42

J006094

绘画色彩学 文金扬编著

济南 山东人民出版社 1982 年 74 页 25cm（15 开）

统一书号：8099.2247 定价：CNY2.60

本书着重讲述绘画的色彩应用问题。第 1 章讲述色彩的科学规律，色彩形成的基本原理；第 2 章分析物象色彩的变化因素；第 3 章介绍色彩材料的性能和各画种用色的特点；第 4 章简述各画种色彩的历史发展。

J006095

绘画透视基础 文金扬编著

济南 山东人民出版社 1982 年 124 页 25cm（15 开）

统一书号：8099.2239 定价：CNY1.60

本书内容包括：透视的基本概念；怎样画直线形体；怎样画曲线形体；怎样画阴影；怎样画反影；透视的综合应用。

J006096

解剖 陕西省群众艺术馆编

西安 陕西人民美术出版社 1982 年 102 页 19cm（32 开）统一书号：8199.377

定价：CNY0.28

（绘画技法自学丛书）

本书从人的内部到外部的骨骼肌肉造型，从整体到局部的划分，从头到脚，前侧、后背、左边及右边作了较系统的介绍。

J006097

谈绘画构图 高宗英著

济南 山东人民出版社 1982 年 91 页 19cm（32 开）

统一书号：8099.2248 定价：CNY0.41

本书内容包括：1、为什么要研究构图；2、构图的基本规律；3、构图的基本变化；4、衬托与对比。作者高宗英（1932—　　），教授。出生于北京。历任中央美术学院油画系和壁画系教授，中国美协会员。著有《谈绘画构图》《画好素描的关键》《世界名家素描》《世界大师素描技法》等。

J006098

谈绘图构图 高宗英著

济南 山东人民出版社 1982 年 91 页 19cm（32 开）

统一书号：8099.2248 定价：CNY0.41

J006099

构画与绘画分析 陈景容著

永和 武陵出版社 1983 年 253 页 22cm（30 开）

J006100

绘画色彩学 彭树栋编

佳木斯 佳木斯市群众艺术馆 1983 年 110 页
19cm（32 开）

J006101
绘画应用透视学　孙常非著
沈阳 辽宁美术出版社 1983 年 310 页 19cm（32 开）
精装 统一书号：8161.0007 定价：CNY1.48

作者孙常非（1920—1986），版画家、艺术家、透视学专家。吉林市人，吉林师范大学图画系。历任沈阳鲁迅美术学院副教授、全国美术技法理论学会副理事长。代表作品有《挣扎》《饥饿的人们》等。著有《透视画法》《透视学教程》《绘画应用透视学》等。

J006102
色彩　陕西省群众艺术馆编
西安 陕西人民美术出版社 1983 年 54 页 有图
19cm（32 开）统一书号：8199.544
定价：CNY0.54
（绘画技法和自学丛书）

J006103
谈构图　张千一著
上海 上海人民美术出版社 1983 年 143 页
21cm（32 开）统一书号：8081.13066
定价：CNY0.56

本书从构图基本准则的探讨中认识世界绘画构图上的两大体系——"光影"与"明、暗"的分歧和结合，介绍了一些构图的基本知识。

J006104
谈构图　吴士元编译
哈尔滨 黑龙江人民出版社 1984 年 62 页
19cm（32 开）统一书号：8093.480
定价：CNY0.92
（译林荟丛）

本书内容包括：如何构图；画面型；比例和空间；动态的构成。据日本东京学艺大学副教授横山了平的著作编译。

J006105
透视图画法研究　丁浡，陈淑娥编
台北 五洲出版社 1984 年 309 页 27cm（大 16 开）
定价：TWD120.00

J006106
绘画色彩研究　刘华明编
上海 上海人民美术出版社 1985 年 197 页
有彩图 19cm（32 开）统一书号：8081.13860
定价：CNY1.50

本书内容包括：色彩基础、视觉色彩和色彩的问题、写生色彩、装饰色彩的特点。书后附有 32 幅彩色基础原理图意和写生画。

J006107
绘画透视基础　文金扬编著
济南 山东人民出版社 1985 年 124 页 26cm（16 开）
统一书号：8332.481 定价：CNY1.95

本书内容包括：透视的基本概念、怎样画直线形体、曲线形体、阴影、反影以及透视的综合应用。

J006108
美术高考色彩指南　朱铭编写
济南 山东美术出版社 1985 年 有彩图
19cm（32 开）统一书号：8332.497
定价：CNY0.60

作者朱铭（1937—2011），教授。江苏泰州人，毕业山东师范大学艺术系。历任山东艺术学院教授，中国美术家协会会员，山东美协理事，山东省广告协会副会长。

J006109
谈绘画构图　高宗英著
济南 山东美术出版社 1985 年 新 1 版 91 页
19cm（32 开）定价：CNY0.62

作者高宗英（1932—　），教授。出生于北京。历任中央美术学院油画系和壁画系教授，中国美协会员。著有《谈绘画构图》《画好素描的关键》《世界名家素描》《世界大师素描技法》等。

J006110
彩色技法　帕拉蒙（Parramon，J.M.）著；梁国元编
台北 唐代文化事业公司 1986 年 120 页
20cm（32 开）定价：TWD120.00
（绘画教室 9）

外文书名：Techniques of Painting.

J006111

构图的技法　帕拉蒙（Parramon, J.M.）著；梁
国元编
台北　唐代文化事业公司 1986 年 103 页
有彩照 20cm（32 开）定价：TWD120.00
（绘画教室 10）

　　外文书名：How to Compose a Picture.

J006112

画布上的创造　戴士和著
成都　四川人民出版社 1986 年 152 页 有图
19cm（32 开）定价：CNY1.05
（走向未来丛书）

J006113

绘画构图学　常锐伦著
乌鲁木齐　新疆人民出版社 1986 年 383 页
19cm（32 开）定价：CNY1.95

J006114

绘画构图原理　周正著
西安　西北大学出版社 1986 年
统一书号：8320.1 定价：CNY1.60

　　作者周正（1934—　），油画家、艺术理论家。
江苏苏州人，毕业于西北艺术学院美术系。陕西
师范大学教授、艺术系主任，中国美术家协会会
员，陕西省美术家协会常务理事、艺术美学学会
常务理事。出版有《油画技法》《绘画色彩学概
要》《简明外国美术史》《绘画构图原理》《周正油
画集》。

J006115

绘画色彩光概要　周正著
西安　陕西人民出版社 1986 年 152 页 有图
20cm（32 开）统一书号：8199.1119
定价：CNY2.40

　　本书从不同方面对色彩学规律进行了研究
和分析。如从光学的理论阐明了色彩现象和原
理；以生物学和心理学的理论说明了颜色在感情
上的作用；从美学领域探索了色彩的谐调规律
等。作者把色彩放在人类进步发展的过程中去
探根寻源。这是现有的有关色彩学的著作中所
不易见的。

J006116

绘画透视知识　陆仰豪编著
上海　上海人民美术出版社 1986 年 修订本
153 页 19cm（32 开）统一书号：8081.11173
定价：CNY0.70

J006117

人体造型基础　沈兆荣编著
上海　上海教育出版社 1986 年 180 页 26cm（16 开）
统一书号：7150.3530 定价：CNY6.15

　　本书主要论述了人体基本结构、人体比例、
人体形体结构的分解与组合，人体局部解剖、人
体运动规律、人体透视、人体生长发育和衰老、
人体体型的差别等内容。并配有世界著名画家
的素描作品 20 幅。

J006118

绘画透视学初步　王之臣编著
长沙　湖南美术出版社 1987 年 85 页 有图
26cm（16 开）ISBN：7-5356-0006-9
定价：CNY2.40

　　本书论述了色彩、建筑、风景、人物，以及
人物组合画等透视原理，其中图例照片新颖，具
有一定的时代感。

J006119

马的造型和解剖　李景凯编；李景凯，丁汉
平绘
上海　上海人民美术出版社 1987 年 213 页
21cm（32 开）定价：CNY2.30

J006120

美术解剖图鉴　日本视觉设计研究所编
台北　唐代文化事业公司 1987 年 239 页
21cm（32 开）定价：TWD180.00
（美术系列 022）

J006121

人体造型解剖学　李景凯编著
天津　天津人民美术出版社 1987 年 200 页
27cm（16 开）定价：CNY4.00

J006122

色彩　安委琴编
天津　天津教育出版社 1987 年 34 页 有图

19cm（32 开）ISBN：7-5309-0224-5
定价：CNY0.96
（少年宫美术教材丛书）

J006123

幼儿师范学校课本 （图案）人民教育出版社
幼儿教育室编
北京 人民教育出版社 1987 年 76 页 26cm（16 开）
ISBN：7-107-09042-9 定价：CNY2.70

J006124

中西绘画构图之比较 袁金塔著
台北 艺风堂出版社 1987 年 160 页 26cm（16 开）
ISBN：957-9394-47-4 定价：TWD350.00
（精艺丛书 1）

J006125

绘画构图导引 张世彦著
深圳 海天出版社 1988 年 158 页 有图
26×26cm 精装 ISBN：7-80542-016-5
定价：CNY7.00
（中央美术学院美术丛书）

J006126

绘画透视学初步 王之臣编著
长沙 湖南美术出版社 1988 年 2 版 85 页 有图
26cm（16 开）定价：CNY2.40

J006127

人体艺术解剖资料 徐欣民编
合肥 安徽美术出版社 1988 年 19cm（32 开）
ISBN：7-5398-0001-1 定价：CNY6.50

J006128

色彩 王培秋编著
成都 四川教育出版社 1988 年 61 页 有彩图
26cm（16 开）ISBN：7-5408-0608-7
定价：CNY2.00

J006129

最新透视图实用技法大全 杜台安等著
台北 升阳出版社 1988 年 240 页 30cm（10 开）
精装 定价：TWD600.00
　　外文书名：Perspectives Techniques.

J006130

画面构成技法 （日）佐藤泰生等著；白鸽，朝腾译
北京 北京工艺美术出版社 1989 年 128 页
26cm（16 开）ISBN：7-80526-020-6
定价：CNY15.00
（自学成画家译丛）
　　本书对现代绘画的一些代表画家及作品的创作方法、艺术语言进行了分析。

J006131

绘画思想与造形理论 朴先圭著
永和 新形象出版公司 1989 年 136 页 有图
26cm（16 开）精装 定价：TWD350.00

J006132

绘画透视纵横 焦俊安，魏永利编著
石家庄 河北美术出版社 1989 年 123 页
19cm（32 开）ISBN：7-5310-0227-2
定价：CNY5.40
　　本书通过对东西方绘画透视理论的比较、连接，提出了一些新的论点。认为由于世界的科学技术、绘画语言的不断交流、发展，必然会使空间意识的概念，从创作到理论互为补充、融合、统一，就像一双手虽相反为左右，但彼此交握时，又必然会指隙根依、完全合拢为一个整体。两种透视理论的形成，体现了视觉活动的双重性，即为一种对立的统一体。

J006133

彩色透视表现法 王健著
台北 茂荣图书有限公司 1990 年 增订版
119 页 有图 30cm（15 开）塑装
定价：TWD600.00
　　外文书名：Color Perspective Drawing.

J006134

绘画色彩论析 冯健亲著
上海 上海人民美术出版社 1990 年 165 页
有图 26cm（16 开）ISBN：7-5322-0531-1
定价：CNY19.00
　　作者冯健亲(1939—)，画家。浙江海宁人，毕业于南京艺术学院美术系油画专业。历任南京艺术学院院长，南京艺术学院工艺系副教授。代表作品《冯健亲作品集》《素描》等。

J006135

解剖·形体·动作——人体资料集锦　顾莲塘编

哈尔滨 黑龙江美术出版社 1990 年 314 页
有图 26cm（16 开）ISBN：7-5318-0071-3
定价：CNY19.50

　　本书以艺术人体解剖为基础，从人体解剖和结构知识讲起，对骨骼与肌肉、肌肉和形体、形体与动作进行了对照分析。编者顾莲塘（1935—1994），画家、教授。黑龙江穆棱人，毕业于东北美术专科学校工艺系。历任鲁迅美术学院版画系主任、副教授，中国美术家协会连环画艺术委员会委员。作品有《一代天骄》《闯王进京》等。

J006136

美术院校考生色彩训练　许世虎著

成都 四川美术出版社 1990 年 36 页 有彩图
26cm（16 开）ISBN：7-5410-0481-2
定价：CNY9.00
（美术院校考生训练丛书）

　　本书论述了观察和运用色彩的基本知识，阐明了水粉画的性能、特点、方法、步骤，分类静物写生的步骤和技法等。作者许世虎（1956— ），教师。四川重庆人，毕业于四川美术学院工艺美术系。历任四川美术学院工艺设计系副主任、讲师，中国美术家协会四川分会会员。出版有《水粉教学范图》《色彩的艺术与表现》《许世虎写实与写意》等。

J006137

人体造型教学　陈伟生编著

北京 北京美术摄影出版社 1990 年 188 页 有图
26cm（16 开）ISBN：7-80501-099-4

　　作者陈伟生（1932— ），教授。浙江温岭人，毕业于中央美术学院。曾任教于清华美术学院、中央美术学院、中国人民大学、北京（首都）师范大学，中国美术家协会会员。著作有《人体姿态与解剖》《素描基本规律十七法》《服装色彩学》等。

J006138

色彩技法　（日）深泽孝哉著；白鸽译

北京 北京工艺美术出版社 1990 年 116 页
26cm（16 开）ISBN：7-80526-024-9
定价：CNY16.00

（自学成画家译丛）

　　本书通过对多位世界著名画家的作品在色彩运用技术与技巧的分析、讲解，指导读者结合色彩科学理论提高对色彩的感觉、认识和运用能力。

J006139

绘画构图与创作　于秉正编著

广州 广东高等教育出版社 1991 年 147 页
26cm（16 开）ISBN：7-5361-0675-0
定价：CNY15.00

　　作者于秉正（1938— ），画家、教授。山东人，毕业于广州美术学院版画系。历任广州美术学院教授，广州美术学院学术委员会委员，广州美术学院教育系主任。代表作品《太阳·鸽子》《炼泥歌》《三目水》《荷塘夜月》等，出版有《于秉正油画水彩作品选集》《绘画构图与创作》《素描实践与鉴赏》等。

J006140

绘画与透视　蒲新成编著

武汉 湖北美术出版社 1991 年 135 页 有图
26cm（16 开）定价：CNY6.20

J006141

绘画色彩基础　于然著

乌鲁木齐 新疆美术摄影出版社 1992 年 135 页
有图 19cm（小 32 开）ISBN：7-80547-064-2
定价：CNY3.80

　　本书介绍色彩的自然基础、色彩的构成、色性、自然色彩形成和变化的因素、自然色彩的观察方法、色彩的对比与调和、色彩的色调。

J006142

美术构图例释　曹诺编著

香港 万里书店 1992 年 196 页 21cm（32 开）
ISBN：962-14-0541-6 定价：HKD48.00
（新美术丛书 19）

　　外文书名：Composition Aesthetics.

J006143

色彩初步　（写实色彩与色彩写实）张京生，王元珍著

天津 天津杨柳青画社 1992 年 39 页 有彩图
26cm（16 开）ISBN：7-80503-159-2

定价: CNY7.00

本书从具象写生与创作的角度研究和阐述色彩的一些规律性知识。作者张京生(1940—),画家。生于北京,毕业于中央美术学院油画系。天津美术学院教授、硕士生导师,中国美术家协会会员。王元珍(1943—),女,油画家。天津美术学院教授,中国美术家协会会员。

J006144
色彩理论与应用　吴镇保,张闻彩著
南京 江苏美术出版社 1992年 230页 有彩图
20cm(32开) ISBN: 7-5344-0186-0
定价: CNY5.50

本书内容包括:光与色觉、颜色的视觉、色彩调和原理及应用、流行色的研究等12章。作者吴镇保(1935—),高级染织工艺美术设计师。无锡轻工业学院纺织分院服装系主任,兼《中国纺织美术》杂志责任编辑、江苏纺织流行色协会常务理事。作者张闻彩(1946—),江西九江人,中国流行色协会理事、江苏省纺织流行色协会秘书长、《中国纺织美术》编委。

J006145
色彩画　张义春著
石家庄 河北美术出版社 1993年 75页 有照片
13×19cm ISBN: 7-5310-0574-3 定价: CNY6.60
(儿童美术大全)

本书介绍了学习色彩画的基础知识,内容包括:名词术语、写生色彩学的基础知识、色彩写生的方法步骤等。作者张义春(1938—),河北唐山市人,毕业于天津美术学院师范系油画专业。历任邯郸市群众艺术馆美术馆员、邯郸日报社美术编辑,河北师大美术系油画教研室副教授、副主任。出版有《色彩写生技法研究》《儿童美术大全—色彩画》等。

J006146
实用绘画透视法　陆仰豪编著
南宁 广西美术出版社 1993年 89页 19cm(32开)
ISBN: 7-80582-563-7 定价: CNY4.80

J006147
透视画法问答　孙常非著
沈阳 辽宁美术出版社 1993年 297页 有图
19cm(小32开) ISBN: 7-5314-0984-4

定价: CNY7.00

本书分10章,包括266道题、424个图,内容涉及摄影基础知识,点、线、面的透视问题,透视作图法等。作者孙常非(1920—1986),版画家、艺术家,透视学专家。吉林市人,吉林师范大学图画系。历任沈阳鲁迅美术学院副教授、全国美术技法理论学会副理事长。代表作品有《挣扎》《饥饿的人们》等。著有《透视画法》《透视学教程》《绘画应用透视学》等。

J006148
报考美术学校指南　(色彩)张立新著
北京 北京燕山出版社 1994年 18页 有彩图
26cm(16开) ISBN: 7-5402-0821-X
定价: CNY12.50

本书内容包括:写生步骤、色调的把握、静物作业缺点评析、色彩原理实例对照等。

J006149
东方色彩研究　李广元著
哈尔滨 黑龙江美术出版社 1994年 159页
有彩图 20cm(32开) ISBN: 7-5318-0257-0
定价: CNY22.00, CNY31.00(精装)
(美术学文库 5)

本书内容包括:艺术总论与艺术的本质、东方色彩美学思想、民间色彩的源流等。

J006150
绘画透视原理与技法　李蜀光编著
重庆 西南师范大学出版社 1994年 289页
有图 26cm(16开) ISBN: 7-5621-0961-3
定价: CNY19.80

编者李蜀光,西南师范大学任教。

J006151
绘画造型入门　赵延年编绘
杭州 中国美术学院出版社 1994年 60页
26cm(16开) ISBN: 7-81019-380-5
定价: CNY12.00
(家庭美术教师画库)

作者赵延年(1924—2014),教授、版画家。生于浙江湖州,就读于上海美专学习木刻。历任浙江美术学院教授,浙江版画家协会名誉会长,浙江漫画研究会顾问等。作品有《负木者》《鲁迅先生》《起来饥寒交迫的奴隶》等,出版有《赵

延年版画选》。

J006152

快速画法造型及应用　柴海利著

南京 江苏美术出版社 1994 年 160 页 有图
20cm（32 开）ISBN：7-5344-0357-X
定价：CNY6.80

　　本书内容包括：快速画法造型的缘起、快速
画法造型的原理和方法、快速画法造型分类、快
速画法造型应用。

J006153

色彩　吴国荣著

南昌 21 世纪出版社 1994 年 104 页 有彩图
19cm（小 32 开）ISBN：7-5391-0784-7
定价：CNY5.00
（红领巾书架 美术少年宫）

　　本书向青少年介绍了有关绘画色彩的基本
知识，内容包括：写生色彩、水粉画的表现技
法与作画步骤，考试前的准备等。作者吴国荣
（1952— ），画家。上海人，毕业于浙江美术学院
油画系。历任中国美术学院附中讲师、中国美术
家协会浙江省分会会员，中国油画家协会会员，
浙江油画家协会会员，浙江水彩画粉画家协会会
员等职。出版有《创意油画艺习新技》《设计造
型基础—色彩基础教程》《素描表现》等。

J006154

透视网格与阴影画法　林福厚著

北京 中国建材工业出版社 1994 年 126 页
26cm（16 开）ISBN：7-80090-235-8
定价：CNY20.00

　　本书重点介绍一点透视网格、两点透视网
格、三点透视网格和轴测网格共 31 种，圆的透
视图法 5 种，科学简便的等分方法 15 种，增生的
方法 7 种，平面图、立面图和透视图中的阴影画
法 18 种，倒影画法 7 种，实用简捷的透视画法 2
种。作者林福厚（1936— ），又名林泉，黑龙江海
伦人，毕业于捷克布拉格工艺学院。中央工艺美
术学院教授。专著有《家具设计与室内布置》《展
示设计精要》《透视网格与阴影画法》《世界著名
展示空间与道具设计大图典》《建筑装修做法与
施工图》等。

J006155

新概念绘画透视学　岳韬编著

上海 上海教育出版社 1994 年 199 页 26cm（16 开）
ISBN：7-5320-4181-7 定价：CNY16.40

　　本书内容包括：概论，专业名词基本概念，
定理和原则，平视部分，非平视部分，光影透视
和反影透视。

J006156

画面构成技法　白鸽编著

北京 北京工艺美术出版社 1995 年 113 页
26cm（16 开）ISBN：7-80526-151-2
定价：CNY24.00
（自学成画家丛书）

J006157

绘画透视原理与技法　李蜀光编著

重庆 西南师范大学出版社 1995 年 重印本
289 页 有图 26cm（16 开）ISBN：7-5621-0961-3
定价：CNY23.00

　　编者李蜀光，西南师范大学任教。

J006158

人体动作速画形象符谱教程　吴曼英等著

西安 陕西人民教育出版社 1995 年 139 页
26cm（16 开）ISBN：7-5419-6091-8
定价：CNY12.50

J006159

人体结构与艺术构成　魏道慧著

台北 魏道慧[自刊] 1995 年 再版 修订本
370 页 有照片 24cm（26 开）精装
ISBN：957-97117-4-7 定价：TWD1200.00

J006160

人体解剖入门　陈伟生著

南宁 广西美术出版社 1995 年 58 页 26cm（16 开）
ISBN：7-80582-919-5 定价：CNY5.80
（美术基础入门画库）

　　作者陈伟生（1932— ），教授。浙江温岭
人，毕业于中央美术学院。曾任教于清华美术学
院、中央美术学院、中国人民大学、北京（首都）
师范大学，中国美术家协会会员。著作有《人体
姿态与解剖》《素描基本规律十七法》《服装色彩
学》等。

J006161

色彩　吴国荣著

南昌 21 世纪出版社 1995 年 109 页 有彩图

19cm（小 32 开）ISBN：7-5391-0839-8

定价：CNY28.00

（美术少年宫）

　　作者吴国荣（1952—　），画家。上海人，毕业于浙江美术学院油画系。历任中国美术学院附中讲师、中国美术家协会浙江省分会会员，中国油画家协会会员，浙江油画家协会会员，浙江水彩画粉画家协会会员等职。出版有《创意油画艺习新技》《设计造型基础—色彩基础教程》《素描表现》等。

J006162

色彩基础入门　刘南一著

南宁 广西美术出版社 1995 年 32 页 26cm（16 开）

ISBN：7-80582-901-2 定价：CNY5.80

（美术基础入门画库）

　　作者刘南一（1956—　），教师。生于广东广州市，毕业于广西艺术学院师范系美术专业。广西艺术学院美术系教师，广西美术家协会油画艺术委员会委员，中国美术家协会广西分会会员。

J006163

色彩技法　白鸽编著

北京 北京工艺美术出版社 1995 年 111 页

26cm（16 开）ISBN：7-80526-155-5

定价：CNY25.00

（自学成画家丛书）

J006164

透视基础入门　雷时康著

南宁 广西美术出版社 1995 年 32 页 26cm（16 开）

ISBN：7-80582-895-4 定价：CNY3.60

（美术基础入门画库）

　　作者雷时康（1928—1995），版画家。广西南宁人。历任广西画报美编，广西文化局美术工作室编辑组长，广西艺术学院美术系讲师。作品有《待归》《出巡》《挚友》等。

J006165

绘画色彩学　王化斌著

北京 人民美术出版社 1996 年 155 页 26cm（16 开）

ISBN：7-102-01662-X 定价：CNY28.00

　　作者王化斌（1944—　），二级美术师。字之秋，北京人。北京美术家协会会员。

J006166

绘画色彩学　王化斌著

北京 人民美术出版社 1996 年 155 页 26cm（16 开）

精装 ISBN：7-102-01663-8 定价：CNY42.00

　　本书通过丰富的图例和通俗易懂的文字说明，介绍了绘画色彩学的基本知识和方法。

J006167

绘画色彩学　李天祥，赵友萍著

天津 天津人民美术出版社 1996 年 129 页

26cm（16 开）ISBN：7-5305-0590-4

定价：CNY30.00

J006168

绘画透视　魏宪军编著

石家庄 河北少年儿童出版社 1996 年 164 页

有图 26cm（16 开）ISBN：7-5376-1250-1

定价：CNY4.50

（美术基础系列训练）

J006169

色彩画　黄今声编著

北京 高等教育出版社 1996 年 114 页 有彩图

26cm（16 开）ISBN：7-04-005681-X

定价：CNY29.50

J006170

色彩基础入门　存善等编著

北京 中国画报出版社 1996 年 45 页 26cm（16 开）

ISBN：7-80024-301-X 定价：CNY12.00

（美术入门丛书）

J006171

色彩美　李天祥，赵友萍著

哈尔滨 黑龙江美术出版社 1996 年 174 页

有彩图 26cm（16 开）ISBN：7-5318-0338-0

定价：CNY65.00

J006172

四色配色手册：设计师必备色谱　姚根发等编

上海 上海科学技术文献出版社 1996 年 118 页

14×20cm 精装 ISBN：7-5439-1014-4
定价：CNY88.00

J006173
透视基础知识　焦俊华编著
天津 天津人民美术出版社 1996 年 59 页
26cm（16 开）ISBN：7-5305-0573-4
定价：CNY7.30
（美术基础技法丛书）
　　编者焦俊华（1932—　　），河北人，天津美术学院美术教育系系主任，教授。出版有《画中揽胜》《中国古塔》等。

J006174
在色彩世界旅行　龙念南编
北京 人民美术出版社 1996 年 36 页 26cm（16 开）
ISBN：7-102-01439-2 定价：CNY6.00
（儿童美术自学与辅导系列丛书）
　　编者龙念南（1960—　　），教师。历任中国儿童少年活动中心文艺部美术教师，中国美术家协会儿童美术艺术委员会学术秘书。发表专著《幼儿画百问百答》《在美的世界漫游—中学生美术小组辅导》《儿童色彩入门》《儿童创作画入门》《少年儿童绘画入门》等。

J006175
人体结构知识　李家旭著
天津 天津人民美术出版社 1997 年 51 页
26cm（16 开）ISBN：7-5305-0652-8
定价：CNY5.20
（美术基础技法丛书）

J006176
人体艺术原理及赏析　心慧编写；浩名摄影
海口 海南摄影美术出版社 1997 年 72 页
26cm（16 开）ISBN：7-80637-097-8
定价：CNY29.80
（现代美术创作资料分析鉴典 1）
　　本书内容包括：人体形象的艺用结构分析；动作及动态规律的分析；动态人体的解剖与观念；艺术技法与训练；人体艺术的历史和鉴赏。

J006177
如何引导观画者的视线　陈立德编著
台北 新形象出版事业公司 1997 年 159 页

有图 26cm（16 开）ISBN：957-9679-07-X
定价：TWD450.00

J006178
色彩　杨庆义，付义编写
北京 海豚出版社 1997 年 60 页 有彩图
26cm（16 开）ISBN：7-80051-960-0
定价：CNY15.00
（绘画与设计基础）

J006179
色彩基础教程　马新宇编著
郑州 河南美术出版社 1997 年 65 页 有彩图
26cm（16 开）ISBN：7-5401-0579-8
定价：CNY19.80

J006180
色彩教与学　尹佩主编
哈尔滨 黑龙江美术出版社 1997 年 78 页
26cm（16 开）ISBN：7-5318-0430-1
定价：CNY15.80

J006181
实用透视　蒋啸镝编著
长沙 湖南美术出版社 1997 年 93 页 有图
26cm（16 开）ISBN：7-5356-0913-9
定价：CNY17.00
（青少年美术辅导丛书）

J006182
初级色彩画技法　（1）张红红编著
北京 人民美术出版社 1998 年 38 页 26cm（16 开）
ISBN：7-102-01766-9 定价：CNY13.00

J006183
初级色彩画技法　（2）于久洵编著
北京 人民美术出版社 1998 年 38 页 26cm（16 开）
ISBN：7-102-01767-7 定价：CNY13.00

J006184
绘画·设计透视学　恩刚著
哈尔滨 黑龙江美术出版社 1998 年 296 页
29cm（16 开）ISBN：7-5318-0560-X
定价：CNY70.00

J006185
绘画构图　陶少波著
济南　山东美术出版社 1998 年 28 页 26cm（16 开）
ISBN：7-5330-1264-X 定价：CNY9.80
（金手指美术自学丛书）

J006186
绘画色彩基础与分析　董雅，陈学文编著
重庆　重庆大学出版社 1998 年 46 页 26cm（16 开）
ISBN：7-5624-1819-5 定价：CNY16.00

J006187
绘画色彩学　刘世声，陈克编著
郑州　河南美术出版社 1998 年 90 页 有图
19cm（小 32 开）ISBN：7-5401-0749-9
定价：CNY14.80

J006188
绘画透视　（英）雷·史密斯著；马红霞等译
长春　吉林美术出版社 1998 年 71 页
28cm（大 16 开）精装 ISBN：7-5386-0701-3
定价：CNY40.00
（英国皇家美术学院绘画技法丛书）

J006189
绘画透视新技法　钟志金著
北京　大众文艺出版社 1998 年 155 页 有图
26cm（16 开）ISBN：7-80094-343-7
定价：CNY28.00
（绘画与设计）
　　外文书名：New Artistry of Perspective for Painting and Design.

J006190
让色彩唱歌　（美）珍妮·多比著；高履泰译
北京　中国建筑工业出版社 1998 年 158 页
29cm（16 开）ISBN：7-112-03462-0
定价：CNY82.00
（绘画技法经典译丛）

J006191
色彩　贾荣建著
太原　北岳文艺出版社 1998 年 56 页 有彩图
17×19cm ISBN：7-5378-1868-1
定价：CNY12.00

（基础美术丛书）

J006192
色彩　孙振新主编
上海　上海画报出版社 1998 年 重印本 62 页
26cm（16 开）ISBN：7-80530-180-8
定价：CNY9.00
（少年儿童美术技法丛书）
　　本书以色彩科学为依据，并以初学色彩所较易掌握的水粉画和水彩画两种基本的表现形式，介绍了学习色彩的一些基本技巧，并提供了几十幅教师亲手绘制的作品作范画供大家学习。

J006193
色彩关键　（表现色彩）王琪编著
沈阳　辽宁美术出版社 1998 年 106 页 有图
28cm（大 16 开）ISBN：7-5314-1982-3
定价：CNY50.00

J006194
色彩基础训练 100 例图解　尹传荣著
沈阳　辽宁美术出版社 1998 年 216 页 26cm（16 开）
ISBN：7-5314-1844-4 定价：CNY64.00
　　作者尹传荣（1956—　），辽宁东港人。丹东师范学校任教，丹东美协会员，全国优秀教师。

J006195
色彩基础知识　（图集）郑录高编著
天津　天津人民美术出版社 1998 年 39 页
26cm（16 开）ISBN：7-5305-0812-1
定价：CNY9.00
（美术基础技法丛书）

J006196
色彩艺术表现　王易罡，牟达器著
沈阳　辽宁美术出版社 1998 年 118 页 有图
29cm（16 开）ISBN：7-5314-1839-8
定价：CNY53.00

J006197
实用绘画透视学教程　（美术技法理论）吴世宁编著
乌鲁木齐　新疆大学出版社 1998 年 173 页
有图 26cm（16 开）ISBN：7-5631-0955-2
定价：CNY15.50

J006198

实用透视画技法 李成君编著

广州 岭南美术出版社 1998年 125页 26cm（16开）

ISBN：7-5362-1746-3 定价：CNY35.00

J006199

怎样画色彩 蔡可群著

南昌 江西美术出版社 1998年 32页 26cm（16开）

ISBN：7-80580-525-3 定价：CNY10.80

（绘画入门丛书）

J006200

怎样掌握绘画色彩 沈自清编

上海 上海人民美术出版社 1998年 45页 有图

19cm（小32开）ISBN：7-5322-1997-6

定价：CNY6.00

（芳草地初级绘画技法丛书）

J006201

陈丹青说色彩 陈丹青编著

长沙 湖南美术出版社 1999年 93页 29cm（16开）

ISBN：7-5356-1301-2 定价：CNY36.00

（名师点化）

作者陈丹青（1953— ），画家、艺术家、文艺评论家。生于上海，祖籍广东，毕业于中央美术学院。曾任教于中央美术学院、清华大学美术学院。代表作品《西藏组画》《退步集续编》《陈丹青素描集》《纽约琐记》等。

J006202

考生色彩标准范本 宋学智，赵胜利主编

长春 吉林美术出版社 1999年 64页 29cm（16开）

ISBN：7-5386-0883-4 定价：CNY28.00

J006203

人体结构知识 李家旭著

天津 天津人民美术出版社 1999年 2版 51页

26cm（16开）ISBN：7-5305-0652-8

定价：CNY5.20

（美术基础技法丛书）

J006204

人体艺术与表现 王宝利著文；冯炜烈等摄

天津 天津人民美术出版社 1999年 148页

26cm（16开）ISBN：7-5305-0978-0

定价：CNY30.00

J006205

色彩 叶小青主编；全国中等职业学校实用美术类专业教材编写组编

北京 高等教育出版社 1999年 35+64页 有图

26cm（16开）ISBN：7-04-007168-1

定价：CNY16.00

J006206

色彩·水粉 柴海利，高柏年［编］

南京 江苏美术出版社 1999年 重印本 69页

有图 26cm（16开）ISBN：7-5344-0094-5

定价：CNY8.40

（美术家之路）

J006207

色彩构成与绘画·设计艺术 赵国志，赵璐编著

沈阳 辽宁美术出版社 1999年 231页 29cm（16开）

ISBN：7-5314-2406-1 定价：CNY98.00

本书将色彩构成理论与实践应用有机的结合起来，将绘画与设计用色的原理加以剖析、归纳，阐释绘画、设计的用色规律。作者赵国志（1942— ），教授。生于辽宁锦县。历任鲁迅美术学院教授，中国工艺美术学会会员，中国包装技术协会设计委员会资格会员等。著有《色彩构成与绘画·设计艺术》《透明水色（彩色墨水）画技法》《设计色彩构成理论及应用研究》等。赵璐，女，博士，毕业于清华大学美术学院视觉传达设计系。任鲁迅美术学院教授、视觉传达设计学院院长。

J006208

色彩教学·室内写生 王琪著

沈阳 辽宁美术出版社 1999年 99页 29cm（16开）

ISBN：7-5314-2195-X 定价：CNY39.00

（走入美术课堂系列）

J006209

透视 殷光宇编著

杭州 中国美术学院出版社 1999年 272页

有图 26cm（16开）ISBN：7-81019-699-5

定价：CNY36.00

（中国艺术教育大系 美术卷）

J006210

学色彩 万萱等编绘

重庆 重庆出版社 1999 年 96 页 20cm（32 开）

ISBN：7-5366-4027-7 定价：CNY25.00

（少儿美术学校丛书）

J006211

学院色彩教学范本 刘寿祥主编

武汉 湖北美术出版社 1999 年 37cm（8 开）

作者刘寿祥（1958— ），画家、教授。湖北武汉市人，毕业于湖北艺术学院美术系师范专业。历任湖北美术学院副教授，中国美术家协会会员，中国水彩画协会理事。作品有《牧牛少年》《桥》等，出版有《刘寿祥水彩画集》《欧洲写生》等。

绘画艺术史、绘画流派及其研究

J006212

贞观公私画史 （一卷）（唐）裴孝源撰

明 刻本 线装

本书又名《贞观公私画录》，简称《公私画录》。中国最早的一部绘画著录。本书旨在著录古画名目，并品评高下。以刘宋时陆探微为首，壁画止于隋之杨契丹。共 298 卷（其时称画幅为"卷"），壁画 47 处；其中隋唐官本计 230 卷，得之于杨素家 20 卷，余者为萧瑀、许善心、诸安福等人所进。并辨其中 33 卷恐非晋宋人真迹。此书每件作品先列画名，再列作者，并按《太清目（南朝梁之官库藏画目录）注明是否已收入该目。此书堪称著录名画之祖，可据以考知贞观前名画之存世情况，为研究画史者所宝重。九行二十字白口左右双边单鱼尾。

J006213

贞观公私画史 （一卷）（唐）裴孝源撰

明 刻本 线装

《益州名画录三卷（宋）黄休复纂、《画鉴一卷（元）汤垕撰、《贞观公私画史一卷（唐）裴孝源撰合订。

J006214

贞观公私画史 （一卷）（唐）裴孝源撰

王元贞 明万历十八至十九年［1590—1591］刻本

（王氏书画苑）

J006215

贞观公私画史 （一卷）（唐）裴孝源撰

明末 刻本

（唐宋丛书）

明末刻说郭及说郭续重编印本。

J006216

贞观公私画史 （一卷）（唐）裴孝源撰

明末 刻本

（百川学海）

J006217

贞观公私画史 （一卷）（唐）裴孝源撰

明末 刻本

（续百川学海）

J006218

贞观公私画史 （一卷）（唐）裴孝源撰

李际期宛委山堂 清初 刻本 续刻

（说郭）

明末刻清初李际期宛委山堂续刻汇印本。

J006219

贞观公私画史 （一卷）（唐）裴孝源撰

清 抄本

J006220

贞观公私画史 （一卷）（唐）裴孝源撰

内府 清乾隆 写本

（四库全书）

J006221

贞观公私画史 （一卷）（唐）裴孝源撰

艳秀轩 清乾隆五十八年［1793］刻本 巾箱

（唐人说荟）

J006222

贞观公私画史 （一卷）（唐）裴孝源撰

依样壶卢山馆 清道光 抄本

（绘事晬编）

J006223

贞观公私画史　（一卷）（唐）裴孝源撰
清道光二十三年［1843］刻本
（唐人说荟）

J006224

贞观公私画史　（一卷）（唐）裴孝源撰
上海 天宝书局 清宣统三年［1911］石印本
（唐人说荟）

J006225

贞观公私画史　（唐）裴孝源撰
台北 商务印书馆 1983 年 影印本
（景印文渊阁四库全书 子部 一一八 第 812 册）

J006226

纪艺　（一卷）（宋）郭若虚撰
王元贞 明万历十八至十九年［1590—1591］刻本
（王氏书画苑）

　　本书是作者仿照张彦远《叙历代能画人名》
给画家编写的小传，记述晚唐五代至宋朝画家共
292 人。作者郭若虚，北宋书画评论家。太原（今
山西）人。著有《图画见闻志》。

J006227

纪艺　（一卷）（宋）郭思撰
明末 刻本
（百川学海）

　　收于《百川学海》一百十二种一百五十四
卷中。

J006228

纪艺　（一卷）（宋）郭若虚撰
李际期宛委山堂 清初 刻本 续刻
（说郛）

　　明末刻清初李际期宛委山堂续刻汇印本。

J006229

纪艺　（一卷）（宋）郭若虚撰
清初 抄本
（画苑补益）

J006230

寒松阁谈艺琐录　（六卷）（清）张鸣珂撰
清 抄本

　　本书记载咸丰、同治、光绪三朝书画家 331
人。主要叙述名氏、籍里、生平事迹、著述文集、
评赞画艺、兼及书法，诗文诸专长，凡与书画家
相交至深者并附简历，保存不少重要文献资料。

J006231

寒松阁谈艺琐录　（六卷）（清）张鸣珂撰
嘉兴吴受福 清宣统二年［1910］刻本 线装

　　分二册。十二行二十二字小字双行同黑口
左右双边单鱼尾。

J006232

寒松阁谈艺琐录　（六卷）（清）张鸣珂撰
民国十年［1921］

J006233

寒松阁谈艺琐录　（六卷）（清）张鸣珂撰
上海 文明书局 民国十二年［1923］线装

J006234

寒松阁谈艺琐录　（六卷）（清）张鸣珂撰
上海 文明书局 民国十七年［1928］线装

J006235

寒松阁谈艺琐录　（六卷）（清）张鸣珂撰
台北 明文书局 1985 年 影印本 21cm（32 开）
精装
（清代传记丛刊 艺林类 7-8 72）

J006236

寒松阁谈艺琐录　（清）张鸣珂著；丁羲元校点
上海 上海人民美术出版社 1988 年 163 页
19cm（32 开）ISBN：7-5322-0207-0
定价：CNY1.70
（中国画学丛书）

J006237

无声诗史　（七卷）（清）姜绍书辑
锦江叶氏 清 刻本 线装

　　本书是一部收录明代画家的画史著作。据
作者在"自序"中谈到撰述此书的目的："画苑自
史皇迄于胜国，俱有传记可考，独有明六法，寥
寥无述焉。余性喜画，而尤喜究画家源委，尚论
之余，寝食都废。繇洪武以至崇祯，二百八十余
载，凡有关绘事者，闻见所及，录之奚囊，积而

成帙，题曰《无声诗史》"。卷1-5收录画家226人，其中女性画家22人；卷6-7收录画家254人，其中女性画家9人。另附书家5人。其体例与历代画史大致相同，即记录画家的基本情况、绘画题材、创作风格以及事迹逸闻等。分三册。十行十八字白口左右双边单鱼尾。

J006238

无声诗史 （七卷）（明）姜绍书撰
李光暎 清康熙五十九年［1720］刻本
　　分二册。有郑振铎跋。八行十七字黑口左右双边。

J006239

无声诗史 （七卷）（清）姜绍书辑
清光绪十六年［1890］刻本 线装
（藏修堂丛书）
　　分二册。九行二十字黑口左右双边单鱼尾。

J006240

无声诗史 （七卷）（清）姜绍书辑
杭州 云林阁 清宣统二年［1910］石印本 线装
　　分六册。八行字数不等黑口左右双边单鱼尾。

J006241

元画家姓氏录 （不分卷）□□辑
清 抄本

J006242

松石斋书画琐言 （清）唐琏撰
任国钧等 清道光七年［1827］刻本

J006243

近代西洋绘画 俞寄凡译述
上海 商务印书馆 1924年 2册（70；78页）
15cm（40开）定价：大洋二角
（东方文库69）
　　本书分12章，论述近代法国、比利时、意大利、西班牙、英国、德国、荷兰、苏联、瑞典、挪威、丹麦、匈牙利12国的绘画。

J006244

金石书画家润单汇刊 有美堂编
上海 有美堂 1925年 148页 19cm（32开）

本书收录148名金石书画家润例。

J006245

中国绘画史 潘天寿编
上海 商务印书馆 1926年 224页 有图 20cm（32开）
定价：大洋一元
（上海美术专门学校丛书）
　　本书分上世、中世、近世史3编，包括古代至清代的绘画，共10章。书末附《书画同源论之不可据（潘天寿），以及历代名画34幅。作者潘天寿（1897—1971），现代著名国画家，美术教育家，原名天授，字大颐，号寿者。浙江宁海县人。擅画花鸟、山水，兼善指画，亦能书法、诗词、篆刻。曾任中国文联委员，中国美术家协会副主席，浙江省文联副主席，中国美协浙江分会主席，浙江美术学院院长、教授等职。著有《中国绘画史》《听天阁画谈随笔》等。

J006246

中国绘画史 潘天寿编
上海 商务印书馆 1928年 再版 224页 有图 19cm（32开）定价：大洋一元
（上海美术专门学校丛书）

J006247

中国绘画史 潘天寿著
上海 商务印书馆 1936年 大丛本第1版
250页+24页图版 23cm（20开）精装
定价：国币二元二角
（大学丛书）

J006248

俄国西洋画史 邱景梅译述
上海 良友图书印刷公司［1927年］83页 有图 20cm（32开）
（晨光艺术会丛书）
　　本书分18世纪、古典派、浪漫派、宗教画、写实派及想象派，历史画及神圣画，风景画，近代绘画等8章，叙述俄国西画300余年的历史。附名作16幅。

J006249

近代欧洲绘画 （英）康斯特博（W.G.Constable）著；张道藩译
上海 商务印书馆 1928年 62页+33叶图版

20cm（32开）定价：大洋八角

J006250

中国画学全史　郑昶编著
上海 中华书局 1929年 550+16+36页 24cm（18开）
精装 定价：银四元

　　全书分实用时期、礼教时期、宗教化时期、文学化时期4个部分，论述国画的起源，历代画家、画迹、画论。书末附《历代关于画学之著述》《现代画家传略》。作者郑昶（1894—1952），画家、美术史家。字午昌，号弱龛，浙江嵊州人，毕业于北京师范大学。曾任中华书局美术部主任。著有《中国美术史》《中国画学全史》《中国壁画史》等。

J006251

中国画学全史　郑昶编著
上海 中华书局 1937年 再版 22+550+36页
有图 22cm（30开）精装 定价：国币四元

J006252

中国画学全史　郑昶编著
台北 中华书局 1959年 台1版 22+550+36页
有图 22cm（32开）

J006253

中国画学全史　郑午昌编著
上海 上海书画出版社 1985年 518页 有图
20cm（32开）统一书号：8172.1052
定价：CNY3.30

J006254

中国画学全史　郑昶著
上海 上海书店 1989年 影印本 19cm（32开）
精装 ISBN：7-80569-179-7
（民国丛书 第一编 68）

J006255

中国画学全史　郑昶著
香港 中华书局香港分局 1989年 影印本 550页
19cm（32开）精装 ISBN：962-231-630-1
（中华文史精刊）

　　本书由中华书局香港分局和上海书店联合出版。

J006256

关于院体画和文人画之史的考察　滕固著
北平 辅仁大学 1930年 65-86页 26cm（16开）

　　本书系中国绘画史专题论文。包括绘画史上的盛唐、翰林图画院与院体画之成立、士大夫生活的高蹈型式与文人画运动等，共3节。

J006257

现代英国绘画史略　刘思训编
上海 中华书局 1930年 50页 17cm（32开）
定价：一角五分
（常识丛书 37）

J006258

中国绘画史　潘天寿编
上海 商务印书馆 1930年 3版 224+43页 有图
19cm（32开）定价：大洋一元
（上海美术专门学校丛书）

　　本书内分古代史、上世史、中世史、近世史4编，附历代国画43幅。作者潘天寿（1897—1971），现代著名国画家，美术教育家，原名天授，字大颐，号寿者。浙江宁海县人。擅画花鸟、山水，兼善指画，亦能书法、诗词、篆刻。曾任中国文联委员，中国美术家协会副主席，浙江省文联副主席，中国美协浙江分会主席，浙江美术学院院长、教授等职。著有《中国绘画史》《听天阁画谈随笔》等。

J006259

法兰西近代画史　（日）板垣鹰穗著；许达译
上海 文华美术图书印刷公司 1931年 ［24］+
122页 有图 19cm（32开）定价：大洋六角

　　本书内容包括：法兰西绘画的特质、法兰西绘画的先驱者、古典主义、浪漫主义、理想画和装饰画、一八三〇年的风景画、写实主义和平民主义、印象派及其前后、塞尚及其以后等部分。书前有作品26幅。

J006260

西洋画派十二讲　丰子恺著
上海 开明书店 1931年 再版 ［64］+239页
有图 19cm（32开）定价：大洋二元二角

　　本书介绍西洋现代各种流派的风格和作品。包括现代画派及其先驱（古典派，浪漫派），现实主义的绘画（写实派），西洋画的东洋画化（野兽派)、形体革命的艺术(立体派),艺术的科学主义化(印象派)等12讲,并附作品40余幅。作者丰子恺(1898—1975),画家、文学家、艺术教育家。原名丰润,又名仁、仍,字子觊,后改为子恺,笔名TK,浙江嘉兴人。作品有《缘缘堂随笔》、画集《子恺漫画》等。

J006261

中国绘画变迁史纲　傅抱石编著
南京　南京书店　1931年　188页　19cm(32开)
定价:大洋五角

　　本书内容包括:研究中国绘画的三大要素、文字画与初期绘画、佛教的影响、唐代的朝野、画院的势力及其影响、南宋全盛时代、画院的再兴和派别的分歧等。作者傅抱石(1904—1965),画家。原名长生、瑞麟,号抱石斋主人。生于江西南昌,祖籍江西新余,早年留学日本。历任南京师范学院教授、江苏国画院院长等职。代表作品有《山阴道上》《钟馗》《屈原》《江山如此多娇》,著有《中国古代绘画之研究》《中国绘画变迁史纲》等。

J006262

厦门美术专门学校十周年纪念刊　私立厦门美专学生会出版委员会编
厦门　私立厦门美专学生会出版委员会
1933年　130页　有照片　27cm(16开)

J006263

苏州美术专科学校一览　(二十二年度)苏州美术专科学校编
苏州　苏州美术专科学校　1933年　[93]页
有照片　25cm(16开)

J006264

唐宋绘画史　滕固著
上海　神州国光社　1933年　178页　有图18cm(32开)
定价:大洋八角

　　本书内容包括:盛唐之历史的意义及作家、盛唐以后、五代及宋代前期、士大夫画之错综的发展、宋代翰林图画院述略、后期馆阁画家及其他等。

J006265

滕白也雕塑绘画润例　滕白也作

1933年　[24]页　有图19cm(32开)

　　本书为作者雕塑、绘画取酬价目表,书后附其雕塑、绘画样品24幅。

J006266

西洋美术概论　陈之佛编
上海　现代书局　1934年　[14]+182+[66]页
有图21cm(32开)定价:一元四角

　　本书根据日本相良德二著的《西洋绘画史话》略加增删编成,分12章,叙述自上古至现代的西洋美术变迁及美术家的趣闻逸事。每章之前有主要艺术家的作品。作者陈之佛(1896—1962),画家、工艺美术家。又名陈绍本、陈杰,号雪翁。毕业于浙江省工业专门学校染织科机织专业,曾留学日本入东京美术学校工艺图案科。曾任教于上海美术专科学校及中央大学艺术系,任南京大学、南京师范学院教授、江苏美协副主席、南京艺术学院副院长、中国美术家协会理事等职。代表作品有《瑞安名胜古诗选》《旅美纪行》《江村集》等。

J006267

现代绘画概观　倪贻德编
上海　商务印书馆　1934年　130页　有图18cm(32开)
定价:大洋四角五分

　　本书论述野兽主义、立体主义、表现主义、超现实主义、新野兽主义、新即物主义等现代绘画的派别。作者倪贻德(1901—1970),著名油画家、美术理论家和美术教育家。笔名尼特,毕业于上海美术专科学校。历任浙江美术学院教授、第一副院长、全国美协理事、浙江省美协副主席等职。著作有《西洋画概论》《水彩画研究》《画人行脚》《艺术漫谈》《近代艺术》。还有小说集《玄武湖之秋》《东海之滨》《百合集》等。

J006268

现代绘画概论　(日)外山卯三郎著;倪贻德译
上海　开明书店　1934年　201页　有图19cm(32开)
定价:大洋六角

　　本书论述现代画派的概况及其在内容和形式上的艺术特点。书末附《现代十大画家评传》。

J006269

中国绘画史　陈师曾讲述;苏吉亨编校

天津 百成书局 1934年 156页 有图18cm（32开）
定价：大洋八角

本书分12章，简介自先秦至清代各朝代的绘画、画院、画家及派别等。作者陈衡恪（1876—1923），近代著名书画篆刻家。字师曾，号槐堂。江西义宁（今江西省修水县）人。曾留学日本。任教于通州师范学校、长沙第一师范、北京女子高等师范学校、北京美术专门学校。代表作品有《中国绘画史》《文人画之价值》。

J006270

中国绘画学史　秦仲文著
北平 立达书局 1934年 196页 有图27cm（16开）
定价：一元八角

本书综述自上古至民国的绘画演变史，内分绘画萌芽时期、成立时期、发展时期、变化时期、衰微时期5编，有插图93幅。作者秦仲文（1896—1974），画家、美术家。原名秦裕荣，号仲文，后又以秦裕为笔名，别署梁子河村人，画室名群峰扶翠之居。河北遵化县人。毕业于北京大学。代表作品有《沙丰路上写生》《岷山遇雨》《岳阳楼》《乌江天险》等。

J006271

近代欧洲绘画　（英）康斯特博（W.G.Constable）著；张道藩译
上海 商务印书馆 1935年 国难后1版 51页 有图20cm（32开）定价：新法币七元五角

J006272

唐宋之绘画　（日）金原省吾著；傅抱石译
上海 商务印书馆 1935年［79］页 有图19cm（32开）定价：大洋五角

本书分8章，研究唐、宋代表画家的作品，以及该朝代的绘画传统。附作品31幅。译者傅抱石（1904—1965），画家。原名长生、瑞麟，号抱石斋主人。生于江西南昌，祖籍江西新余，早年留学日本。历任南京师范学院教授、江苏国画院院长等职。代表作品有《山阴道上》《钟馗》《屈原》《江山如此多娇》，著有《中国古代绘画之研究》《中国绘画变迁史纲》等。

J006273

明画录　（八卷）（清）徐沁著
上海 商务印书馆 1936年 89+17+6页

18cm（小32开）
（丛书集成初编 1658）

本书为中国古代绘画史。《明画录八卷（清）徐沁》著、《墨梅人名录（清）童翼驹编、《画友诗（清）赵彦修著合订。

J006274

现代绘画论　（英）爱伯（T.W.Earp）著；刘海粟译
上海 商务印书馆 1936年 42+［16］页
26cm（16开）定价：国币一元五角
（上海美术专科学校丛书 2）

本书以法国巴黎画坛为主，评论现代绘画及其趋势，全书分后期印象派、从野兽群到立体派、未来主义等。附法国现代派作品16幅。译者刘海粟（1896—1994），画家、美术教育家。名槃，字季芳，号海翁。江苏武进人。参与创办上海私立美术学院。曾任华东艺术专科学校校长，南京艺术学院院长。代表作《黄山云海奇观》《披狐皮的女孩》《九溪十八涧》等，有画集《黄山》《海粟老人书画集》等。

J006275

中国绘画史　潘天寿编
上海 商务印书馆 1936年 224页 有图18cm（32开）
精装 定价：大洋一元
（上海美术专门学校丛书）

本书分古代史、上世史、中世史、近世史4编，附历代国画24幅。作者潘天寿（1897—1971），现代国画家，美术教育家。字大颐，号寿者。浙江宁海县人。擅画花鸟、山水，兼善指画，亦能书法、诗词、篆刻。曾任中国文联委员，中国美术家协会副主席，浙江省文联副主席，中国美协浙江分会主席，浙江美术学院院长、教授等职。著有《中国绘画史》《听天阁画谈随笔》等。

J006276

西洋画派解说　倪贻德编著
上海 商务印书馆 1937年 146页 有图18cm（32开）
定价：国币四角五分
（百科小丛书）

本书介绍意大利、西班牙、荷兰、德意志、英吉利、法兰西等欧洲各国的画派，以及新兴绘画诸派。作者倪贻德（1901—1970），著名油画家、美术理论家和美术教育家。笔名尼特，毕业于上海美术专科学校。历任浙江美术学院教授、第一副院长、全国美协理事、浙江省美协副主席等职。著作有《西洋画概论》《水彩画研究》《画人行脚》《艺术漫谈》《近代艺术》。还有小说集《玄武湖之秋》《东海之滨》《百合集》等。

J006277

中国绘画史　　潘天寿著
上海 商务印书馆 1937年 2版 大丛本 250页 有图23cm（20开）精装 定价：国币二元二角
（大学丛书 参考书）

J006278

中国绘画史　　俞剑华著
上海 商务印书馆 1937年 2册（237；323页+74页图版）19cm（32开）精装 定价：国币三元六角
（中国文化史丛书 第1辑）

全书分上下册，分章节叙述中国绘画史。上册，自传说时代至南宋止。下册，自元朝至清朝止。书中画学著作统称画论，包括画史、画法、画品、画鉴、杂识、丛辑和伪托。书后有补遗和附录。作者俞剑华（1895—1979），绘画史论家、画家、美术教育家。原名俞琨，曾用名俞德，字剑华，以字行。生于山东济南，毕业于北京高等师范手工图画专修科。先后执教于北京美术学校、山东美术学校、上海美术专科学校、暨南大学等。出版有《中国绘画史》《中国画论类编》《立体图案法》等。

J006279

中国绘画史　　（日）中村不折著；郭虚中译
南京 正中书局 1937年 132页 有图21cm（32开）
定价：国币九角五分

J006280

娄东太原王氏画系表　　徐澂编
苏州 江苏省苏州图书馆 1939年 40页
20cm（32开）

J006281

吴门画史　　徐征著
苏州 江苏省立苏州图书馆［印］［1939年］
168页 19cm（32开）统一书号：1001.578

J006282

西洋绘画史　　陈之佛，陈影梅编
长沙 商务印书馆 1940年 119页 有图21cm（32开）
（中法文化丛书）

本书内容包括：意大利文艺复兴期以前、意大利文艺复兴期、北欧的绘画、西班牙的绘画、法兰西的绘画、英吉利的绘画等12部分。作者陈之佛（1896—1962），画家、工艺美术家。又名陈绍本、陈杰，号雪翁。毕业于浙江省工业专门学校染织科机织专业，曾留学日本入东京美术学校工艺图案科。曾任教于上海美术专科学校及中央大学艺术系，任南京大学、南京师范学院教授、江苏美协副主席、南京艺术学院副院长、中国美术家协会理事等职。代表作品有《瑞安名胜古诗选》《旅美纪行》《江村集》等。

J006283

英国绘画　　牛顿（E.Newton）著；傅雷译述
上海 商务印书馆 1948年 54页 有图21cm（32开）
定价：国币八元
（英国文化丛书）

本书内容包括：荷加斯以前的英国绘画、18世纪肖像画时代、威廉·勃莱克及其影响、行猎图、19世纪的风景画及其起源、惠斯勒与英国的印象派、20世纪回顾等。译者傅雷（1908—1966），文学翻译家、外国文学研究家。江苏南汇（今属上海市）人。字怒安，号怒庵，笔名小青等。就读于法国巴黎大学，曾任上海美专教授，中国作协上海分会理事及书记处书记等职，法国巴尔扎克研究协会会员。生平翻译外国名著多部，有《约翰·克利斯朵夫》《高老头》《托尔斯泰传》《贝多芬传》《艺术哲学》等，代表著作《傅雷家书》。

J006284

中国绘画史　　俞剑华著
上海 商务印书馆 1954年 2版 2册（237；324页）
18cm（32开）定价：旧币 25,000元

J006285

汉画艺术研究　　常任侠编著
上海 上海出版公司 1955年 影印本 38cm（6开）
定价：CNY17.00

作者常任侠（1904—1996），艺术考古学家、东方艺术史研究专家、诗人。别名季青，生于

安徽颍上县。毕业于南京中央大学文学院，并留校任教。历任国立北平艺术专科学校特级教授，中央美术学院教授，国家文物鉴定委员会委员。代表作品有《毋亡草》《祝梁怨》《亚细亚之黎明》等。

J006286

汉书艺术研究　常任侠编著

上海 上海出版公司 1955 年 影印本 有图 38cm（6 开）精装 定价：CNY17.00

J006287

十九世纪俄国书籍插图史　（苏）格·叶·列别捷夫（Г.Е.Лебедев）著；肖群译

北京 朝花美术出版社 1957 年 124 页 20cm（32 开）统一书号：8028.1349 定价：CNY1.80

本书介绍了俄国书籍插图在 19 世纪开始流行，1812 年反对拿破仑入侵的卫国战争的爱国热潮，使俄国书籍插图艺术达到新的水平。本书分析了当时插图画家及其作品的情况，附插图作品 118 幅，并都有文字说明。

J006288

战国绘画资料　杨宗荣编

北京 中国古典艺术出版社 1957 年 影印本 41 页 26cm（16 开）统一书号：8029.19 定价：CNY1.60

J006289

中国连环图画史话　阿英编著

北京 中国古典艺术出版社 1957 年 影印本 ［62］页 20cm（32 开）统一书号：8029.31 定价：CNY0.83

本书介绍中国连环图画的发展概况和艺术特点：1、连环图画从魏开始刻在碑石上；2、从清末到 1945 年期间的连环图画。书中附各时期的连环图画 30 余幅。作者阿英（1900—1977），现代著名剧作家、文艺批评家。安徽芜湖人，别名钱杏邨、钱德赋。著有诗歌、小说、散文，尤以戏剧成就最高，代表作品有历史剧《李闯王》等，著有《阿英文集》。

J006290

汉画　段拭编著

北京 中国古典艺术出版社 1958 年 104 页 21cm（32 开）统一书号：8029.73 定价：CNY1.02

J006291

民间画工史料　秦岭云著

北京 中国古典艺术出版社 1958 年 89 页 + 101 幅图 20cm（32 开）统一书号：T8029.79 定价：CNY1.60

作者秦岭云（1914—2008），画家，教育家。曾用名维新等。画室堂号五瓜草堂、闻鸡楼，字岭云。生于河南汲县（今卫辉市）。曾在北平国立艺术专科学校绘画系和湖南沅陵国立艺专学习。历任中央美术学院、人民美术出版社从事国画创作研究。出版有《现代山水画集》《秦岭云写生山水画集》《秦岭云山水作品》《写意山水画技法》等。

J006292

宋元明清画家年表　郭味蕖编

北京 古典艺术出版社 1958 年 ［21cm］（32 开）精装 定价：CNY4.00

作者郭味蕖（1908—1971），画家。原名忻，后改慰劬、味蕖，曾用别号汾阳王孙等。山东潍坊人，毕业于上海美术专科学校。历任中央美术学院研究部和徐悲鸿纪念馆研究员，中央美院中国画讲师，中央美术学院国画系花鸟科主任等。著有《宋元明清画家年表》《中国版画史略》《写意花鸟创作技法十六讲》等。

J006293

唐宋画家人名辞典　朱铸禹编纂

北京 古典艺术出版社 1958 年 ［19cm］（32 开）精装 定价：CNY3.10

J006294

唐宋绘画史　滕固著

北京 中国古典艺术出版社 1958 年 115 页 19cm（32 开）统一书号：8029.34 定价：CNY0.51

J006295

唐宋绘画谈丛　童书业著

北京 中国古典艺术出版社 1958 年 117 页 20cm（32 开）统一书号：8029.69 定价：CNY0.50

J006296

印象画派史　（德）雷德华著；平野等译

北京 人民美术出版社 1959 年 120 页 有图 24cm（26 开）精装 统一书号：8027.2566

定价: CNY4.30

　　译者平野(1924—　)。原名张大晖。浙江温州人，毕业于中央大学艺术系。历任人民美术出版社任编审，菏泽书画研究院名誉院长，《简明不列颠百科全书》主要译审，《中国大百科全书美术》西方美术副主编。

J006297

战后时期的苏联绘画　(苏)托尔斯泰等著；高阳等译

北京 人民美术出版社 1959 年 220 页 有图
19cm(32 开) 统一书号: 8027.2476
定价: CNY1.06

　　作者托尔斯泰(Лев Николаевич Тол-стой, 1828 — 1910)，俄国批判现实主义作家、思想家，哲学家。全名列夫·尼古拉耶维奇·托尔斯泰。出生于亚斯纳亚－博利尔纳，毕业于喀山大学。代表作有《战争与和平》《安娜·卡列尼娜》《复活》等。

J006298

西洋绘画史话　陈之佛，陈影梅编

上海 上海书局 1960 年 119 页 有图 20cm(32 开)

　　作者陈之佛(1896—1962)，画家、工艺美术家。又名陈绍本、陈杰，号雪翁。毕业于浙江省工业专门学校染织科机织专业，曾留学日本入东京美术学校工艺图案科。曾任教于上海美术专科学校及中央大学艺术系，任南京大学、南京师范学院教授、江苏美协副主席、南京艺术学院副院长、中国美术家协会理事等职。代表作品有《瑞安名胜古诗选》《旅美纪行》《江村集》等。

J006299

西洋绘画史话　陈之佛，陈影梅编

香港 上海书局 1976 年 119 页 有图 20cm(32 开)

J006300

有关抽象派艺术的一些材料　中国美术家协会对外联络部编

北京 中国美术家协会对外联络部 1960 年
51 页 18cm(32 开)

J006301

中国古代山水画史的研究　傅抱石著

上海 上海人民美术出版社 1960 年 51 页
有图 21cm(32 开) 统一书号: 8081.4364
定价: CNY0.46

　　本书内容包括: 第 1 章，唐代张彦远以来之中国古代山水画史观; 第 2 章，晋代顾恺之《画云台山记》之研究; 第 3 章，中国古代山水画史的考察。作者傅抱石(1904—1965)，画家。原名长生、瑞麟，号抱石斋主人。生于江西南昌，祖籍江西新余，早年留学日本。历任南京师范学院教授、江苏国画院院长等职。代表作品有《山阴道上》《钟馗》《屈原》《江山如此多娇》，著有《中国古代绘画之研究》《中国绘画变迁史纲》等。

J006302

唐前画家人名辞典　朱铸禹编纂

北京 人民美术出版社 1961 年 76 页 21cm(32 开)
精装 统一书号: 8027.3186 定价: CNY1.15

J006303

画史丛书　于安澜编

上海 上海人民美术出版社 1963 年 10 册(2 函)
28cm(大 16 开) 线装 统一书号: 8081.4878
定价: CNY45.00

　　本书是中国历代美术品鉴理论著作汇编，选收有关作品自唐代张彦远《历代名画记》，至清代钱泳的《履园画学》，计 22 种。又据各书的内容范围和资料来源，分为通代、断代、地方、别史、笔记 5 种类型。

J006304

画史丛书　于安澜编

上海 上海人民美术出版社 1963 年 5 册
22cm(32 开) 统一书号: 8081.5379
定价: CNY15.50

J006305

画史丛书　中国书画研究资料社编著

台北 文史哲出版社 1983 年 再版 4 册
21cm(32 开) 精装 定价: TWD1600.00

J006306

画史丛书　于安澜编

台北 文史哲出版社 1994 年 4 册(2226+162 页)
21cm(32 开) 精装 ISBN: 957-547-757-X

定价: TWD800.00

J006307

元代画塑记 （元）佚名著

北京 人民美术出版社 1964 年 38 页 21cm（32 开）

　　本书记录元代宫廷艺术家从事雕塑、画像所需工料的书。从书中所记近 30 宗画、塑项目中可见，有绘、织的皇帝、皇后肖像，有以金、银、铜浇铸和泥塑的各种嘛教神像，还有泥塑三清、三皇、城隍等道教神像，以及先师、亚圣、十哲等神化了的儒家形象。

J006308

清代画史 盛叔清辑；黄朴存阅

台北 广文书局 1970 年 796 页 21cm（32 开）

精装 定价: TWD250.00

J006309

中国绘画史 俞剑华著

台北 商务印书馆 1970 年 4 版 2 册 有图 21cm（32 开）定价: 旧台币 2.60

（中国文化史丛书）

　　作者俞剑华（1895—1979），绘画史论家、画家、美术教育家。原名俞昆，曾用名俞德，字剑华，以字行。生于山东济南，毕业于北京高等师范手工图画专修科。先后执教于北京美术学校、山东美术学校、上海美术专科学校、暨南大学等。出版有《中国绘画史》《中国画论类编》《立体图案法》等。

J006310

宝晋英光集 （宋）米芾撰

台北 台湾学生书局 1971 年 影印本 430 页 21cm（32 开）精装 定价: TWD250.00

（历代画家诗文集 14）

　　本书为中国宋代绘画史专著。作者米芾（1051—1107），北宋书法家、画家、书画理论家。祖籍太原，出生于湖北襄阳，长期居润州（今江苏镇江）。初名黻，后改芾，字元章，号襄阳居士、海岳山人等。书画自成一家，枯木竹石，山水画独具风格特点。在书法也颇有造诣，擅篆、隶、楷、行、草等书体，长于临摹古人书法。代表作品有《宝晋英光集》《宝章待访录》《书史》《画史》《砚史》

J006311

岭南画征略

香港 商务印书馆［1972 年］20cm（32 开）

　　本书附《岭南画征略续录》《岭南画征略校记》《岭南画人疑年录》。

J006312

印象派画家 佛朗苏瓦·马蒂著；李长俊译

台北 大陆书店 1972—1974 年［256］页 21cm（32 开）

（美术译丛）

J006313

中国画史研究续集 庄申编著

台北 正中书局 1972 年 531 页 20cm（32 开）

定价: CNY19.00

J006314

中国画史研究续集 庄申编著

台北 正中书局 1974 年 2 版 532 页 有照片 21cm（32 开）

J006315

西洋绘画史 陈钟吾编

台北 五洲出版社 1975 年 119 页 有图 19cm（32 开）精装

J006316

中国画史研究 庄申编著

台北 正中书局 1975 年 3 版 重印本 264 页 有照片 21cm（32 开）

J006317

汉画与汉代社会生活 何浩天著

台北 中华书局 1978 年 109 页 20cm（32 开）

（历史博物馆历史文物书刊 第二辑）

J006318

日本绘画史 （日）秋山光和著；常任侠，袁音译

北京 人民美术出版社 1978 年 231 页 有图 19cm（32 开）统一书号: 8027.6848

定价: CNY1.10

　　全书分 10 章，概述从原始时期到现代日本绘画的发展历史。作者常任侠（1904—1996），艺

术考古学家、东方艺术史研究专家、诗人。别名季青，生于安徽颍上县。毕业于南京中央大学文学院，并留校任教。历任国立北平艺术专科学校特级教授，中央美术学院教授，国家文物鉴定委员会委员。代表作品有《毋亡草》《祝梁怨》《亚细亚之黎明》等。

J006319

谈印象派绘画　　杨蔼琪著
北京　人民美术出版社　1979 年　47 页　有图
19cm（32 开）统一书号：8027.7120
定价：CNY0.68

J006320

西欧近代画家　（上册　从哥雅到库尔贝）（意）
文杜里著；钱景长等译
北京　人民美术出版社　1979 年　194 页　有图
19cm（32 开）统一书号：8027.7098
定价：CNY1.28

J006321

西欧近代画家　（下册　从马奈到劳特累克）
（意）文杜里著；朱伯雄译
北京　人民美术出版社　1979 年　198 页　有图
19cm（32 开）统一书号：8027.7099
定价：CNY1.42
　　译者朱伯雄（1932—2005），美术史论家。别名羊石，出生于上海，祖籍浙江湖州，毕业于东北鲁迅艺术学院美术系。历任美国哈佛大学文理学院美术史论系客座教授，马来西亚艺术学院客座教授。代表作品有《世界美术史》《世界美术经典》等。

J006322

现代绘画简史　　（英）里德（H.Read）著；刘萍君译
上海　上海人民美术出版社　1979 年　370 页
20cm（32 开）统一书号：8081.11316
定价：CNY2.00
　　本书内容包括：1、现代艺术的起源；2、突破；3、立体派；4、未来派、达达派、超现实主义；5、毕卡索、康定斯基、克利；6、固定关系的艺术——构成主义的起源和发展；7、内在需要的艺术——抽象表现主义的起源和发展；8、抽象表现主义之后。外文书名：A Concise History of

Modern Painting. 作者里德（Herbert Read, 1893—1968），英国诗人、艺术批评家、美学家。英国美学学会主席。著有《艺术的真谛》《今日之艺术》《现代艺术哲学》等。

J006323

欧洲现代画法画论选　　瓦尔特·赫斯编著；宗白华译
北京　人民美术出版社　1980 年　209 页
19cm（小 32 开）统一书号：8027.7439
定价：CNY0.70
　　译者宗白华（1897—1986），哲学家、美学大师、诗人。生于安徽安庆市，籍贯江苏常熟。字白华、伯华。毕业于同济大学，赴德国留学，在法兰克福大学、柏林大学学习哲学 、美学等。北京大学哲学系教授，兼任中华全国美学学会顾问。代表作品《美学散步》《艺境》《宗白华全集》。

J006324

印象派的再认识　　吴甲丰著
北京　三联书店　1980 年　123 页　19cm（32 开）
统一书号：7002.21　定价：CNY0.36
　　本书叙述印象派的"远祖""近亲"和形成、"亮相"的简史，及该画派注重表现大自然光色变化的重要特征。运用比较的方法，介绍古典派、学院派、浪漫派、写实派与印象派之间的关系，论证印象派的历史作用。通过对政治与艺术、继承与批判、形式与内容等问题的分析，为被指斥为思想内容上"颓废堕落"、风格技法上"怪诞混乱"的印象派辩诬。

J006325

元代画家史料　　陈高华编著
上海　上海人民美术出版社　1980 年　536 页　有图
21cm（32 开）统一书号：8081.11655
定价：CNY2.30
　　本书引用正史、野史、诗文集、笔记、方志等，对画家的资料进行详细介绍。

J006326

西洋绘画史　　冯作民译；何恭上编
台北　艺术图书公司　1981 年　256 页
20cm（32 开）定价：CNY18.00

J006327

西洋绘画史话 （日）相良德二著；彭正清译
北京 人民美术出版社 1981 年 174 页 19cm（32 开）
统一书号：8027.7530 定价：CNY1.10

本书共 12.2 万字，80 幅图，共分 11 章，将西方各时期的有代表性的画派及画家的艺术特色进行了介绍。

J006328

一八艺社纪念集 吴步乃，王观泉编
北京 人民美术出版社 1981 年 112 页 24cm（16 开）
统一书号：8027.7316 定价：CNY1.80

J006329

中国绘画美学史稿 郭因著
北京 人民美术出版社 1981 年 597 页 有图
21cm（32 开）统一书号：8027.7109
定价：CNY1.85

本书是从美学的角度研究与论述中国绘画理论发展史的专著。作者郭因（1926— ），作家、文学家。别名胡鲁焉。安徽绩溪人。历任安徽省人民政府文教委员会政策研究员，安徽省政协文史办公室副主任、文学艺术研究所副所长、艺术研究所研究员、绿色美学会名誉会长等职。著有《中国绘画美学史稿》《中国古典绘画美学中的形神论》《山水美与绘画》等。

J006330

中国绘画史图录 （上）徐邦达编
上海 上海人民美术出版社 1981 年 455 页
25cm（18 开）精装 统一书号：8081.12127
定价：CNY9.80（全 2 册）
（中国美术史图录丛书）

作者徐邦达（1911—2012），画家、书画鉴定家。字孚尹，号李庵等。浙江海宁人。代表作品有《古书画鉴定概论》《古书画伪讹考辨》《古书画过眼要录》等。

J006331

中国绘画史图录 （下）徐邦达编
上海 上海人民美术出版社 1981 年 458 页
25cm（18 开）精装 统一书号：8081.13570
定价：CNY9.80（全 2 册）
（中国美术史图录丛书）

J006332

中国历代绘画图录 林树中，周积寅编著
天津 天津人民美术出版社 1981 年 194 幅
25cm（小 16 开）统一书号：8073.50142
定价：CNY6.00

本书以画录的形式，介绍了中国美术史的发展。作者林树中（1926—2014），美术史论家。别名光望，字树中，浙江平阳人。曾任南京艺术学院教授，中国美术家协会会员。代表作品有《朱德像》《山间烟雾》等，著作有《海外藏中国历代名画》等。

J006333

十九世纪西欧人们的生存意识及其绘画特质 林哲诚撰
［1982 年］影印本 172 页 有图 26cm（16 开）
精装

J006334

现代绘画史 赫伯特·里德著；李长俊译
台北 大陆书店 1982 年 289 页 20cm（32 开）
定价：CNY22.50
（美术译丛）

作者赫伯特·里德（Herbert Read, 1893—1968），英国诗人、艺术批评家、美学家。英国美学学会主席。著有《艺术的真谛》《今日之艺术》《现代艺术哲学》等。

J006335

艺术之旅 （欧洲篇）陈景容绘著
台北 时报文化出版事业公司 1982 年 160 页
有图 21cm（32 开）定价：TWD200.00
（时报书系 427）

J006336

印象派的绘画技法 （英）贝纳·顿斯坦
（Bernard Dunstan）著；平野，陈友仁译
天津 天津人民美术出版社 1982 年 216 页
24cm（26 开）统一书号：8073.50220
定价：CNY2.80

本书介绍了不同时期有代表性的 16 位画家。第 1 部分介绍 19 世纪初期的绘画大师康斯泰勃、透纳、马奈与库尔贝；第 2 部分介绍印象派和印象派大师莫奈、雷诺阿、毕萨罗和德加；第 3 部分介绍印象派以后的绘画大师塞尚和惠修拉；第

4 部分介绍在欧洲的美国画家卡萨特、沙金和惠斯勒；第 5 部分介绍印象派的后继者维雅、朋纳和西克特。

J006337

印象派画家　佛朗苏瓦·马蒂著；李长俊译
台北　大陆书店 1982 年 2 版 256 页
19cm（小 32 开）定价：TWD180
（美术译丛）

J006338

中国绘画故事　胡振郎著
上海　上海人民美术出版社 1982 年 127 页
19cm（32 开）统一书号：8081.1270
定价：CNY0.41

　　本书收集的中国绘画故事，从周代开始至现代，上下三千年，包括画史、画论、画家等故事120 则。作者胡振郎（1938—　　），国家一级美术师。浙江永康人，毕业于浙江美术学院。历任中国美术家协会上海分会理事，上海市黄浦画院院长，上海市文史研究馆馆员，上海中国画院画师。代表作品有《功》《一生难忘 1976》《峥嵘岁月》《百年沧桑》《白求恩》，出版有《胡振郎画集》《胡振郎山水画集》《怎样画水墨山水》等。

J006339

中国绘画批评史略　温肇桐著
天津　天津人民美术出版社 1982 年 96 页
19cm（32 开）统一书号：8073.50230
定价：CNY0.52

　　本书比较精炼、概括地对我国绘画批评史作了介绍，对每个时期中重要的理论家的美学观点作了比较详细的分析。作者温肇桐（1909—1990），美术史论家、教育家。笔名虞复，江苏常熟人，毕业于上海艺术大学。历任华东艺术专科学校教授兼图书馆主任、美术系副主任、硕士生导师，南京艺术学院教授，中国美术家协会会员，江苏省美学会顾问。著有《怎样教小学的美术》。

J006340

中国绘画史　王伯敏著
上海　上海人民美术出版社 1982 年 747 页 有图
19cm（32 开）精装 统一书号：8081.12762
定价：CNY5.50

　　本书是 1960 年文化部组织撰写的教材之一。作者长期任教浙江美术学院，从事我国美术画史画论研究。本书从原始社会至清末，共分 9 章，资料丰富，不仅总结了前人的研究成果，同时还反映出中华人民共和国成立以来的新发现和新的研究成果。作者王伯敏（1924—2013），美术史论家、画家、诗人。浙江台州人。曾担任中国美术学院教授，美术学博士生导师。著有《中国绘画通史》《中国版画史》《中国美术通史》等。

J006341

中韩南宗绘画之研究　（朝鲜时代后期）崔炳植著
台北　文史哲出版社 1982 年 10+240 页 有图及地图 21cm（32 开）定价：TWD300.00
（艺术丛刊 2）

　　外文书名：Studies in Southern School Painting of China and Korea： Late Chosun Period.

J006342

传统美术与现代派　邵大箴著
成都　四川人民出版社 1983 年 311 页 有图
19cm（32 开）统一书号：8118.1499
定价：CNY1.20
（画家论画丛书）

　　本书内容包括：1、关于当前我国美术现状的评论；2、某些美术理论问题的探讨；3、外国美术作品及美术家的介绍和分析。作者邵大箴（1934—　　），美术理论家、国画家。江苏镇江人。历任中央美术学院教授、博士生导师、《美术研究》主编、中国国家画院美术研究院院长等。著有《现代派美术浅议》《传统美术与现代派》《欧洲绘画简史》《西方现代美术思潮》。

J006343

绘画史话　潘絜兹著
北京　中华书局 1983 年 38 页 有图 19cm（32 开）
统一书号：11018.1125 定价：CNY0.14
（中国历史小丛书）

　　本书对自上古先秦一直到近代的我国民族绘画的形式和发展、历代著名代表作品、艺术风格和传统流源等，作了较为系统的介绍。作者潘絜兹（1915—2002），著名工笔人物画家。浙江宣平人，原名昌邦。毕业于北京京华美术学院。历任中国历史博物馆美术组组长，《美术》月刊编辑，《中国画》主编，北京画院专业画师及艺术委员会副主任，北京工笔画会会长，中国美术家协会北京分会副主席等职。代表作品《石窟艺术的创造者》《岳飞抗金图》《白居易场面炭翁诗意》等。

J006344

美国画家　（美）弗里德古德著；朱雍译
北京 人民美术出版社 1983 年 120 页 19cm（32 开）
统一书号：8027.7854 定价：CNY0.90

J006345

印象画派史　（德）雷华德（J.Rewald）著；平野等译
北京 人民美术出版社 1983 年 355 页 19cm（32 开）
统一书号：8027.7724 定价：CNY2.20
　　外文书名：The History of Impressionism. 译者平野（1924—　）。原名张大晖。浙江温州人，毕业于中央大学艺术系，。历任人民美术出版社任编审，菏泽书画研究院名誉院长，《简明不列颠百科全书》主要译审，《中国大百科全书美术》西方美术副主编。

J006346

中国绘画史　潘天寿著
上海 上海人民美术出版社 1983 年 301 页 + 32 页图版 19cm（32 开）统一书号：8081.13072
定价：CNY1.60
　　本书分古代史、上世史、中世史、近世史 4 编，尤于唐宋元明的绘画，有较详论述，不乏已见。

J006347

俄国巡回展览画派　（苏）冈姆别尔格 - 维尔日宾斯卡娅著；平野译
广州 岭南美术出版社 1984 年 175 页 有照片 21cm（32 开）统一书号：8206.0727
定价：CNY2.20
　　"巡回展览派"存在于 1870—1923 年，是俄国进步的画派，其代表人物有列宾、苏里科夫、瓦斯涅佐夫、别罗夫等风俗画家与历史画家，希什金、列维坦等风景画家。他们以现实主义方法反映俄国人民的生活、历史、劳动人民的伟大与美、祖国的山川风物等。

J006348

欧洲绘画史　（从拜占廷到毕加索）德斯佩泽尔，福斯卡著；路曦等译
北京 人民美术出版社 1984 年 244 页 19cm（32 开）
统一书号：8027.8943 定价：CNY2.30
　　本书介绍了欧洲绘画从开始到现今的发展过程。这里主要指的是架上画，即可以比较容易地搬运的画；这些画以不同的风格和表现形式为世界各地的人们所欣赏，是了解欧洲绘画发展的一本重要著作。

J006349

三国——现代 132 名中国画画家　王伯敏等编著
济南 山东美术出版社 1984 年 393+110 页 有图 21cm（32 开）定价：CNY3.50，CNY4.50（精装）
　　作者王伯敏（1924—2013），美术史论家、画家、诗人。浙江台州人。曾担任中国美术学院教授，美术学博士生导师。著有《中国绘画通史》《中国版画史》《中国美术通史》等。

J006350

宋辽金画家史料　陈高华编
北京 文物出版社 1984 年 853 页 20cm（32 开）
统一书号：8068.1117 定价：CNY3.80
　　本书汇集了宋、辽、金画家 37 人的史料。每一画家的史料又分传记材料和作品评论两部分。每位画家史料前面，有编者对该画家生平及其作品的简要述评。

J006351

宋辽金画家史料　陈高华编
北京 文物出版社 1984 年 835 页 21cm（32 开）
统一书号：8068.1117 定价：CNY3.80

J006352

隋唐画家轶事　冯立编
西安 陕西人民美术出版社 1984 年 180 页 有图 21cm（32 开）统一书号：11192.2
定价：CNY1.20
（中国美术家丛书）

J006353

巡回展览派画廊巡礼　李思孝编著
北京 人民美术出版社 1984 年 161 页 有图

19cm（32 开）统一书号：8027.8793

定价：CNY0.90

　　巡回展览派——19 世纪俄国进步的现实主义艺术流派。本书从俄国绘画的生日，即布留洛夫创作《庞贝城的末日》开始，回溯了"巡回展览派"艺术产生和发展的历史。

J006354

中国绘画趣谈　胡海超编写

上海 上海教育出版社 1984 年 220 页 有照片 21cm（32 开）统一书号：7150.3127

定价：CNY1.30

J006355

中国绘画史　俞剑华著

上海 上海书店 1984 年 影印本 2 册 19cm（32 开）（中国文化史丛书 第一辑 17）

　　作者俞剑华（1895—1979），绘画史论家、画家、美术教育家。原名昆，曾用名俞德，字剑华，以字行。生于山东济南，毕业于北京高等师范手工图画专修科。先后执教于北京美术学校、山东美术学校、上海美术专科学校、暨南大学等。出版有《中国绘画史》《中国画论类编》《立体图案法》等。

J006356

中国绘画史　（美）高居翰（Cahill, J.）著；李渝译

台北 雄狮图书股份有限公司 1984 年 179 页 有图 26cm（16 开）定价：TWD380.00

J006357

中国绘画史图录　徐邦达编

上海 上海人民美术出版社 1984 年 2 册（913 页）25cm（18 开）精装 ISBN：7-5322-0328-X

定价：CNY24.00

（中国美术史图录丛书）

　　本书选编自战国至清末之间各个时期的代表画家的作品，按年代先后为序编排，每幅配以简明扼要的文字说明，内容有画家介绍、作品评介等。作者徐邦达（1911—2012），画家、书画鉴定家。字孚尹，号李庵等。浙江海宁人。代表作品有《古书画鉴定概论》《古书画伪讹考辨》《古书画过眼要录》等。

J006358

广东画人录　谢文勇编

广州 岭南美术出版社 1985 年 有图 20cm（32 开）精装 统一书号：8260.1696 定价：CNY3.90

　　本书收录广东籍或落籍广东的已故（至书稿发排时止）画家近 800 人，编者根据实见材料，简述其生平，评述其画业，追述其源流，著录其作品，附刊图例近 200 幅，是一本对研究广东画坛、探讨岭南画风有帮助的资料性读物。

J006359

江苏历代画家　周积寅等著

南京 江苏古籍出版社 1985 年 166 页 20cm（32 开）

定价：CNY1.05

　　作者周积寅（1938— ），教授。笔名禾宙，江苏泰兴人，毕业于南京艺术学院。历任南京艺术学院学报《艺苑》主编，"扬州画派"研究会名誉会长，中国郑板桥研究会及日本郑板桥学会顾问，中国美术家协会会员。编著有《吴派绘画研究》《中国美术通史》《郑板桥》等。

J006360

拉斐尔前派及其后期绘画　李士英编

天津 天津人民美术出版社 1985 年 21cm（32 开）统一书号：8073.50303 定价：CNY3.60

（画家介绍丛书）

J006361

六朝画论研究　陈传席著

南京 江苏美术出版社 1985 年 334 页 19cm（32 开）统一书号：83537.008 定价：CNY2.70

　　作者陈传席（1950— ），教授。江苏睢宁人，毕业于南京师范大学美术学院，获博士学位。中国人民大学艺术学院教授、博士生导师，中国美术家协会会员，中国美术学院客座教授。兼任中国佛教艺术研究所所长、中国美术家协会理论委员会副主任等。代表作有《陈传席文集》《中国山水画史》《中国绘画美学史》等。

J006362

鲁迅与中国新兴木刻运动　马蹄疾，李允经编著

北京 人民美术出版社 1985 年 393 页 有图 20cm（32 开）统一书号：8027.9210

定价：CNY1.35

本书内容包括：1、鲁迅—中国新兴木刻运动的导师；2、鲁迅与木刻社团；3、鲁迅与木刻青年；4、鲁迅与木刻书刊；5、鲁迅与木刻展览；6、鲁迅所评论过的中国木刻作品图文对读。

J006363

明代院体浙派史料 穆益勤编著
上海 上海人民美术出版社 1985 年 339 页 有图 20cm（32 开）统一书号：8081.14111
定价：CNY2.70
　　本书以画家为主，分为传记、评论、作品、杂记四部分，汇集明代宫廷绘画和浙派绘画的有关文献和实物材料。

J006364

墨林轶事 洪丕谟选注
杭州 西泠印社 1985 年 251 页 20cm（32 开）
定价：CNY1.40
　　本书选注了历代书家和画家的轶事 300 余则。采用原文加注的形式，并着眼于其文史资料的价值，可作为学术研究的佐证。分"先秦""两汉""三国""两晋""南北朝""隋代""唐代""五代""宋代""元代""明代""清代" 12 部分。作者洪丕谟（1940—2005），医生、教师。生于上海，毕业于上海市卫生局中医大专班。华东政法学院教师。中国书法家协会第一届学术委员，上海市大学书法教育学会会长等。著有《洪丕谟书法集》《中国书法史话》等。

J006365

清代画史补录 （四卷）江铭忠编
台北 明文书局 1985 年 影印本 21cm（32 开）
精装
（清代传记丛刊 艺林类 14-7 79）

J006366

斯土绘影 （1895—1945）李钦贤撰；刘瑞芬，韩博龙英译
台北 立虹出版社 1985 年 238 页 31cm（10 开）
精装 ISBN：957-99222-3-3 定价：TWD1980.00
（台湾影像历史系列）
　　外文书名：The Drawings of that Land.

J006367

英国水彩画简史 刘汝醴，刘明毅编著
上海 上海人民美术出版社 1985 年 有图 26cm（16 开）统一书号：8081.1406
定价：CNY3.95

J006368

中国绘画史 （美）高居翰（James Cahill）著；李渝译
台北 雄狮图书股份有限公司 1985 年 2 版 179 页 有图 26cm（16 开）定价：TWD380.00

J006369

俄国巡回展览画派 奚静之著
北京 商务印书馆 1986 年 70 页 有图 19cm（32 开）统一书号：11017.717 定价：CNY0.28
（外国历史小丛书）
　　作者奚静之（1935— ），教授、美术史论家。生于江苏常州。历任中央工艺美术学院工艺美术史论系主任、教授、博士生导师，《中国大百科全书·美术》编委及东欧分支主编。著有《俄罗斯美术史话》《俄罗斯苏联美术史》等，合著《欧洲绘画简史》。

J006370

广东画人录 谢文勇编
广州 岭南美术出版社 1986 年 248 页 有图 20cm（32 开）精装 定价：CNY3.90

J006371

画 吴雁著
长沙 湖南教育出版社 1986 年 233 页 20cm（32 开）
定价：CNY1.45
（中学生课外读物）

J006372

立体派与未来派绘画 （英）格哈杜斯著；徐云，江一鸥译
桂林 漓江出版社 1986 年 47 页 18cm（32 开）
统一书号：8256.233 定价：CNY5.00
　　外文书名：Cubism and Futurism.

J006373

山水画纵横谈 王伯敏著；陈存千编
济南 山东美术出版社 1986 年 219 页 有图 19cm（32 开）统一书号：8332.727
定价：CNY2.70

作者王伯敏(1924—2013),美术史论家、画家、诗人。浙江台州人。曾担任中国美术学院教授,美术学博士生导师。著有《中国绘画通史》《中国版画史》《中国美术通史》等。

J006374

文艺复兴时期美术 吴泽义著
长春 吉林大学出版社 1986年 247页 有图
19cm(32开)统一书号: 8323.1 定价: CNY3.00

J006375

西方美术史略 穆家麒著
石家庄 河北美术出版社 1986年 174页 有照片 19cm(32开)定价: CNY2.40

本书收集了西方原始时代、新石器时代、古希腊、古罗马时期、意大利文艺复兴初期、17世纪巴洛克画派、19世纪法国印象派、俄国巡回画派、20世纪西方现代各流派的作品。

J006376

现代的日本画 (日)河北伦明著;祖秉和译
北京 中国文联出版公司 1986年 119页
20cm(32开)定价: CNY1.50

J006377

中国现代绘画史 张少侠,李小山著
南京 江苏美术出版社 1986年 364页 有图
20cm(32开)定价: CNY3.85, CNY4.90(精装)

本书对半个多世纪以来的中国画坛进行综合研究和历史分析。作者张少侠,教授。江苏人,毕业于南京师范大学美术系和南京艺术学院美术系研究生班。历任中国美术家协会会员。著有《欧洲美术史》《欧洲工艺美术史纲》《亚洲工艺美术史》《非洲和美洲美洲工艺美术》《中国现代绘画史》等。

J006378

法国绘画史 (法)弗朗卡斯泰尔(P.Francastel),
(法)弗朗卡斯泰尔(G.Francastel)著;啸声译
上海 上海人民美术出版社 1987年 620页 有图
20cm(32开)精装 定价: CNY9.35

译者啸声(1938—),教授、艺术史专家。原名邢啸声,生于上海,祖籍北京。出版有《现代拉丁美洲艺术》《西方中世纪雕刻》《巴尔蒂斯》《西班牙绘画》《神曲插图集》等。

J006379

论黄山诸画派文集 安徽省文学艺术研究所编
上海 上海人民美术出版社 1987年 401页 有图
20cm(32开)ISBN: 7-5322-0193-7
定价: CNY5.40

本书收录国内外学者的论文31篇,从各个视角,研究了诸派的形成源流、绘画风格及历史地位和艺术影响。

J006380

论艺术的精神 (俄)康定斯基著;查立译
北京 中国社会科学出版社 1987年 219页 有图
20cm(32开)定价: CNY1.50
(美学译文丛书)

本书收录抽象派绘画艺术创始人康定斯基的主要理论著作及论文。内容包括:"论艺术的精神"、"关于形式问题"、"论具体艺术"、"点·线·面"。作者瓦西里·康定斯基(Василий Кандинский, 1866—1944),俄罗斯画家、美术理论家。毕业于莫斯科大学。代表作品《论艺术的精神》《关于形式问题》《点、线到面》《论具体艺术》等。

J006381

马蒂斯论创作 (法)马蒂斯(H.Matissc)著;
钱琮平译
北京 人民美术出版社 1987年 91页 有图
19cm(32开)统一书号: 8027.10251
定价: CNY1.35

作者马蒂斯(Henri Matisse, 1869—1954),法国画家、雕塑家。全名亨利·马蒂斯。代表作有《豪华、宁静、欢乐》《生活的欢乐》《开着的窗户》《戴帽的妇人》等。

J006382

欧洲绘画简史 邵大箴,奚静之编著
天津 天津人民美术出版社 1987年 284页
有图 26cm(16开)精装 ISBN: 7-5305-0060-0
定价: CNY25.00

本书介绍欧洲绘画发展的过程。作者邵大箴(1934—),美术理论家,国画家。江苏镇江人。历任中央美术学院教授、博士生导师、《美术研究》主编、中国国家画院美术研究院院长等。著有《现代派美术浅议》《传统美术与现代派》《欧

洲绘画简史》《西方现代美术思潮》。作者奚静之（1935—　），教授、美术史论家。生于江苏常州。历任中央工艺美术学院工艺美术史论系主任、教授、博士生导师，《中国大百科全书·美术》编委及东欧分支主编。著有《俄罗斯美术史话》《俄罗斯苏联美术史》等，合著《欧洲绘画简史》。

J006383
现代绘画　（新的形象语言）吕澎著
济南　山东文艺出版社 1987 年 247 页 有图 20cm（32 开）ISBN：7-5329-0044-4
定价：CNY2.05
（文化哲学丛书）

　　本书通过对西方绘画史的回顾，对于现代绘画的新印象主义、后期印象主义、象征主义、表现主义、立体主义、未来主义、抽象主义、达达主义以及超现实主义等多种流派和风格作了历史的考察。作者吕澎（1956—　），编辑、艺术评论家。生于重庆，毕业于四川师范学院政治教育系。历任《戏剧与电影》杂志社编辑，中国美术学院艺术人文学院副教授，成都当代美术馆馆长。著有《欧洲现代绘画美学》《艺术—人的启示录》等。

J006384
与当代艺术家的对话　（中国现代画的生成）
叶维廉著
台北　东大图书公司 1987 年 412 页 有图 21cm（32 开）
（沧海丛刊 美术）

J006385
中国绘画史　（上 图版·索引）（日）铃木敬著；魏美月译
台北　台北故宫博物院 1987 年 16+378 页 21cm（32 开）
（故宫丛刊 甲种 34）

J006386
中国绘画史纲　庄伯和著
台北　幼狮文化事业公司出版社 1987 年 287 页 有图 21cm（32 开）
　　作者庄伯和，台湾民俗研究专家，著有《年画仕女的戏味与造形美》《民俗美术探访录》《台湾民艺造型》等。

J006387
中国现代版画史　陆地著
北京　人民美术出版社 1987 年 有图 18cm（32 开）
统一书号：8027.9548 定价：CNY2.65
　　本书论述自 30 年代初鲁迅提倡新兴木刻运动至中华人民共和国建立之前约 20 年间中国版画的发展历程。书前有李桦撰写的序言，书后有刘玉山所写后记，并附版画作品 92 幅。

J006388
走向现代艺术的四步　（意）文杜里（Venturi, L.）著；徐书城译
北京　中国文联出版公司 1987 年 51 页 有图 19cm（32 开）统一书号：8355.846
定价：CNY0.97
　　外文书名：Four Steps Toward Modern Art.

J006389
版画交流风尘录　李平凡著
成都　四川美术出版社 1988 年 114 页 有照片 20cm（32 开）ISBN：7-5410-0188-0
定价：CNY2.20
　　作者李平凡（1922—2011），版画家。原名李文琨，别名里肯，天津津南人。历任人民美术出版社编辑、编审，《版画世界》主编，日本国际版画研究会顾问，平凡友好画院名誉院长。出版有《平凡木刻版画》《李平凡图文集》《李平凡画集》等，编辑《中华人民版画集》《中国古代木刻画选集》《中国水印版画》等。

J006390
北宋图画院之新探　佘城著
台北　文史哲出版社 1988 年 206 页 有图 21cm（32 开）定价：TWD220.00
（艺术丛刊 6）
　　本书内容包括："画院思想的发轫与草创"、"早期画院的发展"、"北宋图画院兴盛发达的概况"、"北宋图画院制度与组织的情形"、"北宋图画院绘画创作的内容"、"北宋历朝图画院活动画家与流传画迹的情形"、"北宋图画院的没落"。

J006391
美国绘画　李新编著
北京　人民美术出版社 1988 年 77 页 有彩图 26cm（16 开）ISBN：7-102-00156-8

定价：CNY7.65

　　本书介绍了各个时期美国绘画发展的历程及其现状，书后附各时期和流派的代表性作品124幅。

J006392

英国水彩画（1750—1850）（英）威尔顿（Andrew Wilton）著；李正中，姚暨荣译

北京 中国文联出版公司 1988年 224页 有图 26cm（16开）ISBN：7-5059-0436-1

定价：CNY8.65

　　外文书名：British Water Colours.

J006393

中国画史评传　吕佛庭著

台北 中国文化大学出版部 1988年 新1版 422页 有图 21cm（32开）定价：TWD350.00

J006394

中国绘画史　潘天寿著

上海 上海人民美术出版社 1988年 重印本 301页 有图 19cm（32开）统一书号：8081.1307

定价：CNY4.40

　　作者潘天寿（1897—1971），现代著名国画家，美术教育家，原名天授，字大颐，号寿者。浙江宁海县人。擅画花鸟、山水，兼善指画，亦能书法、诗词、篆刻。曾任中国文联委员，中国美术家协会副主席，浙江省文联副主席，中国美协浙江分会主席，浙江美术学院院长、教授等职。著有《中国绘画史》《听天阁画谈随笔》等。

J006395

中国绘画史　潘天寿编

北京 中国书店 1988年 影印本 224页 有图 19cm（32开）ISBN：7-80568-019-1

定价：CNY4.40

　　本书据商务印书馆1926年版影印。

J006396

中国抗战画史　曹聚仁，舒宗桥编著

北京 中国书店 1988年 影印本 448页 有图 26cm（16开）精装 定价：CNY23.00

　　本书收有照片近1000幅，文字40万字，地图80幅，插图8幅。内容包括：1、第二次世界大战的起源，2、从九·一八到西安事变，3、中国全面抗战（上），4、闪电战的时代，5、德苏战争，6、太平洋战争，7、北非之战，8、盟军解放欧洲，9、中国全面抗战（下），10、太平洋盟军反攻，11、日本投降，12、从战争到和平。并附二次大战重要文献索引和二次大战大事记。

J006397

中国山水画史　陈传席著

南京 江苏美术出版社 1988年 978页 19cm（32开）ISBN：7-5344-0042-2 定价：CNY8.10

　　本书展示山水画从魏晋时代到清末的发展进程。作者陈传席（1950—　），教授。江苏睢宁人，毕业于南京师范大学美术学院，获博士学位。中国人民大学艺术学院教授、博士生导师，中国美术家协会会员，中国美术学院客座教授。兼任中国佛教艺术研究所所长、中国美术家协会理论委员会副主任等。代表作有《陈传席文集》《中国山水画史》《中国绘画美学史》等。

J006398

超级现实主义　（美）卢西-史密斯著；封一函译

北京 人民美术出版社 1989年 52页 有图 19cm（32开）ISBN：7-102-00600-4

定价：CNY2.00

（世纪美术文库）

J006399

绘画艺术　谢成林编著

上海 三联书店上海分店 1989年 119页 有图 20cm（32开）ISBN：7-5426-0108-3

定价：CNY3.70

（中华文明图库）

J006400

漫步中国画廊　赵苏娜著

北京 人民教育出版社 1989年 135页 有图 19cm（32开）ISBN：7-107-10371-7

定价：CNY2.50

J006401

欧洲现代绘画美学　吕澎著

广州 岭南美术出版社 1989年 298页 有图 19cm（32开）ISBN：7-5362-0158-3

定价：CNY6.80

本书介绍了欧洲19世纪最后10年和20世纪40年的绘画发展过程，以及这一时期的画家和作品。分析了当时西方画坛的各种美学思潮。阐述了作品的特殊社会背景、哲学与文化潮流、美学趣味、绘画风格之间错综复杂的关系。作者吕澎(1956—　)，编辑、艺术评论家。生于重庆，毕业于四川师范学院政治教育系。历任《戏剧与电影》杂志社编辑，中国美术学院艺术人文学院副教授，成都当代美术馆馆长。著有《欧洲现代绘画美学》《现代绘画：新的形象语言》《艺术——人的启示录》等。

J006402
情感与符号　（康定斯基与抽象主义绘画）罗士平著
北京 人民美术出版社 1989年 70+32页
有图 19cm（32开）ISBN：7-102-00454-0
定价：CNY2.30
（世纪美术文库）

J006403
台湾美术简史　吴步乃，沈晖编著
北京 时事出版社 1989年 294页 有图 19cm（32开）
ISBN：7-80009-050-7 定价：CNY4.50
（台湾丛书）

本书为资料性的工具书，由台湾美术史、图录、美术家小传3个部分组成。该书描写了300年来台湾美术发展各方面情况的概貌及现状，大陆较少了解的建筑、土著民族艺术等，也都有专章介绍。

J006404
台湾现代美术运动　陈履生著
北京 人民美术出版社 1989年 93页 有图
19cm（32开）ISBN：7-102-00498-2
定价：CNY2.80
（世纪美术文库）

作者陈履生(1956—　)，画家、美术理论家。江苏镇江人。号平生。硕士毕业于南京艺术学院美术系。中国美术家协会会员，中国、日本美术交流协会会员、装帧艺术研究会会员。主要著作有《神画主神研究》《明清花鸟画 题画诗选注》《台湾现代美术运动》等。

J006405
现代主义诸流派分析与批评　（苏）基霍米洛夫等著；王庆璠译
北京 中国文联出版公司 1989年 434页 有图
20cm（32开）ISBN：7-5059-0311-X
定价：CNY8.90

本书评述自20世纪初迄今西方现代派艺术的各主要流派，书中附92幅图。

J006406
中国西画五十年　（1898—1949）朱伯雄，陈瑞林编著
北京 人民美术出版社 1989年 648页 有图
20cm（32开）ISBN：7-102-00068-5
定价：CNY15.00

本书叙述了西画自传入至发展的50年历史。书后附有150余幅当时作品及团体活动照片。

J006407
画　姚秦编著
南宁 广西民族出版社 1990年 162页 有图
19cm（32开）ISBN：7-5363-1002-1
定价：CNY2.50
（当代青年文化娱乐丛书 第一辑 4）

本书内容包括：中、西绘画的起源；西方现代绘画艺术简介；绘画技法简介；名画欣赏；画坛趣闻轶事。作者姚秦(1933—　)，广西艺术学院美术系教授，中国美术家协会会员。

J006408
六朝画家史料　陈传席编
北京 文物出版社 1990年 368页 20cm（32开）
ISBN：7-5010-0034-4 定价：CNY8.00

本书汇集了六朝画家50人的史料。每一画家的史料又分传记材料和作品两部分。史料前有编者对该画家生平及其作品的简要评述。

J006409
日本浮世绘简史　陈炎锋编著
台北 艺术家出版社 1990年 152页 有图
21cm（32开）定价：TWD250.00

J006410
宋代山水画的创新与发展　徐士苹著
北京 人民美术出版社［1990年］64页 有图

19cm（32开）ISBN：7-102-00268-8
定价：CNY1.80

J006411

威尼斯画派　吴泽义编著
北京 人民美术出版社 1990年 100页 19cm（32开）
定价：CNY4.60

J006412

威尼斯画派　吴泽义编著
北京 人民美术出版社 1991年 100页 有图
19cm（32开）ISBN：7-102-00630-6
定价：CNY4.60

　　威尼斯画派是意大利文艺复兴时代较有代
表性的一种艺术流派。本书图文并茂，就本画派
的代表性画家的作品的艺术特征、艺术风格作了
简要评介。

J006413

威尼斯画派　吴泽义著
台北 艺术图书公司 1999年 217页 有图
21cm（32开）ISBN：957-672-300-0
定价：TWD450.00
（西洋绘画导览 23）

J006414

英国绘画史　马凤林等编著；张朝玺，林枫
辑图
广州 岭南美术出版社 1990年 271+64页 有图
19cm（32开）ISBN：7-5362-0502-3
定价：CNY13.00

　　本书论述从莎加斯至比亚兹近200年的英
国美术发展史，介绍了英国这段时间美术发展的
各个阶段和众多画派，以及英国美术发展高峰的
特征。作者马凤林（1950—　），天津人民美术出
版社美术编辑。

J006415

抽象表现主义　奥平（Auping, M.）编；黄丽
娟译
台北 远流出版事业公司 1991年 266页 有图
21cm（32开）ISBN：957-32-1452-0
定价：TWD480.00
（艺术馆 1）

　　外文书名：Abstract Expressionism.

J006416

反向思维艺术　（一种新的视觉图形思维方
法）夫龙著
福州 福建美术出版社 1991年 265页 20cm（32开）
ISBN：7-5394-0137-6 定价：CNY11.50

　　本书通过大量精确而又生动的图例，介绍了
反思维图形艺术理论。作者夫龙（1963—　），编
辑、记者。历任中国青年出版社美术编辑、记者，
美国图形艺术协会注册会员，国际图形艺术联盟
会员。

J006417

光效应艺术　（美）贝雷特著；朱国勤译
上海 上海人民美术出版社 1991年 162页
20cm（32开）ISBN：7-5322-0709-9
定价：CNY5.20

J006418

克瑙尔抽象绘画词典　（法）瑟福（M.Scuphor）
著；王昭仁译
北京 人民美术出版社 1991年 326页 有图
19cm（小32开）ISBN：7-102-00790-6
定价：CNY8.70

　　本书是介绍抽象派绘画作者及抽象绘画历
史的工具书。外文书名：Enaurs lexikon abstrakter
malerel.

J006419

明清文人画新潮　林木著
上海 上海人民美术出版社 1991年 417页
20cm（32开）ISBN：7-5322-0711-0
定价：CNY8.80

　　本书对明清文人画的情感内容、笔墨形态、
风格特征及传统继承等方面进行了全面评价。
作者林木（1949—　），教授。四川泸州人，毕业
于西南师范大学中文系。历任四川美术学院教
授、美术史论家、评论家。著有《论文人画》《明
清文人画新潮》《中国古代画论发展史实》等。

J006420

我与木刻　唐英伟著
武汉 湖北美术出版社 1991年 66页 有图
19cm（小32开）ISBN：7-5394-0249-0
定价：CNY2.50，CNY4.50（精装）

　　本书收录《关于新兴木刻运动》《我的木刻

生涯》。附鲁迅致唐英伟的 2 封信及木刻作品。
外文书名：Wood Engraving with Me. 作者唐英伟
（1915—？），版画家。广东潮安人，毕业于广州
市立美术学校国画系。参与创办《现代版画》，曾
任杭州国立艺专副教授，后定居香港。出版个人
作品集《版画与雕塑》。

J006421

五月与东方 （中国美术现代化运动在战后台
湾之发展 1945—1970）萧琼瑞著
台北 东大图书公司 1991 年 425 页 有图
24cm（26 开）精装
（沧海美术）

J006422

异彩纷呈的艺术长廊 （西方绘画巡礼）张京
生，王元珍编著
北京 高等教育出版社 1991 年 228 页 有彩图
20cm（32 开）ISBN：7-04-003266-X
定价：CNY4.70
（艺术教育丛书）

　　本书介绍了西方绘画的发展过程、各主要流
派的特征和主要画家的生平、创作及其代表作品
等。作者张京生（1940—　　），画家。生于北京，
毕业于中央美术学院油画系。天津美术学院教
授、硕士生导师，中国美术家协会会员。王元珍
（1943—　　），女，油画家。天津美术学院教授，
中国美术家协会会员。

J006423

英国绘画 （1525—1975）（英）森德兰（J.
Sanderland）著；刘明毅，唐伯祥译
上海 上海人民美术出版社 1991 年 107 页 有图
21cm（32 开）精装 ISBN：7-5322-0521-5
定价：CNY11.00
（外国美术史丛书）

　　本书着重阐述宗教和政治对绘画的影响，将
外国艺术家在英国的活动及其作品视为英国的
艺术现象。附录有画家简介，收 145 位画家的小
传。每幅插图均有简要注释。有图 197 幅。

J006424

中国古代绘画 徐改著
北京 商务印书馆 1991 年 133 页 有彩图
19cm（小 32 开）ISBN：7-100-01248-1

定价：CNY2.30
（中国文化史知识丛书）

J006425

中国古代绘画 徐改著
北京 商务印书馆 1996 年 188 页 19cm（小 32 开）
ISBN：7-100-02117-0 定价：CNY12.00
（中国文化史知识丛书）

J006426

中国古代绘画 徐改著
台北 商务印书馆 1999 年 170 页 有图
19cm（小 32 开）ISBN：957-05-0798-5
定价：TWD140.00
（中华文化史知识丛书 22）

J006427

中国古代绘画简史 童教英著
上海 复旦大学出版社 1991 年 227 页 有图
19cm（小 32 开）ISBN：7-309-00667-4
定价：CNY3.80

　　本书系统论述了每一时代的文化氛围、审美
情趣、绘画风格、典型画家的多方面画格及典型
作品、典型画论。

J006428

中国古代美术 冯杰著
济南 山东教育出版社 1991 年 159 页 19cm（32 开）
ISBN：7-5328-0903-X 定价：CNY1.62
（中国文化史知识丛书）

J006429

中国山水画史 黄云编著
广州 广东高等教育出版社 1991 年 106 页 有
图 20cm（32 开）ISBN：7-5361-0646-7 定价：
CNY3.25

　　作者黄云（1931—2007），画家、教授。祖籍
广东新会，生于广东恩平。毕业于中央工艺美术
学院。华南师范大学教授，广州书画学院副院长、
教授，广州市文史研究馆馆员，中国美术家协会
会员。作品有《黄帆倒影》《山村傍晚》《山里野
趣》等。

J006430

简明世界绘画史 （美）简森著；李野青译

南宁 广西美术出版社 1992 年 242 页 有图
19cm（小 32 开）ISBN：7-80582-440-1
定价：CNY9.80

J006431

名画精览　　朱铭著

济南 山东文艺出版社 1992 年 250 页 有图
20cm（32 开）ISBN：7-5329-0895-X
定价：CNY7.60
（中国文化精华文库 文学艺术类）

本书通过对古今 105 位画家的评论，介绍了中国绘画的历史。作者朱铭（1937—2011），教授。江苏泰州人，毕业山东师范大学艺术系。历任山东艺术学院教授，中国美术家协会会员，山东美协理事，山东省广告协会副会长。

J006432

欧洲传统绘画技法演进三百图　（上册）潘世勋编著

南宁 广西美术出版社 1992 年 110 页 30cm（12 开）
ISBN：7-80582-451-7 定价：CNY28.00

本书分上、中、下 3 册。阐述欧洲 300 年传统绘画演进的大致脉络，历史上有重要影响的各种画派和绘画大师艺术技巧特色，运用教材方面的探索和创造。

J006433

欧洲传统绘画技法演进三百图　（中册）潘世勋编著

南宁 广西美术出版社 1992 年 100 页 30cm（12 开）
ISBN：7-80582-452-5 定价：CNY28.00

J006434

欧洲传统绘画技法演进三百图　（下册）潘世勋编著

南宁 广西美术出版社 1992 年 72 页 30cm（12 开）
ISBN：7-80582-453-3 定价：CNY28.00

J006435

石涛美学思想研究　　周志诚著

桂林 漓江出版社 1992 年 224 页 有照片
19cm（小 32 开）定价：CNY4.20

本书介绍了我国清初著名的绘画艺术家和美学思想家石涛坎坷的一生及思想的递变分析了其美学思想体系。作者周志诚（1936—　　），桂

林市人民政府任职，广西美学学会理事、桂林市社会科学学会联合会副主席。

J006436

世界名画家与模特儿　（美）布利特著；苏音译

天津 天津人民出版社 1992 年 153 页 有图
18cm（24 开）ISBN：7-201-01028-X
定价：CNY4.90

本书介绍古希腊著名艺术家的生平轶事以及他们的创作经历，特别是对他们在作品中塑造的女性形象所依据的模特儿和彼此之间的关系加以了描述。

J006437

中国画发展史纲要　　张安治著

北京 外文出版社 1992 年 246 页 有彩图
31cm（10 开）精装 ISBN：7-119-01503-6
定价：CNY198.00

本书论述中国绘画艺术的历史和传统。精选中国绘画传世精品 190 幅。附索引。作者张安治（1911—1990），艺术家、油画家。字汝进，笔名紫天、张帆，江苏扬州人，毕业于南京中央大学美术系。就职于北京师范大学、北京艺术学院、中央美术学院等。著有《中国画论纵横谈》《中国画发展史纲要》《中国绘画史纲要》《墨海精神—中国画论纵横谈》等。

J006438

中国画史研究论集　　李霖灿著

台北 商务印书馆 1992 年 重印本 223 页
21cm（32 开）ISBN：957-05-0599-0
定价：TWD5.00
（故宫博物院自著丛刊）

J006439

中国绘画史　　俞剑华著

上海 上海书店 1992 年 影印本 237+323 页
19cm（32 开）ISBN：7-80569-622-5
定价：CNY7.65

作者俞剑华（1895—1979），绘画史论家、画家、美术教育家。原名俞昆，曾用名俞德，字剑华，以字行。生于山东济南，毕业于北京高等师范手工图画专修科。先后执教于北京美术学校、山东美术学校、上海美术专科学校、暨南大学

等。出版有《中国绘画史》《中国画论类编》《立体图案法》等。

J006440
中国绘画史　俞剑华著
上海　上海书店 1992 年　影印本 237+323 页
有图 19cm（32 开）精装 ISBN：7-80569-741-8
定价：CNY4500.00（全编）
（民国丛书 第四编 美学·艺术类 62）

J006441
中国绘画思想史　高木森著
台北　东大图书公司 1992 年　420 页 23cm（20 开）
精装 ISBN：957-19-1367-7
（沧海美术 3）

J006442
抽象绘画　（美）波里布尼（Arsen Pohribny）著；
王端亭译
南京　江苏美术出版社 1993 年 183 页 有彩图
19cm（小 32 开）ISBN：7-5344-0279-4
定价：CNY7.50
（外国现代美术理论丛书）
　　本书阐释了抽象绘画的艺术特征及其在 20
世纪数十年来的发展情况与影响。外文书名：
Abstract Painting.

J006443
从名画了解艺术史　张心龙著
台北　雄狮图书公司 1993 年 141 页 26cm（16 开）
ISBN：957-8980-00-0 定价：TWD350.00
（西洋艺术鉴赏系列 1）
　　外 文 书 名：Understanding Art History
Throught Masterpieces.

J006444
黔西北彝族美术　（那史·彝文古籍插图）陈
长友主编
贵阳　贵州人民出版社 1993 年 253 页 有彩照
28cm（大 16 开）ISBN：7-221-03261-0
定价：CNY200.00
　　本书内容包括：黔西北彝族古代绘画概略、
文献选译《颜色的由来》、那史、彝文古籍插图
等 6 个部分。外文书名：Art of the Yi People on
Nouthwest Guizhou.

J006445
清代院画　杨伯达著
北京　紫禁城出版社 1993 年 253 页 有彩图
20cm（32 开）ISBN：7-80047-156-X
定价：CNY12.00
　　作者杨伯达（1927—　），研究馆员。生于
辽宁旅顺，祖籍山东蓬莱，毕业于华北大学美术
系。历任故宫博物院副院长、中国博物馆学会副
理事长。编著有《中国金银器、玻璃器、珐琅器
全集》《中国玉器全集补遗》等。

J006446
宋代绘画美学析论　黄光男著
台北　汉光文化事业公司 1993 年 568 页
21cm（32 开）ISBN：957-629-224-7
定价：TWD450.00
（人文系列 15）

J006447
浙江革命版画选集　周其忠主编
杭州　中国美术学院出版社 1993 年 285 页 有图
及照片 20cm（32 开）ISBN：7-81019-261-2
定价：CNY9.50
（浙江省革命文化史料丛书 5）

J006448
中国古代宫廷绘画管窥　王颀著
北京　北京燕山出版社 1993 年 207 页 有照片
19cm（小 32 开）ISBN：7-5402-0489-3
定价：CNY4.95
（文物鉴赏丛书）
　　本书介绍了宫廷绘画的内容、分类和作用，
帝王及其家族中绘画之风的消长，宫廷绘画的思
想性和宫廷绘画评估等。

J006449
中国画史论辨　阮璞著
西安　陕西人民美术出版社 1993 年 265 页
20cm（32 开）ISBN：7-5368-0352-4
定价：CNY9.80
　　本书收录论文 13 篇，包括：《谢赫"六法"原
义考》《张彦远之书画异同论》《苏轼的文人画观
论辨》等。

J006450

中国绘画史要 何延韶编著

天津 天津人民美术出版社 1993 年 334+86 页
有图 19cm（32 开）ISBN：7-5305-0339-1
定价：CNY23.80

作者何延韶，天津美术学院任教。

J006451

中国山水画史录 徐金堤著

济南 齐鲁书社 1993 年 253 页 20cm（32 开）
ISBN：7-5333-0393-8 定价：CNY6.50

本书内容包括：山水画孕育时期、山水画发展成熟时期、山水画本体保守与逆反时期等。作者徐金堤（1938—2009），国画家、教授。山东潍坊人。历任山东艺术学院美术系主任、教授、党总支书记，山东画院山水画研究会副会长，全国美术教育研究会会员，中国美术家协会会员。作品有《泰山岩岩》《长城魂》《碧霞映雪》等，出版有《徐金堤画集》等。

J006452

超然想象构成 学文，义友编著

沈阳 辽宁美术出版社 1994 年 278 页 有彩图
17×19cm ISBN：7-5314-1024-9
定价：CNY32.00

本书从平面视觉传达设计创意角度和建构的超然想象模式，选择了大量的典型图例。

J006453

隔江山色 （元代绘画 一二七九至一三六八）
（美）高居翰（Cahill，J.）著；王季文译

台北 石头出版公司 1994 年 239 页 31cm（10 开）
精装 定价：TWD2600.00

外文书名：Hills Beyond A River.

J006454

京江画派研究 赵力著

长沙 湖南美术出版社 1994 年 332 页 有图
20cm（32 开）ISBN：7-5356-0702-0
定价：CNY15.00

本书内容包括：京江地区的画学传统、京江画派的先驱、京江画派发展期的重要画家等。作者赵力，青年美术史论家。

J006455

美国现代绘画 郭文堉等著

长春 吉林美术出版社 1994 年 98 页 20cm（24 开）
ISBN：7-5386-0472-3 定价：CNY25.00

作者郭文堉（1932—　），女，编辑、教授。河北保定人，毕业于中央美术学院。历任吉林艺专、长春电影学院美术系、东北师大艺术系教师，天津美术学院教授。 出版有《达芬奇》《米开朗基罗》《拉斐尔》《德加》等。

J006456

名画与画家 张心龙著

台北 雄狮图书公司 1994 年 142 页 26cm（16 开）
ISBN：957-8980-14-0 定价：TWD350.00
（西洋艺术鉴赏系列 2）

外文书名：Masters and Masterpieces.

J006457

印象主义 （坦白率真的自然美学）巴耶
（Baillet）著；高实珩译

台北 牛顿出版公司 1994 年 60 页 有彩图
24cm（26 开）精装 ISBN：957-627-379-X
定价：TWD250.00
（艺术家的花园 8）

J006458

走向何处 李一著

北京 中国社会出版社 1994 年 264 页 有彩图
19cm（小 32 开）ISBN：7-80088-547-X
定价：CNY6.50
（后现代主义文化丛书 3）

本书是世界后现代主义与当代绘画美术评论集。

J006459

超现实主义与女人 （美）玛丽·安·考斯（Mary Ann Caws）编；林明泽，罗秀芝译

台北 远流出版事业公司 1995 年 372 页
有图 21cm（32 开）ISBN：957-32-2691-X
定价：TWD350.00
（艺术馆 24）

外文书名：Surrealism and Women.

J006460

传神写意的中国绘画 沈亚丹著

沈阳 辽宁古籍出版社 1995 年 184 页 有图
19cm（小 32 开）ISBN：7-80507-280-9
定价：CNY43.00（艺术卷）
（中华民族优秀传统文化丛书 艺术卷）

J006461
后印象派　　贝纳·丹维尔（Bernard Denvir）著；
张心龙译
台北 远流出版事业公司 1995 年 253 页
有图 21cm（32 开）ISBN：957-32-2623-5
定价：TWD320.00
（艺术馆 22）

J006462
嘉义地区绘画之研究　　林柏亭著
台北 历史博物馆 1995 年 260 页 有图
21cm（32 开）ISBN：957-00-5672-X
（史物丛刊 5）

J006463
墨戏与逍遥　（中国文人画美学传统）彭修银著
台北 文津出版社 1995 年 252 页 21cm（32 开）
ISBN：957-668-312-2 定价：TWD220.00
（文津学术文库 2）
　　作者彭修银（1952—　），美学家、教授、博
士。湖北广水市人，山东大学文艺学美学博士毕
业。南开大学东方艺术系任教。出版有《美学范
畴论》《中西戏剧美学思想比较研究》《中国文人
画的美学传统》等。

J006464
西方绘画史话　　左庄伟著
上海 上海文艺出版社 1995 年 200 页
19cm（小 32 开）ISBN：7-5321-1271-3
定价：CNY3.00
（希望美育文库）

J006465
中国古代绘画　　杜永菊，孟庆荣编著
北京 北京科学技术出版社 1995 年 128 页
19cm（小 32 开）ISBN：7-5304-1662-6
定价：CNY3.90
（中国历史知识全书 灿烂文化）

J006466
中国绘画　　王克文著
上海 上海古籍出版社 1995 年 161 页 有彩图
19cm（小 32 开）ISBN：7-5325-1934-1
定价：CNY9.10
（中华文明宝库）
　　作者王克文（1933—　），教授。浙江奉化
人，毕业于南京艺术学院美术系。任职于上海戏
剧学院，兼任上海美育学会副会长，黄宾虹研究
会（全国）副会长、秘书长，中国艺术研究院特邀
研究员等。专著有《山水画技法述要》《敦煌艺
术》《山水画审美与技法》。

J006467
中国绘画史话　　华明著
上海 上海文艺出版社 1995 年 185 页 19cm（32 开）
ISBN：7-5321-1269-1 定价：CNY3.00
（希望美育文库）

J006468
中国绘画演义　　殷伟著
上海 上海文艺出版社 1995 年 451 页 有图
20cm（32 开）ISBN：7-5321-1337-X
定价：CNY18.60
（文艺演义丛书）

J006469
禅学与禅意画　　范瑞华著
北京 国际文化出版公司 1996 年 155 页 有照片
20cm（32 开）ISBN：7-80105-498-9
定价：CNY9.50

J006470
风格与世变　（中国绘画史论集）石守谦著
台北 允晨文化实业公司 1996 年 359 页 有图
26cm（16 开）精装 ISBN：957-9449-25-2
定价：TWD650.00
（美术考古丛刊 4）

J006471
国际超前卫　（意）奥利瓦（Achille Bonito Oliva）
著；陈国强译
台北 远流出版事业公司 1996 年 223 页
21cm（32 开）ISBN：957-32-2752-5
定价：TWD360.00

（艺术馆 29）

外文书名：Transavantgarde International.

J006472
横看成岭侧成峰　薛永年著
台北 东大图书股份有限公司 1996 年 16+504 页
有图 23cm（20 开）精装 ISBN：957-19-1906-3
定价：TWD650.00
（沧海美术 艺术史 7）

作者薛永年（1941— ），教授。北京人，毕业于中央美术学院美术史论系。历任中央美术学院美术史系主任、中国书法家协会会员。著有《晋唐宋元卷轴画史》《书画史论丛稿》《扬州八怪与扬州商业》《蓦然回首》《华岩研究》等，主编有《中国美术简史》《中国绘画的历史与审美鉴赏》等。

J006473
江山代有才人出　薛永年著
台北 东大图书公司 1996 年 361 页 有图
23cm（20 开）ISBN：957-19-1916-0
定价：TWD540.00
（沧海美术 艺术史 8）

J006474
拉飞尔前派　刘振源著
台北 艺术图书公司 1996 年 281 页 21cm（32 开）
ISBN：957-672-224-1 定价：TWD450.00
（西洋绘画导览 6）

"拉斐尔前派是" 19 世纪中叶出现于英国的一个画派。因认为真正（宗教）艺术存在于拉斐尔之前，企图发扬拉斐尔以前的艺术来挽救英国绘画而得名。作者刘振源（1953— ），画家。河北昌黎人。号紫云斋主人。出版个人专辑《中国美术成就——刘振源（1911—2011 百年书画名家专辑）》。

J006475
六朝艺术　江苏省美术馆编
南京 江苏美术出版社 1996 年 225 页 有图
4 册 29cm（16 开）精装 ISBN：7-5344-0437-1
定价：CNY258.00

J006476
罗浮宫五百年名画巡礼　（1400—1900）刘

振清摄；朱铭撰文
济南 山东画报出版社 1996 年 92 页 29cm（16 开）
ISBN：7-80603-069-7 定价：CNY98.00

J006477
欧洲传统绘画技法演进 300 图　潘世勋编著
南宁 广西美术出版社 1996 年 2 版 修订本
25cm（小 16 开）ISBN：7-80625-120-0
定价：CNY98.00

J006478
斯土绘影　（1985—1945）李钦贤译
台北 立虹出版社 1996 年 238 页 31cm（10 开）
精装 ISBN：957-99222-3-3 定价：TWD3600.00
（台湾影像历史系列 2）

外文书名：The Drawings of That Land, The
Interpretation of Taiwan, 1895-1945.

J006479
外国名画名雕塑背景故事　王路编著
北京 世界知识出版社 1996 年 122 页 有照片
20cm（32 开）ISBN：7-5012-0814-X
定价：CNY6.50
（外国风物丛书 5）

作者王路（1936— ），画家。安徽霍邱人，北京书画院油画、雕塑工作室主任，北京市美术家协会理事。代表作品有《古田会址》《白洋淀上》《天山之晨》等。

J006480
西方绘画史话　左庄伟著
北京 中国少年儿童出版社 1996 年 200 页 有图
19cm（小 32 开）ISBN：7-5007-3010-1
（希望书库 6-58 总 427）

本书由中国少年儿童出版社和中国青年出版社联合出版。

J006481
西洋绘画史　何恭上主编；冯作民译
台北 艺术图书公司 1996 年 再版 255 页
21cm（32 开）ISBN：957-9045-87-9
定价：TWD450.00
（西洋绘画导览 12）

J006482

中国绘画史　张朝晖, 徐琛著

台北 文津出版社 1996 年 341 页 有照片
21cm（32 开）ISBN：957-668-388-2
定价：TWD320.00
（中国文化史丛书 47）

J006483

中国绘画史话　华明著

北京 中国少年儿童出版社 1996 年 185 页 有图
19cm（32 开）ISBN：7-5007-3009-8
（希望书库 5-45 总 349）

　　本书由中国少年儿童出版社和中国青年出
版社联合出版。

J006484

传统与欲望　（从大卫到德拉克罗瓦）（英）诺
曼·布列逊（William Norman Bryson）著；丁宁译

石家庄 河北美术出版社 1997 年 13+211 页
有图 26cm（16 开）ISBN：7-5310-0759-2
定价：CNY29.00

　　本书是法国近代绘画史与油画美术评论集，
据英国剑桥大学出版社 1984 年版译出。著者通
译：W.N. 布赖森。

J006485

何谓台湾?　（近代台湾美术与文化认同论文
集）施梅珠文字编辑

台北 1997 年 347 页 有图 29cm（16 开）
定价：[TWD600.00]

J006486

画说中华文化形象　（中华绘画）刘梦溪, 黄
克剑主编；郭晓川, 高毅清编著

南宁 广西教育出版社 1997 年 64 页 29cm（16 开）
精装 ISBN：7-5435-2595-X 定价：CNY78.00

J006487

六朝艺术　（顾恺之、萧绎绘画长卷）江苏省
美术馆编

南京 江苏美术出版社 1997 年 4 张 29cm（16开）
ISBN：7-5344-0662-5 定价：CNY58.00

J006488

七友画会及其艺术之研究　林永发著

台北 历史博物馆 1997 年 16+250 页 有图
21cm（32 开）ISBN：957-00-8973-3
（史物丛刊 15）

J006489

山水百家　罗世平, 董晓畔编著

哈尔滨 黑龙江美术出版社 1997 年 10+258 页
有图 20cm（32 开）ISBN：7-5318-0376-3
定价：CNY26.80

　　编者罗世平（1955—　），教授。毕业于湖北
艺术学院美术系。中央美术学院教授、博士生导
师，中国美术家协会会员，中国敦煌吐鲁番学会
会员。著作有《欧洲近代雕塑大师罗丹》《山水
百家》《20 世纪唐研究文化卷·美术》等。

J006490

宋元明清书画家传世作品年表　刘九庵
编著

上海 上海书画出版社 1997 年 80+1019 页
20cm（32 开）精装 ISBN：7-80512-713-1
定价：CNY138.00

J006491

悟入丹青　（中国画僧）郑伯萍等著

北京 华文出版社 1997 年 202 页 有图
19cm（小 32 开）ISBN：7-5075-0583-9
定价：CNY11.00
（中国佛教文化丛书 5）

J006492

西方后现代绘画　孔新苗编著

济南 山东美术出版社 1997 年 104 页 29cm（16 开）
ISBN：7-5330-1041-8 定价：CNY52.00

　　外 文 书 名：The Postmodern Painting of the
West.

J006493

印象名画导览　夏河编

台北 艺术图书公司 1997 年 251 页 21cm（32 开）
ISBN：957-672-257-8 定价：TWD450.00
（西洋绘画导览 17）

J006494

印象主义　保罗·史密斯（Paul Smith）著；罗竹
茜译

台北 远流出版事业公司 1997 年 173 页 有图
24cm（27 开）ISBN：957-32-3044-5
定价：TWD350.00
（艺术藏 4）

　　外文书名：Impressionism.

J006495

中国古绘画长廊　　江宏，车鹏飞编著
福州 福建教育出版社 1997 年 187 页 有彩图
19cm（小 32 开）ISBN：7-5334-2241-4
定价：CNY10.45
（当代中学生丛书 精品集 艺术篇）

　　本书收 113 幅图，通过对各个时期代表画
家、作品的评介，展示从原始社会到清代末期的
中国绘画发展纵向轨迹，同时注意对各个朝代同
类作品和画家作横向比较分析。

J006496

中国绘画理论史　　陈传席著
台北 东大图书公司 1997 年 446 页 有图
23cm（20 开）ISBN：957-19-1942-X
定价：TWD600.00
（沧海美术 艺术史 9）

　　作者陈传席（1950—　　），教授。江苏睢宁人，
毕业于南京师范大学美术学院，获博士学位。中
国人民大学艺术学院教授、博士生导师，中国美
术家协会会员，中国美术学院客座教授。兼任中
国佛教艺术研究所所长、中国美术家协会理论委
员会副主任等。代表作有《陈传席文集》《中国
山水画史》《中国绘画美学史》等。

J006497

中国绘画三千年　　杨新等编
北京 外文出版社 1997 年 402 页 31cm（12 开）
精装 ISBN：7-119-02081-1 定价：CNY350.00
（中国文化与文明）

　　本书由外文出版社和美国耶鲁大学出版社
联合出版。作者杨新（1940—　　），书法家。湖南
湘阴人，毕业于中央美术学院。历任故宫博物院
副院长、研究员，中国书法家协会会员、北京市
博物馆学会副理事长。出版有《作者杨新美术论
文集》《扬州八怪》《中国传统线描人物画》《中国
绘画三千年》等。

J006498

中国绘画史　　任道斌，关乃平著
南昌 21 世纪出版社 1997 年 98 页 28cm（16 开）
ISBN：7-5391-1236-0 定价：CNY22.00

　　本书由 21 世纪出版社和江西美术出版社联
合出版。

J006499

中国绘画史导论　　高准著
台北 文史哲出版社 1997 年 再版 284 页 有图
21cm（32 开）ISBN：957-549-084-3
定价：TWD280.00
（艺术丛刊 13）

J006500

中国绘画通史　　王伯敏著
台北 东大图书公司 1997 年 2 册 有图
23cm（20 开）ISBN：957-19-2156-4
定价：TWD750.00
（沧海美术艺术史 10）

　　作者王伯敏（1924—2013），美术史论家、画
家、诗人。浙江台州人。曾担任中国美术学院
教授，美术学博士生导师。著有《中国绘画通
史》《中国版画史》《中国美术通史》等。

J006501

中国历代画史汇编　（1-2）于玉安编辑
天津 天津古籍出版社 1997 年［影印本］
2 册（690；816 页）26cm（16 开）精装
ISBN：7-80504-549-6 定价：CNY3800.00（全套）

　　本书内容包括：《历代名画记》《唐朝名
画录》《益州名画录》《图画见闻志》《宣和画
谱》《画继》《文湖州竹派》《图绘宝鉴》《图绘
宝鉴续篇》《国朝吴郡丹青志》《画禅》《画史会
要》《无声诗史》。

J006502

中国历代画史汇编　（3）于玉安编辑
天津 天津古籍出版社 1997 年［影印本］714 页
26cm（16 开）精装 ISBN：7-80504-549-6
定价：CNY3800.00（全套）

　　本书内容包括：《明画录》《读画录》《绘事
备考》《国朝画徵录》。作者于玉安，主要编辑作
品有《中国历代画史汇编》《中国历代书法论著
汇编》。

J006503

中国历代画史汇编 （4–5）于玉安编辑
天津 天津古籍出版社 1997 年［影印本］
2 册（751；718 页）26cm（16 开）精装
ISBN：7–80504–549–6 定价：CNY3800.00（全套）

　　本书内容包括：《国朝画识》《墨香居画识》《南宋院画录》《南宋画录引用书目》《南宋院画录补遗》《玉台画史》《海虞画苑略》《海虞画苑略补遗》《越画见闻》《画友录》《履园画学》。

J006504

中国历代画史汇编 （6）于玉安编辑
天津 天津古籍出版社 1997 年［影印本］806 页
26cm（16 开）精装 ISBN：7–80504–549–6
定价：CNY3800.00（全套）

　　本书内容包括：《墨林今话》《画林新咏》《画林新咏遗》。

J006505

中国历代画史汇编 （7–10）于玉安编辑
天津 天津古籍出版社 1997 年［影印本］
4 册 26cm（16 开）精装 ISBN：7–80504–549–6
定价：CNY3800.00（全套）

　　本书内容包括：《墨梅人名录》《历代画史汇传》《梁溪书画征》《书画续录》《竹里画者诗》《怀古田舍梅统》《墨缘小录》《国朝院画录》《迟鸿轩所见书画录》《寒松阁谈艺琐录》《国朝书画家笔录》。

J006506

中国历代画史汇编 （11–12）于玉安编辑
天津 天津古籍出版社 1997 年［影印本］
2 册（690；700 页）26cm（16 开）精装
ISBN：7–80504–549–6 定价：CNY3800.00（全套）

　　本书内容包括：《清代画史增编》《清代画史补编》《清代画史补录》《八旗画录》《历代画史汇传补编》。

J006507

中国现代绘画史 （晚清之部 一八四〇至一九一一）李铸晋, 万青力著
台北 石头出版公司 1997 年 207 页 29cm（16 开）
精装 ISBN：957–9089–25–6 定价：HKD1800.00

J006508

超现实画派 刘振源著
台北 艺术图书公司 1998 年 248 页 21cm（32 开）
ISBN：957–672–293–4 定价：TWD450.00
（西洋绘画导览 16）

　　作者刘振源（1953— ），画家。河北昌黎人。号紫云斋主人。出版个人专辑《中国美术成就——刘振源（1911—2011 百年书画名家专辑）》。

J006509

抽象派绘画 刘振源著
台北 艺术图书公司 1998 年 251 页 21cm（32 开）
ISBN：957–672–291–8 定价：TWD450.00
（西洋绘画导览 7）

J006510

谛听阳光 （现实主义绘画 1–3）海童编著
济南 济南出版社 1998 年 3 册（122；122；122 页）
19cm（32 开）ISBN：7–80629–268–3
定价：CNY72.00
（世界经典绘画鉴赏丛书 第一辑）

J006511

断臂的维纳斯 （希腊罗马的雕塑艺术）钱初熹文
上海 上海人民美术出版社 1998 年 61 页 有图
19cm（小 32 开）ISBN：7–5322–1998–4
定价：CNY23.00
（话说西方绘画）

J006512

法国绘画史 （从文艺复兴到十九世纪末）
（日）高阶秀尔著；潘襎译
台北 艺术家出版社 1998 年 287 页 有图
21cm（32 开）ISBN：957–9530–91–2
定价：TWD480.00

　　外文书名：Histoire De La Peinture Francaise.

J006513

画学丛证 阮璞著
上海 上海书画出版社 1998 年 419 页 20cm（32 开）
ISBN：7–80512–857–X 定价：CNY30.00

J006514

话说西方绘画

上海 上海人民美术出版社 1998 年 5 册 有图
19cm（小 32 开）ISBN：7-5322-1998-4
定价：CNY23.00

J006515
话说中国古代绘画 汤哲明著
上海 上海人民美术出版社 1998 年 5 册 有图
19cm（小 32 开）ISBN：7-5322-1999-2
定价：CNY23.00

J006516
绘画史话 李福顺著
北京 中国大百科全书出版社 1998 年 169 页
有图 19cm（小 32 开）ISBN：7-5000-5918-3
定价：CNY7.80
（中华文明史话）

　　作者李福顺，教授。毕业于中央美术学院
美术史系。历任首都师范大学美术学院教授、博
士生导师、学术委员会委员，中国美术家协会会
员，联合国教科文组织国际岩画委员会会员。专
著有《中国美术史》，主编有《雕塑绘画鉴赏辞
典》《中国书画名家丛书》。

J006517
绘画艺术的历程 蒋家举，相匀撰文
北京 中国建材工业出版社 1998 年 282 页
19cm（小 32 开）ISBN：7-80090-722-8
定价：CNY125.00
（世纪新人知识读本）

J006518
金色的日出 （印象主义的绘画艺术）钱初
颖文
上海 上海人民美术出版社 1998 年 67 页 有图
19cm（小 32 开）ISBN：7-5322-1998-4
定价：CNY23.00
（话说西方绘画）

J006519
蒙娜丽莎的微笑 （文艺复兴的绘画艺术）郑
文文
上海 上海人民美术出版社 1998 年 59 页 有图
19cm（小 32 开）ISBN：7-5322-1998-4
定价：CNY23.00
（话说西方绘画）

J006520
千里江山 （宋代的绘画艺术）单炯著
上海 上海人民美术出版社 1998 年 75 页 有图
19cm（小 32 开）ISBN：7-5322-1999-2
定价：CNY23.00
（话说中国古代绘画）

J006521
清溪悠悠 （明代的绘画艺术）陈海波著
上海 上海人民美术出版社 1998 年 75 页 有图
19cm（小 32 开）ISBN：7-5322-1999-2
定价：CNY23.00
（话说中国古代绘画）

J006522
鹊华秋色 （元代的绘画艺术）汤哲明著
上海 上海人民美术出版社 1998 年 67 页 有图
19cm（小 32 开）ISBN：7-5322-1999-2
定价：CNY23.00
（话说中国古代绘画）

J006523
塞纳河畔的姑娘 （新古典主义的绘画艺术）
初曦义
上海 上海人民美术出版社 1998 年 69 页 有图
19cm（小 32 开）ISBN：7-5322-1998-4
定价：CNY23.00
（话说西方绘画）

J006524
山水清音 （清代的绘画艺术）凌利忠著
上海 上海人民美术出版社 1998 年 76 页 有图
19cm（小 32 开）ISBN：7-5322-1999-2
定价：CNY23.00
（话说中国古代绘画）

J006525
伟大的西方绘画艺术 阿利森·盖洛普，格哈
德·格鲁伊特鲁伊，伊丽莎白·M.韦斯伯格撰稿；
欧阳英，欧阳媛媛译
上海 上海人民出版社 1998 年 320 页 有彩图
32cm（10 开）精装 ISBN：7-208-02949-0
定价：CNY320.00
　　本书从史前时期开始一直到当代，介绍了西
方绘画走过的历程，收录了许多不朽美术家的作

品，如米开朗琪罗、列奥纳多、波提切利、提香的绘画，以及扬·凡·爱克、希耶罗尼姆斯·博斯、阿尔布雷希特·丢勒及其他北欧文艺复兴大师的作品等。外文书名：Great Paintings of the Western World. 译者欧阳英，浙江美术学院任教。

J006526

文艺复兴绘画　吴泽义著
台北 艺术图书公司 1998 年 279 页 有图
21cm（32 开）ISBN：957–672–280–2
定价：TWD450.00
（西洋绘画导览 19）

J006527

西方绘画故事　陈翔，顾英杰文
上海 上海人民美术出版社 1998 年
2 册（83；76 页）有图 19cm（小 32 开）
ISBN：7–5322–2003–6 定价：CNY8.00

J006528

西洋绘画史　何恭上主编；冯作民译
台北 艺术图书公司 1998 年 255 页 21cm（32 开）
ISBN：957–9045–87–9 定价：TWD450.00
（西洋绘画导览 12）

J006529

写实主义　（美）琳达·诺克林（Linda Nochlin）著；刁筱华译
台北 远流出版事业公司 1998 年 369 页 有图
21cm（32 开）ISBN：957–32–3465–3
定价：TWD360.00
（艺术馆 47）
　　外文书名：Realism.

J006530

印象派的再认识　吴甲丰著
北京 中国文联出版公司 1998 年 141 页 有图
20cm（32 开）ISBN：7–5059–2777–9
定价：CNY15.80

J006531

元气淋漓　（元画思想探微）高木森著
台北 东大图书公司 1998 年 401 页 有图
24cm（26 开）ISBN：957–19–2231–5
定价：TWD550.00

（沧海美术 艺术史 14）

J006532

簪花仕女　（先秦汉唐的绘画艺术）邵琦文
上海 上海人民美术出版社 1998 年 74 页 有图
19cm（小 32 开）ISBN：7–5322–1999–2
定价：CNY23.00
（话说中国古代绘画）

J006533

照镜子的少女　（现代主义的绘画艺术）王剑文
上海 上海人民美术出版社 1998 年 70 页 有图
19cm（小 32 开）ISBN：7–5322–1998–4
定价：CNY23.00
（话说西方绘画）

J006534

中国画史论辨　阮璞著
西安 陕西人民美术出版社 1998 年 重印本
265 页 20cm（32 开）ISBN：7–5368–1045–8
定价：CNY9.80

J006535

中国绘画变迁史纲　傅抱石撰；承名世导读
上海 上海古籍出版社 1998 年 18+398 页
20cm（32 开）ISBN：7–5325–2492–2
定价：CNY17.30
（蓬莱阁丛书）
　　本书以论串史，使读者对数千年的绘画变迁史有一个清晰的认识，把握中国传统绘画发展的整体。书前有承名世的《〈中国绘画变迁史纲〉导读》，书后附《中国美术年表》。作者傅抱石（1904—1965），画家。原名长生、瑞麟，号抱石斋主人。生于江西南昌，祖籍江西新余，早年留学日本。历任南京师范学院教授、江苏国画院院长等职。代表作品有《山阴道上》《钟馗》《屈原》《江山如此多娇》，著有《中国古代绘画之研究》《中国绘画变迁史纲》等。

J006536

中国绘画故事　胡知凡文
上海 上海人民美术出版社 1998 年
2 册（75；60 页）有图 19cm（小 32 开）
ISBN：7–5322–2002–8 定价：CNY8.00

J006537

中国绘画史　俞剑华著

北京 商务印书馆 1998 年 影印版

2 册（237；323 页）有图 19cm（32 开）

ISBN：7-100-01439-5 定价：CNY31.40

（中国文化史丛书）

　　作者俞剑华（1895—1979），绘画史论家、画家、美术教育家。原名俞昆，曾用名俞德，字剑华，以字行。生于山东济南，毕业于北京高等师范手工图画专修科。先后执教于北京美术学校、山东美术学校、上海美术专科学校、暨南大学等。出版有《中国绘画史》《中国画论类编》《立体图案法》等。

J006538

中国绘画史　徐琛等著

北京 文化艺术出版社 1998 年 160 页 有图

20cm（32 开）ISBN：7-5039-1618-4

定价：CNY11.80

（中国艺术简史丛书）

J006539

中国绘画史话　杨新，杨丽丽著

长沙 湖南美术出版社 1998 年 194+47 页 有图

20cm（32 开）ISBN：7-5356-1254-7

定价：CNY28.50

J006540

茶艺风情　（中国茶与书画篆刻艺术的契合）

胡丹著

北京 光明日报出版社 1999 年 134 页 有图

20cm（32 开）ISBN：7-80145-158-9

定价：CNY168.00（全套）

（中华茶文化丛书）

J006541

抽象艺术　（英）安娜·莫斯钦卡（Anna Moszynska）著；黄丽绢译

台北 远流出版事业公司 1999 年 282 页 有图

21cm（32 开）ISBN：957-32-3780-6

定价：TWD360.00

（艺术馆 58）

　　外文书名：Abstract Art.

J006542

绘画的故事　（英）温迪·贝克特（Wendy Beckett）著；李尧译

北京 三联书店 1999 年 404 页 28cm（大 16 开）

精装 ISBN：7-108-01296-0 定价：CNY180.00

J006543

模特儿史话　弘力编

沈阳 辽宁美术出版社 1999 年 204 页 有照片

20cm（32 开）ISBN：7-5314-2157-7

定价：CNY19.00

（人体艺术丛书）

J006544

中国绘画　徐建融著

上海 上海外语教育出版社 1999 年 334 页 有图

20cm（32 开）精装 ISBN：7-81046-442-6

定价：CNY45.00

（中华文明书库 第一辑）

J006545

中国绘画三千年　杨新等著

台北 联经出版事业公司 1999 年 402 页 有图

31cm（12 开）精装 ISBN：957-08-1884-0

定价：TWD1500.00

　　作者杨新（1940—　），书法家。湖南湘阴人，毕业于中央美术学院。历任故宫博物院副院长、研究员，中国书法家协会会员、北京市博物馆学会副理事长。出版有《作者杨新美术论文集》《扬州八怪》《中国传统线描人物画》《中国绘画三千年》等。

绘画技法

J006546

画海　（子册）杜宇绘

上海 民权出版社 1917 年 16 页 26×38cm

　　本书是习画范本，分鸟类、侍女画、战争画、图案画等，有文字说明。

J006547

新图画教科书　（第三编 图案）王雅南编辑

北京 王雅南[自刊]1918年[80]页23cm(10开)
定价:大洋七角

J006548
画学真诠 (第1集 铅笔画写生)刘海粟编
上海 商务印书馆 1919年 96页 有图21cm(32开)
定价:大洋五角
　　编者刘海粟(1896—1994),画家、美术教育
家。名槃,字季芳,号海翁。江苏武进人。参与
创办上海私立美术学院。曾任华东艺术专科学
校校长,南京艺术学院院长。代表作《黄山云海
奇观》《披狐皮的女孩》《九溪十八涧》等,有画
集《黄山》《海粟老人书画集》等。

J006549
新绘学 伍联德,陈炳洪编;梁銮校订
上海 商务印书馆 1923年 2册(92;131页)
有图25cm(16开)定价:大洋一元五角
　　本书内容包括:总论、写生法、位置、方向、
通论、反影、配率法、图案、色彩等12部分。

J006550
画理新诠 郭元梁编
上海 商务印书馆 1924年 93页 16cm(28开)
　　本书4章,讲述绘画的器具、位置等基本原
理和各种画法。

J006551
西画概要 吴梦非著
上海 商务印书馆 1926年 76页 17cm(32开)
定价:大洋一角
(百科小丛书 91)
　　本书内容包括:铅笔画、木炭画、水彩画、
油画、钢笔画等9章,论各种西画的画法、用品、
材料等。

J006552
西画概要 吴梦非著
上海 商务印书馆 1930年 69页 19cm(32开)
(万有文库 第1集 726)

J006553
西画概要 吴梦非著
长沙 商务印书馆 1939年 69页 18cm(小32开)
(百科小丛书)

J006554
西画概要 吴梦非著
重庆 商务印书馆 1945年 渝1版 54页
19cm(32开)定价:国币九角
(百科小丛书)

J006555
西画概要 吴梦非著
上海 商务印书馆 1947年 4版 69页
19cm(32开)定价:国币一元五角
(万有文库 第1集 726)

J006556
最新西法图画大全 朱凤竹编绘
上海 南洋书店 1928年 2册(84叶)18×26cm
定价:大洋一元六角(道林纸),大洋一元(新
闻纸)
　　本书分6章,总论讲述图画的种类、习画的
次序、透视法等。附参考图100余幅。作者朱凤
竹,民国画家。苏州人,曾加入南京中国美术会、
上海中国画会。

J006557
西洋画法纲要 王济远,倪贻德编
上海 中华书局 1930年 43页 有图18×26cm
定价:银一元
　　本书分素描、水彩画、油画3部分,介绍素
描的意义、技巧,水彩画种类、用具、画法,油画
的用具、实习、构图等。书前有倪贻德、王济远
的作品5幅。

J006558
西洋画法纲要 王济远,倪贻德编
上海 中华书局 1935年 66页 有图18cm(32开)
定价:银三角五分
(初中学生文库)

J006559
略画事典 章育青编绘
上海 中央书店 1935年 160页 有图15cm(40开)
　　作者章育青(1909—1993),画家。浙江慈溪
人。上海人民美术出版社年画专业画家。作品《上
海大世界》《元宵灯》《上海外滩》《南京长江大
桥》等。

J006560

西画常识　宗以黄编著

上海 形象艺术社 1935 年 54 页 有图 19cm（32 开）

定价：大洋四角

　　本书用对话形式介绍水彩画、油画、木炭画、铅笔画、钢笔画、蜡笔画，以及构图、写生的有关知识、方法。

J006561

新师范教科书图画教材概论　吕澂编；郑昶，朱文叔校

上海 中华书局 1935 年 2 版 117 页［14×21cm］

J006562

西画论丛续集　倪贻德著

上海 中华书局 1937 年 230 页 有图 18cm（32 开）

定价：国币五角五分

　　本书收录《给鉴赏西画者》《杂谈绘事》《油画的发展》《艺术上的人体表现考》《群像论》《静物画之描写的与构图》《英国近代绘画的发达》《立体主义及其作家》《东西绘画的异同》《裸体画之美》等 20 篇文章。

J006563

西洋画研究　倪贻德著

长沙 商务印书馆 1938 年 141 页 有图 19cm（32 开）

定价：国币九角

（艺术研究丛书）

　　本书分 10 章，介绍素描、水彩、色粉画、油画、静物画、人物画、风景画等。

J006564

学画门径　章育青编绘

上海 中央书店 1940 年 新 1 版［180］页 有图 19cm（32 开）

　　本书介绍铅笔画、钢笔画、毛笔画、图案画、漫画、速写画等画法。

J006565

我教你描画　丰子恺著；汪子美绘图

重庆 文风书局 1943 年 48 页 有图 18cm（32 开）

定价：国币十三元

（新少年文库 第一集）

　　作者丰子恺（1898—1975），画家、文学家、艺术教育家。原名丰润，又名仁、仍，字子觊，后改为子恺，笔名 TK，浙江嘉兴人。作品有《缘缘堂随笔》、画集《子恺漫画》等。

J006566

绘图与照相　科学画报编辑部编

上海 中国科学图书仪器公司 1950 年 2 版 56 页 18cm（32 开）定价：基价 2.80

（中国科学社科学画报小丛书 实用小工艺 第十集）

　　本书内容包括：第 1 部分是关于写生、绘画、临摹方面的材料；第 2 部分是绘图工具的改良与应用，绘图方法的妙诀；第 3 部分是关于照相方面的短文，如照相放大、自摄照相、照相框架的制造等。

J006567

绘图与照相　科学画报编辑部编

上海 中国科学图书仪器公司 1951 年 4 版 56 页 18cm（32 开）定价：旧币 2,800 元

（中国科学社科学画报小丛书 实用小工艺 10）

J006568

农民美术教材　西南美专达县工作队编

达县 达县专区文教局［1950—1959 年］27 页 26cm（16 开）定价：CNY0.30

J006569

大众图书手册　陈业恒编绘

上海 北新书局 1952 年 新 1 版 80 页 15×19cm 定价：旧币 5,000 元

J006570

绘画基本知识　韩美琳编绘

济南 山东人民出版社 1954 年 影印本 92 页 有图 13×18cm 定价：旧币 6,000 元

J006571

论绘画的技法　（苏）约甘松（В.Иогансон）著；严摩罕译

上海 华东人民美术出版社 1954 年 66 页 有图 20cm（32 开）定价：旧币 7,100 元

（造型艺术理论译丛）

　　本书收有列宾、赛洛夫、菲多托夫、列维坦、普拉斯托夫等的作品。附图 23 幅。

J006572
论绘画的技法 （苏）约甘松（В.Иогансон）著；严摩罕译
上海 华东人民美术出版社 1954 年 2 版 增订本
144 页 有图 20cm（32 开）定价：九角八分
（造型艺术理论译丛）

J006573
美术初步 张载编撰
上海 四联出版社 1954 年 68 页 有图 18cm（15 开）
定价：旧币 3,500 元

J006574
人像构图法 安云［编］
香港 南山出版社 1954 年 3 版 40 页 13×19cm

J006575
师范学校图画教学大纲 （草案）中华人民共和国教育部编订
北京 人民教育出版社 1956 年 36 页 18cm（32 开）
统一书号：7012.1044 定价：CNY0.10

J006576
怎样学画 （复农民作者的 13 封信）周佐愚编著
广州 广东人民出版社 1956 年 30 页 19cm（32 开）
统一书号：T7111.27 定价：CNY0.09
（农村俱乐部小丛书）

J006577
先画一个蛋 （德）巴尔且（H.Baltzer）编绘；少年儿童出版社译
上海 少年儿童出版社 1957 年 影印本 19 页
（28 开）

J006578
怎样学画 （复农民作者的 14 封信）周佐愚编著
广州 广东人民出版社 1957 年 2 版 增订本
40 页 有图 19cm（32 开）统一书号：T7111.27
定价：CNY0.11

J006579
画墙画和写美术字 浙江群众艺术馆编写
杭州 浙江人民出版社 1958 年 定价：CNY0.05
（农村文化活动丛书）

J006580
师范学校图画教学参考书 （第一册 图案画）宋鑫，殷恭端编
北京 人民教育出版社 1958 年 58 页 19cm（32 开）
统一书号：7012.1704-1 定价：CNY0.38

J006581
怎样画墙头画 刘方编著
南京 江苏文艺出版社 1958 年 定价：CNY0.09

J006582
短期美术训练班教材 美协贵州分会筹委会、贵州省群众艺术馆编
贵阳 贵州人民出版社 1959 年 40 页 有图
13×19cm 统一书号：T7115.118 定价：CNY0.11

J006583
苏联画家崔可夫印度写生记 （苏）崔可夫著；寒之译
北京 人民美术出版社 1959 年 202 页 有图
21cm（32 开）定价：CNY1.00

J006584
人像构图法 安云［编］
香港 南山出版社［1960 年］增订版 60 页
13×19cm

J006585
绘画技法初步知识 （素描、速写、透视、解剖、色彩合订本）陕西省群众艺术馆编
西安 长安美术出版社 1963 年 84 页 有图
18cm（15 开）统一书号：8146.532
定价：CNY0.36
（绘画基本知识小丛书）

J006586
人体素描画法 Andrew Loomis 著
香港 美术出版社［1975 年］190 页 26cm（16 开）
外文书名：Figure Drawing for All It's Worth.

J006587
美术手册 河北人民出版社编辑
石家庄 河北人民出版社 1979 年 318 页

19cm（32 开）统一书号：8086.1017
定价：CNY0.85

J006588
怎样画画　杨辅京编绘
南京 江苏人民出版社 1979 年 68 页 20cm（32 开）
统一书号：8100.3.229 定价：CNY0.40

J006589
世界名画技法研究　何政广编著
九龙 香港美术出版社［1980—1986 年］161 页
有图 23cm（16 开）精装 定价：HKD12.00
　　作者何政广（1939—　），出生于台湾新竹
县。毕业于台北师范艺术科。创办《艺术家》杂志，
担任发行人。

J006590
西洋绘画百讲　左秀灵编
台北 名山出版社 1982 年 100 幅 有图
20cm（32 开）定价：TWD150.00

J006591
光和影的技法　帕拉蒙（J.M.Parramon）著；艺
术丛书编辑组编译
台北 1984 年 61 页 有图 26cm（16 开）
定价：TWD120.00
（绘画教室系列 5）

J006592
光和影的技法　帕拉蒙（J.M.Parramon）著；梁
国元编著
台北 唐代文化事业公司 1986 年 61 页
有照片 20cm（32 开）定价：TWD90.00
（绘画教室 2）
　　外文书名：Light and Shade for the Artist.

J006593
绘画技法百科　（美）休·莱德曼原著；窦金兰，
窦金祥译
天津 天津人民美术出版社 1986 年 127 页
26cm（16 开）统一书号：8073.50398
定价：CNY5.50
　　本书介绍了黑白画技法、蜡笔、尼龙笔、水
彩画、油画、丙烯画、电脑画以及透视、速写、素
描等多种绘画技法。

J006594
美术向导　（第 1 册）《美术向导》编辑部编辑
北京 朝花美术出版社［1986 年］47 页
26cm（16 开）统一书号：8028.2124
定价：CNY0.48
（自学美术技法丛书）

J006595
美术向导　（第 2 册）《美术向导》编辑部编辑
北京 朝花美术出版社［1986 年］48 页
26cm（16 开）统一书号：8028.2125
定价：CNY0.48
（自学美术技法丛书）

J006596
美术向导　（第 3 册）《美术向导》编辑部编辑
北京 朝花美术出版社 1986 年 48 页 26cm（16 开）
统一书号：8028.2254 定价：CNY0.48
（自学美术技法丛书）

J006597
美术向导　（第 4 册）《美术向导》编辑部编辑
北京 朝花美术出版社 1986 年 48 页 26cm（16 开）
统一书号：8028.2255 定价：CNY0.48
（自学美术技法丛书）

J006598
美术向导　（第 5 册）《美术向导》编辑部编辑
北京 朝花美术出版社 1986 年 48 页 26cm（16 开）
统一书号：8028.2304 定价：CNY0.48
（自学美术技法丛书）

J006599
美术向导　（第 6 册）《美术向导》编辑部编辑
北京 朝花美术出版社 1986 年 48 页 26cm（16 开）
统一书号：8028.2369 定价：CNY0.48
（自学美术技法丛书）

J006600
美术向导　（第 7 册）《美术向导》编辑部编辑
北京 朝花美术出版社 1987 年 48 页 26cm（16 开）
统一书号：8028.2373 定价：CNY0.48
（自学美术技法丛书）

J006601
美术向导　（第 8 册）《美术向导》编辑部编辑
北京 朝花美术出版社 1987 年 48 页 26cm（16 开）
统一书号：8028.2391 定价：CNY0.79
（自学美术技法丛书）

J006602
美术向导　（第 9 册）《美术向导》编辑部编辑
北京 朝花美术出版社 1987 年 52 页 26cm（16 开）
统一书号：8028.2397 定价：CNY0.79
（自学美术技法丛书）

J006603
美术向导　（第 10 册）《美术向导》编辑部编辑
北京 朝花美术出版社 1987 年 52 页 26cm（16 开）
统一书号：8028.2416 定价：CNY0.79
（自学美术技法丛书）

J006604
美术向导　（第 11 册）《美术向导》编辑部编辑
北京 朝花美术出版社 1987 年 52 页 26cm（16 开）
统一书号：8028.2424 定价：CNY0.79
（自学美术技法丛书）

J006605
美术向导　（第 12 册）《美术向导》编辑部编辑
北京 朝花美术出版社 1988 年 52 页 26cm（16 开）
ISBN：7-5056-0003-6 定价：CNY0.79
（自学美术技法丛书）

J006606
美术向导　（第 13 册）《美术向导》编辑部编辑
北京 朝花美术出版社 1988 年 52 页 26cm（16 开）
ISBN：7-5056-0017-6 定价：CNY0.89
（自学美术技法丛书）

J006607
美术向导　（第 14 册）《美术向导》编辑部编辑
北京 朝花美术出版社 1988 年 52 页 26cm（16 开）
ISBN：7-5056-0018-4 定价：CNY0.89
（自学美术技法丛书）

J006608
美术向导　（第 15 册）《美术向导》编辑部编辑
北京 朝花美术出版社 1988 年 52 页 26cm（16 开）

ISBN：7-5056-0042-7 定价：CNY1.05
（自学美术技法丛书）

J006609
美术向导　（第 16 册）《美术向导》编辑部编辑
北京 朝花美术出版社 1988 年 52 页 26cm（16 开）
ISBN：7-5056-0043-5 定价：CNY1.05
（自学美术技法丛书）

J006610
美术向导　（第 17 册）《美术向导》编辑部编辑
北京 朝花美术出版社 1988 年 52 页 26cm（16 开）
定价：CNY1.05
（自学美术技法丛书）

J006611
美术向导　（第 18 册）《美术向导》编辑部编辑
北京 朝花美术出版社 1988 年 52 页 26cm（16 开）
ISBN：7-5056-0068-0 定价：CNY1.25
（自学美术技法丛书）

J006612
美术向导　（第 19 册）《美术向导》编辑部编辑
北京 朝花美术出版社 1989 年 52 页 26cm（16 开）
ISBN：7-5056-0074-5 定价：CNY1.60
（自学美术技法丛书）

J006613
美术向导　（第 20 册）《美术向导》编辑部编辑
北京 朝花美术出版社 1989 年 52 页 26cm（16 开）
ISBN：7-5056-0095-8 定价：CNY1.65
（自学美术技法丛书）

J006614
美术向导　（第 21 册）《美术向导》编辑部编辑
北京 朝花美术出版社 1989 年 52 页 26cm（16 开）
ISBN：7-5056-0105-9 定价：CNY1.65
（自学美术技法丛书）

J006615
美术向导　（第 22 册）《美术向导》编辑部编辑
北京 朝花美术出版社 1989 年 52 页 26cm（16 开）
ISBN：7-5056-0112-1 定价：CNY1.95
（自学美术技法丛书）

J006616
美术向导 （第 23 册）《美术向导》编辑部编辑
北京 朝花美术出版社 1990 年 52 页 26cm（16 开）
ISBN：7-5056-0123-7 定价：CNY2.20
（自学美术技法丛书）

J006617
美术向导 （第 24 册）《美术向导》编辑部编辑
北京 朝花美术出版社 1990 年 52 页 26cm（16 开）
ISBN：7-5056-0124-5 定价：CNY2.20
（自学美术技法丛书）

J006618
美术向导 （第 26 册）《美术向导》编辑部编辑
北京 朝花美术出版社 1990 年 52 页 26cm（16 开）
ISBN：7-5056-0133-4 定价：CNY2.20
（自学美术技法丛书）

J006619
美术向导 （第 27 册）《美术向导》编辑部编辑
北京 朝花美术出版社 1990 年 52 页 26cm（16 开）
ISBN：7-5056-0138-5 定价：CNY2.20
（自学美术技法丛书）

J006620
美术向导 （第 28 册）《美术向导》编辑部编辑
北京 朝花美术出版社［1991 年］52 页 26cm
（16 开）ISBN：7-5056-0140-7 定价：CNY2.20
（自学美术技法丛书）

J006621
美术向导 （第 29 册）《美术向导》编辑部编辑
北京 朝花美术出版社 1991 年 52 页 26cm（16 开）
ISBN：7-5056-0142-3 定价：CNY2.20
（自学美术技法丛书）

J006622
美术向导 （第 30 册）《美术向导》编辑部编辑
北京 朝花美术出版社 1991 年 52 页 26cm（16 开）
ISBN：7-5056-0147-4 定价：CNY2.20
（自学美术技法丛书）

J006623
美术向导 （第 31 册）《美术向导》编辑部编辑
北京 朝花美术出版社 1991 年 52 页 26cm（16 开）

ISBN：7-5056-0151-2 定价：CNY2.20
（自学美术技法丛书）

J006624
美术向导 （第 32 册）《美术向导》编辑部编辑
北京 朝花美术出版社 1991 年 52 页 26cm（16 开）
ISBN：7-5056-0155-5 定价：CNY2.20
（自学美术技法丛书）

J006625
美术向导 （第 33 册）《美术向导》编辑部编辑
北京 朝花美术出版社 1992 年 52 页 26cm（16 开）
ISBN：7-5056-0161-X 定价：CNY2.20
（自学美术技法丛书）

J006626
美术向导 （第 34 册）《美术向导》编辑部编辑
北京 朝花美术出版社 1992 年 52 页 26cm（16 开）
ISBN：7-5056-0162-8 定价：CNY2.20
（自学美术技法丛书）

J006627
美术向导 （1988 年 1-6 期 总第 13-18 期 合
订本）《美术向导》编辑部编辑
北京 朝花美术出版社 1990 年 26cm（16 开）
ISBN：7-5056-0126-1 定价：CNY9.60
（自学美术技法丛书）

J006628
美术向导 （1990 年 1-6 期 总第 25-29 期 合
订本）《美术向导》编辑部编辑
北京 朝花美术出版社 1993 年 26cm（16 开）
ISBN：7-5056-0166-0 定价：CNY9.60
（自学美术技法丛书）

J006629
美术向导 （1991 年 1-6 期 总第 30-34 期 合
订本）《美术向导》编辑部编辑
北京 朝花美术出版社 1993 年 26cm（16 开）
ISBN：7-5056-0173-3 定价：CNY9.60
（自学美术技法丛书）

J006630
美术向导 （1992 年 1-6 期 总第 35-40 期 合
订本）《美术向导》编辑部编辑

北京 朝花美术出版社 1996 年 26cm（16 开）
ISBN：7-5056-0203-9 定价：CNY18.00
（自学美术技法丛书）

J006631

美术向导 （1993 年 1-6 期 总第 41-46 期 合
订本）《美术向导》编辑部编辑
北京 朝花美术出版社 1997 年 26cm（16 开）
ISBN：7-5056-0249-7 定价：CNY22.50
（自学美术技法丛书）

J006632

美术向导 （1994 年 1-6 期 总第 47-52 期 合
订本）《美术向导》编辑部编辑
北京 朝花美术出版社 1997 年 26cm（16 开）
ISBN：7-5056-0253-5 定价：CNY22.50
（自学美术技法丛书）

J006633

美术向导 （1995 年 1-6 期 总第 53-58 期 合
订本）《美术向导》编辑部编辑
北京 人民美术出版社 1996 年 26cm（16 开）
ISBN：7-102-01661-1 定价：CNY18.00
（自学美术技法丛书）

J006634

美术向导 （1996 年 1-6 期 总第 59-64 期 合
订本）《美术向导》编辑部编辑
北京 人民美术出版社 1997 年 26cm（16 开）
ISBN：7-102-01753-7 定价：CNY22.50
（自学美术技法丛书）

J006635

美术向导 （1997 年 1-6 期 总第 65-70 期 合
订本）《美术向导》编辑部编辑
北京 人民美术出版社 1998 年 26cm（16 开）
ISBN：7-102-01918-1 定价：CNY25.00
（自学美术技法丛书）

J006636

美术向导 （1998 年 1-6 期 总第 71-76 期 合
订本）《美术向导》编辑部编辑
北京 人民美术出版社 1999 年 52 页 26cm（16 开）
ISBN：7-102-01996-3 定价：CNY28.00
（自学美术技法丛书）

J006637

妈妈美术教室　郑明进编著
台北 书评书目出版社 1987 年 191 页 有图
21cm（32 开）定价：TWD100.00
（生活丛书 教养系列 7）

J006638

涂涂画画　（美术漆画）志贤，武兵编绘
哈尔滨 黑龙江美术出版社 1987 年 60 页 有图
定价：CNY1.80

　　本书针对儿童喜欢涂抹填鸭的天性，在书的
前半部分提供色彩艳丽的著名童话故事中的人
物供儿童参考，书的后半部分用线条勾勒出孙悟
空、阿童木、米老鼠、唐老鸭、圣诞老人等儿童
们喜爱的形象，让孩子们填上自己喜欢的颜色。

J006639

绘画　赵一唐等编著
济南 山东美术出版社 1988 年 118 页 26cm（16 开）
ISBN：7-5330-0119-2 定价：CNY7.50

　　本书内容分素描、水彩画、水粉画、中国画
4 部分。

J006640

美术技法大全　（墨竹画法）何方华著
成都 四川美术出版社 1988 年 108 页 26cm（16 开）
ISBN：7-5410-0135-8 定价：CNY5.10

　　作者何方华（1918—2002），教授。别名何芳
华，山东菏泽人。历任四川美术学院教授，中国
美术家协会会员。作品有《菜花双鸡》《田野春
光》《金秋》《茶花》等，出版有《墨竹画法》《墨
兰画法》《怎样画鸡》等。

J006641

美术技法大全　（人体素描教学）吴长江著
成都 四川美术出版社 1988 年 92 页 26cm（16 开）
ISBN：7-5410-0133-3 定价：CNY4.50

　　外文书名：General Survey of Fine Arts Skill.
作者吴长江（1954—　），画家、教授。天津人，
毕业于中央美术学院。中国人民大学艺术学院
名誉院长，中央美术学院教授，中国西藏文化保
护与发展协会常务理事，中国美术协会会员、中
国版画家协会会员。出版画集有《吴长江人体素
描选》《吴长江画人体》《人体素描技法》等。

J006642

美术技法大全（世界历代名画家技法剖析）林柳源编译

成都 四川美术出版社 1988年 155页 26cm（16开）

ISBN：7-5410-0134-1 定价：CNY7.90

外文书名：General Survey of Fine Arts Skill.

J006643

美术技法大全（吴冠中绘画形式分析）吴冠中著

成都 四川美术出版社 1988年 95页 26cm（16开）

ISBN：7-5410-0128-7 定价：CNY5.50

本书作者在书中选取自己的作品46幅，阐明他作画时的构思。作者吴冠中（1919—2010），著名画家、美术教育家。江苏宜兴人，毕业于国立杭州艺术专科学校。中央工艺美术学院教授。代表作品《长江三峡》《鲁迅的故乡》《春雪》《长城》；油画代表作有《长江三峡》《北国风光》《小鸟天堂》《黄山松》《鲁迅的故乡》等；个人文集有《吴冠中谈艺集》《吴冠中散文选》《美丑缘》等。

J006644

美术技法大全（崔子范写意花鸟画）崔子范绘；陈凤新，王树春整理

成都 四川美术出版社 1989年 89页 26cm（16开）

ISBN：7-5410-0277-1 定价：CNY6.40

作者崔子范（1915—2011），画家。曾用名崔尚治。山东莱阳人，就读于上海美术专科学校，抗日军政大学。历任北京国画院副院长兼秘书长。中国美术家协会会员，北京市美协理事。代表作品有《麻雀枇杷》《芙蓉八哥》《金鱼》等。

J006645

美术技法大全（黑白木刻技法精论）俞启慧著

成都 四川美术出版社 1989年 105页 26cm（16开）

ISBN：7-5410-0278-X 定价：CNY7.50

J006646

美术技法大全（基础素描）甘正伦著

成都 四川美术出版社 1989年 109页 26cm（16开）

ISBN：7-5410-0292-5 定价：CNY8.30

本书选用米开朗基罗的《利比亚女巫》、罗丹的《青铜时代》和浙江美术院校各系学生的习作，通过对这些素描的分析，培养读者正确的观察、结合、表现对象的能力。

J006647

美术技法大全（漫画技法与构思）谢丁玉编著

成都 四川美术出版社 1989年 159页 26cm（16开）

ISBN：7-5410-0475-8 定价：CNY9.50

外文书名：General Survey of Fine Arts Skill.

作者谢丁玉（1935—2008），漫画家。原名谢鼎钰，湖南长沙人。历任湖南日报社主任编辑、中国漫画研究会常务理事。作品有《怎样把漫画学到手》《漫画技法与构思》《白卷》《迎贵宾》《一叶障目》等。

J006648

美术技法大全（欧洲油画技法）罗贻编著

成都 四川美术出版社 1989年 78页 26cm（16开）

ISBN：7-5410-0274-7 定价：CNY6.70

作者罗贻（1932—　），教授。曾用名罗话珍，出生于江西赣州市，毕业于中央美术学院华东分院。中央民族学院艺术系油画专业教师，中国美术家协会会员。代表作品有《不朽的藏乡》《塔吉克之鹰》等。

J006649

美术技法大全（人物动势速写）胡悌麟编著

成都 四川美术出版社 1989年 92页 26cm（16开）

ISBN：7-5410-0407-3 定价：CNY6.70

作者胡悌麟（1935—　），吉林艺术学院教授、中国美术家协会理事。

J006650

美术技法大全（水粉风景）英若识著

成都 四川美术出版社 1989年 89页 26cm（16开）

ISBN：7-5410-0275-5 定价：CNY6.70

作者英若识（1935—2012），画家。生于北京，毕业于中央美术学院版画系。在吉林艺术学院任教。中国美术家协会会员。代表作品有《身先士卒》《雪原猎归》《探家》等。

J006651

美术技法大全（苏葆桢画彩墨葡萄）苏葆桢绘

成都 四川美术出版社 1989年 49页 26cm（16开）

ISBN：7-5410-0346-8 定价：CNY5.60

　　作者苏葆桢(1916—1990)，国画家。江苏宿迁市人，师从徐悲鸿、张书旂、傅抱石等大家。曾任西南大学教授，硕士生导师，重庆国画院副院长。作品有《葡萄图》《硕果累累》《玉羽迎春》《山花烂漫》《战地花开》等。

J006652

美术技法大全　（油画风景）李坦克著
成都 四川美术出版社 1989 年 60 页 26cm（16 开）
ISBN：7-5410-0363-8 定价：CNY7.10

J006653

美术技法大全　（运动人体艺术）（美）汤姆斯·艾思礼著；(英)马克·史密斯摄；丽岩译
成都 四川美术出版社 1989 年 145 页 26cm（16 开）
ISBN：7-5410-0447-2 定价：CNY12.00

J006654

美术技法大全　（产品预想图画法）刘卫群编著
成都 四川美术出版社 1990 年 58 页 26cm（16 开）
ISBN：7-5410-0560-6 定价：CNY6.40
　　作者刘卫群(1962—)，广州美院集美设计公司设计师。

J006655

美术技法大全　（黑白画技法）田旭桐编著
成都 四川美术出版社 1990 年 61 页 26cm（16 开）
ISBN：7-5410-0511-8 定价：CNY4.70
　　作者田旭桐(1962—)，教师。北京人，毕业于中央工艺美术学院。清华美院教授、硕士生导师。作品有《天街连晓雾》《隔溪烟雨》《一池清水泛鱼苗》等。

J006656

美术技法大全　（家具设计基础）陈小清编著
成都 四川美术出版社 1990 年 75 页 26cm（16 开）
ISBN：7-5410-0488-X 定价：CNY6.80
　　作者陈小清(1955—)，广州美术学院工艺系工业产品设计专业讲师。

J006657

美术技法大全　（设计概念与应用）王国良译编

成都 四川美术出版社 1990 年 79 页 26cm（16 开）
ISBN：7-5410-0465-0 定价：CNY6.20

J006658

美术技法大全　（水粉人像写生）陈延著
成都 四川美术出版社 1990 年 59 页 26cm（16 开）
ISBN：7-5410-0484-7 定价：CNY6.70
　　作者陈延(1940—)，广东汕头大学美术设计系教授。

J006659

美术技法大全　（写意花卉画法）王天一编著
成都 四川美术出版社 1990 年 40+24 页 26cm（16 开）ISBN：7-5410-0540-1
定价：CNY6.20
　　作者王天一(1926—2013)，国家一级美术师。甘肃成县人。曾任甘肃画院副院长、中国美术家协会会员。作品有《鱼鹰》《雄鹰》《巡逻归来》等，出版有《花鸟画技法浅说》《王天一花鸟画集》《魏晋墓碑画》等。

J006660

美术技法大全　（油画人像教学）王玉琦著
成都 四川美术出版社 1990 年 47 页 26cm（16 开）
ISBN：7-5410-0558-4 定价：CNY5.80
　　作者王玉琦(1958—?)，旅美画家。生于河北清苑，毕业于天津美术学院。中国美术家协会会员，中国油画家协会会员，北美中国艺术家协会会员，加拿大肖像画家协会艺术指导，美国肖像画家协会会员。出版有《中国油画肖像百年》《中国油画五十年》《中国古典主义油画》《王玉琦作品选》《王玉琦油画技法》等。

J006661

美术技法大全　（油画人像写生）谷钢著
成都 四川美术出版社 1990 年 60 页 26cm（16 开）
ISBN：7-5410-0536-3 定价：CNY6.50
　　作者谷钢(1942—2016)，教授。吉林人，毕业于中央美术学院油画系。历任吉林艺术学院副教授，辽宁师范大学美术学院教授、硕士研究生导师，中国美术家协会会员。著有《油画人物写生》《谷钢油画风景写生》《谷钢油画人物写生》《谷钢油画〈大庆人〉》等。

J006662

美术技法大全 （钢笔风景画技法）杨仁敏著
成都 四川美术出版社 1991 年 112 页 26cm（16 开）
ISBN：7-5410-0603-3 定价：CNY8.50
　　作者杨仁敏（1949—　），教授。中央工艺美院文学硕士，四川美术学院讲师，重庆市包装技术协会设计委员会主任。著述有《外国历代名建筑》《礼品包装新空间》《钢笔风景画技法》等。

J006663

美术技法大全 （教学美术）卓昌勇编著
成都 四川美术出版社 1991 年 116 页 26cm（16 开）
ISBN：7-5410-0331-X 定价：CNY8.70
　　作者卓昌勇（1944—　），教授。四川重庆人，毕业于西南师大。重庆师范学院影像工程系教授，中国美术家协会四川分会会员。著有《教学美术》《现代居室装饰画技法》。

J006664

美术技法大全 （捷什尔与盲画：美国写生技法介绍）（美）尼柯莱德斯（Kimon Nicolaides）原著；李锈译编
成都 四川美术出版社 1991 年 49 页 26cm（16 开）
ISBN：7-5410-0592-4 定价：CNY4.70
　　作者尼柯莱德斯（1891—1938），美国著名美术教育家。译者李锈（1948—　），湖北人，执教于海南大学美术系。

J006665

美术技法大全 （人体雕塑基础）杜义盛，石村编著
成都 四川美术出版社 1991 年 95 页 26cm（16 开）
ISBN：7-5410-0570-3 定价：CNY7.80
　　作者杜义盛（1931—　），西安美院任教。作者石村（1955—　），教授。原名石建春，毕业于西安美术学院雕塑系，后留校任教，中国城市雕塑家协会理事，中国美术家协会会员。

J006666

美术技法大全 （松树画法）朱峰编著
成都 四川美术出版社 1991 年 114 页 26cm（16 开）
ISBN：7-5410-0571-1 定价：CNY8.90
　　作者朱峰（1944—　），原名朱景鹏、字丰，号祖山、别号黄海老客、松子等，专攻黄山画。

J006667

美术技法大全 （现代水彩画技法）张英洪著
成都 四川美术出版社 1991 年 105 页 26cm（16 开）
ISBN：7-5410-0601-7 定价：CNY9.70
　　作者张英洪（1931—　），教师。字青子，上海轻专美术系副教授、中国美术家协会会员、上海水彩画研究会副会长。

J006668

美术技法大全 （装饰色彩写生）钟茂兰著
成都 四川美术出版社 1991 年 45 页 26cm（16 开）
ISBN：7-5410-0604-1 定价：CNY5.50
　　作者钟茂兰（1937—　），女，教授。四川成都人，毕业于四川美术学院，留校任教。四川美术学院教授、系主任、硕士生导师，中国工艺美术委员会副主任委员。主编有《民间染织美术》《中国少数民族装饰》《装饰色彩写生》等。

J006669

美术技法大全 （粉笔画技法）杭鸣时著
成都 四川美术出版社 1992 年 36 页 26cm（16 开）
ISBN：7-5410-0696-3 定价：CNY6.50
　　本书介绍了粉笔画的特点，粉笔画工具与材料，粉笔画的基本技法及其范画。作者杭鸣时（1931—　），画家。又名杭度，生于上海，祖籍浙江海宁，毕业于鲁迅美术学院。历任苏州城市建设环境保护学院建筑系美术教研室主任、中国美术家协会会员。代表作品有《夜航》《工业的粮仓》等。

J006670

美术技法大全 （静物素描）徐屏编著
成都 四川美术出版社 1992 年 122 页 26cm（16 开）
ISBN：7-5410-0629-7 定价：CNY12.00
　　本书介绍了学画线条、平面图形、基本形体、学生习作讲评与欣赏等内容。作者徐屏（1944—　），教师。江苏灌云人，浙江美术学院附中讲师、中国美术家协会会员。作品有《小旅馆》《春催幼芽》《茶与健康》《骄阳下的火花》等。

J006671

美术技法大全 （平面构成）辛华泉著
成都 四川美术出版社 1992 年 76 页 26cm（16 开）
ISBN：7-5410-0697-1 定价：CNY7.50

本书包括以原型为基础的造形，以点线面为基础的造形，形与形、场与场的配置。作者辛华泉(1936—)，教授。河北人，毕业于中央工艺美术学院。历任中央工艺美术学院副教授、中国书画函授大学兼任教授、中国美术家协会会员。译著有《设计基础》，论文有《设计形态创造的科学依据》《论构成》等。

J006672

美术技法大全 （商用黑白画技法）程尚俊，高仲成编著

成都 四川美术出版社 1992 年 83 页 26cm(16 开)

ISBN：7-5410-0602-5 定价：CNY6.70

本书为广大业余和专业装潢设计者提供了一些具体的处理方法，及如何塑造商品形象，进行编排设计的方法。作者程尚俊(1913—1997)，教授、工艺美术设计师。浙江金华人，毕业于杭州国立艺专。历任四川美术学院教授、中国美术家协会四川分会理事。代表作品有人民大会堂四川厅总体设计,《五粮液系列包装设计》等。作者高仲成(1954—)，四川美术学院讲师、中国美术家协会四川分会会员。

J006673

美术技法大全 （丝网版画）赵瑞椿著

成都 四川美术出版社 1992 年 59 页 26cm(16 开)

ISBN：7-5410-0330-1 定价：CNY5.50

本书介绍了网版的工具与材料，网版的制版法、网版的印刷、版画作品的规格等内容。作者赵瑞椿(1935—)，画家。浙江温州人，毕业于中央美术学院。中国版画家协会会员、中国美术家协会会员。出版有《木刻技法》《网版技法》《论绘画速写》《素描基础训练的步骤与方法》。

J006674

美术技法大全 （水墨人物画）史国良著

成都 四川美术出版社 1994 年 105 页 26cm(16 开)

ISBN：7-5410-0180-5 定价：CNY10.50

作者史国良(1956—)，画家。河北大城人，毕业于中央美术学院国画系。历任北京画院画家、中国美术家协会会员、中国艺术研究院研究员。代表作品《刻经》《八个壮劳力》《买猪图》等。

J006675

美术技法大全 （超级写实绘画技巧）曾希

圣著

成都 四川美术出版社 1995 年 91 页 26cm(16 开)

ISBN：7-5410-1075-8 定价：CNY19.50

作者曾希圣(1956—)，教师。湖南邵东人，毕业于中央工艺美术学院。历任贵州艺专设计系副主任，中国美术家协会、中国工艺美术协会会员、贵州油画艺委会副主任。

J006676

美术技法大全 （行云流水）王克文著

成都 四川美术出版社 1995 年 80 页 26cm(16 开)

ISBN：7-5410-1056-1 定价：CNY15.00

作者王克文(1933—)，教授。浙江奉化人，毕业于南京艺术学院美术系。任职于上海戏剧学院，兼任上海美育学会副会长，黄宾虹研究会(全国)副会长、秘书长，中国艺术研究院特邀研究员等。专著有《山水画技法述要》《敦煌艺术》《山水画审美与技法》。

J006677

美术技法大全 （立体构型）辛华泉著

成都 四川美术出版社 1995 年 63 页 26cm(16 开)

ISBN：7-5410-0698-X 定价：CNY10.50

作者辛华泉(1936—)，教授。河北人，毕业于中央工艺美术学院。历任中央工艺美术学院副教授、中国书画函授大学兼任教授、中国美术家协会会员。译著有《设计基础》，论文有《设计形态创造的科学依据》《论构成》等。

J006678

美术技法大全 （素描技巧与当代观念）(美)克劳迪娅·贝蒂,(美)蒂尔·斯凯尔著；李宁译

成都 四川美术出版社 1995 年 98 页 26cm(16 开)

ISBN：7-5410-0600-9 定价：CNY14.50

J006679

美术技法大全 （装饰绘画基本法则）卜维勤著

成都 四川美术出版社 1995 年 147 页 26cm(16 开)

ISBN：7-5410-0805-2 定价：CNY29.50

作者卜维勤(1933—1995)，版画家。辽宁铁岭人，毕业于哈尔滨外语学院，后入中央美术学院版画系、美术系学习。曾任中央工艺美术学院教授、中国版画家协会会员、中国翻译家协会会员等。代表作品《民新村》《侗乡春雨》。出版有《卜

维勤画选》《美的原点：卜维勤艺术论文集》《装饰绘画基本法则》。

J006680

美术技法大全　（孔雀画法）孙其峰，孙季康编

成都　四川美术出版社 1996 年 50 页 26cm（16 开）

ISBN：7-5410-0681-5 定价：CNY11.50

　　作者孙其峰（1920—　），教授，艺术家。原名奇峰，曾用名琪峰，山东招远人。历任天津美术学院教授、中国书法家协会理事、中国美术家协会理事，北京铁路局文协美术工作者、北京美协会员。代表作品《花鸟画谱》《孙其峰画辑》《孙其峰扇面选集》等。

J006681

美术技法大全　（写意牡丹画法）邵仲节著

成都　四川美术出版社 1996 年 56 页 26cm（16 开）

ISBN：7-5410-0583-5 定价：CNY17.50

　　作者邵仲节（1926—　），花鸟画家。山西夏县人。毕业于山西省运城师范学校。四川省文史研究馆馆员、中国美术家协会会员、中国文联牡丹艺术委员会副会长，西南民族学院客座教授。代表作品《写意牡丹技法》《邵仲节国画集》《邵仲节写意牡丹作品选》等。

J006682

设计性图画制作手册　伍典编著

香港　万里书店 1988 年 121 页 21cm（32 开）

ISBN：962-14-0333-2 定价：HKD26.00

（新美术丛书 10）

　　外文书名：Designing Illustration Handbook.

J006683

当代中国花鸟画邀请展作品选　宋吟可等作

贵阳　贵州美术出版社 1989 年 有图 26cm（16 开）

　　本画集收了 1989 年在贵阳举办的第四届《当代中国花鸟画邀请展》作品 130 幅，其中包括宋吟可、苏葆桢、谢孝忠、袁小岑等 130 幅作品。作者宋吟可（1902—1999），画家。原名荫科。江苏南京人。曾任中国美协第二、三届理事，美协贵州分会主席，贵州省国画院院长，桂林美术专科学校中国画讲师等。代表作品《妈妈您看我在开拖拉机》《打藁衣迎春耕》《磨镰刀》。

J006684

绘画入门一百课　何波编绘

武汉　武汉大学出版社 1989 年 196 页 21cm（32 开）

定价：CNY3.50

　　作者何波（1949—　），满族，高级美术师。笔名冰云，辽宁渤海湾人。曾就读于哈尔滨文学院。哈尔滨云野艺院院长，中国美协、书协会员、理事。

J006685

美术高考辅导系列挂图

沈阳　辽宁美术出版社 1989 年 9 张 53cm（4 开）

定价：CNY6.90

J006686

学画套书　（上 平面造型、纸塑立体、色彩构成）徐甲英主编

沈阳　沈阳出版社 1989 年 96 页 19×26cm

ISBN：7-80556-244-X 定价：CNY4.75

J006687

学画套书　（中 素描、水彩、装饰画）徐甲英主编

沈阳　沈阳出版社 1989 年 112 页 19×26cm

ISBN：7-80556-244-X 定价：CNY4.95

J006688

学画套书　（下 中国画：花鸟、山水、人物）徐甲英主编

沈阳　沈阳出版社 1989 年 96 页 19×26cm

ISBN：7-80556-244-X 定价：CNY4.85

J006689

借鉴摄影的绘画新技法　（美）鲁迪·德·雷纳著；陈友良，刘海燕译

长沙　湖南美术出版社 1990 年 105 页 26cm（16 开）

ISBN：7-5356-0349-1 定价：CNY12.50

　　作者鲁迪·德·雷纳（1914—1980），美国美术广告美术家、美术著作家。著有《借鉴摄影的绘画新技法》。

J006690

美术设计中的构成·色彩·图象技法　（日）寺门保夫等著；白鸽译

北京　北京工艺美术出版社 1990 年 128 页

26cm（16开）ISBN：7-80526-038-9
定价：CNY16.00
（自学成画家译丛）

J006691
美术设计中的质感表现技法 （日）熊田勇
著；白鸽译
北京 北京工艺美术出版社 1990年 124页 有图
26cm（16开）ISBN：7-80526-037-0
定价：CNY16.00
（自学成画家译丛）

J006692
美术之路 （色彩写生）宋惠民主编
沈阳 辽宁美术出版社 1990年 110页 26cm（16开）
ISBN：7-5314-0857-0 定价：CNY13.00
　　本书包括引言、儿童学色彩画、绘画色彩基
本知识、静物色彩写生、人物色彩写生、风景色
彩写生、高考指要、名画欣赏8章。

J006693
美术之路 （书法篆刻）宋惠民主编；鲁迅美
术学院编
沈阳 辽宁美术出版社 1992年 350页 有照片
26cm（16开）ISBN：7-5314-0915-1
定价：CNY12.50
　　主编宋惠民（1937— ），油画家。出生于吉
林长春，毕业于鲁迅美术学院油画系。曾任鲁迅
美术学院院长、教授，辽宁省美术家协会主席，
中国油画学会副主席，中国美协油画艺术委员会
副主任等。代表画作有《曹雪芹》《此地甚好》《北
方四月》等，出版有《宋惠民作品集》《宋惠民油
画作品集》，论著有《当代油画的思考》《永不满
足的希望》。

J006694
美术之路 （中国画）宋惠民主编；鲁迅美术
学院中国画系编著
沈阳 辽宁美术出版社 1993年 297页 有彩图
26cm（16开）ISBN：7-5314-0990-9
定价：CNY23.00
　　本书介绍了花鸟、山水、人物、动物4种绘
画的基础知识及绘画方法。

J006695
美术之路 （素描分册）宋惠民主编；鲁迅美
术学院编
沈阳 辽宁美术出版社 1995年 重印本
254页 26cm（16开）ISBN：7-5314-0232-7
定价：CNY9.00
　　本书论述了从幼儿美术启蒙到素描造型基
本训练，从入门到较熟练地掌握素描造型手段的
全部训练过程。

J006696
美术之路 （油画）宋惠民等编著；鲁迅美术
学院编
沈阳 辽宁美术出版社 1996年 156页 26cm（16开）
ISBN：7-5314-1366-3 定价：CNY37.00

J006697
当代中国花鸟画集 （第六届全国花鸟画邀请
展作品集）崔子范主编
济南 山东美术出版社 1991年 26cm（16开）
　　主编崔子范（1915—2011），画家。曾用名崔
尚治。山东莱阳人，就读于上海美术专科学校、
抗日军政大学。历任北京国画院副院长兼秘书
长。中国美术家协会会员，北京市美协理事。代
表作品有《麻雀枇杷》《芙蓉八哥》《金鱼》等。

J006698
绘画技法与机理 （水粉画、水彩画）周济
祥编
长沙 湖南美术出版社 1991年 56页 有图
26cm（16开）ISBN：7-5356-0453-6
定价：CNY8.50
（新材料 新技法丛书1）
　　本书介绍了水彩画的特殊技巧如拓印、弹
洒、揩拭等。

J006699
绘画技法与肌理 （上集 边缘画种 版画）周
济祥编
长沙 湖南美术出版社 1991年 78页 26cm（16开）
ISBN：7-5356-0481-1 定价：CNY8.50
（新材料 新技法丛书2）

J006700
绘画技法与肌理 （下集 版画）周济祥编

长沙 湖南美术出版社 1991 年 96 页 26cm（16 开）
ISBN：7-5356-0485-4 定价：CNY8.50
（新材料　新技法丛书 3）

J006701
美术 （上）湖南省中师教育研究会编
长沙 湖南教育出版社 1991 年 116 页 有彩图
26cm（16 开）ISBN：7-5355-1231-3
定价：CNY5.20

J006702
美术 （中）湖南省中师教育研究会编
长沙 湖南教育出版社 1991 年 134 页 有彩图
26cm（16 开）ISBN：7-5355-1180-5
定价：CNY5.15

J006703
美术 （下）湖南省中师教育研究会编
长沙 湖南教育出版社 1991 年 208 页 有彩图
26cm（16 开）ISBN：7-5355-1226-7
定价：CNY6.90

J006704
美术院校升学指南 （素描）李雄编义
石家庄 河北美术出版社 1991 年 30 页
26cm（16 开）ISBN：7-5310-0401-1
定价：CNY2.80

J006705
美术院校升学指南 （色彩）王双成编
石家庄 河北美术出版社 1992 年 26 页
26cm（16 开）ISBN：7-5310-0486-0
定价：CNY5.90
　　本书讲述了色彩画的基础训练，水彩静物写
生的方法步骤，作业的自我评定，怎样丰富知识
提高选出来的优秀作品等。编者王双成（1928—
2005），回族，水彩画家、美术教育家。笔名双澄，
河北沧州人，毕业于河北师范学院美术系。历任
天津美术学院教授、师范美术系主任，中国美术
家协会会员。作品有《翠湖春晓》《牵牛花》，著
有《水彩画基础知识》等。

J006706
美术院校升学指南 （速写）刘业通编著
石家庄 河北美术出版社 1994 年 60 页

26cm（16 开）ISBN：7-5310-0637-5
定价：CNY8.00
　　作者刘业通（1968—　），河北清苑人，毕业
于天津美院，河北师范大学美术系副主任。

J006707
美术院校升学指南 （平面图案设计）关尚卿
编著
石家庄 河北美术出版社 1998 年 54 页
26cm（16 开）ISBN：7-5310-1113-1
定价：CNY14.00

J006708
从涂鸦到金奖 肖尔瞻等编著
成都 西南交通大学出版社 1992 年 59 页
14×16cm ISBN：7-81022-357-7 定价：CNY3.80

J006709
青少年绘画五十讲 张万夫等编著
天津 天津人民美术出版社 1992 年 173 页
有图 26cm（16 开）ISBN：7-5305-0282-4
定价：CNY10.50
（青少年自学丛书）
　　本书介绍了透视、人体、动态、素描、速写
及水彩、水粉、国画、版画等绘画知识。作者张
万夫（1939—　），画家。河北怀来人，毕业于天
津美院。历任天津人民美术出版社连环画编辑
室编辑，画册编辑室主任、编审。版画作品有《支
援农业第一线》等，论著有《汉画石、画像砖浅
析》等。

J006710
幼儿成才训练画册 文娟等编；庄庄等画
石家庄 河北少年儿童出版社 1992 年 142 页
19cm（小 32 开）ISBN：7-5376-0754-0
定价：CNY2.50

J006711
绘画造型原理与技法 张伯仁著
青岛 青岛出版社 1995 年 72 页 26cm（16 开）
ISBN：7-5436-1251-8 定价：CNY16.00
　　作者张伯仁（1936—　），青岛大学纺织服装
学院实用美术系教授。

J006712

美术技法理论 （透视　解剖）魏永利，殷金山
编著
北京　高等教育出版社　1995 年　241 页　有图
26cm（16 开）

　　本书分两编，即透视编和解剖编。透视编主
要讲述了透视的基本概念、视觉运动中的几种单
视域空间、曲线透视、人物透视等；解剖编主要
涉及艺用人体解剖，分别阐述了人体的头部、躯
干、人体动态关系等。

J006713

绘画技艺纵横谈　黄锦星编著
台北　文史哲出版社　1996 年　132 页 21cm（32 开）
ISBN：957-549-034-7 定价：TWD500.00

J006714

教小朋友学绘画　龙圣明等著
南宁　广西民族出版社　1996 年　133 页　有图
19cm（小 32 开）ISBN：7-5363-3164-9
定价：CNY7.00
（小天才培育丛书）

　　作者龙圣明（1944—　），广西融水人。广西
科技书画院副院长，广西艺术学院副教授，中国
美术家协会会员。作品有《曙光》《牛》《瑶山丰
年》，出版有《中国当代幽默画家作品选》《桑吉
纳－红棕素描》等。

J006715

名师出高徒　（国画人物）杨沛璋绘
天津　天津人民美术出版社　1996 年　12 张（函）
38cm（8 开）统一书号：85305.0599
定价：CNY12.00
（青年升学指导画丛）

　　作者杨沛璋（1951—　），教授。天津人，毕
业于天津美术学院。历任天津美术学院副教授、
中国美术家协会会员、天津工笔画会秘书长。著
有《中国人物画技法教材》。

J006716

名师出高徒　（环境艺术）朱小平绘
天津　天津人民美术出版社　1996 年　12 张（函）
38cm（8 开）统一书号：85305.0601
定价：CNY12.00
（青年升学指导画丛）

　　作者朱小平（1946—　），教授。生于江苏南
京，祖籍江苏宜兴。历任天津美术学院工业设计
系主任、教授，中国室内装饰协会、室内建筑师
学会理事。出版有《室内设计》《环境艺术设计
作品集》等。

J006717

名师出高徒　（基础图案）刘静宜绘
天津　天津人民美术出版社　1996 年　12 张（函）
38cm（8 开）统一书号：85305.0600
定价：CNY12.00
（青年升学指导画丛）

　　作者刘静宜（1936—　），女，教授。天津美
术学院教授，中国工艺美术学会高级会员，中国
美术家协会会员。

J006718

名师出高徒　（石膏写生）张翔绘
天津　天津人民美术出版社　1996 年　12 张（函）
38cm（8 开）统一书号：85305.0598
定价：CNY12.00
（青年升学指导画丛）

　　作者张翔（1932—　），天津美术学院教授。

J006719

名师出高徒　（水粉静物）郭振山绘
天津　天津人民美术出版社　1996 年　12 张（函）
38cm（8 开）统一书号：85305.0595
定价：CNY12.00
（青年升学指导画丛）

　　作者郭振山（1962—　），教授。毕业于天津
美术学院。历任天津美术学院教师，中国美术家
协会平面设计艺委会委员，中国包装联合会设计
委员会副主任，中国美术家协会会员，天津美术
家协会水彩画艺委会副主任。

J006720

名师出高徒　（水粉人像）陈九如绘
天津　天津人民美术出版社　1996 年　12 张（函）
38cm（8 开）统一书号：85305.0596
定价：CNY12.00
（青年升学指导画丛）

　　作者陈九如（1955—　），教授。天津人。历
任天津美术学院版画系主任、中国美术家协会会
员、中国版画家协会会员。出版有《陈九如水彩

人体画选》《一代画风——当代中青年水彩画家
作品集》《素描五十讲》等。

J006721
名师出高徒　（素描头像）姜陆绘
天津　天津人民美术出版社 1996 年 12 张（函）
38cm（8 开）统一书号：85305.0597　CNY12.00
（青年升学指导画丛）

　　作者姜陆（1951—　），美术编辑、教师。天
津人，毕业于天津美术学院。天津美术学院院长，
并为中国美术家协会理事、版画艺术委员会副主
任。代表作品有《初雪》《到夏牧场去》《哈萨克
妇女》等。

J006722
少儿绘画基础　于春瀛著
太原　山西教育出版社 1996 年 61 页 有图
26cm（16 开）ISBN：7-5440-1011-2
定价：CNY6.60

J006723
西藏绘画　丹巴饶旦著；阿旺晋美译
北京 中国藏学出版社 1996 年 137 页 26cm（16 开）
ISBN：7-80057-203-X 定价：CNY28.00

　　本书是现代中国藏画绘画技法画册。作者
丹巴饶旦（1941—　），藏族，唐卡画家。西藏曲
松人。历任西藏民间美术家协会会长、西藏大学
艺术系藏画教研室主任、副教授。译者阿旺晋美
（1957—　），藏族，西藏大学艺术系美术教研室
主任、讲师，中国美术家协会西藏分会理事。

J006724
宣传实用艺术　阎宏，张密主编；秘景超编著
北京 中国人口出版社 1996 年 169 页 20cm（32 开）
ISBN：7-80079-336-2 定价：CNY7.20

J006725
画家谈艺　（薛雁群油画·意念·表现）薛雁
群著
沈阳 辽宁美术出版社 1997 年 81 页 有照片
27×27cm ISBN：7-5314-1695-6
定价：CNY68.00

J006726
画家谈艺　（B 孔凡平素描·意念·表现）孔平

凡著
沈阳 辽宁美术出版社 1998 年 105 页
27×27cm ISBN：7-5314-1834-7
定价：CNY40.00

J006727
中国艺术家工作室　（第一辑 鲁迅美术学院
教育系油画工作室）杨成国等编著
沈阳 辽宁美术出版社 1997 年 150 页 29cm（16 开）
ISBN：7-5314-1569-0 定价：CNY56.00

J006728
绘画中的创意　（新思维绘画技法教程）（美）
尼塔·利兰著；刘壮丽译
沈阳 辽宁美术出版社 1998 年 97 页 26cm（16 开）
ISBN：7-5314-1847-9 定价：CNY40.00

J006729
教你学绘画　陈福勤，吴庆编著
北京 中国少年儿童出版社 1998 年 71 页
19cm（小 32 开）ISBN：7-5007-4433-1
定价：CNY4.20
（教你学·教你做小学生实用丛书）

J006730
金画笔少儿美术丛书　（水彩）高东方编绘
济南 山东美术出版社 1998 年 40 页 26cm（16 开）
ISBN：7-5330-1206-2 定价：CNY6.00

　　作者高东方（1955—　），画家、教授。山
东章丘人，生于青岛，毕业于山东省高等教育学
院。中国美术家协会会员，中国水彩画家协会会
员，山东水彩画会常务副会长兼秘书长，青岛科
技大学文学艺术学院副主任、教授。作品有《黄
海之滨的港口 》《头羊》《浮城》等，出版有《水
彩》《水粉》《当代水彩画精品集高东方》等。

J006731
金画笔少儿美术丛书　（水粉）高东方编绘
济南 山东美术出版社 1998 年 40 页 26cm（16 开）
ISBN：7-5330-1207-0 定价：CNY6.00

J006732
金画笔少儿美术丛书　（动物）杨鹁编绘
济南 山东美术出版社 1999 年 40 页 26cm（16 开）
ISBN：7-5330-1344-1 定价：CNY8.50

　　作者杨鹉(1960—　)，教师。山东济南人，毕业于曲阜师范大学艺术系。济南师范学校美术教研室主任、副教授，济南市美协副秘书长，全国美术教育研究会会员。出版《杨鹉画选》。

J006733

金画笔少儿美术丛书　　(果蔬)马骥，岳宏编绘

济南 山东美术出版社 1999 年 40 页 26cm(16 开)

ISBN：7-5330-1368-9 定价：CNY8.50

J006734

金画笔少儿美术丛书　　(禽鸟)杨鹉编绘

济南 山东美术出版社 1999 年 40 页 26cm(16 开)

ISBN：7-5330-1210-0 定价：CNY7.20

J006735

金画笔少儿美术丛书　　(山水)杨鹉编绘

济南 山东美术出版社 1999 年 40 页 26cm(16 开)

ISBN：7-5330-1365-4 定价：CNY8.50

J006736

美术技法丛书

乌鲁木齐 新疆青少年出版社 1998 年 6 册

26cm(16 开) ISBN：7-5371-3005-1

定价：CNY45.60

　　本套书包括：《素描技法》《设计素描》《水粉技法》《速写技法》《图案技法》《图画技法》。

J006737

少儿学绘画百科图典　　王洪义主编；王向东等绘

哈尔滨 哈尔滨工业大学出版社 1998 年 302 页

17×19cm ISBN：7-5603-1270-5

定价：CNY18.00

J006738

向大师学绘画　　(人体素描)(美)罗伯特·贝弗利·黑尔(Robert Beverly Hale)，(美)特伦斯·科伊尔(Terence Coyle)整理；诸迪，于冰译

北京 中国青年出版社 1998 年 243 页

28cm(大 16 开) ISBN：7-5006-2808-0

定价：CNY40.00

J006739

向大师学绘画　　(素描基础)(美)罗伯特·贝弗利·黑尔(Robert Beverly Hale)著；朱岩译

北京 中国青年出版社 1998 年 249 页

28cm(大 16 开) ISBN：7-5006-2807-2

定价：CNY40.00

J006740

向大师学绘画　　(艺用解剖)(美)罗伯特·贝弗利·黑尔(Robert Beverly Hale)，(美)特伦斯·科伊尔(Terence Coyle)著；张敢译

北京 中国青年出版社 1998 年 253 页

28cm(大 16 开) ISBN：7-5006-2809-9

定价：CNY40.00

J006741

向大师学绘画　　(如何临摹古典艺术大师的作品)(美)约瑟夫·夏普德(Joseph Sheppard)著；关璐译

北京 中国青年出版社 1999 年 135 页 24cm(26 开)

ISBN：7-5006-3323-8 定价：CNY60.00

J006742

向大师学绘画　　(水彩画里的色与光)(美)克里斯托弗·欣克(Christopher Schink)著；董冀平译

北京 中国青年出版社 1999 年 141 页 24cm(26 开)

ISBN：7-5006-3375-0 定价：CNY60.00

J006743

初学美术正规训练范画　　(素描静物)邰海金编著

南昌 江西美术出版社 1999 年 56 页 29cm(16 开)

ISBN：7-80580-548-2 定价：CNY16.00

J006744

初学美术正规训练范画　　(素描石膏)吴翘璇编著

南昌 江西美术出版社 1999 年 56 页 29cm(16 开)

ISBN：7-80580-606-3 定价：CNY16.00

J006745

初学美术正规训练范画　　(素描头像)邰海金编著

南昌 江西美术出版社 1999 年 56 页 29cm(16 开)

ISBN：7-80580-581-4 定价：CNY16.00

J006746

初学美术正规训练范画 （速写）李夏编著
南昌 江西美术出版社 1999 年 56 页 29cm（16 开）
ISBN：7-80580-607-1 定价：CNY16.00

J006747

当代艺术家绘画材料与技法丛书
北京 中国青年出版社 1999 年 6 册 24cm（16 开）
　　本套丛书包括：《当代艺术家丙烯画材料与技法》《当代艺术家钢笔淡彩画材料与技法》《当代艺术家铅笔淡彩画材料与技法》《当代艺术家色粉画材料与技法》《当代艺术家水彩画材料与技法》《当代艺术家油画材料与技法》。

J006748

画家谈艺 （现代工笔名家特殊表现）齐鸣著
沈阳 辽宁美术出版社 1999 年 62 页 29cm（16 开）
ISBN：7-5314-2189-5 定价：CNY26.00

J006749

画家自画自说
杭州 浙江摄影出版社 1999 年 26cm（16 开）
　　本丛书包括《中国写意山水画画法图解》《油画静物、风景画画法图解》《中国工笔花鸟画画法图解》《中国花鸟、人物画画法图解》等。

J006750

绘画技法与构成 叶田园编著
台北 新形象出版事业公司 1999 年 141 页
有彩图 26cm（16 开）ISBN：957-9679-52-5
定价：TWD450.00

J006751

基础美术技法丛书 （初级班）
北京 中国民族摄影艺术出版社 1999 年 6 册
26cm（16 开）ISBN：7-80069-277-9
定价：CNY46.80
　　本套丛书包括：《石膏几何》《静物素描》《石膏挂像》《色彩静物》《素描头像》《石膏头像》。

J006752

基础美术技法丛书 （中级班）
北京 中国民族摄影艺术出版社 1999 年 5 册
26cm（16 开）ISBN：7-80069-272-8
定价：CNY49.00
　　本套丛书包括：《素描风景》《人物速写》《色彩风景》《国画山水》《国画花鸟》。

J006753

美术参考摄影图库 （鸟）崔顺才等摄影；于复千，陈军绘
天津 天津杨柳青画社 1999 年 86 页 29cm（16 开）
ISBN：7-80503-429-X 定价：CNY58.00
　　作者崔顺才（1950— ），河北献县人。任职于天津市群众艺术馆。中国摄影家协会会员。作品有《仙客来》《瓜棚小景》等。

J006754

美术技法入门 （国画 花鸟）王余著
广州 岭南美术出版社 1999 年 32 页 26cm（16 开）
ISBN：7-5362-1950-4 定价：CNY9.00

J006755

美术技法入门 （国画 山水）王余著
广州 岭南美术出版社 1999 年 32 页 26cm（16 开）
ISBN：7-5362-1949-0 定价：CNY9.00

J006756

美术技法入门 （素描）侯志光著
广州 岭南美术出版社 1999 年 32 页 26cm（16 开）
ISBN：7-5362-1944-X 定价：CNY5.50

J006757

美术技法入门 （速写）侯志光，王珏著
广州 岭南美术出版社 1999 年 32 页 26cm（16 开）
ISBN：7-5362-1939-3 定价：CNY5.50

J006758

写实画法 崔栋良，崔齐编著
北京 中国纺织出版社 1999 年 142 页 26cm（16 开）
ISBN：7-5064-1592-5 定价：CNY55.00
（装潢广告设计技法）
　　本书介绍了写实画的创作源泉和整体色调，写实画的内容、形式和艺术风格，写实画的方法与步骤，工具的选择与应用等内容。作者崔栋良（1935— ），教授、美术设计师。河北文安人，毕业于中央工艺美术学院染织美术系。历任中央工艺美术学院副教授，中国书画函授大学实用

美术系教授，中国美术家协会、中国工艺美术学
会会员等。出版有《花的装饰技法》《花卉黑白
画》《图案的基本组织》《动物的写生与变形》《风
景装饰画法》等。

J006759

走进大自然　（油画风景写生技法）吴云华
等著
沈阳 辽宁美术出版社 1999 年 124 页 29cm（16 开）
ISBN：7-5314-2302-2 定价：CNY50.00
（21 世纪技法系列丛书）
　　作者吴云华（1944—　），国家一级美术师。
出生于黑龙江省，祖籍辽宁辽阳。毕业于鲁迅美
术学院。中国美术家协会会员、中国油画学会理
事、辽宁省美术家协会副主席、辽宁画院副院
长。代表作品油画《采铜尖兵》《粮官奶奶》《1976
年唐山》等，国画《我该是中国的一部分·斯诺》
等，创作油画作品《抗美援朝 跨过鸭绿江》。画
作《萌》获首届体育美展铜奖并被中国奥委会收
藏。出版有《吴云华油画自选集》。

绘画一般技法

J006760

通俗画法大要　河北省教育厅编
保定 河北省教育厅 1934 年 19×27cm
定价：大洋一角

J006761

绘画入门　许敦谷，陈影梅编著
上海 开明书店 1936 年 137 页 有图 18cm（15 开）
定价：国币三角五分
　　本书介绍了绘画的一般条件，以及素描画、
色铅笔画、色粉笔画、清彩画、水彩画、油画等
材料和方法。

J006762

绘画入门　许敦谷，陈影梅编
上海 开明书店［发行者］1946 年 6 版 137 页
有图 19cm（32 开）定价：国币一元三角
（民国籍粹 续）

J006763

绘画入门　许敦谷，陈影梅著
台北 台湾开明书店 1974 年 5 版 137 页 有图
19cm（32 开）

J006764

绘画入门　河北省文联美术部编绘
保定 河北省联合出版社 1950 年 45 页
18×26cm
（河北文艺丛书 20）

J006765

建筑师绘图基础　（苏）B.A. 拉宾著；张书康
等译
北京 建筑工程出版社 1956 年 21cm（大 32 开）
统一书号：251 定价：CNY1.56

J006766

怎样做美术辅导工作　华夏编
北京 人民美术出版社 1959 年 68 页 有图
19cm（32 开）统一书号：8027.2569
定价：CNY0.31
　　作者华夏，《美术》杂志主编。

J006767

描绘照片的写实画新技法　（独创黑白、彩色
照片的人物风景基本画法）雷纳著；安纪芳译
台北 武陵出版社 1981 年 149 页 有图 21cm（32 开）
定价：CNY16.00
（美术入门丛书）

J006768

绘画入门　郑森林等著
杭州 浙江人民美术出版社 1983 年 102 页 有图
19cm（32 开）统一书号：7156.6 定价：CNY0.46
　　本书主要介绍小学低年级、中年级、高年级
的写生、命题画、图案画、水墨画、美术字及色
彩、透视等绘画基本知识。

J006769

绘画入门　周楷著
南宁 广西美术出版社 1986 年 307 页 20cm（32 开）
ISBN：7-219-00525-3 定价：CNY5.20
　　本书介绍水粉画、水彩画、油画等绘画色彩
的技巧和知识。书后附《报考美术院校常识》。

J006770

绘画入门　周楷著
南宁 广西人民出版社 1986 年 2 版 307 页
有图 20cm（32 开）定价：CNY3.80

J006771

绘画入门　周楷著
南宁 广西美术出版社 1991 年 307 页 有图
20cm（32 开）ISBN：7-80582-137-2
定价：CNY7.80

　　本书介绍了绘画色彩、水粉画、水彩画以及油画的基础知识和技法，并附以大量的彩色图例。

J006772

绘画入门　周楷著
南宁 广西美术出版社 1993 年 2 版 457 页
20cm（32 开）ISBN：7-80582-137-2
定价：CNY10.90

J006773

实用美术基础　李英学编
天津 天津人民美术出版社 1987 年 82 页
20cm（32 开）ISBN：7-5305-0051-1
定价：CNY3.60

J006774

外国建筑装饰画　张啸谷，李丹编绘
西安 陕西人民美术出版社 1987 年 141 页 有图
19cm（32 开）精装 定价：CNY60.00

　　作者张啸谷（1950—　），画家。安徽合肥人。历任中国美术家协会安徽分会会员，徽科普美术协会会员，淮南科普美协副理事长。黑白装饰图案作品有《风景》《动物》《建筑》《人物》《鱼形》。

J006775

绘画材料与技法　（法）瓦克尔著；赵文慧译
长沙 湖南美术出版社 1991 年 91 页 有图
19cm（32 开）ISBN：7-5356-0431-5
定价：CNY8.90

J006776

世界美术大师绘画技法　韩茂堂主编；江文等译
北京 北京工艺美术出版社 1991 年 123 页

26cm（16 开）ISBN：7-80526-066-4
定价：CNY38.50

J006777

校园应用美术设计　山东省教委艺术教育委员会编
济南 山东文艺出版社 1991 年 111 页
19cm（小 32 开）ISBN：7-5329-0637-X
定价：CNY2.50
（艺术教育丛书）

　　本书为各类学校中从事团队、工会、学校、班级宣传工作的师生，提供校园常用的宣传形式及美术设计基本知识和具体技法。

J006778

画国画、水彩画、油画不求人　蔡福照编著
深圳 海天出版社 1993 年 108 页 有彩图
19cm（小 32 开）ISBN：7-80542-825-5
定价：CNY4.00
（少年博览丛书 应用系列）

J006779

青少年绘画入门　吴承露著
北京 新时代出版社 1993 年 196 页 26cm（16 开）
ISBN：7-5042-0127-8 定价：CNY13.00

　　本书通过简易技法练习和示范图例，讲授了中国水墨和西洋水彩及其结合的绘画方法。

J006780

实用美术技法　（12）薄贯休主编；北京市百花美术用品公司《实用美术技法》丛书编辑部编
北京 中国书籍出版社 1994 年 重印本 107 页
有彩照 18×16cm ISBN：7-5068-0214-7
定价：CNY4.50

　　本书内容包括：北京补花、手工印染技法、毛巾印花设计、烫画技法、手工编织艺术等。

J006781

美术少年宫　施绍辰主编
南昌 21 世纪出版社 1995 年 4 册 19cm（小 32 开）
ISBN：7-5391-0839-8 定价：CNY28.00

　　作者施绍辰（1939—　），油画家。祖籍浙江湖州，毕业于中国美术学院油画系。历任中国美术学院教授、学术委员会委员，中国美术学院附中校长，浙江美术家协会常务理事、浙江油画家

协会副会长。出版专题油画集《撒哈拉风情》。

J006782
小画家基础训练入门　戴顺智, 张虹编著
北京 农村读物出版社 1996年 94页 25×26cm
ISBN: 7-5048-2573-5 定价: CNY32.00

　　作者戴顺智(1952—　　),教授、美术家。北京人,毕业于中央美术学院国画系研究生班,获硕士学位。历任清华大学美术学院绘画系教授、国画教研室主任、研究生导师,中国美术家协会会员。出版《戴顺智画集》《戴顺智线描集》《线描造型艺术》等。作者张虹,中央工艺美术学院任教。

J006783
绘画入门　(分步详解的绘画指南)(美)温顿·布莱克著;(美)费迪南德·皮特里绘;吴形译
北京 中国建筑工业出版社 1997年 79页
28cm(大16开) ISBN: 7-112-03220-2
定价: CNY18.00
(绘画技法经典译丛)
　　外文书名: Starting to Drawing.

J006784
21世纪美术权威教程　周星主编
北京 中国计划出版社 1999年 6册 26cm(16开)
ISBN: 7-80058-817-3 定价: CNY39.00
　　本套书包括:《教你画山水》《教你画线描画》《教你画花鸟》《教你学篆刻》《教你画素描》《教你学儿童画》。

J006785
胶彩画入门　梁耀著
南宁 广西美术出版社 1999年 48页 26cm(16开)
ISBN: 7-80625-697-0 定价: CNY15.00
(美术基础入门画库 第二辑)

J006786
美术基础教学分科辅导大全　(创作基础)
徐福厚著
石家庄 河北美术出版社 1999年 44页
29cm(16开) ISBN: 7-5310-1174-3
定价: CNY21.00

J006787
美术基础教学分科辅导大全　(雕塑头像)
黄兴国著
石家庄 河北美术出版社 1999年 52页
29cm(16开) ISBN: 7-5310-1159-X
定价: CNY18.00

J006788
美术基础教学分科辅导大全　(工笔人物)
朱兴华著
石家庄 河北美术出版社 1999年 61页
29cm(16开) ISBN: 7-5310-1178-6
定价: CNY19.00

J006789
美术基础教学分科辅导大全　(绘画透视)
李福成著
石家庄 河北美术出版社 1999年 56页
29cm(16开) ISBN: 7-5310-1181-6
定价: CNY19.00

J006790
美术基础教学分科辅导大全　(基础图案)
关尚卿著
石家庄 河北美术出版社 1999年 61页
29cm(16开) ISBN: 7-5310-1175-1
定价: CNY21.00

J006791
美术基础教学分科辅导大全　(平面造型)
李槐清, 李连志著
石家庄 河北美术出版社 1999年 68页
29cm(16开) ISBN: 7-5310-1169-7
定价: CNY20.00

J006792
美术基础教学分科辅导大全　(人物速写)
张浩著
石家庄 河北美术出版社 1999年 61页
29cm(16开) ISBN: 7-5310-1160-3
定价: CNY14.00

　　作者张浩(1962—　　),教授。生于天津,祖籍河北高阳。毕业于浙江美术学院国画系。历任中国美术学院附中教师,中国美术家协会浙江分会会员,安徽大学艺术学院客座教授。

代表作有《我的故乡》《春茶》《自由的想象系列作品》等。

J006793

美术基础教学分科辅导大全 （设计透视）

李福成著

石家庄 河北美术出版社 1999 年 56 页

29cm（16 开）ISBN：7-5310-1182-4

定价：CNY15.00

　　本书内容包括：透视与透视现象；透视图的基本用语及透视现象的原理分析；三视图与透视图；建筑物平面图的适用符号；圆及非直线的透视、透视图的放大法、广告插画中的透视运用等。

J006794

美术基础教学分科辅导大全 （水粉静物）

宫六朝著

石家庄 河北美术出版社 1999 年 60 页

29cm（16 开）ISBN：7-5310-1168-9

定价：CNY22.00

　　作者宫六朝（1952—2015），教授。生于河北文安，毕业于河北师范大学艺术系油画专业，并留校任教。曾任河北师范学院美术系基础教研室主任、副教授，河北省美术家协会会员，河北省水彩水粉画研究会会员。代表作品有《晴云》《神道》《群鸡百态野趣图》等。

J006795

美术基础教学分科辅导大全 （水墨肖像）

王晓辉著

石家庄 河北美术出版社 1999 年 60 页

29cm（16 开）ISBN：7-5310-1167-0

定价：CNY25.00

J006796

美术基础教学分科辅导大全 （素描静物）

张路光著

石家庄 河北美术出版社 1999 年 48 页

29cm（16 开）ISBN：7-5310-1177-8

定价：CNY13.00

J006797

美术基础教学分科辅导大全 （素描石膏几何体）宫六朝，张新凯著

石家庄 河北美术出版社 1999 年 60 页

29cm（16 开）ISBN：7-5310-1180-8

定价：CNY15.00

　　本书内容包括：素描基本知识；关于石膏几何体写生；工具材料和实践经验；石膏几何体与头像；风景、静物的写生联系；石膏几何形体写生。

J006798

美术基础教学分科辅导大全 （素描石膏像）

王国斌著

石家庄 河北美术出版社 1999 年 59 页

29cm（16 开）ISBN：7-5310-1172-7

定价：CNY14.00

J006799

美术基础教学分科辅导大全 （素描肖像）

李孟军著

石家庄 河北美术出版社 1999 年 68 页

29cm（16 开）ISBN：7-5310-1164-6

定价：CNY15.00

J006800

美术基础教学分科辅导大全 （写意花鸟）

王好军著

石家庄 河北美术出版社 1999 年 59 页

29cm（16 开）ISBN：7-5310-1161-1

定价：CNY22.00

J006801

美术基础教学分科辅导大全 （写意山水）

王顺兴著

石家庄 河北美术出版社 1999 年 60 页

29cm（16 开）ISBN：7-5310-1166-2

定价：CNY19.00

J006802

美术基础教学分科辅导大全 （油画静物）

高迎进著

石家庄 河北美术出版社 1999 年 53 页

29cm（16 开）ISBN：7-5310-1176-X

定价：CNY25.00

J006803

美术基础教学分科辅导大全 （油画肖像）

孙纲著
石家庄 河北美术出版社 1999 年 52 页
29cm（16 开）ISBN：7-5310-1165-4
定价：CNY25.00

J006804
美术技法丛书
上海 上海书画出版社 1999 年 8 册 17×19cm
　　本套丛书包括：《山水画》《人物画》《花鸟画》《水彩画》《素描》《速写》《篆刻》《油画》。

J006805
美术技法入门　（图案）黄伟著
广州 岭南美术出版社 1999 年 32 页 26cm（16 开）
ISBN：7-5362-1940-7 定价：CNY9.00

J006806
日本画与日本画技法　梅忠智编著
郑州 河南美术出版社 1999 年 165 页 有图
29cm（16 开）ISBN：7-5401-0786-3
定价：CNY56.00
　　本书内容包括：现代日本画概述；日本画的过去、现在、未来；日本花鸟画艺术探究；日本画作品百图；新日本画的技法等。

J006807
小画家技巧与训练　吴余青编著
长沙 湖南师范大学出版社 1999 年 131 页 有图
19cm（小 32 开）ISBN：7-81031-789-X
定价：CNY6.00
（家有明星丛书）

各种题材绘画技法

J006808
古今中外人体服装画谱　（2）朱凤竹编
上海 形象艺术出版社 1926 年 26cm（16 开）
定价：大洋二元（全 2 册）
　　作者朱凤竹，民国画家。苏州人，曾加入南京中国美术会、上海中国画会。

J006809
风景画法　许仑由著

[杭州] 艺术学会 1929 年 54 页 19cm（32 开）
　　本书内容包括：风景写生的顺序；记忆力与点示法；色彩附说；用具附说；各种风景的画法。

J006810
西法肖像学　李锦铎编著
上海 形象艺术社 1934 年 38 页 有图 18cm（32 开）
定价：大洋四角

J006811
静物画研究　陈抱一著
长沙 商务印书馆 1938 年 181 页 有图 19cm（32 开）
定价：国币一元
（民国籍粹 续）
　　本书内容包括：学习前应知的问题、静物写生问答、静物的配置和静物画的构图、水彩画和油画之特色等12章。书前有例言及静物画17幅。

J006812
人物画研究　陈抱一著
长沙 商务印书馆 1938 年 125 页 有图 19cm（32 开）
定价：国币一元
（艺术研究丛书）
　　本书内容包括：人物画研究之需要、怎样学习人物画、人物描法上的基本事项、人体素描之实习9章，介绍人物画的一般常识及实习方法。书前有19幅名画。

J006813
人物画研究　陈抱一著
上海 商务印书馆 [1949—1954 年]
定价：CNY0.60
（美术丛书）

J006814
人物画初步　王流秋著
济南 山东新华书局 1950 年 20cm（32 开）
定价：CNY1.80

J006815
人体画典　黎小渔编
大群出版社 1951 年 62 页 19cm（小 32 开）

J006816

人物画的基本作法　杨建侯等编绘

上海 正气书局 1951 年 影印本 252 页 有图
18cm（32 开）定价：旧币 16,000 元

　　本书由正气书局和兴华书局联合出版。

J006817

应用美术　（人物编）陈之佛，吴山合编

上海 万叶书店 1951 年 162 页 20cm（32 开）
定价：旧币 11,000 元

　　作者陈之佛（1896—1962），画家、工艺美术
家。又名陈绍本、陈杰，号雪翁。毕业于浙江省
工业专门学校染织科机织专业，曾留学日本入东
京美术学校工艺图案科。曾任教于上海美术专
科学校及中央大学艺术系，任南京大学、南京师
范学院教授、江苏美协副主席、南京艺术学院副
院长、中国美术家协会理事等职。代表作品有《瑞
安名胜古诗选》《旅美纪行》《江村集》等。

J006818

人体画典　黎小渔编

上海 青城书店 1952 年 2 版 影印本 64 页
18cm（32 开）定价：4,500 元

J006819

应用美术　（人物编）陈之佛，吴山合编

上海 万叶书店 1952 年 4 版 162 页 20cm（32 开）
定价：旧币 11,000 元

　　本书为实用美术设计中人物画技法专著。
附人物画法要领。

J006820

怎样画人体　王端编绘

上海 北新书局 1952 年 影印本 14×18cm

J006821

怎样画人体　王端编绘

上海 北新书局 1953 年 7 版 修订本 107 页
有图 14×18cm 定价：旧币 5,500 元

J006822

怎样画人体　王端编绘

上海 北新书局 1953 年 5 版 有图 14×18cm
定价：旧币 5,500 元

J006823

怎样画人体　王端编绘

上海 四联出版社 1955 年 新 2 版 重印本 有图
14×18cm 定价：CNY0.55

J006824

人物画的基本作法　杨建侯等编绘

上海 兴华书局 1953 年 增订本 影印本 234 页
有图 18cm（32 开）定价：旧币 12,000 元

J006825

人物画的基本作法　杨建侯等编绘

上海 正气书局 1953 年 增订本 影印本 234 页
有图 18cm（32 开）定价：旧币 12,000 元

　　本书由正气书局和兴华书局联合出版。

J006826

怎样画人像　哈定著

上海 四联出版社 1954 年 121 页 26cm（16 开）
定价：旧币 15,000 元

　　作者哈定（1923—2004），回族，画家。别名
哈弼时，江苏南京人。历任上海美术专科学校教
师，上海油画雕塑院画师。代表作品《塞外风光》。
出版有《哈定画选》《水彩画技法》等。

J006827

怎样画人象　哈定作

上海 上海文化出版社 1956 年 新 1 版 124 页
26cm（16 开）统一书号：T8077.63
定价：CNY0.95

J006828

写山要法　（日）高岛北海著；傅抱石编译

上海 上海人民美术出版社 1957 年 影印本
133 页 20cm（32 开）统一书号：8081.2643
定价：CNY0.90

J006829

怎样画人象　哈定作

上海 上海文化出版社 1957 年 有图
定价：CNY1.00

J006830

动物画技法　（美）赓·赫尔脱格仑编绘；傅启
源，曾文朗译

北京 人民美术出版社 1958 年 134 页 26cm（ 16 开 ）
统一书号：8027.1390 定价：CNY1.47

J006831
动物画技法 （苏）赫尔脱格仑编绘；傅启源，
曾文朗译
北京 人民出版社 1977 年 2 版 115 页 26cm（ 16 开 ）
定价：CNY0.78

J006832
动物画技法 （美）赓·赫尔脱格仑编绘；傅启
源，曾文朗译
北京 人民美术出版社 1977 年 2 版 115 页
26cm（ 16 开 ）定价：CNY0.78

J006833
动物画技法 （美）赫尔脱格仑著；天津艺术学
院工艺系教材组译
天津 天津艺术学院工艺系教材组 1977 年
134 页 26cm（ 16 开 ）

J006834
论肖像创作 （苏）西特尼克等著；吕圣尧等译
北京 人民美术出版社 1958 年 129 页 有图
19cm（ 32 开 ）统一书号：8027.1581
定价：CNY0.70

J006835
怎样画肖像 左辉编著
北京 人民美术出版社 1958 年 ［ 26 ］页 有图
19cm（ 32 开 ）统一书号：8027.2107
定价：CNY0.19

J006836
高松菊谱 （明）高松绘撰
北京 中国书店出版社 1959 年 宣纸影印线装
本 定价：CNY5.50

J006837
高松翎毛谱 （明）高松绘撰
北京 中国书店出版社 1959 年 宣纸影印线装
本 定价：CNY3.50

J006838
花卉技法写生 蔡鹤汀，蔡鹤洲编绘

北京 人民出版社 1959 年 定价：CNY0.41
　　作者蔡鹤汀（1909—1976），国画家。原名蔡
颐元，号枕石散人，出生于福州台江。曾任陕西
省戏剧研究院艺委会委员、西安美协分会常务理
事。绘画作品有《铁骨冰心》《月季》《雀跃》《池
塘小憩》等。出版有《荻芦盦画册》《花卉写生技
法》《名家花卉画谱》。

J006839
怎样画动物 白浪编著
北京 人民美术出版社 1959 年 影印本 17+30 页
有图 19cm（ 32 开 ）定价：CNY0.22

J006840
怎样画风景 李瑞年编著
北京 人民美术出版社 1959 年 32 页 有图
19cm（ 32 开 ）统一书号：T8027.2104
定价：CNY0.16

J006841
怎样画静物 吴作人编著
北京 人民美术出版社 1959 年 10 页 有图
19cm（ 32 开 ）统一书号：8027.2103
定价：CNY0.23
（初级技法丛书）
　　作者吴作人（1908—1997），著名画家、教
授。生于江苏苏州，祖籍安徽泾县，先后就读于
苏州工业专科学校建筑系、上海艺术大学、南
国艺术学院美术系及南京中央大学艺术系。曾
任中央美术学院院长，中国美术家协会主席等。
出版有《吴作人》《吴作人艺术馆藏品集》《吴作
人画传》等。

J006842
怎样画静物 吴作人编
北京 人民美术出版社 1981 年 28 页 有图
19cm（ 32 开 ）统一书号：8027.2103
定价：CNY0.20

J006843
怎样画静物 吴作人编
北京 人民美术出版社 1986 年 2 版 28 页 有图
19cm（ 32 开 ）统一书号：8027.2103
定价：CNY0.26

J006844

怎样画静物　吴作人编
北京 人民美术出版社 1996 年 3 版 28 页 有图
19cm（小 32 开）ISBN：7-102-01009-5
定价：CNY1.70

J006845

怎样画走兽　黄幻吾编著
上海 上海人民美术出版社 1959 年 66 页 有图
18cm（15 开）统一书号：T8081.4576
定价：CNY0.24
（工农兵业余美术自学丛书）
　　作者黄幻吾（1906—1985），花鸟画家。名罕，
字幻吾，号罕僧，晚年称罕翁。广东新会人。历
任中国美术家协会会员，中国美术家协会上海分
会理事，上海文史研究馆馆员等职。出版有《幻
吾画集》《幻吾小品画集》《怎样画走兽》《中国画
技法》等。

J006846

谈谈我的肖象画工作　（苏）格拉西莫夫，
A.M. 著；子丛译
上海 上海人民美术出版社 1961 年 21 页 有图
18cm（32 开）统一书号：8081.5060
定价：CNY0.19
（美术理论译丛）

J006847

革命历史画创作经验谈　罗工柳等著
北京 人民美术出版社 1963 年 80 页 有图
20cm（32 开）统一书号：8027.4137
定价：CNY1.50
　　作者罗工柳（1916—2004），画家、教授。广
东开平县人，毕业于杭州艺术专科学校和鲁迅艺
术文学院美术系。中央美术学院教授。著有《罗
工柳画集》《巨匠周刊·罗工柳·专集》《罗工柳艺
术对话录》等。

J006848

怎样画动物　白浪编著
北京 人民美术出版社 1963 年 30 页
19cm（小 32 开）统一书号：T8027.2112
定价：CNY0.22
（初级技法丛书）

J006849

人物画参考资料　上海人民美术出版社编辑
上海 上海人民美术出版社 1965 年 125 页 有图
19cm（32 开）统一书号：T8081.5457
定价：CNY0.46

J006850

人物画头像参考资料　上海人民美术出版社
编辑
上海 上海人民美术出版社 1965 年 78 页 有图
18cm（32 开）统一书号：T8081.5532
定价：CNY0.28

J006851

交通运输工具参考资料
上海 上海人民出版社 1972 年 新 1 版［1 张］
17cm（40 开）定价：CNY0.16

J006852

实用美术参考资料　（一 新美术字）郭溪能
等集体编写
西宁 青海人民出版社 1972 年［1 张］
19cm（32 开）定价：CNY0.30

J006853

人物画参考资料　上海人民出版社编辑
上海 上海人民出版社 1973 年 修订本 101 页
19cm（32 开）统一书号：8171.674
定价：CNY0.23

J006854

柯九思墨竹谱　李霖灿，石叔明作
香港 艺术图书公司［1974 年］109 页
20cm（32 开）定价：CNY7.15
　　柯九思（1290—1343），元代著名画家。字敬
仲，号丹丘、丹丘生、五云阁吏等，浙江仙居县
人。存世书迹有《老人星赋》《读诔蚊赋诗》《重
题兰亭独孤本》等，代表作《竹石图》《清閟阁墨
竹图》《双竹图》。

J006855

蔬果画法　曹纬初绘
香港 艺术图书公司 1974 年 109 页 19cm（32 开）
定价：CNY6.53

J006856
写兰一得　曹维初编著
台北　艺术图书公司 1974 年 112 页 20cm（32 开）
定价：TWD40.00

J006857
人物线描
天津　天津人民出版社 1975 年 124 页
20×16cm 定价：CNY0.39
（美术技法丛书）

J006858
风景画　江启明编著
香港　中流出版社 1977 年 34 页 有图 20cm（32 开）
定价：HKD3.50
（美术普及丛书）

J006859
静物画研究　舒思沈著
台北　五洲出版社 1977 年 181 页 有图 19cm（32 开）
定价：TWD35.00

J006860
人体画典　刘永强编
香港　万里书店 1977 年 80 页 有图 14cm（64 开）
定价：HKD1.40
　　外 文 书 名：A Handbook of Human Body
Drawing.

J006861
月季画谱　美术资料组编
九龙　百泉出版社 1978 年 108 页 26cm（16 开）

J006862
电视、广告、服装人物设计
香港　百灵出版社 1979 年 158 页 21cm（32 开）
定价：HKD12.00

J006863
画手百图　（美）伯里曼（G.Bridgman）著；张健
生译
北京　人民美术出版社 1979 年 163 页 19cm（32 开）
统一书号：8027.6854 定价：CNY0.47
　　本书是有关手的解剖结构的绘画技法书。
书中有手的各种姿态的线条图，并对手的骨骼、
肌肉、动势、构造等作了一一说明，并附 131
幅图。

J006864
百梅图　林建同编著
香港　艺术图书公司［1980—1999 年］108 页
20cm（32 开）

J006865
头手素描画法　卢米斯（Loomis, A.）著
九龙　美术出版社［1980—1989 年］141 页 有图
26cm（16 开）定价：HKD20.00
　　外文书名：The Head and Hands.

J006866
怎样画风景　李瑞年编
北京　人民美术出版社 1980 年 24 页 19cm（32 开）
统一书号：8027.7559 定价：CNY0.24
　　本书分前言、工具、关于取景、绘画步骤、
运用简单透视法则观察风景、素描风景画的一般
技法、色彩风景画的一般技法与附图 8 部分，附
有图例 30 余幅。

J006867
人体动能画法　黎大中编著
台北　华联出版社 1981 年 208 页 有图 20cm（32 开）
定价：TWD150.00
　　外文书名：Figure Drawings in Simple Line.

J006868
肖像画　（美）埃弗雷特，（美）金斯特里尔著；
任秉义摘译
天津　天津人民美术出版社 1981 年 108 页
25cm（16 开）统一书号：8073.50141
定价：CNY2.40
　　本书结合图例系统论述有关油画肖像画的
技巧和技术诸课题：介绍油画工具材料的性能与
使用，以及如何培养对肖像画特定对象的观察
力，强调肖像创作必须从生活中来再到生活中
去，作品必须高于生活的现实主义艺术追求众
要素。

J006869
动画走兽画谱　朱文光编选
台北　艺术图书公司 1982 年 78 页 28cm（16 开）

定价：TWD280.00
（国画入门 1）
　　外文书名：Anthology of Paintings of Animals.

J006870
飞禽走兽画法全集　　胡哲，黄玉珊，张玉贞编著
香港 美术图书公司 1982 年 108+124 页
20cm（32 开）

J006871
山水新意境　　（一九八二年九月三日至十月三日）陈栋文绘
香港 香港市政局 1982 年 76 页 有图 23cm（10 开）
ISBN：962-215-044-6 定价：HKD25.00
　　外文书名：Contemporary Vision of Landscape.

J006872
实艺画典　　陆韬编著
香港 得利书店 1982 年 123 页 19cm（小 32 开）

J006873
肖像画　　（美）埃弗雷特等著；赵汉南编译
台北 名山出版社 1982 年 108 页 21cm（32 开）
定价：TWD100.00

J006874
怎样画动物　　袁熙坤编
北京 知识出版社 1982 年 102 页 25cm（小 16 开）
统一书号：8214.3 定价：CNY1.40
　　本书系统生动地阐述了画各种动物的要点、方法和步骤，并介绍了中外动物画专家的创作经验。

J006875
画梅研究　　林建同编著
香港 艺术图书公司 ［1983 年］107 页
19cm（小 32 开）定价：CNY6.53

J006876
凯利的人体与肖像画技法　　马凤林编译
长沙 湖南美术出版社 1983 年 58 页 26cm（16 开）
统一书号：8233.416 定价：CNY1.90
　　本书介绍了美国画家雷蒙·凯利的油画、水彩画、粉笔画技巧。作者马凤林（1950—　　），天津人民美术出版社美术编辑。

J006877
老虎画法　　（任曼逸讲授画虎笔记）温鸿源，任善评编
上海 上海人民美术出版社 1983 年 72 页
有图 19cm（32 开）统一书号：8081.13440
定价：CNY0.33
　　本书讲解了画虎的各个方面，并绘制了较多的线描插图。

J006878
鸟谱　　任宏武编绘
广州 岭南美术出版社 1983 年 182 页 24cm（26 开）
统一书号：8260.0512 定价：CNY1.70
　　本书选择部分鸟类，用科学上的分类方法、依据实物标本绘成一百多种鸟的各种动态，每图还附有鸟的大小、色彩习性、分布等简要文字说明。

J006879
鸟谱　　卢济珍编绘
北京 人民美术出版社 1983 年 111 页 19cm（32 开）
统一书号：8027.7823 定价：CNY0.60
　　本书共有 255 图。每图附有鸟的大小、色彩、习性、分布等简要说明。

J006880
人体运动画法　　（美）荷加斯著；左宜有译
台北 名山出版社 1983 年 159 页 有图 20cm（32 开）
定价：TWD130.00

J006881
山水画初步技法　　胡定鹏编
郑州 中州书画社 1983 年 34 页 25cm（16 开）
定价：CNY1.00
（美术技法丛书）
　　本书分 5 章，分别论述山水画的写生、临摹、创作，以及基本练习的方法步骤。

J006882
风景素描　　（美）匹兹（H.C.Pitz）著；庄修田编译
台北 艺术图书公司 1984 年 再版 影印本 112 页
23cm（32 开）定价：TWD80.00

J006883

景山公园　北京公园管理处编辑；陈渊摄影
北京 印刷工业出版社 1984 年 5 张 15cm（40 开）
定价：CNY0.30

J006884

静心斋　陈渊摄影
北京 印刷工业出版社 1984 年 5 张 15cm（40开）
定价：CNY0.30

J006885

昆虫图谱　程义存编绘
郑州 河南人民出版社 1984 年 140 页 19cm（32 开）
统一书号：8105.1274 定价：CNY1.85

J006886

女性美姿画法　吉田利昌著；萧文忠编译
台南 综合出版社 1984 年 128 页 有图 20cm（32 开）
定价：TWD90.00

J006887

团城　北海公园管理处编辑；陈渊摄影
北京 印刷工业出版社 1984 年 5 张
［14cm］（80 开）定价：CNY0.30

J006888

动物画的画法　赫尔特伦（Hultgren, K.）著
台南 王家出版社 1985 年 144 页 有图 26cm（16 开）
定价：TWD180.00

J006889

花的写生与变化　何志本编绘
成都 四川美术出版社 1985 年 116 页 18cm（15 开）
统一书号：8373.326 定价：CNY2.50
　　作者何志本（1950—　），工艺美术设计师。
四川南充人，毕业于中国书画函授大学大专班。
历任南充市工艺美术专业技术委员会中级职务
评审委员会委员，中国工业设计协会展示委员会
会员，南充市美协会员等职。

J006890

老虎画法　牛德光著
济南 山东美术出版社 1985 年 181 页 有图
19cm（32 开）统一书号：8332.536
定价：CNY1.68

　　本书结合国画技法，详细介绍了画虎技法，
附有虎的图案。

J006891

人体动态 1500　李元佑编
香港 香港得利书局 1985 年 88 页 有图
26cm（16 开）定价：HKD40.00
　　外文书名：1500 Postures in Movement.

J006892

人物表情及画法　师锋光著
兰州 甘肃人民出版社 1985 年 47 页 19cm（32 开）
统一书号：8096.1136 定价：CNY0.26

J006893

艺用花卉资料　唐剑光，孙玉洁编绘
沈阳 辽宁美术出版社 1985 年 291 页 26cm（16 开）
统一书号：8161.0833 定价：CNY2.40

J006894

自然与画意　李义弘作
台北 雄狮图书公司 1985 年 273 页 有图
26cm（16 开）定价：TWD250.00

J006895

画猫技法基础　雨新，方工著
北京 中国文联出版公司 1986 年 36 幅
19cm（32 开）统一书号：8355.655
定价：CNY0.75
　　作者雨新（1927—　），画家。本名王宗光，
北京顺义人。曾任荣宝斋咨询委员会委员、中
国老年书画研究会创作员。主要作品有《怎样画
蝴蝶》《怎样画草虫》《怎样画牡丹花石》等。作
者方工，女，画家。原名王振芳。擅画猫。与其
父合作绘著并出版《画猫技法基础》《百猫百蝶
图》等。

J006896

裸妇的描法　帕拉蒙（J.M.Parramon）著；梁国
元编
台北 唐代文化事业公司 1986 年 110 页 有彩图
20cm（32 开）定价：TWD120.00
（绘画教室 8）
　　外文书名：Painting the Nude.

J006897

肖像画的描法　帕拉蒙(J.M.Parramon)著；梁国元编著

台北　唐代文化事业公司　1986 年　83 页
20cm（32 开）定价：TWD90.00
（绘画教室 7）

　　外文书名：Drawing the Human Head and Portraits.

J006898

怎样画鹰　钱行健编绘

上海　上海书画出版社　1986 年　24 页　19cm（32 开）
统一书号：8172.1660 定价：CNY0.85

　　作者钱行健（1935—2010），国画家。江苏无锡人。擅长中国画，专习山水、花鸟，兼文学及诗词，后致力于中国绘画理论的研究。曾任上海外国语大学艺术教研室主任、副教授，上海海外联谊会联谊书画社副社长，海墨画社社长、上海书画研究院理事等。代表作品有《碧浪》《幽涧听泉》《江月幽禽》等。

J006899

自画像的描法　帕拉蒙(J.M.Parramon)著；梁国元编

台北　唐代文化事业公司　1986 年　100 页　有图
20cm（32 开）定价：TWD120.00
（绘画教室 5）

　　外文书名：Self-portraiture.

J006900

动物画法百科　沈自强编绘

台南　大孚书局　1987 年　211 页　有图 21cm（32 开）
定价：TWD100.00
（美术系列）

J006901

动物写生　视觉美学社主编

台北　武陵出版社　1987 年　301 页　21cm（32 开）
定价：TWD140.00
（美术陶艺丛书 46）

J006902

海景画技法　（美）罗宾逊著；费中浩译

上海　上海人民美术出版社　1987 年　152 页
19×26cm　定价：CNY4.40

　　本书分 13 章：海浪的剖析；浪花的类型；岩石与溢水处；天空、云和海滩、色彩；阳光与大气；构图；新的开端；雾的奥秘；暴风雨的对抗力量等。附海景画法步骤图和海景画作品 194 幅。

J006903

黄独峰神仙鱼画谱　黄独峰编著

南宁　广西人民出版社　1987 年　26cm（16 开）
统一书号：8113.1304 定价：CNY2.00
ISBN：7-219-00359-5

　　作者黄独峰（1913—1998），画家。名山，号榕园，又号五岭老人。广东揭阳人。历任广西艺术学院副院长、教授，中国美术家协会会员、理事，广西美协主席等。代表作品有《百鹤图》《漓江百里图》《富贵寿》等，著有《明清写梅画人传略》《中国之花鸟画》《独峰画集》。

J006904

看画学画　（陈半丁写意花卉解析）陈半丁绘；黄启龙编

台北　艺术图书公司　1987 年　160 页　有图
30cm（15 开）

　　作者陈半丁（1876—1970），画家。浙江山阴（今绍兴）人。名陈年，字半丁。曾就职于北京图书馆，北平艺术专科学校。曾任中国美术家协会理事，北京画院副院长，中国画研究会会长。代表作品有《卢橘夏熟》《高枝带雨压雕栏》《惟有黄花是故人》《赤壁夜游图》等。

J006905

马和艺术　许勇编绘

沈阳　辽宁美术出版社　1987 年　440 页　有图
26cm（16 开）定价：CNY8.50

　　本书讲述画马的基本知识和技法，介绍并讲述古今中外表现马的著名绘画、雕塑作品的艺术成就，并附有作者大量画马的速写作品、作画体会。作者许勇（1933—　　　），画家。别名许涌。生于山东青岛，毕业于东北美专并留校任教。历任鲁迅美术学院教授、研究生导师，中国美术家协会会员，中国连环画研究会常务理事，中国当代工笔画学会理事，雪庐画会副会长。代表作品有《金田起义》《郑成功收复台湾》《戚继光平倭图》等。出版有《许勇画马》。

J006906

人体新观念　日本视觉设计研究所编著
台北 邯郸出版社 1987 年 187 页 有图 26cm（16 开）
　　本书为人物画技法专著。外文书名：A New Concept of the Human Body.

J006907

冰雪山水画论　章华，余式晖编
北京 中国文联出版公司 1988 年 151 页
20cm（32 开）ISBN：7–5059–0571–6
定价：CNY1.90
　　本书收录美国、意大利、日本、新加坡和中国的美术家、美术评论家的 15 篇文章。

J006908

当代人体艺术探索　翟墨编著
北京 文化艺术出版社 1988 年 84 页 有彩图
20cm（32 开）ISBN：7–5039–0125–X
定价：CNY8.00
　　本书收录中国 33 位当代中青年画家的人体绘画艺术作品 60 幅及其有关文论。书中阐明了人体艺术的美学意义，描述了人体艺术发展的历史线索，评介了书中各位画家的创作成就。外文书名：A Study of Contemporary Nude Art. 作者翟墨（1941—2009），编辑。原名翟葆艺，河南尉氏人。毕业于郑州大学中文系和中国艺术研究院研究生部美术系。历任《郑州晚报》记者，《中国美术报》副主编，《美术观察》杂志副主编，中国艺术研究院中国文化研究室研究员，东方美术交流学会理事等。作品有《艺术家的美学》《绘画美》等。

J006909

风景画论　（英）克拉克（K.Clark）著；吕澎译
成都 四川美术出版社 1988 年 164 页 20cm（32 开）
ISBN：7–5410–0093–0 定价：CNY2.20
（现代美术理论翻译系列）

J006910

服装画技法　缪爱莉编绘
广州 广东科技出版社 1988 年 68 页 26cm（16 开）
定价：CNY5.00

J006911

服装效果图技法　（日）熊谷小次郎著；陈重

武，江北译
天津 天津人民美术出版社 1988 年 130 页
26cm（16 开）定价：CNY14.50
　　本书论述了服装设计效果与人体结构关系等诸要素，并介绍了服装设计的技法。

J006912

国外军服图例　胡其道编绘
北京 人民美术出版社 1988 年 94 页
19cm（小 32 开）定价：CNY1.00

J006913

画鹤百态技法　张继馨绘
天津 天津杨柳画社 1988 年 133 页
26cm（16 开）定价：CNY5.70
　　作者张继馨（1926—　），花鸟画名家、美术教育家。又名馨子，江苏武进人。中央文史研究馆书画院研究员，江苏省文史研究馆馆员，中国美术家协会会员，江苏省花鸟画研究会顾问，苏州市职业大学艺术学院教授。作品有《草虫画谱》《鸟类画谱》等，著有《画事一得》《笔上参禅》《馨子砚语》《颠倒葫芦》。

J006914

画树参考资料　（装饰变形画法）杨力民编绘
北京 朝花美术出版社 1988 年 120 页 13×18cm
ISBN：7–5056–0066–4 定价：CNY1.60

J006915

金鱼画法　张鹤云编绘
济南 山东美术出版社 1988 年 12 页 26cm（16 开）
ISBN：7–5330–0157–5 定价：CNY2.30
（美术技法丛书）

J006916

鲤鱼画法　张鹤云编绘
济南 山东美术出版社 1988 年 12 页 26cm（16 开）
ISBN：7–5330–0155–9 定价：CNY2.30
（美术技法丛书）

J006917

美国时装画技法　白湘文，赵惠群编译
北京 轻工业出版社 1988 年 307 页 26cm（16 开）
定价：CNY12.80
　　本书由 4 部分组成：第 1 至第 3 部分，著

重阐述了美国时装画家比尔·托马斯的时装画技法；第4部分介绍笔的运用与对人物造型的基础表现技法和实例应用；书后附当代世界最杰出的时装画家的杰作100余帧。

J006918

时装画实用技法

沈阳 辽宁美术出版社 1988年 171页 26cm（16开）
定价：CNY8.00

J006919

小鸡画法　　张鹤云编绘

济南 山东美术出版社 1988年 12页 26cm（16开）
ISBN：7-5330-0158-3 定价：CNY2.30
（美术技法丛书）

J006920

徐湛风景速写集　（怎样画风景速写）徐湛绘

北京 对外贸易教育出版社 1988年 104页
19×23cm ISBN：7-81000-051-9 定价：CNY3.00

J006921

鸭子画法　　张鹤云编绘

济南 山东美术出版社 1988年 12页 26cm（16开）
ISBN：7-5330-0156-7 定价：CNY2.30
（美术技法丛书）

J006922

怎样画虎　　胡爽庵，张士元编著

北京 人民美术出版社 1988年 44页 有彩图
19cm（32开）ISBN：7-102-00432-X
定价：CNY1.60

本书对中国画虎的源流、虎的生活习性、虎的形态与结构、虎的各个部位的画法步骤以及画面背景的处理、写生与创作的要领等作了讲述。

J006923

草虫千姿　　王胜林编绘

石家庄 河北美术出版社 1989年 222页
26cm（16开）精装 ISBN：7-5310-0278-7
定价：CNY10.40

本书按照昆虫分类学的方法编绘，共收200余种昆虫图样，用白描的方法绘出，特别注意了对各种昆虫的结构和动势神态的描绘。

J006924

初学画马　　孙克维绘

天津 天津杨柳青画社 1989年 120页 13×19cm
ISBN：7-80503-082-0 定价：CNY2.90

J006925

刘保申花鸟画集　　刘保申作

西安 陕西人民美术出版社 1989年 63页
有彩图 26cm（16开）

本书收集作者花鸟作品72幅。作者刘保申（1937—　　），画家、教授。河南南阳人，毕业于西安美术学院。历任西安美院教授，兼任图书馆馆长，中国美协会员，陕西美协理事，美国鲍林格灵美术学院客座教授，纽约花鸟画研究会会长。代表作《花鸟技法100问》《刘保申画集》《刘保申花鸟画选》。

J006926

名山画稿　　姜坤绘著

长沙 湖南美术出版社 1989年 152页 26cm（16开）
ISBN：7-5356-0271-1 定价：CNY8.00

作者姜坤（1940—　　），画家。字荣彬，后改字坤，笔名茫野、山梦、天涯客等。生于湖南邵阳。历任湖南省文史馆员，中国美术家协会会员。代表作品《山里新人》《山外山·姜坤郑小娟画展》，出版有《名山画稿》《国画人体艺术》《当代美术家画库·姜坤卷》《姜坤中国画集》《姜坤作品集》等。

J006927

商业橱窗设计制作　　何昌林责任编辑

成都 四川美术出版社 1989年 104页 26cm（16开）
ISBN：7-5410-0333-6 定价：CNY11.20

J006928

装饰人物画基础　　曹三长编

上海 上海人民美术出版社 1989年 121页
19cm（32开）ISBN：7-5322-0429-4
定价：CNY4.80

本书对装饰人物画的造型特点、形式美的法则、构图组合规律以及面对生活原型如何进行写生变化等进行了详尽的介绍。附图101幅。作者曹三长（1939—　　），教授。江西余干人，浙江美术学院毕业。福州轻工业研究所美术设计师，福建师范大学美术系教授。作品有《李寄斩蛇》《年年有余》《深山探宝》《风雨鱼不知》等。著作有《画鱼艺术》《装饰人物画基础》《曹三长写意花鸟画》。

J006929
八哥山雀画法　张鹤云编绘
济南 山东美术出版社 1990 年 12 页 27cm
（大 16 开）定价：CNY3.60
（美术技法丛书）

J006930
百猫谱　陈增胜绘
天津 天津人民美术出版社 1990 年 132 页
26cm（16 开）ISBN：7-5305-0231-X
定价：CNY6.00
　　本书除介绍猫的基本解剖结构之外，还介绍了世界上的名猫品种、猫的各种动作、姿态，并附有绘画创作中的构图范例。作者陈增胜（1941—　　），山东招远县人。曾先后深造于天津美术学院、北京画院。山东省美术家协会会员、山东省书画艺术促进会理事、威海海洋画院画师。主要著作有《怎样画猫》《陈增胜猫画选》《百猫谱》等。

J006931
草虫画谱　张继馨著
南京 江苏美术出版社 1990 年 90 页 26cm（16 开）
ISBN：7-5344-0177-1 定价：CNY18.50
　　作者张继馨（1926—　　），花鸟画名家、美术教育家。又名馨子，江苏武进人。中央文史研究馆书画院研究员，江苏省文史研究馆馆员，中国美术家协会会员，江苏省花鸟画研究会顾问，苏州市职业大学艺术学院教授。作品有《草虫画谱》《鸟类画谱》等，著有《画事一得》《笔上参禅》《馨子砚语》《颠倒葫芦》。

J006932
初学画牛　孙克维绘
天津 天津杨柳青画社 1990 年 122 页 13×19cm
ISBN：7-80503-077-4 定价：CNY2.90

J006933
瓜果蔬菜画法　张鹤云编
济南 山东美术出版社 1990 年 12 页 26cm（16 开）
ISBN：7-5330-0234-2 定价：CNY3.60

（美术技法丛书）

J006934
画动物　（日）清水胜著；王家斌，华梅编译
天津 天津人民美术出版社 1990 年 113 页
26cm（16 开）ISBN：7-5305-0202-6
定价：CNY18.50
　　作者王家斌（1945—　　），教授。河北安兴人。曾任天津美术学院造型教研室主任。作品《律动》《姑娘追》。出版《华夏五千年艺术·雕集》，译著《画动物》。

J006935
女人体绘画　（美）戴安绘；（美）格兰编；邱秉钧译
长沙 湖南美术出版社 1990 年 42 页 26cm（16 开）
ISBN：7-5356-0392-0 定价：CNY9.80
　　作者吉姆·戴安（1935—　　），美国画家、波普艺术家。

J006936
人体动态设计
北京 民族出版社［1990 年］30 页 19cm（32 开）
定价：CNY1.60

J006937
人物画技法初步　吴山明，李子候著
上海 上海人民美术出版社 1990 年 76 页
19cm（32 开）ISBN：7-5322-0673-4
定价：CNY3.80
（初级美术技法丛书）
　　本书分学习工笔画的基础、工笔人物画技法简介、工笔画的工具和材料、意笔人物画技法简介、意笔人物画的作画步骤、常见的意笔人物画类型介绍六章。书后附图 112 幅。作者吴山明（1941—　　），画家。生于浙江浦江县，毕业于中国美术学院中国画系人物专业。历任中国美术学院学术委员会委员，中国画系教授、博士生导师，造型艺术学部主任。代表作品有《意笔人物画选》等，著作有《吴山明意笔人物线描集》《吴山明画集》等。

J006938
人物头像画法　杨文仁编绘
济南 山东美术出版社 1990 年 13 页 26cm（16 开）

ISBN：7-5330-0312-8 定价：CNY3.40
（美术技法丛书）

　　作者杨文仁（1941—　），画家。生于山东青岛。山东师范学院艺术系中国画专业毕业。历任泰安师范美术教师，山东省艺术馆美术干部，山东师范大学美术系教师。山东省美术馆一级美术师，山东省美术家协会副主席。出版有《杨文仁花鸟画集》《杨文仁国画精品集》《荷花画法》等。

J006939

色彩人物范画　　王有嫦编著
成都 四川美术出版社 1990年 37cm（8开）
ISBN：7-5410-0529-0 定价：CNY15.00

J006940

小朋友怎么画动物　　李时民编绘
北京 科学普及出版社 1990年 115页 18cm（32开）
ISBN：7-110-01632-3 定价：CNY2.80

J006941

怎样画动物　　王申裕编绘
北京 中国林业出版社 1990年 172页 26cm（16开）
ISBN：7-5038-0542-0 定价：CNY6.90

　　本书突出的特点是用大量图例向读者讲述作画的步骤和方法，并着重介绍了一些与作画有关的动物学知识，还附有一些动物的动态图。

J006942

怎样画头与手　　恪米思著；吕清夫译
九龙 艺术家出版社 1990年 150页 有图
21cm（32开）

J006943

百马谱　　郭学是绘
天津 天津人民美术出版社 1991年 104页
26cm（16开）ISBN：7-5305-0258-1
定价：CNY5.80

J006944

摹拟画像　　金耀耿著
杭州 浙江人民出版社 1991年 283页
19cm（小32开）ISBN：7-213-00688-6
定价：CNY5.00

　　本书介绍了摹拟画像的基本技法。摹拟画像是一门独特的艺术。它通过事主或目击者提供案犯的面貌特点，由具有揣摩描绘人像技巧的侦查人员勾画出具体头像。作者金耀耿（1955—　），生于浙江杭州。浙江国际书画交流协会理事、中国书法家协会会员、浙江书法家协会理事。代表作品有《家庭摄影艺术》《摄影技术》《摹拟画像》等。

J006945

动物简笔画　　刘金成著绘
石家庄 河北美术出版社 1992年 124页
14×20cm ISBN：7-5310-0500-X
定价：CNY3.60

　　作者刘金成（1947—　），河北大名人，河北邯郸市幼儿师范学校美术讲师。

J006946

风景画写生基础和速写　　何重礼，邓淑民著
北京 中国建筑工业出版社 1992年 198页
26cm（16开）ISBN：7-112-01472-7
定价：CNY9.50

　　本书作者介绍了风景画写生中，有关构图、观察方法、表现技巧等方面的基础知识和基本规律，以及画山石、建筑、树木的一些具体方法、步骤和应注意的问题。作者何重礼（1933—　），教授。湖南沅陵人，毕业于中央戏剧学院。北京电影学院美术系教授，中国美术家协会会员、北京水彩画学会会员。著有《怎样 画风景速写及写生》。

J006947

风景画写生技法　　蒋庆北著
沈阳 辽宁美术出版社 1992年 79页 有彩图
26cm（16开）ISBN：7-5314-0956-9
定价：CNY12.80

J006948

画鹿技法资料　　温鸿源编绘
上海 上海书画出版社 1992年 108页
19cm（小32开）ISBN：7-80512-596-1
定价：CNY2.95
（大世界画库 实用美术编）

J006949

矢岛功人物素描　　矢岛功著

台南 信宏出版社 1992 年 123 页 21cm（32 开）
ISBN：957-538-285-4 定价：TWD100.00
（美术 6）

J006950
风景钢笔淡彩画法　崔栋良著绘
石家庄 河北美术出版社 1993 年 48 页
26cm（16 开）ISBN：7-5310-0523-9
定价：CNY15.00
（美术技法丛书）
　　作者崔栋良（1935—　　），教授，美术设计
师。河北文安人，毕业于中央工艺美术学院染织
美术系。历任中央工艺美术学院副教授，中国书
画函授大学实用美术系教授，中国美术家协会、
中国工艺美术学会会员等。出版有《花的装饰技
法》《花卉黑白画》《图案的基本组织》《动物的写
生与变形》《风景装饰画法》等。

J006951
虫谱　黄箐编绘
南宁 广西美术出版社 1994 年 112 页 18×26cm
ISBN：7-80582-734-6 定价：CNY9.80
（实用绘画参考资料丛书）

J006952
动物图谱与画法研究　陈炳熙著
长沙 湖南美术出版社 1994 年 50 页 26cm（16 开）
ISBN：7-5356-0651-2 定价：CNY19.50

J006953
儿童风景画技法　闻渠主编；刘晋生编绘
北京 首都师范大学出版社 1994 年 60 页
18×19cm ISBN：7-81039-244-1 定价：CNY4.80

J006954
画虎技法　温鸿源，高尚德编绘
西安 陕西人民美术出版社 1994 年 修订本
179 页 有图 26cm（16 开）ISBN：7-5368-0657-4
定价：CNY8.50
（美术技法丛书）

J006955
鸟谱　周祖强编绘
南宁 广西美术出版社 1994 年 130 页 19×26cm
ISBN：7-80582-719-2 定价：CNY11.80

（实用绘画参考资料丛书）
　　本书编入 500 多种 1000 余个世界上珍稀鸟
类图片。

J006956
世界科技名人画典　凌受祥编绘
广州 广东教育出版社 1994 年 119 页 21cm（20 开）
ISBN：7-5406-2817-0 定价：CNY16.80

J006957
兽谱　刘南一编绘
南宁 广西美术出版社 1994 年 132 页 19×26cm
ISBN：7-80582-720-6 定价：CNY11.40
（实用绘画参考资料丛书）
　　作者刘南一（1956—　　），教师。生于广东广
州，毕业于广西艺术学院师范系美术专业。广西
艺术学院美术系教师，广西美术家协会油画艺术
委员会委员，中国美术家协会广西分会会员。

J006958
百虎图谱　陈志远等绘；岭南美术出版社编
广州 岭南美术出版社 1995 年 110 页 26cm（16 开）
ISBN：7-5362-1250-X 定价：CNY21.00
（动物百图丛书）

J006959
百马图谱　非马等绘；岭南美术出版社编
广州 岭南美术出版社 1995 年 92 页 26cm（16 开）
ISBN：7-5362-1264-X 定价：CNY19.00
（动物百图丛书）

J006960
瓷上肖像画技法　冯杰编著；毛翼等摄影
南昌 江西美术出版社 1995 年 136 页 26cm（16 开）
精装 ISBN：7-80580-287-4 定价：CNY80.00
（中国民间工艺美术绝技系列）

J006961
风景素描　程钰林著
上海 上海教育出版社 1995 年 113 页 26cm（16 开）
ISBN：7-5320-3831-9 定价：CNY12.00
　　外文书名：The Scenery Drawing. 作者程钰林
（1945—　　），上海华山美校高级美术教师。

J006962

色彩人像入门　周度其著

南宁 广西美术出版社 1995 年 32 页 26cm（16 开）

ISBN：7-80582-885-7 定价：CNY5.80

（美术基础入门画库）

　　作者周度其（1955—　），教师。湖南湘潭人，毕业于广西艺术学院。历任广西艺术学院美术系讲师、副教授，广西艺术学成人教育学院院长，中国美协广西分会会员。代表作品有《徐向前元帅》《戎马生涯贺元帅》《战争年代》《烽火岁月角力场》《送往前线的粮食》等。

J006963

百猫图集　雨新，方工著

北京 荣宝斋出版社 1996 年 53 页 25×26cm

ISBN：7-5003-0284-3 定价：CNY58.00

　　作者雨新（1927—　），画家。本名王宗光，北京顺义人。曾任荣宝斋咨询委员会委员、中国老年书画研究会创作员。主要作品有《怎样画蝴蝶》《怎样画草虫》《怎样画牡丹花石》等。作者方工，女，画家。原名王振芳。擅画猫。与其父合作绘著并出版《画猫技法基础》《百猫百蝶图》等。

J006964

百猫图谱　苏家杰等绘；岭南美术出版社编

广州 岭南美术出版社 1996 年 92 页 26cm（16 开）

ISBN：7-5362-1348-4 定价：CNY16.00

（动物百图丛书）

　　作者苏家杰（1947—　），画家。广州美术学院版画系结业。广东省美术家协会会员，花城出版社美术编辑室主任。作品有《百猫图谱》《友谊花开》等。

J006965

百鸟图谱　林德才等绘；岭南美术出版社编

广州 岭南美术出版社 1996 年 92 页 26cm（16 开）

ISBN：7-5362-1350-6 定价：CNY16.00

（动物百图丛书）

J006966

百犬图谱　白光诚等绘；岭南美术出版社编

广州 岭南美术出版社 1996 年 92 页 26cm（16 开）

ISBN：7-5362-1354-9 定价：CNY16.00

（动物百图丛书）

J006967

百鼠图谱　吴晓丁等绘；岭南美术出版社编

广州 岭南美术出版社 1996 年 96 页 26cm（16 开）

ISBN：7-5362-1409-X 定价：CNY16.00

（动物百图丛书）

J006968

百鱼图谱　陈永锵等绘；岭南美术出版社编

广州 岭南美术出版社 1996 年 92 页 26cm（16 开）

ISBN：7-5362-1349-2 定价：CNY16.00

（动物百图丛书）

　　作者陈永锵（1948—　），画家。生于广东广州，祖籍广东南海西樵，毕业于广州美术学院国画系研究生班。历任广州市文化局副局长兼广州画院院长，广东美术家协会副主席，中国国家画院研究员、岭南画派纪念馆名誉馆长等。作品有《南天开阔好纵横》《南粤雄风》《岭南花》《雄姿英发》。

J006969

风景素描基础技法　纪丽，董显仁编著

台北 台湾珠海出版公司 1996 年 120 页 有图 27cm（大 16 开）ISBN：957-657-166-9

定价：TWD320.00

（新编美术入门丛书 2）

J006970

风景写生画技法　刘征献，孙幸福编著

重庆 西南师范大学出版社 1996 年 50 页 26cm（16 开）ISBN：7-5621-1346-7

定价：CNY22.00

　　编者刘征献，美术教师。任西南大学副教授，油画作品有《大地》。

J006971

花卉写生与装饰　陈道远著

沈阳 辽宁美术出版社 1996 年 176 页 有图 26cm（16 开）ISBN：7-5314-1375-2

定价：CNY38.00

（现代设计表现技法 10）

J006972

静物素描基础技法　纪丽，董显仁编著

台北 台湾珠海出版公司 1996 年 96 页 有图 27cm（大 16 开）ISBN：957-657-155-3

定价：TWD320.00

（新编美术入门丛书 1）

J006973

身体的意象　（法）马克·勒伯（Marc LeBot）著；
汤皇珍译

台北 远流出版事业公司 1996 年 206 页
21cm（32 开）ISBN：957-32-2758-4

定价：TWD250.00

（艺术馆 32）

　　外文书名：Images Du Corps.

J006974

台湾古老火车站　李钦贤，洪致文著

台北 玉山社出版事业公司 1996 年 118 页 有照
片 26cm（16 开）ISBN：957-9361-28-2

定价：TWD380.00

（影像·台湾 8）

J006975

鱼谱　刘南一编绘

南宁 广西美术出版社 1996 年 82 页 18×26cm

ISBN：7-80625-072-7 定价：CNY9.80

（实用绘画参考资料丛书）

　　作者刘南一（1956—　　），教师。生于广东广
州，毕业于广西艺术学院师范系美术专业。广西
艺术学院美术系教师，广西美术家协会油画艺术
委员会委员，中国美术家协会广西分会会员。

J006976

怎样画兰竹　卢坤峰著

济南 山东美术出版社 1996 年 28 页 26cm（16 开）

ISBN：7-5330-0956-8 定价：CNY5.50

（中国画自学丛书）

　　作者卢坤峰（1934—2018），画家。又名卢
毓山，山东平邑人，毕业于浙江美术学院。浙江
美术家协会理事，浙江花鸟画研究会副会长，中
国美术学院教授，山东临沂画院名誉院长。出
版有《卢坤峰画集》《卢坤峰画选》《卢坤峰兰竹
谱》《墨竹要述》《卢坤峰墨兰说》。

J006977

百虫图谱　白光诚等绘；岭南美术出版社编

广州 岭南美术出版社 1997 年 92 页 26cm（16 开）

ISBN：7-5362-1591-6 定价：CNY16.00

（动物百图丛书）

J006978

百猴图谱　白光诚等编绘；岭南美术出版社编

广州 岭南美术出版社 1997 年 91 页 26cm（16 开）

ISBN：7-5362-1411-1 定价：CNY16.00

（动物百图丛书）

J006979

百鸡图谱　白光诚等绘；岭南美术出版社编

广州 岭南美术出版社 1997 年 91 页 26cm（16 开）

ISBN：7-5362-1356-5 定价：CNY16.00

（动物百图丛书）

J006980

百鹿图谱　白光诚等绘；岭南美术出版社编

广州 岭南美术出版社 1997 年 91 页 26cm（16 开）

ISBN：7-5362-1561-4 定价：CNY16.00

（动物百图丛书）

J006981

百牛图谱　孙克维等绘画；岭南美术出版社编

广州 岭南美术出版社 1997 年 91 页 26cm（16 开）

ISBN：7-5362-1405-7 定价：CNY16.00

（动物百图丛书）

J006982

百狮图谱　白光诚等绘；岭南美术出版社编

广州 岭南美术出版社 1997 年 91 页 26cm（16 开）

ISBN：7-5362-1355-7 定价：CNY16.00

（动物百图丛书）

J006983

百驼图谱　李跃等绘；岭南美术出版社编

广州 岭南美术出版社 1997 年 95 页 26cm（16 开）

ISBN：7-5362-1560-6 定价：CNY16.00

（动物百图丛书）

J006984

百熊图谱　陈卫东等绘；岭南美术出版社编

广州 岭南美术出版社 1997 年 95 页 26cm（16 开）

ISBN：7-5362-1412-X 定价：CNY16.00

（动物百图丛书）

J006985

百羊图谱 李跃等绘；岭南美术出版社编

广州 岭南美术出版社 1997 年 91 页 26cm（16 开）

ISBN：7-5362-1410-3 定价：CNY16.00

（动物百图丛书）

J006986

人体画 芒萨·卡尔沃·安格里（Muntrsa Calboo Angrill），安东尼奥·穆尼奥斯·滕利亚达（Antonio Munoz Tenllada）著；钟肇恒译

台北 三民书局 1997 年 192 页 28cm（大 16 开）

精装 ISBN：957-14-2646-6 定价：TWD450.00

（画艺大全）

　　外文书名：Ei Grar Libro Del Desnudo.

J006987

人物头像画法 邵梦龙著

南宁 广西美术出版社 1997 年 277 页 26cm（16 开）

ISBN：7-80625-174-X 定价：CNY39.00

J006988

色彩人物范画 刘扬编著

成都 四川美术出版社 1997 年 37cm（8 开）

ISBN：7-5410-1344-7 定价：CNY30.00

（美术院校基础教学丛书）

J006989

山水画技法与修养百题 朱恒著

杭州 西泠印社 1997 年 2 版 241 页 有图 20cm（32 开）ISBN：7-80517-224-2

定价：CNY16.50

　　作者朱恒（1916—1993），浙江义乌人。浙江省文史研究馆副馆长，浙江美术学院中国画系教授，中国美术家协会会员。

J006990

肖像画技法 （分步详解的绘画指南）（美）温顿·布莱克著；（美）约翰·劳恩绘；朱杰等译

北京 中国建筑工业出版社 1997 年 79 页 28cm（大 16 开）ISBN：7-112-03222-9

定价：CNY18.00

（绘画技法经典译丛）

　　外文书名：Portrait Drawing.

J006991

3 小时人物速写与慢写 华松津，华天阳编绘

杭州 浙江人民美术出版社 1998 年 62 页 26cm（16 开）ISBN：7-5340-0877-8

定价：CNY16.00

　　作者华松津，副教授，浙江省高等院校画会副会长。

J006992

百象图谱 黄穗中等绘；岭南美术出版社编

广州 岭南美术出版社 1998 年 91 页 26cm（16 开）

ISBN：7-5362-1559-2 定价：CNY16.00

（动物百图丛书）

J006993

风景画技法 罗朗，高鸣著

合肥 安徽美术出版社 1998 年 88 页 26cm（16 开）

ISBN：7-5398-0626-5 定价：CNY19.80

（美术技法丛书）

J006994

风景画技法 （美）大卫·刘易斯编著；英子，伟冬译

南京 江苏美术出版社 1998 年 144 页 28cm（大 16 开）ISBN：7-5344-0793-1

定价：CNY68.00

J006995

静物画艺术 徐永义编著

海口 南海出版公司 1998 年 84 页 21×23cm

ISBN：7-5442-1115-0 定价：CNY46.00

J006996

美术考场说明书 （静物篇）刘明主编；杨光，董欲晓编著

沈阳 辽宁美术出版社 1998 年 48 页 26cm（16 开）

ISBN：7-5314-2059-7 定价：CNY13.00

（全国美术院校考试要点系列）

　　主编刘明（1957—　　），满族，教授。出生于辽宁岫岩县，毕业于鲁迅美术学院。历任沈阳美术学院美术系、沈阳大学师范学院美术系副主任、副教授，中国美术家协会会员。出版有《刘明油画创意》。

J006997
美术考场说明书　（石膏篇）刘明主编；李英伟，杜海编著
沈阳 辽宁美术出版社 1998 年 48 页 26cm（16 开）
ISBN：7–5314–2058–9 定价：CNY13.00
（全国美术院校考试要点系列）

J006998
色彩风景　刘晓东编
杭州 浙江人民美术出版社 1998 年 32 页
29cm（16 开）ISBN：7–5340–0778–X
定价：CNY18.00
（基础绘画写生摹本 第 5 辑）

J006999
色彩进程　（静物）刘明明编著
重庆 西南师范大学出版社 1998 年 30 页
26cm（16 开）ISBN：7–5621–1876–0
定价：CNY12.00
（美术学生应试丛书）

J007000
山水画技法初步　程其勉著
上海 上海人民美术出版社 1998 年 重印本
108 页 19×17cm ISBN：7–5322–0921–0
定价：CNY8.30
（初级美术技法丛书）

J007001
写实风景画技法　（从照片到作品）（美）丹尼尔·查德著；杨翌朝译
北京 中国建筑工业出版社 1998 年 143 页
28cm（大 16 开）ISBN：7–112–03459–0
定价：CNY65.00
（绘画技法经典译丛）

J007002
写意大雁鹭鸶技法　孙鸣邨著
沈阳 辽宁美术出版社 1998 年 52 页 26cm（16 开）
ISBN：7–5314–1963–7 定价：CNY19.00
（国画技法丛书）
　　作者孙鸣邨（1937— ），画家。祖籍辽宁新民市，原名明春。毕业于中央美术学院中国画系。代表作品有《鹤乡》《五月的鲜花》《群鹭》。

J007003
初学风景画教室　陈德宜编译
台南 信宏出版社 1999 年 175 页 有图 22cm（30开）
ISBN：957–538–573–X 定价：TWD170.00
（美术 93）

J007004
地理绘画技法　张毅编著
哈尔滨 黑龙江科学技术出版社 1999 年 177 页
26cm（16 开）ISBN：7–5388–3442–7
定价：CNY20.00

J007005
动物画步骤　潘春华著
北京 知识出版社 1999 年 78 页 29cm（16 开）
ISBN：7–5015–1936–6 定价：CNY14.00
（潘春华少儿学画一招通速成法）

J007006
风景画步骤　潘春华著
北京 知识出版社 1999 年 78 页 29cm（16 开）
ISBN：7–5015–1938–2 定价：CNY14.00
（潘春华少儿学画一招通速成法）

J007007
风景基础技法　（美）格雷格·艾伯特，（美）雷切尔·沃尔夫编著；孔磊译
沈阳 辽宁画报出版社 1999 年 117 页 29cm（16 开）
ISBN：7–80601–318–0 定价：CNY68.00

J007008
风景写生技法　（全新版）李朋林，曲湘建著
重庆 西南师范大学出版社 1999 年 98 页
有彩图 26cm（16 开）ISBN：7–5621–1346–7
定价：CNY24.00
（21 世纪美术教育丛书）

J007009
画驴技法　江城著
西安 陕西人民美术出版社 1999 年 109 页
26cm（16 开）ISBN：7–5368–1144–6
定价：CNY18.00

J007010
静物画步骤　潘春华著

北京 知识出版社 1999 年 78 页 29cm（16 开）
ISBN：7-5015-1939-0 定价：CNY14.00
（潘春华少儿学画—招通速成法）

J007011
静物基础技法　（美）雷切尔·沃尔夫编著；任晶译
沈阳 辽宁画报出版社 1999 年 117 页 29cm（16 开）
ISBN：7-80601-315-6 定价：CNY68.00

J007012
考场·教室静物色彩　代大权编
长春 吉林美术出版社 1999 年 119 页
28cm（大 16 开）
　　本书包括水粉静物试卷作画步骤、考场同组静物、鸟的标本、同组静物画五幅、教室里的范画等内容，介绍了各种不同静物画的绘画步骤。

J007013
人物画步骤　潘春华著
北京 知识出版社 1999 年 78 页 29cm（16 开）
ISBN：7-5015-1937-4 定价：CNY14.00
（潘春华少儿学画—招通速成法）

J007014
色彩风景　高广聪著
北京 中国民族摄影艺术出版社 1999 年 48 页
26cm（16 开）ISBN：7-80069-272-8
定价：CNY9.80
（基础美术技法丛书 中级班 10）

J007015
世界绘画大师　（动物画技法 1）苏珊·雷菲尔德编著；章孔畅等译
南京 江苏美术出版社 1999 年 143 页 26cm（16 开）
ISBN：7-5344-0770-2 定价：CNY58.00
　　外文书名：World-famous Masters.

J007016
世界绘画大师　（动物画技法 2）苏珊·雷菲尔德编著；英子，伟冬译
南京 江苏美术出版社 1999 年 143 页 26cm（16 开）
ISBN：7-5344-0771-0 定价：CNY58.00
　　外文书名：World-famous Masters.

J007017
宋浩霖画龙　宋浩霖著
合肥 安徽美术出版社 1999 年 60 页 有图
26cm（16 开）ISBN：7-5398-0749-0
定价：CNY15.00
　　作者宋浩霖（1932—　），教授。出生于浙江绍兴，毕业于中央工艺美术学院。历任浙江美术学院副教授，浙江民间美术研究会副会长兼秘书长。出版有《基础图案技法》《几何形拼摆图案构成》《宋浩霖画龙画册》等。

J007018
肖像基础技法　（美）雷切尔·沃尔夫编著；王健敏译
沈阳 辽宁画报出版社 1999 年 119 页 29cm（16 开）
ISBN：7-80601-314-8 定价：CNY68.00

绘画材料和工具、
绘画的装帧和修裱技术

J007019
思陵书画记　（宋）周密撰
明 刻本 线装
（宋一百四十名家群贤小说）
　　本书是书画学杂著。详载宋高宗时书画的装潢格式及需用之材料、印识、标题。前代虽有专论装潢之作，均不及此书记述之详，为书画装潢艺术的研究提供了宝贵资料。有《说郛》本等行世。九行十九字白口左右双边单鱼尾。作者周密（1232—1298），南宋词人、文学家。字公谨，号草窗，又号泗水潜夫、弁阳老人、华不注山人等。主要作品《武林旧事》《齐东野语》《癸辛杂识》《志雅堂杂钞》等。

J007020
思陵书画记　（宋）周密撰
明 刻本 线装
（宋人百家小说）
　　九行二十字白口左右双边单鱼尾。收于《宋人百家小说》之《琐记家》中。

J007021
思陵书画记 （宋）周密撰
明末 刻本 线装
（正续太平广记）
　　收于《正续太平广记》之《宋人百家小说》中。

J007022
思陵书画记 （一卷）（宋）周密撰
李际期宛委山堂 清初 刻本 重修 线装
（说郛）
　　明末刻清初李际期宛委山堂重修汇印本。收于《说郛》卷第八十八中。

J007023
思陵书画记 （一卷）（宋）周密撰
清顺治 刻本 线装
（说郛）
　　收于《说郛》卷第八十九中。

J007024
思陵书画记 （一卷）（宋）周密撰
瓶华斋 清康熙 抄本
（绣谷杂钞）

J007025
老鹰牌颜料使用的说明　黄菊森编
上海 金城工艺社［1935年］13×26cm
　　本书介绍了普兰、群青、深红、铬黄、赭石等12种老鹰牌绘画颜料的使用方法。

J007026
绘画综合材料 （英）迈克尔·赖特著；薛林，杨丽杰译
长春 吉林美术出版社 1998年 71页
28cm（大16开）精装 ISBN：7-5386-0699-8
定价：CNY40.00
（英国皇家美术学院绘画技法丛书）

国画技法、国画绘画理论

J007027
画论 （一卷）（宋）郭若虚撰
明 刻本

（百川学海）
　　作者郭若虚，北宋书画评论家。太原（今山西）人。著有《图画见闻志》。

J007028
画论 （一卷）（宋）郭若虚撰
李际期宛委山堂 清初 刻本 续刻
（说郛）
　　明末刻清初李际期宛委山堂续刻汇印本。

J007029
画论 （一卷）（宋）郭若虚撰
清初 抄本
（画苑补益）

J007030
画论 （一卷）（宋）郭若虚撰
［清］稿本
（艺苑丛钞）

J007031
金壶记 （三卷）（宋释）适之撰
明 抄本
　　分三册。

J007032
金壶记 （三卷）（宋释）适之撰
明 抄本
　　有清毛扆、顾锡麒校。十一行二十三字无格。

J007033
金壶记 （三卷）（宋释）适之撰
惠氏红豆斋 清 抄本
　　十一行二十一字无直格上下黑口四周双边。

J007034
金壶记 （宋释）适之撰
清初 抄本 线装

J007035
金壶记 （三卷）（宋释）适之撰
清 抄本
　　有周叔弢校并跋。十一行二十三字。

J007036
金壶记 (三卷)(宋释)适之撰
清 抄本
  有清吴翌凤校并跋。九行十九字无格。

J007037
金壶记 (三卷)(宋释)适之撰
清 抄本
  有傅增湘校并跋。十一行二十字无格。

J007038
金壶记 (三卷)(宋释)适之撰
清 影印本
  据宋抄本影印。

J007039
金壶记 (三卷)(宋释)适之撰
方一峰 清乾隆 抄本
  分三册。有翁方纲跋。

J007040
金壶记 (三卷)(宋释)适之撰
清末至民国初 影印本 线装
  分三册。十一行二十字白口左右双边单鱼尾。

J007041
山水松石格 (一卷)题(梁元帝)萧绎撰
明 刻本
(王氏书画苑)

J007042
山水松石格 (梁)梁元帝撰
清初 写本 线装
(论画十七种)
  九行二十字白口左右双边单鱼尾。

J007043
山水松石格 (一卷)题(梁元帝)萧绎撰
清初 抄本
(画苑补益)

J007044
山水松石格 (一卷)题(梁元帝)萧绎撰
依样壶卢山馆 清道光 抄本
(绘事晬编)

J007045
沈存中图画歌 (一卷)(宋)沈括撰
明 刻本
(王氏书画苑)

J007046
沈存中图画歌 (一卷)(宋)沈括撰
王元贞 明万历十八至十九年[1590—1591]刻本
(王氏书画苑)

J007047
沈存中图画歌 (一卷)(宋)沈括撰
泰东图书局 民国十一年[1922]影印本 线装
(王氏书画苑)
  据明刻本影印。

J007048
六如居士画谱 (三卷)(明)唐寅辑
明万历 刻本
(唐伯虎先生集)
  作者唐寅(1470—1524),明代画家、书法家、诗人。名寅,字伯虎,又字子畏,号六如居士等,江苏苏州人。作品有《骑驴思归图》《山路松声图》《李端端落籍图》《秋风纨扇图》《枯槎鸜鹆图》等。

J007049
六如居士画谱 (三卷)题(明)唐寅辑
马光楣 清 抄本
  《六如居士画谱三卷》题(明)唐寅辑《六如居士题画诗一卷(明)唐寅撰;(清)马光楣辑合订。

J007050
六如居士画谱 (三卷)(明)唐寅辑
马光楣 清 抄本

J007051
六如居士画谱 (三卷)(明)唐寅辑
清 刻本 线装
  分二册。十行二十一字小字双行同白口左右双边。

J007052
六如居士画谱 (三卷)(明)唐寅辑

清 抄本 乌丝栏 线装
（茂雪堂丛书）

J007053
六如居士画谱 （三卷）（明）唐寅辑；（清）唐
仲冕订
长沙唐仲冕 清嘉庆六年［1801］刻本 有插图
线装
（六如居士全集）
　　十行二十一字白口左右双边单鱼尾。

J007054
六如居士画谱 （三卷）（明）唐寅辑
清嘉庆六年［1801］刻本

J007055
六如居士画谱 （三卷）（明）唐寅辑
仁和葛氏 清光绪二至七年［1876—1881］
刻本 巾箱
（啸园丛书）

J007056
六如居士画谱 （三卷）（明）唐寅撰
上海 国学昌明社 民国 石印本 线装
　　分四册。

J007057
六如居士画谱 （三卷）（明）唐寅辑
上海 神州国光社 民国三年［1914］线装
（美术丛书续集）
　　收于《美术丛书续集》第九集中。

J007058
六如居士画谱 （三卷）（明）唐寅辑；（清）唐
仲冕订
上海 广益书局 民国七年［1918］石印本 线装
　　分六册。

J007059
六如居士画谱 （明）唐寅编
台北 世界书局 1975年 3版 影印本 15cm（40开）
精装 定价：旧台币 2.00
（中国学术名著第五辑 艺术丛编第一集 11）

J007060
六如画谱 （三卷）（明）唐寅辑
清光绪 刻本

J007061
六如唐先生画谱 （三卷）（明）唐寅辑
明万历 刻本
　　《六如唐先生画谱三卷（明）唐寅辑、《唐伯
虎先生集二卷续刻十二卷（明）唐寅撰；（明）何
大成辑合订。分八册。九行二十字白口四周双边。

J007062
六如唐先生画谱 （三卷）（明）唐寅辑
清 刻本 线装
　　分二册。九行二十字白口四周双边。

J007063
唐六如画谱 （一卷）（明）唐寅辑
明 刻本

J007064
唐六如画谱 （一卷）（明）唐寅辑
清 木活字印本

J007065
唐六如先生画谱 （三卷）（明）唐寅撰
明 刻本 线装
　　分七册。九行二十字白口四周单边单鱼尾。

J007066
唐六如先生画谱 （三卷）（明）唐寅辑
明 刻本
　　《唐六如先生画谱三卷（明）唐寅辑、《袁中
郎先生批评唐伯虎汇集四卷（明）唐寅撰；袁宏
道评合订。九行二十字白口左右双边。

J007067
唐六如先生画谱 （三卷）（明）唐寅辑
明 刻本

J007068
唐六如先生画谱 （三卷）（明）唐寅辑
石室山人 清 刻本

J007069
唐六如先生画谱　（三卷）（明）唐寅辑
清 刻本

J007070
唐六如先生画谱　（三卷）（明）唐寅辑
歙县鲍氏知不足斋 清乾隆二十八年至道光三年
［1763—1823］刻本

J007071
唐六如先生画谱　（三卷）（明）唐寅辑
宏道书院 清道光二十六年［1846］刻本
（惜阴轩丛书）

J007072
唐六如先生画谱　（三卷）（明）唐寅辑
长沙 清光绪二十二年［1896］刻本
（惜阴轩丛书）

J007073
图画考　（七卷）题（元）盛熙明撰
明 抄本

J007074
图画考　（七卷）题（元）盛熙明撰
明 抄本
　　九行二十余无格。

J007075
图画考　（七卷）题（元）盛熙明撰
明 抄本
　　有清唐翰题跋

J007076
图画考　（七卷）题（元）盛熙明撰
清 抄本

J007077
图画考　（七卷）（元）盛熙明撰
上海 商务印书馆 1936年 影印本 20cm（32开）
线装 定价：国币四角五分
（四部丛刊）
　　半叶无竖栏九行字数不均白口单鱼尾四周
单边。收于《四部丛刊》三编子部中。

J007078
新刻绘事指蒙　（一卷）（明）邹德中撰
胡氏文会堂 明 刻本
（格致丛书）
　　十行二十字小字双行同白口左右双边。

J007079
新刻绘事指蒙　（一卷）（明）邹德中撰
胡氏文会堂 明 刻本
（格致丛书）

J007080
新刻绘事指蒙　（一卷）（明）邹德中辑
明万历 刻本
（游艺四家）

J007081
新刻绘事指蒙　（一卷）（明）邹德中编
明万历 刻本

J007082
新刻图画要略　（一卷）（明）朱凯撰
胡氏文会堂 明 刻本
（格致丛书）
　　十行二十字小字双行同白口左右双边。

J007083
豫章先生论画山水赋　（一卷）（五代）荆浩撰
明 刻本
（王氏书画苑）

J007084
豫章先生论画山水赋　（一卷）（五代）荆浩撰
上海 神州国光社 民国六年［1917］线装
（美术丛书后集）
　　收于《美术丛书后集》第九集中。

J007085
豫章先生论画山水赋　（一卷）（五代）荆浩撰
泰东图书局 民国十一年［1922］影印本 线装
（王氏书画苑）
　　据明刻本影印。

J007086
袁中郎先生批评唐伯虎汇集　（四卷）（明）

唐寅撰;(明)袁宏道评
明　刻本

　　《唐六如先生画谱三卷(明)唐寅辑、《袁中郎先生批评唐伯虎汇集四卷(明)唐寅撰;袁宏道评合订。作者唐寅(1470—1524),明代画家、书法家、诗人。名寅,字伯虎,又字子畏,号六如居士等,江苏苏州人。作品有《骑驴思归图》《山路松声图》《李端端落籍图》《秋风纨扇图》《枯槎鹳鸲图》等。

J007087
绘妙　(一卷)(明)茅一相撰
茅一相　明万历　刻本
(欣赏续编)

　　本书为中国古代绘画理论专著,述及六法三品、三病、六要、六长、八格、十二忌、观画之法、古今优劣、粉本、鉴赏好事、绢素、古今笔法、用笔得失13则,虽多前人之论,亦有自己的体会。收于《欣赏续编》十种十卷中。

J007088
绘妙　(一卷)(明)茅一相撰
茅一相　明万历　刻本
(欣赏续编)

　　收于《欣赏续编》十种十卷中。

J007089
绘妙　(一卷)(明)茅一相撰
茅一相　明万历八年[1580]刻本
(欣赏续编)

J007090
绘妙　(一卷)(明)茅一相撰
茅一相　明万历八年[1580]刻本
(欣赏续编)

　　收于《欣赏续编》十种十卷中。

J007091
绘妙　(一卷)(明)茅一相撰
程好之　明天启　刻本
(天都阁藏书)

J007092
绘妙　(一卷)(明)茅一相撰
明末　刻本

(锦囊小史)

J007093
绘妙　(一卷)(明)茅一相撰
明末　刻本
(锦囊小史)

　　收于《锦囊小史》四十一种四十二卷中。

J007094
绘妙　(一卷)(明)茅一相撰
李际期宛委山堂　清初　刻本　续刻
(说郛)

　　明末刻清初李际期宛委山堂续刻汇印本。

J007095
绘妙　(一卷)(明)茅一相撰
清　刻本

J007096
绘妙　(一卷)(明)茅一相撰
清　稿本
(艺苑丛钞)

J007097
绘妙　(一卷)(明)茅一相编
上海　商务印书馆　1936年　影印本　72页
18cm(15开)
(丛书集成初编 1656)

　　据《欣赏编》本影印。

J007098
绘妙　(明)茅一相编
北京　中华书局　1985年　新1版　影印本　72页
18cm(小32开)统一书号:17018.151
(丛书集成初编)

J007099
唐伯虎先生集　(二卷　续刻十二卷)(明)唐寅撰;(明)何大成辑
明万历　刻本　8册

　　《六如唐先生画谱三卷(明)唐寅辑、《唐伯虎先生集二卷续刻十二卷(明)唐寅撰;(明)何大成辑合订。唐寅(1470—1524),明代画家、书法家、诗人。名寅,字伯虎,又字子畏,号六如居士等,江苏苏州人。作品有《骑驴思归图》《山路松声图》《李端端落籍图》《秋风纨扇图》《枯槎鹡鸰图》等。

J007100
新锲陈先生明窗清暇心画正宗 （四卷）
（明）陈三策撰
书林詹氏西清堂 明万历 刻本
　　分二册。十二行二十四字白口四周双边。

J007101
罗浮幻质 （一卷）（明）周履靖编
金陵 荆山书林 明万历二十五年［1597］
刻本 有图 线装
（夷门广牍）
　　九行十八字白口四周单边单鱼尾。

J007102
罗浮幻质 （一卷）（明）周履靖撰
民国 影印本 线装
（夷门广牍）
　　作者周履靖（1549—1640），明隆庆、万历间人，字逸之，初号梅墟，改号螺冠子，晚号梅颠，嘉兴（今浙江嘉兴）人。编撰有《夷门广牍》《金笥玄玄》《益龄单》《赤凤髓》等。

J007103
燕闲四适 （二十卷）（明）孙丕显撰
明万历三十九年［1611］刻本

J007104
画法大成 （八卷）（明）朱寿镛撰，（明）朱颐厓撰
朱颐壑、朱寿錂等 明万历四十三年［1615］
刻本 蓝印

J007105
画论 （一卷）（宋）郭思撰
明末 刻本
（百川学海）
　　收于《百川学海》一百十二种一百五十四卷中。

J007106
画论 （一卷）（宋）郭思撰
长沙 商务印书馆 1939年 9页 18cm（小32开）

（丛书集成初编 1649）
　　本书为中国古代绘画理论专著。据《唐宋丛书》本排印。

J007107
画论 （宋）郭思撰
北京 中华书局 1985年 新1版 9页 18cm（15开）
统一书号：17018.151
（丛书集成初编）

J007108
绘妙 （一卷）（明）卫泳撰
明末 刻本
（枕中秘）

J007109
绘妙 （一卷）（明）钟鼎撰
明天启七年［1627］刻本
（天都阁藏书）
　　收于《天都阁藏书》十五种二十六卷中。

J007110
山水家法 （一卷）□□辑
明崇祯八年［1635］刻本

J007111
山水家法 （一卷）□□辑
清初 抄本
　　有清蕉雨氏校并跋

J007112
白茅堂所见书画记 （一卷）（清）朱之赤撰
［清］抄本

J007113
板桥题画 （一卷）（清）郑燮撰
华韵轩 清 刻本
（巾箱小品）
　　作者郑燮（1693—1765），清代书画家、文学家。字克柔，号理庵，又号板桥，人称板桥先生。生于江苏兴化，祖籍苏州。乾隆元年（1736年）进士。官山东范县、潍县县令。代表作品《修竹新篁图》《清光留照图》《丛兰荆棘图》《甘谷菊泉图》等，著有《郑板桥集》。

J007114
板桥题画 （清）郑燮撰
清　刻本　重印　线装
　　分二册。七行十六字白口四周单边。

J007115
板桥题画　（一卷）（清）郑燮撰
清　刻本

J007116
板桥题画　（一卷）（清）郑燮撰
［清］稿本
（艺苑丛钞）

J007117
板桥题画　（一卷）（清）郑燮撰
清乾隆　刻本　线装
（板桥集）
　　七行字数不等白口四周单边。

J007118
板桥题画　（一卷）（清）郑燮撰
依样壶卢山馆　清道光　抄本
（绘事晬编）

J007119
板桥题画　（一卷）（清）郑燮撰
羊城冯氏　清光绪　刻本
（翠琅玕馆丛书）

J007120
板桥题画　（一卷）（清）郑燮撰
上海　积山书局　清光绪十八年［1892］影印本
线装
（板桥全集）
　　七行字数不等白口四周单边。

J007121
板桥题画　（一卷）（清）郑燮撰
上海　扫叶山房　民国六年［1917］石印本　线装
（郑板桥全集）

J007122
板桥题画　（一卷）（清）郑燮撰
上海　扫叶山房　民国十三年［1924］影印本

线装
（郑板桥全集）

J007123
读画韵史　（五卷）□□辑
清　抄本

J007124
过云庐画论　（一卷）（清）范玑撰
清　抄本

J007125
过云庐画论　（一卷）（清）范玑撰
寒柯堂　清　抄本

J007126
过云庐画论　（一卷）（清）范玑撰
清光绪二十六年［1900］刻本
（清瘦阁读画十八种）

J007127
画禅室随笔　（四卷）（明）董其昌撰；（清）杨
补辑
百尺楼　清　刻本
　　作者董其昌（1555—1636），明代著名书画
家。字玄宰，号思白，别号香光居士，松江华亭
（今上海）人。主要作品有《岩居图》《秋兴八景
图》《昼锦堂图》等。

J007128
画禅室随笔　（四卷）（明）董其昌撰
大魁堂　清　刻本

J007129
画禅室随笔　（四卷）（明）董其昌撰；（清）杨
补辑
清初　刻本

J007130
画禅室随笔　（四卷）（明）董其昌撰；（清）杨
补辑
清康熙　刻本

J007131
画禅室随笔　（四卷）（明）董其昌撰

内府 清乾隆 写本
（四库全书）

J007132
画禅室随笔 （四卷）（明）董其昌撰；（清）杨补编
清乾隆 刻本 线装
　　八行十八字白口左右双边双鱼尾。

J007133
画禅室随笔 （四卷）（明）董其昌撰
董绍敏 清乾隆三十三年［1768］刻本

J007134
画禅室随笔 （四卷）（明）董其昌撰
清末 石印本

J007135
画禅室随笔 （明）董其昌撰
清光绪二十六年［1900］刻本
（清瘦阁读画十八种）

J007136
画禅室随笔 （四卷）（明）董其昌撰
清宣统元年［1909］石印本

J007137
画禅室随笔 （明）董其昌著
上海 广智书局 1917年［110］页 有图
18cm（15开）

J007138
画禅室随笔 （四卷）（明）董其昌撰
台北 商务印书馆 1983年 影印本
（景印文渊阁四库全书 子部 一七三 第867册）

J007139
画禅室随笔 （明）董其昌著；屠友祥校注
上海 上海远东出版社 1999年 247页 20cm（32开）
ISBN：7-80613-527-8 定价：CNY14.00
（宋明清小品文集辑注 第三辑）

J007140
画耕偶录 （四卷）（清）邵梅臣撰
碧梧翠竹山房 清 抄本

J007141
画耕偶录 （四卷）（清）邵梅臣撰
清 刻本 线装
　　分四册。十行二十一字小字双行同白口四周双边单鱼尾。

J007142
画耕偶录 （四卷）（清）邵梅臣撰
清 刻本

J007143
画耕偶录 （四卷）（清）邵梅臣撰
吴兴邵氏 清乾隆 刻本

J007144
画耕偶录 （四卷）（清）邵梅臣撰
清光绪 刻本

J007145
画话 （一卷）（清）于鬯撰
［清］稿本
（于香草遗著丛辑本）

J007146
画诀 （一卷）（清）口口撰
清 抄本

J007147
画论 （一卷）（清）张庚撰
清 刻本
　　作者张庚（1685—1760），清代画家、绘画理论家。原名焘，字溥三，号浦山。浙江嘉兴人。主要作品有《强恕斋集》《浦山论画》《国朝画征录》等。

J007148
画论 （一卷）（清）张庚撰
清 稿本
（花近楼丛书）

J007149
画论 （一卷）（清）张庚撰
清乾隆二十七年［1762］刻本

J007150
画论 （一卷）（清）张庚撰
依样壶卢山馆 清道光 抄本
（绘事晬编）

J007151
画论 （一卷）（清）张庚撰
清道光 刻本
（四铜鼓斋论画集刻）

J007152
画论 （一卷）（清）张庚撰
吴江沈氏世楷堂 清光绪 刻本 重印 线装
（昭代丛书）
　　九行二十字小字双行同白口左右双边单鱼
尾。收于《昭代丛书》庚集中。

J007153
画论 （一卷）（清）张庚撰
清光绪二十六年［1900］刻本
（清瘦阁读画十八种）

J007154
画论 （一卷）（清）张庚撰
吴江沈廷镛 民国八年［1919］重修本 线装
（昭代丛书）
　　清道光吴江沈氏世楷堂刻民国八年吴江沈
廷镛重修本。收于《昭代丛书》庚集埤编中。

J007155
画谱全录 （二卷）（梁）张僧繇等撰
胡景淳 清 抄本
　　作者张僧繇，南北朝时期梁朝大臣、著名
画家。吴郡吴中（今江苏苏州）人。代表作品有
《二十八宿神形图》《梁武帝像》《汉武射蛟图》。

J007156
画语 （不分卷）（元）倪瓒撰
清 抄本
　　作者倪瓒（1301—1374），元末明初画家、诗
人。初名倪珽，字泰宇，别字元镇，号云林子、
荆蛮民、幻霞子。江苏无锡人。擅长画山水，
亦工墨竹，亦擅诗文。主要作品有《渔庄秋霁
图》《六君子图》《容膝斋图》《清閟阁集》等。

J007157
绘妙 （三卷）题(明)康伯父撰
清 抄本
（论画五种）

J007158
绘事发微 （一卷）（清）唐岱撰
华韵轩 清 刻本
（巾箱小品）
　　本书共24篇，分论作画的诸方面，包括：正
派、传授、品质、画名、丘壑、笔法、墨法、皴法、
着色、点苔、林木、坡石、水口、远山等。

J007159
绘事发微 （一卷）（清）唐岱撰
相秀轩 清 抄本 蓝丝栏 线装
　　作者唐岱，清代画家、绘画理论家。字毓
东，号静岩，又号知生、爱庐、默庄，满洲正蓝
旗人。师从江南山水画家焦秉贞、王原祁。官
至内务府总管，以画祗候内廷。康熙帝甚赏其
画，常召作画，赐称"画状元"。代表作有《乐善
堂集》《绘事发微》。

J007160
绘事发微 （一卷）（清）唐岱撰
清 抄本
（论画五种）

J007161
绘事发微 （一卷）（清）唐岱撰
［清］稿本
（艺苑丛钞）

J007162
绘事发微 （一卷）（清）唐岱撰
［清］稿本
（昭代丛书）

J007163
绘事发微 （一卷）（清）唐岱撰
清 稿本
（花近楼丛书）
　　收于《花近楼丛书》七十四种九十一卷中。

J007164

绘事发微 （一卷）（清）唐岱撰
清康熙 刻本
　　有郑振铎跋。十行二十二字白口四周双边。

J007165

绘事发微 （一卷）（清）唐岱撰；（清）余洋星等辑
清乾隆 刻本 线装
　　本书内容包括：《山水诀》《山水赋》《山水诀》《宋郭熙论画》《宋郭思论画》《宋韩拙论古今学者》。十行二十二字白口四周双边单鱼尾。

J007166

绘事发微 （一卷）（清）唐岱撰
依样壶卢山馆 清道光 抄本
（绘事晬编）

J007167

绘事发微 （一卷）（清）唐岱撰
吴江沈氏世楷堂 清末 刻本 重印 线装
（昭代丛书）
　　九行二十字白口左右双边单鱼尾。收于《昭代丛书》新编丁集中。

J007168

绘事发微 （一卷）（清）唐岱撰
吴江沈氏世楷堂 清光绪 刻本 重印 线装
（昭代丛书）
　　九行二十字小字双行同白口左右双边单鱼尾。收于《昭代丛书》丁集中。

J007169

绘事发微 （清）唐岱撰
成都叶氏 清光绪二年［1876］刻本 线装
（诸家画说）
　　十行十八字白口左右双边单鱼尾。

J007170

绘事发微 （一卷）（清）唐岱撰
华亭张氏 清光绪二十六年［1900］刻本
（四铜鼓斋论画集刻）

J007171

绘事发微 （一卷）（清）唐岱撰

清光绪二十六年［1900］刻本
（清瘦阁读画十八种）

J007172

绘事发微 （一卷）（清）唐岱撰
北京 会文斋 清宣统元年［1909］刻本
（四铜鼓斋论画集刻）

J007173

绘事发微 （一卷）（清）唐岱撰
上海 广益书局 民国二年［1913］线装
（古今文艺丛书）
　　收于《古今文艺丛书》第一集中。

J007174

绘事发微 （一卷）（清）唐岱撰
吴江沈廷镛 民国八年［1919］重修本 线装
（昭代丛书）
　　清道光吴江沈氏世楷堂刻民国八年吴江沈廷镛重修本。收于《昭代丛书》丁集新编中。

J007175

蒋氏游艺秘录 （二卷）（清）蒋蘅，（清）蒋和撰
清 稿本
（艺苑丛钞）

J007176

蒋氏游艺秘录 （二卷）（清）蒋蘅，（清）蒋和撰
清乾隆 稿本

J007177

蒋氏游艺秘录 （九种）（清）蒋和辑
清乾隆五十九年［1794］刻本
　　本丛书包括：《书法论一卷》《续书法论一卷》《九宫新式一卷》《读画纪闻一卷》《传神秘要一卷》《说文字原表一卷》《汉碑隶体举要一卷》《学书杂论一卷》《学画杂论一卷》。

J007178

芥子园画传 （四集）（清）王槩编
清 刻本 五色套印本 线装
　　分十七册。九行二十字白口单双边不一单鱼尾。作者王槩（1645—约1710），又作王概，清初画家。秀水（今浙江嘉兴）人，久居江苏金陵（今南京）。初名匄，亦名丐，字东郭、安节，后改

今名。以花鸟擅名，兼善诗文、治印。辑有《王安节王宓草印谱》。传世品有《玉山观画图》《幽溪积雪图》《山卷晴云图》等，编绘有《芥子园画传》，著有《画学浅说》《山飞泉立草堂集》。

J007179

芥子园画传 （四集）（清）王槩编

清 刻本 五色套印本 线装

分十六册。九行二十字小字双行同白口四周单边单鱼尾。

J007180

芥子园画传 （清）王槩辑并摹

清 刻本 线装

J007181

芥子园画传 （五卷）（清）王槩增编并临

清 刻本 彩色套印本 线装

分二册。

J007182

芥子园画传 （五卷）（清）王槩增编并临

清 刻本 彩色套印本 线装

分五册。

J007183

芥子园画传 （五卷）（清）王槩摹并撰

清 刻本 彩色套印本 线装

分五册。九行二十字白口四周单边单鱼尾。

J007184

芥子园画传 （五卷）（清）王槩辑并摹

清 刻本 线装

分四册。

J007185

芥子园画传 （五卷）（清）王槩摹并撰

清 刻本 线装

分五册。九行二十字白口四周单边单鱼尾。

J007186

芥子园画传 （五卷）（清）王槩辑

清 刻本 彩色套印本 线装

分五册。九行二十字白口四周单边单鱼尾。

J007187

芥子园画传 （五卷）（清）王蓍等绘；（清）沈心友编

清 刻本 彩色套印

作者王蓍（1649—1737），清代诗画家、篆刻家。浙江秀水（今嘉兴）人。寓居江宁。字宓草，号湖村。善花卉、翎毛，兼工书法、篆刻，与其兄以诗画擅名于时。与王概、王臬合编《芥子园画谱》，传世作品有《归去来辞图》《杂画合册》。

J007188

芥子园画传 （五卷）（清）王槩辑

清 刻本 彩色套印

J007189

芥子园画传 （初集五卷，二集八卷，三集四卷，四集四卷）（清）王槩，（清）王蓍，（清）王臬辑

芥子园 清康熙至嘉庆 刻本

《芥子园画传初集五卷二集八卷三集四卷四集四卷（清）王槩，（清）王蓍，（清）王臬辑、《图章汇篆一卷（清）李渔撰合订。作者王蓍、王槩、王臬为三兄弟。作者王臬（约1653—？），清初篆刻家。浙江秀水（今嘉兴）人。初名蓃，字司直，又字汝陈。与兄槩、蓍同寓南京莫愁湖畔。诗画及刻印与两兄俱擅名于时。与王蓍、王概合编《芥子园画谱》。

J007190

芥子园画传 （五卷）（清）王槩编并绘

清康熙至宣统 刻本 彩色套印本 有图 线装

分五册。九行二十字小字双行同白口四周单边单鱼尾。

J007191

芥子园画传 （五卷）（清）王槩等辑并摹

清康熙 刻本 线装

分五册。

J007192

芥子园画传 （五卷）（清）王槩辑

芥子园甥馆 清康熙十八年［1679］刻本 彩色套印

J007193

芥子园画传 （五卷）（清）王槩辑
李渔 清康熙十八年[1679]刻本 彩色套印
　　分五册。

J007194

芥子园画传 （五卷）（清）王槩编并绘
清康熙至宣统 刻本 彩色套印本 线装
　　分四册。九行二十字白口四周单边单鱼尾。

J007195

芥子园画传 （五卷）（清）王槩编并绘
清康熙十八年[1679]刻本 彩色套印本 线装
　　分五册。九行二十字白口四周单边单鱼尾。

J007196

芥子园画传 （初集五卷，二集不分卷，三集
不分卷）（清）王槩，（清）王蓍，（清）王臬辑
金阊书业堂 清乾隆四十七年[1782]刻本
　　作者王槩、王蓍、王臬为三兄弟。作者王蓍
（1649—1737），清代诗画家、篆刻家。浙江秀水
（今嘉兴）人。寓居江宁。字宓草，号湖村。善花
卉、翎毛，兼工书法、篆刻，与其兄以诗画擅名
于时。与王概、王臬合编《芥子园画谱》，传世作
品有《归去来辞图》《杂画合册》。

J007197

芥子园画传 （四集）（清）王槩等摹绘
清嘉庆至宣统 刻本 线装
　　分十七册。白口半页四周单边。王槩

J007198

芥子园画传 （清）王槩辑并摹
清光绪 石印本 线装
　　作者王槩（1645—约1710），又作王概，清
初画家。秀水（今浙江嘉兴）人，久居江苏金陵
（今南京）。初名匄，亦名丐，字东郭、安节，后改
今名。以花鸟擅名，兼善诗文、治印。辑有《王
安节王宓草印谱》。传世品有《玉山观画图》《幽
溪积雪图》《山卷晴云图》等，编绘有《芥子园画
传》，著有《画学浅说》《山飞泉立草堂集》。

J007199

芥子园画传 （初集六卷，二集九卷，三集四
卷，续集二卷）（清）王槩，（清）王蓍，（清）王

臬辑
上海 鸿文书局 清光绪十三至十四年[1887—
1888]石印本
　　作者王槩、王蓍、王臬为三兄弟。作者王臬
（约1653—?），清初篆刻家。浙江秀水（今嘉兴）
人。初名莘，字司直，又字汝陈。与兄槩、蓍同
寓南京莫愁湖畔。诗画及刻印与两兄俱擅名于
时。与王蓍、王概合编《芥子园画谱》。

J007200

芥子园画传 （三集）（清）王槩摹并编
上海 鸿文书局 清光绪十三年[1837]石印本
线装
　　分十二册。十四行三十字白口四周单边单
鱼尾。

J007201

芥子园画传 （初集六卷，二集九卷，三集六
卷）（清）王槩，（清）王蓍，（清）王臬辑
上海 天宝书局 清光绪十四年[1888]影印本

J007202

芥子园画传 （初集六卷，二集九卷，三集六
卷）（清）王槩，（清）王蓍，（清）王臬辑
鸿宝斋 清光绪十六年[1890]石印本

J007203

芥子园画传 （三集）（清）王槩摹并编
上海 同文书局 清光绪十六年[1890]石印本
线装
　　分十二册。十四行三十字白口四周单边单
鱼尾。

J007204

芥子园画传 （初集六卷 二集九卷 三集六卷）
（清）王槩，（清）王蓍，（清）王臬摹并编
上海 点石斋 清光绪十九年[1893]石印本
线装
　　分十二册。十四行三十字白口四周单边单
鱼尾。

J007205

芥子园画传 （初集六卷，二集九卷，三集六
卷）（清）王槩，（清）王蓍，（清）王臬辑
上海 点石斋 清光绪十九年[1893]石印本

J007206

芥子园画传 （初集六卷，二集九卷，三集六卷）（清）王槩,（清）王蓍,（清）王臬辑
上海 文新书局 清光绪三十二年［1906］石印本

J007207

芥子园画传 （九卷）（清）王槩等摹
民国 石印本 线装
　　分四册。

J007208

芥子园画传 （初集六卷 二集九卷 三集六卷）（清）王槩摹并编
上海 千顷堂 民国十年［1921］石印本 线装
　　分十二册。

J007209

芥子园画传 （巢勋临本 第一集 山水）胡佩衡，于非闇校订
北京 人民美术出版社 1960年 影印本 420页
25cm（15开）定价：CNY3.80
　　校者胡佩衡(1892—1962)，蒙古族，山水画家。谱名锡铨，又名衡，字佩衡，号冷庵，外号胡涂克图，以字行。河北涿县人。曾任华北大学教授，北京师范大学讲师，北平艺术专科学校教授，北京中国画研究会常务理事。著有《山水入门》《桂林写生》《胡佩衡画集》。校者于非闇(1889—1959)，满族，画家。原名于魁照，后改名于照，字仰枢，别署非闇，又号闲人等。出生于北京，祖籍山东蓬莱。历任中央美术学院民族美术研究所研究员，北京中国画研究会副会长，北京画院副院长。作品有《玉兰黄鹂》《丹柿图》《牡丹鸽子》等，著有《非闇漫墨》《艺兰记》等。

J007210

芥子园画传 （巢勋临本 第二集 兰竹梅菊）
胡佩衡，于非闇校订
北京 人民美术出版社 1960年 影印本 308页
25cm（15开）定价：CNY2.90

J007211

芥子园画传 （巢勋临本 第三集 花卉翎毛）
胡佩衡，于非闇校订
北京 人民美术出版社 1960年 影印本 316页

25cm（15开）定价：CNY3.10

J007212

芥子园画传 （巢勋临本 第四集 人物）胡佩衡，于非闇校订
北京 人民美术出版社 1960年 影印本 420页
25cm（15开）定价：CNY3.90

J007213

芥子园画传 （巢勋临本 第一集 山水）胡佩衡，于非闇选订
北京 人民美术出版社 1978年 2版 420页
25cm（15开）定价：CNY2.03

J007214

芥子园画传 （巢勋临本 第三集 花卉翎毛）胡佩衡，于非闇选订
北京 人民美术出版社 1978年 2版 632页
25cm（15开）定价：CNY1.80

J007215

芥子园画传 （巢勋临本 第一集 山水）（清）王槩等编绘
北京 人民美术出版社 1979年 2版 420页
22cm（30开）统一书号：8027.3563
定价：CNY4.90
　　作者王槩(1645—约1710)，又作王概，清初画家。秀水（今浙江嘉兴）人，久居江苏金陵（今南京）。初名匄，亦名丐，字东郭、安节，后改今名。以花鸟擅名，兼善诗文、冶印。辑有《王安节王宓草印谱》。传世品有《玉山观画图》《幽溪积雪图》《山卷晴云图》等，编绘有《芥子园画传》，著有《画学浅说》《山飞泉立草堂集》。

J007216

芥子园画传 （巢勋临本 第二集 兰竹梅菊）（清）王槩等编绘
北京 人民美术出版社 1979年 2版 影印本
308页22cm（30开）统一书号：8027.3564
定价：CNY3.80

J007217

芥子园画传 （巢勋临本 第三集 花卉翎毛）（清）王槩等编绘
北京 人民美术出版社 1979年 2版 影印本

316 页 22cm（30 开）统一书号：8027.3565
定价：CNY4.90

J007218
芥子园画传　（清）诸升,（清）王质,（清）王槩
等编绘
北京 北京市中国书店 1982 年［影印本］
19cm（32 开）定价：CNY2.20

J007219
芥子园画传　（巢勋临本 第三集 花卉翎毛）
（清）王槩等编绘；胡佩衡，于非闇选定
北京 人民美术出版社 1982 年 2 版 影印本
316 页 27cm（16 开）定价：CNY3.90

J007220
芥子园画传　（巢勋临本 第四集 人物）（清）
王槩等编绘；胡佩衡，于非闇选定
北京 人民美术出版社 1982 年 2 版 影印本
420 页 27cm（16 开）定价：CNY2.30
　　本书曾于 1960 年选择《巢勋临本》影印出版。

J007221
芥子园画传　（巢勋临本 第四集 人物）胡佩
衡，于非闇选定
北京 人民美术出版社 1985 年 2 版 420 页
25cm（15 开）定价：CNY2.90

J007222
芥子园画传　（清）诸升等编绘
北京 中国书店 1995 年 影印本 重印本 174 页
20cm（32 开）ISBN：7-80568-661-0
定价：CNY25.00
（中国历代书画丛书）

J007223
芥子园画传　（巢勋临本 上 山水·兰竹梅菊）
上海书画出版社编
上海 上海书画出版社 1998 年 40+712 页
13cm（64 开）精装 ISBN：7-80635-184-1
定价：CNY35.00

J007224
芥子园画传　（巢勋临本 下 花卉翎毛·人物）
上海书画出版社编

上海 上海书画出版社 1998 年 29+742 页
3cm（64 开）精装 ISBN：7-80635-269-4
定价：CNY35.00

J007225
芥子园画传　（全本）（清）王槩等编
杭州 浙江古籍出版社 1998 年 864 页 26cm（16 开）
精装 ISBN：7-80518-423-2 定价：CNY65.00

J007226
芥子园画传　（清）诸升,（清）王质,（清）王槩
等编绘
杭州 浙江文艺出版社 1998 年［影印本］4 册
27cm（大 16 开）线装 ISBN：7-5339-1094-X
定价：CNY380.00

J007227
芥子园画传　（清）李笠翁等编
北京 中国社会科学出版社 1999 年 影印本
4 册 26cm（16 开）精装 ISBN：7-5004-2433-7
定价：CNY890.00

J007228
芥子园画传　（五卷）（清）王槩摹并撰
上海 有正书局 清光绪 刻本 彩色套印本 线装
　　分五册。九行二十字白口四周单边单鱼尾。

J007229
芥子园画传初集　（六卷）（清）王槩摹并辑
上海 鸿文书局 清光绪十三至十四年［1887—
1888］石印本 有图线装
　　《芥子园画传初集》《芥子园画传二集》《芥
子园画传三集（清）王槩摹并辑、《芥子园画传续
集（清）任伯年等摹合订。分十二册。行字不一
小字双行同白口四周单边单鱼尾。

J007230
芥子园画传初集　（六卷）（清）王槩临并编
上海 鸿文书局 清光绪十三年［1837］石印
本 线装
　　分三册。十四行三十字小字双行同白口四
周单边单鱼尾。

J007231
芥子园画传二集　（四种九卷）（清）王槩,（清）

王蓍,(清)王臬摹;(清)沈心友辑

金阊文渊堂 清 刻本 彩色套印本 线装

　　分四册。九行二十字白口四周单边。作者王槩、王蓍、王臬为三兄弟。作者王臬(约1653—?),清初篆刻家。浙江秀水(今嘉兴)人。初名蓍,字司直,又字汝陈。与兄槩、蓍同寓南京莫愁湖畔。诗画及刻印与两兄俱擅名于时。与王蓍、王槩合编《芥子园画谱》。

J007232

芥子园画传二集　(清)王槩,(清)王蓍,(清)王臬辑

金陵文光堂 清 刻本 彩色套印

　　《芥子园画传二集》《芥子园画传三集(清)王槩,(清)王蓍,(清)王臬辑合订。作者王槩、王蓍、王臬为三兄弟。作者王蓍(1649—1737),清代诗画家、篆刻家。浙江秀水(今嘉兴)人。寓居江宁。字宓草,号湖村。善花卉、翎毛,兼工书法、篆刻,与其兄以诗画擅名于时。与王槩、王臬合编《芥子园画谱》,传世作品有《归去来辞图》《杂画合册》。

J007233

芥子园画传二集　(清)王槩,(清)王蓍,(清)王臬摹;(清)沈心友辑

清初 刻本 彩色套印 线装

　　分四册。九行二十字白口四周单边。作者王槩、王蓍、王臬为三兄弟。作者王槩(1645—约1710),又作王概,清初画家。秀水(今浙江嘉兴)人,久居江苏金陵(今南京)。初名丐,亦名丐,字东郭、安节,后改今名。以花鸟擅名,兼善诗文、治印。辑有《王安节王宓草印谱》。传世作品有《玉山观画图》《幽溪积雪图》《山卷晴云图》等,编绘有《芥子园画传》,著有《画学浅说》《山飞泉立草堂集》。

J007234

芥子园画传二集　(清)王槩,(清)王蓍,(清)王臬摹

清 刻本 线装

　　分四册。作者王槩、王蓍、王臬为三兄弟,秀水(今浙江嘉兴)人,能诗善画。

J007235

芥子园画传二集　(四种八卷)(清)王槩,(清)

王蓍,(清)王臬摹

清康熙 刻本 有图线装

　　分二册。

J007236

芥子园画传二集　(四种八卷)(清)王槩,(清)王蓍,(清)王臬摹

芥子园甥馆 清康熙四十年[1700]刻本 彩色套印 线装

　　分三册。

J007237

芥子园画传二集　(四卷)(清)王槩,(清)王蓍,(清)王臬辑

芥子甥馆 清康熙四十年[1701]刻本 彩色套印

　　分四册。

J007238

芥子园画传二集　(八卷)(清)王槩,(清)王蓍,(清)王臬辑

芥子园甥馆 清康熙四十年[1701]刻本 彩色套印

　　作者王槩、王蓍、王臬为三兄弟,秀水(今浙江嘉兴)人,能诗善画。

J007239

芥子园画传二集　(八卷)(清)王槩,(清)王蓍,(清)王臬辑

芥子园甥馆 清康熙四十年[1701]刻本 彩色套印

　　分四册。

J007240

芥子园画传二集　(清)王槩摹并编

金阊书业堂 清乾隆四十七年[1782]刻本 线装

　　分四册。白口四周单边。

J007241

芥子园画传二集　(八卷 首一卷)(清)王槩,(清)王蓍,(清)王臬辑

金阊书业堂 清乾隆四十七年[1782]刻本 彩色套印

J007242

芥子园画传二集　(八卷)(清)王槩,(清)王

蓍;(清)王臬辑
芥子园 清嘉庆五年[1800]刻本 彩色套印

J007243
芥子园画传二集 (清)王槩,(清)王蓍,(清)
王臬摹并编
金陵文光堂 清嘉庆五年[1800]刻本 彩色套印
本 线装
　　分四册。白口半页四周单边。

J007244
芥子园画传二集 (清)王槩,(清)王蓍,(清)
王臬辑
芥子园焕记 清嘉庆二十二年[1817]刻本 彩色
套印
　　本书内容包括:《青在堂兰谱》《青在堂竹
谱》《青在堂梅谱》《青在堂菊谱》。作者王槩、王
蓍、王臬为三兄弟。

J007245
芥子园画传二集 (四种卷 首一卷)(清)沈
心友辑;(清)王质,(清)诸升绘;(清)王安节
等编
芥子园焕记 清嘉庆二十二年[1817]刻本 彩色
套印 蝴蝶装
　　分四册。

J007246
芥子园画传二集 (清)王槩摹并辑
上海 鸿文书局 清光绪十三至十四年[1887—
1888]石印本 12册 线装
　　《芥子园画传初集》《芥子园画传二集》《芥
子园画传三集(清)王槩摹并辑、《芥子园画传续
集(清)任伯年等摹合订。

J007247
芥子园画传二集 (九卷)(清)王槩摹
上海 鸿文书局 清光绪十三年[1837]石印
本 有图 线装
　　分十二册。行字不一小字双行同白口四周
单边单鱼尾。

J007248
芥子园画传二集 (九卷)(清)王槩摹
上海 鸿文书局 清光绪十三年[1837]石印

本 有图 线装
　　分四册。

J007249
芥子园画传集 (兰竹梅菊)(清)[王槩等编]
福州 福建美术出版社 1996年 影印本 有图
26cm(16开)ISBN:7-5393-0461-8
定价:CNY60.00

J007250
芥子园画传青在堂梅谱 (1)余毅主编
台北 书画出版社 1984年 彩色版 154页
26cm(16开)定价:TWD550.00

J007251
芥子园画传青在堂兰谱 (2)余毅主编
台北 书画出版社 1984年 彩色版 146页
26cm(16开)定价:TWD250.00

J007252
芥子园画传青在堂菊谱 (3)余毅主编
台北 书画出版社 1984年 彩色版 116页
26cm(16开)定价:TWD550.00

J007253
芥子园画传青在堂竹谱 (4)余毅主编
台北 书画出版社 1984年 彩色版 138页
26cm(16开)定价:TWD250.00

J007254
芥子园画传三集 (清)王槩,(清)王蓍,(清)
王臬辑
金陵文光堂 清 刻本 彩色套印
　　《芥子园画传二集》《芥子园画传三集(清)
王槩,(清)王蓍,(清)王臬辑合订。作者王槩
(1645—约1710),又作王概,清初画家。秀水
(今浙江嘉兴)人,久居江苏金陵(今南京)。初
名匄,亦名丐,字东郭、安节,后改今名。以花
鸟擅名,兼善诗文、治印。辑有《王安节王宓
草印谱》。传世品有《玉山观画图》《幽溪积雪
图》《山卷晴云图》等,编绘有《芥子园画传》,
著有《画学浅说》《山飞泉立草堂集》。

J007255
芥子园画传三集 (四卷)(清)王槩,(清)王

著,(清)王臬辑

芥子园甥馆 清康熙四十年[1701]刻本 彩色套印

　　作者王槩、王蓍、王臬为三兄弟。作者王蓍(1649—1737),清代诗画家、篆刻家。浙江秀水(今嘉兴)人。寓居江宁。字宓草,号湖村。善花卉、翎毛,兼工书法、篆刻,与其兄以诗画擅名于时。与王槩、王臬合编《芥子园画谱》,传世作品有《归去来辞图》《杂画合册》。

J007256

芥子园画传三集 (清)王槩,(清)王蓍,(清)王臬辑

芥子园 清嘉庆 刻本 彩色套印

　　本书内容包括:《青在堂草上花卉谱》《青在堂翎毛花卉谱》。作者王槩、王蓍、王臬为三兄弟。作者王臬(约1653-?),清初篆刻家。浙江秀水(今嘉兴)人。初名尊,字引直,又字汝陈。与兄槩、蓍同寓南京莫愁湖畔。诗画及刻印与两兄俱擅名于时。与王蓍、王槩合编《芥子园画谱》。

J007257

芥子园画传三集 (二种 卷末一卷)(清)沈心友辑;(清)王安节等绘

芥子园 清嘉庆 刻本 彩色套印 线装

　　分四册。

J007258

芥子园画传三集 (清)王槩摹并辑

上海 鸿文书局 清光绪十三至十四年[1887—1888]石印本 12册 线装

　　《芥子园画传初集》《芥子园画传二集》《芥子园画传三集(清)王槩摹并辑》、《芥子园画传续集(清)任伯年等摹合订。

J007259

芥子园画传三集 (四卷)(清)王安节,(清)王宓草,(清)王司直编并绘

巢勋 清光绪十四年[1888]石印本 线装

　　《芥子园画传三集(清)王安节,(清)王宓草,(清)王司直编并绘、《芥子园画传续集(清)任伯年绘,(清)巢勋编合订。分四册。十四行三十字小字双行同白口四周单边单鱼尾。

J007260

芥子园画传三集 (四卷)(清)王槩等摹

上海 鸿文书局 清光绪十四年[1888]石印本 线装

　　分十二册。行字不一小字双行同白口四周单边单鱼尾。

J007261

芥子园画传三集 (四卷)(清)王安节,(清)王宓草,(清)王司直编并绘

上海 鸿文书局 清光绪十四年[1888]石印本 4册 线装

J007262

芥子园画传四集 (四卷)(清)丁皋等撰辑

绿荫堂 清 刻本

　　《芥子园图章汇纂一卷(清)李渔撰、《芥子园画传四集四卷(清)丁皋等撰辑合订。作者丁皋(?—1761),清代画家。字鹤洲,新如子。江苏丹阳人。著有《传真心领》《画人补遗》《墨林今话》。

J007263

芥子园画传四集 (清)丁皋辑

清 刻本 有图 线装

　　《芥子园画传四集(清)丁皋辑、《芥子园图章会纂(清)李渔纂辑合订。分二册。

J007264

芥子园画传四集 (四卷)(清)丁皋撰并绘;(清)李渔汇纂

金陵抱青阁 清嘉庆 刻本 线装

　　本书分四册。编者李渔(1611—约1679),清代戏曲理论家、作家。字笠鸿、谪凡,号笠翁,浙江兰溪人。代表作品《闲情偶寄》《笠翁十种曲》《无声戏》《十二楼》《笠翁对韵》《肉蒲团》等。

J007265

芥子园画传四集 (清)丁皋撰并绘

清嘉庆二十三年[1818]刻本 线装

　　本书分四册。

J007266

芥子园画传四集 (四卷)(清)丁皋等撰辑

清嘉庆二十三年[1818]刻本

　　《芥子园图章汇纂一卷(清)李渔撰、《芥子园画传四集四卷(清)丁皋等撰辑合订。

J007267

芥子园画传四集　(四卷)(清)王槩编

上海 天宝书局 民国十三年[1924]石印本 线装

　　分四册。

J007268

芥子园画传续集　(清)任伯年等摹

上海 鸿文书局 清光绪十三至十四年[1887—1888]石印本 12册 线装

　　《芥子园画传初集》《芥子园画传二集》《芥子园画传三集(清)王槩摹并辑、《芥子园画传续集(清)任伯年等摹合订。作者任伯年(1840—1896),清末画家。初名润,字次远,号小楼,后改名颐,字伯年,以字行,浙江山阴航坞山(今杭州市萧山区)人。主要作品有《东津话别图》《三友图》《苏武牧羊图》《蕉阴纳凉图》《池畔窥鱼图》等。

J007269

芥子园画传续集　任伯年绘;巢勋编

巢勋 清光绪十四年[1888]石印本 4册 线装

　　《芥子园画传三集(清)王安节,(清)王宓草,(清)王司直编并绘、《芥子园画传续集》任伯年绘;巢勋编合订。

J007270

芥子园画传续集　(二卷)(清)任伯年绘;(清)巢勋编

巢勋 清光绪十四年[1888]石印本 线装

　　分四册。十四行三十字小字双行同白口四周单边单鱼尾。

J007271

芥子园画传续集　(二卷)(清)任伯年绘;(清)巢勋编

上海 鸿文书局 清光绪十四年[1888]石印本 线装

　　分四册。

J007272

芥子园画传续集　(二卷)(清)任伯年等摹

上海 鸿文书局 清光绪十四年[1888]石印本 线装

　　分十二册。行字不一小字双行同白口四周单边单鱼尾。

J007273

芥子园画传译注　(巢勋临本 第一集 山水)(清)王槩增编;穆云秾译注

西安 陕西人民出版社 1999年 12+11+577页 21cm(32开) ISBN:7-224-04355-9

定价:CNY62.00

J007274

芥子园画传译注　(巢勋临本 第二集 兰竹梅菊)(清)王槩等编;穆云秾译注

西安 陕西人民出版社 1999年 305页 21cm(32开) ISBN:7-224-04581-0 定价:CNY39.00

J007275

芥子园画传译注　(巢勋临本 第三集 花卉草虫 花木禽鸟)(清)王槩等编;穆云秾译注

西安 陕西人民出版社 1999年 370页 21cm(32开) ISBN:7-224-04582-9 定价:CNY45.00

J007276

芥子园画集　(巢勋临本 第一集 山水)(清)王槩等编绘

台南 王家出版社 1983年 影印本 420页 26cm(16开) 精装 定价:TWD200.00

J007277

芥子园画集　(巢勋临本 第二集 兰竹梅菊)(清)王槩等编绘

台南 王家出版社 1983年 影印本 308页 26cm(16开) 精装 定价:TWD200.00

J007278

芥子园画集　(巢勋临本 第三集 花卉翎毛)(清)王槩等编绘

台南 王家出版社 1983年 影印本 316页 26cm(16开) 精装 定价:TWD200.00

J007279

芥子园画谱三集　(清)王槩,(清)王蓍,(清)王臬摹并撰

金陵文光堂 清乾隆 刻本 彩色套印本 线装
　　分四册。

J007280
芥子园画谱六集　汪琨辑
上海 江东书局 民国十一年[1922] 石印本 线装
　　分四册。

J007281
芥子园画谱
上海 中央书店 1936年 再版 铜版影印
[420]页 20cm(32开) 精装

J007282
芥子园画谱　储菊人校订
上海 中央书店 1942年 铜版影印 重印本
[420]页 20cm(32开) 精装

J007283
芥子园画谱全集　（清）王安节摹绘
上海 广华书局 1947年 金属版影印 [650]页
[13×19cm] 精装
　　本书为中国画绘画技法用书，前有李渔、苏
裕勋撰序。

J007284
芥子园画谱　（清）王概等编绘
上海 上海书店 1982年 影印本 654页
19cm(32开) 定价：CNY2.00，CNY2.60（精装）

J007285
芥子园画谱　（第四集 人物）
上海 上海书店 1986年 316页 19cm(32开)
定价：CNY1.60

J007286
芥子园画谱　（初集 山水）（清）王概等编
天津 天津市古籍书店 1987年 影印本 402页
25cm(21开) 定价：CNY6.95

J007287
芥子园画谱　（人物集）（清）王概等编
天津 天津市古籍书店 1987年 影印本 324页
26cm(16开) 定价：CNY9.00

J007288
芥子园画谱　（梅兰竹菊）（清）王概等著
天津 天津市古籍书店 1988年 影印本 306页
26cm(16开) 定价：CNY8.30

J007289
芥子园画谱　（初集 山水）（清）王安节绘
天津 天津古籍出版社 1988年 影印本 420页
26cm(16开) 定价：CNY8.30

J007290
芥子园画谱　（草虫翎毛）（清）王概等著
天津 天津古籍出版社 1988年 影印本 334页
26cm(16开) 定价：CNY8.50

J007291
芥子园画谱　（草虫翎毛）
天津 天津古籍出版社 1988年 影印本 334页
26cm(16开) 定价：CNY8.50

J007292
芥子园画谱　（梅兰竹菊）
天津 天津古籍出版社 1988年 影印本 306页
26cm(16开) 定价：CNY8.30

J007293
芥子园画谱　（人物集）
北京 人民美术出版社 1990年 324页 26cm(16开)
定价：CNY11.00

J007294
芥子园画谱　（梅兰竹菊）天津古籍书店[编]
天津 天津古籍出版社 1995年 影印本 重印本
306页 26cm(16开) ISBN：7-80504-437-6
定价：CNY10.60

J007295
芥子园画谱　（人物集）天津古籍书店[编]
天津 天津古籍出版社 1995年 影印本 重印本
324页 26cm(16开) ISBN：7-80504-468-6
定价：CNY19.00

J007296
芥子园画谱　（山水）天津古籍书店[编]
天津 天津古籍出版社 1995年 影印本 重印本

420页 26cm（16开）ISBN：7-80504-435-X
定价：CNY22.00

J007297
芥子园画谱　（草虫翎毛）天津古籍书店［编］
天津 天津古籍出版社 1997年 影印本 重印本
334页 26cm（16开）ISBN：7-80504-463-5
定价：CNY16.00

J007298
芥子园画谱
上海 上海书店出版社 1997年 影印本 重印本
654页 19cm（32开）ISBN：7-80569-224-6
定价：CNY19.50

J007299
芥子园画谱　（清）王槩，（清）王蓍，（清）王臬编
天津 天津古籍出版社 1998年 4册 26cm（16开）

J007300
巾箱小品　（清）□□辑
华韵轩 清 刻本
　　本丛书包括：《冬心画竹题记一卷（清）金农撰、《冬心画梅题记一卷（清）金农撰、《冬心画马题记一卷（清）金农撰、《冬心画佛题记一卷（清）金农撰、《冬心自写真题记一卷（清）金农撰、《冬心砚铭一卷（清）金农撰、《板桥题画一卷（清）郑燮撰、《唐诗酒筹一卷（清）□□撰、《西厢记酒令一卷（清）□□撰、《绘事发微一卷（清）唐岱撰、《怪石录一卷（清）沈心撰、《才子文一卷（明）唐寅撰、《香奁咏物诗一卷（清）尤侗撰。

J007301
论画琐言　（明）董其昌撰
李际期宛委山堂 清初 刻本 续刻
（说郛）
　　明末刻清初李际期宛委山堂续刻汇印本。作者董其昌（1555—1636），明代著名书画家。字玄宰，号思白，别号香光居士，松江华亭（今上海）人。主要作品有《岩居图》《秋兴八景图》《昼锦堂图》等。

J007302
履卿书画录　（不分卷）（清）韩崇撰
［清］稿本

J007303
佩文斋书画谱　（一百卷）（清）孙岳颁等纂
清 刻本 线装
　　分三十二册。十一行二十一字小字双行字数不等白口左右双边单鱼尾。

J007304
佩文斋书画谱　（一百卷）（清）孙岳颁等辑
内府 清康熙 刻本

J007305
佩文斋书画谱　（一百卷）（清）孙岳颁等辑
内府 清康熙 刻本
　　清乾隆宋铣静永堂印本。

J007306
佩文斋书画谱　（一百卷）（清）孙岳颁等辑
内府 清乾隆 写本
（四库全书）

J007307
佩文斋书画谱　（一百卷）（清）孙岳颁等纂
上海 同文书局 清光绪九年［1883］石印本 线装
　　分十六册。二十二行四十二字小字双行六十二字白口左右双边单鱼尾。

J007308
佩文斋书画谱　（一百卷，续书画谱十六卷）（清）孙岳颁等纂
上海 同文书局 民国九年［1920］石印本 线装
　　分四十八册。

J007309
佩文斋书画谱　（清）王原祁纂辑
北京 北京市中国书店 1984年 影印本 5册
19cm（32开）定价：CNY17.95
　　据扫叶山房1919年本影印。作者王原祁（1642—1715），清代画家。字茂京，号麓台、石师道人，苏州府太仓人。代表作品有《佩文斋书画谱》《万寿盛典图》《雨窗漫笔》《落霞孤鹜图》《麓台题画稿》等。

J007310
佩文斋书画谱　（清）孙岳颁等撰
上海 上海古籍出版社 1991年 影印本 5册

19cm（32 开）精装 ISBN：7-5325-1040-9
定价：CNY94.20
（四库艺术丛书）

J007311
强恕斋画论 （一卷）（清）张庚撰
清 稿本
（花近楼丛书）
　　收于《花近楼丛书》七十四种九十一卷中。作者张庚（1685—1760），清代画家、绘画理论家。原名焘，字溥三，号浦山。浙江嘉兴人。主要作品有《强恕斋集》《浦山论画》《国朝画征录》等。

J007312
强恕斋图画精意识 （一卷）（清）张庚撰
[清] 稿本
（艺苑丛钞）

J007313
三松堂藏字画目录 （不分卷）（清）潘奕隽辑
[清] 稿本

J007314
山静居画论 （二卷）（清）方薰撰
长塘鲍氏 清 刻本 重印 线装
（知不足斋丛书）
　　收于《知不足斋丛书》第二十集中。作者方薰（1735—1799），清代画家、绘画理论家。浙江石门（今崇德）人。字兰士，一字懒儒，号兰坻，又号兰如、樗盦生、语儿乡农等。擅长诗、书、画，尤工写生画。主要著作有《山静居集》，绘画美学思想反映在《山静居画论》中。

J007315
山静居画论 （二卷）（清）方薰撰
清 刻本

J007316
山静居画论 （二卷）（清）方薰撰
清 刻本 线装
（知不足斋丛书）
　　九行二十一字小字双行同黑口左右双边。收于《知不足斋丛书》第二十集中。

J007317
山静居画论 （二卷）（清）方薰撰
[清] 稿本
（艺苑丛钞）

J007318
山静居画论 （二卷）（清）方薰撰
依样壶卢山馆 清道光 抄本
（绘事晬编）

J007319
山静居画论 （二卷）（清）方薰撰
清道光 刻本
（四铜鼓斋论画集刻）

J007320
山静居画论 （二卷）（清）方薰撰
清光绪至宣统 刻本 汇印 线装
（知不足斋丛书）
　　收于《知不足斋丛书》第二十集中。

J007321
山静居画论 （二卷）（清）方薰撰
岭南芸林仙馆 清光绪八年［1882］刻本 线装
（知不足斋丛书）
　　九行二十一字黑口左右双边。收于《知不足斋丛书》第二十集中。

J007322
山静居画论 （二卷）（清）方薰撰
华亭张氏 清光绪二十六年［1900］刻本
（四铜鼓斋论画集刻）

J007323
山静居画论 （二卷）（清）方薰撰
北京 会文斋 清宣统元年［1909］刻本
（四铜鼓斋论画集刻）

J007324
山静居画论 （二卷）（清）方薰撰
苏州 振新书社 民国 影印本 线装
（知不足斋丛书）
　　收于《知不足斋丛书》第二十集中。作者方薰（1735—1799），清代画家、绘画理论家。浙江石门（今崇德）人。字兰士，一字懒儒，号兰坻，又号兰如、樗盦生、语儿乡农等。擅长诗、书、画，尤工写生画。主要著作有《山静居集》，绘画美学思想反映在《山静居画论》中。

J007325
山静居画论　（一卷）（清）方薰撰
上海 神州国光社 民国九年［1920］
（美术丛书）

J007326
山静居画论　（二卷）（清）方薰撰
上海 上海古书流通处 民国十年［1921］影印本
线装
（知不足斋丛书）
　　收于《知不足斋丛书》第二十集中。

J007327
山静居画论　（清）方薰撰
上海 商务印书馆 1936年 35+30页 18cm（32开）
（丛书集成初编 1644）
　　《山静居画论（清）方薰撰、《松壶画忆二卷（清）钱杜撰合订。《山静居画论》成书于1795年前后，为方薰晚年梳理、总结几十年绘画甘苦与经验的结晶。是书在研究历代画论画史的基础上，结合自身绘画实践与体悟，以随笔形式自抒心得，颇有见地。全书杂论上自晋唐、下至清初各家各派的风格、画理、技法、渊源、流派、款题、山水、花鸟及人物等。虽然有些庞杂错落，依据其内容，大略可以梳理为画学泛论、画法论述、画家评述、名画著录4大类。

J007328
山静居画论　（清）方薰著；郑拙庐标点注译
北京 人民美术出版社 1959年 160页 20cm（32开）
统一书号：8027.3097 定价：CNY0.92
（中国画论丛书）

J007329
山静居画论　（清）方薰撰
北京 中华书局 1985年 新1版 35+30页
18cm（32开）统一书号：17018.151
（丛书集成初编）

J007330
山静居论画　（不分卷）（清）方薰撰

清 手稿本
　　有清张韦獬跋。

J007331
山静居论画　（清）方薰撰
清光绪二十六年［1900］刻本
（清瘦阁读画十八种）

J007332
山水诀　（宋）李成撰
清初 写本 线装
（论画十七种）
　　九行二十字白口左右双边单鱼尾。作者李成（917-967），五代宋初画家。字咸熙，原籍长安（今陕西西安）。代表作品有《寒林平野图》《读碑窠石图》《晴峦萧寺图》等。

J007333
书画　（一卷）
清 刻本
（汉学堂知足斋丛书）

J007334
书画记　（清）吴其贞著
清 抄本

J007335
书画记　（六卷）（清）吴其贞撰
内府 清乾隆 写本
（四库全书）

J007336
书画记　（六卷）（清）吴其贞著
上海 上海人民美术出版社 1963年 影印本 2册
（746页）21cm（32开）统一书号：8081.5256
定价：CNY4.30
　　本书记录明末清初40余年间，其所购及寓目的唐宋元书画原迹1200余件，以所见年月先后编次。所录作品，先述纸绢气色，次叙笔墨意境，再列尺寸、款题、印记，间注作品真赝优劣。诗题不录。

J007337
书画记　（清）吴其贞著
台北 文史哲出版社 1971年 影印本 746页

19cm（32开）精装 定价：TWD250.00

J007338
书品画旨录　（二卷）（清）□□撰
［清］抄本

J007339
图画精意识　（清）张庚撰
清 刻本 线装
　　十行二十一字黑口四周单边单鱼尾。作者张庚（1685—1760），清代画家、绘画理论家。原名焘，字溥三，号浦山。浙江嘉兴人。主要作品有《强恕斋集》《浦山论画》《国朝画征录》等。

J007340
图画精意识　（一卷）（清）张庚撰
清 稿本
（花近楼丛书）
　　收于《花近楼丛书》七十四种九十一卷中。

J007341
图画精意识　（清）张庚撰
清乾隆 刻本 线装
　　分四册。十行二十一字黑口四周单边单鱼尾。

J007342
图画精意识　（一卷）（清）张庚撰
清乾隆 刻本

J007343
图画精意识　（一卷）（清）张庚撰
清乾隆二十七年［1762］刻本

J007344
汪氏书画记　（不分卷）（清）汪由敦辑
清 抄本

J007345
欣赏绘妙　（明）茅一相撰
清 刻本 线装
　　《欣赏绘妙（明）茅一相撰《欣赏词评（明）王世贞撰合订。八行十八字小字双行同白口四周单边单鱼尾。

J007346
学画浅说　（一卷）（清）王概撰
清 刻本 重修 线装
（檀几丛书）
　　收于《檀几丛书》二集第四帙墨中。

J007347
学画浅说　（一卷）（清）王概撰
张潮 清康熙三十四年［1695］刻本
（檀几丛书）

J007348
学画浅说　（一卷）（清）王概撰
依样壶卢山馆 清道光 抄本
（绘事晬编）

J007349
醉墨轩三种　（清）程士椲撰
［清］稿本
　　本丛书包括：《醉墨轩题画诗草一卷》《梅竹题跋一卷》《醉墨轩书画录一卷》。有王大隆跋。

J007350
醉苏斋画诀　（一卷）（清）戴以恒撰
［清］抄本

J007351
醉苏斋画诀　（一卷）（清）戴以恒撰
清光绪 抄本

J007352
醉苏斋画诀　（清）戴以恒撰
清光绪十七年［1891］刻本 线装
　　九行十七字白口四周单边。

J007353
［芥子园］画传二集　（清）王概，（清）王蓍，（清）王臬摹
清康熙 刻本 彩色套印 线装
　　分四册。九行二十字白口四周双边单鱼尾。

J007354
初印芥子园画谱三集　（清）王概摹
清康熙 刻本 彩色套印 线装

J007355

初印芥子园画谱三集　（清）王槩摹并编

上海　有正书局　民国二十三年［1934］刻本　彩色套印　线装

分四册。

J007356

董文敏公画禅室随笔　（四卷）（明）董其昌撰；（清）汪汝禄辑

汪汝禄［自刊］清康熙十七年［1678］刻本

作者董其昌（1555—1636），明代著名书画家。字玄宰，号思白，别号香光居士，松江华亭（今上海）人。主要作品有《岩居图》《秋兴八景图》《昼锦堂图》等。

J007357

画诀　（一卷）（清）孔衍栻撰

清康熙三十九年［1699］刻本　线装

（昭代丛书）

九行二十字白口四周单边。收于《昭代丛书》乙集第六帙鸟中。

J007358

画诀　（一卷）（清）孔衍栻撰

清乾隆至宣统　刻本　重印　线装

（昭代丛书）

九行二十字白口四周单边。收于《昭代丛书》乙集第六帙鸟中。

J007359

画诀　（一卷）（清）孔衍栻撰

吴江沈氏世楷堂　清末　刻本　重印　线装

（昭代丛书）

九行二十字白口左右双边单鱼尾。收于《昭代丛书》乙集第四帙中。

J007360

画诀　（一卷）（清）孔衍栻撰

吴江沈氏世楷堂　清光绪　刻本　重印　线装

（昭代丛书）

九行二十字小字双行同白口左右双边单鱼尾。收于《昭代丛书》乙集第四帙乐中。

J007361

画诀　（一卷）（清）孔衍栻撰

羊城冯氏　清光绪　刻本　线装

（翠琅玕馆丛书）

九行二十一字黑口左右双边。收于《翠琅玕馆丛书》第四集中。

J007362

画诀　（一卷）（清）孔衍栻撰

清康熙　刻本　线装

（昭代丛书）

收于《昭代丛书》乙集第六帙鸟中。

J007363

画诀　（一卷）（清）孔衍栻撰

吴江沈廷镛　民国八年［1919］重修本　线装

（昭代丛书）

清道光吴江沈氏世楷堂刻民国八年吴江沈廷镛重修本。收于《昭代丛书》乙集第四帙乐中。

J007364

读画纪闻　（一卷）（清）蒋骥撰

清乾隆　刻本　线装

（书画搜奇）

九行二十字白口左右双边单鱼尾。

J007365

读画纪闻　（一卷）（清）蒋骥撰

清乾隆　刻本

（蒋氏游艺秘录）

J007366

读画纪闻　（一卷）（清）蒋骥撰

清乾隆五十九年［1794］刻本　线装

（蒋氏游艺秘录）

九行字数不等白口左右双边单鱼尾。

J007367

读画纪闻　（一卷）（清）蒋骥撰

依样壶卢山馆　清道光　抄本

（绘事晬编）

J007368

读画纪闻　（一卷）（清）蒋骥撰

上海　广益书局　民国四年［1915］线装

（古今文艺丛书）

收于《古今文艺丛书》第五集中。

J007369
画声 （二卷）（清）商盘撰
清乾隆 刻本

J007370
画学心法 （二卷）（清）布颜图撰辑
清乾隆 写刻本 线装
　　本书包括：《画学心法问答一卷》《画学心法集古一卷》。分四册。八行十六字小字双行同白口四周双边单鱼尾。

J007371
画学心法 （清）布颜图撰辑
民国 抄本

J007372
画学心法集古 （一卷）（清）布颜图撰辑
清乾隆 刻本
　　《画学心法问答一卷》《画学心法集古一卷（清）布颜图撰辑合订。

J007373
画学心法集古 （一卷）（清）布颜图撰辑
松风堂 清乾隆十一年［1746］刻本
　　《画学心法问答一卷》《画学心法集古一卷（清）布颜图撰辑合订。

J007374
画学心法问答 （一卷）（清）布颜图撰辑
清乾隆 刻本
　　《画学心法问答一卷》《画学心法集古一卷（清）布颜图撰辑合订。

J007375
画学心法问答 （一卷）（清）布颜图撰辑
松风堂 清乾隆十一年［1746］刻本
　　《画学心法问答一卷》《画学心法集古一卷（清）布颜图撰辑合订。

J007376
画学心法问答 （一卷）（清）布颜图撰
上海 蟫隐庐 民国二十六年［1937］石印本 线装
（邃园丛书）

J007377
学画杂论 （清）蒋和撰
清乾隆 刻本 线装
（蒋氏游艺秘录）
　　九行字数不等白口左右双边单鱼尾。

J007378
学画杂论 （清）蒋和撰
清乾隆 刻本 线装
（书画搜奇）
　　九行二十字白口左右双边单鱼尾。

J007379
学画杂论 （一卷）（清）蒋和撰
清乾隆 刻本
（蒋氏游艺秘录）

J007380
学画杂论 （清）蒋和撰
清乾隆五十九年［1794］刻本 线装
（蒋氏游艺秘录）
　　九行字数不等白口左右双边单鱼尾。

J007381
学画杂论 （一卷）（清）蒋和撰
上海 广益书局 民国三年［1914］线装
（古今文艺丛书）
　　收于《古今文艺丛书》第四集中。

J007382
御定佩文斋书画谱 （一百卷）（清）孙岳颁等辑
内府 清乾隆 写本
（四库全书荟要）

J007383
御定佩文斋书画谱 （一百卷）（清）孙岳颁等撰
台北 商务印书馆 1983年 影印本 5册
（景印文渊阁四库全书 子部 一二五～一二九第819–823册）

J007384
琐言 （清）张在辛撰
清乾隆十三年［1748］刻本

本书包括:《篆印心法(一卷)》《隶法琐言(一卷)》《写照琐言(一卷)》《撰杖琐言(一卷)》《辑砚琐言(一卷)》《解画琐言(一卷)》《烬余志略(一卷)》《侑觞琐言(一卷)》《画石琐言(一卷)》《夕照回光(一卷)》,(清)张在辛撰。

J007385

董文敏公画禅室随笔　(四卷)(明)董其昌撰;(清)汪汝禄辑
清乾隆十八年[1753]刻本
　　作者董其昌(1555—1636),明代著名书画家。字玄宰,号思白,别号香光居士,松江华亭(今上海)人。主要作品有《岩居图》《秋兴八景图》《昼锦堂图》等。

J007386

海虞画苑略　(一卷 附一卷)(清)鱼翼撰
鱼元傅 清乾隆十九年[1754]抄本
　　《海虞画苑略一卷附一卷(清)鱼翼撰》《国朝画征录姓氏目一卷(清)张庚撰合订。

J007387

指头画说　(一卷)(清)高秉撰
高氏乐吾庐 清乾隆三十六年[1771]刻本
　　十行二十一字黑口左右双边。

J007388

指头画说　(一卷)(清)高秉撰
依样壶卢山馆 清道光 抄本
(绘事晬编)

J007389

指头画说　(一卷)(清)高秉撰
吴江沈氏世楷堂 清末 刻本 重印 线装
(昭代丛书)
　　九行二十字白口左右双边单鱼尾。收于《昭代丛书》补编壬集中。

J007390

指头画说　(一卷)(清)高秉撰
吴江沈氏世楷堂 清光绪 刻本 重印 线装
(昭代丛书)
　　九行二十字小字双行同白口左右双边单鱼尾。收于《昭代丛书》壬集中。

J007391

指头画说　(一卷)(清)高秉撰
来鹤堂 清光绪十二年[1886]刻本 有图 线装
　　十二行二十一字黑口四周双边双鱼尾。

J007392

指头画说　(一卷)(清)高秉撰
吴江沈廷镛 民国八年[1919]重修本 线装
(昭代丛书)
　　清道光吴江沈氏世楷堂刻民国八年吴江沈廷镛重修本。收于《昭代丛书》壬集补编中。

J007393

绘事琐言　(八卷)(清)迮朗撰
雨金堂 清嘉庆 刻本
　　分四册。八行十八字白口四周双边。

J007394

绘事琐言　(八卷)(清)迮朗撰
清嘉庆 刻本 线装
　　分四册。八行十八字小字双行同白口四周双边单鱼尾。

J007395

西清札记　(四卷)(清)胡敬撰
清嘉庆 刻本
(胡氏书画考三种)

J007396

西清札记　(四卷)(清)胡敬撰
清嘉庆 刻本 朱印

J007397

西清札记　(四卷)(清)胡敬撰
崇雅堂 清道光二十三年[1843]刻本

J007398

画石轩卧游随录　(四卷)(清)朱逢泰撰
朱氏画石轩 清嘉庆三年[1798]刻本
　　有郑振铎跋。九行二十二字白口左右双边。

J007399

绘事琐言　(八卷)(清)迮朗撰
清嘉庆四年[1799]刻本 线装
　　分四册。八行十八字小字双行同白口四周

双边单鱼尾。

J007400

画谱 （三卷）（明）唐寅辑；（清）唐仲冕订
长沙唐仲冕 清嘉庆六年［1801］刻本
（六如居士全集）

　　作者唐寅（1470—1524），明代画家、书法家、诗人。名寅，字伯虎，又字子畏，号六如居士等，江苏苏州人。作品有《骑驴思归图》《山路松声图》《李端端落籍图》《秋风纨扇图》《枯槎鹡鸰图》等。

J007401

书画传习录 （四卷）（明）王绂辑
嵇氏层云阁 清嘉庆十八至十九年［1813—1814］
刻本 线装

　　《书画传习录（明）王绂辑、《书画续录》《梁溪书画征（清）嵇承咸辑合订。分十二册。十行二十字小字双行同黑口左右双边单鱼尾。作者王绂，明初画家。字孟端，号友石生，别号九龙山人。参与编纂《永乐大典》。代表作品有《明史本传》《画史会要》《无声诗史》《珊瑚网》等。传世有《王舍人诗集》《友石山房集》《潇湘秋意图》《芦沟晓月图》等。

J007402

书画传习录 （四卷）（明）王绂撰；（清）嵇承咸注
嵇氏层云阁 清嘉庆十九年［1814］刻本

　　《书画传习录四卷（明）王绂撰；（清）嵇承咸注、《书画传习续录一卷》《梁溪书画征一卷（清）嵇承咸撰合订。分十册。十行二十字白口左右双边。

J007403

胡氏书画考三种 （清）胡敬撰
清嘉庆二十一年［1816］刻本

　　本丛书包括：《南薰殿图像考二卷》《国朝院画录二卷》《西清札记四卷》。

J007404

东庄论画 （一卷）（清）王昱撰
依样壶卢山馆 清道光 抄本
（绘事晬编）

J007405

东庄论画 （一卷）（清）王昱撰
羊城冯氏 清光绪 刻本 线装
（翠琅玕馆丛书）

　　九行二十一字黑口左右双边。收于《翠琅玕馆丛书》第三集中。

J007406

东庄论画 （一卷）（清）王昱撰
成都叶氏 清光绪二年［1876］刻本 线装
（诸家画说）

　　十行十八字白口左右双边单鱼尾。

J007407

东庄论画 （一卷）（清）王昱撰
华亭张氏 清光绪二十六年［1900］刻本
（四铜鼓斋论画集刻）

J007408

东庄论画 （一卷）（清）王昱撰
清光绪二十六年［1900］刻本
（清瘦阁读画十八种）

J007409

东庄论画 （一卷）（清）王昱撰
北京 会文斋 清宣统元年［1909］刻本
（四铜鼓斋论画集刻）

J007410

画传习录 （一卷）（明）王绂撰
依样壶卢山馆 清道光 抄本
（绘事晬编）

J007411

画诀 （一卷）（元）黄公望撰
依样壶卢山馆 清道光 抄本
（绘事晬编）

　　作者黄公望（1269—1354），元代画家。本姓陆，名坚，江苏苏州人。因改姓名，字子久，号大痴、大痴道人、一峰道人。传世作品有《富春山居图》《九峰雪霁图》《丹崖玉树图》《天池石壁图》等。

J007412

画事丛谈 （一卷）（明）王绂撰

依样壶卢山馆 清道光 抄本

（绘事晬编）

　　作者王绂，明初画家。字孟端，号友石生，别号九龙山人。参与编纂《永乐大典》。代表作品有《明史本传》《画史会要》《无声诗史》《珊瑚网》等。传世有《王舍人诗集》《友石山房集》《潇湘秋意图》《芦沟晓月图》等。

J007413

画学钩元 （一卷）（清）董棨撰

依样壶卢山馆 清道光 抄本

（绘事晬编）

J007414

画学钩元 （清）董棨撰

成都叶氏 清光绪二年［1876］刻本 线装

（诸家画说）

　　十行十八字白口左右双边单鱼尾。

J007415

画旨 （一卷）（明）董其昌撰

依样壶卢山馆 清道光 抄本

（绘事晬编）

　　作者董其昌（1555—1636），明代著名书画家。字玄宰，号思白，别号香光居士，松江华亭（今上海）人。主要作品有《岩居图》《秋兴八景图》《昼锦堂图》等。

J007416

画准 （一卷）（梁）张僧繇撰

依样壶卢山馆 清道光 抄本

（绘事晬编）

　　作者张僧繇，南北朝时期梁朝大臣、著名画家。吴郡吴中（今江苏苏州）人。代表作品有《二十八宿神形图》《梁武帝像》《汉武射蛟图》。

J007417

金陵画品 （一卷）（明）周晖撰

依样壶卢山馆 清道光 抄本

（绘事晬编）

J007418

荔门前集外编 （不分卷）（清）张式撰

清道光 刻本

J007419

浦山论画 （一卷）（清）张庚撰

清道光 刻本

（四铜鼓斋论画集刻）

　　作者张庚（1685—1760），清代画家、绘画理论家。原名焘，字溥三，号浦山。浙江嘉兴人。主要作品有《强恕斋集》《浦山论画》《国朝画征录》等。

J007420

浦山论画 （一卷）（清）张庚撰

北京 会文斋 清宣统元年［1909］刻本

（四铜鼓斋论画集刻）

J007421

山南论画 （一卷）（清）王学浩撰

依样壶卢山馆 清道光 抄本

（绘事晬编）

J007422

山南论画 （一卷）（清）王学浩撰

依样壶卢山馆 清道光 抄本

（绘事晬编）

J007423

山南论画 （一卷）（清）王学浩撰

清道光 刻本

（四铜鼓斋论画集刻）

J007424

山南论画 （一卷）（清）王学浩撰

羊城冯氏 清光绪 刻本 线装

（翠琅玕馆丛书）

　　九行二十一字黑口左右双边。收于《翠琅玕馆丛书》第四集中。

J007425

山南论画 （清）王学浩撰；（清）张祥河订

成都叶氏 清光绪二年［1876］刻本 线装

（诸家画说）

　　十行十八字白口左右双边单鱼尾。

J007426

山南论画 （一卷）（清）王学浩撰

华亭张氏 清光绪二十六年［1900］刻本

（四铜鼓斋论画集刻）

J007427
山南论画　（一卷）（清）王学浩撰
清光绪二十六年［1900］刻本
（清瘦阁读画十八种）

J007428
山南论画　（一卷）（清）王学浩撰
北京　会文斋　清宣统元年［1909］刻本
（四铜鼓斋论画集刻）

J007429
溪山卧游录　（四卷）（清）盛大士撰
清道光　刻本

J007430
溪山卧游录　（四卷）（清）盛大士撰
海宁葛继长　清道光二十九年［1849］抄本　线装
　　分二册。

J007431
溪山卧游录　（四卷）（清）盛大士撰
海宁葛继长　清道光二十九年［1849］抄本

J007432
溪山卧游录　（四卷）（清）盛大士撰
太仓缪氏　清光绪十二至二十八年［1886—
1902］刻本
（东仓书库丛刻初编）

J007433
溪山卧游录　（二卷）（清）盛大士撰
民国
（画论丛刊）

J007434
雨窗漫笔　（一卷）（清）王原祁撰
依样壶卢山馆　清道光　抄本
（绘事晬编）
　　作者王原祁（1642—1715），清代画家。字
茂京，号麓台、石师道人，苏州府太仓人。代表
作品有《佩文斋书画谱》《万寿盛典图》《雨窗漫
笔》《落霞孤鹜图》《麓台题画稿》等。

J007435
雨窗漫笔　（一卷）（清）王原祁撰
清道光　刻本
（四铜鼓斋论画集刻）

J007436
雨窗漫笔　（清）王原祁撰
成都叶氏　清光绪二年［1876］刻本　线装
（诸家画说）
　　十行十八字白口左右双边单鱼尾。

J007437
雨窗漫笔　（一卷）（清）王原祁撰
华亭张氏　清光绪二十六年［1900］刻本
（四铜鼓斋论画集刻）

J007438
雨窗漫笔　（清）王原祁撰
清光绪二十六年［1900］刻本
（清瘦阁读画十八种）

J007439
雨窗漫笔　（一卷）（清）王原祁撰
北京　会文斋　清宣统元年［1909］刻本
（四铜鼓斋论画集刻）

J007440
画诀十则　（一卷）（明）项元汴撰
六安晁氏　清道光十一年［1831］木活字印本
（学海类编）
　　作者项元汴（1525—1590），明代鉴赏家、
收藏家。浙江嘉兴人。字子京，号墨林、墨林
山人、退密斋主人、香严居士等。著有《蕉窗九
录》，刊有《天籁阁帖》，代表作品有《墨林山人
诗集》《蕉窗九录》等。

J007441
画诀十则　（一卷）（明）项元汴撰
上海　涵芬楼　民国九年［1920］影印本
（学海类编）
　　据清道光十一年六安晁氏木活字印本影印。

J007442
筠轩清秘录　（三卷）（明）董其昌撰
六安晁氏　清道光十一年［1831］木活字印本

（学海类编）

　　收于《学海类编》四百三十二种八百三卷集余六艺能中。

　　作者董其昌（1555—1636），明代著名书画家。字玄宰，号思白，别号香光居士，松江华亭（今上海）人。主要作品有《岩居图》《秋兴八景图》《昼锦堂图》等。

J007443

筠轩清秘录　（三卷）（明）董其昌撰

上海　涵芬楼　1920年　影印本

（学海类编）

　　清道光十一年六安晁氏木活字印本影印。收于《学海类编》四百三十三种八百六卷中。

J007444

筠轩清秘录　（明）董其昌撰

北京　中华书局　1985年　新1版　41+55页

18cm（小32开）统一书号：17018.151

（丛书集成初编）

J007445

论画十则　（一卷）（清）王原祁撰

太仓东陵氏　清道光十三至二十五年［1833—1845］刻本

（娄东杂著）

J007446

论画十则　（一卷）（清）王原祁撰

扬州　江苏广陵古籍刻印社　1990年　影印本　线装

（娄东杂著）

　　据清道光刊本影印。收于《娄东杂著》竹集中。

J007447

书画舫诗课　（十一卷）（清）高凤台辑

清道光十七年［1837］刻本

J007448

汲绠图题跋　（不分卷）（清）潘庆龄辑，（清）潘曜三辑

清道光十九年［1839］刻本

J007449

胡氏书画考三种　（清）胡敬撰

崇雅堂　清道光二十三年［1843］刻本

　　本丛书包括：《南薰殿图像考二卷》《国朝院画录二卷》《西清札记四卷》。

J007450

契兰堂书画录　（二卷）（清）谢希曾撰

清道光二十六年［1846］刻本

J007451

月壶题画诗　（一卷）（清）瞿应绍撰

清道光三十年［1850］刻本

J007452

月壶题画诗　（一卷）（清）瞿应绍撰

武进陶氏涉园　民国十五至二十年［1926—1931］石印本

（喜咏轩丛书）

J007453

梦幻居画学简明　（五卷　卷首一卷）（清）郑绩撰

清末　刻本　增刻　有图及像　线装

　　分十册。八行十七字小字双行同黑口四周单边。

J007454

梦幻居画学简明　（五卷　首一卷）（清）郑绩撰

聚贤堂　清同治三年［1864］刻本　有图

　　分三册。

J007455

梦幻居画学简明　（五卷　卷首一卷）（清）郑绩撰

清同治五年［1866］刻本　有像　线装

　　分四册。八行十七字小字双行同黑口四周单边。

J007456

梦幻居画学简明　（五卷　首一卷）（清）郑绩撰

清同治五年［1866］刻本　增修

J007457

天慵庵笔记　（二卷）（清）方士庶撰

清末　刻本

J007458

桐阴画诀　（一卷）（清）秦祖永撰

清末 抄本

　　《桐阴论画三卷附录一卷》《桐阴画诀一卷》《续桐阴论画一卷二编二卷三编二卷（清）秦祖永撰合订。作者秦祖永（1825—1884），字逸芬，又字撷芬，号桐阴、桐阴生、邻烟外史等。江苏梁溪（今无锡）人。著有《咸丰六年自序》《桐阴论画》《桐阴画诀》，辑有《画学心印》等。

J007459

桐阴画诀　（二卷）（清）秦祖永撰

梁溪秦氏　清同治三年至光绪六年［1864—1880］刻本　朱墨套印　线装

　　分十二册。十一行三十二字黑口四周单边。

J007460

桐阴画诀　（清）秦祖永撰

清同治三年［1864］刻本　朱墨套印本　线装

　　八行十八字小字双行同黑口左右双边。

J007461

桐阴画诀　（一卷）（清）秦祖永撰

清同治三至六年［1864—1867］朱墨套印本

　　《桐阴论画三卷附录一卷》《桐阴画诀一卷》《续桐阴论画一卷（清）秦祖永撰合订。

J007462

桐阴画诀　（一卷）（清）秦祖永撰

清同治三年至光绪八年［1864—1882］刻本　朱墨套印

　　《桐阴论画三卷附录一卷》《桐阴画诀一卷》《续桐阴论画一卷二编二卷三编二卷（清）秦祖永撰合订。

J007463

桐阴画诀　（一卷）（清）秦祖永撰

河南　聚文斋　清同治四年［1865］刻本　朱墨套印本

　　《桐阴画诀一卷》《续桐阴论画一卷（清）秦祖永撰合订。

J007464

桐阴画诀　（一卷）（清）秦祖永撰

清同治五年［1866］刻本　朱墨套印本

　　《桐阴论画二卷首一卷》《桐阴画诀一卷》《论画小传一卷（清）秦祖永撰合订。

J007465

桐阴画诀　（一卷）（清）秦祖永撰

清光绪二十六年［1900］刻本

（清瘦阁读画十八种）

J007466

桐阴画诀　（一卷）（清）秦祖永撰

上海　中国书画会　清宣统二年［1910］石印本

　　《桐阴论画三卷附录一卷》《桐阴画诀一卷》《续桐阴论画一卷（清）秦祖永撰合订。

J007467

桐阴画诀　（二卷）（清）秦祖永撰

上海　扫叶山房　民国十八年［1929］石印本　线装

　　分八册。

J007468

桐阴画诀　（三卷）（清）秦祖永撰

上海　扫叶山房　民国十八年［1929］石印本　线装

　　分八册。

J007469

桐阴论画　（三卷 附录一卷）（清）秦祖永撰

清末 抄本

　　《桐阴论画三卷附录一卷》《桐阴画诀一卷》《续桐阴论画一卷二编二卷三编二卷（清）秦祖永撰合订。

J007470

桐阴论画　（初编三卷，二编二卷，三编二卷）（清）秦祖永撰

梁溪秦氏　清同治三年至光绪八年［1864—1882］刻本　朱墨套印　有图线装

　　分十二册。十一行三十二字黑口四周单边。

J007471

桐阴论画　（二卷 首一卷）（清）秦祖永撰

清同治三年［1864］刻本　朱墨套印本

J007472

桐阴论画　（三卷 附录一卷）（清）秦祖永撰

清同治三至六年［1864—1867］朱墨套印本

　　《桐阴论画三卷附录一卷》《桐阴画诀一卷》《续桐阴论画一卷（清）秦祖永撰合订。

J007473

桐阴论画 （三卷 附录一卷）（清）秦祖永撰
清同治三年至光绪八年［1864—1882］刻本
朱墨套印

　　《桐阴论画三卷附录一卷》《桐阴画诀一卷》《续桐阴论画一卷二编二卷三编二卷（清）秦祖永撰合订。

J007474

桐阴论画 （二卷 首一卷）（清）秦祖永撰
清同治五年［1866］刻本 朱墨套印本

　　《桐阴论画二卷首一卷》《桐阴画诀一卷》《论画小传一卷（清）秦祖永撰合订。

J007475

桐阴论画 （三卷 附录一卷）（清）秦祖永撰
上海 中国书画会 清宣统二年［1910］石印本

　　《桐阴论画三卷附录一卷》《桐阴画诀一卷》《续桐阴论画一卷（清）秦祖永撰合订。

J007476

桐阴论画 （三编六卷 卷首一卷 附录一卷）
（清）秦祖永撰
上海 扫叶山房 民国七年［1918］石印本 线装
　　分八册。

J007477

桐阴论画 （二卷，卷首一卷）（清）秦祖永撰
上海 扫叶山房 民国十四年［1925］石印本 8册
线装

　　《画学心印八卷》《桐阴论画二卷》《桐阴论画二编》《桐阴论画三编（清）秦祖永撰合订。

J007478

桐阴论画二编 （二卷）（清）秦祖永撰
上海 扫叶山房 民国十四年［1925］石印本 8册
线装

　　《画学心印八卷》《桐阴论画二卷》《桐阴论画二编二卷》《桐阴论画三编二卷（清）秦祖永撰合订。作者秦祖永（1825—1884），字逸芬，又字撷芬，号桐阴、桐阴生、邻烟外史等。江苏梁溪（今无锡）人。著有《咸丰六年自序》《桐阴论画》《桐阴画诀》，辑有《画学心印》等。

J007479

桐阴论画三编 （二卷）（清）秦祖永撰
上海 扫叶山房 民国十四年［1925］石印本 8册
线装

　　《画学心印八卷》《桐阴论画二卷》《桐阴论画二编二卷》《桐阴论画三编二卷（清）秦祖永撰合订。

J007480

写真秘诀 （清）丁皋撰
清末至民国初 抄本 毛装

　　作者丁皋（？—1761），清代画家。字鹤洲，新如子。江苏丹阳人。著有《传真心领》《画人补遗》《墨林今话》。

J007481

续桐阴论画 （一卷 二编二卷）（清）秦祖永撰
清末 抄本

　　《桐阴论画三卷附录一卷》《桐阴画诀一卷》《续桐阴论画一卷二编二卷三编二卷（清）秦祖永撰合订。

J007482

续桐阴论画 （一卷）（清）秦祖永撰
清同治三至六年［1864—1867］朱墨套印本

　　《桐阴论画三卷附录一卷》《桐阴画诀一卷》《续桐阴论画一卷（清）秦祖永撰合订。

J007483

续桐阴论画 （一卷 二编二卷 三编二卷）（清）
秦祖永撰
清同治三年至光绪八年［1864—1882］刻本
朱墨套印

　　《桐阴论画三卷附录一卷》《桐阴画诀一卷》《续桐阴论画一卷二编二卷三编二卷（清）秦祖永撰合订。

J007484

续桐阴论画 （一卷）（清）秦祖永撰
河南 聚文斋 清同治四年［1865］刻本 朱墨套印本

　　《桐阴画诀一卷》《续桐阴论画一卷（清）秦祖永撰合订。

J007485
续桐阴论画 （一卷）（清）秦祖永撰
上海 中国书画会 清宣统二年［1910］石印本
　　《桐阴论画三卷附录一卷》《桐阴画诀一卷》《续桐阴论画一卷（清）秦祖永撰合订。

J007486
续 桐 阴 论 画 （一卷 二编二卷，三编二卷）（清）秦祖永撰
上海 中国书画会 清宣统二年［1910］石印本
　　《桐阴论画三卷附录一卷》《桐阴画诀一卷》《续桐阴论画一卷二编二卷三编二卷（清）秦祖永撰合订。

J007487
赵氏家法笔记
清末至民国初 抄本 线装

J007488
赵氏家法笔记 （一卷）（元）□□撰
清末至民国初 抄本

J007489
赵氏家法笔记 （一卷）（元）□□撰
商务印书馆 民国五至十五年［1916—1926］
（涵芬楼秘笈）

J007490
字画指南 （八卷）（清）古牛山樵撰
梦饮流霞之室 清咸丰五年［1855］刻本

J007491
论画小传 （一卷）（清）秦祖永撰
清同治五年［1866］刻本 朱墨套印本
　　《桐阴论画二卷首一卷》《桐阴画诀一卷》《论画小传一卷（清）秦祖永撰合订。作者秦祖永（1825—1884），字逸芬，又字撷芬，号桐阴、桐阴生、郇郓外史等。江苏梁溪（今无锡）人。著有《咸丰六年自序》《桐阴论画》《桐阴画诀》，辑有《画学心印》等。

J007492
冬心先生题画记 （清）金农撰
清同治十一年［1872］刻本 线装
　　十行二十一字黑口左右双边单鱼尾。作者

金农（1687—1763），清代书画家。字寿门、司农、吉金，钱塘（今浙江杭州）人，扬州八怪之首。代表作品有《东萼吐华图》《空捍如洒图》《腊梅初绽图》《玉蝶清标图》等，著有《冬心诗集》《冬心随笔》《冬心杂著》等。

J007493
瓜田画论 （一卷）（清）张庚撰
清光绪 刻本
（檇李丛书）

J007494
画家三昧 （八卷）（清释）竹禅撰并绘
安禅堂 清光绪 刻本

J007495
画家三昧 （二卷）（清释）竹禅撰并绘
安禅堂 清光绪 刻本 有图 线装

J007496
画家三昧 （八卷）（清释）竹禅撰并绘
安禅堂 清光绪十年［1884］刻本 线装
　　分八册。

J007497
画家三昧 （八卷）（清释）竹禅撰并绘
安禅堂 清光绪十八年［1892］刻本 线装
　　分八册。

J007498
画家三昧 （清释）竹禅撰并绘
北京 北京市中国书店 1983年 影印本
20cm（32开）定价：CNY2.10
　　据光绪十八年刻本影印。

J007499
绘事津梁 （一卷）（清）秦祖永撰
羊城冯氏 清光绪 刻本 线装
（翠琅玕馆丛书）
　　九行二十一字黑口左右双边。收于《翠琅玕馆丛书》第三集中。

J007500
绘事津梁 （一卷）（清）秦祖永撰
上海 鸿宝斋书局 清光绪十四年［1888］石印本

J007501

集古名公画式 （五卷）（日）草坪山人辑；（日）
郏田香谷，（日）郏山荷汀增补
上海 同文书局 清光绪 石印本 有图 线装
　　分二册。

J007502

集古名公画式 （五卷）（日）草坪山人辑
北京 北京市中国书店 1985 年 20cm（32 开）
定价：CNY1.85
　　本书内容包括：卷一、点景人物之部；卷二、
人物器玩之部；卷三、屋舍楼台之部；卷四、屋
舍楼台门墙之部；卷五、亭榭桥梁舟楫之部。

J007503

集古名公画式 （五卷）（日）草坪山人辑
北京 中国书店 1995 年 影印本 重印本
20cm（32 开）ISBN：7-80568-357-3
定价：CNY9.50

J007504

师二云居画赘 （四卷）（清）顾森撰
清光绪至宣统 抄本

J007505

师二云居画赘 （四卷）（清）顾森撰
清光绪三十二年［1906］石印本

J007506

书画笔谈 （一卷）（清）汤蟊仙撰
清光绪至民国初 刻本
（汤氏丛书）

J007507

王右丞画学秘诀 （一卷）（唐）王维撰；（清）
金汉诠释
清光绪 活字印本
（薛萝吟社所刊书三种）
　　作者王维（701-761），唐代诗人、画家。字
摩诘，号摩诘居士。河东蒲州（今山西运城）人，
祖籍山西祁县。代表诗作有《相思》《山居秋暝》
等。著作有《王右丞集》《画学秘诀》。

J007508

王右丞画学秘诀 （一卷）（唐）王维撰；（清）

金汉诠释
丹徒金汉薛萝吟社 清光绪十九年［1893］
刻本 线装
（薛萝吟社四种）
　　九行二十一字白口四周双边单鱼尾。

J007509

王右丞画学秘诀 （一卷）（唐）王维撰；（清）
金汉诠释
清光绪十九年［1893］木活字印本
（薛萝吟社所刊书三种）
　　九行二十一字白口四周双边单鱼尾。

J007510

西圃题画诗 （二卷）（清）潘遵祁撰
清光绪 刻本

J007511

西圃题画诗 （一卷）（清）潘遵祁撰
苏州 文学山房 民国十三年［1924］木活字印本
（文学山房丛书）

J007512

折肱录 （清）周济撰
荆溪周氏 清光绪 刻本 增刻 线装
　　十一行二十一字白口左右双边单鱼尾。

J007513

拳石山房画说 （一卷）（清）黄润辑
鄂垣松竹斋 清光绪三至四年［1877—1878］刻本

J007514

画学心印 （八卷）（清）秦祖永辑
梁溪秦氏 清光绪四年［1878］刻本 朱墨套印
线装
　　分八册。八行十八字小字双行同黑口左右
双边。作者秦祖永（1825—1884），字逸芬，又
字撷芬，号桐阴、桐阴生、邻烟外史等。江苏梁
溪（今无锡）人。著有《咸丰六年自序》《桐阴论
画》《桐阴画诀》，辑有《画学心印》等。

J007515

画学心印 （八卷）（清）秦祖永评辑
梁溪秦氏 清光绪五年［1879］刻本 朱墨套印
线装

分十二册。十一行三十二字黑口四周单边。

J007516

画学心印 （八卷）（清）秦祖永辑

上海 扫叶山房 民国十四年［1925］石印本
线装

《画学心印八卷》《桐阴论画二卷》《桐阴论
画二编二卷》《桐阴论画三编二卷（清）秦祖永辑
合订。分八册。

J007517

画学心印 （八卷）（清）秦祖永评辑

上海 扫叶山房 民国十八年［1929］石印本 线装
分八册。

J007518

画学心印 （八卷）（清）秦祖永撰辑

上海 扫叶山房 民国十八年［1929］石印本
8 册 线装

《画学心印》《桐阴论画》《桐阴画诀（清）秦
祖永撰辑合订。

J007519

画学心印 （八卷）（清）秦祖永辑

上海 商务印书馆 1937 年 2 册（221 页）
18cm（小 32 开）
（万有文库 第二集 397）

本书为中国古代绘画理论专著，辑晋、五
代、唐、宋、元、明、清各朝画家的画论 60 余篇。
书中有眉批。

J007520

画学心印 （清）秦祖永辑

台北 商务印书馆 1979 年 221 页 16cm（25 开）
定价：TWD36.00
（人人文库 特 647）

J007521

画母联解 （清）张黎照撰

述古斋 清光绪五年［1879］刻本 线装
行款不一黑口四周单边单鱼尾。

J007522

薛萝吟社所刊书三种 （清）金汉辑

清光绪十九年［1893］木活字印本

本丛书包括：《王右丞画学秘诀（唐）王维
撰，（清）金汉诠释、《笪江上先生书筏一卷画筌
一卷（清）笪重光撰，（清）金汉考订、《读画丛谭
四卷（清）金汉撰。

J007523

论画浅说 （一卷）题海上山英居士辑

上海 商务印书馆 清光绪二十二年［1896］
铅印本

J007524

颐园论画 （清）松年撰

清光绪二十三年［1897］铅印本 线装

J007525

大痴画诀 （一卷）（元）黄公望撰

清光绪二十六年［1900］刻本
（清瘦阁读画十八种）

J007526

大痴画诀 （一卷）（元）黄公望撰

清光绪二十六年［1900］刻本
（清瘦阁读画十八种）

作者黄公望（1269—1354），元代画家。本姓
陆，名坚，江苏苏州人。因改姓名，字子久，号
大痴、大痴道人、一峰道人。传世作品有《富春
山居图》《九峰雪霁图》《丹崖玉树图》《天池石壁
图》等。

J007527

郭氏画训 （宋）郭熙撰

清光绪二十六年［1900］刻本
（清瘦阁读画十八种）

作者郭熙（约 1000– 约 1090），北宋画家、绘
画理论家。字淳夫，河阳（今河南温县）人。代表
作品《早春图》《关山春雪图》《窠石平远图》《幽
谷图》等。

J007528

郭氏画训 （一卷）（宋）郭熙撰

清光绪二十六年［1900］刻本
（清瘦阁读画十八种）

J007529

四铜鼓斋论画集刻 （清）张祥河辑

华亭张氏 清光绪二十六年［1900］刻本

J007530

四铜鼓斋论画集刻 （清）张祥河辑
北京 会文斋 清宣统元年［1909］刻本

J007531

养素居画学 （清）董棨撰
清光绪二十六年［1900］刻本
（清瘦阁读画十八种）

J007532

养素居画学钩深 （一卷）（清）董棨撰
民国
（画论丛刊）

J007533

书画舫 （不分卷）□□辑
东瀛书局 清光绪三十二年［1906］石印本

J007534

邹小山画说源流 （二卷）（清）邹一桂撰
葛元煦 清光绪三十二年［1906］抄本 线装
　　分二册。作者邹一桂（1686—1772），清代画家。字原褒，号小山，晚号二知老人。生于江苏武进，祖籍江苏无锡。著有《小山画谱》《大雅续稿》。代表作品有《春华秋实图》《百花诗卷》《五君子图》。

J007535

名书扇册 （一卷）邓实辑
上海 神州国光社 清光绪三十四年［1908］影印本
　　作者邓实（1877—1951），晚清著名报人。字秋枚，生于上海，祖籍广东顺德。致力于珍本古籍的收藏，曾在上海创办国学保存会藏书楼，收藏大量的珍本古籍。代表作品《国粹学》。

J007536

名书扇册 （一卷）邓实辑
上海 神州国光社 清宣统元年［1909］影印本

J007537

［青在堂画法浅说］ （清）王槩等撰
民国 抄本 线装

　　分二册。作者王槩（1645—约1710），又作王概，清初画家。秀水（今浙江嘉兴）人，久居江苏金陵（今南京）。初名匄，亦名丐，字东郭、安节，后改今名。以花鸟擅名，兼善诗文、治印。辑有《王安节王宓草印谱》。传世品有《玉山观画图》《幽溪积雪图》《山卷晴云图》等，编绘有《芥子园画传》，著有《画学浅说》《山飞泉立草堂集》。

J007538

画谭 （一卷）（清）张式撰
民国
（艺海一勺）

J007539

画引 （三卷）（明）顾凝远撰
民国
（画苑秘笈）
　　中国古代画学论著。内容包括画学的十一则：兴致、气韵、笔墨、生拙、枯润、取势、画水、写生、画评、元人画评、国朝画评等。

J007540

画引 （一卷）（明）顾凝远撰
民国
（画论丛刊）

J007541

论画辑要 （八种）马克明辑
民国 线装
　　分二册。

J007542

中国画之解剖 蒋锡曾编
［民国］22页21cm（32开）
　　本书论述了中国画的各种特点以及西洋画的不同之处。

J007543

画眼 （一卷）（明）董其昌撰
上海 神州国光社 民国元年［1912］
（美术丛书）
　　作者董其昌（1555—1636），明代著名书画家。字玄宰，号思白，别号香光居士，松江华亭（今上海）人。主要作品有《岩居图》《秋兴八景图》《昼锦堂图》等。

J007544

汪氏珊瑚网画法　（一卷）（明）汪砢玉撰
上海 神州国光社 民国二年［1913］线装
（美术丛书续集）

　　收于《美术丛书续集》第一集中。作者汪砢玉，明代藏画家。一作珂玉，字玉水，号乐卿，自号乐闲外史，安徽歙县人。崇祯中官山东盐运使判官。撰有《珊瑚网》。

J007545

汪氏珊瑚网画继　（一卷）（明）汪砢玉撰
上海 神州国光社 民国二年［1913］线装
（美术丛书续集）

　　收于《美术丛书续集》第一集中。

J007546

汪氏珊瑚网画据　（一卷）（明）汪砢玉撰
上海 神州国光社 民国二年［1913］线装
（美术丛书续集）

　　收于《美术丛书续集》第一集中。

J007547

新芥子园画谱　（初、二编）
上海 神州图书局 1913年 石印本 8册
20cm（32开）定价：洋八角 环筒页装

　　本书介绍山水、林石、花、竹、禽鸟及人物等的绘画方法。

J007548

新芥子园画谱　（第一集 山水卷）蒋正萌主编；叶维，李海陆编绘
合肥 安徽美术出版社 1997年 10+592页
27cm（大16开）精装 ISBN：7-5398-0538-2
定价：CNY88.00

　　作者叶维（1940—　），画家。江苏常熟人。毕业于南京师范大学美术系，受教于傅抱石、杨建侯诸大师。历任江苏美术出版社编辑室主任、副编审，中国美术家协会会员。代表作品《峡江晨曦》《碧玉留江南》《莫愁湖畔》。

J007549

新芥子园画谱　（第二集 花鸟卷）何鸣，陈培光编绘

合肥 安徽美术出版社 1997年 668页 26cm（16开）
精装 ISBN：7-5398-0539-0 定价：CNY98.00

J007550

新芥子园画谱　（第三集 人物卷）蒋正萌主编；贾德江，陈亚非编绘
合肥 安徽美术出版社 1999年 10+592页
26cm（16开）精装 ISBN：7-5398-0540-4
定价：CNY88.00

J007551

今夕庵读画绝句　（一卷）（清）居巢撰
上海 神州国光社 民国三年［1914］
（美术丛书）

　　作者居巢（1811—1889），清代书画家。原名易，字士杰，号梅生、梅巢、今夕庵主等。广东番禺县（今广州市海珠区）人。代表作品《梨花》《含笑花图》等。

J007552

梁元帝山水松石格　（一卷）（梁）梁元帝撰
上海 神州国光社 民国六年［1917］线装
（美术丛书后集）

　　收于《美术丛书后集》第九集中。

J007553

梁元帝山水松石格　（一卷）（梁）梁元帝撰
泰东图书局 民国十一年［1922］影印本 线装
（王氏书画苑）

　　据明刻本影印。

J007554

画论　（一卷）（明）何良俊撰
上海 神州国光社 民国九年［1920］
（美术丛书）

　　《四友斋书论一卷（明）何良俊撰、《画论一卷（明）何良俊撰合订。 收于《美术丛书》中。

J007555

四友斋画论　（一卷）（明）何良俊撰
上海 神州国光社 民国九年［1920］
（美术丛书）

J007556

续佩文斋书画谱　（十六卷）□□辑

上海 同文图书馆 民国九年［1920］石印本

J007557
张子祥课徒画稿　丁宝书摹绘
上海 中华书局 民国十二年［1923］影印本 线装
　　作者丁宝书（1866—1936），国画家。江苏无锡人。上海文明书局编辑。代表作品有《芸轩画粹》《丁芸轩题画诗集》。

J007558
张子祥课徒画稿　丁宝书摹
上海 中华书局 民国十四年［1925］影印本 再版 线装

J007559
张子祥课徒画稿　丁宝书临绘
上海 中华书局 民国十五年［1926］影印本 线装

J007560
画法指南　（三册）箕裘山房主人著
太谷 民国十三年［1924］石印本 有图 线装
　　分三册。

J007561
南宗抉秘　（一卷）（清）华琳撰
天津 金氏 民国十三年［1924］刻本
（屏庐丛刻）

J007562
南宗抉秘　（一卷）（清）华琳撰
退耕堂 民国十三年［1924］

J007563
画法要录　（六卷 卷首一卷）余绍宋撰
1925年 线装
　　分二册。

J007564
画法要录　（六卷 卷首一卷）余绍宋撰
北京 京城印书局 1926年 线装
　　分二册。

J007565
画法要录　（初编十七卷，卷首一卷）余绍宋撰

上海 中华书局 1930年 线装
　　分四册。

J007566
画法要录　（初编十七卷，卷首一卷）余绍宋编
上海 中华书局 1931年 线装
　　分四册。

J007567
画法要录　（初编十七卷，卷首一卷）余绍宋撰
上海 中华书局 1935年 3版 影印本 线装
　　《画法要录初编十七卷》《画法要录二编十卷》余绍宋撰合订。本书是一部介绍中国画理论及技法的专著。分八册。

J007568
画法要录　（二编十卷，卷末一卷）余绍宋撰
上海 中华书局 1935年 再版 影印本 线装
　　分八册。

J007569
画法要录　（二编十卷，卷末一卷）余绍宋撰
上海 中华书局 1935年 3版 影印本 8册 线装

J007570
画法要录　（二编十卷，卷首一卷，卷末一卷）余绍宋撰
上海 中华书局 1935年 线装
　　分四册。

J007571
画法要录　（二编十卷，卷首一卷，卷末一卷，初编补遗一卷）余绍宋撰
上海 中华书局 1935年 线装
　　分四册。

J007572
画法要录　（初编十七卷，卷首一卷）余绍宋撰
上海 中华书局 1936年 线装
　　分四册。

J007573
画法要录　（二编十卷，卷首一卷，卷末一卷，初编补遗一卷）余绍宋撰

上海 中华书局 1936 年 线装
　　分四册。

J007574
画法要录　余绍宋编
北京 中国书店 1990 年 132 页 20cm（32 开）
精装 ISBN：7-80568-092-2 定价：CNY7.20

J007575
三希堂画宝　莫厘山人辑
大华书局 1925 年 影印本 线装
　　分六十四册。

J007576
三希堂画宝　（第一册 山水）叶九如辑选
北京 中国书店 1982 年 19cm（32 开）
定价：CNY2.30
　　作者叶九如，民国时期人，九思斋主。

J007577
三希堂画宝　（第二册 人物）叶九如辑选
北京 中国书店 1982 年 19cm（32 开）
定价：CNY1.90

J007578
三希堂画宝　（第三册 竹谱、菊谱）叶九如
辑选
北京 中国书店 1982 年 19cm（32 开）
定价：CNY1.80

J007579
三希堂画宝　（第四册 仕女翎毛花卉）叶九如
辑选
北京 中国书店 1982 年 19cm（32 开）
定价：CNY2.80

J007580
三希堂画宝　（第五册 梅谱兰谱）叶九如辑选
北京 中国书店 1982 年 19cm（32 开）
定价：CNY2.50

J007581
三希堂画宝　（第六册 草虫花卉石）叶九如
辑选
北京 中国书店 1982 年 19cm（32 开）

定价：CNY2.30

J007582
三希堂画宝　（草虫花卉 石谱）九思斋主辑选
北京 中国青年出版社 1994 年 影印本
20cm（大 32 开）ISBN：7-5006-1584-1
定价：CNY18.60

J007583
三希堂画宝　（梅谱 兰谱）九思斋主辑选
北京 中国青年出版社 1994 年 影印本
20cm（大 32 开）ISBN：7-5006-1583-3
定价：CNY19.60

J007584
三希堂画宝　（人物）九思斋主辑选
北京 中国青年出版社 1994 年 影印本
20cm（大 32 开）ISBN：7-5006-1544-2
定价：CNY16.20

J007585
三希堂画宝　（山水）九思斋主辑选
北京 中国青年出版社 1994 年 影印本
20cm（大 32 开）ISBN：7-5006-1543-4
定价：CNY18.90
　　本书收录作品 3000 余幅，分 10 类：山水、
人物、仕女、翎毛花卉、草虫花卉、石谱、梅谱、
兰谱、竹谱、菊谱。

J007586
三希堂画宝　（仕女 翎毛花卉）九思斋主辑选
北京 中国青年出版社 1994 年 影印本
20cm（大 32 开）ISBN：7-5006-1557-4
定价：CNY21.30

J007587
三希堂画宝　（仕女 翎毛花卉）九思斋主辑选
北京 中国青年出版社 1994 年 影印本
20cm（大 32 开）ISBN：7-5006-1581-7
定价：CNY30.20

J007588
三希堂画宝　（竹谱 菊谱）九思斋主辑选
北京 中国青年出版社 1994 年 影印本
20cm（大 32 开）ISBN：7-5006-1582-5

定价：CNY15.40

J007589

三希堂画谱大观 （草虫花卉 石谱）叶九如选辑

北京 中国书店 1995 年 影印本 296+276 页

20cm（32 开）ISBN：7-80568-660-2

定价：CNY18.50

（中国历代书画丛书）

J007590

三希堂画谱大观 （梅谱 兰谱）叶九如选辑

北京 中国书店 1995 年 影印本 338+283 页

20cm（32 开）ISBN：7-80568-659-9

定价：CNY20.00

（中国历代书画丛书）

J007591

三希堂画谱大观 （人物）叶九如选辑

北京 中国书店 1995 年 影印本 484 页

20cm（32 开）ISBN：7-80568-656-4

定价：CNY15.50

（中国历代书画丛书）

J007592

三希堂画谱大观 （山水）叶九如选辑

北京 中国书店 1995 年 影印本 566 页

20cm（32 开）ISBN：7-80568-655-6

定价：CNY18.50

（中国历代书画丛书）

J007593

三希堂画谱大观 （仕女 翎毛花卉）叶九如选辑

北京 中国书店 1995 年 影印本 388+305 页

20cm（32 开）ISBN：7-80568-658-0

定价：CNY22.00

（中国历代书画丛书）

J007594

三希堂画谱大观 （竹谱 菊谱）叶九如选辑

北京 中国书店 1995 年 影印本 266+168 页

20cm（32 开）ISBN：7-80568-657-2

定价：CNY14.00

（中国历代书画丛书）

J007595

墨耕园课画杂忆 （一卷）李浚之撰

民国十七年［1928］石印本 线装

J007596

中国绘画上的六法论 刘海粟撰

中华书局 民国二十年［1931］线装

　　作者刘海粟（1896—1994），画家、美术教育家。名槃，字季芳，号海翁。江苏武进人。参与创办上海私立美术学院。曾任华东艺术专科学校校长，南京艺术学院院长。代表作《黄山云海奇观》《披狐皮的女孩》《九溪十八涧》等，有画集《黄山》《海粟老人书画集》等。

J007597

莲乡题画偶存 （一卷）（清）孔继尧撰

民国二十二年［1933］

（艺海一勺）

J007598

玉尺楼画说 （二卷）（清）金恭撰

民国二十二年［1933］

（艺海一勺）

J007599

艺林名著丛刊 朱剑芒编

上海 国学整理社 1935 年 1 册 有图

19cm（32 开）精装 定价：大洋一元四角

　　本书为仿古字版，收录《艺舟双楫（包世臣）》《广艺舟双楫（康有为）》《画禅室随笔（董其昌）》《画诀（龚贤）》《桐阴论画（秦祖永）》等 7 篇论文。附有著者墨迹。

J007600

艺林名著丛刊 朱剑芒编

上海 国学整理社 1936 年 3 版 1 册 有图

19cm（32 开）定价：大洋一元四角

J007601

正论特刊 （正社书画会展览专号）正社书画研究会编

南京 正论社 1935 年 40 页 有图 25cm（小 16 开）

　　本书收国画 11 幅，以及书画评论文章和诗词。其中文章有吴湖帆的《对于中国画之感想》、黄忏华的《美育之普遍圆融性》、汤野民的《昆陵

先哲名画记》、吴诗初的《中国画学书概述》、翁
率平的《记正社书画并述所闻》等。

J007602

中国绘画理论　傅抱石撰辑

上海 商务印书馆 1935 年 332 页 19cm（32 开）
定价：大洋六角

　　本书分 3 部分，辑录诸家论述，包括中国绘
画的基础、设计、制作、运用法则等。作者傅抱
石（1904—1965），画家。原名长生、瑞麟，号抱
石斋主人。生于江西南昌，祖籍江西新余，早年
留学日本。历任南京师范学院教授、江苏国画院
院长等职。代表作品有《山阴道上》《钟馗》《屈
原》《江山如此多娇》，著有《中国古代绘画之研
究》《中国绘画变迁史纲》等。

J007603

中国绘画理论　傅抱石著

台北 华正书局 1984 年 增订本 290 页 有照片
20cm（32 开）精装 定价：TWD250.00

J007604

中国绘画理论　傅抱石撰辑

上海 上海书店 1996 年 影印本 332 页
19cm（32 开）精装 ISBN：7-80569-994-1
（民国丛书 第五编 美学·艺术类 58）

J007605

北平崇效寺楸阴感旧图考　张江裁编

北平 国立北平研究院总办事处出版课
1936 年 15 页 27cm（16 开）

　　本书为图画考证，内容包括：图史、图咏、
图主事迹。《楸阴感旧图》为沈南野作。编者张
江裁（1908—1968），藏书家、学者。广东东莞
人。著有《天津杨柳青小志》《南海康先生传》《东
莞袁督师后裔考》《袁督师遗稿遗事汇辑》《袁崇
焕传》。

J007606

马骀画谱　马骀绘画

上海 世界书局 1936 年 重制初版 2 册（600；
600 页）21cm（32 开）精装

　　本书为国画技法画谱，包括：人物、山水、
花卉、博古、鱼虫、鸟兽 6 编。作者马骀（1886—
1937），回族，清末民初画家、美术教育家。字企

周，又字子骧，别号环中子，又号邛池渔父。四
川西昌人，寓居上海。曾任上海美专教授。著有
《马骀画问》等。

J007607

毛笔画法　王景石编

上海 中华书局 1936 年 68 页 有图 21cm（32 开）
（初中学生文库）

　　本书分画法概论、画法各论两编，介绍花
卉、风景、鸟兽、人物等画法。附参考图 12 幅。

J007608

毛笔画法　王景石编

上海 中华书局 1936 年 再版 68 页 有图 21cm
（32 开）
（初中学生文库）

J007609

毛笔画法　王景石编

上海 中华书局 1941 年 4 版 68 页 有图 21cm
（32 开）
（初中学生文库）

J007610

松壶画忆　（二卷）（清）钱杜撰

上海 商务印书馆 1936 年
（丛书集成初编）

　　《山静居画论（清）方薰撰、《松壶画忆二
卷（清）钱杜撰合订。清代中国画绘画理论专著。
作者钱杜（1764—1845），初名榆，字叔枚，更名
杜，字叔美，号松壶小隐，亦号松壶，亦称壶公，
号居士。钱塘（今浙江杭州）人。著有《松壶画
诀》《松壶画忆》《松壶画赘》等。

J007611

松壶画赘　（二卷）（清）钱杜撰

上海 商务印书馆 1936 年 46 页 18cm（32 开）
（丛书集成初编 1640）

　　本书为中国古代绘画技法专著。据《榆园丛
刻》本排印。

J007612

松壶画赘　（清）钱杜著

北京 中华书局 1985 年 新 1 版 46 页
18cm（32 开）统一书号：17018.151

（丛书集成初编）

J007613
谈画　王逸撰
嵊县王氏大石堂　民国二十五年［1936］有图
线装

J007614
足本芥子园画谱全集
上海　国学整理社　1936年　再版　654页
19cm（32开）精装

J007615
足本芥子园画谱全集
上海　国学整理社　1937年　3版　654页
18cm（小32开）精装　定价：国币五角
　　本书前有李渔、苏裕勋撰序。

J007616
国画研究　俞剑华著
长沙　商务印书馆　1940年　146页　17cm（35开）
定价：国币八角
　　本书内容包括：价值之研究、画史之研究、
画理之研究、写生之研究、书籍之研究。作者俞
剑华（1895—1979），绘画史论家、画家、美术教
育家。原名俞昆，曾用名俞德，字剑华，以字行。
生于山东济南，毕业于北京高等师范手工图画专
修科。先后执教于北京美术学校、山东美术学校、
上海美术专科学校、暨南大学等。出版有《中国
绘画史》《中国画论类编》《立体图案法》等。

J007617
国画研究　俞剑华著
长沙　商务印书馆　1948年　3版　146页
19cm（32开）定价：国币三元
　　本书内容包括：价值之研究、画史之研究、
画理之研究、写生之研究、书籍之研究。

J007618
丁陇画纲　丁陇编著
西安　大兴书局　1943年　188+40页　有图
18cm（15开）定价：五十元
（伉俪艺校自修丛书）
　　本书内容包括：论画学之常识、论画学四纲
（笔墨理法）、介绍各种画法。书末附：画法入门

图解、门人作品选。

J007619
神州论画录丛刻　（初编五种）薛志泽编
成都薛志泽薛崇礼堂　1944年　刻本　线装
　　分二册。

J007620
中国画论体系及其批评　李长之著
重庆　独立出版社　1944年　115页　19cm（32开）
定价：一元七角
　　本书分6章，以宋、元时代的画为依据研究
中国绘画上的主观问题，用具、对象问题，以及
画论中的一般艺术问题。

J007621
中国画论体系及其批评　李长之著
上海　上海书店　1996年　影印本　116页
19cm（32开）精装　ISBN：7-80569-994-1
（民国丛书　第五编　美学·艺术类58）

J007622
丹青引　王益论撰
广州　原艺社　1949年　172页　18cm（小32开）
（广州市市立艺术专科学校丛书）
　　本书综论文人画的内容与技巧，内容包括：
酒跟挥毫、"文人画"圈内、中国画坛的侧面、中
国画人的行状。后附《敬悼赵浩公先生》。

J007623
谈中国绘画　李奈编
上海　四联出版社　1954年　54页　有图　18cm（32开）
定价：旧币2,500元
（祖国文化小丛书）

J007624
中国绘画艺术　温肇桐著
上海　上海出版公司　1955年　53页　有图
20cm（32开）定价：CNY0.40
　　作者温肇桐（1909—1990），美术史论家、教
育家。笔名虞复，江苏常熟人，毕业于上海艺术
大学。历任华东艺术专科学校教授兼图书馆主
任、美术系副主任、硕士生导师，南京艺术学院
教授，中国美术家协会会员，江苏省美学会顾
问。著有《怎样教小学的美术》。

J007625

中国画的根本精神与学术文化的背景 （中英文本）程曦著；吴鸿英译

［台北］［1956年］影印本 22cm（30开）

J007626

水墨画　谢稚柳著

上海 上海人民美术出版社 1957年 60页 20cm（32开）统一书号：8081.2751

定价：CNY0.12

　　本书内容包括：欣赏问题、水墨画的确立、山水画、人物、花竹禽兽。作者谢稚柳（1910—1997），书画家、书画鉴定家。原名稚，字稚柳，后以字行，晚号壮暮翁，斋名鱼饮溪堂等。江苏常州人。历任上海市文物保护委员会编纂、副主任、上海市博物馆顾问、中国书法家协会理事、国家文物局全国古代书画鉴定小组组长等。编著有《敦煌石室记》《敦煌艺术叙录》《水墨画》《唐五代宋元名迹》等。

J007627

中国画论类编　俞剑华编著

北京 中国古典艺术出版社 1957年 2册（1314页）22cm（30开）精装 统一书号：8029.9

J007628

中国画论类编　（二卷）俞剑华编著

北京 中国古典艺术出版社 1957年 2册（1314页）20cm（32开）统一书号：8029.9 定价：CNY6.50

J007629

中国画论类编　俞剑华编著

北京 人民美术出版社 1986年 2版 1314页 20cm（32开）统一书号：8027.9016

定价：CNY8.20

　　本书将自春秋时期至明清中国历代各家所著绘画理论，按内容分类编辑而成，包括：泛论；总评；人物；山水；花鸟畜兽梅兰竹菊；鉴藏、装裱、工具和设色。

J007630

国画丛谈　虞复著

北京 中国古典艺术出版社 1958年 影印本 44页 20cm（32开）统一书号：8029.36 定价：CNY0.38

J007631

历代中国画学著述录目　虞复编

北京 朝华美术出版社 1958年 106页 19cm（32开）统一书号：8028.1849 定价：CNY0.60

J007632

历代中国画学著述录目　虞复编

北京 中国古典艺术出版社 1958年 98页 19cm（32开）统一书号：8029.70 定价：CNY0.38

J007633

谈中国画　沈叔羊著

北京 中国古典艺术出版社 1958年 66页 有图 19cm（32开）统一书号：8029.35 定价：CNY0.45

J007634

谈中国画　（增订本）沈叔羊著

北京 人民美术出版社 1980年 128页 19cm（32开）统一书号：8027.7185 定价：CNY0.70

J007635

国画基本技法　康师尧编著

西安 长安美术出版社 1959年 19页 有图 18cm（15开）统一书号：8146.382

定价：CNY0.19

（绘画基本知识丛书）

　　作者康师尧（1921—1985），笔名康巽，河南博爱县人，曾任美协陕西分会创作委员会委员、陕西书法篆刻研究会理事等。

J007636

芥舟学画编　沈宗骞述；齐振林著；史怡公标点注译

北京 人民美术出版社 1959年 111页 20cm（32开）统一书号：8027.3095 定价：CNY0.72

（中国画论丛书）

　　作者沈宗骞，清代画家、鉴赏家。字熙远，号芥舟，浙江乌程（今浙江湖州市）人。著有《芥舟学画编》。

J007637

石涛画谱　（清）石涛著；刘长久校注

成都 四川美术出版社 1987年 59+114页 20cm（32开）ISBN：7-5410-0008-6

定价：CNY1.60

（中国历代画论画史选注）

作者石涛（1642—1708），清初书画家、绘画理论家。广西桂林人，祖籍安徽凤阳。本姓朱，名若极，系明代靖江王朱赞仪的第十世孙朱亨嘉之子。朱亨嘉死后幼年石涛被送至全州当和尚，法名道济，又字石涛，号苦瓜和尚、大涤子、靖江后人、清湘陈人、零丁老人等等。著有《苦瓜和尚画语录》。存世作品有《石涛罗汉百开册页》《山水清音图》《竹石图》等。

J007638

石涛画谱今译　（清）石涛著；任真汉译
香港　艺苑出版社 1980 年 125 页 20cm（32 开）
定价：HKD20.00

J007639

石涛画语录　（清释）道济著；俞剑华标点注译
北京　人民美术出版社 1959 年 114 页 20cm（32 开）
统一书号：8027.3093 定价：CNY0.70
（中国画论丛书）

本书分为一画章、了法章、变化章、尊受章、笔墨章、运腕章、絪缊章、山川章、皴法章、四时章、远尘章、脱俗章、兼字章、资任章。附录分别为石涛题画选录、石涛画语录研究、历来对于石涛画法的评论及石涛传略。作者道济（1642—1708），清初书画家、绘画理论家。法名道济，又字石涛，号苦瓜和尚、大涤子、靖江后人、清湘陈人、零丁老人等等。本姓朱，名若极，系明代靖江王朱赞仪的第十世孙朱亨嘉之子。著有《苦瓜和尚画语录》。存世作品有《石涛罗汉百开册页》《山水清音图》《竹石图》等。

J007640

石涛画语录译解　（清）石涛著；黄兰波注译
北京　朝花美术出版社 1963 年 74 页 20cm（32 开）
统一书号：8028.1885 定价：CNY0.56

作者石涛（1642—1708），清初书画家、绘画理论家。广西桂林人，祖籍安徽凤阳。本姓朱，名若极，系明代靖江王朱赞仪的第十世孙朱亨嘉之子。朱亨嘉死后幼年石涛被送至全州当和尚，法名道济，又字石涛，号苦瓜和尚、大涤子、靖江后人、清湘陈人、零丁老人等等。著有《苦瓜和尚画语录》。存世作品有《石涛罗汉百开册页》《山水清音图》《竹石图》等。

J007641

怎样画毛笔画　费新我编
上海　上海人民美术出版社 1959 年 80 页
18cm（15 开）统一书号：T8081.4428
定价：CNY0.34
（工农兵业余美术自学丛书）

编者费新我（1903—1992），书法家、画家。学名斯恩，原字省吾，字立千、号立斋，后改名新我，湖州南浔双林镇人。毕业于上海白鹅绘画学校。代表作品有《怎样画毛笔画》《怎样学书法》《楷书初阶》《怎样画铅笔画》。

J007642

怎样画毛笔画　费新我编
上海　上海人民美术出版社 1963 年 2 版
修订本 80 页 有图 18cm（15 开）
统一书号：T8081.4428 定价：CNY0.34
（工农兵业余美术自学丛书）

J007643

画论丛刊　（二卷）于安澜编
北京　人民美术出版社 1960 年 2 册（892 页）
19cm（32 开）精装 统一书号：8027.2151
定价：CNY7.70

本书收录宗炳的《画山水叙》、王维的《画学秘诀》、李成的《山水诀》、郭熙的《林泉高致集》等。

J007644

画论丛刊　于安澜编
北京　人民美术出版社 1962 年 2 册（892+24 页）
19cm（32 开）统一书号：8027.2151
定价：CNY6.00

J007645

画论丛刊　（全二卷）于安澜编
香港　中华书局香港分局 1977 年 港 1 版
20cm（32 开）定价：HKD28.00

J007646

画论丛刊　于安澜编
北京　人民美术出版社 1989 年 2 册（892 页）
20cm（32 开）ISBN：7-102-00391-9
定价：CNY12.80

J007647

六法初步研究　刘纲纪著

上海　上海人民美术出版社 1960 年 70 页
21cm（32 开）统一书号：T8081.4539
定价：CNY0.34

　　本书是对中国古代品评美术作品的标准和重要美学原则。作者刘纲纪（1933—2019），教授。贵州普定人，毕业于北京大学哲学系。历任武汉大学哲学系美学研究所所长、教授、博士生导师，中华美学学会副会长，湖北省美学学会会长，中国美协、书协、作协会员。代表作品有《艺术哲学》《美学与哲学》《周易美学》等。

J007648

黄宾虹画语录　黄宾虹著；王伯敏编

上海　上海人民美术出版社 1961 年 58 页
21cm（32 开）统一书号：T8081.4649
定价：CNY0.48

　　作者黄宾虹（1865—1955），山水画家。初名懋质，后改名质，字朴存，号宾虹，别署予向。生于浙江金华，原籍安徽歙县，代表作《山居烟雨》《新安江舟中作》等，著有《黄山画家源流考》《虹庐画谈》《画法要旨》等作品。编者王伯敏（1924—2013），美术史论家、画家、诗人。浙江台州人。曾担任中国美术学院教授，美术学博士生导师。著有《中国绘画通史》《中国版画史》《中国美术通史》等。

J007649

黄宾虹画语录　黄宾虹著；王伯敏编

上海　上海人民美术出版社 1978 年 3 版 63 页
20cm（32 开）统一书号：8081.11043
定价：CNY0.24

　　本书收辑黄宾虹的撰述、题识、议论、授得、笔记、书信、赠答等与画理、画史、画法有关的言论，经弟子王伯敏整理而成。

J007650

中国画法研究　吕凤子著

上海　上海人民美术出版社 1961 年 40 页
21cm（32 开）统一书号：8081.5069
定价：CNY0.30

　　本书内容包括：用笔、构图（上）、（立意、为象）、构图（下）、（写形、貌色、置阵布势）。作者吕凤子（1886—1959），画家、艺术教育家。生于江苏丹阳。历任苏南文化教育学院，江苏师范学院教授，江苏省国画院筹委会主任委员，江苏省美术家协会副主席等。著有《美术史讲稿》《中国画法研究》《吕凤子仕女画册》《吕凤子华山速写集》等。

J007651

中国画法研究　吕凤子著

上海　上海人民美术出版社 1978 年 2 版 39 页
19cm（32 开）统一书号：8081.5069
定价：CNY0.15

J007652

中国画法研究　吕凤子著

上海　上海人民美术出版社 1989 年 2 版 重印本
39 页 20cm（32 开）ISBN：7-5322-0626-2
定价：CNY0.95

J007653

中国画基本绘法　任逊著

香港　万里书店 1961 年 134 页 26cm（16 开）
软精装 定价：HKD4.00

J007654

中国画基本绘法　任逊著

香港　万里书店 1973 年 增订版 152 页
26cm（16 开）定价：HKD14.00

J007655

砚边点滴　（国画技法经验谈）钱松喦著

上海　上海人民美术出版社 1962 年 64 页
有图 21cm（32 开）统一书号：8081.5175
定价：CNY0.34

　　本书共 47 条，介绍笔、纸、墨、砚、石绿、朱砂、白粉、紫、金、柳炭、水、画中四难、生活、太阳、夜景、月亮、风、雪、雨、阴天、空气、水面物等。作者钱松喦（1899—1985），当代画家。江苏宜兴人。曾任江苏省国画院院长、名誉院长，江苏省美术家协会主席，中国美术家协会常务理事等。画作有《红岩》《延安颂》《芙蓉湖上》《山岳颂》等。代表作品有《梅园新村》《延安颂》《红岩》《井冈大瀑布》等。著作《砚边点滴》。出版物《钱松岩画集》等。

J007656

黄宾虹画语录　王伯敏编

上海 上海人民美术出版社 1964 年 2 版 增订本
67 页 20cm（32 开）统一书号：T8081.4649
定价：CNY0.50

J007657

花鸟画法大全　蔡公衡绘；梁荫本编

香港 万里书店 1965 年 188 页 26cm（16 开）

J007658

高剑父画论述评　黄兆汉著

香港 香港大学亚洲研究中心 1972 年 42 页
有照片 27cm（16 开）定价：HKD15.00
　　外　文　书　名：Kao Chien-Fu's Theory of
Painting.

J007659

元人画论著　（元）李衎等撰

台北 世界书局 1975 年 3 版 影印本 15cm（40 开）
精装 定价：旧台币 2.00
（中国学术名著第五辑 艺术丛编第一集 11）

J007660

中国画《知心话》

天津 天津人民美术出版社 1978 年 46 页
20cm（32 开）统一书号：8073.50091
定价：CNY0.70
（美术作品分析（2））

J007661

画谱　（清）石涛撰

台北 学生书局 1979 年 92 页 20cm（32 开）
定价：CNY11.00
　　作者石涛（1642—1708），清初书画家、绘画
理论家。广西桂林人，祖籍安徽凤阳。本姓朱，
名若极，系明代靖江王朱赞仪的第十世孙朱亨
嘉之子。朱亨嘉死后幼年石涛被送至全州当和
尚，法名道济，又字石涛，号苦瓜和尚、大涤子、
靖江后人、清湘陈人、零丁老人等以。著有《苦
瓜和尚画语录》。存世作品有《石涛罗汉百开册
页》《山水清音图》《竹石图》等。

J007662

砚边点滴　（国画技法经验谈）钱松嵒著

上海 上海人民美术出版社 1979 年 2 版 67 页
20cm（32 开）统一书号：8081.5175
定价：CNY0.29
　　作者钱松嵒（1899—1985），当代画家。江苏
宜兴人。曾任江苏省国画院院长、名誉院长，江
苏省美术家协会主席，中国美术家协会常务理事
等。画作有《红岩》《延安颂》《芙蓉湖上》《山岳
颂》等。代表作品有《梅园新村》《延安颂》《红
岩》《井冈大瀑布》等。著作《砚边点滴》。出版
物《钱松嵒画集》等。

J007663

怎样学国画　（逐步练习速成法）江涛著

台北 天同出版社 1979 年 118 页 20cm（32 开）
定价：CNY17.00
（国画丛书 2）

J007664

田头偶语　（与钱松嵒同志的对话）赵沛著

南京 江苏人民出版社 1980 年 55 页 20cm（32 开）
统一书号：8100.024 定价：CNY0.35

J007665

艺廊思絮　郭因著

合肥 安徽人民出版社 1980 年 106 页 19cm（32 开）
统一书号：10102.87 定价：CNY0.30
　　本文内容为文艺美学的随笔文集，内容涉及
散论、诗歌、小说、书法、戏曲等领域。附录有
《关于美与爱的若干闪念》。作者郭因（1926—　　），
作家、文学家。别名胡鲁焉。安徽绩溪人。历任
安徽省人民政府文教委员会政策研究员，安徽省
政协文史办公室副主任、文学艺术研究所副所
长、艺术研究所研究员、绿色美学会名誉会长等
职。著有《中国绘画美学史稿》《中国古典绘画
美学中的形神论》《山水美与绘画》等。

J007666

中国古代画论要籍简介　温肇桐编著

天津 天津人民美术出版社 1980 年 63 页
19cm（32 开）统一书号：8073.50167
定价：CNY0.24
　　作者温肇桐（1909—1990），美术史论家、教
育家。笔名虞复，江苏常熟人，毕业于上海艺术
大学。历任华东艺术专科学校教授兼图书馆主
任、美术系主任、硕士生导师，南京艺术学院

教授，中国美术家协会会员，江苏省美学会顾问。著有《怎样教小学的美术》。

J007667

中国画论　李戏鱼著
郑州　郑州大学科研处［1980—1989年］236页
20cm（32开）
（中国美学史论丛）

J007668

中国画学书目表　曾堉（Tseng Yu）编著
台北　南天书局有限公司 1980年 114页
30cm（10开）精装
　　外文书名：Chinese Literature on Chinese
Painting Bibliographical Charts.

J007669

中国画研究　陈兆复著
昆明　云南人民出版社 1980年 134+28页 有图
19cm（32开）统一书号：8116.911
定价：CNY0.93
　　本书是研究中国画特点和艺术表现的专著。附有45幅中国画的典范作品。作者陈兆复（1933—　　），教授。生于浙江瑞安，毕业于浙江美术学校。中央民族大学教授、博士生导师，联合国教科文组织国际岩画委员会执行委员，中国岩画研究中心名誉主任，中国美术家学会会员。出版有《中国岩画发现史》《中国岩画札记》《原始艺术史》等。

J007670

中国画研究　陈兆复著
昆明　云南人民出版社 1982年 2版 修订本
174+32页 19cm（32开）统一书号：8116.911
定价：CNY1.10

J007671

百鸟新咏　（美术参考鸟类研究）鲍少游著
台北　商务印书馆 1982年 198页 有照片
21cm（32开）定价：TWD126.00

J007672

画境　（中国画构图研究）姜今著
长沙　湖南美术出版社 1982年 156页 19cm（32开）
统一书号：8233.317 定价：CNY0.80

　　本书用美学的原则，通过对典型作品的分析、研究，探讨了中国画结构图学的形成与发展。本书较重于理论、形式法则、构图原理及构图规律的研究。作者姜今，广州美术学院教授。

J007673

画境　（中国画构图研究）姜今著
长沙　湖南美术出版社 1983年 175页 19cm（32开）
定价：CNY1.04
　　本书内容包括：中国构图学原理；民族形式的构图；中国古画构图分析；论中国画构图的特点；八大花鸟画构图分析。

J007674

画境　（中国画构图研究）姜今著
长沙　湖南美术出版社 1986年 3版 195页
有图版 19cm（32开）统一书号：8233.317
定价：CNY1.65

J007675

李可染画论　王琢著
上海　上海人民美术出版社 1982年 108页 21cm
（32开）统一书号：8081.12562 定价：CNY0.80
　　本书是著名画家李可染先生对中国画艺术的专论。全书共分6篇：学艺、传统、意境、笔墨、写生、创作。李可染（1907—1989），国画家、诗人、教授。原名李永顺，江苏徐州人。历任中央美术学院教授，中国美术家协会副主席，中国文联委员，中国画研究院院长等。代表作品有《江山无尽图》《万山红遍》《漓江胜境图》等，画集有《李可染水墨写生画集》《李可染中国画集》《李可染画牛》等。

J007676

李可染画论　李可染原著；王琢编
广州　广东高等教育出版社 1992年 99页 有彩照及图 20cm（32开）ISBN：7-5361-0723-4
定价：CNY7.00，CNY10.00（精装）
　　本书将李可染先生绘画创作中的体会和认识及其课堂讲授记录进行分类整理。择其精辟论点分为：学艺、传统、意境、笔墨、写生、创作6个方面。

J007677

李可染画论　孙美兰编著

郑州 河南人民出版社 1999 年 10+172 页
有照片 20cm（32 开）ISBN：7-215-04256-1
定价：CNY13.50
（20 世纪中国大师画论书系）

J007678

李可染画语　李可染［著］；王琢编
上海 上海人民美术出版社 1997 年 150 页
20cm（32 开）ISBN：7-5322-1737-X
定价：CNY15.00
（日月山画谭）

　　作者李可染（1907—1989），国画家、诗人、教授。原名李永顺，江苏徐州人。历任中央美术学院教授，中国美术家协会副主席，中国文联委员，中国画研究院院长等。代表作品有《江山无尽图》《万山红遍》《漓江胜境图》等，画集有《李可染水墨写生画集》《李可染中国画集》《李可染画牛》等。

J007679

历代论画名家汇编　沈子丞编
北京 文物出版社 1982 年 629 页 19cm（32 开）
统一书号：8086.1058
定价：CNY3.70，CNY12.70（精装）

　　本书汇集了中国历代画论作者的绘画理论探讨成果。作者沈子丞（1904—1996），画家。浙江嘉兴人。原名德坚，别名之淳，号听蛙翁。曾为上海市文史研究馆馆员、上海中国画院画师。代表作品有《花仕女图》《围棋图》等。出版有《历代论画名著汇编》《沈子丞书画集》等。

J007680

书画书录解题　余绍宋撰
杭州 浙江人民出版社 1982 年 影印本
25cm（16 开）精装 统一书号：10103.329
定价：CNY9.00

　　本书为中国书画论著的书目提要，全书 12 卷，著录自东汉至近代有关书画书籍 850 余种，按其性质分为史传、作法、论述、品藻、题赞、著录、杂识、丛辑、伪托散佚等 10 类。除散佚外都载明卷数、版本、著作人，并评论内容得失等。

J007681

书与画　（1）上海书画出版社［编］

上海 上海书画出版社 1982 年 39 页 26cm（16 开）
统一书号：8172.660 定价：CNY0.43

　　本套书内容包括：读画录、习作评讲、书法讲座、技法传授、学画一得、书画史论等栏目。

J007682

书与画　（2）上海书画出版社［编］
上海 上海书画出版社 1983 年 39 页 26cm（16 开）
统一书号：8172.1046 定价：CNY0.43

J007683

书与画　（3）上海书画出版社［编］
上海 上海书画出版社 1983 年 39 页 26cm（16 开）
定价：CNY0.43

J007684

书与画　（4）上海书画出版社［编］
上海 上海书画出版社 1984 年 39 页 26cm（16 开）
统一书号：8172.1227 定价：CNY0.43

J007685

书与画　（5）上海书画出版社［编］
上海 上海书画出版社 1984 年 39 页 26cm（16 开）
定价：CNY0.43

J007686

书与画　（6）上海书画出版社［编］
上海 上海书画出版社 1985 年 39 页 26cm（16 开）
定价：CNY0.68

J007687

书与画　（7）上海书画出版社［编］
上海 上海书画出版社 1985 年 40 页 26cm（16 开）
定价：CNY0.68

J007688

书与画　（8）上海书画出版社［编］
上海 上海书画出版社 1985 年 39 页 26cm（16 开）
定价：CNY0.68

J007689

书与画　（9）上海书画出版社［编］
上海 上海书画出版社 1985 年 39 页 26cm（16 开）
定价：CNY0.68

J007690

书与画 （10）上海书画出版社［编］
上海 上海书画出版社 1986 年 89 页 26cm（16 开）
定价：CNY0.68

J007691

中国古代画家故事小议　蒋贤哲编著
长沙 湖南美术出版社 1982 年 105 页 19cm（32 开）
统一书号：8233.286 定价：CNY0.45
　　本书收集了我国古代重要画家的轶事趣闻
50 则，对故事有关的画理、画法等内容，作了扼
要的分析议论。

J007692

中国古代绘画理论发展史　葛路著
上海 上海人民美术出版社 1982 年 194 页
19cm（32 开）统一书号：8081.12646
定价：CNY0.80

J007693

中国古代绘画理论发展史　葛路著
上海 上海人民美术出版社 1983 年 重印本
194 页 有图 21cm（32 开）统一书号：8081.12646
定价：CNY0.80
　　本书系统地阐述了古代画论的发展，撷要探
微，把中国绘画理论的精髓，加以剖析，脉络清
楚，立论明确，并有作者自己的学术见解。

J007694

中国古代绘画理论发展史　葛路著
台北 华正书局有限公司 1987 年 234 页 有图
21cm（32 开）精装 定价：TWD200.00

J007695

中国古典绘画美学中的形神论　郭因著
合肥 安徽人民出版社 1982 年 106 页 19cm（32 开）
统一书号：8102.1132 定价：CNY0.40
　　形神论是中国古典绘画美学中的一个核心
命题。它论述的实际上是绘画艺术与客观现实
及与画家的情思的关系这一根本性问题。作者
郭因（1926—　　），作家、文学家。别名胡鲁焉。
安徽绩溪人。历任安徽省人民政府文教委员会
政策研究员，安徽省政协文史办公室副主任、文
学艺术研究所副所长、艺术研究所研究员、绿色
美学会名誉会长等职。著有《中国绘画美学史

稿》《中国古典绘画美学中的形神论》《山水美与
绘画》等。

J007696

中国画研究　（2）中国画研究院编
北京 人民美术出版社 1982 年 324 页 20cm（32 开）
定价：CNY1.15

J007697

中国画研究　（3）中国画研究院编
北京 人民美术出版社 1983 年 271 页 20cm（32 开）
定价：CNY1.00

J007698

中国画研究　（3）中国画研究院编
北京 人民美术出版社 1983 年 340 页 19cm（32 开）
定价：CNY1.20

J007699

中国画研究　（4）中国画研究院编
北京 人民美术出版社 1983 年 271 页 20cm（32 开）
统一书号：8027.8802 定价：CNY1.00

J007700

中国画研究　（5 近几年中国画研究回顾专
辑）《中国画研究》编辑部编辑
北京 人民美术出版社 1991 年 193 页 20cm（32 开）
ISBN：7-102-00978-X 定价：CNY6.00
　　本书汇集了 80 年代在中国大陆出现的一场
有关中国画的大讨论的有关材料，和专家学者对
这 10 年中国画发展的回顾与研讨，是中国画研
究院建院 10 周年特集。外文书名：Picture Sinica.

J007701

画谱全本
北京 北京市中国书店 1983 年 影印本 200 页
39cm（4 开）定价：CNY2.40
　　据光绪同文书局石印本影印。

J007702

六研斋笔记　（四卷）（明）李日华撰
台北 商务印书馆 1983 年 影印本
（景印文渊阁四库全书 子部 一七三 第 867 册）

J007703

南阳书画表 （二卷）（明）张丑撰
台北 商务印书馆 1983 年 影印本
（景印文渊阁四库全书 子部 一二三 第 817 册）

作者张丑（1577—1643），明代收藏家、文学家。原名张谦德，字青甫，号米庵。江苏昆山人。主要作品有《清河书画舫》《瓶花谱》《论墨》等。

J007704

中国画论研究 伍蠡甫著
北京 北京大学出版社 1983 年 291 页 + [3] 页图版 21cm（32 开）统一书号：10209.31
定价：CNY1.10, CNY2.20（精装）
（文艺美学丛书）

本书收录《论中国绘画的意境》《中国画竹艺术》《中国画艺术》《文人画艺术风格初探》《试论画中有诗》《艺术形式美的一些问题》《董其昌论》等 13 篇论文。

J007705

古代画论辑解 赵怡元注译
西安 陕西人民美术出版社 1984 年 166 页 19cm（32 开）统一书号：8199.559
定价：CNY0.75

本书节选了古代画论中有关画法方面的内容，包括总论、山水画法、花鸟画法、人物画法 4 部分。

J007706

木笔画浅谈 张大铎著
北京 知识出版社 1984 年 58 页 有图 19cm（32 开）
统一书号：8214.27 定价：CNY0.35

木笔画是以木笔作主要工具来作画的一个绘画品种。本书所探讨的形式是属于国画的范畴。

J007707

张子祥课徒画稿 张子祥绘
北京 北京市中国书店 1984 年 影印本 25cm（小 16 开）定价：CNY2.90

J007708

张子祥课徒画稿 （清）张熊编绘
北京 文物出版社 1984 年 21cm（32 开）
统一书号：8068.1241 定价：CNY1.90

本书主要写四季花卉，兼及果蔬树石、翎毛昆虫，共 210 余幅。书前有《着色要旨》一篇，详述设色方法。张熊（1803—1886），字子祥、寿甫，号西厢客、鸳湖老人、祥翁。浙江嘉兴人。代表作品《题画集》《银藤花馆诗钞》。

J007709

中国画近代各家宗派风格与技法之探究
邱定夫著
台北 文化大学出版部 1984 年 276 页 有图 20cm（32 开）定价：TWD250.00

J007710

中国画论类编 俞昆编著
台北 华正书局 1984 年 2 册（1314 页）21cm（32 开）精装 定价：TWD500.00

J007711

历代钟馗画研究 王振德, 李天庥编著
天津 天津美术出版社 1985 年 26cm（16 开）
统一书号：8073.50332 定价：CNY4.00

本书搜集并整理了有关钟馗画的产生和发展的较有代表性的有关美术作品和文字资料。作者王振德（1941— ），教授。天津宝坻人，毕业于河北北京师院。历任天津美术学院教授、美术史论教研室主任，天津美学学会常务理事，天津美术家协会理事等。著有《王振德艺文集》《中国近现代名家画集·王振德》等。

J007712

钱塘书画研究社乙丑年刊 钱塘书画研究社编
杭州 钱塘书画研究社 1985 年 49 页 26cm（16 开）
定价：CNY1.50

J007713

荣宝斋 （八 花卉草虫部分）齐白石绘
北京 荣宝斋 1985 年 48 页 26cm（16 开）
统一书号：8030-1361 定价：CNY3.90

作者齐白石（1864—1957），近现代中国绘画大师，国画家、篆刻家。湖南湘潭人。原名纯之，字渭青，号兰亭，后改名璜，字濒生，号白石等。历任国立北京艺术专科学校和京华美术专科学校教习、教授，中央美术学院名誉教授，中国文学艺术界联合会主席团委员，中国画研究会和中

国美术家协会主席，中国画院名誉院长。代表作有《蛙声十里出山泉》《墨虾》等。著有《白石诗草》《齐白石作品集》《白石老人自述》等。

J007714

石鲁学画录 令狐彪整理校勘
西安 陕西人民美术出版社 1985 年 119 页
有照片图版 20cm（32 开）统一书号：10199.3
定价：CNY1.20

　　本书内容是石鲁撰写的部分画论著作，是作者多年艺术实践的心得和艺术理论探索的经验。全书包括：概言、生活章、造型章、笔墨章。画家石鲁（1919—1982），原名冯亚珩，四川仁寿人，就读于成都东方美专和陕北公学院。曾任中国美术家协会常务理事、陕西省美术家协会主席、陕西省书法家协会主席、陕西省国画院名誉院长、中国画研究院院委等职。著有《石鲁学画录》，电影剧本《暴风中的雄鹰》等。作者令狐彪（1942—1989），教师、编辑。山西临猗人，中央美术学院美术史专业研究生毕业。历任中学美术教师，人民美术出版社编辑、陕西人民美术出版社副社长、副总编辑。 编著有《宋代画院研究》《中国古代山水画百图》《现代国画家百人传》等。

J007715

中国古典画论选译 许祖良，洪桥编译
沈阳 辽宁美术出版社 1985 年 292 页 20cm（32 开）
定价：CNY1.65

J007716

中国画技法 （第二册 山水）白雪石编著
北京 人民美术出版社 1985 年 151 页 有图
26cm（16 开）统一书号：8027.9068
定价：CNY3.30

　　作者白雪石（1915—2011），画家，教授。北京市人，斋号何须斋。自幼习画，早年师从赵梦朱，后拜梁树年为师。执教于北京师范学院、北京艺术学院、中央工艺美院。兼北京山水画研究会会长。代表作品《万壑松风》《千峰竞秀》《早春图》《漓江一曲千峰秀》等。

J007717

中国画技法 （第二册 山水）白雪石编著
北京 人民美术出版社 1991 年 2 版 151 页

26cm（16 开）ISBN：7-102-00508-3
定价：CNY7.80

J007718

中国画论辑要 周积寅编著
南京 江苏美术出版社 1985 年 622 页 20cm（32 开）
统一书号：8353.7007 定价：CNY4.50

　　本书节录了从先秦至清末历代画论著述以及有关文献、题画、民间画诀中最有代表性、反映中国古画本质、特征、原理、规律的名篇精段，共分两编十六论，包括：功能论、创作论、品评论、形神论、气韵论、意境论、风格流派论、继承论、章法论、笔墨论、诗画论、立画论等。作者周积寅（1938— ），教授。笔名禾宙，江苏泰兴人，毕业于南京艺术学院。历任南京艺术学院学报《艺苑》主编，"扬州画派"研究会名誉会长，中国郑板桥研究会及日本郑板桥学会顾问，中国美术家协会会员。编著有《吴派绘画研究》《中国美术通史》《郑板桥》等。

J007719

中国画论辑要 周积寅编著
南京 江苏美术出版社 1997 年 重印本 620 页
20cm（32 开）ISBN：7-5344-0014-7
定价：CNY22.00

J007720

国画进阶 周千秋，梁粲缨著
台北 艺术图书公司 1986 年 再版 216 页
29cm（15 开）精装 定价：TWD1000.00

J007721

外国学者论中国画 （苏）扎瓦茨卡娅（3a-вадская，E.B.）著；高名潞译
长沙 湖南美术出版社 1986 年 216 页 有照片
19cm（32 开）统一书号：8233.966
定价：CNY1.65

J007722

俞剑华美术论文选 周积寅编
济南 山东美术出版社 1986 年 430 页 20cm（32 开）
ISBN：978-7-8050-3011-1

　　本书选编了俞剑华 1928 年至 1962 年期间所撰写的论文 41 篇，其中包括：《七十五年来的国画》《现代中国画坛的状况》《论文人画》《再

论文人画》等。俞剑华(1895—1979),绘画史论家、画家、美术教育家。原名俞琨,曾用名俞德,字剑华,以字行。生于山东济南,毕业于北京高等师范手工图画专修科。先后执教于北京美术学校、山东美术学校、上海美术专科学校、暨南大学等。出版有《中国绘画史》《中国画论类编》《立体图案法》等。

J007723
张大千的艺术　包立民编
北京 三联书店 1986年 130页 20cm(32开)
定价:CNY1.20
　　张大千(1899—1983),国画大师、山水画大家、书法家。四川内江人,祖籍广东番禺。代表作有《爱痕湖》《长江万里图》《四屏大荷花》《八屏西园雅集》等。

J007724
中国画技法　(第一册 花鸟)孙其峰编著
北京 人民美术出版社 1986年 111页 26cm(16开)
定价:CNY2.65
　　作者孙其峰(1920—　　),教授,艺术家。原名奇峰,曾用名琪峰,山东招远人。历任天津美术学院教授、中国书法家协会理事、中国美术家协会理事,北京铁路局文协美术工作者、北京美协会员。代表作品《花鸟画谱》《孙其峰画辑》《孙其峰扇面选集》等。

J007725
中国画技法　(花鸟 第1册)孙其峰编著
北京 人民美术出版社 1986年 111页 有图
26cm(16开) ISBN:7-102-00057-X
定价:CNY3.30

J007726
中国画技法　(第一册 花鸟)孙其峰编著
北京 人民美术出版社 1991年 2版 111页
26cm(16开) ISBN:7-102-00508-3
定价:CNY6.10

J007727
中国画技法　孙其峰等编著
北京 人民美术出版社 1994年 2版 重印本
3册(111;151;105页)26cm(16开)
ISBN:7-102-01012-5 定价:CNY26.00

J007728
白云堂画论画法　黄君璧绘,刘墉编撰
台北 刘墉 1987年 208页 30cm(10开)精装
　　外文书名:Inside the White Cloud Studio.作者黄君璧(1898—1991),国画艺术家、教育家。祖籍广东南海人。原名允瑄,晚号君翁,本名韫之,以号行。曾任台湾师范大学艺术系教授兼主任。著有《黄君璧画集》《黄君璧书画集》等。编者刘墉(1949—　　),画家、作家、教育家、演讲家。生于台北,现居美国。原名刘镛,号梦然。代表作品有《刘墉画集》《萤窗小语》《超越自己》《我不是教你诈》。

J007729
儿童学国画　杨虹编
北京 人民美术出版社 1987年 有图 17×19cm
统一书号:8027.9631 定价:CNY3.95

J007730
国画题款常识问答　孔端甫著
济南 山东美术出版社 1987年 43页 有图
19cm(32开) ISBN:7-5330-0005-6
定价:CNY0.55

J007731
挥毫自在　(清)林琴石编撰
北京 中国书店 1987年 影印本 97页
20cm(32开)定价:CNY0.55
　　本书是清代人物山水花草鸟兽国画谱。

J007732
论画绝句自注　阮璞著
桂林 漓江出版社 1987年 237页 19cm(32开)
ISBN:7-5407-0131-5 定价:CNY1.45
　　本书收录《谢赫"六法"原义考》《苏轼的文人画观论辩》《论画绝句自注》3部著作。

J007733
隋唐及宋代书画研究选编　北京图书馆文献信息服务中心剪辑
北京 书目文献出版社 1987年 影印本 168页
有图26cm(16开)统一书号:8201.26
定价:CNY2.60
(台港及海外中文报刊资料专辑 特辑)

J007734

雄风 （任曼逸论画虎兼论画松、鹤）任曼逸
绘著
银川 宁夏人民出版社 1987 年 81 页 有图
19cm（32 开）定价：CNY2.00

　　本书是根据曼逸先生的夫人景耀兰同志珍
藏多年的曼逸授课手稿和画稿编辑整理出版的，
选有彩色插图 12 幅，单色插图 38 幅，文字分感
言和题记、论画虎、论画松、论画鹤 4 部分。作
者任曼逸（1903—1958），原名任培诚，号虚斋。
河北大名人。

J007735

有趣的指印画法　　黄华裕编著
台北 瑞升文化图书事业公司 1987 年 199 页
有图 21cm（32 开）定价：TWD100.00
（瑞升绘画丛书 4）

J007736

张大千课徒稿　　张大千著
成都 四川美术出版社 1987 年 76 页 18×26cm
定价：CNY2.10

　　本书讲解了如何画工笔山水、写意山水、泼
墨山水，如何画梅、画兰、没骨花卉、工笔花卉、
泼墨花卉，以及如何题画、用印、装裱等问题。
作者张大千（1899—1983），国画大师、山水画大
家、书法家。四川内江人，祖籍广东番禺。代表
作有《爱痕湖》《长江万里图》《四屏大荷花》《八
屏西园雅集》等。

J007737

中国画的题画艺术　　张金鉴编著
福州 福建美术出版社 1987 年 157 页 21cm（32 开）
定价：CNY1.80

　　编者张金鉴（1929—　），画家、教授。福建
莆田人。历任福州大学教授，中国美术家协会、
全国美术教育研究会会员，福州国画研究会秘
书长。

J007738

中国画的题画艺术　　张金鉴编著
福州 福建美术出版社 1993 年 2 版 155 页
20cm（32 开）ISBN：7-5393-0001-9
定价：CNY6.80

J007739

中国画临帖　　（鸟·鱼）岭南美术出版社编
广州 岭南美术出版社 1987 年 26×37cm
统一书号：8260.1775 定价：CNY4.00

J007740

中国画临帖　　（第 2 辑 花卉）
广州 岭南美术出版社 1988 年 12 张（套）
26×37cm 散页套装 ISBN：7-5362-0162-1
定价：CNY5.40

J007741

中国画临帖　　（第 3 辑 草虫）
广州 岭南美术出版社 1988 年 12 张（套）
26×37cm 散页套装 ISBN：7-5362-0163-X
定价：CNY5.40

J007742

中国画临帖　　（第 4 辑 飞禽走兽）
广州 岭南美术出版社 1988 年 12 张（套）
26×37cm 散页套装 ISBN：7-5362-0164-8
定价：CNY5.40

J007743

中国画临帖　　（鸟·鱼）岭南美术出版社编
广州 岭南美术出版社 1991 年 重印本 24 张（套）
26×37cm 散页套装 ISBN：7-5362-0659-3
定价：CNY7.20

J007744

中国画临帖　　（第 3 辑 草虫）
广州 岭南美术出版社 1999 年 重印本 12 张（套）
26×37cm 散页套装 ISBN：7-5362-0163-X
定价：CNY13.00

J007745

中国画临帖　　（第 4 辑 飞禽走兽）
广州 岭南美术出版社 1999 年 重印本 12 张（套）
26×37cm 散页套装 ISBN：7-5362-0164-8
定价：CNY13.00

　　外文书名：Traditional Chinese Painting Copies.

J007746

中国画学谱　　王学仲编著
郑州 河南美术出版社 1987 年 158 页 26cm（16 开）

ISBN：7-5401-0005-2 定价：CNY6.20

作者王学仲(1925—2013)，画家、教育家。别名王黾、滕固词人，山东滕州人。毕业于中央美术学院。历任中国书法家协会顾问，中国书法家协会副主席、学术委员会主任，天津大学艺术研究所所长、教授。代表作品有《四季繁荣图》《王学仲美术论》《垂杨饮马图》等。

J007747

古书画副本摹制技法　冯忠莲编著
北京 紫禁城出版社 1988 年 62 页 20cm(32 开)
ISBN：7-80047-043-1 定价：CNY2.00

J007748

挥毫自在　(南画独学 袖珍画谱)
南京 江苏美术出版社 1988 年 2 册 13cm(60开)
套装 ISBN：7-5344-0035-X 定价：CNY2.40

J007749

老年人学书画　(花鸟篇)钟育淳著
南昌 江西人民出版社 1988 年 78 页 26cm(16 开)
ISBN：7-210-00115-8 定价：CNY7.80

本书介绍了画具材料的选择，用笔、用色、用墨的方法，以及题款、钤印、临摹、写生的法度，并以图文相盖的方法，介绍了各种花卉、禽鸟、蔬果、鱼、草虫、石等的画法。还选登了若干名家的名作以供欣赏、临摹。

J007750

老年人学书画　(山水篇)吴齐编
南昌 江西人民出版社 1988 年 78 页 26cm(16 开)
ISBN：7-210-00114-X 定价：CNY7.80

J007751

老年人学书画　(书法、篆刻篇)吴域，许亦农编
南昌 江西人民出版社 1988 年 82+61 页
26cm(16 开) ISBN：7-210-00131-X
定价：CNY7.00

《书法篇》分绪论、工具材料与基本笔法、临摹、鉴赏、创作 5 部分，论述了学习书法的要领，介绍了中国篆、隶、楷、行、草 5 种常用字体的历代名作。《篆刻篇》分述印、述篆、篆刻技法 3 章，以印为实例，逐一评点。

J007752

林玉山画论画法　林玉山绘述；刘墉编撰
台北 刘墉 1988 年 207 页 有图 30cm(15 开)
精装 定价：TWD1200.00

外 文 书 名：The Real Spirit of Nature：The Spirit and Work of Eighty Years of Master Lin, Yu-Shan.

J007753

苏轼论画史料　李福顺编著
上海 上海人民美术出版社 1988 年 553 页
20cm(32 开) ISBN：7-5322-0194-5
定价：CNY5.80

本书是有关苏轼书画的资料汇编，分上下两篇，上篇为苏轼论书画，下篇为宋元明清有关文集、画史画论著作中论苏轼书画。苏轼(1037—1101)，北宋文学家、书画家。字子瞻、和仲，号铁冠道人、东坡居士，世称苏东坡。在诗、词、散文、书、画等方面取得很高成就，擅长文人画，尤擅墨竹、怪石、枯木等。作品有《东坡七集》《东坡易传》《东坡乐府》《潇湘竹石图卷》《古木怪石图卷》等。

J007754

中国画入门指南　杜子熊著
上海 上海书画出版社 1988 年 124 页 19cm(32 开)
ISBN：7-80512-144-3 定价：CNY1.28

作者杜子熊(1913—1989)，会计学家、书画家。

J007755

中国画小品技法与欣赏　杜滋龄编
北京 工人出版社 1988 年 128 页 19cm(32 开)
ISBN：7-5008-0086-X 定价：CNY7.00

本书精选当代中国画家近百人的小品佳作 128 幅，分人物、山水、花鸟 3 部分。另收吴山明的《怎样学习小品画》一文，介绍小品画技法知识。编者杜滋龄(1941—　　)，教授。生于天津，毕业于中国美术学院中国画系研究生班。历任中国画学会副会长，中国艺术研究院博士生导师，南开大学教授，天津美术家协会副主席。代表作品《帕米尔初雪》《古老的歌》《大漠行》等。

J007756

中国历代画论选释　王秀成编著

哈尔滨 黑龙江美术出版社 1988 年 149 页
19cm（32 开）ISBN：7-5318-0022-5
定价：CNY1.80
　　本书选择了中国传统画论中 200 个多名人
的论述，并对论述中语义艰深的文言文，用现代
白话文进行解释。

J007757
中国书画概论　　钱剑华编著
无锡 江苏古籍出版社 1988 年 108 页 19cm（32 开）
ISBN：7-80519-080-1 定价：CNY1.20
（书法学习丛书）

J007758
国学备纂　（29 艺文 考工）（清）吴颖炎辑
台北 文史哲出版社 1989 年 影印本 26cm（16 开）
精装 定价：TWD28000.00（全 30 册）

J007759
中国画的艺术与技巧　　郑朝，蓝铁著
北京 中国青年出版社 1989 年 358 页 有彩图
19cm（32 开）ISBN：7-5006-0226-X
定价：CNY6.70
（祖国丛书）
　　本书按人物、山水、花鸟 3 类，介绍了历代
主要画家近 70 位、代表作 170 余幅。同时还介
绍了木版年画及中国画的特点、技法和画论。

J007760
中国画观念更新与技法新探　　薛宣林著
沈阳 沈阳出版社 1989 年 109 页 有彩图
20cm（32 开）ISBN：7-80556-223-7
定价：CNY6.50

J007761
中国画技法　（第三册 人物）黄均编著
北京 人民美术出版社 1989 年 105 页 26cm（16 开）
ISBN：7-102-00450-8 定价：CNY6.80
　　作者黄均（1914—2011），教授。字懋忱，北
京人，祖籍台湾淡水。历任中央美术学院国画
系教授，中国美术家协会会员，中国美术家协会
会员，北京工笔重彩画会副会长，东方书画社顾
问，诗书画社顾问。

J007762
中国画技法　（第三册 人物）黄均编著
北京 人民美术出版社 1991 年 2 版 105 页
26cm（16 开）ISBN：7-102-00508-3
定价：CNY5.60

J007763
中国画浅说　　高松庐著
青岛 青岛海洋大学出版社 1989 年 143 页
有彩图 19cm（32 开）ISBN：7-81026-001-4
定价：CNY4.85
　　作者高松庐（1936—　），画家。字雨苍，河
北束鹿县人。北京中国书画研究会会员、中国
老年书画研究会会员、鲁西南书画研究会名誉主
席、石家庄画院顾问，日本书泉书道学会名誉会
员。著有《中国画浅说》《高松庐百花画集》。

J007764
中国画之美　　徐书城著
北京 中国社会科学出版社 1989 年 183 页
20cm（32 开）ISBN：7-5004-0386-0
定价：CNY2.15，CNY3.65（精装）
（美学丛书）
　　本书从线与点的形象结构、抽象美和程式
化、艺术比兴和审美情愫及中国画的社会历史根
源几个方面出发，通过绘画所运用的不同工具，
中西画法的美学差异的比较，阐析中西绘画的显
著区别、中国画的程式化、艺术比兴、独特的社
会历史内容和情感内容诸方面的特点，指出正确
认识中国社会的特殊性是研究中国绘画问题的
关键。

J007765
中国绘画美学范畴体系　　葛路著
桂林 漓江出版社 1989 年 219 页 有彩图
20cm（32 开）ISBN：7-5407-0499-3
定价：CNY3.25
　　本书论述组成中国绘画美学范畴体系的 3
个部分：中国绘画的特质和社会功能、审美标
准、创作法则。它们相互通连，成为有机的整体。

J007766
当代中国画之我见　（讨论集）李小山等著
南京 江苏美术出版社 1990 年 392 页 20cm（32 开）
ISBN：7-5344-0142-9 定价：CNY5.20

J007767

教儿童学国画 （上）柳咏絮等编

沈阳 辽宁美术出版社 1990 年 78 页 26cm（16 开）

ISBN：7-5314-0412-5 定价：CNY5.70

J007768

教儿童学国画 （下）柳咏絮等编

沈阳 辽宁美术出版社 1990 年 60 页 26cm（16 开）

ISBN：7-5314-0413-3 定价：CNY5.60

J007769

教儿童学国画 （上）柳咏絮等著

沈阳 辽宁美术出版社 1997 年 重印 78 页

18×26cm ISBN：7-5314-0412-5

定价：CNY10.80

J007770

教儿童学国画 （下）柳咏絮等著

沈阳 辽宁美术出版社 1997 年 重印 60 页

18×26cm ISBN：7-5314-0413-3 定价：CNY8.50

J007771

李可染论艺术 李可染著；中国画研究院编

北京 人民美术出版社 1990 年 264 页 有照片

20cm（32 开）ISBN：7-102-00791-4

定价：CNY16.50，CNY25.00（精装）

　　本书力求忠实地传达李可染数十年来"深于思、精于勤"的思想轨迹和部分成果。书中收入的论文、谈艺、画跋、印语和年表，勾划了体系性的轮廓。作者李可染（1907—1989），国画家、诗人、教授。原名李永顺，江苏徐州人。历任中央美术学院教授，中国美术家协会副主席，中国文联委员，中国画研究院院长等。代表作品有《江山无尽图》《万山红遍》《漓江胜境图》等，画集有《李可染水墨写生画集》《李可染中国画集》《李可染画牛》等。

J007772

六法生态论 董欣宾，郑奇著

南京 江苏美术出版社 1990 年 252 页 20cm（32 开）

ISBN：7-5344-0123-2 定价：CNY3.75

　　六朝时代谢赫《古画品录》所载绘画"六法"，是中国绘画学津梁，无论是画家，均奉之为金科玉律。它作为中国绘画范畴史仅见的一个完整而紧密的艺术纲领，千百年来，综前起后，给中国绘画史的发展以巨大影响。

J007773

卢沉论水墨画 卢沉绘；刘继潮整理编辑

合肥 安徽美术出版社 1990 年 103 页 有照片

19cm（32 开）ISBN：7-5398-0161-1

定价：CNY3.80

　　本书内容包括：水墨画的学习和研究、在现代的基础上发展和附录 3 部分。作者卢沉（1935—2004），国画家、教授。江苏苏州人，毕业于中央美术学院中国画系。中央美术学院教授、学术委员会常委、北京大学艺术教研室顾问。代表作品有《机车大夫》《草原夜月》《塞上竞技图》《太白捉月》等。

J007774

美术技法大全 （老虎画法）张光莹编著

成都 四川美术出版社 1990 年 93 页 26cm（16 开）

ISBN：7-5410-0476-6 定价：CNY6.70

　　本书系翎毛走兽画中虎的绘画技法专著。作者张光莹（1939— ），画家。生于重庆大足县。历任永川书画院副院长、中国美协四川分会会员。画集《百虎图》《张光莹虎作精品选集》《重庆野生动物世界》《珍稀动物集锦》等。专著有《老虎画法》。

J007775

怎样画蔬果·虫草 乔木，潘君诺，谢春彦著

台北 艺术图书公司 1990 年 71 页 有图

21cm（32 开）定价：CNY150.00

（中国画技法入门丛书）

　　作者乔木（1920—2002），教授。字大年，河北深县人。上海大学美术学院教授，中国美术家协会会员等。主要作品有《迎春梅花》《彩霞迎春》《姹紫嫣红》等。著有《花鸟画基础技法》《怎样画蔬果》等。作者潘君诺（1907—1981），画家。江苏镇江人，名然，晚年号然翁，作品有《荔枝蝉鸣图》《鸡虫得失》等。出版有《潘君诺画花鸟草虫小画集》。

J007776

增补砚边点滴 钱松嵒著

上海 上海书画出版社 1990 年 增订本 109 页

有照片 20cm（32 开）ISBN：7-80512-097-8

定价：CNY2.00

《砚边点滴》初版于1962年，1979年再版。该书是画家钱松嵒在传统技法的基础上，结合自己的创作实践总结的中国画技法经验谈。作者钱松嵒（1899—1985），当代画家。江苏宜兴人。曾任江苏省国画院院长、名誉院长，江苏省美术家协会主席，中国美术家协会常务理事等。画作有《红岩》《延安颂》《芙蓉湖上》《山岳颂》等。代表作品有《梅园新村》《延安颂》《红岩》《井冈大瀑布》等。著作《砚边点滴》。出版物《钱松岩画集》等。

J007777

中国画　中央美术学院中国画系编著
北京 高等教育出版社 1990年 166页 有图
26cm（16开）ISBN：7-04-003058-6
定价：CNY4.30，CNY8.90（精装）

　　本书分人物、山水、花鸟3部分，人物画又分工笔、写意2部分。各编详细介绍画中3大画种的基本理论和基本技法，并配有随文插图和彩色附图。

J007778

中国画技法入门丛书　（合辑本）钱行健等著
上海 上海书画出版社 1990年 8册 21cm（32开）
盒装 定价：CNY80.00

　　本书由上海书画出版社和明天出版社联合出版。作者钱行健（1935—2010），国画家。江苏无锡人。擅长中国画，专习山水、花鸟，兼文学及诗词，后致力于中国绘画理论的研究。曾任上海外国语大学艺术教研室主任、副教授，上海海外联谊会联谊书画社副社长，上海墨画社社长、上海书画研究院理事等。代表作品有《碧浪》《幽涧听泉》《江月幽禽》等。

J007779

中国画历代名家技法图谱　（山水编 皴法）卢辅圣主编；上海书画出版社编
上海 上海书画出版社 1990年 270页 26cm（16开）
精装 ISBN：7-80512-473-6 定价：CNY19.80

　　编者卢辅圣（1949—　　），编辑。浙江东阳人，毕业于浙江美术学院中国画系。历任《朵云》《书法研究》主编，上海书画出版社总编辑，中国美术家协会会员，上海美术家协会顾问。代表作品有中国画《旧游》，连环画《钗头凤》。

J007780

中国画历代名家技法图谱　（山水编 点景法）卢辅圣主编
上海 上海书画出版社 1990年 255页 26cm（16开）
精装 ISBN：7-80512-471-X 定价：CNY19.00

　　本书精选了历代名家所画的各种点景物，分为人物、屋宇、桥梁、舟楫、动潜、杂什7类。

J007781

中国画历代名家技法图谱　（山水编 点苔法）卢辅圣主编；上海书画出版社编
上海 上海书画出版社 1990年 252页 26cm（16开）
精装 ISBN：7-80512-470-1 定价：CNY19.00

J007782

中国画历代名家技法图谱　（山水编 山石法）卢辅圣主编；上海书画出版社编
上海 上海书画出版社 1990年 208页 26cm（16开）
精装 ISBN：7-80512-468-1 定价：CNY16.50

J007783

中国画历代名家技法图谱　（山水编 设色法）卢辅圣主编；上海书画出版社编
上海 上海书画出版社 1990年 180页 26cm（16开）
精装 ISBN：7-80512-475-2 定价：CNY20.00

J007784

中国画历代名家技法图谱　（山水编 树法）卢辅圣主编；上海书画出版社编
上海 上海书画出版社 1990年 263页 26cm（16开）
精装 ISBN：7-80512-472-8 定价：CNY19.50

J007785

中国画历代名家技法图谱　（山水编 云水法）卢辅圣主编；上海书画出版社编
上海 上海书画出版社 1990年 214页 26cm（16开）
精装 ISBN：7-80512-469-8 定价：CNY17.00

J007786

中国画历代名家技法图谱　（山水编 章法）卢辅圣主编；上海书画出版社编
上海 上海书画出版社 1990年 221页 26cm（16开）
精装 ISBN：7-80512-474-4 定价：CNY17.00

J007787
中国画历代名家技法图谱 （一 花鸟编 禽鸟法）卢辅圣主编
上海 上海书画出版社 1993年 222页 26cm（16开）
精装 ISBN：7-80512-696-8 定价：CNY32.00

J007788
中国画历代名家技法图谱 （二 花鸟编 禽鸟法）卢辅圣主编
上海 上海书画出版社 1993年 256页 26cm（16开）
精装 ISBN：7-80512-697-6 定价：CNY30.00

J007789
中国画历代名家技法图谱 （花鸟编 草本法）卢辅圣主编
上海 上海书画出版社 1993年 267页 26cm（16开）
精装 ISBN：7-80512-701-8 定价：CNY33.50

J007790
中国画历代名家技法图谱 （花鸟编 鳞介法）卢辅圣主编
上海 上海书画出版社 1993年 270页 26cm（16开）
精装 ISBN：7-80512-703-4 定价：CNY31.00

J007791
中国画历代名家技法图谱 （花鸟编 木本法）卢辅圣主编
上海 上海书画出版社 1993年 246页 26cm（16开）
精装 ISBN：7-80512-704-2 定价：CNY32.00

J007792
中国画历代名家技法图谱 （花鸟编 配景法）卢辅圣主编
上海 上海书画出版社 1993年 273页 26cm（16开）
精装 ISBN：7-80512-699-2 定价：CNY33.50

J007793
中国画历代名家技法图谱 （花鸟编 蔬果法）卢辅圣主编
上海 上海书画出版社 1993年 248页 26cm（16开）
精装 ISBN：7-80512-702-6 定价：CNY31.00

J007794
中国画历代名家技法图谱 （花鸟编 藤竹法）卢辅圣主编
上海 上海书画出版社 1993年 226页 26cm（16开）
精装 ISBN：7-80512-700-X 定价：CNY30.00

J007795
中国画历代名家技法图谱 （花鸟编 走兽法）卢辅圣主编
上海 上海书画出版社 1993年 263页 26cm（16开）
精装 ISBN：7-80512-698-4 定价：CNY33.00

J007796
中国画历代名家技法图谱 （人物编 仕女法）卢辅圣主编
上海 上海书画出版社 1993年 258页 26cm（16开）
精装 ISBN：7-80512-477-9 定价：CNY32.00

J007797
中国画历代名家技法图谱 （人物篇 补景法）卢辅圣主编
上海 上海书画出版社 1993年 260页 26cm（16开）
精装 ISBN：7-80512-478-7 定价：CNY32.50

J007798
中国画历代名家技法图谱 （人物篇 群组法）卢辅圣主编
上海 上海书画出版社 1993年 262页 26cm（16开）
精装 ISBN：7-80512-479-5 定价：CNY32.50

J007799
中国画历代名家技法图谱 （人物篇 须眉法）卢辅圣主编
上海 上海书画出版社 1993年 244页 26cm（16开）
精装 ISBN：7-80512-476-0 定价：CNY30.50

J007800
中国绘画对偶范畴论 董欣宾，郑奇著
南京 江苏美术出版社 1990年 271页 20cm（32开）
ISBN：7-5344-0121-6 定价：CNY3.90
　　本书主要讨论绘画主体、绘画客体以及绘画本体方面的对偶范畴。

J007801
丹青挥洒见精神 金绍健，钟信著
香港 中华书局（香港）公司 1991年 253页
有图 21cm（32开）ISBN：962-231-765-0
定价：HKD64.00

（文明的探索）

J007802

儿童学国画　　鲁朴编著

北京 农村读物出版社 1991 年 102 页 有图

17×19cm ISBN：7-5048-1393-1 定价：CNY3.95

　　作者鲁朴（1935—　　），教授。原名吕廷华，山东威海人。北京服装学院工艺美术系教授，中国美术家协会、中国工艺美术学会会员。出版有《中国蜡人艺术》《儿童学国画》《鲁朴爷爷教画画》等。

J007803

佛教与民族绘画精神　　徐建融著

上海 上海书画出版社 1991 年 244 页 20cm（32 开）

ISBN：7-80512-231-8 定价：CNY3.50

（中国绘画研究丛书）

　　本书探讨了佛教与中国士大夫文人画精神内涵的关系；佛教美术从内容到形式中国文的变迁及其与中国民间画工画精神内涵的关系；佛教密宗与兄弟民族绘画精神的内在关系。

J007804

傅抱石画论　　伍霖生辑录

台北 艺术家出版社 1991 年 115 页 有图

21cm（32 开）ISBN：957-9500-16-9

定价：TWD180.00

J007805

古书画副本摹制技法　　冯忠莲编著

北京 紫禁城出版社 1991 年 61 页 有图

20cm（32 开）ISBN：7-80047-110-1 定价：CNY3.90

J007806

教儿童学国画　　刘荫祥，刘方著

天津 天津人民美术出版社 1991 年 82 页

25cm（小 16 开）ISBN：7-5305-0244-1

定价：CNY7.50

J007807

芥子园画谱新编　（山水篇）柴祖舜编

上海 百家出版社 1991 年 234 页 24×25cm

ISBN：7-80576-188-4 定价：CNY12.50

　　本书内容包括：画学浅讲、画谱、速写和写生步骤、中国画山水作品选等。作者柴祖舜

（1935—　　），国家一级美术师。浙江杭州人，毕业于上海华东艺术专科学校。历任上海戏剧学院舞台美术系副教授，上海美术家协会会员，世界书画家协会绘画理论研究部常务理事。油画作品有《毛主席 1919 年在上海》《周总理在上钢》《刘伯承将军》《孙中山》等。著作有《怎样画素描头像》《走兽画技法》等。

J007808

芥子园画谱新编　（山水篇）柴祖舜，冯守棠编绘

上海 百家出版社 1993 年 2 版 增订本 232 页

24×26cm ISBN：7-80576-326-7 定价：CNY21.80

　　本书内容包括：画学浅讲、画谱、速写和写生步骤、中国画山水作品选等。作者冯守棠，上海戏剧学院研究所任教。

J007809

芥子园画谱新编　（花鸟兽篇）柴祖舜，冯守棠编著

上海 百家出版社 1995 年 236+36 页 24×26cm

ISBN：7-80576-536-7 定价：CNY38.00

J007810

六朝画论研究　　陈传席著

台北 台湾学生书局 1991 年 修订本 377 页

21cm（32 开）ISBN：957-15-0250-2

定价：TWD290.00

（艺术丛书）

　　作者陈传席（1950—　　），教授。江苏睢宁人，毕业于南京师范大学美术学院，获博士学位。中国人民大学艺术学院教授、博士生导师，中国美术家协会会员，中国美术学院客座教授。兼任中国佛教艺术研究所所长、中国美术家协会理论委员会副主任等。代表作有《陈传席文集》《中国山水画史》《中国绘画美学史》等。

J007811

少儿美术世界　（国画）刘志强主编；刘荫祥，刘方著

天津 天津杨柳青画社 1991 年 102 页 26cm（16 开）

ISBN：7-80503-129-0 定价：CNY6.00

J007812

少儿学国画　　王秀宇编著

北京 中国文联出版公司 1991年 84页 26cm（16开）
ISBN：7-5059-1430-8 定价：CNY6.00

J007813

少儿中国画入门　石靖编绘
长沙 湖南美术出版社 1991年 32页 26cm（16开）
ISBN：7-5356-0461-7 定价：CNY1.80

J007814

水墨经验　张礼权编著
台北 唐代文化事业公司 1991年 189页
有图 21cm（32开）ISBN：957-9011-04-4
定价：TWD140.00
（美术丛书系列 54）

J007815

中国画的题款艺术　李方玉，朱绪常编著
北京 知识出版社 1991年 159页 19cm（32开）
ISBN：7-5015-0177-7 定价：CNY11.00
　　本书自秦汉至现代系统地研究分析了中国
画题款艺术的源流发展演变历史及中国画题款
的一般规律。每一朝代都以代表性的画家的代
表作进行详尽的分析。编者李方玉（1945—　），
画家、国家一级美术师。又名李牛、牛翁，号竹
屋主人，河南范县人。毕业于山东师范大学艺术
系和中国美院国画系。历任中国美术家协会会
员，山东省美术馆专业画家，中国书法艺术研究
院艺委委员。代表作品有《李方玉画集》《花鸟
颂》《画竹技法新探》等。

J007816

中国画技法　（花鸟篇）罗镜泉编著
广州 广东高等教育出版社 1991年 78页
26cm（16开）ISBN：7-5361-0740-4
定价：CNY9.95
　　作者罗镜泉（1937—　），教授。生于广东兴
宁，毕业于湖北艺术学院美术系。历任河南大学
美术系教师，中国美术家协会会员，华南师范大
学美术学院教授。代表作品有《妇女队长》《金
色洪湖》《夜深人未静》《老人》等。

J007817

中国画技法　（人物篇）罗镜泉编著
广州 广东高等教育出版社 1992年 78页
26cm（16开）ISBN：7-5361-0860-5

定价：CNY11.00
　　本书图文并茂地介绍了工笔、意笔人物画法
及作画的工具材料知识。

J007818

中国画形式美探究　陈振濂著
上海 上海书画出版社 1991年 276页 20cm（32开）
ISBN：7-80512-232-6 定价：CNY4.20
（中国绘画研究丛书）
　　本书内容以中国画的形式与内容为起点，
分“形式构成中感情元与逻辑元的关系”、“形
式所包含的伦理观与社会观”等。作者陈振濂
（1956—　），书法家。号颐斋。生于上海，浙江
鄞县人。曾任浙江大学人文学院副院长，中国
文联副主席，中国书法家协会副主席，中国文
艺评论家协会副主席，浙江省文联副主席，西
泠印社副社长。著作有《书法美学》《大学书法
教材集成》。

J007819

中国画哲理刍议　郑奇著
上海 上海书画出版社 1991年 204页 20cm（32开）
ISBN：7-80512-230-X 定价：CNY3.50
（中国绘画研究丛书）
　　本书从中国古代哲学角度，分道、理、法 3
个层次对于中国画（主要是文人画）的艺术本质
和艺术创作规律进行深入的探索。

J007820

中国绘画技法　（线的艺术）李直编著
南京 江苏美术出版社 1991年 127页 26cm（16开）
ISBN：7-5344-0199-2 定价：CNY8.80

J007821

比较中的大写意艺术　陈兵著
成都 四川美术出版社 1992年 112页 有图
29cm（16开）
　　本书是中国写意画绘画理论著作，包括：人
类现代绘画发展趋势、大写意之由来写意画的先
驱和奠基人、现代第一流画家笔墨技法比较等内
容。作者陈兵（1942—　），现代著名画家、评论
家。重庆人。笔名墨石。毕业于西南师大美术系，
中国国际艺术研究院客座教授、北京艺术交流协
会常务理事。著有《大写意花鸟技法研究》《天
道酬勤——崔子范先生的艺术世界》等。